Collins Irish Dictionary

HarperCollins Publishers
Westerhill Road
Bishopbriggs
Glasgow G64 2QT
Great Britain

First Edition 1997

Latest Reprint 2004

ISBN 0–00–719642-3

www.collins.co.uk

A catalogue record for this book is available from the British Library

Typeset in-house by HarperCollins

Printed in Italy by Amadeus S.p.A.

Acknowledgements
We would like to thank those authors and publishers who kindly gave permission for copyright material to be used in the Collins Word Web. We would also like to thank Times Newspapers Ltd for providing valuable data.

editors/eagarthóirí
Séamus Mac Mathúna
Ailbhe Ó Corráin

sub-editor/fo-eagarthóir
Pádraig Ó Mianáin

associate contributor/comh-aistritheoir
Ciarán Dawson

coordinating editor/eagarthóir comhordaithe
Gerard Breslin

editorial staff/foireann eagarthóireachta
Caitlin McMahon

computing staff/foireann ríomhaireachta
Robert McMillan Ray Carrick

editorial management
bainistíocht eagarthóireachta
Vivian Marr

series editor/eagarthóir na sraithe
Lorna Sinclair

CONTENTS

CLÁR ÁBHAIR

INTRODUCTION

We are delighted you have decided to buy the **Collins Irish Dictionary** and hope you will enjoy and benefit from using it.

The innovative use of colour guides you quickly and efficiently to the word you want, and the comprehensive wordlist provides a wealth of modern and idiomatic phrases not normally found in a dictionary of this size.

The opening sections of the dictionary include a list of the abbreviations used in the text and a detailed guide to Irish pronunciation. There is a useful Irish grammar section in the middle of the dictionary, which gives extensive tables of regular and irregular verbs and noun declensions. This is followed by a section on numbers, expressions of time and date and a supplement on Irish place names. In addition, Collins' unique "keyword" feature gives the user extra help with the most frequently-used words in Irish and English (eg. **agus, cé, mar, about, from, get**).

RÉAMHRÁ

Cuireann sé áthas orainn gur shocraigh tú **Foclóir Gaeilge Collins** a cheannach agus tá súil againn go mbainfidh tú sult agus tairbhe as.

Cabhróidh na dathanna éagsúla leat an focal atá uait a aimsiú go furasta agus tá neart frásaí nua-aimseartha agus cora cainte sa stór fairsing focal nach bhfaighfí de ghnáth i bhfoclóir den mhéid seo.

I ranna tosaigh an fhoclóra, faightear liosta de na giorrúcháin a úsáidtear sa téacs mar aon le cur síos ar fhuaimeanna na Gaeilge. Sa ghraiméar beag úsáideach i lár an fhoclóra, faightear táblaí de réimniú na mbriathra, idir rialta agus neamhrialta, mar aon le díochlaontaí na n-ainmfhocal. Ina dhiaidh sin, tá roinn ar uimhreacha, ar fhrásaí ama agus ar dhátaí, agus forlíonadh ar áitainmneacha. Ina theannta sin, beidh leagan amach na n-eochairfhocal, gné speisialta de chuid foclóirí Collins, ina áis bhreise ag an léitheoir le teacht ar na focail is coitianta a mbaintear úsáid astu i nGaeilge agus i mBéarla (m.sh. **agus, cé, mar, about, from, get**).

ACKNOWLEDGEMENTS

We gratefully acknowledge the contributions of the following to Collins Irish Gem, on which this title is based:

FOCAL BUÍOCHAIS

Gabhaimid buíochas leis na daoine seo a leanas ar son a gcuid oibre ar Gem Gaeilge Collins a bhfuil an teideal seo bunaithe air:

Pól Ó Cainín, Seosamh Ó Labhraí, Eugene McKendry, Ciarán Ó Duibhín, Cathair Ó Dochartaigh, Dónall P. Ó Baoill, Róisín Ní Mhianáin, Micheál Ó Murchú agus Nicola Cooke.

ABBREVIATIONS GIORRÚCHÁIN

abbr	abbreviation
adj	adjective
ADMIN	administration
adv	adverb
AGR	agriculture
ANAT	anatomy
art	article
ASTROL	astrology
attrib	attributive
AUT	cars and motoring
AUTON	autonomous form
aux	auxiliary
AVIAT	aviation
BIOL	biology
BOT	botany
BRIT	British
CHEM	chemistry
CINE	cinema
COMM	commerce, banking
compar	comparative
COMPUT	computing
conj	conjunction
CONSTR	building, construction
cpd	compound element
CULIN	cookery
def art	definite article
dem pron	demonstrative pronoun
dir rel	direct relative
dpl	dative plural
ds	dative singular
ECCL	ecclesiastical
ECON	economics
ELEC	electricity, electronics
etc	et cetera
excl	exclamation, interjection
f (f2, f3, f4)	feminine (second etc declension)
fig	figurative
FIN	finance
fpl	feminine plural
fsg	feminine singular
fus	(phrasal verb) where the particle cannot be separated from the main verb
fut	future
fvn	feminine verbal noun
gen	genitive, generally
GEOG	geography
GEOL	geology
GEOM	geometry
GRAM	grammar
gpl	genitive plural
gs	genitive singular
gsf	genitive singular feminine
gsm	genitive singular masculine
HIST	history
impers	impersonal
IND	industry
indef art	indefinite article
indir rel	indirect relative
inf(!)	colloquial usage (! particularly offensive)
infin	infinitive
INS	insurance
interr	interrogative
inv	invariable
IRL	Ireland
irreg	irregular
LING	linguistics
LITER	literature
m (m1, m3, m4)	masculine (first etc declension)
MATH	mathematics, calculus
MED	medical term, medicine
METEOR	meteorology
MIL	military matters
msg	masculin singular
MUS	music
mvn	masculine verbal noun
n	noun
NAUT	sailing, navigation
neg	negative
nf (nf2, nf3, nf4)	feminine noun (second etc declension)
n gen (as adj)	noun in genitive as adjective
n inv	invariable noun
N IRL	Northern Ireland
nm (nm1, nm3, nm4)	masculine noun (first etc declension)
nom	nominative
npl	plural noun
num	numeral adjective or noun
o.s.	oneself
part	particle
pej	derogatory, pejorative
pers pron	personal pronoun
PHIL	philosophy
PHOT	photography

PHYS	physics	**sth**	something
PHYSIOL	physiol	**sub**	subjunctive
pl	plural	**subj**	subject
POL	politics	**superl**	superl
poss adj	possessive adjective	**TECH**	technical term, technology
pp	past participle	**TEL**	telecommunications
prep	preposition(al)	**THEAT**	theatre
prep prons	prepositional pronouns	**TV**	television
pres	present	**TYP**	typography, printing
pron	pronoun	**UNIV**	university
PSYCH	psychology	**US**	(North) American
RAIL	railways	**vadj**	verbal adjective
reg	regular	**vb(s)**	verb(s)
REL	religion	**vi**	intransitive verb
rel part	relative particle	**vn**	verbal noun
rel pron	relative pronoun	**voc**	vocative
sb	somebody	**vt**	transitive verb
SCOL	schooling, schools	**ZOOL**	zoology
SCOT	Scottish	®	registered trademark
sg	singular	≈	introduces a cultural equivalent
ST EX	Stock Exchange		

Note on trademarks

Words which we have reason to believe constitute trademarks have been designated as such. However, neither the presence nor the absence of such designation should be regarded as affecting the legal status of any trademark.

Nóta ar thrádmharcanna

Aon fhocal a cheapaimid atá ina thrádmharc, léirítear amhlaidh le comhartha é. Ach bíodh an comhartha ann nó ná bíodh, ni bhaineann sé de stádas dlíthiúil an trádmhairc.

PRONUNCIATION GUIDE

There are three main dialects of Irish: Ulster Irish, Connacht Irish and Munster Irish. There is, at present, no standard spoken pronunciation, although important steps have been taken recently to establish such a standard. The aim of this short guide is to give you an outline of the way in which the sounds of Irish are made, and to help you pronounce them. Two kinds of information are needed if a word is to be correctly pronounced. We need to know about each of the sounds that make up the word, and we need to know about stress. There are essentially 18 letters in the Irish alphabet: **a**, **b**, **c**, **d**, **e**, **f**, **g**, **h**, **i**, **l**, **m**, **n**, **o**, **p**, **r**, **s**, **t**, **u**; the letters **j**, **q**, **v**, **w**, **x** and **z** also occur in some loan words.

Vowels

The basic vowels of Irish are represented in the alphabet as **a**, **e**, **i**, **o** and **u**. These vowels may be either short or long. The difference in the length of vowels must be distinguished, as replacing one variety by the other can change the meaning of a word and lead to misunderstanding. The short and long vowels of Irish are listed below, together with their nearest English equivalents. It should, however, be noted that the following is simply a rough guide and that the vowels in question may vary considerably depending upon the surrounding consonants.

VOWEL	IRISH EXAMPLE	ENGLISH TRANSLATION	CLOSEST ENGLISH APPROXIMATION
a	**cat**	cat	*cat*
á	**lá**	day	*law*[1]
e	**te**	hot	*che(rry)*
é	**mé**	I, me	*may*[2]
i	**sin**	that	*shin*
í	**mín**	smooth	*mean*
o	**donn**	brown	*done*[3]
ó	**mór**	big	*more*[4]
u	**bus**	bus	*bus*[5]
ú	**cúl**	back	*cool*[6]

1 With lips less rounded but more advanced than the vowel in standard English *arm*. In Ulster, pronounced as in the English *cat*, but with a long vowel.
2 As pronounced in Irish English, i.e. not diphthongized.
3 Also often pronounced as in the English *hot*.
4 In Ulster, often pronounced as in the English *law* when not flanked by a nasal consonant.
5 As pronounced in Irish English; in some dialects, pronounced as in the English *book*.
6 With more rounded lips.

Vowel combinations

The vowels combine with each other in a variety of ways. The vowels **i** and **u**, for example, combine with **a** to give **ia** and **ua**. These combinations consist of the two sounds **i** and **u**, which are normally long in this case, and a sound similar to the *a* at the beginning of the word *across* in English. Hence, **ia** = *eea* and **ua** = *ooa* in the words **bia** (food), **fuar** (cold). Compare the vowels in English *theatre* and *cruel*.

In the middle of words, the combinations **a(i)dh**, **a(i)gh**, **o(i)dh**, **o(i)gh**, **eidh**, **eigh** also consist of two vowel sounds, pronounced like English *eye* or *my* in words such as **radharc** (view), **maidhm** (explosion, eruption), **laghdú** (reduction), **caighdeán** (standard), **oidhreacht** (inheritance), **oighear** (ice), **feidhm** (function, use), **leigheas** (cure).

In a similar position, **(e)amh** is pronounced like *ow* in English *how* and *cow* in words such as **samhradh** (summer), **deamhan** (demon, devil); **(e)abh**, **obh**, **omh**, **odh**, **ogh** are also pronounced in this way in some dialects, for example **cabhair** (help), **leabhar** (book), **lobhadh** (rot), **domhan** (world), **bodhrán** (deaf person; type of drum), **bogha** (bow); in others, they are pronounced like a long *o* sound as in English *more*.

The combinations **umh** and **ubh** are pronounced like a long *oo* sound as in English *cool*, for example, **cumhacht** (power), **subhach** (joyful).

The combination **ao** does not represent two sounds. In Ulster and Connacht Irish, it is generally pronounced *ee*, in Munster Irish like the vowel in the English *may* (as it is pronounced in Irish English); **aoi** is generally pronounced *ee*. Hence **saol** (life) = *seel* or *sayle*; **Ó Laoire** (O'Leery) = *o leere*.

Because slender consonants are preceded or followed by **e** and **i** and broad consonants by **a**, **o** and **u** (see **Consonants**), it is sometimes difficult to determine which vowel or combination of vowels in a word should be pronounced. In the table below, one of the vowels simply indicates that the preceding or following consonant is either slender or broad.

VOWEL COMBINATIONS	IRISH EXAMPLE	ENGLISH TRANSLATION	CLOSEST ENGLISH APPROXIMATION
ai	**cailc**	chalk	*cat*
ea	**fear**	man	*cat*
eá	**meán**	middle	*law/arm*
eái	**coinneáil**	keeping	*law/arm*
ái	**páirc**	field	*law/arm*
ei	**peil**	football	*che(rry)*
ae	**tae**	tea	*may*[1]
éa	**béal**	mouth	*may*[1]

1 As pronounced in Irish English.

VOWEL COMBINATIONS	IRISH EXAMPLE	ENGLISH TRANSLATION	CLOSEST ENGLISH APPROXIMATION
éi	**féin**	self	*may*
aei	**traein**	train	*may*
ui	**duine**	person	*shin*
io	**fionn**	fair	*shin*
aí	**scéalaí**	storyteller	*mean*
oí	**oíche**	night	*mean*
uí	**suí**	sitting	*mean*
uío	**buíochas**	thanks	*mean*
ío	**síol**	seed	*mean*
oi	**coill**	wood	*done*
eo	**ceol**	music	*more*
eoi	**beoir**	beer	*more*
eó	**seó**	show	*more*
ói	**óir**	because	*more*
úi	**cúis**	cause	*cool*
iúi	**ciúin**	quiet	*cool*
iai	**fiaile**	weeds	*theatre*
uai	**duais**	prize	*cruel*

Before **rd**, **rl**, **rn** and **rr** short stressed vowels are normally lengthened:

ard	high	*law/arm*
orlach	inch	*more/law*
carn	cairn, heap	*law/arm*
corn	cup	*more/law*
barr	top	*law/arm*

However, if **rr** is followed by a vowel, the preceding vowel normally remains short:

carraig	rock	*cat*

In parts of Munster and Connacht, short vowels are made long or become diphthongs before **ll**, **nn**, **ng** and **m**:

poll	hole	*how*
binn	sweet	*eye* or *mean*
im	butter	*eye* or *mean*
cam	bent	*how* or *law/arm*

However, if **ll**, **nn**, **ng** and **m** are followed by a vowel, the preceding vowel normally remains short:

folláin	healthy	*done*

The "central" vowel

There is also a short "central" vowel in Irish which is often represented in writing by **a**, **e**, **ea** and **o**. It is pronounced like the *a* in the English word *across* and occurs in unstressed short syllables, for example: **anois** (now), **briseann** (breaks), **paca** (pack), **cluiche** (game), **mo** (my) and **do** (yours). In certain instances, this vowel is not written. It is pronounced after the first consonant in the following consonant groups: **lb**, **lbh**, **lch**, **lg**, **lm**, **lmh**, **lp** (from **lbth**), **nb**, **nbh**, **nch**, **nm**, **nmh**, **rb**, **rbh**, **rc**, **rch**, **rg**, **rm**, **rmh**, **rn**, **rp** (from **rbth**). Here are a few examples: **colm** (dove), **gorm** (blue), **colg** (bristle), **dearg** (red), **Albain** (Scotland), **tarbh** (bull).

The central vowel also occurs in Munster Irish when the order of consonants in these groups is in reverse order, eg: **eagla** (fear), **Aibreán** (April).

Consonants

The greatest difference between Irish and languages such as English, French and German is in the consonantal system. Irish has nearly twice as many consonant sounds as English. The reason for this is that there are two sets of consonant sounds in the language, each consonant having both a **broad** and a **slender** variety. As is the case with short and long vowels, broad and slender consonants must be clearly distinguished in pronunciation. Failure to make this distinction can change the meaning of a word. Roughly speaking, when pronouncing a broad consonant, the lips are relaxed and the tongue tends towards the back of the mouth. When pronouncing a slender consonant, the lips are tense and the tongue tends towards the front of the mouth. In written Irish, slender consonants are preceded or followed by the vowels **e** and **i**; broad consonants are preceded or followed by the vowels **a**, **o** or **u**. Hence, **b** and **p** are slender in the words **beo** (alive) and **peaca** (sin) but broad in the words **bó** (cow) and **paca** (pack). Similarly, both **t** and **r** are slender in the word **tréan** (strong) but broad in the word **traein** (train). To make things easier, we shall divide the consonants into so-called homorganic groups. Homorganic consonants are consonants which are alike in that they are pronounced by using the same position of the articulatory organs. For example, **p**, **b** and **m** are all made by bringing your lips together. The only difference is that **p** is unvoiced, **b** voiced, **m** both voiced and nasalized.

CONSONANT GROUP	IRISH EXAMPLE	ENGLISH TRANSLATION	CLOSEST ENGLISH APPROXIMATION
p (broad)	**pór**	seed	*pour* (lips closed and relaxed)
b (broad)	**bonn**	coin	*bun* (lips closed and relaxed)
m (broad)	**mamaí**	mama	*mammy* (lips closed and relaxed)
p (slender)	**pé**	who	*pay* (lips closed, tense and spread)

CONSONANT GROUP	IRISH EXAMPLE	ENGLISH TRANSLATION	CLOSEST ENGLISH APPROXIMATION
b (slender)	**bí**	be	*be* (lips closed, tense and spread)
m (slender)	**mé**	I, me	*may* (lips closed, tense and spread)
ph/f (broad)	**fón**	phone	*phone* (lips relaxed and close but not touching
bh/mh (broad)[1]	**an-bhán**	very white	*Vaughan* or *wan*
ph/f (slender)	**an pheil**	the football	*fell* (lips tense and close but not touching)
bh/mh (slender)	**an mhí**	the month	the letter *V*
t (broad)	**tae**	tea	*tay* (tongue pressed against teeth)
d (broad)	**donn**	brown	*done* (tongue pressed against teeth)
n (broad)	**naoi**	nine	*knee* (tongue pressed against teeth)
t (slender)	**tír**	country	*cheer*
d (slender)	**díon**	roof	*Jean*
n (slender)	**ní**	thing	*knee* (with *n* as in *o<u>n</u>ion*)
c (broad)	**cam**	bent	*calm*
g (broad)	**gall**	foreigner	*Gaul*
ng (broad)	**long**	ship	*lung*
c (slender)	**cill**	churchyard	*kill*
g (slender)	**géim**	roar	*game*
ng (slender)	**cing**	king	*king*
ch (broad)	**loch**	lake	Scottish *loch*
gh/dh (broad)	**a dhroim**	his back	French *r* as in *Rhône*
ch (slender)	**oíche**	night	German *ch* as in *ich*
gh/dh (slender)	**ghéill sé**	he gave up	*yell*
s (broad)	**suigh**	sit	*see*
s (slender)	**sin**	that	*shin*

1 **bh/mh** (at the end and the middle of words): at the end of words and after long vowels and diphthongs, broad **bh** and **mh** are pronounced *v* in southern dialects, *oo/w* in northern dialects, eg: **scríobh** (writing), **léamh** (reading), **ábhar** (matter), **lámha** (hands).

Final -(a)idh, -(a)igh

In most Irish dialects, these are pronounced like *ea* as in *mean*. In parts of Munster, *ig* as in *fig*. In verbs before a subject pronoun, **aigh** is pronounced like the *a* in *across*.

Final -adh, -amh

Nouns: In northern dialects, *oo* as in *cool*. In many southern dialects, as the *a* in English *across*; **amh**, however, is normally pronounced as *av* in Munster.
Verbs: In northern dialects, *oo* as in *cool*. In southern dialects, *ch* as in Scottish *loch*. In parts of Munster, however, as either *g* or *v* in the past passive.

ts

After the article **an**, **t** is pronounced as *t* (tongue pressed against teeth) before broad consonants; and as *ch* as in *cheer* before slender consonants, eg: **an tsúil** (the eye) = *tool*, **an tséis** (the sense) = *chesh*.

Word stress

Words are normally stressed on the first syllable in Irish. Under certain conditions in Munster Irish, however, the stress may fall on the second or subsequent syllables. This occurs:

1 In words in which the second syllable has a long vowel or a diphthong, for example, **beagán** (little) and **mórán** (much).

2 In words of three syllables when the first two syllables are short and the third is long, the stress is attracted to the long syllable, for example, **leanbaí** (childish) which is pronounced like *lanibee* and **aibreán** (April), pronounced like *ibirawn*. Note that both these words contain the central vowel referred to above which does not appear in writing.

3 In words in which **(e)ach** occurs in the second syllable, for example, **bacach** (lame) and **coileach** (cock). However, if **h** (written **th**) intervenes between the vowel of the first syllable and that of the second, the stress falls on the first syllable, for example, **fathach** (giant).

4 In prepositional pronouns such as **agam** (on me), **agat** (on you), **orm** (on me), which is pronounced like *irum* in some areas.

There are approximately 20 words in Connacht Irish, particularly in Connemara and Aran, in which a short vowel in the first syllable is not pronounced when it is followed by a long vowel in the second syllable. This happens most frequently before **r**, **l** and **n** for example, **(a)rán** (bread), **p(a)róiste** (parish), **c(o)láiste** (college). The same applies to Munster Irish both in this case and frequently also when the second syllable is short, for example, **t(u)ras** (journey), pronounced *trus*, **ch(o)nac** (I saw), pronounced *chnuk*.

In Ulster Irish, long vowels in unstressed syllables are normally shortened, particularly the vowels **a** and **o**, for example, **arán** is pronounced *aran*, **scioból** (barn) is pronounced *shgyobal*.

Some words are stressed on the second syllable in all dialects. These are mostly adverbs of time and place which originally had an unstressed initial element, for example, **in<u>niu</u>** (today), **in<u>né</u>** (yesterday), **am<u>á</u>rach** (tomorrow), **an<u>seo</u>** (here), **an<u>sin</u>** (there). This stress pattern is sometimes found in loan words such as **tobac** (tobacco).

In compound words, the primary stress may fall either on the first or the second syllable, or the first two syllables may carry equal stress:

Stress on the first syllable	**ollscoil** (university), **seanduine** (old person).
Stress on the second syllable	**indéanta** (practicable), **ró-bheag** (too small).
Equal stress	**an-mhaith** (very good), **fíor-álainn** (very beautiful).

Sentence stress

Nouns are more strongly stressed than verbs: **dúirt <u>Seán</u>** (John said); **d'inis sé <u>scéal</u>** (he told a story).

Pronouns have much weaker stress than the verb: **<u>tháinig</u> mé** (I came).

A dependent adjective or genitive has stronger stress than the noun: **cailín <u>deas</u>** (a nice girl), **fear an <u>tí</u>** (the man of the house).

Adjectives and nouns used predicatively are more strongly stressed than the subject: **is <u>deas</u> an cailín í** (she's a nice girl); **tá sé <u>fuar</u>** (it's cold).

Adverbs have stronger stress than the words they qualify: **déan go <u>maith</u> é** (do it well).

Prepositions, pronouns, conjunctions, the article, interrogatives and negative particles have weak stress or are unstressed.

Initial mutations

Under certain conditions, the beginning of words in Irish undergo a change in form. There are two kinds of change, both of which are caused by a preceding word. Some words cause **lenition** (called **séimhiú** in Irish), others **eclipsis** (called **urú** in Irish). Before feminine nouns, for example, the article **an** causes lenition of a noun which is the subject or object of a sentence. For example, the word for "a woman" is **bean**, but "the woman" is written **an bhean**, the **bh** being pronounced as a *v* sound. Similarly, the possessive pronouns **mo** (my), **do** (your) and **a** (his) cause lenition, as do many prepositions. For example, the word for "a car" is **carr**, but "my car" is **mo charr**, the **ch** being pronounced like the *ch* in Scottish *loch*. Words causing eclipsis include the possessives **ár** (our), **bhur** (your plural), **a** (their) and the preposition **i** (in, into), for example, **ár gcarr** (our car), where **gc** is pronounced *g*, **i mbád** (in a boat), with **mb** pronounced *m*. The following tables give the basic consonants and their mutated forms in writing and in speech.

		PRONUNCIATION	
CONSONANT	**LENITED**	**BROAD**	**SLENDER**
p	**ph**	*f*	*f*
b	**bh**	*v* or *w*	*v*
m	**mh**	*v* or *w*	*v*
n	no change	*n*	*n*
t	**th**	*h*	*h*
d	**dh**	French *Rhône*	*y* as in *yell*
c	**ch**	Scottish *loch*	German *ich*
g	**gh**	French *Rhône*	*y* as in *yell*
l	no change	*l*	*l*
f	**fh**	not pronounced	not pronounced
s	**sh**	*h*	*h* or as in *ich* before letters **eó**, **iú** and, in some cases, before **eá**

		PRONUNCIATION	
CONSONANT	**ECLIPSED**	**BROAD**	**SLENDER**
p	**bp**	*b*	*b*
b	**mb**	*m*	*m*
m	not eclipsed	—	—
n	not eclipsed	—	—
t	**dt**	*d* as in *done*	*j* as in *Jean*
d	**nd**	*n*	*n as in onion*
c	**gc**	*g* as in *Gaul*	*g* as in *game*
g	**ng**	as in *lung*	as in *king*
l	not eclipsed	—	—
f	**bhf**	*v* or *w*	*v*
s	not eclipsed	—	—

ENGLISH - IRISH
BÉARLA - GAEILGE

A

A *n* (*MUS*) A *m4*

KEYWORD

a *indef art* (*no indef article in Irish*) **1**: **a book** leabhar; **an apple** úll; **she's a doctor** is dochtúir í
2 (*instead of the number "one"*): **a year ago** bliain ó shin; **a hundred/thousand** *etc* **pounds** céad/míle *etc* punt
3 (*in expressing ratios*): **3 a day/week** 3 sa lá/sa tseachtain; **10 km an hour** 10 gciliméadar san uair; **30p a kilo** 30 pingin an cileagram

aback *adv*: **he was taken aback** baineadh siar *or* stangadh as, fuair sé braic
abandon *vt* (*desert*) tréig, fág; (*give up*) éirigh as, lig uait; (*hope, right, ideals*) tabhair suas; (*yield o.s. to*) téigh le, lig tú féin le; **he abandoned his wife** thréig sé a bhean; **they abandoned ship** d'fhág siad an long (agus chuaidh siad i bhfarraige); **they abandoned the attempt** d'éirigh siad as an iarracht; **he abandoned himself to drink** lig sé é féin leis an ól, thug sé é féin suas don ól; **he abandoned himself to worldly pleasures** chuaigh sé le haer an tsaoil ♦ *n*: **with abandon** gan srian, go macnasach, go míchuimseach; **to do sth with abandon** scaoileadh leat féin
abate *vi* (*storm, wind*) socraigh, síothlaigh; (*flood*) tráigh; (*noise*) síothlaigh; (*pain*) maolaigh, laghdaigh
abbess *n* máthairab *f3*, ban-ab *f3*
abbey *n* mainistir *f*
abbot *n* ab *m3*
abbreviation *n* giorrúchán *m1*, nod *m1*
abdicate *vt, vi* tabhair suas, éirigh as; **to abdicate the throne** an choróin a thabhairt suas
abdomen *n* bolg *m1*; (*BIOL*) abdóman *m1*
abduct *vt* fuadaigh
aberration *n* (*anomaly*) aimhrialtacht *f3*; (*oddity*) rud *m3* corr; **mental aberration** saochan *m or* seachrán *m1* céille
abeyance *n*: **in abeyance** ar fionraí
abide *vt*: **I can't abide it/him** níl cur suas agam leis; **to abide by one's promise** cloí le d'fhocal
▸ **abide by** *vt fus* seas le, cloígh le
ability *n* ábaltacht *f3*, inniúlacht *f3*, cumas *m1*; **to do sth to the best of one's ability** do dhícheall a dhéanamh
abject *adj* aimléiseach, ainniseach, táiríseal; **to live in abject poverty** bheith beo bocht, bheith ar an anás
ablaze *adj* ar dearglasadh, ar bharr lasrach
able *adj* ábalta; **to be able to do sth** bheith ábalta *or* in ann *or* in inmhe rud a dhéanamh; **an able detective** bleachtaire cumasach
able-bodied *adj* inniúil, infheidhme
ably *adv* go héifeachtach
abnormal *adj* mínormálta; (*unusual*) neamhghnách, as an ngnáth; (*monstrous*) anchúinseach
aboard *adv* ar bord ♦ *prep* ar bord + *gen*
abode *n* áitreabh *m1*, áit *f2* chónaithe; (*LAW*): **of no fixed abode** gan aon áit sheasta chónaithe
abolish *vt* cuir ar ceal
aborigine *n* bundúchasach *m1*
abort *vt* (*plan etc*) éirigh as ♦ *vi*: **she aborted** scar sí le duine clainne
abortion *n* ginmhilleadh *m*, toghluasacht *f3*; **to have an abortion** ginmhilleadh a fháil
abortive *adj* gan toradh
abound *vi*: **to abound in** *or* **with** bheith ag cur thar maoil le; **the lake abounds in fish** tá flúirse éisc ar an loch

KEYWORD

about *adv* **1** (*approximately*) timpeall, thart ar, tuairim is; **about a hundred/thousand** *etc* tuairim is céad/míle *etc*; **it takes about 10 hours** tógann sé thart faoi 10 n-uaire an chloig; **at about 2 o'clock** i dtrátha a dó a chlog; **I've just about finished** tá mé chóir a bheith críochnaithe *or* de chóir críochnaithe, tá mé beagnach críochnaithe
2 (*referring to place*) thart, timpeall, anseo is ansiúd; **to leave things lying about** rudaí a fhágáil ina luí thart; **to run about** rith thart; **to walk about** siúl thart
3: **to be about to do sth** bheith ar tí *or* ar bhéala rud a dhéanamh
♦ *prep* **1** (*relating to*): **a book about London** leabhar faoi Londain; **what is it about?** (*book, programme*) cad is ábhar dó?; **we talked about it** labhraíomar faoi *or* ina thaobh *or* fá dtaobh de; **what** *or* **how about doing this?** cad é do bharúil dá ndéanfaimis seo?
2 (*referring to place*): **to walk about the town** siúl thart faoin mbaile mór *or* siúl timpeall an bhaile mhóir

about-turn *n* (MIL) casadh *m1* timpeall; (*fig*) athrú *m* intinne, malairt *f2* tuairime, athchomhairle *f4*
above *adv* thuas ♦ *prep* thar, os cionn + *gen*, taobh thuas de; (*more*) breis agus; **mentioned above** thuasluaite; **above all** os cionn gach uile ní, thar gach uile ní
aboveboard *adj* macánta, ionraic
abrasive *adj* (TECH) scrábach, scríobach; (*fig*) borb, gairgeach
abreast *adv* gualainn ar ghualainn; **to keep abreast of** cos a choinneáil le
abroad *adv* ar an gcoigríoch, thar lear; **there is a rumour abroad (that)** tá ráfla ag dul thart *or* timpeall (go)
abrupt *adj* (*sudden*) tobann; (*gruff*) giorraisc
abruptly *adv* (*speak*) go giorraisc; (*end*) go tobann
abscess *n* easpa *f4*
abscond *vi* éalaigh
absence *n* easpa *f4*, éagmais *f2*; (*of person*) neamhláithreacht *f3*; **in the absence of sth** cheal ruda; **during my absence** agus mé as láthair
absent *adj* (*missing*) in easnamh, ar iarraidh; (*person*) as láthair
absentee *n* neamhláithrí *m4* ♦ *adj* (*landlord*) neamhchónaitheach
absent-minded *adj* dearmadach
absolute *adj* iomlán, lán-; (PHIL) absalóideach; **absolute certainty** lánchinnteacht *f3*
absolutely *adv* (*completely*) iomlán, go hiomlán, ar fad, amach is amach, fíor-; (*in agreement*) cinnte; **he absolutely refused** dhiúltaigh sé glan *or* scun scan
absolve *vt*: **to absolve sb (from)** (*blame, responsibility*) duine a scaoileadh (ó); (*from sins etc*) aspalóid a thabhairt do dhuine (i)
absorb *vt* súigh, ionsúigh; **to be absorbed in a book** bheith sáite i leabhar
absorbent cotton (US) *n* cadás *m1* súiteach
absorption *n* sú *m4*, ionsú *m4*; (*integration*) comhtháthú *m*; (*concentration*) dianmhachnamh *m1*
abstain *vi*: **to abstain (from)** staonadh (ó); (*meat*) tréanas a dhéanamh (ar); **I abstained from drinking during Lent** rinne mé an Carghas ar an ól
abstract *adj* teibí ♦ *n* coimriú *m*, achomaireacht *f3*
absurd *adj* áiféiseach
abundance *n* flúirse *f4*, raidhse *f4*
abundant *adj* flúirseach; **an abundant supply of food** flúirse bia
abundantly *adv* go flúirseach; **it is abundantly clear that** is ríléir go
abuse *n* (*of person*) mí-úsáid *f2*, drochíde *f4*; (*insults*) masla *m4* ♦ *vt* tabhair drochíde *or* mí-úsáid do; (*insult*) maslaigh; **verbal abuse** íde *f4* béil; **drug abuse** mí-úsáid drugaí

abusive *adj* maslach
abysmal *adj* uafásach, ainnis, léanmhar
abyss *n* aibhéis *f2*, duibheagán *m1*
academic *adj* acadúil♦ *n* scoláire *m4*
academic year *n* bliain *f3* acadúil
academy *n* (*learned body*) acadamh *m1*; **academy of music** acadamh ceoil
accelerate *vt* cuir tuilleadh siúil faoi, luathaigh, luasghéaraigh♦ *vi* tóg siúl, luathaigh, luasghéaraigh
accelerator *n* luasaire *m4*
accent *n* blas *m1*; (GRAM) aiceann *m1*; (*length accent*) síneadh *m1* fada
accept *vt* glac (le); (*apology*) gabh
acceptable *adj* inghlactha
acceptance *n* glacadh *m*
access *n* bealach *m1* isteach, rochtain *f3*; (*permission*) cead *m3* isteach; (COMPUT) rochtain; **access time** (COMPUT) aga *m4* rochtana; **random access** (COMPUT) randamrochtain *f3*
accessible *adj* (*place*) so-aimsithe; (*person*) sochaideartha
accessory *n* oiriúint *f3*, gabhálas *m1*; (LAW) cúlpháirtí *m4*; **accessory before the fact/after the fact** cúlpháirtí roimh an ngníomh/i ndiaidh an ghnímh
accident *n* taisme *f4*, timpiste *f4*, tionóisc *f2*; **by accident** de thaisme, de thimpiste, trí thionóisc
accidental *adj* taismeach, timpisteach, tionóisceach
accidentally *adv* de thaisme, de thimpiste, trí thionóisc
accident-prone *adj*: **to be accident-prone** bheith tograch do thimpistí
acclaim *n* gairm *f2*, moladh *m*♦ *vt* gair, mol
acclimatize, (US)**acclimate** *vi* clóigh le, clíomaigh; **he is getting acclimatized to the country** tá sé ag éirí clóite leis an tír
accommodate *vt* tabhair lóistín do, cuir cóir ar; (*oblige, help*) déan garaíocht do; (*car etc*): **it accommodates five** tá fairsinge do chúigear ann
accommodating *adj* garach, soilíosach
accommodation *n* iostas *m1*, lóistín *m4*, cóiríocht *f3*; **office accommodation** cóiríocht oifige
accompany *vt* tionlaic, comóir
accomplice *n* comhchoirí *m4*
accomplish *vt* cuir i gcrích, críochnaigh
accomplishment *n* (*completion*) críochnú *m*; (*feat*) éacht *m3*
accord *n* comhaontú *m*♦ *vt* deonaigh; **of his own accord** dá thoil féin, dá dheoin féin; (*initiative*) ar a chonlán féin
accordance *n*: **in accordance with** de réir + *gen*
according *prep*: **according to** de réir + *gen*, dar le
accordingly *adv* dá réir (sin), mar sin de, amhlaidh
accordion *n* bosca *m4* ceoil, cairdín *m4*
accost *vt* cuir forrán *or* caint ar
account *n* (COMM, *bank*) cuntas *m1*; (*report*) tuairisc *f2*; (*bill*) bille *m4*; **accounts** *npl* (COMM) cuntais *mpl1*; **of no account** gan tábhacht; **on account** ar cairde; **on no account** ar chuntar ar bith; **on account of** de bharr + *gen*; **on account of that** dá bharr sin, i ngeall ar sin; **to take sth into account, take account of sth** rud a chur san áireamh
▸ **account for** *vt fus* mínigh, tabhair cuntas i
accountable *adj*: **accountable (to)** freagrach (do), cuntasach (faoi *or* i)
accountancy *n* (*subject*) cuntasaíocht *f3*; (*profession*) cuntasóireacht *f3*
accountant *n* cuntasóir *m3*
accumulate *vt* tiomsaigh, carn♦ *vi* carn, méadaigh; **the money was accumulating** bhí an t-airgead ag carnadh
accuracy *n* beachtas *m1*, cruinneas *m1*
accurate *adj* beacht, cruinn
accurately *adv* go beacht, go cruinn
accusation *n* gearán *m1*, cúiseamh *m1*; (*allegation*) líomhain *f3*
accuse *vt* cúisigh; **to accuse sb of sth** rud a chur i leith duine, rud a chur síos do dhuine
accused *n*: **the accused** (*sing*) an cúisí *m4*; (*plural*) na cúisithe *mpl4*

accustom *vt*: **to accustom o.s. to the darkness** éirí cleachta leis an dorchadas, dul i dtaithí an dorchadais
accustomed *adj* (*usual*) coitianta, gnách, gnáth-; (*in the habit*): **he is accustomed to doing that** tá sé de nós aige sin a dhéanamh
ace *n* aon *m1*
ache *n* pian *f2*, tinneas *m1* ♦ *vi* (*yearn*): **to ache to do sth** bheith ar bís chun rud a dhéanamh; **my head aches** tá tinneas cinn orm
achieve *vt* cuir i gcrích, bain amach
achievement *n* éacht *m3*
acid *n* aigéad *m1* ♦ *adj* aigéadach
acidity *n* aigéadacht *f3*
acid rain *n* fearthainn *f2* aigéadach
acknowledge *vt* (*letter, fact*) admhaigh
acknowledgement *n* (*of letter*) admháil *f3*; (*of work*) aitheantas *m1*
acne *n* aicne *f4*
acorn *n* dearcán *m1*
acoustic *adj* fuaimiúil
acoustics *n, npl* fuaimíocht *f3*; (*of building*) éisteacht *f3*; (*science*) fuaimeolaíocht *f3*
acquaint *vt*: **to acquaint sb with sth** rud a chur in iúl do dhuine; **to be acquainted with** (*person*) aithne a bheith agat ar; (*knowledge*) eolas a bheith agat ar
acquaintance *n* duine *m4* aitheantais; **acquaintances** lucht *msg3* aitheantais
acquiesce *vi*: **to acquiesce to** toiliú le, géilleadh do
acquire *vt* faigh
acquisitive *adj* santach, cnuasaitheach
acquit *vt* saor; **to acquit o.s. well** cruthú go maith
acre *n* acra *m4*
acrid *adj* searbhánta, garg
acrimonious *adj* searbhasach
acrobat *n* gleacaí *m4*, cleasghleacaí *m4*
across *prep* trasna + *gen*, ar an taobh thall de; (*crosswise*) crosach ♦ *adv* anonn, anall, thall; **to run across** rith trasna; **he went across the street** chuaigh sé trasna na sráide; **he went across the bridge** chuaigh sé anonn *or* thar an droichead; **he lives across the river** tá sé ina chónaí ar an taobh thall den abhainn; **across from** os comhair + *gen*
acrylic *adj* aicrileach
act *n* (*gen, also of play*) gníomh *m1*; (*in music hall etc*) mír *f2*; (LAW) acht *m3* ♦ *vi* (*take action*) gníomhaigh, feidhmigh; (THEAT) bheith ag aisteoireacht; (*pretend*) lig ort féin (go); **she acted like a lady** d'iompair sí í féin mar a bheadh bean uasal ann ♦ *vt* (*part*): **to act a character** carachtar a dhéanamh; **to act as** gníomhú mar
acting *adj* gníomhach ♦ *n* aisteoireacht *f3*
action *n* aicsean *m1*, gníomh *m1*, gníomhú *m*, beart *m1*; (MIL) comhrac *m1*; (LAW) caingean *f2*; **out of action** (*machine*) as feidhm, as gléas, ó threoir; **to take action on sth** tabhairt faoi rud
activate *vt* (*mechanism*) cuir ar obair, gníomhachtaigh
active *adj* fuinniúil, gnóthach, cruógach; (*in organization etc*) gníomhach; (*volcano*) beo; **active voice** (LING) faí ghníomhach
actively *adv* (go) gníomhach
activist *n* gníomhaí *m4*
activity *n* gníomhaíocht *f3*
actor *n* aisteoir *m3*
actress *n* banaisteoir *m3*
actual *adj* fíor, dearbh; (LAW) iarbhír
actually *adv* (*really*) go fírinneach, go dearfa; (*in fact*) déanta na fírinne
acumen *n* grinneas *m1*
acupuncture *n* snáthaidpholladh *m*
acute *adj* géar; **acute accent** agúid *f2*; **acute angle** géaruillinn *f2*
acutely *adv* go géar
A.D. *adv abbr* (= *anno Domini*) I.C., iar-Chríost
ad *n abbr* = **advert(isement)**
adamant *adj* dáigh, diongbháilte
adapt *vt*: **to adapt sth (to)** rud a chur in oiriúint (do) ♦ *vi*: **to adapt to** tú féin a chló le
adaptable *adj* (*person*) solúbtha; (*adjustable*) inathraithe, inoiriúnaithe

adapter, adaptor *n* cuibheoir *m3*
add *vt* cuir le; (*figures*: *also*: **add up**) suimigh ♦ *vi*: **to add to** (*increase*) cur le; **that adds up** tá dealramh na fírinne air sin, tá sin ceart
adder *n* nathair *f* nimhe
addict *n* andúileach *m1*
addicted *adj*: **to be addicted to** (*drugs, drink etc*) bheith ar slabhra ag, andúil a bheith agat i; (*fig*: *to football etc*) bheith tugtha do, dúil bhocht a bheith agat i
addiction *n* (MED) andúil *f2*
addition *n* suimiú *m*, suimiúchán *m1*; (*thing added*) breis *f2*, aguisín *m4*; **in addition** ina theannta sin; **in addition to** le cois + *gen*, mar bharr ar
additional *adj* breise *n gen*
additive *n* breiseán *m1*
address *n* seoladh *m*; (*talk*) óráid *f2*, aitheasc *m1* ♦ *vt* cuir seoladh ar; (*speak to*) cuir forrán ar, labhair le; **to address (o.s. to) a problem** dul i gceann (na) faidhbe
adenoids *npl* adanóidí *fpl2*
adept *adj*: **adept at** innealta ar, deaslámhach ar
adequate *adj* sásúil; **it is adequate** tá sé sásúil, is leor é
adhere *vi*: **to adhere to** greamú do; (*fig*: *rule, decision*) cloí le, géilleadh do
adhesive *n* greamachán *m1*
adhesive tape *n* (BRIT) téip *f2* ghreamaitheach; (US: MED) greimlín *m4*
adjacent *adj*: **adjacent (to)** cóngarach (do), buailte (le)
adjective *n* aidiacht *f3*
adjoining *adj* tadhlach; (*land*) atá sínte le, atá ag críochantacht le
adjourn *vt* cuir ar atráth ♦ *vi* scoir; **they adjourned the meeting** chuir siad an cruinniú ar atráth
adjust *vt* (*clock, scales, compass*) ceartaigh, cuir ina cheart; (*machine*) cóirigh, deisigh; (*clothes*) cuir in ord, cóirigh, socraigh; (*prices*) coigeartaigh ♦ *vi*: **to adjust (to)** tú féin a chló (le)
adjustable *adj* incheartaithe, insocraithe, inathraithe
adjustment *n* ceartú *m*; (*to machine*) cóiriú *m*, deisiú *m*; (*of prices, wages*) coigeartú *m*
ad lib *adv* as maoil do chonláin
ad-lib *vt, vi*: **to ad-lib** labhairt as do sheasamh
administer *vt* (*country*) riar; (*drug*) tabhair (do); (*test*) cuir (ar); (*justice*) cuir i bhfeidhm
administration *n* riarachán *m1*; (*people*) lucht *m3* riaracháin; (POL) rialtas *m1*
administrative *adj* riarthach; **administrative centre** lárionad riaracháin
admirable *adj* inmholta; (*person*) measúil
admiral *n* aimiréal *m1*
Admiralty *n*: **the Admiralty** An Aimiréalacht *f3*
admire *vt*: **to admire** meas mór a bheith agat ar
admission *n* (*to place*) cead *m3* isteach; (*fee*) táille *f4*; (*of guilt*) admháil *f3*
admit *vt* (*let in*) lig isteach; (*confess*) admhaigh; (*agree*) aontaigh, glac le
admittance *n* cead *m3* isteach
admittedly *adv* is fíor go, caithfear a rá go
admonish *vt* tabhair achasán *or* rabhadh do
ad nauseam *adv* (*repeat, talk*) go strambánach
ado *n*: **without further ado** gan a thuilleadh moille
adolescence *n* óigeantacht *f3*
adolescent *adj* óigeanta ♦ *n* ógánach *m1*
adopt *vt* (*child*) uchtaigh; (*plan*) cinn ar, glac le; (*stance*) glac chugat, cuir ort
adopted *adj* (*child*) ucht-
adoption *n* uchtú *m*
adorable *adj* aoibhinn; (*lovable*) grámhar
adore *vt* gráigh; (REL) adhair; **to adore sth** dúil mhór a bheith agat i rud
adorn *vt* maisigh, cuir maise ar
adrenaline *n* aidréanailín *m4*
Adriatic (Sea) *n* Muir *f3* Aidriad
adrift *adv*: **to be adrift** bheith ar fuaidreamh *or* ag imeacht le sruth
adult *n* duine *m4* fásta, aosach *m1* ♦ *adj* fásta; **adult education** oideachas aosach

adultery *n* adhaltranas *m1*
advance *n* (*money*) airleacan *m1*, réamhíocaíocht *f3* ♦ *adj*: **he made an advance booking** chuir sé ticéad in áirithe (roimh ré) ♦ *vt* (*move forward*) cuir chun cinn; (*money*) tabhair ar airleacan do ♦ *vi* téigh chun tosaigh; **advance notice** fógra roimh ré; **to make advances (to sb)** mór a dhéanamh (le duine); (*amorously*) é a chur chun tosaigh ar dhuine; **in advance** roimh ré
advanced *adj* (*country*) forbartha; (*guard*) tosaigh *n gen*; (SCOL): **advanced students** scoláirí ardleibhéil; **advanced GCSE** ardleibhéal GCSE; **Institute of Advanced Studies** Institiúid Ardléinn
advantage *n* (*also* TENNIS) buntáiste *m4*; **to take advantage of** (*sth*) buntáiste *or* leas a bhaint as; (*sb*) buntáiste a bhreith ar
advantageous *adj* tairbheach, buntáisteach
advent *n* teacht *m3*; **Advent** (REL) An Aidbhint *f2*
adventure *n* eachtra *f4*; (COMM) fiontar *m1*
adverb *n* dobhriathar *m1*
adversary *n* céile *m4* comhraic
adverse *adj* (*damaging*) dochrach, aimhleasach; (*hostile*) naimhdeach; **adverse wind** gaoth chinn
advertise *vt, vi* fógair, déan fógraíocht ar
advert(isement) *n* fógra *m4*; (*small*) fógrán *m1*
advertiser *n* (*in newspaper etc*) fógróir *m3*
advertising *n* fógraíocht *f3*
advice *n* comhairle *f4*; (*notification*) faisnéis *f2*; **to take legal advice** dul i gcomhairle le dlíodóir
advisable *adj* inmholta
advise *vt* comhairligh, mol do; **to advise sb of sth** faisnéis a thabhairt do dhuine faoi rud; **to advise against doing sth** comhairliú gan rud a dhéanamh
advisedly *adv* (*deliberately*) d'aon turas
adviser, advisor *n* comhairleoir *m3*
advocate *n* (*upholder*) cosantóir *m3*; (LAW) abhcóide *m4* ♦ *vt* (*course of action*) mol
aerial *n* aeróg *f2* ♦ *adj* aerga, aer-
aerobics *n* aeróbaíocht *f3*, aeraclaíocht *f3*
aeroplane *n* eitleán *m1*
aerosol *n* aerasól *m1*
aesthetic *adj* aeistéitiúil
afar *adv* i gcéin; **they saw it from afar** chonaic siad i bhfad uathu é
affable *adj* lách, sochaideartha
affair *n* (*concern*) gnó *m4*; (*event*) cás *m1*; (*also*: **love affair**) caidreamh *m1* suirí; **current affairs** cúrsaí reatha; **foreign affairs** gnóthaí eachtracha
affect *vt* (*influence*) téigh i bhfeidhm ar; (*move deeply*) corraigh; **it doesn't affect us** ní bhaineann sé linn; **he affected a look of misery** chuir sé gothaí na hainnise air féin
affected *adj* galamaisíoch, móiréiseach, gothach, mórchúiseach
affection *n* cion *m3*, gean *m3*
affectionate *adj* ceanúil, geanúil
affinity *n*: **to have an affinity with** (*bond, rapport*) dáimh a bheith agat le; (*resemblance*) bheith cosúil le
affirmative *adj* dearfach, deimhniúil
afflict *vt* caith ar; **John was afflicted with tuberculosis** bhí an eitinn ag caitheamh ar Sheán
affluence *n* rathúnas *m1*, saibhreas *m1*, gustal *m1*
affluent *adj* rathúil, saibhir, acmhainneach, i do sháith den saol; **the affluent society** sochaí na flúirse
afford *vt*: **she can afford to** tá sé de ghustal aici, tá sé ar a hacmhainn; **they were afforded assistance** tugadh cuidiú dóibh
affront *n* masla *m4* ♦ *vt*: **they were affronted by it** ba mhór an masla dóibh é
afield *adv*: **far afield** i bhfad ó bhaile, i gcéin
afloat *adj, adv* ar snámh
afoot *adv*: **there is something afoot** tá rud éigin ar cois
afraid *adj* eaglach; **to be afraid of sb/sth** eagla a bheith ort roimh dhuine/rud; **to be afraid to go out** eagla a bheith ort dul amach; **I am afraid that ...** tá eagla

orm go ...; **I am afraid so** is eagal liom gur mar sin atá; **he was afraid to jump** ní ligfeadh an eagla dó léim

afresh *adv* go húrnua, as an nua

Africa *n* an Afraic *f2*

African *adj, n* Afracach *m1*

after *prep, adv* tar éis + *gen*, i ndiaidh + *gen*; (*seeking*) ar lorg + *gen* ♦ *conj* tar éis do, i ndiaidh do; **what/who are you after?** cad/cé atá á lorg agat?; **after he left/having done** i ndiaidh dó imeacht/i ndiaidh dó críochnú; **ask after him** cuir a thuairisc; **to name sb after sb** duine a bhaisteadh as duine; **twenty after eight** (US) fiche i ndiaidh *or* tar éis a hocht; **after all** i ndiaidh an iomláin, ina dhiaidh sin is uile, tar éis an tsaoil; **after you!** tusa ar dtús!

aftereffects *npl* (*of disaster, illness etc*) fuíoll *msg1*, iarsmaí *mpl4*, iarmhairt *f3*

aftermath *n* iarmhairt *f3*

afternoon *n* iarnóin *f3*, tráthnóna *m4*; **Good afternoon!** tráthnóna maith duit!

after-sales service *n* seirbhís *f2* iardhíola

aftershave (lotion) *n* ionlach *m1* iarbhearrtha

afterthought *n* athsmaoineamh *m1*

afterwards, (US)**afterward** *adv* tar a éis sin, ina dhiaidh sin

again *adv* arís, athuair; **to do sth again** rud a dhéanamh athuair; **not ... again** ní ... arís; **again and again** arís agus arís eile; **what is his name again?** cén t-ainm seo atá air?; **then again** ach ina dhiaidh sin; **once again** arís eile

against *prep* in aghaidh + *gen*, i gcoinne + *gen*, in éadan + *gen*

age *n* (*maturity*) aois *f2*; (*era*) aois, ré *f4* ♦ *vt* cuir aois ar ♦ *vi* téigh (anonn) in aois; **it's been ages since** is fada ó; **he is 20 years of age** tá sé fiche bliain d'aois; **she came of age** tháinig sí in aois mná; **my own age group** lucht mo chomhaoise

aged[1] *adj*: **aged 10** deich mbliana d'aois

aged[2] *npl*: **the aged** na seandaoine *mpl4*

age group *n* aoisghrúpa *m4*

ageism *n* aoiseachas *m1*

age limit *n* teorainn *f* aoise

agency *n* gníomhaireacht *f3*, áisíneacht *f3*

agenda *n* clár *m1* oibre *or* gnó

agent *n* gníomhaire *m4*; (LING) gníomhaí *m4*

aggravate *vt* (*make worse*) cuir in olcas, géaraigh (ar); (*annoy*) griog, saighid faoi, cuir corraí ar

aggregate *n* comhiomlán *m1*

aggression *n* (*attack*) ionsaí *m*; (*pugnacity*) bruíonachas *m1*; (*fierceness*) boirbe *f4*

aggressive *adj* ionsaitheach; bruíonach; borb

aggrieved *adj* gonta

aghast *adj* scanraithe; **I was aghast at it** chuir sé uafás *or* alltacht orm

agile *adj* aclaí, lúfar

agitate *vt* corraigh, cuir corraí *or* oibriú ar ♦ *vi*: **to agitate for** agóid a dhéanamh ar son + *gen*; **to agitate against** agóid a dhéanamh in aghaidh *or* in éadan + *gen*

agitated *adj* tógtha, corraithe, oibrithe

ago *adv*: **2 days ago** dhá lá ó shin; **long ago** fadó; **not long ago** le déanaí, ar ball beag; **how long ago?** cá fhad ó shin?

agog *adj*: **to set sb all agog** duine a chur ar fuaidreamh ar fad

agonizing *adj* coscrach, léanmhar

agony *n* (*pain*) céasadh *m*; **to be in agony** bheith i bpianpháis

agree *vt* (*price*) socraigh ♦ *vi*: **to agree with** (*person*) aontú le; (*statements etc*) réiteach le chéile; (LING) géilleadh do; **to agree to do sth** toiliú rud a dhéanamh; **she agreed to go** thoiligh sí dul; **to agree to sth** aontú le rud; **to agree that** (*admit*) admháil go; **garlic does not agree with me** ní réitíonn gairleog liom; **their theories do not agree** níl a gcuid teoiricí ag teacht le chéile

agreeable *adj* pléisiúrtha, caoithiúil; (*willing*) toilteanach

agreed *adj* (*time, place*) socraithe

agreement *n* aontú *m*, comhaontú *m*; **in agreement** ar aon intinn

agricultural *adj* talmhaíoch, talmhaíochta *n gen*; **agricultural country** tír thalmhaíochta; **agricultural products**

táirgí talmhaíochta; **the Agricultural Institute** an Forás Talúntais
agriculture *n* talmhaíocht *f3*
aground *adv*: **to run aground** suí (ar an talamh)
ahead *adv* (*in front*: *of position, place*) roimh; (: *at the head*) ar thosach + *gen*, ar cheann + *gen*; (*look, plan*) romhat; **ahead of** roimh, chun tosaigh ar; (*fig*: *schedule etc*) chun tosaigh le; **ahead of time** (go) luath; **go right** *or* **straight ahead** gabh díreach ar aghaidh; **go ahead!** (*fig*: *permission*) ar aghaidh leat!
aid *n* cúnamh *m1*, cuidiú *m*, cabhair *f*; (*device*) áis *f2* ♦ *vt* tabhair cúnamh do, cuidigh le, cabhraigh le; **in aid of** ar mhaithe le; **to aid and abet** (*LAW*) cabhrú agus neartú le; *see also* **hearing aid**
aide *n* (*person*, *MIL*) cúntóir *m3*
AIDS *n abbr* (= *Acquired Immune (or Immuno-) Deficiency Syndrome*) SEIF, Siondróm Easpa Imdhíonachta Faighte
ailment *n* easláinte *f4*
aim *vt* (*blow*) deasaigh (ar); (*remark*) dírigh (ar), caith (le); **to aim sth (at)** (*gun, camera*) rud a dhíriú *or* a aimsiú (ar); (*stone, missile*) rud a chaitheamh (le) ♦ *vi* (*also*: **to take aim**) amas a thógáil ♦ *n* aidhm *f2*; (*on gun*) amas *m1*; (*skill*): **his aim is bad** tá drochurchar aige; **to aim at sth** aimsiú ar rud, díriú ar rud; (*fig*) rud a bheith de chuspóir *or* d'aidhm agat; **to aim a blow at sb** iarraidh de bhuille a thabhairt ar dhuine; **to aim to do sth** é a bheith de rún *or* ar intinn agat rud a dhéanamh
aimless *adj* fánach
air *n* aer *m1* ♦ *vt* (*room, bed, clothes*) aeráil; (*grievances, views, ideas*) nocht, cuir in iúl ♦ *cpd* (*currents, attack etc*) aer-; **to throw sth into the air** rud a chaitheamh san aer; **by air** (*travel*) ar an eitleán *or* bealach na spéire; **to be on the air** (*RADIO, TV*) bheith ar an aer
air bed *n* tocht *m3* aeir
airborne *adj* ar eitilt
air-conditioned *adj* aeroiriúnaithe
air conditioning *n* aeroiriúnú *m*
aircraft *n* aerárthach *m1*
aircraft carrier *n* iompróir *m3* aerárthach
airfield *n* aerpháirc *f2*
Air Force *n* aerfhórsa *m4*
air freshener *n* aeríontóir *m3*
air gun *n* aerghunna *m4*
air hostess *n* aeróstach *m1*
air letter *n* aerlitir *f*
airlift *n* aertharlú *m*
airline *n* aerlíne *f4*
airliner *n* aerlínéar *m1*
airmail *n* aerphost *m1*; **by airmail** le haerphost
airplane *n* (*US*) eitleán *m1*
airport *n* aerfort *m1*
air raid *n* aer-ruathar *m1*
airsick *adj*: **to be airsick** tinneas aerthaistil a bheith ort
airtight *adj* aerdhíonach, aerobach
air-traffic controller *n* stiúrthóir *m3* aerthráchta
airy *adj* aerach
aisle *n* (*in church*) taobhroinn *f2*; (*in theatre etc*) pasáiste *m4*
ajar *adj* ar leathoscailt
akin *adj*: **akin to** (*similar*) cosúil le, ar nós + *gen*, amhail
alarm *n* aláram *m1*; (*warning*) rabhadh *m1*; (*fright*) scaoll *m1*; (*signal*) rabhchán *m1* ♦ *vt* cuir scaoll i
alarm call *n* scairt *f2* *or* glao *m4* dúisithe
alarm clock *n* clog *m1* dúisithe *or* aláraim
alas *excl* faraor, monuar, ochón (ó)
Albania *n* an Albáin *f2*
albeit *conj* (*although*) cé (go)
album *n* albam *m1*
alcohol *n* alcól *m1*
alcoholic *adj* alcólach ♦ *n* alcólach *m1*; **Alcoholics Anonymous** Alcólaigh Anaithnide
alcoholic drink *n* deoch *f* mheisciúil
alcoholism *n* alcólacht *f3*
alcove *n* almóir *m3*, cuasán *m1*
ale *n* leann *m3*
alert *adj* airdeallach ♦ *n* rabhadh *m1* ♦ *vt* tabhair rabhadh do; **on the alert** san airdeall; **he was alert to the dangers** ba mhaith a thuig sé na contúirtí

algebra *n* ailgéabar *m1*
Algeria *n* an Ailgéir *f2*
alias *adv*: **Zimmerman alias Dylan** Zimmerman nó Dylan mar a thugtar air ♦ *n* ainm *m4* bréige; (*writer*) ainm *m4* cleite
alibi *n* ailibí *m4*
alien *n* coimhthíoch *m1*, eachtrannach *m1*; (*from outer space*) neach *m4* neamhshaolta ♦ *adj*: **it is alien to me** tá sé coimhthíoch agam
alienate *vt*: **to alienate sb** duine a chur i d'aghaidh
alienation *n* coimhthíos *m1*, coimhthiú *m*
alight *adj, adv* trí thine ♦ *vi* ísligh; (*passenger*) tuirling; (*bird*) luigh
align *vt* ailínigh
alike *adj* cosúil, ionann ♦ *adv* cosúil le chéile, mar an gcéanna; **they are alike** tá siad cosúil le chéile
alimony *n* (*payment*) ailiúnas *m1*
alive *adj* beo, i do bheatha; (*lively*) beoga
alkali *n* alcaile *f4*

KEYWORD

all *adj* (*singular*) gach (uile), an uile; **all day** an lá ar fad; **all night** i rith na hoíche; **all men** gach uile dhuine, gach aon duine, an saol mór; **all five** lán an chúigir; **all the food** an bia uile (go léir); **all the books** iomlán na leabhar; **all the time** i rith an ama, an t-am ar fad; **all his life** ar feadh a shaoil
♦ *pron* **1** uile, iomlán; **I ate it all, I ate all of it** d'ith mé an t-iomlán *or* an uile chuid de; **all of us went** chuaigh an t-iomlán againn; **all of the boys went** chuaigh na buachaillí uile
2 (*in phrases*): **above all** thar gach aon ní; **after all** i ndiaidh an iomláin, tar éis an tsaoil; **at all** ar chor ar bith, in aon chor; **not at all** (*reply to question*) níl ar chor ar bith, ní hea ar chor ar bith; **did he do it? - not at all** an ndearna sé é? - ní dhearna ar chor ar bith; (*reply to thanks*) go ndéana a mhaith duit; **I'm not at all tired** níl aon tuirse orm, níl tuirse dá laghad orm; **anything at all will do** déanfaidh rud ar bith cúis; **all in all** idir gach aon rud
♦ *adv*: **to be all alone** bheith i d'aonar ar fad; **it's not as hard as all that** níl sé chomh deacair sin uile; **all the more/the better** is amhlaidh is mó/ is fearr; **all but** (*almost*) beagnach; **the score is 2 all** tá siad a 2 cothrom, is é an scór ná 2 an taobh/duine

allay *vt* maolaigh
allegation *n* líomhain *f3*
allege *vt* maígh, líomhain; **he alleges that he was not there** tá sé ag maíomh nach raibh sé ann
allegedly *adv* más fíor, mar dhea
allegiance *n* dílseacht *f3*, géillsine *f4*
allergy *n* ailléirge *f4*
alleviate *vt* tabhair faoiseamh do, maolaigh
alley *n* caolsráid *f2*; (HANDBALL) pinniúir *m1*; (*address*) scabhat *m1*
alliance *n* comhaontas *m1*; **the Alliance Party** (POL) Páirtí *m4* na Comhghuaillíochta
allied *adj* comhaontaithe; **the allied powers** na comhghuaillithe
alligator *n* ailigéadar *m1*
all-in *adj* (*also adv*: *charge*) (san) iomlán
All-Ireland *n* (SPORT: *also*: **All-Ireland Final**) cluiche *m4* ceannais na hÉireann ♦ *adj* uile-Éireann *n gen*
allocate *vt* (*share out*) roinn, riar; cionroinn, leithdháil; **to allocate to** (*duties*) leagan amach do; (*sum, time*) dáileadh ar, roinnt ar
allot *vt*: **to allot (to)** (*money*) roinnt (ar); (*work, duty, time*) leagan amach (do); **what has been allotted to us** an rud atá geallta dúinn, an rud atá leagtha amach dúinn
allotment *n* (*share*) roinnt *f2*; (BUSINESS) leithroinnt; (*garden*) garraí *m4* scóir
all-out *adj* (*effort etc*) dólámhach ♦ *adv*: **all out** ar theann do dhíchill, dólámhach, ar dólámh
allow *vt* (*practice, claim, goal*) ceadaigh; (*sum to spend etc*) lamháil; (*time*

estimated) cuir san áireamh; (*concede*): **to allow that** admháil go; **to allow sb to do sth** ceadú *or* ligean do dhuine rud a dhéanamh; **he is allowed to ...** tá cead aige...

▸ **allow for** *vt fus* cuir san áireamh

allowance *n* (*money received*) liúntas *m1*; (TAX) liúntas *m1*; (*discount*) lascaine *f4*, lacáiste *m4*; **to make allowances for sth** rud a chur san áireamh

alloy *n* cóimhiotal *m1*

all-party *adj* (*group, talks*) uilepháirtí *n gen*

all right *adv* ceart go leor

all-rounder *n* ilbheartóir *m3*, ilcheardaí *m4*; **to be a good all-rounder** lámh ar gach aon rud a bheith agat, bheith ilbheartach *or* ilcheardach *or* ildánach

all-time *adj* (*record*) gan sárú

allude *vi*: **to allude to** tagairt a dhéanamh do

alluring *adj* meallacach

ally *n* comhghuaillí *m4* ♦ *vt*: **to ally o.s. with** dul i bpáirt le

almighty *adj* uilechumhachtach

almond *n* almóinn *f2*

almost *adv* beagnach, chóir a bheith; **I almost fell** dóbair dom titim, dóbair gur thit mé, is beag nár thit mé

alms *npl* déirc *f2*

aloft *adv* in airde

alone *adj, adv* aonarach, i do aonar; **to leave sb alone** ligean do dhuine; **to leave sth alone** rud a fhágáil mar atá; **let alone ...** gan trácht ar...; **he is alone** tá sé ina aonar; **he is living alone** tá sé ina chónaí leis féin; **not alone was he afraid, but ...** ní hé amháin go raibh eagla air, ach ...; **Seán alone knew** ag Seán amháin a bhí a fhios

along *prep, adv*: **is he coming along with us?** an bhfuil sé ag teacht linn?; **he was limping along** bhí sé ag bacadaíl leis; **along with** (*together with*: *person*) in éineacht le, i gcuideachta + *gen*, mar aon le; **all along** (*all the time*) i rith an ama

alongside *prep* le taobh + *gen*

aloof *adj* deoranta, seachantach ♦ *adv*: **to stand aloof from** fanacht amach as

aloud *adv* os ard

alphabet *n* aibítir *f2*

alphabetical *adj* aibítreach; **in alphabetical order** in ord aibítre

alphanumeric *adj*: **an alphanumeric file** comhad *m1* alfa-uimhriúil

alpine *adj* alpach

Alps *npl*: **the Alps** Na hAlpa

already *adv* cheana, cheana féin

alright *adv* = **all right**

Alsatian *n* (*dog*) alsáiseach *m1*

also *adv* fosta, freisin, leis, chomh maith

altar *n* altóir *f3*

altar boy *n* cléireach *m1*, friothálaí *m4* Aifrinn

alter *vt, vi* athraigh, athchóirigh

alteration *n* athrú *m*, athchóiriú *m*

alternate *adj* gach re, gach dara ♦ *vi* malartaigh le; **on alternate days** gach dara lá; **to alternate with sb** sealaíocht *or* uainíocht a dhéanamh le duine; **the alternate flashing of the lights** caochadh na soilse ceann i ndiaidh an chinn eile

alternative *adj* (*solutions*) eile, malartach ♦ *n* (*choice*) rogha *f4*; (*other possibility*) bealach *m1* eile, dóigh *f2* eile

alternatively *adv* ina áit sin, de rogha air sin

alternator *n* (AUT) ailtéarnóir *m3*

although *conj* cé go, bíodh (is) go

altitude *n* airde *f4*

alto *n* alt *m1*

altogether *adv* go hiomlán, ar fad; (*on the whole*) tríd is tríd; (*in all*) san iomlán

aluminium, (US) **aluminum** *n* alúmanam *m1*

always *adv* i gcónaí, i dtólamh; (*in past*) riamh; **she was always placid** bhí sí riamh séimh; (*in future*) go deo, go bráth, choíche; **they will always be with us** beidh siad linn go deo

Alzheimer's (disease) *n* aicíd *f2* Alzheimer

a.m. *adv abbr* (= *ante meridiem*) r.n.

amalgamate *vt, vi* cónaisc

amateur *n* amaitéarach *m1*

amateurish (*pej*) *adj* tútach
amaze *vt*: **it amazes me** cuireann sé iontas *or* ionadh an domhain orm; **to be amazed (at)** iontas (an domhain) a bheith ort (faoi)
amazement *n* ionadh *m1*, iontas *m1*
amazing *adj* iontach
ambassador *n* ambasadóir *m3*
amber *n* ómra *m4*
ambidextrous *adj* comhdheas
ambiguous *adj* athbhríoch, débhríoch; (*unclear*) doiléir
ambition *n* uaillmhian *f2*
ambitious *adj* uaillmhianach, aidhmeannach
ambivalent *adj*: **I am ambivalent about it** tá mé idir dhá chomhairle faoi
ambulance *n* otharcharr *m1*
ambush *n* luíochán *m1* ♦ *vt* cuir luíochán ar, déan luíochán roimh
amenable *adj* (*to advice*) sochomhairleach; (*to reason*) réasúnta
amend *vt* (*law*) leasaigh; (*text*) ceartaigh, leasaigh ♦ *n*: **to make amends** cúiteamh a dhéanamh
amenities *npl* áiseanna *fpl2*
America *n* Meiriceá *m4*
American *adj, n* Meiriceánach *m1*
amethyst *n* aimitis *f2*
amiable *adj* lách, geanúil
amicable *adj* cairdiúil; (LAW) síochánta
amid(st) *prep* i lár + *gen*, i measc + *gen*
amiss *adj, adv*: **there's something amiss** tá rud éigin cearr; **to take sth amiss** múisiam a ghlacadh le rud
ammonia *n* amóinia *f4*
ammunition *n* armlón *m1*
amnesia *n* aimnéise *f4*
amok *adv*: **to run amok** dul as do chrann cumhachta
among(st) *prep* i measc + *gen*
amorous *adj* grámhar
amount *n* (*sum*) méid *m4*, suim *f2*; (*quantity*) méid ♦ *vi*: **that amounts to** (*same as*) is ionann sin agus; **that amounts to five pounds** sin cúig phunt san iomlán
amp(ere) *n* aimpéar *m1*
ample *adj* fairsing, dalladh; (*enough*): **this is ample** is leor é seo; **to have ample time/room** tréan ama/spáis a bheith agat
amplifier *n* aimplitheoir *m3*
amputate *vt* teasc, gearr *or* bain de
amuse *vt* siamsa *or* cuideachta a dhéanamh do
amusement *n* cuideachta *f4*, siamsa *m4*; (*pastime*) caitheamh *m1* aimsire
amusement arcade *n* stuara *m4* siamsa; **amusement park** páirc *f2* shiamsaíochta
amusing *adj* (*humorous*) greannmhar, barrúil; (*entertaining*) siamsúil
an *indef art see* **a**
anaemic, (US) **anemic** *adj* neamhfholach, anaemach
anaesthetic, (US) **anesthetic** *n* ainéistéiseach *m1*
analgesic *n* anailgéiseach *m1*
analogous *adj* analógach, ar aon dul le
analog(ue) *n* analóg *f2*
analyse, (US) **analyze** *vt* déan anailís *or* mionscrúdú ar, anailísigh
analysis *n* anailís *f2*
analyst *n* (POL *etc*) anailísí *m4*; (*esp* US: *psychoanalyst*) anailísí, anailíseoir *m3*
analytic *adj* anailíseach
analyze (US) *vt* = **analyse**
anarchist *n* ainrialaí *m4*
anarchy *n* ainriail *f*, anlathas *m1*
anatomy *n* anatamaíocht *f3*
ancestor *n* sinsear *m1*, sinsearach *m1*
anchor *n* ancaire *m4* ♦ *vi*: **to anchor** (*also*: **to drop anchor**) an t-ancaire a chur ♦ *vt*: **to anchor a boat** bád a chur ar ancaire; (*fig*): **to anchor sth to** rud a fheistiú de; **to weigh anchor** an t-ancaire a thógáil *or* a bhaint *or* a ligean
anchorage *n* ancaireacht *f3*
anchovy *n* ainseabhaí *m4*
ancient *adj* ársa, seanda, sean-
ancillary *adj* coimhdeach
and *conj* agus, is; **and so on** agus araile; **try and come** déan iarracht teacht; **he talked and talked** níor stop sé de bheith ag caint, lean sé air ag caint; **it got better and better** bhí sé ag dul i bhfeabhas in aghaidh an lae

anecdote *n* scéilín *m4*, staróg *f2*
anemone *n* anamóine *f4*
anesthetic (*US*) = **anaesthetic**
anew *adv* (an) athuair, as an nua
angel *n* aingeal *m1*
anger *n* fearg *f2*, colg *m1* ♦ *vt*: **to anger sb** fearg a chur ar dhuine
angina *n* aingíne *f4*
angle *n* uillinn *f2*; (*viewpoint*) dearcadh *m1*; **from their angle** de réir an dearcaidh s'acusan; **at an angle** ar fiar, ar claonadh
angler *n* duánaí *m4*, iascaire *m4* slaite
Anglican *adj, n* Anglacánach *m1*
angling *n* duántacht *f3*, iascaireacht *f3* slaite
Anglo- *prefix* Angla-
Anglo-Irish *adj* Angla-Éireannach; **the Anglo-Irish Agreement** an Comhaontú Angla-Éireannach
angrily *adv* go feargach; **he left angrily** d'imigh sé agus fearg air
angry *adj* feargach, colgach; **to be angry with sb/at sth** fearg a bheith ort le duine/faoi rud; **she got angry** tháinig fearg uirthi
anguish *n* (*physical*) crá *m4*, pianpháis *f2*; (*mental*) pian *f2* intinne, léan *m1*
angular *adj* uilleach, corrach, géar
animal *n* ainmhí *m4*, beithíoch *m1*, míol *m1* ♦ *adj* ainmhíoch
animate *adj* beo, beoga
animated *adj* beo, gleoiréiseach, anamúil; **animated film** cartún *m1*; **he became animated** tháinig oibriú *or* corraí air, d'éirigh sé tógtha
aniseed *n* síol *m1* ainíse
ankle *n* murnán *m1*, rúitín *m4*, caol *m1* na coise
annexe *n* fortheach *m*; (*to document*) iarscríbhinn *f2*
annihilate *vt* díothaigh, treascair, cuir ar neamhní
anniversary *n* cothrom *m1* an lae; **my wedding anniversary** cothrom an lae a pósadh mé
announce *vt* fógair
announcement *n* fógra *m4*
announcer *n* (*RADIO, TV, between programmes*) fógróir *m3*, bolscaire *m4*
annoy *vt* buair, ciap; (*inconvenience*) cuir isteach ar, cuir as do, bodhraigh; (*vex*) cuir olc ar; **don't get annoyed!** tóg go réidh é!; **sth is annoying him** tá rud éigin ag cur as dó; **she got annoyed** tháinig olc uirthi
annoyance *n* crá *m4*, crá croí, céasadh *m*, ciapadh *m*
annoying *adj* ciapach; (*person*) bearránach, bambairneach; **it's awful annoying** is mór an crá croí é
annual *adj* bliantúil ♦ *n* (*BOT*) bliantóg *f2*; (*book*) bliainiris *f2*
annually *adv* gach bliain, in aghaidh na bliana
annuity *n* blianacht *f3*
annul *vt* cealaigh, cuir ar ceal, cuir ar neamhní
annum *n see* **per**
anonymous *adj* gan ainm; **it's anonymous** ní fios cé a chum
anorak *n* anarac *m1*
anorexia *n* anaireicse *f4*
anorexic *adj*: **she is anorexic** tá anaireicse uirthi
another *adj*: **another book** leabhar eile ♦ *pron* eile; **another person** duine eile; **another day** lá eile; **another cup of tea** cupán eile tae; *see also* **one**
answer *n* freagra *m4*; (*to problem*) fuascailt *f2*, réiteach *m1* ♦ *vi* freagair ♦ *vt* (*reply to*) freagair; (*problem*) réitigh; **my prayer was answered** d'éist Dia le mo ghuí; **in answer to your letter** mar fhreagra ar do litir; **to answer the phone** an teileafón a fhreagairt; **to answer the bell** *or* **the door** an doras a oscailt
▸ **answer back** *vt* tabhair aisfhreagra ar
▸ **answer for** *vt fus*: **to answer for sb** dul in urrús ar dhuine; (*crime, one's actions*): **to answer for sth** cuntas a thabhairt i rud
▸ **answer to** *vt fus*: **she answers to that description** sin é an chosúlacht atá uirthi
answerable *adj*: **to be answerable to sb**

for sth bheith freagrach do dhuine as rud
answering machine *n* gléas *m1* freagartha
answerphone *n* gléas *m1* freagartha
ant *n* seangán *m1*
antagonism *n* eascairdeas *m1*, olc *m1*, naimhdeas *m1*, nimheadas *m1*
antagonize *vt* cuir olc ar, cuir fiamh ar
Antarctic *adj* Antartach ♦ *n*: **the Antarctic** an tAntartach *m1*; **the Antarctic Ocean** an tAigéan *m1* Antartach
antelope *n* antalóp *m1*
antenatal *adj* réamhbheirthe
antenatal clinic *n* clinic *m4* réamhbheirthe
anthem *n* (ECCL) aintiún *m1*; **the national anthem** an t-amhrán *m1* náisiúnta
anthropology *n* antraipeolaíocht *f3*
anti- *prefix* frith-, anta(i)-
anti-aircraft *adj* (*missile*) frith-aerárthach
antibiotic *n* frithbheathach *m1*, antaibheathach *m1*
antibody *n* frithábhar *m1*, antashubstaint *f2*
anticipate *vt* (*actions etc*) tar roimh (dhuine) i, réamh-mheas; **to anticipate sth** (*look forward to*) bheith ag súil le rud *or* ag feitheamh le rud
anticipation *n* feitheamh *m1*, fuireachas *m1*, súil *f2*; **with anticipation** go tnúthánach
anticlimax *n* frithbhuaic *f2*
anticlockwise *adj* tuathalach ♦ *adv* tuathal
antics *npl* geáitsí *mpl4*, cleasaíocht *fsg3*
anticyclone *n* frithchioclón *m1*
antidote *n* nimhíoc *f2*, frithnimh *f2*
antifreeze *n* frithreo *m4*
antihistamine *n* frith-hiostaimín *m4*, antaihiostaimín *m4*
antinuclear *adj* fritheithneach, frithnúicléach
antiquarian *adj* seanda ♦ *n* ársaitheoir *m3*
antiquated *adj* seanaimseartha, seanchaite, as dáta
antique *n* rud *m3* ársa *or* seanda ♦ *adj* seanda, seanaimseartha, seanchaite; **antiques** seandachtaí
antique dealer *n* ceannaí *m4* seandachtaí
antique shop *n* siopa *m4* seandachtaí
anti-Semitism *n* frith-Ghiúdachas *m1*
antiseptic *n* frithsheipteán *m1*, antaiseipteán *m1* ♦ *adj* frithsheipteach, antaiseipteach
antisocial *adj* seachantach, frithshóisialta
antithesis *n* fritéis *f2*, codarsnacht *f3*
antlers *npl* beanna *fpl2*
Antrim *n* Aontroim *m3*
anvil *n* inneoin *f*
anxiety *n* imní *f4*, buairt *f3*; **source of anxiety** ábhar imní
anxious *adj* imníoch, buartha; (*keen*): **to be anxious to do sth** bheith ar bís le rud a dhéanamh; **he is anxious** tá imní air

KEYWORD

any *adj* aon, ar bith **1** (*in questions etc*): **have you any butter/ink?** an bhfuil aon im/dúch agat?; **have you any children?** an bhfuil clann ar bith agat?, an bhfuil aon chlann ort?, an bhfuil cúram ar bith ort?
2 (*with negative*): **I haven't any money/books** níl airgead/leabhair ar bith agam, níl aon airgead/leabhair agam
3 (*no matter which*): **choose any book you like** bíodh do rogha leabhar agat, tabhair leat cár bith *or* pé (ar bith) leabhar is maith leat
4 (*in phrases*): **in any case** i gcás ar bith, ar aon chaoi; **any day now** lá ar bith feasta; **at any moment** nóiméad ar bith; **at any rate** ar aon chuma, ar scor ar bith, ar chuma ar bith
♦ *pron* **1** (*in questions etc*): **have you got any?** an bhfuil a dhath agat?, an bhfuil aon cheann agat?; **can any of you sing?** an bhfuil ceol ag aon duine agaibh?
2 (*with negative*): **I haven't any** níl a dhath *or* dada *or* puinn *or* faic agam, níl aon chuid ar bith agam; **I haven't any of them** níl aon cheann díobh agam
3 (*no matter which one(s)*) aon cheann, ceann ar bith, is cuma cé acu (ceann); **take any of those books (you like)**

tabhair leat do rogha as na leabhair sin • *adv* 1 (*in questions etc*): **do you want any more soup/sandwiches?** an bhfuil a thuilleadh tae/ceapairí de dhíth ort?; **are you feeling any better?** an bhfuil aon bhiseach ort, an bhfuil biseach ar bith ort?
2 (*with negative*): **I can't hear him any more** ní chluinim *or* ní chloisim níos mó é; **don't wait any longer** ná déan a thuilleadh moille

anybody *pron* duine *m4* ar bith, aon duine
anyhow *adv* (*at any rate*) ar scor ar bith, ar aon chuma, ar aon chaoi, pé scéal é, ar aon nós
anyone *pron* = **anybody**
anything *pron* aon rud, rud ar bith
anytime *adv* am ar bith, aon am
anyway *adv* ar aon chaoi, ar aon nós
anywhere *adv* áit ar bith, aon áit; **I don't see him anywhere** ní fheicim (in) áit ar bith é
apart *adv* (*to one side*) i leataobh; (*separately*) ó chéile; **the two cities are sixty miles apart** tá an dá chathair seasca míle ó chéile, tá seasca míle idir an dá chathair; **to take sth apart** rud a bhaint as a chéile; **it fell apart** thit sé as a chéile; **apart from** diomaite de, lasmuigh de, cé is moite de
apartheid *n* cinedheighilt *f2*
apartment *n* (*US*) árasán *m1*, leithleann *f2*
apartment building (*US*) *n* bloc *m1* árasán
apathetic *adj* fuarchúiseach, patuar; **to be apathetic about sth** bheith ar nós na réidhe i rud *or* ar nós cuma liom i rud
ape *n* ápa *m4* • *vt*: **to ape sb** aithris a dhéanamh ar dhuine
apéritif *n* greadóg *f2*
aperture *n* poll *m1*, oscailt *f2*; (*PHOT*) cró *m4*
apex *n* buaic *f2*
apiece *adv* (*person*) an duine; (*thing*) an ceann
apologetic *adj* leithscéalach
apologize *vi*: **to apologize (to sb for sth)** leithscéal a ghabháil (le duine as rud); **I apologize** gabhaim pardún agat, gabh(aim) mo leithscéal
apology *n* leithscéal *m1*
apoplexy *n* apaipléis *f2*
apostrophe *n* uaschamóg *f2*
appal *vt* scanraigh; **to appal sb** uafás a chur ar dhuine
appalling *adj* scanrúil; uafásach, fuafar
apparatus *n* gléas *m1*, gaireas *m1*; (*in gymnasium*) trealamh *m1*; (*of government*) córas *m1*
apparel (*US*) *n* feisteas *m1*, éide *f4*, éadach *m1*
apparent *adj* follasach, soiléir
apparently *adv* is dealraitheach, de réir dealraimh, is cosúil; **he was here, apparently** is cosúil go raibh sé anseo, bhí sé anseo de réir cosúlachta; (*disbelievingly*): **was he here? - apparently!** an raibh sé anseo? - is cosúil go raibh!, tá an chuma sin air!
appeal *vi* (*LAW*) achomharc, déan achomharc, cuir isteach achomharc • *n* achainí *f4*, guí *f4*; (*LAW*) achomharc *m1*; (*charm*) tarraingt *f*, mealltacht *f3*; **to appeal for sth** rud a iarraidh; **to appeal to sb** (*beg*) duine a agairt, impí ar dhuine; (*be attractive*): **it appeals to me** taitníonn sé liom
appealing *adj* (*attractive*) taitneamhach, tarraingteach
appear *vi* nocht, taispeáin; (*LAW*) láithrigh; (*publication*) tar amach; (*seem*): **you appear tired** tá cuma thuirseach ort; **it appears that he lost the money** is cosúil *or* dealraíonn sé gur chaill sé an t-airgead; **it appeared to me that he didn't understand the question** chonacthas dom nár thuig sé an cheist; **it would appear that** ba dhóigh go; **to appear in Hamlet** páirt a bheith agat in Hamlet; **to appear on TV** bheith ar an teilifís
appearance *n* (*arrival*) teacht *m3*; (*LAW*) láithreas; (*look, aspect*) cuma *f4*, cló *m4*, cosúlacht *f3*, dreach *m3*

appease *vt* ceansaigh, suaimhnigh, sásaigh, bain faoi

appendage *n* géagán *m1*

appendicitis *n* aipindicíteas *m1*; **he has appendicitis** tá aipindicíteas air

appendix *n* (*of book etc*) aguisín *m4*; (MED) aipindic *f2*

appetite *n* goile *m4*; **to have a great appetite** goile folláin a bheith agat

appetizer *n* géarú *m* goile; (*drink*) greadóg *f2*

appetizing *adj* blasta, neamúil

applaud *vt, vi* (*clap*) tabhair bualadh bos (do); (*praise*) mol os ard

applause *n* bualadh *m* bos, moladh *m*

apple *n* úll *m1*; **he is the apple of her eye** is measa léi é ná an tsúil atá ina ceann

apple tree *n* crann *m1* úll, abhaill *f3*

appliance *n* fearas *m1*, gléas *m1*

applicable *adj* (*relevant*): **to be applicable to** bheith fóirsteanach *or* oiriúnach *or* feiliúnach do

applicant *n*: **applicant (for)** iarratasóir *m3* (ar)

application *n* (*use*) feidhm *f2*; (*for a job, a grant etc*) iarratas *m1*

application form *n* foirm *f2* iarratais

applied *adj* feidhmeach

apply *vt* (*paint, ointment*) cuir le; (*law etc*) cuir i bhfeidhm (ar) ♦ *vi* (*be suitable for, relevant to*): **that applies to you** baineann sin leatsa; (*ask*): **I applied (to him) for help** d'iarr mé cúnamh (air); **to apply (for)** (*job, permit, grant*) cur isteach (ar); **to apply o.s. (to)** luí isteach (ar), cromadh (ar); **the same applies to me** is é an dála céanna agamsa é

appoint *vt* ceap

appointed *adj*: **at the appointed time** ar an uair atá leagtha amach

appointment *n* ceapachán *m1*, ceapadh *m*; (*meeting*) coinne *f4*; **to make an appointment (with)** coinne a dhéanamh (le)

apportion *vt* roinn; (COMM) cionroinn

appraisal *n* measúnacht *f3*, meastóireacht *f3*, breithmheas *m3*

appreciate *vt*: **he appreciates that** (*likes*) is maith leis sin, is mór aige é sin, tá toil aige dó sin; (*is grateful for*) tá sé buíoch as sin; (*understands*) tuigeann sé sin, tá ciall aige dó sin ♦ *vi* (FIN) luachmhéadaigh, méadaigh ar luach + *gen*; **he doesn't appreciate music** níl cluas ar bith do cheol aige

appreciation *n* léirthuiscint *f3*; (*gratitude*) buíochas *m1*; (COMM) ardú *m*, luachmhéadú *m*

appreciative *adj* (*showing thanks*) buíoch; (*showing liking*) fabhrach; (*understanding*) léirthuisceanach

apprehensive *adj* faitíosach, eaglach; **she feels apprehensive** tá cineál scátha *or* imní uirthi

apprentice *n* printíseach *m1*

apprenticeship *n* printíseacht *f3*

approach *vi* druid le ♦ *vt* (*come near*) druid le, tarraing ar; (*ask, apply to*) téigh chun cainte le; (*situation, problem*) tabhair faoi, téigh i gceann ♦ *n* modh *m3* oibre, cur *m1* chuige; (*access*) bealach *m1* isteach

approachable *adj* soshroichte; (*person*) sochaideartha

appropriate *adj* (*moment, remark*) tráthúil; (*tool etc*) cuí, feiliúnach, fóirsteanach ♦ *vt* (*take*) glac seilbh ar, leithghabh

approval *n* (*satisfaction*) sásamh *m1*; (*permission*) cead *m3*; (ADMIN, *of goods*) formheas *m3*, faomhadh *m*; **on approval** (COMM) ar triail

approve *vt* aontaigh le, ceadaigh, glac le, formheas

▸ **approve of** *vt fus* bheith i bhfách le; **I don't approve of them** níl siad chun mo thaitnimh

approximate *adj* cóngarach, gar ♦ *vt*: **to approximate to sth** bheith cóngarach do rud

approximately *adv* amuigh agus istigh ar, timpeall (is)

apricot *n* aibreog *f2*

April *n* Aibreán *m1*; **April Fool** Amadán *m1* Aibreáin

apron *n* naprún *m1*, práiscín *m4*
apt *adj* (*suitable*) feiliúnach, cuí; (*likely*): **to be apt to do sth** claonadh a bheith agat le rud a dhéanamh; **I am apt to believe that ...** is furasta liom a chreidiúint go ...
aptitude *n* éirim *f2*, mianach *m1*, infheidhmeacht *f3*
Aquarius *n* (ASTROL) An tUisceadóir *m3*
aquatic *adj* mara *n gen*, uisce *n gen*
Arab *adj, n* Arabach *m1*
Arabian *adj* Arabach
Arabic *adj* Arabach ♦ *n* (LING) Araibis *f2*
arable *adj* (*land*) curaíochta *n gen*, arúil
Aran Islands *n* Oileáin *mpl1* Árann
arbitrary *adj* ar togradh
arbitration *n* eadráin *f3*
arc *n* stua *m4*
arcade *n* stuara *m4*
arch *n* áirse *f4*, stua *m4*; (*also*: **the arch of the foot**) trácht *m3* na coise ♦ *vt*: **to arch sth** stua a chur ar rud; **the cat arched its back** chuir an cat cruit air féin
archaeologist *n* seandálaí *m4*
archaeology *n* seandálaíocht *f3*
archaic *adj* ársa, seanda
archbishop *n* ardeaspag *m1*
archeology *etc* (US) = **archaeology** *etc*
archery *n* boghdóireacht *f3*, saighdeoireacht *f3*
archipelago *n* oileánrach *m1*
architect *n* ailtire *m4*
architecture *n* ailtireacht *f3*
archives *npl* cartlann *fsg2*
Arctic *adj* Artach ♦ *n*: **the Arctic** an tArtach *m1*; **the Arctic Ocean** an tAigéan *m1* Artach
ardent *adj* gorthach, díbhirceach
area *n* (MATH) achar *m1*; (*zone*) ceantar *m1*, limistéar *m1*, dúiche *f4*; (*knowledge, research*) réimse *m4*, ábhar *m1*
arena *n* airéine *f4*
Argentina *n* an Airgintín *f2*
Argentinian *adj, n* Airgintíneach *m1*
arguably *adv*: **it is arguably ...** is é is dóichí go ..., d'fhéadfaí a rá go ...
argue *vi* (*reason*) áitigh; **to argue that** áitiú go; **to argue with sb** argóint (a dhéanamh) le duine; **to be arguing** bheith ag argóint
argument *n* argóint *f2*
argumentative *adj* conspóideach, achrannach
arid *adj* tirim; (*subj*) tur
Aries *n* (ASTROL) An Reithe *m4*
arise *vi* éirigh; (*case*): **should the occasion arise** sa chás sin, sa gcás (go); **a difficulty arose** tháinig achrann sa mbealach
aristocrat *n* uasal *m1*, uaslathaí *m4*
arithmetic *n* uimhríocht *f3*, áireamh *m1*
ark *n*: **Noah's Ark** Áirc *f2* Naoi
arm *n* géag *f2*, lámh *f2*, sciathán *m1* ♦ *vt* armáil; **arms** *npl* (*weapons*) airm *mpl1*; (HERALDRY) armas *msg1*; **arm in arm** uillinn ar uillinn; **to take up arms** dul faoi arm
Armagh *n* Ard *m* Mhacha
Armalite ® *n* Armailít *m4*
armaments *npl* airm *mpl1*
armchair *n* cathaoir *f* uilleach *or* uilleann
armed *adj* armtha
armed robbery *n* robáil *f3* armtha
armistice *n* sos *m3* cogaidh
armour, (US) **armor** *n* cathéide *f4*; (MIL, *tanks*) armúr *m1*
armoured car *n* carr *m1* armúrtha
armpit *n* ascaill *f2*
armrest *n* taca *m4* uillinne
army *n* arm *m1*
aroma *n* dea-bholadh *m1*, cumhracht *f3*
around *adv* timpeall, thart; (*nearby*) ar na gaobhair ♦ *prep* timpeall + *gen*; (*near*) in aice le, (i n)gar do; (*about*) tuairim is; (*date, time*) i dtrátha + *gen*
arouse *vt* múscail, dúisigh
arrange *vt* socraigh, leag amach, eagraigh, cuir in eagar; (*flowers, hair, objects*) cóirigh
arranged marriage *n* cleamhnas *m1* socraithe
arrangement *n* socrú *m*; **arrangements** *npl* (*plans etc*) socruithe *mpl*; **the arrangement of the room** leagan amach *or* eagar an tseomra
array *n*: **array of** mustar *m1* + *gen*, cóiriú *m* + *gen*

arrears *npl* riaráiste *m4*; **to be in arrears with one's rent** bheith ar deireadh leis an gcíos
arrest *vt* gabh ♦ *n* gabháil *f3*; **under arrest** gafa, faoi ghlas; **it arrested my attention** tharraing sé m'iúl
arrival *n* teacht *m3*; **new arrival** núíosach *m1*; (*baby*) babaí *m4* úr
arrive *vi* sroich, bain amach, tar chuig
arrogant *adj* díomasach, sotalach, uaibhreach
arrow *n* saighead *f2*
arse (*inf!*) *n* tóin *f3*
arsenal *n* armlann *f2*
arsenic *n* arsanaic *f2*
arson *n* coirloscadh *m*
art *n* ealaín *f2*; **Arts** *npl* (SCOL) An Ealaín *fsg2*; **the Fine Arts** na hEalaíona Uaisle; **Bachelor of Arts** Baitsiléir Ealaíne
artery *n* cuisle *f4* mhór, artaire *m4*
art gallery *n* dánlann *f2*, gailearaí *m4* ealaíne
arthritis *n* airtríteas *m1*
artic *n* (*inf*) = **articulated lorry**
artichoke *n* bliosán *m1*
article *n* (*in newspaper etc*) alt *m1*; (*of merchandise*) airteagal *m1*, earra *m4*; **articles** *npl* (LAW) airteagail *mpl1*; **article of clothing** ball éadaigh
articulate *adj* (*person*) glinn, deisbhéalach, dea-labhartha, sothuigthe, líofa; (*speech*) glan, sothuigthe ♦ *vt*: **to articulate sth** rud a chur i bhfriotal
articulated lorry *n* leoraí *m4* alta
artificial *adj* saorga; **artificial intelligence** intleacht *f3* shaorga; **artificial respiration** riospráid *f2* shaorga
artist *n* ealaíontóir *m3*
artistic *adj* ealaíonta
artistry *n* ealaíontacht *f3*
art school *n* scoil *f2* ealaíne

KEYWORD

as *conj* **1** (*referring to time*): **he came in as I was leaving** tháinig sé isteach agus mé ag imeacht; **as the years went by** de réir mar a bhí na blianta á gcaitheamh; **as from tomorrow** ón lá amárach (amach)
2 (*in comparisons*): **as big as** chomh mór le; **twice as big as** dhá uair chomh mór le, a dhá oiread chomh mór le; **as much** *or* **many as** a oiread agus; **as much money/many books** a oiread airgid/leabhar; **as soon as** a luaithe a, a thúisce a, chomh luath agus a
3 (*since, because*) mar, óir, toisc, as siocair, de thairbhe, de dheasca; **as he had to be home by 10 ...** mar go raibh air bheith ar ais sa mbaile ar a deich
4 (*referring to manner, way*): **do as you wish** déan do chomhairle féin, déan do rogha rud, déan mar is áil leat
5 (*concerning*): **as for** *or* **to that** maidir leis sin, i dtaca leis sin
6: **as if** *or* **though** amhail is, faoi mar, (faoi) mar a bheadh; **he looked as if he was ill** bhí sé mar a bheadh tinneas air, bhí cuma air mar a bheadh sé tinn; *see also* **long**; **such**; **well**;
♦ *prep*: **he works as a driver** tá sé ina thiománaí; **as chairman of the company** mar chathaoirleach ar an gcomhlacht; **dressed up as a cowboy** gléasta mar a bheadh buachaill bó ann; **he gave me it as a present** thug sé mar bhronntanas dom é

asbestos *n* aispeist *f2*
ascend *vt* ardaigh; **to ascend to the throne** teacht i gcoróin
ascent *n* éirí *m4*; (*of a hill*) tógáil *f3*
ascertain *vt* fionn, faigh amach, cinntigh
ascribe *vt*: **to ascribe sth to sb** rud a chur síos do dhuine
ash *n* (*dust*) luaith *f3*; (*also*: **ash tree**) fuinseog *f2*; **ashes** *npl* (*human remains*) luaith *fsg3*; **from ashes to ashes** ó luaith go luaith
ashamed *adj* náirithe; **she was ashamed of them** bhí náire uirthi leo; **he was ashamed** bhí náire air, bhí ceann faoi air; **it's no reason to be ashamed** ní scéal cinn chroim é; **he was ashamed to say it** ní ligfeadh an náire dó é a rá
ashen *adj* mílítheach; (*pale*): **he was ashen** bhí dath an bháis air, bhí sé geal

bán san aghaidh
ashore *adv* i dtír; **to go ashore** dul i dtír
ashtray *n* luaithreadán *m1*
Ash Wednesday *n* Céadaoin *f4* an Luaithrigh
Asia *n* an Áise *f4*
Asian *adj, n* Áiseach *m1*
Asiatic *adj, n* Áiseach *m1*
aside *adv* i leataobh • *n* seachfhocal *m1*; **put it aside** cuir i leataobh é
ask *vt* iarr ar; (*invite*): **to ask sb to sing** iarraidh ar dhuine amhrán a rá; **to ask sb sth** rud a fhiafraí *or* a fhiosrú de dhuine; **to ask (sb) a question** ceist a chur (ar dhuine); **to ask sb out to dinner** cuireadh chun dinnéir a thabhairt do dhuine; **he asked me to leave** d'iarr sé orm imeacht; **they asked me where I left the money** d'fhiafraigh siad díom cén áit ar fhág mé an t-airgead
▸ **ask after** *vt fus*: **she was asking after you** bhí sí ag cur do thuairisce
▸ **ask for** *vt fus* iarr; **he's asking for trouble** tá sé ag tuar *or* ar lorg trioblóide dó féin
askance *adv*: **to look askance at sb** amharc ar dhuine as eireaball do shúl
asleep *adj*: **he is asleep** tá sé ina chodladh; **she fell asleep** thit sí ina codladh, thit a codladh uirthi; **he fell fast asleep** thit sé ina chnap codlata
asparagus *n* lus *m3* súgach *or* spreagtha
aspect *n* aghaidh *f2*, dreach *m3*, gné *f4*
aspersions *npl*: **to cast aspersions on** bheith ag caitheamh spíde ar
asphalt *n* asfalt *m1*
asphyxiate *vt* múch, plúch
aspire *vi*: **to aspire to sth** tnúth le rud, rud a bheith mar aidhm agat
aspirin *n* aspairín *m4*
ass *n* asal *m1*; (*inf*: *idiot*) dobhrán *m1*, bómán *m1*; (*US*: *backside*: *inf!*) tóin *f3*, geadán *m1*
assailant *n* ionsaitheoir *m3*
assassinate *vt* feallmharaigh, dúnmharaigh
assassination *n* feallmharú *m*, dúnmharú *m*
assault *n* ionsaí *m* • *vt* ionsaigh; (*sexually*) tabhair drochiarraidh ar
assemble *vt* bailigh, cruinnigh; (*machinery*) cuir i gceann a chéile, cóimeáil • *vi* tar le chéile, cruinnigh, bailigh
assembly *n* teacht *m3* le chéile, tionól *m1*, comhthiomsú *m*; (*construction*) cóimeáil *f3*
assembly line *n* líne *f4* chóimeála
assent *n* aontú *m*
assert *vt* dearbhaigh; **he asserted himself** chuir sé é féin in iúl; **he asserted his innocence** dhearbhaigh sé go raibh sé neamhchiontach
assertion *n* dearbhú *m*
assertive *adj* ceannasach, teanntásach, treallúsach
assess *vt* measúnaigh, meas
assessment *n* measúnacht *f3*, measúnú *m*; **tax assessment** cáinmheas *m3*
assessor *n* measúnóir *m3*
asset *n* sócmhainn *f2*, áirge *f4*; **assets** *npl* (*FIN*) maoin *fsg2*, sócmhainní *fpl2*
assign *vt* (*date*) ainmnigh; (*jury*) sann; (*task*) tabhair do, dáil; (*resources*) dáil, leag amach; **to assign the job to sb** an tasc a thabhairt do dhuine
assignment *n* (*SCOL*) tasc *m1*; (*allocation*) dáileadh *m*; (*LAW*) sannadh *m*
assimilate *vt* comhshamhlaigh; **he assimilated the knowledge** rinne sé a chuid féin den eolas
assist *vt* cuidigh le, cabhraigh le; **to assist sb to do sth** cuidiú le duine rud a dhéanamh, cúnamh a thabhairt do dhuine rud a dhéanamh
assistance *n* cuidiú *m*, cúnamh *m1*, cabhair *f*
assistant *n* cúntóir *m3*, cabhróir *m3*; (*also*: **shop assistant**) freastalaí *m4* siopa
associate *adj* comhpháirteach, gaolmhar • *n* comhpháirtí *m4*, comhlach *m1* • *vt*: **to associate sth with sth else** rud a shamhlú le rud eile • *vi*: **to associate with sb** caidreamh a dhéanamh le duine, cuideachta a choinneáil le duine; **associate professor** comhollamh *m1*;

associates páirtí *msg4*
association *n* (*with people*) caidreamh *m1*, comhluadar *m1*, comhlachas *m1*; (*club etc*) cumann *m1*, comhaltas *m1*; **association of ideas** comhcheangal *m1* smaointe
assorted *adj* measctha
assortment *n* éagsúlacht *f3*, ilchumasc *m1*, meascra *m4*, meascán *m1*
assume *vt* glac le; (*responsibilities etc*) gabh (ort féin); **assuming you are right** abraimis go bhfuil an ceart agat; **I assume you don't drive** glacaim leis nach bhfuil tiomáint agat; **he assumed his mother's name** thug sé ainm a mháthar air féin; **he assumed a fighting stance** chuir sé goic throda air féin; **he assumed a look of distaste** chuir sé strainc air féin
assumption *n* glacadh *m*; (*of power*) gabháil *f3*; **The Assumption of the Virgin Mary** Deastógáil *f3* na Maighdine Muire; **The Feast of the Assumption** Lá *m* Fhéile Muire san Fhómhar
assurance *n* dearbhú *m*; (*pledge*) gealltanas *m1*; (*confidence*) muinín *f2*; (*insurance*) árachas *m1*
assure *vt* cinntigh, dearbhaigh, deimhnigh; **he will complete the work, I assure you** cuirfidh sé an obair i gcrích, geallaim duit
asthma *n* asma *m4*, múchadh *m*, plúchadh *m*
astonish *vt*: **to astonish sb** alltacht *or* ionadh a chur ar dhuine
astonishing *adj* iontach
astonishment *n* iontas *m1*, alltacht *f3*
astound *vt*: **to astound sb** alltacht a chur ar dhuine
astray *adv*: **to go astray** dul amú, dul ar seachrán; (*fig*) dul chun drabhláis; **to lead sb astray** duine a chur amú; (*fig*) duine a chur chun drabhláis, duine a chur ar bhealach a aimhleasa
astride *prep*: **he sat astride the chair** shuigh sé ar scaradh gabhail ar an gcathaoir
astrology *n* astralaíocht *f3*
astronaut *n* spásaire *m4*
astronomy *n* réalteolaíocht *f3*
astute *adj* géarchúiseach
asylum *n* teach *m* na ngealt; (*sanctuary*) tearmann *m1*

KEYWORD

at *prep* **1** (*referring to position, direction*) ag; **at the top** ag an bharr, ar bharr + *gen*; **at home/school** sa bhaile *or* ag baile/ar scoil; **at Patrick's** i dteach Phádraig, tigh Phádraig; **to look at sth** amharc *or* breathnú ar rud
2 (*referring to time*): **at 4 o'clock** ar a ceathair a chlog; **at Christmas** um Nollaig, faoi Nollaig; **at night** d'oíche, san oíche; **at times** (in) amanna, idir amanna, scaití, uaireanta
3 (*referring to rates, speed etc*): **at £1 a kilo** ar phunt an cileagram; **two at a time** ina mbeirteanna, ina bpéirí, péire in éineacht; **at 50 km/h** 50 ciliméadar san uair
4 (*referring to manner*): **at a stroke** d'aon iarraidh; **at peace** faoi shíocháin
5 (*referring to activity*): **to be at work** bheith ag obair; **to play at cowboys** bheith ag imirt buachaillí bó; **to be good at sth** bheith go maith i gceann ruda
6 (*referring to cause*): **to be surprised/annoyed at sth** iontas/fearg a bheith ort faoi rud; **I went at his suggestion** ar an gcomhairle s'aigesean a chuaigh mé

atheist *n* aindiachaí *m4*
Athens *n* an Aithin *f*
athlete *n* lúthchleasaí *m4*, lúithnire *m4*
athletic *adj* lúfar, lúthchleasach; (*club*) lúthchleas *gpl*; **the Gaelic Athletic Association** Cumann Lúthchleas Gael
athletics *n* lúthchleasa *mpl1*, cleasa *mpl1* lúith, lúthchleasaíocht *fsg3*
Atlantic *adj* Atlantach ♦ *n*: **the Atlantic (Ocean)** an tAigéan *m1* Atlantach
atlas *n* atlas *m1*
atmosphere *n* atmaisféar *m1*, aerbhrat *m1*

atom *n* adamh *m1*
atomic *adj* adamhach; **atomic bomb/power** buama/cumhacht adamhach
atone *vi*: **to atone for a crime** leorghníomh *or* cúiteamh a dhéanamh i gcoir, íoc as coir
atrocious *adj* (*very bad*) creathnach, scáfar, léanmhar, uafásach
atrocity *n* ainghníomh *m1*, gníomh *m1* uafáis
attach *vt*: **to attach sth to sth** rud a cheangal *or* a ghreamú de rud; (*document, letter*) rud a chur le rud; **to be attached to sb/sth** bheith ceanúil ar dhuine/rud; **he attached the greatest of importance to that** ba ríthábhachtach leis é sin
attaché case *n* síneáinín *m4* láimhe
attachment *n* (*tool*) ball *m1* breise, forbhall *m1*; (*love*): **attachment (to)** cion (ar)
attack *vt* ionsaigh; (*task etc*) tabhair faoi ♦ *n* ionsaí *m*, fogha *m4*; (*also*: **heart attack**) taom *m3* croí
attain *vt* (*also*: **to attain to**) sroich, bain amach
attempt *n* iarraidh *f*, iarracht *f3*, ionsaí *m* ♦ *vt*: **to attempt sth** iarraidh a thabhairt ar rud; **to attempt to do sth** féachaint le rud a dhéanamh; **to make an attempt on sb's life** iarraidh mharaithe a thabhairt ar dhuine
attempted *adj*: **attempted murder/suicide** iarraidh dhúnmharaithe/féinmharaithe
attend *vt* (*course*) freastail; **to attend** (*lectures*) freastal ar, bheith i láthair ag; (*school*) dul ar; (*patient*) freastal ar; **to attend Mass** an tAifreann a éisteacht
▸ **attend to** *vt fus*: **to attend to sth** aire a thabhairt do rud; **to attend to sb** (*care for*) freastal ar dhuine, aire a thabhairt do dhuine; (*listen to*) aird a thabhairt ar dhuine, cluas a thabhairt do dhuine
attendance *n* (*caring for*) giollacht *f3*; (*people present*) freastal *m1*; (*at school*) tinreamh *m1*
attendant *n* freastalaí *m4* ♦ *adj*: **the attendant dangers** na deacrachtaí a ghabhann le rud
attention *n* aire *f4*, aird *f2*, suntas *m1*; **attention!** (*MIL*) ar aire!; **for the attention of** (*ADMIN*) le haghaidh + *gen*
attentive *adj* aireach; (*kind*) cúramach
attentively *adv*: **to listen attentively to sth** cluas ghéar a thabhairt do rud
attest *vi*: **to attest to** fianaise a dhéanamh le
attic *n* áiléar *m1*
attitude *n* (*position*) gotha *m4*; (*mental*) dearcadh *m1*, mana *m4*
attorney (*US*) *n* (*lawyer*) aturnae *m4*
Attorney General *n* Ard-Aighne *m4*
attract *vt* tarraing, meall
attraction *n* (*pleasant things*) tarraingt *f*; (*PHYS*) imtharraingt *f*; (*fig*): **attraction towards sb/sth** dúil i nduine/i rud
attractive *adj* tarraingteach, meallacach
attribute *n* airí *m4*, bua *m4*, cáilíocht *f3* ♦ *vt*: **to attribute sth to sb** rud a fhágáil ar *or* a leagan ar dhuine, rud a chur i leith duine
attrition *n*: **war of attrition** cogadh *m1* tnáite
aubergine *n* ubhthoradh *m1*
auction *n* (*also*: **sale by auction**) ceant *m4* ♦ *vt*: **to auction sth** rud a cheantáil; **to put sth up for auction** rud a chur ar ceant, ceant a chur ar rud
auctioneer *n* ceantálaí *m4*
audacious *adj* (*daring*) dána, teanntásach; (*shameless*) soibealta
audible *adj* inchloiste, inchluinte
audience *n* (*for radio*) lucht *m3* éisteachta; (*for television*) lucht féachana; (*interview*) éisteacht *f3*
audiovisual *adj*: **audiovisual course** cúrsa *m4* closamhairc
audit *n* iniúchadh *m* ♦ *vt* iniúch
audition *n* triail *f*
auditor *n* iniúchóir *m3*
auditorium *n* halla *m4* éisteachta
augur *vi*: **it augurs well** is maith an tuar é
August *n* Lúnasa *m4*
aunt *n* aint *f2*

auntie, aunty *n* aintín *f4*
au pair *n* (*also*: **au pair girl**) au pair
auspicious *adj* fabhrach; **auspicious sign** dea-chomhartha, dea-thuar
Australia *n* an Astráil *f2*
Australian *adj, n* Astrálach *m1*
Austria *n* an Ostair *f2*
Austrian *adj, n* Ostarach *m1*
authentic *adj* barántúil, údarach, fíor
authenticate *vt* fíordheimhnigh
authenticity *n* údaracht *f3*, fírinne *f4*
author *n* údar *m1*
authoritarian *adj* údarásach
authoritative *adj* údarásach
authority *n* údarás *m1*; **the authorities** *npl* (*ruling body*) na húdaráis
authorize *vt* údaraigh; **to authorize sb to do sth** údarás a thabhairt do dhuine rud a dhéanamh
auto (*US*) *n* carr *m1*, gluaisteán *m1*
auto- *prefix* féin-; uath-
autobiography *n* dírbheathaisnéis *f2*
autograph *n* síniú *m* ♦ *vt* sínigh
automate *vt* uathoibrigh
automated *adj* uathoibrithe
automatic *adj* uathoibríoch ♦ *n* (*washing machine*) inneall *m1* níocháin (uathoibríoch)
automatically *adv* go huathoibríoch
automation *n* uathoibriú *m*
automaton *n* uathoibreán *m1*
automobile (*US*) *n* gluaisteán *m1*, carr *m1*
autonomy *n* féinriail *f*, uathriail *f*
autopsy *n* scrúdú *m* iarbháis
autumn *n* Fómhar *m1*; **in autumn** san Fhómhar
auxiliary *adj* cúnta, cúntach ♦ *n* cúntóir *m3*
avail *vt*: **to avail o.s. of sth** úsáid a bhaint as rud ♦ *n*: **to no avail** gan tairbhe
availability *n* infhaighteacht *f3*
available *adj* ar fáil, infhaighte; **readily available** ar aghaidh boise, ar fáil gan stró
avalanche *n* (*of snow*) maidhm *f2* shneachta; (*of rocks, clay etc*) maidhm *f2* shléibhe
avenge *vt*: **to avenge o.s.** díoltas *or* éiric *or* sásamh a bhaint amach
avenue *n* aibhinne *m4*, ascaill *f2*; (*fig*) slí *f4*, féidearthacht *f3*
average *n* meán *m1* ♦ *adj* cothrom, meánach, meán-; (*fig*): **the average person** an gnáthdhuine ♦ *vt* (*a certain figure*) meán a thógáil ar; **on average** ar an meán
▸ **average out** *vi*: **it averages out at 3.5** (is é) 3.5 an meán
averse *adj*: **to be averse to doing sth** leisce a bheith ort rud a dhéanamh; **she is not averse to it** ní miste léi é
avert *vt* (*one's eyes etc*) iompaigh ó; **we averted disaster** choinníomar uainn an tubaiste
aviary *n* éanlann *f2*
aviation *n* eitlíocht *f3*
avocado *n* (*also*: **avocado pear**) piorra *m4* abhcóide
avoid *vt* seachain, teith ó, téigh taobh anonn de; **to avoid work** teitheadh ó obair, obair a sheachaint; **to avoid sb** an bealach a fhágáil ag duine, duine a sheachaint
avoidable *adj* inseachanta
avoidance *n* seachaint *f3*
await *vt* fan le
awake *adj* múscailte, dúisithe ♦ *vt* múscail, dúisigh ♦ *vi* múscail, dúisigh; **he is awake to the danger** tuigeann sé an chontúirt; **I was awake** bhí mé múscailte, bhí mé i mo dhúiseacht
awakening *n* múscailt *f2*, dúiseacht *f3*
award *n* duais *f2*; (*LAW, damages*) dámhachtain *f3* ♦ *vt*: **to award a prize to sb** duais a thabhairt do dhuine; (*LAW*): **to award damages to sb** cúiteamh a dhámhachtain ar dhuine
aware *adj*: **I am aware of them** is eol dom iad; **I am aware of her presence** is eol dom í a bheith ann; **to become aware that** teacht ar an eolas go; **to become aware of sth** fios ruda a fháil; **he was aware of that** ní raibh sin ceilte air, ní dheachaigh sin amú air; **she is politically aware** tá sí eolach ar chúrsaí polaitíochta; **as far as I am aware** go

bhfios dom

awareness *n* aithne *f4*, eolas *m1*

away *adj* imithe, ar shiúl ♦ *adv*: **he went away** d'imigh sé; **he played away** sheinn sé leis; **he talked away** labhair sé leis; **two kilometres away** dhá chiliméadar ar shiúl; **it is two hours away by car** tógann sé dhá uair an chloig sa charr; **away from** ar shiúl ó; **stay away from the fire** fan amach ón tine; **he's away for a week** beidh sé ar shiúl go ceann seachtaine; **to fade away** (*sound*) síothlú; (*colour*): **it faded away** thréig sé, d'imigh an dath as; **to wither away** (*plant*) seargadh; **he took it away** thug sé leis é; **take three away from five** (*subtract*) bain a trí óna cúig; **away from home** as baile; (*no longer present*) as láthair; **far away** i bhfad ar shiúl, i bhfad ó bhaile; **he went away** d'imigh sé (leis); **work away!** ar aghaidh leat!; **do it right away** déan láithreach é

awe *n* uamhan *m1*

awesome *adj* uamhnach, creathnach

awful *adj* uafásach, millteanach, scanrúil; **an awful lot (of)** cuid mhór + *gen*; **it was an awful death** ba choscrach an bás é

awfully *adv* go huafásach; **awfully funny** millteanach *or* thar a bheith greannmhar

awhile *adv* nóiméad, ar feadh nóiméid; **wait awhile** fan go fóill

awkward *adj* (*clumsy*) anásta, liobarnach, amscaí; (*hands*) ciotach, sliopach; (*inconvenient*) ciotach

awning *n* scáthbhrat *m1*, díonbhrat *m1*

awry *adj, adv* cearr, ar fiar; **to go awry** dul ar seachrán

axe, (US) **ax** *n* tua *f4* ♦ *vt*: **the report was axed** caitheadh an tuarascáil i dtraipisí; **jobs were axed** gearradh poist

axis *n* ais *f2*

axle *n* (AUT) fearsaid *f2*, acastóir *m3*

ay(e) *excl* (*yes*) sea

B

B *n* (MUS) B *m4*
babble *vi* bheith ag cabaireacht *or* ag geabaireacht, gleoiseadh; (*baby*) bheith ag plobaireacht; (*stream*) bheith ag monabhar *or* ag crónán
baboon *n* babún *m1*
baby *n* leanbh *m1*, leanbán *m1*, babaí *m4*
baby carriage (US) *n* pram *m4*
baby-sit *vi*: **to baby-sit** páistí a fheighil, aire a thabhairt do pháistí
baby-sitter *n* feighlí *m4* páistí
bachelor *n* fear *m1* singil, baitsiléir *m3*; **Bachelor of Arts/Science** baitsiléir ealaíne/eolaíochta
back *n* (*of person, animal*) droim *m3*; (*of horse*) droim, muin *f2*; (*of hand, chair*) droim, cúl *m1*; (*of house, room, street, page*) cúl; (*of car, train*) deireadh *m1*; (FOOTBALL) cúlaí *m4* • *vt* (*candidate*: *also*: **back up**) tacaigh le, tabhair tacaíocht do; (*horse*: *at races*) cuir geall ar; (*car*) cúlaigh • *vi* (*also*: **back up**) cúlaigh, téigh ar gcúl, baiceáil • *adv* (*not forward*) siar, ar gcúl • *adj* (*in compounds*): **back door/room** doras/seomra cúil; **back seats/wheels/legs** suíocháin/rothaí/cosa deiridh; **back payments/rent** riaráistí; **he's back** (*returned*) tá sé ar ais; **he called back** (*again*) ghlaoigh sé ar ais; **as far back as** chomh fada siar le; **he ran back** rith sé ar ais; **stay back from the fire** fan amach ón tine; **I will write back to you** scríobhfaidh mé ar ais chugat; **throw the ball back** caith ar ais an liathróid; **get off his back** lig dó; **in the back of the car** i gcúl an chairr
▸ **back down** *vi* tarraing siar, géill
▸ **back out** *vi* téigh ar do chúl i
▸ **back up** *vt* (*candidate etc*) tacaigh le, tabhair tacaíocht do
backbencher *n* cúlbhinseoir *m3*
backbiting *n* cúlchaint *f2*
backbone *n* cnámh *f2* droma, slat *f2* droma
backdate *vt* (*letter*) réamhdhátaigh; **backdated pay rise** ardú pá (atá) réamhdhátaithe
backdrop *n* (*cloth*) cúlbhrat *m1*; (*background*) cúlra *m4*
backfire *vi* (AUT) cúltort, déan cúltortadh; (*plans etc*) fill ar; **his actions backfired on him** d'fhill a chuid gníomhartha air
background *n* cúlra *m4* • *adj* (COMPUT) cúlrach
backhand *n* (TENNIS: *also*: **backhand stroke**) cúlbhuille *m4*
backhander *n* breab *f2*; **to give sb a backhander** an crúibín cam a thabhairt do dhuine
backing *n* (*fig*) tacaíocht *f3*, cúl *m1* taca
backlash *n* frithbhualadh *m*, fritonn *f2*; (POL) frithradadh *m*
backlog *n* riaráiste *m4*
back number *n* (*of magazine etc*) seanuimhir *f*
backpack *n* mála *m4* droma
back pay *n* riaráiste *m4* tuarastail
backside (*inf*) *n* tóin *f3*, geadán *m1*, bundún *m1*
backspace *n* cúlspás *m1*
backstage *adv* ar chúl stáitse
backstroke *n* snámh *m3* droma
backup *adj* (*train, plane etc, also* COMPUT) cúltaca • *n* (*support*) tacaíocht *f3*, cúl *m1* taca; (*also*: **backup copy**) cóip *f2* chúltaca; (*also*: **backup disk**) diosca *m4* cúltaca; (*also*: **backup file**) comhad *m1* cúltaca
backward *adj* (*movement*) siar, ar gcúl; (*person*) cúthail, neoid; (*place*) cúlráideach, iargúlta
backwards *adv* (*move, go*) ar gcúl, siar; (*read a list*) droim ar ais; (*walk*) i ndiaidh do chúil, ar lorg do thóna; **to fall backwards** titim i ndiaidh do chúil
backwater *n* (*fig*) iargúil *f*
backyard *n* clós *m1* cúil, cúlchlós *m1*
bacon *n* bagún *m1*, muiceoil *f3*

bacteria *npl* baictéir *mpl1*
bad *adj* olc, dona; (*child*) crosta, dána, dalba; (*mistake, accident etc*) droch-; (*meat, food*) lofa; **his bad leg** a chos thinn *or* nimhneach; **to go bad** (*meat, food*) cor a theacht i; (*milk*) cor a theacht i, géarú; **to go to the bad** dul chun an donais; **it's not bad** níl caill air
badge *n* suaitheantas *m1*
badger *n* broc *m1*
badly *adv* (*work, dress etc*) go dona, go holc, go hamscaí; **badly wounded** gonta go dona, loite go dona; **he needs it badly** tá sé de dhíth go géar air, teastaíonn sé uaidh go géar
badly off *adj, adv* go dona as, i drochdhóigh
badminton *n* badmantan *m1*
badness *n* olcas *m1*, donacht *f3*; (*trait*) olc, mailís; **out of sheer badness** le tréan mioscaise
bad-tempered *adj* colgach, confach
baffle *vt* mearaigh, cuir mearú *or* mearbhall ar
bag *n* mála *m4* ♦ *vt* cuir i mála; (*inf*: *nab*) croch leat; **bags of money** na múrtha airgid
baggage *n* bagáiste *m4*
baggage allowance *n* liúntas *m1* bagáiste
baggy *adj*: **baggy trousers** bríste atá ina mhála; **to have baggy eyes** sprochaillí a bheith faoi na súile agat
bagpipes *npl* píb *fsg2* mhór, píb mhála, píoba *fpl2*
bail *n* (*payment*) bannaí *mpl4* ♦ *vt* (*prisoner*: *also*: **grant bail to**) lig amach ar bannaí; (*boat*: *also*: **bail out**) taosc; **on bail** (*prisoner*) faoi bhannaí, ar bannaí; **to jump bail** bannaí a bhriseadh
▸ **bail out** *vt* (*prisoner*) téigh i mbannaí ar; *see also* **bale**
bailiff *n* báille *m4*
bait *n* baoite *m4* ♦ *vt* cuir suas baoite; (*fig*: *tease*): **to bait sb** bheith ag spochadh as duine
bake *vt* bácáil, bruith ♦ *vi* bácáil
baked beans *npl* pónairí *fpl4* bruite
baker *n* báicéir *m3*
bakery *n* bácús *m1*, teach *m* báicéireachta
baking *n* báicéireacht *f3*
baking powder *n* púdar *m1* bácála
balance *n* cothrom *m1*, cóimheá *f4*, cothromaíocht *f3*; (COMM, *sum*) iarmhéid *m4*; (*remainder*) fuílleach *m1*; (*scales*) scálaí *mpl4*, meá *f4* ♦ *vt* cothromaigh, meáigh; (*budget, account*) comhardaigh; **balance of payments/trade** comhardú na n-íocaíochtaí/na trádála; **to hang in the balance** bheith idir dhá cheann na meá; **she lost her balance** baineadh dá cothrom í
balanced *adj* cothrom; (*judgement etc*) cóir
balance sheet *n* clár *m1* comhardaithe
balcony *n* balcóin *f2*, grianán *m1*; (*in theatre*) áiléar *m1*
bald *adj* maol, blagadach; (*tyre*) maol; (*statement*) lom; **bald man** blagadán; **bald patch** plait, blagaid
balding *adj* sceadach
baldly *adv* go lom, gan fiacail a chur ann
bale *n* burla *m4*, corna *m4* ♦ *vt* corn
▸ **bale out** *vi* (*of a plane*) toirléim
baler *n* (AGR) burlaire *m4*
ball *n* liathróid *f2*, bál *m1*; (FOOTBALL) peil *f2*; (*for hurling*) sliotar *m1*, cnag *m1*; (*of wool, thread, string*) ceirtlín *m4*; (*dance*) bál *m1*; **to play ball (with sb)** (*fig*: *cooperate*) comhoibriú (le duine)
ballad *n* bailéad *m1*
ballast *n* ballasta *m4*
ball bearings *npl* gráinní *mpl4* iompair
ballerina *n* bailéiríne *f4*
ballet *n* bailé *m4*
ballet dancer *n* rinceoir *m3* bailé
balloon *n* balún *m1*; (*in comic strip*) bolgán *m1*
ballot *n* ballóid *f2*
ballot paper *n* páipéar *m1* ballóide, páipéar vótála
ballplayer *n* (US) = **football player**
ballpoint (pen) *n* badhró *m4*, peann *m1* gránbhiorach
ballroom *n* bálseomra *m4*
balm *n* íocshláinte *f4*, balsam *m1*

Baltic *n*: **the Baltic (Sea)** Muir Bhailt
bamboo *n* bambú *m4*
ban *n* cosc *m1*, cros *f2*♦ *vt* cosc, toirmeasc, cuir cosc ar
banana *n* banana *m4*
band *n* banda *m4*; (*MUS*) banna *m4 or* buíon *f2* ceoil
▸**band together** *vi* cruinnigh le chéile
bandage *n* bindealán *m1*, bréid *m4*♦ *vt* cuir bindealán *or* bréid ar
Bandaid (*US*) ® *n* plástar *m1*, greimlín *m4*
bandy *vt* (*jokes, insults, ideas*) malartaigh; (*words, fire etc*) tabhair malairt + *gen* dá chéile
bandy-legged *adj* camchosach, camloirgneach, bórach
bang *n* pléasc *f2*; (*of door*) tailm *f2*, plab *m4*♦ *vt* pléasc; (*door*) dún de phlab, plab ♦ *vi* pléasc♦ *excl* plimp; **the door closed with a bang** dhún an doras de phlab
bangs (*US*) *npl* (*fringe*) frainse *msg4*
banish *vt* díbir
banister(s) *n(pl)* balastair *mpl1*, ráillí *mpl4* staighre
banjo *n* bainseó *m4*
bank *n* banc *m1*; (*of river, lake*) bruach *m1*; (*of earth*) carnán *m1*♦ *vi* (*AVIAT*) claon sciathán
▸**bank on** *vt fus* braith ar, cuir do mhuinín i
bank account *n* cuntas *m1* bainc
bank card *n* cárta *m4* baincéara
banker *n* baincéir *m3*
banker's card *n* = **bank card**
bank holiday *n* lá *m* saoire bainc
banking *n* baincéireacht *f3*
banknote *n* nóta *m4* bainc
bank rate *n* ráta *m4* bainc
bankrupt *adj* féimheach; **he went bankrupt** breithníodh ina fhéimheach é, briseadh ina ghnó é
bankruptcy *n* féimheacht *f3*
bank statement *n* ráiteas *m1* bainc
banner *n* meirge *m4*, bratach *f2*, fleaige *m4*
bannister(s) *n(pl)* = **banister(s)**
banns *npl* fógairt *fsg3* pósta
banquet *n* féasta *m4*; **wedding banquet** bainis *f2*
banshee *n* bean *f* sí
baptise *vt* baist
baptism *n* baisteadh *m*
bar *n* (*also MUS*) barra *m4*; (*pub, counter in pub*) beár *m1*; (*rod*: *of metal etc*: *lock*) bolta *m4*, sparra *m4*; (*on window etc*) sparra; (*fig*) bac *m1*, constaic *f2*; (*ban*) cosc *m1*, toirmeasc *m1*♦ *vt* (*road*) dún; (*door*) sparr, cuir sparra le; (*person, activity*) cuir cosc ar; **bar of soap** barra sópa; **the Bar** (*LAW*) an Barra; **to call sb to the Bar** glaoch chun an bharra ar dhuine; **behind bars** (*prisoner*) faoi ghlas; **bar none** gan aon eisceacht
barbaric *adj* barbartha
barbecue *n* barbaiciú *m4*, fulacht *f3*
barbed wire *n* sreang *f2* dheilgneach
barber *n* bearbóir *m3*
barbiturate *n* barbatúráit *f2*
Barcelona *n* Barcelona *f4*
bar code *n* barrachód *m1*
bare *adj* nocht, lom♦ *vt* nocht; **the bare necessities** na bunriachtanais
bareback *adv* droimnocht
barefaced *adj* gan náire, mínáireach; **barefaced lie** deargbhréag *f2*
barefoot *adj, adv* cosnochta
barely *adv* ar éigean
bargain *n* (*transaction*) margadh *m1*; (*good buy*) sladchonradh *m*, margadh maith♦ *vi* (*haggle*) déan margáil; (*negotiate*): **to bargain (with sb)** margáil a dhéanamh (le duine); **into the bargain** de bharr ar an iomlán
▸**bargain for** *vt fus*: **he got more than he bargained for** fuair sé rud nach ndearna sé margadh air
barge *n* báirse *m4*; **to barge into** bualadh *or* greadadh in éadan + *gen*
▸**barge in** *vi* (*walk in*) gread isteach, tar isteach de rúid, siúil romhat isteach; (*interrupt talk*) bris isteach ar, téigh roimh
bark *n* (*of tree*) coirt *f2*, rúsc *m1*; (*of dog*) tafann *m1*, glam *f2*♦ *vi*: **to bark** lig glam (as), déan tafann, bheith ag tafann *or* ag amhastrach; **his bark is worse than his bite** is measa a ghlam ná a ghreim

barley *n* eorna *f4*
barley sugar *n* eornóg *f2*
barmaid *n* cailín *m4* beáir, bean *f* an leanna
barman *n* fear *m1* beáir, fear *m1* an leanna
barn *n* scioból *m1*
barometer *n* baraiméadar *m1*
baron *n* barún *m1*
baroness *n* banbharún *m1*
baroque *adj* barócach
barracks *npl* beairic *fsg2*
barrage *n* (MIL, *dam*) baráiste *m4*; (*fig*) rois *f2*
barrel *n* bairille *m4*
barren *adj* aimrid, seasc
barricade *n* baracáid *f2* ♦ *vt* cuir baracáid ar
barrier *n* bac *m1*, bacainn *f2*; (*fig*: *to progress etc*) constaic *f2*
barring *prep* ach amháin
barrister *n* abhcóide *m4*
barrow *n* (*wheelbarrow*) barra *m4* (rotha)
bartender (US) *n* freastalaí *m4* beáir
barter *vt* babhtáil, malartaigh
base *n* bun *m1*; (*foundation*) bonn *m1*; (MIL) bunáit *f2* ♦ *vt*: **to base sth on** rud a bhunú ar ♦ *adj* suarach, táir
baseball *n* baseball
basement *n* íoslach *m1*
bash *vt* cnag, buail, gread, basc
bashful *adj* cúthail, cotúil
basic *adj* bunúsach, bunaidh, bun-
basically *adv* go bunúsach; (*in fact*) is amhlaidh (go)
basil *n* basal *m4*, lus *m3* mic rí
basin *n* (*vessel*) mias *f2*; (GEOG) imchuach *m4*; (*of river*) abhantrach *f2*; (*also*: **washbasin**) báisín *m4*, scála *m4*
basis *n* bun *m1*, bonn *m1*, bunús *m1*, dúshraith *f2*; **on a trial basis** ar bhonn trialach; **on a part-time basis** ar bhonn páirtaimseartha
bask *vi*: **to bask in the sun** bolg le gréin a dhéanamh, grianaíocht a dhéanamh
basket *n* bascaed *m1*, ciseán *m1*, cliabh *m1*
basketball *n* cispheil *f2*
Basque *adj*, *n* Bascach *m1*; (LING) Bascais *f2*; **the Basque country** Tír na mBascach
bass *n* (MUS) dord *m1*; (*voice*) dordghuth *m3*
bassoon *n* (MUS) basún *m1*
bastard *n* tuilí *m4*, mac *m1* suirí; (*inf!*) bastard *m1*
bat *n* buailteoir *m3*, slacán *m1*; (ZOOL) sciathán *m1* leathair ♦ *vt*: **he didn't bat an eyelid** súil níor chaoch sé
batch *n* dol *m3*; (*of turf, eggs, potatoes*) baisc *f2*
bated *adj*: **with bated breath** ar bior, ar bís
bath *n* folcadh *m*; (*bathtub*) folcadán *m1* ♦ *vt* folc; **to have a bath** tú féin a fholcadh; *see also* **baths**
bathe *vi* folc ♦ *vt* (*wound*) nigh, ionnail
bathing *n* snámh *m3*
bathing costume, (US) **bathing suit** *n* culaith *f2* shnámha
bathrobe *n* fallaing *f2* folctha
bathroom *n* seomra *m4* folctha
baths *npl* (*also*: **swimming baths**) poll *msg1 or* linn *f2* snámha
bath towel *n* tuáille *m4* folctha
baton *n* (MUS) baitín *m4*; (*club*) bata *m4*, smachtín *m4*
batter *vt* gread, batráil ♦ *n* fuidreamh *m1*
battered *adj* (*hat, pan*) briste brúite, seanchaite
battery *n* (ELEC) cadhnra *m4*, ceallra *m4*
battle *n* cath *m3*, briseadh *m* ♦ *vi*: **to battle against sth** troid in aghaidh ruda, streachailt in éadan ruda
battlefield *n* páirc *f2* an áir
battleship *n* cathlong *f2*
baud *n* (COMPUT) bád *m1*
bawdy *adj* graosta, gáirsiúil, madrúil
bawl *vi* béic, lig béic; **the child is bawling** tá an leanbh ag screadach caointe
bay *n* (*of sea*) bá *f4*; (*small*) camas *m1*; (*tree*) crann *m1* labhrais; **to hold sb at bay** srian a choinneáil ar dhuine
bay leaf *n* duilleog *f2* labhrais
bay window *n* fuinneog *f2* bhá, báfhuinneog *f2*
bazaar *n* basár *m1*
B.C. *adv abbr* (= *before Christ*) R.Ch.,

Roimh Chríost

KEYWORD

be *aux vb* 1 (*with present participle: forming continuous tenses*): **what are you doing?** cad é atá tú a dhéanamh?; **they're coming tomorrow** beidh siad ag teacht amárach; **I've been waiting for you for two hours** tá mé ag fanacht leat le dhá uair an chloig
2 (*with pp: forming passives*): **he was killed** maraíodh é; **he was nowhere to be seen** ní raibh sé le feiceáil thoir ná thiar
3 (*in tag questions*): **it was fun, wasn't it?** ba mhór an chuideachta *or* an spraoi é, nár mhór?; **she's back, is she?** tá sí ar ais, an bhfuil?
4 (+ *to* + *infin*): **the house is to be sold** tá an teach le díol; **he's not to open it** caithfidh sé gan é a oscailt, ná hosclaíodh sé é
♦ *vb + complement* is, bí 1 (*gen*): **I'm Irish** is Éireannach mé; **I'm tired** tá tuirse orm, tá mé tuirseach; **I'm hot/cold** tá mé fuar/te; **he's a doctor** is dochtúir é; **2 and 2 are 4** a dó is a dó a ceathair
2 (*health*): **how are you?** cad é mar atá tú?, cén chaoi a bhfuil tú?, conas atá tú?; **he's fine now** tá sé go breá anois; **he's very ill** tá sé an-bhreoite
3 (*age*): **how old are you?** cén aois atá agat?; **I'm sixteen (years old)** tá mé sé bliana déag (d'aois)
4 (*cost*): **how much was the meal?** cá mhéad a bhí ar an mbéile?; **that'll be £5, please** cúig phunt, le do thoil
♦ *vi* 1 (*exist, occur etc*): **the prettiest girl that ever was** an cailín is deise dá raibh riamh ann; **be that as it may** bíodh sin mar atá, bíodh sin amhlaidh nó ná bíodh; **so be it** bíodh amhlaidh
2 (*referring to place*): **I won't be here tomorrow** ní bheidh mé anseo amárach; **Edinburgh is in Scotland** tá Dún Éideann in Albain, is in Albain atá Dún Éideann
3 (*referring to movement*): **where have you been?** cén áit a raibh tú?
♦ *impers vb* 1 (*referring to time, distance*): **it's 5 o'clock** tá sé a cúig a chlog; **it's the 28th of April** an t-ochtú lá is fiche de Mhí Aibreáin atá ann; **it's 10 km to the town** tá sé deich gciliméadar chun an bhaile mhóir
2 (*referring to the weather*): **it's too hot/cold** tá sé róthe/rófhuar; **it's windy** tá sé gaofar
3 (*emphatic*): **it's me/the postman** mise atá ann/fear an phoist atá ann

beach *n* trá *f4* ♦ *vt* (*boat*) tabhair rith cladaigh do

beacon *n* (*lighthouse*) solas *m1*; (*marker*) rabhchán *m1*

bead *n* (*decorative*) coirnín *m4*; (*of sweat, blood*) deoir *f2*; **Rosary beads** Paidrín *msg4*, Coróin *fsg* Mhuire

beak *n* gob *m1*

beaker *n* eascra *m4*, corn *m1*

beam *n* (*of wood*) maide *m4*; (*of light*) ga *m4* ♦ *vi* soilsigh, lonraigh; **she was beaming** bhí aoibh an gháire uirthi

bean *n* pónaire *f4*; **runner/broad bean** pónaire reatha/leathan

beansprouts *npl* spruitíní *mpl4* soighe

bear *n* béar *m1* ♦ *vt* (*carry*) iompair; (*endure*) fulaing ♦ *vi*: **to bear right/left** coinneáil ar dheis/ar chlé

▸ **bear out** *vt* (*fact*) deimhnigh, cruthaigh

▸ **bear up** *vi* (*person*) fulaing go cróga

bearable *adj* sofhulaingthe

beard *n* féasóg *f2*; **goat's beard** meigeall *m1*

bearded *adj* féasógach

bearer *n* iompróir *m3*; (*of passport*) sealbhóir *m3*

bearing *n* iompar *m1*, siúl *m1*; (*connection*) baint *f2*; **bearings** *npl* (*also*: **ball bearings**) gráinní *mpl4* iompair; **to take a bearing on** marc a thógáil ar; **he lost his bearings** chuaigh sé ar seachrán

beast *n* ainmhí *m4*, beithíoch *m1*; (*inf: person*) brúid *f2*

beastly *adj* brúidiúil, gránna

beat *n* bualadh *m*; (MUS) buille *m4*; (*of*

policeman) cuairt *f2*, stádar *m1* ♦ *vt, vi* buail; **off the beaten track** scoite, iargúlta; **beat it!** gread leat!

▸ **beat off** *vt* cuir an ruaig ar

▸ **beat up** *vt* (*inf*) buail, tabhair greasáil *or* léasadh do; (*egg*) buail

beating *n* bualadh *m*, greasáil *f3*, léasadh *m*

beautiful *adj* álainn, scéimhiúil, galánta, sciamhach

beautifully *adv* go hálainn, go scéimhiúil, go sciamhach

beauty *n* áilleacht *f3*, scéimh *f2*; **beauty products** earraí áillithe; **the beauty of it is that** is é an chuid is fearr de go; **beauty is in the eye of the beholder** nochtann grá gnaoi

beauty spot *n* (TOURISM) ball *m1* áilleachta

beaver *n* béabhar *m1*

becalm *vt* ciúnaigh

becalmed *adj* ar díth córa

because *conj* óir, mar, toisc

because of *prep* mar gheall ar, de bharr + *gen*, de thairbhe, de dheasca

beck *n*: **to be at sb's beck and call** bheith ar teaghrán ag duine; **he's at your beck and call** níl (agat) ach sméideadh air, tá sé ar teaghrán agat

beckon *vt*: **beckon to** sméid ar

become *vi* éirigh; **to become fat/thin** éirí ramhar/caol; **he became tired/sick** d'éirigh sé tuirseach/tinn; **he became afraid** tháinig eagla air; **he became worse** chuaigh sé chun donachta; **it is becoming colder** tá sé ag éirí níos fuaire, tá sé ag dul i bhfuaire; **he became a priest** rinneadh sagart de; **he became a Catholic** d'iompaigh sé ina Chaitliceach; **he became a soldier** chuaigh sé sna saighdiúirí; **that does not become you** ní fhóireann sin duit; **what became of him?** cad (é) a d'éirigh dó?

becoming *adj* (*behaviour*) cuí; (*clothes*) maisiúil

bed *n* leaba *f*; (*of flowers*) ceapach *f2*; (*of coal, clay*) scair *f2*; (*of sea*) grinneall *m1*; **to make the bed** an leaba a chóiriú; **he went to bed** chuaigh sé a luí; **he is in bed** tá sé ina luí

bed and breakfast *n* leaba *f* agus bricfeasta

bedclothes *npl* éadaí *mpl1* leapa

bedding *n* córacha *fpl3* leapa

bedraggled *adj* (*person, clothes*) míshlachtmhar, gioblach; (*wet hair*) ina líbíní

bedridden *adj* cróilí, ag coinneáil na leapa

bedroom *n* seomra *m4* leapa

bedside *n*: **at sb's bedside** ag colbha na leapa ag duine

bedsit(ter) *n* seomra *m4* suí is leapa, suanlann *f2* chónaithe

bedspread *n* scaraoid *f2* leapa

bedtime *n* am *m3* luí

bee *n* beach *f2*

beech *n* fáibhile *m4*, feá *f4*

beef *n* mairteoil *f3*; **roast beef** mairteoil rósta

beefburger *n* martbhorgaire *m4*

beefy *adj* toirtiúil, feolmhar, téagartha; **he is beefy** tá sé ina mhart

beehive *n* coirceog *f2*

beeline *n*: **to make a beeline for** tarraingt caol díreach ar

beer *n* beoir *f*, leann *m3*

beet *n* (*vegetable*) biatas *m1*; (US: *also*: **red beet**) biatas dearg

beetle *n* ciaróg *f2*, daol *m1*

beetroot *n* meacan *m1* biatais, biatas *m1*

before *prep* (*in time*) roimh; (*preference*) thar; (*in space*) os comhair + *gen*, os coinne + *gen* ♦ *conj* sula ♦ *adv* ar tosach, roimhe sin, cheana; **before going** roimh imeacht; **before she goes** sula n-imíonn sí; **the week before** an tseachtain roimhe sin; **I've seen it before** chonaic mé cheana é

beforehand *adv* roimh ré

beg *vi*: **to beg** bheith ag iarraidh na déirce ♦ *vt* impigh ar; (*forgiveness, mercy etc*) agair; (*entreat*) achainigh ar; *see also* **pardon**

beggar *n* bacach *m1*, fear *m1* déirce, bean *f* déirce; **beggars can't be choosers** is buí le bocht an beagán

begin *vt, vi* tosaigh, cuir tús le; **to begin doing** *or* **to do sth** tosú ar rud a dhéanamh

beginner *n* tosaitheoir *m3*

beginning *n* tús *m1*, tosach *m1*

behalf *n*: **on behalf of sb** (*representing*) thar ceann duine; **on behalf of** (*for benefit of*) ar son + *gen*; **on my/his behalf** thar mo/a cheann

behave *vi* iompair; (*well*: *also*: **behave o.s.**) tú féin a iompar go maith; **behave yourself** bíodh múineadh ort

behaviour, (*US*)**behavior** *n* iompar *m1*; **good/bad behaviour** dea-/drochiompar *m1*

behead *vt* dícheann, bain an cloigeann de

behind *prep* taobh thiar de, laistiar de, ar chúl + *gen*; (*time, work, studies*) siar, ar deireadh♦ *adv* thiar, chun deiridh♦ *n* tóin *f3*; **to be behind (schedule)** bheith ar deireadh (leis an obair); **behind the scenes** ar chúl stáitse, ar an gcúlráid

behold *vt* féach (ar), breathnaigh (ar), dearc (ar), amharc (ar)

beige *adj* béas

Beijing *n* Beijing *f4*

being *n* neach *m4*; (*existence*) beith *f2*

Beirut *n* Béarút *m4*

Belarus *n* an Bhílearúis *f2*

belated *adj* deireanach, mall

belch *vi* brúcht♦ *vt* (*also*: **to belch out**: *smoke etc*) bheith ag tonnadh

Belfast *n* Béal *m* Feirste; **Belfast Lough** Loch *m* Lao

belfry *n* cloigtheach *m*, clogás *m1*

Belgian *adj, n* Beilgeach *m1*

Belgium *n* an Bheilg *f2*

belie *vt* bréagnaigh

belief *n* (*opinion*) barúil *f3*, tuairim *f2*; (*trust, faith*) creideamh *m1*; **it is my belief ...** is é mo thuairim ...

believe *vt, vi* creid; **to believe in** (*God, method*) creidiúint i; (*ghosts*) tabhairt isteach do

believer *n* (*REL*) creidmheach *m1*; (*in idea, activity*): **believer in** duine a chuireann a dhóchas i, fear mór/bean mhór + *gen*

belittle *vt* déan a bheag de

bell *n* clog *m1*

belligerent *adj* (*person, attitude*) trodach, bruíonach, achrannach

bellow *vi* (*bull*) búir; (*person*) béic

belly *n* bolg *m1*

belong *vi*: **that belongs to me** is liomsa sin; (*group*): **she belongs to that party** is ball den pháirtí úd í; (*place*): **I don't belong to this town** ní as an mbaile seo mé

belongings *npl* giuirléidí *fpl2*

beloved *adj* ionúin♦ *n* muirnín *m4*

below *prep* faoi♦ *adv* thíos, laistíos; **see below** féach thíos; **to go below** dul síos, dul ar íochtar; **from below** aníos

belt *n* crios *m3*, beilt *f2*; (*of land, TECH*) crios♦ *vt* (*thrash*) buail, tabhair greadadh do, tabhair léasadh do

beltway (*US*) *n* (*AUT, motorway*) cuarbhóthar *m1*

bemused *adj* trí chéile, trína chéile

bench *n* binse *m4*; **the Bench** (*LAW*) An Binse *m4*

bend *vt* lúb♦ *vi* lúb, crom♦ *n* (*in road*) cor *m1*, lúb *f2*; (*in pipe*) lúb; (*in river*) lúb, camas *m1*; **the bends** (*MED*) tinneas *m1* tumadóra

▸**bend down** *vi* crom síos

▸**bend over** *vi* crom

beneath *prep* (thíos) faoi♦ *adv* thíos; **it is beneath me** ní chromfainn air

benefactor *n* pátrún *m1*

beneficial *adj* tairbheach, sochrach; **beneficial to the health** tairbheach don tsláinte

benefit *n* sochar *m1*, leas *m3*, tairbhe *f4*; (*also*: **unemployment benefit**) sochar dífhostaíochta♦ *vt* téigh chun sochair do; **it benefitted me** chuaigh sé chun sochair dom♦ *vi* bain sochar as; **I benefitted from it** bhain mé sochar as; **he used it to his own benefit** chuir sé dá leas féin é *or* chun tairbhe dó féin é; **for the benefit of** mar mhaithe le; **to give sb the benefit of the doubt** sochar an amhrais a thabhairt do dhuine

Benelux *n* Benelux *m4*

benevolent *adj* dea-mhéineach; **a benevolent society** cumann *m1* carthanach

benign *adj* (*person, smile*) caoin; (MED) neamhainciseach, neamhurchóideach

bent *adj* cam • *n*: **he has a bent for it** tá claonadh *or* luí aige leis; **he is bent on escaping** tá rún daingean aige éalú

bequeath *vt* tiomnaigh, fág le huacht

bequest *n* tiomnacht *f3*

bereave *vt* bain de; **an accident bereaved him of his father** maraíodh a athair go tubaisteach air; **anger had bereft him of speech** níor fágadh focal ann le fearg

bereaved *n*: **the bereaved** muintir *f2* an mharbhánaigh

beret *n* bairéad *m1*

Berlin *n* Beirlín *f4*

berry *n* caor *f2*

berserk *adj*: **to go berserk** dul ar steallaí mire, dul ar dásacht

berth *n* (*bed*) leaba *f* (loinge); (*for ship*) leaba ancaire • *vi* (*in harbour*) tar le cé; (*at anchor*) téigh ar ancaire; **to give sb a wide berth** an bealach a fhágáil ag duine

beseech *vt* agair ar

beset *vt* sáinnigh

beside *prep* in aice (le), le hais + *gen*, taobh le; **that's beside the point** ní bhaineann sin le hábhar; **he was beside himself with anger** bhí sé thairis féin le fearg

besides *adv* le cois, freisin, chomh maith; (*in any case*) thairis sin, cár bith • *prep* (*as well as*) seachas, diomaite de, chomh maith le; **besides which** diomaite de sin, cé is moite de sin, thairis sin

besiege *vt* (*town*) cuir faoi léigear; (*fig*) ciap, sáinnigh

best *adj, adv* is fearr; **the best part of** an mhórchuid de; **at best** ar an chuid is fearr de; **to make the best of sth** a mhór a dhéanamh de rud; **to do one's best** do dhícheall a dhéanamh; **to the best of my knowledge** ar feadh m'eolais; **to the best of my ability** a fheabhas agus is féidir liom, chomh maith agus a thig liom

best man *n* finné *m4* fir, vaidhtéir *m3*

bestow *vt*: **to bestow sth on sb** rud a bhronnadh ar dhuine

bestseller *n* leabhar *m1* móréilimh

bet *n* geall *m1* • *vt, vi* cuir geall (ar); **I bet five pounds on a horse** chuir mé (geall) cúig phunt ar chapall; **I'll bet you he comes** bíodh geall go dtiocfaidh sé

betray *vt* braith, feall ar; (*secret*) sceith; (*feeling*) taispeáin

betrayal *n* feall *m1*

better *adj, adv* níos fearr • *vt* sáraigh, feabhsaigh • *n*: **to get the better of** an lámh in uachtar a fháil ar; **you had better do it** b'fhearr duit é a dhéanamh; **he thought better of it** rinne sé athchomhairle; **to get better** bisiú, dul i bhfeabhas

better off *adj* níos fearr as; (*fig*): **you'd be better off this way** b'fhearr as mar seo tú

betting *n* geallchur *m1*

betting shop *n* siopa *m4* geallghlacadóra

between *prep* idir • *adv*: **(in) between** i lár báire; **between meals** idir bhéilí; **between Belfast and Dublin** idir Béal Feirste agus Baile Átha Cliath

beverage *n* deoch *f*

bevvy (*inf*) *n* deoch *f* • *vi* téigh ag ól

beware *vi* seachain; "**beware of the dog**" "seachain an madra"; **beware of him** fainic thú féin air, bí ar d'fhaichill air

bewildered *adj* ar mearbhall, trí (na) chéile

beyond *prep* (*in space, time*) ar an taobh thall (de); (*exceeding*) thar, os cionn • *adv* ansiúd, thall • *n*: **the Beyond** an taobh thall; **beyond doubt** gan aon amhras; **it is beyond repair** tá sé ó chóiriú; **at the back of beyond** ar an iargúil; **I went beyond my resources** chuaigh mé thar m'acmhainn; **they are beyond my control** tá siad ó smacht orm

bias *n* (*prejudice*) claonadh *m*

bias(s)ed *adj* leataobhach, claonta; **he is bias(s)ed towards/against women** tá sé

claonta i leith/i gcoinne na mban
bib *n* bráidín *m4*
Bible *n* Bíobla *m4*
bicarbonate of soda *n* décharbónáit *f2* sóide
biceps *n* bicéips *f2*
bicker *vi*: **to bicker over sth** bheith ag cnádánacht faoi rud
bickie *n* (*inf*) = **biscuit**
bicycle *n* rothar *m1*
bid *n* (*at auction etc*) tairiscint *f3*; (*attempt*) iarraidh *f*, iarracht *f3* • *vi* tairg, déan tairiscint • *vt* ordaigh do; **he bid me good morning** bheannaigh sé dom; **he bid me goodbye** d'fhág sé slán agam; **he bid five pounds for it** thairg sé cúig phunt air; **do as you are bid** déan mar a iarrtar ort
bidder *n* tairgeoir *m3*; **the highest bidder** an té a thairgeann an t-airgead is mó
bidding *n* tairiscint *f3*
bide *vt*: **to bide one's time** an fhaill a fhaire, fanacht le cóir
bifocals *npl* défhócasaigh *mpl1*
big *adj* mór
bigamy *n* biogamacht *f3*, déchéileachas *m1*
bigheaded *adj* sotalach, leitheadach; **he is bigheaded** tá a cheann séidte, tá sé mór as féin
bigot *n* biogóid *m4*
bigoted *adj* biogóideach
bigotry *n* biogóideacht *f3*
big top *n* ollphuball *m1* sorcais
bike *n* rothar *m1*
bikini *n* bicíní *m4*
bilateral *adj* déthaobhach
bilingual *adj* dátheangach
bill *n* (*also* POL) bille *m4*; (*US*: *banknote*) nóta *m4* bainc; (*of bird*) gob *m1*; (THEAT): **on the bill** ar an gclár; **"post no bills"** "cros ar fhógráin"; **to fit** *or* **fill the bill** (*fig*) cúis a dhéanamh • *vt*: **to bill sb** bille a chur chuig duine
billboard *n* clár *m1* fógraí
billet *n* billéad *m1*
billfold (*US*) *n* sparán *m1*
billiards *n* billéardaí
billion *n* (BRIT) billiún *m1* + *sg*; (US) míle *m4* milliún + *sg*
bin *n* araid *f2*; (*also*: **dustbin**) bosca *m4* bruscair
binary *adj* dénártha
bind *vt* (*tie*) ceangail, nasc; (*book*) ceangail; (*oblige*): **to bind sb to do sth** iallach a chur ar dhuine rud a dhéanamh • *n* (*nuisance*) crá *m4* croí
binding *adj* (*contract*) ceangailteach
binge (*inf*) *n* ragús *m1* óil, drabhlás *m1*; **to go on a** *or* **the binge** dul ar an ól *or* ar na cannaí
bingo *n* biongó *m4*
binman *n* fear *m1* bruscair
binoculars *npl* déshúiligh *mpl1*
biochemistry *n* bithcheimic *f2*
biodegradable *adj* bith-indíghrádaithe
biographer *n* beathaisnéisí *m4*
biographic *adj* beathaisnéiseach
biography *n* beathaisnéis *f2*
biological *adj* bitheolaíoch
biological clock *n* clog *m1* bitheolaíoch
biological diversity *n* ilghnéitheacht *f3* bhitheolaíoch
biology *n* bitheolaíocht *f3*
biorhythm *n* bithrithim *f2*
biotechnology *n* bith-theicneolaíocht *f3*
birch *n* beith *f2*
bird *n* éan *m1*
bird's-eye view *n* radharc *m1* anuas; (*fig*) léargas *m1* ginearálta
bird-watcher *n* éanfhairtheoir *m3*, éaneolaí *m4*
Biro ® *n* badhró *m4*
birth *n* breith *f2*; **she gave birth to a son** rugadh mac di; **he's Irish by birth** is Éireannach ó dhúchas é
birth certificate *n* teastas *m1* beireatais
birth control *n* (*policy*) cosc *m1* beireatais; (*method*) frithghiniúint *f3*
birthday *n* breithlá *m*, lá *m* breithe • *cpd* breithlae *n gen*
birthplace *n*: **my birthplace** an áit ar rugadh mé; (*fig*) m'áit *f2* dhúchais
birth rate *n* ráta *m4* beireatais
biscuit *n* (BRIT) briosca *m4*; (US) toirtín *m4*

bishop *n* (*also* CHESS) easpag *m1*
bit *n* giota *m4*, blúire *m4*, píosa *m4*; (*of tool*) béalmhír *f2*; (*for horse*) béalbhach *f2*; (COMPUT) giotán *m1*; **a bit of** píosa de, giota de; **a bit mad** rud beag ar mire; **a bit tired** rud beag tuirseach; **bit by bit** de réir a chéile, diaidh ar ndiaidh, ó ghiota go giota; **every bit as clever as ...** lán chomh cliste le ...
bitch *n* (*dog*) soith *f2*, bitseach *f2*; (*inf!*) raicleach *f2*, bitseach (mná)
bite *vt, vi* bain greim *or* plaic *or* sclamh as; (*insect*) cailg ♦ *n* (*insect bite*) cailg *f2*, greim *m3*; (*mouthful*) greim; (FISHING) broideadh *m*; **let's have a bite (to eat)** beidh greim bia againn; **to bite one's nails** d'ingne a ithe
bitter *adj* goirt, searbh, gangaideach; (*weather, wind*) nimhneach, feanntach; (*person*) domlasta; (*criticism*) géar, dian, feanntach; (*struggle*) géar ♦ *n* (*beer*) leann *m3* searbh
bitterness *n* searbhas *m1*, gangaid *f2*, nimh *f2* san fheoil; (*taste*) seirbhe *f4*, domlas *m1*
bizarre *adj* ait, aisteach, saoithiúil
blab *vi*: **to blab** bheith ag clabaireacht
black *adj* dubh ♦ *n* (*colour*) dubh *m1*; (*person*): **Black** Gormach *m1*, duine *m4* gorm ♦ *vt* (IND) baghcatáil; **to give sb a black eye** súil dhubh a fhágáil ag duine; **to be in the black** (*in credit*) bheith ar thaobh an tsochair; **as black as soot** chomh dubh leis an súiche
blackberry *n* sméar *f2* dhubh
blackbird *n* lon *m1* dubh, céirseach *f2*
blackboard *n* clár *m1* dubh
black coffee *n* caife *m4* dubh
blackcurrant *n* cuirín *m4* dubh
blacken *vt* dubhaigh
black ice *n* oighear *m1* dubh
blackleg *n* cúl *m1* le stailc
blacklist *n* liosta *m4* dubh
blackmail *n* dúmhál *m1* ♦ *vt* cuir faoi dhúmhál, dúmhál
black market *n* margadh *m1* dubh
blackout *n* (ELEC) lánmhúchadh *m*; **to have a blackout** (*fainting*) titim i laige, dul i dtámh *or* i dtámhnéal ♦ *vi* (TV *etc*) dul as
Black Sea *n*: **the Black Sea** an Mhuir *f3* Dhubh
black sheep *n* (*fig*) coilíneach *m1*
blacksmith *n* gabha *m4* (dubh)
black spot (AUT) *n* ball *m1* báis
bladder *n* lamhnán *m1*; (*football*) scrathóg *f2*
blade *n* (*of weapon*) lann *f2*, faobhar *m1*; (*of oar, hurling stick, shoulder*) bos *f2*; **blade of grass** gas *m1* *or* ribe *m4* féir
blame *n* locht *m3*, milleán *m1* ♦ *vt*: **to blame sb/sth for sth** an locht a chur ar dhuine/ar rud as rud; **who's to blame?** cé air an locht *or* an milleán?; **he is to blame** eisean is ciontaí; **you have only yourself to blame** bí ag éileamh ort féin
blameless *adj* gan locht, neamhlochtach
blancmange *n* bánghlóthach *f2*
bland *adj* (*taste, food*) tur, leamh
blank *adj* bán, folamh; (*look*) folamh, bómánta ♦ *n* (*space*) bearna *f4*; (*cartridge*) cartús *m1* caoch; **his mind was a blank** ní raibh aon smaoineamh ina cheann
blank cheque *n* seic *m4* bán
blanket *n* blaincéad *m1*, pluid *f2*; (*of snow, cloud*) cumhdach *m1*
blare *vi* búir
blaspheme *vi* diamhaslaigh
blast *n* (*of wind*) rois *f2*, soinneán *m1*; (*of explosive*) pléasc *f2* ♦ *vt* pléasc, réab
blastoff *n* (SPACE) scaoileadh *m*
blatant *adj* lom-, dearg-; (*clear*) follasach; **a blatant lie** deargbhréag
blaze *n* (*fire*) dóiteán *m1*, gléireán *m1*; (*on animal*) scead *f2* ♦ *vi*: **to blaze** (*fire*) bheith ag bladhmadh; (*sun*) bheith ag scalladh *or* spalpadh ♦ *vt*: **to blaze a trail** (*fig*) ceannródaíocht a dhéanamh
blazer *n* bléasar *m1*
bleach *n* bléitse *m4* ♦ *vt* (*linen etc*) bánaigh, tuar
bleached *adj* (*hair*) tuartha
bleak *adj* sceirdiúil, deileoir; (*future*) gruama
bleat *vi*: **to bleat** bheith ag méileach ♦ *n* (*of sheep*) méileach *f2*; (*of goat*)

meigeallach *f2*
bleed *vt* (MED) bain *or* lig fuil as, déan cuisleoireacht ar ♦ *vi* cuir fuil, fuiligh (ar); **he is bleeding** tá sé ag cur fola; **his nose was bleeding** bhí sé ag cur fuil shróine
bleeper *n* (*device*) blípire *m4*
blemish *n* ainimh *f2*, máchail *f2*, smál *m1*; (*on fruit, reputation*) smál ♦ *vt* smálaigh
blend *n* cumasc *m1*, meascán *m1* ♦ *vt* cumaisc, measc ♦ *vi*: **to blend (in)** (*colours etc*) dul isteach ina chéile, cur le chéile
blender *n* cumascóir *m3*
bless *vt* beannaigh, coisric; **bless you!** (*after sneeze*) Dia leat!; Dia linn!; **to bless o.s.** tú féin a choisreacan
blessing *n* beannacht *f3*, coisreacan *m1*; (*godsend*) tabhartas *m1* Dé, tíolacadh *m* ó neamh
blight *vt* smol, mill; **to blight sb's hopes** duine a chur dá dhóchas *or* as a dhóchas
blimey (*inf*) *excl* a thiarcais!
blind *adj* dall, caoch ♦ *n* (*for window*) dallóg *f2*; **the blind** *npl* na daoine *mpl4* dalla, na daill *mpl1* ♦ *vt* dall, caoch
blind alley *n* clós *m1* caoch
blind corner *n* coirnéal *m1* caoch
blindfold *n* púicín *m4* ♦ *adj, adv* faoi phúicín ♦ *vt* cuir púicín ar
blindly *adv* go dall, go haingiallta
blindness *n* daille *f4*, caoiche *f4*
blind spot *n* (AUT) caochspota *m4*; **that is her blind spot** (*fig*) sin an rud nach bhfuil ciall ar bith aici dó
blink *vi* (*light*) preab; **to blink an eye** súil a chaochadh *or* a bhobáil ♦ *n*: **in the blink of an eye** i bhfaiteadh na súl
blinkers *npl* léaróga *fpl2*
bliss *n* aoibhneas *m1*
blister *n* (*on skin*) spuaic *f2*, clog *m1*; (*on paintwork, rubber*) clog ♦ *vi* (*paint*) clog; **it blistered** d'éirigh clog air
blizzard *n* síobadh *m* sneachta
bloated *adj* ata, séidte, borrtha
blob *n* (*drop*) daba *m4*, braon *m1*; (*daub, lump*) daba *m4*; (*stain*) smál *m1*; (*spot*) ball *m1*
block *n* bloc *m1*, ceap *m1*; (*in pipes*) bacainn *f2*; (*toy*) bloicín *m4*; (*of buildings*) ceap *m1* ♦ *vt* coisc, cuir bac *or* cosc ar, stop; (*ball*) stop, blocáil; (*fig*) téigh roimh; **mental block** bac intinne
blockade *n* imshuí *m4*
blockage *n* caochaíl *f3*, bac *m1*
block capitals, block letters *npl* bloclitreacha *fpl*, mórlitreacha *fpl* bloic
block of flats *n* áraslann *f2*, ceap *m1* árasán
bloke (*inf*) *n* diúlach *m1*
blond(e) *adj* fionn, bán ♦ *n* duine *m4* fionn
blood *n* fuil *f*; **to have sth in the blood** (*fig*) rud a bheith sa dúchas agat
blood donor *n* deontóir *m3* fola
blood group *n* fuilghrúpa *m4*
bloodhound *n* cú *m4* fola
bloodless *adj* gan fuil, neamhfholach
blood poisoning *n* nimhiú *m* fola
blood pressure *n* brú *m4* fola
bloodshed *n* ár *m1*, doirteadh *m* fola, fuildoirteadh *m*
bloodshot *adj* sreangach
bloodstream *n* sruth *m3* (na) fola
blood test *n* triail *f* fola
bloodthirsty *adj* fuilchíocrach; **to be bloodthirsty** mian fola a bheith ort
blood vessel *n* fuileadán *m1*, soitheach *m1* fola
bloody *adj* fuilteach; (*inf!*): **this bloody ...** an .... mallaithe seo; **bloody strong/good** damanta láidir/maith
bloody-minded (*inf*) *adj* cadránta, ceanndána
bloom *n* bláth *m3*, snas *m3*, snua *m4* ♦ *vi* tar i mbláth
blossom *n* bláth *m3*, plúr *m1* ♦ *vi* bláthaigh, tar i mbláth
blot *n* smál *m1* ♦ *vt* smálaigh
▸ **blot out** *vt* (*memories*) cuir as do cheann; (*view*) folaigh, ceil
blotting paper *n* páipéar *m1* súite
blouse *n* blús *m1*
blow *n* buille *m4* ♦ *vi* (*wind*) séid; (*fuse*) dóigh ♦ *vt* séid; (*instrument*) séid; **to**

blow one's nose do shrón a shéideadh; **to blow a whistle** feadóg a shéideadh
▸ **blow away** *vt* séid ar shiúl, séid chun siúil
▸ **blow down** *vt* séid chun talún
▸ **blow off** *vt* séid de, síob de
▸ **blow out** *vt* (*fire, flame*) múch, séid amach ♦ *vi* téigh as
▸ **blow over** *vi* síothlaigh
▸ **blow up** *vt* séid; (*tyre*) séid, teann, cuir aer i; (*PHOT*) méadaigh ♦ *vi* pléasc

blowlamp *n* séidlampa *m4*
blowout *n* (*of tyre*) polladh *m*
blowtorch *n* = **blowlamp**
blow-up *n* (*PHOT*) méadú *m*
blue *adj* gorm; (*fig*) graosta, gáirsiúil ♦ *n*: **the blues** (*MUS*) na bliúanna *mpl4*, na gormacha *mpl*; **blue joke** scéal (grinn) graosta; **blue movie** scannán pornagrafaíochta; **to come out of the blue** (*fig*) teacht mar a bheadh splanc ann, teacht gan choinne
bluebell *n* cloigín *m4* gorm
bluebottle *n* cuil *f2* ghorm
blueprint *n* (*fig*) bunphlean *m4*
bluff *vi*: **he was bluffing** bhí sé ag cur i gcéill ♦ *vt* cuir dallamullóg ar ♦ *n* cur *m1* i gcéill; **to call sb's bluff** tabhairt ar dhuine cur lena chuid cainte
blunder *n* botún *m1*, meancóg *f2* ♦ *vi* déan botún *or* meancóg
blunt *adj* (*person*) giorraisc; (*knife, pencil*) maol
blur *n* dusma *m4* ♦ *vt* smálaigh, doiléirigh
blurb *n* blurba *m4*, achoimre *f4* bolscaireachta
blurt out *vt* (*reveal*) spalp amach, sceith, lig amach
blush *vi* dearg, las ♦ *n* lasadh *m*, luisne *f4*; **she blushed** las sí san aghaidh
blustery *adj* (*weather*) stamhlaí
boar *n* collach *m1*
board *n* clár *m1*, bord *m1*; (*on wall, for chess*) clár; (*cardboard*) cairtchlár *m1*; (*committee*) coiste *m4*; (*in company*) bord; (*NAUT, AVIAT*): **on board** ar bord ♦ *vt* (*ship*) téigh ar bord; (*train*) téigh ar; **full/half board** lánchothú/leathchothú; **board and lodging** bia agus leaba; **which goes by the board** (*fig*) a ligtear ar lár
▸ **board up** *vt* (*door, window*) dún le cláir

boarder *n* (*SCOL*) scoláire *m4* cónaithe
boarding card *n* = **boarding pass**
boarding house *n* teach *m* lóistín
boarding pass *n* (*AVIAT, NAUT*) cárta *m4 or* pas *m4* bordála
boarding school *n* scoil *f2* chónaithe
board room *n* seomra *m4* comhairle
boast *vi*: **to boast (about** *or* **of)** maíomh (as), mórtas a dhéanamh (as), gaisce a dhéanamh (as) ♦ *n* maíomh *m1*, mórtas *m1*, gaisce *m4*
boat *n* bád *m1*; (*small*) coite *m4*
bob *vi* (*boat, cork, on water*: *also*: **bob up and down**) damhsaigh
bobby (*inf*) *n* póilín *m4*
bobsleigh *n* carr *m1* sleamhnáin
bode *vi*: **it bodes well/ill for the future** is maith/ní maith an tuar é don am atá le teacht
bodily *adj* corpartha ♦ *adv*: **Seán was thrown out bodily** caitheadh Seán amach idir chorp is chleiteacha; **bodily strength** neart coirp
body *n* corp *m1*, colainn *f2*; (*dead*) corp, corpán *m1*, marbhán *m1*; (*of car, plane*) cabhail *f*; (*fig*: *society*) comhlacht *m3*; (*of wine*) tathag *m1*; **body odour (B.O.)** boladh *m1* coirp
body building *n* corpdhéanamh *m1*
body clock *n* clog *m1* an choirp
bodyguard *n* garda *m4* cosanta
body stocking *n* stoca *m4* cabhlach
bodywork *n* cabhalra *m4*
bog *n* portach *m1*, caorán *m1* ♦ *vt*: **to get bogged down** (*fig*) dul in abar
bogus *adj* bréagach; **bogus company** comhlacht *m3* bréige
boil *vt, vi* beirigh, fiuch, bruith ♦ *n* (*MED*) neascóid *f2*; **to come to the boil, to come to a boil** (*US*) tosú ag fiuchadh, tosú ag gail; **to bring to the boil** gail *or* fiuchadh a bhaint as; **his blood was boiling** bhí a chuid fola ag coipeadh
▸ **boil down to** *vt fus* (*fig*): **it boils down**

to is é bun agus barr an scéil
▸ **boil over** *vi* téigh thar maoil
boiled egg *n* ubh *f2* bhruite
boiled potatoes *npl* prátaí *mpl4* bruite
boiler *n* coire *m4*, gaileadán *m1*
boiling point *n* pointe *m4* fiuchta
boisterous *adj* gleoiréiseach, spleodrach, callánach
bold *adj* dána, dalba, neamheaglach; (*pej*: *cheeky*) crosta, soibealta; (*clear and distinct*) glan soiléir; (*print*) trom
Bolivia *n* an Bholaiv *f2*
bollard *n* (AUT) mullard *m1*
bolster *vt*: **bolster up** neartaigh le, tacaigh le
bolt *n* (*lock*) bolta *m4*, sparra *m4*; (*with nut*) bolta • *adv*: **bolt upright** ina cholgsheasamh • *vt* boltáil, cuir bolta *or* sparra ar; (TECH: *also*: **bolt on, bolt together**) boltáil; (*food*) alp, slog, pulc • *vi*: **the horse bolted** d'imigh an capall chun scaoill; **he bolted** d'imigh sé de sciotán, thug sé do na boinn é; **bolt of lightning** splanc thintrí
bomb *n* buama *m4*, pléascán *m1* • *vt* buamáil
bomb disposal unit *n* aonad *m1* diúscartha buamaí
bomber *n* (AVIAT) buamadóir *m3*
bombing *n* buamáil *f3*
bombshell *n* (*fig*): **it came like a bombshell to us** bhí sé mar a thitfeadh splanc orainn
bona fide *adj* (*traveller*) bona fide, iontaofa
bond *n* cuibhreach *m1*, ceangal *m1*; (*binding promise*) gealltanas *m1*, conradh *m*; (COMM) banna *m4*; **in bond** (*of goods*) faoi bhanna
bondage *n* braighdeanas *m1*; **to keep sb in bondage** duine a choinneáil i ngeimhle
bone *n* cnámh *f2* • *vt* bain na cnámha as, díchnámhaigh
bonfire *n* tine *f4* chnámh
bonnet *n* boinéad *m1*
bonus *n* bónas *m1* • *adj* breise *n gen*; **bonus number** uimhir bhreise
bony *adj* cnámhach
boo *excl* bú • *vt*: **to boo sb** faíreach a dhéanamh faoi dhuine
booby trap *n* bobghaiste *m4*
book *n* leabhar *m1*; (*of stamps, tickets*) leabhrán *m1* • *vt* (*ticket, seat, room*) cuir in áirithe; (*football player*) glac ainm, cuir sa leabhar; **books** *npl* (*accounts*) leabhair *mpl1* chuntas
bookcase *n* prios *m3* leabhar, leabhragán *m1*
booking office *n* oifig *f2* ticéad
book-keeping *n* cuntasóireacht *f3*, leabharchoimeád *m*
booklet *n* leabhrán *m1*
bookmaker *n* geallghlacadóir *m3*
bookseller *n* díoltóir *m3* leabhar
bookshop, bookstore *n* siopa *m4* leabhar
bookstall *n* stalla *m4* leabhar
boom *n* tormán *m1*, búireach *f2*; (*in prices, population*) borradh *m* • *vi*: **to boom** bheith ag búireach; (*prices etc*) bheith ag borradh
boon *n* buntáiste *m4*; (*from God*) logha *m4*
boost *n* méadú *m*, spreagadh *m* • *vt* treisigh, méadaigh, tabhair uchtach (do); **to boost the power** an chumhacht a mhéadú
booster *n* (MED) treiseoir *m3*
boot *n* bróg *f2* mhór, buatais *f2*; (*for football etc*) bróg pheile; (*of car*) cófra *m4* • *vt* (COMPUT) tosaigh; **to boot** (*in addition*) de bhabhta leis, chomh maith, lena chois
booth *n* (*at fair*) stainnín *m4*; (*telephone etc*) both *f3*; (*also*: **voting booth**) both vótála
booty *n* creach *f2*, éadáil *f3*
booze (*inf*) *n* an braon *m1* crua, biotáille *f4* • *vi* déan pótaireacht *or* póit; **to be on the booze** bheith ar an ól, bheith ar na cannaí
border *n* ciumhais *f2*, teorainn *f*, imeall *m1*; (*of a country*) teorainn, críoch *f2* • *vt*: **to border (on)** (*country*) bheith ag críochantacht (le) • *n*: **the Border** (IRL: GEOG) An Teorainn; **border road** bóthar

teorann; **to cross the border** dul thar an teorainn

▸ **border on** *vt fus*: **it borders on my land** tá sé ag críochantacht liom, tá sé sa chríoch agam; **it's bordering on a hundred pounds** tá suas le céad punt ann, tá sé ag bordáil ar chéad punt

borderline *n* (*fig*) teorainn *f*

bore *vt* (*hole*) poll, toll; (*oil well, tunnel*) toll; (*person*) tuirsigh, cráigh ♦ *n* leadránaí *m4*, liostachán *m1*; (*of gun*) cró *m4*; **to be bored** bheith dubh dóite; **he's such a bore!** a leithéid de strambánaí!

boredom *n* leamhthuirse *f4*

boring *adj* leadránach, tuirsiúil; **a boring story** strambán

born *adj*: **to be born** teacht ar an saol; **when were you born?** cén bhliain a rugadh tú?; **I was born in 1981** rugadh i 1981 mé

borough *n* buirg *f2*

borrow *vt*: **to borrow sth (from sb)** rud a fháil ar iasacht (ó dhuine)

Bosnia *n* Boisnia *f4*

bosom *n* brollach *m1*, cliabh *m1*, ucht *m3*

boss *n* saoiste *m4*, máistir *m4*, maor *m1* ♦ *vt*: **to boss sb (around** *or* **about)** barrastóireacht *or* saoistíocht a dhéanamh ar dhuine

bossy *adj* tiarnúil

Boston *n* Bostún *m1*

bosun *n* bósan *m1*

botanical *adj* luibheolaíoch

botany *n* luibheolaíocht *f3*

botch *vt* (*also*: **botch up**) déan praiseach de

both *adj* araon ♦ *pron*: **both (of them)** (s)iad beirt; **both of us went, we both went** chuaigh an bheirt againn; **both of you** sibh araon, an bheirt agaibh; **both (of) the books** an dá leabhar; **both men and women** idir fhir agus mhná

bother *vt* (*worry*) cráigh, clip, buair; (*disturb*) cuir as do ♦ *vi*: **to bother (o.s.)** an stró a chur ort féin, bacadh le ♦ *n* crá *m4*, buairt *f3*; **it is a real bother** is mór an crá croí é; **it's no bother** ní stró ar bith é; **to bother doing sth** bacadh le rud a dhéanamh, an saothar a chur ort rud a dhéanamh; **don't be bothering me** ná bí do mo chrá

bottle *n* buidéal *m1* ♦ *vt*: **to bottle sth** rud a chur i mbuidéal, rud a bhuidéalú

▸ **bottle up** *vt* (*emotion*) brúigh fút

bottle bank *n* gabhdán *m1* buidéal

bottleneck *n* caolas *m1*, scrogall *m1*, scroig *f2*

bottle-opener *n* osclóir *m3* buidéal

bottom *n* (*of container etc*) bun *m1*, íochtar *m1*; (*of sea, lake*) grinneall *m1*, íochtar; (*buttocks*) tóin *f3*; (*of page, list*) bun ♦ *adj* bun-; **the bottom of the class** bun an ranga

bottomless *adj* (*funds*) gan teorainn, gan deireadh

bough *n* craobh *f2*, géag *f2*

boulder *n* bollán *m1*, moghlaeir *m3*

bounce *vi* (*ball*) preab, bocáil, léim; (*cheque*) preab ♦ *vt* preab ♦ *n* (*rebound*) preab *f2*

bouncer (*inf*) *n* (*at dance, club*) fear *m1* (an) dorais

bound *n* (*gen pl*) teorainn *f*; (*leap*) léim *f2*, abhóg *f2* ♦ *vi* (*leap*) léim, preab ♦ *vt* (*limit*) teorannaigh ♦ *adj*: **to be bound to do sth** (*obliged*) é a bheith mar oibleagáid ort rud a dhéanamh, ceangal a bheith ort rud a dhéanamh; **it's bound to happen** (*likely*) is cinnte go dtarlóidh sé; **to be bound by** (*law, regulation*) iallach + *gen* a bheith ort; **to be bound for ...** bheith ag triall ar ...; **out of bounds** toirmiscthe; (SPORT) thar teorainn

boundary *n* teorainn *f*

boundless *adj* gan teorainn

bouquet *n* crobhaing *f2*; (*of wine*) cumhracht *f3*

bout *n* dreas *m3*; (*of malaria etc*) ráig *f2*, taom *m3*; (BOXING *etc*) babhta *m4*

bow[1] *n* (*ribbon*) cuach *f2*, cuan *m1*, cuachóg *f2*; (*weapon*, MUS) bogha *m4*

bow[2] *n* (*with body*) umhlú *m*; (NAUT: *also*: **bows**) tosach *m1 or* ceann *m1* báid ♦ *vi* sléacht, umhlaigh; (*yield*): **to bow to** *or* **before** géilleadh do

bowels *npl* inní *mpl4*, ionathar *msg1*

bowl *n* (*for eating*) babhla *m4*, cuach *m4* • *vi* (CRICKET, BASEBALL) babhláil; **bowls** (SPORT) bollaí *mpl4*
bowler *n* (CRICKET, BASEBALL) babhlálaí *m4*; (*also*: **bowler hat**) babhlaer *m1*
bowling *n* (*game*) bollaí *mpl4*
bowling green *n* faiche *f4* bollaí
bow tie *n* carbhat *m1* cuachóige
box *n* (*also* THEAT) bosca *m4*; (*large*) cófra *m4* • *vt* cuir i mbosca; (SPORT) dornáil • *vi* dornáil; **cardboard box** bosca cairtchláir
boxer *n* (*fighter*) dornálaí *m4*
boxing *n* dornálaíocht *f3*
Boxing Day *n* Lá *m* Fhéile Stiofáin
boxing gloves *npl* lámhainní *fpl2* dornála
boxing ring *n* cró *m4* dornálaíochta
box office *n* oifig *f2* ticéad
boxroom *n* seomra *m4* bagáiste
boy *n* buachaill *m3*, gasúr *m1*, garsún *m1*; (*young man*) stócach *m1*
boycott *n* baghcat *m1* • *vt* baghcatáil
boyfriend *n* stócach *m1*, buachaill *m3*
boyish *adj* (*behaviour, looks*) óigeanta; **a boyish girl** cailín báire
bra *n* cíochbheart *m1*
brace *n* (*on teeth*) cuing *f2*, teanntán *m1*; (*tool*) bíomal *m1* • *vt* (*knees, shoulders*) teann; **braces** *npl* (*for trousers*) guailleáin *mpl1*, gealasacha *mpl1*; **to brace o.s.** tú féin a chur i dtaca; (*fig*) tú féin a chur faoi réir
bracelet *n* bráisléad *m1*
bracing *adj* folláin
bracken *n* raithneach *f2*
bracket *n* (TECH) brac *m1*; (*group*) aicme *f4*; (*also*: **brace bracket**) cuing *f2*; (*also*: **round/square bracket**) lúibín *m4* cruinn/cearnach • *vt* cuir idir lúibíní; (*fig*: *also*: **bracket together**) cuir ar aon chéim; **tax bracket** réim *f2* chánach
brag *vi* déan mórtas
braid *n* (*trimming*) bréad *m1*, órshnáithe *m4*; (*of hair*) dual *m1*, trilseán *m1*
brain *n* inchinn *f2*; **brains** *npl* (*intellect*) eagna *fsg4* chinn; **he's got brains** tá éirim ann, tá eagna chinn aige
brainwash *vt* déan síolteagasc ar
brainy *adj* intleachtach, éirimiúil
braise *vt* galstobh
brake *n* (*on vehicle, also fig*) coscán *m1* • *vi*: **to brake** na coscáin a theannadh
brake fluid *n* sreabhán *m1* coscán
brake light *n* solas *m1* coscán
bran *n* bran *m4*
branch *n* craobh *f2*, géag *f2*; (*of river, road*) gabhal *m1*, géag, brainse *m4*; (COMM) brainse, gasra *m4* • *vi* (*road*: *also*: **to branch off from**) imeacht ó, géagú ó
brand *n* branda *m4*, marc *m1* • *vt* (*cattle*) brandáil
brand-new *adj* úrnua
brandy *n* branda *m4*
brash *adj* sotalach, teanntásach
brass *n* prás *m1*
brass band *n* banna *m4* práis
brassiere *n* cíochbheart *m1*
brat (*pej*) *n* sotaire *m4*, dailtín *m4*
brave *adj* cróga, calma • *n* laoch *m1* Indiach • *vt* tabhair aghaidh ar, tabhair dúshlán + *gen*
bravery *n* crógacht *f3*, calmacht *f3*
brawl *n* maicín *m4*, racán *m1*
brawn *n* (*strength*) arrachtas *m1*; (*meat*) toirceoil *f3*
bray *vi* bheith ag grágáil
brazen *adj* prásach, dána • *vt*: **to brazen it out** aghaidh dhána a chur ort féin
brazier *n* ciseán *m1* tine
Brazil *n* an Bhrasaíl *f2*
Brazilian *adj, n* Brasaíleach *m1*
breach *vt* bearnaigh • *n* (*gap*) bearna *f4*; (*breaking*): **breach of contract** sárú *m* conartha; **breach of the peace** briseadh na síochána
bread *n* arán *m1*; **bread and butter** arán agus im *m*; (*fig*) cothú *m*, slí *f4* beatha
breadbin, bread box (US) *n* bosca *m4* aráin
breadcrumbs *npl* grabhróga *fpl2* aráin
breadline *n*: **he is on the breadline** níl aige ach ón lámh go dtí an béal
breadth *n* fairsinge *f4*, leithead *m1*
breadwinner *n* saothraí *m4*
break *vt* bris; (*promise*) bris; (*law*) sáraigh, bris • *vi* bris; (*weather*) claochlaigh, bris; (*story, news*) sceith; (*day*) bánaigh • *n*

(*gap*) bearna *f4*; (*fracture*) briseadh *m*; (*pause, interval*) scíth *f2*, sos *m3*; (*at school*) am *m3* sosa; (*chance*) deis *f2*, faill *f2*; **to break one's leg** do chos a bhriseadh; **to break a record** curiarracht a bhriseadh; **to break the news to sb** an drochscéal a ligean le duine; **to break even** gan gnóthú ná cailleadh; **to break free** *or* **loose** éalú; **to break open** (*door etc*) briseadh

▸**break down** *vt* (*figures, data*) miondealaigh ♦ *vi*: **his health broke down** bhris ar a shláinte; **the car broke down** chlis an carr, bhris an carr anuas

▸**break in** *vt* (*horse etc*) bris ♦ *vi* (*burglar*) bris isteach; (*interrupt*): **to break in on sb** briseadh isteach ar dhuine

▸**break into** *vt fus* (*house*) bris isteach i

▸**break off** *vi* (*speaker*) stad; (*branch*) scoith

▸**break out** *vi* bris amach; (*war*) tosaigh; (*prisoner*) éalaigh; **to break out in spots** *or* **a rash** baill *or* gríos a theacht ort

▸**break up** *vi* (*ship*) tit as a chéile, scoir; (*crowd*) scaip; (*SCOL, meeting*) scoir; (*marriage*) clis (ar), scoir ♦ *vt* bris ina phíosaí; (*fight etc*) réitigh

breakable *adj* briosc, sobhriste

breakage *n* briseadh *m*

breakdown *n* (*AUT, fig*) cliseadh *m*; (*of statistics*) anailís *f2*, miondealú *m*; **nervous breakdown** (*MED*) cliseadh néarógach

breakers *npl* maidhmeanna *fpl2*, bristeacha *mpl*

breakfast *n* bricfeasta *m4*

break-in *n* briseadh *m* isteach

breakthrough *n* céim *f2* (mhór) ar aghaidh

breakwater *n* tonnchosc *m1*

breast *n* (*of woman*) cíoch *f2*, brollach *m1*; **breast of chicken** brollach sicín

breast-feed *vt, vi* tabhair an chíoch do

breaststroke *n* bang *m3* brollaigh

breath *n* anáil *f3*; **out of breath** rite as anáil, píopáilte

Breathalyser ® *n* anáilíseoir *m3*

breathe *vt, vi* tarraing anáil, análaigh

▸**breathe in** *vi* tarraing d'anáil isteach ♦ *vt* ionanálaigh

▸**breathe out** *vi* cuir d'anáil amach ♦ *vt* easanálaigh

breather (*inf*) *n* scíth *f2*, sos *m3*

breathing *n* análú *m*

breathing space *n* faoiseamh *m1*, faill *f2* chun d'anáil a tharraingt

breathless *adj* séidte, as anáil

breathtaking *adj* iontach, millteanach; **it was breathtaking** bhain sé an anáil díom

breed *vt, vi* póraigh, síolraigh ♦ *n* pór *m1*, sliocht *m3*

breeding *n* (*upbringing*) tógáil *f3*, múineadh *m*

breeze *n* leoithne *f4*, feothan *m1*

breezy *adj* gaofar

Breton *adj, n* Briotánach *m1*

brevity *n* gontacht *f3*, achomaireacht *f3*

brew *vt* (*tea*) déan; (*beer*) grúdaigh ♦ *vi* (*storm*) bheith ag cruinniú

brewery *n* grúdlann *f2*

bribe *n* breab *f2* ♦ *vt* breab, ceannaigh

bribery *n* breabaireacht *f3*

brick *n* bríce *m4*

bricklayer *n* bríceadóir *m3*

bridal *adj* bainise *n gen*

bride *n* brídeach *f2*

bridegroom *n* grúm *m1*

bridesmaid *n* cailín *m4* coimhdeachta

bridge *n* droichead *m1*; (*of nose*) caol *m1* na sróine; (*CARDS*) beiriste *m4* ♦ *vt* (*fig: gap, gulf*) líon

bridle *n* srian *m1*, araí *f*

brief *adj* achomair, gairid ♦ *n* (*guidelines*) treoir *f*; (*LAW*) mionteagasc *m1* ♦ *vt* cuir ar an eolas; **briefs** *npl* (*undergarment*) fobhríste *msg4*, brístín *msg4*

briefcase *n* mála *m4* cáipéisí

briefly *adv* i mbeagán focal, go hachomair

bright *adj* geal, glé; (*clever*) cliste, éirimiúil; (*cheerful*) gealgháireach; **a bright idea** smaoineamh maith

brighten (*also*: **brighten up**) *vt* geal, cuir beocht i ♦ *vi*: **the weather is brightening up** tá sé ag gealadh; **she brightened up** tháinig aoibh uirthi

brilliance *n* niamh *f2*, loinnir *f*,

laomthacht *f3*
brilliant *adj* lonrach; (*great*) ar dóigh, iontach
brim *n* béal *m1*; (*of hat*) duilleog *f2*
brine *n* (CULIN) sáile *m4*
bring *vt* tabhair leat, beir leat
▸ **bring about** *vt*: **it was he who brought it about** ba é ba chúis leis, ba é faoi deara é
▸ **bring back** *vt* tabhair ar ais
▸ **bring down** *vt* (*price*) ísligh, laghdaigh; (*enemy plane*) leag; (*government*) bris
▸ **bring forward** *vt* tabhair chun tosaigh
▸ **bring off** *vt* (*task, plan*) cuir i gcrích
▸ **bring out** *vt* (*meaning*) léirigh; (*book*) foilsigh; (*object*) cuir ar an margadh
▸ **bring round, bring to** *vt* (*revive*): **to bring sb round** *or* **to** duine a thabhairt chuige féin
▸ **bring up** *vt* (*child*) tóg; (*carry up*) tabhair suas; (*question*) cuir i dtreis, tarraing ort; (*food*: *vomit*) urlaic, aisig, cuir amach; **she was brought up in Ireland** tógadh in Éirinn í
brink *n* bruach *m1*; **on the brink of** ar bhruach, ar tí; **on the brink of war** ar bhruach cogaidh
brinkmanship *n* bruachaireacht *f3*
brisk *adj* briosc, bíogúil
bristle *n* guaire *m4*, colg *m1* • *vi*: **he bristled with anger** d'éirigh colg feirge air
Brit (*inf*) *n* Gall *m1*, Sasanach *m1*
Britain *n* (*also*: **Great Britain**) an Bhreatain *f2* Mhór
British *adj* Briotanach • *npl*: **the British** na Briotanaigh *mpl1*
British Isles *npl*: **the British Isles** na hOileáin *mpl1* Bhriotanacha, Oileáin Iarthair Eorpa
Briton *n* Briotanach *m1*
Brittany *n* an Bhriotáin *f2*
brittle *adj* sobhriste, briosc
broach *vt* (*subject*) tabhair chun cinn, tarraing ort
broad *adj* leitheadach, leathan; (*distinction*) ginearálta; (*accent*) láidir; **in broad daylight** i lár an lae ghil
broadcast *n* craoladh *m*, craobhscaoileadh *m* • *vt, vi* craol, craobhscaoil
broadcasting *n* craolachán *m1*, scaipeadh *m*
broaden *vt* fairsingigh, leathnaigh • *vi* leath; **to broaden one's mind** d'intinn a fhairsingiú
broadly *adv* go ginearálta
broad-minded *adj* leathanaigeanta
broccoli *n* brocailí *m4*
brochure *n* bróisiúr *m1*
broil *vt* (CULIN) gríosc
broke *adj* (*inf*) briste, sportha, creachta
broken *adj* briste; (*also*: **broken down**) as gléas; **in broken English/French** i mBéarla briste/i bhFraincis bhriste; **broken leg** cos bhriste
brokenhearted *adj* croíbhriste
broker *n* bróicéir *m3*
brolly (*inf*) *n* scáth *m3* fearthainne
bronchitis *n* broincíteas *m1*
bronze *n* umha *m4*, cré-umha *m4*
brooch *n* dealg *f2*, bróiste *m4*
brood *n* ál *m1* • *vi*: **to brood over sth** gor a dhéanamh ar rud
broom *n* scuab *f2*; (BOT) giolcach *f2* shléibhe
broomstick *n* crann *m1* scuaibe
broth *n* brat *m1*, anraith *m4*
brothel *n* drúthlann *f2*, teach *m* striapachais
brother *n* deartháir *m*; (REL) bráthair *m*; **Brother Patrick** an Bráthair Pádraig
brother-in-law *n* deartháir *m* céile
brow *n* (*forehead*) clár *m1* an éadain; (*eyebrow*) mala *f4*, fabhra *m4*; (*of hill*) grua *f4*
brown *adj* donn; (*tanned*) crón, donn • *n* (*colour*) donn *m1* • *vt* (CULIN) donnaigh
brown bread *n* arán *m1* donn
Brownies *npl* (*also*: **Brownie Guides**) Brídíní *pl*
brown paper *n* páipéar *m1* donn
brown sugar *n* siúcra *m4* donn
browse *vi* (*among books*) bheith ag caitheamh do shúile thar; (*in field*) bheith ag creimeadh *or* ag iníor; **to**

browse through a book mearspléachadh a thabhairt ar leabhar

bruise *n* brú *m4*, ball *m1* gorm ♦ *vt* brúigh

brunette *n* cailín *m4* donn

brunt *n*: **the brunt of** (*attack, criticism etc*) meáchan + *gen*

brush *n* scuab *f2*; (*for painting*) cleiteán *m1*; (*for shaving*) scuaibín *m4*; (*quarrel*) imreas *m1*, teagmháil *f3* (bheag) ♦ *vt* scuab; (*also*: **brush against**) cuimil de, teagmhaigh le

▸ **brush aside** *vt* déan a bheag de

▸ **brush up** *vt* (*knowledge*) bain an mheirg de; **to brush up on sth** athstaidéar a dhéanamh ar rud

brushwood *n* scrobarnach *f2*

Brussels *n* an Bhruiséil *f2*

Brussels sprout *n* bachlóg *f2* Bhruiséile

brutal *adj* brúidiúil

brute *n* brúid *f2* ♦ *adj*: **by brute force** le tréan urra

bubble *n* boilgeog *f2*, bolgán *m1*, súil *f2* ♦ *vi* bheith ag boilgearnach; **to bubble with joy** cluaisíní croí a bheith ort

bubble bath *n* folcadh *m* sobalach

bubble gum *n* guma *m4* coganta

buck *n* poc *m1*, boc *m1*; (*US*: *inf*) dollar *m1* ♦ *vi* rad; **to pass the buck (to sb)** an fhreagairt a fhágáil uait (chuig duine)

▸ **buck up** *vi* (*cheer up*) croith suas tú féin

bucket *n* buicéad *m1*

buckle *n* búcla *m4* ♦ *vt* (*belt etc*) búcla ♦ *vi* (*warp*) lúb, cam

bud *n* bachlóg *f2* ♦ *vi* bachlaigh, sceith

Buddhism *n* Búdachas *m1*

Buddhist *n* Búdaí *m4* ♦ *adj* Búdaíoch

budding *adj* (*poet etc*) atá ag teacht i gcrann

buddy (*US*) *n* compánach *m1*

budge *vt* bog, corraigh; (*fig*: *person*) bain feacadh as ♦ *vi* corraigh, bog

budgerigar *n* budragár *m1*

budget *n* buiséad *m1*, cáinaisnéis *f2* ♦ *vi*: **to budget for sth** buiséad le haghaidh + *gen*

budgie *n* = **budgerigar**

buff *adj* donnbhuí ♦ *n* (*inf*: *enthusiast*) móidín *m4*; **a film buff** saineolaí scannánaíochta

buffalo *n* buabhall *m1*

buffer *n* (*also COMPUT*) maolaire *m4*

buffet[1] *vt* tuairteáil

buffet[2] *n* (*bar*) cuntar *m1* bia; (*food*) buifé *m4*

buffet car *n* (*RAIL*) carráiste *m4* bia

bug *n* feithid *f2*; (*fig*: *germ*) fríd *f2*; (: *spy device*) gaireas *m1* cúléisteachta; (*COMPUT*) fabht *m4* ♦ *vt* (*inf*: *annoy*) cráigh, ciap

bugle *n* stoc *m1*, buabhall *m1*

build *n* (*of person*) déanamh *m1* ♦ *vt* tóg, déan

▸ **build up** *vt* carn, méadaigh, neartaigh

builder *n* tógálaí *m4*, foirgneoir *m3*

building *n* (*trade*) foirgníocht *f3*; (*house, structure*) foirgneamh *m1*

building society *n* cumann *m1* foirgníochta

built-in *adj* (*cupboard, oven*) ionsuite; (*device*) inlonnaithe

built-up area *n* limistéar *m1* faoi fhoirgnimh

bulb *n* (*ELEC*) bolgán *m1*, bulba *m4*; (*BOT*) bleib *f2*

Bulgaria *n* an Bhulgáir *f2*

Bulgarian *adj, n* Bulgárach *m1* ♦ *n* (*LING*) Bulgáiris *f2*

bulge *n* boilsc *f2* ♦ *vi* (*pocket, file etc*) boilscigh; (*cheeks*) séid

bulk *n* téagar *m1*, toirt *f2*, bulc *m1*; **in bulk** (*COMM*) ar an mórchóir; **the bulk of ...** an mhórchuid de ...

bulky *adj* toirtiúil, téagartha

bull *n* tarbh *m1*; (*male whale*) míol *m1* mór fireann; (*male elephant*) eilifint *f2* fhireann

bulldog *n* bulladóir *m3*, tarbhghadhar *m1*

bulldoze *vt* réitigh le hollscartaire

bulldozer *n* ollscartaire *m4*

bullet *n* piléar *m1*

bulletin *n* bileog *f2* nuachta; (*TV, RADIO, news bulletin*) feasachán *m1*

bulletproof *adj* piléardhíonach

bullfight *n* tarbhchomhrac *m1*

bullfighter *n* tarbhchomhraiceoir *m3*

bullfighting *n* tarbhchomhrac *m1*

bullion *n* buillean *m1*

bullock *n* bológ *f2*, bullán *m1*
bullring *n* cró *m4* tarbhchomhraic
bull's-eye *n* súil *f2* sprice
bully *n* bulaí *m4* ♦ *vt*: **to bully sb** bheith ag maistíneacht ar dhuine
bum *n* (*inf*: *backside*) geadán *m1*, tóin *f3*; (*esp* US: *tramp*) geocach *m1*, fánaí *m4*, ráigí *m4*
▸ **bum around** *vi*: **to bum around** bheith ag fánaíocht *or* ag ráigíocht
bumblebee *n* bumbóg *f2*
bump *n* (*swelling*) cnapán *m1*; (*in car*: *minor accident*) tuairt *f2*; (*jolt*) croitheadh *m*; (*on road etc, on head*) uchtóg *f2* ♦ *vt* buail, gread, tuairteáil
▸ **bump into** *vt fus* buail in éadan + *gen*; (*meet*) buail le; **I bumped into Sean** casadh Seán orm
bumper *n* cosantóir *m3*, maolaire *m4* ♦ *adj* (*edition*) mór; **bumper crop/harvest** barr/fómhar den scoth
bumpy *adj* tuairteálach, cnapánach, corrach
bun *n* borróg *f2*; (*in hair*) cocán *m1*
bunch *n* (*of flowers*) dos *m1*, scoth *f3*, triopall *m1*; (*of keys*) cloigín *m4*; (*of bananas*) dornán *m1*; (*of people*) baicle *f4*, drong *f2*; **bunches** *npl* (*in hair*) snaidhmeanna *fpl2*; **bunch of grapes** triopall caor fíniúna
bundle *n* burla *m4*, beart *m1*; (*of paper*) cual *m1* ♦ *vt* (*also*: **bundle up**) cnap; (*put*): **to bundle sth/sb into** rud/duine a chuachú isteach i
bungalow *n* bungaló *m4*
bungle *vt* déan praiseach de
bunion *n* pachaille *f4*, buinneán *m1*
bunk *n* bunc *m4*
bunk bed *n* leaba *f* bunc
bunker *n* (*coal store*) gualchró *m4*; (MIL) buncaer *m1*, tochaltán *m1*
bunny (rabbit) *n* coinín *m4*
bunting *n* stiallbhratacha *pl*
buoy *n* baoi *m4*, bulla *m4*
▸ **buoy up** *vt* coinnigh ar snámh; (*fig*) tabhair tacaíocht do, neartaigh le
buoyant *adj* snámhach; (*carefree*) aigeantach; (*economy*) buacach, bríomhar
burden *n* eire *m4*, ualach *m1*; (*responsibility*) muirear *m1*, cúram *m1* ♦ *vt* (*trouble*) ualaigh, cuir ualach ar
bureau *n* (BRIT: *writing desk*) biúró *m4*; (US: *chest of drawers*) cófra *m4* tarraiceán; (*office*) oifig *f2*
bureaucracy *n* maorlathas *m1*
burglar *n* buirgléir *m3*
burglar alarm *n* rabhchán *m1*
burglarize (US) *vt* = **burgle**
burglary *n* buirgléireacht *f3*
burgle *vt* bris isteach i, déan buirgléireacht ar; **we've been burgled** creachadh muid
burial *n* adhlacadh *m*, cur *m1*
burly *adj* téagartha
burn *vt, vi* dóigh ♦ *n* dó *m4*, ball *m1* dóite
▸ **burn down** *vt* dóigh go talamh
burner *n* dóire *m4*
burning *adj* loiscneach; (*house*) (atá) trí thine; (*ambition*) díochra
burrow *n* (*gen*) uachais *f2*; (*rabbit's*) poll *m1* coinín; (*badger's*) brocach *f2* ♦ *vt* tochail
bursary *n* sparánacht *f3*
burst *vt* maidhm, pléasc; (*subj*: *river*: *banks etc*) maidhm ♦ *vi* pléasc, maidhm; (*tyre*) pléasc ♦ *n* (*of gunfire*) rois *f2*; (*also*: **burst pipe**) réabadh *m*; **a burst of enthusiasm/energy** tallann díograise/fuinnimh; **to burst into flames** lasadh d'aon bhladhm; **to burst out laughing** pléascadh amach ag gáire, racht gáire a ligean asat; **to be bursting with ...** bheith ag cur thar maoil le ...
▸ **burst into** *vt fus* (*room etc*) téigh isteach de rúid
bury *vt* adhlaic, cuir
bus *n* bus *m4*
bush *n* tor *m1*, tom *m1*; (*scrubland*) mongach *m1*, díthreabh *f2*; **to beat about the bush** teacht thart ar an scéal
bushy *adj* tomógach, mothallach
busily *adv* go gnóthach, go cruógach
business *n* (*trading*) gnó *m4*, gnóthas *m1*; (*firm*) gnólacht *m3*; **to be away on business** bheith as láthair ar chúrsaí gnó; **it's none of your business** ní de do

ghnó é, ní bhaineann sé duit; **mind your own business!** déan do ghnóthaí duit féin!; **he means business** tá sé dáiríre
businesslike *adj* ar bhonn ordúil
businessman *n* fear *m1* gnó
business trip *n* turas *m1* gnó
businesswoman *n* bean *f* ghnó
busker *n* ceoltóir *m3* sráide
bus pass *n* pas *m4* bus
bus stop *n* stad *m4* bus
bust *n* bráid *f*, busta *m4*, brollach *m1* ♦ *adj* (*inf*: *broken*) as gléas, briste; **to go bust** cliseadh
bustle *n* fuadar *m1* ♦ *vi* fuaidrigh
bustling *adj* fuadrach
busy *adj* gnóthach, cruógach, broidiúil ♦ *vt*: **to busy o.s. with sth** bheith ag gabháil do rud, tú féin a choinneáil gnóthach le rud
busybody *n* socadán *m1*

KEYWORD

but *conj* ach; **I'd love to come, but I'm busy** ba bhreá liom teacht, ach tá mé gnóthach
♦ *prep* (*apart from, except*) ach; **we've had nothing but trouble** ní raibh a dhath againn ach trioblóid; **no-one but him can do it** ní thig le duine ar bith é a dhéanamh ach é féin; **but for you/your help** ach ab é *or* murach tusa/do chuidiúsa; **anything but that** gach rud ach é sin
♦ *adv* (*just, only*) ach; **she's but a child** níl inti ach páiste; **had I but known** ach fios a bheith agam; **all but finished** beagnach críochnaithe

butcher *n* búistéir *m3* ♦ *vt* déan búistéireacht ar
butcher's (shop) *n* siopa *m4* búistéara
butler *n* buitléir *m3*
butt *n* (*large barrel*) buta *m4*; (*of gun*) stoc *m1*; (*of cigarette*) bun *m1*; (*fig*: *target*) ceap *m1* ♦ *vt* buail sonc ar
▸ **butt in** *vi* (*interrupt*) bris isteach, cuir do ladar i
butter *n* im *m* ♦ *vt* cuir im ar; **to butter sb up** béal bán a thabhairt do dhuine, duine a chuimilt
buttercup *n* cam *m1* an ime
butterfly *n* féileacán *m1*; **butterfly stroke** bang *m3* an fhéileacáin
buttocks *npl* mása *mpl1*, tóin *fsg3*
button *n* cnaipe *m4*; (*US*: *badge*) suaitheantas *m1* ♦ *vt*: **to button (up) one's coat** cnaipí do chóta a cheangal *or* a dhúnadh
buttonhole *n* lúbóg *f2*, poll *m1* cnaipe
buttress *n* taca *m4*
buxom *adj* bloiscíneach; **a buxom woman** sodóg *f2*
buy *vt* ceannaigh ♦ *n* ceannach *m1*; **to buy sb sth/sth from sb** rud a cheannach do/ó dhuine; **to buy sb a drink** deoch a cheannach do dhuine
buyer *n* ceannaí *m4*
buzz *n* crónán *m1*, dordán *m1*; (*of talking*) monabhar *m1*; (*inf*: *phone call*): **to give sb a buzz** glaoch a chur ar dhuine ♦ *vi* bheith ag dordán
buzzard *n* clamhán *m1*
buzzer *n* dordánaí *m4*
buzz word (*inf*) *n* focal *m1* atá i mbéal gach duine, focal na huaire

KEYWORD

by *prep* **1** (*referring to cause, agent*) le, ag; **he was killed by lightning** splanc thintrí a mharaigh é; **he was struck by a stone** buaileadh le cloch é; **the house was surrounded by a fence** bhí sconsa thart timpeall ar an teach *or* timpeall an tí; **a painting by Picasso** pictiúr le Picasso
2 (*referring to method, manner, means*): **by bus/train** ar an *or* leis an mbus/traein; **by car** i gcarr *or* sa charr; **to pay by cheque** íoc (as) le seic; **by saving hard** trí choigilt mhór a dhéanamh
3 (*via, through*) trí, tríd; **we came by Dublin** thángamar trí Bhaile Átha Cliath
4 (*close to, past*) in aice + *gen*, in aice le, taobh le, láimh le, cois + *gen*; **the house by the school** an teach in aice leis an scoil; **a holiday by the sea** laethanta saoire cois (na) farraige; **she sat by the**

bed shuigh sí ag colbha na leapa; **she went by me** chuaigh sí tharam *or* thart liom; **I go by the post office every day** téim thart le hoifig an phoist gach lá
5 (*with time*: *not later than*) roimh; (*during*): **by daylight** de sholas an lae, de lá, sa lá; **by night** d'oíche, san oíche; **by 4 o'clock** roimh a 4 a chlog; **by this time tomorrow** faoin am seo amárach; **by the time I got there it was too late** faoin am ar tháinig mé ann bhí sé rómhall
6 (*amount*): **by the kilometre** an ciliméadar; **he is paid by the hour** íoctar in éadan na huaire é
7 (*MATH*, *measure*): **to divide by 3** roinnt ar 3; **to multiply by three** méadú faoi thrí; **a room 3 metres by 4** seomra atá trí mhéadar ar cheithre mhéadar; **it's broader by a metre** is leithne de mhéadar é; **one by one** ceann i ndiaidh an chinn eile, ina gceann is ina gceann, ceann ar cheann, ina nduine is ina nduine; **little by little** de réir a chéile, ó ghiota go giota, beagán ar bheagán
8 (*according to*) le, ar, de réir; **it's 3 o'clock by my watch** tá sé a trí a chlog de réir an chloig/an uaireadóra s'agamsa; **it's all right by me** i dtaca liomsa de, tá sin i gceart
9: **(all) by o.s.** *etc* i d'aonar (ar fad), leat féin *etc*
10: **by the way** dála an scéil
♦ *adv* 1 *see* **go**; **pass** *etc*
2: **by and by** ar ball (beag), i gceann na haimsire; **by and large** tríd is tríd, den chuid is mó

bye(-bye) *excl* slán leat, slán agat
by(e)-law *n* fodhlí *m4*
by-election *n* fothoghchán *m1*
bygone *adj* caite, thart, fadó ♦ *n*: **let bygones be bygones** an rud atá thart bíodh sé thart
bypass *n* seachród *m1*; (*MED*) seach-chonair *f2* ♦ *vt* seachain
by-product *n* seachtháirge *m4*; (*fig*) fothoradh *m1*
bystander *n* féachadóir *m3*
byte *n* (*COMPUT*) beart *m1*
byword *n*: **to be a byword for ...** bheith mar leathfhocal do ...
by-your-leave *n*: **without so much as a by-your-leave** gan chead gan chomhairle

C

C *n* (*MUS*) c
cab *n* cab *m4*, tacsaí *m4*; (*of train, truck*) cábán *m1*
cabaret *n* (*show*) seó *m4*, cabaret *m4*
cabbage *n* cál *m1*, cabáiste *m4*
cabin *n* (*house*) bothóg *f2*, bothán *m1*; (*on ship*) cábán *m1*
cabinet *n* (*POL*) comh-aireacht *f3*; (*furniture*) caibinéad *m1*, clóiséad *m1*; (*also*: **filing cabinet**) comhadchaibinéad *m1*
cable *n* cábla *m4*; (*of anchor*) téad *f2*; = **cable television** ♦ *vt* cáblaigh, cuir sreangscéal chuig
cable car *n* carr *m1* cábla
cable television, cable TV *n* teilifís *f2* chábla
cache *n* folachán *m1*, taisce *f4*, ceallóg *f2*; (*also*: **arms cache**) taisce arm
cackle *vi* bheith ag scolgarnach *or* ag grágarsach
cactus *n* cachtas *m1*
cadet *n* (*MIL*) dalta *m4*
cadge (*inf*) *vt*: **to cadge (from** *or* **off)** bheith ag diúgaireacht (ar)
Caesarean *n* (*also*: **Caesarean (section)**) gearradh *m* Caesarach
café *n* caife *m4*
cafeteria *n* caifitéire *m4*, caifelann *f2*
cage *n* caighean *m1*, cás *m1*; (*bird cage*) éanadán *m1* ♦ *vt* cuir isteach i gcaighean *or* i gcás
cagey (*inf*) *adj* faichilleach, fuireachair; **to be cagey of sth** bheith ar d'aire ar rud
cagoule *n* cóta *m4* éadrom fearthainne
cajole *vt* bladair, meall; **to cajole sb into doing sth** duine a bhladar *or* a mhealladh le rud a dhéanamh
cake *n* cáca *m4*, císte *m4*; **cake of soap** bloc *m1* gallúnaí *or* sópa
calamine *n* cailmín *m4*
calamitous *adj* tubaisteach, púrach
calamity *n* tubaiste *f4*, púir *f2*, anachain *f2*
calcium *n* cailciam *m4*
calculate *vt* áirigh, comhair, ríomh; (*estimate*: *chances, effect*) meas
calculation *n* áireamh *m1*, comhaireamh *m1*, ríomh *m3*, ríomhaireacht *f3*
calculator *n* áireamhán *m1*
calendar *n* féilire *m4*, caileandar *m1*
calendar month *n* mí *f* fhéilire
calf *n* (*of cow*) gamhain *m3*, lao *m4*; (*of other animals*) ceann *m1* óg; (*also*: **calfskin**) laochraiceann *m1*; (*ANAT*) colpa *m4*
calibre, (*US*) **caliber** *n* (*MIL*) calabra *m4*; (*of character*) mianach *m1*
call *vt* glaoigh ar, scairt ar; (*name*) tabhair ar; (*meeting*) tabhair le chéile, gair; (*to visit*: *also*: **call in, call round**) tabhair cuairt ar; (*for help*) glaoigh ar chúnamh ♦ *n* (*shout*) scairt *f2*, glao *m4*, gairm *f2*; (*also*: **telephone call**) glao, scairt ghutháin; (*visit*) cuairt *f2*; **he is called Patrick** Pádraig atá air; **to be on call** bheith ar dualgas
▸ **call back** *vi* (*return*) tar ar ais ♦ *vt* (*TEL*) glaoigh ar ais
▸ **call for** *vt fus* (*demand*) iarr; (*fetch*) buail isteach faoi choinne + *gen*, tar ag iarraidh + *gen*
▸ **call off** *vt* (*meeting*) cuir ar ceal; (*strike*) cuir deireadh le; (*dogs*) glaoigh ar ais ar
▸ **call on** *vt fus* (*visit*) téigh ar cuairt chuig, buail isteach chuig; (*request*): **to call on sb to do sth** iarraidh ar dhuine rud a dhéanamh
▸ **call out** *vi* glaoigh amach, scairt amach
▸ **call up** *vt* (*MIL*) cuir gairm slógaidh ar; (*TEL*) glaoigh *or* scairt ar
call box *n* (*TEL*) bosca *m4* teileafóin *or* gutháin
caller *n* (*TEL*) scairteoir *m3*; (*visitor*) cuairteoir *m3*
call girl *n* meirdreach *f2*, striapach *f2*
calling *n* gairm *f2*
calling card (*US*) *n* cárta *m4* gnó
callous *adj* fuarchroíoch, gan taise gan

trócaire
calm *adj* socair, ciúin; (*weather*) soineanta, ciúin ♦ *n* ciúnas *m1*, calm *m1* ♦ *vt, vi* ciúnaigh, suaimhnigh
▸ **calm down** *vt, vi* socraigh, suaimhnigh, ciúnaigh
Calor gas ® *n* gás *m1* Calor
calorie *n* calra *m4*
camber *n* cuaire *f4*, dronn *f2*; (*of road*) dromán *m1*
Cambodia *n* an Chambóid *f2*
camcorder *n* ceamthaifeadán *m1*
camel *n* camall *m1*
camera *n* (PHOT) ceamara *m4*; (*also*: **cine-camera, movie camera**) ceamthaifeadán *m1*; **in camera** i gcúirt iata
cameraman *n* ceamaradóir *m3*
camomile *n* fíogadán *m1*, camán *m1* meall *or* míonla; **camomile tea** tae fíogadáin
camouflage *n* duaithníocht *f3* ♦ *vt* duaithnigh, cuir bréagriocht ar
camp *n* (*also* MIL) campa *m4*; (*camping place*) áit *f2 or* láthair *f* champála ♦ *vi* campáil ♦ *adj* (*man*) piteogach, baineann
campaign *n* (MIL, POL *etc*) feachtas *m1* ♦ *vi* (POL) déan toghchánaíocht
camp bed *n* leaba *f* champa
camper *n* campálaí *m4*; (*vehicle*) carr *m1* campála
camping *n*: **to go camping** dul ag campáil
campsite *n* áit *f2* champála, láithreán *m1* campála
campus *n* campas *m1*
can[1] *n* canna *m4*, stán *m1* ♦ *vt* cannaigh, cuir i gcannaí, stánaigh

KEYWORD

can[2] *aux vb* **1** (*be able to*) féad, is féidir le; **you can do it if you try** féadann tú é a dhéanamh má thugann tú faoi, beidh tú ábalta é a dhéanamh má thugann tú faoi; **I can't hear you** ní chluinim thú, ní chloisim thú
2 (*know how to*): **I can swim/drive** tá snámh/tiomáint agam; **can you speak French?** an bhfuil Fraincis agat?
3 (*may*): **can I use your phone?** an bhfuil cead agam glaoch gutháin *or* teileafóin a dhéanamh?
4 (*expressing disbelief, puzzlement etc*): **it can't be true!** ní thiocfadh leis bheith fíor!; **what CAN he want?** cad é bheadh de dhíth air ar chor ar bith?
5 (*expressing possibility, suggestion etc*): **he could be in the library** d'fhéadfadh sé bheith sa leabharlann; **she could have been delayed** thiocfadh dó gur cuireadh moill uirthi

Canada *n* Ceanada *m4*
Canadian *adj, n* Ceanadach *m1*
canal *n* canáil *f3*
canary *n* canáraí *m4*
cancel *vt* cealaigh, cuir ar ceal; (*cross out*) scrios amach, síog
cancellation *n* cealú *m*, cealúchán *m1*
cancer *n* (MED) ailse *f4*; **Cancer** (ASTROL) An Portán *m1*
candid *adj* ionraic, oscailte, neamhbhalbh
candidate *n* iarrthóir *m3*
candle *n* coinneal *f2*; **he wouldn't hold a candle to you** ní choinneodh sé coinneal duit, ní dhéanfadh sé croí duit *or* díot
candlelight *n*: **by candlelight** le solas coinnle
candlestick *n* coinnleoir *m3*; (*bigger, ornate*) coinnleoir craobhach
candour, (US) **candor** *n* oscailteacht *f3*, ionracas *m1*, neamhbhailbhe *f4*
candy *n* candaí *m4*; (US) milseáin *mpl1*
candyfloss *n* flas *m3* candaí
cane *n* (*for walking*) bata *m4* siúil; (SCOL) slat *f2*; (*for furniture, baskets etc*) cána *m4*; (BOT) giolcach *f2* ♦ *vt* (SCOL): **to cane sb** an tslat a thabhairt do dhuine
canister *n* ceanastar *m1*
cannabis *n* (*drug*) cannabas *m1*
canned *adj* (*food*) stánaithe, cannaithe; (*inf: drunk*): **to be canned** bheith ar na cannaí
cannon *n* canóin *f3*, gunna *m4* mór
canoe *n* canú *m4*, curach *f2*; **to paddle**

one's own canoe (*fig*) d'iomaire féin a threabhadh
canoeing *n* curachóireacht *f3*
canon *n* (*clergyman*) canónach *m1*; (*rule*) prionsabal *m1*
can-opener *n* stánosclóir *m3*
canopy *n* forscáth *m3*, ceannbhrat *m1*; (*of bed*) téastar *m1*
canteen *n* ceaintín *m4*, bialann *f2*; (*flask*) ceaintín
canter *vi* (*horse*): **to be cantering** bheith ag gearrshodar
canvas *n* bréid *m4*, anairt *f2* (bheag); (*for painting*) canbhás *m1*
canvass *vi* (POL): **to canvass for** vótaí a iarraidh ar son + *gen*, toghchánaíocht a dhéanamh ar son + *gen* ♦ *vt* (*investigate*: *opinions etc*) canbhasáil
canyon *n* cainneon *m1*
cap *n* caidhp *f2*, caipín *m4*, bairéad *m1*; (*contraceptive, of pen, for toy gun*) caipín; (*of bottle*) claibín *m4*, caipín ♦ *vt* (*outdo*): **to cap sb** duine a shárú; (*put limit on*) teorainn a chur le
capability *n* cumas *m1*, ábaltacht *f3*, inniúlacht *f3*
capable *adj* ábalta, cumasach; **to be capable of doing sth** bheith inniúil ar rud a dhéanamh
capacity *n* toilleadh *m*; (*for heat, drink etc*) acmhainn *f2*; (*of factory*) cumas *m1* táirgthe
cape *n* (*garment*) cába *m4*, clóca *m4*; (GEOG) ceann *m1* *or* rinn *f2* tíre
caper *n* ceáfar *m1* ♦ *vi* ceáfráil, pramsáil
capital *n* (*also*: **capital city**) príomhchathair *f*; (*money*) caipiteal *m1*; (*also*: **capital letter**) ceannlitir *f*
capitalism *n* caipitleachas *m1*
capitalist *adj* caipitlíoch ♦ *n* caipitlí *m4*
capitalize *vi*: **to capitalize on** buntáiste a bhaint as
capital punishment *n* pionós *m1* an bháis
capitulate *vi* géill
Capricorn *n* (ASTROL) An Gabhar *m1*
capsize *vt, vi* tiontaigh, iompaigh; **the currach capsized** chuaigh an churach thar a corp
capsule *n* capsúl *m1*
captain *n* captaen *m1*
caption *n* ceannteideal *m1*, fortheideal *m1*
captive *n* braighdeanach *m1*, geimhleach *m1* ♦ *adj* geimhleach, gafa
capture *vt* gabh, tóg; (*attention*) tarraing ♦ *n* gabháil *f3*; (*data capture*) gabháil sonraí
car *n* carr *m1*, gluaisteán *m1*; (RAIL) carr, carráiste *m4*, cóiste *m4*
carafe *n* caraf *m4*
caramel *n* caramal *m1*
carat *n* carat *m1*
caravan *n* carbhán *m1*
caravan site *n* láithreán *m1* carbhán
caraway *n* (*also*: **caraway seed**) cearbhas *m1*, síol *m1* cearbhais *or* ainíse
carbohydrate *n* carbaihiodráit *f2*
car bomb *n* carrbhuama *m4*
carbon *n* carbón *m1*
carbon dioxide *n* dé-ocsaíd *f2* charbóin
carbon monoxide *n* aonocsaíd *f2* charbóin
carbon paper *n* páipéar *m1* carbóin
carburettor, (US) **carburetor** *n* carbradóir *m3*
carcinogenic *adj* carcanaigineach
card *n* cárta *m4*
cardboard *n* cairtchlár *m1*; **cardboard box** bosca cairtchláir
card game *n* cluiche *m4* cártaí
cardiac *adj* cairdiach
Cardiff *n* Caerdydd *m4*
cardigan *n* cairdeagan *m1*
cardinal *adj* príomh-, bunúsach, cairdinéalta ♦ *n* cairdinéal *m1*
cardphone *n* cártafón *m1*
care *n* aire *f4*, cúram *m1*, faichill *f2*; (*worry*) buairt *f3*, imní *f4*; (*charge*) cúram *m1* ♦ *vi*: **to care about sb** cion a bheith agat ar dhuine, cás a bheith agat i nduine; **care of** faoi chúram + *gen*; **in sb's care** faoi chúram + *gen*; **to take care** bheith faichilleach; **to take care to do sth** tabhairt do d'aire rud a dhéanamh; **to take care of** aire a thabhairt do; **I don't care** is cuma liom

▸ **care for** *vt fus* tabhair aire do; (*like*): **to care for sb** cion a bheith agat ar dhuine
career *n* slí *f4* bheatha♦ *vi*: **to career (along)** imeacht de rúchladh, strócadh (leat)
carefree *adj* neamhbhuartha
careful *adj* (*cautious*) cúramach, faichilleach, cáiréiseach; **(be) careful!** aire!, seachain!, faichill!
carefully *adv* go cúramach
careless *adj* míchúramach, leibideach, amscaí; (*heedless*) neamhairdiúil, neamh-aireach
carer *n* (MED) feighlí *m4*
caress *n* muirniú *m*♦ *vt* muirnigh
caretaker *n* airíoch *m1*
car-ferry *n* bád *m1* fartha gluaisteán
cargo *n* lasta *m4*, ládáil *f3*
car hire *n* fruiliú *m* carranna *or* gluaisteán, carranna ar cíos
Caribbean *adj*: **the Caribbean (Sea)** Muir *f3* Chairib
caricature *n* caracatúr *m1*, scigphictiúr *m1*
caring *adj* (*person*) dea-chroíoch, cásmhar; (*society, organization*) carthanach
Carlow *n* Ceatharlach *m1*
carnal *adj* collaí
carnation *n* coróineach *f2*
carnival *n* (*public celebration*) carnabhal *m1*
carol *n*: **(Christmas) carol** carúl *m1*
carp *n* carbán *m1*
car park *n* carrchlós *m1*
carpenter *n* saor *m1* adhmaid, cearpantóir *m3*
carpentry *n* adhmadóireacht *f3*, cearpantóireacht *f3*
carpet *n* cairpéad *m1*, brat *m1* urláir
carpet sweeper *n* scuabadóir *m3* cairpéad
car phone *n* carrfón *m1*
carriage *n* carráiste *m4*, cóiste *m4*; (*of goods*) iompar *m1*, carraeireacht *f3*
carriageway *n* carrbhealach *m1*
carrier *n* (MED) iompróir *m3*; (*company*) carraeir *m3*; (*mechanical*) iomprán *m1*
carrier bag *n* mála *m4* iompair
carrot *n* cairéad *m1*, meacan *m1* dearg
carry *vt* iompair; (*involve*: *responsibilities etc*): **it carries power** tá cumhacht ag siúl leis♦ *vi* (*sound*): **his voice carries** tá guth láidir cinn aige, chluinfeá míle ó bhaile é; **to get carried away** (*fig*) dul thar fóir
▸ **carry on** *vi*: **to carry on with sth/doing sth** dul ar aghaidh le rud/ag déanamh ruda♦ *vt* (*conversation, work*) lean de
▸ **carry out** *vt* (*orders*) comhlíon; (*investigation*) déan, cuir i bhfeidhm; **to carry out an experiment** turgnamh a dhéanamh
carrycot *n* cliabhán *m1* iompair
carry-on (*inf*) *n* ruaille buaille *m4*, hurlamaboc *m4*; **what a carry-on!** a leithéid d'obair!
cart *n* cairt *f2*, trucail *f2*♦ *vt* (*inf*: *lug*) tarraing, srac (leat)
cartilage *n* loingeán *m1*
carton *n* cartán *m1*
cartoon *n* cartún *m1*
cartridge *n* cartús *m1*
carve *vt* (*meat*) spól, gearr; (*wood, stone*) snoigh, gearr, grean
▸ **carve up** *vt* gearr, roinn
carving *n* snoíodóireacht *f3*
carving knife *n* scian *f2* spólta
car wash *n* carrfholcadh *m*
case *n* cás *m1*; (LAW) cás, cúis *f2*; (*also*: **suitcase**) mála *m4* taistil; **in case of** ar eagla + *gen*, i gcás go; **in case he comes** ar eagla go dtiocfadh sé; **just in case** ar eagla na heagla; **in any case** ar aon chaoi
cash *n* airgead *m1* tirim♦ *vt* bris; **to pay (in) cash** íoc in airgead; **cash on delivery** íoc ar sheachadadh
cash card *n* cárta *m4* airgid
cash desk *n* deasc *f2* airgid
cash dispenser *n* dáileoir *m3* airgid
cashew *n* (*also*: **cashew nut**) cnó *m4* caisiú
cashier *n* airgeadóir *m3*
cashmere *n* caismír *f2*
cash register *n* scipéad *m1* cláraithe
casing *n* cásáil *f3*
casino *n* caisíne *m4*
casket *n* cisteog *f2*; (US: *coffin*) cónra *f4*

casserole *n* casaról *m1*
cassette *n* caiséad *m1*
cassette deck *n* deic *f2* caiséad
cassette player *n* seinnteoir *m3* caiséad
cassette recorder *n* taifeadán *m1* caiséid
cast *vt* (*throw*) caith, teilg, diúraic; (*shed*) scoith, caith; (THEAT): **to cast sb as Hamlet** páirt Hamlet a thabhairt do dhuine♦ *n* (THEAT) foireann *f2*; (*also*: **plaster cast**) múnla *m4* plástair; **to cast one's vote** do vóta a chaitheamh
▸ **cast off** *vi* (NAUT) scaoil an feistiú; (KNITTING) lig síos, leag (lúb)
▸ **cast on** *vi* (KNITTING) tóg (lúb)
castaway *n* duine *m4* longbhriste
caster sugar *n* siúcra *m4* mín
casting vote *n* vóta *m4* réitigh
cast iron *n* iarann *m1* múnla
castle *n* caisleán *m1*; (CHESS) caiseal *m1*
castor *n* (*wheel*) rothán *m1*
castor oil *n* ola *f4* ricne
castrate *vt* spoch, coill
casual *adj* (*by chance*) fánach, teagmhasach; (*unconcerned*) neamhchúiseach; (*conversation*) fánach; (*dress*) neamhfhoirmiúil
casual employment *n* obair *f2* ócáideach
casually *adv* go fánach, ar nós na réidhe; (*dress*) go neamhfhoirmiúil
casualty *n* taismeach *m1*; (MED, *department*) An Roinn *f2* Éigeandála
casual worker *n* oibrí *m4* ócáideach
cat *n* cat *m1*
catalogue, (US)**catalog** *n* catalóg *f2*, clár *m1* ♦ *vt* cláraigh
catalyst *n* catalaíoch *m1*
catalytic convertor *n* tiontaire *m4* catalaíoch
catapult *n* (*sling*) crann *m1* tabhaill
cataract *n* (MED) fionn *m1*; (*waterfall*) eas *m3*
catarrh *n* réama *m4*
catastrophe *n* matalang *m1*, tubaiste *f4*
catch *vt* beir ar, gabh, ceap; (*grip*) beir greim ar; (*fish*) ceap, maraigh; (*by surprise*) beir (amuigh) ar; (*understand, hear*): **I didn't catch that** níor chuala mé sin i gceart ♦ *vi* (*fire*) téigh le thine; (*become trapped*) téigh i bhfostú♦ *n* gabháil *f3*; (*trick*) cleas *m1*; (*of door*) laiste *m4*; **to catch sb's attention** *or* **eye** iúl duine a tharraingt; **she caught her breath** baineadh an anáil di; **to catch sight of** amharc a fháil ar; **to catch a cold** slaghdán a thógáil *or* a tholgadh
▸ **catch on** *vi* (*understand*) tuig; (*grow popular*) éirigh faiseanta; **it has caught on** tá an saol mór ag gabháil dó, tá sé san fhaisean
▸ **catch up** *vi* tabhair isteach do bhris
▸ **catch up with** *vt* beir ar, tar suas le, tarraing isteach
catching *adj* (MED) tógálach
catchment area *n* (*of river*) dobharcheantar *m1*; (*of school*) scoilcheantar *m1*
catch phrase *n* leathfhocal *m1*
catchy *adj* (*tune*) aigeanta, tarraingteach
category *n* catagóir *f2*, earnáil *f3*, rangú *m*
caterer *n* lónadóir *m3*
cater for *vt fus* (*needs*) freastail ar; (*provide food*): **to cater for sb** riar ar dhuine
catering *n* lónadóireacht *f3*
caterpillar *n* bolb *m1*, péist *f2* chapaill *or* chabáiste
cathedral *n* ardeaglais *f2*
catheter *n* caitidéar *m1*
Catholic *n, adj* Caitliceach *m1*
catholic *adj* (*tastes etc*) ilchineálach, ilghnéitheach
Catseye ® *n* (AUT) súil *f2* chait
cattle *npl* eallach *msg1*, bólacht *fsg3*, buar *msg1*
catty *adj* binbeach, gangaideach, mailíseach
caucus *n* cácas *m4*; (US: POL) cruinniú *m* toghchánach
cauliflower *n* cóilis *f2*
cause *n* údar *m1*, fáth *m3*, cúis *f2* ♦ *vt*: **to cause trouble** bruíon a tharraingt; **to cause sb to travel** siúl a bhaint as duine; **what caused them to fight?** cad é a tháinig eatarthu?; **cause for pride** cúis bhróid; **I am the cause of it** mise is cúis leis

causeway *n* cabhsa *m4*, tóchar *m1*
caustic *adj, n* loiscneach *m1*
cauterize *vt* poncloisc
caution *n* faichill *f2*, fuireachas *m1*; (*warning*) rabhadh *m1* ♦ *vt* tabhair rabhadh do
cautious *adj* faichilleach, airdeallach, fuireachair
cavalry *n* marcshlua *m4*
Cavan *n* an Cabhán *m1*
cave *n* uaimh *f2*, prochóg *f2*, pluais *f2*
▸ **cave in** *vi* (*roof etc*) tit isteach, tabhair uaidh
caveman *n* fear *m1* pluaise
caviar(e) *n* caibheár *m1*
cavort *vi* pramsáil
CD *n abbr* (= *compact disc*) dlúthdhiosca *m4*
CD player *n* seinnteoir *m3* dlúthdhioscaí
CD-ROM *n* (COMPUT) dlúthdhiosca *m4* ROM
CD-ROM drive *n* (COMPUT) tiomáint *f3* dlúthdhiosca ROM
cease *vt* stad (de), éirigh as ♦ *vi* stad, éirigh as
ceasefire *n* sos *m3* lámhaigh *or* cogaidh
ceaseless *adj* gan stad, síoraí
cedar *n* céadar *m1*
Ceefax ® *n* ≈ Aertel
ceiling *n* síleáil *f3*
celebrate *vt, vi* ceiliúir, comóir; **to celebrate Mass** aifreann a léamh *or* a cheiliúradh
celebrated *adj* cáiliúil, clúiteach
celebration *n* ceiliúradh *m*, comóradh *m1*
celebrity *n* duine *m4* cáiliúil *or* clúiteach
celery *n* soilire *m4*
cell *n* cill *f2*, cillín *m4*
cellar *n* siléar *m1*
cello *n* dordveidhil *f2*
cellophane *n* ceallafán *m1*
cellphone *n* teileafón *m1* ceallach
cellular *adj* ceallach
Celt *n* Ceilteach *m1*
Celtic *adj* Ceilteach ♦ *n* (LING) Ceiltis *f2*
Celtic Sea *n* an Mhuir *f3* Cheilteach
cement *n* suimint *f2*, stroighin *f2* ♦ *vt* stroighnigh; (*friendship*) daingnigh, neartaigh
cement mixer *n* meascthóir *m3* suiminte *or* stroighne
cemetery *n* reilig *f2*
censor *n* cinsire *m4* ♦ *vt* coisc, déan cinsireacht ar
censorship *n* cinsireacht *f3*
censure *vt* faigh locht ar, cáin
census *n* daonáireamh *m1*
cent *n* (US *etc*: *coin*) ceint *m4*; **per cent** faoin gcéad
centenary *n* ceiliúradh *m or* comóradh *m1* céad bliain
center (US) *n* = **centre**
centigrade *adj* ceinteagrádach
centimetre, (US) **centimeter** *n* ceintiméadar *m1*
centipede *n* céadchosach *m1*
central *adj* lárnach; **Central Bank of Ireland** Banc Ceannais na hÉireann
Central America *n* Meiriceá *m4* Láir
central heating *n* téamh *m1* lárnach
centralize *vt* láraigh
central locking *n* glasáil *f3* lárnach
central processing unit *n* (COMPUT) lárionad *m1* próiseála
central reservation *n* (AUT) tearmann *m1* láir
centre, (US) **center** *n* lár *m1*, lárphointe *m4*, ceartlár *m1*; (*building*) lárionad *m1* ♦ *vt*: **to centre sth** rud a chur i lár báire
centre forward *n* (SPORT) lárthosaí *m4*
centre half *n* (SPORT) leathchúlaí *m4* láir
century *n* aois *f2*, céad *m1*; **20th century** an fichiú haois *or* céad
ceramic *adj* criaga, ceirmeach
cereal *n* gránach *m1*, arbhar *m1*
ceremony *n* searmanas *m1*, deasghnáth *m3*; **to stand on ceremony** an ghalántacht a imirt
certain *adj* cinnte, dearfa; (*particular*) áirithe; **for certain** gan amhras
certainly *adv* go cinnte, go deimhin
certainty *n* cinnteacht *f3*, deimhneacht *f3*
certificate *n* teastas *m1*, teistiméireacht *f3*, deimhniú *m*
certified mail (US) *n*: **by certified mail** le post cláraithe

certified public accountant (*US*) *n* cuntasóir *m3* deimhnithe poiblí
certify *vt* deimhnigh, dearbhaigh
cervical *adj*: **cervical cancer** ailse *f4* ceirbheacsach; **cervical smear** smearadh *m1* ceirbheacsach
cervix *n* ceirbheacs *m4*, muineál *m1*
ch. *abbr* (= *chapter*) caib.
chafe *vt* scríob
chaffinch *n* rí *m4* rua
chain *n* slabhra *m4*; (*of islands, poems*) sraith *f2* ♦ *vt* (*also*: **chain up**) cuir ar slabhra, ceangail le slabhraí; **chain stores** sreangshiopaí *mpl4*
chain reaction *n* imoibriú *m* slabhrúil
chair *n* cathaoir *f*; (*armchair*) cathaoir uilleach *or* uilleann; (*of university*) ollúnacht *f3*; (*of meeting, committee*) cathaoirleacht *f3* ♦ *vt*: **to chair a meeting** bheith sa chathaoir ag cruinniú
chairman *n* cathaoirleach *m1*
chairperson *n* cathaoirleach *m1*
chalet *n* sealla *m4*
chalice *n* cailís *f2*
chalk *n* cailc *f2*
challenge *n* dúshlán *m1* ♦ *vt* (*statement, right*) caith amhras ar, cuir i gcoinne + *gen*; **to challenge sb** dúshlán duine a thabhairt; **he challenged me to do it** thug sé mo dhúshlán é a dhéanamh; **to challenge sb to a fight** troid a chur ar dhuine
challenging *adj* dúshlánach
chamber *n* seomra *m4*; **chamber of commerce** Cumann *m1* Lucht Tráchtála
chambermaid *n* cailín *m4* aimsire
chamber music *n* ceol *m1* aireagail
chamois leather *n* seamaí *m4*
champagne *n* seaimpéin *m4*
champion *n* seaimpín *m4*, curadh *m1*; **he was a champion of the poor** bhí sé ina chrann cosanta ag na daoine bochta
championship *n* craobh *f2*, craobhchomórtas *m1*
chance *n* (*fate*) cinniúint *f3*; (*opportunity*) áiméar *m1*, faill *f2*; (*hope, likelihood*) seans *m4*; (*risk*) fiontar *m1*, seans ♦ *vt*: **to chance it** triail a bhaint as, dul sa seans air ♦ *adj* teagmhasach, taismeach, cinniúnach; **to take a chance** dul sa seans; **by chance** de sheans, de thaisme
chancellor *n* seansailéir *m3*
Chancellor of the Exchequer *n* Seansailéir *m3* an Státchiste
chandelier *n* coinnleoir *m3* craobhach, crann *m1* solais
change *vt* athraigh; (*COMM, FIN*) sóinseáil, bris; (*transform*): **to change water into wine** fíon a dhéanamh d'uisce ♦ *vi* athraigh; (*one's clothes*) cuir malairt éadaigh ort féin ♦ *n* athrú *m*, malairt *f2*; (*money*) briseadh *m*, sóinseáil *f3*; **to change one's mind** athchomhairle a dhéanamh, d'intinn a athrú; **to change sth beyond recognition** rud a chur as aithne *or* as a riocht ar fad; **the weather has changed** (*for the worse*) chlaochlaigh an aimsir; (*for the better*) bhisigh an aimsir; **it changed my life** chuir sé cor i mo chinniúint; **a change of clothes** malairt éadaigh; **for a change** mar athrú
changeable *adj* inathraithe, inmhalartaithe; (*weather*) claochlaitheach, luaineach
change machine *n* inneall *m1* sóinseála
changing *adj* athraitheach, claochlaitheach, malartach
changing room *n* seomra *m4* gléasta
channel *n* (*TV*) cainéal *m1*, bealach *m1*; (*for water*) cainéal *m1*; (*gulley*) clais *f2*; (*at low tide*) deán *m1*; (*irrigation*) caidhséar *m1* ♦ *vt* dírigh ar; **the (English) Channel** Muir *f3* nIocht; **the Channel Islands** Oileáin *mpl1* Mhuir nIocht
chant *n* coigeadal *m1*; (*REL*) cantaireacht *f3* ♦ *vt* déan cantaireacht
chaos *n* anord *m1*
chaotic *adj* anordúil, bunoscionn
chap (*inf*) *n* (*man*) diúlach *m1*
chapel *n* séipéal *m1*, teach *m* pobail
chaplain *n* séiplíneach *m1*
chapped *adj* (*skin, lips*) gágach
chapter *n* caibidil *f2*
char *vt* (*burn*) gualaigh
character *n* carachtar *m1*, pearsa *f*;

(*quality*) tréith *f2*; (*eccentric*) mac *m1* barrúil

characteristic *adj* tréitheach ♦ *n* tréith *f2*

charcoal *n* gualach *m1*, fioghual *m1*

charge *n* (*cost*) táille *f4*, costas *m1*, muirear *m1*; (*accusation*) cúis *f2*, cúiseamh *m1*; (ELEC) lucht *m3*; (*of gun*) lánán *m1* ♦ *vt* (*battery*) luchtaigh; (*enemy*) tabhair ruathar faoi; **to charge sb (with)** duine a chúiseamh (as); (*customer, sum*): **she charged him five pounds** ghearr sí cúig phunt air ♦ *vi* tabhair ruathar; **charges** *npl* (*costs*) muirir *mpl1*, costais *mpl1*; **to reverse the charges** (TEL) glao (táille) frithmhuirir a chur; **to take charge of** aire a thabhairt do, dul i gceannas ar; **to be in charge of** bheith i gceannas ar; **how much do you charge?** cá mhéad atá agat air?; **to charge an expense (up) to sb** costas a chur ar dhuine

charge card *n* cárta *m4* muirir

charity *n* déirc *f2*, grá *m4* dia; (*organization*) cumann *m1* carthannachta

charm *n* cuannacht *f3*, meallacacht *f3*; (*spell*) ortha *f4*; (*amulet*) briocht *m3* ♦ *vt* meall, cuir faoi dhraíocht

charming *adj* cuannach, meallacach

chart *n* cairt *f2*, graf *m1*; (NAUT, *map*) cairt ♦ *vt* (*coast*) déan cairt de

charter *vt* (*plane etc*) cairtfhostaigh ♦ *n* (*document*) cairt *f2*

chartered accountant *n* cuntasóir *m3* cairte

charter flight *n* eitilt *f2* chairtfhostaithe

charwoman *n* bean *f* ghlantacháin

chase *vt* téigh sa tóir ar, seilg; (*also*: **chase away**) ruaig, cuir an ruaig ar ♦ *n* tóir *f3*, seilg *f2*; (*rout*) ruaig *f2*

chasm *n* (*abyss*) duibheagán *m1*; (*opening*) gáibéal *m1*

chassis *n* fonnadh *m1*, fráma *m4*, creat *m3*

chat *vi*: **to (have a) chat** tamall comhrá a dhéanamh ♦ *n* comhrá *m4*

chat show *n* seó *m4* cainte

chatter *vi* déan geabaireacht *or* cabaireacht; (*teeth*) déan gliogar ♦ *n* geabaireacht *f3*, cabaireacht *f3*; (*of teeth*) gliogar *m1*; **her teeth were chattering** bhí a cár ag greadadh ar a chéile

chatterbox (*inf*) *n* cabaire *m4*, geabaire *m4*

chatty *adj* (*style*) comhráiteach; (*person*) brioscghlórach, cainteach

chauffeur *n* tiománaí *m4*

chauvinist *n* seobhaineach *m1*

cheap *adj* saor; (*joke*) suarach, táir ♦ *adv* go saor; **cheap at the price** saor ar a luach

cheaply *adv* go saor

cheat *vi* bheith ag rógaireacht, déan séitéireacht ♦ *vt* déan calaois ar, cuir dallamullóg ar ♦ *n* séitéir *m3*, caimiléir *m3*

Chechen *adj, n* Seitniach *m1*

Chechnya *n* an tSeitnia *f4*

check *vt* deimhnigh, seiceáil; (*halt*) stad; (*restrain*) srian, cuir srian le; (*chess*) sáinnigh ♦ *n* seiceáil *f3*; (*curb*) srian *m1*; (US: *bill*) bille *m4*; (*pattern*) seic *m4*; (US) = **cheque** ♦ *adj* (*pattern*) seicear; (*cloth*) páircíneach; **check!** (CHESS) sáinn!

▸ **check in** *vi* (*at airport, hotel*) cláraigh, seiceáil isteach

▸ **check out** *vi* (*from hotel*) imigh, seiceáil amach

▸ **check up** *vi*: **to check up on sth** rud a fhiosrú *or* a chinntiú; **to check up on sb** fiosrú a dhéanamh ar dhuine

checkered (US) *adj* = **chequered**

checkers (US) *npl* cluiche *msg4* táiplise

check-in (desk) *n* deasc *f2* cláraithe

checking account (US) *n* (*current account*) seic-chuntas *m1*

checkmate *n* marbhsháinn *f2*

checkout *n* (*in shop*) cuntar *m1* amach

checkpoint *n* ionad *m1* seiceála

checkroom (US) *n* (*left-luggage office*) seomra *m4* bagáiste

checkup *n* (MED) scrúdú *m* dochtúra

cheddar *n* céadar *m1*

cheek *n* (ANAT) grua *f4*, leiceann *m1*; (*nerve*) dánacht *f3*, soibealtacht *f3*

cheekbone *n* cnámh *f2* grua

cheeky *adj* dalba, soibealta; **cheeky person** cocaire *m4*

cheep *vi* gíog
cheer *vt* (*team etc*) bheith ag gárthaí ar son; (*gladden*) tabhair a chroí do ♦ *vi* lig gáir mholta ♦ *n* (*of crowd*) gáir *f2* mholta; (*disposition*) meanma *f*; **cheers!** sláinte!
▸ **cheer up** *vi* glac misneach ♦ *vt*: **to cheer sb up** aigne a chur i nduine, cian a thógáil de dhuine; **cheer up!** bíodh misneach agat!
cheerful *adj* meanmnach, gealgháireach, croíúil
cheering *n* gártha *fpl2* molta
cheerio *excl* slán
cheese *n* cáis *f2*
cheeseboard *n* clár *m1* cáise
cheesecake *n* císte *m4* cáise
cheetah *n* síota *m4*
chef *n* príomhchócaire *m4*, cócaire *m4*
chemical *adj* ceimiceach ♦ *n* ceimiceán *m1*
chemist *n* (*pharmacist*) ceimiceoir *m3*, poitigéir *m3*
chemistry *n* ceimic *f2*
chemist's (shop) *n* siopa *m4* ceimiceora *or* poitigéara
chemotherapy *n* ceimiteiripe *f4*
cheque *n* seic *m4*
chequebook *n* seicleabhar *m1*
cheque card *n* seic-chárta *m4*
chequered, (*US*) **checkered** *adj* (*fig*) súgánach
cherish *vt* muirnigh
cherished *adj* (*memory*) geal
cherry *n* silín *m4*; (*also*: **cherry tree**) crann *m1* silíní
chess *n* ficheall *f2*
chessboard *n* clár *m1* fichille
chest *n* cliabh *m1*, cliabhrach *m1*, ucht *m3*; (*box*) cófra *m4*, ciste *m4*
chestnut *n* (*horse*) cnó *m4* capaill; (*Spanish*) castán *m1*; (*also*: **chestnut tree**) crann *m1* castán
chest of drawers *n* cófra *m4* tarraiceán
chew *vt, vi* cogain, mungail
chewing gum *n* guma *m4* coganta
chic *adj* faiseanta
chick *n* scalltán *m1*, sicín *m4*; (*inf*) báb *f2*, leadhb *f2*
chicken *n* eireog *f2*, sicín *m4*; (*food*) circeoil *f3*, sicín; (*inf*: *coward*) faiteachán *m1*; **don't count your chickens before they're hatched** ná maraigh an fia go bhfeice tú é
▸ **chicken out** (*inf*) *vi* ob, loic
chickenpox *n* deilgneach *f2*
chickpea *n* piseánach *m1*
chicory *n* siocaire *m4*
chief *n* (*of a tribe*) taoiseach *m1*; (*boss*) ceann *m1* urra ♦ *adj* príomh-, ard-
chief executive, (*US*) **chief executive officer** *n* príomhoifigeach *m1* feidhmiúcháin
chiefly *adv* go príomha, go mór mór
chiffon *n* sreabhann *m1*
chilblain *n* fochma *m4*, fuachtán *m1*
child *n* leanbh *m1*, páiste *m4*, gasúr *m1*
child abuse *n* drochíde *f4* ar pháistí
childbirth *n* breith *f2* clainne
childhood *n* leanbaíocht *f3*, macacht *f3*
childish *adj* leanbaí, páistiúil
childlike *adj* leanbaí, naíonda
child minder *n* feighlí *m4* páistí
Chile *n* an tSile *f4*
chill *n* fuacht *m3*, crithfhuacht *m3* ♦ *vt* (*CULIN*) fuaraigh
chil(l)i *n* cilí *m4*
chilly *adj* féithuar; **to feel chilly** fuacht a bheith ort, aireachtáil pas beag fuar
chime *n* cling *f2* ♦ *vi* cling
chimney *n* simléar *m1*
chimney sweep *n* glantóir *m3* simléar
chimpanzee *n* simpeansaí *m4*
chin *n* smig *f2*
China *n* an tSín *f2*
china *n* poirceallán *m1*; (*crockery*) gréithe *pl* poircealláin
Chinese *n* Síneach *m1*; (*LING*) Sínis *f2* ♦ *adj* Síneach
chink *n* (*opening*) gág *f2*; (*noise*) gligleáil *f3*
chip *n* (*CULIN, BRIT*) sceallóg *f2* phrátaí; (: *US*: *potato chip*) brioscán *m1* phrátaí; (*of wood*) slis *f2*; (*of stone*) sceall *m3*, scealpóg *f2*; (*also*: **microchip**) slis ♦ *vt* (*cup, plate*) bain slis de
▸ **chip in** *vi*: **to chip in** do ladar a chur isteach; (*contribute*) do chion a íoc

chiropodist *n* coslia *m4*
chirp *vi* gíog, lig gíog (asat)
chisel *n* siséal *m1*
chit *n* nóta *m4*, admháil *f3*
chitchat *n* clabaireacht *f3*
chivalry *n* ridireacht *f3*, cúirtéis *f2*
chives *npl* síobhais *mpl1*
chlorine *n* clóirín *m4*
chock-a-block, chock-full *adj* lán go doras
chocolate *n* seacláid *f2*; **a box of chocolates** bosca seacláidí
choice *n* rogha *f4*, togha *m4*♦ *adj* tofa, scothúil
choir *n* cór *m1*, claisceadal *m1*
choirboy *n* córbhuachaill *m3*, buachaill *m3* cóir
choke *vt, vi* tacht♦ *n* (AUT) tachtóir *m3*; **street choked with traffic** sráid plódaithe le trácht
cholesterol *n* colaistéaról *m1*
choose *vt* togair, togh, roghnaigh
choosy *adj*: **(to be) choosy** (bheith) éisealach
chop *vt* (*wood*) gearr (le tua), tuaigh; (CULIN: *also*: **chop up**) gearr ina phíosaí, mionghearr♦ *n* (CULIN) gríscín *m4*; **chops** (*jaws*) geolbhaigh *mpl1*
chopper *n* (*helicopter*) héileacaptar *m1*
choppy *adj* (*sea*) coipthe, corraithe, scréachta
choral *adj* córúil
chord *n* (MUS) corda *m4*
chore *n* creachlaois *f2*; **household chores** poistíneacht *fsg3* tí, dioscaireacht *fsg3*
chortle *vi* déan sclogaíl
chorus *n* cór *m1*; (*of song, fig*) curfá *m4*, loinneog *f2*
Christ *n* Críost *m4*
christen *vt* baist
christening *n* baisteadh *m*
Christian *adj* Críostaí, Críostúil♦ *n* Críostaí *m4*
Christianity *n* An Chríostaíocht *f3*
Christian name *n* ainm *m4* baiste
Christmas *n* Nollaig *f*; **Happy** *or* **Merry Christmas!** Nollaig Shona!; **Christmas night** Oíche *f4* Lá Nollag
Christmas card *n* cárta *m4* Nollag
Christmas Day *n* Lá *m* Nollag
Christmas Eve *n* Oíche *f4* Nollag
Christmas tree *n* crann *m1* Nollag
chrome *n* cróm *m1*
chromium *n* cróimiam *m4*; **chromium plating** crómchneasú *m*
chronic *adj* leannánta, ainsealach; **her cold became chronic** chuaigh a slaghdán in ainseal *or* i bhfeadánacht inti
chronicle *n* croinic *f2*
chronological *adj* cróineolaíoch
chrysanthemum *n* órscoth *f3*
chubby *adj* plucach, sultmhar
chuck (*inf*) *vt* (*throw*) caith, rop; (*also*: **chuck up**: *job*) tabhair suas; (*person*) fág
▸ **chuck out** *vt* caith amach
chuckle *vi* déan maolgháire, bheith ag sclogaíl
chug *vi*: **to be chugging along** bheith ag séideogacht *or* ag smailceadh
chum *n* compánach *m1*, comrádaí *m4*
chunk *n* alpán *m1*, smután *m1*
church *n* teach *m* pobail, eaglais *f2*, teampall *m1*; (*organization*) eaglais
churchyard *n* reilig *f2*
churn *n* (*for butter*) cuinneog *f2*; (*also*: **milk churn**) canna *m4* bainne
▸ **churn out** *vt* steall amach
chute *n* fánán *m1*, sleamhnán *m1*; (*also*: **rubbish chute**) sleamhnán bruscair
chutney *n* seatnaí *m4*
cider *n* ceirtlis *f2*
cigar *n* todóg *f2*
cigarette *n* toitín *m4*
cigarette case *n* cás *m1* toitíní
cigarette end *n* bun *m1* toitín
cigarette machine *n* gléas *m1* *or* meaisín *m4* toitíní
Cinderella *n* Cailleach *f2* na luatha (buí)
cinders *npl* aibhleoga *fpl2* dóite
cinema *n* pictiúrlann *f2*
cinnamon *n* cainéal *m1*
circle *n* ciorcal *m1*, fáinne *m4*; (*in cinema, theatre*) áiléar *m1*♦ *vi*: **to circle** teacht thart, bheith ag guairdeall♦ *vt* (*move round*) tar thart ar, bheith ag guairdeall ar; **a vicious circle** ciorcal lochtach

circuit *n* timpeall *m1*, cúrsa *m4*, cuairt *f2*; (ELEC) ciorcad *m1*
circuitous *adj* timpeallach, míchóngarach
circular *adj* ciorclach ♦ *n* imlitir *f*, ciorclán *m1*
circulate *vi* téigh timpeall ♦ *vt*: **to circulate a story** scéal a scaipeadh
circulation *n* (*of blood*) imshruthú *m*; (*of newspaper*) scaipeadh *m*, díol *m3*; (*of air*) cúrsaíocht *f3*
circumference *n* timpeall *m1*, imlíne *f4*, compás *m1*
circumflex *n* (*also*: **circumflex accent**) cuairín *m4*
circumstances *npl* tosca *fpl2*, cúrsaí *mpl4*, cúinsí *mpl4*
circus *n* sorcas *m1*
cistern *n* sistéal *m1*
cite *vt* luaigh; (LAW) glaoigh ar
citizen *n* saoránach *m1*, cathróir *m3*; (*resident*): **the citizens of this town** bunadh *m1* an bhaile seo
citizenship *n* saoránacht *f3*, cathróireacht *f3*
citrus fruit *n* toradh *m1* citris
city *n* cathair *f*
civic *adj* cathartha
civil *adj* cathartha, sibhialta; (*polite*) béasach, sibhialta
civil engineer *n* innealtóir *m3* sibhialta
civil engineering *n* innealtóireacht *f3* shibhialta
civilian *adj, n* sibhialtach *m1*
civilization *n* sibhialtacht *f3*
civilized *adj* sibhialta
civil law *n* dlí *m4* sibhialta
civil rights *npl* cearta *mpl1* sibhialta
civil servant *n* státseirbhíseach *m1*
Civil Service *n* státseirbhís *f2*
civil war *n* cogadh *m1* cathartha
clad *adj*: **clad (in)** gléasta (i)
claim *vt* (*rights, inheritance*) éiligh; (*assert*) maígh ♦ *vi* (*for insurance*) déan éileamh ar ♦ *n* éileamh *m1*; (*entitlement*) teideal *m1*; (*right*) ceart *m1*
claimant *n* (ADMIN, LAW) éilitheoir *m3*
clairvoyant *n* (*male*) fear *m1* feasa; (*female*) bean *f* feasa
clam *n* breallach *m1*
clamber *vi* dreap, bheith ag dreapadóireacht
clammy *adj* tais
clamour, (US) **clamor** *vi*: **to clamour for sth** éileamh callánach a dhéanamh ar rud; **the children were clamouring at me** bhí na páistí ina seasamh sa bhéal orm
clamp *n* teanntán *m1*, clampa *m4* ♦ *vt* clampaigh, cuir clampa ar
▸ **clamp down on** *vt fus* cuir faoi chois
clan *n* treibh *f2*
clang *vi* cling
clap *vi* buail bosa, tabhair bualadh bos ♦ *n* bualadh *m* bos; **clap of thunder** plimp *f2* thoirní, rois *f2* toirní
clapping *n* bualadh *m* bos
Clare *n* an Clár *m1*
claret *n* clairéad *m1*
clarify *vt* soiléirigh
clarinet *n* cláirnéid *f2*
clarity *n* soiléireacht *f3*, glinne *f4*
clash *n* (*dispute*) caismirt *f2*, achrann *m1* ♦ *vi* buail in éadan a chéile; (*argue*): **they clashed** d'éirigh eatarthu, bhí caismirt eatarthu; (*two events*) tar salach ar a chéile; (*colours*): **orange clashes with pink** ní thagann oráiste le bándearg
clasp *n* (*of necklace, bag*) claspa *m4*, greamán *m1*; (*hold, embrace*) barróg *f2*, diurnú *m* ♦ *vt* fáisc, diurnaigh
class *n* (*type*) cineál *m1*; (*social status*) aicme *f4*; (SCOL) rang *m3*, grád *m1*; (*style*) cineál ♦ *vt* rangaigh, grádaigh; **the upper/lower class** an uasaicme *f4*/an ísealaicme *f4*
classic *adj* clasaiceach ♦ *n* saothar *m1* clasaiceach
classical *adj* clasaiceach
classified *adj* (*information*) rúnda
classified advertisement *n* fógra *m4* saineagraithe
classify *vt* rangaigh, aicmigh
classmate *n* comrádaí *m4* scoile
classroom *n* seomra *m4* ranga
clatter *n* clagarnach *f2* ♦ *vi* clag, déan clagarnach

clause *n* agús *m1*, clásal *m1*; (LING) clásal
claustrophobia *n* uamhan *m1* clóis, clástrafóibe *f4*
claw *n* crág *f2*, crúb *f2*; (*of bird of prey*) ionga *f*; (*of lobster*) ladhar *f2*
▸ **claw at** *vt fus* crúbáil ar, ladhráil ar
clay *n* cré *f4*, créafóg *f2*
clean *adj* glan ♦ *vt* glan
▸ **clean out** *vt* glan amach
▸ **clean up** *vt* glan
clean-cut *adj* slachtmhar
cleaner *n* (*person*) glantóir *m3*
cleaning *n* glanadh *m*, glantóireacht *f3*
cleanliness *n* glaineacht *f3*, glaine *f4*
cleanse *vt* glan, úraigh
cleanser *n* (*for face*) ungadh *m* glanta
clean-shaven *adj* glanbhearrtha
clear *adj* glan; (*evident*) follasach; (*explanation, speech*) soiléir ♦ *vt* glan; (*of people*) bánaigh; (*cheque*) cuir tríd an mbanc; (LAW, *suspect*) saor ♦ *vi* (*weather*) geal; (*fog*) scaip ♦ *adv*: **clear of** glan ar, amach ó; **to clear the table** an bord a réiteach
▸ **clear up** *vt* réitigh; (*mystery*) fuascail
clearance *n* (*removal*) bánú *m*; (*permission*) cead *m3*; (*customs*) imréiteach *m1*
clear-cut *adj* soiléir, follasach
clearing *n* (*in forest*) réiteach *m1*; (COMM) imréiteach *m1*
clearly *adv* go soiléir, go follasach
clef *n* (MUS) eochair *f*
cleft *n* (*in rock*) scoilt *f2*
clench *vt* (*teeth*) teann ar a chéile
clergy *n* cléir *f2*
clergyman *n* eaglaiseach *m1*
clerical *adj* cléiriúil; **clerical work** obair *f2* chléireachais; **clerical student** ábhar *m1* sagairt
clerk *n* cléireach *m1*; (US: *salesperson*) díoltóir *m3*
clever *adj* (*mentally*) cliste, gasta; (*deft, crafty*) glic; (*device, arrangement*) cliste
clew (US) *n* = **clue**
click *vi* cniog ♦ *vt*: **to click one's tongue** do theanga a smeachaíl, smeach *or* blosc a bhaint as do theanga; **to click one's heels** do shála a chnagadh
client *n* cliant *m1*
cliff *n* aill *f2*, binn *f2*
climate *n* aeráid *f2*, clíoma *m4*; (*economic*) timpeallacht *f3*
climax *n* buaic *f2*, barrchéim *f2*, forchéim *f2*; (THEAT) buaicphointe *m4*; (*sexual*) orgásam *m1*
climb *vt* dreap, tóg ♦ *vi* dreap ♦ *n* dreapa *m4*, dreapadh *m*
climb-down *n* géilleadh *m*, cúlú *m*
climber *n* dreapadóir *m3*
climbing *n* (*mountaineering*) dreapadóireacht *f3*
clinch *vt* (*deal*) cuir i gcrích, ceangail
cling *vi*: **to cling (to)** greim a choinneáil (ar); (*person*) bheith crochta (as); (*of clothes*) luí leis an gcraiceann
clinic *n* clinic *m4*
clinical *adj* cliniciúil; (*attitude*) fuarchúiseach
clink *vi* cling
clip *n* (*for hair*) fáiscín *m4*; (*also*: **paper clip**) fáiscín páipéir ♦ *vt* (*fasten*) fáisc; (*hair, nails, hedge*) bearr
clippers *npl* (*for hedge*) deimheas *msg1*; (*also*: **nail clippers**) siosúr *msg1* ingne
clipping *n* (*from newspaper*) gearrthán *m1*
clitoris *n* brillín *m4*
cloak *n* clóca *m4*, brat *m1* ♦ *vt* (*fig*) ceil, folaigh
cloakroom *n* (*for coats etc*) seomra *m4* cótaí; (*WC*) leithreas *m1*
clock *n* clog *m1*
▸ **clock in** *or* **on** *vi* clogáil isteach
▸ **clock off** *or* **out** *vi* clogáil amach
clockwise *adv* deiseal
clockwork *n*: **to go like clockwork** dul chun cinn bonn ar aon ♦ *adj* (*precision, regularity*) rialta
clog *n* paitín *m4* ♦ *vt* calc, tacht ♦ *vi* (*also*: **clog up**) éirigh calctha *or* tachta
cloister *n* clabhstra *m4*
close[1] *adj* (*near*): **close (to)** gar (do), láimh (le), in aice + *gen*, i gcóngar + *gen*; (*contact, link*) dlúth-; (*contest, watch*) géar; (*examination*) mion; (*weather*) meirbh, marbhánta ♦ *adv* go dlúth; **close**

to gar do, lámh le, in aice + *gen*; **close by, close at hand** *adj, adv* in aice láithreach *or* láimhe; **a close friend** dlúthchara; **it was a close shave** (*fig*) chuaigh sé gairid go maith dó

close[2] *vt, vi* druid, dún, iaigh ♦ *vt* (*debate, conference*) cuir an clabhsúr ar ♦ *n* (*end*) clabhsúr *m1*, críoch *f2*

▸ **close down** *vt, vi* dún, druid

closed *adj* dúnta, druidte

close-knit *adj* (*family*) gar dá chéile

closely *adv* (*examine, watch*) go géar

closet *n* clóiséad *m1*

close-up *n* gar-amharc *m1*

closure *n* clabhsúr *m1*, dúnadh *m*

clot *n* téachtán *m1*; (*inf*: *person*) pleidhce *m4*, cnapán *m1* amadáin ♦ *vi* (*blood*) téacht

cloth *n* (*material*) éadach *m1*, bréid *m4*, ceirt *f2*; (*also*: **tea cloth**) éadach tae

clothe *vt* cuir éadaí ar, gléas

clothes *npl* éadaí *mpl1*

clothes brush *n* scuab *f2* éadaí

clothes line *n* líne *f4* éadaí

clothes peg, (*US*)**clothes pin** *n* pionna *m4* éadaí

clothing *n* = **clothes**

cloud *n* scamall *m1*, néal *m1*; (*of dust*) ceo *m4*; **clouds of smoke** calcanna toite, bús deataigh

cloudy *adj* scamallach, néaltach; (*liquid*) modartha

clout *vt* tabhair leadóg do

clove *n* (*CULIN*, *spice*) clóbh *m1*; **clove of garlic** ionga *f* gairleoige

clover *n* seamair *f2*

clown *n* fear *m1* grinn, áilteoir *m3*; (*pej*) cábóg *f2* ♦ *vi* (*also*: **to clown about, clown around**) bheith ag abhlóireacht

cloying *adj* (*taste, smell*) masmasach

club *n* (*society, place*) club *m4*, cumann *m1*; (*also*: **golf club**) maide *m4*; (*weapon*) lorga *f4*, smachtín *m4* ♦ *vt*: **to club sb** duine a bhualadh le smachtín ♦ *vi*: **to club together** airgead a bhailiú i bpáirt le chéile; **clubs** *npl* (*CARDS*) triufanna *mpl4*

clubhouse *n* clubtheach *m*

cluck *vi* bheith ag glógarsach

clue *n* leid *f2*; **he hasn't a clue** níl barúil aige

clump *n*: **clump of trees** mothar *m1* crann

clumsy *adj* ciotach, ciotrúnta

cluster *n* (*of fruit*) crobhaing *f2*; (*of berries*) triopall *m1*; (*of nuts*) mogall *m1*; (*of houses*) cloigín *m4*; (*of people*) comhthionól *m1*, drong *f2* beag, scata *m4* beag ♦ *vi* cruinnigh le chéile

clutch *n* (*grip, grasp*) greim *m3*; (*AUT*) crág *f2*; (*of chicks*) éillín *m4* ♦ *vt* (*grasp*) glám, beir *or* coinnigh greim ar

clutter *vt* (*also*: **clutter up**) trangláil

coach *n* (*bus, horse-drawn*) cóiste *m4*; (*of train*) carráiste *m4*; (*SPORT*, *trainer*) traenálaí *m4*; (*SCOL*, *tutor*) oide *m4* múinte ♦ *vt* traenáil; (*student*) múin, teagasc

coach trip *n* turas *m1* cóiste

coal *n* gual *m1*

coal face *n* gualéadan *m1*

coalfield *n* gualcheantar *m1*

coalition *n* (*POL*) comhcheangal *m1*; **coalition government** comhrialtas *m1*

coalman, coal merchant *n* fear *m1* guail

coalmine *n* mianach *m1* guail

coalminer *n* mianadóir *m3* guail

coarse *adj* garbh, garg; (*fig*) gáirsiúil, madrúil

coast *n* cósta *m4*

coastal *adj* cósta

coastguard *n* garda *m4* cósta, vaidhtéir *m3* cuain

coastline *n* imeallbhord *m1*, líne *f4* an chósta

coat *n* cóta *m4*; (*of animal*) fionnadh *m1*; (*of paint*) brat *m1* ♦ *vt* cuir brat ar, cumhdaigh

coat hanger *n* crochadán *m1* cótaí

coating *n* screamh *f2*, scim *f2*, cumhdach *m1*

coat of arms *n* armas *m1*

coax *vt* meall, bréag

cobbler *n* caibléir *m3*, gréasaí *m4* bróg

cobbles *npl* (*also*: **cobblestones**) clocha *fpl2* duirlinge

cobweb *n* líon *m1 or* téada *fpl2* damháin alla

cocaine *n* cócaon *m1*
cock *n* coileach *m1* • *vt*: **to cock a gun** gunna a chocáil
cockerel *n* coileach *m1* óg
cockeyed *adj* (*person*) camshúileach, fiarshúileach; (*idea, method*) áiféiseach
cockle *n* ruacan *m1*
cockney *n* cocnaí *m4*
cockpit *n* (*in aircraft*) cábán *m1* (píolóta)
cockroach *n* ciaróg *f2* dhubh
cocktail *n* manglam *m1*
cocktail party *n* cóisir *f2* manglam
cocoa *n* cócó *m4*
coconut *n* cnó *m4* cócó
cod *n* trosc *m1*
code *n* cód *m1*
cod-liver oil *n* ola *f4* troisc
coeducational *adj* comhoideachais *n gen*
coercion *n* comhéigean *m1*
coffee *n* caife *m4*
coffee bean *n* síol *m1* caife
coffee break *n* sos *m3* caife
coffeepot *n* pota *m4* caife
coffee table *n* bord *m1* caife
coffin *n* cónra *f4*
cog *n* fiacail *f2*; (*wheel*) roth *m3* fiaclach
cogent *adj* éifeachtach
coil *n* lúb *f2*, corna *m4*; (*contraceptive*): **the coil** an corna • *vt* corn
coin *n* bonn *m1* • *vt* (*word*) cum
coin box *n* bosca *m4* gutháin
coincide *vi* comhtharlaigh (le); (*agree*) tar le chéile, réitigh le chéile
coincidence *n* comhtharlú *m*
Coke ® *n* Cóc *m4*
coke *n* cóc *m1*
colander *n* síothlán *m1*
cold *adj* fuar, dearóil • *n* fuacht *m3*; (MED) slaghdán *m1*; **it's cold** tá sé fuar; **to be** *or* **feel cold** (*person*) bheith fuar, aireachtáil fuar; **to catch a cold** slaghdán a thógáil *or* a tholgadh; **I have a cold** tá slaghdán orm; **in cold blood** as fuil fhuar
cold-shoulder *vt* déan neamhshuim de
cold sore *n* cneá *f4* fuachta
cold start *n* (COMPUT) dúiseacht *f3* fhuar
coleslaw *n* cálslá *m4*
colic *n* coiliceam *m1*
collaborate *vi* comhoibrigh (le), téigh i gcomhar (le)
collapse *vi* (*building etc*) tit go talamh, tabhair uaidh; (*person*) tit i bhfanntais *or* i meirfean • *n* titim *f2*; **he collapsed** thit sé as a sheasamh; **the ditch collapsed** sceith an claí, thug an claí uaidh
collapsible *adj* infhillte
collar *n* (*of coat, shirt*) bóna *m4*, coiléar *m1*; (*for animal*) coiléar *m1*
collarbone *n* cnámh *f2* an smiolgadáin, branra *m4* brád, dealrachán *m1*
collateral *n* comhthaobhacht *f3*
colleague *n* comhoibrí *m4*, comhpháirtí *m4*, comhalta *m4*
collect *vt* bailigh, cruinnigh, tiomsaigh, cnuasaigh; (*call and pick up*) tóg • *vi* (*people*) cruinnigh; **to call collect** (US: TEL) glao (táille) frithmhuirir a chur
collection *n* bailiú *m*, cruinniú *m*; (*of poetry etc*) díolaim *f3*, cnuasach *m1*; (*of mail*) bailiú *m*; (*for money*) bailiúchán *m1*; (ECCL) tobhach *m1*
collective *adj* comhchoiteann; **collective bargaining** cómhargáil *f3*
collector *n* bailitheoir *m3*
college *n* coláiste *m4*
collide *vi* tuairteáil; **the two cars collided** bhuail an dá charr faoina chéile *or* in éadan a chéile
collie *n* coilí *m4*, madra *m4* caorach
colliery *n* gualcha *f*, mianach *m1* guail
collision *n* imbhualadh *m*, tuairt *f2*
colloquial *adj* comhráiteach, neamhfhoirmiúil; **it's not colloquial** níl sé i gcaint na ndaoine
Colombia *n* an Cholóim *f2*
colon *n* (TYP) idirstad *m4*; (MED) drólann *f2*
colonel *n* coirnéal *m1*
colonial *adj* coilíneach
colonialism *n* coilíneachas *m1*
colonize *vt* coilínigh
colonnade *n* colúnáid *f2*
colony *n* coilíneacht *f3*
colour, (US) **color** *n* dath *m3*; (*of person*) dath, snua *m4*, lí *f4* • *vt* (*paint, dye*) dathaigh, cuir dath ar; **to colour a story** craiceann (na fírinne) a chur ar scéal;

(*distort*) scéal a chur as a riocht, cor a chur i scéal ♦ *vi* (*blush*) dearg, las san aghaidh; **colours** *npl* (*of party, club*) suaitheantais *mpl1*; **he passed with flying colours** d'éirigh go geal leis
▸ **colour in** *vt* líon isteach le dathanna
colour-blind *adj* dathdhall
coloured *adj* (*illustration*) daite; **a coloured person** duine daite; (*black*) duine gorm, duine dubh
colour film *n* scannán *m1* daite
colourful *adj* dathannach, dathúil; (*personality*) beoga, aigeanta
colouring *n* dathú *m*, lí *f4*; (*complexion*) lí, snua *m4*
colour scheme *n* scéim *f2* dathanna
colour television *n* teilifís *f2* dhaite
colt *n* bromach *m1*
column *n* colún *m1*
columnist *n* colúnaí *m4*
coma *n* cóma *m4*, támhnéal *m1*
comb *n* cíor *f2* ♦ *vt* (*hair*) cíor, spíon; (*area*) cíor, cíorláil
combat *n* comhrac *m1*, coimheascar *m1* ♦ *vt*: **to combat sth** troid in éadan ruda, dul i ndeabhaidh le rud
combination *n* comhcheangal *m1*, teaglaim *f3*
combine *vi* comhcheangal, cuir le chéile, cumaisc; (CHEM) cuingrigh ♦ *vt*: **to combine things** rudaí a chomhcheangail *or* a chur le chéile ♦ *n* (ECON) comhaontachas *m1*
combine (harvester) *n* comhbhuainteoir *m3*
come *vi* tar; **to come to** (*decision etc*) tar ar; **it came undone** *or* **loose** scaoil sé
▸ **come about** *vi* tit amach, tarlaigh
▸ **come across** *vt fus* (*find*) tar ar; (*meet*): **I came across John** casadh orm Seán
▸ **come along** *vi* = **to come on**
▸ **come away** *vi*: **come away from there!** tar amach as sin!
▸ **come back** *vi* fill, tar ar ais
▸ **come by** *vt fus* (*acquire*) faigh
▸ **come down** *vi* tit
▸ **come forward** *vi* tar chun tosaigh
▸ **come from** *vt fus*: **she came from Belfast by train** tháinig sé as Béal Feirste leis an traein; **where do you come from?** cárb as duit?; **I come from Derry** is as Doire dom, is as Doire mé
▸ **come in** *vt fus* tar isteach
▸ **come into** *vt fus* (*money*) tar isteach ar
▸ **come off** *vi* (*button*) scaoil; (*stain*) tar amach; (*attempt*): **it came off** d'éirigh leis
▸ **come on** *vi* (*pupil, work, project*) téigh *or* tar chun cinn; (*lights*) las; **come on!** chugainn!, siúil leat!
▸ **come out** *vi* tar amach
▸ **come round, come to** *vi* (*after faint, operation*) tar chugat féin
▸ **come up** *vi* tar aníos
▸ **come up against** *vt fus* (*resistance, difficulties*) buail le
▸ **come upon** *vt fus* tar ar
▸ **come up to** *vt fus* sroich, tar suas le
▸ **come up with** *vt fus* tar chun tosaigh le
comedian *n* fuirseoir *m3*
comedienne *n* banfhuirseoir *m3*, fuirseoir *m3* mná
comedy *n* coiméide *f4*, dráma *m4* grinn
comet *n* cóiméad *m1*
comeuppance *n*: **he got his comeuppance** fuair sé na físeacha
comfort *n* compord *m1*, sócúl *m1*; (*relief*) sólás *m1* ♦ *vt* tabhair sólás do, sólásaigh; **the comforts of home** sócúl an bhaile
comfortable *adj* compordach, sócúlach, cluthar; (*walk etc*) éasca; **he is comfortable** (*financially*) tá sé go maith as; (*mentally*) tá sé ar a sháimhín; (*patient*) tá sé ar aghaidh bisigh
comfortably *adv* (*sit*) go compordach; **comfortably off** go maith as, i do shuí go te
comfort station (US) *n* leithreas *m1*
comic *adj* (*also*: **comical**) greannmhar, barrúil ♦ *n* (*man*) fear *m1* grinn, fuirseoir *m3*; (*woman*) bean *f* ghrinn, banfhuirseoir *m3*; (*paper*) greannán *m1*
coming *n* teacht *m3* ♦ *adj*: **the coming events** na himeachtaí atá le teacht; **the coming years** na blianta atá romhainn
comma *n* camóg *f2*

command *n* ordú *m*; (*leadership*) ceannas *m1*, ceannasaíocht *f3*; (*MIL, authority*) ceannas; **he has a good command of Irish** tá Gaeilge mhaith aige♦ *vt* (*troops*) stiúir; **to command sb** ordú a thabhairt do dhuine; **to be in command of o.s.** smacht a bheith agat ort féin

commandeer *vt* gabh

commander *n* (*MIL*) ceannfort *m1*, ceannasaí *m4*

commemorate *vt*: **to commemorate sb** cuimhneachán a dhéanamh ar dhuine, duine a chomóradh *or* a chuimhneamh; **to commemorate sth** rud a cheiliúradh

commence *vt, vi* cuir tús le, tosaigh

commend *vt* mol

commendable *adj* inmholta

commendation *n* moladh *m*

commensurate *adj*: **commensurate with** *or* **to** ag cur le, comhthomhaiseach le

comment *n* trácht *m3*♦ *vi*: **to comment on** trácht ar; "**no comment**" "níl dada le rá agam"

commentary *n* tráchtaireacht *f3*

commentator *n* tráchtaire *m4*

commerce *n* tráchtáil *f3*

commercial *adj* tráchtála *n gen*♦ *n* (*TV, RADIO*) fógra *m4*; **commercial traveller** taistealaí *m4* tráchtála

commiserate *vi*: **to commiserate with sb on** comhbhrón a dhéanamh le duine ar

commission *n* coimisiún *m1*; (*power*) barántas *m1*♦ *vt* coimisiúnaigh; **out of commission** (*not working*) as úsáid, as feidhm, díomhaoin

commissionaire *n* (*at shop, cinema etc*) doirseoir *m3*

commissioner *n* coimisinéir *m3*

commit *vt* (*act*) déan; (*resources*) cuir ar fáil; **to commit sth to sb's care** rud a chur faoi chúram duine; **to commit o.s. (to do sth)** tú féin a cheangal (le rud a dhéanamh); **to commit suicide** lámh a chur i do bhás féin, féinbhás a ghabháil; **to commit sth to memory** rud a chur de ghlanmheabhair; **to commit a crime** coir a dhéanamh

commitment *n* ceangal *m1*; (*COMM*) ceangaltas *m1*; (*responsibility*) dualgas *m1*; (*obligation, pledge, assurance*) geall *m1*, gealltanas *m1*

committee *n* coiste *m4*

commodity *n* earra *m4*, tráchtearra *m4*

common *adj* coiteann, coitianta, comónta, gnáth-, comh-♦ *n* (*land*) coimín *m4*, coiteann *m1*; **in common** i gcoitianta

commoner *n* gnáthdhuine *m4*

common law *n* dlí *m4* coiteann♦ *adj*: **common-law wife** bean chéile de réir an dlí choitinn

commonly *adv* go coitianta, go forleathan

Common Market *n*: **the Common Market** An Cómhargadh *m1*

commonplace *adj* gnáth-, gnách

common room *n* seomra *m4* caidrimh

common sense *n* ciall *f2*

Commonwealth *n*: **the Commonwealth** an Comhlathas *m1*

commotion *n* caismirt *f2*, clampar *m1*, ruaille buaille

communal *adj* comhchoiteann

commune *n* (*group*) común *m1*♦ *vi*: **to commune with** dlúthchaidreamh a dhéanamh le

communicate *vi*: **to communicate with sb** bheith i dteagmháil le duine, scéala a chur chuig duine♦ *vt* cuir in iúl; **to communicate sth (to sb)** rud a chur in iúl (do dhuine)

communication *n* cumarsáid *f2*; (*message*) teachtaireacht *f3*, scéala *m4*

communion *n* (*also*: **Holy Communion**) Comaoineach *f4* Naofa

communism *n* cumannachas *m1*

communist *adj* cumannach♦ *n* cumannaí *m4*

community *n* pobal *m1*, comhphobal *m1*

community centre *n* (lár)ionad *m1* pobail

commute *vi* bheith ag comaitéireacht ♦ *vt* (*LAW*) gearr

commuter *n* comaitéir *m3*

compact *adj* dlúth♦ *n* (*also*: **powder compact**) boiscín *m4* púdair

compact disc *n* dlúthdhiosca *m4*
compact disc player *n* seinnteoir *m3* dlúthdhioscaí
companion *n* compánach *m1*, comrádaí *m4*
companionship *n* compánachas *m1*, comrádaíocht *f3*
company *n* (*social*) comhluadar *m1*, cuideachta *f4*; (*business*) comhlacht *m3*, cuideachta; **to keep sb company** cuideachta a dhéanamh le duine; **and Company (& Co.)** agus Cuideachta (& Cuid.)
comparative *adj* comparáideach
comparatively *adv* (*relatively*) measartha, cuibheasach, réasúnta
compare *vt*: **to compare sth/sb with/to** rud/duine a chur i gcomparáid le• *vi*: **to compare favourably with** bheith lán chomh maith le; **compared with** i gcomparáid le, taobh le
comparison *n* comparáid *f2*
compartment *n* urrann *f2*
compass *n* compás *m1*; **compasses** *npl* (GEOM: *also*: **pair of compasses**) compás *msg1*
compassion *n* trua *f4*, trócaire *f4*, taise *f4*
compassionate *adj* trócaireach, taisiúil
compatible *adj*: **to be compatible (with)** bheith ag freagairt do, bheith oiriúnach do, bheith comhoiriúnach do
compel *vt*: **to compel sb to do sth** iallach a chur ar dhuine rud a dhéanamh
compelling *adj* (*irrefutable*) dochloíte; (*persuasive*) éifeachtach, áititheach
compensate *vt* cúitigh• *vi*: **to compensate sb for sth** rud a chúiteamh le duine
compensation *n* cúiteamh *m1*
compete *vi*: **to compete (with sb)** dul san iomaíocht (le duine), dul i gcoimhlint (le duine)
competent *adj* éifeachtach, cumasach, inniúil
competition *n* (*contest*) comórtas *m1*; (ECON) iomaíocht *f3*; **in competition with** in iomaíocht le
competitive *adj* (ECON) iomaíoch; (SPORT) comórtais *n gen*
competitor *n* iomaitheoir *m3*
compile *vt* tiomsaigh, cuir le chéile
complacency *n* bogás *m1*
complain *vi*: **to complain (about)** gearán *or* casaoid a dhéanamh (faoi); **to complain of** (*pain etc*) bheith ag éileamh as
complaint *n* clamhsán *m1*, gearán *m1*; (MED) éileamh *m1*
complement *n* líon *m1*; (*of ship's crew etc*) foireann *f2*, iomlán *m1*; (LING) comhlánú *m*• *vt* comhlánaigh
complementary *adj* comhlántach
complete *adj* iomlán; (*utter, outright*) críochnaithe, cruthanta, dearg-• *vt* críochnaigh, cuir i gcrích; (*perfect*) iomlánaigh; (*a form*) líon; (*set, group*): **that completes section 2** sin deireadh le roinn 2
completely *adv* go hiomlán, ar fad
completion *n* críochnú *m*, iomlánú *m*; (*of contract*) cur *m1* i gcrích
complex *adj* casta• *n* coimpléasc *m1*
complexion *n* snua *m4*, lí *f4*
compliance *n* (*submission*) géilleadh *m*; (*agreement*): **compliance with** aontú *m* le; **in compliance with** de réir + *gen*
complicate *vt*: **to complicate sth** rud a chur trí chéile, rud a chur in achrann
complicated *adj* casta, achrannach
complication *n* (*problem*) fadhb *f2*; (*complexity*) castacht *f3*; (MED) aimhréidh *f2*
compliment *n* moladh *m*, focal *m1* molta • *vt* mol, tabhair focal molta do; **compliments** *npl* (*respects*) beannacht *fsg3*; **with compliments** le dea-mhéin; **to pay sb a compliment** duine a mholadh
complimentary *adj* moltach; (*free*) dea-mhéine
complimentary ticket *n* ticéad *m1* dea-mhéine
comply *vi*: **to comply with the law** déanamh de réir an dlí
component *n* comhpháirt *f2*, ball *m1*, comhbhall *m1*
compose *vt* cum, ceap; (*form*): **to be**

composed of bheith déanta *or* comhdhéanta de; **to compose o.s.** tú féin a dhéanamh socair, tú féin a shocrú
composed *adj* socair, sócúlach, ar do shocracht, ar do shuaimhneas
composer *n* (*MUS*) cumadóir *m3*, ceapadóir *m3*
composition *n* comhdhéanamh *m1*; (*atmosphere etc*) comhshuíomh *m1*; (*literary*) aiste *f4* (ceapadóireachta); (*art etc*) ceapachán *m1*; (*music*) cumadóireacht *f3*
composure *n* sócúlacht *f3*, suaimhneas *m1*, neamhchúis *f2*
compound *n* cumasc *m1*; (*LING*) comhfhocal *m1*; (*enclosure*) bábhún *m1*; (*PHYS*) comhdhúil *f2*, comhshuíomh *m1* • *adj* (*fracture*) créachtach; (*interest*) iolraithe
comprehend *vt* tuig, cuimsigh
comprehension *n* tuiscint *f3*
comprehensive *adj* cuimsitheach, uileghabhálach
comprehensive policy *n* (*INS*) polasaí *m4* cuimsitheach
comprehensive (school) *n* scoil *f2* chuimsitheach
compress *vt* comhbhrúigh; (*text, information*) coimrigh • *n* (*MED*) adhartán *m1*, comhbhrúiteán *m1*
comprise *vt* (*also*: **to be comprised of**) bheith comhdhéanta de, cuimsigh; **the council comprises** *or* **is comprised of 200** tá 200 ar an gcomhairle
compromise *n* comhréiteach *m1*, comhghéilleadh *m* • *vi* comhréitigh, tar ar chomhréiteach; **to compromise o.s.** amhras a tharraingt ort féin
compulsion *n* éigean *m1*, iallach *m1*, caitheamh *m1*; **to do sth under compulsion** caitheamh a bheith ort rud a dhéanamh
compulsory *adj* éigeantach
computer *n* ríomhaire *m4*
computer-aided *adj* (*COMPUT*) ríomhchuidithe
computer game *n* cluiche *m4* ríomhaire
computer graphics *n* graificí *fpl2* ríomhaire
computerize *vt* ríomhairigh
computer programmer *n* ríomhchláraitheoir *m3*
computer programming *n* ríomhchlárú *m*
computer science, computing *n* an ríomhaireacht *f3*
comrade *n* comrádaí *m4*
con *vt*: **to con sb** bob a bhualadh ar dhuine, caimiléireacht a imirt ar dhuine • *n* caimiléireacht *f3*
conceal *vt* folaigh; **to conceal sth** rud a chur i bhfolach
conceit *n* postúlacht *f3*, sotal *m1*, mórchúis *f2*
conceited *adj* postúil, sotalach, mórchúiseach
conceive *vt, vi* (*child*) gin, gabh; (*devise*) ceap; (*imagine*) samhlaigh
concentrate *vi*: **to concentrate on sth** d'intinn a dhíriú ar rud • *vt* (*thoughts etc*) cruinnigh; (*liquid etc*) tiubhaigh
concentration *n* dianmhachnamh *m1*
concentration camp *n* campa *m4* géibhinn
concept *n* coincheap *m3*
concern *n* (*affair, business*) cúram *m1*, gnó *m4*; (*anxiety*) imní *f4*; (*COMM*) gnó • *vt*: **to concern o.s. with sth** dul i mbun ruda, rud a thógáil idir lámha; **to be concerned (about)** bheith i gcás (faoi), bheith buartha (faoi); **it is none of your concern** ní de do ghnóthaí-sa é, ní bhaineann sé leat *or* duit
concerning *prep* i dtaobh + *gen* faoi, mar gheall ar, fá dtaobh de
concert *n* ceolchoirm *f2*, coirm *f2* cheoil
concerted *adj* comhbheartaithe, d'aon taobh, d'aon lámh
concert hall *n* ceoláras *m1*
concerto *n* coinséartó *m4*
concession *n* lamháltas *m1*; **tax concession** lamháltas cánach
conclude *vt* críochnaigh, cuir críoch ar, cuir deireadh le
conclusion *n* deireadh *m1*, críoch *f2*; (*decision*) cinneadh *m1*, tuairim *f2*, barúil

f3; (*deduction*) tátal *m1*; **to jump to conclusions** scéal a dhéanamh de do bharúil; **to draw a conclusion from sth** tátal a bhaint as rud
conclusive *adj* cinnte, cinntitheach
concoct *vt* (*food*) comhbhruith; (*fig*) cum, beartaigh
concoction *n* comhbhruith *f*; (*MED*) posóid *f2*; (*fig*) beartú *m*, ceapadh *m*
concrete *n* coincréit *f2* ♦ *adj* coincréiteach
concur *vi* (*agree*) aontaigh, bheith ar aon intinn
concussion *n* (*MED*) comhshuaitheadh *m*, comhtholgadh *m*
condemn *vt* cáin
condensation *n* comhdhlúthú *m*
condense *vt, vi* comhdhlúthaigh; (*writing*) coimrigh
condensed milk *n* bainne *m4* comhdhlúite
condescend *vt* deonaigh; **to condescend to sb** cromadh ar dhuine
condescending *adj* mórchúiseach, mórluachach
condition *n* (*stipulation*) coinníoll *m1*; (*state*) staid *f2*, caoi *f4*, dóigh *f2*, bail *f2*; (*circumstance*) toisc *f2*, dáil *f3*; (*MED*) riocht *m3* ♦ *vt* múnlaigh; **on condition that** ar choinníoll go, ar chuntar go, ar acht go; **local conditions** dálaí *fpl3* áitiúla
conditional *adj* coinníollach
conditioner *n* feabhsaitheoir *m3*
condolences *npl* comhbhrón *msg1*
condom *n* condam *m1*, coiscín *m4*; (*inf*) clúidín *m4* boidín
condominium (*US*) *n* comhthiarnas *m1*, áraslann *f2*
condone *vt* maith
conducive *adj*: **conducive to** fabhrach chun, tograch do, a chothaíonn
conduct *n* iompar *m1* ♦ *vt* iompair; (*MUS*) stiúir; (*ELEC*) seol; **to conduct o.s. well** tú féin a iompar go maith
conductor *n* stiúrthóir *m3*; (*ELEC*) seoltóir *m3*
conductress *n* banstiúrthóir *m3*, stiúrthóir *m3* mná
cone *n* coirceog *f2*; (*BOT*) buaircín *m4*
confectioner *n* sólaisteoir *m3*
confectioner's (shop) *n* siopa *m4* sólaisteora
confectionery *n* sólaistí *mpl4*, milseogra *m4*, sócamais *mpl1*
confer *vt*: **to confer sth on** rud a bhronnadh ar ♦ *vi*: **to confer with sb** dul i gcomhairle le duine
conference *n* comhdháil *f3*
confess *vt, vi* admhaigh; (*REL*) déan faoistin, tabhair faoistin do
confession *n* admháil *f3*; (*REL*) faoistin *f2*
confide *vi*: **to confide in sb** do rún a ligean le duine
confidence *n* muinín *f2*; (*also*: **self-confidence**) féinmhuinín *f2*; (*secret*) rún *m1*; **in confidence** (*speak, write*) faoi rún, i modh rúin; **I have confidence in you** tá muinín agam asat
confident *adj* féinmhuiníneach
confidential *adj* rúnda
confine *vt*: **to confine o.s. to** cloí le; (*shut up*): **to confine sb** duine a chur i ngéibheann *or* i bpríosún *or* i mbraighdeanas; **to be confined to bed** bheith ag coinneáil na leapa
confined *adj* (*space*) cúng
confinement *n* géibheann *m1*, braighdeanas *m1*
confines *npl* críocha *fpl2*; (*boundary, limit*) teorainneacha *fpl*, imill *mpl1*; (*scope*) téarmaí *mpl*, dálaí *fpl3*
confirm *vt* cinntigh, dearbhaigh; (*REL*) cóineartaigh; **she was confirmed** chuaigh sí faoi lámh easpaig
confirmation *n* cinntiú *m*; (*REL*) cóineartú *m*
confirmed *adj* cinntithe; (*REL*) cóineartaithe
confiscate *vt* coigistigh
conflict *n* coimhlint *f2*, caismirt *f2* ♦ *vi* (*opinions*) tar salach ar a chéile
conflicting *adj* contrártha; (*evidence*) nach bhfuil de réir a chéile
conform *vi*: **to conform to the rules** déanamh de réir na rialacha
confound *vt* mearaigh, cuir trí chéile, cuir in abar, measc le chéile; **confound**

it! pleoid air!
confounded *adj* damanta, diabhalta; **to be confounded by sth** bheith in abar i rud, bheith trí chéile ag rud
confront *vt*: **to be confronted by a problem** fadhb *or* deacracht a theacht sa bhealach ort; (*enemy, danger*): **to confront sb/sth** aghaidh a thabhairt ar dhuine/rud; **to confront sb about sth** rud a chur chun tosaigh ar dhuine
confrontation *n* caismirt *f2*
confuse *vt*: **to confuse sb** mearbhall a chur ar dhuine, duine a chur tríd a chéile; (*situation*): **to confuse sth** meascán mearaí a dhéanamh de rud; (*one thing with another*) rud a mheascadh le rud eile
confused *adj* bunoscionn, trí chéile; **he is confused** tá mearbhall air; **to be confused by sth** bheith in aimhréidh i rud, bheith trí chéile ag rud
confusing *adj* mearbhallach
confusion *n* (*of situation*) tranglam *m1*; (*of person*) mearbhall *m1*; **to throw sth into confusion** rud a chur chun sioparnaí, rud a chur trí chéile
congeal *vi* (*freeze*) sioc, oighrigh, reoigh; (*blood*) téacht, cruaigh; (*oil*) cruaigh
congenial *adj* pléisiúrtha, taitneamhach, lách
congested *adj* (*MED*) plúchta; (*area, road*) plódaithe
congestion *n* (*MED*) plúchadh *m*; (*traffic etc*) plódú *m*
congratulate *vt*: **to congratulate sb (on sth)** comhghairdeas a ghabháil *or* a dhéanamh le duine (faoi rud), (rud) a tréaslú do dhuine *or* le duine
congratulations *npl* comhghairdeas *msg1*; **congratulations!** go maire tú!; (*on marriage*) go maire tú do shaol úr!; (*on birthday*) go maire tú an lá!
congregate *vi* comhchruinnigh, tionóil
congregation *n* pobal *m1*
congress *n* comhdháil *f3*
conjugation *n* (*LING*) réimniú *m*
conjunction *n* (*LING*) cónasc *m1*
conjunctivitis *n* toinníteas *m1*
conjure *vi* toghair
▸ **conjure up** *vt* (*ghost, spirit*) toghair; (*memories*) dúisigh, múscail
conjurer *n* asarlaí *m4*
conk out (*inf*) *vi* (*AUT*) clis; (*person*): **conk out** tit i do chodladh
con man *n* caimiléir *m3*
Connacht *n* Connachta *mpl*, Cúige *m4* Chonnacht ♦ *adj* Connachtach
connect *vt* nasc, ceangail; (*ELEC*) ceangail; (*TEL, caller, subscriber*) ceangail ♦ *vi* (*train*): **to connect with the Belfast train** bualadh le traein Bhéal Feirste; **it is connected with** (*fig*) tá baint aige le, baineann sé le
connection *n* nasc *m1*, ceangal *m1*; (*relationship*) baint *f2*; (*TEL*) ceangal *m1*; (*ELEC*) cónasc *m1*; **in connection with** i dtaca le, maidir le, mar gheall ar
connive *vi* cúlcheadaigh, bheith i gcealg
conquer *vt* buaigh ar, buail, faigh bua ar
conquest *n* (*land etc*) gabháil *f3*, concas *m1*; (*act*) bua *m4*
cons *npl see* **convenience**; **pro**
conscience *n* coinsias *m3*
conscientious *adj* coinsiasach
conscious *adj* meabhrach, comhfhiosach; **he was conscious** bhí a mheabhair aige; **to be conscious of sth** rud a aireachtáil
consciousness *n* comhfhios *m3*; (*MED*) meabhair *f*; **to lose/regain consciousness** do mheabhair a chailleadh/a theacht ar ais chugat
conscript *n* coinscríofach *m1*
consent *n* cead *m3*, deoin *f3* ♦ *vi* ceadaigh, deonaigh
consequence *n* iarmhairt *f3*, toradh *m1*; (*significance*) tábhacht *f3*
consequently *adv* ar an ábhar sin, dá bhrí sin, dá bhíthin sin
conservation *n* caomhnú *m*
Conservative (*BRIT*) *adj, n* (*POL*) Coimeádach *m1*
conservative *adj* coimeádach; **at a conservative estimate** ar an gceann caol de
conservatory *n* teach *m* gloine
conserve *vt* caomhnaigh

consider *vt* (*think about*) machnaigh ar, smaoinigh ar; (*think, judge*) síl, ceap, meas; (*bear in mind*) cuimhnigh ar; (*take into account*) cuir san áireamh; **to consider doing sth** smaoineamh ar rud a dhéanamh; **all things considered** tríd is tríd, i dtaca le holc

considerable *adj* (*great*) maith, mór; (*significant*) mór le rá

considerably *adv* go mór

considerate *adj* cásmhar, tuisceanach

consideration *n* (*attention*) aird *f2*, dearcadh *m1*; (*deliberation*) machnamh *m1*; (*concern*) tuiscint *f3*; (*COMM*) comaoin *f2*; **to have consideration for others** cuimhneamh ar dhaoine eile; **to take sth into consideration** rud a chur san áireamh, cuimhneamh ar rud

considering *prep*: **considering how deep it is** agus a dhoimhne atá sé

consign *vt* coinsínigh; (*to sb's care*) fág faoi chúram + *gen*

consignment *n* coinsíniú *m*; (*COMM*) coinsíneacht *f3*

consist *vi*: **the job consists of** is é atá sa phost ná

consistency *n* comhsheasmhacht *f3*, seasmhacht *f3*, buaine *f4*; (*of substance*) raimhre *f4*, téagar *m1*; **his words lack consistency** níl a chuid focal de réir a chéile

consistent *adj* comhsheasmhach, seasmhach, buan; **consistent with** ar aon dul le, ag teacht le, comhsheasmhach le

consolation *n* sólás *m1*

console *n* (*COMPUT*) consól *m1*

consonant *n* consan *m1*

conspicuous *adj* sofheicthe, feiceálach

conspiracy *n* comhcheilg *f2*

constable *n* constábla *m4*; **chief constable** an príomhchonstábla *m4*

constabulary *n* constáblacht *f3*

constant *adj* seasmhach, síor-

constantly *adv* de shíor, i gcónaí, oíche is lá, Domhnach is Dálach

constipated *adj* iata, ceangailte (sa chorp)

constipation *n* iatacht *f3*, ceangailteacht *f3* (coirp)

constituency *n* dáilcheantar *m1*

constituent *n* (*POL*) toghthóir *m3*; (*part*) comhpháirt *f2*, comhábhar *m1*

constitution *n* bunreacht *m3*; (*MED*) coimpléasc *m1*; (*PHYS*) comhdhéanamh *m1*

constitutional *adj* bunreachtúil

constraint *n* srian *m1*; (*COMM*) sriantacht *f3*

construct *vt* tóg, déan

construction *n* déantús *m1*; (*CONSTR*) tógáil *f3*, foirgníocht *f3*

constructive *adj* éifeachtach; (*helpful*) cuidiúil, cúntach, úsáideach

construe *vt* tuig as

consul *n* consal *m1*

consulate *n* consalacht *f3*

consult *vt* téigh i gcomhairle le, ceadaigh le

consultant *n* comhairleoir *m3*; (*MED*) lia *m4* comhairleach; (*COMM*) comhairleach *m1*

consulting room *n* seomra *m4* comhairle

consume *vt* (*eat*) ith, caith; (*drink*) ól; (*use up*) ídigh

consumer *n* tomhaltóir *m3*

consumer association *n* comhlachas *m1* tomhaltóirí

consumer goods *npl* earraí *mpl4* tomhaltais

consumer group *n* grúpa *m4* tomhaltóirí

consumer watchdog *n* gasra *m4* faire tomhaltóirí

consummate *vt* cuir i gcrích

consumption *n* (*of goods*) tomhaltas *m1*; (*of capital*) caitheamh *m1*, ídiú *m*; (*MED*) an eitinn *f2*

cont. *abbr* (= *continued*) ar lean

contact *n* teagmháil *f3*, tadhall *m1* ♦ *vt* teagmhaigh le, déan teagmháil le

contact lenses *npl* lionsaí *mpl4* tadhaill

contagious *adj*: **contagious disease** galar *m1* tadhaill

contain *vt*: **the box contains money** tá airgead sa bhosca; (*capacity*): **the bottle contains a pint** coinníonn an buidéal pionta; **to contain o.s.** (*fig*) smacht a bheith agat ort féin

container *n* soitheach *m1*, gabhdán *m1*; (COMM) coimeádán *m1*
contaminate *vt* truailligh
cont'd *abbr* (= *continued*) ar lean
contemplate *vt* smaoinigh ar, machnaigh ar, meabhraigh (ar)
contemporary *adj* comhaimseartha • *n*: **her contemporaries** lucht a comhaimsire
contempt *n* dímheas *m3*, drochmheas *m3*; **contempt of court** (LAW) díspeagadh *m* cúirte
contemptuous *adj* dímheasúil, drochmheasúil
contend *vt*: **to contend that** maíomh go • *vi*: **to contend with** (*compete*) dul in iomaíocht le; (*struggle*) bheith ag coimhlint le, bheith i ngleic le
contender *n* iomaitheoir *m3*
content *adj* suaimhneach • *vt* sásaigh • *n*: **the content of the book** ábhar *m1* an leabhair; (*of fat, moisture*) méid *m4*; **contents** *npl*: **the contents of the container** a bhfuil sa soitheach; **(table of) contents** clár *msg1* ábhair
contented *adj* sásta, ar do sháimhín; **to be contented** suaimhneas intinne a bheith agat
contention *n* caismirt *f2*, troid *f3*, coimhlint *f2*; (*argument*) aighneas *m1*; **a bone of contention** cnámh *f2* spairne, údar *m1* aighnis
contest *n* comhlann *f2*; (*competition*) comórtas *m1* • *vt* (*decision, statement*): **to contest** cur i gcoinne + *gen*; (*compete for*) dul san iomaíocht
contestant *n* (*in competition etc*) iomaitheoir *m3*; (*of will*) conspóidí *m4*
context *n* comhthéacs *m4*
contextualize *vt* cuir i gcomhthéacs
continent *n* mór-roinn *f2*, ilchríoch *f2*; **the Continent** an Mhór-Roinn *f2*, Mór-Roinn na hEorpa
continental *adj* mór-roinneach, ón Mhór-Roinn
contingency *n* teagmhas *m1*, rud *m3* gan choinne
continual *adj* leanúnach
continually *adj* i gcónaí, de shíor
continuation *n* leanúint *f3*
continue *vi* lean (ort), mair • *vt* lean de
continuity *n* leanúnachas *m1*
continuous *adj* leanúnach
contort *vt*: **to contort sth** rud a chur as a riocht
contour *n* comhrian *m1*, imlíne *f4*; (*on map*: *also*: **contour line**) comhrian, imlíne chomh-airde
contraband *n* contrabhanna *m4*
contraception *n* frithghiniúint *f3*
contraceptive *adj* frithghiniúnach • *n* frithghiniúnach *m1*, coiscín *m4*
contract *n* conradh *m* • *vt* (*disease*) tolg, tóg • *vi* (*become smaller*) crap; (COMM): **to contract to do sth** conradh a dhéanamh le rud a dhéanamh
contraction *n* crapadh *m*; (MED) féithchrapadh *m*
contractor *n* conraitheoir *m3*
contradict *vt* bréagnaigh, cuir in éadan, trasnaigh
contraption (*pej*) *n* gléas *m1*
contrary[1] *adj* codarsnach, contrártha; (*also*: **contrary to**) contrártha le • *n* malairt *f2*; **on the contrary** os a choinne sin; **unless you hear to the contrary** mura gcluinfidh tú a athrach *or* a mhalairt
contrary[2] *adj* contráilte, dáigh, cancrach, conróideach
contrast *n* codarsnacht *f3*, contrárthacht *f3* • *vt*: **to contrast things** rudaí a chur i gcomparáid *or* i gcomórtas *or* i bhfrithshuí; **in contrast to** *or* **with** i gcodarsnacht le, i gcomórtas le, neamhionann is, ní hionann is
contravene *vt* sáraigh
contravention *n* sárú *m*
contribute *vi, vt* íoc, tabhair; (*magazine etc*): **to contribute (an article) to** (alt a) scríobh do; (*situation*): **to contribute to** cur le
contribution *n* (*donation*) síntiús *m1*; (*share of*) cion *m4*
contributor *n* síntiúsóir *m3*; (*to newspaper*) scríbhneoir *m3*; (*participator*) rannpháirtí *m4*

contrive *vi* beartaigh, seiftigh
control *vt* smachtaigh, cuir smacht ar, stiúir; (COMM, *inflation etc*) rialaigh ♦ *n* smacht *m3*, stiúir *f*, stiúradh *m*; (COMM) rialú *m*; **controls** *npl* (*of machine etc*) stiúir *fsg*; (*on radio*, TV) cnaipí *mpl4*; **under control** faoi smacht; **to be in control of** bheith i gceannas ar; **to lose control of o.s.** dul as do chrann cumhachta; **the car went out of control** chuaigh an carr ó smacht; **it went beyond my control** chuaigh sé thar mo smacht
controversial *adj* conspóideach
controversy *n* conspóid *f2*
convalesce *vi* téarnaigh
convector *n* (*heater*) téitheoir *m3* comhiompair
convene *vt* tionóil ♦ *vi* bailigh, cruinnigh
convenience *n* áis *f2*, cóir *f3*; **at your convenience** ar do chaoithiúlacht; **all modern conveniences, all mod cons** gach deis is nua
convenient *adj* áisiúil, caoithiúil
convent *n* clochar *m1*
convention *n* (*social*) comhghnás *m1*, coinbhinsiún *m1*; (*gathering*) comhdháil *f3*
conventional *adj* comhghnásach, coinbhinsiúnach; **conventional arms** gnáthairm
conversant *adj*: **to be conversant with sth** bheith eolach ar rud, rud a bheith ar bharr do mhéar agat
conversation *n* comhrá *m4*; **to strike up a conversation with sb** bualadh chun comhrá le duine, comhrá a chur ar dhuine
converse *n* athrach *m1*; (PHYS, MATH) coinbhéarta *m4* ♦ *vi*: **to converse with sb** comhrá a dhéanamh le duine
conversely *adv* go contrártha, os a choinne sin
convert *vt* (REL, COMM) tiontaigh; (*building*) athchóirigh; (*alter*) athraigh ♦ *vi* (REL) iompaigh ♦ *n* iompaitheach *m1*; **to convert sb to Christianity** duine a thabhairt chun na Críostaíochta
convertible *adj* inathraithe; (*currency*) insóinseáilte, in-chomhshóite
convey *vt* iompair; (*thanks, idea*) cuir in iúl
conveyor belt *n* crios *m3* iompair
convict *vt* ciontaigh ♦ *n* ciontach *m1*
conviction *n* (LAW) ciontú *m*; (*belief*) creideamh *m1*, tuairim *f2* láidir
convince *vt*: **to convince sb of sth** rud a chur ina luí ar dhuine; **to be convinced of sth** bheith cinnte dearfa de rud
convincing *adj* éifeachtach, a théann i gceann ar
convoluted *adj* (*argument*) casta
convulse *vt*: **to be convulsed with laughter** bheith sna trithí gáire
coo *vi* durdáil
cook *vt, vi* cócaráil, i déan cócaireacht, bheith ag cócaireacht ♦ *n* cócaire *m4*
cookbook *n* leabhar *m1* cócaireachta
cooker *n* cócaireán *m1*
cookery book *n* = **cookbook**
cookie (US) *n* briosca *m4*
cooking *n* cócaráil *f3*, cócaireacht *f3*
cool *adj* fionnuar; (*unfriendly*) fuar ♦ *vt* fuaraigh, fionnuaraigh ♦ *vi* fuaraigh, fionnuaraigh, téigh i bhfuaire
coop *n* cúb *f2* ♦ *vt*: **to be cooped up** (*fig*) bheith cuachta istigh
cooperate *vi* comhoibrigh
cooperation *n* comhoibriú *m*
cooperative *adj* comhoibritheach ♦ *n* comharchumann *m1*
coordinate *vt* comhordaigh; (MATH) comhordanáidigh; **coordinates** *npl* comhordanáidí *fpl2*
cop (*inf*) *n* péas *m4*, pílear *m1*
cope *vi*: **to cope with sth** cur suas le rud; (*solve*) rud a chur díot
copy *n* cóip *f2* ♦ *vt* cóipeáil, déan cóip de, athscríobh
copyright *n* cóipcheart *m1*
coral *n* coiréal *m1*
coral reef *n* sceir *f2* choiréil
cord *n* sreang *f2*; (*fabric*) corda *m4*; (ELEC) sreang
cordial *adj* croíúil ♦ *n* coirdial *m1*
cordon *n* tródam *m1*

▸**cordon off** *vt*: **to cordon sth off** tródam a chur ar rud
corduroy *n* corda *m4* an rí
core *n* croí *m4*, smior *m3*♦ *vt*: **to core sth** an croí a bhaint as rud
Cork *n* Corcaigh *f2*
cork *n* corc *m1*
corkscrew *n* corcscriú *m4*
corn *n* (*BRIT*: *wheat*) arbhar *m1*; (*US*: *maize*) arbhar Indiach; (*on foot*) fadharcán *m1*
corned beef *n* mairteoil *f3* shaillte
corner *n* coirnéal *m1*; (*in room*) cúinne *m4*; (*of fireplace*) clúid *f2*; (*of street*) coirnéal *m1*; (*also*: **blind corner**) coirnéal caoch; (*FOOTBALL*: *also*: **corner kick**) cúinneach *m1*♦ *vt* sáinnigh, teanntaigh; (*COMM*) cúinneáil♦ *vi* cas
cornerstone *n* cloch *f2* choirnéil
cornet *n* (*MUS*) coirnéad *m1*; (*of ice cream*) cón *m1*
cornflakes *npl* calóga *fpl2* arbhair
cornflour, (*US*)**cornstarch** *n* gránphlúr *m1*
Cornwall *n* Corn *m1* na Breataine
coronary *n* (*also*: **coronary thrombosis**) trombóis *f2* chorónach
coronation *n* corónú *m*
coroner *n* cróinéir *m3*
corporal *n* ceannaire *m4*♦ *adj*: **corporal punishment** pionós corpartha
corporate *adj* corparáideach
corporation *n* (*of town*) bardas *m1*; (*COMM*) corparáid *f2*
corps *n* cór *m1*
corpse *n* marbhán *m1*
correct *adj* (*accurate*) ceart; (*proper*) cuí ♦ *vt* ceartaigh
correction *n* ceartú *m*, ceartúchán *m1*; (*adjustment*) leasú *m*
correspond *vi*: **correspond to** freagair do; **correspond with** déan comhfhreagras le
correspondence *n* comhfhreagras *m1*
correspondence course *n* cúrsa *m4* comhfhreagrais
correspondent *n* comhfhreagraí *m4*
corridor *n* dorchla *m4*, pasáiste *m4*
corrode *vt* creim, cnaígh♦ *vi* cnaígh
corrugated *adj* rocach
corrugated iron *n* iarann *m1* rocach
corrupt *adj* truaillithe♦ *vt* truailligh
corruption *n* truailliú *m*
Corsica *n* an Chorsaic *f2*
cosmetic *n* cosmaid *f2*♦ *adj* cosmaideach
cost *n* costas *m1*; (*price*) praghas *m1*♦ *vi*: **it will cost** beidh sé daor♦ *vt*: **how much does it cost?** cá mhéad atá air?; **it costs too much** tá sé ródhaor; **at all costs** ar ais nó ar éigean
co-star *n* comhréalta *f4*
costly *adj* costasach
cost-of-living *adj* costas *m1* maireachtála
cost price *n* costphraghas *m1*, bunphraghas *m1*
costume *n* culaith *f2*, éide *f4*; (*also*: **swimming costume**) culaith *f2* shnámha; (*THEAT*) feisteas *m1*
cosy, (*US*)**cozy** *adj* teolaí, cluthar, seascair
cot *n* (*BRIT*: *child's*) cliabhán *m1*; (*US*: *camp bed*) leaba *f* champa
cottage *n* teachín *m4*
cottage cheese *n* cáis *f2* bhaile *or* tí
cotton *n* cadás *m1*
▸**cotton on** (*inf*) *vi*: **to cotton on to sth** rud a thuiscint
cotton candy (*US*) *n* candaí *m4* cadáis
cotton wool *n* olann *f* cadáis
couch *n* tolg *m1*
cough *vi*: **to cough** casacht a dhéanamh ♦ *n* casacht *f3*; **to have a cough** casacht a bheith ort
cough drop *n* losainn *f2* chasachta
coughing *n* casachtach *f2*
council *n* comhairle *f4*, bardas *m1*
council house *n* teach *m* comhairle *or* bardais
councillor *n* comhairleoir *m3*
counsel *n* (*lawyer*) dlíodóir *m3*; (*advice*) comhairle *f4*
counsellor *n* comhairleoir *m3*; (*US*: *lawyer*) dlíodóir *m3*
count *vt, vi* cuntais, déan cuntas, tomhais, déan comhaireamh♦ *n* cuntas *m1*, comhaireamh *m1*, áireamh *m1*; (*nobleman*) cunta *m4*
▸**count on** *vt fus* braith ar

countenance *n* dreach *m3* • *vt* ceadaigh
counter *n* áiritheoir *m3*; (*in shop*) cuntar *m1*; (*in game*) licín *m4* • *vt* cuir i gcoinne + *gen*, cuir in aghaidh + *gen* • *adv*: **counter to** in aghaidh + *gen*
counteract *vt* gníomhaigh in éadan + *gen*, cealaigh
counterfeit *n* (*money*) bréige *n gen* • *vt* falsaigh • *adj* bréagach, bréige *n gen*
counterfoil *n* comhdhuille *m4*
counterpart *n* (*of person etc*) macasamhail *f3*, leithéid *f2*, leathbhreac *m1*
countess *n* cuntaois *f2*
countless *adj* gan áireamh
country *n* tír *f2*; (*as opposed to town*) tuath *f2*; (*region*) dúiche *f4*; **a country area** ceantar tuaithe; **in the country** faoin tuath
country dancing *n* rince *m4* tuaithe
country house *n* teach *m* tuaithe
countryman *n* (*compatriot*): **my fellow countryman** fear *m1* mo thíre; (*country dweller*) fear *m1* tuaithe
countryside *n* taobh *m1* tíre
county *n* contae *m4*
coup *n* (*achievement*) éacht *m3*; (*also*: **coup d'État**) coup d'État, gabháil *f3* ceannais
couple *n* lánúin *f2*; (*a few*) cúpla *m4*; **a couple of words** cúpla focal
coupon *n* cúpón *m1*
courage *n* misneach *m1*, uchtach *m1*
courageous *adj* misniúil, uchtúil, móruchtúil
courier *n* cúiréir *m3*
course *n* cúrsa *m4*; (*for golf*) galfchúrsa *m4*; **first course** (*food*) an cúrsa tosaigh; **of course** ar ndóigh, ní nach ionadh; **course of action** plean gníomhaíochta; **course of treatment** (*MED*) cúrsa leighis; **in due course** i gceann na haimsire
court *n* cúirt *f2* • *vt*: **to court a woman** suirí *or* cúirtéireacht a dhéanamh le bean, bheith ag siúl (amach) le bean; **to take sb to court** an dlí a chur ar dhuine
courteous *adj* cúirtéiseach, dea-mhúinte
courtesy *n* cúirtéis *f2*; **courtesy of** le caoinchead ó
courthouse (*US*) *n* teach *m* cúirte
courtier *n* cúirteoir *m3*
court martial *n* cúirt *f2* airm
courtroom *n* seomra *m4* cúirte
courtyard *n* clós *m1*
cousin *n* col *m1* ceathar *or* ceathrair; **second/third cousin** col seisir/ochtair; **they are second cousins** tá siad an dá ó
cove *n* camas *m1*
covenant *n* cúnant *m1*
cover *vt* clúdaigh, cumhdaigh • *n* clúdach *m1*, cumhdach *m1*; (*of pot*) clár *m1*; (*shelter*) foscadh *m1*, dídean *f2*; **to take cover (from)** dul ar foscadh (ó); **under cover** ar foscadh; **under cover of darkness** faoi choim na hoíche; **under separate cover** i gclúdach faoi leith
▸ **cover up** *vt* ceil, forcheil; **to cover up for sb** maide as uisce a thógáil do dhuine
coverage *n* (*TV, PRESS*) tuairisciú *m*, plé *m4*
cover charge *n* táille *f4* cumhdaigh
covering *n* clúdach *m1*, brat *m1*
cover note *n* (*INS*) nóta *m4* cumhdaigh, nóta árachais
covert *adj* folaithe
cover-up *n* forcheilt *f2*
covet *vt* santaigh
cow *n* bó *f*
coward *n* cladhaire *m4*
cowardice *n* claidhreacht *f3*
cowardly *adj* cladhartha
cowboy *n* buachaill *m3* bó
cower *vi*: **to cower before sb** cúbadh siar ó dhuine
coy *adj* cúthail
cozy (*US*) *adj* = **cosy**
crab *n* portán *m1*
crab apple *n* fia-úll *m1*
crack *n* scoilt *f2*, scáineadh *m*, gág *f2*; (*in skin*) gág; (*blow*) cnag *m1*; (*noise*) bloscadh *m1*, pléascadh *m*; (*drug*) craic *f2* • *vt* scoilt; (*noise*): **to crack sth** bloscadh *or* pléascadh a bhaint as rud; (*nut*) oscail; (*code*) bris; (*problem*) fuascail, réitigh • *adj* (*athlete*) sár-
▸ **crack down on** *vt fus* teann ar, cuir faoi chois

▸ **crack up** *vi*: **he cracked up** thit sé as a chéile
cracker *n* (*Christmas cracker*) pléascóg *f2* Nollag; (*also*: **cream cracker**) craicear *m1*
crackle *vi* bheith ag brioscarnach *or* ag cnagarnach
cradle *n* cliabhán *m1*
craft *n* ceird *f2*; (*vehicle*) soitheach *m1*, árthach *m1*
craftsman *n* ceardaí *m4*, saor *m1*
craftsmanship *n* ceardaíocht *f3*, obair *f2* cheardaíochta
crafty *adj* fadcheannach, glic
crag *n* creig *f2*
cram *vt* (*fill*): **to cram sth with** rud a shacadh le; (*put*): **to cram sth into** rud a dhingeadh isteach *or* a shacadh isteach i ♦ *vi* (*for exams*) pulc
cramp *n* crampa *m4*♦ *vt* (*encroach on*) cúngú ar
cramped *adj* craptha; (*room*) cúng
cranberry *n* mónóg *f2*
crane *n* corr *f2* mhóna; (*machine*) craein *f*, crann *m1* tógála
crank *n* cromán *m1*; (*person*) cancrán *m1*
cranky *adj* cancrach, cantalach
crash *n* tuairt *f2*, plimp *f2*; (*car, plane*) taisme *f4*♦ *vt* pléasc♦ *vi* pléasc, tit de phlimp *or* de thuairt; (*cars*) buail faoina chéile; (*plane*) tuairteáil; (COMM) tit; **crash into** buail faoi, buail in éadan
crash course *n* dianchúrsa *m4*
crash helmet *n* clogad *m1* cosanta
crash landing *n* tuirlingt *f2* éigeandála
crate *n* cis *f2*, cliathbhosca *m4*; (*for bottles*) cráta *m4*
cravat(e) *n* carbhat *m1*
crave *vt, vi*: **to crave for sth** cíocras ruda a bheith ort
crawl *vi* snámh, bheith ag lámhacán; (*vehicle*) déan falróid♦ *n* (SWIMMING) cnágshnámh *m3*; **crawling with** (*fig*) beo le
crayfish *n inv* (*freshwater*) cráifisc *f2*; (*saltwater*) piardóg *f2*
crayon *n* crián *m1*
craze *n* mearadh *m1*
crazy *adj* ar buile, ar mire, craiceáilte, buile *n gen*, mire *n gen*; **crazy about sb** splanctha i ndiaidh duine, ag briseadh na gcos i ndiaidh duine
creak *vi* díosc♦ *n* díoscán *m1*
cream *n* uachtar *m1*; (*best*) togha *m4* ♦ *adj* (*colour*) bánbhuí
creamy *adj* uachtarúil
crease *n* filltín *m4*, roc *m1*♦ *vt*: **to crease sth** (*with iron*) filltín a chur i rud; (*untidily*) roic a chur i rud♦ *vi* éirigh rocach
create *vt* cruthaigh
creation *n* cruthú *m*
creative *adj* (*artistic*) cruthaitheach
creature *n* créatúr *m1*, dúil *f2*
crèche *n* naíolann *f2*
credence *n*: **to lend** *or* **give credence to sth** rud a chreidiúint, creidiúint a thabhairt do rud
credentials *npl* (*references*) dintiúir *mpl1*
credit *n* cairde *m4*, creidmheas *m3*; (ACCOUNTANCY) sochar *m1*; (*recognition*) dea-chlú *m4*♦ *vt* (*believe*: *also*: **give credit to sth**) creid, tabhair isteach do; (COMM): **to credit sb with sth** rud a chur do shochar duine; **to credit sb with sth** (*fig*) rud a chur i leith duine, rud a shamhlú le duine; **credits** (CINE, TV) teidil *mpl1* chreidiúna; **to be in credit** (*person, bank account*) bheith sa dubh; **on credit** ar cairde; **give credit where credit's due** an ceart a choíche
credit card *n* cárta *m4* creidmheasa
creditor *n* creidiúnaí *m4*
creed *n* creideamh *m1*; (*prayer*): **The Creed** An Chré *f4*
creek *n* crompán *m1*, góilín *m4*; (US: *stream*) sruthán *m1*
creep *vi* snámh, téaltaigh; (*child*) bheith ag lámhacán; **to make sb's flesh creep** fionnachrith a chur ar dhuine
creepy *adj* uaigneach, aerachtúil; **creepy feeling** driuch *m3*
cremate *vt* créam
crematorium *n* créamatóiriam *m4*
crepe *n* (CULIN) créip *f2*, pancóg *f2*; (*material*) sípris *f2*
crepe bandage *n* bindealán *m1* síprise

crescent *n* corrán *m1*
cress *n* biolar *m1*
crest *n* (*feathers*) cuircín *m4*; (*hill*) mullach *m1*; (*helmet*) cíor *f2*; (*arms*) suaitheantas *m1*
crestfallen *adj* maolchluasach; **to be crestfallen** do chleití a bheith síos leat
crevice *n* gág *f2*
crew *n* criú *m4*, foireann *f2*
crib *n* cruib *f2*; (REL) mainséar *m1*; (*for baby*) cliabhán *m1* ♦ *vt* (*inf*) bheith ag canrán *or* ag cnáimhseáil
crick *n* (*also*: **crick in the neck**) claon *m1* adhairte
cricket *n* (*insect*) criogar *m1*; (*game*) cruicéad *m1*
crime *n* coir *f2*
criminal *n* coirpeach *m1* ♦ *adj* coiriúil
crimson *adj* corcairdhearg
cringe *vi* lútáil
cripple *n* bacach *m1*, cláiríneach *m1*, mairtíneach *m1* ♦ *vt* craplaigh
crisis *n* géarchéim *f2*, éigeandáil *f3*, gábh *m1*
crisp *adj* briosc; (*weather*) úr; (*style, speech*) gonta
crisps *npl* brioscáin *mpl1* phrátaí
criterion *n* critéar *m1*, slat *f2* tomhais
critic *n* criticeoir *m3*, léirmheastóir *m3*
critical *adj* cáinteach, criticiúil; (*very ill*) i mbaol
critically *adv* (*examine*) go criticiúil; (*speak etc*) go cáinteach; **critically ill** i mbaol báis
criticism *n* (*of faults*) lochtú *m*; (*of art*) critic *f2*, léirmheastóireacht *f3*
criticize *vt* lochtaigh, cáin
croak *n* grág *f2* ♦ *vi* cuir grág asat, bheith ag grágáil
Croatia *n* an Chróit *f2*
crochet *n* cróise *f4*
crockery *n* soithí *mpl1*, gréithe *pl*
crocodile *n* crogall *m1*
croft *n* croit *f2*
crook *n* crúca *m4*, bacán *m1*; (*thief*) cneámhaire *m4*, bithiúnach *m1*; (*of shepherd*) caimín *m4*; (REL) bachall *f2*
crooked *adj* cam
crop *n* barr *m1*; (*riding crop*) fuip *f2* ♦ *vt* (*hair*) bearr
▸ **crop up** *vi* tar aníos
cross *n* cros *f2*; (BIOL *etc*) cros-síolrú *m* ♦ *vt* (*street etc*) trasnaigh, téigh trasna + *gen*; (*cheque*) crosáil; (BIOL *etc*) cros-síolraigh ♦ *adj* míshásta, cantalach; **to cross one's arms/ legs** do dhá lámh/chos a chur trasna ar a chéile; **to cross o.s.** (REL) comhartha na croise a ghearradh ort féin; **it crossed my mind** rith sé liom
▸ **cross out** *vt* cealaigh, scrios
▸ **cross over** *vi* (*towards*) téigh anonn; (*from*) tar anall
crossbar *n* trasnán *m1*
cross-examine *vt* (LAW) croscheistigh
cross-eyed *adj* fiarshúileach; **he's cross-eyed** tá fiarshúil ann
crossfire *n* croslámhach *m1*
crossing *n* (*at sea*) trasnáil *f3*; (*also*: **pedestrian crossing**) crosaire *m4*
crossing guard (US) *n* maor *m1* crosaire
cross purposes *npl*: **to be at cross purposes** bheith as teacht trasna *or* salach ar a chéile
cross-reference *n* crostagairt *f3*
crossroad *n* crosbhealach *m1*, crosbhóthar *m1*
cross section *n* trasghearradh *m*
crosswalk (US) *n* crosaire *m4*
crossword *n* crosfhocal *m1*
crotch *n* gabhal *m1*
crouch *vi* crom, téigh ar do chromada; **to be crouched before sth** bheith crom os cionn ruda
crow *n* (*bird*) préachán *m1*; (*of cock*) scairt *f2*, glao *m4* ♦ *vi* (*cock*) scairt, glaoigh
crowbar *n* gró *m4*
crowd *n* slua *m4*, scata *m4*, drong *f2* ♦ *vt, vi* plódaigh; **to crowd in** plódú isteach
crowded *adj* plódaithe
crown *n* coróin *f*; (*of head*) baithis *f2*, mullach *m1*; (*of hill*) mullach ♦ *vt* corónaigh; **to crown it all** de bharr ar an iomlán
crown prince *n* rídhamhna *m4*
crucial *adj* barrthábhacht, den mhórthábhacht

crucifix *n* (REL) croch *f2*, cros *f2* chéasta
crucifixion *n* céasadh *m*; (REL): **the Crucifixion** an Céasadh *m*
crucify *vt* céas
crude *adj* (*materials*) amh-; (*rough*) garbh, gairgeach; (*lewd*) gáirsiúil, graosta
crude (oil) *n* amhola *f4*
cruel *adj* cruálach
cruelty *n* cruálacht *f3*
cruise *n* cúrsáil *f3*♦ *vi* cúrsáil
cruiser *n* cúrsóir *m3*
crumb *n* grabhróg *f2*; **crumbs** bruscar *msg1* aráin, grabhróga *fpl2* aráin
crumble *vt* mionaigh, déan smidiríní *or* smionagar de, mionbhrúigh, déan mionbhruar de
crumpet *n* crombóg *f2*
crumple *vt, vi* crap
crunch *vt* cnag♦ *vi* bheith ag cnagarnach ♦ *n* (*fig*) uair *f2* na cinniúna
crunching *n* cnagarnach *f2*
crunchy *adj* cnagach
crusade *n* crosáid *f2*; **The Crusades** Cogaí *mpl1* na Croise
crush *n* brú *m4*; (*love*): **to have a crush on sb** bheith splanctha i ndiaidh duine; (*drink*): **lemon crush** deoch *f* liomóide ♦ *vt* brúigh; (*grind*) meil; **to crush sb's hopes** duine a chur dá dhóchas
crust *n* crústa *m4*
crutch *n* maide *m4* croise
crux *n*: **the crux of the question** croí *m4* na ceiste, bun agus barr an scéil
cry *vi* caoin, goil, bheith ag caoineadh *or* ag gol; (*shout*: *also*: **cry out**) glaoigh, scairt, lig gáir asat♦ *n* scairt *f2*
cryptic *adj* diamhair
crystal *n* criostal *m1*
crystal clear *adj* gléghlan
cub *n* coileán *m1*; (*also*: **Cub scout**) gasóg *f2* óg
Cuba *n* Cúba *m4*
cubbyhole *n* caochóg *f2*
cube *n* ciúb *m1*♦ *vt* (MATH) ciúbaigh
cubic *adj* ciúbach; **cubic foot** *etc* troigh chiúbach *etc*
cubicle *n* cubhachail *m4*
cuckoo *n* cuach *f2*
cucumber *n* cúcamar *m1*
cuddle *vt, vi* muirnigh, déan gráín le
cue *n* (THEAT *etc*) leid *f2*; **snooker/billiard cue** cleathóg *f2* snúcair/billéardaí
cuff *n* (*of shirt, coat etc*) cufa *m4*; (*blow*) smitín *m4*; **off the cuff** as do sheasamh, as maol do chonláin
cuff link *n* lúibín *m4* cufa
cul-de-sac *n* cul-de-sac, caochshráid *f2*
cull *vt* togh; (*animals*) tanaigh♦ *n* (*of animals*) tanú *m*
culminate *vi*: **to culminate in** teacht chun buaice le
culmination *n* buaic *f2*
culprit *n* ciontach *m1*
cult *n* cultas *m1*
cultivate *vt* saothraigh
cultivated *adj* saothraithe
cultivation *n* saothrú *m*
cultural *adj* cultúrtha
culture *n* cultúr *m1*
cultured *adj* (*person*) cultúrtha
cumbersome *adj* anásta
cunning *n* gliceas *m1*, cleasaíocht *f3*♦ *adj* glic, lúbach, cleasach; (*device, idea*) cliste
cup *n* cupán *m1*; (*as prize*) corn *m1*
cupboard *n* cófra *m4*, almóir *m3*
cup tie *n* cluiche *m4* coirn
curate *n* séiplíneach *m1*
curator *n* feighlí *m4*, coimeádaí *m4*
curb *vt* srian, cuir srian le♦ *n* (*fig*) srian *m1*; (US: *kerb*) ciumhais *f2*
curdle *vt* téacht, gruthaigh♦ *vi* (*milk*) bris, téacht
cure *vt* leigheas; (CULIN) leasaigh, sailligh ♦ *n* leigheas *m1*; (*for hangover*) leigheas *m1* na póite
curfew *n* cuirfiú *m4*
curiosity *n* fiosracht *f3*
curious *adj* fiosrach
curl *n* coirnín *m4*♦ *vt*: **to curl sb's hair** coirníní a chur i gcuid gruaige duine♦ *vi* éirigh catach
► **curl up** *vi* crap; **to curl o.s. up** tú féin a chuachadh, ceirtlín a dhéanamh díot féin
curly *adj* catach, coirníneach
currant *n* cuirín *m4*
currency *n* airgeadra *m4*, airgead *m1*

reatha; **it gained currency** (*fig*) glacadh leis go forleathan
current *n* sruth *m3* • *adj* reatha *n gen*
current account *n* cuntas *m1* reatha
current affairs *npl* cúrsaí *mpl4* reatha
currently *adv* faoi láthair
curriculum *n* curaclam *m1*
curriculum vitae *n* curriculum *m* vitae
curry *n* curaí *m4* • *vt*: **to curry favour** fabhar a lorg
curse *vi* bheith ag eascainí, tabhair mionnaí móra • *vt* mallaigh, cuir mallacht ar • *n* mallacht *f3*, eascaine *f4*; (*problem, scourge*) crá *m4* croí, plá *f4*; (*swearword*) eascaine, mionn *m3* mór
cursor *n* (COMPUT) cúrsóir *m3*
cursory *adj* srac-, mear; **a cursory glance** sracfhéachaint
curt *adj* giorraisc
curtail *vt* giorraigh, ciorraigh, giortaigh; (*costs, wages etc*) laghdaigh
curtain *n* cuirtín *m4*
curts(e)y *vi* umhlaigh
curve *n* cuar *m1*; (*in the road*) lúb *f2* • *vi* cuar; (*road*) lúb
cushion *n* cúisín *m4* • *vt* (*fall, shock*) plúch
custard *n* custard *m1*
custody *n* (*of child*) cúram *m1*; (COMM) cumhdach *m1*; **in custody** faoi choinneáil; **to take sb into custody** duine a ghabháil
custom *n* gnás *m1*, nós *m1*
customary *adj* gnách, gnath-, iondúil
customer *n* custaiméir *m3*
customs *npl* custam *m1*
customs officer *n* oifigeach *m1* custaim
cut *vt* gearr, ciorraigh; (*hair*) bearr, gearr; (*turf*) bain • *n* gearradh *m*; (*wound*) cneá *f4*; (*in salary etc*) laghdú *m*; (*of meat*) stiall *f2*; **to cut a tooth** fiacail a ghearradh
▸ **cut down** *vt fus* (*tree etc*) leag; (*costs*) gearr (anuas), laghdaigh
▸ **cut off** *vt* scoith; (*fig*) gearr; **to cut sb's head off** an ceann a bhaint *or* a ghearradh de dhuine
▸ **cut out** *vt* gearr amach; (*stop*): **cut it out!** éirigh as!; (*remove*) bain amach
▸ **cut up** *vt* (*potatoes, meat*) scean
cutback *n* gearradh *m* siar, ciorrú *m*
cute *adj* cleasach; (US) gleoite
cutlery *n* sceanra *m4*, cuitléireacht *f3*
cutlet *n* gearrthóg *f2* (gualainne)
cutout *n* (*cardboard*) gearrthán *m1*
cut-price, (US) **cut-rate** *adj* faoi ráta
cutthroat *adj* gan taise; **cutthroat competition** deargiomaíocht *f3*
cutting *adj* faobhrach; (*fig*) géar • *n* (*from newspaper*) gearrthán *m1*; (*from plant*) gearrthóg *f2*; **cutting remark** goineog *f2*
CV *n abbr* = **curriculum vitae**
cyanide *n* ciainíd *f2*
cyberspace *n* cibirspás *m1*
cycle *n* timthriall *m3*; (LITER) sraith *f2*; (*bicycle*) rothar *m1* • *vi* rothaigh, téigh ag rothaíocht
cycle lane *n* lána *m4* rothaíochta
cycling *n* rothaíocht *f3*
cyclist *n* rothaí *m4*
cygnet *n* éan *m1* eala
cylinder *n* sorcóir *m3*
cymbal *n* ciombal *m1*
cynic *n* cinicí *m4*
cynical *adj* ciniciúil, searbhasach
cynicism *n* ciniceas *m1*, searbhas *m1*
Cypriot *adj, n* Cipireach *m1*
Cyprus *n* an Chipir *f2*
cyst *n* cist *f2*
czar *n* sár *m1*
Czech *adj, n* Seiceach *m1*; (LING) Seicis *f2*; **the Czech Republic** an Phoblacht *f3* Sheiceach

D

D *n* (MUS) D *m4*
dab *vt* tabhair daba do, smeadráil, smear
dabble *vi*: **to dabble in** bheith ag súgradh *or* ag ealaín le, lámh *or* ladar a bheith agat i
dad, daddy *n* daid *m4*, daidí *m4*
daddy-longlegs *n* snáthadán *m1*, Pilib *m4* an gheataire
daffodil *n* lus *m3* an chromchinn
daft *adj* amaideach; **to be daft about sb** (*fig*) bheith sa chéill is aigeantaí ag duine, bheith splanctha i ndiaidh duine
dagger *n* miodóg *f2*, daigéar *m1*
dahlia *n* dáilia *f4*
daily *adj* laethúil • *n* nuachtán *m1* laethúil • *adv* go laethúil; (*dosage*) in aghaidh an lae, sa lá
dairy *n* déirí *m4*
dairy products *npl* táirgí *mpl4* déiríochta
dairy store (US) *n* siopa *m4* déirí
daisy *n* nóinín *m4*
dale *n* gleanntán *m1*
dam *n* damba *m4* • *vt* dambáil
damage *n* damáiste *m4*, dochar *m1* • *vt* déan damáiste *or* dochar do; **damages** *npl* (LAW) damáistí *mpl4*
damn *vt* damnaigh; (*curse*) mallaigh, cuir mallacht ar • *n* (*inf*): **I don't give a damn** is cuma liom sa diabhal • *adj* (*inf*: *also*: **damned**) damanta, mallaithe; **damn (it)!** damnú air!
damning *adj* damnaithe
damp *adj* tais • *n* taise *f4* • *vt* (*also*: **dampen**: *cloth, rag*) taisrigh, fliuchaigh
dance *n* damhsa *m4*, rince *m4*; (*social event*) damhsa *m4* • *vi* déan damhsa *or* rince
dancer *n* damhsóir *m3*, rinceoir *m3*
dancing *n* damhsa *m4*, rince *m4*
dandelion *n* caisearbhán *m1*
dandruff *n* sail *f2* chnis
Dane *n* Danmhargach *m1*, Danar *m1*
danger *n* contúirt *f2*, baol *m1*; **there is a danger of fire** tá contúirt dóiteáin ann; **in danger** i gcontúirt, i mbaol; **Danger!** (*sign*) Aire!
dangerous *adj* contúirteach, baolach
dangle *vt*: **to dangle** coinneáil ar bogarnach • *vi* bheith ar bogarnach
Danish *adj* Danmhargach • *n* (LING) Danmhairgis *f2*
dare *vt*: **to dare sb to do sth** dúshlán duine a thabhairt rud a dhéanamh • *vi*: **to dare to do sth** é a bheith de mhisneach agat rud a dhéanamh, é a bheith de dhánacht ionat rud a dhéanamh; **I dare say** (*I suppose*) déarfainn
daring *adj* dána • *n* dánacht *f3*, misneach *m1*
dark *adj* (*night, room*) dorcha; (*colour, complexion*) crón • *n* dorchadas *m1*; **in the dark** sa dorchadas; **in the dark about** (*fig*) dall ar; **after dark** ar dhul ó sholas dó
darken *vt* dorchaigh, dall • *vi* dorchaigh, téigh ó sholas
dark glasses *npl* gloiní *fpl4* dorcha, gloiní gréine
darkness *n* dorchadas *m1*
darkroom *n* seomra *m4* dorcha
darling *adj* muirneach • *n* muirnín *m4*, grá *m4* geal; (*favourite*): **he is the darling of the ladies** is é leannán na mban óg é; **my darling girl** a chailín mo chroí
darn *n* dearnáil *f3*, cliath *f2* • *vt* dearnáil, cuir cliath ar
dart *n* ga *m4*; (SEWING) dairt *f2* • *vi*: **to dart towards** sciuird a thabhairt ionsar, tabhairt faoi de sciotán; **darts** dairteanna *fpl2*; **to dart away/off** imeacht (leat) de rúid *or* de sciotán
dartboard *n* clár *m1* dairteanna
dash *n* (*sign*) dais *f2*; (*small quantity*) steall *f2* • *vt* (*missile*) teilg; **to dash sb's hopes** duine a chur dá dhóchas • *vi*: **to dash towards** rúid *or* sciuird a thabhairt ar, seáp a thabhairt faoi

dashboard *n* (AUT) painéal *m1* ionstraimí
dashing *adj* rábach, scafánta
data *npl* sonraí *mpl4*
data bank *n* stór *m1* sonraí
database *n* (COMPUT) bunachar *m1* sonraí
data capture *n* (COMPUT) gabháil *f3* sonraí
data carrier *n* (COMPUT) iompróir *m3* sonraí
data processing *n* (COMPUT) próiseáil *f3* sonraí
date *n* dáta *m4*; (*with sb*) coinne *f4*; (*fruit*) dáta *m4* ♦ *vt* dátaigh; **to date sb** siúl amach le duine; **date of birth** dáta breithe; **to date** (*until now*) go nuige seo, go dtí seo; **out of date** as dáta; (*clothes etc*) seanfhaiseanta, seanaimseartha; **up to date** nua-aimseartha, suas chun dáta; (*news*) is deireanaí
dated *adj* seanfhaiseanta
daughter *n* iníon *f2*
daughter-in-law *n* banchliamhain *m4*, bean *f* mhic
daunting *adj* scáfar
dawn *n* breacadh *m1* *or* bánú *m* *or* bodhránacht *m3* an lae ♦ *vi* (*day*) bánaigh, geal; (*fig*): **it dawned on him that ...** rith sé leis go ...
day *n* lá *m*; **the day before** an lá roimhe; **the day after, the following day** an lá arna mhárach; **the day after tomorrow** anóirthear, arú amárach; **the day before yesterday** arú inné; **by day** de lá
daybreak *n* breacadh *m1* *or* bánú *m* *or* bodhránacht *m3* an lae
daydream *vi*: **to daydream** bheith ag aislingeacht ♦ *n* taibhreamh *m1* na súl oscailte
daylight *n* solas *m1* an lae
daytime *n*: **in the daytime** i rith an lae, de sholas lae
day-to-day *adj* laethúil; (*events*) gnáth-
daze *vt* caoch ♦ *n*: **to be in a daze** speabhraídí a bheith ort, néal a bheith ionat
dazed *adj* ar mearbhall, néal a bheith ionat
dazzle *vt* dall, dallraigh, caoch
dead *adj* marbh; (*telephone*): **the line is dead** tá an líne marbh ♦ *adv* lán, iomlán, an- ♦ *npl*: **the dead** na mairbh *mpl1*; **dead on time** díreach in am; **dead tired** marbh tuirseach; **to stop dead** stopadh in áit na mbonn
deaden *vt* (*pain*) maolaigh
dead end *n* ceann *m1* caoch
deadline *n* spriocdháta *m4*
deadlock *n* sáinn *f2*, leamhsháinn *f2*
deadly *adj* marfach
Dead Sea *n*: **the Dead Sea** an Mhuir *f3* Mharbh
deaf *adj* bodhar
deafen *vt* bodhraigh
deafness *n* bodhaire *f4*
deal *n* margadh *m1* ♦ *vt* (*blow*) tabhair do, buail ar; (*cards*) roinn; **a great deal of** cuid mhór + *gen*, lear mór + *gen*
▸ **deal in** *vt fus* déileáil i *or* ar
▸ **deal with** *vt fus* (*person, problem*) déileáil le; (*be about*: *book etc*) bain le, bí faoi
dealer *n* (COMM) déileálaí *m4*
dealings *npl* déileáil *fsg3*
dean *n* (REL, SCOL) déan *m1*
dear *adj* ionúin, dil, dílis; (*expensive*) daor, costasach ♦ *n*: **my dear** a chroí, a stór; **dear me!** m'anam!; **Dear Sir/Madam** (*in letter*) A dhuine uasail/A bhean uasal; **Dear John** A Sheáin, a chara
dearly *adv* (*love*) go mór, go domhain; (*pay*) go daor
death *n* bás *m1*; **to be the death of sb** bás duine a thabhairt
death certificate *n* teastas *m1* báis
death penalty *n* pionós *m1* an bháis
death rate *n* ráta *m4* báis
death toll *n* líon *m1* na marbh
debatable *adj* conspóideach, inchaibidle, amhrasach
debate *n* díospóireacht *f3* ♦ *vt* pléigh; **to debate sth** rud a phlé *or* a chaibidil
debauched *adj* truaillithe, ar an drabhlás
debit *n* dochar *m1* ♦ *vt*: **to debit a sum to sb** *or* **to sb's account** suim a chur do dhochar cuntas duine; *see also* **direct debit**
debris *n* (*rubbish*) bruscarnach *f2*;

(*fragments*) smionagar *m1*, treascarnach *f2*
debt *n* fiach *m1*, fiacha *mpl1*; **to be in debt** fiacha a bheith ort
debtor *n* fiachóir *m3*, féichiúnaí *m4*
debug (COMPUT) *vt* dífhabhtaigh
decade *n* deich mbliana *fpl3*; (REL, *of rosary*) deichniúr *m1*
decadence *n* meath *m3*, meathlú *m*
decadent *adj* meatach
de-caff (*inf*) *n* = **decaffeinated coffee**
decaffeinated *adj* gan chaiféin; **decaffeinated coffee** caife *m4* gan chaiféin
decanter *n* teisteán *m1*
decay *n* (*also*: **tooth decay**) lobhadh *m1* fiacla; **in decay** (*building*) ag titim chun raice; (*wood*) ag dreo♦ *vi* (*rot*) lobh, meathlaigh; (*wither*: *flower*) feoigh; (*teeth, meat*) lobh; (*fruit*) lobh, meathlaigh
deceased *n* marbh *m1*, marbhán *m1*
deceit *n* cealg *f2*, camastaíl *f3*, calaois *f2*, feall *m1*
deceitful *adj* cealgach, calaoiseach, fealltach, mealltach
deceive *vt* cealg, meall
December *n* Nollaig *f*, Mí *f4* na Nollag
decent *adj* gnaíúil, cneasta, macánta; (*amount*) cuibheasach, measartha; **they were very decent about it** bhí siad an-tuisceanach faoi
decentralization *n* dílárú *m*
deception *n* camastaíl *f3*, cealg *f2*, cluain *f3*
deceptive *adj* cealgach, cluanach, mealltach
decide *vt* réitigh, socraigh♦ *vi* cinn (ar), beartaigh (ar); **to decide to do sth** beartú *or* cinneadh ar rud a dhéanamh
decided *adj* (*resolute*) diongbháilte; (*clear, definite*) cinnte, dearfa
decidedly *adv* go daingean, go diongbháilte; (*distinctly*) go cinnte, go dearfa
decimal *adj* deachúlach♦ *n* deachúil *f3*
decimal system *n* córas *m1* deachúlach
decipher *vt* scaoil, imscaoil
decision *n* cinneadh *m1*
decisive *adj* cinntitheach; (*person*) diongbháilte
deck *n* (NAUT) deic *f2*, bord *m1*; (*of bus*): **top deck** urlár *m1* uachtair; (*of cards*) paca *m4*; (*record deck*) deic
deck chair *n* cathaoir *f* dheice
declare *vt* (*state*) dearbhaigh, fógair, maígh; (*war*) fógair; (*at customs*) admhaigh
decline *n* (*decay*) meath *m3*, meathlú *m*; (*lessening*) maolú *m*, titim *f2*♦ *vt* diúltaigh♦ *vi* (*health*) meath, meathlaigh
decommission *vt* díchoimisiúnaigh, cuir as úsáid
decompose *vi* lobh, morg; (CHEM) dianscaoil
decontaminate *vt* díthruailligh
décor *n* feisteas *m1*
decorate *vt* (*adorn, give a medal to*) bronn gradam ar; (*room, house*) maisigh, cóirigh
decoration *n* maisiúchán *m1*; (*medal, award*) suaitheantas *m1*
decorative *adj* maisiúil
decorator *n* maisitheoir *m3*
decorum *n* cuibhiúlacht *f3*
decoy *n* gaiste *m4*, baoite *m4*, lacha *f* chuana; (*person*) maide *m4* bréagach
decrease *n*: **decrease (in)** laghdú (i)♦ *vt, vi* laghdaigh
decree *n* (POL) forógra *m4*; (LAW) foraithne *f4*
decrepit *adj* craplaithe, cranda, díblí
dedicate *vt* tiomnaigh
dedication *n* (*devotion*) dúthracht *f3*; (*in book*) tiomnú *m*
deduce *vt* déan amach; **to deduce from** baint as, tuiscint as
deduct *vt* bain de, bain as
deduction *n* tátal *m1*; (*from wages etc*) gearradh *m*
deed *n* gníomh *m1*, beart *m1*; (LAW) cáipéis *f2*, gníomh *m1*
deep *adj* domhain♦ *adv*: **spectators stood 20 deep** bhí fiche rang de lucht féachana ann; **4 metres deep** ceithre mhéadar ar doimhne(acht)

deepen *vt* doimhnigh
deepfreeze *n* reoiteoir *m3*
deeply *adv* go domhain; **I am deeply interested in it** tá an-spéis agam ann
deep-seated *adj* dearg-, dubh-; **deep-seated hatred** dearg-ghráin
deer *n inv* fia *m4*; **fallow deer** fia fionn
defamation *n* aithisiú *m*, clúmhilleadh *m*
default *n* (*LAW*) mainneachtain *f3*; (*COMPUT*: *also*: **default value**) luach *m3* loicthe; **by default** (*LAW*) de los éagmaise trí mhainneachtain; (*SPORT*) de los éagmaise
defeat *n* briseadh *m*, maidhm *f2* ♦ *vt* cloígh, buaigh ar
defect *n* locht *m3*, fabht *m4*, máchail *f2* ♦ *vi*: **to defect to the enemy** dul leis an namhaid
defective *adj* lochtach, fabhtach, easnamhach
defence, (*US*) **defense** *n* cosaint *f3*
defenceless *adj* gan chosaint
defend *vt* cosain; (*rights*) seas
defendant *n* cúisí *m4*, cosantóir *m3*
defender *n* cosantóir *m3*
defensive *adj* cosantach
defer *vt* (*postpone*) cuir ar athlá, cuir siar ♦ *vi*: **to defer to sb** géilleadh *or* tabhairt isteach do dhuine
defiance *n* dúshlán *m1*, neamhghéilliúlacht *f3*; **in defiance of** ar neamhchead do, de dheargainneoin + *gen*
defiant *adj* dúshlánach, neamhghéilliúil, ládasach
deficiency *n* easpa *f4*; (*MED*) easnamh *m1*
deficient *adj* (*inadequate*) easpach, easnamhach, uireasach; **to be deficient in sth** bheith in easnamh ruda, easpa ruda a bheith ort
deficit *n* easnamh *m1*
define *vt* sainmhínigh, sainigh
definite *adj* (*fixed*) cinnte, deimhneach; (*clear, obvious*) follasach, soiléir; (*certain*) cinnte, dearfa; **he was definite about it** bhí sé cinnte de
definitely *adv* go cinnte, go dearfa
definition *n* sainmhíniú *m*, sainiú *m*; (*clearness*) géire *f4*, léire *f4*
deflate *vt* díbholg; (*ball*) lig an t-aer amach as; (*fig*) bain an ghaoth de
deflation *n* (*FIN*) díbhoilsciú *m*
deflect *vt* sraon
deform *vt*: **to deform sth** rud a chur ó chuma, míghnaoi a chur ar rud
deformed *adj* míchumtha, éagruthach
defraud *vt* déan calaois ar, cúbláil; **to defraud sb of sth** rud a bhaint de dhuine le calaois
defrost *vt* díshioc, díreoigh
deft *adj* deaslámhach
defunct *adj* as feidhm, marbh
defuse *vt* (*bomb*) bain an t-aidhniú as; (*situation*) bain an t-aidhniú *or* an dochar as
defy *vt* (*efforts etc*) sárú ar; **to defy sb** dúshlán duine a thabhairt
degenerate *vi* meath, meathlaigh ♦ *adj* claon, saobh, meata
degrading *adj* táireach
degree *n* (*also SCOL*) céim *f2*, grád *m1*; **by degrees** (*gradually*) de réir a chéile; **to some degree, to a certain degree** go pointe áirithe
dehydrated *adj* (*parched*) spalptha (leis an tart), díhiodráitithe
de-ice *vt* dí-oighrigh
de-icer *n* dí-oighritheoir *m3*
deign *vi*: **to deign to do sth** deonú chun rud a dhéanamh
dejected *adj* díomách, atuirseach
delay *vt* moilligh, cuir moill ar, bain moill as ♦ *vi* déan moill, moilligh ♦ *n* moill *f2*; **she was delayed** bhain moill di, baineadh moill aisti
delegate *n* toscaire *m4* ♦ *vt*: **to delegate sb to do sth** údarás a thiomnú do dhuine le rud a dhéanamh
delegation *n* toscaireacht *f3*
delete *vt* cealaigh, scrios, bain amach; (*COMPUT*) scrios
deliberate *adj* (*intentional*) réamhbheartaithe; (*slow*) malltriallach ♦ *vi* machnaigh (ar)
deliberately *adv* (*on purpose*) d'aon ghnó, d'aon turas
delicacy *n* (*of quality, character*)

fíneáltacht *f3*; (*frailness, fragility*) leiceacht *f3*, leochaileacht *f3*; (*sensitivity*) íogaireacht *f3*, míníneacht *f3*; **delicacies** sólaistí *pl*, sócamais *mpl1*, míníneachtaí *fpl3*

delicate *adj* (*of quality, character*) fíneálta; (*frail, fragile*) leice, leochaileach; (*sensitive*) íogair

delicious *adj* caithiseach, sobhlasta, neamúil

delight *n* lúcháir *f2*, aoibhneas *m1*, pléisiúr *m1* ♦ *vt*: **to delight sb** lúcháir *or* aoibhneas a chur ar dhuine; **to take (a) delight in sth** aoibhneas a bhaint as rud

delighted *adj*: **to be delighted (at** *or* **with/to do sth)** áthas a bheith ort (as rud/rud a dhéanamh)

delightful *adj* álainn, galánta

delinquent *adj* ciontach ♦ *n* ciontóir *m3*

delirious *adj*: **to be delirious** (*rambling*) bheith ag rámhaille; (*happy*) bheith sa ghlóir, sceitimíní a bheith ort

deliver *vt* (*mail, goods*) seachaid; (*message*) seachaid, tabhair do; (*speech*) tabhair (uait); (MED, *baby*) saolaigh

delivery *n* seachadadh *m*; (*of speaker*) cur *m1* i láthair; (MED) breith *f2*; **to take delivery of** glacadh le

delivery van *n* veain *f4* seachadta

delude *vt* meall, cuir cluain *or* dallamullóg ar

delusion *n* seachrán *m1*, dallamullóg *m4*

demand *vt* éiligh ♦ *n* éileamh *m1*, ráchairt *f2*; **in demand** éileamh *or* ráchairt a bheith ar; **on demand** ar éileamh

demanding *adj* (*person*) doiligh a shásamh; (*work*) crua, maslach

demarcation *n* críochú *m*, críochadóireacht *f3*

demean *vt*: **to demean o.s.** a bheag a dhéanamh díot féin, tú féin a ísliú

demeanour, (US)**demeanor** *n* iompar *m1*

demented *adj*: **to be demented** bheith as do mheabhair *or* as do chiall

demise *n* éag *m3*, bás *m1*

demo *n abbr* = **demonstration**

democracy *n* daonlathas *m1*

democrat *n* daonlathaí *m4*

democratic *adj* daonlathach

demolish *vt* (*building*) leag; (*overthrow, annihilate*) scrios, treascair; (*food*) plac

demonstrate *vt* léirigh; (*show*) taispeáin ♦ *vi* léirsigh, déan agóid; **to demonstrate for/against** léirsiú i leith/in aghaidh, agóid a dhéanamh i leith/in aghaidh

demonstration *n* (*exposition*) taispeántas *m1*; (*illustration*) léiriú *m*; (POL) léirsiú *m*, agóid *f2*

demonstrator *n* (POL) léirsitheoir *m3*, agóideoir *m3*

demoralize *vt*: **to be demoralized by sth** bheith domheanmnach faoi rud

demote *vt*: **he was demoted** tugadh céim síos dó

den *n* pluais *f2*, prochóg *f2*

denationalize *vt* dínáisiúnaigh

denial *n* séanadh *m*; (*refusal*) diúltú *m*

denim *n* deinim *m4*; **denims** *npl* (*jeans*) bríste *m4* deinim

Denmark *n* an Danmhairg *f2*

denomination *n* (*of money*) luach *m3*; (REL) sainchreideamh *m1*

denote *vt* comharthaigh, cuir in iúl

denounce *vt* cáin (go poiblí)

dense *adj* dlúth; (*fog*) dlúth, tiubh; (*stupid*) tiubh, dobhránta, dúr; **the room was dense with smoke** bhí an seomra ramhar le toit

densely *adv* go dlúth; **densely populated** faoi lion mór daoine

density *n* dlús *m1*, tiús *m1*; **double-/high-density diskette** discéad dédhlúis/ard-dlúis

dent *n* log *m1*, ding *f2* ♦ *vt*: **to dent** (*also*: **to make a dent in**) log *or* ding a chur i

dental *adj* déadach

dental floss *n* flas *m3* déadach *or* fiacla

dentist *n* fiaclóir *m3*

dentistry *n* fiaclóireacht *f3*

dentures *npl* déadchíor *fsg2*

deny *vt* séan; (*refuse*) diúltaigh

deodorant *n* díbholaíoch *m1*

depart *vi* imigh, fág; **to depart from** (*fig*: *differ from*) gan a bheith ag teacht le; **it**

departs from normal procedure níl sé ag teacht le gnás
department *n* roinn *f2*
department store *n* siopa *m4* ilranna
departure *n* imeacht *m3*, fágáil *f3*; **a new departure** treo nua, athrú gnáis, cor nua i do shaol
depend *vi*: **to depend on** brath ar, bheith i dtuilleamaí *or* i muinín + *gen*; **it depends** braitheann sé; **depending on the result** ag brath ar an toradh; **if your life depended on it** dá mbeadh do bheo de gheall leis
dependable *adj* iontaofa, muiníneach
dependant *n* cleithiúnaí *m4*
dependence *n* spleáchas *m1*
dependent *adj*: **to be dependent (on)** bheith ag brath (ar), bheith spleách (ar), bheith i dtuilleamaí + *gen* • *n* = **dependant**
depict *vt* léirigh, cuir síos ar, déan cur síos ar
depleted *adj* ídithe
deplorable *adj* (*wretched*) truamhéalach, ainnis; (*disgraceful*) náireach; (*very bad*) uafásach
deport *vt* díbir as an tír, díbir thar tír amach
deportation *n* díbirt *f3* as an tír, díbirt thar tír amach
deposit *n* deascán *m1*, dríodar *m1*; (COMM) taisce *f4*; (CHEM) screamh *f2*; (GEOG) sil-leagan *m1*, fosú *m*; (*part payment*) éarlais *f2* • *vt* (*in bank*) taisc, cuir i dtaisce; (*put down*) leag síos; (*as part payment*) cuir éarlais ar
deposit account *n* cuntas *m1* taisce
depot *n* (*warehouse*) stóras *m1*; (US: RAIL) stáisiún *m1*
depraved *adj* truaillithe, táir
depreciate *vi* titeann (a) luach
depress *vt* cuir gruaim ar; (*press down*) brúigh síos
depressed *adj* (*person*) faoi ghruaim; **a depressed area** limistéar bochtaineachta
depressing *adj* gruama
depression *n* gruaim *f2*, smúit *f2*; domheanma *f*; (*melancholy*) droim *m3* dubhach, lionn *m* dubh; (*in trade*) lagar *m1* tráchtála; (METEOR) lagbhrú *m4*; (*hollow*) logán *m1*, ísleán *m1*
deprivation *n* anás *m1*
deprive *vt*: **to deprive sb of sth** rud a bhaint de dhuine *or* a choinneáil ó dhuine
deprived *adj* in anás, ar an ngannchuid
depth *n* doimhneacht *f3*; **in the depths of despair** in umar na haimléise; **to be out of one's depth** bheith thar do bhaint *or* thar d'fhoras
deputation *n* toscaireacht *f3*
deputize *vi*: **to deputize for sb** gníomhú in ionad *or* thar ceann duine
deputy *adj* leas- • *n* ionadaí *m4*; (POL, *second in command*) tánaiste *m4*; **deputy head** (*teacher*) leas-phríomhoide *m4*; **Dáil deputy** (IRL: POL) teachta *m4* Dála
derail *vt* (*train*) cuir de na ráillí; (*fig*) cuir dá threoir
deranged *adj*: **to be (mentally) deranged** saochan céille *or* seachrán céille a bheith ort, mearú a bheith ort
derby (US) *n* (*bowler hat*) babhlaer *m1*
derelict *adj* tréigthe
deride *vt*: **to deride sb** fonóid *or* scigmhagadh a dhéanamh faoi dhuine
derisory *adj* fonóideach; (*sum, amount*) suarach, scallta
derivative *n* fréamhaí *m4*, díorthach *m1*
derive *vt*: **to derive sth from** rud a bhaint as • *vi*: **to derive from** fréamhú ó, díorthú ó
dermatitis *n* deirmitíteas *m1*
derogatory *adj* dímheasúil
Derry *n* Doire *m4*
descend *vt, vi* tuirling, téigh síos, tar anuas; (*lineage*): **to descend from** síolrú ó; **to descend to (doing) sth** tú féin a fhágáil thíos le rud (a dhéanamh)
descendant *n*: **she is a descendant of** is de shliocht *or* d'iaróibh + *gen* í; **descendants** sliocht *msg3*
descent *n* tuirlingt *f2*, ísliú *m*; (*origin*): **of Irish descent** de shliocht *or* d'iaróibh Éireannach
describe *vt* cuir síos ar, tabhair cosúlacht

(ruda); **can you describe him for me** an féidir leat a chosúlacht a thabhairt dom

description *n*: **description (of)** cur *m1* síos (ar), tuairisc *f2* (ar); **of some description or other** (*sort*) de chineál éigin

desert *n* fásach *m1*; (*sandy*) gaineamhlach *m1* ♦ *vt, vi* tréig

desert island *n* oileán *m1* fásaigh

deserts *npl*: **to get one's just deserts** an rud atá tuillte agat *or* an rud is airí ort a fháil

deserve *vt* tuill, tabhaigh; **he well deserves it** is maith an airí air é

deserving *adj* inmholta, fiúntach; (*action, cause*) fiúntach

design *n* (*sketch, layout, shape*) dearadh *m1*; (*plan*) leagan *m1* amach, plean *m4*; (*pattern*) patrún *m1*, gréas *m3*; (*art*) gréas; (*intention*) rún *m1* ♦ *vt* leag amach, ceap, dear

designate *vt* (*to office*) ceap, ainmnigh; (*indicate*) léirigh, sainigh, taispeáin

designer *n* (TECH) dearthóir *m3*; (*fashion*) dearthóir éadaigh

desirable *adj* inmhianaithe; (*woman*) tarraingteach, meallacach, a bhfuil mian súl inti

desire *n* mian *f2*, dúil *f2*, fonn *m1* ♦ *vt* santaigh; **to desire sth** do shúil a bheith agat le rud, rud a shantú

desk *n* deasc *f2*; (*in hotel, at airport*) deasc cláraithe

desktop *n* (*also*: **desktop computer**: COMPUT) ríomhaire *m4* deisce

desolate *adj* tréigthe, bánaithe; (*sad*) dearóil, dólásach, ainnis

despair *n* éadóchas *m1* ♦ *vi* tit in éadóchas; **to despair of sth** deireadh dúile a bhaint de rud

despatch *n, vt* = **dispatch**

desperate *adj* (*hopeless*) éadóchasach, gan dóchas, doleigheasta; (*very grave*) an-chontúirteach, uafásach

desperately *adv* go huafásach, go millteach; (*very*) an-; **desperately tired** marbh tuirseach, traochta; **desperately urgent** an-phráinneach

desperation *n* éadóchas *m1*, scaoll *m1*; **in sheer desperation** le teann éadóchais

despicable *adj* suarach, gránna, gráiniúil

despise *vt*: **to despise sb/sth** gráin a bheith agat ar dhuine/rud, drochmheas *or* dímheas a bheith agat ar dhuine/rud

despite *prep* d'ainneoin + *gen*; **despite all the difficulties** d'ainneoin na ndeacrachtaí uile

dessert *n* milseog *f2*

destination *n* ceann *m1* scríbe, ceann cúrsa

destined *adj*: **to be destined to do/for sth** é a bheith i ndán duit rud a dhéanamh/rud a bheith i ndán duit

destiny *n* cinniúint *f3*

destitute *adj* beo bocht, dealbh, ar an anás

destitution *n* dealús *m1*, anás *m1*

destroy *vt* scrios, mill, creach

destroyer *n* (NAUT) scriostóir *m3*

destruction *n* scrios *m*, léirscrios *m*, millteanas *m1*

destructive *adj* (*injurious*) millteach, díobhálach; (*antagonistic, adverse*) naimhdeach

detach *vt* scar, scoir, dícheangail, bain de

detachable *adj* inscortha, inscartha

detached *adj* (*distant, aloof*) leithleach; (*objective*) neodrach; **detached house** teach aonair

detachment *n* (MIL) díorma *m4*; (*fig: stand-offishness*) leithleachas *m1*; (*: disinterest*) neamhshuim *f2*

detail *n* sonra *m4* ♦ *vt* tabhair mionchuntas ar; **in detail** go mion

detailed *adj* mion-; **detailed account** mionchuntas

detain *vt* (*pupil*) coinneáil istigh; **to detain sb** (*delay*) moill a chur ar dhuine; (*arrest*) duine a ghabháil; (*intern*) duine a choinneáil i bpríosún

detect *vt* (*notice, perceive*) braith, tabhair faoi deara; (*discover, find*) fionn, faigh amach

detection *n* lorgaireacht *f3*, bleachtaireacht *f3*; **he escaped detection** ní bhfuarthas amach air é

detective *n* bleachtaire *m4*; **private detective** bleachtaire príobháideach
detective story *n* scéal *m1* bleachtaireachta
detector *n* brathadóir *m3*
détente *n* détente *m4*, éideannas *m1*
detention *n* coimeád *m*, coinneáil *f3*; (SCOL) coinneáil istigh; **detention camp** campa géibhinn
deter *vt* coisc; **to deter sb from doing sth** duine a chur ó rud a dhéanamh, cosc a cur ar dhuine rud a dhéanamh
detergent *n* glantóir *m3*
deteriorate *vi* téigh in olcas, meath, meathlaigh
determine *vt* cinn ar, socraigh ar; **to determine to do sth** socrú *or* cinneadh ar rud a dhéanamh
determined *adj* diongbháilte, daingean; **to be determined to do sth** bheith meáite *or* leagtha ar rud a dhéanamh
deterrent *n* cosc *m1*, iombhagairt *f3* ♦ *adj* coisctheach
detest *vt*: **to detest sb/sth** dearg-ghráin *or* fuath a bheith agat ar dhuine/rud; **there is nothing I detest more** ní lú orm an diabhal *or* an donas ná é
detestable *adj* fuafar, gráiniúil
detonate *vt* maidhm
detonator *n* maidhmitheoir *m3*
detour *n* cor *m1* bealaigh, timpeall *m1*; (US: AUT, *diversion*) atreorú *m*
detract *vt*: **to detract from** (*quality, pleasure, reputation*) baint ó
detriment *n*: **to the detriment of** le haimhleas + *gen*
detrimental *adj* dochrach, aimhleasach; **detrimental to** a dhéanann dochar *or* aimhleas do
devaluation *n* díluacháil *f3*
devalue *vt* díluacháil
devastate *vt* scrios, mill
devastated *adj* cloíte, croíbhriste
devastating *adj* millteach, coscrach
develop *vt* forbair; (PHOT) réal; (*disease*) tolg, tóg; (*resources*) forbair ♦ *vi* fás, forbair; (*situation, disease: evolve*) tar chun cinn; (*cause*) éirigh; (*facts, symptoms: appear*) nocht, tar chun cinn; **developing country** tír *f2* i mbéal forbartha
developer *n* (PHOT) réalóir *m3*
development *n* forbairt *f3*, forás *m1*; (*of affair, case*) casadh *m1* nua
deviant *adj* claon, saobh ♦ *n* saofóir *m3*
device *n* gaireas *m1*, gléas *m1*, áis *f2*; (*plan*) seift *f2*; **listening device** gaireas éisteachta
devil *n* diabhal *m1*, deamhan *m1*; **he's a real devil!** d'imigh an diabhal air!, tá an diabhal ina sheasamh ann!; **why the devil didn't you tell me?** cad chuige sa diabhal nár inis tú dom?
devilish *adj* diabhalta, diabhlaí
devilment *n* diabhlaíocht *f3*
devious *adj* lúbach, slítheánta
devise *vt* ceap, cum
devoid *adj*: **devoid of** easpach i, gan aon + *noun*; **devoid of sense** gan chiall
devolution *n* (POL) dílárú *m*
devote *vt*: **to devote sth to** rud a thoirbhirt do *or* a thiomnú do; **to devote o.s. to sth** do dhúthracht a chaitheamh le rud
devoted *adj* dílis, díograiseach; **to be devoted to** (*learning*) bheith tugtha do; (*person*) bheith doirte do, do chroí a bheith istigh i; **a book devoted to** leabhar faoi
devotee *n* móidín *m4*; **his devotees** a lucht leanúna
devotion *n* dúthracht *f3*; (REL) deabhóid *f2*, cráifeacht *f3*
devour *vt* alp
devout *adj* dúthrachtach, deabhóideach, cráifeach
dew *n* drúcht *m3*
diabetes *n* diaibéiteas *m1*
diabetic *adj, n* diaibéiteach *m1*
diabolical (*inf*) *adj* diabhalta, millteanach
diagnosis *n* fáthmheas *m3*
diagonal *adj* fiar ♦ *n* trasnán *m1*
diagram *n* léaráid *f2*, diagram *m1*
dial *n* aghaidh *f2*, diail *f2* ♦ *vt* (*number*) diailigh
dial code (US) *n* cód *m1* diailithe

dialect *n* canúint *f3*
dialling code *n* cód *m1* diailithe
dialling tone *n* ton *m1* diailithe
dialogue *n* comhrá *m4*
dial tone (*US*) *n* ton *m1* diailithe
dialysis *n* scagdhealú *m*
diameter *n* trastomhas *m1*, lárlíne *f4*
diamond *n* diamant *m1*; (*shape*) muileata *m4*; **diamonds** *npl* (*CARDS*) muileata *msg4*
diamond-shaped *adj* muileatach
diaper (*US*) *n* clúidín *m4*
diaphragm *n* scairt *f2*
diarrhoea, (*US*) **diarrhea** *n* buinneach *f2*
diary *n* dialann *f2*
dice *n* dísle *m4* ♦ *vt* (*CULIN*) dísligh
dictate *vt* deachtaigh
dictation *n* deachtú *m*
dictator *n* deachtóir *m3*
dictatorship *n* deachtóireacht *f3*
dictionary *n* foclóir *m3*
die *vi* faigh bás, éag, básaigh; **to be dying for sth** bheith fiáin chun ruda, cíocras chun ruda a bheith ort; **to be dying to do sth** bheith ar bís le rud a dhéanamh
▸ **die away** *vi* síothlaigh, téigh i léig
▸ **die down** *vi* maolaigh, ciúnaigh, síothlaigh
▸ **die out** *vi* téigh i léig, faigh bás
die-hard *n* duine *m4* dígeanta
diesel *n* (*also*: **diesel oil**) ola *f4* díosail; (*vehicle*) díosal *m1*; **diesel engine** inneall *m1* díosail
diet *n* aiste *f4* bia ♦ *vi* (*also*: **be on a diet**) bheith do do thanú féin; **be on a regular diet** bheith ar aiste bia
differ *vi* (*be different*): **to differ from** bheith éagsúil le; **to differ from sb over sth** gan aontú le duine faoi rud, gan a bheith ag teacht le duine faoi rud
difference *n* difear *m1*, difríocht *f3*; (*quarrel*) easaontas *m1*
different *adj* difriúil, éagsúil; **that's entirely different** rud eile ar fad é sin
differentiate *vi*: **to differentiate (between)** idirdhealú a dhéanamh (ar), dealú a dhéanamh (idir)
differently *adv* ar dhóigh eile
difficult *adj* deacair, doiligh, crua; **to get out of a difficult situation** teacht as an abar
difficulty *n* deacracht *f3*, dua *m4*; **to have difficulty with sth** saothar a fháil le rud
dig *vt* (*hole*) tochail; (*garden*) rómhair ♦ *n* (*prod*) sonc *m4*; (*fig*) sáiteán *m1*, goineog *f2*; (*archeological*) tochaltán *m1*
▸ **dig in** *vi* talmhaigh; (*MIL*: *also*: **dig o.s. in**) tú féin a thalmhú; **dig in!** (*eat up*) ith leat!
▸ **dig up** *vt* (*potatoes etc*) bain; (*information*) nocht, tabhair chun solais
digest *vt* díleáigh, cloígh ♦ *n* achoimre *f4*
digestible *adj* indíleáite
digestion *n* díleá *m4*
digit *n* (*number*) digit *f2*; (*finger*) méar *f2*
digital *adj* digiteach; **digital computer** ríomhaire *m4* digiteach
dignified *adj* maorga, díniteach, uasal
dignity *n* dínit *f2*
digress *vi* téigh ar seachmall *or* ar seachrán; **not to digress from the point** gan dul anonn nó anall leis an scéal
digs (*inf*) *npl* lóistín *msg4*
dilapidated *adj* raiceáilte, in anchaoi, in ainriocht
dilemma *n* cruachás *m1*, aincheist *f2*
diligent *adj* dícheallach, saothrach
dilute *vt* (*drink*) lagaigh; (*paint*) tanaigh, caolaigh
dim *adj* (*light*) lag, doiléir; (*outline, figure*) doiléir; (*room*) breacdhorcha; (*stupid*) dúr, bómánta; **dim memory** mearchuimhne ♦ *vt* (*light*) ísligh, lagaigh
dime (*US*) *n* = **10 cents**; **they're a dime a dozen** tá siad chomh fairsing le gaineamh na trá
dimension *n* (*aspect*) gné *f4*; (*scope*) méid *f2*; **the dimensions of the house** buntomhais *mpl1* an tí
diminish *vt, vi* laghdaigh, maolaigh ar
diminutive *adj* mion, beag bídeach
dimple *n* loigín *m4*
din *n* trup *m4*, tormán *m1*; (*clamour*) callán *m1*; (*commotion*) tamhach *m* táisc, ruaille *m4* buaille
dine *vi* dinnéar a ithe, béile a ithe *or* a chaitheamh, do chuid a dhéanamh

diner *n* (*person*) aoi *m4*; (*US*: *restaurant*) bialann *f2*; (*RAIL*) carráiste *m4* bia
dinghy *n* báidín *m4*; (*also*: **rubber dinghy**) báidín rubair; (*also*: **sailing dinghy**) báidín seoil
dingy *adj* gruama, modartha
dining room *n* proinnseomra *m4*, seomra *m4* bia
dinner *n* dinnéar *m1*
dinner jacket *n* seaicéad *m1* dinnéir
dinner party *n* cóisir *f2* dinnéir
dinner time *n* am *m3* dinnéir
diode *n* dé-óid *f2*
dip *n* (*hollow*) fána *f4*; (*in sea*) tumadh *m*; (*CULIN*) tumadh, dip *f2* ♦ *vt* tum; (*AUT*, *lights*) ísligh ♦ *vi* (*slope*) tit
diphtheria *n* diftéire *f4*
diploma *n* dioplóma *m4*
diplomacy *n* taidhleoireacht *f3*
diplomat *n* taidhleoir *m3*
diplomatic *adj* taidhleoireachta *n gen*; (*adroit*) géarchúiseach; **diplomatic relations** caidreamh *m1* taidhleoireachta
dipstick *n* (*AUT*) slat *f2* tumtha
dire *adj* uafásach, tubaisteach; **to be in dire straits** bheith sa chúngach *or* san fhaopach
direct *adj* díreach ♦ *vt* treoraigh; (*letter*) seol; (*film, programme*) stiúir; (*order*): **to direct sb to do sth** ordú a thabhairt do dhuine rud a dhéanamh ♦ *adv* go díreach; **can you direct me to ...?** an gcuirfeá ar an bhealach go ...?
direct debit *n* dochar *m1* díreach
direction *n* aird *f2*, treo *m4*; (*guidance*) treoir *f*; **directions** *npl* (*orders*) orduithe *mpl*; **to ask directions** eolas *or* faisnéis an bhealaigh a chur; **directions (for use)** treoracha *fpl*; **in all directions** sna ceithre hairde fichead
directly *adv* (*in a straight line*) (caol) díreach; (*at once*) láithreach bonn
director *n* stiúrthóir *m3*
directory *n* eolaí *m4*, eolaire *m4*; (*COMPUT*) eolaire *m4*
dirt *n* brocamas *m1*, salachar *m1*; (*earth*) cré *f4*; **dirt track** smúitraon *m1*
dirty *adj* salach; (*talk*) gáirsiúil ♦ *vt* salaigh; **dirty trick** cleas suarach
disability *n* míchumas *m1*
disabled *adj* míchumasach ♦ *npl*: **the disabled** daoine *mpl4* míchumasacha
disadvantage *n* míbhuntáiste *m4*
disadvantageous *adj* míbhuntáisteach
disagree *vi*: **to disagree** (*be discordant*) gan cur le chéile; (*quarrel*) gan réiteach le duine; (*think otherwise*) gan aontú le duine
disagreeable *adj* míthaitneamhach
disagreement *n* easaontas *m1*
disappear *vi* (*depart*) imigh; (*be lost to view*) téigh as amharc; (*slip away*) seangaigh as; (*vanish*) ceiliúir; (*die out*) téigh ar ceal bánaigh
disappearance *n* imeacht (as amharc), dul *m3* ar ceal, dul *m3* as
disappoint *vt* meall, cuir díomá ar
disappointed *adj* meallta, díomách
disappointing *adj* mealltach
disappointment *n* mealladh *m*, díomá *f4*
disapproval *n* míshásamh *m1*
disapprove *vi*: **to disapprove (of)** bheith míshásta (le); **I disapprove of his methods** ní maith liom an modh oibre atá aige
disarm *vt* dí-armáil
disarmament *n* dí-armáil *f3*
disarray *n*: **in disarray** trína chéile; **it's in complete disarray** níl cuma ná caoi air
disaster *n* tubaiste *f4*, anachain *f2*, matalang *m1*
disastrous *adj* tubaisteach
disband *vt* scoir ♦ *vi* scaip
disbelief *n* díchreideamh *m1*; (*doubt*) amhras *m1*; (*amazement*) iontas *m1*
disc *n* (*circular plate*) teasc *f2*, diosca *m4*; (*record*) ceirnín *m4*; *see also* **disk**
discard *vt*: **to discard sth** rud a chaitheamh uait; (*fig*): **to discard sb** duine a ligean chun bóthair
discern *vt* (*notice*) tabhair faoi deara; (*perceive clearly*) tabhair i ngrinneas
discerning *adj* grinn, géarchúiseach
discharge *vt* (*cargo*) folmhaigh; (*duties*) comhlíon; (*patient*) scaoil amach; (*employee*) bris; (*soldier*) urscaoil;

(*defendant*) lig saor ♦ *n* folmhú *m*; (*dismissal*) briseadh *m*; (MED) sileadh *m1*
disciple *n* deisceabal *m1*
discipline *n* disciplín *m4*, smacht *m3*; (*regular habits*) riailbhéas *m3*
disc jockey *n* ceirneoir *m3*
disclose *vt* (*make known*) tabhair le fios, foilsigh; (*expose*) nocht
disclosure *n* nochtadh *m*, foilsiú *m*; (*admission*) admháil *f3*; (*to bank*) faisnéisiú *m*
disco *n* dioscó *m4*
discoloured *adj* (*water*) ruaimneach
discomfort *n* míshuaimhneas *m1*; (*lack of comfort*) míchompord *m1*
disconcert *vt* cuir as do
disconnect *vt* scaoil, scoir; (TEL) gearr (an líne), díchónaisc
discontent *n* míshásamh *m1*
discontented *adj* míshásta
discord *n* imreas *m1*; (MUS) díchorda *m4*
discotheque *n* dioscó *m4*
discount *n* lascaine *f4* ♦ *vt* (*sum*) lascainigh; (*fig*: *leave out*) fág as an áireamh; (*disregard*) déan neamhshuim de
discourage *vt* (*dishearten*) cuir beaguchtach ar; (*dissuade*) athchomhairligh
discover *vt* (*detect*) fionn; (*come across*) tar ar
discovery *n* fionnachtain *f3*
discredit *vt* (*idea*) tarraing míchreidiúint ar; (*person*) cuir drochtheist ar
discreet *adj* discréideach
discreetly *adv* go discréideach
discrepancy *n* (*difference*) difear *m1*, difríocht *f3*; (*inconsistency*) neamhréir *f2*, neamhréiteach *m1*; **there were discrepancies in the accounts** ní raibh na cuntais de réir a chéile
discretion *n* discréid *f2*; **use your own discretion** déan de réir do bhreithiúnais féin
discriminate *vi*: **to discriminate between** idirdhealú a dhéanamh ar; **to discriminate against** leithcheal a dhéanamh ar
discrimination *n* idirdhealú *m*, leithcheal *m3*; (*judgment*) géarchúis *f2*
discus *n* teasc *f2*
discuss *vt* pléigh, caibidil; (*debate*) caibidil, déan díopóireacht ar
discussion *n* (*conversation*) comhrá *m4*; (*consideration*) plé *m4*; (*debate*) díospóireacht *f3*, caibidil *f2*; **under discussion** idir chamáin
disdain *n* dímheas *m3*; (*ignorance*) neamhshuim *f2*
disease *n* galar *m1*
disembark *vi* téigh i dtír
disentangle *vt* réitigh
disfigure *vt* cuir míghnaoi ar
disgrace *n* náire *f4*; (*disfavour*) míchlú *m4* ♦ *vt* náirigh; **to disgrace sb** duine a náiriú, náire duine a thabhairt
disgraceful *adj* náireach; (*scandalous*) scannalach
disgruntled *adj* míshásta
disguise *n* bréagriocht *m3* ♦ *vt* cuir bréagriocht ar; **in disguise** faoi bhréagriocht
disgust *n* déistin *f2*, samhnas *m1*, masmas *m1* ♦ *vt* cuir déistin *etc* ar
disgusting *adj* déistineach, samhnasach, masmasach, múisciúil
dish *n* soitheach *m1*, mias *f2*; **to do** *or* **wash the dishes** na soithí a ní
dishcloth *n* éadach *m1* soithí
disheartened *adj*: **to be disheartened** beaguchtach a bheith ort
dishevelled, (US) **disheveled** *adj* sraoilleach; (*hair*) stothallach, gliobach
dishonest *adj* mí-ionraic
dishonour, (US) **dishonor** *n* easonóir *f3*
dishtowel (US) *n* éadach *m1* soithí
dishwasher *n* niteoir *m3* soithí, miasniteoir *m3*
disinfect *vt* díghalraigh
disinfectant *n* díghalrán *m1*
disintegrate *vi* tit as a chéile, díscaoil
disjointed *adj* scaipthe
disk *n* (COMPUT) diosca *m4*; **hard disk** diosca crua; **single-/double-sided disk** diosca aontaoibh/déthaoibh
disk drive *n* (COMPUT) dioscthiomáint *f3*

diskette *n* discéad *m1*
disk space *n* (COMPUT) dioscspás *m1*
dislike *n* col *m1* ♦ *vt*: **I dislike it** ní maith liom é, tá col agam leis; **I dislike him intensely** is fuath liom é; **to take a dislike to sth** snamh a thabhairt do rud
dislocate *vt* cuir as áit; (*bone*) cuir as alt
disloyal *adj* mídhílis
dismal *adj* (*dreary*) gruama; (*abysmal*) ainnis
dismantle *vt* bain as a chéile, díchóimeáil
dismay *n* (*consternation*) anbhá *m4*; (*disappointment*) díomá *f4*
dismiss *vt* (*soldiers*) scaip; (*after service*) scaoil le; (*from meeting*) scoir; (*idea*) caith as do cheann; (LAW): **to dismiss a case** cúis a dhíbhe; **to dismiss sb from employment** duine a bhriseadh as a phost, an bóthar a thabhairt do dhuine, duine a dhífhostú
dismissal *n* scaipeadh *m*; scaoileadh *m*; scor *m1*; dífhostú *m*; díbhe *f4*
disobedient *adj* easumhal, aimhriarach
disobey *vt*: **to disobey sb** bheith easumhal do dhuine
disorder *n* mí-ordú *m*; (*rioting*) círéibeacht *f3*; (MED) easláinte *f4*; **in disorder** ar mí-ordú
disorderly *adj* trína chéile; (*unruly*) clamprach
disorganized *adj* gan ord, gan eagar
disown *vt* (*son*) séan
disparaging *adj* drochmheasúil
dispatch *vt* (*goods*) seol ♦ *n* seoladh *m*; (MIL, PRESS) teachtaireacht *f3*
dispel *vt* scaip
dispensable *adj* neamhriachtanach
dispensary *n* íoclann *f2*
dispense *vt* (*medicine*) ullmhaigh; (*justice*) riar ♦ *vi*: **to dispense with sth** teacht gan rud
dispenser *n* (*device*): **cash dispenser** dáileoir *m3* airgid; **detergent dispenser** rannóir *m3* glantóra
dispensing chemist *n* poitigéir *m3*, ceimiceoir *m3*
disperse *vt, vi* scaip
display *n* (*also* COMPUT) taispeántas *m1*; (*of anger etc*) ligean *m1* amach ♦ *vt* taispeáin; (*goods*) taispeáin, cuir ar taispeáint; (*results, departure times*) cuir suas, cuir ar taispeáint; (*pej*) taispeáin, déan gaisce as
displease *vt*: **it displeased me greatly** chuir sé an-mhíshásamh *or* an-diomú orm
displeasure *n* diomú *m4*, míshásamh *m1*, míshástacht *f3*, olc *m1*
disposable *adj* (*pack etc*) indiúscartha; (*income*) inchaite
disposal *n* (*of goods, property*) díol *m3*, cur *m1* de lámh; (*of rubbish*) diúscairt *f3*; **to have sth at one's disposal** rud a bheith faoi do réir agat
disposed *adj*: **to be disposed to do sth** claonadh a bheith agat rud a dhéanamh
dispose of *vt fus* (*unwanted goods etc*) cuir díot, faigh réidh le; (*problem*) réitigh
disposition *n* méin *f2*
disproportionate *adj* díréireach, éaguimseach
disprove *vt* bréagnaigh, díchruthaigh
dispute *n* conspóid *f2*, argóint *f2*; (*also*: **industrial dispute**) díospóid *f2* thionsclaíoch ♦ *vt* déan argóint faoi, cuir in aghaidh + *gen*
disqualify *vt* (SPORT) dícháiligh; **to disqualify sb for sth/from doing sth** duine a dhícháiliú as rud a dhéanamh/ó rud a dhéanamh
disquiet *n* míshuaimhneas *m1*
disregard *vt* déan neamhshuim de
disreputable *adj* míchlúiteach, mí-iomráiteach
disrespectful *adj* dímheasúil, easurramach
disrupt *vt* (*interrupt*) bris isteach ar; (*disturb*) cuir isteach ar
disruption *n* briseadh *m*, cur *m1* isteach
dissatisfied *adj*: **dissatisfied (with)** diomúch (de), míshásta (le)
dissent *n* easaontas *m1*
dissertation *n* tráchtas *m1*
disservice *n*: **to do sb a disservice** míghar *m1* a dhéanamh do dhuine
dissimilar *adj* éagsúil, difriúil

dissipate *vt* (*money*) diomail, scaip
dissipated *adj* (*wasted*) scaipthe; (*debauched*) drabhlásach
dissociate *vt*: **to dissociate o.s. from sth** tú féin a dhealú ó rud
dissolute *adj* réiciúil, ainrianta
dissolve *vt* tuaslaig, díscaoil ♦ *vi* leáigh; (*partnership*) díscaoil; **she dissolved in(to) tears** bhris a gol uirthi
dissuade *vt*: **to dissuade sb from doing sth** duine a chur ó rud a dhéanamh
distance *n* achar *m1*, fad *m1*; **in the distance** i bhfad uait, i gcéin
distant *adj* i bhfad ar shiúl, imigéiniúil; (*manner*) leithleach
distaste *n* drochbhlas *m1*
distasteful *adj* déistineach
distil *vt* driog
distillery *n* drioglann *f2*; (*small*) teach *m* stiléireachta
distinct *adj* (*separate*) leithleach, ar leith; (*clear*) soiléir; **as distinct from** ní hionann is
distinction *n* idirdhealú *m*; (*honour, merit*) céimíocht *f3*, gradam *m1*
distinctive *adj* sainiúil
distinguish *vt* (*identify*) sonraigh, aithin; **to distinguish one thing from another** rud a idirdhealú ó rud eile; **to distinguish between X and Y** idirdhealú a dhéanamh ar X agus Y; **to distinguish o.s.** clú a thabhú duit féin
distinguished *adj* (*eminent*) oirirc, céimiúil
distinguishing *adj* (*feature*) sainiúil
distort *vt* (*argument etc*) cuir as a riocht; (*picture, sound etc*) saobh, díchum
distract *vt*: **to distract sb** *or* **distract sb's attention from** iúl duine a thógáil de, aigne duine a bhaint de
distracted *adj* ar mearaí; (*anxious*) i mbarr do chéille
distraction *n* (*diversion*) caitheamh *m1* aimsire; (*nuisance*) crá *m4* croí
distraught *adj* i mbarr do chéille
distress *n* broid *f2*, anacair *f3*; (*suffering*) crá *m4*, pian *f2* ♦ *vt* cráigh; **distress signal** comhartha guaise
distressing *adj* coscrach, corraitheach
distribute *vt* dáil, riar, roinn
distribution *n* dáileadh *m*, riar *m4*, roinnt *f2*
distributor *n* dáileoir *m3*
district *n* (*of country*) ceantar *m1*, dúiche *f4*; (*of town*) ceantar *m1*
district attorney (*US*) *n* aturnae *m4* dúiche
distrust *n* drochmhuinín *f2*, drochamhras *m1* ♦ *vt*: **to distrust sb** drochmhuinín a bheith agat as duine
disturb *vt* cuir isteach ar, corraigh; (*inconvenience*) cuir as do
disturbance *n* (*emotional*) anbhuain *f2*; (*interruption*) coiscriú *m*; (*fracas*) griolsa *m4*
disturbed *adj* (*worried, upset*) corraithe, suaite
disturbing *adj* suaiteach
disuse *n* léig *f2*; **to fall into disuse** dul i léig, dul as feidhm
disused *adj* i léig, as feidhm
ditch *n* díog *f2*; (*irrigation*) clais *f2* ♦ *vt* tabhair suas; (*person*) fág, cuir díot
dither *vi* bheith ann as, bheith ag braiteoireacht *or* ag moilleadóireacht
ditto *adv* (an rud) céanna
divan *n* dibheán *m1*
dive *n* onfais *f2*; (*of submarine*) tumadh *m* ♦ *vi* tum; **to dive into** (*bag, drawer etc*) sá a thabhairt i; (*shop, car etc*) scinneadh isteach i
diver *n* tumadóir *m3*
diverge *vi* scar, eisréimnigh
diverse *adj* (*distinct*) éagsúil; (*assorted*) ilghnéitheach
diversion *n* (*MIL*) claonadh *m*; (*AUT*) atreorú *m*
divert *vt* atreoraigh; **to divert sb's attention from sth** iúl duine a thógáil de rud
divide *vt, vi* roinn
divided highway (*US*) *n* mótarbhealach *m1*
dividend *n* díbhinn *f2*
divine *adj* (*godlike*) diaga; (*beautiful*) sár-álainn

diving *n* tumadóireacht *f3*
diving board *n* clár *m1* tumadóireachta
division *n* (*split*) deighilt *f2*, scoilt *f2*; (MATH) roinnt *f2*; (*department*) roinn *f2*; (*section*) rannóg *f2*
divorce *n* colscaradh *m*, idirscaradh *m* ♦ *vt*: **to divorce sb** idirscaradh ó dhuine; **to divorce one thing from another** rud a dhealú ó rud eile; **to get divorced** idirscaradh
divorced *adj* colscartha, idirscartha
divorcee *n* duine *m4* colscartha *or* idirscartha
divulge *vt* sceith, scil
dizzy *adj*: **to feel dizzy** meadhar a bheith ionat; **to make sb dizzy** meadhar a chur i nduine
DJ *n abbr* = **disc jockey**

KEYWORD

do *n* (*inf*: *party etc*) cóisir *f2*, féasta *m4*
♦ *vb* 1 (*in negative constructions*): **I don't understand** ní thuigim
2 (*to form questions*): **didn't you know?** nach raibh a fhios agat?; **why didn't you come?** cén fáth nár tháinig tú?
3 (*for emphasis, in polite expressions*): **she does seem rather late** nach déanach atá sí; **do sit down/help yourself** bí i do shuí/tarraing ort
4 (*used to avoid repeating vb*): **she swims better than I do** is fearr an snámh atá aicise ná atá agamsa; **do you agree? - yes, I do/no, I don't** an aontaíonn tú? - aontaím/ní aontaím; **she lives in Glasgow - so do I** tá sí ina cónaí i nGlaschú - tá agus mise; **who broke it? - I did** cé a bhris é? - mise
5 (*in question tags*): **he laughed, didn't he?** rinne sé gáire, nach ndearna?; **I don't know him, do I?** níl aithne agam air, an bhfuil?
♦ *vt* (*gen*: *carry out, perform etc*) déan; **what are you doing tonight?** cad é atá tú a dhéanamh anocht?, céard atá ar siúl agat anocht?; **to do the cooking** an chócaireacht a dhéanamh; **to do the washing-up** na soithí a ní; **to do one's teeth** do chuid fiacla a scuabadh; **to do one's hair** do chuid gruaige a chóiriú; **to do one's nails** do chuid ingne a ghearradh; **the car was doing 100** bhí an carr ag déanamh 100 míle san uair
♦ *vi* 1 (*act, behave*): **do as I do** déan mar a dhéanaimse
2 (*get on, fare*): **to do well** déanamh go maith *or* cruthú go maith; **the firm is doing well** tá an comhlacht ag cruthú go maith, tá ag éirí go maith leis an gcomhlacht; **how do you do?** cad é mar atá tú?, cén chaoi a bhfuil tú?, conas atá tú?
3 (*suit*) déan cúis; **will it do?** an ndéanfaidh sé cúis?
4 (*be sufficient*) is leor, déanann cúis; **will £10 do?** an leor deich bpunt?; **that'll do** déanfaidh sin cúis; **that'll do!** (*in annoyance*) is leor sin anois!; **to make do (with)** teacht le; **we'll have to make do with it** caithfimid teacht leis
▸ **do away with** *vt fus* cuir deireadh le
▸ **do up** (*laces*) ceangail; (*button*) dún; (*renovate*: *room, house etc*) deisigh, cóirigh, cuir bail ar
▸ **do with** *vt fus* (*need*): **I could do with a drink** ní dhéanfadh deoch aon dochar; (*be connected*): **that has nothing to do with you** ní bhaineann sin leatsa; **I won't have anything to do with it** ní bheidh aon bhaint agam leis
▸ **do without** *vi* tar gan ♦ *vt fus*: **we couldn't do without him** ní thiocfadh linn teacht gan é

dock *n* duga *m4*; (LAW) gabhann *m1* ♦ *vi* (*ship*) tar chun cé; (SPACE) tar chun glais
docket *n* duillín *m4*
dockyard *n* longlann *f2*
doctor *n* (MED, *PhD*) dochtúir *m3* ♦ *vt* (*drink*) truailligh, cuir rud i
document *n* cáipéis *f2*, doiciméad *m1* ♦ *vt* (*also* COMPUT) doiciméadaigh
documentary *adj* faisnéiseach; (*bill*) doiciméadach ♦ *n* clár *m1* faisnéise
doddery *adj* (*unsteady*) cróilí a bheith ionat; (*head*) creathach

dodge *n* (*trick*) cleas *m1* • *vt* (*missile*) seachain; (*tax etc*) seachain, éalaigh ó
doe *n* (*deer*) eilit *f2*; (*rabbit*) coinín *m4* baineann
dog *n* madra *m4*, gadhar *m1* • *vt*: **to dog sb** (*hang on to*) bheith crochta as duine; **he's been dogged by ...** tá sé cráite ag ...; **they were dogged by ill fortune** bhí an mí-ádh ag siúl leo
dog collar *n* coiléar *m1* madra; (*REL*) coiléar *m1* sagairt, bóna *m4* bán
dogged *adj* righin, buanseasmhach, dígeanta
doldrums *npl*: **to be in the doldrums** bheith i ndroim dubhach
dole *n* (*payment*) dól *m1*; **to be on the dole** bheith ar an dól
doll, dolly *n* bábóg *f2*
dollar *n* dollar *m1*
dolphin *n* deilf *f2*
dome *n* cruinneachán *m1*
domestic *adj* (*of country*: *trade, situation etc*) intíre; (*animal*) clóis; **domestic chores** obair *fsg2* tí
domesticated *adj* ceansaithe
domicile *n* áitreabh *m1*, teach *m* cónaithe; (*LAW*) sainchónaí *m*
dominant *adj* ceannasach
dominate *vt* (*control*) bheith i gceannas ar; (*be overbearing*) smachtaigh
domineering *adj* tiarnúil
dominion *n* (*territory*) críoch *f2*; **to have dominion over** ceannas a bheith agat ar
domino *n* dúradán *m1*; **dominoes** *n* dúradáin *mpl1*
don *n* léachtóir *m3* ollscoile
donate *vt* bronn
Donegal *n* Dún *m* na nGall, Tír *f* Chonaill
donkey *n* asal *m1*
donor *n* (*of blood etc*) deontóir *m3*; (*to charity*) bronntóir *m3*
donor card *n* cárta *m4* deontóra
donut (*US*) *n* taoschnó *m4*
doom *n* míchinniúint *f3* • *vt*: **he is doomed (to failure)** níl aon rath i ndán dó
door *n* doras *m1*
doorbell *n* cloigín *m4* (an) dorais
doorstep *n* leac *f2* (an) dorais
doorway *n* doras *m1*
dope *n* (*inf*: *drugs*) drugaí *mpl4*; (: *idiot*) bómán *m1* • *vt* (*horse etc*) drugáil
dormant *adj* (*volcano*) suanach
dormitory *n* suanlios *m3*, dórtúr *m1*
dormitory town *n* baile *m4* dórtúir
dormouse *n* dallóg *f2* fhéir, luch *f2* chodlamáin
dosage *n* dáileog *f2*, miosúr *m1*
dose *n* dáileog *f2* • *vt* tabhair druga do
dossier *n* foireann *f2* cáipéisí, comhad *m1*
dot *n* ponc *m1*, pointe *m4*; (*on material*) ball *m1* breac • *vt*: **dotted with** breac le; **he came at ten on the dot** tháinig sé ar bhuille a deich
dote on *vt*: **to dote on sb** bheith leáite anuas ar dhuine
dot matrix printer *n* (*COMPUT*) printéir *m3* poncmhaitríse
double *adj* dúbailte • *adv*: **to cost double** a dhá oiread a bheith ar rud • *n* scáil *f2*, taise *f4* • *vt, vi* dúbail; **doubles** *n* (*TENNIS*) cluiche *m4* ceathrair; **at the double** go tiubh téirimeach; (*MIL*) ar sodar
double bass *n* olldord *m1*
double bed *n* leaba *f* dhúbailte
double-cross *vt* déan feall ar
double-decker *n* bus *m4* dhá urlár
double density *n* (*COMPUT*) dédhlús *m1*
double glazing *n* gloiniú *m* dúbáilte, déghloiniú *m*
double room *n* seomra *m4* dúbailte
doubt *n* amhras *m1*, dabht *m4* • *vt* bheith in amhras ar; **to doubt that ...** bheith in amhras go ...
doubtful *adj* amhrasach
doubtless *adv* gan amhras, gan dabht
dough *n* taos *m1*; (*inf*: *cash*) iarann *m1*
doughnut, (*US*) **donut** *n* taoschnó *m4*
dove *n* colm *m1*
Dover *n* Dobhar *m1*
Down *n* an Dún *m1*
down *n* (*soft feathers*) clúmh *m1* • *adv* thíos; (*motion*) síos; (*from above*) anuas; (*on the ground*) thíos, ar lár • *prep* síos • *vt* (*inf*: *drink, food*) slog siar; **down with the government!** síos leis an rialtas!

down-and-out *adj* ar an trá fholamh ♦ *n* bacach *m1* bóthair
downcast *adj* díomách
downfall *n* (*of dictator etc*) turnamh *m1*; **drink will be his downfall** is é an t-ól a dhéanfaidh a chabhóg
downhearted *adj* tromchroíoch, domheanmnach
downhill *adv*: **to go downhill** dul le fána; (*fig*) bheith ag meath
download *vt* íoslódáil
downpour *n* bailc *f2*, doirteadh *m* fearthainne
downright *adj* (*refusal*) glan, scun scan; **a downright lie** deargéitheach
downstairs *adv* thíos (an) staighre; (*motion*) dul síos (an) staighre
downstream *adv* síos an abhainn
down-to-earth *adj* siosmaideach
downtown *adv* i lár na cathrach
down under *adv* san Astráil
downward(s) *adj, adv* síos; (*from above*) anuas; **face downwards** béal faoi
doze *vi* néal a chodladh ♦ *n* sámhán *m1*
▸ **doze off** *vi*: **she dozed off** thit a néal uirthi
dozen *n* dosaen *m4*; **a dozen books** dosaen leabhar; **dozens of** cuid mhór + *gen*
DP *n abbr of* **data processing**
Dr *abbr* = **doctor**; **drive**
drab *adj* (*colourless*) lachna; (*dull*) leamh
draft *n* (*also* COMM) dréacht *m3*; (*US*: *call-up*) coinscríobh *m* ♦ *vt* dréachtaigh
drag *vt* tarraing, srac; (*river*) saibhseáil ♦ *vi* tarraing, slaod ♦ *n* (*inf*) strambán *m1*, leadrán *m1*; (*women's clothing*): **in drag** faoi éadaí ban
▸ **drag on** *vi* téigh chun leadráin
dragon *n* dragan *m1*
dragonfly *n* snáthaid *f2* mhór
drain *n* draein *f*; (*ditch, trench*) díog *f2*, clais *f2*; (*on resources*) ídiú *m*, dísciú *m* ♦ *vt* (*land, marshes etc*) taosc, sil; (*vegetables*) sil; (*glass*) diúg ♦ *vi* (*blood*) sil
drainage *n* draenáil *f3*, taoscadh *m*
draining board, (*US*)**drain board** *n* clár *m1* silte
drainpipe *n* gáitéar *m1*
drama *n* (THEAT) drámaíocht *f3*; **a drama** dráma *m4*; (*fig*) seó *m4*
drama school *n* scoil *f2* drámaíochta
drama student *n* mac *m1* léinn drámaíochta
dramatic *adj* drámata; (*moving, exciting*) corraitheach; (*striking*) suntasach, sonraíoch; (*sudden*) tobann
dramatist *n* drámadóir *m3*
drapes (*US*) *npl* cuirtíní *mpl4*
drastic *adj* (*changes*) bunúsach; (*measures*) dian
draught, (*US*)**draft** *n* (*wind*) siorradh *m1*, séideadh *m*; (*in doorway etc.*) siorradh isteach, séideadh isteach; (*from chimney*) séideadh anuas, cur *m1* anuas; (NAUT) snámh *m3*; **on draught** (*beer*) ar na bairillí; **draught beer** beoir bhairille
draughtboard *n* clár *m1* táiplise (bige)
draughts *n* táiplis *f2* (bheag)
draughty, (*US*)**drafty** *adj*: **it's a bit draughty in here** tá siorradh beag isteach ann
draw *vt* tarraing; (*tooth*) tarraing, stoith; (*comparison, distinction*) déan; (*conclusion*) bain as; (*tear from*) bain as ♦ *vi* (SPORT): **they drew 1-1** chríochnaigh siad ar chomhscór 1-1 ♦ *n* (SPORT) comhscór *m1*; (*lottery*) crannchur *m1*; **draw near** druid le
▸ **draw out** *vt* (*money*) tarraing as; (*lengthen*) bain fad as, cuir chun leadráin
▸ **draw up** *vi* (*stop*) stad ♦ *vt* (*chair*) tarraing chugat *or* ort; (*document*) dréachtaigh
drawback *n* (*hindrance*) míbhuntáiste *m4*
drawbridge *n* droichead *m1* tógála
drawer *n* tarraiceán *m1*; (*person*) línitheoir *m3*
drawing *n* líníocht *f3*
drawing board *n* clár *m1* líníochta
drawing pin *n* tacóid *f2* ordóige
drawing room *n* seomra *m4* suí
dread *n* scáth *m3*, imeagla *f4* ♦ *vt*: **to dread sb/sth** eagla do chraicinn a bheith ort roimh dhuine/rud
dreadful *adj* uafar, uafásach, scáfar

dream *n* brionglóid *f2*, taibhreamh *m1* ♦ *vi, vt*: **to dream of sth** brionglóid a bheith agat ar rud; (*envisage*): **I dreamt that** taibhríodh dom go; **I had a dream** rinneadh taibhreamh dom, rinne mé brionglóid
dreamy *adj* taibhriúil, aislingeach
dreary *adj* (*bleak*) dearóil; (*gloomy*) gruama, duairc; (*tedious, boring*) leadránach; (*lonely*) uaigneach
dregs *npl* deasca *m4*, dríodar *msg1*
drench *vt* báigh, fliuch, folc
drenched *adj* ar maos, báite
drenching *n* fliuchadh *m*, folcadh *m*
dress *n* gúna *m4*; (*clothing*) éadach *m1*, feisteas *m1* ♦ *vi*: **to dress** do chuid éadaigh a chur ort ♦ *vt* cóirigh, gléas, feistigh; (MED) cóirigh; **to get dressed** do chuid éadaigh a chur ort
▸ **dress up** *vi*: **to dress up** tú féin a chóiriú
dresser *n* (*furniture*) drisiúr *m1*
dressing *n* (MED) cóiriú *m*; (CULIN) anlann *m1*, blastán *m1*
dressing gown *n* fallaing *f2* sheomra
dressing table *n* clár *m1* maisiúcháin
dress rehearsal *n* réamhléiriú *m* feistithe
dried *adj* (*fruit*) tíortha; (*milk*) triomaithe
drier *n* triomadóir *m3*
drift *n* (*of current etc*) treo *m4*; (*of snow*) ráth *m3*, muc *f2*; (*sense*) éirim *f2* ♦ *vi* (*boat*) téigh le sruth; (*snow*) síob; **to let things drift** do mhaidí a ligean le sruth
drill *n* (*tool*) druilire *m4*, druil *f2* ♦ *vt, vi* druileáil
drink *n* deoch *f*; (*alcoholic*) deoch (mheisciúil), ól *m1*, ólachán *m1* ♦ *vt, vi* ól; **to have a drink** deoch a ól; **a drink of water** deoch uisce
drinker *n* óltóir *m3*, pótaire *m4*
drinking water *n* uisce *m4* inólta
drip *n* braon *m1*, sileadh *m1*; (MED) sileadh *m1* ♦ *vi* sil; **to be dripping wet** bheith i do líbín báite
drip-dry *vt* siltriomaigh
dripping *n* geir *f2* rósta
drive *n* tiomáint *f3*; (*also*: **driveway**) cabhsa *m4*; (*energy*) fuinneamh *m1*; (*push*) feachtas *m1*; (COMPUT: *also*: **disk drive**) tiomáint *f3* ♦ *vt* tiomáin; (*nail*): **to drive sth into sth** rud a thiomáint i rud ♦ *vi* (AUT) tiomáin; **left-hand drive** tiomáint tuathail; **to drive sb mad** duine a chur as a mheabhair; **to drive sb home/to the airport** duine a thiomáint abhaile/chuig an aerfort
drivel (*inf*) *n* raiméis *f2*, seafóid *f2*
driver *n* tiománaí *m4*
driver's license (US) *n* ceadúnas *m1* tiomána
driveway *n* cabhsa *m4*
driving *n* tiomáint *f3*
driving lesson *n* ceacht *m3* tiomána
driving licence *n* ceadúnas *m1* tiomána
driving test *n* triail *f* tiomána
drizzle *n* brádán *m1*, ceobhrán *m1* ♦ *vi* bheith ceobhránach *or* ag brádán
drone *n* (*sound*) crónán *m1*, dordán *m1*; (*bee*) ladrann *m1*
droop *vi* (*shoulders*) crom; (*head*) crom, claon; (*flower*) sleabhac, crom, claon
drop *n* deoir *f2*, braon *m1*; (*fall*) titim *f2*; (*also*: **parachute drop**) léim *f2* pharaisiúit ♦ *vt* lig titim, lig síos; (*voice, eyes, price*) ísligh; (*set down from car*) fág; (*hint*) tabhair ♦ *vi* tit; **drop in** *or* **by** (*visit*) buail isteach; **drops** *npl* (MED) deora *fpl2*
▸ **drop off** *vi* (*sleep*) tit thart ♦ *vt* (*passenger*) fág
▸ **drop out** *vi* (*of contest*) éirigh as
droppings *npl* (*drops*) deora *fpl2*; (*of manure*) titimíní *mpl4*
drought *n* triomach *m1*
drove *n*: **droves of people** na sluaite
drown *vt, vi* báigh
drowsy *adj* codlatach; **to feel drowsy** codladh a bheith ort
drug *n* druga *m4* ♦ *vt* drugáil; **to be on drugs** bheith ar drugaí
drug addict *n* andúileach *m1* drugaí
drug dealer *n* mangaire *m4* drugaí, díoltóir *m3* drugaí
druggist (US) *n* drugadóir *m3*
drugs test *n* triail *f* drugaí
drugstore (US) *n* druglann *f2*
drum *n* druma *m4*
drummer *n* drumadóir *m3*

drunk *adj* ólta, ar meisce ♦ *n* (*also*: **drunkard**) meisceoir *m3*, pótaire *m4*, druncaeir *m3*
drunken *adj* (*person*) ólta; (*rage, stupor*) meisciúil
dry *adj* tirim; (*humour*) tur; (*well*) tirim, tráite ♦ *vt, vi* triomaigh
▸ **dry up** *vi* triomaigh; (*well*) tráigh, téigh i ndísc; (*plant*) searg ♦ *vt*: **to dry up the dishes** na soithí a thriomú
dry-clean *vt* tirimghlan
dry-cleaning *n* tirimghlanadh *m*
dryer *n* triomadóir *m3*
dryness *n* triomacht *f3*
dual *adj* déach, dúbailte, dé-
dual carriageway *n* carrbhealach *m1* dúbailte
dubbed *adj* (CINE): **the film was dubbed** cuireadh fuaimrian leis an scannán
dubious *adj* amhrasach, éiginnte
Dublin *n* Baile *m4* Átha Cliath
Dublin Bay *n* Cuan *m1* Bhaile Átha Cliath
duchess *n* bandiúc *m1*
duck *n* lacha *f* ♦ *vi* crom go tapa
dud *n*: **it's a dud** tá sé gan mhaith ♦ *adj*: **dud cheque** seic gan mhaith
due *adj* (*expected*) le teacht; (*fitting*) cóir, dleachtach ♦ *n*: **to give sb his/her due** a cheart/a ceart a thabhairt do dhuine ♦ *adv*: **due north** ó thuaidh díreach; **dues** *npl* (*for club, union*) táillí *fpl4* ballraíochta; (*in harbour*) dleachtanna *mpl3*; **in due course** in am is i dtráth; **due to** de bharr + *gen*, de dheasca + *gen*; **he's due to finish tomorrow** tá sé le críochnú amárach; **the train is due at three** tá an traein le teacht ar a trí
duet *n* díséad *m1*
duke *n* diúc *m1*
dull *adj* leadránach, leamh; (*boring*) strambánach, leadránach, tur; (*sound, pain*) marbh; (*weather, day*) gruama, smúitiúil; (*fire*) marbhánta ♦ *vt* (*pain, grief, mind, etc*) maolaigh
dulse *n* (*also*: **dulse seaweed**) duileasc *m1*
duly *adv* (*on time*) go tráthúil, in am; (*as expected*) mar is cóir, (go) cuí
dumb *adj* balbh; (*stupid*) bómánta
dummy *n* (*tailor's*) riochtán *m1*; (*baby's*) gobán *m1* ♦ *adj* bréag-, bréige *n gen*
dump *n* (*also*: **rubbish dump**) láithreán *m1* fuílligh; (*pej*: *place*) prochóg *f2* ♦ *vt* (*put down*) caith amach, fág; (*get rid of*) dumpáil, caith uait; (COMPUT) dumpáil
dumpling *n* domplagán *m1*, úllagán *m1*
dunce *n* bómán *m1*, dallarán *m1*
dung *n* cac *m3*, aoileach *m1*, bualtrach *f2*
dungarees *npl* bríste *msg4* dungaraí
dungeon *n* doinsiún *m1*
duplex (US) *n* árasán *m1* dhá urlár
duplicate *n* dúblach *m1*, macasamhail *f3* ♦ *vt* cóipeáil, déan cóip de; (*on machine*) cóipeáil, ilchóipeáil; **in duplicate** dhá chóip de
durable *adj* buanfasach, fadsaolach
duration *n* fad *m1*, achar *m1*, feadh *m3*
during *prep* i rith + *gen*, le linn + *gen*, i gcaitheamh + *gen*, ar feadh + *gen*
dusk *n* clapsholas *m1*, crónú *m*
dust *n* deannach *m1*, smúit *f2* ♦ *vt* dustáil, glan an deannach de
dustbin *n* bosca *m4* bruscair
duster *n* ceirt *f2* deannaigh
dusty *adj* deannachúil, smúrach
Dutch *adj* Ollannach, Dúitseach ♦ *n* (LING) Ollainnis *f2* ♦ *adv* (*inf*): **to go Dutch** an bille a roinnt; **the Dutch** *npl* na hOllannaigh *mpl1*
duty *n* dualgas *m1*, cúram *m1*; (*tax*) dleacht *f3*; **on duty** ar dualgas, ar diúité; **off duty** saor
duvet *n* fannchlúmhán *m1*
dwarf *n* abhac *m1*, draoidín *m4* ♦ *vt* crandaigh, cuir cuma bheag bhídeach ar
dwell *vi*: **to dwell at** bheith i do chónaí i ♦ *vt fus*: **to dwell on sth** seanbhailéad a dhéanamh de rud
dwelling *n* áit *f2* chónaithe
dwindle *vi* laghdaigh
dye *n* dath *m3* ♦ *vt* dathaigh
dynamic *adj* bríomhar
dynamite *n* dinimít *f2*
dynamo *n* dineamó *m4*
dysentry *n* dinnireacht *f3*
dyslexia *n* disléicse *f4*

E

E *n* (*MUS*) E *m4*
each *adj* gach, gach aon ♦ *pron* gach aon; **each other** a chéile; **they hate each other** is fuath leo a chéile; **you are jealous of each other** tá éad oraibh lena chéile; **they have two books each** tá dhá leabhar an duine acu
eager *adj* (*keen*) díocasach, cíocrach, fonnmhar; **to be eager to do sth** bheith ar bior chun rud a dhéanamh, fonn mór a bheith ort rud a dhéanamh; **to be eager for sth** bheith scafa chun ruda, fonn ruda a bheith ort
eagle *n* iolar *m1*
ear *n* cluas *f2*; (*of corn*) dias *f2*
earache *n* tinneas *m1* cluaise
eardrum *n* tiompán *m1* cluaise
earl *n* iarla *m4*
earlier *adj* níos luaithe ♦ *adv* roimhe seo, ar ball, níos luaithe
early *adv* go luath; (*morning*) go moch, go luath; (*near the beginning*) i dtús + *gen*, i dtosach + *gen* ♦ *adj* luath; (*morning*) luath, moch; (*settler, Christian*) tosaigh *n gen*; (*death*) óg; **to have an early night** dul a luí go luath; **in the early** *or* **early in the spring/19th century** i dtús an Earraigh/an naoú haois déag
early retirement *n*: **to take early retirement** scor a ghlacadh go luath, éirí as do phost go luath
earmark *vt*: **to earmark sth for** rud a chur i leataobh do *or* in áirithe do
earn *vt* tuill, gnóthaigh, saothraigh
earnest *adj* dáiríre; **in earnest** *adv* i ndáiríre
earnings *npl* pá *m4*, tuarastal *msg1*, saothrú *msg*, tuilleamh *msg1*
earphones *npl* cluasáin *mpl1*
earplugs *npl* plugaí *mpl4* cluaise
earring *n* fáinne *m4* cluaise
earth *n* (*soil*) talamh *m1 or f*, cré *f4*; (*planet*) an Domhan *m1*; (*ELEC*) talmhú *m* ♦ *vt* talmhaigh
earthenware *n* cré-earraí *mpl4*
earthquake *n* crith *m3* talún
earthy *adj* (*vulgar*: *humour*) graosta, gáirsiúil
earwig *n* gailseach *f2*
ease *n* sócúlacht *f3*; (*comfort*) compord *m1* ♦ *vt* (*soothe*) tabhair faoiseamh do; (*burden, pain*) maolaigh; **to ease sth in/out** rud a chur isteach/a bhaint amach go deas réidh; **at ease!** (*MIL*) ar áis!; **to feel at ease** bheith ar do shuaimhneas
▸ **ease off** *vi* maolaigh ar; (*slow down*) maolaigh; **I eased off** mhaolaigh mé an luas
easily *adv* go héasca, go furasta
east *n* oirthear *m1* ♦ *adj* oirthearach; (*wind*) anoir; (*side*) thoir ♦ *adv* (*in*) thoir; (*towards*) soir; (*from*) anoir; **the East** an tOirthear *m1*; **east of** taobh thoir de
Easter *n* Cáisc *f3*; **Easter Sunday** Domhnach *m1* Cásca
Easter egg *n* ubh *f2* Chásca
easterly *adj* (*wind*) anoir; (*point*) thoir
eastern *adj* oirthearach, thoir; **Eastern Europe** Oirthear *m1* na hEorpa
eastward(s) *adv* soir
easy *adj* furasta, éasca; (*comfortable, peaceful*) socair, suaimhneach; (*carefree*: *of life*) bog, réidh; (*easy going*) réidh ♦ *adv*: **to take it** *or* **things easy** é *or* rudaí a ghlacadh go réidh, bheith ar do shuaimhneas
easy-going *adj* réchúiseach, sochma
eat *vt* ith, déan do chuid ♦ *vi* ith, caith
ebb *n* trá *m4* ♦ *vi* tráigh; (*fig*: *also*: **ebb away**) síothlaigh; **the tide is ebbing** tá sé ag trá
ebony *n* éabann *m1*
EC *n abbr* (= *European Community*) Comhphobal *m1* Eorpach
eccentric *adj* ait, aisteach, corr ♦ *n* duine *m4* corr, éan *m1* corr, mac *m1* barrúil
ecclesiastical *adj* eaglasta

echo *n* macalla *m4*♦ *vt* (*cause to*) bain macalla as♦ *vi* déan macalla
eclipse *n* urú *m*
ecology *n* éiceolaíocht *f3*
economic *adj* eacnamúil, eacnamaíoch; (*business etc*) sóchmhainneach
economical *adj* eacnamaíoch; (*person*) coigilteach, spárálach, barainneach
economics *n* eacnamaíocht *f3*♦ *npl* (*of project, situation*) taobh *m1* an airgid de
economist *n* eacnamaí *m4*
economize *vi* coigil, spáráil
economy *n* eacnamaíocht *f3*, geilleagar *m1*; (*thrift*) coigilteas *m1*
ecosystem *n* éiceachóras *m1*
ecstasy *n* eacstais *f2*, sceitimíní *pl*, lúcháir *f2* an tsaoil
ecstatic *adj* eacstaiseach; **she was ecstatic** bhí sceitimíní uirthi, bhí lúcháir an tsaoil uirthi
ECU *n abbr* (= *European Currency Unit*) ECU
Ecuador *n* Eacuadór *m4*
eczema *n* eachma *f4*
edge *n* imeall *m1*, bruach *m1*, ciumhais *f2*; (*of knife etc*) faobhar *m1*; (*of road, ridge*) grua *f4*; (*edging*: *of cloth*) ciumhais ♦ *vt* (*cloth*) cuir ciumhais le; (*knife etc*) cuir faobhar ar; **on edge** (*fig*) ar bior; **to edge away from** druidim amach ó
edgy *adj* faoi chearthaí, corrthónach
edible *adj* inite
Edinburgh *n* Dún *m* Éideann
edit *vt* (*text, book*) cuir in eagar
edition *n* eagrán *m1*
editor *n* eagarthóir *m3*
editorial *n* eagarfhocal *m1*
EDP *n abbr* (= *electronic data processing*) próiseáil *f3* sonraí leictreonach
educate *vt* oil, múin
education *n* oideachas *m1*; (*studies*) léann *m1*, scolaíocht *f3*
educational *adj*: **educational policy/institution** polasaí/institiúid oideachais
eel *n* eascann *f2*
eerie *adj* diamhair, uaigneach
effect *n* éifeacht *f3*, toradh *m1*♦ *vt* feidhmigh, cuir i gcrích; **to take effect** (*law*) dul i bhfeidhm; **in effect** go fírinneach
effective *adj* éifeachtach; (*actual*) fíor-
effectively *adv* go héifeachtach, le héifeacht; (*in reality*) dáiríre, le fírinne
effectiveness *n* éifeacht *f3*
effeminate *adj* baineanda, piteogach
efficiency *n* éifeachtacht *f3*
efficient *adj* éifeachtach
effort *n* iarracht *f3*; **to make an effort to do sth** iarracht a thabhairt ar rud a dhéanamh
effortless *adj* gan saothar, gan stró
e.g. *adv abbr* (= *exempli gratia*) e.g., m.sh.
egg *n* ubh *f2*; **hard-/soft-boiled egg** ubh chruabhruite/bhogbhruite
eggcup *n* ubhchupán *m1*
eggplant *n* planda *m4* ubhthoraidh
ego *n* (*self-esteem*) féinspéis *f2*
egotist *n* féinspéisí *m4*
Egypt *n* an Éigipt *f2*
Egyptian *adj, n* Éigipteach *m1*
eiderdown *n* fannchlúmh *m1*
eight *num* ocht; **eight bottles** ocht mbuidéal; **eight people** ochtar *m1*
eighteen *num* ocht (gcinn) déag; **eighteen bottles** ocht mbuidéal déag; **eighteen people** ocht nduine dhéag
eighth *num* ochtú; **the eighth woman** an t-ochtú bean
eighty *num* ochtó
Eire *n* Éire *f*
either *pron* (*one or other of two*) ceachtar; **either of the two** (*people*) ceachtar den bheirt♦ *pron*: **either (of them)** ceachtar acu♦ *adv* ach oiread♦ *conj*: **either good or bad** maith nó olc; **either that or** sin nó; **on either side** ar gach aon taobh, ar an dá thaobh; **I don't like either** ní maith liom ceachtar acu
eject *vt* caith amach
elaborate *adj* (*thorough*) críochnúil; (*complex*) casta; (*of inspection*) mion; (*of style*) greanta, saothraithe♦ *vt* léirigh go mion♦ *vi*: **to elaborate (on)** cur le, forbairt a dhéanamh ar
elapse *vi* (*of time*) imigh (thart)

elastic *adj* leaisteach; (*fig*) sobhogtha, solúbtha ♦ *n* leaistic *f2*
elastic band *n* crios *m3* leaisteach
Elastoplast ® *n* Elastoplast *m4*
elated *adj* scleondrach, meidhreach, lúcháireach
elation *n* scleondar *m1*, meidhir *f2*, lúcháir *f2*
elbow *n* uillinn *f2*
elder *adj*: **the elder of the twins** an duine is sine den chúpla, an leathchúpla is sine ♦ *n* (*tree*) trom *m1*; (*of tribe etc*) seanóir *m3*, sinsear *m1*
elderly *adj* cnagaosta ♦ *npl*: **the elderly** na seandaoine *mpl4*
eldest *adj, n*: **the eldest (child)** (an páiste) is sine
elect *vt* togh ♦ *adj*: **the president elect** an t-uachtarán tofa; **to elect to do sth** socrú *or* cinneadh ar rud a dhéanamh
election *n* toghchán *m1*, toghadh *m*
electorate *n* toghthóirí *mpl3*
electric *adj* leictreach
electrical *adj* leictreach
electrical cooker *n* cócaireán *m1* leictreach
electrical current *n* sruth *m3* leictreach
electric blanket *n* blaincéad *m1* leictreach
electric fire *n* tine *f4* leictreach
electrician *n* leictreoir *m3*
electricity *n* leictreachas *m1*
electrocute *vt* maraigh le leictreachas
electrode *n* leictreoid *f2*
electronic *adj* leictreonach
electronic mail *n* (COMPUT) post *m1* leictreonach
electronics *n* leictreonaic *f2*
elegant *adj* maisiúil, galánta, cuanna, fíneálta
element *n* dúil *f2*; (*of heater, kettle etc*) eilimint *f2*
elementary *adj* bunúsach, bun-; **elementary school/education** bunscoil *f2*/bunoideachas *m1*
elephant *n* eilifint *f2*
elevate *vt* ardaigh, tóg
elevation *n* (*raising*) ardú *m*; (*promotion*) ardú céime; (*height*) airde *f4*
elevator *n* ardaitheoir *m3*
eleven *num* aon déag; **eleven bottles** aon bhuidéal déag; **eleven people** aon duine dhéag
eleventh *num*: **the eleventh woman** an t-aonú bean déag
elicit *vt* bain as; **to elicit information from sb** faisnéis a bhaint as duine
eligible *adj*: **to be eligible for sth** bheith i dteideal ruda; **to be eligible for a position** na cáilíochtaí a bheith agat do phost
eliminate *vt* (*remove*) díbir, cuir as; (*destroy*) díothaigh, cuir deireadh le
elm *n* leamhán *m1*
elongated *adj* fadaithe, sínte
elope *vi* éalaigh
elopement *n* éalú *m*
eloquent *adj* deaslabhartha, soilbhir; **an eloquent person** duine a bhfuil deis a labhartha aige
else *adv* eile; **something else** rud éigin eile; **somewhere else** áit éigin eile; **everywhere else** gach aon áit eile; **nobody else came** níor tháinig aon duine eile; **where else?** cén áit eile?
elsewhere *adv* (*be*) in áit eile; (*go*) go háit eile
elucidate *vt* léirigh, soiléirigh
elude *vt* éalaigh ó, seachain, téigh taobh anonn de, cuir cor ar
elusive *adj* doiligh a cheapadh, do-aimsithe; (*evasive*) seachantach; (*transitory*) díomuan
emaciated *adj* snoite, cnaíte, lagaithe
e-mail, email (COMPUT) *n* ríomhphost *m1* ♦ *vt*: **to e-mail sb** ríomhphost a chur chuig duine
emancipate *vt* fuascail, saor
embankment *n* (*of road, railway*) claífort *m1*; (*of river*) port *m1*
embargo *n* lánchosc *m1*
embark *vi* téigh ar bord; **to embark on** (*journey*) tabhair faoi, tosaigh ar; (*fig*) tosaigh ar
embarrass *vt* cuir aiféaltas *or* cotadh ar; (*make blush*) bain lasadh as; (*confuse*)

cuir trína chéile

embarrassed *adj*: **I'm embarrassed** tá aiféaltas *or* cotadh orm

embarrassing *adj*: **sth embarrassing** rud a chuireann aiféaltas ort

embarrassment *n* aiféaltas *m1*, cotadh *m1*

embassy *n* ambasáid *f2*

embed *vt* neadaigh

embedded *adj* neadaithe

embellish *vt* maisigh, ornáidigh

embers *npl* aibhleoga *fpl2*

embezzle *vt* cúigleáil

embitter *vt* cuir chun seirbhe, searbhaigh, cuir goimh i

emblem *n* comhartha *m4*

embody *vt* (*ideas*) tabhair cruth *or* foirm do, cuir i bhfriotal; (*incorporate*) cuir le chéile i

embrace *vt*: **to embrace sb** duine a theannadh le do chroí, barróg a bhreith ar dhuine; (*include*) cuir san áireamh ♦ *vi*: **they embraced** shnaidhm siad iad féin ina chéile ♦ *n* barróg *f2*

embroider *vt* bróidnigh; (*story*) cuir craiceann ar, dathaigh

embroidery *n* bróidnéireacht *f3*

embryo *n* suth *m3*, gin *f2*

emerald *n* (*stone*) smaragaid *f2*; **emerald green** glas *m1* smaragaide; **the Emerald Isle** Oileán *m1* Iathghlas na hÉireann

emerge *vi* (*surface*) tar as, éirigh as, éirigh ó; (*from room, car*) éirigh amach as; (*problem, etc.*) tar chun cinn; (*transpire*) dealraígh, tar chun solais

emergence *n* nochtadh *m*

emergency *n* éigeandáil *f3*, géarchéim *f2*; **in an emergency** ar uair na práinne; **emergency exit** doras éalaithe

emergency services *npl*: **the emergency services** (*fire, police, ambulance*) na seirbhísí *fpl2* éigeandála

emigrant *n* eisimirceach *m1*

emigrate *vi* téigh ar imirce

eminent *adj* (*distinguished*) céimiúil, cáiliúil

emissions *npl* astúcháin *mpl1*

emit *vt* (*heat, light*) cuir as; (*shout, roar*) lig asat; (*fumes*) déan; (*wind*) séid

emotion *n* mothúchán *m1*, mothú *m*

emotional *adj* corraitheach, tochtmhar, maoithneach

emotive *adj* (*sensitive, touchy*) íogair; (*stirring*) corraitheach

emperor *n* impire *m4*

emphasis *n* béim *f2*, treise *f4*

emphasize *vt* cuir béim ar

emphatic *adj* (*strong*) láidir; (*unambiguous, clear*) glan, soiléir, cinnte

emphatically *adv* le treise; (*clearly*) go glan soiléir, go cinnte

empire *n* impireacht *f3*

employ *vt* fostaigh; (*use*) bain feidhm as

employee *n* fostaí *m4*

employer *n* fostóir *m3*

employment *n* fostaíocht *f3*; **in employment** ag obair

employment centre *n* lárionad *m1* fostaíochta

empress *n* banimpire *m4*

emptiness *n* (*of area, region*) loime *f4*; (*of life*) díomhaointeas *m1*; (*vacuum*) folús *m1*

empty *adj* folamh; (*threat, promise*) gan cur leis ♦ *vt* folmhaigh; (*cup, glass*) diúg; (*barrel*) taosc ♦ *vi* folmhaigh

empty-handed *adj* de lámha folmha; **to leave empty-handed** imeacht mar a tháinig tú

EMU *n* = **European Monetary Union**

emulate *vt*: **to emulate sb/sth** aithris a dhéanamh ar dhuine/ar rud, duine/rud a bheith mar shampla agat

emulsion *n* eibhleacht *f3*

enable *vt*: **to enable sb to do sth** cur ar chumas duine rud a dhéanamh

enamel *n* cruan *m1*; (*also*: **enamel paint**) péint chruain

enamoured, enamored (*US*) *adj*: **to be enamoured of** dúil a bheith agat i

enchant *vt* cuir draíocht ar

enchanting *adj* draíochtach, mealltach

encircle *vt* téigh thart ar, ciorclaigh, timpeallaigh

encl. *abbr* = **enclosed**

enclose *vt* (*land*) fálaigh, cuir fál timpeall

ar; (*sheep*) loc; (*confine*: *in prison*) coinnigh; (*letter etc*): **to enclose (with)** cur isteach (le), cuir faoi iamh (le); **cheque enclosed** seic faoi iamh

enclosure *n* fál *m1*, clós *m1*

encore *excl* arís• *n* (*THEAT*) athghairm *f2*

encounter *n* teagmháil *f3*• *vt* cas ar, teagmhaigh le; **we encountered difficulties** bhí deacrachtaí againn, tháinig deacrachtaí sa bhealach orainn

encourage *vt* (*embolden*) tabhair misneach *or* uchtach do; (*inspire, stimulate*) spreag

encouragement *n* spreagadh *m*

encouraging *adj* spreagúil

encyclop(a)edia *n* ciclipéid *f2*

end *n* deireadh *m1*, críoch *f2*; (*of street, rope etc*) ceann *m1*; (*of course, journey*) ceann *m1*, bun *m1*• *vt* críochnaigh; (*also*: **bring to an end, put an end to**) cuir deireadh le• *vi* críochnaigh; **in the end** sa deireadh; **on end** (*object*) ar a cheann; **it would make your hair stand on end** thógfadh sé an ghruaig ar do cheann; **for hours on end** uair i ndiaidh na huaire eile

▸**end up** *vi* (*wind up*): **he ended up in jail** ba é an príosún a dheireadh

endanger *vt* cuir i mbaol *or* i gcontúirt

endearing *adj* tarraingteach, grámhar

endeavour, (*US*)**endeavor** *n* iarracht *f3* • *vi*: **to endeavour to do sth** iarracht a thabhairt ar rud a dhéanamh

ending *n* críoch *f2*, deireadh *m1*; (*LING*) foirceann *m1*

endless *adj* síoraí; (*plain*) éigríochta

endorse *vt* (*cheque*) droimscríobh; (*approve*) aontaigh le

endorsement *n* (*approval*) aontú *m*; (*on driving licence*) smachtbhanna *m4*

endure *vt* fulaing, cuir suas le• *vi* mair

enemy *n* namhaid *m*

energetic *adj* fuinniúil; (*activity*) bríomhar

energy *n* fuinneamh *m1*

enforce *vt* feidhmigh, cuir i bhfeidhm

engage *vt* (*recruit*) fostaigh; **to engage sb's attention** aire duine a tharraingt • *vi* (*TECH*) gabh; **to engage in** bheith i mbun + *gen*, bheith ag plé le

engaged *adj* (*busy, in use*) in úsáid, in áirithe; (*betrothed*) luaite le chéile, geallta; **to get engaged** lámh is focal a thabhairt dá chéile, fáil geallta

engagement *n* coinne *f4*; (*to marry*) gealltanas *m1* pósta

engagement ring *n* fáinne *m4* gealltanais

engaging *adj* mealltach

engine *n* inneall *m1*; **engine trouble** (*AUT*) fadhbanna leis an inneall

engineer *n* innealtóir *m3*; (*repairer*) deisitheoir *m3*

engineering *n* innealtóireacht *f3*

England *n* Sasana *m4*

English *adj* Sasanach• *n* (*LING*) Béarla *m4*; **the English** *npl* (*people*) na Sasanaigh *mpl1*; **the English Channel** Muir *f3* nIocht

Englishman *n* Sasanach *m1*

Englishwoman *n* Sasanach *m1* mná

engrave *vt* grean

engraving *n* greanadóireacht *f3*

engrossed *adj*: **to be engrossed in** bheith sáite i

engulf *vt* slog

enhance *vt* méadaigh

enigma *n* dúthomhas *m1*

enjoy *vt* bain sult as; (*have*: *health, fortune*): **she enjoys wealth** tá rachmas aici; **to enjoy o.s.** bheith ag déanamh suilt, cuideachta a dhéanamh

enjoyable *adj* pléisiúrtha, sultmhar

enjoyment *n* pléisiúr *m1*, sult *m1*

enlarge *vt* méadaigh

enlargement *n* (*PHOT*) méadú *m*

enlighten *vt* tabhair léargas do, soilsigh

enlightened *adj* tuisceanach

Enlightenment *n*: **the Enlightenment** (*HIST*) An Soilsiú *m*

enlist *vt, vi* liostáil

enmity *n* naimhdeas *m1*

enormous *adj* ábhalmhór

enough *adj, pron* go leor, sáith, dóthain; **enough time/books** go leor ama/leabhar• *adv*: **big enough** mór go leor; **have you got enough?** an bhfuil go leor *or* do sháith agat?; **he has not worked enough** níl a sháith oibre déanta aige; **enough to eat** go leor le hithe, do sháith le hithe; **(that's) enough!** is leor sin!; **that's enough, thanks** is leor sin, go raibh maith agat; **I've had enough of this work** tá mo sháith agam den obair seo; **funnily** *or* **oddly enough** aisteach go leor

enquire *vt, vi* = **inquire**

enrich *vt* saibhrigh

enrol, (*US*) **enroll** *vt, vi* cláraigh

enrolment, (*US*) **enrolment** *n* clárú *m*

en route *adv* ar an mbealach

ensure *vt* cinntigh

entail *vt*: **this entails a lot of work** tá cuid mhór oibre ag roinnt leis seo *or* i gceist leis seo; **what does this entail?** cad é atá i gceist anseo?

enter *vt* (*room*) téigh isteach i, tar isteach i; (*club, army*) téigh i; (*competition*) glac páirt i; (*examination*) cuir isteach ar, iontráil ar; (*sb for a competition*) cuir duine isteach ar; (*write down*) cuir isteach, iontráil; (*COMPUT*) iontráil ♦ *vi* téigh isteach i, tar isteach i

▸ **enter for** *vt* cuir isteach ar

▸ **enter into** *vt fus* (*discussion, negotiations*) glac páirt i; (*agreement*) déan

enterprise *n* fiontar *m1*; (*initiative*) fiontraíocht *f3*; **free enterprise** saorfhiontraíocht *f3*; **private enterprise** fiontar príobháideach; **business enterprise** fiontar gnó

enterprising *adj* fiontrach; (*resourceful*) treallúsach, gustalach; (*go-ahead*) borrúil

entertain *vt* déan sult *or* siamsa do; (*guest*) tabhair aíocht do

entertainer *n* fuirseoir *m3*; (*of guests*) óstach *m1*

entertaining *adj* siamsúil, sultmhar

entertainment *n* siamsa *m4*

enthralled *adj* faoi dhraíocht

enthusiasm *n* fonn *m1*, fonnmhaireacht *f3*; (*fervour*) díograis *f2*; **full of enthusiasm** lán croí agus aigne, lán de chroí is d'aigne

enthusiast *n* díograiseoir *m3*

enthusiastic *adj* fonnmhar, díograiseach; **to be enthusiastic about sth** bheith tógtha le rud

entice *vt* meall

entire *adj* iomlán, uile

entirely *adv* go hiomlán, go léir, go huile is go hiomlán

entitled *adj*: **a story entitled "The Islandman"** scéal dar teideal "An tOileánach"; **to be entitled to sth** bheith i dteideal ruda

entrance[1] *n* bealach *m1* isteach; (*entering*) teacht *m3* isteach; **to gain entrance to** (*university etc*) áit a fháil i

entrance[2] *vt* (*captivate*) cuir faoi dhraíocht

entrance exam(ination) *n* scrúdú *m* iontrála

entrance fee *n* táille *f4* iontrála

entrant *n* iontrálaí *m4*; (*in exam*) iarrthóir *m3*, iontrálaí

entreat *vt* achainigh, impigh

entrenched *adj* (*fig*) dobhogtha

entrepreneur *n* fiontraí *m4*

entrust *vt*: **to entrust sth to sb** rud a thabhairt do dhuine ar iontaoibh

entry *n* dul *m3* isteach; (*in register*) iontráil *f3*; **'no entry'** 'ná téitear isteach'

entry phone *n* idirghuthán *m1*

entry visa *n* víosa *f4* iontrála

envelope *n* clúdach *m1*

enviable *adj* inmhaíte; **he's not in an enviable position** níl a dhóigh inmhaíte air

envious *adj* éadmhar; **to be envious of sb** bheith ag éad *or* in éad le duine

environment *n* imshaol *m1*, timpeallacht *f3*; (*social, moral, economic*) timpeallacht

environmental *adj* imshaolach, imshaoil *n gen*, timpeallachta *n gen*

envisage *vt* samhlaigh

envoy *n* (*diplomat*) toscaire *m4*

envy *n* éad *m3*, formad *m1*, tnúth *m3* ♦ *vt*: **to envy sb** bheith ag éad le duine; **to envy sb sth** bheith ag éad le duine faoi rud, éad a bheith ort le duine faoi rud,

tnúth a bheith agat le duine faoi rud
epic *n* eipic *f2* ♦ *adj* eipiciúil
epidemic *n* eipidéim *f2*
epilepsy *n* an tinneas *m1* beannaithe, tinneas talún, titimeas *m1*
epileptic *adj*: **to be epileptic** an tinneas beannaithe *etc* a bheith ort
epilogue *n* iarfhocal *m1*
Epiphany *n* Lá *m* Nollag Beag
episode *n* eipeasóid *f2*
epitaph *n* feartlaoi *f4*
epitome *n* (*summary*) achoimre *f4*; (*embodiment*): **the epitome of generosity** croí na féile
epitomize *vt*: **to epitomize sth** rud a léiriú, bheith mar shampla ag rud; (*summarize*) déan achoimre ar rud
epoch *n* ré *f4*
equal *adj* cothrom, ionann, comhionann ♦ *n* cómhaith *f2*, macasamhail *f3* ♦ *vt*: **to equal sth** bheith cothrom le rud; **she is equal to the work** tá sí in ann ag an obair; **two times two equals four** a dó faoina dó sin a ceathair
equality *n* ionannas *m1*, comhionannas *m1*
equalize *vi* (SPORT) cothromaigh
equally *adv* go cothrom; (*just as*): **equally good** lán chomh maith
equate *vt*: **to equate sth with** rud a ionannú le
equation *n* (MATH) cothromóid *f2*
equator *n* meánchiorcal *m1*, crios *m3* na cruinne
equilibrium *n* cothromaíocht *f3*
equip *vt*: **to equip (with)** (*boat*) trealmhú (le); (*house, person*) feistiú (le); **to be well equipped** (*office etc*) bheith deisiúil; **he is well equipped for the job** tá sé inniúil don obair
equipment *n* trealamh *m1*
equities *npl* (COMM) cothromais *mpl1*
equivalent *adj*: **equivalent (to)** ar comhbhrí (le), cothrom (le) ♦ *n* comhbhrí *f4*; (MATH *etc, in money*) coibhéis *f2*
equivocal *adj* déchiallach; (*ambivalent*) idir dhá intinn, neamhchinnte
era *n* ré *f4*
eradicate *vt* díothaigh
erase *vt* scrios
eraser *n* scriosán *m1*
erect *adj* díreach ♦ *vt* cuir suas; (*monument*) tóg
erection *n* tógáil *f3*; (ANAT) adharc *f2*
ergonomics *npl* eirgeanamaíocht *f3*
ermine *n* eirmín *m4*
erode *vt* creim
erosion *n* creimeadh *m*
erotic *adj* anghrách
err *vi* déan earráid
errand *n* teachtaireacht *f3*
erratic *adj* neamhrialta, guagach, mearbhlach
error *n* earráid *f2*
erupt *vi* brúcht; (*fig*) pléasc
eruption *n* brúchtadh *m*
escalator *n* staighre *m4* beo *or* creasa
escapade *n* eachtra *f4*
escape *n* éalú *m* ♦ *vt, vi* éalaigh; (*fig*) tar slán; (*leak*) éalaigh; **to escape from** éalú ó; (*fig*) teacht slán ó
escapism *n* éalúchas *m1*
escort *n* duine *m4* comórtha; (*guard*) garda *m4* ♦ *vt* comóir, tionlaic
esophagus (US) *n* = **oesophagus**
especially *adv* go háirithe
espionage *n* spiaireacht *f3*
Esquire *n*: **J.Brown, Esquire** An tUasal J. Brown
essay *n* aiste *f4*
essence *n* (*core*) croí *m4*, smior *m3*; (*basic meaning*) bunbhrí *f4*; (*extract*) úscra *m4*; (PHIL) eisint *f2*
essential *adj* (*necessary*) riachtanach; (*basic*) bunúsach ♦ *n*: **essentials** riachtanais *mpl1*
essentially *adv* go bunúsach
establish *vt* bunaigh; (*prove*) cruthaigh
established *adj* bunaithe
establishment *n* bunaíocht *f3*; (*founding*) bunú *m*; **the Establishment** Na hÚdaráis *mpl1*
estate *n* (*land*) eastát *m1*; (*also*: **housing estate**) eastát tithíochta
estate agent *n* gníomhaire *m4* eastáit

esteem *n* meas *m3*
esthetic (US) *adj* = **aesthetic**
estimate *n* meastachán *m1* ♦ *vt* meas
estimation *n* meastachán *m1*
Estonia *n* an Eastóin *f2*
estranged *adj* scartha, tite amach le chéile
estuary *n* inbhear *m1*
etc. *abbr* (= *et cetera*) etc., srl., (= agus araile)
etching *n* eitseáil *f3*
eternal *adj* síoraí, síor-
eternally *adv* go síoraí, síor-
eternity *n* síoraíocht *f3*
ethical *adj* eiticiúil
ethics *n* eitic *f2*
Ethiopia *n* an Aetóip *f2*
ethnic *adj* ciníoch, eitneach; (*music etc*) eitneach
ethnic cleansing *n* cineghlanadh *m*
ethnocentric *adj* eitnealárnach
ethos *n* spiorad *m1*, meon *m1*
etiquette *n* dea-bhéasa *mpl4*
EU *n abbr* = **European Union**
euphoria *n* gliondar *m1*, sceitimíní *pl* áthais
euro *n* (*currency*) euro *m4*
eurocard *n* eorachárta *m4*
eurocheque *n* eoraiseic *m4*
Europe *n* an Eoraip *f3*
European *adj* Eorpach ♦ *n* Eorpach *m1*
European Currency Unit *n* Aonad *m1* Airgeadra Eorpach
European Monetary Union *n* Aontas *m1* Airgeadaíochta na hEorpa
European Union *n* Aontas *m1* na hEorpa
euthanasia *n* eotanáis *f2*
evacuate *vt* (*place*) bánaigh; (*people*) aslonnaigh
evade *vt* seachain; **to evade tax** cáin a imghabháil
evaluate *vt* luacháil, meas
evangelical *adj* soiscéalach
evaporate *vi* galaigh
evasion *n* seachaint *f3*; **tax evasion** imghabháil *f3* cánach
evasive *adj* seachantach
eve *n*: **on the eve of** an lá roimh; **Christmas Eve** Oíche *f4* Nollag; **New Year's Eve** Oíche Chinn Bliana, Oíche na Seanbhliana, Oíche Chaille
even *adj* (*level, smooth*) cothrom, réidh; (*equal*) cothrom ♦ *adv* (go) fiú; **even if** fiú (amháin) má; **even though** cé go...; **even now** anois féin; **even so** mar sin féin; **not even** ní hé amháin; **to get even with sb** cúiteamh a bhaint as duine; **even number** ré-uimhir *f*; **even score** comhscór *m1*; **even you** gan fiú tusa
▸ **even up** *vt* cothromaigh
evening *n* tráthnóna *m4*; (*after dark*) oíche *f4*; **in the evening** tráthnóna, um thráthnóna; **this evening** (*after dark*) anocht
evening class *n* rang *m3* oíche
evening dress *n* (*for man*) culaith *f2* thráthnóna; (*for woman*) gúna *m4* tráthnóna
evenly *adv* go cothrom
event *n* (*adventure*) eachtra *f4*; (*affair*) imeachtaí *mpl3*, cúrsaí *mpl4*; (SPORT) babhta *m4*, cluiche *m4*, comórtas *m1*; **in the event of** sa chás go
eventful *adj* eachtrúil; (*decisive*) cinniúnach; (*remarkable*) suntasach
eventual *adj* (*final*) deiridh *n gen*
eventuality *n* cás *m1*; (*chance occurrence*) teagmhas *m1*
eventually *adv* sa deireadh, faoi dheireadh
ever *adv* (*past*) riamh; (*future*) choíche; (*at all times*) i gcónaí; **have you ever seen it?** an bhfaca tú riamh é?; **ever since** *adv* as sin amach ♦ *conj* ón uair
evergreen *adj* síorghlas, bithghlas ♦ *n* crann *m1* síorghlas
everlasting *adj* síoraí
every *adj* gach; **every day** gach lá; **every other day** gach re lá, gach dara lá
everybody *pron* cách, gach duine
everyday *adj* (*daily*) laethúil; (*commonplace*) coitianta
everyone *pron* = **everybody**
everything *pron* gach (aon *or* uile) rud
everywhere *adv* i ngach (aon *or* uile) áit

evict *vt* díshealbhaigh, cuir amach (as)
eviction *n* díshealbhú *m*
evidence *n* (*proof*) cruthú *m*; (*of witness*) fianaise *f4*; **to give evidence** fianaise a thabhairt
evident *adj* follasach
evidently *adv* go follasach; (*apparently*) de réir dealraimh
evil *adj* olc, droch- ♦ *n* olc *m1*, olcas *m1*
evoke *vt* dúisigh
evolution *n* forás *m1*; (*of life*) éabhlóid *f2*
evolve *vt* (*develop*) forbair ♦ *vi* déan forbairt
ewe *n* caora *f*; (*yearling*) fóisc *f2*
ex- *prefix* iar, ath-
exact *adj* beacht, cruinn; **exact same** ceannann céanna ♦ *vt*: **to exact sth from sb** rud a bhaint de dhuine
exacting *adj* dian, dian-
exactly *adv* go beacht, go cruinn, go baileach; **exactly!** go díreach!
exactness *n* beaichte *f4*, cruinneas *m1*
exaggerate *vi* déan áibhéil ♦ *vt* déan áibhéil ar
exaggerated *adj* áibhéalach
exaggeration *n* áibhéil *f2*
exalted *adj* (*position*) ard; (*person*) ardchéimiúil
exam *n abbr* (SCOL) = **examination**
examination *n* (SCOL, MED) scrúdú *m*; (*by customs*) cuardach *m1*
examination board *n* bord *m1* scrúdaithe
examine *vt* scrúdaigh
examiner *n* scrúdaitheoir *m3*
example *n* sampla *m4*; **for example** mar shampla
exasperating *adj* ciapach, bambairneach
exasperation *n* (*vexation*) corraí *m*; (*anger*) fearg *f2*
excavation *n* tochailt *f2*; (ARCHEOLOGY) tochaltán *m1*
exceed *vt* (*excel*) beir barr ar; (*overstep*) téigh thar
exceedingly *adv* as cuimse, thar a bheith, an-, thar barr
excel *vt* beir barr ar, cinn ar, sáraigh ♦ *vi* bheith ar fheabhas Éireann
excellent *adj* ar fheabhas, thar barr, ar dóigh
except *prep* (*also*: **except for, excepting**) ach, diomaite de, cé is moite de ♦ *vt* fág as, déan eisceacht de; **except if/when** ach amháin má/nuair a; **except that** ach amháin go
exception *n* eisceacht *f3*; **to take exception to sth** col a ghlacadh le rud
exceptional *adj* eisceachtúil
exceptionally *adv* (*unusually*) go heisceachtúil; (*extremely*) thar a bheith
excerpt *n* sliocht *m3*
excess *n* farasbarr *m1*, barraíocht *f3*; (*overindulgence*) ainmheasarthacht *f3*; **in excess (of)** de bharraíocht (ar)
excess baggage *n* bagáiste *m4* breise
excess baggage *n* bagáiste *m4* breise
excessive *adj* iomarcach
excessively *adv* go hiomarcach, ró-
exchange *n* malairt *f2*, malartú *m*; (FIN) malairt; (*also*: **telephone exchange**) malartán teileafóin ♦ *vt* (*goods*) malartaigh; (*greetings*) beannaigh dá chéile; (*money, blows*) malartaigh
exchange rate *n* ráta *m4* malairte
Exchequer *n*: **the Exchequer** an Státchiste *m4*
excise *n* mál *m1*
excite *vt* corraigh, oibrigh, tóg; **to get excited** éirí tógtha, oibriú a theacht ort
excited *adj* corraithe, oibrithe, tógtha; **to be excited** bheith corraithe *or* oibrithe *or* tógtha, sceitimíní a bheith ort
excitement *n* (*commotion*) fuadar *m1*; (*elation*) sceitimíní *pl*, scleondar *m1*
exciting *adj* corraitheach
exclaim *vi* gáir, abair os ard
exclamation *n* agall *f2*
exclamation mark *n* comhartha *m4* uaillbhreasa
exclude *vt* fág as
exclusive *adj* (*right*) eisiach, amháin; (*club*) príobháideach, leithliseach; (*district*) saibhir
exclusively *adv* (*solely*) amháin
excrement *n* cac *m3*, fearadh *m*
excruciating *adj* céasta, cráite

excursion *n* turas *m1*, aistear *m1*
excuse *n* leithscéal *m1* ♦ *vt* maith do; **to excuse sb from sth** (*activity*) duine a scaoileadh ó rud; **excuse me!** gabh mo leithscéal
ex-directory *adj*: **to be ex-directory** gan bheith san eolaí teileafóin
execute *vt* (*carry out*) cuir i gcrích; (*kill*) cuir chun báis
execution *n* bású *m*
executive *n* (*of organization, political party*) coiste *m4* feidhmiúcháin; (COMM) feidhmeannach *m1* ♦ *adj* feidhmithe
exemplary *adj* (*illustrative*) eiseamláireach; (*excellent*) ar fheabhas
exempt *adj*: **exempt from** saor ó ♦ *vt*: **to exempt sb from sth** duine a shaoradh ó rud
exercise *n* cleachtadh *m1*; (*physical*) aclaíocht *f3* ♦ *vt* aclaigh ♦ *vi* déan aclaíocht
exercise book *n* cóipleabhar *m1*
exert *vt* (*influence*) téigh i bhfeidhm ar; **to exert o.s.** saothar a chur ort féin
exertion *n* saothar *m1*
exhaust *n* (*also*: **exhaust fumes**) gás *m1* sceite; (*also*: **exhaust pipe**) sceithphíopa *m4* ♦ *vt* (*tire out*) traoch, spíon; (*resources*) ídigh; (*subj*) pléigh ina iomláine
exhausted *adj* traochta, spíonta; ídithe
exhausting *adj* maslach
exhaustion *n* traochadh *m*; **nervous exhaustion** traochadh néarach
exhaustive *adj* cuimsitheach, uileghabhálach
exhibit *n* (ART) taispeántas *m1*; (LAW) foilseán *m1* ♦ *vt* taispeáin
exhibition *n* taispeántas *m1*
exhilarating *adj* spreagúil; **it was exhilarating** chuir sé drithlíní *or* sceitimíní áthais orm
exile *n* deoraíocht *f3*; (*person*) deoraí *m4* ♦ *vt* díbir; **to be in exile** bheith ar deoraíocht
exist *vi* bheith ann
existence *n* beith *f2*, bheith ann; (PHIL) eiseadh *m1*
existentialism *n* eiseachas *m1*
existing *adj* atá ann, atá ar fáil anois
exit *n* bealach *m1* amach ♦ *vi* (THEAT) amach le, astéigh; (COMPUT) astéigh
exodus *n* imeacht *m3*
exonerate *vt*: **to exonerate sb (from)** duine a shaoradh (ó)
exotic *adj* coimhthíoch
expand *vt* leathnaigh ♦ *vi* (*trade etc*) fairsingigh; (*gas, metal*) borr
expanse *n* fairsinge *f4*
expansion *n* leathnú *m*, fairsingiú *m*
expatriate *adj, n* imirceach *m1*
expect *vt* (*anticipate*) bheith ag súil le; (*count on*) bheith ag brath ar; (*suppose*) bheith ag meas ♦ *vi* bheith ag dúil le duine clainne; **I'm expecting him** tá mé ag súil leis
expectancy *n* (*anticipation*) tnúthán *m1*; **life expectancy** ionchas *m1* saoil
expectation *n* dóchas *m1*, súilíocht *f3*
expedient *n* seift *f2*
expedition *n* (*journey*) turas *m1*; (*exploration*) eachtra *f4*; (MIL) sluaíocht *f3*
expel *vt* díbir; (SCOL) cuir as an scoil
expend *vt* caith
expendable *adj* neamhriachtanach
expenditure *n* caiteachas *m1*
expense *n* costas *m1*; **expenses** *npl* (COMM) speansais *mpl*; **at the expense of** ar chostas + *gen*
expense account *n* cuntas *m1* speansas
expensive *adj* costasach, daor
experience *n* (*practice*) taithí *f4*; (*incident*) eachtra *f4* ♦ *vt* (*feel*) mothaigh; (*go through*) téigh trí; (*endure*) fulaing
experienced *adj* cleachta; (*wise*) seanchríonna; **to be experienced in sth** taithí *or* seanchleachtadh a bheith agat ar rud
experiment *n* turgnamh *m1* ♦ *vi* triail; **to experiment with** triail a bhaint as
experimental *adj* trialach
expert *adj* saineolach ♦ *n* saineolaí *m4*
expertise *n* saineolas *m1*
expire *vi* téigh in éag, síothlaigh; (*passport etc*) téigh as feidhm
expiry *n* deireadh *m1*, éag *m3*; **expiry**

date dáta éaga
explain *vt* mínigh
explanation *n* míniú *m*
explanatory *adj* mínitheach
explicable *adj* inmhínithe
explicit *adj* (*clear*) follasach; (*definite*) cinnte
explode *vi* pléasc
exploit *n* éacht *m3* ♦ *vt* bain sochar as; (*person*) tar i dtír ar
exploitation *n* (*abuse*) drochíde *f4*
exploratory *adj* (*expedition*) taiscéalaíoch; (*fig*: *talks*) réamh-
explore *vt* taiscéal; (*possibilities*) scrúdaigh
explorer *n* taiscéalaí *m4*
explosion *n* pléascadh *m*
explosive *adj* pléascach ♦ *n* pléascán *m1*
export *vt* easpórtáil, onnmhairigh ♦ *n* easpórtáil *f3*, onnmhaire *f4*
exporter *n* easpórtálaí *m4*, onnmhaireoir *m3*
expose *vt* (*to danger*) cuir i gcontúirt; (*unmask*) nocht, foilsigh
exposed *adj* (*position, house*): **exposed (to)** rite (le)
exposure *n* (MED) fuacht *m3*, aimliú *m*; (PHOT) nochtadh *m*; **to die from exposure** (MED) bás a fháil le fuacht
express *adj* (*definite*) cinnte; (*letter etc*) luais *n gen*, luas- ♦ *n* (*train*) luastraein *f*; (*bus*) luasbhus *m4* ♦ *vt* cuir in iúl; **to express o.s.** tú féin a chur in iúl
expression *n* (*phrase*) leagan *m1* cainte; (*look*) dreach *m3*; (MATH) slonn *m1*
expressive *adj* (*meaningful*) lán de bhrí, tromchiallach; (*indicative*) a léiríonn
expressively *adv* le brí, go tromchiallach
expressly *adv* (*decidedly*) go cinnte; (*on purpose*) d'aon turas, d'aon ghnó
expressway (US) *n* (*urban motorway*) mótarbhealach *m1*
exquisite *adj* fíorálainn
extend *vt* (*visit*) cuir fad le; (*building, street*) cuir le; (*welcome*) cuir roimh; (*hand, arm*) sín amach ♦ *vi* sín
extension *n* síneadh *m1*; (*building*) fortheach *m*; (*to wire, table*) fadú *m*; (*telephone*) folíne *f4*
extensive *adj* leathan, fairsing
extent *n* fairsinge *f4*; **to some extent** go pointe áirithe; **to that extent** sa mhéid sin; **to the extent that ...** sa mhéid go ...
extenuating *adj* maolaitheach
exterior *adj* amuigh ♦ *n* taobh *m1* amuigh
exterminate *vt* díothaigh
external *adj* seachtrach
external examiner *n* scrúdaitheoir *m3* seachtrach
externally *adv* ar an taobh amuigh
extinct *adj* díobhaí
extinguish *vt* múch, cuir as
extinguisher *n* múchtóir *m3*
extort *vt* srac
extortion *n* sracaireacht *f3*, cíos *m3* dubh; (LAW) sracadh *m1*
extra *adj* breise, sa bhreis ♦ *adv* (*in addition*) de bhreis ♦ *n* breis *f2*, tuilleadh *m1*; (THEAT) aisteoir *m3* breise ♦ *prefix* sár-
extract *vt* bain as; (*tooth*) stoith; (*money, promise*) meall, bain de ♦ *n* sliocht *m3*
extradite *vt* eiseachaid
extradition *n* eiseachadadh *m*
extraordinary *adj* neamhchoitianta; (*amazing*) iontach
extravagance *n* doscaí *f4*, rabairne *f4*
extravagant *adj* míchuimseach, rabairneach; (*in spending*: *person*) doscaí, rabairneach
extreme *adj* antoisceach, fíor- ♦ *n* ceann *m1*
extremely *adv* fíor-
extremist *n* antoisceach *m1*
extrovert *adj, n* eisdíritheach *m1*
exuberance *n* spleodar *m1*
exult *vi* déan ollghairdeas
exultation *n* ollghairdeas *m1*
eye *n* súil *f2*; (*of needle*) cró *m4* ♦ *vt* breathnaigh ar; **to keep an eye on sb/sth** súil a choinneáil ar dhuine/rud
eyebrow *n* mala *f4*, braoi *f4*
eyelash *n* fabhra *m4*
eyelid *n* caipín *m4* na súile
eye shadow *n* cosmaid *f2* súile
eyesight *n* radharc *m1* na súl
eyesore *n* smál *m1*

F

F *n* (MUS) F *m4*
fable *n* fabhal *f2*, finscéal *m1*
fabric *n* éadach *m1*, fabraic *f2*, uige *f4*
fabrication *n* cumadóireacht *f3*
fabulous *adj* fabhlach; (*inf*: *super*) iontach
face *n* aghaidh *f2*; (*expression*) dreach *m3* ♦ *vt* tabhair aghaidh ar; **face down** béal faoi; **to lose/save face** d'oineach a chailleadh/a theasargan; **to make** *or* **pull a face** strainc a chur ort féin; **in the face of** (*difficulties etc*) in aghaidh + *gen*; **on the face of it** de réir cosúlachta; **face to face** aghaidh ar aghaidh
▸ **face up to** *vt fus* tabhair aghaidh ar, glac le
face cloth *n* ceirt *f2* aghaidhe
face cream *n* snua-ungadh *m1*
face powder *n* snuaphúdar *m1*
face value *n* (*of coin*) aghaidhluach *m3*
facilities *npl* áiseanna *fpl2*, saoráidí *fpl2*; **credit facilities** áiseanna creidmheasa; **shopping facilities** saoráidí siopadóireachta
facing *prep* ar aghaidh
fact *n* fíric *f2*, fíoras *m1*; **in fact** is amhlaidh (atá)
factor *n* fachtóir *m3*, toisc *f2*, cúis *f2*
factory *n* monarcha *f*
factual *adj* fírinneach, fíorasach
faculty *n* bua *m4*; (UNIV) dámh *f2*; (US: *teaching staff*) foireann *f2* teagaisc
fad *n* (*craze*) teidhe *m4*
fade *vi* tréig; (*light, sound*) meath; (*flower*) sleabhac
fag (*inf*) *n* (*cigarette*) toitín *m4*
fail *vt* (*candidate*) bris; (*subj*: *courage, memory*) cliseann ar; **I failed the exam** theip an scrúdú orm; **his memory failed him** chlis an chuimhne air ♦ *vi* cliseann ar; (*brakes*) clis; (*eyesight, health, light*) meath; **the scheme failed** theip ar an scéim; **to fail to do sth** (*neglect*) faillí a dhéanamh i rud; (*be unable*) sáraíonn ort rud a dhéanamh; **he failed to make the jump** sháraigh an léim air; **without fail** gan teip, go cinnte
failing *n* locht *m3* ♦ *prep* in éagmais + *gen*
failure *n* loiceadh *m*, teip *f2*; (*person*) cúl *m1* le rath; (*mechanical etc*) cliseadh *m*
faint *adj* lag ♦ *n* fanntais *f2*, laige *f4* ♦ *vi*: **to faint** titim i bhfanntais *or* i laige; **to feel faint** brath go lag; **faint recollection** mearchuimhne
fair *adj* cóir, cothrom, réasúnta; (*hair, skin*) fionn; (*weather*) soineanta; (*good enough, sizeable*) measartha ♦ *adv*: **to play fair** an cothrom a dhéanamh ♦ *n* aonach *m1*; (*funfair*) aonach seó; **fair play** cothrom na Féinne; **fair weather** soineann *f2*
fairly *adv* go macánta, go cothrom; (*quite*) cuibheasach, measartha, réasúnta
fairness *n* cothrom *m1*, cothroime *f4*
fairy *n* sióg *f2*
fairy tale *n* síscéal *m1*
faith *n* creideamh *m1*; (*trust*) muinín *f2*
faithful *adj* dílis
faithfully *adv*: **yours faithfully** is mise le meas
fake *n* (*person*) caimiléir *m3*, séitéir *m3* ♦ *adj* bréige *n gen* ♦ *vt* falsaigh, cuir bréagriocht ar; **a fake picture** pictiúr bréige
falcon *n* fabhcún *m1*
fall *n* titim *f2*; (US: *autumn*) fómhar *m1* ♦ *vi* tit; (*price, temperature, dollar*) tit, ísligh; **falls** *npl* (*waterfall*) eas *msg3*; **to fall flat** (*on one's face*) titim ar do bhéal; (*joke*) imeacht gan éifeacht, dul ar lár; (*plan*) teipeann ar
▸ **fall back** *vi* tit siar
▸ **fall back on** *vt fus* téigh i muinín
▸ **fall behind** *vi* tit chun deiridh
▸ **fall down** *vi* tit
▸ **fall for** *vt fus* (*trick, story etc*) mealltar le; (*person*) tit i ngrá le; **I fell for the trick** mealladh leis an chleas mé
▸ **fall in** *vi* tit isteach; (MIL) luigh isteach

▸ **fall off** *vi* tit de; (*diminish*) téigh i laghad
▸ **fall out** *vi* (*hair, teeth*) tit (amach); (MIL) luigh amach; (*friends etc*) tit amach (le); **they fell out** thit siad amach le chéile, d'éirigh eatarthu
▸ **fall through** *vi* (*plan, project*) teipeann ar
fallacy *n* fallás *m1*
fallout *n* astitim *f2*
fallow *adj* branair *n gen*, bán
false *adj* bréagach
false alarm *n* gáir *f2* bhréige
false teeth *npl* fiacla *fpl2* bréige
falter *vi* tuisligh
fame *n* cáil *f2*
familiar *adj* aithnidiúil; **to be familiar with** (*subject*) cur amach a bheith agat ar
family *n* teaghlach *m1*; **has she any family?** (*children*) an bhfuil clann ar bith aici?, an bhfuil cúram *or* muirín uirthi?; (*relatives*) an bhfuil aon ghaolta aici?
family tree *n* craobh *f2* ghinealaigh
famine *n* gorta *m4*
famished (*inf*) *adj* caillte *or* stiúgtha leis an ocras
famous *adj* cáiliúil
famously *adv* (*get on*) thar barr
fan *n* (*folding*) fean *m4*; (ELEC) geolán *m1*; (*follower*) móidín *m4* ♦ *vt* gaothraigh; (*fire, quarrel*) séid
fanatic *n* fanaiceach *m1*
fan belt *n* beilt *f2* tiomána
fanciful *adj* meonúil
fancy *n* nóisean *m1*, samhlaíocht *f3* ♦ *adj* maisiúil ♦ *vt*: **to fancy sth** (*feel like, want*) fonn ruda a bheith ort; (*imagine, think*) rud a shamhlú; **to take a fancy to** taitneamh a thabhairt do; **he fancies her** (*inf*) tá nóisean aige di
fancy dress *n* éide *f4* bréige
fang *n* starrfhiacail *f2*; (*of snake*) goineog *f2*
fantastic *adj* fantaiseach, iontach
fantasy *n* fantaisíocht *f3*; (*dream*) aisling *f2*, taibhreamh *m1*
far *adj* fada ♦ *adv* i bhfad; **far away** *or* **off** i gcéin, i bhfad ar shiúl; **at the far side/end** ag an taobh/cheann thall de; **far behind** i bhfad ar gcúl; **far better** i bhfad níos fearr; **far from** i bhfad ó; **by far** go mór fada; **go as far as the farm** téigh a fhad leis an fheirm; **as far as I know** go bhfios dom, ar feadh m'eolais; **how far is it to ...?** cá fhad atá sé go ...?; **how far have you got?** an fada chun cinn atá tú?
faraway *adj* imigéiniúil; (*look*) brionglóideach
farce *n* fronsa *m4*
farcical *adj* áiféiseach
fare *n* táille *f4*; (*passenger: in taxi*) paisinéir *m3*; (*food*) beatha *f4*; **half fare** leath-tháille *f4*; **full fare** lántáille *f4*
Far East *n*: **the Far East** an Cianoirthear *m1*
farewell *excl* slán ♦ *n* slán *m1*
farm *n* feirm *f2* ♦ *vt* saothraigh
farmer *n* feirmeoir *m3*
farmhand *n* oibrí *m4* feirme
farmhouse *n* teach *m* feirme
farming *n* feirmeoireacht *f3*; (*of animals*) tógáil *f3*
farmland *n* talamh *m1 or f* curaíochta
farm worker *n* oibrí *m4* feirme
farmyard *n* clós *m1* feirme
far-reaching *adj* forleathan, leitheadach
fart (*inf!*) *vi* lig broim ♦ *n* broim *m3*
farther *adv* níos faide ♦ *adj* níos faide ar shiúl
fascinate *vt* cuir draíocht ar, cuir faoi dhraíocht
fascinating *adj* draíochtach; (*captivating*) fíorspéisiúil
fascism *n* faisisteachas *m1*
fashion *n* faisean *m1*; (*manner*) dóigh *f2*, nós *m1*, déanamh *m1* ♦ *vt* múnlaigh; **in/out of fashion** san fhaisean/as faisean
fashionable *adj* faiseanta
fashion show *n* seó *m4* faisin
fast *adj* gasta, sciobtha, tapa; (*clock*) chun tosaigh, mear; (*dye, colour*) buan, marthanach ♦ *adv* go gasta, go sciobtha, go tapa; (*stuck, held*) go daingean ♦ *n* troscadh *m1* ♦ *vi* troisc, déan troscadh; **to be fast asleep** bheith i do chnap codlata
fasten *vt* greamaigh, ceangail; (*coat*) dún ♦ *vi* greamaigh do

fastener *n* fáiscín *m4*
fastidious *adj* éisealach, beadaí
fat *adj* ramhar ♦ *n* blonag *f2*; (*on meat*) saill *f2*; (*for cooking*) geir *f2*
fatal *adj* marfach
fatality *n* (*road death etc*) bás *m1*
fate *n* cinniúint *f3*
fateful *adj* cinniúnach
father *n* athair *m*
father-in-law *n* athair *m* céile
fatherly *adj* aithriúil
fathom *n* feá *m4* ♦ *vt* (*mystery*) fuascail
fatigue *n* tuirse *f4*
fatten *vt, vi* ramhraigh
fatty *adj* (*food*) sailleach ♦ *n* (*inf*) feolamán *m1*
fatuous *adj* baothánta
faucet (*US*) *n* sconna *m4*, buacaire *m4*
fault *n* locht *m3*; (*defect*) fabht *m4*; (*GEOL*) éasc *m1* ♦ *vt* lochtaigh; **it's my fault** ormsa an locht, is mise is ciontach leis; **to find fault with** locht a fháil ar; **at fault** ciontach
faulty *adj* lochtach, fabhtach
fauna *n* ainmhithe *mpl4*
favour, (*US*)**favor** *n* fabhar *m1*; (*help*) gar *m1* ♦ *vt*: **to favour** (*proposition*) bheith i bhfabhar + *gen*; (*pupil etc*) bheith fabhrach do; (*team, horse*) taobhú le; **to do sb a favour** gar a dhéanamh do dhuine; **to find favour with** tacaíocht a fháil ó; **in favour of** i bhfabhar le, i bhfách le
favourable *adj* fabhrach; (*advantageous*) buntáisteach; (*comment etc*) moltach; (*omen etc*) maith
favourite *adj* muirneach; **my favourite book** an leabhar is fearr liom; **the favourite son** mac an cheana
fawn *n* oisín *m4* ♦ *adj* (*also*: **fawn-coloured**) buídhonn ♦ *vi*: **to fawn (up)on** lústar *or* lútáil a dhéanamh le
fax *n* (*document*) facs *m4*; (*machine*) gléas *m1* faics ♦ *vt* facsáil
fear *n* eagla *f4*, faitíos *m1* ♦ *vt*: **to fear sth** eagla *or* faitíos a bheith ort roimh rud; **for fear of** ar eagla + *gen*, ar fhaitíos + *gen*
fearful *adj* eaglach, faiteach; (*sight, noise*) uafásach, scanrúil
fearless *adj* neamheaglach, neamhfhaitíosach
feasible *adj* indéanta
feast *n* féasta *m4*; (*REL*: *also*: **feast day**) féile *f4* ♦ *vi*: **to feast** féasta a chaitheamh; **to feast one's eyes on sth** lán do shúl a bhaint as rud
feat *n* éacht *m3*
feather *n* cleite *m4*
feature *n* gné *f4*; (*article*) gné-alt *m1*; (*programme*) gnéchlár *m1* ♦ *vi*: **to feature in** bheith páirteach i; (*in film*) páirt a bheith agat i; **features** *npl* (*of face*) ceannaithe *fpl2*; **a film featuring ...** scannán a bhfuil ... ann
feature film *n* príomhscannán *m1*
February *n* Feabhra *f4*
federal *adj* cónascach, cónaidhme *n gen*
fed up *adj*: **to be fed up with sb/sth** bheith dubh dóite *or* dubhthuirseach *or* bréan de dhuine/rud
fee *n* táille *f4*
feeble *adj* fann; (*excuse, joke*) lag
feed *n* (*of baby*) bia *m4*, cothú *m*; (*of animal*) fodar *m1* ♦ *vt* beathaigh, cothaigh; (*data, information*): **to feed sth into** rud a fhothú *or* a chur isteach i
▸**feed on** *vt fus*: **to feed on sth** bheith beo ar rud, rud a ithe
feedback *n* (*information*) aiseolas *m1*; (*ELEC*) aisfhotha *m4*
feel *n* mothú *m* ♦ *vt* mothaigh; (*explore*) bheith ag smúrthacht *or* ag paidhceáil romhat; (*think, believe*) ceap, mothaigh; **to feel hungry/cold** ocras/fuacht a bheith ort; **to feel lonely/better** uaigneas/biseach a bheith ort; **I don't feel well** ní bhraithim mé féin go maith; **it feels soft** tá mothú boige ann; **I feel like a walk** (*want*) tá fonn siúil orm
▸**feel about** *vi*: **to feel about** bheith ag smúrthacht
feeler *n* (*of insect*) adharcán *m1*; **to put out feelers** *or* **a feeler** an talamh a bhrath
feeling *n* (*physical*) mothú *m*; (*opinion*)

barúil *f3*, tuairim *f2*

feign *vt*: **she feigned tiredness** lig sí uirthi go raibh sí tuirseach

fell *vt* leag

fellow *n* diúlach *m1*; (*comrade*) compánach *m1*, comrádaí *m4*, comhghleacaí *m4*; (*of learned society*) comhalta *m4* ♦ *cpd*: **their fellow countrymen/-women** a gcomhthírigh, fir/mná a dtíre

fellow citizen *n* comhshaoránach *m1*

fellow countryman *n* comhthíreach *m1*

fellow men *npl* comhdhaoine *mpl4*

fellowship *n* (*society*) cuallacht *f3*, cumann *m1*; (SCOL) comhaltacht *f3*; (*comradeship*) muintearas *m1*, comrádaíocht *f3*

felony *n* feileonacht *f3*

felt *n* feilt *f2*

felt-tip pen *n* peann *m1* feilte

female *n* (ZOOL) baineannach *m1* ♦ *adj* (BIOL) baineann; (*sex, character*) ban-

feminine *adj* banda

feminist *n* feiminí *m4*

fence *n* fál *m1*, sconsa *m4* ♦ *vt* (*also*: **fence in**) cuir fál ar ♦ *vi* (SPORT) déan pionsóireacht

fencing *n* fál *m1*; (SPORT) pionsóireacht *f3*

fend *vi*: **to fend for o.s.** déanamh as duit féin

▸ **fend off** *vt* (*attack*) cosain, cosc, cur ar gcúl; (*blow*) cosain, cosc

fender *n* fiondar *m1*; (US: *of car*) pludgharda *m4*

Fenian *adj* (POL) Fíníneach; (*cycle*) fiannaíochta *n gen* ♦ *n* Fínín *m4*

Fermanagh *n* Fear *m* Manach

ferment *vt, vi* coip ♦ *n* coipeadh *m*

fern *n* raithneach *f2*

ferocious *adj* fíochmhar

ferret *n* fireád *m1*

ferry *n* bád *m1* farantóireachta ♦ *vt* déan farantóireacht; **he ferried them to the island** thug sé pasáiste amach chun an oileáin dóibh

fertile *adj* torthúil, síolmhar

fertilizer *n* leasachán *m1*, aoileach *m1*

fester *vi* ábhraigh, lobh, déan angadh

festival *n* (REL) féile *f4*; (MUS) fleá *f4* cheoil

festive *adj* féiltiúil; (*mood etc*) meidhreach; **the festive season** (*Christmas*) an Nollaig *f*

festivities *npl* fleáchas *m1*

festoon *vt* gléas le triopaill

fetch *vt* téigh faoi choinne *or* i gcomhair *or* faoi dhéin + *gen*; (*sell for*): **the car fetched a high price** chuaigh an carr ar luach maith

fetching *adj* tarraingteach

fetish *n* feitis *f2*

feud *n* fíoch *m1*

fever *n* fiabhras *m1*

feverish *adj* fiabhrasach

few *adj* (*not many*): **few people believe it** is beag duine a chreideann é; **a few** beagán, roinnt; **a few years** roinnt blianta; **in a few words** i mbeagán focal

fewer *adj*: **he has fewer coins than me** tá níos lú bonn aige ná atá agamsa

fewest *adj* is lú, is gainne

fiancé(e) *n* fiancé *m4*

fib *n* caimseog *f2*

fibre, (US) **fiber** *n* snáithín *m4*

fibreglass ® *n* gloine *f4* shnáithíneach

fickle *adj* guagach, luathintinneach

fiction *n* ficsean *m1*, finscéalaíocht *f3*

fictional *adj* cumtha, finscéalach, samhailteach

fictitious *adj* cumtha, bréige

fiddle *n* (MUS) fidil *f2*; (*cheating*) cleas *m1*, caimiléireacht *f3*, calaois *f2* ♦ *vt* (*accounts*) falsaigh, cúbláil

▸ **fiddle with** *vt fus*: **to fiddle with** bheith ag fútráil *or* ag méaraíocht le

fidget *vi* déan fútráil

field *n* páirc *f2*, gort *m1*; (*fig*) ábhar *m1*, réimse *m4*; (SPORT, *ground*) páirc *f2*, faiche *f4*; (COMPUT) réimse

field marshal *n* marascal *m1* machaire

fieldwork *n* obair *f2* pháirce

fiend *n* diabhal *m1*

fiendish *adj* diabhalta

fierce *adj* fíochmhar; (*look*) fiata

fiery *adj* tintrí, lasánta, splancúil

fifteen *num* cúig (cinn) déag; **fifteen bottles** cúig bhuidéal déag; **fifteen**

people cúig dhuine dhéag
fifth *num* cúigiú; **the fifth woman** an cúigiú bean
fifty *num* caoga + *sg*
fig *n* fige *f4*
fight *n* troid *f3*; (*brawl*) griolsa *m4*, racán *m1* ♦ *vt* troid
fighter *n* trodaí *m4*; (*plane*) eitleán *m1* troda
fighting *n* comhrac *m1*, troid *f3*
figment *n*: **it's a figment of your imagination** níl ann ach rud a samhlaíodh duit
figurative *adj* fáthach, fáthchiallach, meafarach
figure *n* déanamh *m1*, pearsa *f*, cruth *m3*; (*number, cipher*) uimhir *f*, figiúr *m1* ♦ *vt* (*think*: *esp* US) meas ♦ *vi* (*appear*) bheith ar, bheith i
▸ **figure out** *vt* (*work out*) oibrigh amach
figure of speech *n* nath *m3* cainte
file *n* (*also* COMPUT) comhad *m1*; (*row*) líne *f4*; (*tool*) líomhán *m1*, oighe *f4* ♦ *vt* (*nails, wood*) líomh; (*papers, claim*) comhdaigh ♦ *vi*: **to file in/out** dul isteach/amach duine i ndiaidh duine
filing cabinet *n* comhadchaibinéad *m1*
fill *vt* líon ♦ *n*: **to eat one's fill** do dhóthain *or* do sháith a ithe; **to fill with** líonadh le *or* de
▸ **fill in** *vt* (*hole, form*) líon (isteach)
▸ **fill up** *vt* líon; **fill it up, please** (AUT) líon í, le do thoil
fillet *n* filléad *m1*
fillet steak *n* stéig *f2* filléid
filling *n* (CULIN) líonadh *m*; (*for tooth*) líonadh *m*, táthán *m1*
filling station *n* stáisiún *m1* peitril
film *n* scannán *m1*; (*of powder, liquid*) screamh *f2* ♦ *vt* (*scene*) scannánaigh
film star *n* réaltóg *f2* scannán
filter *n* scagaire *m4* ♦ *vt* scag
filth *n* salachar *m1*; (*obscenity*) gáirsiúlacht *f3*
filthy *adj* cáidheach, bréan; (*language*) gáirsiúil, graosta, madrúil
fin *n* (*of fish*) eite *f4*, colg *m1*
final *adj* deiridh *n gen*, deireanach ♦ *n* (SPORT) cluiche *m4* ceannais; **finals** *npl* (UNIV) scrúduithe *mpl4* deiridh
finale *n* críoch-cheol *m1*; (*inf*) críoch *f2*, deireadh *m1*
finalize *vt* tabhair chun críche, cuir an dlaoi mhullaigh ar
finally *adv* faoi dheireadh, i ndeireadh na dála; (*lastly*) ar deireadh
finance *n* airgeadas *m1* ♦ *vt* maoinigh; **finances** *npl* acmhainn *fsg2*
financial *adj* airgeadais *n gen*
find *vt* faigh; (*lost object*) faigh, tar ar, aimsigh ♦ *n* fionnachtain *f3*; **to find sb guilty** (LAW) duine a fháil ciontach
▸ **find out** *vt* (*truth, secret, person*) faigh amach ♦ *vi* (*by chance*) faigh amach, téigh amach ar; **to find out sth about sth** (*make enquiries*) fáisnéis a chur faoi rud
findings *npl* (LAW) cinneadh *m1*, breithiúnas *m1*
fine *adj* (*excellent*) breá; (*thin, subtle*) mion, caol ♦ *adv* (*well*) maith ♦ *n* (LAW) cáin *f*, fíneáil *f3* ♦ *vt* (LAW) cáin, fíneáil; **to be fine** (*person, weather*) bheith go breá
fine arts *npl* ealaíona *fpl2* uaisle
finery *n* galántacht *f3*, éadaí *mpl1* galánta
finger *n* méar *f2* ♦ *vt* méaraigh; **little/index finger** lúidín *m4* /corrmhéar *f2*
fingernail *n* ionga *f* méire
fingerprint *n* méarlorg *m1*
fingertip *n* barr *m1* méire
finish *n* críoch *f2*; (SPORT) críoch *f2*, ceann *m1* sprice; (*polish etc*) slacht *m3* ♦ *vt, vi* críochnaigh; **to finish doing sth** rud a chur i gcrích; **to finish third** críochnú ar an tríú duine, teacht isteach sa tríú háit
▸ **finish off** *vt* críochnaigh; (*kill*) maraigh, cuir cos i bpoll le
▸ **finish up** *vt* críochnaigh; **finish up your tea** ól siar do chuid tae
finishing line *n* ceann *m1* sprice
finite *adj* teoranta; (*verb*) finideach
Finland *n* an Fhionlainn *f2*
Finn *n* Fionlannach *m1*
Finnish *adj* Fionlannach ♦ *n* (LING) Fionlainnis *f2*

fir *n* giúis *f2*
fire *n* tine *f4* • *vt* (*discharge*) scaoil; **to fire a gun** gunna a scaoileadh *or* a lámhach; (*fig*: *enthuse*) gríosaigh, spreag; (*dismiss*) bris, tabhair an bóthar do • *vi* (*shoot*) scaoil; **on fire** ar thine, le thine, trí thine
fire alarm *n* aláram *m1* dóiteáin
firearm *n* arm *m1* tine
fire brigade, fire department (*US*) *n* briogáid *f2* dóiteáin
fire engine *n* (*vehicle*) inneall *m1* dóiteáin
fire escape *n* staighre *m4* éalaithe
fire extinguisher *n* múchtóir *m3* dóiteáin
fireman *n* fear *m1* dóiteáin
fireplace *n* iarta *m4*, teallach *m1*, tinteán *m1*
fireside *n* teallach *m1*, clúid *f2* (na tine)
fire station *n* stáisiún *m1* dóiteáin
firewood *n* brosna *m4*, connadh *m1*
fireworks *npl* tinte *fpl4* ealaíne
firing squad *n* scuad *m1* lámhaigh
firm *adj* daingean • *n* gnólacht *m3*
first *adj* céad • *adv* ar an gcéad duine; (*when listing reasons etc*) ar an gcéad dul síos; **the first woman** an chéad bhean • *n* (*person*: *in race*) buaiteoir *m3*, (an) chéad duine; (*UNIV*) chéad onóracha *fpl3*; (*AUT*) (an) chéad ghiar *m1*; **at first** ar dtús; **first of all** i dtús báire
first aid *n* garchabhair *f*
first-aid kit *n* fearas *m1* garchabhrach
first class *adj* den chéad scoth, thar barr; **a first-class compartment** carráiste den chéad ghrád
first lady (*US*) *n* bean *f* an Uachtaráin
firstly *adv* ar dtús
first name *n* ainm *m4* baiste
first-rate *adj* ar fheabhas, den chéad scoth
fish *n* iasc *m1* • *vt, vi* iasc
fisherman *n* iascaire *m4*
fish farm *n* feirm *f2* éisc
fishing *n* iascaireacht *f3*; **to go fishing** dul ag iascaireacht *or* ag iascach
fishing boat *n* bád *m1* iascaigh *or* iascaireachta
fishing line *n* dorú *m4*
fishing rod *n* slat *f2* iascaigh *or* iascaireachta
fishmonger's (shop) *n* siopa *m4* éisc
fishy (*inf*) *adj* amhrasach
fist *n* dorn *m1*
fit *adj* (*healthy*) fiteáilte, aclaí, folláin; (*proper*) oiriúnach, cuí • *vt* (*subj*: *clothes*) oir do, fóir do; (*put in, attach*) cuir le; (*equip*) feistigh, gléasaigh; (*suit*) oir do, luigh le, cuir le • *vi* (*clothes*) oir do, fóir do; (*parts*) freagair dá chéile; (*in space, gap*) toill i, téigh (isteach) i • *n* (*of anger*) spadhar *m1*, tallann *f2*, racht *m3*; **fit to** i riocht; **fit for** réidh le; **fit of coughing** racht casachtaí; **a fit of giggles** racht sciotíola; **that dress is a good fit** is deas a luíonn an gúna sin leat; **by fits and starts** ina threallanna
▸ **fit in** *vi* réitigh le; **he fits in well** is breá a réitíonn sé leis an chuideachta
fitful *adj* (*sleep*) corrach
fitment *n* feistiú *m*
fitness *n* (*suitability*) feiliúnacht *f3*; (*MED*) folláine *f4*
fitted kitchen *n* cistin *f2* fheistithe
fitter *n* feisteoir *m3*
fitting *adj* cuí • *n* (*of dress*) tástáil *f3*; (*of piece of equipment*) feistiú *m*; **fittings** *npl* (*in building*) feisteas *msg1*
fitting room *n* seomra *m4* gléasta
five *num* cúig; **five bottles** cúig bhuidéal; **five people** cúigear *m1*
fiver *n* (*BRIT*) (páipéar *m1*) cúig phunt; (*US*) (páipéar) cúig dhollar
fix *vt* (*date, amount etc*) socraigh; (*mend*) deisigh, cóirigh; (*meal*) réitigh; (*drink*) ullmhaigh, giollaigh • *n*: **to be in a fix** bheith i gcruachás, bheith san fhaopach
▸ **fix up** *vt* (*meeting*) socraigh; **to fix sb up with sth** rud a sheiftiú do dhuine
fixed *adj* (*prices etc*) seasta
fixture *n* fearas *m1*, daingneán *m1*; (*SPORT*) cluiche *m4*, coinne *f4*
fizzy *adj* coipeach
flabbergasted *adj*: **she was flabbergasted** baineadh an anáil di, rinneadh stangaire di
flabby *adj* lodartha
flag *n* brat *m1*, bratach *f2*; (*also*: **flagstone**) leac *f2* phábhála • *vi*

sleabhac, lagaigh, meathlaigh
flagpole *n* crann *m1* brait
flagship *n* bratlong *f2*
flair *n* bua *m4*; **a flair for music** féith *f2* an cheoil
flak *n* (MIL) tine *f4* bharáiste; (*inf*: *criticism*) cáineadh *m*, beachtaíocht *f3* láidir
flake *n* (*of rust, paint*) screamhóg *f2*; (*of snow, soap powder*) lubhóg *f2*, calóg *f2*, cáithnín *m4* ♦ *vi* (*also*: **flake off**) scil, scealp
flamboyant *adj* gáifeach, péacach, taibhseach
flame *n* bladhm *f3*, bladhaire *m4*, lasair *f*
flamingo *n* lasairéan *m1*
flammable *adj* inlasta
flan *n* toirtín *m4* oscailte
flank *n* cliathán *m1* ♦ *vt*: **to flank** bheith cliathánach le
flannel *n* (*fabric*) flainín *m4*; (*also*: **face flannel**) éadach *m1* aghaidhe; **flannels** *npl* (*trousers*) bríste *msg4* flainín
flap *n* (*of pocket, envelope*) liopa *m4* ♦ *vt* (*wings*) buail ♦ *vi*: **to flap (about)** (*sail, flag*) bheith ag bratail *or* ag clupaideach; (*inf*: *also*: **be in a flap**) bheith trí chéile, driopás a bheith ort
flare *n* (*signal*) tóirse *m4*; (*in skirt etc*) spré *m*
▸ **flare up** *vi* las, bladhm; (*fig*: *person*) bladhm, splanc, pléasc; (: *strife etc*) éirigh
flash *n* laom *m3*, splanc *f2*, scal *f2*; (PHOT) splanc ♦ *vt* (*light*) caith; **to flash a look** sracfhéachaint a thabhairt ♦ *vi* (*light*) splanc; **a flash of lightning** saighneán *m1*, splanc thintrí; **in a flash** ar luas lasrach; **to flash one's headlights** do cheannsoilse a chaitheamh; **to flash by** *or* **past** (*person*) scinneadh thart
flashlight *n* laomlampa *m4*, tóirse *m4*
flashy (*pej*) *adj* péacach, spiagaí
flask *n* fleasc *m3*; (*also*: **vacuum flask**) folúsfhlaigín *m4*
flat *adj* cothrom; (*beer*) leamh; (*denial*) lom, neamhbhalbh; (MUS) maol; (*voice*) leamh ♦ *n* (*apartment*) árasán *m1*; (MUS) maol *m1*; **on the flat** (AUT) ar an réidh; **to be working flat out** bheith ag obair ar theann do dhíchill
flatly *adv* (*refuse*) go dubh is go bán, scun scan
flatten *vt* (*also*: **flatten out**) leacaigh; (*crop, building(s)*) treascair, leag
flatter *vt* déan plámás le, déan béal bán le
flattering *adj* plámásach; **that dress is very flattering** is deas atá an gúna sin ag teacht duit
flattery *n* plámás *m1*, béal *m1* bán
flaunt *vt* déan gaisce de
flavour, (US) **flavor** *n* blas *m1* ♦ *vt* blaistigh
flavouring *n* blastán *m1*
flaw *n* cáim *f2*, éalang *f2*, locht *m3*, máchail *f2*
flawless *adj* gan cháim, gan éalang
flax *n* líon *m1*
flaxen *adj* lín; (*hair*) buíbhán
flea *n* dreancaid *f2*
fleck *n* cáithnín *m4*, dúradán *m1*
flee *vi* teith
fleece *n* lomra *m4* ♦ *vt* (*inf*) feann
fleet *n* cabhlach *m1*, loingeas *m1*
fleeting *adj* duthain; (*visit*) reatha *n gen*
Flemish *adj* Pléimeannach ♦ *n* (LING) Pléimeannais *f2*
flesh *n* feoil *f3*
flex *n* fleisc *f2* ♦ *vt* (*knee, muscles*) aclaigh
flexible *adj* solúbtha; (*person*): **to be flexible** ligean chugat is uait a bheith agat
flick *n* smeach *m3*, smalóg *f2* ♦ *vt* tabhair smeach do
flicker *vi* (*light*) preab
flight *n* eitilt *f2*; (*escape*) teitheadh *m*; (*also*: **flight of steps**) staighre *m4*
flight attendant (US) *n* aeróstach *m1*
flimsy *adj* tanaí; **flimsy excuse** leithscéal *m1* lag
fling *vt* caith, teilg
flint *n* breochloch *f2*, cloch *f2* thine
flip *vt* (*throw*) caith; **to flip a coin** bonn a chaitheamh in airde
flippant *adj* (*glib*) cabanta; (*cheeky*) deiliúsach
flirt *vi*: **to flirt with** bheith ag cliúsaíocht le ♦ *n* cliúsaí *m4*

flit *vi* scinn, eitil
float *n* snámhán *m1*; (FISHING) bolbóir *m3*; (*in procession*) flóta *m4*; (*money*) cúlchnap *m1* ♦ *vi* snámh; **to float in the air** bheith ar foluain
flock *n* (*also* REL) tréad *m3*; (*of birds*) ealta *f4* ♦ *vi*: **to flock to** dul ina scataí go
flog *vt* léas, lasc
flood *n* tuile *f4*, rabharta *m4* ♦ *vt* báigh ♦ *vi*: **people flooded into the house** phlódaigh daoine isteach sa teach
flooding *n* bá *m4*
floodlight *n* tuilsolas *m1*
floor *n* urlár *m1*; (*of sea*) grinneall *m1* ♦ *vt* (*subj*: *question*) déan stangaire de; (: *punch*) leag; **ground floor, first floor** (US) urlár *m1* na talún; **first floor, second floor** (US) chéad urlár
floorboard *n* clár *m1* urláir
flop *n* teip *f2* ♦ *vi* teipeann ar; (*fall*) tit
floppy *adj* liobarnach
floppy (disk) *n* (COMPUT) diosca *m4* flapach
flora *n* flóra *m4*
floral *adj* bláthach; (*dress*) bláthbhreac
florid *adj* (*complexion*) lasánta; (*style*) ornáideach
florist *n* bláthadóir *m3*
flounder *vi* iomlaisc ♦ *n* (ZOOL) leadhbóg *f2*
flour *n* plúr *m1*
flourish *vi* tar chun cineáil; **they are flourishing** tá rath (agus bláth) orthu ♦ *n* (*gesture*) croitheadh *m*
flout *vt* déan neamhshuim de, tabhair droim láimhe do
flow *n* sruth *m3*; (*of cash*) sreabhadh *m* ♦ *vi* sruthaigh; (*traffic*) gluais; (*robes, hair*) slaod, bheith ag titim ina slaodanna
flow chart *n* sreabhchairt *f2*
flower *n* bláth *m3* ♦ *vi* bláthaigh
flower bed *n* ceapach *f2* bláthanna
flowerpot *n* próca *m4* bláthanna
flowery *adj* bláthach; (*style*) ornáideach
flu *n* fliú *m4*, ulpóg *f2*
fluctuate *vi* luainigh; (MATH) iomlaoidigh
fluent *adj* (*speech*) líofa; **he speaks fluent Irish, he's fluent in Irish** tá Gaeilge líofa aige; **he's a fluent speaker** tá lúth na teanga aige
fluff *n* clúmhach *m1*
fluffy *adj* clúmhach
fluid *adj* sreabhach ♦ *n* sreabhán *m1*
fluke (*inf*) *n* taisme *f4*, beangán *m1* den ádh
fluoride *n* fluairíd *f2*
flurry *n* (*of wind*) cuaifeach *m1*; (*of snow*) cith *m3*; (*of activity*) flústar *m1*
flush *n* (*on face*) lasadh *m*; (*of youth, beauty etc*) bláth *m3* ♦ *vt* sruthlaigh ♦ *vi* scaird ♦ *adj*: **flush with** i gcothrom le
flushed *adj* lasánta
flustered *adj* trína chéile, faoi dhriopás
flute *n* feadóg *f2* mhór, fliúit *f2*
flutter *n* (*of panic, excitement*) sceitimíní *pl*; (*of wings*) cleitearnach *f2* ♦ *vi*: **to flutter about** (*bird*) bheith ag cleitearnach thart; (*person*) bheith ag geidimíneacht thart
flux *n*: **to be in a state of flux** bheith ag síorathrú
fly *n* (*insect*) cuileog *f2*; (*on trousers*: *also*: **flies**) cailpís *f2* ♦ *vt* píolótaigh; (*passengers, cargo*) iompair (in eitleán); (*flag*) cuir ar foluain ♦ *vi* eitil; (*passengers*) taistil in eitleán; (*escape*) teith; (*flag*: *also*: **to be flying**) bheith ar foluain; **with flying colours** thar barr go geal
▸ **fly away, fly off** *vi* imigh ar eitleog
flying *n* eitilt *f2* ♦ *adj*: **a flying visit** cuairt reatha
flying start *n* ligean *m1* rábach
flyover *n* (*bridge*) uasbhealach *m1*
foal *n* searrach *m1*
foam *n* cúr *m1*, coipeadh *m*, sobal *m1* ♦ *vi* (*liquid*) coip
fob *vt*: **they fobbed him off with an excuse** chuir siad ó dhoras le leithscéal é
focus *n* fócas *m1*; (*of interest*): **it is the focus of public interest** tá aird an phobail air ♦ *vi*: **to focus on** díriú ar; **out of/in focus** (*picture*) as fócas/i bhfócas
fodder *n* farae *m4*, fodar *m1*
foe *n* namhaid *m*
fog *n* ceo *m4*
foggy *adj* ceomhar; **it's foggy** tá ceo ann

fog lamp *n* (*AUT*) lampa *m4* ceo
foil *vt* sáraigh ♦ *n* scragall *m1*; (*contrast*) codarsnacht *f3*
fold *n* (*bend, crease*) filleadh *m1*; (*AGR*) loca *m4*; (*fig*) tréad *m3* ♦ *vt* fill
folder *n* fillteán *m1*; (*file*) comhad *m1*
folding *adj* (*chair, bed*) infhillte
foliage *n* duilliúr *m1*
folk *npl* daoine *mpl*; **folks** *npl* (*family*) muintir *fsg2*
folklore *n* béaloideas *m1*
folk music *n* ceol *m1* tíre
follow *vt, vi* lean; (*ensue*): **there followed a discussion** bhí plé ann ina dhiaidh sin; **to follow suit** (*fig*) déanamh amhlaidh
follower *n* leanúnaí *m4*, leantóir *m3*
followers *npl* lucht *msg3* leanúna
following *adj* a leanann, a leanas; (*day*) ina dhiaidh sin ♦ *n* lucht *m3* leanúna
folly *n* baois *f2*
fond *adj* ceanúil; (*hopes, dreams*) baoth; **she is fond of him** tá sí ceanúil air, tá sí geal dó
fondle *vt* muirnigh
font *n* (*in church*: *for baptism*) umar *m1* baiste; (*TYP, COMPUT*) cló *m4*, foireann *f2* (chló)
food *n* bia *m4*
food mixer *n* meascthóir *m3* bia
food poisoning *n* nimhiú *m* bia
food processor *n* próiseálaí *m4* bia
foodstuffs *npl* bia-ábhair *mpl1*
fool *n* amadán *m1*; (*woman*) óinseach *f2* ♦ *vt* meall, cuir dallamullóg ar ♦ *vi* déan pleidhcíocht
foolhardy *adj* meargánta
foolish *adj* amaideach
foot *n* cos *f2*; (*measure*) troigh *f2* ♦ *vt* (*bill*) íoc; **on foot** de chois
football *n* peil *f2*, caid *f2*
footballer, football player *n* peileadóir *m3*
football match *n* cluiche *m4* peile
foot brake *n* coscán *m1* coise
footbridge *n* droichead *m1* coisithe
foothills *npl* bunchnoic *mpl1*
foothold *n* greim *m3* coise, áit *f2* do choise
footing *n* (*fig*) bonn *m1*; **he lost his footing** bhain tuisle dó
footlights *npl* bruachshoilse *mpl1*
footnote *n* fonóta *m4*
footpath *n* cosán *m1*
footprint *n* lorg *m1* coise
footstep *n* coiscéim *f2*
footwear *n* coisbheart *m1*

KEYWORD

for *prep* do, ar; faoi choinne + *gen*; i gcomhair + *gen*; le haghaidh + *gen* **1** (*indicating destination, intention, purpose*): **the train for London** traein Londan, an traein go Londain; **he went for the paper** chuaigh sé faoi choinne an pháipéir *or* i gcomhair an pháipéir; **it's time for lunch** tá am lóin ann; **what's it for?** céard lena aghaidh é?; **what for?** (*why*) cad chuige?, cén fáth?
2 (*on behalf of, representing*): **the MP for Hove** teachta parlaiminte Hove; **to work for sb** bheith ag obair ag duine; **to work for sth** bheith ag obair ar son ruda; **G for George** G mar i George
3 (*because of*): **for this reason** ar an ábhar seo, dá bhrí seo; **for fear of being criticized** ar eagla go gcáintí é, ar eagla a cháinte
4 (*with regard to*): **it's cold for July** tá sé fuar do Mhí Iúil; **to have a gift for languages** bheith go maith i gceann teangacha *or* i mbun teangacha
5 (*in exchange for*): **I sold it for £5** dhíol mé ar chúig phunt é; **to pay 50 pence for a ticket** 50 pingin a dhíol ar thicéad
6 (*in favour of*): **are you for *or* against us?** an bhfuil tú inár leith nó inár n-éadan *or* ar ár son nó inár gcoinne?
7 (*referring to distance*): **there are roadworks for 5 miles** tá cúig mhíle de chóiriú bóthair ann; **we walked for miles** shiúlamar na mílte
8 (*referring to time*): **he was away for two years** bhí sé ar shiúl ar feadh dhá bhliain; **she will be away for a month** beidh sí ar shiúl go ceann míosa; **I have known her for years** tá aithne agam

uirthi leis na blianta; **can you do it for tomorrow?** an féidir leat é a dhéanamh don lá amárach?
9 (*with infin clauses*): **it is not for me to decide** ní fúmsa atá sé cinneadh a dhéanamh; **it would be best for you to leave** b'fhearr duit imeacht; **there is still time for you to do it** tá am go leor agat fós le é a dhéanamh; **for that to be possible ...** le *or* chun go mb'fhéidir sin
10 (*in spite of*) (in) ainneoin, d'ainneoin; **for all his work/efforts** d'ainneoin a chuid oibre uile/a dhíchill; **for all his complaints, he's very fond of her** in ainneoin na ngearán uile aige tá sé an-ghealmhar uirthi
♦ *conj* (*since, as*: *rather formal*) óir, ós rud é go

forage *vi* siortaigh, ransaigh, tóraigh
foray *n* ruathar *m1*
forbid *vt* cros ar, coisc ar; **she forbade them to smoke cigarettes** chros sí na toitíní orthu
forbidding *adj* doicheallach
force *n* teann *m3*, fórsa *m4* ♦ *vt* tabhair ar; (*lock*) bris; (*door*) cuir isteach; **the Forces** *npl* (MIL) na Fórsaí *mpl4*; **by force** le treise lámh; **in force** i bhfeidhm
forceful *adj* éifeachtach, fuinniúil
forcibly *adv* foréigneach; (*express*) le treise
ford *n* áth *m3*
fore *n*: **to come to the fore** teacht chun tosaigh
forearm *n* rí *f4*, bacán *m1* láimhe
foreboding *n* drochthuar *m1*
forecast *n* réamhaisnéis *f2* ♦ *vt* tuar
forefather *n* sinsear *m1*
forefinger *n* méar *f2* thosaigh, corrmhéar *f2*
forefront *n*: **in** *or* **at the forefront of** ar thús cadhnaíochta + *gen*
foreground *n* réamhionad *m1*
forehead *n* clár *m1* éadain
foreign *adj* coimhthíoch, eachtrannach; (*language*) iasachta *n gen*; **Department of Foreign Affairs** An Roinn *f2* Gnóthaí Eachtracha
foreigner *n* coimhthíoch *m1*, eachtrannach *m1*
foreign exchange *n* malairt *f2* eachtrach, airgead *m1* eachtrach
Foreign Secretary *n* (IRL) Aire *m4* Gnóthaí Eachtracha; (BRIT) Rúnaí *m4* Gnóthaí Eachtracha
foreman *n* (*factory, building site*) saoiste *m4*
foremost *adj* (*position*) chéad; (*rank*) is tábhachtaí; (*time*) is túisce ♦ *adv*: **first and foremost** i dtús báire
forerunner *n* réamhtheachtaí *m4*
foresee *vt* aithin, tuar
foreseeable *adj*: **in the foreseeable future** roimh i bhfad; **for the foreseeable future** go ceann i bhfad; **it is foreseeable that ...** is cosúil go ...
foreshadow *vt* tuar
foresight *n* réamhfhéachaint *f3*
forest *n* coill *f2*, foraois *f2*
forestry *n* foraoiseacht *f3*
foretaste *n* réamhbhlas *m1*
foretell *vt* tairngir, déan fáistine as, réamhaithris
forever *adv* go deo; (*fig*: *long time*) i gcónaí, i dtólamh
foreword *n* réamhfhocal *m1*
forfeit *vt* (*lose*) caill
forge *n* ceárta *f4* ♦ *vt* (*signature*) brionnaigh, falsaigh; (*wrought iron*) gaibhnigh; **to forge money** airgead bréige a dhéanamh
forger *n* (*counterfeiter*) falsaitheoir *m3*
forgery *n* brionnú *m*
forget *vt, vi* dearmad; **to forget about sb/sth** dearmad a dhéanamh ar dhuine/ar rud; **I forgot my pen** rinne mé dearmad de mo pheann
forgetful *adj* dearmadach
forget-me-not *n* lus *m3* míonla
forgive *vt* maith do; **he forgave her for it** mhaith sé di é, thug sé maithiúnas di ann
forgiveness *n* maithiúnas *m1*
fork *n* (*for eating*) forc *m1*; (*in road*) gabhal *m1* ♦ *vi* (*road*) gabhlaigh
▸ **fork out** *vt* tabhair amach
fork-lift truck *n* trucail *f2* ardaithe

forlorn *adj* (*deserted*) tréigthe, dearóil; (*attempt*) gan dóchas
form *n* cruth *m3*, déanamh *m1*, foirm *f2*; (SCOL) rang *m3*; (*questionnaire*) foirm *f2* ♦ *vt* cruthaigh, foirmigh; **to form a habit** nós a dhéanamh; **in top form** lán croí agus aigne
formal *adj* (*offer, receipt*) foirmiúil; (*person*) nósmhar
formally *adv* go foirmiúil; (*announce*) go hoifigiúil
format *n* formáid *f2* ♦ *vt* (COMPUT) formáidigh
formation *n* foirmiú *m*
formative *adj*: **during her formative years** le linn a hóige
former *adj* iar-, sean-, ath-
formerly *adv* roimhe seo, seal den tsaol
formidable *adj* (*frightening*) scanrúil; (*powerful*) éifeachtach
formula *n* foirmle *f4*
forsake *vt* tréig
fort *n* dún *m1*
forte *n* bua *m4*
forth *adv* amach; **and so forth** agus mar sin de, agus araile; **to go back and forth** dul anonn agus anall
forthcoming *adj* (*event*) le teacht; (*character*) garach; (*available*) ar fáil
forthright *adj* oscailte, neamhbhalbh
forthwith *adv* láithreach, gan mhoill
fortify *vt* daingnigh, neartaigh
fortitude *n* foirtile *f4*
fortnight *n* coicís *f2*
fortnightly *adv* uair sa choicís
fortunate *adj* ádhúil, fortúnach; **you are fortunate** tá an t-ádh ort; **it is fortunate that ...** is mór an gar go ...
fortunately *adv* go hádhúil; **fortunately for him** ar an dea-uair dó
fortune *n* (*luck*) ádh *m1*; (*fate*) cinniúint *f3*; (*wealth*) maoin *f2*, saibhreas *m1*; **to tell sb's fortune** fios a dhéanamh do dhuine; **she had the good fortune to be there** bhí sé de rath uirthi bheith ann
fortune-teller *n* (*female*) bean *f* feasa; (*male*) fear *m1* feasa
forty *num* daichead + *sg*
forward *adj* (*ahead of schedule*) chun tosaigh; (*movement, position*) chun tosaigh, ar aghaidh; (*not shy*) dána, treallúsach ♦ *n* (SPORT) tosaí *m4* ♦ *vt* (*letter*) seol ar aghaidh; (*fig*) cuir chun cinn
forward(s) *adv* ar aghaidh; **to move forward(s)** bog chun tosaigh
fossil *n* iontaise *f4*
foster *vt* forbair, cuir chun cinn; (*child*) altramaigh
foster child *n* leanbh *m1* altrama, dalta *m4*
foul *adj* (*weather*) doineanta; (*language*) gáirsiúil; (*smell*) bréan ♦ *n* (SPORT) feall *m1* ♦ *vt* (*dirty*) salaigh; **he has a foul temper** tá sé chomh colgach le gráinneog; **foul weather** doineann *f2*
found *vt* (*establish*) bunaigh
foundation *n* (*act*) bunú *m*; (*base*) bonn *m1*, dúshraith *f2*; (*institution*) fondúireacht *f3*; (*also*: **foundation cream**) fochosmaid *f2*
founder *n* bunaitheoir *m3* ♦ *vi* teipeann ar; **the ship foundered** bádh an long, chuaigh an long go grinneall
foundry *n* teilgcheárta *f4*
fountain *n* fuarán *m1*, foinse *f4*
fountain pen *n* peann *m1* tobair
four *num* ceathair; **four bottles** ceithre bhuidéal; **four people** ceathrar *m1*; **on all fours** ar ceithre boinn
four-poster *n* (*also*: **four-poster bed**) leaba *f* ceithre phost
fourteen *num* ceathair déag; **fourteen bottles** ceithre bhuidéal déag; **fourteen people** ceithre dhuine dhéag
fourth *num* ceathrú; **the fourth woman** an ceathrú bean
fowl *n* éan *m1* ♦ *npl* éanlaith *fsg2*
fox *n* sionnach *m1*, madra *m4* rua ♦ *vt* buail bob ar
foyer *n* forhalla *m4*
fraction *n* codán *m1*
fracture *n* briseadh *m*
fragile *adj* sobhriste
fragment *n* blúire *m4*, stiall *f2*
fragrant *adj* cumhra

frail *adj* anbhann, lag
frame *n* fráma *m4*; (*body*) cabhail *f*; (*figure*) fíoraíocht *f3* ♦ *vt* frámaigh; **frame of mind** meon *m1*, staid *f2* intinne; **to frame sb** duine a fhágáil in áit chos an ghadaí
framework *n* creatlach *f2*, plean *m4*; **framework document** deilbhcháipéis *f2*
France *n* an Fhrainc *f2*
franchise *n* (POL) ceart *m1* votála; (COMM) saincheadúnas *m1*
frank *adj* ionraic, neamhbhalbh ♦ *vt* (*letter*) frainceáil
frankly *adv* leis an fhírinne a dhéanamh, déanta na fírinne
frantic *adj* (*hectic*) mear; (*distraught*) i mbarr do chéille
fraternity *n* (*brotherliness*) dáimh *f2*, bráithreachas *m1*; (*group*) comhaltas *m1*, cumann *m1*
fraud *n* calaois *f2*; (*person*) caimiléir *m3*
fraught *adj*: **fraught with** lán + *gen*, lán de
fray *n* racán *m1* ♦ *vi* scamh; **tempers were frayed among them** bhí ag briseadh ar an bhfoighne acu
freak *n* torathar *m1*, anchúinse *m4*
freckle *n* bricín *m4* (gréine)
free *adj* saor; (*gratis*) in aisce ♦ *vt* (*prisoner etc*) scaoil saor; (*jammed object, person*) scaoil amach; **free of charge** saor in aisce
freedom *n* saoirse *f4*
free-for-all *n* racán *m1*, maicín *m4*
freehold *n* saorghabháltas *m1*, ruíleas *f2*
free kick *n* cic *m4* saor
freelance *adj* neamhspleách
freely *adv* go réidh; (*liberally*) go fairsing
Freemason *n* máisiún *m1*
Freepost ® *n* Post *m1* saor
Free State *n* (*also*: **Irish Free State**) Saorstát *m1* na hÉireann
free trade *n* saorthrádáil *f3*
freeway (US) *n* ≈ mótarbhealach *m1*
free will *n* toil *f3* shaor; **by her own free will** dá deoin féin
freeze *vt, vi* sioc, reoigh; (*person*) conáil; (*prices, salaries*) calc ♦ *n* sioc *m3*; (*on prices, salaries*) calcadh *m*
freezer *n* reoiteoir *m3*
freezing *adj*: **freezing (cold)** (*weather, water*) feanntach ♦ *n*: **three degrees below freezing** trí chéim faoin reophointe; **it is freezing** tá sé ag sioc; (*fig*) chonálfadh sé na corra; **I'm freezing** tá mé conáilte *or* sioctha
freezing point *n* reophointe *m4*
freight *n* (*goods*) lasta *m4*; (*charge*) last-táille *f4*
freight train *n* traein *f* earraí
French *adj* Francach ♦ *n* (LING) Fraincis *f2*; **the French** *npl* na Francaigh *mpl1*
French bean *n* pónaire *f4* fhrancach
French fries *npl* sceallóga *fpl2*
Frenchman *n* Francach *m1*
French window *n* fuinneog *f2* fhrancach
Frenchwoman *n* Francach *m1* (mná)
frenzy *n* buile *f4*, mire *f4*
frequency *n* minicíocht *f3*
frequent *adj* minic ♦ *vt* taithigh, gnáthaigh
frequently *adv* go minic
fresh *adj* úr, nua, glan; (*cheeky*) soibealta
freshen *vi* (*wind*) géaraigh
fresher, freshman (US) *n* (SCOL) mac *m1* léinn úr
freshly *adv* go húrnua
freshness *n* úire *f4*
freshwater *adj* (*fish*) uisce abhann, uisce locha
fret *vi*: **to fret about** *or* **over sb/sth** tú féin a bhuaireamh faoi dhuine/rud
friar *n* bráthair *m*
friction *n* (*lit*) cuimilt *f2*; (*fig*) imreas *m1*
Friday *n* (An) Aoine *f4*; **on Friday** Dé hAoine; **he comes on Fridays** tagann sé ar an Aoine
fridge *n* cuisneoir *m3*
fried *adj* friochta
friend *n* cara *m*
friendly *adj* cairdiúil; **to be friendly with sb** bheith mór le duine
friendship *n* cairdeas *m1*
fries *npl* (*esp* US) sceallóga *fpl2*
frieze *n* bréid *m4*
fright *n* scanradh *m1*, scéin *f2*; **she took fright** scanraigh sí

frighten *vt* scanraigh, cuir scéin i
frightened *adj*: **he was frightened of it** bhí scanradh air roimhe
frightening *adj* scanrúil, scáfar
frightful *adj* scanrúil, scáfar
frigid *adj* (*woman*) fuaránta
frill *n* rufa *m4*
fringe *n* (*of hair*) frainse *m4*; (*edge*: *of forest etc*) imeall *m1*
fringe benefits *npl* sochair *mpl1* imeallacha
frisk *vt* cuardaigh
fritter *n* friochtóg *f2*
frivolous *adj* aerach, giodamach, éaganta
fro *adv*: **to go to and fro** dul anonn agus anall
frock *n* gúna *m4*
frog *n* frog *m1*, loscann *m1*; (*in throat*) sceach *f2*
frogman *n* frogaire *m4*
frolic *vi*: **to frolic about** bheith ag rancás *or* ag princeam

KEYWORD

from *prep* ó, as, de **1** (*indicating starting place, origin etc*) ó, as; **where do you come from?, where are you from?** cárb as tú *or* duit?; **from London to Paris** ó Londain go Páras; **a letter from my sister** litir ó mo dheirfiúr; **to drink from the bottle** ól as an mbuidéal
2 (*indicating time*) ó; **from one o'clock to** *or* **until** *or* **till two** óna haon a chlog go dtí a dó; **from January (on)** ó Mhí Eanáir amach
3 (*indicating distance*) ó; **the hotel is one kilometre from the beach** tá an óstlann ciliméadar ón trá
4 (*indicating price, number etc*) ó; **the interest rate was increased from 9% to 10%** ardaíodh an ráta úis ó 9% go 10%
5 (*indicating difference*) idir ... agus; **he can't tell red from green** ní aithníonn sé idir dath dearg agus dath glas
6 (*because of, on the basis of*): **from what he says** ón méid a deir sé; **weak from hunger** lag leis an ocras

front *n* (*aspect*) aghaidh *f2*; (*section*) tosach *m1*; (MIL) tosach catha; (*fig*: *appearances*) cur *m1* i gcéill ♦ *adj* tosaigh *n gen*; **in front (of)** (*ahead*) roimh; (*opposite*) os comhair + *gen*
front door *n* doras *m1* tosaigh
frontier *n* teorainn *f*
front page *n* leathanach *m1* tosaigh
front room *n* seomra *m4* suí
front-wheel drive *n* tiomáint *f3* rotha tosaigh
frost *n* sioc *m3*; (*also*: **hoarfrost**) sioc bán *or* geal
frostbite *n* dó *m4* seaca
frosted *adj* (*glass*) siocttha
frosty *adj* (*weather*) siocúil, seaca; (*fig*): **he was frosty with me** bhí sé fuar ionam
froth *n* cúr *m1*, coipeadh *m*
frown *vi* cuir púic *or* gruig ort féin
fruit *n* toradh *m1*
fruiterer *n* torthóir *m3*, ceannaí *m4* torthaí
fruitful *adj* torthúil; (*fig*) tairbheach
fruition *n*: **to come to fruition** teacht i mbláth
fruit juice *n* sú *m4* torthaí
fruit salad *n* sailéad *m1* torthaí
frustrate *vt* (*person*) cuir frustrachas ar; (*plan*) sáraigh, mill
fry *vt* frioch ♦ *n* friochadh *m*
frying pan *n* friochtán *m1*
fudge *n* (CULIN) faoiste *m4*
fuel *n* breosla *m4*
fuel tank *n* (*in vehicle*) umar *m1* breosla
fugitive *n* teifeach *m1*, duine *m4* atá ar a sheachaint
fulfil, (US) **fulfill** *vt* (*function, condition, order*) comhlíon, cuir i gcrích; (*wish, desire*) sásaigh
fulfilment *n* comhlíonadh *m*, cur i gcrích; (*of wishes etc*) sásamh *m1*
full *adj* lán; (*details, information*) iomlán, gach ♦ *adv*: **he knew full well that** is maith a bhí a fhios aige go; **I'm full (up)** tá mé lán go béal; **a full two hours** dhá uair druidte; **at full speed** ar lánluas; **in full** (*reproduce, quote*) ar fad; **paid in full** íoctha ina iomlán, lán-íoctha

full employment *n* lánfhostaíocht *f3*
full-length *adj* (*film, portrait, mirror*) lánfhada; (*coat*) go colpaí
full moon *n* iomlán *m1* gealaí
full-scale *adj* (*attack, war*) oll-; (*model*) cuimsitheach
full stop *n* lánstad *m4*
full-time *adj* (*work*) lánaimseartha ♦ *adv* go lánaimseartha
fully *adv* ar fad, go hiomlán, go lán-
fully fledged *adj* déanta, críochnaithe
fumble *vi*: **to fumble with sth** bheith ag méirínteacht *or* ag útamáil le rud
fume *vi*: **he fumed with rage** bhí sé ag fiuchadh le fearg
fumes *npl* múch *fsg2*
fun *n* spraoi *m4*, spórt *m1*, greann *m1*; **to have fun** spraoi a dhéanamh; **for fun** le greann; **to make fun of sb** ceap magaidh a dhéanamh de dhuine
function *n* feidhm *f2*; (*social occasion*) féasta *m4*, oíche *f4* chaidrimh ♦ *vi* feidhmigh
functional *adj* (*working*) i bhfeidhm; (*hard-wearing*) buanfasach; (*practical*) feidhmiúil
fund *n* ciste *m4*; (*source, store*) stór *m1*; **funds** *npl* maoin *fsg2*, acmhainn *fsg2*
fundamental *adj* bunúsach, bunaidh *n gen*
funeral *n* tórramh *m1*, sochraid *f2*
funeral mass *n* aifreann *m1* na marbh
funeral service *n* seirbhís *f2* na marbh
funfair *n* aonach *m1* seó
fungus *n* fungas *m1*
funnel *n* fóiséad *m1*, tonnadóir *m3*; (*of ship*) simléar *m1*
funny *adj* greannmhar; (*strange*) aisteach, saoithiúil
fur *n* fionnadh *m1*; (*in kettle etc*) coirt *f2*, screamh *f2*
fur coat *n* cóta *m4* fionnaidh
furious *adj* fíochmhar, fraochta; **to be furious with sb** bheith ar an daoraí le duine
furlong *n* staid *f2*
furnace *n* foirnéis *f2*
furnish *vt*: **to furnish a house** troscán a chur i dteach; (*supply*): **to furnish sb with sth** rud a sholáthar do dhuine
furnishings *npl* feisteas *msg1*
furniture *n* troscán *m1*, trealamh *m1*, trioc *m4*; **piece of furniture** ball *m1* troscáin
furrow *n* clais *f2*
furry *adj* (*animal*) clúmhach; (*toy*) bog
further *adj* (*additional*) breise *n gen* ♦ *adv* de bhreis; (*more*) tuilleadh + *gen*; (*moreover*) ar a bharr sin ♦ *vt* cuir chun cinn
further education *n* oideachas *m1* tríú leibhéil
furthermore *adv* a dhála sin, thairis sin, chomh maith leis sin
fury *n* buile *f4*
fuse, (*US*)**fuze** *n* fiús *m1*; (*for bomb etc*) aidhnín *m4* ♦ *vt, vi* (*metal*) comhtháthaigh; **it has fused** tá teipthe ar an bhfiús, tá an fiús dóite
fuse box *n* bosca *m4* fiúsanna
fuss *n* (*excitement*) fuadar *m1*, griothal *m1*; (*complaining*) gluaireán *m1* ♦ *vi* fuirsigh; **to make a fuss** raic a thógáil; **to make a fuss of sb** adhnua a dhéanamh de dhuine, a mhór a dhéanamh de dhuine
fussy *adj* (*person*) gluaireánach; (*eater*) beadaí; (*dress, style*) cúirialta
future *adj* le teacht ♦ *n* todhchaí *f4*; (*LING*) aimsir *f2* fháistineach; **in future** as seo amach
fuze (*US*) *n, vt, vi* = **fuse**
fuzzy *adj* (*PHOT*) doiléir; (*hair*) mionchatach

G

gable *n* binn *f2*
gadget *n* gaireas *m1*
Gaelic *adj* Gaelach ♦ *n* (LING: *also*: **Irish Gaelic**) Gaeilge *f4*; (*also*: **Scots** *or* **Scottish Gaelic**) Gaeilge na hAlban; **Gaelic football** peil *f2* ghaelach; **Gaelic speaker** Gaeilgeoir *m3*
Gaelic coffee *n* caife *m4* gaelach
gag *n* (*on mouth*) gobán *m1*; (*joke*) scéal *m1* grinn ♦ *vt*: **to gag** gobán a chur i mbéal duine, glas béil a chur ar dhuine
gain *n* (*profit*) sochar *m1*, brabach *m1*, gnóthachan *m1*; (*increase*): **gain (in)** méadú *m* (ar) ♦ *vt* gnóthaigh ♦ *vi* (*watch*): **to gain** bheith gasta *or* mear; **to gain three lbs (in weight)** trí phunt meáchain a chur suas; **to gain on sb** (*catch up*) teannadh le duine; **to gain from/by** gnóthú ar/as
gait *n* leagan *m1* siúil
gale *n* gála *m4*
gallant *adj* curata; (*polite*) cúirtéiseach, dea-bhéasach
gall bladder *n* máilín *m4* domlais
gallery *n* áiléar *m1*, gailearaí *m4*; (*also*: **art gallery**) dánlann *f2*
galley *n* (*ship's kitchen*) cistin *f2* loinge
gallon *n* galún *m1*
gallop *n*: **at a gallop** ar cosa in airde ♦ *vi*: **to gallop** dul ar cosa in airde
gallows *n* croch *fsg2*
gallstone *n* cloch *f2* dhomlais
galore *adv* go leor, fairsinge + *gen*
Galway *n* Gaillimh *f2*
gambit *n* (CHESS) fiontar *m1*
gamble *n* buille *m4* faoi thuairim, amhantar *m1* ♦ *vi*: **to gamble** imirt, bheith ag cearrbhachas ♦ *vt*: **to gamble sth** rud a chur i ngeall; **to gamble on** (*fig*) dul sa seans (go)
gambler *n* cearrbhach *m1*
gambling *n* cearrbhachas *m1*
game *n* cluiche *m4*; (HUNTING) géim *m4*, seilg *f2* ♦ *adj* (*willing*): **to be game (for)** bheith i bhfách (le); **big game** seilg mhór
gamekeeper *n* maor *m1* géim
gammon *n* (*bacon*) ceathrú *f* dheataithe; (*ham*) liamhás *m1* deataithe
gamut *n* réimse *m4*; (MUS) ceolraon *m1*
gang *n* drong *f2*; (*of workmen*) meitheal *f2*
▸ **gang up** *vi*: **to gang up on sb** ceann corr a thógáil do dhuine
gangster *n* drongadóir *m3*
gangway *n* clord *m1*; (*of bus, plane*) pasáiste *m4*
gaol *n* = **jail**
gap *n* bearna *f4*
gape *vi*: **to gape at sb** bheith ag stánadh ar dhuine
gaping *adj* (*hole*) béal-leata; (*wound*) oscailte
garage *n* garáiste *m4*
garbage *n* (US: *rubbish*) bruscar *m1*; (*inf*: *nonsense*) seafóid *f2*
garbage can (US) *n* bosca *m4* bruscair
Garda *n* (*policeman*) Garda *m4*; **the Garda** (POLICE) na Gardaí *mpl4*
garden *n* gairdín *m4*, garraí *m4*
gardener *n* garraíodóir *m3*
gardening *n* garraíodóireacht *f3*
gargle *vi* craosfholc
garish *adj* gáifeach; (*light*) scéiniúil
garland *n* bláthfhleasc *f2*
garlic *n* gairleog *f2*
garment *n* ball *m1* éadaigh
garrison *n* garastún *m1*
garter *n* gairtéar *m1*
gas *n* gás *m1*; (US: *gasoline*) peitreal *m1*, artola *f4* ♦ *vt* gásaigh
gas cooker *n* cócaireán *m1* gáis, gáschócaireán *m1*
gas cylinder *n* sorcóir *m3* gáis
gas fire *n* tine *f4* ghháis
gash *n* créacht *f3*, forba *m4*
gasket *n* (AUT) gaiscéad *m1*

gas mask *n* gásphúicín *m4*
gas meter *n* gásmhéadar *m1*
gasoline (US) *n* peitreal *m1*, artola *f4*
gasp *vi* lig cnead; **gasping for breath** d'anáil a bheith i mbarr do ghoib agat, ga seá a bheith ionat
gas station (US) *n* stáisiún *m1* peitril
gastric *adj* gastrach, goile *n gen*; **gastric flu** ulpóg ghoile
gate *n* (*of garden*) geata *m4*
gate-crash *vt*: **to gate-crash a party** stocaireacht a dhéanamh ar chóisir
gateway *n* geata *m4*, bealach *m1* isteach
gather *vt* cruinnigh, bailigh; (*flowers, fruit*) bain; (*assemble*) cruinnigh le chéile; (*understand*) tuig♦ *vi* (*assemble*) cruinnigh; **to gather speed** siúl a thógáil
gathering *n* cruinniú *m*
gaudy *adj* spiagaí
gauge *n* (*instrument*) tomhsaire *m4*♦ *vt* tomhais
gaunt *adj* (*thin*) lom; (*grim, desolate*) gruama
gauntlet *n* (*glove*) lámhainn *f2* iarainn; (*fig*): **to run the gauntlet** bascadh reatha a fháil, dul faoi na súistí; **to throw down the gauntlet to sb** dúshlán a chur faoi dhuine
gauze *n* uige *f4*
gay *adj* (*homosexual*) aerach; (*cheerful*) aigeantach, meidhreach; (*colour etc*) péacach♦ *n* homaighnéasach *m1*
gaze *n* amharc *m1*♦ *vi*: **to gaze at** stánadh ar
gear *n* (*equipment*) trealamh *m1*, gléasra *m4*; (TECH) fearas *m1*; (AUT) giar *m1*♦ *vt* (*fig*: *adapt*): **to gear sth to** rud a chur in oiriúint do; **top gear, high gear** (US) ardghiar; **low gear** ísealghiar; **in gear** i ngiar
gear box *n* giarbhosca *m4*
gear lever, (US)**gear shift** *n* luamhán *m1* an ghiair
gel *n* glóthach *f2*
gelignite *n* geilignít *f2*
gem *n* seoid *f2*
Gemini *n* (ASTROL) An Cúpla *m4*
gender *n* cineál *m1*; (LING) inscne *f4*
genealogy *n* ginealach *m1*, ginealas *m1*
general *n* ginearál *m1*♦ *adj* ginearálta, gnáth-; **in general** i gcoitinne
general election *n* olltoghchán *m1*
generally *adv* de ghnáth, go hiondúil
general practitioner *n* gnáthdhochtúir *m3*
generate *vt* gin
generation *n* glúin *f2*; (*of electricity etc*) giniúint *f3*
generator *n* gineadóir *m3*
generosity *n* féile *f4*, flaithiúlacht *f3*
generous *adj* fial
genetic engineering *n* innealtóireacht *f3* ghéiniteach
genetics *n* géineolaíocht *f3*
Geneva *n* an Ghinéiv *f2*
genial *adj* lách, suáilceach
genitals *npl* baill *mpl1* ghiniúna
genius *n* (*natural talent*) bua *m4*; (*person*) sárintleachtach
genteel *adj* caoinbhéasach, galánta
gentle *adj* caoin, séimh, maránta
gentleman *n* duine *m4* uasal
gently *adv* go caoin, go réidh
gentry *n*: **the gentry** na huaisle *mpl1*
gents *n* leithreas *m1* na bhfear; **"Gents"** (*on sign*) "Fir"; **where's the gents?** cá bhfuil leithreas na bhfear?
genuine *adj* fíor-, dílis; (*person*) ionraic, macánta
geography *n* tíreolaíocht *f3*
geology *n* geolaíocht *f3*
geometric(al) *adj* geoiméadrach
geometry *n* céimseata *f*
Georgian *adj, n* (GEOG) Seoirseach *m1*
geranium *n* geiréiniam *m4*
geriatric *adj* seanliach, seanliachta *n gen*
germ *n* (MED) frídín *m4*, geirm *f2*, bitheog *f2*
German *adj, n* Gearmánach *m1*; (LING) Gearmáinis *f2*
German measles *n* an bhruitíneach *f2* dhearg
Germany *n* an Ghearmáin *f2*
gesture *n* gotha *m4*, geistear *m1*; (*sign*) comhartha *m4*

KEYWORD

get *vi***1** (*become, be*) éirigh; **to get old/tired** éirí sean/tuirseach; **to get drunk** dul ar meisce; **he got killed** maraíodh é; **when do I get paid?** cá huair a gheobhaidh mé mo thuarastal?; **it's getting late** tá sé ag éirí mall
2 (*go*): **to get to/from somewhere** áit a bhaint amach/imeacht ó áit; **to get home** an baile a bhaint amach; **how did you get here?** cén dóigh *or* cén chaoi ar tháinig tú anseo?
3 (*begin*): **I'm getting to know him** tá mé ag cur aithne air; **let's get going** *or* **started** (*on journey*) bímis *or* beidh muid ag imeacht, buailfidh muid an bóthar
4 (*modal aux vb*): **you've got to do it** caithfidh tú é a dhéanamh; **I've got to tell the police** caithfidh mé scéala a chur chuig na póilíní
♦ *vt***1** : **to get sth done** rud a (chur á) dhéanamh; **to get one's hair cut** do chuid gruaige a bhearradh; **to get sb to do sth** tabhairt ar dhuine rud a dhéanamh; **to get sb drunk** duine a chur ar meisce
2 (*obtain*: *money, permission, results*) faigh; (*find*: *job, flat*) faigh; (*fetch*: *person, doctor, object*) téigh faoi dhéin + *gen or* faoi choinne + *gen*; **to get sth for sb** rud a fháil do dhuine; **get me Mr Jones on the phone, please** faigh Mr. Jones ar an nguthán *or* ar an teileafón dom, le do thoil; **can I get you a drink?** ar mhaith leat deoch?
3 (*receive*: *present, letter*) faigh; (*acquire*: *reputation*) faigh, tabhaigh; (*prize*) faigh, gnóthaigh; **what did you get for your birthday?** cad é a fuair tú cothrom an lae *or* ar do lá breithe?
4 (*catch*) ceap, gabh, faigh greim ar; (*hit*: *target etc*) aimsigh; **to get sb by the arm/throat** greim sciatháin/scornaí a fháil ar dhuine; **get him!** beir air!, gabh é!
5 (*take, move*) tabhair; **do you think we'll get it through the door?** meas tú an rachaidh sé isteach ar an doras?; **I'll get you there somehow** fágfaidh mé thú ann ar dhóigh éigin
6 (*catch, take*: *plane, bus etc*) gabh ar, faigh; **he got the bus** chuaigh sé ar an mbus
7 (*understand*) tuig, cluin, clois; **I've got it!** tá sé agam!; (*hear*): **I didn't get your name** níor chuala mé d'ainm
8 (*have, possess*): **to have got sth** rud a bheith agat; **how many have you got?** cá mhéad atá agat?

▸ **get about** *vi* (*be socially active*) bheith i gcónaí ar do chois; (*after illness*) bheith ar do bhoinn arís; (*news*) leath, scaip

▸ **get along** *vi* (*agree*) tar *or* tarraing le chéile; (*depart*) imigh (leat); **they get along well together** tá siad ag tarraingt go maith le chéile; (*manage*) = **get by**

▸ **get at** *vt fus* (*attack*) tabhair faoi; (*niggle*) bain as; (*facts*) tar ar; (*reach*) sroich, bain amach

▸ **get away** *vi* imigh; (*escape*) éalaigh

▸ **get away with** *vt fus*: **to get away with the money** an t-airgead a fháil leat; **he won't get away with it** ní ligfear leis é

▸ **get back** *vi* (*return*) fill, tar ar ais ♦ *vt* faigh ar ais

▸ **get by** *vi* (*pass*) gabh thar; (*manage*) tar le; **we had to get by with what we had** b'éigean dúinn teacht leis an méid a bhí againn

▸ **get down** *vi, vt fus* téigh síos, tar anuas ♦ *vt* (*depress*) cuir gruaim ar; (*on paper*) breac síos

▸ **get down to** *vt fus* (*work*) crom ar, dírigh ar, luigh isteach ar

▸ **get in** *vi* (*train*) tar isteach; **the train got in at six o'clock** tháinig an traein isteach ar a sé a chlog

▸ **get into** *vt fus* (*car, train etc*) téigh isteach i; (*clothes*) cuir ort; **to get into bed** dul a luí; **to get into a rage** racht *or* taom feirge a theacht ort, dul le cuthach

▸ **get off** *vi* (*from train etc*) tuirling, tar anuas; (*depart*: *person, car*) imigh; (*escape*): **he got off** scaoileadh saor é ♦ *vt* (*remove*: *clothes*) bain díot; (: *stain*) bain

amach ♦ *vt fus* (*train, bus*) tuirling de, tar anuas de
▸ **get on** *vi* (*at exam etc*) éiríonn le; (*agree*): **to get on with each other** réiteach le chéile, tarraingt le chéile ♦ *vt fus* (*horse*) téigh in airde ar
▸ **get out** *vi* (*of vehicle*) téigh amach as, éirigh amach as, tuirling ♦ *vt* (*take out*) tabhair amach
▸ **get out of** *vt fus* éirigh as; (*duty etc*) éalaigh ó
▸ **get over** *vt fus* (*illness*) tar slán ó, cuir tharat
▸ **get round** *vt fus* téigh timpeall ar; (*fig: person*) meall; **to get round sb** duine a fháil le cabadh
▸ **get up** *vi* (*rise*) éirigh ♦ *vt fus* cuir ina shuí ♦ *vt fus* téigh suas; **have you got up yet?** an bhfuil tú i do shuí go fóill?
▸ **get up to** *vt fus* (*reach*) sroich, bain amach; (*prank etc*) déan; **he is getting up to his old tricks** tá an tseanchleasaíocht arís air

getaway *n*: **to make one's getaway** do chosa a bhreith leat
geyser *n* géasar *m1*
Ghana *n* Gána *m4*
ghastly *adj* uafar; (*pale*) mílítheach, geal bán san aghaidh
gherkin *n* gircín *m4*
ghost *n* taibhse *f4*
giant *n* fathach *m1* ♦ *adj* ollmhór
gibberish *n* gibiris *f2*, raiméis *f2*
giblets *npl* gipis *fsg2*
Gibraltar *n* Giobráltar *m4*
giddy *adj* (*scatterbrained*) uallach; (*dizzy*): **to be** *or* **feel giddy** meadhrán a bheith i do cheann
gift *n* bronntanas *m1*, féirín *m4*; (*ability*) bua *m4*; **she has the gift of the gab** tá fad na teanga uirthi
gifted *adj* tréitheach, ábalta
gift token *n* éarlais *f2* bhronntanais
gigantic *adj* ábhalmhór
giggle *vi* déan sciotaíl (gháire)
gill *n* (*measure*) ceathrú *f* pionta
gills *npl* (*of fish*) geolbhach *msg1*
gilt *adj* órnite ♦ *n* órú *m*
gilt-edged *adj* (COMM) órchiumhsach
gimmick *n* seift *f2*, ciúta *m4*
gin *n* jin *f2*
ginger *n* sinséar *m1*
ginger ale *n* leann *m3* sinséir
ginger beer *n* beoir *f* shinséir
gingerbread *n* arán *m1* sinséir
gingerly *adv* go cáiréiseach, go faichilleach
gipsy *n* giofóg *f2*
giraffe *n* sioráf *m1*
girder *n* cearchaill *f2*
girdle *n* (*corset*) sursaing *f2*
girl *n* cailín *m4*, girseach *f2*; (*daughter*) iníon *f2*
girlfriend *n* (*of girl*) cara *m* mná, banchara *m4*; (*of boy*) cailín *m4*, leannán *m1*
giro *n* (*bank giro*) gíoró *m4* bainc; (*post office giro*) gíoró poist; (*welfare cheque*) seic *m4* dóil
gist *n* éirim *f2*, bunbhrí *f4*
give *vt* tabhair ♦ *vi* (*break*) géill; (*stretch: fabric*) sín; **to give sb sth, give sth to sb** rud a thabhairt do dhuine; **to give a cry/sigh** scread/osna a ligean
▸ **give away** *vt* tabhair uait (in aisce); (*betray*) feall ar; (*disclose*) sceith, scil; (*bride*) tionlaic (chun na haltóra)
▸ **give back** *vt* tabhair ar ais
▸ **give in** *vi* géill ♦ *vt* tabhair isteach
▸ **give off** *vt* (*heat, smell*) cuir as
▸ **give out** *vt* roinn, tabhair amach
▸ **give up** *vi* géill ♦ *vt* éirigh as, tabhair suas; **to give up cigarettes** éirí as na toitíní; **to give o.s. up** tú féin a thabhairt suas
▸ **give way** (*BRIT: collapse*) *vi* tabhair (uaidh), bris; (AUT) géill slí; **the ground gave way under my feet** thug an fód faoi mo chos
glacier *n* oighearshruth *m3*
glad *adj* áthasach, sásta, meidhreach; **to be glad of sth** áthas a bheith ort as rud
gladly *adv* le fonn, go fonnmhar, faoi chroí mhór mhaith; **I'll do it gladly** déanfaidh mé (é) agus fáilte

glamorous *adj* luisiúil, maisiúil, sciamhach
glamour *n* loise *f4*; (*fascination*) draíocht *f3*
glance *n* sracfhéachaint *f3* ♦ *vi*: **to glance at** súil a chaitheamh ar
glancing *adj*: **a glancing blow** sciorrbhuille *m4*
gland *n* faireog *f2*
glare *n* (*of anger*) súil *f2* fhiata; (*of light*) dallrú *m* ♦ *vi* dallraigh; **to glare at** súil fhiata a thabhairt ar
glaring *adj* (*mistake*) follasach
Glasgow *n* Glaschú *m4*
glass *n* gloine *f4*; **glasses** *npl* (*spectacles*) spéaclaí *mpl4*
glassware *n* earraí *mpl4* gloine
glaze *vt* (*door, window*) cuir gloine i, gloinigh; (CULIN, *pottery*) glónraigh ♦ *n* (*on pottery*) gléas *m1*
glazed *adj* glónraithe
glazier *n* gloineadóir *m3*
gleam *vi* dealraigh, drithligh
glean *vt* diasraigh, conlaigh
glee *n* lúcháir *f2*, gliondar *m1*
glib *adj* (*person*) luathchainteach; (*response*) cabanta
glide *vi* (AVIAT) téigh ar foluain; (*slide*) sleamhnaigh
glider *n* (AVIAT) faoileoir *m3*
gliding *n* (AVIAT) faoileoireacht *f3*
glimmer *n* fannléas *m1*
glimpse *n* spléachadh *m1* ♦ *vt* faigh spléachadh ar
glint *vi* drithligh, glinnigh
glisten *vi* bheith ag glioscarnach
glitter *vi* ruithnigh
gloat *vi*: **he gloated over it** ba í an ola ar a chroí é
global *adj* domhanda
globe *n* cruinneog *f2*; **all over the globe** ar fud an domhain
gloom *n* (*darkness*) dorchacht *f3*; (*sadness*) gruaim *f2*, duairceas *m1*, smúit *f2*
gloomy *adj* gruama, dubhach, duairc
glorious *adj* glórmhar; (*day*) aoibhinn, álainn
glory *n* glóir *f2*; (*splendour*) breáthacht *f3*
gloss *n* (*shine*) snas *m3*; (*also*: **gloss paint**) péint *f2* snasaithe
glossary *n* gluais *f2*
glossy *adj* snasta
glove *n* miotóg *f2*, lámhainn *f2*
glow *vi* lonraigh; **her cheeks were glowing** bhí lasadh ina grua
glower *vi*: **to glower (at)** drochfhéachaint a thabhairt (ar), místá a dhéanamh ar
glucose *n* glúcós *m1*
glue *n* gliú *m4* ♦ *vt* cuir gliú ar, gliúáil; **she was glued to the screen** bhí a súile sáite sa scáileán
glum *adj* gruama
glut *n* anlucht *m3*
glutton *n* craosaire *m4*; **he is a glutton for work** tá sé an-santach chun oibre
gnat *n* corrmhíol *m1*
gnaw *vt* creim, cnaígh
go *vi* téigh, gabh; (*depart*) imigh; (*collapse etc*) tabhair; (*be sold*): **to go for £10** imeacht ar £10; (*fit, suit*): **to go with** teacht le; (*become*): **to go pale** éirí geal bán san aghaidh; **it went mouldy** tháinig coincleach air ♦ *n*: **to have a go (at)** tabhairt faoi; **to be on the go** bheith ar do chois; **it's your go** do shealsa atá ann; **he's going to do ...** tá sé ag dul a dhéanamh ...; **to go for a walk** dul ag spaisteoireacht; **to go dancing** dul ag damhsa; **how did it go?** cad é mar a d'éirigh leis?; **to go round the back/by the shop** dul thart ar chúl/thart leis an siopa
▸ **go about** *vi* (*rumour*) gabh thart ♦ *vt fus*: **how do I go about this?** cad é mar a thugaim faoi seo?
▸ **go ahead** *vi* (*make progress*) téigh chun cinn; (*get going*) gabh ar aghaidh
▸ **go along** *vi* siúil romhat ♦ *vt fus* téigh feadh + *gen*
▸ **go away** *vi* imigh leat
▸ **go back** *vi* fill
▸ **go back on** *vt fus* (*promise*) séan, téigh siar ar
▸ **go by** *vi* (*years, time*) téigh thart ♦ *vt fus*

déanamh de réir + *gen*
▸ **go down** *vi* téigh síos; (*ship*) téigh go grinneall; (*sun*) téigh faoi
▸ **go for** *vt fus* (*fetch*) téigh ar lorg; (*attack*) tabhair fogha faoi
▸ **go in** *vi* téigh isteach
▸ **go in for** *vt fus* (*competition*) téigh san iomaíocht do; (*like*): **he goes in for that sort of thing** tá dúil aige sa chineál sin ruda
▸ **go into** *vt fus* (*discuss*) pléigh; (*investigate*) fiosraigh; (*embark on*) crom ar
▸ **go off** *vi* imigh; (*explode*) pléasc; (*event*): **the concert went off well** d'éirigh go geal leis an cheolchoirm; (*food*): **the milk has gone off** tá corr sa bhainne♦ *vt fus* tabhair snamh do; **the gun went off** scaoil an gunna
▸ **go on** *vi* lean ort; **to go on with sth** dul ar aghaidh le rud
▸ **go out** *vi* téigh amach; (*fire, light*) téigh as
▸ **go over** *vt fus* (*check*) téigh siar ar
▸ **go through** *vt fus* (*town etc*) téigh tríd
▸ **go up** *vi* téigh suas; (*price*) ardaigh♦ *vt fus* (*ladder, mountain*) téigh suas
▸ **go without** *vt fus* déan gan, téigh gan

goad *vt* broid, prioc

go-ahead *adj* forásach; **to give sb the go-ahead** ligean do dhuine dul ag aghaidh, cead a chinn a thabhairt do dhuine

goal *n* báire *m4*, cúl *m1*

goalkeeper *n* cúl *m1* báire

goalpost *n* cuaille *m4* báire

goat *n* gabhar *m1*

gobble *vt* (*also*: **gobble down, gobble up**) alp, plac

go-between *n* idirghabhálaí *m4*

God *n* Dia *m*; **My God!** A Dhia dhílis!; **God forbid that I should do that** nár lige Dia go ndéanfainn sin; **God help them!** go bhfóire Dia orthu!; **God (only) knows!** ag Dia (féin) atá a fhios; **oh, for God's sake!** och, i gcuntas Dé!

god *n* dia *m*

godchild *n* leanbh *m1* baistí

goddaughter *n* iníon *f2* baistí

goddess *n* bandia *m*

godfather *n* athair *m* baistí

godforsaken *adj* (*place*) scoite

godmother *n* máthair *f* baistí

godsend *n* tíolacadh *m* ó neamh; **it was a godsend** is é Dia a chuir i mo bhealach é

godson *n* mac *m1* baistí

goggles *npl* (*for skiing etc*) gloiní *fpl4* cosanta

going *n* (*conditions*) deis *f2*♦ *adj*: **the going rate** an ráta reatha

gold *n* ór *m1*♦ *adj* óir *n gen*

golden *adj* (*made of gold*) óir *n gen*; (*gold in colour*) órga

goldfish *n* iasc *m1* órga

gold-plated *adj* órphlátáilte

goldsmith *n* gabha *m4* óir, órcheardaí *m4*

golf *n* galf *m1*

golf ball *n* liathróid *f2* ghailf

golf club *n* cumann *m1* gailf; (*stick*) maide *m4* gailf

golf course *n* galfchúrsa *m4*

golfer *n* galfaire *m4*

gong *n* gang *m3*

good *adj* maith♦ *n* maith *f2*; **goods** *npl* (COMM) earraí *mpl4*; **good!** go maith!; **to be good at Irish** bheith go maith ag an Ghaeilge; **to be good at games** bheith go maith i gceann cluichí; **it did me good** chuaigh sé go maith dom; **would you be good enough to ...?** ar mhiste leat ...?; **a good deal (of)** roinnt mhaith + *gen*; **a good many** gearrchuid; **to make good** *vi* (*succeed*) rath a dhéanamh ♦ *vt* (*deficit, losses*) tabhairt isteach; **it's no good complaining** níl maith (duit) a bheith ag gearán; **for good** go deo, gan súil le filleadh; **good morning!** Dia duit ar maidin!; **good evening!** tráthnóna maith duit!; **good night!** oíche mhaith duit!; (*on going to bed*) oíche mhaith agat!, slán codlata agat!, codladh sámh!

goodbye *excl* slán

Good Friday *n* Aoine *f4* an Chéasta

good-looking *adj* dathúil, gnaíúil, dóighiúil

good-natured *adj* (*person*) lách, cineálta, deáthach
goodness *n* (*of person*) maitheas *f3*; **for goodness sake!** in ainm Dé!; **goodness gracious!** A Thiarna Dhia!
goods train *n* traein *f* earraí
goodwill *n* dea-mhéin *f2*, dea-thoil *f3*
goose *n* gé *f4*
gooseberry *n* spíonán *m1*
goose bumps, gooseflesh, goose pimples *n(pl)* cáithníní *mpl4*
gore *vt* sáigh (le hadharc), adharcáil • *n* folracht *f3*
gorge *n* altán *m1* • *vt*: **to gorge o.s. (on)** craos a dhéanamh (ar)
gorgeous *adj* sárálainn, fíorsciamhach
gorilla *n* goraille *m4*
gory *adj* crólinnteach, fuilteach
gospel *n* soiscéal *m1*
gossip *n* cardáil *f3*, cadráil *f3*; (*malicious*) cúlchaint *f2*; (*person*) cardálaí *m4*, béadánaí *m4*; (*malicious*) cúlchainteoir *m3* • *vi*: **to gossip (about)** bheith ag béadán *or* ag cúlchaint (ar)
gout *n* gúta *m4*
govern *vt* rialaigh
governess *n* máistreás *f3*
government *n* rialtas *m1*
governor *n* (*of state, bank*) gobharnóir *m3*
gown *n* gúna *m4*
GP *n abbr* = **general practitioner**
grab *vt* sciob, glám • *vi*: **to grab at** iarraidh *or* áladh a thabhairt ar
grace *n* grásta *m4*; (*elegance*) cuannacht *f3* • *vt* (*adorn*) maisigh; **five days' grace** cairde cúig lá; **grace before meals** altú roimh bhia
graceful *adj* mómhar
gracious *adj* grástúil
grade *n* (COMM) cáilíocht *f3*; (*in hierarchy*) aicme *f4*; (SCOL) grád *m1*; (US: *school class*) rang *m3* • *vt* grádaigh, rangaigh
grade school (US) *n* bunscoil *f2*
gradient *n* grádán *m1*
gradual *adj* céimseach, dréimreach
gradually *adv* de réir a chéile, as a chéile
graduate *n* céimí *m4* • *vi*: **to graduate** céim a bhaint amach
graduation *n* (UNIV) bronnadh *m* céimeanna
graffiti *npl* graffiti *mpl*
graft *n* (AGR, MED) nódú *m*; (*bribery*) breabaireacht *f3* • *vt* nódaigh; **hard graft** obair *f2* chrua
grain *n* gráinne *m4*; (*corn*) arbhar *m1*
gram *n* gram *m1*
grammar *n* gramadach *f2*; (*book*) graiméar *m1*
grammar school *n* scoil *f2* ghramadaí
grammatical *adj* gramadúil
gramme *n* gram *m1*
grand *adj* breá, maorga; (*superior*) ardnósach; (*gesture etc*) mór • *n* (*inf*): **a grand** míle punt *or* dollar; **that's grand!** tá sin go breá!
grandchildren *npl* clann *f2* clainne
granddad, grandpa (*inf*) *n* daideo *m4*
granddaughter *n* gariníon *f2*
grandfather *n* seanathair *m*
grandma (*inf*) *n* mamó *f4*
grandmother *n* seanmháthair *f*
grandparents *npl* an seanathair agus an tseanmháthair
grand piano *n* mórphianó *m4*
grandson *n* garmhac *m1*
grandstand *n* (SPORT) seastán *m1* mór
granite *n* eibhear *m1*
granny (*inf*) *n* mamó *f4*
grant *vt* deonaigh; (*permission*) tabhair; (*admit*) admhaigh • *n* (SCOL) deontas *m1*; (ADMIN) deonú *m*; **to take it for granted that** talamh slán a dhéanamh de go
granulated sugar *n* siúcra *m4* garbh
grape *n* fíonchaor *f2*
grapefruit *n* seadóg *f2*
graph *n* graf *m1*
graphic *adj* grafach; (*account, description*) léir, glinn
graphics *n* graificí *fpl2*
grapple *vi*: **to grapple with** dul chun spairne le
grasp *vt* beir ar • *n* (*grip*) greim *m3*; (*understanding*) tuiscint *f3*
grasping *adj* santach
grass *n* féar *m1*
grasshopper *n* dreoilín *m4* teaspaigh

grass-roots *adj* bunúsach; **grass-roots opinion** aigne an phobail i gcoitinne
grate *n* gráta *m4* • *vi* díosc • *vt* (CULIN) grátáil
grateful *adj* buíoch
gratifying *adj* sásúil; **it is most gratifying** cuireann sé pléisiúr mór orm
gratitude *n* buíochas *m1*
gratuity *n* deolchaire *f4*, síneadh *m1* (láimhe)
grave *n* uaigh *f2* • *adj* tromchúiseach
gravedigger *n* reiligire *m4*
gravel *n* gairbhéal *m1*
gravestone *n* leac *f2* uaighe, tuama *m4*
graveyard *n* reilig *f2*
gravity *n* (PHYS) imtharraingt *f*; (*seriousness*) tromchúis *f2*
gravy *n* súlach *m1*
gray (US) *adj* = **grey**
graze *vi* bheith ag innilt • *vt* (*touch lightly*) teagmhaigh le; (*scrape*) gránaigh • *n* gránú *m*
grease *n* (*fat*) bealadh *m1* • *vt* bealaigh
greaseproof paper *n* páipéar *m1* gréiscdhíonach
greasy *adj* bealaithe
great *adj* mór; (*inf*) iontach; **it was great!** bhí sé go hiontach
Great Britain *n* an Bhreatain *f2* Mhór
great-grandfather *n* sin-seanathair *m*
great-grandmother *n* sin-seanmháthair *f*
greatly *adv* go mór
greatness *n* mórgacht *f3*
Greece *n* an Ghréig *f2*
greed *n* (*also*: **greediness**) saint *f2*; (*for food*) cíocras *m1*, ampla *m4*
greedy *adj* santach; (*for food*) cíocrach, amplach
Greek *adj, n* Gréagach *m1*; (LING) Gréigis *f2*
green *adj, n* glas *m1*; (*vivid*) uaine *f4*; (*stretch of grass*) faiche *f4*; **greens** *npl* (*vegetables*) glasraí *mpl4*; **The Green Party** (POL) An Páirtí *m4* Glas; (: IRL) An Comhaontas *m1* Glas
green belt *n* crios *m3* glas
green card *n* (AUT, *also* US) cárta *m4* glas
greenery *n* duilliúr *m1*
greengrocer *n* grósaeir *m3* glasraí
greenhouse *n* teach *m* gloine
greenhouse effect *n* éifeacht *f3* teach gloine
Greenland *n* an Ghraonlainn *f2*
greet *vt* beannaigh do
greeting *n* beannacht *f3*
greeting(s) card *n* cárta *m4* beannachta
gregarious *adj* (*person*) caidreamhach
grenade *n* gránáid *f2*
grey, (US) **gray** *adj* liath; (*sheep, horse*) glas
grey-haired *adj* liath, ceannliath
greyhound *n* cú *m4*
grid *n* greille *f4*; (ELEC) eangach *f2*
grief *n* brón *m1*, dobrón *m1*, léan *m1*
grievance *n* cúis *f2* ghearáin
grieve *vi*: **to grieve** dobrón a dhéanamh • *vt* dobrón a chur ar; **she's grieving for her child** tá sí ag caoineadh a linbh, tá dobrón uirthi i ndiaidh a linbh
grievous *adj* trom, léanmhar; (LAW): **grievous bodily harm** mórdhíobháil *f3* choirp
grill *n* (*on cooker*) greille *f4*; (*food*) gríscín *m4* • *vt* gríosc; (*inf*: *question*) cuir ceastóireacht ar
grille *n* grátáil *f3*, greille *f4*
grim *adj* dúr
grimace *n* strainc *f2*, strabhas *m1* • *vi* cuir strainc ort féin
grime *n* smúr *m1*, ciobar *m1*
grin *n* draid *f2*, straois *f2* • *vi* cuir draid *or* straois ort féin
grind *vt* meil • *n* (*work*) obair *f2* chortha, tiaráil *f3*
grip *n* (*hold*) greim *m3*; (*control*) smacht *m3*; (*grasp*) tuiscint *f3*; (*handle*) greamán *m1* • *vt* faigh greim ar, greamaigh; **to come to grips with** dul i ngleic le, dul i ngreim i
gripping *adj* corraitheach, dúspéisiúil
grisly *adj* scanrúil
gristle *n* loingeán *m1*
grit *n* grean *m1*; (*courage*) gus *m3*, spriolladh *m1* • *vt* (*road*) cuir grean ar; **to grit one's teeth** na fiacla a theannadh ar a chéile
groan *n* éagnach *m1* • *vi* éagnaigh, déan éagnach

grocer *n* grósaeir *m3*
groceries *npl* earraí *mpl4* grósaera
grocer's (shop) *n* siopa *m4* grósaera
groin *n* bléin *f2*
groom *n* grúmaeir *m3*; (*also*: **bridegroom**) grúm *m1*• *vt* (*horse*) cuir cóir ar; (*fig*): **to groom sb for** duine a ullmhú do; **well-groomed** deachóirithe
groove *n* eitre *f4*
grope *vi*: **I groped for a pen** rinne mé méarnáil ar lorg pinn
gross *adj* (*serious*) tromchúiseach; (*vulgar*) otair; **gross error** earráid *f2* mhór; **gross income** (COMM) ioncam *m1* comhlán
grossly *adv* (*greatly*) go mór
grotto *n* uaimh *f2*
ground *n* talamh *m1 or f*, fearann *m1*; (SPORT) páirc *f2*; (US: *also*: **ground wire**) talmhú *m*; (*reason*: *gen pl*) cúis *f2*• *vt* (*plane*) cuir fuireacht poirt ar; (US: ELEC) talmhaigh; **grounds** *npl* (*gardens etc*) fearann *msg1*; **to fall to the ground** titim go talamh; **to gain/lose ground** talamh a dhéanamh/a chailleadh
ground cloth *n* (US) braillín *f2* talún
grounding *n* (*instruction*) buneolas *m1*
groundless *adj* gan bhunús
groundsheet *n* braillín *f2* talún
groundwork *n* ullmhú *m*, obair *f2* bhunaidh
group *n* gasra *m4*• *vt* (*also*: **group together**) cuir i ngrúpaí• *vi* cruinnigh
grouse *n* (*bird*) cearc *f2* fhraoigh• *vi* (*complain*) déan clamhsán
grove *n* garrán *m1*
grovel *vi* lodair; (*fig*) lútáil, déan flústaireacht
grow *vt, vi* fás; (*increase*) méadaigh; (*become*): **to grow rich/weak** éirí saibhir/lag; (*develop*): **he's grown out of his jacket** tá a chasóg séanta aige; **he'll grow out of it!** fágfaidh sé ina dhiaidh é leis an aimsir
▸**grow up** *vi*: **to grow up** éirí mór teacht i méadaíocht, fás aníos
grower *n* saothraí *m4*
growing *adj* méadaitheach, breisiúil; **growing discontent** míshásamh atá ag méadú
growl *vi* drantaigh
grown-up *n* duine *m4* fásta, duine mór
growth *n* fás *m1*; (*expansion*) forás *m1*, borradh *m*; (MED) siad *m3*
grub *n* cruimh *f2*; (*inf*: *food*) bia *m4*
grubby *adj* grabasta
grudge *n* fala *f4*, olc *m1*• *vt*: **to grudge sb sth** rud a mhaíomh ar dhuine, rud a thnúth do dhuine; **to bear sb a grudge (for)** fala a bheith agat le duine (as), olc a bheith agat do dhuine (as)
gruelling, (US)**grueling** *adj* dian, maslach
gruesome *adj* urghránna, uafásach
gruff *adj* grusach, gairgeach, giorraisc
grumble *vi* ceasnaigh, déan clamhsán *or* canrán
grumpy *adj* cantalach, cancrach
grunt *vi* déan gnúsacht
guarantee *n* ráthaíocht *f3*• *vt* ráthaigh, téigh in urra ar
guard *n* garda *m4*; (*on machine*) sciath *f2*; (*also*: **fireguard**) sciath *f2* tine• *vt* gardáil; (*protect*): **to guard (against** *or* **from)** gardáil (ar), tú féin a ghardáil *or* a fhaichill (ar)
guarded *adj* (*fig*) faichilleach
guardian *n* coimirceoir *m3*; (*of minor*) caomhnóir *m3*
guerrilla *n* guairille *m4*
guess *vt* tomhais; (*estimate*) meas; (*esp* US: *suppose*) creid• *vi* tomhais• *n* tomhas *m1*; **to take** *or* **have a guess** buille faoi thuairim a thabhairt; **guess what! I won** cad é do bharúil! - bhain mé
guesswork *n* tuairimíocht *f3*
guest *n* aoi *m4*
guesthouse *n* teach *m* aíochta
guest room *n* seomra *m4* aíochta
guffaw *vi* déan scolgháire
guidance *n* treoir *f*
guide *n* (*person, book etc*) eolaí *m4*; (*formerly*: *also*: **girl guide**) brídín *f4*• *vt* treoraigh, déan treoir do
guidebook *n* eolaí *m4*, leabhrán *m1* eolais
guide dog *n* madra *m4* treoraithe
guidelines *npl* (*fig*) treoirlínte *fpl4*

guild *n* gild *m4*, cuallacht *f3*
guillotine *n* gilitín *m4*
guilt *n* ciontacht *f3*
guilty *adj* ciontach
guinea pig *n* muc *f2* ghuine
guise *n* riocht *m3*; **in the guise of** i riocht + *gen*
guitar *n* giotár *m1*
gulf *n* murascaill *f2*; (*fig*) scoilt *f2*
gull *n* faoileán *m1*
gullet *n* craos *m1*, slogaide *f4*
gullible *adj* saonta
gully *n* (*ravine*) altán *m1*; (*drain*) lintéar *m1*, clais *f2*
gulp *vi* sclog ♦ *vt* (*also*: **gulp down**) slog siar
gum *n* (ANAT) drandal *m1*, carball *m1*; (*glue*) guma *m4*, gumroisín *m4*; (*sweet*: *also gumdrop*) póirín *m4* guma; (*also*: **chewing gum**) guma coganta ♦ *vt* cuir guma ar
gun *n* gunna *m4*
gunboat *n* bád *m1* gunnaí móra
gunfire *n* lámhach *m1*
gunman *n* fear *m1* gunna
gunpoint *n*: **at gunpoint** faoi bhéal gunna
gunpowder *n* púdar *m1* gunna
gunshot *n* urchar *m1* gunna
gush *vi* scaird; (*fig*) téigh thar fóir
gust *n* (*of wind*) séideán *m1*
gut *n* putóg *f2*; **guts** (*courage*) spriolladh *msg1*
gutter *n* gáitéar *m1*
guy *n* (*inf*: *man*) diúlach *m1*, ógánach *m1*; (*also*: **guyrope**) cuibhreach *m1*
gym *n* (*also*: **gymnasium**) giomnáisiam *m4*
gymnast *n* gleacaí *m4*
gymnastics *npl* gleacaíocht *f3*
gynaecologist, (US) **gynecologist** *n* lia *m4* ban
gypsy *n* giofóg *f2*, tincéir *m3*

H

haberdashery *n* siopa *m4* mionéadaí; (*goods*) mionéadaí *mpl1*; mionearraí *mpl4*
habit *n* nós *m1*, béas *m3*, gnás *m1*; (REL, *costume*) aibíd *f2*
habitual *adj* gnách, gnáth-; **habitual liar** síorbhréagach *m1*
hack *vt* coscair, ciorraigh, leadair
hackneyed *adj* smolchaite
haddock *n* cadóg *f2*; **smoked haddock** cadóg dheataithe
haemorrhage, (US)**hemorrhage** *n* rith *m3* fola, fuiliú *m*
haemorrhoids, (US)**hemorrhoids** *npl* fíocas *m1*, daorghalar *m1*
hag *n* (*pej*) cailleach *f2*
haggle *vi*: **to haggle over sth** stangaireacht *or* margáil a dhéanamh faoi rud
Hague *n*: **The Hague** an Háig *f2*
hail *n* cloch *f2* shneachta ♦ *vt* (*call*) glaoigh ar, scairt le; (*welcome*) fáiltigh roimh; (*address*) cuir ceiliúr *or* forrán ar ♦ *vi*: **it's hailing** tá sé ag cur cloch sneachta; **he was hailed as a great writer** bhí clú agus cáil air mar scríbhneoir mór
Hail Mary *n*: **the Hail Mary** an tÁivé *m4* Máiria
hailstone *n* cloch *f2* shneachta
hair *n* (*on head*) gruaig *f2*, folt *m1* (gruaige); (*on body, animal*) fionnadh *m1*; (*pubic hair*) stothóg *f2*, caithir *f*; (*single hair*: *on head*) ribe *m4* gruaige; (: *on body, animal*) ribe fionnaidh; **to do one's hair** do chuid gruaige a chóiriú; **the hair of the dog (that bit you)** leigheas na póite a hól arís
hairbrush *n* scuab *f2* ghruaige
haircut *n* bearradh *m* gruaige
hairdo *n* cóiriú *m* gruaige
hairdresser *n* gruagaire *m4*
hairdresser's *n* siopa *m4* gruagaire
hair dryer *n* triomadóir *m3* gruaige
hairgrip *n* fáiscín *m4* gruaige
hairnet *n* eangach *f2* gruaige
hairpiece *n* fuig *m4*
hairpin *n* (*bend*) coradh *m* géar
hair-raising *adj* scanrúil, scáfar
hair spray *n* laicear *m1* gruaige
hairstyle *n* stíl *f2* ghruaige
hairy *adj* gruagach, clúmhach
hake *n* colmóir *m3*
half *n* leath *f2*; (*of beer*: *also*: **half pint**) leathphionta *m4*; (IRL: *of whiskey*) leathcheann *m1*; (RAIL, *bus*: *also*: **half fare**) leath-tháille *f4* ♦ *adj* leath- ♦ *adv* leath-; **half a dozen** leathdhosaen *m4*; **half a pound** leathphunt *m1*; **two and a half days** dhá lá go leith; **to cut sth in half** rud a ghearradh ina dhá leath; **the bottle was half empty** bhí an buidéal leathfholamh; **at half past two** ar leathuair i ndiaidh *or* tar éis a dó; **in half an hour** i gceann leathuaire
half-back *n* (SPORT) leathchúlaí *m4*
half-baked *adj* (*plan*) leibideach
half-caste *n* meascach *m1*
half-cut *adj* (*inf*) ar leathmheisce
half-day *n* leathlá *m*
half-forward *n* (SPORT) leath-thosaí *m4*
half-hearted *adj* fuarbhruite
half-hour *n* leathuair *f2*
half-marathon *n* leathmharatón *m1*
half-mast *adv* (*flag*): **at half-mast** ar leathfholuain
halfpenny *n* leathphingin *f2*
half-price *adj, adv*: **(at) half-price** (ar) leathphraghas, (ar) leathluach
half term *n* (SCOL) lár *m1* téarma
half-time *n* leath-am *m3*
halfway *adv* leath *f2* bealaigh
hall *n* halla *m4*; (*entrance way*) forhalla *m4*
hallmark *n* sainmharc *m1*; (*fig*) lorg *m1*, comhartha *m4*
hallo *excl* = **hello**
hall of residence *n* halla *m4* cónaithe
hallowed *adj* beannaithe, naofa
Hallowe'en *n* Oíche *f4* Shamhna

hallucination *n* mearú *m* súl
hallway *n* halla *m4*
halo *n* fáinne *m4*; (*of saint etc*) luan *m1*
halt *n* stad *m4*, stop *m4* ♦ *vt, vi* stad, stop
halve *vt* (*expense*) laghdaigh faoina leath; **he halved the apple** rinne sé dhá leath den úll
ham *n* liamhás *m1*
hamburger *n* martbhorgaire *m4*
hamlet *n* gráig *f2*, sráidbhaile *m4*
hammer *n* casúr *m1* ♦ *vt* (*nail*) orlaigh; (*fig*) gread ♦ *vi* (*on door*) buail tailm ar; **to hammer an idea into sb** barúil a chur abhaile ar dhuine
hammock *n* ámóg *f2*
hamper *vt* cuir isteach ar, cuir as do, bac ♦ *n* amparán *m1*, cis *f2*, ciseán *m1*
hamster *n* hamstar *m1*
hand *n* lámh *f2*; (*worker*) oibrí *m4*; (*at cards*) lámh *f2* ♦ *vt* tabhair do; **to be a good hand at sth** lámh mhaith a bheith agat ar rud; **to give** *or* **lend sb a hand** lámh chuidithe a thabhairt do dhuine; **to have a hand in sth** lámh a bheith agat i rud; **at hand** in aice láimhe; **in hand** (*time*) le spáráil, sa bhreis; (*job, situation*) idir lámha; **to be on hand** bheith in aice láimhe, bheith in áit na garaíochta; **to hand** (*information etc*) in aice láimhe, ag an láimh (agat); **on the one hand ..., on the other hand** ar láimh amháin (de) ..., ar an láimh eile (de)
▸ **hand in** *vt* fág isteach, tabhair isteach
▸ **hand out** *vt* dáil, tabhair amach
▸ **hand over** *vt* tabhair (do), tabhair uait
handbag *n* mála *m4* láimhe
handbook *n* lámhleabhar *m1*
handbrake *n* coscán *m1* láimhe
handcuffs *npl* glais *mpl1* lámh, dornaisc *mpl1*
handful *n* dornán *m1*, lán láimhe, glac *f2*; **he's a bit of a handful** (*fig*) ní haon dóithín é
handicap *n* (*also* GOLF) cis *f2* ♦ *vt* cis, cuir cis ar
handicapped *adj*: **mentally handicapped** meabhairéislinneach, meabhairéalangach; **physically handicapped** corpéislinneach ♦ *n*: **the handicapped** na daoine *mpl4* míchumasacha
handicraft *n* lámhcheird *f2*; (*object*) saothar *m1* láimhe
handiwork *n* obair *f2* láimhe
handkerchief *n* ciarsúr *m1*
handle *n* (*of door*) murlán *m1*; (*of saucepan etc*) hanla *m4*; (*of cup, jug, saw*) cluas *f2*; (*of knife etc*) cos *f2*; (*for winding*) lámhchrann *m1*; (*of bucket*) lámh *f2*; (*of car*: *also*: **starting handle**) lámh dhúisithe ♦ *vt* láimhsigh; (*deal with*) láimhseáil, pléigh le; "**handle with care**" "láimhsigh go cúramach"; **to fly off the handle** dul ar steallaí mire, dul as do chrann cumhachta
handlebar(s) *n(pl)* cluas(a) *f(pl)2* rothair
hand-luggage *n* bagáiste *m4* láimhe
handmade *adj* lámhdhéanta
handout *n* (*document*) bileog *f2*; (*money*) síneadh *m1* láimhe
handrail *n* lámhráille *m4*
handshake *n* croitheadh *m* láimhe
handsome *adj* dóighiúil, dathúil; (*profit, return*) maith
handwriting *n* lámhscríbhneoireacht *f3*, scríbhneoireacht *f3*, lámh *f2*
handy *adj* (*person*) deaslámhach, seiftiúil; (*close at hand*) in aice·láimhe; (*useful*) áisiúil, sásta
handyman *n* fear *m1* deaslámhach; (*servant*) fear *m1* friothála
hang *vt, vi* croch; **to get the hang of (doing) sth** teacht isteach ar rud (a dhéanamh)
▸ **hang about, hang around** *vi*: **to hang about the place** bheith ag máinneáil *or* ag fáinneáil thart faoin áit
▸ **hang on** *vi* (*wait*) fan
▸ **hang up** *vi* (TEL): **to hang up (on sb)** an guthán a chur síos (ar dhuine) ♦ *vt* (*coat, painting etc*) croch
hangar *n* haingear *m1*
hanger *n* crochadán *m1*
hanger-on *n* diúgaire *m4*, stocaire *m4*
hang-gliding *n* faoileoireacht *f3* shaor

hangover *n* póit *f2*
hang-up *n* coimpléasc *m1*
hanker *vi*: **to hanker after** caitheamh i ndiaidh + *gen*, bheith ag tnúth le
hankie, hanky *n abbr* = **handkerchief**
haphazard *adj* fánach, trína chéile
happen *vi* tarlaigh, tit amach; **it so happens that** tarlaíonn go; **as it happens** mar a tharlaíonn, mar atá
happening *n* tarlú *m*
happily *adv* go sona (sásta); (*luckily*) go hádhúil
happiness *n* sonas *m1*, séan *m1*
happy *adj* sona, séanmhar; **happy with** (*arrangements etc*) sásta le; **to be happy to help with** bheith breá sásta cuidiú le; **happy birthday!** go maire tú an lá!
happy-go-lucky *adj* aerach aigeanta, ar nós na réidhe, gan bhuairt
harass *vt* ciap, cráigh
harassment *n* ciapadh *m*, crá *m4*
harbour, (*US*) **harbor** *n* cuan *m1*, port *m1* ♦ *vt* tearmannaigh, cothaigh; **he harbours a secret desire** tá mian fholaithe *or* rúnda aige
hard *adj* (*physical object, facts, evidence*) crua; (*question, problem*) deacair, doiligh, crua; (*stubborn*) cadránta ♦ *adv* (*work*) go crua, go dian, go dícheallach; (*think*) go dian, go domhain; **they tried hard** rinne siad a ndícheall; **to look hard at** breathnú go grinn ar; **no hard feelings!** níl dochar ar bith déanta!; **to be hard of hearing** moill éisteachta a bheith ort
hardback *n* clúdach *m1* crua
hard cash *n* airgead *m1* tirim, airgead réidh
hard disk *n* (*COMPUT*) diosca *m4* crua
harden *vt, vi* cruaigh
hard-headed *adj* críonna, cinnte
hard labour *n* daorobair *f2*
hardly *adv*: **I had hardly come in** ar éigean a bhí mé istigh; **she hardly ever speaks** is ar éigean a labhraíonn sí ar chor ar bith; **I hardly know the man** níl ach breacaithne agam ar an bhfear
hardship *n* cruatan *m1*, anró *m4*
hard up (*inf*) *adj* ar an ghannchuid
hardware *n* crua-earraí *mpl4*
hardware shop *n* siopa *m4* iarnra *or* crua-earraí
hard-wearing *adj* buanfasach
hard-working *adj* dícheallach, saothrach, dlúsúil
hardy *adj* crua, urrúnta; (*plant*) crua
hare *n* giorria *m4*
hare-brained *adj* bómánta, áiféiseach
harelip *n* bearna *f4* mhíl
harm *n* dochar *m1*, díobháil *f3*, urchóid *f2* ♦ *vt* déan dochar *or* díobháil do; **out of harm's way** slán ó chontúirt, ar láimh shábháilte
harmful *adj* dochrach, díobhálach, urchóideach
harmless *adj* gan dochar, gan urchóid, neamhurchóideach; **he's harmless** níl dochar ar bith ann
harmony *n* comhcheol *m1*
harness *n* úim *f3*; (*safety harness*) úim *f3* shábháilteachta ♦ *vt*: **to harness a horse** úim a chur ar chapall; (*resources*) leas a bhaint as
harp *n* cláirseach *f2*; (*small*) cruit *f2* ♦ *vi*: **to harp on about sth** seanbhailéad a dhéanamh de rud
harrowing *adj* coscrach, léanmhar
harsh *adj* (*hard*) crua; (*severe*) dian; (*unpleasant*: *sound*) borb; (: *light*) scéiniúil; (*drink*) garg, borb; (*words*) gairgeach, trom
harvest *n* fómhar *m1* ♦ *vt* bain, sábháil, déan
harvesting *n* baint *f2* an fhómhair, déanamh *m1* an fhómhair
hash *n* (*CULIN*) slamar *m1*; (*fig*: *mess*) praiseach *f2*
hashish *n* haisis *f2*
hassle (*inf*) *n* cur *m1* isteach, ciotaí *f4* ♦ *vt*: **to hassle sb** duine a chiapadh *or* a chrá
haste *n* deifir *f2*, dithneas *m1*; **in haste** faoi dheifir *or* dhithneas
hasten *vt, vi* deifrigh, brostaigh
hastily *adv* faoi dheifir *or* dhithneas
hasty *adj* deifreach; (*rash*) tobann, araiciseach

hat *n* hata *m4*
hatch *n* haiste *m4* • *vt, vi* gor; **to hatch eggs** gor a dhéanamh ar uibheacha; **to hatch a plot** ceilg a chothú
hatchback *n* (AUT) carr *m1* le haiste cúil
hatchet *n* tua *f4*
hate *vt* fuathaigh, gráinigh; **to hate sb/sth** fuath *or* gráin a bheith agat ar dhuine/rud • *n* fuath *m3*, gráin *f*
hateful *adj* fuafar, gráiniúil
hatred *n* fuath *m3*, gráin *f*
haughty *adj* uaibhreach, móiréiseach
haul *vt* tarraing, tarlaigh • *n* (*of fish*) dol *m3*, cor *m1*; (*of stolen goods etc*) creach *f2*, éadáil *f3*
haulage *n* tarlú *m*; **haulage contractor** conraitheoir *m3* tarlaithe
haulier, (US) **hauler** *n* tarlóir *m3*
haunch *n* leis *f2*, ceathrú *f*
haunt *vt* gnáthaigh, taithigh; **haunted house** teach siúil • *n* gnáthóg *f2*

KEYWORD

have *aux vb* **1** (*past tense*): **he has arrived/gone** tháinig/d'imigh sé; **he has eaten/slept** d'ith/chodail sé; **he has been promoted** tugadh ardú céime dó
2 (*in tag questions*): **you've done it, haven't you?** rinne tú é, nach ndearna?, tá sé déanta agat, nach bhfuil?
3 (*in short answers and questions*): **you've made a mistake - so I have!/no I haven't** rinne tú meancóg - rinne maise *or* is fíor duit!/ní dhearna in aon chor; **I've been there before, have you?** bhí mise ann cheana, an raibh tusa?
• *modal aux vb* (*be obliged*): **to have (got) to do sth** fiacha a bheith ort rud a dhéanamh; **she has (got) to do it** ní mór di é a dhéanamh; **you haven't to tell her** caithfidh tú gan a rá léi *or* gan a insint di
• *vt* **1** (*possess, obtain: articles, goods etc*): **she has a car** tá carr aici; **he has plenty of money** tá airgead mór aige; (*parts of the body*): **she has big hands** tá lámha móra uirthi; **she has long legs** tá cosa fada uirthi; **she has (got) blue eyes** tá súile gorma aici; **he has a nice set of teeth** tá draid dheas fiacla aige; (*hair, beard etc*): **he has a moustache** tá croimbéal air; (*illness*): **she has a cold** tá slaghdán uirthi; **he has the measles** tá an bhruitíneach air; (*innate ability*): **he has great strength** tá urra mór ann; (*obtain*): **may I have your address?** an dtabharfaidh tú do sheoladh dom, le do thoil?
2 (+ *noun*: *take, hold etc*): **to have breakfast/dinner/lunch** bricfeasta/dinnéar/lón a ithe; **to have a bath** folcadh a dhéanamh/a ghlacadh; **to have a swim** dul ag snámh; **to have a meeting/party** cruinniú/cóisir a bheith agat
3: **to have sth done** rud a chur á dhéanamh; **I had the room cleaned** thug mé an seomra a ghlanadh; **to have one's hair cut** do chuid gruaige a bhearradh; **to have sb do sth** tabhairt ar dhuine rud a dhéanamh
4 (*experience, suffer*): **to have a cold/flu** slaghdán/fliú *or* ulpóg a bheith ort; **to have an operation** dul faoi scian
5 (*inf*: *dupe*): **he's been had** buaileadh bob *or* port air, cuireadh dallamullóg air
▸ **have out** *vt*: **to have it out with sb** (*settle a problem etc*) rud a chur de do chroí le duine

haven *n* cuan *m1*, port *m1*; (*fig*) tearmann *m1*
havoc *n* scrios *m*, slad *m3*
hawk *n* seabhac *m1*
hay *n* féar *m1*
hay fever *n* fiabhras *m1* léana, slaghdán *m1* teaspaigh
haystack *n* cruach *f2* fhéir
haywire (*inf*) *adj*: **to go haywire** (*machine*) dul ó smacht; (*people*) dul ar steallaí mire
hazard *n* (*danger*) guais *f2*, contúirt *f2*, baol *m1* • *vt*: **I will hazard a guess** tabharfaidh mé buille faoi thuairim
hazard (warning) lights *npl* (AUT) soilse *mpl1* guaise

haze *n* ceo *m4*, dusma *m4*; **heat haze** ceo bruithne
hazelnut *n* cnó *m4* coill
hazy *adj* (*weather*) ceobhránach, smúránta; (*view*) doiléir; **hazy recollection** mearchuimhne
he *pron* sé, é; (*as subject*): **he came in** tháinig sé isteach; (*with copula*): **he is a man** is fear é; (*in passive, autonomous*): **he was injured** gortaíodh é; (*emphatic*) seisean, eisean; **he came and she stayed** tháinig seisean agus d'fhan sise; **it is he who ...** (is) eisean a ...
head *n* ceann *m1*, cloigeann *m1*; (*leader*) ceannaire *m4*; (*of school*) príomhoide *m4*; (COMPUT) cnoga *m4*♦ *vt*: **to head** (*list*) bheith ar bharr + *gen*; (*group*) bheith i do cheann (feadhna) ar; **heads or tails** aghaidh nó droim, ceann nó cláirseach; **head first** i ndiaidh do chinn; **they are head over heels in love** tá siad splanctha i ndiaidh a chéile; **to head a ball** an cloigeann a chur le peil; **they headed home** thug siad aghaidh ar an bhaile
▸ **head for** *vt fus* tabhair aghaidh ar; **they're heading for Derry** tá siad ag tarraingt ar Dhoire
▸ **head up** *vt fus* (*group, team*) bheith i mbun + *gen*, bheith i gceannas ar
headache *n* tinneas *m1* cinn
headdress *n* ceannbheart *m1*
heading *n* ceannteideal *m1*
headlamp, headlight *n* ceannsolas *m1*
headland *n* ceann *m1* tíre, rinn *f2*
headline *n* ceannlíne *f4*
headlong *adv* (*fall*) ar mhullach do chinn, i ndiaidh do chinn; (*rush*) ceann ar aghaidh
headmaster *n* ardmháistir *m4*
headmistress *n* ardmháistreás *f3*
head office *n* ardoifig *f2*, príomhoifig *f2*
head-on *adj* gan chosnamh; **a head-on collision** bualadh díreach in éadan a chéile
headphones *npl* cluasáin *mpl1*
headquarters *npl* ceanncheathrú *fsg*
headrest *n* taca *m4* cinn
headroom *n* fairsinge *f4* cinn
headscarf *n* caifirín *m4*
headstrong *adj* ceanndána
head waiter *n* príomhfhreastalaí *m4*
headway *n*: **to make headway** dul chun cinn a dhéanamh
headwind *n* gaoth *f2* chinn
heady *adj* corraitheach; (*wine*) láidir
heal *vt, vi* leigheas, cneasaigh
health *n* sláinte *f4*; **to drink to sb's health** sláinte duine a ól
health centre *n* ionad *m1* sláinte
health club *n* sólann *f2*
health food *n* bia *m4* sláinte
health food shop *n* siopa *m4* bia sláinte
Health Service *n*: **the Health Service** An tSeirbhís *f2* Sláinte
healthy *adj* folláin, sláintiúil
heap *n* carn *m1*, moll *m1*, cnap *m1*♦ *vt*: **to heap (up)** carnadh; **to fall in a heap** titim i do chnap
hear *vt, vi* cluin, clois, airigh, mothaigh; **to hear about** cloisteáil faoi, scéala a fháil faoi; **to hear from sb** scéala a fháil ó dhuine; **to hear confession** faoistin a éisteacht
hearing *n* (*also* LAW) éisteacht *f3*
hearing aid *n* áis *f2* éisteachta
hearsay *n*: **it's only hearsay** níl ann ach scéal scéil
hearse *n* cóiste *m4* na marbh
heart *n* croí *m4*; (*courage*) misneach *m1*; **hearts** *npl* (CARDS) hairt *mpl1*; **I lost heart** tháinig beaguchtach *or* lagmhisneach orm; **take heart!** bíodh uchtach *or* misneach agat!; **at heart** i do chroí istigh; **by heart** (*learn*) de ghlanmheabhair; **to know sth by heart** rud a bheith ar do theanga agat, rud a bheith de ghlanmheabhair agat
heart attack *n* taom *m3* croí
heartbeat *n* bualadh *m* croí
heartbreaking *adj* coscrach, truacánta, léanmhar
heartbroken *adj* croíbhriste
heartburn *n* daigh *f2* chroí
heart failure *n* cliseadh *m* croí, teip *f2* croí

heartfelt *adj* (*thanks etc*) ó chroí
hearth *n* tinteán *m1*, teallach *m1*
heartily *adv* go croíúil, go groí, le fonn; **to heartily do sth** rud a dhéanamh faoi chroí mhór mhaith
heartland *n* (*of country, region*) lár *m1* tíre
hearty *adj* croíúil; (*appetite*) folláin, groí; (*dislike*) ó chroí; **hearty welcome** fearadh na fáilte, fíorchaoin fáilte, fáilte ó chroí
heat *n* teas *m3*, teocht *f3*; (*of weather*) brothall *m1*; (SPORT: *also*: **qualifying heat**) dreas *m3* cáilithe ♦ *vt, vi* téigh; **in heat** (*cow*) ar dáir, faoi dháir; (*bitch*) faoi adhall; (*goat, sheep*) faoi reitheadh
heated *adj* téite; (*fig*: *argument etc*) teasaí, lasánta
heater *n* téitheoir *m3*
heath *n* caorán *m1*, fraoch *m1*, móinteach *m1*
heather *n* fraoch *m1*
heating *n* teas *m3*, téamh *m1*; **central heating** téamh lárnach
heatstroke *n* stróc *m4* teasa
heat wave *n* tonn *f2* teasa, tonn teaspaigh
heave *vt* tóg; (*drag*) tarraing ♦ *vi* (*sea*) at; (*chest*): **to be heaving** bheith ag éirí agus ag titim; (*retch*) caith aníos; **to heave a sigh** osna a ligean
heaven *n* neamh *f2*, na flaithis *mpl1*; (*fig*): **she is in heaven** tá sí ar a sáimhín suilt; **good heavens!** a thiarcais!, aililiú!; **heaven knows!** ag Dia amháin atá a fhios!; **heaven forbid!** nár lige Dia!; **for heaven's sake!** in ainm Dé!
heavenly *adj* neamhaí; (*fig*) ar dóigh, aoibhinn
heavily *adv* go trom
heavy *adj* trom; (*sea*) ramhar; (*rain*) trom; (*work*) maslach
heavy goods vehicle *n* feithicil *f2* earraí troma
heavyweight *n* (SPORT) trom-mheáchan *m1*
Hebrew *adj, n* Eabhrach *m1* ♦ *n* (LING) Eabhrais *f2*
Hebrides *npl*: **the Hebrides** Inse *f(pl)2* Ghall
heckle *vt* trasnaigh
hectic *adj* fuadrach, corrach
hedge *n* fál *m1* ♦ *vi* téigh ar chúl scéithe le; **to hedge one's bets** (*fig*) tú féin a chumhdach
hedgehog *n* gráinneog *f2*
heed *vt*: **take heed of her** tabhair aird uirthi, déan rud uirthi, éist léi agus déan dá réir; **pay no heed to him** ná tabhair aon aird air
heedless *adj* neamhaireach, neamhairdiúil
heel *n* sáil *f2* ♦ *vt*: **to heel a shoe** sáil úr a chur ar bhróg; **to take to one's heels** na boinn a thabhairt as
hefty *adj* (*person*) téagartha; (*parcel*) trom; (*profit*) mór
heifer *n* bodóg *f2*, bearach *m1*
height *n* airde *f4*; (*high ground*) ard *m1*; (*fig*: *apex*) buaic *f2*; **what height are you?** cén airde atá ionat?
heighten *vt* ardaigh; (*fig*) cuir le
heir *n* oidhre *m4*, comharba *m4*
heiress *n* banoidhre *m4*
heirloom *n* séad *m3* fine
helicopter *n* héileacaptar *m1*
hell *n* ifreann *m1*; (*fig*) céasadh *m*, ceas *m3* croí; **hell!** (*inf!*) damnú; **to hell with you!, go to hell!** go hIfreann leat!, imigh sa diabhal!; **it was a** *or* **one hell of a mess** bhí sé ina phrácás ceart; **what the hell did you say that for?** cad chuige faoi Dhia an ndúirt tú sin?
hellish (*inf*) *adj* uafásach, diabhalta, damanta
hello *excl* Dia duit, Dia daoibh; (*to attract attention*) hóigh
helm *n* (NAUT) stiúir *f*
helmet *n* clogad *m1*
help *n* cuidiú *m*, cúnamh *m1*, cabhair *f*; (*charwoman*) bean *f* oibre ♦ *vt* cuidigh le, tabhair cuidiú *or* cúnamh *or* cabhair do, cabhraigh le; **help!** tarrtháil!, fóir orm!; **help yourself** ith leat; **he can't help it** níl neart aige air
helper *n* cuiditheoir *m3*, cúntóir *m3*
helpful *adj* cuidiúil, cúntach, cabhrach; (*obliging*) garach; (*useful*) áisiúil,

úsáideach

helping *n* riar *m4* ♦ *adj*: **to give sb a helping hand** lámh chuidithe *or* chúnta a thabhairt do dhuine

helpless *adj* anbhann; **to be helpless to do sth** gan a bheith ábalta rud a dhéanamh

hem *n* fáithim *f2*

▸**hem in** *vt* sáinnigh

hemorrhage (*US*) *n* = **haemorrhage**

hemorrhoids (*US*) *npl* = **haemorrhoids**

hen *n* cearc *f2*

hence *adv* (*therefore*) dá bhrí sin, mar sin de; **two years hence** i gceann dhá bhliain

henceforth *adv* as seo amach, feasta

henchman (*pej*) *n* cúlaistín *m4*

her *pron* í; (*emphatic*) ise ♦ *adj* a; **I saw her** chonaic mé í; **without her** gan í; **I saw him but not her** chonaic mé eisean ach ní fhaca mé ise; **after her** ina diaidh; **her coat** a cóta; **her father** a hathair; **her work** a cuid oibre; **tormenting her** á crá

herald *n* aralt *m1*, fógróir *m3* ♦ *vt* fógair

heraldry *n* araltas *m1*

herb *n* luibh *f2*, lus *m3*

herd *n* tréad *m3* ♦ *vt*: **to herd cattle** bheith ag buachailleacht bó

here *adv* anseo; **here!** seo!; **here is, here are** seo; **here (s)he comes!, here (s)he is!** seo chugainn anois é/í!; **here you are** seo dhuit; **here and there** thall is abhus; **here's to your new job!** go maire tú do phost nua!, seo sláinte do phoist nua!

hereafter *adv* (*in writing*) thíos; (*future*) an t-am atá le teacht; (*afterlife*): **the hereafter** an tsíoraíocht *f3*

hereby *adv* (*formal*: *in letter*) leis seo

hereditary *adj* dúchasach, oidhreachtúil

heresy *n* eiriceacht *f3*

heritage *n* (*of country*) dúchas *m1*, oidhreacht *f3*

hermit *n* díthreabhach *m1*

hernia *n* maidhm *f2* sheicne

hero *n* laoch *m1*, gaiscíoch *m1*

heroin *n* hearóin *f2*

heroine *n* banlaoch *m1*

heron *n* corr *f2* éisc, corr mhóna, Máire *f4* fhada

herring *n* scadán *m1*

hers *adj* (*single article*) a ceannsa; (*share of*) a cuidse; **it's hers** is léi é; (*emphatic*) is léise é; **this one is hers** is léi an ceann seo, seo é a ceannsa; **this is hers** (*her share*) seo a cuidse; **this book of hers** an leabhar seo aici

herself *pron* (*reflexive*) sí féin; (*object*) í féin; (*emphatic*) sise féin, ise féin; **tormenting herself** á crá féin

hesitant *adj* moillitheach; **he was hesitant** bhí sé idir dhá chomhairle

hesitate *vi*: **he hesitated** baineadh stad as, bhain stad dó, bhí sé idir dhá chomhairle

hesitation *n* braiteoireacht *f3*; **without hesitation** gan leisce ar bith, gan amhras ar bith

hew *vt* snoigh

heyday *n*: **in his heyday** i mbuaic a réime, in ard a réime, i mbláth a réime

hi *excl* hóigh

hiatus *n* (*gap*) bearna *f4*; (*interruption*) hiatas *m1*

hibernate *vi* geimhrigh

hiccoughs *npl*: **he has** *or* **he's got the hiccoughs** tá snag air

hide *n* seithe *f4*, craiceann *m1* ♦ *vt* folaigh, ceil ♦ *vi*: **to hide (from sb)** téigh i bhfolach (ar dhuine)

hide-and-seek *n*: **to play hide-and-seek** bheith ag déanamh na bhfolachán

hideous *adj* míofar, uafar, urghránna

hideout *n* cró *m4* folaigh

hiding *n* (*beating*) leadhbairt *f3*, léasadh *m*, greasáil *f3*; **to be in hiding** bheith i bhfolach

hierarchy *n* cliarlathas *m1*

hi-fi *n, adj* hi-fi *m4*

high *adj* ard; **20 m high** 20 m ar airde

highbrow *adj* ardléannta ♦ *n* duine *m4* ardléannta

highchair *n* (*child's*) cathaoir *f* ard

higher education *n* oideachas *m1* ardleibhéil

high jump *n* (*SPORT*) léim *f2* ard

highlander *n* híleantóir *m3*
highlands *npl* garbhchríocha *fpl2*; **the Scottish Highlands** Garbhchríocha na hAlban, na Garbhchríocha
highlight *n* (*fig*: *of event*) buaic *f2*♦ *vt* aibhsigh, tabhair chun suntais; **highlights** *npl* (*in hair*) gealáin *mpl1*
highly *adv* go hard; **to speak/think highly of sb** duine a mholadh go hard na spéir/ardmheas a bheith agat ar dhuine
highly paid *adj* íoctha go maith
highly strung *adj* sochorraithe
highness *n*: **Her** (*or* **His**) **Highness** A M(h)órgacht *f3*
high-pitched *adj* géar
high-rise *adj*: **high-rise block, high-rise flats** bloc *m1* árasán ardéirí, árasáin *mpl1* ardéirí
high school *n* scoil *f2* ghramadaí; (*US*) ardscoil *f2*
high season *n* lár *m1* an tséasúir
high street *n* príomhshráid *f2*, sráid *f2* mhór
highway *n* bealach *m1* mór, bóthar *m1* mór
Highway Code *n* cód *m1* an bhealaigh mhóir
hijack *vt* (*plane*) fuadaigh
hijacker *n* fuadaitheoir *m3*
hike *vi* siúl de chois, bheith ag fánaíocht ♦ *n* siúlóid *f2*
hiker *n* siúlóir *m3*
hilarious *adj* an-ghreannmhar
hill *n* cnoc *m1*; (*on road*) mala *f4*, fánán *m1*, fána *f4*
hill farmer *n* feirmeoir *m3* sléibhe
hillside *n* mala *f4* cnoic
hillwalking *n* cnocadóireacht *f3*
hilly *adj* cnocach, sléibhtiúil
hilt *n* (*of sword*) dorn *m1*; (*of dagger*) feirc *f2*; **to the hilt** (*fig*: *support*) go bun an angair
him *pron* é; (*emphatic*) eisean; **I saw him** chonaic mé é; **without him** gan é; **I saw him but not her** chonaic mé eisean ach ní fhaca mé ise; **after him** ina dhiaidh; **tormenting him** á chrá
himself *pron* (*reflexive*) sé féin; (*object*) é féin; (*emphatic*) seisean féin, eisean féin; **tormenting himself** á chrá féin
hind *adj* deiridh *n gen*; **hind legs** cosa deiridh
hinder *vt* bac, cuir as do, coisc; (*delay*) cuir moill ar
hindrance *n* bac *m1*, cis *f2*, cosc *m1*
hindsight *n* iarchonn *m1*, iarghaois *f2*; **with the benefit of hindsight** le bua an iarchoinn
Hindu *n, adj* Hiondúch *m1*
hinge *n* inse *m4*, lúdrach *f2*♦ *vi* (*fig*): **to hinge on** brath ar
hint *n* leid *f2*, nod *m1*♦ *vt, vi*: **to hint that** tabhairt le fios go, leid *or* nod a thabhairt go
hip *n* cromán *m1*, corróg *f2*
hippopotamus *n* dobhareach *m1*
hire *n* fostú *m*♦ *vt* (*worker*) fostaigh; **for hire** le ligean; (*taxi*) ar fáil; **to hire sth** rud a fháil ar cíos; **to hire sth out** rud a ligean (ar cíos)
hire purchase *n* fruilcheannach *m1*
his *adj* a; **his coat** a chóta; **his father** a athair; **his work** a chuid oibre; **it's his** is leis é; (*emphatic*) is leis-sean é; **this one is his** is leis an ceann seo, seo é a cheannsan; **his share** a chuidsean; **this book of his** an leabhar seo aige
hiss *vi* sios
historian *n* staraí *m4*
historic *adj* stairiúil
historical *adj* staire *n gen*
history *n* stair *f2*
hit *vt* buail; (*reach*: *target*) aimsigh; (*fig*: *affect*) téigh i bhfeidhm ar♦ *n* buille *m4*; (*success*): **it was a great hit** d'éirigh go geal leis
hitch *vt* (*fasten*) ceangail; (*also*: **hitch up**) tarraing aníos♦ *n* (*difficulty*) constaic *f2*; **to hitch a lift** dul ar an ordóg, síob a fháil
hitchhike *vi* bheith ag síobaireacht
hitchhiker, hitcher *n* síobaire *m4*
hi-tech *adj* ard-teicneolaíochta *n gen*
hitherto *adv* go dtí seo
HIV *n* HIV, VED; **HIV-negative/-positive**

VED-dhiúltach/-dhearfach
hive *n* coirceog *f2*
hoard *n* (*of food*) stór *m1*; (*of money*) ceallóg *f2*, taisce *f4*, folachán *m1* ♦ *vt* cuir i dtaisce *or* i bhfolach
hoarding *n* (*for posters*) clár *m1* fógraí(ochta)
hoarse *adj* piachánach; **I'm hoarse** tá piachán ionam
hoax *n* bob *m4*, cleas *m1*
hob *n* iarta *m4*
hobble *vi* bheith ag bacadradh
hobby *n* caitheamh *m1* aimsire
hobby-horse *n* (*fig*) capall *m1* maide
hobo (*US*) *n* ráigí *m4*, fear *m1* siúil
hockey *n* haca *m4*
hog *n* collach *m1* (coillte) ♦ *vt* (*fig*): **to hog the television** an teilifís a ghlacadh chugat féin; **to go the whole hog** an t-orlach a loisceadh
hoist *n* (*apparatus*) ardaitheoir *m3* ♦ *vt* ardaigh
hold *vt* coinnigh, coimeád; (*meeting*) coinnigh, tionóil; (*believe*) creid, maígh, bheith den bharúil; (*possess*): **to hold a licence/degree** ceadúnas/céim a bheith agat ♦ *vi* (*remain firm*) seas ♦ *n* (*also fig*) greim *m3*; (*NAUT*) broinn *f2*; **hold the line!** (*TEL*) fan bomaite *or* nóiméad!; **to catch** *or* **get (a) hold of** greim a bhreith ar; **get hold of yourself!** (*fig*) beir ar do chiall!
▸ **hold back** *vt* coinnigh cúl ar, coinnigh *or* coimeád siar; (*truth*) ceil
▸ **hold down** *vt* (*person*) coinnigh faoi smacht; (*job*) coinnigh
▸ **hold off** *vt*: **I held her off** choinnigh mé uaim í
▸ **hold on** *vi* coinnigh ort; (*wait*) fan; **hold on!** (*TEL*) fan bomaite *or* nóiméad!; **hold on a minute!** fan ort go fóill!
▸ **hold onto** *vt fus* beir *or* coinnigh greim ar; (*keep*) coinnigh
▸ **hold out** *vt* sín amach ♦ *vi* (*resist*) seas an fód
▸ **hold up** *vt* (*raise*) ardaigh; (*support*) tacaigh le, neartaigh le; (*delay*) cuir moill ar; (*rob*) robáil, creach
holdall *n* mála *m4* iompair
holder *n* sealbhóir *m3*; (*container*) gabhdán *m1*
holding *n* (*COMM, share*) scair *f2*; (*farm*) gabháltas *m1*
hold-up *n* (*robbery*) robáil *f3*; (*delay*) moill *f2*
hole *n* poll *m1*
hole-in-the-wall (*inf*) *n* poll *m1* sa bhalla, meaisín *m4* bainc
holiday *n* saoire *f4*; (*day off*) lá *m* saor; **on holiday** ar saoire; **holiday of obligation** (*REL*) lá saoire fógartha
holiday camp *n* (*also*: **holiday centre**) campa *m4* saoire
holiday job *n* post *m1* i rith na laethanta saoire
holiday-makers *npl* lucht *msg3* saoire
holiday resort *n* ionad *m1* saoire
Holland *n* an Ollainn *f2*
hollow *adj* cuasach, folamh; (*sound*) toll; (*tube*) folamh ♦ *n* cuas *m1*, log *m1*, logán *m1*
holly *n* cuileann *m1*
holocaust *n* uileloscadh *m*
holster *n* curra *m4*
holy *adj* naofa; (*water*) coisricthe; (*ground*) beannaithe
Holy Communion *n* an Chomaoineach *f4* Naofa; **to receive** *or* **go to Holy Communion** Comaoineach a ghlacadh
Holy Father *n*: **the Holy Father** an tAthair *m* Naofa
Holy Ghost, Holy Spirit *n* an Spiorad *m1* Naomh
Holy Week *n* Seachtain *f2* na Páise
homage *n* ómós *m1*; **to pay homage to sb** ómós a thabhairt do dhuine
home *n* baile *m4* ♦ *adj* baile *n gen* ♦ *adv* abhaile; **at home** sa bhaile; **make yourself at home** déan tú féin sa bhaile; **to bring it home to sb that** é a chur ina luí ar dhuine go
home address *n* seoladh *m* baile
homeland *n* tír *f2* dhúchais
homeless *adj* gan dídean ♦ *npl*: **the homeless** na díthreabhaigh *mpl1*
homely *adj* tíriúil, nádúrtha

home-made *adj* baile *n gen*, déanta sa bhaile, de dhéantús baile
Home Office (*BRIT*) *n* An Roinn *f2* Gnóthaí Baile
home page *n* (*COMPUT*) leathanach *m1* baile
Home Secretary (*BRIT*) *n* An Rúnaí *m4* Gnóthaí Baile
homesick *adj*: **to be homesick** cumha a bheith ort (i ndiaidh an bhaile)
home town *n*: **my home town** mo bhaile *m4* dúchais
homeward *adj* (*journey*) abhaile, chun an bhaile
homework *n* obair *f2* bhaile
homogeneous *adj* aonchineálach
homosexual *adj, n* homaighnéasach *m1*
honest *adj* ionraic; (*sincere*) macánta, cóir
honestly *adv* go hionraic; (*sincerely*) go macánta
honesty *n* ionracas *m1*; (*sincerity*) macántacht *f3*
honey *n* mil *f3*
honeycomb *n* cíor *f2* mheala
honeymoon *n* mí *f* na meala
honeysuckle (*BOT*) *n* féithleann *m1*
honorary *adj* onórach; (*duty, title*) oinigh
honour, (*US*) **honor** *vt* onóraigh ♦ *n* onóir *f3*, urraim *f2*; **one's word of honour** d'fhocal
hono(u)rable *adj* onórach
hono(u)rs degree *n* (*SCOL*) céim *f2* onórach
hood *n* cochall *m1*; (*of machine*) cumhdach *m1*
hoof *n* crúb *f2*
hook *n* crúca *m4*; (*for fishing*) duán *m1* ♦ *vt* crúcáil, cuir crúca i; (*fish*) cuir duán i; **by hook or by crook** ar ais nó ar éigean
hooligan *n* maistín *m4*
hoop *n* fonsa *m4*
hooray *excl* hurá, abú, go deo
hoot *vi* (*AUT*) séid an bonnán; (*siren*) séid; (*owl*) scréach
hooter *n* (*AUT, NAUT, factory*) bonnán *m1*
Hoover ® *n* folúsghlantóir *m3* ♦ *vt* folúsghlan
hop *vi* (*on one foot*) tabhair truslóg, imigh ar leathchos, bheith ag preabarnach
hope *vt, vi*: **I hope (that)** tá dóchas *or* súil *or* dúil agam (go) ♦ *n* dóchas *m1*, súil *f2*, dúil *f2*
hopeful *adj* (*person*) dóchasach; **the situation is hopeful** tá cuma mhaith ar an scéal; **to be hopeful that ...** bheith dóchasach go ...
hopefully *adv* le cuidiú Dé, go dóchasach
hopeless *adj* gan dóchas, doleigheasta; **it's a hopeless situation** tá sé ó mhaith mar scéal
hops *npl* (*plant*) leannlus *msg3*; (*fruit*) hopa *msg4*
horizon *n* bun *m1* na spéire
horizontal *adj* cothrománach
horn *n* adharc *f2*; (*MUS*) corn *m1*; (*AUT*) bonnán *m1*; (*drinking*) buabhall *m1*
hornet *n* cearnamhán *m1*
horny (*inf*) *adj* adharcach, ar dáir
horoscope *n* tuismeá *f4*
horrendous *adj* millteanach, uafásach
horrible *adj* uafásach
horrid *adj* gránna, déistineach
horrify *vt* cuir uafás *or* déistin ar; **to be horrified** uafás *or* déistin a bheith ort
horror *n* uafás *m1*, déistin *f2*
hors d'oeuvre *n* (*CULIN*) hors d'oeuvre *m4*
horse *n* capall *m1*
horseback *n*: **on horseback** ar mhuin *f2* *or* ar dhroim *m3* capaill
horse chestnut *n* cnó *m4* capaill
horseman *n* marcach *m1*
horsepower *n* each-chumhacht *f3*
horse-racing *n* rásaíocht *f3* chapall
horseradish *n* raidis *f2* fhiáin
horseshoe *n* crú *m4* capaill
hose *n* (*also*: **hosepipe**) píobán *m1*; (*also*: **garden hose**) píobán *m1* gairdín
hospitable *adj* fial, flaithiúil
hospital *n* ospidéal *m1*, otharlann *f2*; **in hospital** san ospidéal
hospitality *n* féile *f4*, flaithiúlacht *f3*
host *n* óstach *m1*; (*REL*) abhlann *f2*; (*large number*): **a host of** slua *m4* + *gen*
hostage *n* giall *m1*
hostel *n* teach *m* ósta; (*also*: **youth hostel**) brú *m4* óige

hostess *n* banóstach *m1*
hostile *adj* naimhdeach; **to be hostile to** bheith (go dubh) in éadan + *gen*
hostility *n* naimhdeas *m1*
hot *adj* te; (*contest etc*) géar; (*temper*) tintrí, teasaí
hotbed *n* (*fig*) ceárta *f4*
hotel *n* óstán *m1*, óstlann *f2*
hot-headed *adj* tintrí, teasaí
hotly *adv* go tintrí
hotplate *n* (*on cooker*) pláta *m4* te
hot-water bottle *n* buidéal *m1* te
hound *vt* ciap, céas, cráigh ♦ *n* cú *m4*
hour *n* uair *f2* an chloig; **on the hour** ar bhuille na huaire; **he walked for hours** shiúil sé ar feadh na n-uaireanta; **till all hours, till the small hours** go maidin, go ham luí domhain
hourly *adj, adv* san uair, in aghaidh na huaire
house *n* teach *m* ♦ *vt* (*person*) tabhair dídean do; (*objects*) coinnigh; **on the house** (*fig*) in aisce
house arrest *n* braighdeanas *m1* baile
housebound *adj* gafa sa teach
housecoat *n* cóta *m4* seomra
household *n* teaghlach *m1*, líon *m1* tí
housekeeper *n* (*female*) bean *f* tí; (*male*) fear *m1* tí; **the priest's housekeeper** cailín *m4* an tsagairt
housekeeping *n* (*work*) tíos *m1*; **housekeeping (money)** airgead *m1* tís
house-warming (party) *n* infear *m1*
housewife *n* bean *f* tí
housework *n* obair *f2* tí
housing *n* tithíocht *f3*
housing estate *n* eastát *m1* títhíochta
hovel *n* prochóg *f2*
hover *vi* bheith ar foluain
hovercraft *n* árthach *m1* foluaineach
how *adv* cad é mar, conas; **how are you?** cad é mar atá tú, conas atá tú?, cén chaoi a bhfuil tú?; **how do you do?** Dia duit; **how far is it to?** cá fhad atá sé go?; **how long have you been here?** cá fhad atá tú anseo?; **how lovely!** nach álainn é!, chomh hálainn leis!; **how many?** cá mhéad + *nom sg*; **how much?** cá mhéad + *gen*; **how old are you?** cén aois atá agat?, cá haois tú?; **how should I know?** cá bhfuil mar a bheadh a fhios agamsa?
however *adv* áfach, ámh, dá; (*in questions*) cá ♦ *conj* ach; **however good it is, it's not good enough** dá fheabhas é, níl sé maith go leor
howl *vi* lig glam agat, bheith ag uallfartach
H.P. *abbr* = **hire purchase**
HQ *abbr* = **headquarters**
hub *n* (*of wheel*) mol *m1*; (*fig*) croílár *m1*
hubcap *n* molchaidhp *f2*
huddle *vi*: **to huddle together** cuachadh *or* teannadh isteach le chéile
hue *n* imir *f2*, lí *f4*
hue and cry *n* gáir *f2* faoi tholl
huff *n*: **she's in a huff** tá stuaic uirthi
hug *n* barróg *f2* ♦ *vt* beir barróg ar, cuach (le do chroí); (*shore, kerb*) coinnigh le
huge *adj* ollmhór; **a huge amount of money** an t-uafás airgid
hulk *n* creatlach *f2*; (*person*) gliúdóg *f2*
hull *n* cabhail *f*
hullo *excl* = **hello**
hum *n* crónán *m1* ♦ *vt* (*tune*) bheith ag drantán ♦ *vi* bheith ag crónán
human *adj* daonna ♦ *n*: **human being** duine *m4* daonna
humane *adj* daonnachtúil
humanitarian *adj* daonchairdiúil
humanity *n* an cine *m4* daonna
humble *adj* umhal, uiríseal ♦ *vt* umhlaigh, uirísligh, bain béim as
humbug *n* (*nonsense*) amaidí *f4*; (*person*) cluanaire *m4*; (*sweet*) milseán *m1* miontais
humdrum *adj* leadránach
humid *adj* tais
humiliate *vt* náirigh, uirísligh
humiliation *n* náire *f4*, uirísliú *m*
humongous, humungous (*inf*) *adj* ollmhór
humorous *adj* greannmhar
humour, (*US*) **humor** *n* greann *m1*; (*mood*) fonn *m1*, aoibh *f2*, giúmar *m1* ♦ *vt*: **to humour sb** duine a ghiúmaráil, moladh le duine; **to be in good humour**

giúmar maith *or* aoibh mhaith a bheith ort
hump *n* cruit *f2*; (*on road*) dronn *f2*
humpbacked *adj* cruiteach
hunch *n* (*on person*) cruit *f2*; (*idea*) tuaileas *m1*, barúil *f3*
hunchback *n* cruiteachán *m1*
hunched *adj* dronnach
hundred *num* céad an + *sg*; **hundreds of** na céadta + *sg*
hundredweight *n* céad *m1* meáchain
Hungarian *adj, n* Ungárach *m1*• *n* (LING) Ungáiris *f2*
Hungary *n* an Ungáir *f2*
hunger *n* ocras *m1*• *vi*: **to hunger for sth** cíocras ruda a bheith ort
hungry *adj* ocrach; **to be hungry** ocras a bheith ort; **to be hungry for sth** cíocras ruda a bheith ort
hunk *n* (*of bread etc*) canta *m4*
hunt *vt, vi* seilg• *n* seilg *f2*, fiach *m1*; **to hunt for sb** duine a fhiach
hunter *n* sealgaire *m4*, fiagaí *m4*
hunting *n* seilg *f2*, fiach *m1*
hurdle *n* (SPORT) cliath *f2*; (*fig*) bac *m1*, constaic *f2*
hurl *vt* teilg, caith• *n* (SPORT) camán *m1*; **he hurled abuse at me** thug sé aghaidh a chraois orm
hurler *n* (SPORT) iománaí *m4*
hurley *n* (*also*: **hurley stick**) camán *m1*; = **hurling**
hurling *n* (SPORT) iomáint *f3*, iománaíocht *f3*• *adj*: **hurling ball** sliotar *m1*, cnag *m1*; **hurling stick** camán *m1*
hurrah, hurray *excl* = **hooray**
hurricane *n* hairicín *m4*, stoirm *f2* ghaoithe
hurried *adj* gasta, dithneasach, deifreach
hurriedly *adv* faoi dheifir, faoi dhithneas
hurry *n* deifir *f2*, dithneas *m1*• *vt, vi* (*also*: **hurry up**) brostaigh, déan deifir; **I am in a hurry** tá deifir orm; **to do sth in a hurry** rud a dhéanamh faoi dheifir; **what's your hurry?** cén deifir atá ort?; **I'm in no hurry, I'm not in any hurry** níl deifir ar bith orm
hurt *vt* (*cause pain to*) gortaigh• *vi*: **it hurts** tá sé nimhneach• *adj* gortaithe
hurtful *adj* (*remark*) goilliúnach
hurtle *vi*: **to hurtle past** réabadh thart (le)
husband *n* fear *m1* céile
hush *n* ciúnas *m1*• *vt* ciúnaigh; **hush!** fuist!
husk *n* (*of wheat*) crotal *m1*; (*of rice, maize*) faighneog *f2*
husky *adj* piachánach• *n* huscaí *m4*
hustle *vt* brúigh• *n* brú *m4*
hut *n* both *f3*; (*shed*) bothán *m1*
hutch *n* púirín *m4*
hyacinth *n* bú *m4*
hydrant *n* (*also*: **fire hydrant**) hiodrant *m1*
hydraulic *adj* hiodrálach
hydroelectric *adj* hidrileictreach
hydrogen *n* hidrigin *f2*
hyena *n* hiéana *m4*
hygiene *n* sláinteachas *m1*
hymn *n* iomann *m1*, caintic *f2*
hype (*inf*) *n* poiblíocht *f3*, bolscaireacht *f3*
hypermarket *n* ollmhargadh *m1*
hyphen *n* fleiscín *m4*
hypnotize *vt* hiopnóisigh
hypocrisy *n* fimíneacht *f3*
hypocrite *n* fimíneach *m1*
hypocritical *adj* fimíneach, béalchráifeach
hypothesis *n* hipitéis *f2*
hysterical *adj* histéireach; **hysterical with laughter** sna trithí gáire

I

I *pron* mé; (*emphatic*) mise; (*as subject*): **I came in** tháinig mé isteach; (*with copula*): **I am a person** is duine mé; (*in passive, autonomous*): **I was injured** gortaíodh mé
ice *n* oighear *m1*, leac *f2* oighir; (*on road*) siocán *m1*, sioc *m3* ♦ *vi* (*also*: **ice over, ice up**) oighrigh
iceberg *n* cnoc *m1* oighir
icebox *n* (*US*) cuisneoir *m3*; (*BRIT*) bosca *m4* oighir; (*insulated box*) reoiteoir *m3*
ice cream *n* uachtar *m1* reoite
ice cube *n* ciúb *m1* oighir
iced *adj* sioctha; (*cake*) reoánta
ice hockey *n* haca *m4* oighir
Iceland *n* an Íoslainn *f2*
ice lolly *n* líreacán *m1* reoite
ice rink *n* rinc *f2* oighir, oighear-rinc *f2*
ice-skating *n* scátáil *f3* oighir
icicle *n* coinlín *m4* reo
icing *n* reoán *m1*
icing sugar *n* siúcra *m4* reoáin
icy *adj* oighreata, sioctha
idea *n* smaoineamh *m1*, barúil *f3*, idé *f4*; **I've no idea** níl barúil agam; **it's a good idea** smaoineamh maith atá ann; **do you get the idea?** an dtuigeann tú?
ideal *n* idéal *m1*, barrshamhail *f3* ♦ *adj* idéalach; (*perfect*) ar fheabhas (Éireann)
idealism *n* idéalachas *m1*
identical *adj* ionann, mar a chéile, comhionann
identification *n* aitheantas *m1*, aithint *f*; **identification papers** páipéir *mpl1* aitheantais
identify *vt* aithin, sainaithin
identity *n* céannacht *f3*, comhionannas *m1*, ionannas *m1*; (*of person*) aithne *f4*; (*separate*) féiniúlacht *f3*; **mistaken identity** an aithne chontráilte; **to reveal one's identity to sb** d'aithne a ligean le duine
identity card *n* cárta *m4* aitheantais
ideological *adj* idé-eolaíoch
ideology *n* idé-eolaíocht *f3*
idiom *n* cor *m1* cainte
idiosyncrasy *n* (*of person*) leithleachas *m1*
idiot *n* (*man*) amadán *m1*; (*woman*) óinseach *f2*
idiotic *adj* amaideach; óinsiúil
idle *adj* díomhaoin; (*lazy*) falsa; (*unemployed*) dífhostaithe, díomhaoin; (*words, thoughts*) díomhaoin, fánach ♦ *vi* (*engine*) bheith ag réchasadh; **to lie idle** (*machine*) bheith ar stad; **idle talk** baothchaint, caint gan éifeacht; **to idle away the time** an t-am a chaitheamh go díomhaoin
idol *n* íol *m1*; (*pop star etc*) dia *m* beag
idolize *vt* adhair, déan dia beag de
i.e. *adv abbr* (= *id est*) i.e., is é sin
if *conj* má + *present, past*, dá + *conditional, imperfect*; **if so** más amhlaidh atá; **if not** murab amhlaidh atá; **if only** mura mbeadh ann ach; **if I were you ...** dá mba mise tusa ...
ignite *vt, vi* las
ignition *n* (*AUT*) adhaint *f2*
ignition key *n* eochair *f* dhúisithe
ignorant *adj* aineolach, ainbhiosach; **to be ignorant of** (*subject*) bheith aineolach *or* dall ar
ignore *vt* déan neamhiontas de, lig thar do chluas, scaoil tharat; **to ignore sb's advice** dul thar chomhairle duine; **I completely ignored him** níor lig mé orm go raibh sé ann nó as, níor thug mé lá airde air
ill *adj* (*sick*) tinn, breoite; (*bad*) droch- ♦ *n* olc *m1* ♦ *adv*: **to speak ill of sb** duine a cháineadh; **ills** *npl* (*misfortunes*) anró *msg4*, cruatan *msg1*, gátar *msg1*; **she took ill** buaileadh tinn í
ill-advised *adj* (*decision*) éigríonna; (*person*): **he would be ill-advised** b'amaideach an mhaise dó
ill-at-ease *adj* míshuaimhneach, corrabhuaiseach

illegal *adj* mídhleathach, in éadan an dlí; (*contract, competition*) neamhdhlíthiúil
illegible *adj* doléite
illegitimate *adj* mídhlisteanach; **illegitimate child** leanbh *m1* díomhaointis, páiste *m4* gréine
ill-fated *adj* mí-ámharach, míchinniúnach
ill feeling *n* olc *m1*, mioscais *f2*
illiterate *adj* neamhliteartha
ill-mannered *adj* (*child*) drochmhúinte, mímhúinte, iomlatach
illness *n* tinneas *m1*, breoiteacht *f3*
ill-treat *vt*: **to ill-treat sb** drochíde a thabhairt do dhuine
illuminate *vt* (*room, street*) soilsigh; (*for special effect*) maisigh
illumination *n* soilsiú *m*, maisiú *m*
illusion *n* seachmall *m1*, léaspáin *mpl1*, dul *m3* amú; **to shatter sb's illusions** a bharúil a mhilleadh ar dhuine; **don't be under any illusions about it** ná bíodh aon dul amú ort faoi, ná bíodh dada dá sheachmall ort
illustrate *vt* léirigh; (*book*) maisigh
illustration *n* léiriú *m*, léiriúchán *m1*; (*in book*) léaráid *f2*
ill will *n* olc *m1*, droch-chroí *m4*, naimhdeas *m1*; **to bear sb ill will** olc *or* droch-chroí a bheith agat do dhuine
image *n* íomhá *f4*, samhail *f3*; **he's the image of his father** is é pictiúr a athar é, is é a athair ar athphrátaí é
imagery *n* íomháineachas *m1*, samhlaoidí *fpl2*
imaginary *adj* samhailteach
imagination *n* samhlaíocht *f3*; **it's all in your imagination** ar do shúile atá sé
imaginative *adj* samhlaíoch, samhlaíochta *n gen*; **an imaginative person** duine a bhfuil bua na samhlaíochta aige
imagine *vt* samhlaigh; (*suppose*): **I imagine so** cheapfainn *or* déarfainn gur mar sin atá
imbalance *n* éagothroime *f4*; (COMM) neamhchomhardú *m*
imitate *vt* déan aithris ar
imitation *n* aithris *f2*♦ *adj* bréige *n gen*
immaculate *adj* gan smál; (REL): **The Immaculate Conception** Giniúint *f3* Mhuire gan Smál
immaterial *adj* neamhábhartha; **that is immaterial** ní bhaineann sin le hábhar; **it is immaterial to me** is cuma liom faoi
immature *adj* neamhaibí, anabaí
immediate *adj* láithreach; (*superior*) go díreach os do cheann; **in the immediate vicinity** in aice láimhe, ar na gaobhair
immediately *adv* (*at once*) láithreach bonn, ar an toirt, ar an bpointe; **immediately next to** go díreach in aice le
immense *adj* ollmhór, ábhalmhór, aibhseach
immerse *vt* tum; **to be immersed in one's work** bheith sáite i do chuid oibre
immersion heater *n* tumthéitheoir *m3*
immigrant *n* inimirceach *m1*
immigration *n* inimirce *f4*
imminent *adj* ar tí titim amach; **to be in imminent danger** contúirt a bheith i ngar duit *or* a bheith ag bagairt ort; **war was imminent** bhí cogadh ag bagairt, bhí baol cogaidh ann
immoral *adj* mímhorálta
immortal *adj* bithbheo, neamhbhásmhar, síoraí, buan
immune *adj*: **immune (to)** imdhíonach (ar); (*fig*) saor ar
immunity *n* imdhíonacht *f3*; saoirse *f4*
imp *n* (*child*) grabaire *m4*, dailtín *m4*
impact *n* imbhualadh *m*; (*fig*) tionchar *m1*, éifeacht *f3*, feidhm *f2*
impair *vt* loit, déan dochar do, lagaigh
impart *vt* dáil ar
impartial *adj* neamhchlaon, cothrom
impassable *adj* dothrasnaithe
impassive *adj* dochorraithe; (*expression*) socair
impatience *n* mífhoighne *f4*
impatient *adj* mífhoighneach; **to get** *or* **grow impatient** foighne a chailleadh
impeccable *adj* gan cháim, gan smál
impede *vt* bac, cuir bac ar, coisc
impediment *n* constaic *f2*; (*also*: **speech impediment**) stad *m4* sa chaint, bachlóg *f2* ar do theanga; **hearing impediment**

moill *f2* éisteachta
impending *adj*: **impending danger** contúirt atá ag bagairt *or* atá as do cheann
imperative *adj* práinneach ♦ *n* (LING) (modh *m3*) ordaitheach *m1*; **it's absolutely imperative you go** ní mór duit dul ann
imperfect *adj* neamhfhoirfe; (*goods etc*) lochtach ♦ *n* (LING) aimsir *f2* ghnáthchaite
imperial *adj* impiriúil
impersonal *adj* neamhphearsanta
impersonate *vt* pearsanaigh, téigh i riocht + *gen*; (*do impression of*) déan aithris ar
impertinent *adj* sotalach, soibealta, deiliúsach
impervious *adj* (*fig*): **to be impervious to sth** bheith beag beann ar rud, gan beann a bheith agat ar rud, gan aon aird a bheith agat ar rud
impetuous *adj* tobann, teasaí, luathintinneach
impetus *n* fuinneamh *m1*, spreagadh *m*
impinge *vt fus*: **to impinge on** (*person*) téigh i bhfeidhm ar; (*rights*) cuir isteach ar
implement *n* uirlis *f2* ♦ *vt* cuir i bhfeidhm *or* i gcrích *or* i ngníomh, comhlíon
implicit *adj* intuigthe; (*belief*) diongbháilte
implore *vt* achainigh ar, impigh ar
imply *vt* (*suggest*) tabhair le fios *or* le tuiscint; (*mean, entail*) ciallaigh, leanann as
impolite *adj* mímhúinte
import *vt* allmhairigh, iompórtáil ♦ *n* allmhaire *f4*, iompórtáil *f3*; (*meaning*) brí *f4*, ciall *f2*
importance *n* tábhacht *f3*
important *adj* tábhachtach
importer *n* allmhaireoir *m3*, iompórtálaí *m4*
impose *vt* cuir ar; (*fine, penalty*) gearr ar, cuir ar ♦ *vi*: **to impose on sb** suí i mbun duine, bheith ag gabháil ar dhuine
imposing *adj* maorga, iontach
imposition *n* (*of tax etc*) leagan *m1* ar, cur *m1* ar; **to be an imposition on sb** buannaíocht a dhéanamh ar dhuine, suí i mbun duine
impossible *adj* dodhéanta; (*person*) dochomhairleach
impotent *adj* éagumasach
impound *vt* gaibhnigh
impoverished *adj* bocht, bochtaithe
impractical *adj* neamhphraiticiúil
impregnable *adj* (*fortress*) doghafa
impress *vt* téigh i bhfeidhm ar; (*mark*) cuir ar; **to impress sth on sb** rud a chur ina luí ar dhuine
impression *n* (*thoughts on*) tuairim *f2*; (*of stamp, seal*) lorg *m1*; (*imitation*) aithris *f2*; **to be under the impression that** bheith den bharúil go; **to create a good impression (on)** dul i gcion *or* i bhfeidhm (ar)
impressionist *n* (ART) impriseanaí *m4*
impressive *adj* suntasach, iontach, mórthaibhseach, corraitheach
imprint *n* (*impression, mark*) lorg *m1*
imprison *vt* cuir i bpríosún
imprisonment *n* príosúnacht *f3*
improbable *adj* neamhdhóchúil, neamhchosúil, éadóigh; (*excuse*) gan dealramh; **it's most improbable** níl aon dealramh air; **it is improbable that ...** ní dócha go ...; **I think it improbable** ní dóigh liom é
improper *adj* (*unsuitable*) míchuí, mí-oiriúnach; (*dishonest*) mí-ionraic
improve *vt* feabhsaigh, cuir feabhas ar ♦ *vi* feabhsaigh, tagann feabhas ar; (*health*) bisigh, tagann biseach ar; (*pupil etc*) déan dul chun cinn
improvement *n* feabhas *m1*, feabhsú *m*; (*in health*) biseach *m1*
improvise *vt, vi* seiftigh, bain seiftiú as
impudent *adj* soibealta, sotalach, deiliúsach, dailtíneach
impulse *n* (*impulse*) spreagadh *m*; (*fig: urge*) tallann *f2*, spadhar *m1*, ríog *f2*
impulsive *adj* tallannach, taghdach, ríogach, luathintinneach; **to be impulsive by nature** an deoir thaghdach a bheith ionat

KEYWORD

in *prep* i; sa; sna **1** (*indicating place, position*): **in the house/the fridge** sa teach/sa chuisneoir; **in the garden** sa ghairdín; **in town** sa bhaile mór, ar an mbaile mór, sa chathair; **in the country** faoin tuath; **in school** ar scoil; **in here/there** istigh anseo/ansin
2 (*with place names*: *of town, region, country*): **in London** i Londain; **in England** i Sasana; **in Japan** sa tSeapáin; **in the United States** sna Stáit Aontaithe; **in Dingle** ar an Daingean; **in Killybegs** ar na Cealla Beaga
3 (*indicating time*: *during*): **in spring** san earrach; **in summer** sa samhradh; **in May, 1992** i Mí na Bealtaine, 1992; **in the afternoon** tráthnóna *or* um thráthnóna; **at 4 o'clock in the afternoon** ar a ceathair a chlog tráthnóna
4 (*indicating time*: *in the space of*): **I did it in 3 hours/days** rinne mé i dtrí huaire an chloig é/i dtrí lá é; (: *future*): **I'll see you in 2 weeks** *or* **in 2 weeks' time** feicfidh mé i gceann *or* faoi cheann coicíse thú
5 (*indicating manner etc*): **in a loud/soft voice** de ghlór ard/íseal; **in pencil** le peann luaidhe; **in French** as Fraincis *or* i bhFraincis; **the boy in the blue shirt** an buachaill a bhfuil an léine ghorm air, buachaill na léine goirme
6 (*indicating circumstances*): **in the sun** faoin ngrian; **in the shade** ar scáth na gréine; **in the rain** faoin mbáisteach
7 (*indicating mood, state*): **in tears** agus na deora leat; **in anger** i bhfeirg, le buile; **in despair** in éadóchas; **it is in good condition** tá caoi mhaith air; **to live in luxury** sócúl an tsaoil a bheith agat, bheith i do shuí go te, bheith i do sháith den saol
8 (*with ratios, numbers*): **1 in 10 (households), 1 (household) in 10** teaghlach as gach deichniúr; **20 pence in the pound** fiche pingin sa phunt; **they lined up in twos** sheas siad beirt ar chúl beirte; **in hundreds** ina gcéadta
9 (*referring to people, works*): **the disease is common in children** tá an galar coitianta i measc páistí; **in (the works of) Dickens** i gcuid scríbhinní Dickens, i saothar Dickens
10 (*indicating profession etc*): **to be in teaching** bheith i do mhúinteoir, bheith ag múinteoireacht
11 (*after superlative*): **the best pupil in the class** an dalta is fearr sa rang
12 (*with present participle*): **in saying this** agus sin á rá agam
♦ *adv*: **to be in** (*person*: *at home, work*) bheith ann *or* istigh; (*train, ship, plane*) bheith istigh; (*in fashion*) san fhaisean; **to ask sb in** iarraidh ar dhuine teacht isteach; **to run/limp in** rith/bacadaíl isteach
♦ *n*: **the ins and outs (of)** (*of proposal, situation etc*) bun agus barr + *gen*

in. *abbr* = **inch**
inability *n* néamhábaltacht *f3*, míchumas *m1*
inaccurate *adj* míchruinn, neamhbheacht
inadequate *adj* uireasach, easpach, easnamhach
inadvertently *adv* (*by accident*) de thaisme, de thimpiste; (*unthinkingly*) gan cuimhneamh; **he inadvertently let it slip** d'imigh sé air dá ainneoin
inadvisable *adj* domholta
inane *adj* leamh
inanimate *adj* neamhbheo, marbh
inappropriate *adj* mí-oiriúnach, míchuí
inarticulate *adj* dothuigthe, snagach, scaipthe sa chaint
inasmuch as *adv* sa mhéid go, ó tharla go, ón uair go
inauguration *n* oirniú *m*; (*initiation, launch*) tionscnamh *m1*
inborn *adj* dúchasach, inbheirthe, oidhreachtúil, sa nádúr
inbred *adj* dúchasach, oidhreachtúil, sa nádúr, insíolraithe, ionphóraithe
incapable *adj* éagumasach, neamhábalta;

to be incapable of doing sth gan a bheith ábalta (ar) rud a dhéanamh

incapacitate *vt*: **to incapacitate sb** duine a chur ó chumas

incendiary *adj* loiscneach ♦ *n* ábhar *m1* loiscneach

incense *n* túis *f2* ♦ *vt* (*anger*) cuir le buile

incentive *n* spreagadh *m*, dreasacht *f3*, dreasú *m*; (*at work*) dreasú chun oibre, obairdhreasú *m*

incessant *adj* síor-

incessantly *adv* gan stad, gan staonadh

inch *n* orlach *m1*; **within an inch of** faoi orlach de; **he didn't give an inch** (*fig*) níor ghéill sé orlach

incident *n* eachtra *f4*, teagmhas *m1*, tarlú *m*

incidental *adj* teagmhasach; **incidental to** a ghabhann le; **incidental expenses** fochostais *mpl1*

incidentally *adv* (*by the way*) dála an scéil

incite *vt* gríosaigh, dreasaigh, spreag

incitement *n* comhghríosú *m*

inclination *n* (*fig*) claonadh *m*

incline *n* fána *f4* ♦ *vt* claon; (*head*) claon, crom ♦ *vi* (*surface*) claon; **to be inclined (to do sth)** claonadh a bheith ionat *or* agat (rud a dhéanamh); (*feel like*) fonn a bheith ort (rud a dhéanamh)

include *vt* cuir san áireamh; (*comprise*) cumsigh

including *prep* mar aon le, san áireamh

inclusive *adj* cuimsitheach; **inclusive of tax** cáin san áireamh

incoherent *adj* scaipthe

income *n* ioncam *m1*, teacht *m3* isteach

income tax *n* cáin *f* ioncaim

incoming *adj* (*mail*) isteach; **incoming tide** líonadh *m*

incomparable *adj* dosháraithe, thar barr, thar cinn; **sb/sth incomparable** duine/rud nach bhfuil aon rud inchomórtais *or* inchurtha leis

incompetent *adj* neamhinniúil

incomplete *adj* neamhiomlán, uireasach, easpach, easnamhach

incongruous *adj* neamhréireach; (*inappropriate*) mí-oiriúnach; **to be incongruous with** gan a bheith ag teacht le *or* ag cur le

inconsiderate *adj* neamhthuisceanach, neamhchásmhar, neamhmhothálach

inconsistency *n* neamhréir *f2*, contrárthacht *f3*, neamhfhreagracht *f3*

inconsistent *adj* contrártha, neamhfhreagrach, neamhréireach; **inconsistent with** gan a bheith ag teacht *or* ag cur le

inconspicuous *adj* neamhfheiceálach, neamhshuntasach

inconvenience *n* míchaoithiúlacht *f3*, mí-oiriúnacht *f3* ♦ *vt* cuir as do, cuir isteach ar

inconvenient *adj* mí-oiriúnach, ciotach, mí-áisiúil, míchaoithiúil

incorporate *vt* corpraigh, ionchorpraigh

incorporated company (*US*) *n* comhlacht *m3* corpraithe

incorrect *adj* mícheart

increase *n* (*in prices etc*) ardú *m*; (*in population etc*) méadú *m* ♦ *vi, vt* méadaigh, ardaigh, cuir le; **on the increase** ag méadú

increasing *adj* ag méadú, ag dul i méad, méadaitheach

increasingly *adv*: **it's increasingly difficult** tá sé ag éirí níos deacra in aghaidh an lae

incredible *adj* dochreidte

incredulous *adj* díchreidmheach, amhrasach

incubator *n* goradán *m1*

incumbent *n* sealbhóir *m3* ♦ *adj*: **to be incumbent on sb to do sth** bheith de dhualgas *or* de chúram ar dhuine rud a dhéanamh

incur *vt*: **to incur sb's anger** fearg duine a tharraingt ort féin

indebted *adj*: **to be indebted to sb (for)** bheith faoi chomaoin ag duine (mar gheall ar)

indecent *adj* mígheanasach

indecent assault *n* drochiarraidh *f*

indecisive *adj* éiginntitheach; (*person*) éadaingean, éideimhin

indeed *adv* go deimhin, go dearfa; **yes**

indeed! cinnte!
indefinite *adj* éiginnte
indefinitely *adv* go deo
indemnity *n* comha *f4*, cúiteamh *m1*, slánaíocht *f3*
indent *n* eang *f3* ♦ *vt* eangaigh
independence *n* neamhspleáchas *m1*
independent *adj* neamhspleách, saor-
index *n* treoir *f*, innéacs *m4*; (*in book*) innéacs; (*in library etc*) catalóg *f2* ♦ *vt, vi* innéacsaigh, cláraigh
index card *n* cárta *m4* innéacs
index finger *n* corrmhéar *f2*
India *n* an India *f4*
Indian *adj, n* Indiach *m1*; **(American) Indian** Indiach *m1* Dearg
indicate *vt* léirigh, tabhair le fios, cuir in iúl (le comhartha)
indication *n* comhartha *m4*; **to give an indication that** tabhairt le fios go, cur in iúl go
indicative *adj*: **indicative of** ina chomhartha ar ♦ *n* (LING) táscach *m1*
indicator *n* treoir *f*; (*economic, social*) táscaire *m4*
indict *vt*: **to indict sb for an offence** duine a dhíotáil i gcoir
indictment *n* díotáil *f3*
indifference *n* neamhshuim *f2*, fuarchúis *f2*
indifferent *adj* neamhshuimiúil, fuarchúiseach, ar nós cuma liom; (*poor*) leathmheasartha; **to be indifferent to sb** bheith fuar i nduine; **to be indifferent to sth** bheith neamhshuimiúil i rud
indigenous *adj* dúchasach, dúchais *n gen*
indigestion *n* mídhíleá *m4*, tinneas *m1* bhéal an ghoile
indignant *adj*: **indignant (at sth/with sb)** fearg fhíréin a bheith ort (faoi rud/le duine)
indignity *n* easonóir *f3*, masla *m4*
indirect *adj* indíreach
indiscreet *adj* mídhiscréideach, béalscaoilte; (*impudent*) místuama
indiscriminate *adj* gan idirdhealú; (*wholesale*) as éadan
indispensable *adj* riachtanach, éigeantach
indisputable *adj* dobhréagnaithe, doshéanta
individual *n* duine *m4* aonair; (PHIL) indibhid *f2* ♦ *adj* aonair *n gen*; indibhidiúil
indoctrination *n* síolteagasc *m1*
Indo-European *n* (LING) Ind-Eorpais *f2*
Indonesia *n* an Indinéis *f2*
indoor *adj* (*work*) istigh; (*swimming pool, sport etc*) faoi dhíon
indoors *adv* istigh, laistigh, taobh istigh; **to go indoors** dul isteach (i dteach), dul faoi theach
induce *vt* (*persuade*) cuir ina luí ar; (*bring about*) spreag, meall, aslaigh
inducement *n* (*incentive*) spreagadh *m*; (*bribe*) mealladh *m*
indulge *vt* (*whim*) sásaigh; (*child*) déan peataireacht ar ♦ *vi*: **to indulge in sth** bheith tugtha do rud, luí isteach ar rud, rud a chleachtadh
indulgence *n* boige *f4*, boigéis *f2*; (REL) logha *m4*
indulgent *adj* bog, boigéiseach
industrial *adj* tionsclaíoch, tionsclaíochta *n gen*
industrial action *n* gníomhaíocht *f3* thionsclaíoch
industrial estate *n* eastát *m1* tionsclaíoch(ta)
industrialist *n* tionsclaí *m4*
industrial park (US) *n* = **industrial estate**
industrious *adj* dícheallach, saothrach, treallúsach, dlúsúil
industry *n* tionscal *m1*; (*diligence*) dícheall *m1*
inebriated *adj* ar meisce, ólta
inedible *adj* do-ite
ineffective, ineffectual *adj* neamhéifeachtach, gan éifeacht
inefficient *adj* neamhéifeachtach
inequality *n* éagothroime *f4*
inertia *n* táimhe *f4*, marbhántacht *f3*
inescapable *adj* dosheachanta, cinniúnach
inevitable *adj* dosheachanta, gan dul as, sa chinniúint

inevitably *adv* gan dul as *or* uaidh, go cinnte, go cinniúnach
inexhaustible *adj* do-ídithe
inexpensive *adj* neamhchostasach, saor
inexperienced *adj* gan taithí, neamhchleachtach, aineolach, neamhoilte
infallible *adj* do-earráide
infamous *adj* míchlúiteach, mí-iomráiteach; (*shocking*) uafásach, uafáis *n gen*, millteanach; (*disgraceful*) náireach
infancy *n* naíonacht *f3*
infant *n* (*baby*) naíonán *m1*, páiste *m4*
infant school *n* naíscoil *f2*
infatuated *adj*: **infatuated with** splanctha i ndiaidh + *gen*
infatuation *n* mearghrá *m4*
infect *vt* galraigh, ionfhabhtaigh
infection *n* galrú *m*, ionfhabhtú *m*
infectious *adj* tógálach
infer *vt* tuig as; (*imply*) cuir i gcéill
inference *n* tátal *m1*
inferior *adj* íochtarach ♦ *n* mionduine *m4*; (*in rank*) íochtarán *m1*; **inferior goods** dramhaíl *fsg3*
inferiority *n* íochtaránacht *f3*
inferiority complex *n* coimpléasc *m1* íochtaránachta, meon *m1* táirísleachta
inferno *n* (*blaze*) olldóiteán *m1*; **the house was a blazing inferno** bhí an teach ar bharr amháin lasrach
infertile *adj* neamhthorthúil
infidelity *n* mídhílseacht *f3*
infinite *adj* éigríochta; **infinite series** cainníocht *f3 or* sraith *f2* éigríochta
infinitive *n* (LING) infinideach *m1*
infinity *n* éigríoch *f2*
infirmary *n* otharlann *f2*
inflamed *adj* séidte, lasta; (MED) athlasta
inflammable *adj* so-lasta, inlasta
inflammation *n* gríosú *m*, lasadh *m*; athlasadh *m*
inflatable *adj* inséidte
inflate *vt* (*tyre, balloon*) séid, cuir aer i, teann; (COMM) boilsigh
inflation *n* (ECON) boilsciú *m*
inflationary *adj* boilscitheach
inflict *vt*: **to inflict on** (*fine*) gearradh ar; (*damage*) déanamh ar
influence *n* tionchar *m1* ♦ *vt* téigh i bhfeidhm *or* i gcion ar; **to have influence over sb** tionchar *or* comhairle a bheith agat ar dhuine; **to be under sb's influence** bheith ar chomhairle duine
influential *adj* tábhachtach, éifeachtach; **an influential person** duine mór le rá, duine tábhachtach
influenza *n* ulpóg *f2*, fliú *m4*
influx *n* sní *f4* isteach; (*of people*) plódú *m* isteach
inform *vt*: **to inform sb of sth** rud a insint do dhuine, rud a chur in iúl do dhuine ♦ *vi*: **to inform on sb** sceitheadh ar dhuine, scéala a dhéanamh ar dhuine
informal *adj* neamhfhoirmiúil
informality *n* neamhfhoirmiúlacht *f3*
informant *n* faisnéiseoir *m3*
information *n* faisnéis *f2*, eolas *m1*
information office *n* oifig *f2* eolais
information officer *n* oifigeach *m1* eolais
informative *adj* faisnéiseach; (*instructive*) oiliúnach
informer *n* (*also*: **police informer**) brathadóir *m3*
infrastructure *n* bonneagar *m1*
infringe *vt* sáraigh ♦ *vi*: **to infringe on** sárú ar
infringement *n*: **infringement (of)** sárú *m* (ar)
infuriating *adj* mearaitheach; **sth infuriating** rud a chuireann duine le báiní *or* i mbarr a chéille *or* ar an daoraí
ingenious *adj* intleachtach, seiftiúil, an-chliste go deo
ingenuity *n* beartaíocht *f3*, intleacht *f3*
ingenuous *adj* oscailte, fírinneach, macánta, soineanta
ingot *n* barra *m4*
ingrained *adj* fréamhaithe, dúchasach, sa smior, fite fuaite i
ingratiate *vt*: **to ingratiate o.s. with sb** fabhar duine a tharraingt ort féin
ingredient *n* comhábhar *m1*
inhabit *vt* áitrigh, bheith i do chónaí i

inhabitant *n* áitritheoir *m3*
inhale *vi* tarraing isteach d'anáil ♦ *vt* ionanálaigh
inherent *adj* nádúrtha; **inherent (in** *or* **to)** ó dhúchas (i)
inherit *vt* faigh le hoidhreacht, faigh mar oidhreacht, tar in oidhreacht + *gen*, tit le; **the whole family inherited that illness** leanann an tinneas sin den teaghlach uile
inheritance *n* oidhreacht *f3*
inhibit *vt* cuir cosc *or* cúl ar; (PSYCH) urchoill
inhibition *n* cosc *m1*; (PSYCH) urchoilleadh *m*
inhuman *adj* mídhaonna
initial *adj* tosaigh *n gen*, tionscantach ♦ *n* túslitir *f*, iniseal *m1* ♦ *vt* cuir do cheannlitreacha le; **initials** *npl* (*as signature*) inisealacha *mpl1*; **initial letters** mórlitreacha *fpl* bloic
initially *adv* ar dtús, ó thosach, an chéad uair
initiate *vt* (*start*) tionscain, tosaigh, cuir tús le; **to initiate proceedings against sb** an dlí a chur ar dhuine
initiative *n* tionscnamh *m1*; **to do sth on one's own initiative** rud a dhéanamh as do stuaim féin *or* ar do chonlán féin
inject *vt* insteall, cuir isteach i; (*person*): **to inject sb with sth** instealladh ruda a thabhairt do dhuine
injection *n* instealladh *m*
injure *vt* gortaigh, déan díobháil *or* dochar do
injured *adj* gortaithe
injury *n* gortú *m*
injury time *n* (SPORT) am *m3* cúitimh
injustice *n* éagóir *f3*
ink *n* dúch *m1*
inkling *n* leid *f2*, a dhubh nó a dhath de rud; **to have an inkling that** tuaileas a bheith agat go; **to have no inkling of** gan barúil a bheith agat faoi
inland *adj* intíre *n gen*♦ *adv* faoin tír
in-laws *npl* gaolta *mpl1* cleamhnais
inlet *n* (GEOG) inbhear *m1*, gaoth *m1*; (: *small*) góilín *m4*
inmate *n* (*in prison*) cime *m4*; (*in asylum*) cónaitheoir *m3*
inn *n* teach *m* ósta, teach iostais
innate *adj* dúchasach, inbheirthe, sa nádúr
inner *adj* inmheánach, istigh
inner city *n* lárchathair *f*
inner tube *n* (*of tyre*) tiúb *f2*
innings *n* (SPORT) deis *f2* istigh
innocent *adj* neamhchiontach, gan choir; (*harmless*) neamhurchóideach; (*naive*) soineanta
innocuous *adj* gan choir
innuendo *n* leath-thagairt *f3*, leathfhocal *m1*
innumerable *adj* dí-áirithe, dí-áirimh, nach bhfuil áireamh air
inpatient *n* othar *m1* cónaitheach
input *n* (*also* COMPUT) ionchur *m1*
inquest *n* ionchoisne *m4*; **(coroner's) inquest** coiste *m4* cróinéara
inquire *vi, vt* fiafraigh, fiosraigh; **to inquire about sb/sth** fiafraí a dhéanamh faoi dhuine/rud; **to inquire after sb** tuairisc duine a chur, duine a fhiafraí
inquiry *n* fiafraí *m*, ceist *f2*; (*investigation*) fiosrúchán *m1*
inquiry office *n* oifig *f2* fhiosraithe
inquisitive *adj* fiosrach, caidéiseach
insane *adj*: **to be insane** bheith as do mheabhair, mearadh a bheith ort
insanity *n* mire *f4*, gealtacht *f3*
inscription *n* inscríbhinn *f2*
inscrutable *adj* dothuigthe, nach féidir a léamh, nach bhfuil léamh air
insect *n* feithid *f2*
insecticide *n* feithidicíd *f2*
insecure *adj* neamhdhaingean, éadaingean
insensitive *adj* neamh-mhothálach, dúr, fuarchroíoch; **to be insensitive to** gan beann a bheith agat ar
insert *vt* (*also* TYP, COMPUT) ionsáigh, cuir isteach
insertion *n* ionsá *m4*
in-service training *n* traenáil *f3 or* oiliúint *f3* inseirbhíse
inshore *adj* cladaigh *n gen*♦ *adv* le

cladach

inside *n* taobh *m1* istigh ♦ *adj* istigh, laistigh ♦ *adv* (*be*) istigh; (*go*) isteach ♦ *prep* istigh i; (*of time*): **inside 10 minutes** taobh istigh de 10 nóiméad; **insides** *npl* (*inf*) ionathar *msg1*, inní *mpl4*

inside information *n* eolas *m1* taobh istigh

inside lane *n* (AUT) lána *m4* istigh

inside out *adv* droim ar ais; **he knows it inside out** tá sé ar bharr a theanga aige

insider dealing, insider trading *n* déileáil *f3* chos istigh

insight *n* géarchúis *f2*, léirstean *f2*; (*glimpse, idea*) léargas *m1*, léaró *m4*, léas *m1*

insignificant *adj* neamhthábhachtach, neamhshuimiúil, gan tábhacht; (*paltry*) suarach

insincere *adj* éigneasta, nach bhfuil ar do chroí; (*lying*) bréagach, bréige *n gen*; (*dishonest*) mí-ionraic

insinuate *vt* tabhair le tuiscint, cuir i gcéill

insist *vi*: **to insist on sth** seasamh ar rud; **to insist that** dearbhú go, maíomh go

insistent *adj* seasmhach, teann, ceartaiseach; (*dogged*) dígeanta

insofar *conj*: **insofar as** sa mhéid (is) go

insolent *adj* sotalach, tarcaisneach

insolvent *adj* dócmhainneach; **to become insolvent** éirí dócmhainneach

insomnia *n* neamhchodladh *m*, easuan *m1*

inspect *vt* iniúch, scrúdaigh, déan cigireacht ar

inspection *n* iniúchadh *m*, scrúdú *m*, cigireacht *f3*

inspector *n* cigire *m4*

inspiration *n* inspioráid *f2*

inspire *vt* spreag

install *vt* cuir isteach; (*instate*) insealbhaigh; (*fit*) suiteáil

installation *n* (*fitting*) suiteáil *f3*; (*military, industrial*) bunáit *f2*; (*of bishop*) insealbhú *m*

instalment, (US) **installment** *n* glasíoc *m3*, glasíocaíocht *f3*; (COMM, *credit*) tráthchuid *f3*; **in instalments** (*pay*) ina ghálaí, ina ghlasíocaí

instance *n* cás *m1*, sampla *m4*; **for instance** cuir i gcás, mar shampla; **in the first instance** ar an gcéad dul síos

instant *n* meandar *m1*, nóiméad *m1* ♦ *adj* láithreach; (*coffee, food*) gasta, ar an toirt

instantly *adv* láithreach bonn, ar an toirt, lom láithreach

instead *adv* ina áit; **instead of** in áit + *gen*, i leaba + *gen*, in ionad + *gen*

instep *n* (*of foot*) droim *m3* (coise), trácht *m3*; (*of shoe*) droim

instigate *vt* cuir ar cois, cuir ina shuí, gríosaigh, spreag

instil *vt*: **to instil into** cuir ina luí ar; (*courage*) cuir i

instinct *n* dúchas *m1*, instinn *f2*

instinctive *adj* dúchasach, instinneach

institute *n* institiúid *f2* ♦ *vt* bunaigh; (*inquiry*) tionscain

institution *n* institiúid *f2*

instruct *vt* múin, teagasc, foghlaim; **to instruct sb in sth** rud a mhúineadh do dhuine; **to instruct sb to do sth** ordú a thabhairt do dhuine rud a dhéanamh

instruction *n* múineadh *m*, teagasc *m1*, foghlaim *f3*; **instructions** *npl* (*orders*) orduithe *mpl*; **instructions (for use)** treoracha *fpl* (úsáide)

instructor *n* teagascóir *m3*, múinteoir *m3*

instrument *n* uirlis *f2*, gléas *m1*, ionstraim *f2*

instrumental *adj* (*music*) uirlise *n gen*; **to be instrumental in** bheith ina chúis le

instrument panel *n* clár *m1* ionstraimí

insufficient *adj* easpach, easnamhach, neamhleor

insular *adj* oileánach; (*parochial*) cúngaigeanta

insulate *vt* insligh; (*against heat*) teasdíon; (*against sound*) fuaimdhíon

insulating tape *n* téip *f2* inslitheach

insulation *n* insliú *m*; (*against heat*) teasdíonadh *m*; (*against sound*) fuaimdhíonadh *m*

insulin *n* inslin *f2*

insult *n* masla *m4*, tarcaisne *f4* ♦ *vt*

maslaigh, tabhair masla do
insurance *n* árachas *m1*; **fire/life insurance** árachas tine *or* dóiteáin/saoil
insurance policy *n* polasaí *m4* árachais
insure *vt* cuir árachas ar, cuir faoi árachas; **to insure (o.s.) against** (*fig*) tú féin a chosaint ar
intact *adj* slán, iomlán
intake *n* tógáil *f3* isteach; (*of food, fluid*) ionghabháil *f3*; (*of oxygen*) iontógáil *f3*; (*SCOL*): **an intake of 200 a year** glacadh *m* isteach de 200 sa bhliain
integral *adj* (*part*) riachtanach; (*MATH*) suimeálach
integrate *vi, vt* comhtháthaigh, iomlánaigh; (*MATH*) suimeáil
intellect *n* intleacht *f3*, éirim *f2* (aigne)
intellectual *adj, n* intleachtach *m1*
intelligence *n* intleacht *f3*; (*MIL etc*) faisnéis *f2*
intelligent *adj* intleachtúil, cliste, éirimiúil
intend *vt* (*gift etc*): **the parcel was intended for her** is chuicise a bhí an beartán ceaptha; **to intend to do sth** bheith ag brath rud a dhéanamh, é a bheith ar intinn *or* ar aigne agat rud a dhéanamh
intended *adj* (*journey*) atá leagtha amach; **intended effect** toradh a bhfuiltear ag súil leis
intense *adj* dian, díochra, tréan, fíor-; (*look*) géar; (*person*) díocasach, díograiseach; **intense hatred** dearg-ghráin
intensely *adv* go dian, go tréan, go han-, fíor-
intensive *adj* dian, dian-, tréan
intensive care unit *n* aonad *m1* dianchúraim
intent *n* intinn *f2*, aigne *f4*, rún *m1* ♦ *adj* (*absorbed*): **intent (on)** leagtha (amach) ar; **to all intents and purposes** ach sa bheag, nach beag, ionann is; **to be intent on doing sth** bheith meáite ar rud a dhéanamh, rún daingean a bheith agat rud a dhéanamh
intention *n* rún *m1*, intinn *f2*, aigne *f4*; **she had no intention of doing it** ní raibh lá rúin aici é a dhéanamh; **it is my intention to ...** is rún dom ..., tá sé ar intinn agam
intentional *adj* d'aon turas, d'aon ghnó
intently *adv* go haireach; (*look*) go géar, go dian; (*listen*) go géar
interact *vi* imoibrigh
interactive *adj* (*also COMPUT*) idirghníomhach
interchange *n* (*exchange*) malartú *m*; (*on motorway*) crosbhealach *m1*
interchangeable *adj* inmhalartaithe
intercom *n* idirchum *m4*, gléas *m1* idirchumarsáide
intercourse *n* caidreamh *m1*; (*also*: **sexual intercourse**) caidreamh collaí, comhriachtain *f3*
interdenominational *adj* idirchreidmheach
interest *n* spéis *f2*, suim *f2*; (*pastime*): **my main interest** an caitheamh *m1* aimsire is mó agam; (*COMM*) ús *m1* ♦ *vt*: **music doesn't interest her** níl aon spéis sa cheol aici; **to be interested in sth** spéis a bheith agat i rud; **I am interested in going** ba mhaith liom dul
interesting *adj* spéisiúil, suimiúil
interest rate *n* ráta *m4* úis
interface *n* (*COMPUT*) comhéadan *m1*
interfere *vi*: **to interfere in** (*other people's business*) do ladar a chur i; **to interfere with** (*object*) baint do; (*plans*) cur isteach ar
interference *n* cur *m1* isteach; (*RADIO, TV*) trasnaíocht *f3*
interim *adj* eatramhach ♦ *n*: **in the interim** idir an dá linn, san eatramh, san idirlinn
interior *n* taobh *m1* istigh ♦ *adj* inmheánach, intíre *n gen*
interjection *n* (*interruption*) cur *m1* isteach; (*LING*) agall *f2*, intriacht *f3*
interlock *vi* comhghlasáil
interlude *n* eadarlúid *f2*; (*COMPUT*) idirlinn *f2*
intermediary *n* idirghabhálaí *m4*, idirghníomhaire *m4*

intermediate *adj* idirmheánach; (*SCOL, course, level*) meán-
intermission *n* sos *m3*
intern *vt* cuir i gcampa géibhinn, imtheorannaigh ♦ *n* (*US*) ábhar *m1* dochtúra
internal *adj* inmheánach
international *adj* idirnáisiúnta
Internet *n* (*COMPUT*): **the Internet** an tIdirlíon *m1*, an tIdirghréasán *m1*
internment *n* imtheorannú *m*
interpersonal *adj* idirphearsanta
interplay *n* imirt *f3* ar a chéile
interpret *vt* bain ciall as, ciallaigh, mínigh; (*TECH*) léirléigh; (*COMPUT*) léirmhínigh ♦ *vi* bheith ag teangaireacht, teangaireacht a dhéanamh
interpreter *n* teangaire *m4*, ateangaire *m4*; **to act as interpreter (for)** teanga a dhéanamh (do)
interpreting *n* teangaireacht *f3*
interrelated *adj* comhghaolmhar, idirghaolmhar
interrogate *vt* ceistigh, cuir ceastóireacht ar
interrogation *n* ceistiú *m*, ceastóireacht *f3*
interrupt *vt, vi* trasnaigh; (*in conversation*) téigh roimh, cuir isteach ar, bris isteach ar; (*work*) cuir isteach ar; (*COMPUT*) idirbhris
interruption *n* cur *m1* isteach, briseadh *m* isteach
intersect *vi* trasnaigh
intersection *n* (*of roads*) crosbhealach *m1*; (*TECH*) trasnú *m*
intersperse *vt*: **to intersperse with** meascadh le
intertwine *vt* figh ♦ *vi* figh ina chéile, snaidhm le chéile
interval *n* aga *m4*, sos *m3*, spás *m1*; (*THEAT*) eadarlúid *f2*; (*SPORT*) sos; (*MUS*) idirchéim *f2*; **at intervals** ó am go ham, ó am go chéile
intervene *vi* (*person*) déan idirghabháil; (*event*) tar idir; (*time*): **two months intervened** bhí dhá mhí d'achar eatarthu
intervention *n* idirghabháil *f3*; (*dispute*) eadráin *f3*
interview *n* agallamh *m1* ♦ *vt* cuir agallamh ar, cuir faoi agallamh
interviewer *n* agallóir *m3*
intestine *n* stéig *f2*, putóg *f2*; **intestines** inní *mpl4*, ionathar *msg1*
intimacy *n* dlúthchaidreamh *m1*
intimate *adj* dlúth, dlúth-; (*knowledge*) mion- ♦ *vt* (*hint*) tabhair le fios; **to be on intimate terms with sb** bheith mór le duine
intimately *adv*: **to know sb intimately** aithne mhaith a bheith agat ar dhuine
into *prep* isteach i, i; **the vase broke into pieces** bhris an vása ina phíosaí; **translate the poem into Irish** cuir Gaeilge ar an dán; **a study into cancer** grinnstaidéar ar an ailse; **she's into astrology** tá dúil aici san astralaíocht; **he's well into his fifties** tá sé anonn go maith sna caogaidí; **four into seven won't go** níl seacht inroinnte ar a ceathair; **the cost will run into millions** beidh costas na milliún punt air
intolerant *adj*: **intolerant (of)** éadulangach (ar)
intoxicated *adj* ólta, bogtha, ar meisce
intoxication *n* meisce *f4*
intractable *adj* (*child*) doriartha; (*problem*) doréitithe
intransitive (*LING*) *adj* neamhaistreach
intravenous *adj* infhéitheach
intricate *adj* casta, imchasta, achrannach
intrigue *n* cealg *f2*, uisce *m4* faoi thalamh ♦ *vt* múscail spéis ag
intriguing *adj* an-spéisiúil, inspéise
intrinsic *adj* intreach, ann féin, as féin
intro *n* (*inf*) tionscnamh *m1*; (*in book*) réamhrá *m4*, intreoir *f*
introduce *vt* tionscain, tabhair isteach; (*TV show*) cuir i láthair; (*people to each other*) cuir in aithne dá chéile; **to introduce sb to** (*pastime, technique*) eolas + *gen* a thabhairt do dhuine, duine a chur ar an eolas faoi
introduction *n* tionscnamh *m1*; (*to person*) cur *m1* in aithne; (*in book*) réamhrá *m4*, intreoir *f*

introductory *adj* réamh-
introductory offer *n* (COMM) tairiscint *f3* tosaigh
intrude *vi*: **to intrude on** (*conversation etc*) cur isteach ar
intruder *n* foghlaí *m4*; (*gatecrasher*) stocaire *m4*
intuition *n* iomas *m1*
inundate *vt*: **to inundate sb with** duine a bhá le
invade *vt* déan ionradh ar
invalid *n* easlán *m1* • *adj* (*not valid*) neamhbhailí
invalidate *vt*: **to invalidate sth** rud a chur ó bhailíocht
invaluable *adj* fíorluachmhar
invariably *adv* de shíor, i gcónaí, go buan
invent *vt* cum, ceap, airg; (*discover*) fionn
invention *n* aireagán *m1*, fionnachtain *f3*
inventive *adj* airgtheach; (*ingenious*) cruthaitheach; (*resourceful*) seiftiúil
inventor *n* aireagóir *m3*, cumadóir *m3*; (*discoverer*) fionnachtaí *m4*
inventory *n* liosta *m4*, fardal *m1*
invert *vt* iompaigh, inbhéartaigh
inverted commas *npl* uaschamóga *fpl2*, camóga *fpl2* inbhéartaithe
invest *vt* infheistigh • *vi*: **to invest in sth** infheistiú i
investigate *vt* (*crime etc*) fiosraigh
investigation *n* (*of crime*) fiosrú *m*
investment *n* infheistíocht *f3*
investor *n* infheisteoir *m3*
invigilator *n* feitheoir *m3*
invigorating *adj* athbhríoch, spreagúil
invisible *adj* dofheicthe
invitation *n* cuireadh *m1*
invite *vt* tabhair cuireadh do, cuir cuireadh ar; (*opinions etc*) iarr; **were you invited?** an ndeachaigh cuireadh ort?, an bhfuair tú cuireadh?
inviting *adj* tarraingteach
invoice *n* sonrasc *m1*
involuntary *adj* ainneonach, éadoilteanach
involve *vt* (*concern*) bain le; (*associate*): **to involve sb (in)** duine a tharraingt isteach (i); **it would involve money** bheidh airgead i gceist
involved *adj* (*complicated*) casta; **to be involved in** bheith gafa i, baint a bheith agat le
involvement *n*: **involvement (in)** baint *f2* (le); (*enthusiasm*) bá *f4* (le)
inward *adj* (*thought, feeling*) inmheánach; (*movement*) isteach (i)
inward(s) *adv* isteach
iodine *n* iaidín *m4*
iota *n* (*fig*) pioc *m4*, dada *m4*
Iran *n* an Iaráin *f2*
Iraq *n* an Iaráic *f2*
irate *adj* feargach
Ireland *n* Éire *f*; **she went to Ireland** chuaigh sí go hÉirinn; **in Ireland** in Éirinn; **the people of Ireland** pobal na hÉireann
iris *n* (*eye*) imreasc *m1*; (*plant*) feileastram *m1*
Irish *adj* Éireannach, Gaelach • *n* (LING) Gaeilge *f4* • *npl*: **the Irish** na hÉireannaigh *mpl1*, na Gaeil *mpl1*; **Irish speaker** Gaeilgeoir *m3*
Irish-American *adj, n* Gael-Mheiriceánach *m1*
Irish coffee *n* caife *m4* gaelach
Irishman *n* Éireannach *m1*, Gael *m1*
Irish Republic *n*: **the Irish Republic** Poblacht *f3* na hÉireann
Irish Sea *n*: **the Irish Sea** Muir *f3* Éireann
Irishwoman *n* Éireannach *m1* (mná), Gael *m1*
iron *n* iarann *m1* • *cpd* iarainn *n gen*; (*fig*) crua • *vt* (*clothes*) iarnáil
▸ **iron out** *vt* (*fig*) réitigh
ironic(al) *adj* íorónta
ironing *n* iarnáil *f3*
ironing board *n* bord *m1* iarnála
ironmonger's (shop) *n* siopa *m4* iarnmhangaire
irony *n* íoróin *f2*
irrational *adj* neamhréasúnach
irregular *adj* mírialta, neamhrialta; (*surface*) éagothrom
irrelevant *adj* neamhábhartha; **it's**

completely irrelevant ní bhaineann sé le hábhar ar chor ar bith

irresistible *adj* (*temptation*) dochloíte; (*alluring*) meallacach, draíochtach

irrespective *prep*: **irrespective of** gan bacadh le

irresponsible *adj* (*act*) meargánta; (*person*) gan stuaim, ar bharr na gaoithe; (*talk*) ráscánta

irrigate *vt* uiscigh

irrigation *n* uisciú *m*

irritable *adj* gairgeach, colgach; **to become irritable with** éirí feargach *or* colgach le

irritate *vt* cuir tochas i, cuir fearg *or* colg ar, greannaigh; (*goad*) griog; (MED) greannach

irritating *adj* bearránach, bambairneach

irritation *n* fearg *f2*, mothú *m* feirge; (*irritant*) crá *m4*, ciapadh *m*; (*minor*) griogadh *m*

Islam *n* Ioslamachas *m1*

Islamic *adj* Ioslamach

island *n* oileán *m1*, inis *f2*

islander *n* oileánach *m1*

isle *n* inis *f2*

Isle of Man *n* Oileán *m* Mhanann

isolate *vt* aonraigh, cuir ina aonar; (MED) leithlisigh

isolated *adj* aonarach, aonraithe; (MED) leithliseach; (*place*) iargúlta, cúlriascúil, scoite (amach)

isolation *n* uaigneas *m1*, aonrú *m*; (MED) leithlis *f2*

Israel *n* Iosrael *m4*

Israeli *adj, n* Iosraelach *m1*

issue *n* ceist *f2*; (*of book*) foilsiú *m*; (*of banknotes etc*) eisiúint *f3*; (*of newspaper etc*) eagrán *m1*; (*offspring*) sliocht *m3* ♦ *vt* (*books*) foilsigh; (*rations*) tabhair amach; (*statement, notes*) eisigh; **at issue** i gceist, faoi chaibidil; **to take issue with sb (over)** dul i ngleic le duine (faoi), easaontú le duine (faoi)

KEYWORD

it *pron* **1** (*specific*: *subject*) sé, sí; (*with copula*) é, í; (: *direct object*) é, í; (: *indirect object*) dó, di etc; **it's on the table** tá sé ar an mbord; **about/from/out of it** faoi/uaidh/as; **I spoke to him about it** labhair mé leis faoi; **what did you learn from it?** céard a d'fhoghlaim tú uaidh?; **I'm proud of it** tá bród orm as; **in/towards it** ann, chuige; **put the book in it** cuir an leabhar ann; **he agreed to it** d'aontaigh sé leis; **did you go to it?** (*party, concert etc*) an ndeachaigh tú air *or* uirthi?; **after it** (*masculine*) ina dhiaidh; **tormenting it** (*masculine*) á chrá

2 (*impersonal*) sé; **it's raining** tá sé ag cur; **it's Friday tomorrow** amárach an Aoine; **it's 6 o'clock** tá sé a sé a chlog; **it's half past six** tá sé leath i ndiaidh *or* tar éis a sé; **who is it? - it's me** cé atá ann? - mise

Italian *adj, n* Iodálach *m1*; (LING) Iodáilis *f2*

italics *npl* cló *m4* iodálach

Italy *n* an Iodáil *f2*

itch *n* tochas *m1* ♦ *vi* (*person*) tochas a bheith i; **I'm itching to go** táim ar bís le dul

itchy *adj* tochasach; **to be itchy** tochas a bheith ionat

item *n* mír *f2*; (*also*: **news item**) mír *f2* nuachta

itemize *vt* liostaigh

itinerary *n* cúrsa *m4* taistil, plean *m4* turais *or* aistir

its *adj* a; (*masculine*) a chuid + *gen*; (*feminine*) a cuid + *gen*

itself *pron* (*reflexive*: *masculine*) sé/é féin; (: *feminine*) sí/í féin; **it's washing itself** tá sé á ní féin

ivory *n* eabhar *m1*

ivy *n* eidhneán *m1*

J

jab *vt*: **to jab sth into** rud a shá isteach i ♦ *n* (*inf*: *injection*) instealladh *m*
jack *n* (AUT) seac *m1*, crann *m1* ardaithe; (CARDS) cuireata *m4*
▸ **jack up** *vt*: **to jack up a car** carr a chrochadh le seac
jackal *n* seacál *m1*
jackdaw *n* cág *m1*
jacket *n* casóg *f2*, seaicéad *m1*; (*of book*) clúdach *m1*
jackpot *n* an pota *m4* óir, an duais *f2* mhór
jaded *adj* traochta, tugtha, spíonta, tnáite
jagged *adj* eangach; (*blade, mountain*) mantach; (*stone*) spiacánach
jail *n* príosún *m1*, carcair *f* ♦ *vt* cuir i bpríosún
jam *n* subh *f2*; (*also*: **traffic jam**) plódú *m* tráchta ♦ *vt* brúigh, sac, pulc, ding; (*radio station*) tacht ♦ *vi* téigh i bhfostú, greamaigh; **to be in a jam** (*inf*) bheith i sáinn *or* i bponc; **to jam sth into** (*cram, pack*) rud a bhrú *or* a shacadh isteach i; (*wedge*) rud a dhingeadh isteach i
jammed *adj* stoptha, greamaithe, i bhfostú, pulctha
jangle *vi* bheith ag gliogarnach
janitor *n* doirseoir *m3*
January *n* Eanáir *m4*
Japan *n* an tSeapáin *f2*
Japanese *adj, n* Seapánach *m1*; (LING) Seapáinis *f2*
jar *n* crúsca *m4*, próca *m4*, searróg *f2*; (*small*) crúiscín *m4* ♦ *vt* (*on nerves etc*) goilleann ar ♦ *vi* (*rattle, vibrate*) bheith ag cleatráil *or* ag creathnú, díoscán a dhéanamh; **the colours jarred** ní raibh na dathanna ag teacht le chéile
jargon *n* béarlagair *m4*
jaundice *n* na buíocháin *mpl1*
javelin *n* ga *m4*, bonsach *f2*
jaw *n* giall *m1*
jay *n* scréachóg *f2* choille
jazz *n* snagcheol *m1*
jealous *adj* éadmhar; **to be jealous (of sb)** bheith in éad (le duine), éad a bheith ort (le duine)
jealousy *n* éad *m3*, formad *m1*
jeans *npl* bríste *msg4* géine *or* deinim
jeep *n* jíp *m4*
jeer *vi*: **to jeer (at)** fonóid a dhéanamh (faoi)
jelly *n* glóthach *f2*
jellyfish *n* smugairle *m4* róin
jeopardy *n* guais *f2*, baol *m1*, contúirt *f2*
jerk *n* sracadh *m1*, tarraingt *f* thobann; (*inf*: *idiot*) prioll *f2* ♦ *vt* (*pull*) srac, tarraing go tobann ♦ *vi* (*vehicles*) preab, léim
jersey *n* (*pullover*) geansaí *m4*
Jesuit *adj, n* Íosánach *m1*
Jesus *n* Íosa *m4*
jet *n* (*gas, liquid*) scaird *f2*; (AVIAT) scairdeitleán *m1*
jet-black *adj* ciardhubh
jet engine *n* scairdinneall *m1*
jet lag *n* tuirse *f4* aerthaistil
jetsom *n* muirchur *m1*, éadáil *f3*
jettison *vt* (*cargo*) cuir i bhfarraige, caith thar bord; (*discard*) caith uait
jetty *n* lamairne *m4*, caladh *m1* cuain
Jew *n* Giúdach *m1*
jewel *n* seoid *f2*
jeweller, (US)**jeweler** *n* seodóir *m3*
jeweller's (shop) *n* siopa *m4* seodóra
jewellery, (US)**jewelry** *n* seodra *m4*; (*business*) seodóireacht *f3*
Jewish *adj* Giúdach
jib *n* seol *m1* cinn
jibe *n* goineog *f2*
jiffy (*inf*) *n*: **in a jiffy** i gceann meandair, i bhfaiteadh na súl
jig *n* (DANCE, MUS) port *m1*
jigsaw *n* (*saw*) preabshábh *m1*; (*also*: **jigsaw puzzle**) (tomhas) míreanna *fpl2* mearaí
jilt *vt* tréig
jingle *n* (*of bells*) cling *f2*; (*of money, keys*)

gliogar *m1*; (*for advert*) deilín *m4* ♦ *vi* cling; bheith ag gliogarnach

jitters (*inf*) *npl*: **to have/get the jitters** cearthaí a bheith/a theacht ort

job *n* jab *m4*, tasc *m1*, post *m1*; **it's a good job that ...** is mór an gar go ...; **that's just the job!** sin é díreach atá ag teastáil!

job centre *n* malartán *m1* fostaíochta

jobless *adj* dífhostaithe, díomhaoin

jockey *n* jacaí *m4*, marcach *m1* ♦ *vi*: **they are jockeying for position** tá siad ag breith bairr ar a chéile *or* ag baint bairr dá chéile

jocular *adj* meidhreach, greannmhar

jog *vt* (*nudge*) tabhair broideadh do ♦ *vi* (SPORT) bheith ar bogshodar; **to jog sb's memory** cuimhne duine a spreagadh, rud a chur i gcuimhne do dhuine

jogging *n* bogshodar *m1*

join *vt* (*become member of*) téigh i, cláraigh le; (*queue, army, police*) téigh sa; (*person*) tar le, téigh i gcomhar le; (*put together*): **to join sth to sth** rud a cheangal de rud; **to join things together** rudaí a cheangal *or* a nascadh *or* a shnaidhmeadh le chéile ♦ *vi* (*roads, rivers*) tar le chéile ♦ *n* ceangal *m1*, nasc *m1*

▸ **join in** *vi, vt* glac páirt i

joiner *n* siúinéir *m3*

joint *n* alt *m1*, siúnta *m4*; (CULIN) spóla *m4*; (*of cannabis*) rífear *m1* ♦ *adj* comh-, comhpháirteach; **out of joint** as alt

joint account *n* comhchuntas *m1*

joke *n* magadh *m1*, cúis *f2* gháire, scéal *m1* grinn; (*also*: **practical joke**) cleas *m1*, bob *m4*, grealltóireacht *f3* ♦ *vi*: **you're joking!** ag magadh atá tú!; **to play a joke on** cleas a imirt ar, bob a bhualadh ar; **to joke about sb/sth** magadh a dhéanamh faoi rud/dhuine; **what a joke!** cúis gháire chugainn!

joker *n* áilteoir *m3*; (CARDS) fear *m1* na gcrúb

jolly *adj* aigeanta, meidhreach; (*pleasant*) pléisiúrtha, suairc, suáilceach; **jolly good** maith go leor, tá go maith

jolt *n* stangadh *m*, croitheadh *m*, preab *f2* ♦ *vt* croith, preab

Jordan *n* an Iordáin *f2*

jostle *vt* guailleáil; **to jostle against sb** bualadh faoi dhuine; **to jostle each other** bheith ag guailleáil a chéile

jot *n*: **not one jot** faic na fríde, dada

▸ **jot down** *vt* breac síos

jotter *n* cóipleabhar *m1*

journal *n* iris *f2*, nuachtán *m1*

journalism *n* iriseoireacht *f3*, nuachtóireacht *f3*

journalist *n* iriseoir *m3*, nuachtóir *m3*

journey *n* turas *m1*, aistear *m1*

journo *n* (*inf*) = **journalist**

joy *n* gliondar *m1*, áthas *m1*, lúcháir *f2*

joyful *adj* gliondrach, lúcháireach, spraíúil

joystick *n* (AVIAT, COMPUT) luamhán *m1* stiúrtha

jubilant *adj* ollghairdeach, ríméadach; **they were jubilant** bhí ollghairdeas *or* an-ríméad orthu

jubilation *n* ollghairdeas *m1*

judge *n* (LAW) breitheamh *m1*; (SPORT *etc*) moltóir *m3* ♦ *vt* meas; (LAW) tabhair breith ar; (SPORT *etc*) meas, déan moltóireacht ar

judg(e)ment *n* breithiúnas *m1*, breith *f2*

judicial *adj* dlíthiúil

judiciary *n* giúistísí *mpl4*

judo *n* júdó *m4*

jug *n* crúsca *m4*, crúiscín *m4*

juggernaut *n* arracht *m3*

juggle *vi* déan lámhchleasaíocht

juggler *n* lámhchleasaí *m4*

juice *n* sú *f4*

juicy *adj* súmhar

July *n* Iúil *m4*

jumble *n* manglam *m1*, meascán *m1* ♦ *vt* (*also*: **jumble up**) measc, cuir trí chéile

jumble sale *n* reic *m3* manglaim

jumbo (jet) *n* (scairdeitleán) jumbó *m4*

jump *vt, vi* léim, éirigh, téigh in airde de gheit ♦ *n* léim *f2*

jumper *n* (BRIT: *pullover*) geansaí *m4*; (US: *dress*) gúna *m4*

jumper cables , (US) **jump leads** *npl* sreanga *fpl2* dúisithe

jumpy *adj* geiteach, preabach
junction *n* (*of roads*) gabhal *m1*
juncture *n*: **at this juncture** in alt na huaire seo
June *n* Meitheamh *m1*
jungle *n* mothar *m1*, dufair *f2*
junior *n* sóisear *m1*• *adj* sóisearach; **he's 2 years my junior, he's my junior by 2 years** tá dhá bhliain agam air; **he's my junior** (*in rank*) tá sé níos sóisearaí ná mé
junior school *n* scoil *f2* shóisearach
junk *n* (*rubbish*) bruscar *m1*; (*cheap goods*) mangarae *m4*, mangaisíní *fpl4*
junket *n* juncaed *m1*
junkie (*inf*) *n* andúileach *m1* drugaí
Jupiter *n* (*planet*) Iúpatar *m1*
juror *n* giúróir *m3*
jury *n* giúiré *m4*
just *adj* cóir• *adv*: **he had just done it** ní mó ná go raibh sé déanta aige; **just right** go díreach, i gceart; **she's just as clever as you** tá sí lán chomh cliste leatsa; **it's just as well!** ní fearr ar bith é!; **it's just as well that ...** is maith an rud é go ...; **just as he was leaving** go díreach agus é ag imeacht; **just before it** go díreach roimhe; **it's just me** níl ann ach mé féin; **it's just a mistake** níl ann ach meancóg; **just listen to this!** éist leis seo anois!
justice *n* ceart *m1*, cóir *f3*; (*also*: **Justice of the Peace**) breitheamh *m1*, giúistís *m4*
justify *vt* (COMPUT) comhfhadaigh; **to justify an action** gníomh a chosaint
jut *vi* (*also*: **jut out**) gob amach
juvenile *adj* óigeanta, óg-; (*court, books*) don aos óg• *n* ógánach *m1*, aosánach *m1*

K

kangaroo *n* cangarú *m4*
karate *n* karaté *m4*
Kazakhstan *n* an Chasacstáin *f2*
kebab *n* kebab *m4*
keel *n* cíle *f4*; **on an even keel** (*fig*) seasmhach, socair; (*business etc*) ar snámh
keen *adj* díograiseach, díocasach; (*intellect, competition*) géar; (*eye*) géar, grinn; (*interest, desire*) mór, ard-, an-; (*wind*) géar, feanntach; **to be keen on sth** dúil mhór a bheith agat i rud; **keen edge** faobhar *m1*
keep *vt* (*retain, preserve, detain*) coinnigh, coimeád; (*rules*) comhlíon; (*promise, word*) cuir le♦ *vi* (*remain*: *quiet etc*) fan; (*food*) seas♦ *n* (*of castle*) daingean *m1*; (*food etc*): **enough for his keep** riar *m4* a cháis; (*inf*): **for keeps** go buan, ar buanchoinneáil; **to keep doing sth** leanúint de rud; **to keep sb from doing sth** duine a bhacadh ar rud a dhéanamh; **to keep sb happy/a place tidy** duine a shásamh/slacht a choinneáil ar áit; **to keep sth to o.s.** rud a choinneáil agat féin; **to keep sth (back) from sb** rud a cheilt ar dhuine; **to keep time** (*clock*) bheith ar an am; **well kept** slachtmhar, néata
▸**keep on** *vi* coinnigh le; **he kept on walking** shiúl sé leis; **don't keep on about it!** lig dúinn leis!
▸**keep out** *vt* coinnigh amach
▸**keep up** *vt* coinnigh suas, coinnigh in airde; (*continue with*) lean le♦ *vi*: **to keep up with sb** coinneáil suas le duine, cos a choinneáil le duine, bheith céim ar chéim le duine; (*in work etc*): **keep up the good work** lean ort leis an dea-obair!; **keep it up!** coinnigh leis!
keeper *n* coimeádaí *m4*
keep-fit *n* aclaíocht *f3*
keeping *n*: **in keeping with** ag cur le, ag teacht le, de réir + *gen*; **in safe keeping** ar lámh shábhála
keepsake *n* cuimhneachán *m1*
kennel *n* conchró *m4*
Kenya *n* an Chéinia *f4*
kerb *n* colbha *m4* cosáin
kernel *n* (*of nut*) eithne *f4*; (*fig*) croí *m4*
Kerry *n* Ciarraí *f4*
kettle *n* citeal *m1*
kettledrum *n* tiompán *m1*
key *n* (*gen*) eochair; (MUS) gléas *m1*♦ *cpd* eochair-♦ *vt* (*also*: **key in**) eochraigh isteach, buail isteach
keyboard *n* eochairchlár *m1*, méarchlár *m1*
key card *n* eochairchárta *m4*
keyed up *adj* (*person*) tógtha, corraithe
keyhole *n* poll *m1* eochrach
keynote *n* (*of speech*) bunsmaoineamh *m1*; (MUS) gléasnóta *m4*♦ *adj*: **keynote address** príomhchaint *f2*
key ring *n* fáinne *m4* eochracha
keystroke *n* (COMPUT) eochairbhuille *m4*
kick *vt, vi* ciceáil, speach♦ *n* cic *m4*, speach *f2*; (*thrill*): **he does it for kicks** mar mhaithe leis an spórt a dhéanann sé é; **to kick the habit** (*inf*) éirí as an nós
▸**kick off** *vi* (SPORT) tosaigh
kid *n* (*inf*: *child*) páiste *m4*, leanbh *m1*, tachrán *m1*; (*goat*) meannán *m1*; (*leather*) meannleathar *m1*♦ *vi* (*inf*) bheith ag magadh; **to kid o.s. that** samhlú chugat féin go
kidnap *vt* fuadaigh
kidnapper *n* fuadaitheoir *m3*
kidnapping *n* fuadach *m1*
kidney *n* (ANAT) duán *m1*
Kildare *n* Cill *f* Dara
Kilkenny *n* Cill *f* Chainnigh
kill *vt* maraigh♦ *n* (*act*) marú *m*
killer *n* marfóir *m3*
killing *n* marú *m*; **to make a killing** (*inf*) brabús maith a dhéanamh
killjoy *n* duarcán *m1*
kiln *n* áith *f2*

kilo *n* cileagram *m1*
kilobyte *n* (COMPUT) cilibheart *m1*
kilocycle *n* (COMPUT) cilichiogal *m1*
kilogram(me) *n* cileagram *m1*
kilometre, (*US*) **kilometer** *n* ciliméadar *m1*
kilowatt *n* cileavata *m4*
kilt *n* filleadh *m1* beag
kin *n see* **next**; **kith**
kind *adj* cineálta, lách, caoin • *n* cineál *m1*, sórt *m1*, saghas *m1*; (*race*) cine *m4*; **they are two of a kind** alt d'aon mhuinéal an dís; **to pay sb back in kind** comaoin *or* tomhas a láimhe féin a thabhairt do dhuine
kindergarten *n* naíscoil *f2*
kind-hearted *adj* dea-chroíoch, nádúrtha, cineálta
kindle *vt* dearg, fadaigh
kindly *adj* cineálta, lách, nádúrtha • *adv* go cineálta; **will you kindly ...!** ar mhiste leat ...!
kindness *n* cineáltas *m1*; **to do sb a kindness** cineál a dhéanamh ar dhuine, gar a dhéanamh do dhuine
kindred *adj*: **they were kindred spirits** ba d'aon nádúr amháin iad
kinetic *adj* cinéiteach
king *n* rí *m4*
kingdom *n* ríocht *f3*, flaitheas *m1*
kingfisher *n* cruidín *m4*
kinky (*pej*) *adj* corr, saoithiúil
kiosk *n* both *f3*
kipper *n* scadán *m1* leasaithe
kiss *n* póg *f2* • *vt* póg; **to kiss (each other)** póg a thabhairt (dá chéile); **to blow (sb) a kiss** póg a chaitheamh (chuig duine)
kiss of life *n* análú *m* tarrthála
kit *n* trealamh *m1*, fearas *m1*, feisteas *m1*
kitchen *n* cistin *f2*
kitchen sink *n* doirteal *m1*
kite *n* (*toy*) eitleog *f2*
kith *n*: **kith and kin** cairde *mpl* gaoil
kitten *n* puisín *m4*, piscín *m4*
kitty *n* (*money*) leac *f2*, carnán *m1*
knack *n*: **to have the knack of doing sth** sás a dhéanta a bheith agat
knapsack *n* cnapsac *m1*
knead *vt* fuin
knee *n* glúin *f2*
kneecap *n* capán *m1* glúine, pláitín *m4* glúine
kneel *vi* (*also*: **to kneel down**) dul ar do ghlúine, sléacht
knickers *npl* brístín *msg4*
knife *n* scian *f2* • *vt*: **to knife sb** duine a sceanadh
knight *n* ridire *m4*
knighthood *n* ridireacht *f3*
knit *vt* cniotáil • *vi* (*broken bones*) snaidhm, tar ina chéile, táthaigh; **to knit one's brows** do mhalaí a chrapadh *or* a chruinniú
knitting *n* cniotáil *f3*
knitting needle *n* biorán *m1* cniotála, dealgán *m1*
knitwear *n* éide *f4* chniotáilte
knob *n* cnap *m1*; (*on door*) murlán *m1*; (*of butter*) meall *m1*
knock *vt* cnag, buail; (*bump into*) buail in éadan + *gen*, buail faoi • *vi* (*at door etc*): **to knock at** *or* **on** cnagadh ar, bualadh ar, cnag a bhualadh ar • *n* cnag *m1*, buille *m4*
▸ **knock down** *vt* leag
▸ **knock off** *vi* (*inf*: *finish*) scoir den obair • *vt* (*from price*) bain de; (*inf*: *steal*) sciob
▸ **knock out** *vt* leag amach, sín, cnag, cuir néal i; (BOXING): **to knock sb out** duine a leagan amach *or* a shíneadh; (*of competition*) cuir as *or* amach
▸ **knock over** *vt* leag
knot *n* snaidhm *f2* • *vt* snaidhm
knotty *adj* (*fig*) casta, achrannach
know *vt* (*information*): **I know that** tá a fhios sin agam, tá sin ar eolas agam; (*person*): **I know her** tá aithne agam uirthi; (*place*): **I know Belfast** tá mé eolach ar Bhéal Feirste; **I know how to drive/swim** tá tiomáint/snámh agam; **she knows about** *or* **of** tá sí ar an eolas faoi; **I know about** *or* **of him** tá a fhios agam é; **do you know the way?** an bhfuil fios *or* eolas an bhealaigh agat?; **to know sb by sight** aithne shúl a bheith

agat ar dhuine; **to know what is what** fios do ghnóthaí a bheith agat; **as far as I know** ar feadh m'eolais, go bhfios dom; **how do you know?** cá bhfios duit?; **God only knows!** ag Dia atá a fhios

know-all *(pej)* *n* saoithín *m4*

know-how *n* saineolas *m1*, fios *m3* gnóthaí

knowing *adj* *(look etc)* eolach ♦ *n*: **there's no knowing** níl a fhios, ní fios

knowingly *adv* *(intentionally)* d'aon turas; *(look)* go heolach

knowledge *n* eolas *m1*, fios *m3*; **it's common knowledge that ...** tá a fhios ag an saol (mór) go ...

knowledgeable *adj* eolach

knuckle *n* alt *m1*

Koran *n* Córan *m4*

Korea *n* an Chóiré *f4*; **North/South Korea** an Chóiré Thuaidh/Theas

kosher *adj*: **kosher food** bia coisir

L

label *n* lipéad *m1* ♦ *vt* cuir lipéad ar, lipéadaigh
labor *etc* (*US*) *n* = **labour** *etc*
laboratory *n* saotharlann *f2*
labour, (*US*)**labor** *n* (*work*) saothar *m1*, obair *f2*; (*workforce*) lucht *m3* oibre ♦ *vi*: **to labour (at)** bheith ag obair go dian (ar) ♦ *vt*: **to labour the point** seanbhailéad a dhéanamh den scéal; **in labour** (*MED*) i luí seoil, i dtinneas clainne; **Labour, the Labour party** Páirtí an Lucht Oibre
laboured *adj*: **laboured breathing** saothar anála; **his breathing was laboured** bhí saothar air
labourer *n* oibrí *m4*, saothraí *m4*; **farm labourer** oibrí feirme
lace *n* lása *m4*; (*of shoe etc*) iall *f2*, barriall *f2* ♦ *vt* (*shoe*: *also*: **lace up**) ceangail
lack *n* easnamh *m1*, easpa *f4* ♦ *vt*: **he lacks experience** tá easpa taithí air; **through** *or* **for lack of** (de) cheal + *gen*; **to be lacking** bheith easnamhach; **to be lacking in sth** easpa ruda a bheith ort, bheith in easnamh ruda, rud a bheith in easnamh ort
lacquer *n* laicear *m1*
lad *n* buachaill *m3*, leaid *m4*, stócach *m1*
ladder *n* dréimire *m4*; (*in tights*) roiseadh *m*
laden *adj*: **laden with** faoi ualach + *gen*, luchtaithe le
ladle *n* ladar *m1*, liach *f2*
lady *n* bean *f* uasal; (*in address*): **ladies and gentlemen** a dhaoine uaisle; **young lady** ógbhean *f*; (*married*) bean *f* phósta; (*title*) bantiarna *f4*; **the ladies' (room)** leithreas *m1* na mban
ladybird, (*US*) **ladybug** *n* bóín *f4* Dé
ladylike *adj* banúil
ladyship *n*: **your ladyship** a bhantiarna
lag *n* moill *f2*, moilliú *m*, aga *m4* moille ♦ *vi* (*also*: **lag behind**) moilligh; (*fig*) bheith chun deiridh ♦ *vt* (*pipes*) fálaigh
Lagan *n*: **the (river) Lagan** Abhainn *f* an Lagáin
lager *n* lágar *m1*
lagoon *n* murlach *m1*
laid-back (*inf*) *adj* luite siar, sochma, réchúiseach
laid up *adj* i do luí tinn, ag coinneáil na leapa
lake *n* loch *m3*
lamb *n* (*animal*) uan *m1*; (*meat*) uaineoil *f3*
lamb chop *n* gríscín *m4* uaineola
lame *adj* bacach
lament *n* caoineadh *m*, marbhna *m4* ♦ *vt* caoin
laminated *adj* lannach
lamp *n* lampa *m4*, lóchrann *m1*
lamppost *n* lóchrann *m1* sráide
lampshade *n* scáthlán *m1* lampa
lance *vt* (*MED*) lansaigh
land *n* talamh *m1* or *f*; (*country*) tír *f2*; (*estate*) fearann *m1* ♦ *vi* landáil; (*AVIAT*) landáil, luigh, tuirling, téigh *or* tar i dtír ♦ *vt* (*passengers, goods*) cuir i dtír; **to land sb with sth** (*inf*) rud a chur ar dhuine; **he landed me with the expense** chuir sé na costais ormsa
▸ **land up** *vi*: **they landed up about nine** tháinig siad i dtrátha a naoi; **we eventually landed up in Cork** casadh faoi dheireadh muid i gCorcaigh
landing *n* (*AVIAT*) tuirlingt *f2*; (*of staircase*) léibheann *m1*, ceann *m1* staighre; (*of troops*) teacht *m3* i dtír
landing gear *n* trealamh *m1* tuirlingthe
landing strip *n* stráice *m4* tuirlingthe
landlady *n* (*of house*) bean *f* lóistín, bean tí; (*of pub*) bean ósta, bean tí
landlocked *adj* talamhiata; **landlocked bay** glasbhá *f4*
landlord *n* tiarna *m4* talaimh *or* talún; (*of pub etc*) fear *m1* tábhairne
landmark *n* sprioc *f2*; (*fig*) rud a bhfuil tábhacht ar leith ag baint leis

landowner *n* úinéir *m3* talaimh
landscape *n* tírdhreach *m3*
landscape gardener *n* garraíodóir *m3* pictiúrtha
landslide *n* (GEOG) maidhm *f2* thalún; **landslide victory** (*fig*, POL) bua *m4* caoch, bua maidhme
lane *n* (*in country*) bóithrín *m4*, cabhsa *m4*; (AUT, *in race*) lána *m4*
language *n* teanga *f4*; **bad language** droch-chaint *f2*
language barrier *n* deacrachtaí *fpl3* teanga
language laboratory *n* teanglann *f2*, saotharlann *f2* teanga
lank *adj* (*hair*) marbh, murtallach
lanky *adj* scailleagánta, reangach
lantern *n* lóchrann *m1*
Laois *n* Laois *f2*
Laos *n* Laos *m4*
lap *n* (*of track*) cuairt *f2*; (*of body*): **in** *or* **on one's lap** i d'ucht *m3* ♦ *vt* (*also*: **lap up**) leadhb siar ♦ *vi* (*waves*) bheith ag lapadaíl *or* ag slaparnach
▸ **lap up** *vt* (*fig*) slog siar
lapel *n* bóna *m4*, lipéad *m1*
Lapland *n* an Laplainn *f2*
lapse *n* earráid *f2*; (*in behaviour*) dearmad *m1* ♦ *vi* (LAW) téigh i ndímrí; (*contract*) téigh as feidhm, téigh i léig; **to lapse into bad habits** titim chun drochnósanna; **lapse of time** imeacht aimsire
laptop (computer) *n* (COMPUT) ríomhaire *m4* glúine
larceny *n* gadaíocht *f3*, goid *f3*
larch *n* learóg *f2*
lard *n* blonag *f2*
larder *n* lardrús *m1*
large *adj* mór, toirtiúil; **at large** (*free*) saor; *see also* **by**
largely *adv* den chuid is mó, ar an mórchóir
large-scale *adj* mór, ar mhórscála; (*production*) ar an mórchóir
lark *n* (*bird*) fuiseog *f2*; (*joke*) cleas *m1*, spórt *m1*; **to lark about** *vi* bheith ag pleidhcíocht
laryngitis *n* laraingíteas *m1*
laser *n* léasar *m1*
laser printer *n* léasarphrintéir *m3*
lash *n* lasc *f2*; (*also*: **eyelash**) fabhra *m4* ♦ *vt* (*whip*) lasc, stiall; (*tie*) ceangail
▸ **lash out** *vi*: **to lash out at** *or* **against** iarraidh de bhuille a thabhairt ar
lass *n* cailín *m4*
lasso *n* téad *f2* ruthaig
last *adj* deireanach, déanach ♦ *adv* ar deireadh; (*finally*) faoi dheireadh ♦ *vi* mair; **last week** an tseachtain seo caite; **last night** (*evening*) tráthnóna aréir; (*night*) aréir; **last year** anuraidh; **at last** faoi dheireadh; **last but one** leathdheiridh, leathdheireanach; **and last but not least** agus an meall is mó ar deireadh; **to make sth last** fad a bhaint as rud
last-ditch *adj* (*attempt*) ar an nóiméad deireanach
lasting *adj* buan, marthanach
lastly *adv* (*in list*) ar deireadh thiar; (*talk, oration*) mar fhocal scoir
last-minute *adj* ar an nóiméad deireanach
latch *n* laiste *m4*
late *adj* (*not on time*) mall, déanach; (*former*) iar-; (*dead*) nach maireann ♦ *adv* (go) déanach, (go) mall; **of late** ar na mallaibh, le déanaí; **in late May** i ndeireadh na Bealtaine; **the late Mr O'Donnell** an tUasal Ó Dónaill nach maireann
latecomer *n* straigléir *m3*, leastar *m1*
lately *adv* le déanaí, ar na mallaibh, ó chianaibh
later *adj* (*date etc*) níos moille; (*version etc*) níos déanaí ♦ *adv* níos moille; **later on** idir sin is tráthas, ar ball
latest *adj* is déanaí; **at the latest** ar a dhéanaí
lathe *n* deil *f2*
lather *n* sobal *m1* ♦ *vt* cuir sobal ar
Latin *n* Laidin *f2* ♦ *adj* Laidineach
Latin America *n* Meiriceá *m4* Laidineach
Latin American *adj* Meiriceánach Laidineach
latitude *n* domhanleithead *m1*; (*freedom*)

saoirse *f4*, scóip *f2*

latter *adj* deireanach ♦ *n*: **the latter** an ceann deireanach a luadh

latterly *adv* le gairid, le deireanas

Latvia *n* an Laitvia *f4*

laudable *adj* inmholta

laugh *n* gáire *m4* ♦ *vi* déan gáire; **to make sb laugh** gáire a bhaint as duine; **to stop o.s. from laughing** cluain a chur ar na gáirí; **to laugh sth off** cuid ghrinn a dhéanamh de rud

▸ **laugh at** *vt fus* bheith ag gáire faoi

laughable *adj* áiféiseach, seafóideach

laughing stock *n* ceap *m1* magaidh, eala *f4* mhagaidh

laughter *n* gáire *m4*

launch *n* lainse *f4*; (*motorboat*) mótarbhád *m1* ♦ *vt* (*boat*) lainseáil; (*missile*) scaoil, teilg; (*book*) seol, lainseáil

launderette, (US) **Laundromat** ® *n* neachtlainnín *f4*

laundry *n* (*clothes*) níochán *m1*; (*business*) neachtlann *f2*; (*room*) seomra *m4* níocháin

laureate *adj see* **poet laureate**

laurel *n* labhras *m1*

lava *n* laibhe *f4*

lavatory *n* leithreas *m1*

lavender *n* labhandar *m1*

lavish *adj* (*amount*) fial; (*person*): **lavish with** flaithiúil le, fairsing le ♦ *vt* (*money*) caith go doscaí; **to lavish sth on sb** rud a thabhairt go fial do dhuine

law *n* dlí *m4*

law-abiding *adj* umhal don dlí

law and order *n* an dlí agus an tsíocháin

law court *n* cúirt *f2* dlí

lawful *adj* dlíthiúil, dleathach

lawless *adj* (*action*) aindlíthiúil

lawn *n* faiche *f4*, léana *m4*

lawnmower *n* lomaire *m4* faiche *or* léana

lawn tennis *n* leadóg *f2* (léana)

law school (US) *n* scoil *f2* dlí

lawsuit *n* cúis *f2* dlí

lawyer *n* dlíodóir *m3*

lax *adj* (*loose*) scaoilte; (*negligent*) faillitheach

laxative *n* purgóid *f2*

lay *adj* tuata ♦ *vt* (*hand, carpet*) leag; (*bet*) cuir; **to lay eggs** uibheacha a bhreith; **to lay the table** an bord a leagan

▸ **lay aside, lay by** *vt* fág i leataobh

▸ **lay down** *vt* fág uait, leag uait; **to lay down the law** na rialacha a fhógairt; **to lay down your life** d'anam a thabhairt

▸ **lay off** *vt* (*workers*) leag as

▸ **lay on** *vt* (*provide*) cuir ar fáil

▸ **lay out** *vt* (*display*) leag amach

layabout (*inf*) *n* slúiste *m4*, scraiste *m4*

lay-by *n* leataobh *m1*

layer *n* (*of paint*) brat *m1*; (GEOL) sraith *f2*

layman *n* tuata *m4*

layout *n* leagan *m1* amach

laywoman *n* tuata *m4* mná

laze about *vi* bheith ag leadaíocht (thart) *or* ag leisceoireacht

lazy *adj* falsa, leisciúil, scraisteach

LCD-display *n* (COMPUT) taispeántas *m1* dé-óide leachtchriostail

lead[1] *n* (*distance, time ahead*) tosach *m1*; (*clue*) leid *f2*; (THEAT) príomhpháirt *f2*; (ELEC) seolán *m1*; (*for dog*) iall *f2* ♦ *vt* treoraigh; (*be leader of*) bheith i gceannas ar ♦ *vi* (*street etc*) téigh go; (SPORT) bheith chun tosaigh; **in the lead** chun tosaigh; **to lead the way** an t-eolas a dhéanamh

▸ **lead on** *vt* (*tease*) meall leat

▸ **lead to** *vt fus* (*road*) téigh go

lead[2] *n* (*metal*) luaidhe *f4*

leaden *adj* (*sky, sea*) trom, ar dhath na luaidhe

leader *n* ceannaire *m4*, ceann *m1* feadhna; (SPORT, *in league, race*) tosaí *m4*

leadership *n* ceannasaíocht *f3*; (*quality*) cumas *m1* ceannasaíochta

lead-free *adj* (*petrol*) saor ar luaidhe

leading *adj* príomh-, ceann-; (*in race*) tosaigh *n gen*

leading lady *n* (THEAT) príomhaisteoir *m3* mná, príomh-bhanaisteoir *m3*

leading man *n* (THEAT) príomhaisteoir *m3*

lead singer *n* (*in pop group*) príomhamhránaí *m4*

leaf *n* duille *m4*, duilleog *f2*; (*of book*) bileog *f2*, duilleog ♦ *vi*: **to leaf through**

na leathanaigh a thiontú; **to turn over a new leaf** béasa a athrú

leaflet *n* bileog *f2* eolais, duilleachán *m1*

league *n* (POL) conradh *m*; (SPORT) sraith *f2*, sraithchomórtas *m1*; **to be in league with** bheith i bpáirt le

leak *n* ligean *m1* (isteach *or* amach), deoir *f2* isteach; (*in roof*) deoir *f2* anuas ♦ *vi* (*pipe*) lig; (*liquid etc*) sceith; (*shoes*) lig isteach (uisce); (*ship*) déan uisce ♦ *vt* (*information*) scil, sceith

lean *adj* caol; (*meat*) trua ♦ *vt*: **to lean sth on sth** rud a chur le rud ♦ *vi* (*slope*) claon; (*rest*): **to lean against** do thaca a ligean le; **to lean on** taca a bhaint as; **to lean back/forward** cromadh siar/chun tosaigh

▸**lean out** *vi* cromadh amach

leaning *n*: **leaning (towards)** claonadh *m* (i leith)

leap *n* léim *f2* ♦ *vi* léim

leapfrog *n*: **to play leapfrog** cliobóg a chaitheamh

leap year *n* bliain *f3* bhisigh

learn *vt, vi* foghlaim; **to learn to do sth** an dóigh a fhoghlaim le rud a dhéanamh; **to learn about** *or* **of sth** (*hear, read*) fáil amach faoi rud

learned *adj* léannta

learner *n* foghlaimeoir *m3*; (*also*: **learner driver**) foghlaimeoir tiomána

learning *n* foghlaim *f3*; (*knowledge*) léann *m1*

learning curve *n* cuar *m1* foghlama

lease *n* léas *m3* ♦ *vt* léasaigh

leash *n* iall *f2*

least *adj*: **the least** (+ *noun*) ... dá laghad, an ... is lú; (: *smallest amount of*) an méid is lú ♦ *adv* (+ *verb*) is lú; (+ *adj*): **the least powerful country** an tír is lú cumhacht; **at least** ar a laghad; **he wasn't in the least perturbed by the news** níor chuir an nuacht buaireamh dá laghad air; **that is the least I can do** sin an saothar is lú dom

leather *n* leathar *m1*

leave *vt* fág; (*forget*) déan dearmad de ♦ *vi* imigh ♦ *n* (*time off*) saoire *f4*; (*also* MIL, *consent*) cead *m3* scoir; **to be left** bheith fágtha; **there's some milk left over** tá braon bainne fágtha; **on leave** ar scor; (MIL) ar cead

▸**leave behind** *vt* (*person, object*) fág i do dhiaidh; (*forget*) déan dearmad de

▸**leave out** *vt* fág ar lár, fág as

leave of absence *n* cead *m3* scoir

Lebanon *n* an Liobáin *f2*

lecherous (*pej*) *adj* drúisiúil

lecture *n* léacht *f3* ♦ *vi* tabhair léacht ♦ *vt* (*scold*) tabhair fios a bhéasa do; **to give a lecture on literature** léacht a thabhairt ar an litríocht

lecturer *n* léachtóir *m3*

LED-display *n* (COMPUT) taispeántas *m1* dé-óide solasastaíche

ledge *n* (*of window, on wall*) leac *f2*; (*of mountain*) fargán *m1*

ledger *n* (COMM) mórleabhar *m1* cuntas

Lee *n*: **the (River) Lee** an Laoi *f4*

leech *n* súmaire *m4*; (*fig*) diúgaire *m4*

leek *n* cainneann *f2*

leer *vi*: **to leer at sb** súil teaspaigh a chaitheamh le duine

leeway *n* (*fig*): **to have some leeway** scóip bheag a bheith agat

left *adj* (*not right*) clé ♦ *n* ciotóg *f2*, clé *f4* ♦ *adv* clé; **on the left, to the left** ar clé, ar thaobh na láimhe clé; **the Left** (POL) an eite chlé

left-handed *adj* ciotógach

left-hand side *n* taobh *m1* na láimhe clé

left-luggage (office) *n* oifig *f2* an bhagáiste

leftovers *npl* fuílleach *msg1*

left-wing *adj* (POL) na heite *n gen* clé

leg *n* cos *f2*; (*of journey*) scríob *f2*; **1st/2nd leg** (SPORT) an chéad/gheábh/an dara geábh *m3*; **leg of chicken/lamb** cos *f2* sicín/ceathrú *f* uaineola

legacy *n* oidhreacht *f3*

legal *adj* dlíthiúil, dleathach

legal holiday (US) *n* lá *m* saoire poiblí

legal tender *n* dlíthairiscint *f*

legend *n* finscéal *m1*

legible *adj* inléite, soléite

legislation *n* reachtaíocht *f3*

legislature *n* reachtas *m1*; **The Legislature** an tOireachtas *m1*
legitimate *adj* dlisteanach
leg room *n* spás *m1* leis na cosa a shíneadh
Leinster *n* Laighin *mpl*, Cúige *m4* Laighean ♦ *adj* Laighneach
leisure *n* fóillíocht *f3*; **at one's leisure** ar do shocairshuaimhneas
leisure centre *n* ionad *m1* fóillíochta
leisurely *adj* go socair, go réidh, ar do shocairshuaimhneas
Leitrim *n* Liatroim *m3*
lemon *n* líomóid *f2*
lemonade *n* líomanáid *f2*
lemon tea *n* tae *m4* líomóide
lend *vt*: **to lend sth (to sb)** rud a thabhairt ar iasacht (do dhuine)
length *n* fad *m1*; (*section*: *of road, pipe etc*) píosa *m4*; (*of time*) tamall *m1*; **at length** (*at last*) faoi dheireadh; (*for a time*) ar feadh tamaill fhada
lengthen *vi, vt* fadaigh, cuir fad le
lengthways *adv* ar (a) fhad
lengthy *adj* fada; (*long-winded*) fadálach, strambánach
lenient *adj* bog, ceadaitheach
lens *n* lionsa *m4*
Lent *n* An Carghas *m1*
lentil *n* lintile *f4*; **lentils** piseánach *msg1*; **lentil soup** anraith *m4* piseánaigh
Leo *n* (ASTROL) An Leon *m1*
leotard *n* léatard *m1*
leprosy *n* lobhra *f4*
lesbian *n* leispiach *m1*
less *adj, pron, adv* níos lú, is lú ♦ *prep* lúide; **less 50%** lúide 50%; **less than that/you** níos lú ná sin/tusa; **less than half** níos lú ná (a) leath, faoi bhun (a) leath; **less than ever** níos lú ná riamh; **less and less** níos lú agus níos lú; **the less he works ...** dá laghad a oibríonn sé ...
lessen *vi* laghdaigh, síothlaigh ♦ *vt* maolaigh
lesser *adj* níos lú, is lú, beag; **to a lesser extent** ar bhonn is lú
lesson *n* ceacht *m3*; **to teach sb a lesson** (*fig*) ceacht a mhúineadh do dhuine; **that taught me a lesson** rinne sin mo shúile dom
lest *conj* ar eagla go, ar fhaitíos go
let *vt* lig, ceadaigh; (*lease*) lig ar cíos; **to let sb do sth** ligean do dhuine rud a dhéanamh; **to let sb know sth** rud a chur in iúl do dhuine; **let's go!** chugainn!, ar aghaidh linn!; **let him come** a chead aige teacht; "**to let**" "le ligean (ar cíos)"
▸ **let down** *vt* (*tyre*) lig an t-aer as; (*person*) loic ar
▸ **let go** *vi* lig amach do ghreim ♦ *vt* scaoil le; **let me go** lig amach mé
▸ **let in** *vt* lig isteach
▸ **let off** *vt* (*culprit*) lig a cheann leis; (*gun etc*) scaoil
▸ **let on** (*inf*) *vi* sceith, lig ort (go); **don't let on** ná lig a dhath *or* dada ort
▸ **let out** *vt* lig amach, scaoil amach; (*scream*) lig asat
▸ **let up** *vi* maolaigh; (*cease*) staon; **is it letting up?** an bhfuil maolú ag teacht air?
lethal *adj* marfach
letter *n* litir *f*
letter bomb *n* litirbhuama *m4*
letterbox *n* bosca *m4* litreacha
lettering *n* litreoireacht *f3*
lettuce *n* leitís *f2*
let-up *n* maolú *m*; **there was a let-up in the rain** tháinig uaineadh beag
leukaemia, (US) **leukemia** *n* leoicéime *f4*
level *adj* cothrom ♦ *n* cothrom *m1*; (*standard*) leibhéal *m1*, caighdeán *m1*; (*floor*) urlár *m1* ♦ *vt* cothromaigh; **to be level with** bheith cothrom le; **to draw level with** (*person, vehicle*) teacht gob ar ghob le; **"A" levels** (BRIT) Ardleibhéil *mpl1*, A-leibhéil, ≈ Ardteistiméireacht *f3*, ≈ Ardteist *f2*; **"O" levels** (BRIT) Ordleibhéil *mpl1*, "O" leibhéil; **on the level** (*fig*: *honest*) ionraic, macánta
▸ **level off** *vi* (*prices etc*) cothromaigh
level crossing *n* crosaire *m4* comhréidh
level-headed *adj* stuama
lever *n* luamhán *m1*

leverage *n* luamhánacht *f3*; **leverage (on** *or* **with)** (*fig*) tionchar *m1* (ar)
levy *n* tobhach *m1*, cáin *f* ♦ *vt* toibhigh; **to levy a tax on sth** cáin a ghearradh ar rud
lewd *adj* graosta
liability *n* (*responsibility*) freagracht *f3*; (COMM) fiachas *m1*; (LAW) dliteanas *m1*; (*handicap*) cis *f2*; **liabilities** *npl* (*on balance sheet*) fiachais *mpl1*
liable *adj* (*responsible*): **liable (for)** freagrach (as); (*likely*): **he's liable to cause a quarrel** b'fhurasta dó achrann a thógáil
liaise *vi*: **to liaise (with)** comhoibriú (le)
liaison *n* ceangal *m1*
liar *n* bréagadóir *m3*
libel *n* leabhal *m1* ♦ *vt* leabhlaigh
liberal *adj* liobrálach; (*generous*): **liberal with** fairsing le, fial le; **the Liberal Democrats** (BRIT) na Daonlathaithe Liobrálacha
liberation *n* saoradh *m*, fuascailt *f2*
liberty *n* saoirse *f4*; **to be at liberty to do sth** cead a bheith agat rud a dhéanamh
Libra *n* (ASTROL) An Mheá *f4*
librarian *n* leabharlannaí *m4*
library *n* leabharlann *f2*
libretto *n* leabhróg *f2*
Libya *n* an Libia *f4*
licence, (US) **license** *n* ceadúnas *m1*; (*excessive freedom*) díolúine *f4*
licence number *n* uimhir *f* cheadúnais
licence plate *n* uimhirchlár *m1*
license *n* (US) = **licence** ♦ *vt* ceadúnaigh; **licensed to sell alcohol** ceadúnaithe chun deochanna meisciúla a dhíol
licensed *adj* (*car*) ceadúnaithe, faoi cheadúnas
lick *vt* ligh; (*inf*: *defeat*) buail, tabhair léasadh do; **to lick one's lips** (*fig*) bheith ag blasachtach
licorice (US) *n* = **liquorice**
lid *n* claibín *m4*, clár *m1*; (*eyelid*) caipín *m4* súile, duille *m4*
lie *vi* (*rest*) luigh; (*in grave*) bheith sínte; (*be situated*) bheith suite; (*be untruthful*) inis bréag ♦ *n* bréag *f2*; **to tell a lie** bréag a dhéanamh *or* a inse; **without a word of a lie** gan bhréag gan áibhéil; **to lie low** (*fig*) do cheann a choinneáil thíos
▸ **lie about** *or* **around** *vi* bheith ag leadaíocht (thart)
lie-down *n*: **to have a lie-down** néall a chodladh
lie-in *n*: **to have a lie-in** codladh go headra
lieutenant *n* leifteanant *m1*
life *n* beatha *f4*, saol *m1*; (*vitality*) beocht *f3*; **to come to life** (*fig*) éirí beoga; **how's life?** cad é mar atá an saol agat?; **for life** (*for good*) feadh do shaoil, le do sholas; **that's life!** is iomaí cor sa saol!, sin an saol agat!; **throughout his life** fad a mhair sé, ar feadh a shaoil; **to run for one's life** teicheadh le d'anam
life assurance *n* árachas *m1* saoil
lifebelt *n* crios *m3* tarrthála
lifeboat *n* bád *m1* tarrthála
lifebuoy *n* baoi *m4* tarrthála
lifeguard *n* garda *m4* tarrthála, maor *m1* snámha
life insurance *n* árachas *m1* saoil
life jacket *n* seaicéad *m1* tarrthála
lifeless *adj* marbh, marbhánta, neamhbheo; (*fig*: *person*) gan anam; (*dull*) leamh
lifelike *adj* a bhfuil dealramh na beatha air
lifeline *n*: **it was his lifeline** bhí a bheo i ngeall air
lifelong *adj* (*friend etc*) saoil *n gen*
life preserver (US) *n* = **lifebelt** *or* **life jacket**
life sentence *n* príosúnacht *f3* saoil
life-size(d) *adj* ar thomhas nádúrtha
life span *n* (*for person*) fad *m1* saoil; (*for product*) saolré *f4*
lifestyle *n* stíl *f2* bheatha, béascna *f4*
lifetime *n* saol *m1*; **in his lifetime** lena linn, lena sholas
Liffey *n*: **the Liffey** an Life *f4*
lift *vt* tóg, ardaigh ♦ *vi* (*fog*) scaip ♦ *n* (*elevator*) ardaitheoir *m3*; **to give sb a lift** (AUT) síob *f2 or* marcaíocht *f3* a thabhairt do dhuine
lift-off *n* scaoileadh *m*, éirí *m4* de thalamh

light *n* solas *m1*; (*lamp*) lóchrann *m1*; (AUT, *headlight*) ceannsolas *m1*; (*for cigarette etc*): **have you got a light?** an bhfuil lasán agat? • *vt* las • *adj* (*bright*) geal; (*not heavy/strenuous*) éadrom; **lights** *npl* (AUT, *traffic lights*) soilse *mpl1*; **to come to light** teacht chun solais
▸ **light up** *vi* (*face*) geal • *vt* (*illuminate*) caith solas ar, soilsigh
light bulb *n* bolgán *m1* solais
lighten *vt* (*make less heavy*) éadromaigh; (*burden*) laghdaigh
lighter *n* (*also*: **cigarette lighter**) lastóir *m3* (toitíní)
light-headed *adj* (*giddy*) éaganta; **I became light-headed** tháinig mearbhall orm
light-hearted *adj* éadromchroíoch, aerach, meidhreach, aigeanta
lighthouse *n* teach *m* solais
lighting *n* (*on road, in theatre*) soilsiú *m*
lightly *adv* go héadrom; **to get off lightly** teacht as saor go maith
lightness *n* (*in weight*) éadroime *f4*
lightning *n* tintreach *f2*, splancacha *fpl2*; **flash of lightning** splanc *f2* thintrí, saighneán *m1*
lightning conductor, lightning rod (US) *n* conduchtaire *m4* tintrí
lightweight *adj* (*suit*) éadrom • *n* (BOXING) éadrom-mheáchan *m1*
like *vt*: **I like** is maith liom • *prep* amhail • *adj* den chineál céanna • *n*: **and the like** agus a leithéid; **his likes and dislikes** na rudaí is maith leis agus na rudaí nach maith leis; **I would like, I'd like** ba mhaith liom; **would you like a coffee?** ar mhaith leat caife?; **to be like sb** bheith cosúil le duine; **to look like sb** dealramh a bheith agat le duine; **what does it look like?** cad é an chuma atá air?; **what does it taste like?** cad é an blas atá air?; **that's just like him** a leithéid féin a dhéanfadh é; **do it like this** déan mar seo é; **it's nothing like ...** níl sé ar dhóigh ar bith cosúil le ...
likeable *adj* taitneamhach; (*person*) geanúil, pléisiúrtha, groí
likelihood *n* dóchúlacht *f3*; **there's every likelihood that ...** tá an uile chosúlacht go ...
likely *adj* dóchúil; **he's likely to leave** tá gach cosúlacht ann go bhfágfaidh sé; **not likely!** (*inf*) beag an baol!; **as likely as not** chomh dócha lena athrach; **it's hardly likely that** ní móide go
likeness *n* cosúlacht *f3*, dealramh *m1*, samhail *f3*
likewise *adv* mar an gcéanna; **to do likewise** déanamh amhlaidh, an cleas céanna a dhéanamh
liking *n* dúil *f2*; **to have a liking for sth** dúil a bheith agat i rud; **to take a liking to sth** taitneamh a thabhairt do rud; **to one's liking** in aice le do thoil
lilac *adj* liathchorcra • *n* craobh *f2* liathchorcra
lily *n* lile *f4*
lily of the valley *n* lile *f4* na ngleanntán
limb *n* géag *f2*
limber up *vi* aclaigh
limbo *n*: **to be in limbo** (*fig*) bheith ligthe i ndearmad
lime *n* (*tree*) crann *m1* líomaí; (*fruit*) líoma *m4*; (GEOG) aol *m1*
limelight *n*: **in the limelight** (*fig*) os comhair an phobail
Limerick *n* Luimneach *m1*
limerick *n* luimneach *m1*
limestone *n* aolchloch *f2*
limit *n* teorainn *f* • *vt* teorannaigh, cuir srian le; **over the limit** thar an cheart
limited *adj* teoranta
limited (liability) company *n* comhlacht *m3* teoranta
limp *n*: **he has a limp** tá céim bhacaí ann • *vi* bheith ag bacadradh • *adj* bacach
limpet *n* bairneach *m1*
line *n* líne *f4*; (*stroke*) stríoc *f2*; (*wrinkle*) roc *m1*; (*rope*) téad *f2*; (FISHING) dorú *m4*; (*wire*) sreang *f2*; (*row, series*) sraith *f2*; (*of poetry*) líne; (*of people*) scuaine *f4*; (*railway track*) líne; (COMM, *series of goods*) rang *m3*; (*work*) brainse *m4*; (*attitude, policy*) mana *m4* • *vt*: **to line sth (with)** rud a líneáil (le); **to line a**

road with trees crainn a chur feadh an bhóthair; **in a line** i líne; **in line with** de réir + *gen*, faoi réir + *gen*; **along those lines** ar an téad sin
▸ **line up** *vi* déan scuaine, téigh i líne ♦ *vt* déan líne de, cuir i líne; (*event*) eagraigh
lined *adj* (*face*) rocach; (*paper*) líneach
linen *n* líon *m1*, línéadach *m1*; (*sheets etc*) éadaí *mpl1*
liner *n* línéar *m1*; (*for bin*) mála *m4* bruscair
linesman *n* maor *m1* líne
line-up *n* (*US*: *queue*) scuaine *f4*; (*SPORT*) foireann *f2*, liosta *m4* foirne
linger *vi* moilligh, bheith ag moilleadóireacht; (*smell, tradition*) mair
lingo (*inf*) *n* (*pej*) teanga *f4*, béarlagair *m4*
linguist *n* teangeolaí *m4*
linguistics *n* teangeolaíocht *f3*
lining *n* líneáil *f3*
link *n* ceangal *m1*, nasc *m1*; (*of a chain*) lúb *f2* ♦ *vt* ceangail; **links** *npl* (*GOLF*) machaire *m4* gailf (cois na farraige)
▸ **link up** *vi* tar le chéile ♦ *vt* ceangail
lino, linoleum *n* líonóil *f2*
lion *n* leon *m1*
lioness *n* leon *m1* baineann
lip *n* liopa *m4*; **to wet one's lips** do bhéal a fhliuchadh; **I heard it from his own lips** óna bhéal féin a chuala mé é
lip-read *vi* liopaí a léamh
lip salve *n* íoc *f2* liopaí
lip service *n*: **to pay lip service to sth** béalghrá a thabhairt do rud
lipstick *n* béaldath *m3*
liqueur *n* licéar *m1*
liquid *adj* leachtach ♦ *n* leacht *m3*
liquidize *vt* (*CULIN*) leachtaigh
liquidizer *n* leachtaitheoir *m3*
liquor (*US*) *n* biotáille *f4*
liquorice *n* liocras *m1*
liquor store (*US*) *n* siopa *m4* biotáillí
Lisbon *n* Liospóin *f4*
lisp *n* gliscín *m4* ♦ *vi* labhair go briotach
list *n* liosta *m4* ♦ *vt* (*write down*) déan liosta de, liostaigh; (*mention*) luaigh
listen *vi* éist; **to listen to** éisteacht le, éisteacht a thabhairt do; **to listen closely** cluas le héisteacht a chur ort féin
listener *n* éisteoir *m3*
listless *adj* spadánta, dímríoch
liter (*US*) *n* lítear *m1*
literacy *n* litearthacht *f3*
literal *adj* litriúil; (*sense*) liteartha
literally *adv* go litriúil, go liteartha
literary *adj* liteartha
literate *adj* liteartha
literature *n* litríocht *f3*; (*brochures etc*) leabhráin *mpl1* eolais
lithe *adj* ligthe, scaoilte, lúfar
Lithuania *n* an Liotuáin *f2*
litigate *vi* dul chun dlí
litigation *n* plé *m4* dlí
litre, (*US*) **liter** *n* lítear *m1*
litter *n* (*rubbish*) bruscar *m1*; (*young animals*) ál *m1*
litter bin *n* bosca *m4* bruscair
littered *adj*: **littered with** breac le, dubh le, trí chéile le
little *adj* (*small*) beag ♦ *adv*: **I little thought ...** is beag a shíl mé ...; **a little** beagán; **a little milk** braon *m1* bainne; **a little bit** píosa beag; **there's little time left** is beag am atá fágtha, tá an t-am ag éirí gearreireaballach; **little by little** beagán ar bheagán
live[1] *adj* beo
live[2] *vi* (*exist, last*) mair; (*reside*) bheith i do chónaí (i)
▸ **live down** *vt*: **he'll never live it down** ní bheidh tógáil a chinn choíche aige
▸ **live on** *vt fus* (*food, salary*) bheith beo ar
▸ **live together** *vi* bheith in aontíos
▸ **live up to** *vt fus*: **she lives up to her reputation** is bean mar a tuairisc í, tá sí inchurtha lena cáil
livelihood *n* slí *f4* bheatha, slí mhaireachtála
lively *adj* anamúil, bríomhar, beoga
liven up *vt, vi* beoigh, cuir anam i, cuir spleodar i
liver *n* ae *m4*
Liverpool *n* Learpholl *m1*
livestock *n* beostoc *m1*
livid *adj* glasghnéitheach; **I was livid** bhí mé ar an daoraí *or* le ceangal *or* le báiní

living *adj* beo ♦ *n* maireachtáil *f3*; **cost of living** costas *m1* maireachtála; **to earn** *or* **make a living** do chuid a shaothrú, do bheatha a thabhairt i dtír

living conditions *npl* staid *fsg2 or* cóir *fsg3 or* caoi *fsg4* mhaireachtála

living room *n* seomra *m4* teaghlaigh

living standard *n* caighdeán *m1* maireachtála

living wage *n* pá *m4* maireachtála

lizard *n* laghairt *f2*

load *n* (*weight*) ualach *m1*, lód *m1*; (*thing carried*) lasta *m4*, lód ♦ *vt* (*also*: **load up**): **to load (with)** lódáil (le), ualach a chur ar; (*gun*) stangadh; (COMPUT) lódáil; **a load of, loads of** (*fig*) an dúrud + *gen*; **to talk a load of rubbish** bheith ag seafóid *or* ag caint seafóide, raiméis a bheith ort

loaded *adj* (*question*) cealgach; (*inf*: *rich*) an-saibhir; **they're loaded** tá na múrtha acu

loaf *n* builín *m4*, bollóg *f2*

loan *n* iasacht *f3* ♦ *vt* tabhair ar iasacht; **on loan** ar iasacht

loath *adj*: **he was loath to buy it** ba leisce leis *or* bhí drogall air é a cheannach

loathe *vt*: **she loathes her husband** is fuath léi a fear céile

lobby *n* forsheomra *m4*; (POL) brúghrúpa *m4* ♦ *vt* cuir brú ar

lobster *n* gliomach *m1*

local *adj* áitiúil, logánta ♦ *n* (*pub*) teach *m* tábhairne áitiúil; **the locals** *npl* (*inhabitants*) muintir *fsg2* na háite

local anaesthetic *n* ainéistéiseach *m1* logánta

local call *n* glao *m4* áitiúil

local government *n* rialtas *m1* áitiúil

locality *n* ceantar *m1*, dúiche *f4*, bólaí *pl*; (*position*) suíomh *m1*

locate *vt* (*find*) aimsigh; (*situate*): **to be located in** bheith suite i

location *n* láthair *f*; **on location** (CINE) ar láthair amuigh

loch *n* loch *m3*

lock *n* (*of door, box*) glas *m1*; (*of canal*) loc *m1*; (*of hair*) dlaoi *f4* ♦ *vt* (*with key*) cuir glas ar ♦ *vi* (*door etc*) téigh i nglas; (*wheels*) téigh i ngreim

▸ **lock in** *vt* cuir faoi ghlas

▸ **lock up** *vt* (*person*) cuir faoi ghlas; (*house*) cuir an glas ar ♦ *vi*: **I'll lock up** cuirfidh mise an glas ar an doras

locker *n* taisceadán *m1*

locket *n* loicéad *m1*

locksmith *n* glasadóir *m3*

locum *n* (MED) ionadaí *m4*, fear *m1* ionaid

lodge *n* lóiste *m4*; (*hunting lodge*) grianán *m1* seilge ♦ *vi* (*person*): **to lodge (with)** bheith ar lóistín (ag); (*bullet*) lonnaigh ♦ *vt*: **to lodge a complaint** gearán a chur isteach; **to lodge money** airgead a lóisteáil

lodger *n* lóistéir *m3*

lodgings *npl* lóistín *msg4*

loft *n* lochta *m4*

lofty *adj* (*noble*) uasal, mórga; (*haughty*) ardnósach

log *n* (*of wood*) lomán *m1*, sail *f2*; (*book*) = **logbook** ♦ *vt* (*record*) breac síos, coinnigh tuairisc ar

▸ **log off** *vi* (COMPUT) log as

▸ **log in** *or* **on** *vi* (COMPUT) log ann

logbook *n* (NAUT) leabhar *m1* loinge; (AVIAT) leabhar *m1* eitilte; (*of car*) leabhar *m1* cláraithe

loggerheads *npl*: **at loggerheads** in adharca a chéile

logic *n* loighic *f2*

logical *adj* loighciúil

loin *n* (CULIN) luan *m1*

loiter *vi* bheith ag fálróid *or* ag síománaíocht *or* ag máinneáil

loll *vi* (*also*: **loll about**) bheith ag sínteoireacht *or* ag rístíocht

lollipop *n* líreacán *m1*

London *n* Londain *f*

Londoner *n* Londanach *m1*

lone *adj* aonarach

loneliness *n* uaigneas *m1*, cumha *m4*

lonely *adj* uaigneach, aonarach

long *adj* fada ♦ *adv* i bhfad ♦ *vi*: **to long for sth** bheith ag tnúth le rud, bheith ag feitheamh go crua le rud; **so** *or* **as long as** a fhad agus; **don't be long!** ná bí i bhfad!; **how long is this river/course?**

cá fhad atá an abhainn/cúrsa seo?; **six metres long** sé mhéadar ar fad; **six months long** (ar) feadh sé mhí; **all night long** i rith na hoíche; **he no longer comes** ní thagann sé a thuilleadh; **long before** i bhfad roimh; **long after** i ndiaidh; **before long** roimh i bhfad; **at long last** faoi dheireadh thiar

long-distance *adj* (*call*) cian-

Longford *n* an Longfort *m1*

longhand *n* gnáthscríobh *m3*

longing *n* tnúth *m3*, dúil *f2*

longitude *n* domhanfhad *m1*

long jump *n* léim *f2* fhada

long-life *adj* saolach, fadsaolach; (*milk*) marthanach

long-lost *adj* (*person*) caillte le fada

long-playing record *n* fadcheirnín *m4*

long-range *adj* (*forecast*) fadtréimhseach; (*gun*) fadraoin *n gen*

long-sighted *adj* (MED) fadradharcach

long-standing *adj* seanbhunaithe

long-suffering *adj* fadfhulangach, foighneach

long-term *adj* fadtréimhseach, fadtéarmach

long wave *n* fadtonn *f2*

long-winded *adj* fadchainteach, strambánach

loo (*inf*) *n* teach *m* beag

look *vi* amharc, féach; (*seem*) dealraigh, cuma a bheith ar; (*building etc*): **it looks south** tá a aghaidh ó dheas; **it looks (out) onto the sea** tá a aghaidh leis an fharraige♦ *n* amharc *m1*, féachaint *f3*; (*appearance*) dealramh *m1*, cuma *f4*, cló *m4*; **looks** *npl* (*good looks*) dathúlacht *fsg3*, gnaíúlacht *fsg3*, scéimh *fsg2*; **to have a look** spléachadh a thabhairt; **look!** féach!; **look (here)!** (*annoyance*) éist!

▸**look after** *vt fus* (*care for, deal with*) tabhair aire do

▸**look at** *vt fus* féach ar, amharc ar; (*consider*) smaoinigh ar

▸**look back** *vi*: **to look back on** (*event etc*) súil siar a chaitheamh ar

▸**look down on** *vt fus* (*fig*) drochmheas a bheith agat ar

▸**look for** *vt fus* lorg, cuardaigh, bheith ar lorg

▸**look forward to** *vt fus* bheith ag feitheamh go crua le, bheith ag tnúth le; **we look forward to hearing from you** (*in letter*) táimid ag dréim go mór le scéala uait

▸**look into** *vt fus* iniúch, fiosraigh

▸**look on** *vi* breathnaigh ar, féach ar, amharc ar

▸**look out** *vi* (*beware*): **to look out (for)** bheith ar d'aire (roimh); **look out!** faichill!, seachain!, coimhéad!

▸**look out for** *vt fus* coinnigh súil in airde le

▸**look round** *vi* breathnaigh thart

▸**look to** *vt fus* (*rely on*) bheith ag brath ar, bheith i dtuilleamaí + *gen*

▸**look up** *vi* féach suas; (*improve*) bisigh, feabhas a bheith ag teacht ar♦ *vt* (*word, name*) cuardaigh

▸**look up to** *vt fus* tabhair urraim do, meas a bheith agat ar

lookout *n* faire *f4*; (*person*) fear *m1* faire; **to be on the lookout (for)** súil a choinneáil in airde (le)

loom *vi* (*also*: **loom up**) nocht; (*approach*: *event etc*) bheith ag teacht in aicearracht; (*threaten*) bheith ag bagairt♦ *n* (*for weaving*) seol *m1*

loony (*inf*) *adj* craiceáilte♦ *n* gealt *f2*

loop *n* lúb *f2*, dol *m3*

loophole *n* (*fig*) lúb *f2* ar lár

loose *adj* bog; (*clothes*) scaoilte, liobarnach; (*woman's hair*) síos léi; (*morals, discipline*) drabhlásach, ainrianta♦ *n*: **on the loose** ag imeacht le scód

loose change *n* briseadh *m*, sóinseáil *f3*

loose chippings *npl* (*on road*) sceallóga *fpl2* scaoilte

loose end *n*: **to be at a loose end** *or (US)* **at loose ends** bheith tuirseach de do dhóigh

loosely *adv* go scaoilte; (*imprecisely*) go neamhchruinn

loosen *vt* scaoil

loot *n* (*inf*: *money*) creach *f2* ♦ *vt* creach
lopsided *adj* leataobhach, ar leathmhaig
lord *n* tiarna *m4*; **Lord Smith** An Tiarna *m4* Mac Gabhann; **the Lord** An Tiarna *m4*; **good Lord!** a Thiarna!; **the (House of) Lords** (*BRIT*) Teach *m* na dTiarnaí; **my Lord** = **your lordship**
Lordship *n*: **your Lordship** A Thiarna; (*to bishop*) A Thiarna Easpaig
lore *n* seanchas *m1*, saíocht *f3*
lorry *n* leoraí *m4*
lorry driver *n* tiománaí *m4* leoraí
lose *vt, vi* caill; **to lose time** (*clock*) bheith ag cailleadh ama; **get lost!** gread leat!, croch leat!, bain as!
loser *n* cailliúnaí *m4*
loss *n* caill *f2*, caillteanas *m1*; **I was at a loss as to what her name was** ní raibh barúil agam cad é an t-ainm a bhí uirthi
lost *adj* caillte
lost and found, (*US*) **lost property** *n* oifig *f2* na mbeart caillte
lot *n* (*fate*) cinniúint *f3*, dán *m1*; (*at auction*) luchtóg *f2*; **the lot** an t-iomlán; **a lot (of)** a lán; **lots of** cuid mhór, raidhse; **to draw lots (for sth)** crainn a chaitheamh (ar rud)
lotion *n* lóis *f2*, ionlach *m1*
lottery *n* crannchur *m1*, lottó *m4*; **to do the lottery** an lottó a dhéanamh
loud *adj* ard, callánach; (*support, condemnation*) láidir; (*gaudy*) gáifeach ♦ *adv* (*speak etc*) go hard; **out loud** os ard
loud-hailer *n* meigeafón *m1*, callaire *m4*
loudly *adv* go hard
loudspeaker *n* callaire *m4*
lough *n* loch *m3*; **Lough Derg** Loch Dearg *or* Deirgeirt; **Lough Erne** Loch Éirne; **Lough Neagh** Loch nEathach; **Belfast Lough** Loch Lao
lounge *n* seomra *m4* suí *or* caidrimh; (*at airport*) tolglann *f2*; (*also*: **lounge bar**) tolglann ♦ *vi*: **to lounge (about/around)** bheith ag leadaíocht *or* ag sínteoireacht
lounge suit *n* gnáthchulaith *f2*
louse *n* míol *m1* cnis
lousy (*inf*) *adj* ainnis, míofar; **a lousy pound** punt scallta
lout *n* bodach *m1*, maistín *m4*
Louth *n* Lú *m4*
lovable *adj* geanúil, grámhar
love *n* grá *m4* ♦ *vt* bheith i ngrá le; **I love her** tá mo chroí istigh inti; (*caringly, kindly*) tá mé go maith di; "**love (from) Anne**" "le grá (ó) Áine"; **I love chocolate** tá dúil m'anama agam i seacláid; **to be/fall in love with** bheith/titim i ngrá le; **to make love** luí le chéile; "**15 love**" (*TENNIS*) "cúig déag, náid"
love affair *n* caidreamh *m1* suirí, cumann *m1*
love life *n* cúrsaí *mpl4* grá
lovely *adj* álainn; (*delightful*: *person*) gleoite; (*holiday etc*) aoibhinn, galánta
lover *n* leannán *m1*; (*person in love*) suiríoch *m1*; (*amateur*): **a lover of music** duine *m4* mór ceoil
loving *adj* geanúil, ceanúil, grámhar
low *adj* íseal; (*person*: *depressed*) in ísle brí, lagmhisneach ♦ *adv* go híseal ♦ *n* (*METEOR*) lagbhrú *m4*; **to be low on** bheith gann i; **to feel low** bheith in ísle brí; **to reach an all-time low** bheith in umar na haimléise
low-alcohol *adj* ar bheagán alcóil
low-cut *adj* (*dress*) le brollach íseal
lower *adj* íochtarach, íochtair ♦ *vt* ísligh
low-fat *adj* tanaithe, ar bheagán saille
lowlands *npl* (*GEOG*) ísealchríoch *fsg2*
lowly *adj* uiríseal
loyalty *n* dílse *f4*, dílseacht *f3*
lozenge *n* (*MED*) losainn *f2*; (*shape*) muileata *m4*
L-plates *npl* L-phlátaí *mpl4*
Ltd *abbr* (= *limited*) Tta
lubricant *n* bealadh *m1*
lubricate *vt* bealaigh
luck *n* ádh *m1*; **bad luck** mí-ádh *m1*; **good luck!** ádh mór ort!
luckily *adv* go hámharach, go hádhúil, ar an dea-uair
lucky *adj* (*person*) ámharach, ádhúil; (*coincidence, event*) sona, séanmhar; (*object*) sonais *n gen*, áidh *n gen*
ludicrous *adj* áiféiseach
lug (*inf*) *vt* iompar, tarraing, streachail

luggage *n* bagáiste *m4*
luggage rack *n* (*on car*) raca *m4* bagáiste
lukewarm *adj* bogthe, alabhog; (*person*) patuar
lull *n* eatramh *m1*; (*in conversation*) tost *m3*♦ *vt*: **to lull sb to sleep** duine a chealgadh chun suain
lullaby *n* suantraí *f4*
lumbago *n* lumbágó *m4*
lumber *n* (*wood*) crainn *mpl1* leagtha, lomáin *mpl1*; (*junk*) manglam *m1*
lumberjack *n* lománaí *m4*
luminous *adj* lonrach
lump *n* cnap *m1*; (*of sugar*) cnapán *m1*; (*of wood*) smután *m1*; (*of butter*) meall *m1*; (*swelling*) meall *m1*♦ *vt*: **to lump things together** rudaí a charnadh le chéile
lump sum *n* cnapshuim *f2*
lumpy *adj* cnapach; (*wood etc*) cnapánach; (*porridge etc*) stolptha
lunar *adj*: **a lunar year** bliain *f3* ghealaí; **lunar eclipse** urú *m* (na) gealaí
lunatic *adj* gealtach, mire, buile
lunch *n* lón *m1*
luncheon *n* loinsiún *m1*, lón *m1*
luncheon voucher *n* dearbhán *m1* lóin
lung *n* scamhóg *f2*
lunge *vi* (*also*: **lunge forward**) tabhair áladh (chun tosaigh); **to lunge at** áladh a thabhairt ar
lurch *vi* bheith ag stámhailleach *or* ag longadán♦ *n* turraing *f2*; **to leave sb in the lurch** duine a fhágáil san abar *or* san fhaopach *or* in áit a charta
lure *n* (*attraction*) mealladh *m*, cluain *f3* ♦ *vt* meall
lurid *adj* scéiniúil; (*pej*: *colour, dress*) gáifeach; (*complexion*) mílítheach
lurk *vi* bheith ag guairdeall go formhothaithe
luscious *adj* sáil; (*attractive*) gleoite; (*food*) súmhar
lush *adj* méith
lust *n* (*sexual*) ainmhian *f2*, drúis *f2*; (*for money*) saint *f2*
lusty *adj* fuinniúil, láidir, rúpach
Luxembourg *n* Lucsamburg *m4*
luxurious *adj* macnasach, sóúil
luxury *n* ollmhaitheas *m3*, só *m4*
lying *n* bréagadóireacht *f3*
lyrical *adj* liriceach
lyrics *npl* (*of song*) liricí *fpl2*

M

mac *n* cóta *m4* báistí
macaroni *n* macarón *m1*
Macedonia *n* an Mhacadóin *f2*
machine *n* meaisín *m4*, inneall *m1*
machine gun *n* meaisínghunna *m4*
machinery *n* innealra *m4*, meaisínre *m4*; (*fig*) gléas *m1*
mackerel *n* ronnach *m1*, murlas *m1*, maicréal *m1*
mackintosh *n* cóta *m4* báistí
macro *n* (COMPUT) macra *m4*
mad *adj* mire *n gen*, buile *n gen*; (*dog*) oilc *n gen*, mire; (*fond of*): **to be mad about** bheith splanctha i ndiaidh; (*infuriated*): **to be mad (with sb)** bheith ar mire *or* ar buile (le duine); **to get mad** dul le báiní; **to drive sb mad** duine a chur ar mire *or* le báiní
madam *n* (*address*) a bhean *f* uasal
madden *vt*: **to madden sb** duine a chur as a chrann cumhachta, duine a chur le báiní
Madeira *n* (GEOG) Maidéara *m4*; (*wine*) fíon *m3* maidéarach
madly *adv* (*crazily*) mar a bheadh duine buile ann; (*frenziedly*) go dásachtach; **madly in love (with)** amach as do stuaim (faoi)
madman *n* fear *m1* buile *or* mire
madness *n* mire *f4*, buile *f4*; (*fury*) dásacht *f3*
Madrid *n* Maidrid *f4*
madwoman *n* gealt *f2*, bean *f* mire
magazine *n* (PRESS) iris *f2*; (RADIO, TV: *also*: **magazine programme**) irischlár *m1*
maggot *n* cruimh *f2*
magic *n* draíocht *f3*• *adj* draíochta *n gen*; (*inf*: *excellent*) ar fheabhas, ar dóigh, thar cinn
magical *adj* draíochta *n gen*; (*experience, evening*) ar dóigh, aoibhinn
magician *n* (*conjurer*) asarlaí *m4*
magistrate *n* giúistís *m4*
magnanimous *adj* móraigeanta
magnet *n* maighnéad *m1*, adhmaint *f2*
magnetic *adj* maighnéadach, adhmainteach
magnificent *adj* thar barr, thar cinn, ar fheabhas Éireann, ollásach; (*robe, building*) galánta
magnify *vt* formhéadaigh; (*sound*) méadaigh
magnifying glass *n* gloine *f4* formhéadúcháin
magnitude *n* méid *m4*, fairsinge *f4*, mórchuimse *f4*
magpie *n* meaig *f2*, snag *m3* breac
mahogany *n* mahagaine *m4*
maid *n* cailín *m4* (aimsire); **old maid** (*pej*) seanchailín *m4*
maiden *n* ainnir *f2*• *adj* (*aunt etc*) díomhaoin; (*speech, voyage*) chéad-
maiden name *n*: **her maiden name was Walsh** ba de mhuintir Bhreatnach í
mail *n* post *m1*; (*letters*) litreacha *fpl*• *vt* postáil, cuir sa phost
mailbox (US) *n* bosca *m4* poist
mail-order *n* postdíol *m3*
maim *vt* ciorraigh; **to be maimed** cithréim *f2* a bheith ort
main *adj* príomh-, ceann-• *n*: **the main(s)** *n(pl)* (*gas, water*) príomhphíopa *msg4*; **the mains** *npl* (ELEC) príomhlínte *fpl4*, príomhlíonra *m4*; **in the main** den chuid is mó, tríd is tríd
mainframe *n* (COMPUT) mór-ríomhaire *m4*
mainland *n* mórthír *f2*, tír *f2* mór, míntír *f2*
mainly *adv* den chuid is mó, ar an mórchóir, go príomha
main road *n* bóthar *m1* mór, bealach *m1* mór, príomhbhóthar *m1*
mainstay *n* (*fig*) crann *m1* taca
mainstream *n* cuilithe *f4*
maintain *vt* coinnigh, coimeád; (*sustain*: *growth*) cothaigh; (*affirm*) dearbhaigh
maintenance *n* cothabháil *f3*, cothú *m*; (*alimony*) liúntas *m1* cothabhála,

ailiúnas *m1*
maize *n* min *f2* bhuí, arbhar *m1* Indiach
majestic *adj* mórga, maorga
majesty *n* mórgacht *f3*
major *n* (MIL) maor *m1* ♦ *adj* (*important*) tábhachtach, mór-; (*most important*) príomh-; (MUS) mór-; **major key** mórghléas
Majorca *n* Mallarca *m4*
majority *n* móramh *m1*, tromlach *m1*, formhór *m1*, bunáite *f2*
make *vt* déan; (*earn*) saothraigh; (*cause to be*): **to make sb sad** brón a chur ar duine; **to make sb laugh** gáire a bhaint as duine; **to make sth known to sb** rud a chur in iúl do dhuine; (*force*): **to make sb do sth** iachall a chur ar dhuine rud a dhéanamh, tabhairt ar dhuine rud a dhéanamh; (*equal*): **2 and 2 make 4** 2 agus 2 sin 4 ♦ *n* déanamh *m1*; (*brand*) marc *m1*, cineál *m1*; (COMM) déantús *m1*; **to make a fool of sb** amadán a dhéanamh de dhuine; (*trick*) cúig a dhéanamh *or* a fháil; **to make a profit** brabach a dhéanamh; **to make a loss** cailleadh; **to make up one's losses** do bhris a thabhairt isteach; **he made it** (*succeeded*) d'éirigh leis; **what time do you make it?** cén t-am atá agat?; **to make do with** teacht le
▸ **make for** *vt fus* (*place*) tabhair aghaidh ar, déan ar
▸ **make off** *vi* bain as, bain na cosa as
▸ **make out** *vt* (*write out*: *cheque*) scríobh; (*decipher*) déan amach, bain ciall as; (*understand*) déan amach, tuig; (*see*) feic
▸ **make up** *vt* (*constitute*) comhdhéan; (*invent*) cum, déan suas; (*parcel*) déan, réitigh; (*bed*) cóirigh; (*one's mind*) déan suas ♦ *vi* (*with cosmetics*) tú féin a smideadh
▸ **make up for** *vt fus* cúitigh le
▸ **make up to** *vt* déan suas le
make-believe *n*: **it's just make-believe** (*game*) níl ann ach cur i gcéill; (*invention*) níl ann ach cumadh
maker *n* (*male*) fear *m1* déanta + *gen*; (*female*) bean *f* déanta + *gen*
makeshift *adj* leithscéal + *gen*, ionad + *gen*; **a makeshift bed** leithscéal leapa; **he used it as a makeshift knife** rinne sé ionad scine de
make-up *n* smideadh *m1*
make-up remover *n* glantóir *m3* smididh
making *n* (*fig*): **artist in the making** ábhar *m1* ealaíontóra; **to have the makings of** (*actor, athlete etc*) mianach + *gen* a bheith ionat; **he has the makings of an actor** tá mianach aisteora ann
malaria *n* maláire *f4*
Malaysia *n* an Mhalaeisia *f4*
male *n* (BIOL) fireannach *m1* ♦ *adj* fireann; **male child** páiste *m4* fir
malevolent *adj* drochaigeanta, cealgrúnach
malfunction *n* mífheidhm *f2*, míghléas *m1*
malice *n* mailís *f2*, mioscais *f2*, olc *m1*
malicious *adj* mailíseach, mioscaiseach
malign *vt* caith anuas ar, cuir drochchlú ar
malignant *adj* (MED) urchóideach
mall *n* (*also*: **shopping mall**) malla *m4 or* lárionad *m1* siopadóireachta
mallet *n* máilléad *m1*
malpractice *n* míchleachtas *m1*
malt *n* braich *f2*; (*also*: **malt whisky**) uisce *m4* beatha braiche
Malta *n* Málta *m4*
mam *see* **mammy**
mammal *n* mamach *m1*, sineach *f2*
mammoth *n* mamat *m1* ♦ *adj* ollmhór
mammy *n* mam *f2*, mamaí *f4*
man *n* fear *m1* ♦ *vt* (NAUT, *ship*) cuir foireann ar; (MIL, *gun*) cuir i bhfearas; (*machine*) téigh i bhfeighil + *gen*; **an old man** seanfhear *m1*; **man and wife** lánúin *f2* (phósta)
manage *vi*: **she managed** d'éirigh léi, chuaigh aici ♦ *vt* stiúir; (*business etc*) stiúir, riar; (*ship*) láimhsigh; (*problem, task*) ionramháil
manageable *adj* (*task*) soláimhsithe
management *n* bainistíocht *f3*
manager *n* bainisteoir *m3*
manageress *n* bainistreás *f3*

managerial *adj* bainistíochta *n gen*, bainistiúil
managing director *n* stiúrthóir *m3* bainistíochta
Manchester *n* Manchain *f4*
mandarin *n* (*also*: **mandarin orange**) mandairín *m4*; (*person*) Mandairíneach *m1*
mandatory *adj* riachtanach, sainordaitheach
mane *n* moing *f2*
maneuver (*US*) *vt, vi, n* = **manoeuvre**
manfully *adv* go fearúil; **to acquit o.s. manfully** gníomh *or* obair fir a dhéanamh
mangle *vt* basc, ciorraigh, coscair
mango *n* mangó *m4*
mangy *adj* clamhach
manhandle *vt*: **to manhandle sb** cargáil a thabhairt do dhuine, duine a chrágáil
manhole *n* dúnpholl *m1*
manhood *n* (*adulthood*) aois *f2* fir; (*virility*) feargacht *f3*; **to reach manhood** teacht i méadaíocht
man-hour *n* daonuair *f2*
manhunt *n* (*POLICE*) tóraíocht *f3*
mania *n* (*MED*) máine *f4*; (*lunacy*) gealtacht *f3*; (*fig*: *craze*) dúil *f2* mhire
maniac *n* (*MED*) máineach *m1*; (*lunatic*) gealt *f2*, duine *m4* buile
manic *adj* (*MED*) máineach; (*fig*: *crazy*) buile *n gen*, mire *n gen*
manicure *n* lámh-mhaisiú *m*
manifest *vt* taispeáin, nocht, léirigh ♦ *adj* follasach, soiléir, sofheicthe
manifesto *n* forógra *m4*
manipulate *vt* láimhsigh, ionramháil; (*FIN*) mí-ionramháil
mankind *n* an cine *m4* daonna, an duine *m4*
manly *adj* fearúil
man-made *adj* de dhéantús an duine, saorga
manner *n* caoi *f4*, dóigh *f2*, cineál *m1*; (*behaviour*) béasa *mpl3*; (*sort*): **all manner of** gach cineál + *gen*; **manners** *npl* (*behaviour*) múineadh *m*
mannerism *n* dóigh *f2*; (*affected*) gothaíocht *f3*
mannerly *adj* múinte, béasach, modhúil
manoeuvre, (*US*)**maneuver** *vt* (*move*) bog; (*manipulate*: *person*) ionramháil; (: *situation*) láimhsigh ♦ *n* beart *m1*; (*MIL*) inlíocht *f3*
manor *n* (*also*: **manor house**) mainéar *m1*
manpower *n* daonchumhacht *f3*
mansion *n* mainteach *m*, teach *m* mór; **the Mansion House** Teach an Ard-Mhéara
manslaughter *n* dúnorgain *f3*
mantelpiece *n* matal *m1*
manual *adj* láimhe *n gen* ♦ *n* lámhleabhar *m1*
manufacture *vt* déan, monaraigh ♦ *n* déantús *m1*, déantúsaíocht *f3*, monarú *m*
manufacturer *n* déantóir *m3*, monaróir *m3*
manure *n* leasú *m*, aoileach *m1* ♦ *vt* leasaigh
manuscript *n* lámhscríbhinn *f2*
Manx *adj* Manannach ♦ *n* (*LING*) Manainnis *f2*
many *adj* a lán + *gen*, go leor ♦ *pron* mórán; **a great many** cuid mhór; **there is many a ...** (*number*) is iomaí ... (*frequency*) is minic ..., is iomaí uair ...; **how many times?** cá mhéad uair?; **too many** an iomarca + *gen*, barraíocht + *gen*; **as many as** suas le
map *n* léarscáil *f2*, mapa *m4*
▸ **map out** *vt* leag amach
maple *n* mailp *f2*
mar *vt* loit, mill, déan dochar *or* díobháil do
marathon *n* maratón *m1*
marble *n* marmar *m1*; (*toy*) mirlín *m4*
March *n* Márta *m4*
march *vi* máirseáil ♦ *n* máirseáil *f3*; (*demonstration*) mórshiúl *m1*
mare *n* láir *f*, capall *m1*
margarine *n* margairín *m4*
margin *n* imeall *m1*, teorainn *f*, ciumhais *f2*; (*of profit*) corrlach *m1*; (*of error, safety*) lamháil *f3*
marginal *adj* imeallach, teorannach
marigold *n* ór *m1* Muire

marijuana *n* marachuan *m1*
marina *n* muiríne *m4*
marine *adj* mara *n gen*♦ *n* muirí *m4*
marital *adj*: **marital status** stádas *m1* pósta
mark *n* (*stain*) smál *m1*; (*of skid etc*) rian *m1*; (SCOL, *currency*) marc *m1*; (*sign*) comhartha *m4*♦ *vt* (*also* SCOL) marcáil, cuir marc ar; (*stain*) smálaigh; **to mark time** an t-am a chur thart, lá a bhaint as
marker *n* marcálaí *m4*; (*bookmark*) leabharmharc *m1*; (*ink marker*) marcóir *m3*
market *n* margadh *m1*♦ *vt* (COMM) cuir ar an margadh, margaigh
marketing *n* margaíocht *f3*
market research *n* taighde *m4* margaidh
marksman *n* aimsitheoir *m3*
marmalade *n* marmaláid *f2*
maroon *vt*: **to be marooned** bheith fágtha i bponc *or* i sáinn *or* ar an mblár fholamh♦ *adj* marún
marquee *n* ollphuball *m1*
marriage *n* pósadh *m*
marriage certificate *n* teastas *m1* pósta
married *adj* pósta
marrow *n* smior *m3*; (*vegetable*) mearóg *f2*
marry *vt* pós♦ *vi* (*also*: **get married**) pós
Mars *n* (*planet*) Mars *m3*
marsh *n* seascann *m1*, riasc *m1*
marshal *n* marascal *m1*; (SPORT, US: *fire, police*) maor *m1*♦ *vt* eagraigh, cuir eagar ar
marshy *adj* riarcach
martyr *n* mairtíreach *m1*
martyrdom *n* mairtíreacht *f3*
marvel *n* iontas *m1*♦ *vi*: **to marvel (at)** iontas a dhéanamh (de)
marvellous, (US) **marvelous** *adj* iontach
Marxist *adj, n* Marxach *m1*
marzipan *n* prásóg *f2*
mascara *n* mascára *m4*
masculine *adj* fireann; (LING) firinscneach
mash *vt* brúigh
mashed potatoes *npl* brúitín *msg4*
mask *n* masc *m1*♦ *vt* masc, folaigh
mason *n* (*also*: **stonemason**) saor *m1* cloiche; (*also*: **freemason**) máisiún *m1*
masonry *n* saoirseacht *f3* chloiche
masquerade *vi*: **to masquerade as** téigh i riocht + *gen*
mass *n* toirt *f2*; (REL) aifreann *m1*♦ *cpd* (*meeting, production*) oll-♦ *vi* cruinnigh (le chéile), dlúthaigh; **the masses** an pobal *m1*, an coiteann *m1*, an choitiantacht *f3*; **masses of** an dúrud + *gen*, cuid mhór + *gen*; **masses of people** na sluaite *mpl4*; **to go to mass** (REL) dul ar aifreann
massacre *n* ár *m1*
massage *n* suathaireacht *f3*♦ *vt* suaith
massive *adj* oll-, as cuimse
mass media *n* na meáin *mpl1* chumarsáide
mass production *n* olltáirgeadh *m*
mast *n* crann *m1* (seoil); (RADIO) crann
master *n* máistir *m4*; (*in school*) múinteoir *m3*, máistir; (*title for boys*): **Master John** Seán Óg♦ *vt* máistrigh; (*overcome*) sáraigh; (*learn*): **to have mastered sth** rud a bheith ar do chomhairle féin agat; **to be one's own master** bheith ar do chomhairle féin; **Master of Arts/Science** máistir *m4* ealaíne/eolaíochta; **master of ceremonies** fear *m1* an tí
masterly *adj* go máistriúil
masterpiece *n* sárshaothar *m1*
master plan *n* máistirphlean *m4*
mastery *n* máistreacht *f3*; **to have mastery of sth** rud a bheith ar do mhian agat
mat *n* mata *m4*; (*also*: **doormat**) mata tairsí; (*also*: **tablemat**) mata boird
match *n* (*for lighting*) lasán *m1*; (*equivalent*) macasamhail *f3*, leathbhreac *m1*, leithéid *f2*; (*game*) cluiche *m4*; (*marriage*) cleamhnas *m1*♦ *vt* (*also*: **match up**) meaitseáil, cuir in oiriúint; (*equal*) bheith inchurtha le♦ *vi* (*suit*) tar *or* cuir le chéile, oir dá chéile; **to be a good match** bheith ag oiriúint *or* ag fóirstean go maith dá chéile, bheith ag teacht *or* ag cur go maith le chéile; **he'll meet his match** (*fig*) casfar fear a dhiongbhála air

matchbox *n* bosca *m4* lasán, bosca meaitseanna
matching *adj* ag teacht *or* ag cur le chéile, ag freagairt dá chéile
mate *n* (*inf*) comrádaí *m4*; (*for bird*) leathéan *m1*; (*partner*) céile *m4*; (*in merchant navy*) máta *m4* ♦ *vi* (*animals*) cúpláil
material *n* (*substance*) ábhar *m1*; (*cloth*) éadach *m1*; (*data*) sonraí *mpl4* ♦ *adj* ábhartha; (*important*) tábhachtach; (*relevant*): **it's not material** ní bhaineann sé le hábhar; **materials** *npl* (*equipment*) ábhar *msg1*
maternal *adj* máthartha; (*aunt, uncle etc*) ar thaobh na máthar
maternity *n* máithreachas *m1* ♦ *adj* máithreachais *n gen*
maternity dress *n* gúna *m4* máithreachais
maternity hospital *n* ospidéal *m1* máithreachais
mathematical *adj* matamaiticiúil
mathematics, maths, (US)**math** *n* matamaitic *fsg2*
matinée *n* nóinléiriú *m*
matriculation *n* máithreánach *m1*
matrimonial *adj* lánúnais *n gen*
matrimony *n* pósadh *m*, lánúnas *m1*
matrix *n* maitrís *f2*
matron *n* (*in hospital*) mátrún *m1*
mat(t) *adj* neamhlonrach
matter *n* ábhar *m1*; (PHYS) damhna *m4*; (MED, *pus*) angadh *m1* ♦ *vi*: **it matters that ...** tá sé tábhachtach go ...; **matters** *npl* (*affairs, situation*) cúrsaí *mpl4*; **it doesn't matter (about)** is cuma (faoi); (*I don't mind*) ní miste liom, is cuma liom; **what's the matter?** céard *or* cad é tá cearr?; **no matter what** cá bith, cibé; **as a matter of fact** déanta na fírinne, dáiríre píre; **for that matter** maidir leis sin, i dtaca leis sin de
matter-of-fact *adj* fuarchúiseach, neafaiseach, tomhaiste
mattress *n* tocht *m3*
mature *adj* aibí ♦ *vi* (*person*) tar in inmhe *or* i méadaíocht; (*wine, cheese*) aibigh
maul *vt* clamhair, basc
mausoleum *n* másailéam *m1*
mauve *adj* bánchorcra
maverick *n* (*fig*) éan *m1* corr
maximum *adj* uas- ♦ *n* uasmhéid *f2*
May *n* Bealtaine *f4*; **May Day** Lá *m* Bealtaine
may *vi* (*indicating possibility*): **he may come** d'fhéadfadh sé teacht; (*be allowed to*): **may I smoke?** an bhfuil cead agam caitheamh?; (*wishes*): **may God bless you!** go mbeannaí Dia thú!; **you may as well go** féadann tú imeacht *or* dul
maybe *adv* seans; **maybe he'll come** b'fhéidir go dtiocfadh sé
Mayday *n* gairm *f2* cabhrach
mayhem *n* cíor *f2* thuathail
Mayo *n* Maigh *f* Eo
mayonnaise *n* maonáis *f2*
mayor *n* méara *m4*
mayoress *n* banmhéara *m4*
maze *n* lúbra *m4*
me *pron* mé; (*emphatic*) mise; **he heard me** chuala sé mé; **give me a book** tabhair leabhar dom; **after me** i mo dhiaidh; **tormenting me** do mo chrá
meadow *n* móinéar *m1*
meagre, (US)**meager** *adj* gortach
meal *n* béile *m4*; (*flour*) min *f2*
mealtime *n* am *m3* béile
mean *adj* (*with money*) sprionlaithe, ceachartha, gortach; (*unkind*) suarach; (*shabby*) ainnis; (*average*) meán- ♦ *vt* ciallaigh; (*understand*): **what she meant was** is é a bhí i gceist aici ná; (*intend*): **to mean to do sth** é a bheith de rún agat rud a dhéanamh ♦ *n* meán *m1*; **means** *npl* (*way, money*) caoi *fsg4*, dóigh *fsg2*, acmhainn *fsg2*, gléas *msg1*; **by means of** le, trí; **by some means or other** ar dhóigh (amháin) nó ar dhóigh eile; **by all means!** ar ndóigh!, cinnte!; **to be meant for sb/sth** bheith i ndán do dhuine/rud; **do you mean it?** an i ndáiríre atá tú?; **what do you mean?** cad é atá tú a rá *or* a mhaíomh?; **you don't mean it!** ag magadh atá tú!
meander *vi* (*river, stream*) bheith ag

caismirneach; (*road, path*) bheith ag lúbadh *or* ag casadh
meaning *n* ciall *f2*, brí *f4*
meaningful *adj* a bhfuil brí *or* éifeacht leis; (*significant*) tábhachtach, fiúntach
meaningless *adj* gan chiall, gan bhrí; (*worthless*) gan mhaith, gan fiúntas
meanness *n* (*with money*) sprionlaitheacht *f3*, ceacharthacht *f3*; (*unkindness*) suarachas *m1*
meantime, meanwhile *adv* (*also*: **in the meantime** *or* **meanwhile**) idir an dá linn, san idirlinn
measles *n* bruitíneach *f2*
measly (*inf*) *adj* scallta, gortach
measure *vt* tomhais ♦ *vi*: **it measured two metres wide** bhí sé dhá mhéadar ar leithead ♦ *n* tomhas *m1*, miosúr *m1*; (*action*) beart *m1*
measurements *npl* toisí *mpl4*
meat *n* feoil *f3*
Meath *n* an Mhí *f4*
Mecca *n* Meice *f4*
mechanic *n* meicneoir *m3*
mechanical *adj* meicniúil
mechanics *n* meicnic *fsg2*
mechanism *n* meicníocht *f3*
medal *n* bonn *m1*
medallion *n* mórbhonn *m1*
medallist, (US) **medalist** *n* (SPORT) bonnbhuaiteoir *m3*
meddle *vi*: **to meddle in** do ladar a chur (isteach) i; **to meddle with** baint le
media *npl* (na) meáin *mpl1* chumarsáide
mediaeval *adj* = **medieval**
median (US) *n* (*also*: **median strip**) airmheán *m1*
mediate *vi* déan eadráin, déan idirghabháil
medical *adj* leighis *n gen*, míochaine *n gen* ♦ *n* scrúdú *m* leighis
medication *n* míochnú *m*; (*drugs*) cógas *m1*
medicine *n* míochaine *f4*, leigheas *m1*; (*drug*) cógas *m1*
medieval *adj* meánaoiseach
mediocre *adj* lagmheasartha
meditate *vi* machnaigh, meabhraigh; **to meditate deeply** meabhrú go domhain
Mediterranean *adj* Meánmhuirí; **the Mediterranean (Sea)** an Mheánmhuir *f*
medium *adj* meán-, meánach ♦ *n* (*means*) meán *m1*; (*person*) bean *f* feasa, meán *m1*; **a happy medium** cothrom cirt
medium wave *n* an mheántonn *f2*
medley *n* meascra *m4*, meascán *m1*
meek *adj* ceansa
meet *vt* cas le, buail le; (*for the first time*) cuir aithne ar; **I met him** casadh orm é; (*go and fetch*) téigh in araicis + *gen*; (*opponent, danger*) tabhair aghaidh ar; (*obligations*) comhlíon ♦ *vi* (*friends*) buail le chéile; (*join*: *lines, roads*) tar le chéile
▸ **meet with** *vt fus* buail le
meeting *n* cruinniú *m*
mega- *prefix* (COMPUT) meigea-, meigi-
megabyte *n* (COMPUT) meigibheart *m1*
megaphone *n* callaire *m4*
melancholy *n* gruaim *f2*, droim *m3* dubhach, lionn *m* dubh ♦ *adj* gruama, duairc
mellow *adj* (*fruit*) méith; (*sound, drink*) séimh; (*person*) séimh, suairc ♦ *vi* (*person*) éirigh séimh *or* bog, séimhigh
melody *n* fonn *m1*
melon *n* mealbhacán *m1*
melt *vi, vt* leáigh
▸ **melt away** *vi* leáigh; (*thaw*) bheith ag leá *or* ag coscairt
meltdown *n* leá *m4*
member *n* ball *m1*; **Member of Parliament** (BRIT) Feisire *m4* Parlaiminte; **Member of the European Parliament** Feisire Eorpach
membership *n* ballraíocht *f3*, comhaltas *m1*
membership card *n* cárta *m4* ballraíochta
memento *n* cuimhneachán *m1*
memo *n* = **memorandum**
memoirs *npl* cuimhní *fpl4* cinn
memorandum *n* meamram *m1*; (*legal etc*) meabhrán *m1*
memorial *n* leacht *m3* cuimhneacháin ♦ *adj* cuimhneacháin *n gen*
memorize *vt* cuir de ghlanmheabhair,

meabhraigh
memory *n* meabhair *f*; (*recollection*) cuimhne *f4*; **to the best of my memory** ar feadh mo chuimhne; **in memory of** i gcuimhne ar
menace *n* bagairt *f3*; (*nuisance*) crá *m4* croí ♦ *vt* bagair ar
menacing *adj* bagrach
mend *vt* deisigh, cóirigh, cuir caoi *or* bail ar; (*darn*) cuir cliath ar ♦ *n*: **on the mend** ar aghaidh bisigh; **to mend one's ways** do bheatha a leasú; **if you don't mend your ways** mura n-athraíonn tú béasa
menial *adj* (*task*) sclábhaíochta *n gen*, uiríseal
meningitis *n* meiningíteas *m1*
menopause *n* sos *m3* míostraithe; (*male*) athrú *m* saoil
menstruation *n* míostrú *m*, fuil *f* mhíosta
mental *adj* intinne *n gen*; (MED) meabhair-
mentality *n* meon *m1*
mention *n* tagairt *f3* ♦ *vt* luaigh, tagair do, déan trácht ar; **don't mention it!** ná habair é!, níl a bhuíochas ort!; **not to mention ...** gan trácht ar ...
menu *n* (CULIN) biachlár *m1*; (COMPUT) roghchlár *m1*
MEP *n abbr* = **Member of the European Parliament**
mercenary *adj* santach ♦ *n* saighdiúir *m3* tuarastail, amhas *m1*
merchandise *n* earraí *mpl4*, marsantacht *f3*
merchant *n* ceannaí *m4*
merchant bank *n* banc *m1* marsantach
merchant navy, (US)**merchant marine** *n* loingeas *m1* trádála
merciful *adj* trócaireach
merciless *adj* gan trua, gan trócaire
Mercury *n* (*planet*) Mearcair *m4*
mercury *n* mearcair *m4*
mercy *n* trócaire *f4*; **to have mercy on sb** trócaire a dhéanamh ar dhuine; **may God have mercy on him!** go ndéana Dia trócaire air!
mere *adj* lom-; **by mere chance** le barr áidh; **a mere two minutes** dhá nóiméad scallta; **he's a mere ...** níl ann ach ...
merely *adv*: **it's merely a warning** níl ann ach rabhadh; **she merely sighed** ní dhearna sí ach osna a ligean
merge *vt* cónaisc ♦ *vi* (*colours, shapes, sounds*) cumaisc; (*roads*) tar le chéile; (COMM) cumaisc, déan cumasc le
merger *n* (COMM) cumasc *m1*
meringue *n* meireang *m4*
merit *n* fiúntas *m1*, luaíocht *f3*; (*of case*) tuillteanas *m1*
mermaid *n* maighdean *f2* mhara
merry *adj* suairc, súgach; **Merry Christmas!** Nollaig Shona!
merry-go-round *n* áilleagán *m1* intreach
mesh *n* mogall *m1*
mesmerize *vt* cuir faoi dhraíocht, dall, dallraigh
mess *n* prácás *m1*; (*muddle*: *of situation*) praiseach *f2*; (*dirt*) salachar *m1*; (MIL) cuibhreann *m1*
▸ **mess about** *or* **around (with)** (*inf*) *vi* bheith ag únfairt (le)
▸ **mess up** *vt* (*dirty*) salaigh; (*spoil*) mill; (*bungle, disarrange*) déan praiseach de
message *n* teachtaireacht *f3*, scéala *m4*
messenger *n* teachtaire *m4*
messy *adj* salach, cáidheach, ina phraiseach, trína chéile
metal *n* miotal *m1*
metallic *adj* miotalach
metaphor *n* meafar *m1*
meteorology *n* meitéareolaíocht *f3*
mete out *vt* dáil; (*justice*) riar
meter *n* (*instrument*) méadar *m1*; (*also*: **parking meter**) méadar *m1* páirceála; (US: *unit*) = **metre**
method *n* modh *m3*
methodical *adj* rianúil, críochnúil, slachtmhar
Methodist *n* Modhach *m1*
meths, methylated spirit *n* biotáille *f4* mheitileach
metre, (US)**meter** *n* méadar *m1*
metric *adj* méadrach
mettle *n* mianach *m1*, miotal *m1*, misneach *m1*; **to be on one's mettle** bheith ar theann do dhíchill
Mexican *adj, n* Meicsiceach *m1*

Mexico *n* Meicsiceo *m4*
micro *n* (*also*: **microcomputer**) micriríomhaire *m4*
micro- *prefix* (COMPUT) micrea-, micri-
microchip *n* micrishlis *f2*
microfiche *n* micrifís *f2*
microfilm *n* micreascannán *m1*
microphone *n* micreafón *m1*
microprocessor *n* (COMPUT) micreaphróiseálaí *m4*
microscope *n* micreascóp *m1*
microwave *n* (*also*: **microwave oven**) oigheann *m1* micreathoinne
mid *adj* lár-; **in mid May** i lár Mhí na Bealtaine; **in mid air** idir spéir is talamh, eadarbhuas
midday *n* meán *m1* lae
middle *n* lár *m1* ♦ *adj* lár-; (*average*) meán-; **in the middle of the night** i lár na hoíche
middle-aged *adj* meánaosta
Middle Ages *npl*: **the Middle Ages** na Meánaoiseanna *fpl2*, an Mheánaois *fsg2*
middle-class *adj* meánaicmeach
middle class(es) *n(pl)*: **the middle class(es)** an mheánaicme *fsg4*
Middle East *n* an Meánoirthear *m1*
middleman *n* meáncheannaí *m4*
middle name *n* ainm *m4* láir
middleweight *n* (BOXING) meánmheáchan *m1*
middling *adj* measartha, cuibheasach, réasúnta
midge *n* míoltóg *f2*
midget *n* abhac *m1*
midnight *n* meán *m1* oíche
midst *n*: **in the midst of** i lár + *gen*, i measc + *gen*
midsummer *n* lár *m1* an tsamhraidh; **Midsummer('s) Day** Lá Fhéile Eoin
midway *adj, adv*: **midway (between)** leath bealaigh (idir), leath slí (idir); **midway through ...** leath bealaigh tríd ...
midweek *n* lár *m1* na seachtaine
midwife *n* bean *f* ghlúine, bean chabhrach
might *n* neart *m1* ♦ *vb see* **may**
mighty *adj* neartmhar, láidir
migraine *n* mígréin *f2*
migrant *adj* imirceach; **migrant worker** spailpín *m4*
migrate *vi* téigh ar imirce
mike *n abbr* = **microphone**
Milan *n* Milan *m4*
mild *adj* séimh; (*person*) séimh, cneasta; (*weather*) cineálta, séimh; (*reproach*) gan ghoimh
mildly *adv* go séimh; **to put it mildly** gan ach an ceann caol a lua
mile *n* míle *m4*; **miles away** na mílte ar shiúl
mileage *n* míleáiste *m4*
milestone *n* cloch *f2* mhíle
militant *adj* míleatach
military *adj* míleata
militate *vi*: **to militate against sth** oibriú in aghaidh ruda, bheith ina bhac ar rud; **his reputation militates against promotion** tá an clú atá air ina bhac ar ardú céime aige
militia *n* míliste *m4*
milk *n* bainne *m4* ♦ *vt* (*cow*) bligh, crúigh; (*fig*: *person*) tar i dtír ar; (: *situation*) beir buntáiste ar
milk chocolate *n* seacláid *f2* bhainne
milkman *n* fear *m1* bainne
milk shake *n* creathán *m1* bainne
milky *adj* (*drink*) bainniúil; (*colour*) lachtmhar
Milky Way *n* Bealach *m1* na Bó Finne
mill *n* muileann *m1*; (*steel mill*) muileann *m1* iarainn; (*spinning mill*) muileann *m1* sníomhacháin; (*flour mill*) muileann *m1* plúir ♦ *vt* meil ♦ *vi* (*also*: **mill about**) bheith ag ruatharach thart
miller *n* muilleoir *m3*
milligram(me) *n* milleagram *m1*
millimetre, (US) **millimeter** *n* milliméadar *m1*
million *n* milliún *m1* + *sg*
millionaire *n* milliúnaí *m4*
mime *n* mím *f2* ♦ *vt, vi* mím
mimic *n* aithriseoir *m3* ♦ *vt* déan aithris ar
min. *abbr* = **minute(s); minimum**
mince *vt* mionaigh ♦ *n* (CULIN) feoil *f3* mhionaithe; **he didn't mince his words**

níor chuir sé fiacail ann

mincemeat *n* (*fruit*) mionra *m4* torthaí; (*US*: *meat*) feoil *f3* mhionaithe; **to make mincemeat of sb** ciolar chiot a dhéanamh de dhuine

mince pie *n* (*sweet*) pióg *f2* mionra

mincer *n* miontóir *m3*

mind *n* intinn *f2*, meabhair *f*, cuimhne *f4* • *vt* (*attend to, look after*) tabhair aire do; (*be careful*) seachain, fainic; (*object to*): **I don't mind the noise** ní miste liom an callán; **I don't mind** is cuma liom, ní miste liom; **on my mind** ar m'intinn; **to my mind** dar liom, de mo dhóighse, i mo bharúil *or* thuairimse; **to be out of one's mind** bheith as do mheabhar, bheith ar mire; **he changed his mind** d'athraigh sé a intinn, rinne sé athchomhairle; **to have sth in mind** rud a bheith ar intinn agat; **to keep** *or* **bear sth in mind** rud a choinneáil i gcuimhne, cuimhneamh ar rud; **to make up one's mind** cinneadh ar (chomhairle); **to put sth out of one's mind** rud a ligean chun dearmaid, rud a chur as do cheann; **to read sb's mind** léamh ar intinn duine; **to set one's mind on sth** d'intinn a leagan ar rud; **to be in two minds** bheith idir dhá chomhairle; **mind you, ...** mar sin féin, ...; **never mind** (*don't bother*) ná bac leis; (*don't worry*) ná bí buartha; "**mind the step**" "seachain an chéim"

minder *n* (*child-minder*) feighlí *m4* páistí

mindful *adj*: **to be mindful of** beann a bheith agat ar, aire a thabhairt do

mine[1] *adj* (*single article*) mo cheannsa; (*share of*) mo chuidse • *adj*: **this book is mine** is liom an leabhar seo; **this book of mine** an leabhar seo agam

mine[2] *n* (*coal*) mianach *m1* guail; (*landmine*) mianach talún • *vt* (*coal*) bain; (*ship, beach*) cuir mianach faoi

miner *n* mianadóir *m3*

mineral *adj* mianrach • *n* mianra *m4*; **minerals** *npl* (*soft drinks*) mianraí *mpl4*

mineral water *n* uisce *m4* mianraí

mingle *vi*: **to mingle with** dul i measc, meascadh le

miniature *adj* mion- • *n* mionsamhail *f3*

minibar *n* mionbheár *m1*

minibus *n* mionbhus *m4*

minim *n* (*MUS*) ceathrú *f* nóta

minimal *adj* íos-

minimize *vt* (*reduce*) íosmhéadaigh, íoslaghdaigh; (*play down*) déan a bheag de

minimum *adj* íos- • *n* íosmhéid *f2*

mining *n* mianadóireacht *f3*

miniskirt *n* mionsciorta *m4*

minister *n* (*POL*) aire *m4*; (*REL*) ministir *m4* • *vi*: **to minister to sb** riar ar dhuine

ministerial *adj* (*POL*) rialtais *n gen*

ministry *n* (*POL*) aireacht *f3*; (*REL*): **to go into the ministry** dul le ministreacht

mink *n* minc *f2*

minor *adj* fo-; (*MUS, poet, problem*) mion- • *n* (*LAW*) mionaoiseach *m1*; (*SPORT*) mionúr *m1*

minority *n* mionlach *m1*

mint *n* (*plant*) miontas *m1*; (*sweet*) milseán *m1* miontais • *vt* (*coins*) buail; **in mint condition** úrnua

minus *n* (*also*: **minus sign**) míneas *m1* • *prep* lúide

minute[1] *adj* beag bídeach; (*detail, search*) mion-

minute[2] *n* nóiméad *m1*, bomaite *m4*; **minutes** *npl* (*official record*) miontuairiscí *fpl2*; **wait a minute, just a minute** fan nóiméad *or* bomaite; **do it this minute!** déan láithreach bonn é

miracle *n* míorúilt *f2*

mirage *n* mearú *m* súl

mirror *n* scáthán *m1*

mirth *n* meidhir *f2*, scléip *f2*

misadventure *n* míthapa *m4*

misapprehension *n* míthuiscint *f3*

misappropriate *vt* cúbláil

misbehave *vi* bheith dána *or* crosta

miscalculate *vt* déan mí-áireamh

miscarriage *n* (*MED*) breith *f2* anabaí; (*LAW*) iomrall *m1* ceartais; **she had a miscarriage** scar sí le duine clainne

miscellaneous *adj* il-, éagsúil, ilchineálach, ilghnéitheach

mischief *n* (*naughtiness*) diabhlaíocht *f3*; (*playfulness*) ábhaillí *f4*; (*maliciousness*) drochobair *f2*
mischievous *adj* iomlatach, dalba, dána, diabhalta
misconception *n* míthuiscint *f3*
misconduct *n* mí-iompar *m1*
misdemeanour, (*US*) **misdemeanor** *n* míghníomh *m1*; (*LAW*) oilghníomh *m1*
miser *n* sprionlóir *m3*
miserable *adj* ainnis, dearóil, anróiteach; (*stingy*) gortach, sprionlaithe; (*failure*) dona
miserly *adj* sprionlaithe, ceachartha, gortach
misery *n* (*wretchedness*) ainnise *f4*, dearóile *f4*, anró *m4*
misfire *vi* loic; (*fig*) téigh amú
misfit *n* éan *m1* corr
misfortune *n* mí-ádh *m1*, tubaiste *f4*
misgiving *n* (*apprehension*) amhras *m1*, drochamhras *m1*; **to have misgivings about sth** (droch) amhras a bheith ort faoi rud
misguided *adj* ar míthreoir, seachránach
mishap *n* taisme *f4*, míthapa *m4*
misinform *vt* tabhair saobheolas do, tabhair an t-eolas contráilte do
misinterpret *vt* bain míchiall as, bain an chiall chontráilte as
misjudge *vt*: **to misjudge sb** an aithne chontráilte a bheith agat ar dhuine, bheith san éagóir ar dhuine
mislead *vt*: **to mislead sb** míchomhairle a chur ar dhuine
misleading *adj* míthreorach; (*information, statement*) a chuireann (duine) ar seachrán *or* amú
misnomer *n* saobhainm *m4*, ainm *m4* contráilte
misplace *vt*: **to misplace sth** rud a ligean amú, rud a chur san áit chontráilte
misprint *n* dearmad *m1* cló
Miss *n* Iníon *f2*; **Miss O'Donnell** Iníon Uí Dhónaill
miss *vt* caill; (*regret the absence of*): **I miss him/it** cronaím é; **I missed the train** chaill mé an traein, d'imigh an traein orm ♦ *vi* téigh amú ♦ *n* (*shot*) urchar *m1* iomraill
▸ **miss out** *vt* caill
misshapen *adj* anchumtha
missile *n* (*MIL*) diúracán *m1*; (*object thrown*) diúracán *m1*
missing *adj* in easnamh, ar iarraidh
mission *n* misean *m1*
missionary *n* misinéir *m3*
misspent *adj*: **misspent youth** óige caite ar an drabhlás, óige ragairneach
mist *n* ceo *m4*; (*light*) dusma *m4* ♦ *vi* (*also*: **mist over**): **her eyes misted over** tháinig deoir ar an tsúil aici
mistake *n* meancóg *f2*, dearmad *m1*, botún *m1*; **to make a mistake** meancóg *or* botún *or* dearmad a dhéanamh; **by mistake** de dhearmad, i ndearmad ♦ *vt* (*meaning, remark*) bain míchiall as; **to mistake sb for sb else** duine a thógáil ar son duine eile; **to be mistaken about sth** dul amú a bheith ort faoi rud; **unless I am mistaken** mura bhfuil dul amú *or* seachrán orm
mistaken *adj* earráideach, mícheart, amú
mister *n*: **Mister McLaughlin** An tUasal Mac Lochlainn; *see also* **Mr**
mistletoe *n* drualus *m3*
mistress *n* bean *f* luí; (*in school*) máistreás *f3*
mistrust *vt*: **to mistrust sb** bheith in amhras ar *or* faoi dhuine, drochiontaoibh a bheith agat as duine
misty *adj* ceobhránach, smúitiúil
misunderstand *vt* bain míthuiscint as, bain an chiall chontráilte as; **she misunderstood me** níor thuig sí (i gceart) mé; **if I don't misunderstand** mura bhfuil seachrán *or* dul amú orm
misunderstanding *n* míthuiscint *f3*
misuse *n* mí-úsáid *f2*; (*of power*) mí-úsáid *f2* cumhachta ♦ *vt* bain mí-úsáid as; **misuse of funds** míriar acmhainní
mitch (*inf*) *vi* (*from school*) bheith ag múitseáil *or* ag dul i bhfolach
mitigate *vt* maolaigh
mitt(en) *n* miotóg *f2*, mitín *m4*
mix *vt, vi* measc, cumaisc; (*drink etc*)

cumaisc; (*cement*) suaith; (*socialize*): **to mix with people** comhluadar a dhéanamh le daoine; **he doesn't mix well** ní fear mór cuideachta é • *n* meascán *m1*, cumasc *m1*; (*people*) éagsúlacht *f3*
▸ **mix up** *vt* measc; (*confuse*) cuir trí chéile
mixed *adj* measctha; (*salad*) ilchineálach
mixed grill *n* griolladh *m* measctha
mixed-up *adj* (*confused*) trí chéile
mixer *n* (*for food*) meascthóir *m3*; (*person*): **he is a good mixer** tá sé sochaideartha
mixture *n* meascán *m1*, cumasc *m1*
mix-up *n* meascán *m1* mearaí
mm *abbr* (= *millimeter*) mm
moan *n* éagaoin *f2* • *vi* bheith ag éagaoin, cnead a ligean asat
moat *n* móta *m4*
mob *n* gramaisc *f2*; (*disorderly*) gráscar *m1* • *vt* plódaigh
mobile *adj* soghluaiste, gluaisteach • *n* soghluaisteog *f2*; (*also*: **mobile phone**) fón *m1 or* guthán *m1* póca
mobile home *n* teach *m* gluaisteach
mobile phone *n* fón *m1 or* guthán *m1* gluaisteach
mobile shop *n* siopa *m4* gluaisteach
mock *vt* déan magadh *or* fonóid faoi • *adj* breag-, bréige *n gen*
mockery *n* magadh *m1*; **to make a mockery of sb/sth** ceap magaidh a dhéanamh de dhuine/rud
mod *adj see* **convenience**
mode *n* modh *m3*
model *n* samhail *f3*, eiseamláir *f2*; (*make*) déanamh *m1*; (*person*: *for fashion*) mainicín *m4*; (: *for artist*) cuspa *m4* • *vt* (*with clay etc*) múnlaigh • *vi* (*clothes*) bheith ag mainicíneacht • *adj* (*railway*: *toy*) mion-; **to model o.s. on** tú féin a mhúnlú ar
modem *n* (COMPUT) móideim *m4*
moderate *adj* cuibheasach, measartha, réasúnta • *vi* maolaigh • *vt* maolaigh; (*supervise*) stiúir; (*regulate*) rialaigh
moderation *n* measarthacht *f3*
moderator *n* (SCOL, REL) modhnóir *m3*
modern *adj* nua-aimseartha, nua-; **modern languages** nuatheangacha *fpl4*
modernize *vt* nuachóirigh, tabhair suas chun dáta, cuir in oiriúint don lá inniu
modest *adj* modhúil, cúthail; (*middling*) cuibheasach, measartha
modesty *n* modhúlacht *f3*
modify *vt* modhnaigh; (*demands*) maolaigh
module *n* modúl *m1*
mogul *n* (*fig*) mogal *m1*
mohair *n* móihéar *m1*
moist *adj* tais
moisten *vt* fliuch, maothaigh
moisture *n* taisleach *m1*, fliuchán *m1*
moisturizer *n* taisritheoir *m3*
molar *n* cúlfhiacail *f2*
molasses *n* molás *msg1*
mold (US) *n, vt* = **mould**
Moldova *n* an Mholdóiv *f2*
mole *n* (*animal*) caochán *m1*; (*fig*: *spy*) spiaire *m4*; (*on body*) ball *m1* dobhráin
molest *vt* (*harass*) cuir isteach ar, déan díobháil do; (*sexually*) déan ionsaí gnéis ar
mollycoddle *vt* déan peataireacht ar
molt (US) *vi* = **moult**
molten *adj* leáite
mom (US) *n* = **mum**
moment *n* nóiméad *m1*, bomaite *m4*; **at the moment** i láthair na huaire; **at that moment** ag an nóiméad sin, leis sin; **I'll be there in a moment** beidh mé ann i gceann nóiméid; **I'm OK for the moment** beidh mé ceart go leor go fóill beag
momentary *adj* gearrshaolach
momentous *adj* an-tábhachtach, cinniúnach
momentum *n* móiminteam *m1*; (*fig*) fuinneamh *m1*; **to gather momentum** dul i neart
mommy (US) *n* mamaí *f4*
Monaco *n* Monacó *m4*
Monaghan *n* Muineachán *m1*
monarch *n* monarc *m4*
monarchy *n* monarcacht *f3*
monastery *n* mainistir *f*

Monday *n* (An) Luan *m1*; **on Monday** Dé Luain; **he comes on Mondays** tagann sé ar an Luan
monetary *adj* airgeadúil, airgeadaíochta *n gen*
money *n* airgead *m1*; **to make money** airgead a dhéanamh
money order *n* ordú *m* airgid
Mongolia *n* an Mhongóil *f2*
mongrel *n* (*dog*) bodmhadra *m4*
monitor *n* (TV, COMPUT) monatóir *m3* ♦ *vt*: **to monitor sth** monatóireacht a dhéanamh ar rud, súil a choinneáil ar rud
monk *n* manach *m1*
monkey *n* moncaí *m4*
monopoly *n* monaplacht *f3*
monotone *n* aonton *m1*
monotonous *adj* aontonach; (*boring*) leadránach, liosta, leamh
monsoon *n* monsún *m1*
monster *n* arracht *m3*, ollphéist *f2*
monstrous *adj* anchúinseach, uafásach, brúidiúil; (*huge*) ollmhór
month *n* mí *f*
monthly *adj* míosúil ♦ *adv* in aghaidh na míosa
monument *n* séadchomhartha *m4*; (*memorial*) leacht *m3* cuimhneacháin
moo *vi* bheith ag géimneach
mood *n* aoibh *f2*, fonn *m1*; **to be in a good/bad mood** dea-/drochaoibh a bheith ort
moody *adj* (*variable*) taghdach; (*sullen*) dúr
moon *n* gealach *f2*
moonlight *n* solas *m1* na gealaí
moonlit *adj*: **a moonlit night** oíche ghealaí
moor *n* móinteán *m1*, caorán *m1* ♦ *vt* (*ship*) feistigh, cuir ar ancaire ♦ *vi* téigh ar feistiú
moorland *n* móinteach *m1*, talamh *m1 or f* sléibhe
moose *n* mús *m1*
mop *n* (*of hair*) mothall *m1*, grágán *m1*, mapa *m4*; (*for dishes*) mapa (soithí) ♦ *vt* mapáil
▸ **mop up** *vt* glan suas
mope *vi* bheith i ndroim dubhach
moped *n* móipéid *f2*
moral *adj* morálta ♦ *n* (*of story*) brí *f4*; **morals** *npl* (*attitude, behaviour*) moráltacht *fsg3*
morale *n* meanma *f*, misneach *m1*
morality *n* moráltacht *f3*
moral victory *n* bua *m4* morálta
morass *n* seascann *m1*
Moravia *n* an Mhoráiv *f2*

KEYWORD

more *adj* níos mó; breis; tuilleadh **1** (*greater in number etc*) níos mó; **more people/work (than)** níos mó daoine/oibre ná
2 (*additional*) a thuilleadh + *gen*; **do you want (some) more tea?** ar mhaith leat tuilleadh tae?; **I have no** *or* **I don't have any more money** níl níos mó *or* a thuilleadh airgid agam; **it'll take a few more weeks** tógfaidh sé cúpla seachtain eile
♦ *pron* breis agus, corradh le; **more than ten** corradh le deich; **it cost more than we expected** chosain sé níos mó ná a shíleamar; **I want more** ba mhaith liom tuilleadh; **is there any more?** an bhfuil tuilleadh ann?; **there's no more** níl a thuilleadh ann; **a little more** beagáinín eile, dornán eile, braon beag eile; **many/much more** i bhfad níos mó
♦ *adv*: **more dangerous/easily (than)** níos contúirtí/fusa (ná); **more and more expensive** ag éirí níos daoire, ag dul i ndaoire; **more or less** a bheag nó a mhór; **more than ever** níos mó ná riamh

moreover *adv* ar a bharr sin, ina theannta sin
morning *n* maidin *f2*; **in the morning** ar maidin; **7 o'clock in the morning** 7 a chlog ar maidin
morning sickness *n* tinneas *m1* maidne
Morocco *n* Maracó *m4*
moron (*inf*) *n* leathdhuine *m4*, uascán *m1*
Morse code *n* an aibítir *f2* Mhorsach
morsel *n* ruainne *m4*, mír *f2*, greim *m3*

mortar *n* (MIL) moirtéar *m1*; (CONSTR) moirtéal *m1*
mortgage *n* morgáiste *m4* ♦ *vt* morgáistigh
mortgage company (US) *n* comhlacht *m3* morgáistí
mortuary *n* marbhlann *f2*
mosaic *n* mósáic *f2*
Moscow *n* Moscó *m4*
Moslem *adj, n* = **Muslim**
mosque *n* mosc *m1*
mosquito *n* muiscít *f2*, corrmhíol *m1*
moss *n* caonach *m1*; (*Irish*) carraigín *m4*
most *adj* bunáite + *gen*, bunús + *gen*, formhór + *gen* ♦ *pron* an mhórchuid *f* ♦ *adv* is (+ superl); (*very*) an-; **most of** formhór + *gen*, bunús + *gen*; **most of them** a mbunús, a bhformhór; **at the (very) most** ar a mhéad; **to make the most of sth** a mhór a dhéanamh de rud
mostly *adv* (*chiefly*) go príomha, den chuid is mó; (*usually*) de ghnáth, go hiondúil
motel *n* carróstlann *f2*
moth *n* féileacán *m1* oíche, leamhan *m1*
mothballs *npl* millíní *mpl4* leamhan
mother *n* máthair *f* ♦ *vt* (*pamper, protect*) déan peataireacht ar; **mother country** tír dhúchais
motherhood *n* máithreachas *m1*
mother-in-law *n* máthair *f* chéile
motherly *adj* máithriúil
mother tongue *n* teanga *f4* dhúchais
motif *n* móitíf *f2*
motion *n* gluaiseacht *f3*; (*gesture*) geáitse *m4*; (*at meeting*) rún *m1*; **in motion** (*moving*) faoi shiúl; (*functioning*) ar siúl, ar obair ♦ *vt, vi*: **to motion (to) sb to do** sméideadh ar dhuine rud a dhéanamh; **to set sth in motion** rud a chur sa siúl, siúl a chur faoi *or* ar rud
motionless *adj* gan bhogadh, gan chorraí
motion picture *n* scannán *m1*
motivated *adj* spreagtha
motive *n* cúis *f2*, bunchúis *f2*, réasún *m1*
motley *adj* ilchineálach, éagsúil
motor *n* inneall *m1*; (*inf*: *vehicle*) mótar *m1*, gluaisteán *m1*, carr *m1* ♦ *cpd* (*industry, vehicle*) mótar-, gluais-
motorbike *n* gluaisrothar *m1*
motorboat *n* mótarbhád *m1*
motorcar *n* mótar *m1*, gluaisteán *m1*, carr *m1*
motorcycle *n* gluaisrothar *m1*
motorcyclist *n* gluaisrothaí *m4*
motor mechanic *n* meicneoir *m3* gluaisteán
motor racing *n* rásaíocht *f3* ghluaisteán
motorway *n* mótarbhealach *m1*
mottled *adj* breac
motto *n* mana *m4*
mould, (US) **mold** *n* múnla *m4*; (*mildew*) coincleach *f2* ♦ *vt* múnlaigh; (*fig*) fuin
mo(u)ldy *adj* clúmhúil; (*smell*) dreoite
moult, (US) **molt** *vi* (*bird*) bheith ag cur na gcleití; (*animal*) bheith ag cur an fhionnaidh
mound *n* meall *m1*; (*heap*) carn *m1*; (*hill*) tulach *m1*
mount *n* cnoc *m1*, sliabh *m* ♦ *vt* gabh suas ar, téigh in airde ar; (*horse*) téigh ar mhuin + *gen* ♦ *vi* (*inflation, tension*) méadaigh; (*also*: **mount up**: *problems etc*) carnaigh
mountain *n* sliabh *m*, cnoc *m1* ♦ *cpd* sléibhe *n gen*
mountain bike *n* rothar *m1* sléibhe
mountaineer *n* sléibhteoir *m3*
mountaineering *n* sléibhteoireacht *f3*
mountainous *adj* sléibhtiúil
mountain range *n* sliabhraon *m1*
mountainside *n* taobh *m1* sléibhe, slios *m3* sléibhe
mourn *vi, vt* caoin
mourner *n* sochraideach *m1*
mournful *adj* dobrónach
mourning *n* brón *m1*, dobrón *m1*
mouse *n* luchóg *f2*; (COMPUT) luch *f2*
mousetrap *n* gaiste *m4* luchóg
mousse *n* mousse *m4*
moustache, (US) **mustache** *n* croiméal *m1*
mousy *adj* (*hair*) fionndonn
mouth *n* béal *m1*
mouthful *n* bolgam *m1*
mouth organ *n* orgán *m1* béil

mouthpiece *n* (*of musical instrument*) béalóg *f2*; (*spokesman*) urlabhraí *m4*
mouthwash *n* folcadh *m* béil
mouth-watering *adj* so-bhlasta
movable *adj* sobhogtha, soghluaiste
move *n* (*movement*) bogadh *m*; (*in game*) cor *m1*; (: *turn to play*) seal *m3*; (*change*: *of house, job*) aistriú *m*♦ *vt* bog, corraigh; (*emotionally*): **the music moved her to tears** bhain an ceol na deora aisti; (POL, *resolution etc*) mol; (*in game*) bog♦ *vi* (*gen*) bog; (*traffic*) gluais; (*also*: **move house**) aistrigh; (*situation*) athraigh; **that was a good move** is maith a rinne tú é; **to move sb to do sth** duine a spreagadh le rud a dhéanamh; **to get a move on** brostú
▸ **move about** *vi* (*fidget*) bheith ag tónacán, bheith corrthónach; (*travel*) bog thart; (*change residence, job*) aistrigh
▸ **move along** *or* **around** *vi* bog leat
▸ **move away** *vi* bog ar shiúl
▸ **move back** *vi* bog ar ais, bog siar
▸ **move forward** *vi* bog chun tosaigh
▸ **move in** *vi* (*to a house*) bog isteach i; (*police, soldiers*) druid isteach le
▸ **move on** *vi* bog ar aghaidh
▸ **move out** *vi* (*of house*) bog amach as
▸ **move over** *vi* bog anonn
▸ **move up** *vi* (*pupil*) aistrigh suas; (*employee*) faigh ardú céime
moveable *adj* = **movable**
movement *n* bogadh *m*, cor *m1*; (*campaign*) gluaiseacht *f3*
movie *n* scannán *m1*; **to go to the movies** dul chuig na pictiúir
movie camera *n* ceamara *m4* scannáin
moving *adj* beo; (*emotional*) corraitheach
mow *vt* bain; (*lawn*) lom, bain
▸ **mow down** *vt* treascair
MP *n abbr* = **Member of Parliament**
mph *abbr* = **miles per hour**
Mr, (US)**Mr.** *n*: **Mr Smith** An tUasal Smith
Mrs, (US)**Mrs.** *n*: **Mrs Smith** Bean Smith
Ms, (US)**Ms.** *n Miss or Mrs*; **Ms Smith** Iníon Smith
much *adj* mórán + *gen*♦ *adv, n, pron* a lán + *gen*; **how much is it?** cá mhéad atá air?; **too much** an iomarca + *gen*, barraíocht + *gen*; **as much as (he has)** a oiread agus (atá aige)
muck *n* (*dirt*) salachar *m1*
▸ **muck up** (*inf*) *vt* (*exam, interview*) déan praiseach de
mucky *adj* cáidheach, draoibeach; (*book, film*) graosta, gáirsiúil
mud *n* clábar *m1*, lábán *m1*
muddle *n* (*mess*) cíor *f2* thuathail; (*mix-up*) meascán *m1* mearaí♦ *vt* (*also*: **muddle up**) cuir trí chéile
muddy *adj* lábánach, draoibeach
mudguard *n* pludgharda *m4*
muffin *n* muifín *m4*, bocaire *m4*
muffle *vt* (*sound*) múch; (*against cold*) clutharaigh
muffled *adj* (*sound*) múchta; (*person*) clutharaithe
muffler (US) *n* (AUT) ciúnadóir *m3*
mug *n* (*cup*) muga *m4*; (*inf*: *face*) pus *m1*; (: *fool*) bómán *m1*♦ *vt* (*assault*) ionsaigh
mugging *n* ionsaí *m*
muggy *adj* meirbh
mule *n* miúil *f2*
mull over *vt*: **to mull sth over** do mharana a dhéanamh ar rud
multiple *adj* iomadúil, il-♦ *n* iolraí *m4*
multiple sclerosis *n* ilscléaróis *f2*
multiplication *n* iolrú *m*
multiply *vt, vi* iolraigh
multistorey *adj* ilstórach
mum (*inf*) *n* mam *f2*♦ *adj*: **to keep mum about sth** rud a choinneáil faoin duilleog
mumble *vt, vi* mungail; **to mumble sth** rud a rá trí d'fhiacla
mummy *n* (*mother*) mamaí *f4*; (*embalmed*) seargán *m1*
mumps *n* an plucamas *m1*, an leicneach *f2*
munch *vt, vi* mungail
mundane *adj* leamh
municipal *adj* cathrach *n gen*
Munster *n* an Mhumhain *f*, Cúige *m4* Mumhan♦ *adj* Muimhneach
murder *n* dúnmharú *m*♦ *vt* dúnmharaigh
murderer *n* dúnmharfóir *m3*
murderous *adj* (*intention*) modartha

murky *adj* amhrasach; (*water*) modartha
murmur *n* monabhar *m1* • *vi* bheith ag monabhar • *vt*: **to murmur sth** rud a rá de mhonabhar
muscle *n* matán *m1*; (*fig*) cumhacht *f3*
▸ **muscle in** *vi*: **to muscle in** tú féin a bhrú chun cinn
muscular *adj* matánach; (*person, arm*) féitheogach
muse *vi* machnaigh
museum *n* músaem *m1*
mushroom *n* muisiriún *m1*, beacán *m1* • *vi* borr
music *n* ceol *m1*
musical *adj* binn; (*person*) ceolmhar; (*show*) ceoil *n gen*
musical instrument *n* gléas *m1* ceoil, uirlis *f2*
musician *n* ceoltóir *m3*
Muslim *adj, n* Moslamach *m1*
muslin *n* muislín *m4*
mussel *n* diúilicín *m4*
must *aux vb* (*obligation*): **I must do it** ní mór dom é a dhéanamh, tá orm é a dhéanamh, caithfidh mé é a dhéanamh; (*probability*): **he must be there by now** caithfidh sé go bhfuil sé ann faoi seo; (*suggestion, invitation*): **you must come and see me** caithfidh tú teacht ar cuairt chugam; **why must he behave so badly?** cad chuige a gcaithfidh sé bheith chomh crosta sin? • *n* riachtanas *m1*
mustache (*US*) *n* = **moustache**
mustard *n* mustard *m1*
muster *vt* cruinnigh
mute *adj* balbh
muted *adj* (*colour*) séimh; (*reaction*) réidhchúiseach
mutiny *n* ceannairc *f2* • *vi* éirigh amach
mutter *vi* bheith ag monabhar • *vt*: **to mutter sth** a rá trí d'fhiacla
mutton *n* caoireoil *f3*
mutual *adj* díbhlíonach; (*benefit, interest*) comhchomaoineach; **mutual assistance** comhar *m1*
mutually *adv* go díbhlíonach
muzzle *n* soc *m1*; (*protective device*) féasrach *m1*, puslach *m1*; (*of gun*) béal *m1* • *vt* cuir féasrach *or* puslach ar
my *adj* mo; **my house/car/gloves** mo theach/ghluaisteán/mhiotóga, an teach/an gluaisteán/na miotóga agam; **my hair** mo chuid gruaige
myself *pron* (*reflexive*) mé féin; (*emphatic*) mise féin; **tormenting myself** do mo chrá féin; *see also* **oneself**
mysterious *adj* rúndiamhair, mistéireach
mystery *n* rúndiamhair *f2*, mistéir *f2*
mystify *vt* mearaigh
myth *n* miotas *m1*
mythology *n* miotaseolaíocht *f3*

N

nag *vt* tabhair amach do♦ *vi*: **to be nagging at sb** bheith sáite as duine; **it was nagging at him** bhí sé ag dó na geirbe aige

nagging *adj* (*pain*) sáiteach; (*worry, doubt*) seasta, dochloíte

nail *n* (*human*) ionga *f*; (*metal*) tairne *m4* ♦ *vt* cuir tairne i, tairneáil; **to nail sb down to a date/price** dáta/praghas a chinntiú le duine *or* a fháscadh as duine

nailbrush *n* scuab *f2* ingne

nailfile *n* raspa *m4* ingne

nail polish, nail varnish *n* snas *m3 or* vearnais *f2* iongan

nail polish remover *n* díobhach *m1* vearnais iongan

nail scissors *npl* siosúr *msg1* ingne

naïve *adj* saonta, soineanta

naked *adj* (*person*) lomnocht; (*light etc*) nocht; (*hatred, truth*) lom

name *n* ainm *m4*♦ *vt* ainmnigh; **by his name** ina ainm; **in the name of** in ainm + *gen*; **what's your name?** cén t-ainm atá ort?, cad is ainm duit?; **in God's name** in ainm Dé; **name a date or place** luaigh dáta nó áit

nameless *adj* gan ainm; (*author etc*) anaithnid

namely *adv* eadhon, is é sin, mar atá

namesake *n* comhainmneach *m1*; **your namesake** fear *or* bean de d'ainm féin

nanny *n* buime *f4*

nap *n*: **to take a nap** néal *m1* a chodladh, dreas codlata a dhéanamh♦ *vi*: **he was caught napping** rugadh maol air, thángthas aniar aduaidh air, rugadh gairid air

nape *n*: **nape of the neck** baic *f2* an mhuinníl

napkin *n* naipcín *m4*

nappy *n* clúidín *m4*

nappy rash *n* gríos *m1* clúidín

narcissus *n* nairciseas *m1*

narcotic *n* (*drug*) támhshuanach *m1*; (MED) cógais *mpl1* suain

narrative *n* scéal *m1*

narrow *adj* cúng; (*mind*) cúng, caol♦ *vt, vi* cúngaigh, caolaigh; **I had a narrow escape** ní mó ná gur éalaigh mé, is ar éigean a d'éalaigh mé; **to narrow sth down to** rud a laghdú go

narrowly *adv*: **he narrowly missed injury** is ar éigean a d'éalaigh sé gan gortú, is ar éigean a tháinig sé slán as

narrow-minded *adj* caolaigeanta, cúngaigeanta

nasty *adj* (*person*) urchóideach, mailíseach; (*attack*) mailíseach; (*accident, disease*) droch-; (*blow, injury*) trom, droch-; (*smell*) bréan

nation *n* náisiún *m1*, cine *m4*, pobal *m1*

national *adj* náisiúnta♦ *n* náisiúnach *m1*

national dress *n* éide *f4* náisiúnta

National Health Service (BRIT) *n* An tSeirbhís *f2* Náisiúnta Sláinte

National Insurance *n* Árachas *m1* Náisiúnta

nationalism *n* náisiúnachas *m1*

nationalist *adj* náisiúnach♦ *n* náisiúnaí *m4*

nationality *n* náisiúntacht *f3*

nationalize *vt* náisiúnaigh

nationally *adv* (*as a nation*) go náisiúnta; (*nationwide*) ar fud na tíre

nationwide *adj* ar fud na tíre; (*problem*) náisiúnta♦ *adv* ar fud na tíre

native *n* dúchasach *m1*♦ *adj* dúchasach; (*country*) dúchais *n gen*; (*ability*) ó dhúchas; **he's a native of Russia** is as an Rúis ó dhúchas é; **a native speaker of French** cainteoir dúchais Fraincise

native language *n* teanga *f4* dhúchais

natural *adj* nádúrtha, aiceanta

natural gas *n* gás *m1* nádúrtha

naturalize *vt* (*foreigner*) eadóirsigh; (*plant*) tabhair chun cineáil; **to become naturalized** (*person*) saoránacht náisiúin eile a thógáil

naturally *adv* (*obviously*) ar ndóigh cinnte; (*logically*) ar ndóigh; (*behave*) go nádúrtha; **naturally!** (*of course*) ar ndóigh!, cinnte!; **he is naturally hardworking** is dual dó a bheith dícheallach

nature *n* nádúr *m1*, dúchas *m1*; (*the elements*) dúlra *m4*; **by nature** ó nádúr, ó dhúchas; **she's shy by nature** is dual di a bheith cúthail; **it's in his nature** tá sé san fhuil ann *or* sa smior aige

naught *n* = **nought**

naughty *adj* (*child*) crosta, dána, dalba; (*book etc*) graosta

nausea *n* masmas *m1*, samhnas *m1*, múisc *f2*, déistin *f2*

nauseating *adj* masmasach, samhnasach

naval *adj* cabhlaigh *n gen*; (*maritime, marine*) muirí

naval officer *n* oifigeach *m1* cabhlaigh

nave *n* corp *m1* eaglaise

navel *n* imleacán *m1*

navigate *vt* (*steer*) stiúir, piólótaigh • *vi* stiúir, déan loingseoireacht

navigation *n* loingseoireacht *f3*

navvy *n* náibhí *m4*

navy *n* cabhlach *m1*, loingeas *m1*

navy(-blue) *adj* dúghorm

Nazi *n* Naitsí *m4* • *adj* Naitsíoch

near *adj*: **near (to)** cóngarach (do), gar (do) • *prep* (*also*: **near to**) in aice + *gen* • *vt* druid le, tar i ngar do; **it's nearing completion** tá sé beagnach críochnaithe, tá sé (de) chóir a bheith críochnaithe; **he was very near to tears** bhí sé faoi aon dhul a chaoineadh

nearby *adj* in aice láimhe, gaobhardach • *adv* ar na gaobhair

nearly *adv* beagnach, (de) chóir a bheith; **I nearly fell** dóbair dom titim; **he was nearly dead** bhí sé beagnach marbh; **it's not nearly as good** níl sé baol ar a bheith chomh maith

nearside *n* (AUT, BRIT) an taobh *m1* clé; (: *in US, Europe*) an taobh deas

near-sighted *adj* gearr-radharcach

neat *adj* (*work*) slachtmhar; (*house*) slachtmhar, glanordúil; (*dress*) néata; (*figure*) comair; (*action, movement*) críochnúil, deismir

neatly *adv* go slachtmhar, go néata, go comair, go deismir

necessarily *adv*: **that doesn't necessarily mean ...** ní gá go gciallódh sin ...

necessary *adj* riachtanach; **it is necessary to ...** ní mór ..., ní foláir ..., is gá ...

necessity *n* riachtanas *m1*, gá *m4*

neck *n* muineál *m1*; (*of bottle*) scóig *f2*, scrogall *m1* • *vi* (*inf*) póg; **neck and neck** gob ar ghob; **to have a brass neck** éadan dána a bheith ort

necklace *n* muince *f4* (brád)

neckline *n* muineál *m1*

necktie *n* carbhat *m1*

need *n* riachtanas *m1*, gá *m4* • *vt*: **I need money** tá airgead uaim, tá airgead de dhíth *or* de dhíobháil orm; **I need to leave** ní mór dom, tá orm, caithfidh mé, tá agam le; **you don't need that** níl sin de dhíth ort, níl sin uait; **you don't need to ...** ní gá duit ...

needle *n* snáthaid *f2*; (KNITTING) dealgán *m1*, biorán *m1* cniotála; (*bad blood*) faltanas *m1* • *vt*: **to needle sb** duine a ghriogadh

needless *adj* neamhriachtanach; **needless to say** ar ndóigh

needlework *n* obair *f2* shnáthaide

needy *adj* bocht, dearóil, gátarach; **to be needy** bheith ar an ngannchuid

negative *n* (PHOT) claonchló *m4*; (LING) diúltach *m1* • *adj* diúltach

neglect *vt*: **to neglect sth** faillí *or* neamart a dhéanamh i rud • *n* neamhchúram *m1*, faillí *f4*; (*of duty*) neamart *m1*

negligee *n* fallaing *f2* sheomra

negotiate *vt* (*difficulty*) sáraigh; (*price*) socraigh; (*treaty*) déan idirbheartaíocht; **to negotiate an agreement** tar ar chomhréiteach • *vi*: **to negotiate with sb** (*bargain*) dul chun margaidh *or* chun réitigh le duine; (POL) bheith i gcomhchainteanna le duine

negotiations *npl* (COMM) caibidlíocht *fsg3*, idirbheartaíocht *fsg3*; (POL) comhchainteanna *fpl2*; **under negotiation** faoi chaibidil

neigh *vi* bheith ag seitreach, déan seitreach

neighbour, (*US*) **neighbor** *n* comharsa *f*

neighbourhood *n* (*place*) comharsanacht *f3*

neighbouring *adj* lámh le; **the neighbouring villages** na sráidbhailte in aice láimhe

neighbourly *adj* comharsanúil; (*obliging*) garach

neither *adj, pron*: **neither of the two were there** ní raibh ceachtar den bheirt ann ♦ *conj*: **I didn't move and neither did Seán** níor chorraigh mise ná Seán ach oiread *or* ná Seán ach chomh beag ♦ *adv*: **neither good nor bad** maith ná olc; **..., neither did I refuse** ..., agus níor dhiúltaigh mé ach oiread; "**I didn't see her.**" - "**Neither did I**" "Ní fhaca mé í." - "Ní fhaca ná mise."

neon *n* neon *m1*

neon light *n* solas *m1* neoin

nephew *n* nia *m4*

Neptune *n* (*planet*) Neiptiún *m1*

nerve *n* néaróg *f2*; (*fig*: *courage*) misneach *m1*, uchtach *m1*; (: *cheek*) sotal *m1*, éadan *m1*; **he had a fit of nerves** tháinig cearthaí *or* líonrith air

nerve-racking *adj* corraitheach

nervous *adj* (*tense*) neirbhíseach; (*anxious*) imníoch; (*MED*) néarógach

nervous breakdown *n* cliseadh *m* néarógach

nest *n* nead *f2* ♦ *vi* neadaigh

nest egg *n* taisce *f4*, folachán *m1*

nestle *vi* neadaigh, soiprigh tú féin

Net (*COMPUT*: *inf*) *n*: **the Net** = **Internet**

net *n* (*FISHING*) líon *m1*, eangach *f2*; (*for hair*) líontán *m1*; (*SPORT*) líontán, eangach ♦ *adj* (*price, weight*) glan ♦ *vt* (*fish etc*) gabh, ceap; (*profit*) déan

netball *n* líonpheil *f2*

net curtains *npl* cuirtín *m4* lín

Netherlands *npl*: **the Netherlands** an Ísiltír *f2*

nett *adj* = **net**

netting *n* (*for fence etc*) líontán *m1*

nettles *npl* neantóga *fpl2*, cál *msg1* faiche

network *n* gréasán *m1*, mogalra *m4*; (*COMPUT*) líonra *m4*

neurotic *adj, n* néaróiseach *m1*

neuter *adj* (*BIOL*) seasc, neodrach; (*LING*) neodrach ♦ *vt* (*cat etc*) coill, neodraigh

neutral *adj* neodrach

neutralize *vt* neodraigh

never *adv* (*past*) riamh; (*present*) in am ar bith, riamh; (*future*) go deo, choíche; **it never happened** níor tharla sé riamh; **he's never on time** ní bhíonn sé riamh in am; **she'll never return** ní fhillfidh sí choíche; **never in my life** le mo shaol *or* sholas *or* ré; *see also* **mind**

never-ending *adj* síor-; (*story etc*) gan chríoch; (*noise etc*) síoraí

nevertheless *adv* mar sin féin, fós, ina dhiaidh sin, ar a shon sin

new *adj* nua, úr; **brand new** úrnua

newborn *adj* nuabheirthe

newcomer *n* núíosach *m1*

new-fangled (*pej*) *adj* nuanósach

new-found *adj* nua-aimsithe

newly *adv* go húr, nua-

newly-weds *npl* lánúin *f2* nuaphósta

news *n* scéala *m4*; (*RADIO, TV*) nuacht *f3*

news agency *n* nuachtghníomhaireacht *f3*

newsagent *n* nuachtánaí *m4*

newscaster *n* léitheoir *m3* nuachta

newsdealer (*US*) *n* = **newsagent**

news flash *n* scéal *m1* práinneach

newsletter *n* nuachtlitir *f*

newspaper *n* nuachtán *m1*

newsprint *n* nuachtpháipéar *m1*

newsreader *n* = **newscaster**

newsreel *n* nuachtspól *m1*

news stand *n* seastán *m1* nuachtán

newt *n* earc *m1* luachra

New Year *n*: **The New Year** An AthBhliain *f3*, An Bhliain Úr

New Year's Day *n* Lá *m* Nollag Beag, Lá Caille

New Year's Eve *n* Oíche *f4* Chinn Bliana, Oíche na Seanbhliana, Oíche Chaille

New York *n* Nua-Eabhrac *m4*

New Zealand *n* an Nua-Shéalainn *f2*

New Zealander *n* Nua-Shéalannach *m1*

next *adj*: **the next person** an chéad duine eile; (*in time*): **next week** an tseachtain seo chugainn ♦ *adv* (*after*) ina dhiaidh sin; (*afterwards*) ansin; **the next day** an lá dar gcionn, an lá arna mhárach; **next year** an bhliain seo chugainn; **next time** an chéad uair eile; **next to** taobh le, cois + *gen*, in aice + *gen*, lámh le, le hais + *gen*; **we knew next to nothing** is ar éigean a bhí aon rud ar eolas againn; **next, please!** (*at doctor's*) an chéad duine eile, le do thoil!

next door *adv, adj* béal dorais; **next door neighbour** comharsa béal dorais

next-of-kin *n* neasghaol *m1*

nib *n* (*of pen*) gob *m1*

nibble *vt* gráinseáil, creimseáil

nice *adj* deas, álainn; (*person*) deas, cineálta; (*journey*) pléisiúrtha; (*weather*) breá, deas

nicely *adv* go sásta

niceties *npl* deismíneachtaí *fpl3*

nick *n* (*indentation*) eang *f3*; (*wound*) gránú *m* ♦ *vt* (*inf*) cuir eang i; **in the nick of time** go díreach in am

nickel *n* nicil *f2*; (US) bonn *m1* nicile, ≈ réal *m1*

nickname *n* leasainm *m4* ♦ *vt* tabhair (de) leasainm ar; **he was nicknamed Judas** baisteadh *or* tugadh Iúdás mar leasainm air

niece *n* neacht *f3*

Nigeria *n* an Nigéir *f2*

niggling *adj* (*doubts, injury*) sáiteach

night *n* oíche *f4*; (*evening*) tráthnóna *m4*; **at night** san oíche, istoíche; **by night** d'oíche; **last night** aréir; **the night before last** arú aréir; **it kept me up all night** chuir sé ó chodladh na hoíche mé

nightcap *n* deoch *f* roimh luí

night club *n* club *m4* oíche

nightdress, nightgown, nightie *n* léine *f4* oíche

nightfall *n* titim *f2* na hoíche

nightingale *n* filiméala *m4*

nightlife *n* siamsaíocht *f3* oíche

nightly *adj* oíche; (*show etc*) gach oíche; (*by night*) de shiúl oíche, istoíche ♦ *adv* gach oíche

nightmare *n* tromluí *m4*

night porter *n* póirtéir *m3* oíche

night school *n* scoil *f2* oíche

night shift *n* (*people*) meitheal *f2* na hoíche; (*work*) seal *m3* na hoíche

night-time *n* = **night**

night watchman *n* fairtheoir *m3* oíche

nil *n* náid *f2*, neamhní *m4*

Nile *n*: **the Nile** an Níl *f2*

nimble *adj* aclaí, lúfar

nine *num* naoi; **nine bottles** naoi mbuidéal; **nine people** naonúr *m1*

nineteen *num* naoi (gcinn) déag; **nineteen bottles** naoi mbuidéal déag; **nineteen people** naoi nduine dhéag

ninety *num* nócha + *nom sg*

ninth *num* naoú; **the ninth woman** an naoú bean

nip *n* liomóg *f2* ♦ *vt*: **to nip sb** liomóg a bhaint as duine

nipple *n* (ANAT) dide *f4*, sine *f4*

nitrogen *n* nítrigin *f2*

no *adv* (*opposite of "yes"*): **are you coming? - no (I'm not)** an bhfuil tú ag teacht? - níl; **would you like some more? - no thank you** ar mhaith leat tuilleadh? - níor mhaith, go raibh maith agat ♦ *adj* (*not any*) aon, ar bith; **I have no money** níl aon airgead agam; **I have no books** níl leabhair ar bith agam; **no players turned up** níor tháinig imreoir ar bith; "**no smoking**" "ná caitear tobac"; "**no dogs**" "cros ar mhadraí"

nobility *n* uaisle *f4*, uaisleacht *f3*

noble *adj* uasal

nobody, no one *pron*: **nobody spoke** níor labhair aon duine/duine ar bith; **there was nobody home** ní raibh duine ar bith *or* aon duine sa bhaile; **I saw nobody** *or* **no one else all day** ní fhaca mé aon duine eile i rith an lae; **nobody knows** níl a fhios ag aon duine ♦ *n*: **he's a nobody** níl ann ach neamhdhuine

nod *vi* (*sleep*) néal a chodladh ♦ *vt*: **to**

nod one's head do cheann a sméideadh ♦ *n* sméideadh *m* cinn
▸**nod off** *vi*: **she nodded off** thit a codladh uirthi
noise *n* gleo *m4*, tormán *m1*, callán *m1*
noisy *adj* glórach, callánach
nominal *adj* (*leader*) ainmiúil; **nominal rent** cíos ainmiúil
nominate *vt* (*propose*) mol; (*appoint*) ceap, ainmnigh
non- *prefix* neamh-; (+ *vadj*) do-
non-alcoholic *adj* neamh-mheisciúil
non-committal *adj* faichilleach; (*answer*) neamhcheangailteach
nondescript *adj* neamhshuntasach
none *pron* ceann ar bith, aon cheann; (*of people*) duine ar bith, aon duine; **none of you** duine ar bith agaibh; **I've none left** níl ceann ar bith fágtha agam, níl aon cheann fágtha agam; **he's none the worse for it** ní dhearna sé lá dochair dó, ní measaide (dó) é
nonentity *n* neamhní *m4*; (*person*) neamhdhuine *m4*
nonetheless *adv* mar sin féin, dá ainneoin sin
non-existent *adj*: **it was non-existent** níorbh ann dó
non-fiction *n* neamhfhicsean *m1*
nonplussed *vt*: **to be nonplussed** bhí sí trína chéile
nonsense *n* seafóid *f2*, amaidí *f4*; **don't talk nonsense!** bíodh ciall agat!
non-smoker *n* duine *m4* nach gcaitheann, neamhchaiteoir *m3*
non-stick *adj* neamhghreamaitheach
non-stop *adj, adv* gan stad
noodles *npl* núdail *mpl1*
nook *n*: **nooks and crannies** poill *mpl1* agus prochóga *fpl2*
noon *n* nóin *f3*, meán *m1* lae
no one *pron* = **nobody**
noose *n* dol *m3*; (*hangman's*) sealán *m1*
nor *conj, adv see* **neither**
norm *n* gnás *m1*; (*standard*) caighdeán *m1*
normal *adj* (*life*) gnáth-, gnách, nádúrtha; (*person*) gnáth-; **he's perfectly normal** níl aon rud neamhghnách faoi; **as (is) normal** mar is gnách
normally *adv* de ghnáth
Norman *adj, n* Normannach *m1*
Normandy *n* an Normainn *f2*
north *n* tuaisceart *m1* ♦ *adj* tuaisceartach; (*wind*) aduaidh ♦ *adv* (*in*) thuaidh; (*to*) ó thuaidh; (*from*) aduaidh; **the North** an Tuaisceart *m1*; **north of** taobh thuaidh de
North America *n* Meiriceá *m4* Thuaidh
north east *n* oirthuaisceart *m1* ♦ *adj* oirthuaisceartach; (*wind*) anoir aduaidh; (*side*) thoir thuaidh ♦ *adv* (*in*) thoir thuaidh; (*towards*) soir ó thuaidh; (*from*) anoir aduaidh; **the North East** an tOirthuaisceart *m1*; **north east of** taobh thoir thuaidh de
northerly *adj* (*wind*) aduaidh; (*point*) thuaidh
northern *adj* tuaisceartach, thuaidh; **the Northern Lights** na Saighneáin *mpl1*
Northern Ireland *n* Tuaisceart *m1* (na h)Éireann
North Pole *n*: **the North Pole** an Pol *m1* Thuaidh
North Sea *n*: **the North Sea** an Mhuir *f3* Thuaidh
northward(s) *adv* ó thuaidh
north west *n* iarthuaisceart *m1* ♦ *adj* iarthuaisceartach; (*wind*) aniar aduaidh; (*side*) thiar thuaidh ♦ *adv* (*in*) thiar thuaidh; (*to*) siar ó thuaidh; (*from*) aniar aduaidh; **the North West** an tIarthuaisceart *m1*; **north west of** taobh thiar thuaidh de
Norway *n* an Iorua *f4*
Norwegian *adj, n* Ioruach *m1*; (LING) Ioruais *f2*
nose *n* srón *f2*, gaosán *m1*
nosebleed *n* fuil *f* shróine
nose-dive *n* socthumadh *m*
nosey (*inf*) *adj* = **nosy**
nostalgia *n* cumha *m4*, uaigneas *m1*
nostril *n* polláire *m4*, poll *m1* sróine
nosy (*inf*) *adj* fiosrach, caidéiseach
not *adv* ní; nach; nár; níor; ná; níor(bh); nár(bh); chan; **he is not** *or* **isn't here** níl sé abhus; **you must not** *or* **you mustn't do that** níor chóir duit sin a dhéanamh;

it's too late, isn't it *or* **is it not?** tá sé rómhall (nó) nach bhfuil?; **not yet/now** chan go fóill/anois; "**did you see her?**" - "**not at all!**" "an bhfaca tú í?" - "ní fhaca ar chor ar bith."; *see also* **grammar section**; **all**; **only**

notably *adv* (*particularly*) go háirithe; (*markedly*) go sonrach

notary *n* nótaire *m4*

notch *n* eang *f3*

note *n* nóta *m4*◆ *vt* (*also*: **note down**) breac síos; (*observe*) tabhair faoi deara

notebook *n* leabhar *m1* nótaí

notepad *n* ceap *m1* nótaí

notepaper *n* páipéar *m1* litreacha

nothing *n* faic *f4*, dada *m4*, rud *m3* ar bith, aon rud; **he does nothing** ní dhéanann sé faic; **nothing new** dada *or* faic úr; **for nothing** (saor) in aisce; **it's nothing of the sort!** ní hea, ná baol air

notice *n* (*announcement*) fógra *m4*; (*of court*) ardú *m*; (*warning*) foláireamh *m1* ◆ *vt* tabhair faoi deara; **to bring sth to sb's notice** aird duine a tharraingt ar rud; **at short notice** gan chairde; **until further notice** go bhfógrófar a mhalairt; **to hand in one's notice** éirí as; **take no notice of him** ná tabhair aon aird air

noticeable *adj* suntasach, sonraíoch

notice board *n* clár *m1* fógraí

notify *vt*: **to notify sb of sth** duine a chur ar an eolas faoi rud, rud a chur in iúl do dhuine

notion *n* nóisean *m1*; (*concept*) tuairim *f2*; (*clue, idea*) barúil *f3*; (*whim*) spadhar *m1*

notorious *adj* míchlúiteach

notwithstanding *adv* in ainneoin + *gen*, ar son + *gen*

nought *n* neamhní *m4*, náid *f2*

noun *n* ainmfhocal *m1*, ainm *m4*

nourish *vt* beathaigh, cothaigh

nourishing *adj* scamhardach, cothaitheach

nourishment *n* scamhard *m1*, cothú *m*

novel *n* úrscéal *m1* ◆ *adj* úr, nua

novelist *n* úrscéalaí *m4*

novelty *n* nuacht *f3*, úire *f4*

November *n* Samhain *f3*

now *adv* anois◆ *conj*: **now (that)** anois agus, anois go; **right now** láithreach bonn; **by now** faoi seo; **that's the fashion just now** sin an faisean faoi láthair; **now and then, now and again** anois agus arís, ó am go ham; **from now on** as seo amach

nowadays *adv* sa lá atá inniu ann

nowhere *adv* in áit ar bith, in aon áit, in aon bhall; **she's nowhere near as old as Seán** níl sí baol ar chomh sean le Seán

nozzle *n* soc *m1*

nuclear *adj* núicléach, eithneach

nucleus *n* núicléas *m1*, eithne *f4*

nude *adj* lomnocht◆ *n* nochtach *m1*

nudge *vt* broid

nudist *n* nochtach *m1*

nuisance *n*: **it's a nuisance** is cur isteach mór é; **what a nuisance!** a leithéid de chrá croí!

null *adj*: **null and void** ar neamhní

numb *adj* bodhar; **numb with fear** siocdtha le heagla

number *n* uimhir *f*◆ *vt* uimhir a chur ar; **a number of** roinnt + *gen*; **to be numbered among** bheith i measc + *gen*; **they were seven in number** bhí siad seachtar ann

number plate *n* (AUT) uimhirphláta *m4*

numeral *n* uimhir *f*, figiúr *m1*

numerate *adj* uimheartha

numerical *adj* uimhriúil

numerous *adj* líonmhar, iomadúil

nun *n* bean *f* rialta

nurse *n* banaltra *f4*◆ *vt* (*patient*) banaltracht a dhéanamh ar; **she nursed him back to health** thug sí chun bisigh é

nursery *n* naíolann *f2*; (*for plants*) plandlann *f2*

nursery rhyme *n* rann *m1* páistí

nursery school *n* naíscoil *f2*

nursery slope *n* (SKI) fánán *m1* tosaitheoirí

nursing *n* banaltracht *f3*

nursing home *n* teach *m* banaltrachta

nursing mother *n* máthair *f* chíche

nut *n* cnó *m4*

nutcracker *n* cnóire *m4*

nutmeg *n* noitmig *f2*
nutritious *adj* scamhardach, cothaitheach
nuts (*inf*) *adj* ar mire, le broim
nutshell *n*: **in a nutshell** i mbeagán focal
nylon *n* níolón *m1*• *adj* níolóin

O

oak *n* dair *f* ♦ *adj* darach
OAP *n abbr* = **old age pensioner**
oar *n* maide *m4* rámha
oasis *n* ósais *f2*
oath *n* mionn *m3*; (*swear word*) eascaine *f4*, mionn mór; **under oath,** (BRIT) **on oath** faoi mhionn
oatmeal *n* min *f2* choirce
oats *n* coirce *msg4*
obedience *n* umhlaíocht *f3*
obedient *adj* umhal
obey *vt* géill do, bheith umhal do; (*instructions*) lean, déan de réir + *gen*
obituary *n* fógra *m4* báis
object *n* rud *m3*, réad *m3*; (*purpose*) cuspóir *m3*; (LING) oibiacht *f3*, cuspóir ♦ *vi*: **to object to** (*attitude*) col a ghlacadh le; (*proposal*) cur i gcoinne + *gen*; **expense is no object** is cuma faoin chostas; **he objected that ...** dúirt sé ina choinne go ...
objection *n* agóid *f2*; **I have no objection to that** níl rud ar bith agam ina choinne sin
objective *n* cuspóir *m3*, aidhm *f2* ♦ *adj* oibiachtúil
obligation *n* oibleagáid *f2*, dualgas *m1*; **you're under no obligation to ...** níl tú faoi oibleagáid ar bith chun ...
oblige *vt* (*force*): **to oblige sb to do sth** rud a chur ina oibleagáid ar dhuine, iachall a chur ar dhuine rud a dhéanamh; **to oblige sb** (*do a favour*) oibleagáid *or* gar a dhéanamh do dhuine; **to be obliged to sb for sth** bheith faoi chomaoin ag duine as rud
obliging *adj* garach, cuidiúil
oblique *adj* fiar, claon-, sceamhach
obliterate *vt* díothaigh, scrios ar fad
oblivion *n* díchuimhne *f4*
oblivious *adj*: **to be oblivious of** (*fact*) bheith dall ar; (*person*) gan aird a bheith agat ar
oblong *adj* leathfhada ♦ *n* dronuilleog *f2*
obnoxious *adj* gráiniúil, déistineach; (*smell*) bréan
oboe *n* óbó *m4*
obscene *adj* gáirsiúil, graosta, madrúil
obscure *adj* (*dim*) doiléir; (*unknown*) gan iomrá ♦ *vt* doiléirigh, dorchaigh; (*hide*: *sun*) folaigh, déan níos doiléire
observant *adj* grinnsúileach, airdeallach, braiteach
observation *n* (*remark*) focal *m1*, tuairim *f2*; (*watching*) breathnóireacht *f3*, grinniú *m*, scrúdú *m*
observatory *n* réadlann *f2*
observe *vt* coimhéad; (*orders*) comhlíon; (*remark*) abair
observer *n* féachadóir *m3*, coimhéadaí *m4*, breathnóir *m3*
obsess *vt* lean do; **obsessed by** i ngreim ag, ciaptha ag; **he became obsessed by it** chuaigh sé ina cheann dó
obsessive *adj* galrach; **obsessive cleanliness** glaineacht mar a bheadh galar ann
obsolete *adj* as feidhm
obstacle *n* constaic *f2*, bac *m1*
obstinate *adj* dáigh, dígeanta, ceanntréan
obstruct *vt* (*block*) coisc, stop; (*hinder*) cuir bac ar
obtain *vt* faigh
obvious *adj* soiléir, follasach
obviously *adv* go follasach; **is he here? - obviously not!** an bhfuil sé anseo? - is léir nach bhfuil!
occasion *n* ócáid *f2*; (*opportunity*) deis *f2*, faill *f2*
occasional *adj* corr-, fánach
occasionally *adv* corruair, anois is arís
occupation *n* (*job*) gairm *f2* (bheatha); (*pastime*) caitheamh *m1* aimsire
occupier *n* sealbhóir *m3*
occupy *vt* (*house*) bheith i do chónaí i, áitigh; (*space*): **the picture occupied most of the wall** bhí bunús an bhalla

faoin bpictiúr; **to occupy o.s. in** *or* **with** do chuid am a chaitheamh ar

occur *vi* tarlaigh, tit amach

occurrence *n* tarlú *m*, teagmhas *m1*

ocean *n* aigéan *m1*, farraige *f4* mhór

o'clock *adv*: **it is 5 o'clock** tá sé a cúig a chlog

October *n* Deireadh *m1* Fómhair

octopus *n* ochtapas *m1*

odd *adj* (*strange*) aisteach, ait; (*number, not of a set*) corr; **60-odd** tuairim is 60, timpeall 60; **the odd one out** an ceann corr; **the odd man out** an t-éan corr

oddity *n* (*person*) éan *m1* corr; (*thing*) rud *m3* corr; (*of character*) leannán *m1*

odd jobs *npl*: **to do odd jobs** timireacht a dhéanamh

oddly *adv* go haisteach; **oddly enough** aisteach go leor

oddments *npl* (COMM) earraí *mpl4* fuíll

odds *npl* (*in betting*) corrlach *m1*; **it makes no odds** is cuma; **at odds** ag achrann; **odds and ends** giúirléidí *fpl2*

odour, (US) **odor** *n* boladh *m1*, mos *m1*

oesophagus *n* éasafagas *m1*

KEYWORD

of *prep* **1** (*gen*): **a friend of ours** cara dúinn *or* linn *or* dár gcuid; **a boy of 10** gasúr deich mbliana; **that was kind of you** ba dheas uait sin

2 (*expressing quantity, amount, dates etc*): **a kilo of flour** cileagram plúir; **how much of this do you need?** cá mhéad de seo atá de dhíth ort?; **there were 2 of them** (*people*) bhí siad beirt ann; (*objects*) bhí dhá cheann acu *or* díobh ann; **3 of us went** chuaigh triúr againn *or* dínn ann; **the 5th of July** an cúigiú lá de Mhí Iúil

3 (*from, out of*) déanta as; **a statue of marble** dealbh déanta as marmar; **made of wood** déanta as adhmad

off *adj, adv* (*engine*) as; (*light*) as, múchta; (*food*: *bad*) lofa; (: *milk*: *bad*) iompaithe, cor a bheith ann; (*absent*) as láthair; (*cancelled*) ar ceal ♦ *prep* de, ó; **to be off** (*to leave*) bheith ag imeacht; **to be off sick** bheith tinn, gan a bheith ann de bharr tinnis; **a day off** lá saoire; **to have an off day** drochlá a bheith agat; **he had his coat off** bhí a chóta de aige; **10% off** (COMM) lascaine 10%; **I'm off meat** táim ag staonadh den fheoil; **on the off chance (that)** ar an gcaolseans (go)

offal *n* (CULIN) miodamas *m1*, conamar *m1*, scairteach *f2*

Offaly *n* Uíbh *mpl* Fhailí

off-colour *adj* (*ill*): **he's a little off-colour today** níl sé aige féin mar is ceart inniu

offence, (US) **offense** *n* (*crime*) coir *f2*; **she took offence at the joke** chuir an scéal stuaic uirthi

offend *vt* (*person*) cuir stuaic *or* olc ar

offender *n* ciontóir *m3*, coireach *m1*

offense (US) *n* = **offence**

offensive *adj* (*smell etc*) déistineach, bréan; (*weapon*) ionsaitheach ♦ *n* (MIL) ionsaí *m*

offer *n* tairiscint *f3* ♦ *vt* tairg, ofráil; **"on offer"** (COMM) ar reic

offering *n* ofráil *f3*

offhand *adj* (*abrupt*) giorraisc; (*uninterested*) neamhshuimiúil ♦ *adv* gan ullmhú

office *n* (*place, room*) oifig *f2*; (*position*) post *m1*; (*responsibility*) dualgas *m1*, cúram *m1*; **to take office** dul i mbun dualgas

office block, (US) **office building** *n* ceap *m1* oifigí

office hours *npl* uaireanta *fpl2* oifige; (US: MED) uaireanta comhairle

officer *n* (MIL *etc*) oifigeach *m1*; (*also*: **police officer**) garda *m4*; (BRIT) péas *m4*

official *adj* oifigiúil ♦ *n* feidhmeannach *m1*

officialdom *n* oifigiúlachas *m1*

officiate *vi* (REL) feidhmigh; **to officiate at a marriage** pósadh a dhéanamh

off-licence *n* (*shop*) eischeadúnas *m1*

off-line *adj* (COMPUT) as líne

off-peak *adj* ag uaireanta, neamhghnóthacha

offprint *n* seach-chló *m4*

offset *vt* (*counteract*) déan cothrom, cúitigh
offshoot *n* (*fig*) craobh *f2*
offshore *adj* amach ón gcósta; **offshore fishing** fadiascaireacht *f3*
offside *adj* (SPORT) as an imirt
offspring *n inv* sliocht *m3*, clann *f2*
off-the-peg, (*US*) **off-the-rack** *adv* réamhghearrtha
often *adv* go minic; **how often do you go?** cá mhinice a théann tú ann?; **every so often** anois is arís
oh *excl* ó
oil *n* ola *f4*; (*petroleum*) peitriliam *m4* • *vt* (*machine*) bealaigh
oilfield *n* olacheantar *m1*
oil filter *n* (AUT) scagaire *m4* ola
oil rig *n* rige *m4* ola
oilskins *npl* aidhleanna *pl*
oil well *n* tobar *m1* ola
oily *adj* olúil; (*food*) bealaithe
ointment *n* ungadh *m*
O.K., okay *excl* ceart go leor, tá go maith • *adj* (*average*) go measartha • *vt* ceadaigh
old *adj* sean; (*person*) aosta, sean-; (*former*) sean-, ath-; **how old are you?** cén aois thú?, cá haois thú?; **he's 10 years old** tá sé 10 mbliana d'aois; **older brother/sister** deartháir mór/deirfiúr mhór
old age *n* seanaois *f2*
old age pensioner *n* pinsinéir *m3*
old-fashioned *adj* seanfhaiseanta; (*person*) seanaimseartha
olive *n* (*fruit*) ológ *f2*; (*tree*) crann *m1* ológ • *adj* (*also*: **olive-green**) glas olóige
olive oil *n* ola *f4* olóige
Olympic *adj* Oilimpeach; **the Olympic Games, the Olympics** na Cluichí *mpl4* Oilimpeacha
Oman *n* Oman *m4*
omelet(te) *n* uibheagán *m1*
omen *n* tuar *m1*, mana *m4*
ominous *adj* tuarúil
omit *vt* fág ar lár; **to omit to do sth** gan rud a dhéanamh; **he omitted to say whether ...** ní duirt sé cé acu ...

KEYWORD

on *prep* **1** (*indicating position*) ar; **on the table** ar an mbord; **on the wall** ar an mballa; **on the left** ar clé, ar thaobh na láimhe clé
2 (*indicating means, method, condition etc*): **on foot** de chois; **on the train/plane** sa traein/san eitleán; **on the telephone/radio/television** ar an nguthán *or* teileafón/raidió/teilifís; **to be on drugs** bheith ag caitheamh drugaí; **on holiday** ar (laethanta) saoire
3 (*referring to time*): **on Friday** Dé hAoine; **on Fridays** ar an Aoine; **on June 20th** ar an bhfichiú lá de Mhí an Mheithimh; **a week on Friday** seachtain ón Aoine seo; **on his arrival** ar theacht (isteach) dó; **on (his) seeing this** nuair a chonaic sé seo *or* ar a fheiceáil seo dó
4 (*about, concerning*): **a book on Yeats/physics** leabhar faoi Yeats/faoin bhfisic
• *adv* **1** (*referring to dress, covering*): **to have one's coat on** do chóta a bheith ort; **to put one's coat on** do chóta a chur ort; **what's she got on?** céard atá sí a chaitheamh?, cén t-éadach atá uirthi?; **put the lid on tightly** fáisc an clár go docht air
2 (*further, continuously*): **to walk** *etc* **on** siúl *etc* leat; **on and off** anois is arís, ó am go chéile
• *adj* **1** (*in operation*: *machine*) ag gabháil, ar obair; (: *radio,* TV) ag gabháil; (: *light*) lasta; (: *tap*) ag gabháil; (: *brakes*) teannta; (*in progress*) ar siúl; **is the meeting still on?** (*not cancelled*) an bhfuil an cruinniú le bheith ann go fóill?; **when is this film on?** cá huair a bheas an scannán seo ann?
2 (*inf*): **that's not on!** (*not acceptable, not possible*) níl sé sin indéanta!

once *adv* (*one time*) uair (amháin); (*formerly*) tráth, in am amháin, lá den saol • *conj* a luaithe (is) a; **once he had left/it was done** a luaithe a bhí sé ar shiúl/a bhí sé déanta; **at once** láithreach bonn; (*simultaneously*) in éineacht; **once a week** uair sa tseachtain; **once more** uair amháin eile; **once upon a time** fadó, fadó

KEYWORD

one *num* aon; **one hundred and fifty** céad go leith; **one day** lá, (aon) lá amháin
• *adj* **1** (*sole, unique*) aon; **the one book which ...** an t-aon leabhar (amháin) a ...; **the one man who ...** an t-aon fhear (amháin) a ...
2 (*same*) aon, céanna; **they came in the one car** tháinig siad san aon charr (amháin)
• *pron* **1** : **this/that/yonder one** an ceann seo/sin/úd; **I've already got one/a red one** tá ceann/ceann dearg agam cheana féin; **one by one** (*articles*) ceann i ndiaidh an chinn eile; (*people*) duine i ndiaidh an duine eile, ina nduine is ina nduine
2 : **one another** a chéile; **to look at one another** amharc *or* breathnú ar a chéile; **to speak to one another** labhairt lena chéile
3 (*impersonal*): **one never knows** ní bhíonn a fhios agat/ag aon duine; **to cut one's finger** do mhéar a ghearradh

one-day excursion (US) *n* ticéad *m1* fillte aonlae
one-man *adj* (*business*) aonair
one-off (*inf*) *adj* ar leith, aonuaire
oneself *pron*: **to keep sth for oneself** rud a choinneáil agat féin; **to talk to oneself** bheith ag caint leat féin
one-sided *adj* leataobhach, leatromach, claon
one-to-one *adj* (*relationship*) duine le duine
one-way *adj* (*street, traffic*) aontreo
ongoing *adj*: **the ongoing investigation** an fiosrúchán atá ag dul ar aghaidh faoi láthair
onion *n* oinniún *m1*
on-line *adj* (COMPUT) ar líne
onlooker *n* féachadóir *m3*, breathnóir *m3*
only *adv* amháin• *adj* aon-, aonair• *conj* ach, murach; **an only child** páiste aonair; **not only X but also Y** ní amháin X ach Y chomh maith; **I only have ...** níl agam ach ...; **if only for** mura mbeadh ann ach
onset *n* tús *m1*, tosach *m1*
onslaught *n* ionsaí *m* fíochmhar
onto *prep* = **on to**
onus *n* freagracht *f3*, dualgas *m1*; **the onus was on me to do it** is ormsa a tháinig é a dhéanamh
onward(s) *adv* (*move*) ar aghaidh; **from that time onward(s)** as sin amach
ooze *vi* úsc
opaque *adj* teimhneach; (*fig*) dothuigthe
open *adj* oscailte; (*view*) fairsing; (*meeting*) poiblí; (*admiration*) gan cheilt
• *vi, vt* oscail; (*debate etc*: *commence*) cuir tús le; (*letter*) bris, oscail; **in the open (air)** amuigh faoin aer
▸ **open on to** *vt fus* (*subj*: *room, door*): **that door opens on to the garden** tabharfaidh an doras sin amach chun an ghairdín tú
▸ **open up** *vi, vt* oscail
opening *n* oscailt *f2*; (*hole*) bearna *f4*; (*opportunity*) deis *f2*• *adj* céad, tosaigh
openly *adv* go hoscailte, os ard
open-minded *adj*: **an open-minded person** duine a bhfuil intinn oscailte aige
opera *n* ceoldráma *m4*
operate *vt, vi* oibrigh; (MED): **to operate on sb** duine a chur faoi scian, obráid a dhéanamh ar dhuine
operatic *adj* ceoldrámach
operating theatre *n* obrádlann *f2*
operation *n* feidhmiú *m*; (*of machine*) oibriú *m*; (MED) obráid *f2*; **to be in operation** (*system, law*) bheith i bhfeidhm; **to have an operation** (MED) dul faoi scian, obráid a bheith agat
operative *adj* i bhfeidhm, feidhmiúil
operator *n* (*of machine*) oibreoir *m3*
opinion *n* barúil *f3*, tuairim *f2*; **in my opinion** dar liomsa; **he's of the opinion (that)** tá sé den bharúil (go)

opinion poll *n* pobalbhreith *f2*
opponent *n* céile *m4* comhraic, teagmhálaí *m4*
opportunity *n* deis *f2*, faill *f2*; **to take the opportunity** an deis a thapú
oppose *vt* cuir i gcoinne + *gen*, cuir in aghaidh + *gen*; **opposed to** i gcoinne + *gen*, in aghaidh + *gen*, in éadan + *gen*; **as opposed to** i gcomórtas le
opposing *adj* (*views etc*) atá in éadan a chéile; **the opposing team** an fhoireann eile
opposite *adj* (*facing*) os comhair + *gen*; (*opposing*) a mhalairt (de) • *adv* os comhair + *gen* • *prep* os comhair + *gen*, os coinne + *gen* • *n* malairt *f2*; **the house opposite** an teach sin thall, an teach os ár gcomhair amach
opposition *n* (POL) freasúra *m4*, cur *m1* in éadan, naimhdeas *m1*; (SPORT) an fhoireann *f2* eile
oppressive *adj* (*political regime*) leatromach, tíoránta; (*weather*) marbhánta
opt *vi*: **to opt for sth** rud a roghnú, taobhú le rud; **to opt to do sth** cinneadh le rud a dhéanamh
opt out *vi*: **to opt out of** tarraingt siar as
optical *adj* radharcach, radhairc *n gen*; (*instrument*) súl *n gen*, optúil; **optical illusion** iomrall *m1* radhairc *or* súl
optician *n* radharceolaí *m4*
optimist *n* duine *m4* dóchasach, soirbhíoch *m1*
optimistic *adj* dóchasach, soirbh
option *n* rogha *f4*; **your only option is to ...** níl (de rogha) agat ach ...
optional *adj* roghnach
or *conj* nó; (*with negative*) ná; **or else** nó
oral *adj* cainte *n gen*, béil *n gen* • *n* scrúdú *m* cainte; **oral tradition** béaloideas *m1*
orange *n* (*fruit*) oráiste *m4* • *adj* oráiste, flannbhuí
Orangeman *n* Fear *m1* Buí, Oráisteach *m1*
orbit *n* fithis *f2* • *vt* fithisigh, téigh thart ar
orchard *n* úllord *m1*
orchestra *n* ceolfhoireann *f2*
orchid *n* magairlín *m4*
ordain *vt* (REL) oirnigh
ordeal *n* triail *f*, féachaint *f3*, crá *m4*
order *n* eagar *m1*; (*command*) ordú *m*; (REL) ord *m1* • *vt* ordaigh; **in order** in ord; **in (working) order** ar deil; **out of order** (*not in correct order*) as ord; (*not working*) as gléas; **in order to do** le *or* chun rud a dhéanamh; **in order that** le go, chun go, ionas go; **on order** (COMM) ordaithe; **to order sb to do sth** ordú a thabhairt do dhuine rud a dhéanamh; **to put sth in order** (*rectify*) deis a chur ar rud
order form *n* foirm *f2* ordaithe
orderly *n* (MIL) giolla *m4*; (MED) giolla ospidéil • *adj* (*room*) (glan) ordúil; (*person*) a bhfuil eagar air
ordinary *adj* coitianta, gnáth-; (*pej*) comónta; **out of the ordinary** neamhghnách, as an gcoitianacht
ore *n* mianach *m1*
organ *n* orgán *m1*, ball *m1* (beatha); (MUS) orgán
organ donor *n* deontóir *m3* orgán
organic *adj* orgánach
organization *n* (*arrangement*) eagrú *m*; (*political etc*) eagraíocht *f3*
organize *vt* eagraigh
orgasm *n* orgásam *m1*
Orient *n*: **the Orient** an Domhan *m1* Thoir, an tOirthear *m1*
oriental *adj* oirthearach
origin *n* bun *m1*, bunús *m1*, údar *m1*; (*of river*) foinse *f4*; **what's the origin of it?** cad is bun de?
original *adj* bun-, bunúsach • *n* (*book, picture*) bunchóip *f2*
originally *adv* (*at first*) ó thús, ar dtús
originate *vi*: **to originate from** teacht as *or* ó; **to originate in** tosú i
Orkneys *npl*: **the Orkneys** (*also*: **the Orkney Islands**) Inse *fpl2* Orc
ornament *n* maisiú *m*; (*trinket*) ornáid *f2*
ornamental *adj* maisiúil, ornáideach
ornate *adj* ornáideach
orphan *n* dílleachta *m4*
orphanage *n* dílleachtlann *f2*
orthopaedic, (US) **orthopedic** *adj*

ortaipéideach
ostensibly *adv* in ainm, ar shéala, mar dhea
ostrich *n* ostrais *f2*
other *adj* eile♦ *pron*: **the other one** an ceann *m1* eile; (*person*) an fear/bhean eile; **others** (*other people*) daoine eile; **other than** seachas; **every other** gach dara; **one thing after another** rud i ndiaidh a cheann eile; **the other day** an lá faoi dheireadh; **I have no other choice** níl an dara rogha agam
otherwise *adv* ar chuma eile, ar dhóigh eile♦ *conj* nó
otter *n* dobharchú *m4*, madra *m4* uisce
ouch *excl* áigh
ought *aux vb*: **I ought to do it** ba chóir dom é a dhéanamh; **this ought to have been corrected** ba chóir do seo a bheith ceartaithe; **he ought to win** ba chóir *or* cheart go mbainfeadh sé
ounce *n* unsa *m4*
our *adj* ár; **our house/car/gloves** ár dteach/ngluaisteán/miotóga, an teach/an gluaisteán/na miotóga againn; **our hair** ár gcuid gruaige; *see also* **my**
ours *adj* (*single article*) ár gceann-na; (*share of*) ár gcuidne; **this book is ours** is linn an leabhar seo; **this book of ours** an leabhar seo againn; *see also* **mine**
ourselves *pron pl* (*reflexive*) muid féin, sinn féin; (*emphatic*) sinne féin, muidne féin; **we are tormenting ourselves** táimid dár gcrá féin
oust *vt* cuir amach
out *adv* (*go, come*) amach; (*be, stay*) amuigh; (*published*) amuigh, ar fáil; (*not at home*) as baile; (*light, fire*) as; **out here/there** amuigh anseo/ansin; **he's out** (*absent*) níl sé anseo; (*unconscious*) leagtha amach; **to be out in one's calculations** mearú cuntais a bheith ort; **to run/back out** rith/cúlú amach; **out loud** os ard; **out of** (*outside*) taobh amuigh de; (*because of*: *anger etc*) as; (*from among*): **out of 10** as deichniúr; (*without*): **out of petrol** (rite) as peitreal; **out of order** (*machine*) as gléas
out-and-out *adj* (*liar, thief etc*) cruthanta, críochnaithe, déanta
outbreak *n* briseadh *m* amach
outburst *n* (*of anger*) racht *m3*; (*of shots*) rois *f2*
outcast *n* díbeartach *m1*; (*socially*) éan *m1* scoite
outcome *n* toradh *m1*
outcry *n* casaoid *f2* challánach, agóid *f2*
outdated *adj* seanaimseartha, seandéanta
outdoor *adj* lasmuigh
outdoors *adv* taobh amuigh (de dhoras), amuigh faoin aer
outer *adj* lasmuigh, seachtrach, amuigh
outer space *n* imspás *m1*
outfit *n* (*clothes*) feisteas *m1*
outgoing *adj* (*character*) cuideachtúil; (*retiring*): **the outgoing minister** an t-aire atá ag dul as oifig
outgrow *vt* (*clothes*) séan; **he has outgrown his shoes** tá a chuid bróga séanta aige
outhouse *n* bothán *m1*, cró *m4*
outing *n* turas *m1* aeraíochta
outlandish *adj* áiféiseach
outlaw *n* coirpeach *m1*, meirleach *m1* ♦ *vt* déan mídhleathach, eisreachtaigh
outlay *n* eisíoc *m3*, caiteachas *m1*
outlet *n* (*for liquid etc*) poll *m1* éalaithe; (US: ELEC) soicéad *m1*; (*also*: **retail outlet**) cóir *f3* dhíolacháin, asraon *m1* miondíola
outline *n* (*shape*) fíor *f*, cruthaíocht *f3*, imlíne *f4*; (*summary*) achoimre *f4*, cnámha *f2* (scéil)♦ *vt* (*fig*: *theory, plan*) tabhair achoimre ar
outlook *n* dearcadh *m1*
outnumber *vt*: **to outnumber** bheith níos líonmhaire ná
out-of-date *adj* (*passport*) as dáta; (*clothes etc*) seanaimseartha, seanfhaiseanta
out-of-the-way *adj* (*place*) cúlráideach, scoite
outpatient *n* othar *m1* seachtrach
outpost *n* urphost *m1*
output *n* táirgeacht *f3*; (COMPUT) aschur *m1*
outrage *n* (*anger*) fearg *f2*; (*violent act*) gníomh *m1* uafásach, éigneach *m1*;

(*scandal*) scannal *m1* ♦ *vt* cuir colg ar
outrageous *adj* ainspianta, scannalach
outright *adv* ar fad; (*refuse*) glan; (*ask*) go neamhbhalbh; (*kill*) in áit na mbonn ♦ *adj* iomlán
outset *n* tús *m1*; **from the outset** ó thús, an chéad lá in Éirinn
outside *n* an taobh *m1* amuigh ♦ *adj* amuigh, seachtrach ♦ *adv* taobh amuigh, lasmuigh; (*go, put*) amach ♦ *prep* taobh amuigh de, lasmuigh de; **at the outside** (*at most*) ar a mhéad; (*latest*) ar a mhoille
outsider *n* (*stranger*) coimhthíoch *m1*
outskirts *npl* (*of city*) imeall *msg1*
outspoken *adj* díreach, neamhbhalbh
outstanding *adj* (*noticeable*) suntasach; (*excellent*) thar barr, ar fheabhas; (*unsettled*) gan réiteach; (*debt*) gan íoc
outstretched *adj* (*hand*) sínte amach
outward *adj* (*sign, appearances*) ón taobh amuigh; (*journey*) amach
outwardly *adv* ar an taobh amuigh, de réir dealraimh
outweigh *vt* bheith níos troime *or* níos tábhachtaí ná
oval *adj* ubhchruthach ♦ *n* ubhchruth *m3*
ovary *n* ubhagán *m1*
oven *n* oigheann *m1*
over *adv* (*across*) thar, trasna; (*towards*) anonn go; (*finished*) thart; (*left*) fágtha; (*again*) arís ♦ *adj* (*finished*) thart ♦ *prep* thar; (*above*) os cionn + *gen*; (*on the other side of*) ar an taobh thall de; (*more than*) os cionn + *gen*, níos mó ná; **over here** abhus anseo; **over there** thall ansin; **all over** (*everywhere*) i ngach áit, ar fud na háite; **over and over (again)** arís is arís (eile); **over and above** le cois + *gen*, ar bharr + *gen*; **to ask sb over** cuireadh chun tí a thabhairt do dhuine
overall *adj* (*length, cost etc*) iomlán; (*study*) ginearálta ♦ *n* (*also*: **overalls**) rabhlaer *m1*, forbhríste *m4* ♦ *adv* ar an iomlán, san iomlán
overawe *vt* scanraigh, cuir scáth *or* uamhan ar
overboard *adv* (NAUT) thar bord
overcast *adj* gruama
overcharge *vt*: **to overcharge sb for sth** barraíocht a ghearradh ar dhuine as rud
overcoat *n* cóta *m4* mór
overcome *vt* sáraigh
overcrowded *adj* róphlódaithe
overdo *vt* téigh thar fóir le; (*overcook*) déan cócaireacht rófhada ar; **to overdo it** (*work etc*) tú féin a chur thar d'acmhainn
overdose *n* ródháileog *f2*, anlucht *m3*
overdraft *n* rótharraingt *f2*
overdrawn *adj* (*account*) rótharraingthe
overdue *adj* mall, dlite thar téarma
overestimate *vt* déan meastachán iomarcach ar; (*exaggerate*) déan áibhéil ar
overflow *vi* sceith; (*container*) bheith ag cur thar maoil; (*fig*): **overflowing with** ag cur thar maoil le, ramhar le ♦ *n* (*also*: **overflow pipe**) píopa *m4* sceite
overgrown *adj* (*garden*) mothrach, fiáin
overhaul *vt* cóirigh, ollchóirigh ♦ *n* cóiriú *m*, ollchóiriú *m*
overhead *adj, adv* thuas, lastuas ♦ *n* (US) = **overheads**; **overheads** *npl* (*expenses*) costais *mpl1* riartha, forchostais *mpl1*
overhear *vt* cluin, clois
overjoyed *adj*: **to be overjoyed (at)** ríméad *or* lúcháir a bheith ort (faoi)
overkill *n* barraíocht *f3*
overland *adj, adv* thar tír
overlap *vi* téigh thar a chéile, forluigh, rádal
overleaf *adv* thall, an taobh eile; "**see overleaf**" "féach an taobh eile"
overload *vt* anluchtaigh
overlook *vt* (*have view of*) féach síos ar, bheith suite os cionn; (*miss*: *by mistake*) caill, lig thar do shúile
overnight *adj, adv* thar oíche; (*fig*) go tobann; **he stayed overnight** d'fhan sé thar oíche
overpower *vt* cloígh; **they overpowered him** ba treise leo air
overpowering *adj* (*heat*) marfach; (*stench*) dofhulaingthe
overrate *vt* cuir luach rómhór ar, tabhair an iomarca tábhachta do
override *vt* (*order, objection*) sáraigh

overriding *adj* (*principle*) dosháraithe; (*clause*) sáraitheach
overrule *vt* (*decision*) cuir ar neamhní; (*person*) rialaigh in aghaidh + *gen*
overrun *vt* (*country*) gabh de ruathar; (*time limit*) téigh thar
overseas *adv* (*abroad*) thar lear, thar sáile ♦ *adj* (*trade*) thar lear; (*visitor*) ón choigríoch
overshadow *vt* (*fig*) bain an barr de
oversight *n* dearmad *m1*, faillí *f4*
overstep *vt*: **to overstep the mark** dul thar an cheasaí le rud
overt *adj* follasach, oscailte
overtake *vt* (AUT) téigh thar
overthrow *vt* (*government*) bris
overtime *n* ragobair *f2*, obair *f2* bhreise
overtone *n* (*also*: **overtones**) leid *f2*, seachbhrí *f4*
overture *n* (MUS) réamhcheol *m1*; (*fig*) oscailt *f2*
overturn *vi, vt* iompaigh, caith (rud) thar a chorp
overweight *adj* (*person*) ramhar
overwhelm *vt* (*enemy, opponent*) cloígh, treascair
overwhelming *adj* (*victory, defeat*) caoch, treascrach; (*desire*) marfach
overwork *n* barraíocht *f3* *or* an iomarca *f4* oibre♦ *vi*: **to overwork** tú féin a chur thar do riocht
owe *vt*: **I owe her £10/I owe £10 to her** tá £10 aici orm; **she owes him a favour** tá sí faoi chomaoin aige
owing to *prep* mar gheall ar, de thairbhe + *gen*, as siocair + *gen*
owl *n* ulchabhán *m1*
own *vt*: **I own the book** is liomsa an leabhar♦ *adj* féin; **my own car** mo charr féin; **a room of my own** seomra dom féin; **to get one's own back on sb** do chuid féin a bhaint amach as duine; **on his own** leis féin, ina aonar
▸ **own up** *vi* ciontaigh thú féin
owner *n* úinéir *m3*
ownership *n* úinéireacht *f3*
ox *n* damh *m1*
oxtail *n*: **oxtail soup** anraith *m4* damheireaballl
oxygen *n* ocsaigin *f2*
oyster *n* oisre *m4*
oz. *abbr* = **ounce(s)**
ozone layer *n* brat *m1* ózóin

P

PA *n abbr* = **personal assistant**; **public address system**
pa (*inf*) *n* daid *m4*, daidí *m4*
p.a. *abbr* = **per annum** *see* **per**
pace *n* coiscéim *f2*; (*speed*) luas *m1* ♦ *vi*: **to pace up and down** siúl suas agus anuas; **to keep pace with** coinneáil (suas) le
pacemaker *n* (MED, SPORT) séadaire *m4*
Pacific *n*: **the Pacific (Ocean)** an tAigéan *m1* Ciúin
pack *n* (*packet*: US: *of cigarettes*) paca *m4*; (*also*: **pack of hounds**) conairt *f2*; (*of lies*) moll *m1*; (*of thieves etc*) drong *f2* ♦ *vt* (*goods*) pacáil; (*cram*) sac; **to pack sb off to** duine a chur go *or* chuig; **pack it in!** stad de!, éirigh as!; **the hall was packed** bhí an halla plódaithe, bhí an halla lán ó chúl go doras
package *n* pacáiste *m4*; (*also*: **package holiday**) saoire *f4* láneagraithe
package tour *n* turas *m1* láneagraithe
packed lunch *n* lón *m1* pacáilte
packet *n* paca *m4*
packing *n* (*act of*) pacáil *f3*; (*material*) stuáil *f3*
packing case *n* cás *m1* pacála
pact *n* comhaontú *m*
pad *n* ceap *m1*; (*for helicopter*) ardán *m1*; (*for knee etc*) pillín *m4*; (*inf*: *flat*) árasán *m1* ♦ *vt* stuáil
padding *n* stuáil *f3*
paddle *n* (*oar*) céasla *m4*; (US: *for table tennis*) slacán *m1* ♦ *vt* céaslaigh ♦ *vi* bheith ag lapadaíl
paddle steamer *n* galtán *m1* rotha lián
paddling pool *n* linn *f2* lapadaíola
paddock *n* banrach *f2*
paddy field *n* gort *m1* ríse
padlock *n* glas *m1* fraincín
paediatrics, (US) **pediatrics** *n* péidiatraic *fsg2*
pagan *adj, n* págánach *m1*
page *n* (*of book*) leathanach *m1*; (*also*: **page boy**) péitse *m4*, buachaill *m3* freastail ♦ *vt* (*in hotel etc*) glaoigh ar
pageant *n* tóstal *m1*
pageantry *n* galántas *m1*
pager *n* (TEL) glaoire *m4*
paid *adj* (*work, official*) íoctha, díolta; **to put paid to** deireadh a chur le
pail *n* stópa *m4*
pain *n* pian *f2*; **to be in pain** pian a bheith ort, bheith i bpian; **to take pains with sth** stró a chur ort féin le rud, dua a chaitheamh le rud; **it pains me to** is doiligh liom
pained *adj* gonta, buartha
painful *adj* pianmhar, nimhneach; (*distasteful*) míthaitneamhach; (*fig*) goilliúnach
painfully *adv* (*fig*: *very*) millteanach, an-
painkiller *n* pianmhúchán *m1*
painless *adj* gan phian
painstaking *adj* (*person*) dícheallach; (*work*) mionchúiseach
paint *n* péint *f2* ♦ *vt, vi* péinteáil; **to paint the door blue** dath gorm a chur ar an doras
paintbrush *n* scuab *f2* phéinte *or* phéinteála
painter *n* péintéir *m3*
painting *n* péinteáil *f3*; (*art*) péintéireacht *f3*; (*picture*) pictiúr *m1*
paintwork *n* péinteáil *f3*, obair *f2* phéinteála
pair *n* (*of shoes, gloves etc*) péire; **pair of scissors** siosúr *msg1*; **pair of trousers** bríste *m4*
pajamas (US) *npl* pitseámaí *mpl4*
Pakistan *n* an Phacastáin *f2*
Pakistani *adj, n* Pacastánach *m1*
pal (*inf*) *n* comrádaí *m4*; **to be/become pals with sb** bheith mór le duine/mór a dhéanamh le duine
palace *n* pálás *m1*
palatable *adj* dea-bhlasta, inite
palate *n* (*hard*) carball *m1*; (*soft*) coguas

m1; (*taste*) blas *m1*

pale *adj* (*complexion*) mílítheach; (*light*) báiteach ♦ *n*: **beyond the pale** (*behaviour*) thar fóir; **the Pale** (*IRL*: *HIST*) an Pháil *f2*; **to grow pale** éirí bán san aghaidh

Palestine *n* an Phalaistín *f2*

Palestinian *adj, n* Palaistíneach *m1*

palette *n* pailéad *m1*

pall *n* (*of smoke*) púir *f2* ♦ *vi* éirigh leamh

pallid *adj* mílítheach; (*light*) báiteach

palm *n* (*of hand*) bos *f2*, dearna *f*; (*also*: **palm tree**) pailm *f2*, crann *m1* pailme ♦ *vt*: **to palm sth off on sb** (*inf*) rud a chur *or* a bhualadh ar dhuine; **to have sth in the palm of one's hand** rud a bheith i gcúl do dhoirn agat

Palm Sunday *n* Domhnach *m1* na Pailme

palpable *adj* inbhraite; (*clear*) follasach, soiléir

paltry *adj* scallta, suarach

pamper *vt*: **to pamper sb** peata a dhéanamh de dhuine, duine a mhilleadh

pamphlet *n* paimfléad *m1*

pan *n* (*also*: **saucepan**) scilléad *m1*, sáspan *m1*; (*also*: **frying pan**) friochtán *m1*

pancake *n* pancóg *f2*; (*also*: **Pancake Tuesday**) Máirt *f4* Inide

panda *n* panda *m4*

pandemonium *n* racán *m1*, ruaille buaille *m4*

pane *n* pána *m4*, gloine *f4* fuinneoige

panel *n* painéal *m1*

panelling, (*US*) **paneling** *n* painéaladh *m*

pang *n* daigh *f2*, arraing *f2*

panic *n* scaoll *m1*, driopás *m1* ♦ *vi*: **they panicked** tháinig scaoll fúthu, chuaigh siad i scaoll, bhuail driopás iad

panicky *adj* (*person*) scaollmhar

panic-stricken *adj* faoi scaoll

pansy *n* (*BOT*) goirmín *m4*; (*inf*: *pej*) piteog *f2*

pant *vi* cnead, d'anáil a bheith i mbarr go ghoib agat, ga seá a bheith ionat, saothar a bheith ort

panther *n* pantar *m1*

panties *npl* brístín *msg4*

pantihose (*US*) *npl* riteoga *fpl2*

pantomime *n* geamaireacht *f3*

pantry *n* pantrach *f2*

pants *npl* (*BRIT*: *woman's*) brístín *msg4*; (: *man's*) fobhríste *msg4*; (*US*: *trousers*) bríste *msg4*

paper *n* páipéar *m1*; (*also*: **wallpaper**) páipéar *m1* balla; (*also*: **newspaper**) nuachtán *m1* ♦ *adj* páipéir *n gen* ♦ *vt*: **to paper the wall** páipéar a chur ar an mballa; **papers** *npl* (*also*: **identity papers**) páipéir *mpl1* aitheantais

paperback *n* bogchlúdach *m1*; (*also*: **paperback book**) leabhar *m1* bogchlúdaigh, leabhar faoi chlúdach bog

paper bag *n* mála *m4* páipéir

paper clip *n* fáiscín *m4* páipéir

paper hankie *n* ciarsúr *m1* páipéir

paperweight *n* tromán *m1* páipéir

paperwork *n* obair *f2* pháipéir

par *n* cothrom *m1*; **on a par with** ar chomhchéim le, cothrom le

parable *n* fáthscéal *m1*, parabal *m1*

parachute *n* paraisiút *m1*

parade *n* paráid *f2* ♦ *vt* (*fig*) taispeáin ♦ *vi* máirseáil

paradise *n* parthas *m1*

paradox *n* paradacsa *m4*, frithchosúlacht *f3*

paradoxical *adj* paradacsúil, frithchosúil

paraffin *n* pairifín *m4*

paragon *n* eiseamláir *f2*

paragraph *n* paragraf *m1*

Paraguay *n* Paragua *m4*

parallel *adj* comhthreomhar; (*fig*): **that is parallel to ...** tá sin ar aon dul ..., tá sin cosúil le ... ♦ *n* (*line*) líne *f4* chomhthreomhar; (*GEOG*) líne dhomhanleithid; (*fig*): **it has no parallel in English** níl a chómhaith i mBéarla

Paralympic *adj* Paroilimpeach; **the Paralympic Games, the Paralympics** na Cluichí Paroilimpeacha

paralyse *vt*: **the accident paralysed him** d'fhág an taisme pairilis air

paralysis *n* pairilis *f2*

paralyze (*US*) *vt* = **paralyse**

paramilitary *adj, n* paraimíleatach *m1*

paramount *adj*: **of paramount importance** barrthábhachtach
paranoid *adj* (PSYCH) paranóiach
paraphernalia *n* (*personal*) giuirléidí *fpl2*; (*equipment*) trealamh *m1*
paraphrase *n* athleagan *m1*
parasol *n* parasól *m1*, scáth *m3* gréine
paratrooper *n* paratrúipéir *m3*
parcel *n* beart *m1*, beartán *m1* • *vt* (*also*: **parcel up**) cuir i mbeart, déan beart de *or* as
parched *adj* spallta, spalptha
parchment *n* pár *m1*, meamram *m1*
pardon *n* pardún *m1*, maithiúnas *m1* • *vt*: **they were pardoned** tugadh pardún dóibh; **pardon me!, I beg your pardon!** gabhaim pardún agat!, mo phardún!; **(I beg your) pardon?,** (US) **pardon me?** cad é sin arís?
parent *n* tuismitheoir *m3*; **parents** *npl* tuismitheoirí *mpl3*
Paris *n* Páras *m4*
parish *n* paróiste *m4*
Parisian *adj, n* Párasach *m1*
park *n* páirc *f2* • *vt, vi* páirceáil
parking *n* páirceáil *f3*; "**no parking**" "ná páirceáiltear anseo"
parking lot (US) *n* carrchlós *m1*, áit *f2* pháirceála
parking meter *n* méadar *m1* páirceála
parking ticket *n* ticéad *m1* páirceála
parlance *n* béarlagair *m4*
parliament *n* parlaimint *f2*
parliamentary *adj* parlaiminteach, parlaiminte *n gen*
parlour, (US) **parlor** *n* seomra *m4* suí, parlús *m1*
parochial (*pej*) *adj* cúng, cúngaigeanta
parody *n* scigaithris *f2*
parole *n*: **on parole** ar parúl *m1*
parrot *n* pearóid *f2*
parry *vt* (*question*) seachain; (*blow*) cuir díot
parsley *n* peirsil *f2*
parsnip *n* meacan *m1* bán
parson *n* ministir *m4*
part *n* cuid *f3*, páirt *f2*; (THEAT, *of serial*) páirt; (*of machine*) ball *m1*; (US: *in hair*) stríoc *f2*; **part of** cuid *or* páirt de • *adv* = **partly** • *vt, vi* scar; **to take part in** páirt a ghlacadh i; **to take sth in good part** rud a ghlacadh i bpáirt mhaitheasa; **to take sb's part** taobhú le duine; **for my part** i dtaca liomsa de, ó mo thaobhsa de; **for the most part** den chuid is mó
▸ **part with** *vt fus* scaradh le
partake *vt*: **to partake of sth** bheith rannpháirteach i rud, do chuid a bheith agat de rud
part exchange *n* leathmhalairt *f2*
partial *adj* (*not complete*) leath-, neamhiomlán; **she is partial to drink** tá dúil sa deoch aici; **to be partial towards ...** (*biased*) bheith claonta le i leith + *gen*
participate *vi*: **to participate (in)** bheith páirteach (i), páirt a ghlacadh (i)
participation *n* páirteachas *m1*, rannpháirt *f2*
participle *n* rangabháil *f3*
particle *n* cáithnín *m4*; (GRAM) mír *f2*
particular *adj* áirithe, ar leith, faoi leith; (*special*) ar leith, speisialta; (*precise*) beacht; (*fussy*) mionchúiseach, beadaí; (*about food*) beadaí, éisealach, nósúil; **particulars** *npl* (*details*) mionsonraí *mpl4*; **in particular** go mór mór, go háirithe
particularly *adv* go háirithe, go sonrach
parting *n* (*of people*) scaradh *m*; (*in hair*) stríoc *f2* • *adj* deireanach, scoir *n gen*
partisan *n* páirtíneach *m1*, óglach *m1* • *adj* claonta
partition *n* (*wall*) spiara *m4*; (POL) deighilt *f2*, críochdheighilt *f2* • *vt* (POL) deighil
partly *adv* breac-, leath-
partner *n* páirtí *m4*; (*in marriage*) céile *m4*
partnership *n* páirtíocht *f3*, comhar *m1*
partridge *n* patraisc *f2*
part-time *adj, adv* páirtaimseartha
party *n* (POL) páirtí *m4*; (*celebration*) cóisir *f2*, fleá *f4*; (LAW): **to be a party to** bheith i do pháirtí i • *cpd* (POL) páirtí *n gen*
party dress *n* gúna *m4* cóisire
party line *n* (TEL) líne *f4* i bpáirt
pass *vt* téigh thar, gabh thar; (*overtake*) scoith, téigh thar; (*exam*): **he passed the exam** d'éirigh an scrúdú leis; (*approve*)

ceadaigh; (SPORT) pasáil, seachaid; (*time*) caith, cuir thart; (*day*) cuir isteach ♦ *vi* téigh thart, gabh thart ♦ *n* (*permit*) pas *m4*, cead *m3* (isteach); (*in mountains*) bearnas *m1*, mám *f3*; (SPORT) seachadadh *m*, pas; (SCOL: *also*: **pass mark**) pasmharc *m1*; **to get a pass** pas a fháil; **to make a pass at sb** (*inf*) (é) a chur chun tosaigh ar dhuine, ceiliúr a chur ar dhuine

▸ **pass away** *vi* síothlaigh, faigh bás

▸ **pass by** *vi* téigh thart, gabh thart; (*time*) caith ♦ *vt* téigh thar

▸ **pass on** *vt* seachaid

▸ **pass out** *vi* titim i laige

▸ **pass up** *vt* (*opportunity*) lig tharat

passable *adj* (*road*) oscailte; (*work*) cuibheasach, measartha, inghlactha, maith go leor

passage *n* (*also*: **passageway**) pasáiste *m4*, dorchla *m4*; (*gen, in book*) sliocht *m3*; (*by boat*) pasáiste *m4*

passbook *n* pasleabhar *m1*

passenger *n* paisinéir *m3*

passenger ferry *n* bád *m1* fartha paisinéirí

passenger jet *n* scairdeitleán *m1* paisinéirí

passer-by *n* duine *m4* ag dul an bealach, duine ag dul thar bráid

passing *adj* (*fig*) neamhbhuan; **in passing** dála an scéil

passing place *n* (AUT) áit *f2* scoite

passion *n* paisean *m1*; (REL) páis *f2*

passionate *adj* paiseanta

passive *adj* síochánta; (LING: *also*: **the passive voice**) an fhaí *f4* chéasta

passive smoking *n* caitheamh *m1* éighníomhach

Passover *n* Cáisc *f3* na nGiúdach

passport *n* pas *m4*

passport control *n* rialú *m* na bpas

passport office *n* oifig *f2* pasanna

password *n* focal *m1* faire

past *prep* (*in front of*) thar, i ndiaidh + *gen*; (*later than*) i ndiaidh + *gen*, tar éis + *gen*♦ *adj* caite; (LING: *also*: **the past tense**) an aimsir *f2* chaite; (*president etc*) iar-, sean-♦ *n* an t-am *m3* atá thart; **in the past** roimhe seo, sa seanam; **he's past forty** tá sé os cionn daichead, tá sé thar an daichead; **for the past few years** le blianta beaga anuas, le cúpla bliain anois; **quarter past eight** ceathrú i ndiaidh a hocht, ceathrú tar éis a hocht; **to go past sb** dul thar duine éigin

pasta *n* pasta *m4*

paste *n* taos *m1*, leafaos *m1*; (*glue*) gliú *m4*, glae *m4* ♦ *vt* greamaigh

pasteurized *adj* paistéartha

pastille *n* paistil *f2*

pastime *n* caitheamh *m1* aimsire

pastry *n* (*dough*) taosrán *m1*; (*cake*) cáca *m4* milis, císte *m4* milis

pasturage *n* innilt *f2*

pasture *n* féarach *m1*, talamh *m1 or f* féaraigh

pasty *n* pastae *m4* ♦ *adj* (*complexion*) mílítheach

pat *vt* slíoc; (*animal*) bán bán a dhéanamh le; **to pat sb on the back** comhghairdeas a dhéanamh le dhuine; **to know sth off pat** rud a bheith ar bharr do theanga agat

patch *n* (*of material*) paiste *m4*; (*eye patch*) bileog *f2* shúile; (*spot*) ball *m1*; (*on animal*) scead *f2* ♦ *vt* (*clothes*) paisteáil; **to go through a bad patch** drocham a chaitheamh, am crua a chaitheamh

▸ **patch up** *vt* deisigh, cóirigh; **to patch up a quarrel** síocháin a dhéanamh

patchy *adj* sceadach; (*irregular*) treallach

pâté *n* páté *m4*

patent *n* paitinn *f2* ♦ *vt* paitinnigh ♦ *adj* paiteanta

patent leather *n* snasleathar *m1*

paternal *adj* athartha

path *n* cosán *m1*; (*trajectory*) ruthag *m1*

pathetic *adj* (*pitiful*) truamhéalach, truacánta; (*very bad*) ainnis

pathological *adj* paiteolaíoch

pathos *n* truamhéala *f4*

pathway *n* cosán *m1*

patience *n* foighne *f4*; (CARDS) cluiche *m4* aonair; **have patience** bíodh foighne agat; **he lost his patience (with her)** bhris (sí) ar a fhoighne

patient *n* othar *m1* ♦ *adj* foighneach; **to be patient** foighne a dhéanamh, bheith foighneach
patriotic *adj* tírghrách
patriotism *n* tírghrá *m4*
patrol *n* patról *m1* ♦ *vt* bheith ar patról i
patrol car *n* patrólcharr *m1*
patrolman (*US*) *n* garda *m4*, póilín *m4*
patron *n* pátrún *m1*; (*in shop*) custaiméir *m3*; **patron saint** éarlamh *m1*
patronize *vt* déan pátrúnacht ar; (*pej*) déan uasal le híseal le; (*shop, club*) gnáthaigh
patter *n* (*tapping*) clagarnach *f2*; (*chatter*) glagaireacht *f3*
pattern *n* patrún *m1*, gréasán *m1*
paunch *n* maróg *f2*
pauper *n* bochtán *m1*, bocht *m1*
pause *n* sos *m3*, moill *f2* (bheag) ♦ *vi* déan moill
pave *vt* pábháil; **he paved the way for us** réitigh sé an bealach dúinn
pavement *n* cosán *m1*
pavilion *n* pailliún *m1*
paving *n* (*material*) pábháil *f3*
paving stone *n* cloch *f2* phábhála
paw *n* lapa *m4*, crobh *m1*
pawn *n* (*CHESS*) ceithearnach *m1*; (*fig*) fichillín *m4* ♦ *vt* cuir i ngeall
pawnbroker *n* geallearbóir *m3*
pawnshop *n* siopa *m4* geallearbóra
pay *n* pá *m4*, tuarastal *m1* ♦ *vt* díol, íoc ♦ *vi* íoc; (*be profitable*): **it pays ...** is fiú ...; **to pay attention (to)** aird a thabhairt (ar); **to pay the piper** an píobaire a íoc; **to pay sb a visit** cuairt a thabhairt ar dhuine; **to pay one's respects to sb** do dhea-mhéin a chur in iúl do dhuine; **you'll pay dearly for it** beidh daor ort
▸ **pay back** *vt* aisíoc
▸ **pay for** *vt fus* íoc as, íoc ar son, díol as, díol ar son
▸ **pay in** *vt* íoc isteach, díol isteach
▸ **pay off** *vt*: **to pay off a debt** fiach a ghlanadh; (*person*) bris ♦ *vi* (*scheme, decision*): **it paid off** b'fhiú é
▸ **pay up** *vt* (*money*) íoc, díol
payable *adj*: **payable to (sb)** (*cheque*) iníoctha le (duine)
payee *n* íocaí *m4*
pay envelope (*US*) *n* fáltas *m1* pá
payment *n* íoc *m3*, íocaíocht *f3*; **payment by the hour** íocaíocht san uair, íocaíocht de réir na huaire
pay packet *n* fáltas *m1* pá
pay phone *n* táillefón *m1*
payroll *n* párolla *m4*
pay slip *n* duillín *m4* pá
PC *n abbr* = **personal computer**
pea *n* pis *f2*, piseán *m1*
peace *n* síocháin *f3*; (*calm*) suaimhneas *m1*, ciúnas *m1*
peaceful *adj* suaimhneach, síochánta
peace process *n* próiseas *m1* síochána
peach *n* péitseog *f2*
peacock *n* péacóg *f2*; (*male*) coileach *m1* péacóige; (*female*) cearc *f2* phéacóige
peak *n* (*mountain*) binn *f2*, stuaic *f2*; (*of cap*) speic *f2*; (*fig*: *highest point*) buaic *f2*, barr *m1*
peak hours *npl* buaicuaireanta *fpl2*
peal *n* (*of bells*) cling *f2*; **peal of laughter** racht *m3* gáire
peanut *n* pis *f2* talún
pear *n* piorra *m4*
pearl *n* péarla *m4*
peasant *n* tuathánach *m1*
peat *n* móin *f3*
pebble *n* méaróg *f2*, púróg *f2*; (*on beach*) cloch *f2* dhuirlinge
peck *vt* (*also*: **peck at**) gob ♦ *n* priocadh *m*; (*kiss*) póigín *m4*
pecking order *n* ord *m1* tábhachta
peckish (*inf*) *adj*: **to feel peckish** ré-ocras a bheith ort
peculiar *adj* (*strange*) corr, aisteach, ait; (*particular*) sainiúil, leithleach; **it is peculiar to X** is le X amháin *or* go háirithe a bhaineann sé
pedal *n* troitheán *m1* ♦ *vi*: **to pedal** na troitheáin a oibriú
pedantic *adj* saoithíneach
peddler *n* díoltóir *m3*
pedestal *n* seastán *m1*
pedestrian *n* coisí *m4*
pedestrian crossing *n* trasrian *m1*

coisithe
pediatrics (US) *n* = **paediatrics**
pedigree *n* ginealach *m1*; (*of animal*) pórtheastas *m1* ♦ *cpd* (*animal*) ginealaigh *n gen*
pee (*inf*) *vi* mún
peek *vi*: **to peek (at)** bheith ag gliúcaíocht (ar)
peel *n* craiceann *m1* ♦ *vt, vi* scamh; **to peel an orange** an craiceann a bhaint d'oráiste
peep *n* (*look*) spléachadh *m1*; (*sound*) bíog *f2*, gíog *f2* ♦ *vi*: **to peep (at)** spléachadh a thabhairt (ar)
peephole *n* poll *m1* amhairc
peer *vi* (*also*: **peer at**) stán (ar) ♦ *n* (*noble*) tiarna *m4*; (*equal*): **his peer** fear a dhiongbhála; (*age group*): **my peers** lucht *m3* mo chomhaoise
peerage *n* uasaicme *f4*
peeved *adj*: **he was peeved** bhí múisiam air
peg *n* (*for coat etc*) pionna *m4*; (*also*: **clothes peg**) pionna éadaigh
Pekin(g)ese *n* (*dog*) péicíneach *m1*
pelican *n* peileacán *m1*
pelican crossing *n* (AUT) trasrian *m1* le soilse lámhrialaithe
pellet *n* millín *m4*; (*of shotgun*) grán *m1*
pelt *vt*: **to pelt sb with stones** duine a rúscadh le clocha ♦ *vi* (*rain*): **it is pelting down** tá sé ag doirteadh ♦ *n* craiceann *m1*, seithe *f4*
pelvis *n* peilbheas *m1*
pen *n* (*for writing*) peann *m1*; (*for sheep*) cró *m4*
penal *adj* peannaideach; (*system, colony*) pionóis *n gen*; **The Penal Laws** (HIST) Na Péindlíthe *mpl4*
penalize *vt* gearr *or* cuir pionós ar
penalty *n* pionós *m1*; (*fine*) cáin *f*; (FOOTBALL) cic *m4* éirice *or* phionóis
penance *n* aithrí *f4*
pencil *n* peann *m1* luaidhe
pencil case *n* cás *m1* peann luaidhe
pencil sharpener *n* bioróir *m3*
pendant *n* siogairlín *m4*
pending *prep* ag feitheamh le ♦ *adj* ar feitheamh
pendulum *n* (*of clock*) luascadán *m1*
penetrate *vt* poll, treáigh; (*organisation*) téigh *or* gabh isteach i
penfriend *n* cara *m* pinn
penguin *n* piongain *f2*
penicillin *n* peinicillin *f2*
peninsula *n* leithinis *f2*
penis *n* bod *m1*, péineas *m1*
penitentiary *n* príosún *m1*
penknife *n* scian *f2* phóca
pen name *n* ainm *m4* cleite
penniless *adj* (*skint*) ar phócaí folmha, briste; (*poor*) bocht dearóil
penny *n* pingin *f2*; (US) = **cent**
penpal *n* cara *m* pinn
pension *n* pinsean *m1*
pensioner *n* pinsinéir *m3*
pension fund *n* ciste *m4* pinsin
Pentecost *n* An Chincís *f2*
penthouse *n* díonteach *m*
pent-up *adj* (*feelings*) srianta
penultimate *adj* leathdhéanach
people *npl* daoine *mpl4*; (*inhabitants*) bunadh *msg1*, muintir *fsg2*; (POL) pobal *msg1*; (*nation, race*) cine *msg4*; **my people come from Donegal** as Dún na nGall mo mhuintir *or* mo bhunadh; **several people came** tháinig roinnt daoine; **people say that ...** deirtear go ..., táthar ag rá go ..., tá daoine ag rá go ...
pep (*inf*) *n* brí *f4*, fuinneamh *m1*
pepper *n* piobar *m1* ♦ *vt* (*fig*): **to pepper sb with bullets** cith piléar a chaitheamh le duine
peppermint *n* (*sweet*) milseán *m1* miontais
peptalk *n* focal *m1* misnigh
per *prep* de réir + *gen*, in aghaidh + *gen*; **per hour** san uair, de réir na huaire; **per kilo** an cileagram; **per annum** sa bhliain, in aghaidh na bliana
per capita *adj, adv* an duine
perceive *vt* airigh; (*notice*) sonraigh
per cent *adv* faoin gcéad
percentage *n* céatadán *m1*
perception *n* aireachtáil *f3*; (*insight*) tabhairt *f3* faoi deara, léargas *m1*

perceptive *adj* airitheach, grinn, léirsteanach
perch *n* (*for bird*) fara *m4*; (*fish*) péirse *f4* ♦ *vi*: **to perch on** suigh ar
percolator *n* síothlán *m1*
perennial *adj* síoraí; (BOT) ilbhliantúil ♦ *n* ilbhliantóg *f2*
perfect *adj* foirfe, iomlán, slán ♦ *n* foirfe *m4*; (*also*: **perfect tense**) aimsir *f2* chaite *or* fhoirfe ♦ *vt* foirfigh, cuir i gcrích, tabhair chun críche *or* chun foirfeachta
perfectly *adv* go foirfe, go hiomlán
perforate *vt* poll
perforation *n* bréifin *f2*; (*act of*) polladh *m*
perform *vt* (*duties*) comhlíon; (*task*) déan; (*music*) seinn; (*drama*) cuir i láthair
performance *n* léiriú *m*; (*of an artist*) cur *m1* i láthair; (SPORT) taispeántas *m1*; (*of car, engine*) oibriú *m*; (*of company, economy*) feidhmiú *m*
performer *n* (*drama*) aisteoir *m3*; (*music*) ceoltóir *m3*
perfume *n* cumhrán *m1*
perfunctory *adj* neamhaireach, ar nós cuma liom
perhaps *adv* b'fhéidir, seans
peril *n* guais *f2*, contúirt *f2*
perimeter *n* imlíne *f4*
period *n* tréimhse *f4*; (SCOL) rang *m3*; (*full stop*) lánstad *m4*; (MED: *also*: **periods**) fuil *fsg* mhíosta, cúrsaí *mpl4* ♦ *adj* (*costume, furniture*) tréimhse *n gen*
periodic(al) *adj* tréimhsiúil
periodical *n* tréimhseachán *m1*
peripheral *adj* forimeallach
perish *vi* éag; (*decay*) meath
perishable *adj* (*food*) meatach
perjury *n* mionnú *m* éithigh
perk up *vi* bíog
perky *adj* (*cheerful*) bíogúil, meidhreach
perm *n* (*for hair*) buantonn *f2*
permanence *n* buaine *f4*
permanent *adj* buan, seasmhach
permeate *vi, vt* leath ar fud (+ *gen*), snigh *or* sil trí
permissible *adj* ceadmhach, ceadaithe
permission *n* cead *m3*
permissive *adj* ceadaitheach
permit *n* ceadúnas *m1*, cead *m3* ♦ *vt* ceadaigh
perpendicular *adj* ingearach
perplex *vt* mearaigh, cuir mearbhall ar; **to be perplexed** mearú *or* mearbhall a bheith ort
persecute *vt* céas, cráigh
persevere *vi*: **to persevere (with)** coinneáil ort (le)
Persia *n* an Pheirs *f4*
Persian *adj* Peirseach ♦ *n* Peirseach *m1*; (LING) Peirsis *f2*; **the (Persian) Gulf** Murascaill *f2* na Peirse
persist *vi*: **to persist with sb** coinneáil le duine; **to persist in arguing** leanúint ort *or* coinneáil ort ag argóint
persistent *adj* (*person*) dígeanta, righin, dáigh
person *n* (*human*) duine *m4*; (LAW, LING) pearsa *f*
personal *adj* pearsanta
personal assistant *n* cúntóir *m3* pearsanta
personal column *n* colún *m1* pearsanta
personal computer *n* ríomhaire *m4* pearsanta
personality *n* pearsantacht *f3*
personally *adv* go pearsanta; **to take sth personally** rud a ghlacadh chugat féin
personal stereo *n* steirió *m4* pearsanta
personnel *n* foireann *f2*
perspective *n* peirspictíocht *f3*, dearcadh *m1*; **to get things into perspective** rudaí a chur i gcomhthéacs
Perspex ® *n* peirspéacs *m4*
perspiration *n* allas *m1*
persuade *vt*: **to persuade sb to do sth** cur ina luí ar dhuine rud a dhéanamh, áitiú ar dhuine rud a dhéanamh
persuasion *n* áitiú *m*; (*creed*) creideamh *m1*
pertaining *prep*: **pertaining to** a bhaineann le, ag baint le
peruse *vt* grinnléigh, léigh go cúramach
pervade *vt* leath ar fud + *gen*
perverse *adj* saobh, claon; (*contrary*) contrártha

pervert *n* saofóir *m3* ♦ *vt* (*person*) saobh; (*words*) cuir as riocht, claon
pessimist *n* duarcán *m1*
pessimistic *adj* duairc; **I am pessimistic about it** níl dóchas ar bith agam as
pest *n* plá *f4*; (*fig*) crá *m4* croí
pester *vt* cráigh
pet *n* peata *m4* ♦ *vt* (*stroke*) slíoc, cuimil; (*animal*) déan bán bán le ♦ *vi* (*inf*): **to pet** bheith ag pógadh agus ag diurnú a chéile; **teacher's pet** peata an mhúinteora; **pet hate** púca *m4* na n-adharc
petal *n* peiteal *m1*
peter out *vi*: **to peter out** (*fade*) dul i léig; (*run dry*) dul i ndísc; (*die*) dul in éag
petite *adj* beag, comair
petition *n* achainí *f4*, iarratas *m1*
petrified *adj* (*fig*) stiúgtha le heagla, faoi uafás, faoi uamhan
petrol *n* peitreal *m1*, artola *f4*
petrol can *n* canna *m4* peitril
petroleum *n* peitriliam *m4*
petrol pump *n* caidéal *m1* peitril
petrol station *n* stáisiún *m1* peitril
petrol tank *n* umar *m1* peitril
petticoat *n* fo-ghúna *m4*, cóta *m4* beag
petty *adj* (*mean*) suarach; (*unimportant*) mion-
petty cash *n* mionairgead *m1*
petty officer *n* mionoifigeach *m1*
petulant *adj* cantalach, stainceach
pew *n* suíochán *m1*
pewter *n* péatar *m1*
phantom *n* taibhse *f4*
pharmacy *n* (*shop*) cógaslann *f2*
phase *n* céim *f2* ♦ *vt*: **to phase sth in** rud a thabhairt isteach de réir a chéile, rud a thabhairt isteach céim ar chéim
pheasant *n* piasún *m1*
phenomenon *n* feiniméan *m1*
Philippines *n*: **the Philippines** na hOileáin *mpl1* Fhilipíneacha
philosophical *adj* fealsúnach
philosophy *n* fealsúnacht *f3*
phobia *n* fóibe *f4*
phone *n* fón *m1*, guthán *m1* ♦ *vt*: **to phone sb** scairt (ghutháin) a chur ar dhuine; **to be on the phone** bheith ar an nguthán *or* bhfón, bheith ag fónáil
▸ **phone back** *vt, vi* scairt a chur ar ais (ar), glaoch ar ais (ar)
▸ **phone up** *vt, vi* glaoigh ar an nguthán (ar), fónáil
phone bill *n* bille *m4* gutháin *or* teileafóin
phone book *n* leabhar *m1* gutháin
phone box, phone booth *n* bosca *m4* gutháin
phone call *n* scairt *f2* ghutháin, glao *m4* gutháin
phonecard *n* cárta *m4* gutháin
phone-in *n* (RADIO, TV) fónáil *f3* isteach
phonetics *n* foghraíocht *fsg3*
phoney *adj* bréagach
photo *n* grianghraf *m1*
photocopier *n* (*machine*) fótachóipire *m4*
photocopy *n* fótachóip *f2* ♦ *vt* fótachóipeáil
photograph *n* grianghraf *m1* ♦ *vt* glac grianghraf de
photographer *n* grianghrafadóir *m3*
photography *n* grianghrafadóireacht *f3*
phrase *n* abairt *f2*; (*expression*) leagan *m1* cainte; (LING) frása *m4* ♦ *vt* cuir (i bhfocail)
phrase book *n* leabhar *m1* ráite *or* frásaí
physical *adj* fisiceach
physical education *n* corpoideachas *m1*
physically *adv* go fisiceach; **physically handicapped** corpéislinneach
physician *n* lia *m4*, dochtúir *m3*
physicist *n* fisiceoir *m3*
physics *n* fisic *fsg2*
physiotherapy *n* fisiteiripe *f4*
physique *n* déanamh *m1* coirp
pianist *n* pianódóir *m3*
piano *n* pianó *m4*
pick *n* (*tool*: *also*: **pickaxe**) piocóid *f2* ♦ *vt* roghnaigh; (*fruit etc, lock*) pioc; **take your pick** déan *or* pioc do rogha; **the pick of** togha + *gen*; **to pick one's nose** do shrón a phiocadh; **to pick a quarrel with sb** iaróg a thógáil le duine, troid a chur ar dhuine
▸ **pick at** *vt fus*: **to pick at one's food** blaisínteacht a dhéanamh ar do chuid bia

▸ **pick on** *vt fus* (*person*): **they are always picking on me** bíonn siad i gcónaí ag gabháil dom, bíonn siad i gcónaí ag spochadh asam
▸ **pick out** *vt* togh, pioc (amach); (*distinguish*) aimsigh
▸ **pick up** *vi* (*improve*) téigh i bhfeabhas, bisigh, feabhsaigh♦ *vt* tóg; (*collect*) bailigh, cruinnigh; (*AUT*, *give lift to*) tabhair síob do; (*learn*) foghlaim; (*RADIO*) faigh; **to pick up speed** luas a ghéarú; **to pick o.s. up** teacht chugat féin
picket *n* (*in strike*) picéad *m1*♦ *vt* picéadaigh
pickle *n* (*also*: **pickles**: *as condiment*) picilí *fpl2*♦ *vt* picil; **to be in a pickle** (*mess*) bheith san fhaopach, bheith i gcruachás
pickpocket *n* peasghadaí *m4*
pick-up *n* (*small truck*) truiclín *m4*
picnic *n* picnic *f2*
picture *n* pictiúr *m1*♦ *vt* samhail; **the pictures** (*inf*) an phictiúrlann *f2*, na pictiúir *mpl1*
picture book *n* leabhar *m1* pictiúr
picturesque *adj* pictiúrtha
pie *n* pióg *f2*
piece *n* píosa *m4*, giota *m4*; (*item*: *of furniture*) ball *m1*♦ *vt*: **piece together** cuir le chéile; **take to pieces** bain ó chéile, bain as a chéile; **to smash sth to pieces** smionagar a dhéanamh de rud
piecemeal *adv* (*bit by bit*) de réir a chéile
piecework *n* tascobair *f2*
pie chart *n* píchairt *f2*
pier *n* cé *f4*
pierce *vt* poll, treáigh
pig *n* muc *f2*
pigeon *n* colúr *m1*, colmán *m1*
pigeonhole *n* clóiséidín *m4*
piggy bank *n* bosca *m4* coigilte
pigheaded *adj* ceanndána, righin
piglet *n* banbh *m1*
pigskin *n* craiceann *m1* muice
pigsty *n* cró *m4* muc
pigtail *n* trilseán *m1*
pike *n* (*fish*) liús *m1*
pilchard *n* pilséar *m1*
pile *n* (*pillar, of books*) carn *m1*, carnán *m1*; (*of carpet*) caitín *m4*♦ *vt, vi* (*also*: **pile up**) carn; **pile into** (*car*) plódaigh isteach i
piles *npl* fíocas *msg1*, daorghalar *msg1*
pile-up *n* (*AUT*) dul *m3* i mullach a chéile
pilfering *n* mionghadaíocht *f3*
pilgrim *n* oilithreach *m1*
pill *n* piollaire *m4*
pillage *vt* creach, slad
pillar *n* colún *m1*, gallán *m1*
pillar box *n* bosca *m4* litreacha
pillion *n*: **to ride pillion** (*on motorcycle*) bheith (ag marcaíocht) ar cúla
pillow *n* piliúr *m1*, ceannadhairt *f2*
pillowcase *n* clúdach *m1* piliúir
pilot *n* píolóta *m4*♦ *cpd* (*scheme etc*) píolótach♦ *vt* píolótaigh
pilot light *n* solas *m1* treorach
pimp *n* fostóir *m3*
pimple *n* goirín *m4*
pin *n* biorán *m1*, pionna *m4*♦ *vt*: **to pin a note to the door** nóta a chur ar an doras le biorán; **to have pins and needles in one's foot** codladh gliúragáin a bheith ar do chos; **to pin sb down** (*fig*) duine a sháinniú; **to pin sth on sb** (*fig*) rud a chur i leith duine
pinafore *n* pilirín *m4*
pinball *n* cluiche *m4* mionbháil
pincers *npl* greamaire *msg4*, pionsúr *msg1*; (*of crab etc*) ordóga *fpl2*
pinch *n* liomóg *f2*; (*of salt etc*) gráinnín *m4*♦ *vt*: **to pinch sb** liomóg a bhaint as duine; (*inf*: *steal*) sciob; **at a pinch** más gá
pincushion *n* pioncás *m1*
pine *n* péine *m4*, giúis *f2*; (*also*: **pine tree**) crann *m1* giúise♦ *vi*: **to pine for** caitheamh i ndiaidh
pineapple *n* anann *m1*
pinecone *n* buaircín *m4* péine
ping *n* (*noise*) cling *f2*
ping-pong ® *n* leadóg *f2* bhoird
pink *adj* bándearg♦ *n* (*colour*) bándearg *m1*; (*BOT*) caoróg *f2* léana
PIN (number) *n* Uimhir *f* Aitheantais Phearsanta
pinpoint *vt* aimsigh

pint *n* pionta *m4*; **to go for a pint** dul faoi choinne pionta
pioneer *n* ceannródaí *m4*; **Pioneer** (*abstainer*) Réadóir *m3*
pious *adj* cráifeach, diaganta, naofa
pip *n* (*seed*) síol *m1*; **the pips** *npl* (*time signal*) na gíoga *fpl2*
pipe *n* píopa *m4*; (MUS) píb *f2*; **pipes** (*also*: **bagpipes**) píobaí *fpl2* mála; (*also*: **uilleann pipes**) píobaí uilleann ♦ *vt* cuir trí phíopaí
pipe cleaner *n* glantóir *m3* píopa
pipe dream *n* speabhraídí *fpl2*
pipeline *n* píblíne *f4*; **in the pipeline** ar a bhealach, ar na bacáin
piper *n* píobaire *m4*
piping *adv*: **piping hot** dearg te
pique *n* stainc *f2*, smut *m1*
pirate *n* foghlaí *m4* mara
Pisces *n* (ASTROL) Na hÉisc *mpl1*
piss (*inf!*) *vi* mún *m1*; **piss off!** bain as!, imigh leat!
pissed *adj* (BRIT: *inf!*: *drunk*) ar deargmheisce, ar na cannaí; (US: *inf*: *angry*) ar buile
pistol *n* piostal *m1*
piston *n* loine *f4*
pit *n* poll *m1*, clais *f2*; (*also*: **coal pit**) gualpholl *m1* ♦ *vt*: **to pit one's wits against sb** dul i gcoimhlint le duine; **pits** *npl* (AUT) láthair *fsg* seirbhísithe; **this place is the pits!** (*inf*) deireadh gach díogha an áit seo!
pitch *n* (MUS) airde *f4*; (SPORT) páirc *f2* (imeartha); (*tar*) pic *f2* ♦ *vt* (*throw*) caith ♦ *vi* (*fall*) tit; **to pitch a tent** puball a chur suas
pitch-black *adj* dubh dorcha
pitched battle *n* (*fierce*) cogadh *m1* dearg
piteous *adj* truacánta, truamhéalach
pitfall *n* gaiste *m4*
pith *n* (*of orange etc*) fochraiceann *m1*
pithy *adj* gonta
pitiful *adj* (*touching*) truacánta, truamhéalach
pitiless *adj* míthrócaireach
pittance *n* tuarastal *m1* scallta
pity *n* trua *f4* ♦ *vt*: **I pity him** is trua liom é, tá trua agam dó; **what a pity!** nach mór an trua!, is mór an trua!
pixel (COMPUT) *n* pixel *m4*
pizza *n* pizza *m4*
placard *n* fógra *m4*
placate *vt, vi* suaimhnigh, sásaigh
place *n* áit *f2* ♦ *vt* (*object*) cuir; (*identify*) cur ainm air, aithin; **to take place** titim amach; **out of place** (*not suitable*) neamhoiriúnach, mífhóirsteanach, as áit; **to change places with sb** áit a mhalartú le duine; **in the first place** sa chéad dul síos, ar an gcéad dul síos
plague *n* plá *f4* ♦ *vt* (*fig*) ciap, cráigh
plaice *n* leathóg *f2* bhallach
plaid *n* breacán *m1*
plain *adj* (*in one colour*) d'aon dath, ar aon dath (amháin); (*simple*) simplí; (*clear*) soiléir; (*not handsome*) mísciamhach ♦ *adv* go soiléir ♦ *n* machaire *m4*, má *f4*
plain chocolate *n* seacláid *f2* phléineáilte
plain clothes *adj* (*police officer*) i ngnáthéadach
plainly *adv* go soiléir; (*frankly*) gan fiacail a chur ann, go lom
plaintiff *n* éilitheoir *m3*, gearánaí *m4*
plait *n* trilseán *m1*
plan *n* plean *m4*; (*scheme*) beart *m1*, scéim *f2* ♦ *vt, vi* (*think in advance*) pleanáil; **he plans to go** tá rún aige dul
plane *n* (AVIAT) eitleán *m1*; (ART, MATH *etc, tool*) plána *m4*; (*also*: **plane tree**) crann *m1* plána ♦ *vt* plánáil
planet *n* pláinéad *m1*
plank *n* planc *m1*
planner *n* pleanálaí *m4*
planning *n* pleanáil *f3*; **family planning** pleanáil *f3* chlainne
planning permission *n* cead *m3* pleanála
plant *n* planda *m4*; (*machinery*) gléasra *m4*; (*factory*) monarcha *f* ♦ *vt* cuir, plandáil
plaster *n* plástar *m1*; (*also*: **plaster of Paris**) plástar Pháras; (*also*: **sticking plaster**) greimlín *m4* ♦ *vt* plástráil; (*cover*): **plaster with** clúdaigh le
plastered (*inf*) *adj* ar deargmheisce, ar na

cannaí

plastic *adj, n* plaisteach *m1*

plastic bag *n* mála *m4* plaisteach

Plasticine ® *n* marla *m4*

plastic surgery *n* máinliacht *f3* athdheilbhithe

plate *n* (*dish*) pláta *m4*

plateau *n* ardchlár *m1*

plate glass *n* plátghloine *f4*

platform *n* (*in station*) ardán *m1*; (*stage*) stáitse *m4*

platinum *n* platanam *m1*

platter *n* (*dish*) trinsiúr *m1*; (*as part of meal*) mias *f2*

plausible *adj* inchreidte, dealraitheach

play *n* (THEAT) dráma *m4* ♦ *vt* (*game*) imir; (*team, opponent*) imir in éadan + *gen*; (*instrument*) seinn ar ♦ *vi*: **to play** bheith ag spraoi *or* ag súgradh; **go out to play** téigh *or* gabh amach ag spraoi *or* ag súgradh; **play it safe!** bí ar d'fhaichill!, bí faichilleach *or* cúramach!

▸ **play down** *vt* bain de thábhacht + *gen*, ná tabhair aird ar

▸ **play up** *vi*: **to play up** (*cause trouble*) racán a thógáil, trioblóid a tharraingt

playboy *n* buachaill *m3* báire

player *n* imreoir *m3*; (THEAT) aisteoir *m3*; (MUS) seinnteoir *m3*, ceoltóir *m3*

playful *adj* spraíúil, spórtúil

playground *n* (*in school*) clós *m1* scoile; (*in park*) áit *f2* spraoi *or* súgartha

playgroup *n* naíolann *f2*

playing card *n* cárta *m4* imeartha

playing field *n* páirc *f2* imeartha

playmate *n* comrádaí *m4*

play-off *n* (SPORT) cluiche *m4* cáilithe

playpen *n* cruib *f2* shúgartha

plaything *n* áilleagán *m1*, bréagán *m1*

playtime *n* am *m3* spraoi *or* súgartha

playwright *n* drámadóir *m3*

plea *n* (*request*) achainí *f4*; (LAW) pléadáil *f3*

plead *vt, vi* pléadáil; (*beg*): **to plead with sb** achainí ar dhuine

pleasant *adj* pléisiúrtha, taitneamhach, suáilceach

pleasantries *npl* (*polite remarks*) deismíneachtaí *fpl3*

please *excl* le do thoil, más é do thoil é ♦ *vt*: **it pleased me** thaitin sé liom, shásaigh sé mé; (*satisfy*) sásaigh ♦ *vi* sásaigh; (*think fit*): **do as you please** déan do rogha rud, déan cibé rud *or* pé ar bith rud is mian leat; **please yourself!** bí ar do chomhairle féin!, déan do chomhairle féin!

pleased *adj*: **pleased (with)** sásta (le); **pleased to meet you** go mbeannaí Dia duit

pleasing *adj* taitneamhach; (*satisfactory*) sásúil

pleasure *n* pléisiúr *m1*, sásamh *m1*, taitneamh *m1*; "**it's a pleasure**" "fáilte romhat", "níl a bhuíochas ort"; **I'll do it with pleasure** déanfaidh mé é agus fáilte

pleasure boat *n* bád *m1* pléisiúir

pleat *n* filleadh *m1*

pledge *n* (*promise*) geall *m1*, gealltanas *m1* ♦ *vt* geall; **to pledge sth** rud a chur i ngeall

plentiful *adj* flúirseach, fairsing

plenty *n*: **plenty of** flúirse + *gen*, neart + *gen*, tréan + *gen*, go leor + *gen*

pliable *adj* solúbtha

pliers *npl* greamaire *msg4*

plight *n* cor *m1*, anchaoi *f4*

plimsolls *npl* bróga *fpl2* lúthchleasaíochta

plinth *n* (*of statue*) plionta *m4*

plod *vi* fairsigh; (*fig*): **she plodded on** threabh *or* shraon sí lei

plonk (*inf*) *n* (*wine*) fíon *m3* saor ♦ *vt*: **to plonk sth down** rud a phlabadh síos

plot *n* comhcheilg *f2*; (*of story, play*) plota *m4*; (*of land*) gabháltas *m1*, plásóg *f2*; (*grave*) uaigh *f2* ♦ *vt* (*sb's downfall*) beartaigh; (*mark out*) déan plean de, mapáil ♦ *vi* bheith ag ceilg, bheith i mbun comhcheilge

plough, (US) **plow** *n* céachta *m4*, seisreach *f2* ♦ *vt* (*earth*) treabh; **to plough money into** airgead a chur isteach i

ploy *n* cleas *m1*

pluck *vt* pioc; (*fruit*) bain; (*flower*) stoith ♦ *n* sracadh *m1*; **to pluck up courage** misneach a ghlacadh

plug *n* (*ELEC*) plocóid *f2*; (*stopper*) stopallán *m1*; (*AUT*: *also*: **spark(ing) plug**) spréachphlocóid *f2*♦ *vt* (*hole*) calc, cuir stopallán i; (*inf*: *advertise*) fógair
▸**plug in** *vt* (*ELEC*) plugáil isteach
plum *n* (*fruit*) pluma *m4*♦ *cpd*: **plum job** (*inf*) togha poist
plumb *vt* tomhais doimhneacht + *gen*
plumber *n* pluiméir *m3*
plumbing *n* (*trade*) pluiméireacht *f3*; (*piping*) píopaí *mpl4*
plummet *vi* tit go tobann
plump *adj* ramhar♦ *vi*: **plump for** (*inf*: *choose*) roghnaigh, pioc
plunder *n* creach *f2*♦ *vt* creach
plunge *n* tumadh *m*♦ *vt* báigh♦ *vi* (*dive*) tum; (*fall*) tit i ndiaidh do chinn, tit ar mhullach do chinn; **to take the plunge** dul sa seans
plunger *n* loine *f4*
pluperfect *adj, n* (*GRAM*) ollfhoirfe *m4*
plural *adj, n* iolra *m4*
plus *n* (*also*: **plus sign**) plus *m4*♦ *prep* móide; **ten plus** os cionn an deich, sna déaga
plush *adj* sóúil
Pluto *n* (*planet*) Plútó *m4*
ply *vt* (*a trade*) cleacht♦ *vi* (*ship*) téigh idir ♦ *n* (*of wool, rope*) dual *m1*; **to ply sb with drink** deoch a choinneáil le duine; **to ply sb with questions** ceisteanna a radadh le duine, bheith ag caitheamh ceisteanna le duine
plywood *n* sraithadhmad *m1*
PM *abbr* = **Prime Minister**
p.m. *adv abbr* (= *post meridiem*) i.
pneumatic drill *n* druilire *m4* aeroibrithe
pneumonia *n* niúmóine *m4*
poach *vt* (*cook*) scall; (*steal*) póitseáil♦ *vi* póitseáil
poached egg *n* ubh *f2* scallta
poacher *n* póitseálaí *m4*
P.O. Box *n abbr* = **Post Office Box**
pocket *n* póca *m4*♦ *vt*: **to pocket sth** rud a chur i do phóca; **to be out of pocket (with)** bheith thíos (le)
pocketbook (*US*) *n* (*wallet*) tiachóg *f2*
pocket knife *n* scian *f2* phóca
pocket money *n* airgead *m1* póca
pod *n* cochall *m1*
podgy *adj* beathaithe
podiatrist (*US*) *n* coslia *m4*
poem *n* dán *m1*
poet *n* file *m4*
poetic *adj* fileata
poetry *n* filíocht *f3*
poignant *adj* coscrach; (*sharp*) géar
point *n* pointe *m4*, ponc *m1*; (*tip*) bior *m3*, rinn *f2*; (*in time*) am *m3*; (*of pen*) gob *m1*; (*SPORT*) pointe, cúilín *m4*; (*sense*) ciall *f2*; (*location*) ball *m1*; (*also*: **decimal point**): **2 point 3 (2.3)** (a) dó pointe *or* ponc a trí♦ *vt* (*show*) taispeáin; (*gun etc*): **to point sth at** rud a dhíriú ar♦ *vi*: **to point at** do mhéar a dhíriú ar; **points** *npl* (*AUT*) pointí *mpl4*; (*RAIL*) ladhróg *fsg2*; **to be on the point of doing sth** bheith ar tí *or* ar bhéal(a) rud a dhéanamh; **to make a point of** déanamh cinnte de; **I get the point** tuigim, tá mé leat; **she misses the point** tá sé ag dul amú uirthi, ní thuigeann sí rudaí i gceart; **come to the point!** cruinnigh do chuid cainte!; **the whole point is ...** is é bun agus barr an scéil ...; **there's no point (in going)** ní fiú (dul)
▸**point out** *vt*: **to point sth out to sb** aird duine a tharraingt ar rud
▸**point to** *vt fus* (*fig*) léirigh
point-blank *adv* (*fig*) glan; (*also*: **at point-blank range**) faoi bhéal an ghunna
pointed *adj* (*shape*) biorach; (*remark*) pointeáilte
pointer *n* (*needle*) snáthaid *f2*; (*piece of advice*) comhairle *f4*; (*clue*) leid *f2*
pointless *adj* gan tairbhe; **it's pointless talking to him** níl gar *or* maith bheith leis
point of view *n* dearcadh *m1*
poise *n* (*composure*) neamhchorrabhuais *f2*
poison *n* nimh *f2*♦ *vt* nimhigh
poisonous *adj* nimhiúil; **poisonous snake** nathair *f* nimhe
poke *vt* (*fire*) rúisc; (*jab with finger, stick etc*) prioc; (*hole*) poll; (*put*): **to poke sth**

in(to) rud a dhingeadh isteach (i)
▸ **poke about** *vi* ransaigh, rúisc; **to poke fun at sb** ceap magaidh a dhéanamh de dhuine
poker *n* (*for fire*) priocaire *m4*; (CARDS) pócar *m1*
poky *adj* cúng
Poland *n* an Pholainn *f2*
polar *adj* polach
polar bear *n* béar *m1* bán
Pole *n* Polannach *m1*
pole *n* cuaille *m4*; (*of wood*) maide *m4*; (GEOG) pol *m1*
pole bean (US) *n* pónaire *f4* cuaille
pole vault *n* léim *f2* chuaille
police *npl* póilíní *mpl4*, gardaí *mpl4* (síochána), péas *m4*
police car *n* carr *m1* póilíní, carr péas
policeman *n* póilín *m4*, garda *m4*, péas *m4*
police station *n* stáisiún *m1* na bpóilíní *or* na ngardaí
policewoman *n* banphóilín *m4*, bangharda *m4*, banphéas *m4*
policy *n* polasaí *m4*
polio *n* polaimiailíteas *m1*
Polish *adj* Polannach ♦ *n* (LING) Polainnis *f2*
polish *n* (*for shoes*) snas *m3*, snasán *m1*; (*shine*) loinnir *f*; (*also*: **nail polish**) vearnais *f2* iongan ♦ *vt* (*put polish on shoes, wood*) cuir snas i *or* ar; (*make shiny*) cuir loinnir ar
▸ **polish off** *vt* (*work*) cuir i gcrích; (*food*) ith deireadh + *gen*
polished *adj* (*fig*) snasta, líofa
polite *adj* múinte, béasach
politeness *n* múineadh *m*, dea-bhéasa *mpl4*
political *adj* polaitiúil, polaitíochta *n gen*
politician *n* polaiteoir *m3*
politics *npl* an pholaitíocht *f3*
poll *n* vótáil *f3*; (*also*: **opinion poll**) pobalbhreith *f2* ♦ *vt* (*votes*) faigh
pollen *n* pailin *f2*
polling day *n* lá *m* vótála
polling station *n* stáisiún *m1* vótála
pollute *vt* truailligh
pollution *n* truailliú *m*
polo *n* póló *m4*
polo-necked *adj* póló
polo shirt *n* léine *f4* phóló
poltergeist *n* taibhse *f4* thorainn
polytechnic *n* coláiste *m4* polaiteicnice
polythene *n* polaitéin *f2*
polythene bag *n* mála *m4* plaistigh
pomegranate *n* pomagránait *f2*
pomp *n* mustar *m1*, poimp *f2*
pompous *adj* mustrach, stáidiúil, mórchúiseach
pond *n* linn *f2*, lochán *m1*
ponder *vt* meabhraigh, machnaigh (ar), meáigh
ponderous *adj* troiméiseach; (*movement*) spadánta
pong (*inf*) *n* bréantas *m1*
pony *n* pónaí *m4*, capaillín *m4*
ponytail *n* eireaball *m1* capaill
pony trekking *n* fálróid *f2* ar chapaillíní
poodle *n* púdal *m1*
pool *n* (*of rain*) slodán *m1*; (*pond*) linn *f2*; (*also*: **swimming pool**) linn snámha; (*billiards*) púl *m4* ♦ *vt* cuir i gcomhchiste; **pools** *npl* (*also*: **football pools**) linnte *fpl2* peile
poor *adj* bocht ♦ *npl*: **the poor** na boicht *mpl1*, na bochtáin *mpl1*
poorly *adj, adv* go dona, go holc
pop *n* (MUS) popcheol *m1*; (*drink*) deoch *f* choipeach; (US: *inf*: *father*) daid *m4* ♦ *excl* pop ♦ *vt* (*put*) sac ♦ *vi* pléasc; (*cork*) bain; **to pop in** do cheann a chur isteach, buaileadh isteach; **to pop out** rúid a thabhairt amach; **pop up** *vi* preab aníos
pope *n* pápa *m4*
poplar *n* poibleog *f2*
poppy *n* poipín *m4*
Popsicle ® (US) *n* líreacán *m1* reoite
popular *adj* (*common*) coitianta; (*fashionable*) faiseanta, san fhaisean; (*well liked*): **he's popular** tá tóir air, tá aghaidh na ndaoine air
population *n* (*number of people*) daonra *m4*; (*community*) pobal *m1*
porcelain *n* poirceallán *m1*
porch *n* póirse *m4*; (US) vearanda *m4*

porcupine *n* torcán *m1* craobhach
pore *n* piochán *m1*, póir *f2* ♦ *vi*: **to pore over a book** bheith sáite i leabhar
pork *n* muiceoil *f3*
pornography *n* pornagrafaíocht *f3*
porpoise *n* muc *f2* mhara
porridge *n* brachán *m1*, leite *f*
port *n* (*harbour*) port *m1*, calafort *m1*, cuan *m1*; (NAUT, *left side*) clébhord *m1*; (*wine*) portfhíon *m3*; **port of call** stad *m4* cuairte
portable *adj* iniompartha
porter[1] *n* (*for luggage*) póirtéir *m3*; (*doorkeeper*) doirseoir *m3*
porter[2] *n* (*beer*) leann *m3* dubh, pórtar *m1*
portfolio *n* mála *m4* cáipéise; (*of artist*) cnuasach *m1*; (POL) cúram *m1* aire
porthole *n* sliospholl *m1*
portion *n* (*share*) roinn *f2*; (*part, helping*) cuid *f3*
portly *adj* toirtiúil
portrait *n* portráid *f2*
portray *vt* léirigh
Portugal *n* an Phortaingéil *f2*
Portuguese *adj, n* Portaingéalach *m1*; (LING) Portaingéilis *f2*
pose *n* (*posture*) gothaí *mpl3*; (*act*) staidiúir *f2* ♦ *vi* (*pretend*): **he posed as a policeman** lig sé air *or* chuir sé i gcéill gur péas a bhí ann ♦ *vt* (*question*) cuir; **she was posing** bhí sí ag cur gothaí uirthi féin
posh *adj* galánta
position *n* áit *f2*, láthair *f*; (*location*) suíomh *m1*; (*for purpose*) ionad *m1*; (*job*) post *m1*; (*opinion*) dearcadh *m1* ♦ *vt* suigh
positive *adj* dearfach, deimhneach; (ELEC) deimhneach
posse (US) *n* drong *f2*; **to send a posse after sb** tóir a chur ar dhuine
possess *vt*: **to possess sth** rud a bheith agat, rud a bheith i do sheilbh; (*seize*): **they possessed my car** ghlac siad seilbh ar mo charr; **what possessed him?** cad é an diabhal a tháinig air?, cad é na ciapóga a cuireadh air?
possession *n* seilbh *f2*; **possessions** sealúchas *msg1*
possibility *n* féidearthacht *f3*; **it is a possibility** is féidir é, thig a dhéanamh
possible *adj*: **it is possible that** is féidir go, thiocfadh dó go, d'fhéadfadh sé go; **as big as possible** chomh mór agus is féidir
possibly *adv* (*perhaps*) (gach) seans; **if you possibly can** más féidir leat (in aon chor), má thig leat (ar chor ar bith); **I cannot possibly come** níl aon dóigh ar féidir liom teacht, ní thig liom teacht
post *n* (*letters, delivery*): **the post** an post *m1*; (*job, situation*) post *m1*; (MIL) ionad *m1*; (*pole*) cuaille *m4* ♦ *vt* (*send by post*) postáil, cuir (sa phost)
postage *n* postas *m1*
postal order *n* ordú *m* poist
postbox *n* bosca *m4* litreach
postcard *n* cárta *m4* poist
postcode *n* cód *m1* poist
poster *n* póstaer *m1*
postgraduate *n* iarchéimí *m4* ♦ *adj* iarchéime
posthumous *adj* iarbháis *n gen*
postie *n* (*inf*) = **postman**
postman *n* fear *m1* poist
postmark *n* postmharc *m1*
postmortem *n* scrúdú *m* iarbháis
post office *n* (*building*) oifig *f2* an phoist; (*organization*): **the Post Office** An Post *m1*
Post Office Box *n* bosca *m4* postoifige
postpone *vt* cuir ar athlá
posture *n* (*stance*) staidiúir *f2*; (*attitude*) dearcadh *m1*
postwar *adj* iarchogaidh *n gen*
posy *n* pósae *m4*
pot *n* pota *m4*; (*teapot*) taephota *m4*; (*coffeepot*) pota *m4* caife; (*inf*: *marijuana*) pot *m4* ♦ *vt* (*plant*) cuir (i bpota); **to go to pot** (*inf*: *work, performance*) dul chun siobarnaí
potato *n* práta *m4*
potato peeler *n* scamhaire *m4* prátaí
poteen *n* poitín *m4*
potent *adj* cumhachtach; (*drink*) láidir; (*man*) cumasach
potential *adj*: **a potential doctor** ábhar

dochtúra • *n* acmhainn *f2*, mianach *m1*
pothole *n* (*in road*) linntreog *f2*, sclaig *f2*; (*in cave*) uaimh *f2*
potholing *n* uaimheadóireacht *f3*
potluck *n*: **to take potluck** dul sa seans
potted *adj* (*food*) i bpotáin; (*plant*) i bpota
potter *n* potaire *m4* • *vi*: **to potter around, potter about** bheith ag útamáil thart
pottery *n* potaireacht *f3*
potty *adj* (*inf*: *mad*) ar mire, le broim • *n* (*child's*) pota *m4*
pouch *n* (ZOOL) póca *m4*; (*for tobacco, money*) spaga *m4*, púitse *m4*
poultry *n* éanlaith *f2* chlóis
pounce on *vi* léim ar
pound *n* (*money, weight*) punt *m1*; (*for animals*) gabhann *m1* • *vt* (*beat*) buail, gread; (*crush*) creim • *vi* (*heart*) preab, léim; **a pound coin** bonn *m1* puint
pour *vt, vi* doirt; **it is pouring (with rain)** tá sé ag stealladh báistí, tá sé ag cur de dhíon is de dheora; **to pour sb a drink** deoch a chur amach do dhuine
▸ **pour in** *vi* (*people*) plódaigh isteach, cruinnigh isteach; (*news, letters etc*) tar isteach as gach cearn
▸ **pour out** *vi* (*people*) plódaigh amach • *vt* scaird, doirt amach; (*serve*: *a drink*) cuir amach
pout *n* pus *m1*, smut *m1* • *vi* cuir pus ort féin
poverty *n* bochtaineacht *f3*, anás *m1*
poverty-stricken *adj* dealúsach, beo bocht
powder *n* púdar *m1* • *vt*: **to powder one's face** púdar a chur ar d'aghaidh
powder compact *n* boiscín *m4* púdair
powdered milk *n* bainne *m4* púdrach
powder puff *n* clúimhín *m4* púdair
powder room *n* leithreas *m1* na mban
power *n* cumhacht *f3*; (*force*) brí *f4*, neart *m1*; **to be in power** (POL *etc*) bheith i réim *or* i gcumhacht
power cut *n* gearradh *m* cumhachta
powered *adj*: **powered by** á thiomáint le
power failure *n* cliseadh *m* cumhachta
powerful *adj* cumhachtach
powerless *adj* neamhchumhachtach, gan bhrí
power point *n* pointe *m4* cumhachta
power station *n* stáisiún *m1* cumhachta
power supply *n* soláthar *m1* cumhachta
PR *n abbr* = **public relations**
practical *adj* praiticiúil
practical joke *n* cleas *m1*, bob *m4*
practically *adv* (*virtually*) geall le, ionann is
practice *n* cleachtadh *m1*; (*professional*) cleachtas *m1* • *vt, vi* (US) = **practise**; **in practice** (*in reality*) le fírinne; **out of practice** as cleachtadh
practise, (US) **practice** *vt, vi* cleacht
practising *adj* cleachtach
practitioner *n* cleachtóir *m3*; (*medical*) lia *m4*
prairies *npl* féarthailte *mpl or fpl*
praise *n* moladh *m* • *vt* mol
praiseworthy *adj* inmholta
pram *n* pram *m4*
prance *vi* (*also*: **to prance about**: *person*) pramsáil thart
prank *n* cleas *m1*, bob *m4*
prawn *n* cloicheán *m1*
pray *vi* guigh, bí ag urnaí
prayer *n* paidir *f2*, urnaí *f4*, guí *f4*
preach *vi* tabhair seanmóir, bheith ag seanmóireacht • *vt* (*gospel*) craobhscaoil
precaution *n* réamhchúram *m1*, faichill *f2*
precede *vt* téigh roimh, gabh roimh, tar roimh
precedent *n* fasach *m1*, réamhshampla *m4*
precinct *n* (US) ceantar *m1*, líomatáiste *m4*; **precincts** *npl* (*neighbourhood*) comharsanacht *fsg3*; **pedestrian/shopping precinct** (BRIT) ceantar coisithe/líomatáiste siopadóireachta
precious *adj* luachmhar
precipitate *vt* brostaigh
precise *adj* beacht, cruinn
precisely *adv* go beacht, go cruinn
preclude *vt* coisc
precocious *adj* seanchríonna, seanaimseartha

precondition *n* réamhchoinníoll *m1*
predecessor *n* réamhtheachtaí *m4*
predicament *n* cruachás *m1*; **to be in a predicament** bheith i gcruachás *or* i sáinn *or* i bponc
predict *vt* réamhaithris, tuar
predictable *adj* sothuartha
predominantly *adv* go mór mór, ar an mórchuid, ar an mórchóir
preempt *vt* réamhcheannaigh
preen *vt* (*bird*) pioc, cluimhrigh; **to preen os** (*person*) tú féin a chóiriú
prefab *n* réamhdhéantán *m1*
preface *n* réamhrá *m4*, brollach *m1*
prefect *n* (*in school*) maor *m1*
prefer *vt*: **I prefer milk** is fearr liom bainne
preferably *adv* de rogha (ar)
preference *n* tosaíocht *f3*; **in preference to** de rogha ar
preferential *adj* fabhrach, ar leith; **preferential treatment** cóir *f3* ar leith
prefix *n* réimír *f2*
pregnancy *n* toircheas *m1*, iompar *m1* clainne
pregnant *adj* torrach, ag iompar clainne
prehistoric *adj* réamhstairiúil
prejudice *n* réamhchlaonadh *m*
prejudiced *adj* claonta, leataobhach
premarital *adj* réamhphósta
premature *adj* anabaí, roimh am
premier *adj* príomha, príomh- ♦ *n* (POL) príomh-aire *m4*, ≈ Taoiseach *m1*
première *n* an chéad taispeáint *f3*; (THEAT) an chéad léiriú *m*
premise *n* réamhleagan *m1*, bonn *m1*; **premises** *npl* (*building*) áitreabh *msg1*; **on the premises** ar bhall áitribh
premium *n* (INS) préimh *f2*; **to be at a premium** bheith gann, bheith doiligh a fháil
premium bond *n* banna *m4* bisigh
premonition *n* mana *m4*
preoccupied *adj* gafa (le), sáite (i)
prepaid *adj* réamhíoctha
preparation *n* ullmhúchán *m1*, réiteach *m1*; **preparations** *npl* (*for trip, war*) stócáil *fsg3*
preparatory college *n* coláiste *m4* ullmhúcháin
preparatory school *n* scoil *f2* ullmhúcháin
prepare *vt* ullmhaigh ♦ *vi*: **to prepare for** ullmhú faoi choinne + *gen*, déanamh réidh le haghaidh + *gen*; **prepared to** réidh le, ullamh chun; (*willing*) sásta
preposition *n* réamhfhocal *m1*
preposterous *adj* míréasúnta; (*laughable*) áiféiseach
prep school *n* = **preparatory school**
prerequisite *n* réamhriachtanas *m1*, réamhchoinníoll *m1*
prescribe *vt* ordaigh
prescription *n* (MED) oideas *m1*
presence *n* láithreacht *f3*; **presence of mind** stuaim *f2*; **in the presence of sb** i láthair *or* i bhfianaise duine
present *adj* láithreach, i láthair ♦ *n* (*gift*) bronntanas *m1*; (*actuality*): **the present** an t-am *m3* i láthair ♦ *vt* tabhair; (*give*): **to present sb with sth** *or* **sth to sb** rud a bhronnadh ar dhuine; **to give sb a present** bronntanas a thabhairt do dhuine; **at present** faoi láthair, i láthair na huaire
presentation *n* bronnadh *m*
present-day *adj* comhaimseartha; **in the present-day** sa lá atá inniu ann
presenter *n* (RADIO, TV) láithreoir *m3*
presently *adv* ar ball, gan mhoill; (*at present*) faoi láthair
preservative *n* leasaitheach *m1*
preserve *vt* (*keep safe*) caomhnaigh, coinnigh slán; (*food*) leasaigh ♦ *n* (*jam*) subh *f2*; (*sanctuary*) tearmann *m1*; **God preserve us!** Dia ár gcumhdach!
president *n* uachtarán *m1*; **the President of Ireland** Uachtarán na hÉireann
presidential *adj* (an) uachtaráin *n gen*
press *n* (*newspapers*) preas *m3*; (*machine*) fáisceán *m1*; (*for wine*) cantaoir *f2*; (*cupboard*) prios *m3* ♦ *vt* (*squeeze*) fáisc; (*push*) brúigh; (*clothes*: *iron*) preasáil, iarnáil; **to press sb to do sth** tathant ar dhuine rud a dhéanamh; (*insist*): **to press sth on sb** rud a thathant ar

dhuine• *vi* brúigh; **to press for sth** rud a éileamh *or* a iarraidh; **we are pressed for time** tá an t-am ag teannadh orainn; **if you are hard pressed** má thagann crua ort

▸ **press on** *vi* lean ar (aghaidh), coinnigh ort *or* leat

press conference *n* preasagallamh *m1*

pressing *adj* práinneach

press office *n* preasoifig *f2*

pressure *n* brú *m4*; (*stress*) brú, teannas *m1*; **to put pressure on sb (to do sth)** teannadh ar dhuine (rud a dhéanamh), brú *or* crua a chur ar dhuine (rud a dhéanamh)

pressure cooker *n* bruthaire *m4* brú

pressure gauge *n* brúthomhsaire *m4*

pressure group *n* brúghrúpa *m4*

prestige *n* gradam *m1*

presumably *adv* is cosúil, is dócha

presume *vt* síl, meas; (*dare*) leomh

pretence, (*US*)**pretense** *n* (*claim*) cur *m1* i gcéill; (*LAW*) dúmas *m1*; **under false pretences** le dúmas bréige

pretend *vt, vi* (*feign*) lig ort, cuir i gcéill

pretext *n* leithscéal *m1*

pretty *adj* gleoite deas• *adv* cuibheasach, measartha, cineál

prevail *vi* (*win*) buaigh ar, bain; (*be usual*): **a usage that prevails** gnás atá faoi réim *or* atá ann fós *or* a mhaireann

prevailing *adj* coitianta; **prevailing wind** gnáthghaoth *f2*

prevalent *adj* (*widespread*) leitheadach; (*dominant*) ceannasach

prevent *vt* coisc, stad, cuir stad le

preventative, preventive *adj* coisctheach

preview *n* (*of film etc*) réamhthaispeántas *m1*

previous *adj* roimh ré

previously *adv* roimhe sin

prewar *adj* réamhchogaidh *n gen*

prey *n* seilg *f2*, creach *f2*• *vi*: **it was preying on his mind** bhí sé ag déanamh buartha dó

price *n* praghas *m1*, luach *m3*• *vt* (*goods*) cuir praghas *or* luach ar; (*COMM*) costáil

priceless *adj* domheasta

price list *n* praghasliosta *m4*

prick *n* priocadh *m*• *vt* prioc; **to prick up one's ears** do chluasa a bhiorú

prickle *n* (*of plant*) dealg *f2*; (*sensation*) griofadach *m1*

prickly *adj* deilgneach

pride *n* uabhar *m1*, bród *m1*, mórtas *m1* • *vt*: **to pride o.s. on sth** mórtas *or* bród a bheith ort as rud

priest *n* sagart *m1*

priesthood *n* sagartacht *f3*

prim *adj* deismíneach

primarily *adv* go príomha, den chuid is mó

primary *adj* (*first in importance*) príomha • *n* (*US*: *election*) réamhthoghchán *m1*

primary school *n* bunscoil *f2*

prime *adj* bun-, príomh-; (*excellent*) den chéad scoth• *n*: **to be in one's prime** bheith i mbláth do shaoil• *vt* (*wood*) prímeáil; (*with information*) cuir ar an eolas

Prime Minister *n* Príomh-Aire *m4*; (*IRL*) ≈ Taoiseach *m1*

primeval *adj* cianaosta; **primeval forest** foraois chianaosta

primitive *adj* (*tool etc*) seanársa; (*person*) bunaíoch

primrose *n* sabhaircín *m4*

primus (stove) ® *n* sorn *m1* campála

prince *n* prionsa *m4*

princess *n* banphrionsa *m4*

principal *adj* príomh-, bun-• *n* (*headmaster*) príomhoide *m4*

principle *n* prionsabal *m1*

print *n* (*mark*) lorg *m1*; (*letters*) cló *m4*; (*ART*) prionta *m4*; (: *photograph*) dearbhchló *m4*• *vt* clóigh, clóbhuail; (*publish*) cuir i gcló; (*write in block letters*) scríobh i gceannlitreacha; **out of print** as cló

printed matter *n* ábhar *m1* clóite

printer *n* clódóir *m3*; (*machine*) clóire *m4*, printéir *m3*

printing *n* clódóireacht *f3*

print-out *n* asphrionta *m4*

prior *adj* roimh ré• *adv*: **prior to my**

doing it sula ndearna mé é
priority *n* tosaíocht *f3*
prise *vt*: **to prise open** oscail le luamhán
prison *n* príosún *m1*
prisoner *n* príosúnach *m1*
pristine *adj* gan teimheal
privacy *n* príobháid *f2*
private *adj* príobháideach♦ *n* (*soldier*) saighdiúir *m3* singil; **to speak in private** labhairt faoi rún, labhairt i leataobh
private enterprise *n* fiontar *m1* príobháideach
private eye *n* bleachtaire *m4* príobháideach
private property *n* maoin *f2* phríobháideach
privatize *vt* príobháidigh
privet *n* príbhéad *m1*
privilege *n* pribhléid *f2*
privy *adj*: **to be privy to sth** rún ruda a bheith agat
prize *n* duais *f2*♦ *adj* (*example*) foirfe; (*idiot*) fíor-♦ *vt*: **to prize sth** rud a bheith luachmhar agat
prize-giving *n* bronnadh *m* duaiseanna
prizewinner *n* duaiseoir *m3*
pro *n* (SPORT) gairmí *m4*; **the pros and cons** an dá thaobh
probability *n* dóchúlacht *f3*; **in all probability** is é is dóichí
probable *adj* dócha, dóchúil
probably *adv* de réir dealraimh, is dócha (go); **probably not** ní dócha é
probation *n*: **on probation** (LAW) ar promhadh *m1*; (*employee*) ar tástáil *f3*
probe *n* (MED, SPACE) tóireadóir *m3*; (*enquiry*) fiosrúchán *m1*♦ *vt* braith; (*investigate*) fiosraigh
problem *n* fadhb *f2*, deacracht *f3*; **no problem!** fadhb ar bith!
procedure *n* nós *m1* imeachta, gnáthamh *m1*, gnás *m1*
proceed *vi* lean ort; (*go forward*) téigh *or* gabh ar aghaidh; **to proceed (with)** dul ar aghaidh (le); **she proceeded to work/to write** chuaigh sí i mbun oibre/i mbun pinn
proceedings *npl* (LAW, *meeting*) imeachtaí *mpl3*
proceeds *npl* fáltais *mpl1*
process *n* próiseas *m1*; (*method*) modh *m3*♦ *vt* próiseáil
processing *n* (PHOT) próiseáil *f3*
procession *n* mórshiúl *m1*; **funeral procession** tórramh *m1*, sochraid *f2*
proclaim *vt* fógair
procrastinate *vi* moilleadóireacht a dhéanamh
procure *vt* soláthair, cuir ar fáil do
prod *vt* prioc, broid
prodigal *adj* drabhlásach, doscaí
prodigy *n* (*child*) iontas *m1*
produce *n* (AGR) toradh *m1*♦ *vt* táirg; (*to show*) taispeáin; (*cause*) gin; (THEAT) léirigh
producer *n* táirgeoir *m3*; (THEAT) léiritheoir *m3*
product *n* (*outcome*) toradh *m1*; (*goods*) táirge *m4*
production *n* táirgeadh *m*; (THEAT) léiriúchán *m1*
production line *n* líne *f4* tháirgeachta
productivity *n* táirgiúlacht *f3*
profession *n* gairm *f2*, slí *f4* bheatha
professional *n* (SPORT) gairmí *m4*♦ *adj* gairmiúil
professor *n* ollamh *m1*
proficiency *n* oilteacht *f3*, inniúlacht *f3*, cumas *m1*
profile *n* próifíl *f2*; (*picture etc*) leathaghaidh *f2*
profit *n* brabús *m1*, sochar *m1*♦ *vi*: **to profit by** *or* **from** tairbhe a bhaint as, brabús a dhéanamh ar
profitable *adj* brabúsach
profound *adj* domhain
profusely *adv* go flúirseach, go fairsing; **he was sweating profusely** bhí sé ag bárcadh allais
prognosis *n* prognóis *f2*
programme, (US, COMPUT)**program** *n* ríomhchlár *m1*; (RADIO, TV, *schedule*) clár *m1*♦ *vt* (*also* COMPUT) ríomhchláraigh
programmer, (US)**programer** *n* ríomhchláraitheoir *m3*
progress *n* dul *m3* chun cinn♦ *vi* téigh *or* gabh chun cinn; **in progress** ar siúl, ar

bun
progressive *adj* forásach
prohibit *vt* cros, coisc
project *n* (*plan*) scéim *f2*; (SCOL, *research*) tionscadal *m1* • *vt* teilg; **to project a picture on a screen** pictiúr a theilgean ar scáileán • *vi* (*stick out*) gob amach
projection *n* teilgean *m1*; (*overhang*) starr *f3*; (*estimate*) réamh-mheastachán *m1*
projector *n* teilgeoir *m3*
prolong *vt* fadaigh, bain fad as
promenade *n* (*by sea*) promanád *m1*
promenade concert *n* ceolchoirm *f2* phromanáid
prominent *adj* (*standing out*) suntasach, feiceálach; (*important*) oirirc, mór le rá
promiscuous *adj* ilchaidreamhach
promise *n* gealltanas *m1* • *vt, vi* geall
promising *adj* dóchúil
promote *vt* (*person*) tabhair ardú céime do; (*new product*) cuir chun cinn
promoter *n* tionscnóir *m3*
promotion *n* ardú *m* céime; (*of sales etc*) tionscnamh *m1*
prompt *adj* pras • *adv* (*punctually*) go pras, láithreach • *n* (COMPUT) leid *f2* • *vt* spreag; (THEAT) tabhair leid
promptly *adv* go pras, láithreach (bonn)
prone *adj* (*lying*) béal faoi, ar a bhéal faoi; **prone to** tugtha do
prong *n* (*of fork*) beangán *m1*
pronoun *n* forainm *m4*
pronounce *vt* (*word*) fuaimnigh; (*declare*) fógair
pronunciation *n* fuaimniú *m*, foghraíocht *f3*
proof *n* cruthú *m*, cruthúnas *m1*; (TYP) profa *m4*; (*test*) promhadh *m1* • *adj*: **proof against** díonach ar
prop *n* taca *m4*; (*fig*) cúl *m1* taca • *vt* (*also*: **prop up**) tacaigh le; (*lean*): **to prop sth against** rud a chur ina sheasamh le
propaganda *n* bolscaireacht *f3*
propel *vt* tiomáin
propeller *n* lián *m1*
propensity *n*: **to have a propensity for** *or* **to** claonadh *or* luí a bheith agat le
proper *adj* (*suited, right*) cóir, ceart; (*seemly*) cuibhiúil; (*authentic*) dílis
properly *adv* go ceart, mar is ceart, mar is cóir, i gceart
proper noun *n* ainm *m4* dílis
property *n* sealúchas *m1*; (*things owned*) maoin *f2*; (*of chemical etc*) airí *m4*
prophecy *n* tairngreacht *f3*, fáistine *f4*
prophesy *vt* tairngir, tuar
prophet *n* fáidh *m4*
proportion *n* comhréir *f2*, coibhneas *m1*; (*share*) cionmhaireacht *f3*
proportional, proportionate *adj* comhréireach, cionmhar; **proportional to** i gcoibhneas le
proposal *n* moladh *m*; (*plan*) scéim *f2*; (*of marriage*) ceiliúr *m1* pósta
propose *vt* mol • *vi*: **to propose to s.o** ceiliúr pósta a chur ar dhuine; **I propose to go there** tá rún *or* súil agam dul ann, tá sé ar intinn agam dul ann
proposition *n* moladh *m*, tairiscint *f3*
propriety *n* (*seemliness*) oiriúnacht *f3*
prose *n* (*not poetry*) prós *m1*
prosecute *vt* ionchúisigh
prosecution *n* ionchúiseamh *m1*; (*accusing side*): **the prosecution** na hionchúisitheoirí *mpl3*
prosecutor *n* (*also*: **public prosecutor**) ionchúisitheoir *m3* an stáit; (US: *plaintiff*) gearánaí *m4*
prospect *n* ionchas *m1* • *vt, vi* cuardaigh; **prospects** *npl* (*for work etc*) ionchais *mpl1*
prospective *adj* (*future*) ionchasach; **a prospective priest** ábhar sagairt
prospectus *n* réamheolaire *m4*
prosperity *n* (*wealth*) rathúnas *m1*; (*success*) rath *m3*
prostitute *n* striapach *f2*, meirdreach *f2*
protect *vt* cosain, sábháil (ar)
protection *n* cosaint *f3*, scáth *m3*
protective *adj* cosantach; (*clothing, notice*) cosanta *n gen*
protein *n* próitéin *f2*
protest *n* agóid *f2*; (*complaint*) casaoid *f2* • *vi, vt* dearbhaigh; **to protest (that)** gearán (go)
Protestant *adj, n* Protastúnach *m1*

protester *n* agóideoir *m3*; **protesters** lucht *m3* agóide
protracted *adj* fada
protrude *vi* gob *or* sáigh amach
proud *adj* bródúil, uaibhreach; (*pej*) leitheadach
prove *vt, vi* cruthaigh; (*test*) promh
proverb *n* seanfhocal *m1*
provide *vt* soláthair, cuir ar fáil; **to provide sb with sth** rud a chur ar fáil *or* a sholáthar do dhuine
▸ **provide for** *vt fus* (*person*) riar ar; (*future event*) réitigh i gcomhair + *gen*
provided *conj*: **provided (that)** ar choinníoll (go)
providing *conj*: **providing (that)** ar choinníoll (go)
province *n* cúige *m4*; **the Province** (*Northern Ireland*) An Tuaisceart *m1*, na Sé Chontae
provincial *adj* cúigeach
provision *n* (*supplying*) soláthar *m1*, riar *m4*; (*stipulation*) cuntar *m1*, foráil *f3*; **provisions** *npl* (*food*) lón *m1*
provisional *adj* sealadach
proviso *n* coinníoll *m1*, cuntar *m1*
provocative *adj* gríosaitheach
provoke *vt* (*incite*) saighid; (*inspire*) spreag
prow *n* srón *f2*
prowess *n* (*talent*) cumas *m1*; (*bravery*) calmacht *f3*
prowl *vi* (*also*: **prowl about, prowl around**): **to prowl about** *or* **around** bheith ag smúrthacht thart ♦ *n*: **on the prowl** sa tseilg
prowler *n* sirtheoir *m3*
proxy *n* ionadaí *m4*
prudent *adj* críonna
prune *n* prúna *m4* ♦ *vt* bearr
pry *vi*: **to pry** bheith ag srónaíl
psalm *n* salm *m1*
pseudo- *prefix* bréag-
pseudonym *n* ainm *m4* cleite *or* bréige
psyche *n* sícé *f4*
psychiatrist *n* síciatraí *m4*
psychic *adj* (*also*: **psychical**) síceach; (*person*) a bhfuil fios aige/aici
psychoanalyst *n* síocanailísí *m4*
psychological *adj* síceolaíoch
psychologist *n* síceolaí *m4*
psychology *n* síceolaíocht *f3*
PTO *abbr* = **please turn over**
pub *n* (= *public house*) teach *m* tábhairne, pub *m4*, teach (an) óil
public *adj* poiblí ♦ *n*: **the public** an pobal *m1*; **in public** os comhair an phobail, go poiblí, os ard; **to make sth public** rud a phoibliú
public address system *n* callairí *mpl4*
publican *n* tábhairneoir *m3*
public company *n* cuideachta *f4* phoiblí
public convenience *n* leithreas *m1* poiblí
public holiday *n* lá *m* saoire poiblí
public house *n* teach *m* tábhairne
publicity *n* poiblíocht *f3*
publicize *vt* poibligh
public opinion *n* dearcadh *m1* an phobail
public relations *n* caidreamh *m1* poiblí
public school *n* (BRIT) scoil *f2* phríobháideach; (US) scoil *f2* phoiblí
public-spirited *adj* daonnachtúil
public transport *n* córas *m1* iompair poiblí
publish *vt* foilsigh
publisher *n* foilsitheoir *m3*
publishing *n* foilsitheoireacht *f3*
pucker *vt* cuir roic i
pudding *n* maróg *f2*; (*sweet*) milseog *f2*; (*sausage*) putóg *f2*; **black pudding,** (US) **blood pudding** putóg dhubh
puddle *n* slodán *m1*, lochán *m1* uisce
puff *n* puth *f2* ♦ *vt*: **to puff one's pipe** do phíopa a smailceadh ♦ *vi* (*pant*) séid
puffed (out) (*inf*) *adj* (*out of breath*) séidte
puff pastry, (US) **puff paste** *n* taosrán *m1* blaoscach
puffy *adj* borrúil
pull *n* (*tug*) tarraingt *f*, sracadh *m1*; **to give a pull** tarraingt a thabhairt ♦ *vt* tarraing, bain ♦ *vi* tarraing; **to pull to pieces** stróiceadh *or* sracadh as a chéile; **to pull one's weight** do chion féin a dhéanamh; **to pull o.s. together** misneach a ghlacadh; **to pull sb's leg** (*fig*) bob a bhualadh ar dhuine

▸ **pull apart** *vt* (*break*) tarraing *or* stróic as a chéile
▸ **pull down** *vt* (*house*) leag
▸ **pull in** *vi* (AUT, RAIL) tarraing isteach ar leataobh
▸ **pull off** *vt*: **he pulled of his clothes** bhain *or* chaith sé de a chuid éadaigh; (*deal etc*): **we pulled it off** d'éirigh linn
▸ **pull out** *vi* (*in car*) tarraing amach; (*of race, job*) éirigh as♦ *vt* tarraing amach
▸ **pull over** *vi* (AUT) tarraing *or* druid isteach i leataobh
▸ **pull through** *vi* tar slán as
▸ **pull up** *vt, vi* (*stop*) stad; (*uproot*) stoith
pulley *n* ulóg *f2*
pullover *n* geansaí *m4*
pulp *n* laíon *m1*
pulpit *n* crannóg *f2*, puilpid *f2*
pulsate *vi* frithbhuail
pulse *n* (*of blood*) cuisle *f4*; (*of heart*) frithbhualadh *m*; (*of music*) buille *m4*; (BOT, CULIN) piseánach *m1*; (*of engine*) bíog *f2*
pump *n* caidéal *m1*; (*shoe*) buimpéis *f2*; (*for tyres*) teannaire *m4*♦ *vt* caidéalaigh
▸ **pump up** *vt* teann, cuir aer i
pumpkin *n* puimcín *m4*
pun *n* imeartas *m1* focal
punch *n* (*with fist*) dorn *m1*; (*tool*) pritil *f2*; (*drink*) puins *m4*♦ *vt* (*hit*): **to punch sb** dorn a thabhairt do dhuine, dorn a bhualadh ar dhuine
punchline *n* focal *m1* scoir
punch-up (*inf*) *n* troid *f3*, maicín *m4*
punctual *adj* poncúil
punctuation *n* poncaíocht *f3*
puncture *n* poll *m1*
pundit *n* scolardach *m1*
pungent *adj* géar
punish *vt* cuir pionós ar
punishment *n* pionós *m1*
punk *n* (*also*: **punk rocker**) punc *m4*; (*also*: **punk rock**) an punc; (US: *inf*: *hoodlum*) maistín *m4*
punt *n* (IRL: *pound*) punt *m1*; (*boat*) punta *m4*
punter *n* (*gambler*) gealltóir *m3*; (*inf*): **the punters** na custaiméirí *mpl3*
puny *adj* beag, suarach; (*effort*) scallta
pup *n* coileán *m1*
pupil *n* (SCOL) dalta *m4*; (*of eye*) mac *m1* imrisc
puppet *n* puipéad *m1*
puppy *n* coileáinín *m4*
purchase *n* ceannach *m1*♦ *vt* ceannaigh
purchaser *n* ceannaitheoir *m3*
pure *adj* íon, fíor-, glan-
purely *adv*: **it is purely ...** níl ann ach ...
purge *n* purgóid *f2*♦ *vt* purgaigh
purple *adj* corcra
purport *vi*: **he was purported to be ...** bhí sé in ainm is a bheith ...
purpose *n* aidhm *f2*, cuspóir *m3*; **on purpose** d'aon turas, d'aon ghnó
purposeful *adj* diongbháilte
purr *vi* déan crónán
purse *n* (BRIT: *for money*) sparán *m1*; (US: *handbag*) mála *m4* láimhe♦ *vt* crap
purser *n* (NAUT) sparánaí *m4*
pursue *vt* tóraigh, téigh sa tóir ar, lean
pursuit *n* tóir *f3*; (*pastime*) caitheamh *m1* aimsire
push *n* brú *m4*; (*shove*) sonc *m4*; (*drive*) treallús *m1*♦ *vt* brúigh, sáigh; (*thrust*): **to push sth (into)** rud a shá *or* bhrú (isteach i); (*product*) cuir chun cinn♦ *vi* brúigh; (*demand*) éiligh
▸ **push aside** *vt* brúigh ar leataobh
▸ **push off** (*inf*) *vi*: **push off!** gread leat!, bain as!
▸ **push on** *vi* (*continue*) téigh ar aghaidh, lean ort
▸ **push through** *vi*: **he pushed through the crowd** bhrúigh sé a bhealach tríd an slua♦ *vt* (*measure*) cuir á vótáil
▸ **push up** *vt* (*total, prices*) ardaigh, cuir suas
pushchair *n* bugaí *m4* linbh
pusher *n* (*also*: **drug pusher**) díoltóir *m3* drugaí
pushover (*inf*) *n*: **it's a pushover** níl ann ach caitheamh dairteanna
push-up (US) *n* = **press-up**
pushy (*pej*) *adj* lán de féin
puss, pussy (cat) (*inf*) *n* puisín *m4*
put *vt* cuir; (*say*) abair; **he put a question**

to me chuir sé ceist orm; (*case, view*) mínigh; (*estimate*) meas
▸ **put about** *vt* scaip; **they put about bad rumours** chuir siad drochráflaí thart
▸ **put across** *vt* (*ideas etc*) cuir in iúl, mínigh
▸ **put away** *vt* (*store*) cuir i dtaisce
▸ **put back** *vt* (*replace*) cuir ar ais; (*postpone*) cuir siar; (*delay*) cuir moill ar
▸ **put by** *vt* (*money*) cuir i dtaisce
▸ **put down** *vt* (*parcel etc*) cuir síos; (*suppress*: *revolt etc*) cuir faoi chois; (*animal*) maraigh
▸ **put down to** *vt* (*attribute*) cuir síos do
▸ **put forward** *vt* (*ideas*) mol, cuir chun cinn
▸ **put in** *vt* (*gas, electricity, application etc*) cuir isteach; (*time, effort*) caith
▸ **put off** *vt* (*light etc*) cuir as; (*postpone*) cuir ar an méar fhada; (*discourage*): **it put me off going** d'áitigh sé orm gan dul
▸ **put on** *vt* (*record, light etc*) cuir ar, siúl; (*clothes*) cuir ort; (*play etc*) léirigh; (*cook*: *food*) cuir síos; (*gain*): **to put on weight** titim chun meáchain, meáchan a chur suas; **to put the brakes on** teannadh ar na coscáin; **to put the kettle on** an citeal a chur síos
▸ **put out** *vt* (*cat, one's hand etc*) cuir amach; (*light etc*) cuir as; (*inconvenience*: *person*) cuir as do
▸ **put through** *vt* (TEL, *person*): **they put me through to John** chuir siad i dteagmháil le Seán mé; (*plan*) cuir i gcrích
▸ **put up** *vt* (*raise*) ardaigh, cuir suas; (*pin up*) cuir in airde; (*hang*) croch (suas); (*build*) tóg; (*tent*) cuir suas; (*increase*) ardaigh; (*accommodate*) tabhair lóistín do
▸ **put up with** *vt fus* cuir suas le
putt *n* amas *m1*
putting green *n* plásóg *f2* amais
putty *n* puití *m4*
put-up *adj*: **put-up job** gnó caimiléireachta
puzzle *n* dúcheist *f2*; (*jigsaw*) míreanna *fpl2* mearaí ♦ *vt*: **the problem puzzled the doctor** chuaigh an fhadhb sa mhuileann ar an dochtúir, bhí an fhadhb ag déanamh meadhráin don dochtúir ♦ *vi*: **the scientists puzzled over the information** chuir na heolaithe an t-eolas trí chéile ina n-intinn
puzzling *adj* mearbhlach
pyjamas *npl* pitseámaí *mpl4*
pyramid *n* pirimid *f2*
Pyrenees *npl*: **the Pyrenees** na Piréiní *mpl*
pyrex ® *n* piréis *f2*

Q

quack *n* (*of duck*) vác *m4*; (*pej*: *doctor*) potrálaí *m4*
quadrangle *n* (*courtyard*) cearnóg *f2*
quadruple *vt, vi* méadaigh faoi cheathair
quadruplets *npl* ceathrar *msg1* (in aon bhreith)
quagmire *n* scraith *f2* ghlugair, criathar *m1*
quail *n* (ZOOL) gearg *f2* ♦ *vi*: **to quail at** *or* **before** scanrú roimh
quaint *adj* aisteach; (*house, village*) den seandéanamh
quake *vi* creathnaigh ♦ *n* (*also*: **earthquake**) crith *m3* talún; **to be quaking with fear** an croí a bheith ar crith i do chliabh
qualification *n* (*degree etc*) cáilíocht *f3*; (*limitation*) agús *m1*, coinníoll *m1*, maolú *m*
qualified *adj* (*trained*) oilte; (*professionally*) cáilithe; (*fit, competent*) in inmhe; (*limited*) maolaithe
qualify *vt* cáiligh; (*modify*) maolaigh ♦ *vi* (SPORT) fáigh tríd; **she qualified as a doctor** tháinig sí amach ina dochtúir; **he qualified for a pension** bhain sé aois an phinsin amach
quality *n* cáilíocht *f3*
quality control *n* rialú *m* cáilíochta
qualm *n* scrupall *m1*
quandary *n*: **in a quandary** idir dhá chomhairle
quantity *n* méid *m4*
quantity surveyor *n* suirbhéir *m3* cainníochta
quarantine *n* coraintín *m4*
quarrel *n* troid *f3*, geamhthroid *f3* ♦ *vi* troid; **they began to quarrel** d'éirigh eatarthu
quarrelsome *adj* imreasach, trodach
quarry *n* (*for stone*) cairéal *m1*; (*animal*) creach *f2*, seilg *f2*
quart *n* cárt *m1*
quarter *n* ceathrú *f*; (US: *coin*: *25 cents*) ceathrú dollair; (*of year*) ráithe *f4*; (*district*) ceantar *m1* ♦ *vt* (*divide*) roinn ina cheathrúna; **a quarter of an hour** ceathrú *f* uaire; **quarters** *npl* (*living quarters*) áit *f2* chónaithe; (MIL) ceathrú *fsg*
quarter final *n* cluiche *m4* ceathrúcheannais
quarterly *adj* ráithiúil ♦ *adv* go ráithiúil
quartet(te) *n* ceathairéad *m1*
quartz *n* grianchloch *f2*
quash *vt* (*verdict*) cuir ar neamhní; (*uprising*) cuir faoi chois
quaver *n* (MUS) camán *m1* ♦ *vi* crith
quay *n* (*also*: **quayside**) cé *f4*
queasy *adj*: **to feel queasy** masmas *or* samhnas a bheith ort
queen *n* banríon *f3*
queen mother *n* ríonmháthair *f*
queer *adj* aisteach; (*eccentric*) corr ♦ *n* (*inf!*) piteog *f2*
quell *vt* ciúnaigh; (*riot*) cuir faoi chois
quench *vt*: **to quench one's thirst** do thart a chosc
querulous *adj* casaoideach, clamhsánach
query *n* ceist *f2* ♦ *vt* ceistigh
quest *n* cuardach *m1*
question *n* ceist *f2* ♦ *vt* (*person*) ceistigh; (*doubt*) cuir amhras ar; **beyond question** gan aon agó; **it is out of the question** níl sé sin ar dhíslí, níl sé sin indéanta; **to pop the question** an focal a rá
questionable *adj* amhrasach
question mark *n* comhartha *m4* ceiste
questionnaire *n* ceistiúchán *m1*
queue *n* scuaine *f4*, ciú *m4* ♦ *vi* (*also*: **queue up**) téigh i scuaine, ciúáil
quibble *vi* bheith ag cailicéireacht
quick *adj* tapa, gasta, mear; (*intelligent*) aibí ♦ *n*: **that cut her to the quick** (*fig*) ghoill sin go dtí an croí uirthi; **be quick!** déan deifir!; **as quick as a flash** chomh gasta le splanc
quicken *vt* luathaigh; **to quicken one's step** do choiscéim a ghéarú

quickly *adv* go tapa, go gasta
quicksand *n* gaineamh *m1* beo
quick-witted *adj* géarintinneach
quid (*inf*) *n* punt *m1*
quiet *adj* (*peaceful*) suaimhneach; (*silent*) ciúin ♦ *n* suaimhneas *m1*; ciúnas *m1* ♦ *vt, vi* (*US*) = **quieten; keep quiet!** bí i do thost!; **to keep quiet about sth** rún a dhéanamh ar rud
quieten *vi* (*also*: **quieten down**) suaimhnigh ♦ *vt* tabhair chun suaimhnis; (*child*) cealg
quietly *adv* go suaimhneach, go ciúin
quietness *n* suaimhneas *m1*, ciúnas *m1*
quilt *n* cuilt *f2*
quintuplets *npl* cúigear *msg1* (in aon bhreith)
quip *n* focal *m1* grinn, ciúta *m4*
quirk *n* (*oddity*) aiste *f4*, dóigh de do chuid féin
quit *vt* fág; (*smoking, grumbling*) éirigh as ♦ *vi* (*give up, resign*) éirigh as
quite *adv* (*rather*) go maith; (*entirely*) ar fad; **I don't quite know** níl a fhios agam (go) baileach; **I quite understand** tuigim go maith; **quite a few of them** cuid mhaith acu; **quite (so)!** sin é go díreach!
quits *adj*: **quits (with)** cúiteach (le); **let's call it quits** abraimis go bhfuilimid cúiteach le chéile
quiver *vi* crith, bheith ar crith
quiz *n* (*game*) tráth *m3* na gceist ♦ *vt* ceistigh
quizzical *adj* ceisteach
quota *n* cuóta *m4*, cion *m4*
quotation *n* athfhriotal *m1*, sliocht *m3*; (*estimate*) praghas *m1* luaite
quotation marks *npl* comharthaí *mpl4* athfhriotail
quote *n* sliocht *m3*; (*estimate*) praghas *m1* luaite; (*statement*) caint *f2* dhíreach ♦ *vt* luaigh; **quotes** *npl* comharthaí *mpl4* athfhriotail

R

rabbi *n* raibí *m4*
rabbit *n* coinín *m4*
rabbit hutch *n* cró *m4* coinín
rabble (*pej*) *n* daoscarshlua *m4*
rabies *n* confadh *m1*
rac(c)oon *n* racún *m1*
race *n* (*species*) cine *m4*; (*competition, rush*) rás *m3* ♦ *vt* (*horse*) rith ♦ *vi* (*compete*) rith; (*hurry*) deifrigh; (*engine*) rásáil; **his pulse was racing** bhí gal reatha faoina chuisle
race car (*US*) *n* carr *m1* rása
race car driver *n* (*US*) tiománaí *m4* rása
racecourse *n* ráschúrsa *m4*
racehorse *n* capall *m1* rása
racetrack *n* raon *m1* rásaí
racial *adj* ciníoch
racing *n* rásaíocht *f3*
racing car *n* carr *m1* rása
racing driver *n* tiománaí *m4* rása
racism *n* ciníochas *m1*
racist *adj* ciníoch ♦ *n* ciníochaí *m4*
rack *n* (*for guns, tools*) raca *m4*; (*also*: **luggage rack**) raca bagáiste; (*also*: **roof rack**) raca dín; (*dish rack*) raca gréithre ♦ *vt* ciap; **to rack one's brains** do chuimhne a chíoradh; **to go to rack and ruin** imeacht chun raice
racket *n* (*for tennis*) raicéad *m1*; (*noise*) callán *m1*, racán *m1*, raic *f2*; (*swindle*) camastaíl *f3*
racquet *n* raicéad *m1*
racy *adj* anamúil; (*novel, behaviour*) graosta
radar *n* radar *m1*
radial *adj* (*also*: **radial-ply**) radúil
radiant *adj* dealraitheach
radiate *vt, vi* (*heat*) radaigh
radiation *n* radaíocht *f3*
radiator *n* radaitheoir *m3*
radical *adj* radacach
radio *n* raidió *m4* ♦ *vt* craol; **on the radio** ar an raidió
radioactive *adj* radaighníomhach
radio station *n* stáisiún *m1* raidió
radish *n* raidis *f2*
radius *n* ga *m4*; (*range*) raon *m1*
raffle *n* crannchur *m1*
raft *n* (*craft*: *also*: **life raft**) rafta *m4*
rafter *n* rachta *m4*
rag *n* giobal *m1*, ceirt *f2*; (*pej*: *newspaper*) liarlóg *f2*; (*student rag*) cifleog *f2* mac léinn; **to be in rags** bheith sna bratóga
rag doll *n* babóg *f2* éadaigh
rage *n* cuthach *m1*, fraoch *m1* ♦ *vi*: **to rage** (*person*) bheith ar buile *or* ar mire; (*storm*) bheith ina ghála *or* ina stoirm; **it's all the rage** tá sé an-fhaiseanta, tá sé go mór san fhaisean
ragged *adj* (*edge*) spiacánach; (*clothes*) bratógach, gioblach; (*appearance*) sraoilleach, gioblach
raid *n* (*attack, also MIL, POLICE*) ruathar *m1*, ionsaí *m*; (*criminal*) ruaig *f2* chreiche ♦ *vt* déan ruathar ar
rail *n* ráille *m4*, slat *f2*; **rails** *npl* (*track*) ráillí *mpl4*; **by rail** leis *or* ar an traein
railing(s) *n(pl)* ráillí *mpl4*
railroad (*US*), **railway** (*BRIT*) *n* (*track*) iarnród *m1*, bóthar *m1* iarainn
railway line (*BRIT*) *n* iarnród *m1*, bóthar *m1* iarainn
railwayman *n* oibrí *m4* iarnróid
railway station (*BRIT*) *n* stáisiún *m1* traenach
rain *n* fearthainn *f2*, báisteach *f2* ♦ *vi*: **to rain** bheith ag cur fearthainne *or* báistí, bheith ag báisteach; **in the rain** faoin bhfearthainn, san fhearthainn; **it's raining** tá sé ag cur fearthainne *or* báistí, tá sé ag báisteach
rainbow *n* bogha *m4* báistí, tuar *m1* ceatha
raincoat *n* cóta *m4* báistí
raindrop *n* deoir *f2* fhearthainne
rainfall *n* báisteach *f2*; (*measurement*) fliuchras *m1*
rainforest *n* foraois *f2* bháistí

rainy *adj* báistiúil, fliuch
raise *n* ardú *m* ♦ *vt* (*lift*) ardaigh, tóg; (*increase*) méadaigh; (*morale, standards*) ardaigh; (*question, doubt*) tarraing anuas; (*cattle, family*) tóg; (*crop*) saothraigh; (*army, funds, loan*) bailigh, cruinnigh; **to raise one's voice** do ghlór a ardú
raisin *n* rísín *m4*
rake *n* (*tool*) ráca *m4* ♦ *vt* (*garden, leaves*) rácáil; (*with machine gun*) déan scuablámhach ar, criathraigh
rally *n* (AUT) railí *m4*; (POL *etc*) slógadh *m1*, cruinniú *m*; (TENNIS) railí *m4* ♦ *vt* (*support*) cruinnigh ♦ *vi* (*sick person*) tar chugat féin; (ST EX) tar aniar
▸ **rally round** *vt fus* cruinnigh thart ar
RAM *n abbr* (COMPUT) (= *random access memory*) cuimhne *f4* randamrochtana
ram *n* reithe *m4* ♦ *vt* pulc; (*crash into*) tuairteáil, sáinnigh
ramble *n* spaisteoireacht *f3* ♦ *vi*: **to ramble** (*walk*) bheith ag spaisteoireacht; (*talk*: *also*: **ramble on**) bheith ag rámhaille
rambler *n* fánaí *m4*, cóstóir *m3*; (BOT) planda *m4* dreaptha
rambling *adj* (*speech*) scaipthe; (BOT) dreaptha
ramp *n* (*incline*) fánán *m1*; **on/off ramp** (AUT) sliosbhóthar *m1* isteach/amach
rampage *n*: **they went on the rampage** rinne siad scrios agus slad
rampant *adj* (*disease etc*) rábach, forleathan
ramshackle *adj* raiceáilte; **ramshackle house** raingléis tí
ranch *n* rainse *m4*
rancid *adj* bréan, lofa
rancour, (US) **rancor** *n* mioscais *f2*, faltanas *m1*
random *adj* fánach, corr; (TECH) randamach ♦ *n*: **at random** go fánach; (TECH) go randamach
random access *n* (COMPUT) randamrochtain *f3*
randy (*inf*) *adj* drúisiúil, macnasach, adharcach
range *n* (*of mountains*) sliabhraon *m1*; (*of missile, voice*) raon *m1*; (*of products*) réimse *m4*; (MIL: *also*: **shooting range**) raon lámhaigh; (*also*: **kitchen range**) sorn *m1* ♦ *vt* (*place in a line*) rangaigh ♦ *vi*: **to range over** (*extend*) síneadh (thar); **to range from ... to** bheith sa réimse ó ... go
ranger *n* maor *m1* páirce
rank *n* céimíocht *f3*; (MIL) rang *m3*; (*also*: **taxi rank**) stad *m4* tacsaí ♦ *vi*: **to rank among** bheith ar ♦ *adj* (*stinking*) bréan; **the rank and file** (*fig*) an gnáthbhallra
rankle *vi* (*insult*) goill ar
ransack *vt* ransaigh; (*plunder*) creach
ransom *n* fuascailt *f2*; **to hold sb to ransom** duine a chur ar fuascailt
rant *vi*: **to rant** bheith ag callaireacht
rap *vt* buail smitín ar; (*door*) cnag ar, buail cnag ar ♦ *n*: **rap music** rapcheol *m1*
rape *n* éigniú *m*; (BOT) ráib *f2* ♦ *vt* éignigh
rape(seed) oil *n* ola *f4* ráibe
rapid *adj* tapa, gasta
rapids *npl* (GEOG) fánsruth *msg3*
rapist *n* éigneoir *m3*
rapport *n* comhthuiscint *f3*
rapture *n* néal *m1* aoibhnis
rapturous *adj* sceitimíneach
rare *adj* annamh; (CULIN, *steak*) tearcbhruite
raring *adj*: **she was raring to go** (*inf*) bhí sí ar bior le himeacht
rascal *n* cuilceach *m1*, rógaire *m4*
rash *adj* tobann ♦ *n* (MED) gríos *m1*; (*spate*: *of events*) ráig *f2*
rasher *n* slisín *m4*
raspberry *n* sú *f4* craobh
raspberry bush *n* tor *m1* sútha craobh
rat *n* francach *m1*, luch *f2 or* luchóg *f2* mhór
rate *n* ráta *m4*; (*speed*) luas *m1*; (*price*) táille *f4*, ráta ♦ *vt* meas; **rates** *npl* (*on property*) rátaí *mpl4*, gearrthacha *mpl*; (*fees*) táillí *fpl4*; **to rate sb/sth as** duine/rud a áireamh mar
rateable value *n* luach *m3* inrátaithe
ratepayer *n* íocóir *m3* rátaí
rather *adv* beagán, pas (beag), rud beag; **it's rather expensive** tá sé daor go leor,

tá sé cineál daor; (*too much*) tá sé pas daor; **there's rather a lot** tá measarthacht ann, tá cuid mhaith ann; **I would** *or* **I'd rather go** b'fhearr liom imeacht

rating *n* (*assessment*) meastachán *m1*; (*score*) grádú *m*; (NAUT, *sailor*) grád *m1* (mairnéalaigh); (COMM) rátáil; **ratings** *npl* (RADIO, TV) scór *m1* féachana

ratio *n* coibhneas *m1*

ration *n* ciondáil *f3*

rational *adj* réasúnach; (*solution, reasoning*) céillí, ciallmhar

rationale *n* réasúnaíocht *f3*

rationalize *vt* réasúnaigh

rat race *n*: **the rat race** coimhlint *f2* an fhill

rattle *n* (*of door, window*) bualadh *m*; (*of coins, chain*) gliogar *m1*; (*of train, engine*) cleatar *m1*; (*object*: *for baby*) gligín *m4* • *vi*: **to rattle** bheith ag gliogarnach; (*car, bus*): **to rattle along** bheith ag cleatráil leis• *vt* bain gliogarnach as; (*unnerve*) bain croitheadh as, cuir trína chéile

rattlesnake *n* nathair *f* shligreach

raucous *adj* grágach; (*noisy*) callánach

rave *vi*: **to rave** bheith ag cur i dtíortha; (MED) bheith ag rámhaille, bheith as do mheabhair

rave music *n* rámhcheol *m1*

raven *n* fiach *m1* dubh

ravenous *adj* craosach, amplach

ravine *n* cumar *m1*, altán *m1*, ailt *f2*

raving *adj* (ar) mire• *n* rámhaille *f4*

ravishing *adj* sárálainn, sciamhach

raw *adj* (*uncooked*) amh; (*not processed*) amh-, bun-; (*sore*) dearg; (*inexperienced*) neamhoilte; (*weather, day*) feanntach

raw deal (*inf*) *n* margadh *m1* éagórach

raw material *n* bunábhar *m1*, amhábhar *m1*

ray *n* ga *m4*; **ray of hope** léaró *m4* dóchais

raze *vt* (*also*: **raze to the ground**) leag go talamh

razor *n* rásúr *m1*

razor blade *n* lann *f2* rásúir

re *prep* maidir le, i dtaca le, i dtaobh + *gen*

reach *n* fad *m1* láimhe; (*of river etc*) réimse *m4*• *vt* sroich, bain amach; (*conclusion, decision*) tar ar• *vi* sín; **out of his reach** as a aice; **within his reach** faoi fhad láimhe de; **within reach of the shops** i gcóngar na siopaí, faoi fhad siúil de na siopaí

▸ **reach out** *vt, vi* sín amach

react *vi* freagair

reaction *n* freagairt *f3*; (PHYS *etc*) imoibriú *m*

reactor *n* freasaitheoir *m3*

read *vi* léigh• *vt* léigh; (*understand*) tuig (as); (*study*) déan staidéar ar

▸ **read out** *vt* léigh os ard *or* amach

readable *adj* soléite, inléite

reader *n* léitheoir *m3*

readily *adv* go toilteanach, go réidh; (*easily*) gan stró, go furasta, go héasca, go sásta

readiness *n* réidhe *f4*; **in readiness** (*prepared*) ullamh, réidh

reading *n* léamh *m1*; (*understanding*) tuiscint *f3*

readout (COMPUT) *n* asléamh *m1*

ready *adj* réidh; (*willing*) toilteanach; (*available*) éasca, ar fáil• *n*: **at the ready** (MIL) ar tinneall; **get ready** ullmhaigh • *vt* ullmhaigh

ready-made *adj* réamhdhéanta; (*convenient*) áisiúil

ready money *n* airgead *m1* réidh

ready-to-wear *adj* réidh le caitheamh

real *adj* fíor, ceart; (COMM) nithiúil; **in real terms** i dtéarmaí réadacha

real estate *n* eastát *m1* réadach

realistic *adj* réadúil

reality *n* réaltacht *f3*; **in reality** dáiríre, i ndáiríre

realization *n* (*awareness*) tuiscint *f3*; (*fulfilment, also*: *of asset*) réadú *m*

realize *vt* (*understand*) tuig, aithin; (*a project*, COMM, *asset*) réadaigh

really *adv* go fírinneach, dáiríre, i ndáiríre; (*very*) an-; **really sad** an-bhrónach; **really?** dáiríre?, i ndáiríre?

realm *n* ríocht *f3*; (*fig*) cúrsaí *mpl4*

realtor ® (US) *n* gníomhaire *m4* eastáit

reap *vt* bain, buain
reappear *vi* nocht arís
rear *adj* cúil *n gen*, deiridh *n gen*; (AUT, *wheel etc*) deiridh ♦ *n* cúl *m1* ♦ *vt* (*cattle, family*) tóg ♦ *vi* (*also*: **rear up**: *animal*) éirigh ar na cosa deiridh
rearguard *n* (MIL) cúlgharda *m4*
rear-view mirror *n* (AUT) scáthán *m1* cúlradhairc
reason *n* (*sense*) ciall *f2*, réasún *m1*; (*cause*) cúis *f2*, fáth *m3*, údar *m1* ♦ *vi*: **to reason with sb** dul chun réasúin le duine; **to have reason to think sth** cúis *or* ábhar a bheith agat rud a shíleadh; **it stands to reason that ...** luíonn sé le ciall go ..., tig sé le réasún go
reasonable *adj* ciallmhar; (*not bad*) réasúnta, measartha
reasonably *adv* (go) réasúnta
reasoning *n* réasúnaíocht *f3*
reassurance *n* sólás *m1*, faoiseamh *m1*; (*factual*) athdhearbhú *m*
reassure *vt* cuir ar a shuaimhneas; (*factual*) athdhearbhaigh
rebate *n* lacáiste *m4*
rebel *n* ceannairceach *m1* ♦ *vi* téigh chun ceannairce, éirigh amach
rebellious *adj* ceannairceach, reibiliúnach
rebound *vi* (*ball*) athphreab, preab ar ais ♦ *n* athphreab *f2*; **to marry on the rebound** pósadh d'athléim
rebuff *n* gonc *m1*
rebuke *vt* aifir, ceartaigh, tabhair achasán do
rebut *vt* bréagnaigh
recall *vt* athghair, tabhair chun cuimhne; (*remember*) cuimhnigh ar, smaoinigh ar; (*horses, book*) tarraing siar ♦ *n* athghairm *f2*; (*ability to remember*) cuimhne *f4*
recant *vi* déan séanadh
recap, recapitulate *vt, vi* achoimrigh
recede *vi* cúlaigh; (*tide*) tráigh
receipt *n* (*for parcel etc*) admháil *f3*; (*amount received*) fáltas *m1*; (*act of receiving*) glacadh *m*; **receipts** *npl* (COMM) fáltais *mpl1*
receive *vt* faigh, glac; (*visitor*) fáiltigh roimh
receiver *n* glacadóir *m3*
recent *adj* deireanach
recently *adv* ar na mallaibh, le déanaí, le deireanas, go deireanach
receptacle *n* gabhdán *m1*, soitheach *m1*
reception *n* (*on radio*) glacadh *m*; (*welcome*) fáiltiú *m*
reception desk *n* deasc *f2* fáiltithe
receptionist *n* fáilteoir *m3*
recess *n* (*in room*) caibhéad *m1*; (*secret place*) prochóg *f2*; (POL *etc, holiday*) tráth *m3* scoir, am *m3* scoir
recession *n* meathlú *m*, cúlú *m*, lag *m1* trá
recipe *n* oideas *m1*
recipient *n* faighteoir *m3*
recital *n* (*of poetry etc*) aithris *f2*, aithriseoireacht *f3*; (MUS) ceadal *m1*
recite *vt* (*poem*) aithris
reckless *adj* (*driver etc*) meargánta
reckon *vt* (*count*) áirigh, cuntais, comhairigh; (*think*): **I reckon that ...** ceapaim *or* measaim *or* sílim go ..., tá mé ag déanamh (amach) go ...
reckoning *n* áireamh *m1*, cuntas *m1*, comhaireamh *m1*, reicneáil *f3*
reclaim *vt* (*demand back*) faigh *or* iarr ar ais; (*land*: *from sea*) tabhair chun míntíreachais; (*waste materials*) athchúrsáil
recline *vi* luigh siar, bheith ar do leasluí
reclining *adj* (*seat*) inchlaonta
recluse *n* díthreabhach *m1*, aonarán *m1*
recognition *n* aitheantas *m1*; **to gain recognition** aitheantas a fháil; **beyond recognition** as aithne
recognize *vt* aithin
recoil *vi* (*person*): **to recoil (from)** cúbadh (siar ó), cúlú (siar ó); **he recoiled from doing it** ní bhfuair sé ann féin é a dhéanamh ♦ *n* (*of gun*) speach *f2*
recollect *vt* cuimhnigh ar, smaoinigh ar, meabhraigh ar
recollection *n* cuimhne *f4*
recommend *vt* mol
reconcile *vt* (*two people*) déan athmhuintearas idir; (*two facts*) déan réiteach idir; **to reconcile o.s. to** do thoil a chur le

recondition *vt* athchóirigh
reconnoitre, (*US*)**reconnoiter** *vt* (*MIL*) taiscéal
reconstruct *vt* (*building*) atóg, tóg arís; (*crime, policy, system*) athchum, cum arís
record *n* taifead *m1*; (*of meeting etc*) cuntas *m1*; (*register*) rolla *m4*; (*file*) cáipéis *f2*; (*also*: **criminal record**) teist *f2* choiriúil; (*MUS*) ceirnín *m4*; (*SPORT*) curiarracht *f3*• *vt* (*set down*) cláraigh, scríobh síos; (*MUS, song etc*) taifead; **in record time** i gcuriarracht ama; **off the record** i modh rúin
record card *n* (*in file*) cárta *m4* innéacsa
recorded delivery letter *n* seachadadh *m* taifeadta
recorder *n* (*MUS*) fliúit *f2* Shasanach
record holder *n* (*SPORT*) curiarrachtaí *m4*
recording *n* (*MUS*) taifeadadh *m*
record player *n* seinnteoir *m3* ceirníní
recount *vt* inis, aithris
re-count *n* (*POL, of votes*) athchomhaireamh *m1*• *vt* athchomhair
recoup *vt*: **to recoup one's losses** do chaill a chúiteamh, do bhris a thabhairt isteach
recourse *n*: **to have recourse to** dul i muinín + *gen*
recover *vt* faigh ar ais *or* arís• *vi*: **to recover (from)** (*illness*) biseach a fháil (ó), teacht (as), teacht chugat féin; (*shock*) teacht chugat féin (i ndiaidh + *gen*)
recovery *n* (*retrieval*) athghabháil *f3*; (*recuperation*) biseach *m1*; (*ECON*) téarnamh *m1*
recreation *n* caitheamh *m1* aimsire
recreational *adj* pléisiúir *n gen*
recruit *n* earcach *m1*• *vt* earcaigh
rectangle *n* dronuilleog *f2*
rectangular *adj* dronuilleogach
rectify *vt* (*error*) ceartaigh, cuir ina cheart
rector *n* (*REL*) reachtaire *m4*
recuperate *vi* bisigh, feabhsaigh• *vt* faigh ar ais
recur *vi* atarlaigh; (*symptoms*) fill, athfhill
recurrence *n* atarlú *m*; (*of symptoms*) athfhilleadh *m*
recurrent *adj* athfhillteach; **I have recurrent headaches** bíonn tinneas cinn ag ruaigeadh orm
recycle *vt* athchúrsáil
red *n* dearg *m1*; (*POL*: *pej*) Cumannaí *m4* • *adj* dearg; (*hair*) rua; **in the red** (*account*) i bhfiacha
Red Cross *n* an Chros *f2* Dhearg
redcurrant *n* cuirín *m4* dearg
redden *vt, vi* dearg
reddish *adj* scothdhearg; (*hair*) scothrua
redeem *vt* (*debt*) fuascail; (*fig, also REL*) slánaigh
redeeming *adj* (*feature*) cúiteach
redeploy *vt* (*resources*) atheagraigh, athroinn
red-haired *adj* rua
red-handed *adj*: **I was caught red-handed** rugadh maol orm
redhead *n* ruafholtach *m1*
red-hot *adj* dearg te
redirect *vt* (*mail*) athsheol
red light *n* (*AUT*) solas *m1* dearg
redo *vt* déan arís, athdhéan
redress *n* cúiteamh *m1*• *vt* ceartaigh, cuir ina cheart
Red Sea *n*: **the Red Sea** an Mhuir *f3* Rua
redskin *n* Indiach *m1* dearg
reduce *vt* laghdaigh, maolaigh, moilligh; (*lower*) ísligh; "**reduce speed now**" (*AUT*) "go mall"
reduction *n* laghdú *m*; (*discount*) lascaine *f4*
redundancy *n* iomarcaíocht *f3*
redundant *adj* (*worker*) iomarcach, as obair, dífhostaithe; (*detail, object*) díomhaoin, gan feidhm; **to be made redundant** do phost a chailleadh
reed *n* giolcach *f2*
reef *n* (*at sea*) sceir *f2*
reek *vi*: **the hall reeks of smoke** tá an halla bréan le toit
reel *n* (*of thread*) ceirtlín *m4*; (*FISHING*) roithleán *m1*, crann *m1* tochrais; (*CINE*) ríl *f2*; (*dance*) cor *m1*, ríl *f2*• *vi*: **to reel** (*sway*) bheith ag stámhailleach
ref (*inf*) *n abbr* = **referee**
refectory *n* proinnteach *m*

refer *vt*: **to refer sb to** duine a sheoladh chuig, duine a chur faoi bhráid + *gen*; (*dispute, decision*): **to refer sth to** rud a chur faoi bhráid + *gen* ♦ *vi*: **refer to** (*allude to*) tagair do, luaigh; (*consult*) ceadaigh le, téigh *or* gabh i gcomhairle le
referee *n* réiteoir *m3*; (*for job application*) teistiméir *m3*
reference *n* (*remittal*) tarchur *m1*; (*mention*) tagairt *f3*; (*for job application: letter*) teastas *m1*, teistiméireacht *f3*; **with reference to** (COMM, *in letter*) maidir le, i dtaca le
reference book *n* leabhar *m1* tagartha
refill *vt* athlíon ♦ *n* (*for pen etc*) athlíonadh *m*
refine *vt* (*sugar, oil*) scag, athscag; (*taste*) tabhair chun míneadais; (*theory, idea*) foirfigh, tabhair chun foirfeachta
refined *adj* (*person, taste*) deismíneach
reflect *vt* (*light, image*) frithchaith; (*fig*) cuir in iúl, léirigh ♦ *vi* (*think*) smaoinigh (ar), meabhraigh (ar), machnaigh (ar); **it reflects badly on him** is olc an mhaise air é
reflection *n* (*contemplation*) athmhachnamh *m1*; (*image*) scáil *f2*; (*criticism*) míchlú *m4*; **on reflection** ar athmhachnamh
reflex *adj* athfhillteach; (PHYSIOL) frithluaileach ♦ *n* athfhilleadh *m*; (PHYSIOL) frithluail *f2*
reflexive *adj* (LING) athfhillteach
reform *n* leasú *m* ♦ *vt* leasaigh
Reformation *n*: **the Reformation** an Reifirméisean *m1*, an tAthrú *m* Creidimh
reformatory (US) *n* scoil *f2* cheartúcháin
refrain *vi*: **to refrain from doing sth** staonadh ó rud a dhéanamh ♦ *n* loinneog *f2*, curfá *m4*
refresh *vt* úraigh; (*subj: sleep*) cuir athbhrí i
refresher course *n* cúrsa *m4* athnuachana
refreshing *adj* (*drink*) íocshláinteach; (*sleep*) uaimhneach, athbhríoch
refreshments *npl* sólaistí *pl*; **refreshments available** bia agus deoch ar fáil
refrigerator *n* cuisneoir *m3*
refuel *vi* athbhreoslaigh
refuge *n* tearmann *m1*, dídean *f2*; **to take refuge in** dul ar do chaomhnú i, dul ar tearmann i
refugee *n* dídeanaí *m4*
refund *n* aisíoc *m3*, athchistiú *m* ♦ *vt* aisíoc, athchistigh
refurbish *vt* athchóirigh, athdheisigh
refusal *n* diúltú *m*, eiteach *m1*; **to have first refusal on** an chéad eiteach *or* diúltú a bheith agat ar
refuse[1] *vt, vi* diúltaigh
refuse[2] *n* bruscar *m1*, dramhaíl *f3*
refuse collection *n* bailiú *m* bruscair
regain *vt* faigh ar ais, athghnóthaigh
regal *adj* ríoga, ríúil
regard *n* aird *f2*; (*respect*) meas *m3*, ómós *m1* ♦ *vt* breathnaigh, amharc, féach ar; (*heed*) tabhair aird ar; **to give one's regards to** do dhea-mhéin a chur in iúl do; "**with kindest regards**" "le gach dea-mhéin", "le gach beannacht"; **give him my regards** tabhair mo bheannacht dó; **as regards, with regard to** = **regarding**
regarding *prep* maidir le, i dtaca le
regardless *adv* ar aon chaoi, ina ainneoin sin; **regardless of** beag beann ar, ar neamhchead do
régime *n* réim *f2*, córas *m1*
regiment *n* reisimint *f2*
regimental *adj* reisimintiúil
region *n* réigiún *m1*, ceantar *m1*, dúiche *f4*; **in the region of** (*fig*) timpeall + *gen*, thart ar, tuairim is
regional *adj* réigiúnach
register *n* clár *m1*, rolla *m4*; (*also*: **electoral register**) rolla *m4* toghcháin; (US: *also*: **cash register**) scipéad *m1*; (LING) réim *f2* ♦ *vt* cláraigh ♦ *vi* cláraigh; (*make impression*) téigh *or* gabh i bhfeidhm ar
registered *adj* (*letter, parcel*) cláraithe
registered trademark *n* trádmharc *m1* cláraithe
registrar *n* cláraitheoir *m3*
registration *n* clárú *m*; (AUT: *also*:

registration number) uimhir *f* chláraithe
registry *n* clárlann *f2*
registry office *n* clárlann *f2*; **to get married in a registry office** pósadh i gclárlann
regret *n* aithreachas *m1*, aiféala *m4* ♦ *vt*: **I deeply regret it** tá aithreachas orm faoi, is oth liom é
regretfully *adv* ar an drochuair
regular *adj* rialta, féiltiúil; (*usual*) gnáth-; (*soldier*) seasta ♦ *n* (*client etc*) gnáthóir *m3*, gnáthchustaiméir *m3*
regularly *adv* go rialta, go tomhaiste
regulate *vt* rialaigh
regulation *n* (*rule*) riail *f*, rialachán *m1*; (*adjustment*) rialú *m*
rehabilitation *n* (*of offender*) athoiliúint *f*; (*of addict*) athshlánú *m*
rehearsal *n* cleachtadh *m1*
rehearse *vt* cleacht
reign *n* réimeas *m1* ♦ *vi* rialaigh, bheith i réim
reimburse *vt* aisíoc, cúitigh (le)
rein *n* (*for horse*) srian *m1*
reindeer *n* réinfhia *m4*
reinforce *vt* treisigh, neartaigh
reinforced concrete *n* coincréit *f2* threisithe
reinforcements *npl* (MIL) trúpaí *mpl4* athneartaithe
reinstate *vt* cuir ar ais
reject *n* (COMM) colfairt *f2* ♦ *vt* cuileáil; (*idea*) diúltaigh do, cuir suas de
rejection *n* diúltú *m*
rejoice *vi*: **to rejoice (at** *or* **over)** ollghairdeas a dhéanamh (faoi)
rejuvenate *vt* athnuaigh
relapse *n* (MED) athiompú *m*
relate *vt* (*tell*) aithris, inis; (*connect*) nasc, ceangail ♦ *vi*: **this relates to** baineann seo le; **to relate to sb** dáimh a bheith agat le duine
related *adj* gaolmhar, muinteartha
relating to *prep* ag baint le
relation *n* (*person*) gaol *m1*, duine *m4* muinteartha; (*link*) nasc *m1*; **public relations** caidreamh *m1* poiblí
relationship *n* baint *f2*, ceangal *m1*; (*personal ties*) caidreamh *m1*; (*also*: **family relationship**) gaol *m1*
relative *n* gaol *m1*, duine *m4* muinteartha ♦ *adj* coibhneasta; (*by comparison*) réasúnta; **all her relatives** a gaolta uile, iomlán a muintire
relatively *adv*: **relatively easy** measartha *or* réasúnta furasta, éasca go leor
relax *vi* (*muscle*) bog; (*person*: *unwind*) glac do shuaimhneas, lig do scíth, tabhair faoiseamh duit féin ♦ *vt* bog, scaoil; (*mind, person*) socraigh (síos); **the music relaxes him** cuireann an ceol ar a shuaimhneas é
relaxation *n* scíth *f2*; (*of mind*) faoiseamh *m1*; (*recreation*) caitheamh *m1* aimsire
relaxed *adj* suaimhneach, réidh, ar do shocairshuaimhneas
relaxing *adj* suaimhnitheach
relay *n* (SPORT) sealaíocht *f3* ♦ *vt* (*message*) leaschraol
release *n* (*from prison, obligation*) fuascailt *f2*, scaoileadh *m*; (*of gas etc*) scaoileadh; (*of film etc*) eisiúint *f3* ♦ *vt* (*prisoner*) fuascail, scaoil *or* lig amach; (*gas etc*) scaoil; (*free*: *from wreckage etc*) saor; (TECH, *catch, spring etc*) scaoil; (*book, film*) cuir amach; (*report, news*) scaoil
relegate *vt* tabhair céim síos do, tabhair ísliú céime do; (SPORT): **they were relegated** cuireadh síos iad
relent *vi* maolaigh
relentless *adj* neamhthrócaireach; (*unceasing*) gan staonadh, gan stad
relevant *adj* (*question*) ag baint le hábhar, ábhartha; **relevant to** bainteach le
reliable *adj* (*person, firm*) iontaofa, muiníneach; (*method, machine*) buanseasmhach; (*news, information*) údarásach
reliably *adv* go húdarásach
reliance *n* (*on person*) iontaoibh *f2*, muinín *f2*; (*on drugs, promises*) tuilleamaí *m4*
relic *n* (REL) taisí *fpl4*; (*of the past*) iarsma *m4*
relief *n* (*from pain, anxiety etc*) faoiseamh *m1*; (*help, supplies*) fóirithint *f2*; (ART,

GEOG) rilíf *f2*

relieve *vt* (*pain, fear, worry*) maolaigh; (*patient*) tabhair faoiseamh do; (*bring help*) fóir ar; (*take over from*: *gen*) glac áit + *gen*; (: *guard*) déan uainíocht ar; **to relieve sb of sth** rud a bhaint de dhuine; **to relieve o.s.** cnaipe a scaoileadh

religion *n* creideamh *m1*, reiligiún *m1*

religious *adj* reiligiúnda; (*order*) rialta; (*book, person*) cráifeach

relinquish *vt* lig uait; (*plan, habit*) éirigh as

relish *n* (CULIN) anlann *m1*; (*enjoyment*) díograis *f2* ♦ *vt* (*food etc*) faigh blas ar; **to relish doing sth** rud a dhéanamh le fonn

relocate *vt* athaimsigh ♦ *vi* athlonnaigh

reluctance *n* drogall *m1*, leisce *f4*

reluctant *adj* drogallach; **to be reluctant to do sth** leisce *or* drogall a bheith ort rud a dhéanamh

reluctantly *adv* go drogallach, go leisciúil

rely on *vt fus* (*be dependent*) braith ar; (*trust*): **to rely on sb** muinín *or* iontaoibh a bheith agat as duine

remain *vi* fan, mair

remainder *n* fuílleach *m1*; **the remainder of her life** an chuid eile dá saol

remaining *adj*: **the remaining pictures** an chuid eile de na pictiúir, fuílleach na bpictiúr

remains *npl* fuílleach *msg1*; (*body*) corp *msg1*; (*of animal etc*) conablach *m1*

remand *n*: **on remand** ar coimeád ♦ *vt*: **he was remanded (in custody)** athchuireadh faoi choimeád é

remark *n* focal *m1*; **to pass remarks on** caidéis a fháil do ♦ *vt* sonraigh, tabhair faoi deara; **remark on** tagair do

remarkable *adj* sonraíoch; (*wonderful*) iontach

remedial *adj* (*tuition, classes*) feabhais *n gen*; **remedial exercises** cleachtaí leasúcháin *or* feabhais

remedy *n*: **remedy (for)** leigheas *m1* (ar) ♦ *vt* leigheas

remember *vt* cuimhnigh (ar); **she remembers** is cuimhin léi, tá cuimhne aici ar; (*send greetings*): **remember me to him** beir mo bheannacht chuige, abair leis go raibh mé ag cur a thuairisce

remembrance *n* cuimhneamh *m1*, cuimhne *f4*

remind *vt*: **to remind sb of sth** rud a chur i gcuimhne do dhuine; **to remind sb to do sth** meabhrú do dhuine rud a dhéanamh, cur i gcuimhne do dhuine rud a dhéanamh

reminder *n* (*souvenir*) cuimhneachán *m1*; (*letter*) litir *f* mheabhrúcháin

reminisce *vi*: **to reminisce (about)** athchuimhneamh (ar), meabhrú (ar)

reminiscent *adj*: **it was reminiscent of old times** chuirfeadh sé an seanam i gcuimhne do dhuine

remiss *adj* faillitheach, neamartach

remission *n* (*of sins, of debt*) maitheamh *m1*, loghadh *m*; (*prison sentence*) laghdú *m*

remit *vt* (*send*: *money*) íoc, seol

remittance *n* seoltán *m1*

remnant *n* fuílleach *m1*; (*of cloth*) luideog *f2*; **remnants** *npl* (COMM) fuílleach *msg1*

remorse *n* doilíos *m1*, aiféala *m4*

remorseful *adj* doilíosach, aiféalach

remorseless *adj* (*fig*: *pitiless*) gan taise

remote *adj* iargúlta, scoite; (*person*) coimhthíoch; (*possibility*) fánach

remote control *n* cianrialú *m*

remotely *adv* go hiargúlta; **remotely visible** le feiceáil i bhfad uait; **to be remotely related to sb** gaol i bhfad amach a bheith agat le duine

remould *n* (*tyre*) bonn *m1* athmhúnlaithe

removable *adj* (*detachable*) so-bhainte

removal *n* (*taking away*) baint *f2* amach, tógáil *f3* ar shiúl; (*from house*) aistriú *m*; (*from office*: *dismissal*) briseadh *m*; (*of stain*) glanadh *m*; (MED) gearradh *m*

removal van *n* veain *f4* aistrithe troscáin

remove *vt* bain amach, tóg amach; (*employee*) bris; (*stain*) glan; (*abuse, doubt*) cealaigh

render *vt*: **to render a service to** gar a dhéanamh do; **to render thanks to**

buíochas a ghabháil le; **to render harmless** an dochar *or* ghoimh a bhaint as; **to render sth useless** rud a chur ó mhaith

rendering *n* (*MUS etc*) seinm *f3*

rendezvous *n* coinne *f4*

renew *vt* athnuaigh; (*negotiations*) atosaigh

renewable *adj* (*energy*) in-athnuaite

renewal *n* athnuachan *f3*; (*of acquaintance*) athaithne *f4*

renounce *vt* diúltaigh do, séan

renovate *vt* athchóirigh

renown *n* clú *m4*, cáil *f2*

renowned *adj* clúiteach, cáiliúil

rent *n* cíos *m3*♦ *vt* (*landlord*) lig ar cíos; (*tenant*) tóg *or* faigh ar cíos

rental *n* cíos *m3*

rep *n abbr* = **representative**

repair *n* deisiú *m*, cóiriú *m*♦ *vt* deisigh, cóirigh; **it's in good/bad repair** tá cóir mhaith ar, tá droch-chóir ar

repair kit *n* fearas *m1* deisiúcháin

repatriate *vt* aisdúichigh, cuir ar ais chun a thíre féin

repay *vt* (*money, creditor*) aisíoc, íoc ar ais; (*sb's efforts*) cúitigh

repayment *n* aisíoc *m3*, aisíocaíocht *f3*

repeal *n* (*of law*) aisghairm *f2*♦ *vt* (*law*) aisghair

repeat *n* (*RADIO, TV*) athchraoladh *m*♦ *vt* abair arís; (*RADIO, TV*) athchraol; (*COMM, order*): **repeat the order** tabhair an t-ordú céanna arís; (*SCOL, a class*) athdhéan♦ *vi* (*food*) brúcht aníos

repeatedly *adv* arís agus arís eile

repel *vt* ruaig, cuir ruaig ar

repellent *adj* éarthach♦ *n*: **insect repellent** éarthach *m1* feithidí

repent *vi*: **repent (of)** déan aithrí (i)

repentance *n* aithreachas *m1*, aithrí *f4*

repertory *n* (*also*: **repertory theatre**) stór *m1*

repetition *n* (*of words*) athrá *m4*; (*MUS, of action*) athdhéanamh *m*

repetitive *adj* (*movement, work*) timthriallach; (*speech*) athráiteach

replace *vt* (*put back*) cuir *or* fág ar ais; (*take the place of*) glac áit + *gen*, ionad + *gen*

replacement *n* (*substitution*) malartú *m*; (*person*) ionadaí *m4*, ionadaíocht *f3*

replay *n* (*of match*) athimirt *f3*; (*of tape*) athsheinm *f3*

replenish *vt* (*glass*) athlíon, líon arís; (*stock etc*) athsholáthair

replica *n* macasamhail *f3*

reply *n* freagra *m4*♦ *vi, vt* freagair

reply coupon *n* cúpón *m1* freagartha

report *n* tuarascáil *f3*; (*PRESS etc*) tuairisc *f2*; (*also*: **school report**) tuairisc *f2* scoile; (*of gun*) blosc *m1*♦ *vt* tuairiscigh; (*bring to notice: occurrence*) cuir in iúl♦ *vi* (*make a report*) tabhair tuairisc, scríobh tuairisc; (*present o.s.*): **to report (to sb)** dul i láthair (+ *gen*); (*be responsible to*): **to report to sb** bheith faoi cheannas + *gen*, bheith freagrach do

report card *n* tuairisc *f2* scoile

reportedly *adv*: **she is reportedly living in ...** tá sé amuigh uirthi go bhfuil sí ina cónaí i ..., tá sí in ainm is a bheith ina cónaí i ...; **he reportedly told them to ...** táthar á rá go ndúirt sé leo ..., d'inis sé dóibh más fíor ...

reporter *n* tuairisceoir *m3*

repose *n* scíth *f2*

represent *vt* seas do; (*as proxy*) déan ionadaíocht ar son + *gen*; (*view, belief*) léirigh; (*describe*): **to represent sth as** rud a chur i láthair mar

representation *n* samhail *f3*; (*POL*) ionadaíocht *f3*; **proportional representation** ionadaíocht chionmhar

representative *n* ionadaí *m4*

repress *vt* cloígh; (*feelings*) cuir srian le, cuir cluain ar

repression *n* smachtú *m*; (*political*) géarleanúint *f3*, cos *f2* ar bolg

reprieve *n* (*LAW*) spásas *m1*; (*fig*) faoiseamh *m1*

reprisals *npl* díoltas *msg1*

reproach *vt*: **to reproach sb with sth** rud a chasadh le duine, rud a chur i leith duine

reproachful *adj* cáinteach, milleánach

reproduce *vi, vt* atáirg
reproduction *n* atáirgeadh *m*
reproof *n* cáineadh *m*, lochtú *m*
reptile *n* péist *f2*, reiptíl *f2*
republic *n* poblacht *f3*; **the Republic (of Ireland)** Poblacht na hÉireann
republican *adj, n* poblachtach *m1*
repudiate *vt* séan
repulsive *adj* samhnasach, déistineach
reputable *adj* creidiúnach; (*occupation*) measúil
reputation *n* clú *m4*, cáil *f2*
reputed *adj*: **he is reputed to be rich** tá clú an tsaibhris *or* an airgid air
reputedly *adv* de réir tuairisce, más fíor
request *n* iarratas *m1*; (*formal*) éileamh *m1* ♦ *vt*: **request (of** *or* **from)** iarr ar
require *vt* (*need*): **she requires more money** teastaíonn breis airgid uaithi, tá tuilleadh airgid de dhíth *or* de dhíobháil uirthi; **the case requires urgent attention** ní foláir cúram práinneach a dhéanamh den chás; (*want*): **what do you require?** cad é atá uait?, cad é atá de dhíth ort?; (*order*): **to require sb to do sth/sth of sb** rud a éileamh ar dhuine
requirement *n* iarratas *m1*; (*necessity*) riachtanas *m1*; (*condition*) coinníoll *m1*
requisite *n* riachtanas *m1* ♦ *adj* oiriúnach, riachtanach; **toilet requisites** cóir *fsg3* ionnalta
requisition *n* foréileamh *m1* ♦ *vt* (*MIL*) foréiligh
rescue *n* sábháil *f3*, tarrtháil *f3* ♦ *vt* sábháil, tarrtháil, tabhair tarrtháil ar
rescue party *n* lucht *m3* tarrthála
rescuer *n* tarrthálaí *m4*
research *n* taighde *m4* ♦ *vt* taighd, déan taighde (ar)
resemblance *n* cosúlacht *f3*, dealramh *m1*
resemble *vt*: **to resemble** cosúlacht *or* dealramh a bheith agat le
resent *vt*: **he resents ...** cuireann ... olc air, is fuath leis ..., is beag air ...
resentful *adj* doicheallach
resentment *n* doicheall *m1*, faltanas *m1*
reservation *n* (*booking*) áirithint *f2*; (*doubt*) agús *m1*; (*for tribe*) tearmann *m1*; **to make a reservation** seomra/tábla/suíochán *etc* a chur in áirithe
reserve *n* (*COMM*) cúlchiste *m4*; (*SPORT*) fear *m1* ionaid, ionadaí *m4*; (*personality*) dúnáras *m1* ♦ *vt* taisc, cuir i dtaisce; (*seats etc*) cuir in áirithe; **reserves** *npl* (*MIL*) cúltaca *msg4*; **in reserve** i dtaisce
reserved *adj* (*seats etc*) in áirithe; (*personality*) dúnárasach; **all rights reserved** gach ceart ar cosaint
reshuffle *n* athshuaitheadh *m*, atheagar *m1*
residence *n* cónaí *m*, áit *f2* chónaithe, teach *m* cónaithe
residence permit *n* cead *m3* cónaithe
resident *n* cónaitheoir *m3* ♦ *adj* cónaitheach
residential *adj* (*area*) cónaithe; (*course*) inchónaitheach
residential school *n* scoil *f2* chónaithe
residue *n* fuílleach *m1*; (*CHEM etc*) iarmhar *m1*
resign *vt, vi* éirigh as; **to resign o.s. to sth** do thoil a chur le rud
resignation *n* (*of post*) éirí *m4* as; (*state of mind*) géilliúlacht *f3*
resigned *adj* fulangach
resilient *adj* (*material*) buanfasach, acmhainneach; (*person*): **she proved to be resilient** léiríodh go raibh teacht aniar inti
resist *vt* (*oppose*) cuir i gcoinne + *gen*; (*abstain from*) diúltaigh do, cuir suas de
resistance *n* (*gen*) frithbheart *m1*; (*ELEC etc*) friotaíocht *f3*
resolution *n* (*of problem*) fuascailt *f2*, réiteach *m1*; (*at meeting*) rún *m1*; (*determination*) diongbháilteacht *f3*
resolve *n* diongbháilteacht *f3* ♦ *vt* (*problem*) réitigh ♦ *vi*: **to resolve to do sth** cinneadh ar rud a dhéanamh, socrú rud a dhéanamh
resort *n* (*town*) ionad *m1* saoire; (*recourse*) seift *f2* ♦ *vi*: **to resort to** dul i muinín + *gen*; **in the last resort** cheal aon rogha eile, gan an dara suí sa bhuaile; **do it only as a last resort** ná déan é go

sáróidh ort
resound *vi* athfhuaimnigh; **the square was resounding with the music** bhí macalla á bhaint as an tsráid leis an gceol
resounding *adj* (*victory*) caoch, iomráiteach; (*noise*) athshondach
resource *n* seift *f2*; **resources** *npl* (*supplies, wealth etc*) acmhainn *fsg2*
resourceful *adj* (*person*) seiftiúil
respect *n* meas *m3*, urraim *f2* • *vt*: **to respect sb** meas a bheith agat ar dhuine; **respects** *npl* (*compliments*) dea-mhéin *f2*; **with respect to** (*as regards*) maidir le, dóigh le; **in this respect** maidir le seo, ar an gcuma seo; **with respect (to you)** i gcead duit
respectable *adj* measúil, fiúntach
respectful *adj* urramach, ómósach
respite *n* (*reprieve*) cairde *m4*; (*break*) sos *m3*, briseadh *m*
resplendent *adj* lonrach, dealraitheach
respond *vi* freagair, tabhair freagra ar
response *n* freagra *m4*; (*reaction*) freagairt *f3*
responsibility *n* freagracht *f3*, cúram *m1*
responsible *adj* (*liable*) freagrach; (*person*) stuama; (*job*) le freagrachtaí; **responsible (for)** freagrach as
responsive *adj* freagrach; (*person*) mothálach
rest *n* scíth *f2*; (*stop*) stad *m4*; (MUS) sos *m3*; (*support*) taca *m4*; (*remainder*): **the rest** an fuílleach *m1*, an chuid *f3* eile • *vi* glac *or* déan do scíth; (*be supported*): **to rest on** luí ar; (*remain*) fan • *vt* (*lean*): **to rest sth on/against** rud a chur ina luí ar/i gcoinne + *gen or* in éadan + *gen*; **the rest of them** an chuid eile acu; **it rests with him to ...** is faoi atá sé ...
restaurant *n* bialann *f2*, proinnteach *m*
restaurant car *n* carráiste *m4* bialainne
restful *adj* suaimhneach
restive *adj* corrthónach; (*horse*) dodach, giongach
restless *adj* corrthónach, míshuaimhneach
restoration *n* athchóiriú *m*; (*money etc*) aiseag *m1*; (POL) athbhunú *m*
restore *vt* (*building*) athchóirigh; (*sth stolen, health*) aisig; (*peace*) athbhunaigh
restrain *vt* srian, cuir srian ar; (*person*): **to restrain sb (from)** duine a chosc (ó); **to restrain o.s. from laughing** rún a dhéanamh ar na gáirí
restrained *adj* (*style*) srianta
restraint *n* (*restriction*) srian *m1*; (*moderation*) measarthacht *f3*
restrict *vt* cúngaigh, teorannaigh
restriction *n* srian *m1*, cúngú *m*, crapall *m1*
rest room (US) *n* leithreas *m1*
result *n* toradh *m1* • *vi*: **it resulted in an agreement** tháinig comhaontú de *or* as; **as a result of** mar gheall ar, de thoradh *+gen*
resume *vt, vi* tosaigh arís, atosaigh, téigh i gceann + *gen* arís
résumé *n* achoimre *f4*; (US) curriculum *m* vitae
resumption *n* atosú *m*
resurgence *n* (*of energy, activity*) aiséirí *m4*
resurrection *n* aiséirí *m4*
resuscitate *vt* (MED) athbheoigh
retail *n* miondíol *m3* • *adj* miondíola *n gen*
retailer *n* miondíoltóir *m3*
retail price *n* luach *m3* miondíola
retain *vt* (*keep*) coinnigh, coimeád
retainer *n* (*fee*) táille *f4* áirithíochta
retaliate *vi*: **to retaliate (against)** sásamh *or* díoltas a bhaint (as)
retaliation *n* díoltas *m1*
retarded *adj* mallintinneach
retch *vi*: **to retch** tarraingt orla a bheith ort
retentive *adj* coinneálach
retina *n* reitine *f4*
retire *vi* (*give up work*) éirigh as; (*withdraw*) tarraing siar, fág, imigh; (*go to bed*) téigh *or* gabh a luí
retired *adj* (*person*) scortha, ath-, ar pinsean
retirement *n* scor *m1*
retiring *adj* (*shy*) cúthail, faiteach; (*leaving*): **the retiring treasurer** an

cisteoir atá ag éirí as
retort *n* aisfhreagra *m4* ♦ *vi* aisfhreagair
retrace *vt*: **to retrace one's steps** filleadh ar do choiscéim, dul siar ar do choiscéim
retract *vt* (*statement*) aistarraing; (*undercarriage, aerial*) tarraing isteach
retrain *vt* (*worker*) athoil
retread *n* (*tyre*) bonn *m1* athmhúnlaithe
retreat *n* cúlú *m*; (REL) cúrsa *m4* spioradálta; (*hideaway*) díseart *m1* ♦ *vi* cúlaigh, tarraing siar
retribution *n* cúiteamh *m1*, díoltas *m1*, éiric *f2*
retrieval *n* aisfháil *f3*; (*of error, loss*) leigheas *m1*; (COMPUT) aisghabháil *f3*
retrieve *vt* (*sth lost*) faigh ar ais; (*situation, honour*) tarrtháil; (*error, loss*) leigheas
retriever *n* gadhar *m1* loirg
retrospect *n*: **in retrospect** ag féachaint siar
retrospective *adj* aisbhreathnaitheach; (*law*) cúlghabhálach
return *n* (*going or coming back*) filleadh *m1*; (*of sth stolen etc*) aischur *m1*; (FIN, *from land, shares*) toradh *m1*, fáltas *m1* ♦ *cpd* (*journey*) ar ais; (*ticket*) fillte ♦ *vi* (*come back*) fill, tar ar ais ♦ *vt* cuir ar ais; (*bring back*) tabhair ar ais; (*send back*) seol ar ais; (POL, *candidate*) togh; **returns** *npl* (COMM, *tax etc*) tuairisceán *m1*; (FIN) sochar *msg1*; **in return (for)** mar mhalairt (ar); **by return (of post)** le casadh an phoist; **many happy returns (of the day)!** go maire tú an lá!; **return match** athchluiche *m4*
reunion *n* athaontú *m*, teacht *m3* le chéile
reunite *vt* athaontaigh
revamp *vt* athchóirigh
reveal *vt* (*make known*) foilsigh; (*display*) nocht; **to reveal one's name/intentions to sb** d'ainm/do rún a ligean le duine
revealing *adj* suimiúil, léiritheach
revel *vi*: **she revels in ...** is breá léi ...
revelry *n* ragairne *m4*, scléip *f2*
revenge *n* díoltas *m1*, éiric *f2*; **to take revenge on** (*enemy*) díoltas a imirt ar, díoltas a bhaint amach as
revenue *n* ioncam *m1*, teacht *m3* isteach
reverberate *vi* (*sound*) aisfhuaimnigh, déan macalla
reverence *n* urraim *f2*, ómós *m1*
Reverend *adj*: **the Reverend John Smith** an tOirmhinneach *m1* John Smith
reversal *n* (*of opinion*) malartú *m* tuairime; (*of order*) freaschur *m1*; (*of direction*) aisiompú *m*
reverse *n* malairt *f2*; (*back, coin, of paper*) cúl *m1*; (AUT: *also*: **reverse gear**) giar *m1* cúlaithe ♦ *adj* (*order, direction*) contrártha ♦ *vt* (*order, position, direction*) athraigh (ar fad); (*roles*) malartaigh; (*decision*) freaschuir; (*car*) cúlaigh ♦ *vi* (AUT) cúlaigh; **he reversed (the car) into a wall** chúlaigh sé (an carr) in éadan an bhalla
reversing lights *npl* (AUT) soilse *mpl1* cúlaithe
revert *vi*: **to revert to** filleadh ar
review *n* iris *f2*; (*of book, film*) léirmheas *m3*; (*of situation, policy*) athbhreithniú *m* ♦ *vt* athbhreithnigh; (*book, film*) déan léirmheas ar
reviewer *n* léirmheastóir *m3*
revile *vt*: **to revile sb** duine a dhíbliú, duine a chur as a ainm
revise *vt* athbhreithnigh, téigh *or* gabh siar ar; (*manuscript*) athcheartaigh; (*law*) leasaigh ♦ *vi* (*study*) athbhreithnigh
revision *n* athbhreithniú *m*; (*review*) leasú *m*
revival *n* athbheochan *f3*; (*recovery*) athbhrí *f4*; (*of faith*) athbheochan *f3*
revive *vt* (*person*) athbheoigh; (*custom*) athbhunaigh, tabhair ar ais; (*economy*) cuir athbhrí i; (*hope, courage*) múscail; (*play*) athléirigh ♦ *vi* (*person*) tar chugat féin; (*hope etc*) múscail; (*activity*) tar i réim arís
revoke *vt* cuir ar ceal, aisghair
revolt *n* ceannairc *f2*, éirí *m4* amach ♦ *vi* éirigh amach ♦ *vt* cuir déistin ar
revolting *adj* déistineach, samhnasach
revolution *n* réabhlóid *f2*; (*of wheel etc*) imrothlú *m*, casadh *m1*
revolutionary *adj* réabhlóideach ♦ *n* réabhlóidí *m4*

revolve *vi* imrothlaigh, cas (thart), tiontaigh • *vt* cas (thart), tiontaigh
revolver *n* gunnán *m1*
revolving *adj* imrothlach
revolving door *n* doras *m1* imrothlach
revulsion *n* masmas *m1*, múisiam *m4*
reward *n* luach *m3* saothair, duais *f2* • *vt*: **to reward sb for sth** rud a chúiteamh le duine, luach a shaothair a thabhairt do dhuine
rewarding *adj* (*fig*) sásúil
rewind *vt* cúlchas; (*tape*) athchas
rewire *vt* sreangaigh as an nua, athshreangaigh
rheumatism *n* daitheacha *fpl2*, pianta *fpl2* cnámh, scoilteacha *fpl2*
Rhine *n*: **the Rhine** an Réin *f2*
rhinoceros *n* srónbheannach *m1*
Rhone *n*: **the Rhone** An Róin *f2*
rhubarb *n* biabhóg *f2*, rúbarb *m4*
rhyme *n* rím *f2*; (*verse*) rann *m1*
rhythm *n* rithim *f2*
rib *n* (ANAT) easna *f4*
ribbon *n* ribín *m4*; **in ribbons** (*torn*) stróicthe, stiallta
rice *n* rís *f2*
rice pudding *n* maróg *f2* ríse
rich *adj* saibhir; (*gift, clothes*) costasach • *npl*: **the rich** lucht *m3* an airgid *or* an tsaibhris
riches *npl* saibhreas *msg1*, ollmhaitheas *msg3*
richly *adv* go saibhir; **he richly deserved the prize** bhí an duais tuillte go mór aige
rickets *n* raicíteas *m1*
rickety *adj* corraiceach
rid *vt*: **to rid sb of** duine a shaoradh ó; **to get rid of sth** rud a chur díot, fáil réidh le rud
riddle *n* (*puzzle*) tomhas *m1* • *vt* criathraigh; **he was riddled with** (*guilt etc*) bhí sé cráite le *or* ag
ride *n* turas *m1*; (*on horse*) marcaíocht *f3*; (*distance covered*) geábh *m3*; (*lift in car*) síob *f2* • *vi* (*on horse*) téigh ag marcaíocht; (*journey*: *on bicycle, motorcycle, bus*) tabhair geábh • *vt* marcaigh; **to take sb for a ride** (*fig*) bob a bhualadh ar dhuine, cluain a chur ar dhuine; **to ride a horse/bicycle** capall/rothar a mharcaíocht
rider *n* marcach *m1*; (*on bicycle*) rothaí *m4*; (*on motorcycle*) gluaisrothaí *m4*
ridge *n* (*of roof*) cíor *f2*; (*of hill*) droim *m3*; (*on object*) iomaire *m4*
ridicule *n* fonóid *f2*, magadh *m1*
ridiculous *adj* seafóideach, amaideach, áiféiseach
riding *n* marcaíocht *f3*
riding school *n* scoil *f2* mharcaíochta
rife *adj* forleathan, leitheadach; **rife with** breac le, lán le
riffraff *n* gramaisc *f2*, scroblach *m1*
rifle *n* raidhfil *m4* • *vt* creach
▸ **rifle through** *vt* (*belongings*) ransaigh; (*papers*) siortaigh
rifle range *n* raon *m1* lámhaigh
rift *n* scoilt *f2*; (*fig*: *disagreement*) deighilt *f2*, scoilt *f2*
rig *n* (*also*: **oil rig**) rige *m4* • *vt* (*election etc*) cóirigh
rigging *n* (NAUT) rigín *m4*
right *adj* ceart; (*true*) fíor; (*suitable*) cuí, oiriúnach, fóirsteanach; (*just*) cóir; (*not left*) deas • *n* (*what is morally right*) ceart *m1*; (*title, claim*) ceartas *m1*; (*not left*): **the right** an taobh *m1* deas • *adv* (*answer*) (go) cruinn, (go) beacht; (*treat*) go cóir; (*not on the left*) ar dheis • *vt* cuir i gceart, leigheas • *excl* déanfaidh sin!; **to be right** (*person*) an ceart a bheith agat; (*answer*) bheith ceart; (*clock*) bheith beacht *or* ceart; **by rights** de *or* ó cheart; **on the right** ar dheis; **to be in the right** an ceart a bheith agat, bheith sa cheart; **right now** láithreach bonn, anois díreach; **right in the middle** i gceartlár, díreach i lár báire; **right away** láithreach, ar an toirt
right angle *n* (MATH) dronuillinn *f2*
righteous *adj* fíréanta; (*anger*) ionraice
rightful *adj* ceart; (*heir, claim*) dlisteanach
right-handed *adj* (*person*) deaslámhach, deasach
right-hand side *n*: **the right-hand side** taobh *m1* na láimhe deise

rightly *adv* (*with reason*) ní gan ábhar
right of way *n* ceart *m1* slí; (AUT) ceart *m1* tosaíochta; (LAW) bealach *m1* achtaithe
right-wing *n*: **the right-wing** an eite *f4* dheas ♦ *adj* (POL): **right-wing politics** polaitíocht na heite deise
rigid *adj* dolúbtha, righin; (*principle, control*) docht
rigmarole *n* ráiméis *f2*, amaidí *f4*
rigorous *adj* dian, géar
rile *vt* griog
rim *n* fóir *f*, fonsa *m4*; (*of spectacles*) imeall *m1*; (*of wheel*) fleasc *f2*
rind *n* craiceann *m1*, crotal *m1*
ring *n* fáinne *m4*; (*also*: **wedding ring**) fáinne *m4* pósta; (*arena, for boxing*) cró *m4*, fáinne *m4*; (*sound of bell*) cling *f2* ♦ *vi* (*telephone, bell*) buail; (*person*: *by telephone*) déan glao, glaoigh; (*also*: **ring out**: *voice, words*) fuaimnigh; **my ears are ringing** tá ceol i mo chluasa ♦ *vt* (TEL: *also*: **ring up**) glaoigh ar; **to ring the bell** an clog a bhualadh; **to give sb a ring** (TEL) glao gutháin a chur ar dhuine
▸**ring back** *vt, vi* (TEL) glaoigh ar ais
▸**ring up** *vt* (TEL) glaoigh ar
ringing *n* (*of telephone*) bualadh *m*; (*in ears*) ceol *m1*
ringleader *n* ceann *m1* feadhna
ringlets *npl* búclaí *mpl4*
ring road *n* cuarbhóthar *m1*
rink *n* (*also*: **ice rink**) rinc *f2*
rinse *vt* sruthlaigh, rinseáil
riot *n* círéib *f2*; (*of flowers, colour*) scléip *f2* ♦ *vi* tóg círéib; **to run riot** dul i bhfiáin
riotous *adj* (*mob, assembly*) círéibeach; (*living, behaviour*) fiáin; (*party*) callánach
rip *n* roiseadh *m*, stróiceadh *m* ♦ *vi, vt* rois, stróic
ripcord *n* corda *m4* tarraingthe
ripe *adj* (*fruit*) aibí
ripen *vi, vt* aibigh
ripple *n* cuilithín *m4*; (*of laughter*) monabhar *m1* ♦ *vi* bheith ag tonnaíl
rise *n* (*slope*) ard *m1*, mala *f4*; (*increase*) ardú *m*; (*number*) méadú *m*; (*fig*: *to power etc*) teacht *m3* chun cinn, teacht i réim ♦ *vi* éirigh; (*prices, waters*) ardaigh; (*numbers*) méadaigh; (*also*: **rise up**: *tower, building*) téigh in airde; (*rebel*) éirigh amach; (*in rank*) faigh ardú céime; **give rise to** tionscain; **to rise to the occasion** bheith inchurtha leis an ócáid
rising *adj* (*increasing*: *number, prices*) ag ardú; (*sun, moon*) ag éirí; **the rising tide** an líonadh
risk *n* fiontar *m1*, baol *m1*, contúirt *f2* ♦ *vt* téigh sa seans le; **at risk** i mbaol, i gcontúirt; **at one's own risk** ar do phriacal féin
risky *adj* contúirteach, baolach, priaclach
rissole *n* riosól *m1*
rite *n* deasghnáth *m3*; **last rites** ola agus aithrí, an ola dhéanach
ritual *adj* deasghnách ♦ *n* deasghnáth *m3*
rival *n* céile *m4* iomaíochta *or* comhraic ♦ *adj* (*meeting, movement*) iomaíochta *n gen*, freas- ♦ *vt* (*match*) bheith inchurtha le
rivalry *n* iomaíocht *f3*, coimhlint *f2*
river *n* abhainn *f*, sruth *m3* ♦ *cpd* (*port, traffic*) abhann *n gen*; **up/down river** síos/suas an abhainn
riverbank *n* bruach *m1* abhann
rivet *n* seam *m3* ♦ *vt* (*fig*): **the film was riveting** bhí an scannán an-spéisiúil go deo
Riviera *n*: **the French Riviera** Rivéara *m4* na Fraince; **the Italian Riviera** Rivéara na hIodáile
road *n* bealach *m1*, bóthar *m1*, slí *f4*; **major road** príomhbhóthar *m1*, bealach mór; **minor road** mionbhóthar, mionbhealach
road accident *n* taisme *f4 or* timpiste *f4* bóthair
roadblock *n* bacainn *f2* bhóthair
roadhog *n* tiománaí *m4* fiáin
road map *n* léarscáil *f2* bhóithre
road rage *n* buile *f4* bóthair
road safety *n* sábháilteacht *f3* ar bhóithre
roadside *n* taobh *m1* bóthair *or* bealaigh
roadsign *n* comhartha *m4* bóthair *or* bealaigh
roadway *n* bealach
road works *npl* oibreacha *fpl2* bóthair

roadworthy *adj* inaistir
roam *vi*: **to roam** bheith ag fánaíocht *or* ag seachrán
roar *n* búir *f2*; (*of crowd*) gáir *f2*; (*thunder*) plimp *f2*♦ *vi* búir, déan búir, béic, lig béic as; **to roar with laughter** do sheangháire a ligean; **to do a roaring trade** trácht lasta a dhéanamh, bheith ag díol as éadan
roast *n* rósta *m4*♦ *vt* róst
roast beef *n* mairteoil *f3* rósta
rob *vt* (*person*) robáil; (*bank*) robáil, creach; (*fig*): **to rob sb of sth** rud a ghoid ó dhuine; (*deprive*) rud a bhaint de dhuine
robber *n* robálaí *m4*
robbery *n* slad *m3*, robáil *f3*
robe *n* (*for ceremony etc*) róba *m4*; (*also*: **bathrobe**) fallaing *f2* fholctha; (US) pluid *f2*
robin *n* spideog *f2*
robust *adj* urrúnta; (*material*) acmhainneach, folláin; (*appetite*) groí, buanfasach
rock *n* (*substance, boulder*) carraig *f2*, creig *f2*; (US: *small stone*) méaróg *f2*; (*sweet*) gallán *m1* milis; (*also*: **rock music**) rac *m4*♦ *vt* (*swing gently*: *cradle*) luasc; (*shake*) croith♦ *vi* luasc, bheith ag longadán *or* ag luascadh, croith; **on the rocks** (*drink*) le hoighear; (*marriage etc*) ar an dé deiridh
rock-bottom *adj* (*fig*: *prices*) is ísle (amuigh)
rockery *n* creig-ghairdín *m4*
rocket *n* roicéad *m1*
rocking chair *n* cathaoir *f* luascáin
rocking horse *n* capall *m1* luascáin
rock star *n* réalta *f4* rac
rocky *adj* creagach, carraigeach; (*path*) clochach
rod *n* (*wooden*) slat *f2*, maide *m4*; (*metallic*) barra *m4*; (TECH) slat *f2*; (*also*: **fishing rod**) slat *f2* iascaireachta
rodent *n* creimire *m4*
rodeo (US) *n* taispeántas *m1* buachaillí bó
roe *n* (*species*: *also*: **roe deer**) fia *m4* rua; (*of fish, also*: *hard roe*) eochraí *f4*; **soft roe** lábán *m1*
rogue *n* rógaire *m4*, cneámhaire *m4*
role *n* ról *m1*; (*acting*) páirt *f2*
roll *n* rolla *m4*; (*of banknotes*) burla *m4*; (*also*: **bread roll**) rollóg *f2*; (*sound*: *of drums etc*) tormáil *f3*♦ *vt* roll; (*also*: **roll up**: *string*) tochrais; (: *sleeves*) corn (suas); (*also*: **roll out**: *pastry*) leath♦ *vi* roll
▸**roll in** *vi* (*mail, cash*) tar isteach go flúirseach; **the money is rolling in** tá na pinginí ar a gcorr againn
▸**roll up** *vi* (*inf*: *arrive*) bailigh thart♦ *vt* corn
roll call *n* glaoch *m1* rolla
roller *n* rollóir *m3*; (*wheel*) roithleán *m1*
roller coaster *n* cóstóir *m3* roithleáin
roller skates *npl* scátaí *mpl4* rothacha
rolling *adj* (*landscape*) droimneach
rolling pin *n* crann *m1* fuinte
rolling stock *n* (RAIL) stoc *m1* rollta
ROM *n abbr* (COMPUT) (= *read only memory*) cuimhne *f4* léimh amháin
Roman *adj* Rómhánach
Roman Catholic *adj, n* Caitliceach *m1* Rómhánach
romance *n* (*love affair*) cumann *m1*; (*charm*) draíocht *f3*; (*novel*) scéal *m1* grá
Romania *n* an Rómáin *f2*
Romanian *adj, n* Rómánach *m1*; (LING) Rómáinis *f2*
Roman numeral *n* uimhir *f* Rómhánach
romantic *adj* rómánsach
Rome *n* an Róimh *f2*
romp *n* pléaráca *m4*♦ *vi* (*also*: **romp about**) bheith ag rancás
roof *n* díon *m1*; (*of mouth*) carball *m1*, ceann *m1*♦ *vt* díon
roofing *n* díon *m1*
roof rack *n* (AUT) raca *m4* dín
rook *n* (*bird*) préachán *m1*; (CHESS) caiseal *m1*
room *n* seomra *m4*; (*also*: **bedroom**) seomra *m4* leapa; (*space*) fairsinge *f4*, áit *f2*; **rooms** *npl* (*lodging*) seomraí *mpl4*; "**rooms to let**" *(BRIT) or* "**for rent**" (US) "seomraí le ligean"; **single/double room** seomra singil/dúbailte; **there is room for**

improvement d'fhéadfadh sé bheith níos fearr, d'fhéadfaí feabhas a chur air
rooming house (*US*) *n* teach *m* lóistín
roommate *n* comrádaí *m4* seomra
room service *n* seirbhís *f2* seomraí
roomy *adj* fairsing
roost *n* fara *m4* ♦ *vi* fáir
rooster *n* (*esp US*) coileach *m1*
root *n* (*BOT, MATH*) fréamh *f2*, rúta *m4*; (*fig*: *of problem*) bunúdar *m1*, fréamh *f2* ♦ *vi* (*plant*) fréamhaigh
▸ **root out** *vt* (*eliminate*) díothaigh
rope *n* téad *f2*, rópa *m4* ♦ *vt* (*tie up or together*) ceangail; (*area*: *rope off*) cuir rópa ar; **to know the ropes** (*fig*) bheith oilte ar an gceird, bheith i do sheanlámh ar
rosary *n* paidrín *m4*, Coróin *f* Mhuire; **to say the rosary** an paidrín a rá
Roscommon *n* Ros *m* Comáin
rose *n* rós *m1*; (*also*: **rosebush**) rósóg *f2*; (*on watering can*) soc *m1* spréite
rosé *n* fíon *m3* bándearg
rosebud *n* cocán *m1* róis
rosemary *n* rós *m1* Mhuire
roster *n*: **duty roster** uainchlár *m1*
rostrum *n* rostram *m1*, ardán *m1*
rosy *adj* rósach; **a rosy future** todhchaí tarraingteach
rot *n* (*decay*) lobhadh *m1*, meath *m3* ♦ *vt, vi* lobh, meath
rota *n* uainchlár *m1*, róta *m4*; **on a rota basis** ar bhonn róta, ar a seal
rotary *adj* rothlach
rotate *vt* (*revolve*) rothlaigh, cas thart *or* timpeall; (*change round*: *jobs*) cuir thart ♦ *vi* (*revolve*) imchas, téigh thart
rotating *adj* (*movement*) rothlach
rote *n*: **by rote** de ghlanmheabhair
rotten *adj* (*decayed*) lofa, morgtha; (*mean*) suarach; (*inf*: *bad*) droch-, gránna; **to feel rotten** (*ill*) bheith tinn, mothú go hainnis
rotund *adj* (*person*) corpanta
rough *adj* garbh; (*terrain*) míchothrom; (*voice*) garg; (*person, manner*: *coarse*) gairgeach; (*plan etc*) garbh; **rough guess** buille faoi thuairim ♦ *n* (*GOLF*) garbhlach *m1*; **to rough it** maireachtáil i ndócúl; **to sleep rough** codladh faoin spéir *or* faoin aer
roughage *n* gairbhseach *f2*
rough-and-ready *adj* garbh
rough copy, rough draft *n* cóip *f2* gharbh
roughly *adv* (*handle, make*) go garbh; (*speak*) go garg; (*approximately*) timpeall, tuairim is
roulette *n* rúiléid *f2*
round *adj* cruinn ♦ *n* (*duty*: *of policeman, doctor etc*) cuairt *f2*; (*game*: *of cards, BOXING*) babhta *m4*; (*of talks*) dreas *m3*; (*of drinks, sandwiches*) cur *m1* ♦ *vt* (*corner*) téigh thart *or* timpeall ar ♦ *prep* timpeall + *gen*, thart ar, thart faoi ♦ *adv*: **all round** mórthimpeall, thart timpeall; **the long way round** an bealach fada; **all the year round** ó cheann ceann na bliana; **it's just round the corner** (*fig*) tá sé in aice láimhe; **round the clock** lá agus oíche, ó dhubh go dubh; **to go round to John's (house)** dul tigh Sheáin; **go round the back (of the house)** téigh *or* gabh thart ar chúl (an tí); **to go round a house** dul timpeall tí, dul thart ar theach; **enough to go round** riar an iomláin; **round (of ammunition)** piléar *m1*; **round of applause** bualadh bos
▸ **round off** *vt* (*speech etc*) cuir clabhsúr ar, cuir deireadh le
▸ **round up** *vt* cruinnigh, bailigh (isteach)
roundabout *n* (*AUT*) timpeallán *m1*; (*at fair*) áilleagán *m1* intreach ♦ *adj* (*route, means*) timpeallach; **to take a roundabout way** cor bealaigh a chur ort féin
rounders *n* cluiche *m4* corr
roundly *adv* (*fig*) scun scan
round-shouldered *adj* cromshlinneánach
round trip *n* turas *m1* fillte
roundup *n* cruinniú *m*; (*news summary*) achoimre *f4*
rouse *vt* (*wake up*) dúisigh, múscail; (*stir up*) spreag, gríos
rousing *adj* (*welcome*) croíúil
rout *n* (*MIL*) maidhm *f2*

route *n* cúrsa *m4*, slí *f4*; (*of bus*) bealach *m1*; (*also*: **trade route**) trádbhealach *m1*
route map *n* (*for journey*) léarscáil *f2* bhealaigh
routine *adj* gnáth- ♦ *n* (*habits*) gnáthamh *m1*; (THEAT) mír *f2*
rove *vt* (*area, streets*) bheith ag fánaíocht ar fud + *gen*
row[1] *n* (*line*) líne *f4*; (KNITTING, *seats*) sraith *f2*; (*behind one another*: *of cars, people*) scuaine *f4* ♦ *vi, vt* iomair, rámhaigh; **in a row** (*fig*) as a chéile, i ndiaidh a chéile
row[2] *n* (*noise*) racán *m1*, maicín *m4*; (*dispute*) achrann *m1*, aighneas *m1*; (*scolding*) íde *f4* béil ♦ *vi* bheith ag achrann
rowboat (US) *n* bád *m1* iomartha *or* rámhaíochta
rowdy *adj* callánach; (*occasion*) clamprach
rowing *n* iomramh *m1*, rámhaíocht *f3*
rowing boat *n* bád *m1* iomartha *or* rámhaíochta
royal *adj* ríoga, ríúil
Royal Air Force *n* an tAerfhórsa *m4* Ríoga
Royal Irish Academy *n* Acadamh *m1* Ríoga na hÉireann
royalist *n* ríogaí *m4* ♦ *adj* ríogaíoch
royalty *n* (*royal persons*) ríochas *m1*; (*payment*) dleacht *f3*
RTE *n abbr Raidió Teilifís Éireann*
rub *vt* cuimil ♦ *n* (*with cloth*) cuimilt *f2*; **to give sth a rub** rud a chuimilt; **to rub sb up** *(BRIT) or* **to rub sb** *(US)* **the wrong way** teacht in aghaidh an tsnáithe ar dhuine, teacht ar an taobh contráilte do dhuine
▸ **rub off (on)** *vi* téigh i bhfeidhm (ar)
▸ **rub out** *vt* scrios (amach)
rubber *n* rubar *m1*; (*eraser*) scriosán *m1*
rubber band *n* banda *m4* rubair
rubber plant *n* planda *m4* rubair
rubbish *n* (*from household*) bruscar *m1*; (*fig*: *pej*) truflais *f2*; (: *nonsense*) seafóid *f2*, ráiméis *f2*
rubbish bin *n* bosca *m4* bruscair
rubbish dump *n* láithreán *m1* bruscair
rubble *n* brablach *m1*; (*smaller*) spallaí *mpl4*
ruby *n* rúibín *m4*
rucksack *n* mála *m4* droma
rudder *n* stiúir *f*
ruddy *adj* (*face*) luisniúil; (*inf*: *damned*) mallaithe
rude *adj* (*impolite*) mímhúinte, dímhúinte, drochbhéasach; (*coarse*) borb, graosta; (*shocking*) míchuibheasach
ruffian *n* bithiúnach *m1*, maistín *m4*
ruffle *vt* (*hair*) cuir in aimhréidh; (*fig*: *person*): **to ruffle sb** duine a chur thar a shnáithe
rug *n* ruga *m4*, brat *m1*; (*blanket*) súsa *m4*
rugby *n* (*also*: **rugby football**) rugbaí *m4*
rugged *adj* (*landscape*) garbh; (*features*) graifleach; (*character*) borb
ruin *n* scrios *m*, díothú *m* ♦ *vt* (*spoil, clothes*) scrios; (*event*) mill; **ruins** *npl* (*of building*) ballóg *fsg2*, fothrach *msg1*
rule *n* riail *f*; (*government*) ceannas *m1* ♦ *vt* (*country*) rialaigh; (*person*): **to rule** smacht a bheith agat ar ♦ *vi* bheith i gceannas ar, rialaigh; **as a rule** de ghnáth
▸ **rule out** *vt* cuir as an áireamh
ruled *adj* (*paper*) línithe, líneach
ruler *n* (*sovereign*) rialtóir *m3*; (*for measuring*) rialóir *m3*
ruling *adj* (*party*) i réim, i gceannas ♦ *n* (LAW) rialú *m*; **the ruling class** an lucht ceannais
rum *n* rum *m4*
Rumania *n* = **Romania**
rumble *vi* bheith ag tormáil, bheith ag déanamh tormáin; (*stomach*) bheith ag geonaíl
rummage *vi*: **to rummage** bheith ag póirseáil
rumour, (US) **rumor** *n* ráfla *m4*, luaidreán *m1* ♦ *vt*: **it is rumoured that ...** tá sé ina ráfla go ..., táthar ag rá go ...
rump *n* (*of animal*) geadán *m1*; (*inf*: *of person*) prompa *m4*
rump steak *n* stéig *f2* gheadáin
rumpus (*inf*) *n* racán *m1*, maicín *m4*, scliúchas *m1*
run *n* (*fast pace*) rás *m3*; (*outing*) turas *m1*; (*distance travelled*) geábh *m3*; (THEAT,

series) sraith *f2*; (SKI) fána *f4*; (CRICKET, BASEBALL) rúid *f2*; (*in tights, stockings*) roiseadh *m* ♦ *vt* (*operate*: *business*) reáchtáil; (: *competition, course*) eagraigh; (: *hotel, house*) coinnigh; (*race*) rith; (*to pass*: *hand, finger*) cuimil; (PRESS, *feature*) foilsigh ♦ *vi* rith; (*flee*) teith; (*work*: *machine, factory*) oibrigh; (*bus, train*) bheith i seirbhís; (*continue*: *play*) bheith ar obair *or* ar siúl; (*flow*: *nose*) sil; (*river*) snigh; (*colours, washing*) rith; (*in election*) téigh *or* gabh san iomaíocht; **to go for a run** dul amach ag rith; **there was a run on ...** (*meat, tickets*) bhí ráchairt ar ...; **on the run** ar do sheachaint; **I'll run you to the station** tabharfaidh mé síob chun an stáisiúin duit, caithfidh *or* fágfaidh mé ag an stáisiún thú; **to run a risk** dul sa seans

▸ **run about** *vi* (*children*) rith thart

▸ **run across** *vt fus* (*find*) tar ar

▸ **run around** *vi* = **run about**

▸ **run down** *vt* (*production*) laghdaigh de réir a chéile; (*factory*) scoir de réir a chéile; (AUT) leag; (*criticize*) cáin; **to be run down** (*tired*) bheith in ísle brí

▸ **run in** *vt* (*car*) rith isteach

▸ **run into** *vt fus* (*meet*: *person*) buail le, cas le; (: *trouble*) téigh i; (*collide with*) buail in éadan + *gen*

▸ **run off** *vi* teith ♦ *vt* (*water*) taom; (*copies*) déan

▸ **run out** *vi* (*person*) rith amach; (*liquid*) doirt; **the lease has run out** tá an léas caite

▸ **run out of** *vt fus*: **she ran out of money** ní raibh airgead ar bith fágtha aici, rith sí as airgead

▸ **run over** *vt* (AUT) téigh sa mhullach ar ♦ *vt fus* (*revise*) athbhreithnigh

▸ **run through** *vt fus* (*recapitulate*) athchoimrigh; (*play*) tabhair spleáchadh ar

▸ **run up** *vt*: **to run up against difficulties** dul in abar; **to run up a debt** dul i bhfiacha

runaway *adj, n* teifeach *m1*

rung *n* (*of ladder*) runga *m4*

runner *n* (*in race*: *person*) reathaí *m4*; (*on sledge, for drawer etc*) sleamhnán *m1*

runner bean *n* pónaire *f4* reatha

runner-up *n*: **the runner-up was ...** sa dara háit, bhí ...

running *n* rith *m3*; (*of business, organization*) reáchtáil *f3* ♦ *adj* (*water*) reatha; **to be in/out of the running for sth** bheith san/as an iomaíocht faoi choinne + *gen*; **6 days running** 6 lá as a chéile, sé lá druidte

running commentary *n* tráchtaireacht *f3* reatha

running costs *npl* costais *mpl1* reatha

runny *adj* silteach

run-of-the-mill *adj* gnáth-

runt *n* cnádaí *m4*

run-up *n*: **in the run up to** i mbéal + *gen*, ag tarraingt ar

runway *n* (AVIAT) rúidbhealach *m1*

rupee *n* rúipí *m4*

rupture *n* (MED) maidhm *f2* sheicne

rural *adj* tuathúil; (*house, community etc*) tuaithe *n gen*

rush *n* (*hurry*) deifir *f2*, deabhadh *m1*; (*of crowd*) rúid *f2*, brútam *m1*; (COMM, *sudden demand*) broid *f2*; (*of air*) siorradh *m1*; (*of emotion*) racht *m3*; (BOT) feag *f3* ♦ *vt* (*hurry*) brostaigh, cuir dlús le ♦ *vi* deifrigh, brostaigh

rush hour *n* broidtráth *m3*

rusk *n* rosca *m4*

Russia *n* an Rúis *f2*

Russian *adj, n* Rúiseach *m1*; (LING) Rúisis *f2*

rust *n* meirg *f2* ♦ *vi* meirgigh

rustic *adj* tuathúil, tuaithe *n gen*

rustle *vi* bheith ag siosarnach ♦ *vt* (*paper*) bain siosarnach as; (*cattle*) goid

rustproof *adj* meirgdhíonach

rusty *adj* meirgeach; **it's rusty** tá meirg air

rut *n* sclaig *f2*; (ZOOL) láth *m1*; **to be in a rut** bheith i ngreim ag an ngnáthamh

ruthless *adj* neamhthrócaireach

rye *n* seagal *m1*

S

Sabbath *n* sabóid *f2*
sabbatical *adj* sabóideach
sabotage *n* sabaitéireacht *f3* ♦ *vt* déan sabaitéireacht ar
saccharin(e) *n* siúicrín *m4*
sachet *n* saicín *m4*
sack *n* (*bag*) sac *m1*, mála *m4* ♦ *vt* (*dismiss*) bris, sacáil, tabhair an bóthar do; (*plunder*) creach *f2*, toghail *f3*
sacking *n* (*material*) stuáil *f3*; (*dismissal*) briseadh *m*
sacrament *n* sacraimint *f2*
sacred *adj* beannaithe, naofa; (*oath*) dobhriste
sacrifice *n* íobairt *f3* ♦ *vt* íobair
sad *adj* brónach; **to be sad** brón a bheith ort, bheith brónach
saddle *n* diallait *f2* ♦ *vt* (*horse*) cuir diallait ar; **to saddle sb with sth** rud a bhualadh *or* a chur ar dhuine
saddlebag *n* mála *m4* diallaite
sadistic *adj* sádach
sadly *adv* go brónach; (*unfortunately*) ar an drochuair, faraor
sadness *n* brón *m1*
safe *adj* (*unharmed*) slán, sábháilte; (*cautious*) cúramach ♦ *n* taisceadán *m1*; **safe from** slán ó *or* ar; **safe journey!** go dté tú slán!; **safe and sound** slán sábháilte, slán folláin; **(just) to be on the safe side** ar eagla na heagla, le fios nó le hamhras
safe-conduct *n* pas *m4* coimirce
safe-deposit *n* taisceadán *m1*
safeguard *n* cosaint *f3* ♦ *vt* cosain, coinnigh slán
safekeeping *n* coimeád *m*; **to put sth in safekeeping** rud a chur i gcoimeád, cnuaisciúin a chur ar rud; **it is in safekeeping** tá sé ar lámh shábhála
safely *adv* (*arrive*) slán; (*drive*) go cúramach; **I can safely say that ...** níl dochar dom a rá go ...
safety *n* sábháilteacht *f3*
safety belt *n* crios *m3* sábhála
safety pin *n* biorán *m1* dúnta
safety valve *n* comhla *f4* sceite
sag *vi* stang, tabhair uaidh; (*hem*) tit; **the wall sagged** thug an balla uaidh
sage *n* (*herb*) sáiste *m4*; (*person*) saoi *m4*, fáidh *m4*
Sagittarius *n* (ASTROL) An Saighdeoir *m3*
Sahara *n*: **the Sahara (Desert)** an Sahára *m4*
sail *n* (*on boat*) seol *m1*; (*trip*): **to go for a sail** dul ag seoltóireacht ♦ *vt, vi* (*boat*) seol; (*set off*) dul chun farraige; **they sailed into Belfast** sheol siad isteach go Béal Feirste
sailboat (US) *n* bád *m1* seoil
sailing *n* (SPORT) seoltóireacht *f3*; **to go sailing** dul ag seoltóireacht
sailing boat *n* bád *m1* seoil
sailing ship *n* long *f2* seoil
sailor *n* mairnéalach *m1*
saint *n* naomh *m1*; **Saint Patrick** Naomh Pádraig
sake *n*: **for the sake of** ar son + *gen*, mar mhaithe le
salad *n* sailéad *m1*
salad bar *n* beár *m1* sailéid
salad bowl *n* mias *f2* sailéid
salad cream *n* uachtar *m1* sailéid
salad dressing *n* anlann *m1* sailéid
salary *n* tuarastal *m1*
sale *n* díol *m3*, díolachán *m1*; (*at reduced prices*) reic *m3*; "**for sale**" "le díol"; **on sale** ar lascaine, ar díol
sales assistant, sales clerk (US) *n* freastalaí *m4* siopa
sales conference *n* comhdháil *f3* díolacháin
salesman *n* fear *m1* díolacháin
saleswoman *n* bean *f* díolacháin
sallow *adj* liathbhuí
salmon *n* bradán *m1*
saloon *n* (US) tábhairne *m4*; (BRIT: AUT) salún *m1*; (*ship's lounge*) beár *m1*

salt *n* salann *m1* • *vt* cuir salann ar
salt cellar *n* sáiltéar *m1*
saltwater *adj* sáile *m4*
salty *adj* goirt
salute *n* cúirtéis *f2*; (*greeting*) beannú *m* • *vt* déan cúirtéis do, beannaigh do
salvage *n* (*act of*) tarrtháil *f3*; (*things saved*) éadáil *f3* • *vt* tarrtháil
salvation *n* slánú *m*
Salvation Army *n* Arm *m1* an tSlánaithe
same *adj* céanna; ionann; (*attrib*): **the same man** an fear céanna; (*non attrib with copula*): **that is the same as ...** is ionann sin agus ... • *pron*: **the same** an rud céanna; **to do the same** an cleas *or* rud céanna a dhéanamh; **the same book** an leabhar céanna; **at the same time** san am céanna; **all** *or* **just the same** mar sin féin; **to do the same as sb** aithris a dhéanamh ar dhuine; **the same to you!** gurb amhlaidh duitse!; **they live in the same house** tá cónaí orthu sa teach céanna
sample *n* sampla *m4* • *vt* (*food, wine*) blais
sanctimonious *adj* béalchráifeach
sanction *n* (*permission*) cead *m3*; (*embargo*) smachtbhanna *m4* • *vt* ceadaigh
sanctity *n* naofacht *f3*
sanctuary *n* (REL) tearmann *m1*; (*refuge*) cúl *m1* dín
sand *n* gaineamh *m1* • *vt* (*furniture*: *also*: **sand down**) greanáil
sandal *n* cuarán *m1*
sandbox (US) *n* bosca *m4* gainimh
sandcastle *n* caisleán *m1* gainimh
sander *n* greanóir *m3*
sandpaper *n* greanpháipéar *m1*, páirín *m4*
sandpit *n* poll *m1* gainimh
sandstone *n* gaineamhchloch *f2*
sandwich *n* ceapaire *m4*
sandy *adj* gainmheach; (*colour*) fionnrua
sane *adj* (*person*) ina chiall, ina cheartmheabhair; (*outlook*) céillí
sanitary *adj* (*system, arrangements*) sláintíochta *n gen*; (*clean*) sláintiúil
sanitary towel, (US) **sanitary napkin** *n* tuáille *m4* sláintíochta
sanitation *n* sláintíocht *f3*
sanitation department (US) *n* roinn *f2* sláintíochta
sanity *n* ciall *f2*, sláinte *or* folláine intinne; (*common sense*) réasún *m1*
Sanskrit *n* (LING) Sanscrait *f2*
Santa *n* (*also*: **Santa Claus**) Daidí *m4* na Nollag
sap *n* (*of plants*) súlach *m1*, seamhar *m1* • *vt* (*strength*) cloígh
sapling *n* buinneán *m1*
sapphire *n* saifír *f2*
sarcasm *n* tarcaisne *f4*
sardine *n* sairdín *m4*
Sardinia *n* an tSairdín *f2*
sash *n* sais *f2*
satchel *n* mála *m4* scoile, tiachóg *f2*
satellite *n* satailít *f2*; (POL) fostát *m1*
satellite dish *n* mias *f2* satailíte
satellite television *n* teilifís *f2* satailíte
satin *n* sról *m1* • *adj* sróil *n gen*
satire *n* aoir *f2*
satisfaction *n* (*gratification, revenge*) sásamh *m1*; (*happiness*) sástacht *f3*
satisfactory *adj* sásúil
satisfy *vt* (*please*) sásaigh; (*convince*) cinntigh do; (*fulfil*) comhlíon; (*debts*) glan
satisfying *adj* sásúil, pléisiúrtha
Saturday *n* (An) Satharn *m1*; **on Saturday** Dé Sathairn; **he comes on Saturdays** tagann sé ar an Satharn
Saturn *n* (*planet*) Satarn *m1*
sauce *n* anlann *m1*
saucepan *n* sáspan *m1*
saucer *n* fochupán *m1*
saucy *adj* soibealta, deiliúsach
Saudi *n* (*also*: **Saudi Arabia**) an Araib *f2* Shádach • *adj, n* (*also*: **Saudi Arabian**) Arabach *m1* Sádach
sauna *n* sauna *m4*
saunter *vi*: **to saunter along** bheith ag spaisteoireacht *or* ag fálróid
sausage *n* ispín *m4*
sausage roll *n* rollóg *f2* ispíní
savage *adj* fiáin, fiánta; (*cruel, fierce*) barbartha • *n* duine *m4* fiáin *or* barbartha, brúid *f2*

save *vt* (*person, belongings, also* COMPUT) sábháil; (*money*) coigil, spáráil; (*time*) spáráil; (SPORT) sábháil, stop • *vi* (*also*: **save up**) spáráil • *n* (SPORT) sábháil *f3* • *prep* (*except for*) seachas
saving *n* sábháil *f3*, coigilt *f2* • *adj*: **saving grace** tréith chúiteach; **savings** *npl* (*money saved*) airgead *msg1* taisce
savings account *n* cuntas *m1* taisce
savings bank *n* banc *m1* taisce
saviour, (US) **savior** *n* slánaitheoir *m3*
savour, (US) **savor** *vt* (*food*) faigh blas ar; (*experience*) bain sult *or* sásamh as
savoury, (US) **savory** *adj* blasta; (*dish*: *not sweet*) séasúrach, spíosrach • *n* blastóg *f2*
saw *vt* sábh • *n* (*tool*) sábh *m1*, toireasc *m1*
sawdust *n* min *f2* sáibh
sawmill *n* muileann *m1* sábhadóireachta
saxophone *n* sacsafón *m1*
say *n*: **to have one's say** cead cainte a fháil • *vt* abair; **could you say that again?** abair sin arís; **it goes without saying that ...** ní gá a rá go ...; **I must say** ó chaithfidh mé a rá (leat); **to say nothing of** gan trácht ar; **you can say that again** abair sin, féadann tú sin a rá; **I have no say in it** níl neart agam air, ní ar mo chomhairle atá sé
saying *n* nath *m3* cainte
scab *n* gearb *f2*; (*pej*) suarachán *m1*; (*blackleg*) neamhstailceoir *m3*
scabies *n* galar *m1* an tochais
scaffold *n* scafall *m1*
scaffolding *n* scafall *m1*
scald *n* scalladh *m* • *vt* scall
scale *n* scála *m4*; (*of fish*) gainne *m4*, lann *f2*; (*of map*) buntomhas *m1*; (*over eye*) fachail *f2* • *vt* (*mountain*) dreap; (*fish*) lannaigh; **scales** *npl* (*for weighing*: *also*: **bathroom scales**) scálaí (tomhais); **on a large scale** ar an mórchóir; **scale of charges** réim *f2* phraghasanna
▸ **scale down** *vt* laghdaigh, scálaigh anuas
scallop *n* muirín *m4*, sliogán *m1* mara; (*small*) cluaisín *m4*; (SEWING) scolb *m1*
scalp *n* craiceann *m1* an chinn, plait *f2* • *vt* blaoscrúisc, bain craiceann an chinn de
scamper *vi*: **to scamper away** *or* **off** sciurd leat, baint as
scampi *npl* scampi *mpl*
scan *vt* breathnaigh; (*glance at quickly*) tabhair spléachadh ar; (MED, ELEC) scan • *n* (MED) scanadh *m*
scandal *n* scannal *m1*, náire *f4* shaolta; (*gossip*) béadán *m1*
Scandinavia *n* Críoch *f2* Lochlann
Scandinavian *adj, n* Lochlannach *m1*
scanner *n* (ELEC) scanóir *m3*
scant *adj* gann, giortach
scanty *adj* scáinte; (*underwear*) giortach, eisbheartach
scapegoat *n* ceap *m1* milleáin
scar *n* colm *m1* • *vt* fág colm ar
scarce *adj* gann, tearc; **make yourself scarce!** gread leat!
scarcely *adv*: **he had scarcely arrived** ní mó ná go raibh sé ann
scarcity *n* ganntanas *m1*, teirce *f4*
scare *n* scanradh *m1* • *vt* scanraigh; **to scare sb stiff** an t-anam a bhaint amach as duine; **bomb scare** foláireamh *m1* buama
▸ **scare off** *vt* cuir scaoll i
scarecrow *n* babhdán *m1*
scared *adj*: **I am scared (of)** tá eagla orm (roimh); **I was scared to death that ...** bhí eagla mo bháis orm go ...; **he was too scared to leave** ní ligfeadh an faitíos dó imeacht
scarf *n* scairf *f2*, stoc *m1*
scarlet *adj* scarlóideach
scarlet fever *n* an fiabhras *m1* dearg
scary (*inf*) *adj* scanrúil, scéiniúil
scathing *adj* feanntach
scatter *vt, vi* scaip, cuir scaipeadh i
scatterbrained *adj* scaipthe, éaganta
scavenger *n* (*person*) scroblachóir *m3*
scene *n* (*of crime, accident*) láthair *f*; (*sight, view,* THEAT) radharc *m1*
scenery *n* (THEAT) radharcra *m4*; (*landscape*) radharc *m1* tíre, dreach *m3* na tíre
scenic *adj* álainn, galánta, aoibhinn
scent *n* cumhracht *f3*, mos *m1*, boladh *m1*; (*track*) lorg *m1*

sceptical, (*US*) **skeptical** *adj* amhrasach; **I am sceptical (about) ...** tá amhras orm (faoi) ..., tá mé in amhras (faoi) ...
schedule *n* sceideal *m1*; (*bus, train*) clár *m1* ama ♦ *vt* leag amach; **on schedule** de réir an sceidil, in am, ar an spriocuair; **ahead of schedule** (*train*) luath; (*with work*) chun tosaigh (ar an obair); **behind schedule** (*train*) mall; (*with work*) ar gcúl (leis an obair)
scheduled flight *n* eitilt *f2* sceidealta
scheme *n* scéim *f2* ♦ *vi* beartaigh, bheith ag scéiméireacht
scheming *adj* slítheánta ♦ *n* scéiméireacht *f3*
scholar *n* scoláire *m4*
scholarly *adj* scolártha
scholarship *n* scoláireacht *f3*
school *n* scoil *f2*; (*secondary school*) meánscoil *f2*; (*US*: *university*) ollscoil *f2* ♦ *cpd* scoile *n gen*; **school uniform** culaith *f2* scoile; **to go to school** dul ar scoil
schoolbag *n* mála *m4* scoile
school board *n* bord *m1* scoile
schoolbook *n* leabhar *m1* scoile
schoolboy *n* gasúr *m1* scoile
schoolchildren *npl* páistí *mpl4* scoile
schooldays *npl* laethanta *mpl* scoile
school dinner *n* dinnéar *m1* scoile
schoolgirl *n* cailín *m4* scoile
schooling *n* scolaíocht *f3*
schoolkids *npl* páistí *mpl4* scoile
schoolmaster *n* máistir *m4* scoile
schoolmistress *n* máistreás *f3* scoile
schoolteacher *n* múinteoir *m3* scoile
sciatica *n* sciaitíce *f4*
science *n* eolaíocht *f3*
science fiction *n* ficsean *m1* eolaíochta
scientific *adj* eolaíoch, eolaíochta *n gen*
scientist *n* eolaí *m4*
scissors *npl* siosúr *msg1*
scoff *vt* (*inf*: *eat*) alp ♦ *vi*: **to scoff (at)** (*mock*) fonóid *or* magadh a dhéanamh (faoi)
scold *vt* scioll, bheith ag sciolladóireacht
scone *n* bonnóg *f2*, scóna *m4*, toirtín *m4*
scoop *n* (*gen, also* PRESS) scúp *m1*
▸ **scoop up** *vt* (*material*) scaob; (*liquid*) taosc
scooter *n* scútar *m1*
scope *n* (*capacity*: *of plan, undertaking*) scóip *f2*, réimse *m4*; (: *of person*) acmhainn *f2*; **to give sb scope** ligean a thabhairt do dhuine
scorch *vt* (*clothes*) ruadhóigh; (*earth, grass*) loisc, dóigh
score *n* (SPORT, MUS, *twenty*) scór *m1*; (*scratch*) scríob *f2*, scór ♦ *vt* (*goal*) scóráil, fáigh; (*scratch*) cuir stríoc i, scóráil, scríob ♦ *vi* (FOOTBALL, *keep score*) an scór a mharcáil; **scores of** (*very many*) na scórtha + *gen*; **on that score** ar an séala sin, ar an scór sin; **to score 6 out of 10** sé mharc as deich a fháil
▸ **score out** *vt* scrios (amach)
scoreboard *n* clár *m1* scóir
scoreline *n* scór *m1*
scorn *n* tarcaisne *f4*, drochmheas *m3*
Scorpio *n* (ASTROL) An Scairp *f2*
Scot *n* Albanach *m1*
Scotch *n* (*also*: **Scotch whisky**) uisce *m4* beatha na hAlban, Scotch *m4* ♦ *adj* (SCOT) Albanach, na hAlban *n gen*
scotch *vt* (*plan*) cuir deireadh le; (*rumour*) bréagnaigh
scot-free *adv*: **he got off scot-free** níor gearradh aon phionós air, d'imigh sé gan cleite a chailleadh
Scotland *n* Albain *f*
Scots *adj* Albanach ♦ *n* (LING) Béarla *m4* na hAlban
Scotsman *n* Albanach *m1*
Scotswoman *n* Albanach *m1* mná
Scottish *adj* Albanach
scoundrel *n* rógaire *m4*, bligeard *m1*, bithiúnach *m1*
scour *vt* (*sink*) sciúr; (*search*) cíor, ransaigh
scourge *n* sciúirse *m4*, crá *m4* croí, céasadh *m* ♦ *vt* sciúrsáil, tabhair crá do
scout *n* (MIL) scabhta *m4*; (*also*: **boy scout**) gasóg *f2*
scowl *vi* gruig *f2*; **to scowl (at)** gruig a chur ort féin (le)
scrabble *vi* (*also*: **scrabble around**: *search*) bheith ag smúrthacht; (*claw*): **to**

scrabble (at) crúbáil (ar) ♦ *n*: **Scrabble** ® Scrabble *m4*
scram (*inf*) *vi* bain as, bailigh leat
scramble *n* (*rush*) sciútam *m1*, sciolairt *f*, fuirseadh *m* ♦ *vi* streachail; **to scramble out/through** tú féin a streachailt amach/trí; **they scrambled for it** bhí sí ina sciob sceab eatarthu
scrambled eggs *npl* uibheacha *fpl2* scrofa
scrap *n* blúire *m4*; (*of evidence*) ruainne *m4*; (*fight*) racán *m1*, maicín *m4*; (*also*: **scrap iron**) seaniarann *m1* ♦ *vt* scartáil; (*fig*) caith i leataobh *or* i dtraipisí ♦ *vi* (*fight*) troid; **scraps** *npl* (*waste*) fuílleach *msg1*
scrapbook *n* leabhar *m1* gearrthán
scrap dealer *n* mangaire *m4* dramhaíola
scrape *vt, vi* scríob, scrabh ♦ *n*: **to be in a scrape** bheith san fhaopach; **to scrape through** fáil tríd ar éigean
scrap heap *n*: **on the scrap heap** (*fig*) caite i leataobh *or* i dtraipisí
scrap merchant *n* mangaire *m4* dramhaíola
scrap paper *n* seanpháipéar *m1*
scrappy *adj* míshlachtmhar
scratch *n* scríob *f2*, gránú *m*, scríobadh *m* ♦ *vt, vi* scríob; (*itch*) tochais; **to start from scratch** tosú as an nua; **to be up to scratch** bheith inchurtha leis an obair
scratch card *n* scríobchárta *m4*
scrawl *vt* scrábáil
scream *n* scread *f3* ♦ *vi* lig scread, scread
screech *vi* lig scréach, scréach ♦ *n* scréach *f2*
screen *n* (*partition*) scáthlán *m1*; (CINE, COMPUT *etc*) scáileán *m1* ♦ *vt* (*conceal*) folaigh; (*from the wind etc*) tabhair foscadh do; (*film*) taispeáin; (*candidates etc*) scag
screening *n* (MED) scrúdú *m*
screenplay *n* script *f2*
screw *n* scriú *m4* ♦ *vt* (*also*: **screw in**) scriúáil
▸ **screw up** *vt* (*paper etc*) fáisc; (*inf*: *ruin*) déan praiseach de; **to screw up one's eyes** do shúile a chruinniú
screwdriver *n* scriúire *m4*
scribble *vt, vi* déan scriobláil
script *n* (CINE *etc*) script *f2*; (*system of writing*) scríobh *m3*
Scripture *n* scrioptúr *m1*
scroll *n* scrolla *m4* ♦ *vt, vi* (COMPUT) scrollaigh
scrounge (*inf*) *vt*: **to scrounge sth off** *or* **from sb** rud a dhiúgaireacht ar dhuine
scrounger (*inf*) *n* diúgaire *m4*, súmaire *m4*
scrub *n* (*land*) scrobarnach *f2* (choille); (*beard*) coinleach *m1* ♦ *vt* (*floor, pots etc*) sciúr, sciomair; (*washing*) sciúrsáil; (*inf*: *cancel*) cuir ar ceal
scruff *n*: **by the scruff of the neck** ar ghreim chúl an mhuiníl
scruffy *adj* giobach
scrum(mage) *n* (RUGBY) clibirt *f2*
scruple *n* scrupall *m1*
scrutiny *n* mionscrúdú *m*
scuff *vt* lom
scuffle *n* racán *m1*, maicín *m4*
sculptor *n* dealbhóir *m3*
sculpture *n* dealbhóireacht *f3*
scum *n* screamh *f2*; (*pej*: *people*) scroblach *m1*
scurrilous *adj* bréagach, béadánach
scurry *vi* sciuird; **he scurried off** scinn sé leis
scythe *n* speal *f2*
sea *n* farraige *f4*, muir *f3*; **by sea** (*travel*) bealach na farraige; **on the sea** (*boat*) ar an fharraige, i bhfarraige; (*town*) cois farraige; **I'm all at sea** (*fig*) tá mé ar seachrán ar fad (ann); **out to sea** domhain i bhfarraige; **(out) at sea** ar an bhfarraige
seaboard *n* imeallbhórd *m1*
seafood *n* bia *m4* farraige, bia mara
seafront *n* aghaidh *f2* na farraige, promanád *m1*
seagoing *adj*: **seagoing ship** long *f2* farraige móire
seagull *n* faoileán *m1*
seal *n* (*animal*: *male*) rón *m1*; (: *female*) bainirseach *f2*; (*stamp*) séala *m4* ♦ *vt* (*envelope*) dún, séalaigh; (: *with seal*) cuir séala ar
sea level *n* leibhéal *m1* na farraige

sea lion *n* mór-rón *m1*
seam *n* uaim *f3*; (*of coal*) féith *f2*
seaman *n* mairnéalach *m1*, fear *m1* farraige
seance *n* séans *m4*
seaplane *n* muireitleán *m1*
search *n* (*for person, thing,* COMPUT) cuardach *m1* ♦ *vt* cuardaigh, ransaigh; (*examine*) scrúdaigh ♦ *vi*: **search for** cuir cuardach ar, lorg; **in search of** ar lorg + *gen*, sa tóir ar
▸ **search through** *vt fus* cuardaigh trí, ransaigh
searching *adj* grinn
searchlight *n* tóirsholas *m1*
search party *n* buíon *f2* tarrthála
search warrant *n* barántas *m1* cuardaigh
seashore *n* cladach *m1*
seasick *adj*: **I'm seasick** tá tinneas fairrge orm
seaside *n* cois *f2* farraige
seaside resort *n* trábhaile *m4*
season *n* séasúr *m1* ♦ *vt* blaistigh, leasaigh; (*wood*) stálaigh; **to be in/out of season** bheith i/as séasúr
seasonal *adj* (*work*) séasúrach
seasoned *adj* (*wood*) stálaithe; (*food*) blaistithe, leasaithe; (*fig*) stálaithe
season ticket *n* ticéad *m1* séasúir
seat *n* (*also in government: place*) suíochán *m1*; (*buttocks, trousers*) tóin *f3* ♦ *vt*: **to seat the child** an leanbh a chur ina shuí; (*have room for*): **it seats 100** tá áit suí ann do chéad
seat belt *n* crios *m3* tarrthála
sea view *n* radharc *m1* ar an bhfarraige
sea water *n* sáile *m4*
seaweed *n* feamainn *f2*
seaworthiness *n* acmhainn *f2* farraige
seaworthy *adj* inseolta
sec. *abbr* = **second(s)**
secluded *adj* cúlráideach, scoite; **a secluded place** cúlráid *f2*
seclusion *n* cúlráid *f2*; **in seclusion** ar an gcúlráid, ar an uaigneas
second[1] *vt* (*employee*) aistrigh go sealadach
second[2] *adj* dóú, dara; **the second woman** an dóú *or* dara bean; (*date*): **the second of January** an dóú *or* dara lá Eanáir ♦ *adv* (*in race etc*): **she came second** fuair sí an dara háit ♦ *n* (*unit of time*) soicind *f2*; (AUT, *second gear*) an dara giar *m1*; (COMM, *imperfect*) earra *m4* den dara grád; (BOXING) taca *m4* ♦ *vt* (*motion*) tacaigh le
secondary *adj* tánaisteach, fo-
secondary part *n* mionpháirt *f2*
secondary road *n* bóthar *m1* den dara grád
secondary school *n* meánscoil *f2*
second-class *adj* den dara grád; (*pej*) beag is fiú, lagmheasartha ♦ *adv* (*travel*) den dara haicme; **I sent it second class** chuir mé leis an dara grád í
secondhand *adj* athláimhe, athchaite, smolchaite; **secondhand coat** áthchóta
second hand *n* (*on clock*) snáthaid *f2* na soicindí, snáthaid bheag
secondly *adv* sa dara cás
secondment *n* iasacht *f3* (oibrí)
second name *n* dara hainm *m4*
second-rate *adj* den dara grád, lagmheasartha
second thoughts *npl* athchomhairle *f4*; **to have second thoughts (on sth)** athchomhairle a dhéanamh (faoi rud); **on second thoughts** *or (US)* **thought** os a choinne sin
secrecy *n* rúndacht *f3*
secret *adj* rúnda ♦ *n* rún *m1*; **in secret** faoi rún
secretary *n* rúnaí *m4*; **Secretary of State** (POL) Rúnaí *m4* Stáit
secretive *adj* rúnda
sectarian *adj* seicteach
section *n* rannóg *f2*; (*of document*) mír *f2*, cuid *f3*; (*cut*) trasghearradh *m*; (LAW) alt *m1*
sector *n* teascóg *f2*; (*public, private*) earnáil *f3*; (*postal*) rannóg *f2*
secular *adj* saolta, tuata
secure *adj* (*safe*) sábháilte; (*firmly fixed*) daingean ♦ *vt* (*fix*) feistigh; (*fortify*) daingnigh; (*get*) faigh
security *n* slándáil *f3*; (*safety*)

sábháilteacht *f3*; (*for loan*) bannaí *mpl4*; (*staff*) lucht (na) slándála
security camera *n* ceamara *m4* slándála
security van *n* veain *f4* slándála
sedan (*US*) *n* (*AUT*) salún *m1*
sedate *adj* státúil, mómhar, stáidiúil ♦ *vt* (*MED*) cuir faoi shuaimhneasán
sedative *n* suaimhneasán *m1*
seduce *vt* meabhlaigh, cuir ó chrích
seduction *n* meabhlú *m*
seductive *adj* meallacach
see *vt* feic; (*accompany*) bí le, comóir ♦ *vi* (*understand*) feic, tuig ♦ *n* cathaoir *f* easpaig; **to see that** (*ensure*) féachaint chuige go; **I'll see you to the door** beidh mé leat chuig an doras; **I'll see you to the station** déanfaidh mé do chomóradh chun an stáisiúin; **see you (soon)!** slán go fóill!
▸ **see about** *vt fus* fiosraigh faoi
▸ **see off** *vt* cuir slán le
▸ **see through** *vt*: **to see through to the end** dul go bun an angair le rud ♦ *vt fus*: **to see through sb** léamh ar intinn duine
▸ **see to** *vt fus* féach chuige
seed *n* síol *m1*, pór *m1*; **gone to seed** (*fig*) rite as cineál
seedling *n* síolphlanda *m4*
seedy *adj* (*shabby*) grabasta; **a seedy person** smearachán *m1*
seeing *conj*: **seeing (that)** ós rud é go
seek *vt* cuardaigh, lorg
seem *vi*: **he seems big** tá cuma mhór air; **there seems to be ...** is cosúil go bhfuil ...; **it seems to me that ...** feictear dom go ...
seemingly *adv* is cosúil
seep *vi* sil, úsc
▸ **seep out** tar as
▸ **seep through** tar trí
▸ **seep under** tar faoi
seesaw *n* crandaí *m4* bogadaí
seethe *vi*: **the town was seething with people** bhí an baile beo le daoine; **to seethe with anger** bheith ar fiuchadh le fearg
see-through *adj* gléineach, trédhearcach
segment *n* teascán *m1*
segregate *vt* deighil
seize *vt* gabh; (*emotion*): **he was seized with fear** ghabh eagla é; (*opportunity*) glac
▸ **seize up** *vi* (*TECH*) stalc
seizure *n* (*MED*) taom *m3*; (*of power*) gabháil *f3*
seldom *adv* annamh
select *vt* togh, roghnaigh
selection *n* toghadh *m*, rogha *f4*; (*of poetry etc*) díolaim *f3*
self *n*: **the self** an duine *m4* féin ♦ *prefix* féin-
self-assured *adj* dóchasach asat féin, féinmhuiníneach
self-belief *n* féinmhuinín *f2*
self-centred, (*US*) **self-centered** *adj* leithleach, cóngarach duit féin
self-confidence *n* féinmhuinín *f2*
self-conscious *adj* cotúil, cúthail; **self-conscious person** náireachán *m1*
self-contained *adj* (*flat*) glanscartha
self-control *n* féinsmacht *m3*
self-defence, (*US*) **self-defense** *n* féinchosaint *f3*; (*LAW*): **in self defence** á chosaint féin
self-discipline *n* guaim *f2*, féinsmacht *m3*
self-employed *adj* féinfhostaithe
self-evident *adj*: **it is self-evident (that)** is léir (go)
self-governing *adj* féinrialaitheach
self-indulgent *adj* sáil, macnasach; **self-indulgent person** sácrálaí *m4*
self-interest *n* leithleachas *m1*, féinleas *m3*
selfish *adj* leithleach, cóngarach duit féin; **selfish person** súfartach *m1*
selfishness *n* leithleachas *m1*
selfless *adj* neamhleithleach
self-pity *n* féintrua *f4*
self-possessed *adj* stuama, fuarchúiseach, fuaraigeanta
self-preservation *n* féinchaomhnú *m*
self-respect *n* féinmheas, meas *m3* ort féin; **have some self-respect** bíodh meas agat ort féin
self-righteous *adj* ceartaiseach

self-sacrifice *n* féiníobairt *f3*
self-satisfied *adj* bogásach
self-service *adj* féinseirbhís *f2*
self-sufficient *adj* neamhspleách, neamhthuilleamaí
self-taught *adj* (*artist, pianist*) féinmhúinte
sell *vt* díol ♦ *vi*: **they sold well** bhí díol maith orthu; **to sell sth at** *or* **for £10** rud a dhíol ar dheich bpunt
▸ **sell off** *vt* díol i saorchonradh
▸ **sell out** *vi*: **the tickets are all sold out** tá deireadh na dticéad díolta
seller *n* díoltóir *m3*
selling price *n* praghas *m1* díola
Sellotape ® *n* seilitéip *f2*
semblance *n* samhail *f3*, cosúlacht *f3*, amhlachas *m1*
semen *n* síol *m1*, seamhan *m1*
semester (*esp* US) *n* téarma *m4*, seimistear *m1*
semi- *prefix* leath-
semicircle *n* leathchiorcal *m1*
semicolon *n* leathstad *m4*
semidetached (house) *n* teach *m* leathscoite
semifinal *n* cluiche *m4* leathcheannais
seminar *n* seimineár *m1*
seminary *n* (REL) cliarscoil *f2*
semiskilled *adj*: **semiskilled worker** oibrí *m4* leathoilte
senate *n* seanad *m1*; **the Irish Senate** Seanad Éireann
senator *n* seanadóir *m3*
send *vt* cuir, seol
▸ **send away** *vt* (*letter, goods*) cuir chun bealaigh, seol; (*unwelcome visitor*) tabhair an bóthar do, cuir ó dhoras
▸ **send away for** *vt fus* ordaigh tríd an phost
▸ **send back** *vt* cuir ar ais
▸ **send for** *vt fus* cuir fios ar
▸ **send off** *vt* (*goods*) cuir chun siúil; (SPORT, *player*) cuir den pháirc
▸ **send out** *vt* (*invitation, person*) cuir amach; (*signal*) craol
▸ **send up** *vt* cuir suas *or* aníos; (*parody*) déan scigaithris ar
sender *n* seoltóir *m3*
send-off *n*: **he was given a good send-off** bhí comóradh *m1* mór leis
Senegal *n* an tSeineagáil *f2*
senior *adj* (*high-ranking*) sinsearach ♦ *n* (*older*): **she is 15 years his senior** tá 15 bliana aici air
senior citizen *n* pinsinéir *m3*
seniority *n* (*in service*) sinsearacht *f3*
sensation *n* mothú *m*, céadfa *m4*, meabhair *f*; **it caused a sensation** thóg sé an-charabuaic
sensational *adj* (*marvellous*) éachtach go deo
sense *n* (*meaning, wisdom*) ciall *f2*; (*feeling*) céadfa *m4* ♦ *vt* mothaigh; **it makes no sense** níl aon chiall leis
senseless *adj* gan chiall; (*unconscious*) gan mheabhair
sensible *adj* ciallmhar, céillí
sensitive *adj* (*touchy*) goilliúnach, tógálach; (*delicate*) mothálach; (*tender*) leochaileach
sensual *adj* macnasach, drúisiúil
sensuous *adj* collaí, macnasach
sentence *n* (LING) abairt *f2*; (LAW, *judgment*) breith *f2*; (*punishment*) pionós *m1* ♦ *vt* daor; **to sentence sb to 5 years in prison** príosún cúig bliana a ghearradh ar dhuine; **to sentence sb to death** duine a dhaoradh chun báis
sentiment *n* (*feeling*) mothú *m*; (*emotionalism*) maoithneachas *m1*; (*opinion*) meon *m1*, intinn *f2*
sentimental *adj* maoithneach, maothintinneach
sentry *n* fear *m1* faire, fairtheoir *m3*
separate *adj* scartha; (*room*) ar leith ♦ *vt* scar, deighil; (*make a distinction between*) dealaigh idir ♦ *vi* scar
separately *adv* (*people*) ina nduine agus ina nduine; (*things*) ina gceann agus ina gceann, ceann i ndiaidh an chinn cile
separation *n* scaradh *m*
September *n* Meán *m* Fómhair
septic *adj* (*wound*) seipteach, galrach
septic tank *n* dabhach *f2* séarachais *or* mhúnlaigh

sequel *n* (*programme*) clár *m1* leantach; (*of story*): **the sequel** an chéad chuid *f3* eile
sequence *n* (*order*) ord *m1*; (*series*) sraith *f2*; (*of film*) sraitheog *f2*
sequin *n* seacain *f2*
Serb *adj, n* Seirbiach *m1*
Serbia *n* an tSeirbia *f4*
Serbian *adj, n* Seirbiach *m1*
serene *adj* sámh, suaimhneach, sáimhríoch
sergeant *n* sáirsint *m4*
serial *n* sraithchlár *m1*, sraithscéal *m1*
serial number *n* sraithuimhir *f*
series *n* sraith *f2*
serious *adj* (*in earnest*) dáiríre; (*matter*) tromchúiseach; (*injury*) trom; **be serious!** stad den amaidí!
seriously *adv* i ndáiríre; (*hurt*) go dona
sermon *n* seanmóir *f3*
serrated *adj* fiaclach, cíorach
servant *n* seirbhíseach *m1*
serve *vt* (*employer etc*) bheith i seirbhís ag; (*customer*) freastail ar; (*food*) riar (ar), leag chuig; (*mass*) friotháil; (*apprenticeship, prison term*) cuir isteach; (*writ*) seirbheáil ♦ *vi* (TENNIS) tabhair; (*suffice*): **it will serve its purpose** déanfaidh sé cúis ♦ *n* (TENNIS) tabhairt *f3*, seirbhís *f2*; **it serves him right** gura mar sin dó, is maith an airí air é, tá sé ró-mhaith aige
service *n* seirbhís *f2* ♦ *vt* (*car, washing machine*) seirbhísigh, athchóirigh; **the Services** na Fórsaí *mpl4* Cosanta; **to be of service to sb** bheith fóinteach ag duine
serviceable *adj* áisiúil, fónta
service charge *n* táille *f4* sheirbhíse
serviceman *n* (*army*) saighdiúir *m3*; (*navy*) saighdiúir cabhlaigh
service station *n* stáisiún *m1* peitril
serviette *n* naipcín *m4* (boird)
session *n* seisiún *m1*
set *n* (*of tools etc*) foireann *f2*, cur *m1*; (*also*: **television set**) teilifíseán *m1*; (RADIO) gléas *m1* (craolacháin); (TENNIS) sraith *f2*; (*group of people*) dream *m3*, aicme *f4*; (THEAT, *stage*) láithreán *m1*; (: *scenery*) radharcra *m4*; (MATH) tacar *m1*; (HAIRDRESSING) feistiú *m* ♦ *adj* (*fixed*) daingean, suite; (*ready*) réidh ♦ *vt* (*place*) cuir; (*fix, establish*) leag amach, socraigh; (*clock*) socraigh; (*decide*: *rules etc*) leag síos; (*task*) cuir roimh; (*exam*) ceap, déan amach; (*bone*) cuir ina háit ♦ *vi* (*sun*) luigh; (*jam, jelly, concrete*) táthaigh, téacht, sioc; (*bone*) snaidhm, táthaigh; **to be set on** bheith meáite ar; **to set the table** an bord a leagan *or* a ghléasadh; **to set sth to music** ceol a chur le rud; **to set on fire** cur trí thine; **to set free** scaoileadh saor; **to set sth going** rud a chur sa siúl; **to set sail** cur chun farraige
▸ **set about** *vt fus* (*task*) tabhair faoi
▸ **set aside** *vt* cuir i leataobh
▸ **set back** *vt* cuir ar gcúl; (*cost*) cosain; **it set us back a week** chuir sé seachtain ar gcúl muid; **it set me back 5 pounds** chosain sí cúig phunt orm
▸ **set off** *vi* imeacht ♦ *vt* (*bomb*) pléasc; (*cause to start*) dúisigh; (*show up well*) cuir le, bí de bhiseach ar
▸ **set out** *vi* cuir chun bóthair ♦ *vt* (*arrange*) feistigh; (*arguments*) leag amach; **I set out to do sth** chuir mé romham rud a dhéanamh
▸ **set up** *vt* (*organization*) bunaigh
setback *n*: **that was a setback to us** chuir sin cúl orainn
set menu *n* béile *m4* an lae
settee *n* tolg *m1*
setting *n* (*location*) suíomh *m1*; (*of jewel*) leaba *f*; (*position*: *of controls*) leagan *m1*
settle *vt* socraigh; (*argument*) réitigh; (*problem*) fuascail, réitigh; (*account*) glan, socraigh ♦ *vi* (*dust*) luigh; (*water*) socraigh, síothlaigh; **to settle for sth** bheith sásta le rud; **to settle on sth** cinneadh ar rud; **they settled in Galway** bhain *or* chuir siad fúthu i nGaillimh
▸ **settle in** *vi* seadaigh, socraigh isteach
▸ **settle up** *vi*: **to settle up with sb** réiteach le duine
settlement *n* (LAW) socraíocht *f3*; (*payment*) socrú *m*, glanadh *m* (cuntais);

(*village etc*) lonnaíocht *f2*

settler *n* lonnaitheoir *m3*

setup *n* (*situation*) dóigh *f2*; **that's the present setup** sin an dóigh a bhfuil cúrsaí faoi láthair

seven *num* seacht; **seven bottles** seacht mbuidéal; **seven people** seachtar *m1*

seventeen *num* seacht (gcinn) déag; **seventeen bottles** seacht mbuidéal déag; **seventeen people** seacht nduine dhéag

seventh *num* seachtú *m4*; **the seventh woman** an seachtú bean

seventy *num* seachtó

sever *vt* teasc, scoith, bain de; (*relations*) bris; **he severed his right foot** baineadh a chos dheas de; **he severed his ties with them** bhris sé a chumann leo

several *adj* roinnt + *gen*♦ *pron* roinnt; **several of us** cuid againn

severance *n* (*of relations*) scaradh *m*, briseadh *m*; **severance payment** íocaíocht *f3* scartha

severance pay *n* pá *m4* scartha

severe *adj* dian, géar; (*weather*) crua, anróiteach; (*criticism*) feanntach

severity *n* déine *f4*, géire *f4*; (*weather*) anróiteacht *f3*

sew *vt, vi* fuaigh

sewage *n* múnlach *m1*

sewer *n* séarach *m1*

sewerage *n* séarachas *m1*

sewing *n* fuáil *f3*

sewing machine *n* inneall *m1* fuála

sex *n* gnéas *m1*; **to have sex with sb** luí le duine, caidreamh collaí a bheith agat le duine

sexist *adj* gnéaschlaonta♦ *n* duine *m4* gnéaschlaonta

sexual *adj* gnéasach, gnéis *n gen*; (*sensual*) collaí

sexual abuse *n* mí-úsáid *f2* ghnéasach

sexy *adj* gnéasúil, meabhlach

shabby *adj* díblí, seanchaite, giobach; (*behaviour*) suarach

shack *n* bothán *m1*, seantán *m1*

shackles *npl* geimhle *fpl2*

shade *n* scáth *m3*♦ *vt* scáthaigh, cuir scáth ar; **in the shade of the trees** faoi scáth na gcrann; **a shade too large** pas beag ró-mhór; **a shade more** beagáinín níos mó

shadow *n* scáth *m3*♦ *vt* (*follow*) coimhéad, coinnigh súil ar, lean

shadow cabinet *n* (POL) comh-aireacht *f3* (an) fhreasúra

shadowy *adj* scáileach; (*dim*) doiléir

shady *adj* scáthach, foscúil; (*fig: dishonest*) amhrasach, lochtach, míchneasta

shaft *n* (*of arrow, spear*) crann *m1*; (AUT, TECH) seafta *m4*; (*of mine*) sloc *m1*; (*of lift*) log *m1*; (*of light*) ga *m4*

shaggy *adj* (*hair, fur*) mosach, stothallach, mothallach

shake *vt, vi* croith; **it shook me up** baineadh croitheadh *or* suaitheadh mór asam; **to shake one's head** do cheann a chroitheadh; **to shake hands with sb** lámh a chroitheadh le duine

▸**shake off** *vt* cuir díot; **to shake off the cold** slaghdán a chur díot; **to shake sb off** an cor gearr a chur ar dhuine

▸**shake up** *vt* bain stangadh as; **shake yourself up** cuir cor díot

shaky *adj* (*hand, voice*) creathach; (*fearful*) critheaglach

shall *aux vb*: **I shall go** rachaidh mé; **shall I open the door?** an osclóidh mé an doras?

shallow *adj* (*water*) tanaí; (*container*) éadomhain; **a shallow person** éadromán

sham *n* cur *m1* i gcéill♦ *adj* bréige *n gen*

shambles *n* (*mess*) praiseach *f2*; (*confusion*) cíor *f2* thuathail

shame *n* náire *f4*♦ *vt* náirigh, cuir náire ar; **it is a shame that** is mór an trua go; **shame on you!** mo náire thú!

shameful *adj* náireach

shameless *adj* gan náire

shampoo *n* foltfholcadh *m*, seampú *m4*

shampoo and set *n* folcadh *m* agus feistiú

shampooing *n* foltfholcadh *m*

shamrock *n* seamróg *f2*

shandy *n* seandaí *m4*

Shannon *n*: **the (River) Shannon** an tSionainn *f2*
shanty town *n* baile *m4* seantán
shape *n* cruth *m3*, múnla *m4* ♦ *vt* cruthaigh, múnlaigh ♦ *vi* (*also*: **shape up**: *events*): **it is shaping up to be a bad winter** tá an chuma air gur drochgheimhreadh a bheas ann; **they are shaping up well** tá cosúlacht mhaith orthu; (: *person*) cruthaigh; **to take shape** fabhraigh, teacht i gcruth
-shaped *suffix* i gcruth + *gen*; **heart-shaped** ar dhéanamh croí, croíchruthach
shapeless *adj* gan chuma, éagruthach
shapely *adj* dea-chumtha, cruthach
share *n* cuid *f3*, sciar *m4*, cion *m4*; (COMM) scair *f2* ♦ *vt* roinn
shareholder *n* scairshealbhóir *m3*
shark *n* siorc *m3*; (*fig*: *person*) caimiléir *m3*, plucálaí *m4*, lomaire *m4*
sharp *adj* (*razor, knife, point*) géar; (*person*) géarchúiseach; (*incline*) rite ♦ *n* (MUS) géar *m1* ♦ *adv* (*precisely*): **at 2 o'clock sharp** ar bhuille a dó
sharpen *vt* cuir faobhar ar, faobhraigh; (*pencil*) cuir bior ar, bioraigh
sharpener *n* (*also*: **pencil sharpener**) bioróir *m3* (peann luaidhe)
sharp-eyed *adj* géarshúileach
sharply *adv* go géar; (*turn, stop*) go tobann; (*stand out*) go soiléir; (*reprimand*) go giorraisc
shatter *vt*: **to shatter sth** rud a fhágáil ina smidiríní; (*fig*) bris, scrios ♦ *vi* pléasc
shave *vt, vi* bearr ♦ *n* bearradh *m* (féasóige)
shaver *n* (*also*: **electric shaver**) rásúr *m1* leictreach
shaver point *n* pointe *m4* bearrthóra
shaving *n* (*action*) bearradh; **shavings** *npl* (*of wood etc*) scamhadh *msg*, scamhacháin *mpl1*, sliseogaí *fpl2*
shaving brush *n* scuab *f2* bhearrtha
shaving cream *n* ungadh *m* bearrtha
shaving foam *n* cúr *m1* bearrtha
shaving gel *n* glóthach *f2* bhearrtha
shawl *n* seál *m1*
she *pron* sí, í; (*as subject*): **she came in** tháinig sí isteach; (*with copula*): **she is a woman** is bean í; (*in passive, autonomous*): **she was injured** gortaíodh í; (*emphatic*) sise, ise; **she came in and he stayed** tháinig sise agus d'fhan seisean; **it is she who ...** (is) ise a ... ♦ *prefix*: **she-cat** cat baineann; **she-elephant** eilifint *f2* bhaineann, cráin *f* (eilifinte)
sheaf *n* punann *f2*; (*of papers*) burla *m4*
shear *vt* lom
shears *npl* (*for hedge*) deimheas *msg1*
sheath *n* truaill *f2*; (*contraceptive*) coiscín *m4*
shed *n* bothán *m1* ♦ *vt* (*leaves*) caill; (*tears*) sil; (*animal*: *coat*) cuir
sheen *n* loinnir *f*, dealramh *m1*, lí *f4*
sheep *n* (*sg*) caora *f*; (*pl*) caoirigh *fpl*
sheepdog *n* madra *m4* caorach
sheepish *adj* uascánta
sheepskin *n* craiceann *m1* caorach
sheer *adj* (*utter*) lom, amach agus amach; (*steep*) rite; (*almost transparent*) sreabhnach ♦ *adv* glan; **sheer necessity** lomriachtanas; **by sheer strength** le barr nirt; **out of sheer malice** le tréan mailíse; **in sheer delight** le tréan lúcháire; **he was thrown sheer out of the boat** caitheadh amach glan as an mbád é
sheet *n* (*on bed*) braillín *f2*; (*of paper*) leathanach *m1*; (: *form*) bileog *f2*; (*of glass, metal etc*) leathán *m1*; (*of ice*) leac *f2*
sheik(h) *n* síc *m4*
shelf *n* seilf *f2*; (GEOG) laftán *m1*
shell *n* (*on beach*) sliogán *m1*; (*of egg, nut, crab*) blaosc *f2*; (*of peas*) cochall *m1*, faighneog *f2*; (*of building, boat etc*) creatlach *f2*; (*explosive*) pléascán *m1*, sliogán *m1* ♦ *vt* (*peas*) scamh; (MIL) scaoil pléascáin le, bombardaigh
shellfish *n* (*crab etc*) iasc *m1* blaoscach; (*scallop etc*) iasc sliogánach ♦ *npl* (*as food*) bia *msg4* sliogán
shelter *n* foscadh *m1*, dídean *f2*; (*building*) scáthlán *m1* ♦ *vt* tabhair foscadh do; (*to give lodging to*) tabhair

dídean do ♦ *vi* téigh ar foscadh
shelve *vt* (*fig*) cuir ar athlá
shepherd *n* aoire *m4*, tréadaí *m4* ♦ *vt* (*guide*) aoirigh, treoraigh
shepherd's pie *n* pióg *f2* an aoire
sheriff (*US*) *n* sirriam *m4*
sherry *n* seiris *f2*
Shetland *n* (*also*: **the Shetlands, the Shetland Islands**) Sealtainn *f4*
shield *n* sciath *f2*; (*protection*) scáth *m3* ♦ *vt* cuir scáth ar, cumhdaigh, cosain
shift *n* (*change*) athrú *m*; (*work period*) seal *m3* ♦ *vt* bog, aistrigh ♦ *vi* bog, corraigh
shift work *n* obair *f2* shealaíochta, sealobair *f2*
shifty *adj* cleasach, creipeartha; (*eyes*) corrach
shilly-shally *vi* bheith ag braiteoireacht *or* ag moilleadóireacht
shimmer *vi* crithlonraigh, drithligh; **the lights shimmered on the water** bhí na soilse ag drithliú ar an uisce
shimmering *n* drithliú *m*
shin *n* lorga *f4*
shine *n* loinnir *f*, dealramh *m1* ♦ *vi* lonraigh, dealraigh; (*sun*) soilsigh ♦ *vt* (*torch etc*) dírigh (ar); **to shine a light on sth** solas a chaitheamh ar rud; **to shine a pair of shoes** snas a chur ar phéire bróg
shingle *n* (*also*: **shingle beach**) scaineagán *m1*, mionduirling *f2*
shingles *n* (*MED*) deir *f2*
shiny *adj* lonrach, dealraitheach; (*shoes*) snasta
ship *n* long *f2*; (*send*) cuir (ar bhord loinge)
shipbuilding *n* tógáil *f3* long
shipment *n* lastas *m1*
shipping *n* (*ships*) loingeas *m1*; (*act*) loingseoireacht *f3*
shipwreck *n* (*ship*) long *f2* bhriste; (*event*) longbhriseadh *m*, longbhá *m* ♦ *vt*: **we were shipwrecked on the reef** briseadh an long ar an bhoilg ♦ *adj* longbhriste
shipyard *n* longcheárta *f4*, longchlós *m1*
shire *n* sír *f2*
shirk *vt* seachain
shirt *n* léine *f4*; **in (one's) shirt sleeves** i gcabhail do léine, i do léine is i do bhríste
shit (*inf!*) *n* cac *m3* ♦ *excl* damnú air!
shiver *n* crith *m3* ♦ *vi* bí ar crith, creathnaigh
shivering *n* creathadach *f*, crith *m3* ♦ *adj* creathach
shoal *n* (*of fish*) scoil *f2*, báire *m4*
shock *n* geit *f2*, croitheadh *m*; (*ELEC, MECH*) turraing *f2*; (*mental*) coscairt *f3*, suaitheadh *m* ♦ *vt* (*offend*) tabhair scannal do; (*startle*) bain croitheadh as; **I was shocked when I saw it** baineadh croitheadh asam nuair a chonaic mé é; **I got a terrible shock** baineadh an anáil díom
shock absorber *n* maolaitheoir *m3* turrainge
shocking *adj* (*scandalizing*) scannalach; (*appalling*) creathnach, uafásach
shoddy *adj* sleamchúiseach, sramach, sraimlí
shoe *n* bróg *f2*; (*also*: **horseshoe**) crú *m4* ♦ *vt* (*horse*) crúigh
shoelace *n* iall *f2* bróige, barriall *f2*
shoe maker *n* gréasaí *m4*
shoe polish *n* snas *m3* bróg
shoe shop *n* siopa *m4* bróg
shoestring *n* (*fig*): **on a shoestring** ar fíor-bheagán airgid
shoo *excl* (*to hens*) fuisc; (*to dog*) cois (amach); (*to children*) amachaigí, amach libh
shoot *n* (*on branch, seedling*) buinneán *m1*, péacán *m1* ♦ *vt* scaoil, caith; (*film*) déan, glac ♦ *vi* (*with gun, bow*): **to shoot (at)** scaoileadh (le)
▸ **shoot down** *vt* (*plane, bird*) tabhair anuas
▸ **shoot in** *vi* scinn isteach
▸ **shoot out** *vi* scinn amach
▸ **shoot up** *vi* (*fig*) léim in airde, éirigh de léim
shooting *n* scaoileadh *m*, lámhach *m1*; (*HUNTING*) foghlaeireacht *f3*
shooting star *n* réalta *f4* reatha
shop *n* siopa *m4*; (*workshop*) ceardlann *f2* ♦ *vi* (*also*: **go shopping**) téigh ag

siopadóireacht
shop assistant *n* freastalaí *m4* siopa
shopkeeper *n* siopadóir *m3*, fear *m1* siopa
shoplifting *n* gadaíocht *f3* siopa
shopper *n* siopaeir *m3*, ceannaitheoir *m3*; (*also*: **shoppers**) lucht *m3* ceannaithe
shopping *n* siopadóireacht *f3*
shopping bag *n* mála *m4* siopadóireachta
shopping centre, (*US*) **shopping center** *n* ionad *m1* siopadóireachta
shop-soiled *adj* smolta ón siopa
shop steward *n* (*IND*) stíobhard *m1* ceardlainne
shop window *n* fuinneog *f2* siopa
shore *n* (*of sea*) cladach *m1*; (*of lake*) bruach *m1* ♦ *vt*: **to shore (up)** taca a chur le; **on shore** ar tír
short *adj* gearr *or* faoi, gairid; (*person*) beag, giortach; (*curt*) giorraisc; (*insufficient*) gann; **to be short of sth** bheith gann i rud; **in short** i mbeagán focal; **everything short of** gach aon rud ach; **it is short for** is giorrúchán é ar; **to cut short** (*speech, visit*) gearradh; **we are running short of food** tá an bia ag éirí gann orainn, tá muid ag éirí gann i mbia; **to stop short** stopadh go tobann; **to stop short of** gan dul comh fada le
shortage *n* ganntanas *m1*, teirce *f4*
shortbread *n* arán *m1* briosc
short-circuit *n* gearrchiorcad *m1*
shortcoming *n* locht *m3*
shortcut *n* aicearra *m4*, cóngar *m1*; **to take a shortcut** aicearra a ghearradh
shorten *vt* gearr, giorraigh
shortfall *n* easnamh *m1*, gannchion *m4*
shorthand *n* (*text*) gearrscríobh *m*
shorthand typist *n* gearr-chlóscríobhaí *m4*
shortlist *n* (*for job*) gearrliosta *m4*
short-lived *adj* gearrshaolach
shortly *adv* gan mhoill, roimh i bhfad
shorts *npl*: **(a pair of) shorts** bríste *msg4* gairid
short-sighted *adj* gairid sa radharc, gearr-radharcach
short-staffed *adj* ar easpa foirne
short story *n* gearrscéal *m1*
short-tempered *adj* teasaí, tobann
short-term *adj* neamhbhuan, gearrshaolach, gearrthéarma *n gen*
shot *n* urchar *m1*; (*try*) iarraidh *f*; (*injection*) instealladh *m*; (*PHOT*) pictiúr *m1*; **he's a good shot** tá urchar maith aige; **like a shot** mar a bheadh splanc ann
shotgun *n* gunna *m4* gráin
should *aux vb*: **I should go now** ba cheart dom imeacht anois; **he should be there now** ba cheart dó bheith ann faoi seo; **I should like to** ba mhaith liom
shoulder *n* gualainn *f2* ♦ *vt* (*fig*) glac ort féin, luigh faoi; **to shoulder the burden** luí faoin ualach
shoulder bag *n* mála *m4* gualainne
shoulder blade *n* slinneán *m1*
shoulder strap *n* iris *f2*
shout *n* scairt *f2*, gáir *f2*, béic *f2* ♦ *vt, vi* (*also*: **shout out**) scairt, lig béic asat
shouting *n* scairteach *f2*, béicíl *f3*
shove *vt* brúigh; (*inf*: *put*): **to shove sth in** rud a bhrú isteach
▸ **shove off** (*inf*) *vi*: **shove off!** gread leat!
shovel *n* sluasaid *f2*
show *n* (*THEAT, TV*) seó *m4*; (*exhibition*) taispeántas *m1*; (*semblance*) mustar *m1*, cur *m1* i gcéill ♦ *vt* taispeáin; (*uncover*) nocht ♦ *vi* bheith le feiceáil; **on show** (*exhibits etc*) ar taispeáint
▸ **show in** *vt* (*person*) tabhair *or* seol isteach
▸ **show off** *vi* (*pej*) déan mustar, cuir gothaí ort féin ♦ *vt* (*display*): **to show sth off** gaisce a dhéanamh de rud
▸ **show out** *vt*: **to show sb out** duine a chomóradh amach
▸ **show up** *vi* (*inf*: *turn up*) tar ar bráid; **who should turn up but Tom** cé a tháinig ar bráid ach Tómas ♦ *vt* (*reveal*) léirigh, tabhair chun solais
shower *n* (*rain*) ráig *f2*, cith *m3*; (*also*: **in bathroom**) cithfholcadán *m1*; (*act of*) cithfholcadh *m*; (*of stones etc*) cith ♦ *vi* cithfholcadh a bheith agat ♦ *vt*: **to shower sb with sth** (*gifts etc*) dalladh de rud a thabhairt do dhuine; **to have** *or*

take a shower cithfholcadh a bheith agat
showing *n* (*of film*) taispeáint *f3*
show-off (*inf*) *n* (*person*) uaiceálaí *m4*, siollaire *m4*
showroom *n* seomra *m4* taispeántais
shrapnel *n* srapnal *m1*
shred *n* ribeog *f2*, leadhbóg *f2*; (*of evidence*) dá laghad ♦ *vt* stiall, stoll; (CULIN) scillig, mionghearraigh
shredder *n* (*for vegetables*) scríobán *m1*; (*for documents*) stiallaire *m4* (cáipéisí)
shrewd *adj* críonna, glic, fadcheannach
shriek *vi* scréach
shrill *adj* caol, caolghlórach; **shrill whistle** fead caol; **shrill voiced person** geocach *m1*
shrimp *n* sreabhlach *m1*, ribe *m4* róibéis; (*person*) séacla *m4*, draoidín *m4*
shrine *n* scrín *f2*
shrink *vi* crap, giortaigh; (*move*: *also*: **shrink away**) cúb, diúltaigh roimh, cúlaigh ♦ *vt* (*wool*) crap; (*it shrank*) chrap sé, tháinig *or* chuaigh ann; **to shrink from (doing) sth** loiceadh *or* diúltú roimh rud (a dhéanamh)
shrinkage *n* crapadh *m*
shrivel *vt, vi* (*also*: **shrivel up**) searg, spall
shroud *n* taiséadach *m1* ♦ *vt*: **to shroud sth in mystery** dúrún a dhéanamh de rud
Shrove Tuesday *n* Máirt *f4* Inide
shrub *n* tor *m1*, tom *m1*
shrubbery *n* rosán *m1*, scotharnach *m1*
shrug *vt, vi*: **to shrug (one's shoulders)** (do ghuaillí) a chroitheadh
▸ **shrug off** *vt*: **to shrug sth off** rud a chur díot, neamhshuim a dhéanamh de rud
shudder *vi*: **she shuddered** chuaigh creathán tríd
shuffle *vt* (*cards*) suaith, boscáil ♦ *vt, vi*: **to shuffle one's feet** bheith ag scuabáil, bheith ag tarraingt na gcos
shun *vt* seachain
shunt *vt* (RAIL) siúntaigh
shut *vt, vi* druid, dún
▸ **shut down** *vt, vi* druid, dún
▸ **shut off** *vt* cuir as, múch
▸ **shut up** *vi* (*inf*: *keep quiet*) éist do bhéal!, dún do chlab!, bí i do thost! ♦ *vt* (*close*) druid, dún
shutter *n* comhla *f4*
shutter release *n* (PHOT) scaoilteán *m1* comhla
shuttle *n* spól *m1*; (*also*: **shuttle service**) seirbhís *f2* tointeála
shuttlecock *n* (BADMINTON) eiteán *m1*
shy *adj* faiteach, cotúil
siblings *n* deartháireacha *mpl* agus deirfiúracha *fpl*
Sicily *n* an tSicil *f2*
sick *adj* (*ill*) tinn, breoite; **I'm sick** tá tinneas orm, tá mé breoite; **I feel sick** (*vomiting*) tá masmas *or* orla orm; **to be sick of** (*fig*) bheith tinn tuirseach de; **to sicken sb** (*disgust*) samhnas a chur ar dhuine
sick bag *n* mála *m4* tinnis
sicken *vt*: **to sicken sb** tinneas a chur ar dhuine
sickening *adj* (*fig*) masmasach; (*disgust*) samhnasach
sickle *n* corrán *m1*
sick leave *n* saoire *f4* bhreoiteachta
sickly *adj* coinbhreoite, meath-thinn; (*sickly-looking*) drochdhathach, mílítheach; (*causing nausea*) masmasach
sickness *n* tinneas *m1*, breoiteacht *f3*; (*vomiting*) orla *m4*
sick pay *n* pá *m4* breoiteachta
side *n* taobh *m1*; (*of lake*) bruach *m1*; (*team*) foireann *f2* ♦ *adj* (*door, entrance*) taoibh *n gen* ♦ *vi*: **to side with sb** dul i leith duine; **by the side of** le hais + *gen*; **side by side** taobh le taobh; **from side to side** anonn agus anall; **to take sides (with)** dul i bpáirt + *gen*; **at the side of the road** i leataobh an bhealaigh mhóir
sideboard *n* cornchlár *m1*
side effect *n* seachthoradh *m1*
sidelight *n* (AUT) taobhsholas *m1*; (PHOT) fiarsholas *m1*
sideline *n* (SPORT) taobhlíne *f4*
sidelong *adj* (*look*) as eireaball do shúl; **a sidelong glance** claonamharc *m1*
side order *n* taobhordú *m*
side salad *n* sailéad *m1* taoibh

sideshow *n* seó *m4* (aonaigh), fothaispeántas *m1*
sidestep *vt* (*fig*) seachain, tabhair céim i leataobh, téigh taobh thall de
side street *n* taobhshráid *f2*
sidetrack *n* (RAIL) taobhlach *m1* ♦ *vt*: **to sidetrack sb** iúl duine a thógáil (de rud), scéal eile a tharraingt ort féin
sidewalk (US) *n* cosán *m1* (sráide)
sideways *adv* i leith an chliatháin, i leataobh
siding *n* (RAIL) taobhlach *m1*
sidle *vi*: **to sidle up (to)** caolú aniar (ar)
siege *n* léigear *m1*
sieve *n* criathar *m1*
sift *vt* (*fig*: *also*: **sift through**) mionscag; (*lit*: *flour etc*) criathraigh
sigh *n* osna *f4* ♦ *vi* osnaigh, lig osna
sight *n* (*faculty*) amharc *m1*, radharc *m1*; (*spectacle*) amharc *m1* súl, féic *f2* saolta; (*on gun*) treoir *f* ♦ *vt* feic; (*gun*) treoráil; **in sight** ar amharc, le feiceáil; **out of sight** as amharc
sightseeing *n* fámaireacht *f3*; **to go sightseeing** dul ag fámaireacht, dul ag amharc ar na hiontais
sign *n* comhartha *m4*; (*notice*) fógra *m4*, clár *m1*; (*omen*) tuar *m1*; (*of the cross*) fíor *f* ♦ *vt* (*document*) cuir d'ainm le, saighneáil, sínigh; (*indicate*) déan comhartha
▸ **sign on** *vi* (MIL) téigh san arm; (*as unemployed*) saighneáil; (*for course*) cláraigh ♦ *vt* (MIL) earcaigh; (*employee*) fostaigh
▸ **sign up** *vt* (MIL) earcaigh ♦ *vi* (MIL) téigh *or* liostaigh san arm; (*for course*) cláraigh; **there is no sign of him** níl iomrá ar bith air
signal *n* comhartha *m4* ♦ *vt*: **to signal sb** comhartha a dhéanamh le duine; (*message*) scéala a chur chuig duine
signalman *n* (RAIL) fear *m1* comharthaíochta
signature *n* síniú *m*
signature tune *n* ceol *m1* aitheantais
signet ring *n* fáinne *m4* séala
significance *n* (*meaning*) ciall *f2*; (*importance*) tábhacht *f3*
significant *adj* (*important*) tábhachtach, trombhríoch, tromchúiseach
signpost *n* cuaille *m4* eolais
silage *n* sadhlas *m1*
silence *n* ciúnas *m1* ♦ *vt* (*person*): **to silence sb** duine a chur ina thost
silencer *n* (*on gun*, BRIT: AUT) tostóir *m3*
silent *adj* ciúin; **to remain silent** fanacht i do thost
silhouette *n* scáthchruth *m3*; **in silhouette** idir thú agus léas
silicon *n* sileacan *m1*
silicon chip *n* slis *f2* sileacain
silk *n* síoda *m4* ♦ *cpd* síoda *n gen*
silky *adj* síodúil
silly *adj* amaideach, breallánta, bundúnach; **silly person** prioll *f2*; **silly talk** breallaireacht *f3*, glagaireacht *f3*
silt *n* glár *m1*
silver *n* airgead *m1*; (*also*: **silverware**) gréithe *pl* airgid ♦ *adj* airgid *n gen*
silver paper *n* páipéar *m1* airgid
silver-plated *adj* airgeadaithe
silversmith *n* gabha *m4* geal
silvery *adj* airgeadúil
similar *adj*: **similar (to)** cosúil (le)
similarly *adv* a dhála sin, mar an gcéanna
simile *n* samhail *f3*
simmer *vi* (CULIN) bogfhiuch, suanbhruith, bain bogfhiuchadh as; (*revolt etc*) coip
simple *adj* simplí
simplicity *n* simplíocht *f3*
simply *adv* go simplí; **I simply said that ...** ní dúirt mé ach (go) ...; **you simply have to ...** (*imperative*) níl (le déanamh) agat ach...
simultaneous *adj* comhuaineach; **simultaneous with** ar aon uain le
sin *n* peaca *m4* ♦ *vi* déan peaca, peacaigh
since *adv, prep* ó + *lenition* ♦ *conj* ó (tharla); **since then, ever since** ó shin
sincere *adj* ionraic, fíréanta, amach ó do chroí
sincerely *adv see* **yours**
sincerity *n* ionracas *m1*, fíréantacht *f3*, cneastacht *f3*; **in all sincerity** i modh fírinne

sinew *n* féith *f2*, féitheog *f2*
sinful *adj* peacúil, peacach; **sinful person** peacach *m1*
sing *vt* abair, can, cas (amhrán) ♦ *vi*: **she is singing** tá sí ag gabháil cheoil; **to begin to sing** drandán ceoil a chur sus
singe *vt* barrloisc
singer *n* amhránaí *m4*, ceoiltóir *m3*, fonnadóir *m3*
singing *n* amhránaíocht *f3*, fonnadóireacht *f3*
single *adj* aonair *n gen*, aonarach; (*unmarried*) singil, díomhaoin ♦ *n* (*also*: **single ticket**) ticéad *m1* singil; (*record*) ceirnín *m4* singil
▸ **single out** *vt* pioc amach
single file *n*: **in single file** duine i ndiaidh duine
single-handed *adv* i d'aonar, gan chabhair
single-minded *adj* rúndaingean, diongbháilte
single mother *n* máthair *f* shingil
single room *n* seomra *m4* singil
singles *n* (TENNIS) cluiche *m4* singil *or* dólámhach
singly *adv* ceann ar cheann; (*people*) duine ar dhuine
singular *adj* aonarach; (*outstanding*) ar leith; (LING) uatha *n gen* ♦ *n* uatha *m4*
sinister *adj* clé, claon-, droch-, urchóideach, cealgrúnach; **sinister-looking** drochghnúiseach
sink *n* doirteal *m1* ♦ *vt* (*ship*) suncáil, báigh; (*foundations*) cuir síos ♦ *vi* (*ship*) téigh go grinneall; (*ground etc*) suncáil, ísligh; (*also*: **sink back**) suigh siar; **to sink sth into** rud a shá isteach i; **my heart sank** thit mo chroí
▸ **sink in** *vi* (*fig*): **it finally sank in to me that ...** tuigeadh dom sa deireadh go ...
sinner *n* peacach *m1*
sinus *n* cuas *m1*
sip *n* súimín *m4*, snáthán *m1* ♦ *vt* bain súimín as
siphon *n* siofón *m1*
sipping *n* súimíneacht *f3*
sir *n* duine uasal ; **Sir Maurice de Bracy** An Ridire *m4* Muiris de Bracy
siren *n* bonnán *m1*
sirloin *n* (*also*: **sirloin steak**) stéig *f2* chaoldroma
sissy (*inf*) *n* piteog *f2*, Síle *f4*
sister *n* deirfiúr *f*; (*nun*, BRIT, *nurse*) siúr *f*
sister-in-law *n* deirfiúr *f* chleamhnais
sit *vi* suigh; (*also*: **to be sitting**) bheith i do shuí; (*assembly*): **to sit on** bheith ar ♦ *vt* (*exam*) déan
▸ **sit down** *vi* suigh síos *or* fút; **sit down at the table!** suigh isteach ag an tábla!
▸ **sit in on** *vt fus* suigh isteach ar
▸ **sit up** *vi* suigh aniar; (*not go to bed*) fan i do shuí
site *n* ionad *m1*, láithreán *m1*; (*also*: **building site**) áit *f2* tógála ♦ *vt* cuir, suigh, ionadaigh
sitting *n* cruinniú *m*, suí *m4*
sitting room *n* seomra *m4* suí
situated *adj* suite
situation *n* (*condition*) staid *f2*; (*locale*) suíomh *m1*; **the situation of sth** an luí atá ar rud
six *num* sé; **six bottles** sé bhuidéal; **six people** seisear *m1*
Six Counties *n*: **the Six Counties** na Sé Chontae
sixteen *num* sé (cinn) déag; **sixteen bottles** sé bhuidéal déag; **sixteen people** sé dhuine dhéag
sixth *num* séú *m4*; **the sixth woman** an séú bean
sixty *num* seasca + *sg*
size *n* méid *f2*
▸ **size up** *vt* braith, cuir sa mheá
sizeable *adj* toirtiúil, measartha mór
sizzle *vi* giosáil
skate *n* scáta *m4*; (*also*: **roller skate**) scáta rothacha; (*fish*) sciata *m4* ♦ *vi* scátáil
skateboard *n* clár *m1* scátála
skater *n* scátálaí *m4*
skating *n* scátáil *f3*
skating rink *n* rinc *f2* scátála
skeleton *n* cnámharlach *m1*; (*outline*) creatlach *f2*
skeleton staff *n* creatfhoireann *f2*
skeptical (US) *adj* = **sceptical**

sketch *n* sceitse *m4* ♦ *vt* sceitseáil
sketch book *n* leabhar *m1* sceitseála
sketchy *adj* srac; **sketchy knowledge** breaceolas; **sketchy work** sracobair
skewer *n* briogún *m1*
ski *n* scí *m4* ♦ *vi* sciáil
ski boot *n* bróg *f2* sciála
skid *vi* sciorr
skier *n* sciálaí *m4*
skiing *n* sciáil *f3*
ski jump *n* léim *f2* sciála
skilful, (*US*)**skillful** *adj* sciliúil, cliste, oilte, deaslámhach; **to be skilful at sth** lámh mhaith a bheith agat ar rud
ski lift *n* ardaitheoir *m3* sciála
skill *n* scil *f2*; (*requiring training*: *gen pl*) ceird *f2*
skilled *adj* oilte; **to be skilled in a trade** ceird a bheith ar do lámh
skim *vt* (*milk*) scimeáil, bearr, bain an barr de; (*glide over*) sciorr, scinn
skimmed milk *n* sceidín *m4*, bainne *m4* bearrtha
skimp *vt* (*also*: **skimp on**): **to skimp on sth** bheith gortach le rud, rud a dhéanamh go gortach
skimpy *adj* giortach, gortach; **a skimpy dress** scimpín gúna
skin *n* craiceann *m1*
skin cancer *n* ailse *f4* chraicinn
skin-diving *n* tumadh *m*
skinny *adj* tanaí, creatlom; **skinny person** scáineachán *m1*
skintight *adj* (*jeans etc*) teann, cneasluiteach
skip *n* léim *f2*, foléim *f2*; (*container*) gabhdán *m1* bruscair ♦ *vi* caith léim *or* foléim; (*with rope*) bheith ag scipeáil ♦ *vt* léim thar
ski pants *npl* bríste *m4* sciála
skipper *n* (*of boat*) scipéir *m3*, máistir *m4*, captaen *m1*; (*SPORT*) captaen
skipping rope *n* téad *f2* léimní *or* scipeála
skirmish *n* scirmis *f2*
skirt *n* sciorta *m4* ♦ *vt* sciortáil, timpeallaigh
skirting board *n* clár *m1* sciorta
ski slope *n* fána *f4* sciála
ski suit *n* culaith *f2* sciála
skittle *n* scidil *f2*; **game of skittles** cluiche *m4* scidilí
skive (*inf*) *vi* bheith ag leiciméireacht *or* ag liúdaíocht
skull *n* blaosc *f2* an chinn *or* chloiginn, cloigeann *m1*
skunk *n* scúnc *m1*
sky *n* spéir *f2*
skylight *n* spéirléas *m1*, forléas *m1*
skyscraper *n* teach *m* spéire, ilstórach *m1* (spéire)
slab *n* leac *f2*, slaba *m4*
slack *adj* (*loose*) scaoilte; (*neglectful*) siléigeach; (*business*) ciúin, neamhghnóthach ♦ *n* (*coal*) smúdar *m1* guail
slacken *vi* moilligh, téigh *or* tit chun siléige ♦ *vt* (*speed*) maolaigh ar; (*grip*) scaoil
slag heap *n* carnán *m1* slaige
slag off (*inf*) *vt* maslaigh, tabhair íde béil do, déan fonóid faoi
slam *vt* (*door*) plab; (*criticize*) tabhair faoi, cáin ♦ *vi* dún de phlab
slander *n* clúmhilleadh *m*
slang *n* béarlagair *m4*
slant *n* claoine *f4*, fiaradh *m*, maig *f2*, fiar *m1*; **it is at a slant** tá leataobh air
slanted, slanting *adj* ar fiar, claonta
slap *n* boiseog *f2*, bos *f2* ♦ *vt*: **to slap sb** boiseog *or* bos a thabhairt do dhuine
slapdash *adj* leibideach
slash *vt* scor, slaiseáil
slat *n* lata *m4*
slate *n* scláta *m4*, slinn *f2* ♦ *vt* (*house*) cuir sclátaí ar; (*fig*: *criticize*) feann
slaughter *n* ár *m1*, sléacht *m3* ♦ *vt* déan ár *or* sléacht ar; (*animal*) maraigh
slaughterhouse *n* seamlas *m1*
slave *n* sclábhaí *m4* ♦ *vi* (*also*: **slave away**) bheith ag sclábhaíocht (leat)
slavery *n* daoirse *f4*; (*drudgery*) sclábhaíocht *f3*
slavish *adj* sclábhánta; (*fawning*) lúitéiseach
slay *vt* maraigh
sleazy *adj* brocach

sledge *n* carr *m1* sleamhnáin
sledgehammer *n* ord *m1*
sleek *adj* sleamhain, slim; (*cunning*) slíocach, glic
sleep *n* codladh *m3*♦ *vi* codail; **to go to sleep** dul a chodladh
▸**sleep in** *vi* (*oversleep*) codail mall *or* amach
sleeper *n* (RAIL) cóiste *m4* codlata; (: *berth*) leaba *f*
sleeping bag *n* mála *m4* codlata
sleeping car *n* (RAIL) cóiste *m4* codlata
sleeping partner *n* (COMM) comhpháirtí *m4* díomhaoin
sleeping pill *n* piollaire *m4* suain
sleepless *adj*: **a sleepless night** oíche gan chodladh
sleepwalker *n* suansiúlaí *m4*
sleepy *adj* codlatach; **to be sleepy** codladh a bheith ort
sleet *n* flichshneachta *m4*
sleeve *n* muinchille *f4*
sleigh *n* carr *m1* sleamhnáin
sleight *n*: **sleight of hand** beartaíocht *f3* láimhe
slender *adj* seang, caol
slew *vi* (*also*: **slew around**) sciorr, sleamhnaigh
slice *n* slis *f2*, sliseog *f2*, stiall *f2*; (SPORT) slisbhuille *m4*♦ *vt* gearr ina shliseogaí; (*ball*) slis
slick *adj* (*smooth*) snasta, líofa, creatúil; (*slippery*) sleamhain, slíocach♦ *n* (*also*: **oil slick**) leo *m4* ola
slide *n* (*in playground*, PHOT) sleamhnán *m1*; (*also*: **hair slide**) greamán *m1*; (*in prices*) titim *f2*, sleamhnú *m*♦ *vt* sleamhnaigh♦ *vi* sciorr, sleamhnaigh
sliding *adj* sleamhnáin *n gen*; **sliding door** comhla *f4* shleamhnáin
sliding scale *n* scála *m4* aistritheach
slight *adj* (*build*) caol, seang; (*small, extent*) beag, breac-; **slight acquaintance** breacaithne♦ *n* achasán *m1*; **she is not in the slightest interested in it** níl spéis dá laghad aici ann
slightly *adv* beagán, beagáinín, beagán beag
Sligo *n* Sligeach *m1*
slim *adj* tanaí, caol, seang♦ *vi* bheith do do thanú féin
slime *n* sláthach *m1*, lathach *f2*
slimming *adj* (*diet, pills*) tanaithe
slimy *adj* (*muddy*) ramallach; (*person*) sleamhain, snámhach; **a slimy individual** sramaide *m4*
sling *n* (MED) iris *f2* ghualainne; (*weapon*) crann *m1* tabhaill♦ *vt* teilg
slip *n* sleamhnú *m*, sciorradh *m*; (*mistake*) botún *m1*, dearmad *m1*; (*underskirt*) foghúna *m4*; (*of paper*) slip *f2*, bileog *f2*; (*for pay*) duillín *m4*♦ *vt* (*slide*) sleamhnaigh♦ *vi* sleamhnaigh; (*decline*) téigh síos; (*move smoothly*): **to slip into/out of** sleamhnú isteach i/amach as; **to give sb the slip** cor a chur ar dhuine; **a slip of the tongue** sciorradh *m* focail
▸**slip away** *vi* éalaigh, caolaigh leat, seangaigh as
▸**slip in** *vt* scaoil isteach♦ *vi* (*errors*) tar isteach i ngan fhios
▸**slip out** *vi* éalaigh, seangaigh as, caolaigh leat; **I let it slip out** (*secret*) d'imigh an focal orm, sciorr an focal uaim
▸**slip up** *vi*: **he slipped up** rinne sé botún, chuaigh sé amú
slipper *n* slipéar *m1*
slippery *adj* sleamhain, sciorrach; **a slippery person** sliúdrálaí *m4*
slip road *n* slioṡbhóthar *m1*
slipshod *adj* sleamchúiseach, leibideach
slip-up *n* botún *m1*
slipway *n* sleamhnán *m1*, fánán *m1*
slit *n* scoilt *f2*, gearradh *m*♦ *vt* scoilt, gearr
slither *vi* sleamhnaigh, sciorr
sliver *n* slis *f2*
slob (*inf*) *n* slaba *m4*, slupairt *f2*
slog *vi* bheith ag úspaireacht leat, bheith ag streachailt *or* ag stróiceadh leat
slogan *n* mana *m4*
slope *n* fána *f4*♦ *vi*: **it slopes down** tá fána leis
sloping *adj* claon; **sloping shoulder** fiarghualainn

sloppy *adj* slapach, sleamchúiseach, leibideach, liobarnach
slot *n* sliotán *m1* ♦ *vt*: **to slot sth into** rud a chur isteach i
sloth *n* falsacht *f3*, leisce *f4*
slouching *adj* sleabhcánta, cromshlinneánach
Slovak *adj, n* Slóvacach *m1*; **the Slovak Republic** an Phoblacht *f3* Shlóvacach
Slovakia *n* an tSlóvaic *f2*
Slovenia *n* an tSlóvéin *f2*
slovenly *adj* leibideach, sleamchúiseach, slapach; **slovenly person** slapaire *m4*
slow *adj* mall, fadálach; (*watch*): **to be five minutes slow** bheith cúig noiméad mall ♦ *adv* go mall, go fadálach ♦ *vi* (*also*: **slow down, slow up**) moilligh ♦ *vt*: **to slow sth down** *or* **up** moill a bhaint as rud, an siúl a bhaint de rud; "**slow**" (*road sign*) "go mall"
slowly *adv* go mall, go fadálach
sludge *n* sloda *m4*, láib *f2*
slue (*US*) *vi* = **slew**
slug *n* seilide *m4*
sluggish *adj* spadánta, torpánta, malltriallach
sluice *n* bualchomhla *f4*; (*also*: **sluice gate**) loc-chomhla *f4*
slum *n* (*house*) sluma *m4*
slump *n* meath *m3*; (*COMM*) tobthitim *f2*, meathlú *m* ♦ *vi* (*person*) tit i do chnap
slur *n* (*fig*: *smear*): **slur (on)** masla *m4* (do) ♦ *vt*: **to slur sb** aithis a thabhairt do dhuine, droch-chlú a chur ar dhuine; **to slur one's speech** bachlóg a bheith ar do theanga
slush *n* greallach *f2*, lathach *f2*, spútrach *m1*
slut (*inf, pej*) *n* sraoilleog *f2*
sly *adj* slítheánta, slíocach, sleamhain
smack *n* (*slap*) greadóg *f2*, boiseog *f2*; (*on face*) leiceadar *m1* ♦ *vt* tabhair bos *or* boiseog do ♦ *vi*: **to smack of sth** blas ruda a bheith ar
small *adj* beag, mion-
small change *n* airgead *m1* mion, sóinseáil *f3* bheag, pinginí *fpl2* (beaga) sóinseála
smallholder *n* feirmeoir *m3* beag
small hours *npl*: **in the small hours** i lár *or* i ndeireadh na hoíche
smallpox *n* bolgach *f2*, an galar *m1* breac
small talk *n* mionchaint *f2*
smart *adj* (*neat*) innealta, sciobalta; (*clever*) cliste, géar; (*quick*) gasta ♦ *vi*: **her eyes were smarting** bhí greadfach ina súile
▸ **smarten up** *vi*: **to smarten o.s. up** caoi *or* dóigh a chur ort féin ♦ *vt*: **to smarten sth up** caoi *or* dóigh a chur ar rud
smash *n* (*also*: **smash-up**: *accident*) tuairteáil *f3*, timpiste *f4* taisme; (*also*: **smash hit**): **it is a smash hit** tá ráchairt mhór air, tá an-tóir air ♦ *vt* (*opponent*) tabhair greasáil do, treascair; (*SPORT, record*) sáraigh; **to smash sth to pieces** smidiríní a dhéanamh de rud; **to smash sth against sth** rud a ghreadadh in éadan ruda ♦ *vi* bris
smashing (*inf*) *adj* ar fheabhas, thar barr, thar cinn
smattering *n*: **a smattering of** crothán *m1* + *gen*, smearadh *m1* + *gen*
smear *n* smearadh *m1*, smeadráil *f3*; (*MED*) scrúdú *m* smearaidh ♦ *vt* smear, smeadráil
smell *n* boladh *m1*, mos *m1* ♦ *vt* bolaigh ♦ *vi* (*food etc*): **it smells of smoke** tá boladh toite air; (*pej*): **it smells (terrible)** tá boladh bréan as *or* uaidh
smelly *adj* bréan
smile *n* miongháire *m4*, aoibh *f2*, meangadh *m* (gáire) ♦ *vi* aoibh an gháire a bheith ort, miongháire a dhéanamh
smirk *n* seitgháire *m4*, streill *f2*
smock *n* forléine *f4*
smog *n* toitcheo *m4*
smoke *n* toit *f2*, deatach *m1* ♦ *vt* (*tobacco*) caith; (*fish, bacon*) deataigh; **he smokes 20 a day** caitheann sé fiche sa lá
smoked *adj* (*bacon, fish*) deataithe
smoking *n* caitheamh *m1* tobac; "**no smoking**" (*sign*) "ná caitear tobac"; **to give up smoking** éirí as na toitíní
smoky *adj* deatúil, smúitiúil
smolder (*US*) *vi* = **smoulder**
smooth *adj* mín, caoin, réidh, séimh ♦ *vt*

(*clothes*) smúdáil; **to smooth over sth** plána mín a chur ar rud
smother *vt* múch, plúch
smoulder, (*US*) **smolder** *vi* cnádaigh, cráindóigh
smudge *n* smál *m1*, smáileog *f2*, smearadh *m1* ♦ *vt* smálaigh, smear
smug *adj* bogásach
smuggle *vt* smuigleáil
smuggler *n* smuigléir *m3*
smuggling *n* smuigleáil *f3*, smuigléireacht *f3*
smutty *adj* (*fig*) brocach, graosta, gáirsiúil
snack *n* sneaic *f2*, scroid *f2*, raisín *m4*, smailc *f2*
snack bar *n* sneaicbheár *m4*, scroidchuntar *m1*
snag *n* fadhb *f2*
snail *n* seilide *m4*
snake *n* nathair *f* (nimhe)
snap *n* (*sound*) snap *m4*, cnag *m1*; (*of finger*) smeach *m3*; (*photograph*) grianghraf *m1* ♦ *adj* tobann ♦ *vt* (*break*) snap, bris; (*fingers*) bain smeach as ♦ *vi* snap, bris; **to snap at sb** glafadh a thabhairt ar dhuine, sclamh a bhaint as duine, bheith ag snapadh ar dhuine, snap a thabhairt ar dhuine; **to snap shut** druidim de bhlosc *or* de phreab
▸ **snap up** *vt* sciob (suas)
snappy (*inf*) *adj* tapa, gasta, bríomhar; **make it snappy!** déan deifir leis!
snapshot *n* grianghraf *m1*
snare *n* dol *m3*, gaiste *m4*
snarl *vi* drann, drantaigh
snatch *n*: **snatch of sleep** néal *m1* codlata ♦ *vt* sciob; (*kidnap*) fuadaigh; **to snatch at an opportunity** breith ar an áiméar
sneak *vi*: **to sneak in/out** sleamhnú isteach/amach go formhothaithe *or* go fáilí ♦ *n* (*inf, pej*: *informer*) sceithire *m4*; **to sneak up on sb** teacht go formhothaithe *or* go fáilí ar dhuine; **sneak away** slíoc
sneer *vi*: **to sneer at sb** fonóid a dhéanamh faoi dhuine
sneeze *vi* lig sraoth, bheith ag sraothartach
sniff *vi, vt* smúr; **to sniff around** bheith ag smúrthacht thart
snigger *vi* déan seitgháire
snip *n* (*cut*) gearradh *m* ♦ *vt* gearr
sniper *n* naoscaire *m4*, snípéir *m3*
snippet *n* blúire *m4*, mír *f2*, gearrthóg *f2*
snob *n* duine *m4* ardnósach *or* mórluachach
snobbish *adj* ardnósach, mórluachach, baothghalánta
snooker *n* snúcar *m1*
snoop *vi*: **to snoop about** bheith ag smúrthacht thart
snooty *adj* ardnósach, mórluachach
snooze *n* néal *m1* codlata ♦ *vi* néal codlata a dhéanamh
snore *vi* srann, lig srann, bheith ag srannfach
snoring *n* srannfach *f2*
snort *vi* srann
snout *n* soc *m1*, smut *m1*, smuilc *f2*
snow *n* sneachta *m4* ♦ *vi*: **it's snowing** tá sé ag cur sneachta
snowball *n* meall *m1* sneachta
snowdrift *n* ráth *m3* sneachta, muc *f2* shneachta
snowdrop *n* plúirín *m4* sneachta
snowfall *n* titim *f2* sneachta
snowflake *n* calóg *f2* shneachta
snowman *n* fear *m1* sneachta
snowplough, (*US*) **snowplow** *n* céachta *m4* sneachta
snowshoe *n* bróg *f2* shneachta
snowstorm *n* stoirm *f2* shneachta
snub *vt* déan beag is fiú de, maslaigh, tabhair gonc do ♦ *n* aithis *f2*, gonc *m1*
snub-nosed *adj* geancach
snuff *n* snaoisín *m4*
snug *adj* cluthar, seascair, teolaí
snuggle *vi*: **to snuggle down** tú féin a shoipriú; **to snuggle up to sb** luí isteach le duine

KEYWORD

so *adv* amhlaidh, chomh **1** (*thus, likewise*) mar sin, amhlaidh; **if so** más amhlaidh atá, más ea; **I have a car - so do** *or* **have**

I tá carr agam - tá agus agamsa; **I went to the doctor - so did I** chuaigh mé chuig an dochtúir - chuaigh agus mise; **it's 5 o'clock - so it is!** tá sé a cúig a chlog - tá go deimhin!; **I hope so** tá súil agam sin; **I think so** is dóigh liom é; **so far** go dtí seo *or* go nuige seo *or* go sea
2 (*in comparisons etc*: *to such a degree*) chomh; **so big (that)** chomh mór (go); **she's not so clever as her brother** níl sí chomh cliste lena deartháir
3 : **so much**
adj, adv an oiread sin; **I've got so much work** tá an oiread sin oibre agam; **I love you so much** tá mé chomh mór sin i ngrá leat, tá mé chomh doirte sin duit; **so many** an oiread sin, an méid sin
4 (*phrases*): **10** *or* **so** tuairim is deich; **so long!** (*inf*) slán go fóill!
• *conj* **1** (*expressing purpose*): **so as to, so (that)** chun go, le go, d'fhonn go
2 (*expressing result*) sa dóigh go, sa chaoi go, sa tslí go

soak *vt, vi* maothaigh; **to soak sth in** rud a chur ar maos i
▸ **soak up** *vt* súigh; **soaked to the skin** fliuch go craiceann, fliuch báite, (bheith) i do líbín báite
soap *n* gallúnach *f2*, sópa *m4*
soap opera *n* sobalchlár *m1*
soap powder *n* púdar *m1* gallúnaí, púdar sópa
soar *vi* téigh in airde
sob *n* smeach *m3*, snag *m3* • *vi* bheith ag smeacharnach, bheith ag osnaíl
sober *adj* sóbráilte, stuama
▸ **sober up** *vt* bain an mheisce de • *vi* cuir an mheisce díot, tar as meisce
so-called *adj*: **a so-called expert** saineolaí mar dhea
soccer *n* sacar *m1*
sociable *adj* cuideachtúil, sochaideartha
social *adj* sóisialta; (*sociable*) cuideachtúil • *n* (*social evening*) oíche *f4* chaidrimh
social club *n* club *m4* sóisialta
social fund *n* ciste *m4* sóisialta
socialism *n* sóisialachas *m1*
socialist *adj* sóisialach • *n* sóisialaí *m4*
socialize *vi*: **to socialize (with)** cuideachta a choinneáil (le)
social security *n* leas *m3* sóisialta
social work *n* obair *f2* shóisialta
social worker *n* oibrí *m4* sóisialta
society *n* sochaí *f4*; (*club*) cumann *m1*; (*also*: **high society**) an ghalántacht *f3*, an uaisleacht *f3*
sociology *n* socheolaíocht *f3*
sock *n* stoca *m4* gearr
socket *n* cró *m4*; (ANAT) logall *m1*; (ELEC: *also*: **wall socket**) soicéad *m1*
sod *n* (*of earth*) fód *m1*; **sod it!** (*inf!*) breast é!, damnú air!
soda *n* (CHEM) sóid *f2*; (*also*: **soda water**) uisce *m4* sóide; (US: *also*: **soda pop**) uisce mianraí
sodden *adj* aimlithe, ar maos; (*material*) spairteach; (*substance*) spadalach; **sodden ground** claid *f2*; **sodden hay** féar báite; **sodden turf** spadar *m*; **sodden thing** sliobán *m1*
sofa *n* tolg *m1*
soft *adj* bog
soft drink *n* mianra *m4*, deoch *f* neamh-mheisciúil
soften *vt* bog; (*fig*) maothaigh; (*pain*) maolaigh • *vi* bog; (*fig*) maolaigh
softly *adv* go bog, go réidh
softness *n* boige *f4*
soft spot *n*: **to have a soft spot for sb** dáimh a bheith agat le duine, bheith fabhrach do dhuine
software *n* (COMPUT) bogearraí *mpl4*
soggy *adj* maoth, líbíneach, maosta
soil *n* (*earth*) ithir *f*, úir *f2* • *vt* salaigh
solace *n* sólás *m1*
solar *adj* grianda
solar panel *n* painéal *m1* gréine
solar power *n* grianchumhacht *f3*
solder *vt* sádraigh • *n* sádar *m1*
soldier *n* saighdiúir *m3*
sole *n* (*of foot, shoe*) bonn *m1*; (*fish*) sól *msg1* • *adj* aon-
solemn *adj* sollúnta; (*person*) stuama, staidéartha
solicit *vt* (*request*) iarr

solicitor *n* aturnae *m4*
solid *adj* (*firm*) daingean; (*not hollow*) cruánach; (*entire*): **3 solid hours** 3 uair an chloig gan stad ♦ *n* solad *m1*
solidarity *n* dlúthpháirtíocht *f3*
solitary *adj* aonair *n gen*, aonarach
solitary confinement *n* (*LAW*) gaibhniú *m* aonair
solo *n* ceol *m1* aonair ♦ *adv* (*fly*) i d'aonar
soloist *n* aonréadaí *m4*
soluble *adj* intuaslagtha; (*fig*) inréitithe
solution *n* réiteach *m1*; (*chemical*) tuaslagán *m1*
solve *vt* réitigh, fuascail
solvent *adj* (*COMM*) sócmhainneach ♦ *n* (*CHEM*) tuaslagóir *m3*
Somalia *n* an tSomáil *f2*

KEYWORD

some *adj* roinnt + *gen*; cuid (de); éigin **1** (*a certain amount or number of*): **some tea/water** braon tae/uisce; **some children/apples** roinnt páistí/úll; **some money** dornán airgid
2 (*certain: in contrasts*): **some people say that ...** deir cuid de na daoine go *or* deirtear go; **some films were excellent, but most ...** bhí cuid de na scannáin ar fheabhas, ach bhí a mbunús ...
3 (*unspecified*): **some woman was looking for you** bhí bean éigin ar do lorg; **he was asking about some book (or other)** bhí sé ag fiafraí faoi leabhar éigin; **some day** lá éigin; **some day next week** lá éigin an tseachtain seo chugainn
♦ *pron* **1** (*a certain number*) roinnt, cuid; **I've got some** (*books etc*) tá roinnt (leabhar etc) agam; **some (of them) have been sold** díoladh cuid acu *or* cuid díobh
2 (*a certain amount*) cuid, roinnt, méid áirithe; **I've got some** (*money, milk*) tá méid áirithe agam, níl mé folamh ar fad
♦ *adv*: **some 10 people** tuairim is deichniúr

somebody *pron* = **someone**
somehow *adv* ar dhóigh éigin, ar chaoi éigin; (*for some reason*) ar chúis éigin
someone *pron* duine *m4* éigin
someplace (*US*) *adv* = **somewhere**
somersault *n* iompú *m* tóin thar ceann ♦ *vi* téigh tóin thar ceann; **the car somersaulted** chuaigh an carr thar a chorp
something *pron* rud *m3* éigin, ní *m4* éigin; **something interesting** rud éigin spéisiúil
sometime *adv* (*in future, past*) am éigin
sometimes *adv* in amanna, uaireanta
somewhat *adv* pas beag, ábhar, ábhairín
somewhere *adv* áit éigin
son *n* mac *m1*; **it's OK, son** tá sé ceart go leor, a mhic
song *n* amhrán *m1*; (*of bird*) ceiliúr *m1*
son-in-law *n* cliamhain *m4*
sonny (*inf*) *n* (*my lad*) a mhac
soon *adv* gan mhoill; (*early*) go luath, go moch; **soon afterwards** gan mhoill ina dhiaidh sin; *see also* **as**
sooner *adv* (*time*) níos luaithe; (*preference*): **I would sooner do sth** b'fhearr liom rud a dhéanamh; **sooner or later** luath nó mall
soot *n* súiche *m4*
soothe *vt* ciúnaigh, tabhair sólás do; (*pain, anger*) maolaigh
sophisticated *adj* sofaisticiúil
sophomore (*US*) *n* scoláire *m4* den dara bliain
soppy (*pej*) *adj* maoithneach
soprano *n* (*singer*) soprán *m1*
sorcerer *n* asarlaí *m4*
sore *adj* nimhneach, tinn, frithir; (*annoying*) goilliúnach ♦ *n* cneá *f4*
sorely *adv*: **I was sorely tempted** bhí cathú trom orm; **to be sorely in need of sth** géarghá a bheith agat le rud, rud a bheith de dhíth go géar ort
sorrow *n* brón *m1*, buairt *f3*
sorry *adj* brónach, buartha, aiféalach; (*excuse*) bacach; (*state, condition*) ainnis, bocht; **things are in a sorry state** is bocht an scéal é, tá an scéal go hainnis; **sorry!** gabh mo leithscéal!; **to feel sorry**

for sb trua a bheith agat do dhuine
sort *n* cineál *m1*, saghas *m1*, sórt *m1* ♦ *vt* (*also*: **sort out**) sórtáil; (: *problems*) socraigh, réitigh; (COMPUT) sórtáil
sorting office *n* oifig *f2* shórtála
so-so *adv* measartha, cuibheasach, réasúnta
soul *n* anam *m3*
soulful *adj* corraitheach, cumhach, tochtmhar
sound *adj* (*healthy*) folláin; (*safe, not damaged*) slán; (*reliable, reputable*) iontaofa, fónta, fuaimintiúil; (*sensible*) céillí ♦ *adv*: **she is sound asleep** tá sí ina chnap codlata ♦ *n* fuaim *f2*, glór *m1*, foghar *m1*; (GEOG) caolas *m1* ♦ *vt* (*vowels, consonants etc*) fuaimnigh ♦ *vt, vi* (*alarm*) buail; (*fig*: *seem*): **that sounds good** smaoineamh maith é sin, tá ciall leis sin, tá cuma mhaith ar sin
▸ **sound out** *vt*: **to sound sth out** rud a fhiosrú
sound barrier *n* fuaimbhac *m1*
sound card *n* (COMPUT) fuaimchárta *m4*
soundly *adv* (*sleep*) go sámh, go trom; (*beat*) go trom
soundproof *adj* fuaimdhíonach
soundtrack *n* (*of film*) fuaimrian *m1*
soup *n* anraith *m4*; **in the soup** (*fig*) san fhaopach
soup plate *n* pláta *m4* anraith
soupspoon *n* spúnóg *f2* anraith
sour *adj* searbh, géar; **it's sour grapes** (*fig*) níl ann ach silíní searbha
source *n* foinse *f4*
south *n* deisceart *m1* ♦ *adj* deisceartach; (*wind*) aneas; (*side*) theas ♦ *adv* (*in*) theas; (*to*) ó dheas; (*from*) aneas; **the South** an Deisceart *m1*; **south of** taobh theas de
South Africa *n* an Afraic *f2* Theas
South African *adj, n* Afracach *m1* Theas
South America *n* Meiriceá *m4* Theas
South American *adj, n* Meiriceánach *m1* Theas
south east *n* oirdheisceart *m1* ♦ *adj* oirdheisceartach; (*wind*) anoir aneas; (*side*) thoir theas ♦ *adv* (*in*) thoir theas; (*to*) soir ó dheas; (*from*) anoir aneas; **the South East** an tOirdheisceart *m1*; **south east of** taobh thoir theas de
southerly *adj* (*wind*) aneas; (*point*) theas
southern *adj* deisceartach, theas; **the Southern Cross** Cros *f2* an Deiscirt
South Pole *n* an Pol *m1* Theas
southward(s) *adv* ó dheas
south west *n* iardheisceart *m1* ♦ *adj* iardheisceartach; (*wind*) aniar aneas; (*side*) thiar theas ♦ *adv* (*in*) thiar theas; (*to*) siar ó dheas; (*from*) aniar aneas; **the South West** an tIardheisceart *m1*; **south west of** taobh thiar theas de
souvenir *n* cuimhneachán *m1*
sovereign *n* tiarna *m4*
soviet *adj* sóivéadach; **the Soviet Union** (*formerly*) Aontas *m1* na Sóivéadach
sow[1] *n* (*pig*) cráin *f*
sow[2] *vt* (*seed*) cuir
soya, (US) **soy** *n*: **soya bean** pónaire *f4* shoighe; **soya sauce** anlann *m1* soighe
spa *n* (*town*) spá *m4*; (US: *also*: **health spa**) ionad *m1* íocshláinte
space *n* spás *m1*; (*room*) fairsinge *f4*, áit *f2*; (*length of time*) achar *m1* ♦ *cpd* spás- ♦ *vt* (*also*: **space out**) spásáil
spacecraft, spaceship *n* spásárthach *m1*
spaceman *n* spásaire *m4*, fear *m1* spáis
spacewoman *n* banspásaire *m4*, bean *f* spáis
spacing *n* spásáil *f3*
spade *n* (*tool*) spád *f2*, rámhainn *f2*; **spades** *npl* (CARDS) spéireataí *mpl4*
Spain *n* an Spáinn *f2*
span *n* (*of bird, plane*) réise *f4* sciathán; (*of arch*) réise; (*in time*) tamall *m1* ♦ *vt* (*river etc*) trasnaigh
Spaniard *n* Spáinneach *m1*
spaniel *n* spáinnéar *m1*
Spanish *adj* Spáinneach ♦ *n* (LING) Spáinnis *f2*; **the Spanish** *npl* na Spáinnigh *mpl1*
spanner *n* castaire *m4*
spare *adj* (*free, unoccupied*) saor; (*of person*) lom, caol, lomghéagach; (*surplus*) breise *n gen* ♦ *n* (*part*) páirt *f2* bhreise *or* spártha ♦ *vt* (*afford to give*: *money, time*)

spáráil; (*expense*) coigil; (*do without*) déan gnó gan, tar gan; (*refrain from hurting*) lig le; **to spare** (*surplus*) le spáráil; **if I am spared** má fhágann Dia an tsláinte agam, faoina bheith slán dom

spare part *n* páirt *f2* bhreise *or* spártha

spare time *n* am *m3* saor

spare wheel *n* (AUT) roth *m3* breise

sparingly *adv* go tíosach, go coigilteach

spark *n* drithle *f4*, spréach *f2*, aithinne *f4*; (*of sense*) splanc *f2*

spark(ing) plug *n* spréachphlocóid *f2*

sparkle *n* drithle *f4*, glioscarnach *f2* ♦ *vi* drithligh, lonraigh

sparkling *adj* drithleach, lonrach; (*wine*) súilíneach; (*fig*) aigeanta, beoga, anamúil, spleodrach

sparrow *n* gealbhan *m1*

sparse *adj* gann, tearc

spartan *adj* (*fig*) lom, bocht, gan compord

spasm *n* taom *m3*, racht *m3*; (MED) ríog *f2*, freanga *f4*

spasmodic *adj* (*fig*) ó am go chéile

spastic *n* spasmach *m1*

spate *n* (*fig*): **a spate of** lear mór + *gen*

spatter *vt* spréigh (ar), scaird, steall

spawn *vi* sceith ♦ *n* sceathrach *f2*

speak *vt* labhair; (*truth*) déan, inis, can ♦ *vi* labhair; **to speak to sb of** *or* **about sth** labhairt le duine faoi rud; **speak up!** labhair amach!; **do you speak Irish?** an bhfuil Gaeilge agat?; **so to speak** mar a déarfá

speaker *n* (*in public*) cainteoir *m3*; (*also*: **loudspeaker**) callaire *m4*; **the Speaker** (POL) An Ceann *m1* Comhairle

spear *n* sleá *f4* ♦ *vt* sáigh (le sleá)

spec (*inf*) *n*: **on spec** ar sheans *m4* (go)

special *adj* speisialta, ar leith

specialist *n* saineolaí *m4*, speisialtóir *m3*

speciality *n* speisialtacht *f3*

specialize *vi*: **to specialize (in)** speisialtóireacht a dhéanamh (ar)

specially *adv* go speisialta

specialty (*esp* US) *n* = **speciality**

species *n* (*gen*) gné *f4*; (BOT, BIOL) speiceas *m1*

specific *adj* sainiúil, sonrach; (BOT, CHEM *etc*) speiceasach

specifically *adv* go sainiúil, go baileach

specification *n* (TECH) sonraíocht *f3*; (*requirement*) bunriachtanas *m1*

specimen *n* sampla *m4*; **a poor specimen** ainm *m4 or* leithscéal *m1* ruda

speck *n* (*particle*) ballóg *f2*, spota *m4*, dúradán *m1*

speckled *adj* breac

specs (*inf*) *npl* gloiní *fpl4*

spectacle *n* seó *m4*, amharc *m1* súl, feic *m4* saolta; **spectacles** *npl* (*glasses*) spéaclaí *mpl4*, gloiní *fpl4*

spectacular *adj* iontach, mórthaibhseach

spectator *n* breathnóir *m3* ♦ *npl*: **spectators** lucht *m3* féachana

spectrum *n* speictream *m1*

speculation *n* tuairimíocht *f3*; (COMM) amhantraíocht *f3*

speech *n* (*faculty*) urlabhra *f4*, caint *f2*; (*talk*): **to make a speech** óráid *f2* a thabhairt; **to have a speech impediment** bachlóg a bheith ar do theanga; **parts of speech** ranna *fpl* cainte

speechless *adj*: **she was left speechless** níor fágadh focal aici, baineadh an chaint di

speed *n* luas *m1*, siúl *m1* ♦ *vi*: **to speed past** *etc* dul thart ar luas *or* ar de rása; **at full** *or* **top speed** faoi lán *or* iomlán siúil, faoi lán seoil, faoi lánluas

▸ **speed up** *vt, vi* géaraigh an luas ♦ *vi* bheith ag tógáil siúil, géaraigh an luas

speedboat *n* luasbhád *m1*

speedily *adv* go gasta, go tapa; (*without delay*) go beo, gan a thuilleadh moille

speeding *n* (AUT) tiomáint *f3* ar róluas

speed limit *n* teorainn *f* luais

speedo *n* (*inf*) = **speedometer**

speedometer *n* luasmhéadar *m1*

speedway *n* (SPORT: *also*: **speedway racing**) rásaíocht *f3* luasraoin

speedy *adj* gasta, tapa, luath; (*reply etc*) ar an bpointe, gan aon mhoill a dhéanamh

spell *n* (*also*: **magic spell**) draíocht *f3*; (*period of time*) tamall *m1*, seal *m3* ♦ *vt* (*in writing*) litrigh; (*fig*) ciallaigh; **to cast a spell on sb** duine a chur faoi

dhraíocht; **he can't spell** níl litriú aige
spellbound *adj* faoi dhraíocht
spelling *n* litriú *m*
spend *vt* caith
spending *n* caitheamh *m1*, caiteachas *m1*
spendthrift *n* cailliúnaí *m4*
sperm *n* speirm *f2*
spew *vt* (*also*: **spew out**) sceith
sphere *n* sféar *m1*
spice *n* spíosra *m4*
spicy *adj* spíosrach; (*fig*) te
spider *n* damhán *m1* alla
spike *n* spíce *m4*; (BOT) dias *f2*
spill *vi, vt* doirt
spin *n* (*revolution of wheel*) rothlú *m*; (AVIAT) casadh *m1*; (*trip in car*) geábh *m3*, turas beag • *vt* (*wool etc*) sníomh; (*wheel*) cas • *vi* cas, tar thart *or* timpeall
spinach *n* spionáiste *m4*
spinal *adj* droma *n gen*
spinal cord *n* corda *m4* an dromlaigh
spin-dryer *n* triomadóir *m3* guairne
spine *n* dromlach *m1*; (*thorn*) dealg *f2*
spineless *adj* (*fig*) cladhartha, meata
spinning *n* (*of thread*) sníomh *m3*
spinning top *n* caiseal *m1*
spinning wheel *n* tuirne *m4*
spin-off *n* buntáiste *m4* breise
spinster *n* bean *f* shingil, seanchailín *m4*
spiral *n* bís *f2* • *vi* (*fig*) ardaigh go gasta
spiral staircase *n* staighre *m4* bíseach
spire *n* spuaic *f2*
spirit *n* spiorad *m1*; (*mood*) meon *m1*; (*courage*) meanma *f*; **spirits** *npl* (*drink*) biotáille *fsg4*; **in good spirits** bheith lán de chroí is d'aigne, do chroí a bheith agat; **the Holy Spirit** An Spiorad Naomh
spirited *adj* anamúil, beo, aigeanta, misniúil
spiritual *adj* spioradálta
spit *n* (*for roasting*) bior *m3*; (*saliva*) seile *f4* • *vi* caith seile; (*sound*) smeach
spite *n* olc *m1*, mioscais *f2*, faltanas *m1* • *vt* cuir olc ar; **in spite of** in ainneoin (+ *gen*), gan bhuíochas de; **in spite of o.s.** de d'ainneoin
spiteful *adj* mioscaiseach, nimheanta
spittle *n* seile *f4*; (*spat out*) crochaille *m4*
splash *n* splais *f2*, steall *f2* • *vt* steall • *vi* (*also*: **splash about**) bheith ag slaparnach *or* ag splaisearnach
spleen *n* (ANAT) liathán *m1*
splendid *adj* taibhseach; **that's splendid!** tá sin ar fheabhas *or* thar barr *or* thar cinn!
splint *n* cléithín *m4*
splinter *n* (*wood*) scealp *f2* • *vi* scealp
split *n* scoilt *f2*; (*fig*, POL) deighilt *f2* • *vt* scoilt; (*work, profits*) roinn • *vi* (*divide*) scoilt
▸ **split up** *vi* (*couple*) scar ó chéile; (*meeting*) scaip
splutter *vi* bheith ag plobaireacht; (*spit*) bheith ag prioslái l
spoil *vt* (*damage*) mill; (*child*) mill, déan peata as
spoils *npl* creach *fsg2*; (*fig: profits*) brabach *m1*
spoilsport *n* seargánach *m1*
spoke *n* (*of wheel*) spóca *m4*
spokesman *n* urlabhraí *m4*
spokeswoman *n* urlabhraí *m4*
sponge *n* spúinse *m4*, múscán *m1*; (*also*: **sponge cake**) císte *m4* spúinse • *vt* spúinseáil • *vi*: **to sponge off** *or* **on** bheith ag stocaireacht ar
sponger *n* diúgaire *m4*, stocaire *m4*, súmaire *m4*
sponsor *n* (RADIO, TV, SPORT) urra *m4*; (REL) cara *m* Críost • *vt* téigh in urrús ar; **sponsored by** faoi choimirce
sponsorship *n* urraíocht *f3*
spontaneous *adj* spontáineach
spooky (*inf*) *adj* uaigneach, aerach
spool *n* spól *m1*; (*on fishing rod*) roithleán *m1*
spoon *n* spúnóg *f2*
spoon-feed *vt* potbhiathaigh
spoonful *n* lán *m1* spúnóige
sport *n* spórt *m1*, spraoi *m4*, scléip *f2*; (*person*): **he's a good sport** an-fhear é, duine galánta é • *vt* (*clothes*) caith
sporting *adj* spórtúil; **to give sb a sporting chance** deis chothrom a thabhairt do dhuine
sport jacket (US) *n* = **sports jacket**

sports jacket *n* casóg *f2*
sportsman *n* fear *m1* spóirt, duine *m4* cóir, fear *m1* cothrom *or* macánta
sportsmanship *n* cothrom *m1* na féinne
sportswear *n* éide *f4* spóirt
sportswoman *n* bean *f* spóirt
sporty *adj* spórtúil
spot *n* ball *m1*; (*dot*: *on pattern*, RADIO, TV, *in programme*) spota *m4*; (*pimple*) goirín *m4*; (*place*) áit *f2*, láthair *f*; (*small amount*): **a spot of** ábhairín *m4 or* braon *m1 or* deoir *f2* + *gen*, beagán *m1* + *gen* ♦ *vt* (*notice*) tabhair faoi deara; **on the spot** ar an láthair; (*immediately*) láithreach bonn; **to be in a tight spot** bheith sa chúnglach *or* i bponc
spot check *n* spotseiceáil *f*, mearscrúdú *m*
spotless *adj* gan smál
spotlight *n* spotsolas *m1*
spotted *adj* (*fabric*) ballach
spotty *adj* (*face, person*) goiríneach
spouse *n* céile *m4*
spout *n* (*of jug*) gob *m1*; (*of pipe*) sconna *m4*♦ *vi* scaird
sprain *n* leonadh *m*♦ *vt*: **to sprain one's ankle** do mhurnán a leonadh
sprawl *vi* sín, leath do ghéaga
spray *n* (*of water*) scaird *f2*; (*from sea*) cáitheadh *m*; (*for garden*) sprae *m4*; (*aerosol*) spraechanna *m4*; (*of flowers*) craobhóg *f2*♦ *vt* spraeáil, spréigh
spread *n* (*distribution*) forleathadh *m*; (CULIN, *paste*) smearadh *m1*; (*inf*: *meal*) féasta *m4*♦ *vt* leath, spréigh; (*wealth, workload*) roinn♦ *vi* (*disease, news*) leath; (*also*: **spread out**: *stain*) leath
▸**spread out** *vi* (*people*) scar amach
spread-eagled *adj* spréite amach
spree *n* spraoi *m4*, ragairne *m4*
sprightly *adj* aigeanta, anamúil
spring *n* (*leap*) preab *f2*; (*coiled metal*) sprionga *m4*; (*season*) earrach *m1*; (*of water*) fuarán *m1*, tobar *m1*♦ *vi* preab; **to spring to one's feet** léimnigh (de phreab) i do sheasamh, éirí de phreab; **to spring from** fréamhú ó; **in spring** san earrach
▸**spring up** *vi* éirigh de phreab, tar ar an bhfód go tobann, nocht go tobann
springboard *n* preabchlár *m1*
spring-clean(ing) *n* glanadh *m* an earraigh
springtime *n* earrach *m1*
sprinkle *vt* croith; **to sprinkle sugar on** siúcra a chroitheadh ar; **to sprinkle sth with sugar** rud a spré le siúcra
sprinkler *n* (*for lawn*) spréire *m4*
sprint *n* rúid *f2*, ráib *f2*♦ *vi* bheith ag rábáil
sprout *vi* péac, gob aníos
sprouts *npl* (*also*: **Brussels sprouts**) bachlóga *fpl2* Bruiséile
spruce *n* sprús *m1*♦ *adj* breabhsánta
spry *adj* beoga
spuds *npl* (*inf*) prátaí *mpl4*
spur *n* spor *m1*, brod *m1*; (*fig*) spreagadh *m*♦ *vt* (*also*: **spur on**) gríosaigh, spreag; **on the spur of the moment** ar ala na huaire
spurious *adj* bréagach
spurn *vt* tabhair droim láimhe do
spurt *n* (*of blood*) scaird *f2*; (*of energy*) ráig *f2*♦ *vi* tabhair rúchladh
spy *n* spiaire *m4*♦ *vi*: **to spy on** déan ag spiaireacht ar; (*see*) feic
spying *n* spiaireacht *f3*
sq. *abbr* = **square**
squabble *vi* bheith ag achrann (le chéile)
squad *n* (MIL, POLICE) scuad *m1*; (FOOTBALL) foireann *f2*
squadron *n* (MIL) scuadrún *m1*
squalid *adj* suarach, brocach
squall *n* cóch *m1*
squalor *n* ainnise *f4*, bréantas *m1*
squander *vt* diomail; **to squander sth** rud a chur *or* a ligean (sa dul) amú
square *n* cearnóg *f2*♦ *adj* cearnógach; (*inf*: *ideas, tastes*) seanaimseartha♦ *vt* (*arrange*) socraigh; (MATH) cearnaigh; **all square** cothrom; **a square meal** béile maith; **2 metres square** dhá mhéadar cearnaithe; **2 square metres** dhá mhéadar cearnach
squarely *adv* go díreach
squash *n* (*drink*): **lemon/orange squash** sú *m4* líomóide/oráiste; (US: *marrow*)

mearóg *f2*; (SPORT) scuais *f2* ♦ *vt* fáisc
squat *adj* dingthe ♦ *vi* (*also*: **squat down**) suigh ar do ghogaide
squatter *n* lonnaitheoir *m3*
squawk *vi*: **to squawk** bheith ag grágaíl
squeak *vi*: **to squeak** bheith ag díoscán; (*mouse*) bheith ag gíogadh
squeal *vi* sceamh; (*brakes*) scréach
squeamish *adj* cáiréiseach, samhnasach
squeeze *n* fáscadh *m1*; (ECON) cúngach *m1* ♦ *vt* fáisc
squelch *vi* díosc
squid *n* máthair *f* shúigh
squiggle *n* scrábáil *f3*
squint *vi* déan splinceáil ♦ *n* fiarshúil *f2*; **to have a squint** bheith fiarshúileach, bheith fiar sa tsúil
squirm *vi* bheith ag tónacán *or* ag lúbarnáil
squirrel *n* iora *m4* rua; (*grey squirrel*) iora *m4* glas
squirt *vi* steall, steanc
Sr *abbr* = **senior**
St *abbr* = **saint**; **street**
stab *n* (*with knife etc*) sá *m4*, ropadh *m*; (*of pain*) arraing *f2*, deann *m3*; (*inf*: *try*): **to have a stab at (doing) sth** tabhair iarracht ar rud ♦ *vt* rop, sáigh
stable *n* stábla *m4* ♦ *adj* seasmhach
stack *n* carn *m1*; (*of hay, turf*) cruach *f2* ♦ *vt* (*also*: **stack up**) carn
stadium *n* staid *f2*
staff *n* (*workforce*) foireann *f2* ♦ *vt* cuir foireann i
stag *n* poc *m1*
stage *n* stáitse *m4*, ardán *m1*; (*point*) staid *f2*, pointe *m4* ♦ *vt* (*play*) stáitsigh, cuir ar an stáitse; (*demonstration*) cuir ar bun; **in stages** diaidh ar ndiaidh, de réir a chéile, céim ar chéim, ina chéimeanna
stagecoach *n* cóiste *m4*
stage manager *n* bainisteoir *m3* stáitse
stagger *vi* tuisligh ♦ *vt* (*person*: *amaze*) cuir alltacht ar; (*hours, holidays*) scaip ó chéile
staggering *adj* (*amazing*) iontach
stagnate *vi* stolp
stag party *n* cóisir *f2* fear
staid *adj* stuama
stain *n* smál *m1*; (*colouring*) ruaim *f2* ♦ *vt* smálaigh; (*wood*) ruaimnigh
stained glass window *n* fuinneog *f2* gloine dhaite
stainless steel *n* cruach *f4* dhomheirgthe
stain remover *n* díobhach *m1* smál
stair *n* (*step*) céim *f2*; **stairs** *npl* staighre *msg4*
staircase, stairway *n* staighre *m4*
stake *n* cuaille *m4*, stáca *m4*; (BETTING) geall *m1*; (COMM, *interest*) suim *f2* ♦ *vt* cuir i ngeall; **to be at stake** bheith i ngeall; **to stake one's claim to the land** do chuid den talamh a éileamh
stale *adj* stálaithe; (*beer*) rodta; (*smell, air*) dreoite
stalemate *n* (CHESS) leamhsháinn *f2*; (*fig*) sáinn *f2*
stalk *n* gas *m1* ♦ *vt* éalaigh ar, bí ag stalcaireacht ar ♦ *vi*: **to stalk out/off** imeacht go huaibhreach amach/as
stalker *n* stalcaire *m4*
stall *n* (*in street, market etc*) stainnín *m4*; (*in stable*) stalla *m4* ♦ *vt* (AUT) stop; (*delay*) moilligh ♦ *vi* (AUT) loic; (*fig*) moilligh; **stalls** *npl* (*in cinema, theatre*) stallaí *mpl4*
stallion *n* stail *f2*
stalwart *adj* dílis, diongbháilte; (*brave*) calma
stamina *n* teacht *m3* aniar
stammer *n* stad *m4* ♦ *vi* bheith ag stadaireacht
stamp *n* stampa *m4*; (*rubber stamp*) stampa rubair; (*mark, also fig*) lorg *m1*, rian *m1* ♦ *vi* (*also*: **stamp one's foot**) buail do chos ♦ *vt* (*letter*) cuir stampa ar; (*with rubber stamp*) stampáil
stamp album *n* albam *m1* stampaí
stamp collecting *n* bailiú *m* stampaí
stampede *n* táinrith *m3*
stance *n* seasamh *m1*; (*view*) dearcadh *m1*
stand *n* (*position*) seasamh *m1*; (*for taxis*) stad *m4*; (*music stand*) seastán *m1*; (COMM) stainnín *m4*; (SPORT) ardán *m1* ♦ *vi* seas; (*rise*) éirigh, seas (suas); (*be placed*) bí; (*remain*: *offer etc*) seas; (*in election*)

téigh san iomaíocht ♦ *vt* (*place*) cuir; (*tolerate, withstand*) fulaing, seas, cuir suas le; (*drink*) seas; **to make** *or* **take a stand** seasamh a ghlacadh; **the score now stands at 3-4 to 2-4** is é an scór anois ná 3-4 in aghaidh 2-4; **to stand for parliament** dul san iomaíocht i dtoghchán parlaiminte

▸ **stand by** *vi* (*be ready*) bheith ar fuireachas *or* ar aire *or* ar tinneall ♦ *vt fus* (*opinion*) seas le

▸ **stand down** *vi* (*withdraw*) éirigh as, tarraing siar

▸ **stand for** *vt fus* (*signify*) ciallaigh; (*tolerate*) cuir suas le

▸ **stand in for** *vt fus* glac ionad + *gen*

▸ **stand out** *vi* (*be prominent*) seas amach, bí le sonrú

▸ **stand up** *vi* (*rise*) seas, éirigh

▸ **stand up for** *vt fus* seas ceart do

▸ **stand up to** *vt fus* seas an fód in aghaidh + *gen*

standard *n* caighdeán *m1*; (*criterion*) slat *f2* tomhais; (*flag*) meirge *m4* ♦ *adj* (*size etc*) gnáth-, caighdeánach; (*text*) caighdeánach; **standards** *npl* (*morals*) caighdeáin *mpl1*

standard lamp *n* lampa *m4* cuaille

standard of living *n* caighdeán *m1* maireachtála

stand-by *n* ionadaí *m4*; **to be on stand-by** bheith ar aire *or* ar fuireachas

stand-by ticket *n* (AVIAT) ticéad *m1* fuireachais

stand-in *n* ionadaí *m4*

standing *adj* seasta; (*permanent*) buan- ♦ *n* seasamh *m1*

standing order *n* buanordú *m*

standing room *n* áit *f2* seasaimh

stand-offish *adj* leithleach, deoranta, doicheallach

standpoint *n* dearcadh *m1*, taobh *m1*

standstill *n*: **at a standstill** ina stop, ina stad

staple *n* (*for papers*) stápla *m4* ♦ *adj* (*food etc*) bun-, príomh- ♦ *vt* stápláil

stapler *n* stáplóir *m3*

star *n* réalta *f4*, réaltóg *f2* ♦ *vi*: **to star (in)** an phríomhpháirt a bheith agat (i)

starboard *n* deasbhord *m1*

starch *n* stáirse *m4*

stare *n* stánadh *m1* ♦ *vi*: **stare at** stán ar

starfish *n* crosóg *f2* mhara

stark *adj* (*bleak*) lom; (*harsh*) dian, géar ♦ *adv*: **stark naked** lomnocht

starling *n* druid *f2*

starry *adj* réaltach, réaltógach

starry-eyed *adj* (*innocent*) saonta, soineanta

start *n* tús *m1*; (*of race, advantage*) tosach *m1*; (*sudden movement*) geit *f2*, cliseadh *m* ♦ *vt* tosaigh, cuir tús le; (*establish*) bunaigh; (*engine*) tosaigh, dúisigh ♦ *vi* tosaigh; (*jump*) geit, clis; **to start doing** *or* **to do sth** tosú ar rud a dhéanamh

▸ **start off** *vi* tosaigh; (*leave*) imigh

▸ **start up** *vi* tosaigh; (*engine*) tosaigh, dúisigh ♦ *vt* (*business*) cuir tús le; (*engine*) tosaigh, dúisigh

starter *n* (AUT) dúisire *m4*; (SPORT, *official*) túsaire *m4*; (CULIN) cúrsa *m4* tosaigh

starting point *n* pointe *m4* imeachta

startle *vt*: **he startled me** bhain sé geit *or* léim asam

startling *adj* iontach; (*scary*) scanrúil

starvation *n* gorta *m4*, ocras *m1*

starve *vi* (*to death*) faigh bás den ocras; (*be hungry*): **to be starving** ocras an domhain a bheith ort, bheith stiúgtha leis an ocras

state *n* (*condition*) caoi *f4*, bail *f2*, riocht *m3*, staid *f2*; (POL) stát *m1* ♦ *vt* abair, maígh; **the States** *npl* (*America*) Stáit *mpl1* Aontaithe Mheiriceá; **the (Free) State** (IRL) An Saorstát *m1*; **to be in a state** bheith trína chéile

stately *adj* státúil, maorga

statement *n* ráiteas *m1*

statesman *n* státaire *m4*

static *n* (RADIO, TV) statach *m1* ♦ *adj* statach

station *n* stáisiún *m1*; (*bus station*) busáras *m1* ♦ *vt*: **the army was stationed there** bhí an t-arm ar stáisiún ann; **the Stations of the Cross** (REL) Turas na Croise

stationary *adj* gan bhogadh, ina stad

stationery *n* páipéarachas *m1*, stáiseanóireacht *f3*
stationmaster *n* (RAIL) máistir *m4* stáisiúin
statistic *n* staitistic *f2*
statistics *n* staitistic *f2*, staidreamh *m1*
stats *npl* (*inf*) staitisticí *fpl2*
statue *n* dealbh *f2*, íomhá *f4*
status *n* stádas *m1*; (*prestige*) céimíocht *f3*, céim *f2*
status symbol *n* comhartha *m4* céimíochta
statute *n* reacht *m3*
statutory *adj* reachtúil
staunch *adj* diongbháilte, dílis, daingean
stave off *vt* (*attack*) coisc; (*threat*) seachain, cuir díot
stay *n* (*period of time*) cónaí *m*; (*visit*) cuairt *f2* ♦ *vi* fan; (*reside*) cuir fút, stopadh; **stay put!** fan mar a bhfuil tú!, ná bog!; **to stay with friends** stopadh ag cairde; **to stay the night** fanacht thar oíche
▸ **stay behind** *vi* fan siar
▸ **stay in** *vi* (*at home*) fan istigh
▸ **stay off** *vt* (*school, work*) fan ó; (*food etc: stop taking*) éirigh as; (*avoid taking*) staon ó
▸ **stay on** *vi* fan (tamall eile)
▸ **stay out** *vi* (*of house*) fan amuigh
▸ **stay up** *vi* (*at night*) fan i do shuí
stead *n*: **in sb's stead** in ionad *or* áit duine; **it stood her in good stead** ba mhór an chabhair di é, sheas sé di
steadfast *adj* dílis, seasmhach, daingean
steadily *adv* (*regularly*) go seasta; (*firmly*) go daingean; (: *walk*) neamhchorrach
steady *adj* socair; (*regular*) seasta; (*person*) stuama ♦ *vt* daingnigh; (*nerves*) socraigh; **a steady boyfriend** stócach seasta
steak *n* stéig *f2*
steal *vt* goid ♦ *vi* goid; (*move secretly*) éalaigh, téaltaigh
stealth *n*: **by stealth** go fáilí, go formhothaithe
steam *n* gal *f2* ♦ *vt* (CULIN) galbhruith ♦ *vi* cuir gal
steam engine *n* galinneall *m1*, inneall *m1* gaile
steamer *n* galtán *m1*; (CULIN) galchorcán *m1*
steamship *n* = **steamer**
steamy *adj* galach
steel *n* cruach *f4* ♦ *adj* cruach *n gen*
steelworks *n* oibreacha *fpl2* cruach
steep *adj* géar, rite, crochta; (*price*) daor ♦ *vt* cuir ar maos
steeple *n* spuaic *f2*
steer *vt* stiúir
steering *n* (AUT) stiúradh *m*
steering wheel *n* roth *m3* stiúrtha
stem *n* (*of plant*) gas *m1*; (*of a glass*) cos *f2* ♦ *vt* stop, coisc
▸ **stem from** *vt fus* tar ó; **X stems from Y** is é Y is cúis le X
stench *n* bréantas *m1*
stencil *n* stionsal *m1* ♦ *vt* clóigh le stionsal
stenographer (US) *n* gearrscríobhaí *m4*
step *n* céim *f2*, coiscéim *f2*; (*action*) céim, beart *m1* ♦ *vi*: **to step forward/back** céim a thabhairt chun tosaigh/ar gcúl; **steps** *npl* (*stepladder*) dréimire *msg4* taca; **to be in step (with)** (*fig*) bheith ar aon intinn *or* aigne (le)
▸ **step down** *vi* (*fig*) éirigh as
▸ **step up** *vt* ardaigh, géaraigh
stepbrother *n* leasdeartháir *m*
stepdaughter *n* leasiníon *f2*
stepfather *n* leasathair *m*
stepladder *n* dréimire *m4* taca
stepmother *n* leasmháthair *f*
stepping stone *n* cloch *f2* chora; (*fig*) cos *f2* i dtaca; **stepping stones** clochán *msg1*
stepsister *n* leasdeirfiúr *f*
stepson *n* leasmhac *m1*
stereo *n* steirió *m4* ♦ *adj* steirió; (*also*: **stereophonic**) steiréafónach
sterile *adj* (BIOL) aimrid; (MED, *dressing etc*) steiriúil
sterilize *vt* aimridigh, steiriligh
sterling *adj* (*work*) den scoth ♦ *n* (ECON) steirling *m4*, airgead *m1* Sasanach
stern *adj* dian, crua ♦ *n* (NAUT) deireadh *m1*
steroid *n* stéaróideach *m1*
stew *n* stobhach *m1* ♦ *vt, vi* stobh; **Irish stew** stobhach gaelach

steward *n* maor *m1*, stíobhard *m1*; (*on plane*) aeróstach *m1*; (*bouncer*) fear *m1* dorais

stewardess *n* banmhaor *m1*; (*plane*) aeróstach *m1*

stick *n* bata *m4*, maide *m4*; (*walking stick*) bata *m4* siúil; (*firewood*) cipín *m4*; (*hurling stick*) camán *m1* ♦ *vt* (*glue*) greamaigh; (*inf*: *put*) cuir; (: *tolerate*) cuir suas le; (*thrust*): **to stick sth into** rud a shacadh isteach i ♦ *vi* (*become attached*) greamaigh de; (*be unmoveable*: *wheels etc*) téigh i bhfostú; (*remain*) fan

▸ **stick out** *vi* gob amach

▸ **stick up** *vi* gob aníos

▸ **stick up for** *vt fus* cosain; **he stuck up for her** sheas sé léi

sticker *n* greamaitheoir *m3*

sticking plaster *n* greimlín *m4*

stickler *n*: **to be a stickler for** an-aird a bheith agat ar

stick-up (*inf*) *n* robáil *f3*

sticky *adj* (*label*) greamaitheach; (*situation*) achrannach, deacair

stiff *adj* dolúbtha, righin; (*difficult*) deacair, crua, dian; (*wind*) láidir; (*competition*) dian; (*muscles*) stromptha ♦ *adv*: **to be frozen stiff** bheith préachta *or* conáilte

stiffen *vi* stalc; (*wind, competition*) téigh i neart

stiff necked *adj* uaibhreach, mórchúiseach

stifle *vt* plúch, múch; **to stifle a laugh** cúl a choinneáil ar an ngáire

stigma *n* aithis *f2*, náire *f4*; (BOT) stiogma *m4*

stigmata *n* (MED, REL) stiogmaí *mpl4*

stile *n* dreapa *m4*, strapa *m4*

stiletto *n* (*also*: **stiletto heel**) sáil *f2* stiletto

still *adj* socair, ciúin ♦ *adv* (*up to this time*) go fóill, fós, ar fad, i gcónaí; **I've still got 3 days holiday** tá 3 lá saoire fágtha agam go fóill; **better still ...** níos fearr arís ...; **there were still more people to come** bhí tuilleadh daoine fós le teacht

stillborn *adj*: **stillborn child** marbhghin *f2*

stilt *n* (*for walking on*) cos *f2* chroise; (*pile*) cos taca

stilted *adj* neamhshaoráideach

stimulate *vt* gríosaigh, spreag

stimulus *n* spreagadh *m*; (BOT) goineog *f2*

sting *n* (*of wind, cold*) goimh *f2*; (*of bee*) cealg *f2*, ga *m4*, cailg *f2*; (*of nettle*) goineog *f2* ♦ *vt* cealg; (*nettle*) dóigh ♦ *vi*: **it's stinging** tá greadfach ann

stingy *adj* sprionlaithe

stink *n* bréantas *m1* ♦ *vi*: **the socks stank** bhí boladh bréan as na stocaí

stinking (*inf*) *adj* (*fig*) millteanach, uafásach, mallaithe; **they're stinking rich** tá siad lofa le hairgead

stint *n* dreas *m3* oibre

stir *n* corraíl *f3*; (*movement*) bogadh *m*, cor *m1* ♦ *vt, vi* corraigh

▸ **stir up** *vt* (*trouble*) tóg, cothaigh

stirrup *n* stíoróip *f2*

stitch *n* (MED, SEWING) greim *m3*; (KNITTING) lúb *f2*; (*pain*) arraing *f2* ♦ *vt* fuaigh; **he didn't have a stitch on** ní raibh snáithe *or* luid air

stoat *n* easóg *f2*

stock *n* stoc *m1*; (*of tree*) ceap *m1*; (*people*: *descent, origin*) sliocht *m3* ♦ *adj* (*fig*: *reply etc*) gnáth-, sean- ♦ *vt*: **I have it in stock** tá sé sa stoc agam; **stocks and shares** stoic agus scaireanna; **in/out of stock** bheith istigh/rite, sa stoc/as stoc; **to take stock of sth** (*fig*) rud a mheas

▸ **stock up** *vi*: **to stock up with food** stór bia a fháil isteach

stockbroker *n* stocbhróicéir *m3*

stock cube *n* ciúb *m1* stoic

stock exchange *n* stocmhalartán *m1*

stocking *n* stoca *m4*

stock market *n* stocmhargadh *m1*

stockpile *n* stocthiomsú *m* ♦ *vt* stocthiomsaigh

stocktaking *n* (COMM) stocáireamh *m1*

stocky *adj* suite, daingean

stodgy *adj* stolpach

stoke *vt* (*fire, boiler*) stócáil

stole *n* stoil *f2*

stolid *adj* dúr, dochorraithe

stomach *n* goile *m4*; (*abdomen*) bolg *m1*

• *vt* fulaing, cuir suas le
stomachache *n* tinneas *m1* goile
stone *n* cloch *f2*; (*pebble*) méaróg *f2*; (*in fruit*) cloch, croí *m4*; (MED) púróg *f2*; (*weight*) cloch• *vt* (*person*) caith clocha le
stone-cold *adj* sioctha, préachta
stone-deaf *adj* chomh bodhar le slis
stonework *n* obair *f2 or* saoirseacht *f3* chloiche
stool *n* stól *m1*; **to fall between two stools** léim an dá bhruach a chailleadh
stoop *vi* (*also*: **have a stoop**) bheith cromshlinneánach; (*also*: **stoop down**: *bend*) crom
stop *n* stop *m4*, stad *m4*; (*in punctuation*: *also*: **full stop**) lánstad *m4*• *vt* stop; (*also*: **put a stop to**) cuir stad le• *vi* stad; **to stop doing sth** éirí as rud a dhéanamh
▸ **stop off** *vi*: **stop off at/in** buail isteach i
▸ **stop up** *vt* (*hole*) líon
stopgap *n* sceach *f2* i mbéal bearna, barrsceach *f2*; **the job will do me as a stopgap** bainfidh mé mo ghaisneas as an bpost
stopover *n* stad *m4*
stoppage *n* stopadh *m*; (*strike*) stailc *f2*, stopadh oibre
stopper *n* stopallán *m1*
stop press *n* stadchló *m4*
stopwatch *n* stopuaireadóir *m3*
storage *n* stóráil *f3*; (COMPUT) stóras *m1*
storage heater *n* taiscthéitheoir *m3*
store *n* (*stock*) stór *m1*; (*depot*) stór *m1*; (BRIT: *large shop*) siopa *m4* mór; (US) siopa *m4* ilranna• *vt* taisc; (*information*) cnuasaigh; **stores** *npl* (*food*) soláthairtí *mpl1*, lón *msg1*; **what is in store for me?** cad é atá i ndán dom?
▸ **store up** *vt* stóráil, cruinnigh
storeroom *n* stóras *m1*
storey, (US)**story** *n* stór *m1*
stork *n* corr *f2* bhán
storm *n* stoirm *f2*, anfa *m4*; (*also*: **thunderstorm**) stoirm *f2* thoirní• *vi* (*fig*) abair go feargach• *vt* (*army*) ionsaigh
stormy *adj* doineanta, stoirmeach
story *n* scéal *m1*; (US) = **storey**
storybook *n* leabhar *m1* scéalta
stout *adj* calma, misniúil, cróga; (*fat*) ramhar, téagartha• *n* (*beverage*) leann *m3* dubh
stove *n* sorn *m1*, sornóg *f2*
stow *vt* (*also*: **stow away**) cuir i bhfolach • *vi* téigh i bhfolach (ar long)
stowaway *n* folachánaí *m4*
straddle *vt*: **to straddle sth** bheith ar scaradh gabhail ar rud
straggle *vi*: **we were straggling after them** bhíomar ag sraoilleadh linn ina ndiaidh
straight *adj* díreach; (*simple*) simplí• *adv* go díreach; (*drink*) ar a bhlas, as a neart; **to put things straight** (*fig*) na gnóthaí a réiteach; **straight away, straight off** (*at once*) (lom) láithreach, ar an bpointe, caol díreach
straighten *vt* dírigh; (*bed*) cóirigh
straighten out *vt* (*fig*) réitigh
straight-faced *adj*: **she remained straight-faced** choinnigh sí dreach stuama uirthi féin
straightforward *adj* simplí; (*honest*) díreach, ionraic
strain *n* teannas *m1*, straidhn *f2*; (*physical*) strus *m1*; (*mental*) strus, straidhn; (*breed*) pór *m1*, cineál *m1*• *vt* (*stretch*: *resources etc*) cuir brú ar; (*hurt*: *back etc*) bain stangadh as; (*vegetables*) sil; **strains** *npl* (MUS) streancáin *mpl1*; **back strain** stangadh *m* droma
strained *adj* (*muscle*) leonta; (*laugh etc*) doicheallach; (*relations*) eascairdiúil
strainer *n* síothlán *m1*, stráinín *m4*
strait *n* (GEOG) caolas *m1*; **straits** *npl*: **to be in dire straits** bheith i gcruachás, bheith in áit do charta
straitjacket *n* veist *f2* cheangail
strait-laced *adj* ceartaiseach
strand *n* (*of thread*) tointe *m4*; (*of rope*) dual *m1*; (*of hair*) dlaoi *f4*; (*beach*) trá *f4*
stranded *adj* (*fig*) ar an trá fholamh
strange *adj* (*not known*) anaithnid, coimhthíoch, strainséartha; (*odd*) aisteach, ait

strangely *adv* go haisteach; *see also* **enough**
stranger *n* strainséir *m3*, coimhthíoch *m1*
strangle *vt* tacht
stranglehold *n* (*fig*) smacht *m3* iomlán
strap *n* iall *f2*, strapa *m4*; (*of bag etc*) iris *f2*
strapping *adj* scafánta
Strasbourg *n* Strasburg *m4*
strategic *adj* straitéiseach
strategy *n* straitéis *f2*
straw *n* cochán *m1*, tuí *f4*; (*for drinking*) deochán *m1*; **that's the last straw!** sin buille na tubaiste!
strawberry *n* sú *f4* talún
stray *adj* (*animal*) fáin, seachráin • *vi* téigh ar seachrán
stray bullet *n* piléar *m1* fánach
streak *n* stríoc *f2*; (*in hair*) síog *f2*; (*characteristic*) féith *f2*, tréith *f2* • *vt* síog • *vi*: **to streak past** scinn *or* sciurd thar
stream *n* sruth *m3*; (*small river*) sruthán *m1*; (*of people*) scuaine *f4* • *vt* (SCOL) roinn de réir cumais • *vi* sruthaigh; **to stream in/out** plódú isteach/amach
streamer *n* sraoilleán *m1*
streamlined *adj* sruthlíneach
street *n* sráid *f2*; **the man in the street** Tadhg *m1* an mhargaidh; **to be streets ahead** (*fig*) bheith i bhfad chun tosaigh
streetcar (US) *n* tram *m4*
street lamp *n* lampa *m4* sráide
streetwise (*inf*) *adj* críonna, fadcheannach
strength *n* neart *m1*, treise *f4*; (*force*) cumhacht *f3*
strengthen *vt* neartaigh, daingnigh
strenuous *adj* crua, dian
stress *n* (*force, pressure*) strus *m1*; (*mental strain*) strus, stró *m4*; (*emphasis*) béim *f2*; (*accent*) aiceann *m1* • *vt* cuir béim ar
stretch *n* síneadh *m1*; (*of land etc*) réimse *m4* • *vi* (*cloth*) sín, tar as; (*extend*): **to stretch to** *or* **as far as** síneadh *or* dul a fhad le • *vt* sín; **to stretch o.s.** tú féin a shearradh
▸ **stretch out** *vi* sín (amach) • *vt* (*arm etc*) sín amach; (*spread*) leath
stretcher *n* sínteán *m1*
strewn *adj*: **strewn with** faoi bhrat + *gen*
stricken *adj* (*city, industry etc*) i gcruachás; **stricken with** (*disease etc*) cloíte le
strict *adj* dian, docht
stride *n* céim *f2* fhada • *vi* bheith ag céimniú
strife *n* imreas *m1*
strike *n* (*industrial*) stailc *f2*; (*of oil etc*) aimsiú *m*; (*attack*) buille *m4*, ionsaí *m* • *vt* buail; (*oil etc*) aimsigh; (*deal*) déan • *vi* téigh ar stailc; (*attack*) buail; (*clock*) buail; **on strike** (*workers*) ar stailc; **to strike a match** cipín a lasadh
▸ **strike down** *vt* treascair
▸ **strike up** *vt* (*song*) croch suas; **to strike up a friendship with** éirí cairdiúil le; **to strike up a conversation (with)** cromadh ar chomhrá (le)
striker *n* stailceoir *m3*; (SPORT) ionsaitheoir *m3*
striking *adj* sonraíoch; (*attractive*) an-ghleoite
string *n* sreang *f2*; (*row*: *of onions*) trilseán *m1*; (MUS) téad *f2* • *vt*: **to string out** scaipeadh; **the strings** *npl* (MUS) na téada *fpl2*; **to be able to pull strings** (*fig*) bheith ábalta na sreangáin a tharraingt
string bean *n* pónaire *f4* scilte
string(ed) instrument *n* (MUS) téaduirlis *f2*
stringent *adj* géar
strip *n* stiall *f2*; (*of land*) stráice *m4* • *vt* scamh, bain de; **he stripped the paint from the wall** bhain sé an phéint den mballa; (*also*: **strip down**: *machine*) bain anuas • *vi* struipeáil, bain díot
strip cartoon *n* stiallchartún *m1*
stripe *n* riabh *f2*, stríoc *f2*; (MIL) straidhp *f2*
striped *adj* riabhach, stríoctha
stripper *n* struipear *m1*
strive *vi* streachail, srac
stroke *n* buille *m4*; (SWIMMING) bang *m3*; (MED) stróc *m4* • *vt* slíoc; **at a stroke** d'aon iarraidh; **to take a stroke** (MED) stróc a fháil
stroll *n* spaisteoireacht *f3* • *vi* bheith ag spaisteoireacht

strong *adj* tréan, láidir; (*heart, nerves*) daingean; **they are 50 strong** tá siad caoga ann
stronghold *n* daingean *m1*
strongly *adv* go láidir; go daingean
strongroom *n* seomra *m4* daingean
structural *adj* struchtúrach
structure *n* struchtúr *m1*; (*building*) foirgneamh *m1*
struggle *n* streachailt *f2*, strácáil *f3*; (*conflict*) gleic *f2*, coimhlint *f2* ♦ *vi* streachail
strum *vt* (*guitar*) méaraigh, bí ag streancánacht ar
strut *n* teanntóg *f2* ♦ *vi* siúl go gaigiúil, cuir gothaí ort féin
stub *n* (*of cigarette*) bun *m1*, stupa *m4*; (*of cheque etc*) comhdhuille *m4* ♦ *vt*: **to stub one's toe** do ladhar a smiotadh
stubble *n* coinleach *m1*, bruth *m3*
stubborn *adj* dáigh, ceanndána, righin, stobarnáilte
stuck *adj* (*jammed*) greamaithe, gafa, mórchúiseach, i bhfostú; (*fig*: *in difficulties*) i bponc
stuck-up (*inf*) *adj* smuilceach
stud *n* (*on boots, collar etc, earring*) stoda *m4*; (*of horses*: *also*: **stud farm**) graí *f4*; (*also*: **stud horse**) graíre *m4* ♦ *vt* (*fig*): **studded with** buailte le
student *n* mac *m1* léinn, scoláire *m4* ♦ *adj* (*discount, loan*) mac léinn
student driver (US) *n* foghlaimeoir *m3* tiomána
student loan *n* iasacht *f3* mac léinn
students' union *n* aontas *m1* (na) mac léinn
studio *n* stiúideo *m4*
studious *adj* staidéarach; (*serious*) dáiríre
studiously *adv* (*carefully*) go staidéarach
study *n* staidéar *m1*, léann *m1*; (*place*) seomra *m4* staidéir ♦ *vt* déan staidéar ar; (*examine*) scrúdaigh ♦ *vi* déan staidéar *or* léann, bí ag staidéar
stuff *n* stuif *m4*; (*substance*) ábhar *m1* ♦ *vt* stuáil, líon; (CULIN) líon, le búiste; (*inf*: *push*) ding
stuffing *n* (*padding*) stuáil *f3*; (CULIN) búiste *m4*
stuffy *adj* (*room*) plúchtach; (*dull*) tur, leadránach, leamh
stumble *vi* tuisligh; **to stumble across** *or* **on sth** (*fig*) teacht ar rud de thaisme
stumbling block *n* dris *f2* chosáin
stump *n* stumpa *m4*; (*of tooth*) bun *m1*; (*of tree*) stacán *m1* ♦ *vt* déan stacán de
stun *vt* (*daze*) cuir néal i; (*amaze*) cuir ionadh an domhain ar, déan staic de
stunning *adj* (*news etc*) treascrach, coscrach; (*victory, feat*) éachtach; (*girl etc*): **she was stunning** bhí sí thar a bheith álainn
stunt *n* (CINE, TV) éacht *m3*; (*publicity stunt*) cleas *m1* bolscaireachta ♦ *vt* crandaigh
stunted *adj* (*person, animal*) cranda; (*plant etc*) feosaí
stuntman *n* éachtoir *m3*
stuntwoman *n* éachtóir *m3*
stupendous *adj* iontach, éachtach
stupid *adj* amaideach, díchéillí, bómánta
stupidity *n* easpa *f4* céille, bómántacht *f3*
sturdy *adj* téagartha, daingean, tacúil
stutter *vi*: **to stutter** labhairt go stadach, stad a bheith sa chaint agat
sty *n* (*for pigs*) cró *m4* muice
stye *n* (MED) sleamhnán *m1*
style *n* stíl *f2*; (*clothes*) faisean *m1*
stylish *adj* (*clothes*) faiseanta; (*performer*) snasta
stylus *n* (*of record player*) stíleas *m1*
suave *adj* síodúil, plásánta, séimh
sub- *prefix* fo-
subconscious *adj* fo-chomhfhiosach
subcontract *vt* lig ar fochonradh
subdue *vt* cloígh, cuir faoi chois; (*emotion*) coinnigh srian ar
subdued *adj* (*manner, voice*) ciúin; (*light*) fann, marbh
subject *n* (SCOL) ábhar *m1*; (*of country*: *citizen*) géillsineach *m1*; (*philosophical*) suibiacht *f3*; (GRAM) ainmní *m4*, suibiacht ♦ *vt*: **he subjected me to an examination** chuir sé scrúdú orm; **to be subject to the law** bheith faoi réir an dlí; **to be subject to** (*disease*) bheith tugtha do

subjective *adj* suibiachtúil; (GRAM) ainmníoch
subject matter *n* (*content*) ábhar *m1*
sublet *vt* folig
submarine *n* fomhuireán *m1*
submerge *vt, vi* tum, téigh *or* cuir faoi uisce
submission *n* géilleadh *m*; (*in dispute*) aighneas *m1*; (*proposal*) moladh *m*; (LAW) aighniú
submissive *adj* géilliúil, umhal
submit *vt* (*argue*) áitigh; (*thesis etc*) cuir isteach♦ *vi* géill, tabhair isteach
subnormal *adj* fonormálta
subordinate *adj* íochtaránach♦ *n* íochtarán *m1*
subpoena *n* (LAW) subpoena *m4*
subscribe *vi* (*to point of view*) aontaigh le; (*to newspaper*) ceannaigh ar síntiús; (COMM) suibscríobh; **she subscribed five pounds to the charity** thug sí síntiús cúig phunt don charthanacht
subscriber *n* (*to periodical*) síntiúsóir *m3*; (*to telephone*) rannpháirtí *m4*; (COMM) suibscríobhaí *m4*
subscript (TYP, COMPUT) *n* foscript *f2*
subscription *n* (*to magazine etc*) síntiús *m1*; (*on document*) suibscríbhinn *f2*
subsequent *adj* ina dhiaidh sin, a lean(ann); **subsequent to** i ndiaidh + *gen*, tar éis + *gen*
subsequently *adv* ina dhiaidh sin, tar éis sin
subside *vi* (*flood*) tráigh; (*wind, feelings*) síothlaigh, maolaigh (ar); (*ground*) turn
subsidence *n* (*of flood*) trá *m4*; (*of wind, feelings*) síothlú *m*, maolú *m*; (*of ground*) turnamh *m1*
subsidiary *adj* fo-, tánaisteach♦ *n* (*also*: **subsidiary company**) fochomhlacht *m3*, fochuideachta *f4*
subsidize *vt* fóirdheonaigh; (*finance*) maoinigh
subsidy *n* fóirdheontas *m1*
substance *n* substaint *f2*; (*of book etc*) éirim *f2*, brí *f4*; (*importance*) tábhacht *f3*
substantial *adj* (*also damages*) substaintiúil; (*large*) mór, nach beag; (*important*) tábhachtach
substantially *adv* go substaintiúil, go mór
substantiate *vt*: **he substantiated his statement** chuir sé bunús lena ráiteas
substitute *n* (*person*) ionadaí *m4*; (*thing*) ionad *m1*; (SPORT) fear *m1* ionaid, ionadaí; (MATH) ionadán *m1*♦ *vt*: **to substitute sth for sth else** rud a chur in ionad ruda eile ♦ *vi*: **to substitute for sb** ionadaíocht a dhéanamh ar dhuine
subterranean *adj* faoi thalamh
subtitle *n* (CINE) fotheideal *m1*
subtle *adj* caolchúiseach; (*fine*) fíneálta; (*cunning*) glic
subtotal *n* fo-iomlán *m1*
subtract *vt* dealaigh
subtraction *n* dealú *m*
suburb *n* bruachbhaile *m4*; **the suburbs** na bruachbhailte
suburban *adj* fo-uirbeach, bruachbhailteach
suburbia *n* na bruachbhailte *mpl4*
subway *n* (US: *railway*) traein *f* faoi thalamh; (BRIT: *underpass*) íosbhealach *m1*
succeed *vi*: **she succeeded** d'éirigh léi; **they will succeed in doing it** éireoidh leo *or* rachaidh acu (é) a dhéanamh♦ *vt* (*follow*) tar i gcomharbas ar, lean; **he succeeded his father** tháinig sé in áit a athar
succeeding *adj* (*following*) ina dhiaidh
success *n* rath *m3*; (*victory*) bua *m4*; **the show was a success** d'éirigh go maith leis an seó
successful *adj* (*venture*) rathúil; **they were very successful** d'éirigh go geal leo
succession *n* (*of people, to title etc*) comharbas; (*line*) sraith *f2*; **3 days in succession** trí lá i ndiaidh a chéile *or* as a chéile
successive *adj* i ndiaidh a chéile, leanúnach
such *adj* a leithéid de; (*of that kind*): **such a book** leabhar dá leithéid *or* mar é; (*so much*): **such courage** a leithéid de mhisneach♦ *adv* a leithéid de; **such books** leabhair den sórt sin; **such a long trip** a leithéid de thuras fada; **such a lot**

of an oiread sin + *gen*; **such as** (*like*) mar, ar nós, cosúil le; **he has nothing against teachers as such** níl sé in aghaidh múinteoirí iontu féin

such-and-such *adj*: **at such-and-such a time** ag a leithéid seo d'am

suck *vt* súigh, diúl

sucker *n* súiteoir *m3*; (*scrounger*) súmaire *m4*; (*inf*: *fool*) amadán *m1*, óinseach *f2*

suction *n* sú *m4*

Sudan *n* an tSúdáin *f2*

sudden *adj* tobann, grod; **all of a sudden** gan choinne, go tobann

suddenly *adv* go tobann

suds *npl* sobal *msg1*

sue *vt* agair, cuir an dlí ar

suede *n* svaeid *f2*

suet *n* geir *f2*

suffer *vt* fulaing; (*bear*) cuir suas le, seas ♦ *vi* fulaing

sufferer *n* (MED) fulangaí *m4*

suffering *n* fulaingt *f*; (*pain*) pian *f2*

sufficient *adj*: **I consider it sufficient** is leor liom é; **sufficient money** go leor airgid, dóthain airgid

sufficiently *adv* go leor, sách

suffocate *vi* múch, plúch

sugar *n* siúcra *m4*♦ *vt* cuir siúcra ar, siúcraigh

suggest *vt* comhairligh, mol; (*infer*) máigh; (*indicate*) comharthaigh, tabhair le fios, cuir in iúl

suggestion *n* moladh *m*, comhairle *f4*; (*indication*) leid *f2*

suicide *n* féinmharú *m*; *see also* **commit**

suit *n* (*clothing*) culaith *f2*; (LAW) agra *m4* dlí; (CARDS) dath *m3*♦ *vt* oir do, fóir do, feil do, tar *or* gabh do; **aren't they well suited?** (*couple*) nach deas an lánúin iad?; **it suits you well** is deas atá sé ag teacht duit

suitable *adj* oiriúnach, feiliúnach, fóirsteanach

suitably *adv* go hoiriúnach, go feiliúnach; **John and Mary are suitably matched** is maith chun a chéile Seán agus Máire

suitcase *n* mála *m4* taistil

suite *n* (*of rooms, also* MUS) sraith *f2*; (*also*: **suite of furniture**) foireann *f2* troscáin

suitor *n* leannán *m1*, suiríoch *m1*; (LAW) agróir *m3*

sulfur (US) *n* = **sulphur**

sulk *vi* téigh chun stuaice *or* chun stailce, pus *or* stuaic a bheith ort

sulky *adj* stuacach, stalcach, pusach, smutach

sullen *adj* dúr, doicheallach

sulphur, (US)**sulfur** *n* ruibh *f2*, sulfar *m1*

sultana *n* sabhdánach *m1*

sultry *adj* brothallach, meirbh, marbhánta

sum *n* suim *f2*; (*total*) iomlán *m1*

▸**sum up** *vt, vi* coimrigh

summarize *vt* achoimrigh, coimrigh

summary *n* achoimre *f4*, coimriú *m*

summer *n* samhradh *m1*♦ *adj*: **summer weather** aimsir shamhraidh

summerhouse *n* (*in garden*) grianán *m1*

summertime *n* an samhradh *m1*

summit *n* barr *m1*, mullach *m1*; (*meeting*) cruinniú *m* mullaigh

summon *vt* glaoigh *or* scairt ar, toghair; (*meeting*) tionóil

▸**summon up** *vt* múscail, cruinnigh

summons *n* gairm *f2*; (LAW) toghairm *f2*

sump *n* (AUT) umar *m1*, súmaire *m4*

sun *n* grian *f2*; **in the sun** faoin ngrian

sunbathe *vi*: **to sunbathe** tú féin a ghrianadh, bolg le gréin a dhéanamh

sunburn *n* dó *m4* gréine, griandó *m4*

sunburned, sunburnt *adj* griandóite

Sunday *n* (An) Domhnach *m1*; **on Sunday** Dé Domhnaigh; **he comes on Sundays** tagann sé ar an Domhnach

Sunday school *n* scoil *f2* Domhnaigh

sundial *n* clog *m1* gréine, grianchlog *m1*

sundown *n* luí *m4* na gréine, dul *m3* faoi na gréine

sundries *npl* ilnithe *mpl4*

sundry *adj* éagsúil, il-♦ *n*: **all and sundry** an saol agus a mháthair, an saol mór

sunflower *n* lus *m3* na gréine

sunglasses *npl* gloiní *fpl4 or* spéaclaí gréine

sunlight *n* solas *m1* (na) gréine

sunlit *adj* grianmhar

sunny *adj* grianmhar

sunrise *n* éirí *m4* (na) gréine
sunset *n* luí *m4* (na) gréine, dul *m3* faoi na gréine
sunshade *n* (*over table*) scáth *m3* gréine
sunshine *n* dealramh *m1* *or* taitneamh *m1* na gréine; **in the sunshine** faoin ngrian
sunstroke *n* béim *f2* *or* goin *f3* ghréine
suntan *n* dath *m3* gréine
suntan lotion *n* ionlach *m1* gréine
suntan oil *n* ola *f4* ghréine
super *adj* sár, iontach, ar fheabhas, ar dóigh
superb *adj* iontach, éachtach, thar barr
supercilious *adj* sotalach, dímheasúil, díomasach
supercomputer *n* ollríomhaire *m4*
superficial *adj* éadomhain, dromchlach; (*knowledge etc*) breac-
superhero *n* sárghaiscíoch *m1*, sárlaoch *m1*
superimpose *vt* forleag, forshuigh
superintendent *n* (POLICE) ceannfort *m1*; (*manager*) maoirseoir *m3*
superior *adj* ard-, scoth-, den scoth, uachtarach; **X is superior to Y** is fearr X ná Y, tá X ag breith bairr ar Y♦ *n* uachtarán *m1*
superiority *n* barr *m1* (feabhais), treise *f4*, lámh *f2* in uachtar
superlative *n* (LING) sárchéim *f2*
superman *n* sárfhear *m1*
supermarket *n* ollmhargadh *m1*
supermodel *n* sármhainicín *m4*
supernatural *adj* osnádúrtha
superpower *n* (POL) cumhacht *f3* mhór, ollchumhacht *f3*
superscript (TYP, COMPUT) *n* forscript *f2*
supersede *vt* cuir as feidhm, glac ionad *or* áit + *gen*
superstitious *adj* piseogach
supervise *vt* (*exam*) déan feitheoireacht ar; (*work*) déan maoirseacht ar; (*watch*) coinningh súil ar
supervision *n* (*of work*) maoirseacht *f3*; (*of exam*) feitheoireacht *f3*
supervisor *n* feitheoir *m3*, maoirseoir *m3*, maor *m1*
supine *adj* sínte (amach), faon, ar do dhroim
supper *n* suipéar *m1*
supple *adj* aclaí, ligthe, scaoilte
supplement *n* (*with magazine etc*) forábhar *m1*, forlíonadh *m1*; (*diet etc*) forlíon♦ *vt* cuir breis le, cuir le
supplementary *adj* breise *n gen*, sa mbreis, forlíontach
supplier *n* soláthraí *m4*
supply *vt* (*provide*) soláthair; **to supply sb with sth** rud a sholáthar do dhuine, rud a choinneáil le duine♦ *n* riar *m4*, soláthar *m1*; **supplies** *npl* (*food*) soláthairtí *mpl1*; (MIL) lón *msg1*
support *n* (*moral, etc*) tacaíocht *f3*; (TECH) taca *m4*♦ *vt* tacaigh le, taobhaigh le, tabhair tacaíocht do; (*family*) riar do, cothaigh; (*prop up*) déan taca do; (*bear*) fulaing, cuir suas le
supporter *n* (POL *etc*) cúl *m1* taca; **supporters** *npl* (SPORT) lucht *m3* tacaíochta
suppose *vt* (*assume*) cuir i gcás, abair; (*believe*) samhlaigh, creid, síl; **I suppose he went home** is dócha go ndeachaigh sé abhaile; **let's suppose that ...** cuir i gcás go ...
supposed *adj* (*meant to*) in ainm; (*alleged*) mar dhea; **he's supposed to have said that ...** deirtear go ndúirt sé go ...; **it's supposed to be true** tá sé in ainm a bheith fíor
supposedly *adv* in ainm; (*allegedly*) mar dhea
suppress *vt* (*revolt*) cuir faoi chois; (*information*) coinnigh faoi rún, buail cos ar; (*yawn*) brúigh fút, coinnigh cúl ar
supreme *adj* ard-, sár-
surcharge *n* formhuirear *m1*
sure *adj* cinnte, deimhin; **can I come? - sure!** an dtig liom teacht? - cinnte!; **sure enough** ceart go leor; **to make sure of sth** deimhin a dhéanamh de rud, déanamh cinnte de rud; **make sure that** tabhair do d'aire go
surely *adv* cinnte, go deimhin; **he is surely in danger** is cinnte go bhfuil sé i

gcontúirt

surety *n* banna *m4*, urra *m4*

surf *n* (*waves*) bruth *m3*

surface *n* (*gen,* GEOL) dromchla *m4*, craiceann *m1*; (*of water*) uachtar *m1* ♦ *vt* (*road*) cuir craiceann ar ♦ *vi* tar i mbarr uisce

surfboard *n* clár *m1* toinne

surfeit *n*: **a surfeit of** barraíocht + *gen*, an iomarca + *gen*

surfing *n* marcaíocht *f3* toinne

surge *n* borradh *m*; (*interest etc*) méadú *m*; (*of jealousy etc*) racht *m3* ♦ *vi* borr, brúcht

surgeon *n* máinlia *m4*

surgery *n* máinliacht *f3*; (*room*) clinic *m4* (dochtúra)

surgical *adj* máinliach

surgical spirit *n* biotáille *f4* mháinliachta

surly *adj* grusach, gairgeach, dúr

surname *n* sloinne *m4*

surplus *n* (*too much or many*) barraíocht *f3*, iomarca *f4*; (*extra*) barrachas *m1*, fuíoll *m1*, farasbarr *m1* ♦ *adj* breise, de bharraíocht, iomarcach

surprise *n* ionadh *m1*, iontas *m1* ♦ *vt* (*catch unawares*) tar aniar aduaidh ar, beir gairid ar; (*astonish*) cuir iontas *or* ionadh ar

surprising *adj* iontach

surprisingly *adv*: **it's surprisingly cold** is iontach a fhuaire atá sé

surrender *n* géilleadh *m* ♦ *vi* géill, tabhair isteach

surreptitious *adj* faoi choim, gan fhios

surrogate *n* ionadaí *m4*

surrogate mother *n* máthair *f* ionaid

surround *vt* timpeallaigh, tar timpeall *or* thart ar

surrounding *adj* máguaird, timpeall; **the surrounding district** an ceantar máguaird

surroundings *npl* timpeallacht *fsg3*; (*neighbourhood*) comharsanacht *fsg3*

surveillance *n* faire *f4*

survey *n* suirbhé *m4*; (*examination*) iniúchadh *m*; (*of land*) suirbhéireacht *f3* ♦ *vt* déan suirbhé *or* suirbhéireacht ar; (*examine*) scrúdaigh; (*look over*) caith súil thar

surveyor *n* suirbhéir *m3*

survival *n* marthanas *m1*, teacht *m3* slán; (*relic*) iarsma *m4*

survive *vi* mair ♦ *vt* (*illness etc*) tar slán as

survivor *n* marthanóir *m3*

susceptible *adj*: **susceptible (to)** tugtha (do)

suspect *adj* amhrasach ♦ *n*: **he is a suspect in the crime** táthar in amhras air faoin gcoir ♦ *vt* bheith san amhras ar

suspend *vt* (*hang*) croch; (LAW, SPORT *etc*) cuir ar fionraí

suspended sentence *n* breith *f2* fionraíochta

suspender belt *n* crios *m3* crochóg

suspenders *npl* (BRIT) crochóga *fpl2*; (US) gealasacha *mpl1*

suspense *n* beophianadh *m*; **the children were in suspense** bhí na páistí ar cipíní *or* ar bís

suspension *n* (AUT, *engineering etc*) crochadh *m*; (*of driving licence*) tarraingt *f* siar; (*of sport*) fionraíocht *f3*

suspension bridge *n* droichead *m1* crochta

suspicion *n* amhras *m1*; (*trace, hint*) ábhairín *m4*, iarracht *f3*

suspicious *adj* amhrasach; **to be suspicious of** bheith in amhras ar

sustain *vt* lean de, coinnigh le; (*food etc*) cothaigh, coinnigh an dé i; (*suffer*): **he sustained an injury** bhain gortú dó

sustained *adj* (*continuous*) leanúnach; (*prolonged*) fada

sustenance *n* cothú *m*, beatha *f4*

swab *n* (MED) táithín *m4* cadáis, maipín *m4*

swagger *vi* déan mustar, cuir gothaí ort féin

swallow *n* slog *m1*; (*bird*) fáinleog *f2* ♦ *vt* slog; (*believe*) creid

▸ **swallow up** *vt* alp

swamp *n* seascann *m1*, corcach *f2*, moing *f2* ♦ *vt* báigh; **she was swamped with work** bhí sí go dtí an dá shúil in obair

swan *n* eala *f4*

swap *vt*: **to swap sth (for)** rud a

mhalartú *or* a bhabhtáil (ar)

swarm *n* saithe *f4*, púir *f2*; (*of people*) slua *m4*• *vi* (*bees*) imigh i saithe; (*people etc*): **they swarmed to the show** chuaigh siad ina sluaite chuig an seó; **swarming with people** dubh le daoine

swarthy *adj* crón

swastika *n* svaistice *f4*

swat *vt* smiot

sway *vi* luasc, bí ag longadán *or* ag gúngáil• *vt* (*influence*) téigh i bhfeidhm *or* i dtionchar ar

swear *vt* mionnaigh• *vi* eascainaigh, bí ag mallachtach

swearword *n* mionn *m3* mór, eascaine *f4*

sweat *n* allas *m1*• *vi* cuir allas

sweater *n* geansaí *m4*

sweaty *adj* allasúil

Swede *n* Sualannach *m1*

swede *n* svaeid *m4*

Sweden *n* an tSualainn *f2*

Swedish *adj* Sualannach• *n* (LING) Sualainnis *f2*; **the Swedish** na Sualannaigh *mpl1*

sweep *n* scuabadh *m*; (*curve*) cuar *m1*; (*of wings*) réim *f2*; (*also*: **chimney sweep**) glantóir *m3* simléar• *vt* scuab; (*subj*: *current*) cart; (*remove*) glan• *vi* (*rush*) sciurd

▸ **sweep away** *vt* scuab leat *or* chun siúil

▸ **sweep up** *vt* scuab

sweeping *adj* (*changes*) scóipiúil, bunúsach, ó bhun

sweet *n* (*candy*) milseán *m1*; (*dessert*) milseog *f2*• *adj* milis; (*fig*: *kind*) cneasta, cineálta, lách; (*baby*) gleoite; (*voice*) binn; (*smell*) cumhra

sweetcorn *n* arbhar *m1* milis

sweeten *vt* milsigh

sweetheart *n* muirnín *m4*, grá *m4* geal, rúnsearc *f2*

sweetness *n* milseacht *f3*; (*of sound*) binneas *m1*; (*of smell*) cumhracht *f3*

sweetpea *n* pis *f2* chumhra

swell *n* (*of sea*) mórtas *m1*, suaill *f2*• *adj* (US: *inf*: *excellent*) ar fheabhas• *vi* borr; (MED) at

swelling *n* (MED) at *m1*; (*lump*) meall *m1*

sweltering *adj* brothallach, marbhánta, meirbh

swerve *vi* fiar, tabhair cor

swift *n* (*bird*) gabhlán *m1* gaoithe• *adj* mear, luath; (*response*) grod, pras

swig (*inf*) *n* (*drink*) slog *m1*, tarraingt *f*, gáilleog *f2*

swill *vt* (*also*: **swill out**) sruthlaigh; (*also*: **swill down**) slog, diúg

swim *n* snámh *m3*; **to go for a swim** dul ag snámh• *vi* snámh; **my head was swimming** bhí meadhrán i mo cheann • *vt* snámh

swimmer *n* snámhóir *m3*

swimming *n* snámh *m3*

swimming cap *n* caipín *m4* snámha

swimming costume *n* culaith *f2* shnámha

swimming pool *n* linn *f2* snámha

swimming trunks *npl* bríste *m4* snámha

swimsuit *n* culaith *f2* shnámha

swindle *n* camastaíl *f3*, caimiléireacht *f3*

swine (*inf!*) *n inv* suarachán *m1*, cunús *m1*, cladhaire *m4*

swing *n* luascán *m1*; (*movement*) luascadh *m*; (MUS) luasc-cheol *m1*; (*change*: *in opinion etc*) athrú *m*; (*blow*) iarraidh *f* de bhuille• *vt* luasc; (*also*: **swing round**) cas, iompaigh, tiontaigh• *vi* luasc; (*also*: **swing round**) cas thart, iompaigh, tiontaigh; **to be in full swing** bheith faoi lán seoil

swing bridge *n* droichead *m1* lúdrach

swing door, (US)**swinging door** *n* luascdhoras *m1*

swingeing *adj* crua, dian, fairsing

swipe *vi*: **to swipe at sth** iarraidh de bhuille a thabhairt ar rud; (*inf*)• *vt* (*steal*) sciob• *n* iarraidh *f*, flíp *f2*; **to take a swipe at sth** iarraidh de bhuille a thabhairt ar rud

swirl *vi* bí ag guairneáil

swish *vi* (*rush*) scinn; (*clothes*) déan siosarnach

Swiss *adj, n* Eilvéiseach *m1*

switch *n* (*for light, radio etc*) lasc *f2*; (*change*) athrú *m*, aistriú *m*; (*swap*) malartú *m*• *vt* aistrigh, athraigh, malartaigh

▸ **switch off** *vt* (*light*) cuir as, múch; (*engine*) stop, múch

▸ **switch on** *vt* (*light*) las, cuir air; (*engine, machine*) dúisigh, tosaigh

switchboard *n* (TEL) lasc-chlár *m1*, malartán *m1*

Switzerland *n* an Eilvéis *f2*

swivel *vi* (*also*: **swivel round**) cas *or* tar thart; (TECH) cas ar sclóin

swoon *vi* tit i bhfanntais *or* i laige

swoop *n* (*by police*) ruathar *m1* ♦ *vi* (*also*: **swoop down**) tabhair ruathar anuas

swop *vt* = **swap**

sword *n* claíomh *m1*

swordfish *n* colgán *m1*

sworn *adj* (*statement, evidence*) faoi mhionn

syllable *n* siolla *m4*

syllabus *n* siollabas *m1*

symbol *n* siombail *f2*, comhartha *m4*

symmetry *n* siméadracht *f3*

sympathetic *adj* (*understanding*) tuisceanach; (*compassionate*) atruach; (*favourable*): **sympathetic to** báúil le, i bhfach le

sympathize *vi*: **to sympathize with** (*in grief*) comhbhrón a dhéanamh le; (*understand*) tuiscint do; (*approve*) bheith i bhfách le, bheith báúil le

sympathizer *n* (POL) taobhaitheoir *m3*

sympathy *n* (*pity*) trua *f4*, comhbhrón *m1*; (*affinity*) bá *f4*, dáimh *f2*; **in sympathy with** (*strike*) ag taobhú le

symphony *n* siansa *m4*

symptom *n* airí *m4*, siomptóm *m1*, comhartha *m4*

syndicate *n* sindeacáit *f2*

synonym *n* comhchiallach *m1*

synopsis *n* achoimre *f4*, coimriú *m*

syntax *n* comhréir *f2*

synthetic *adj* sintéiseach, tacair; (GRAM) táite

syphon *n, vb* = **siphon**

Syria *n* an tSiria *f4*

syringe *n* steallaire *m4*

syrup *n* síoróip *f2*; (*also*: **golden syrup**) órshúlach *m1*

system *n* córas *m1*; (*method*) modh *m3*

systematic *adj* córasach, rianúil

system disk *n* (COMPUT) diosca *m4* córais

systems analyst *n* anailísí *m4* córas

T

ta (*inf*) *excl* sonas ort

tab *n* (*label*) lipéad *m1*; (*on drinks can etc*) cluaisín *m4*; (*US*: *bill*) dola *m4*; (*TYP, COMPUT*) táb *m1* ♦ *vt* (*TYP, COMPUT*) tábáil; **to keep tabs on** (*fig*) súil ghéar a choinneáil ar

tabby *n* (*also*: **tabby cat**) cat *m1* riabhach

table *n* tábla *m4*, bord *m1* ♦ *vt* (*motion etc*) cláraigh; **to lay** *or* **set the table** an tábla a ullmhú

tablecloth *n* éadach *m1* boird, scaraoid *f2*

table lamp *n* lampa *m4* boird

tablemat *n* mata *m4* boird

table of contents *n* clár *m1* ábhair

tablespoon *n* (*also*: **tablespoonful**: *as measurement*) spúnóg *f2* bhoird

tablet *n* táibléad *m1*; (*for writing*) tabhall *m1*; (*stone*) leac *f2*

table tennis *n* leadóg *f2* bhoird

table wine *n* fíon *m3* boird

tabloid *n* tablóid *f2*

tabulate *vt* (*data, figures*) táblaigh

tack *n* (*nail*) tacóid *f2*; (*stitch*) greim *m3* gúshnátha ♦ *vt* daingnigh le tacóidí; (*fig*) greamaigh ♦ *vi* (*NAUT*): **to tack** leathbhord a chaitheamh

tackle *n* trealamh *m1*, fearas *m1*; (*for lifting*) tácla *m4*; (*RUGBY*) greamú *m* ♦ *vt* (*difficulty, animal, burglar etc*) tabhair faoi; (*RUGBY*) greamaigh

tacky *adj* greamaitheach; (*pej*: *of poor quality*) suarach

tact *n* cáiréis *f2*

tactful *adj* cáiréiseach

tactical *adj* taicticiúil

tactics *npl* oirbheartaíocht *fsg3*, taicticí *fpl2*

tactless *adj* neamhcháiréiseach

tad (*inf*) *n* ábhairín, rud beag, pas, iarracht; **a tad high/low** rud beag *or* ábhairín ard/íseal

tadpole *n* torbán *m1*

tag *n* lipéad *m1*; (*on ear*) clib *f2*

▸ **tag along** *vi* lean

tail *n* eireaball *m1* ♦ *vt* (*follow*) lean; **tails** *npl* (*clothing*) casóg *fsg2* eireabaill

tailback *n* (*AUT*) scuaine *f4* tráchta

tail end *n* geadán *m1*

tailgate *n* (*AUT*) clár *m1* deiridh

tailor *n* táilliúir *m3*

tailoring *n* (*cut*) táilliúireacht *f3*

tailor-made *adj* déanta de réir toise; (*fig*) rí-fheiliúnach

tailwind *n* gaoth *f2* chúil

tainted *adj* truaillithe; (*food*) camhraithe

take *vt* glac; (*lift*) tóg; (*gain*: *prize*) gnóthaigh; (*require*: *effort, courage*) tóg; (*tolerate*) fulaing; (*hold*: *passengers etc*) iompair; (*accompany*) tionlaic; (*bring, carry*) tabhair; (*exam*) déan; **to take sth from** (*drawer etc*) rud a thógáil ó *or* as; (*person*) rud a bhaint de; **I take it that ...** glacaim leis go ...

▸ **take after** *vt fus* bheith cosúil le

▸ **take apart** *vt* bain as a chéile

▸ **take away** *vt*: **take it away!** tabhair leat é!; **to take sth away from sb** rud a bhaint de dhuine

▸ **take back** *vt* (*return*) tabhair ar ais; (*accept*) glac ar ais; (*one's words*) tarraing siar

▸ **take down** *vt* (*building*) leag; (*from shelf etc*) tóg anuas; (*letter etc*) breac síos

▸ **take in** *vt* (*deceive*) cuir cluain ar; (*understand*) tuig; (*include*) cuir san áireamh; (*lodger*) glac

▸ **take off** *vi* (*AVIAT*) éirigh de thalamh ♦ *vt* (*go away*) imigh leat; **she took off her coat** bhain sí di a cóta

▸ **take on** *vt* (*work*) glac chugat; (*employee*) fostaigh; (*opponent*) téigh i ngleic le

▸ **take out** *vt* (*invite*) tabhair amach; (*remove*) tóg amach

▸ **take over** *vt* (*business*) téigh i gceannas (ar); **he took over the factory** chuaigh sé i mbun na monarchan ♦ *vi*: **to take over from sb** áit duine a ghlacadh

▸ **take to** *vt fus* (*person*): **I took to him** réitigh mé leis; (*thing*): **she took to the business well** tháinig sí isteach go maith ar an ngnó

▸ **take up** *vt* (*activity*) tosaigh ar; (*dress*) tóg; (*occupy*: *time, space*) tóg; **to take sb up on an offer** glacadh le tairiscint ó dhuine

takeoff *n* (AVIAT) éirí *m4* de thalamh

takeover *n* (COMM) táthcheangal *m1*

takings *npl* (COMM) fáltas *msg1*

talc *n* (*also*: **talcum powder**) talcam *m1*

tale *n* (*story*) scéal *m1*, eachtra *f4*; (*account*) tuairisc *f2*; **to tell tales (on)** (*fig*) sceitheadh (ar)

talent *n* bua *m4*, tréith *f2*, tallann *f2*

talented *adj* tréitheach, talannach, éirimiúil; **he is a talented musician** tá féith an cheoil ann

talk *n* (*a speech*) caint *f2*; (*conversation*) comhrá *m4*; (*gossip*) béadán *m1* ♦ *vi* labhair; **talks** *npl* (POL *etc*) comhchainteanna *fpl2*; **to talk sb out of doing sth** a áitiú ar dhuine gan rud a dhéanamh; **to talk shop** labhairt ar chúrsaí oibre

▸ **talk over** *vt* pléigh

talkative *adj* cainteach

talk show *n* seó *m4* agallaimh

tall *adj* ard; **to be six feet tall** bheith sé throigh ar airde

tall story *n* scéal *m1* an ghamhna bhuí

tally *n* cuntas *m1* ♦ *vi*: **to tally** teacht le chéile; **to tally with** réiteach le

talon *n* ionga *f*, crúb *f2*

tame *adj* ceansa, umhal; (*fig*: *story, style*) leamh

tamper *vi*: **to tamper with** bheith ag gabháil de

tampon *n* súitín *m4*

tan *n* (*also*: **suntan**) dath *m3* na gréine ♦ *vt, vi* crónaigh ♦ *adj* (*colour*) crón

tang *n* (*taste*) blas *m1* géar; (*smell*) boladh *m1* géar

tangent *n* (MATH) tadhlaí *m4*, tangant *m1*; **to go off at a tangent** (*fig*) dul i dtreo eile ar fad

tangerine *n* táinséirín *m4*

tangle *n* achrann *m1*, aimhréidh *f2*; **to get in(to) a tangle** dul in aimhréidh

tank *n* (*water tank*) umar *m1*; (*for fish*) dabhach *f2*; (MIL) tanc *m4*

tanker *n* tancaer *m1*

tantalizing *adj* mealltach

tantamount *adj*: **that is tantamount to** ... is ionann sin agus ...

tantrum *n* spadhar *m1*, taghd *m1*

tap *n* (*on sink etc*) sconna *m4*, buacaire *m4*; (*gentle blow*) cniogóg *f2* ♦ *vt*: **to tap sth** cniogóg a bhualadh ar rud; (*knock*): **to tap on the door** cnagadh ar an doras; (*resources*) tarraing ar; (*telephone*): **to tap a telephone** cúléisteacht ar ghuthán duine; **on tap** (*fig*: *resources*) ar fáil

tape *n* téip *f2*; (SPORT) ribín *m4*; (*also*: **magnetic tape**) téip mhaighnéadach; (*cassette*) téip; (*sticky*) téip ghreamaitheach ♦ *vt* (*record*) taifead, cuir ar téip; (*stick with tape*) greamaigh

tape deck *n* deic *f2* téipe

tape measure *n* ribín *m4* tomhais, miosúr *m1*

taper *n* barrchaolú *m* ♦ *vi* barrchaolaigh

tape recorder *n* téipthaifeadán *m1*

tapestry *n* taipéis *f2*

tar *n* tarra *m4*

target *n* sprioc *f2*; (*fig*) cuspóir *m3*

tariff *n* (COMM) taraif *f2*, táille *f4*; (*taxes*) cáin *f*

tarmac *n* tarramhacadam *m1*

tarnish *vt* teimhligh, smálaigh

tarpaulin *n* tarpól *m1*

tarragon *n* dragan *m1*

tart *n* (CULIN) toirtín *m4*; (*inf*: *slut*) raiteog *f2* ♦ *adj* (*flavour*) géar

▸ **tart up** *vt* cóirigh; **to tart o.s. up** tú féin a chóiriú

tartan *n* breacán *m1* ♦ *adj* breacáin

tartar *n* (*on teeth*) tartar *m1*

tartar(e) sauce *n* anlann *m1* tartair

task *n* cúram *m1*, tasc *m1*; **to take sb to task** duine a cháineadh

task force *n* (MIL, POLICE) tascfhórsa *m4*

tassel *n* mabóg *f2*, scothóg *f2*

taste *n* blas *m1*; (*fig*: *glimpse, idea*) réamhbhlas *m1* ♦ *vt* blais ♦ *vi*: **it tastes of**

or **like fish** tá blas éisc air; **can I have a taste of this wine?** an féidir liom an fíon seo a bhlaiseadh?; **to be in bad taste** bheith míchuí
tasteful *adj* (*food etc*) blasta; (*dress etc*) cuibhiúil
tasteless *adj* (*food*) leamh; (*remark*) míchuibheasach
tasty *adj* blasta
tatters *npl*: **in tatters** stiallta
tattoo *n* tatú *m4*♦ *vt* tatuáil
tatty (*inf*) *adj* gioblach
taunt *n* achasán *m1*♦ *vt* tarcaisnigh; **to taunt sb** duine a tharcaisniú
Taurus *n* (ASTROL) An Tarbh *m1*
taut *adj* teann, rite
tax *n* cáin *f*♦ *vt* cáin a ghearradh ar; (*fig*): **they are taxing my patience** tá siad ag caitheamh na foighne agam
taxable *adj* (*income*) incháinithe
taxation *n* cánachas *m1*
tax avoidance *n* seachaint *f3* cánach
tax disc *n* (AUT) diosca *m4* cánach
tax evasion *n* imghabháil *f3* cánach
tax-free *adj* saor ó cháin
taxi *n* tacsaí *m4*♦ *vi* (AVIAT) gluais ar talamh
taxi driver *n* tiománaí *m4* tacsaí
taxi rank, taxi stand *n* stad *m4* tacsaí
tax payer *n* íocóir *m3* cánach
tax relief *n* faoiseamh *m1* cánach
tax return *n* tuairisceán *m1* cánach
TD *n abbr* (= *Teachta Dála*) Dáil Deputy, ≈ MP
tea *n* tae *m4*; **to make a cup of tea** cupán tae a dhéanamh
tea bag *n* mála *m4* tae
tea break *n* sos *m3* tae
teach *vt, vi* teagasc, múin; **to teach sb sth, teach sth to sb** rud a mhúineadh do dhuine
teacher *n* múinteoir *m3*, oide *m4*
teaching *n* múinteoireacht *f3*, teagasc *m1*
tea cosy *n* púic *f2* tae
teacup *n* cupán *m1*
teak *n* téac *f2*
team *n* foireann *f2*; (*of workers*) meitheal *f2*
teamwork *n* comhar *m1*, cur *m1* le chéile
teapot *n* taephota *m4*
tear[1] *n* stróiceadh *m*♦ *vt, vi* stróic, réab
▸ **tear along** *vi* (*rush*): **she was tearing along the road** bhí sí ag stróiceadh léi feadh an bhóthair
▸ **tear up** *vt* (*sheet of paper etc*) stróic
tear[2] *n* deoir *f2*; **she burst into tears** bhris a gol uirthi
tearful *adj* deorach; **a tearful voice** glór caointe
tear gas *n* deoirghás *m1*
tearoom *n* seomra *m4* tae
tease *vt* spoch as; (*unkindly*) ciap
tease out *vt* spíon
tea set *n* foireann *f2* tae
teaspoon *n* taespúnóg *f2*; (*also*: **teaspoonful**: *as measurement*) lán *m1* taespúnóige
teat *n* (*of animal*) sine *f4*; (*on bottle*) dide *f4*
teatime *n* am *m3* tae
tea towel *n* ceirt *f2* soithí
technical *adj* teicniúil
technicality *n* (*detail*) teicniúlacht *f3*; (*point of law*) pointe *m4* teicniúil
technically *adv* go teicniúil
technician *n* teicneoir *m3*
technique *n* teicníocht *f3*, teicníc *f2*
technological *adj* teicneolaíoch
technology *n* teicneolaíocht *f3*
teddy (bear) *n* béirín *m4*
tedious *adj* leadránach, strambánach
tee *n* (GOLF) tí *m4*
teem *vi*: **to teem (with)** bheith lom lán (le)♦ *vt* (*potatoes*) taom; **it is teeming (with rain)** tá sé ag stealladh (báistí)
teenage *adj* (*fashions etc*) déagóra *n gen*
teenager *n* déagóir *m3*
teens *npl* déaga *pl*; **to be in one's teens** bheith sna déaga
tee-shirt *n* = **T-shirt**
teeter *vi*: **to teeter on** bheith ag longadán
teething *n* gearradh *m* fiacla
teetotal *adj* (*person*) staontach
teetotaller *n* staonaire *m4*
telegram *n* sreangscéal *m1*, teileagram *m1*
telegraph *n* teileagraf *m1*
telegraph pole *n* cuaille *m4* teileagraif
telephone *n* teileafón *m1*, guthán *m1*

◆ *vt* (*person*): **to telephone sb** glaoch gutháin a chur ar dhuine; **I'm on the telephone** (*speaking*) tá mé ag caint ar an teileafón; **we're on the telephone** (*have a telephone*) tá teileafón againn

telephone booth, telephone box *n* bosca *m4* teileafóin *or* gutháin

telephone call *n* scairt *f2* ghutháin, glao *m4* gutháin

telephone directory *n* eolaí *m4* teileafóin

telephone number *n* uimhir *f* theileafóin *or* ghutháin

telephonist *n* teileafónaí *m4*

telescope *n* teileascóp *m1*

television *n* teilifís *f2*; (*also*: **television set**) teilifíseán *m1*; **on television** ar an teilifís

telex *n* teiléacs *m4*

tell *vt* abair, inis; (*distinguish*): **to tell sth from** rud a idirdhealú ó◆ *vi* (*talk*): **to tell (of)** inis (faoi); (*have effect*) dul i bhfeidhm (ar); **to tell sb to go** a rá le duine imeacht

▸**tell off** *vt*: **to tell sb off** leadhbairt den teanga a thabhairt do dhuine

teller *n* (*in bank*) áiritheoir *m3*

telling *adj* (*remark, detail*) éifeachtach, feidhmiúil

telltale *n* sceithire *m4*

telly (*inf*) *n abbr*: **on the telly** ar an bhosca; = **television**

temp *n abbr* = **temporary**

temper *n* (*nature*) meon *m1*; (*mood*) aoibh *f2*; (*fit of anger*) colg *m1*, taghd *m1* ◆ *vt* (*moderate*) maolaigh; **he is in a temper** tá colg air; **he lost his temper** baineadh a mhíthapa as

temperament *n* (*nature*) meon *m1*, cáilíocht *f3*

temperamental *adj* taghdach, spadhrúil

temperate *adj* measartha; (*climate*) séimh

temperature *n* teocht *f3*; **he has a temperature** tá fiabhras air

temple *n* (*building*) teampall *m1*; (ANAT) uisinn *f2*

temporary *adj* sealadach; (*ephemeral*) neamhbhuan

tempt *vt* meall; **to tempt sb** cathú a chur ar dhuine; **I was tempted** tháinig cathuithe orm

temptation *n* cathú *m*

ten *num* deich; **ten bottles** deich mbuidéal; **ten people** deichniúr *m1*

tenacity *n* righneas *m1*, diongbháilteacht *f3*

tenancy *n* tionóntacht *f3*

tenant *n* tionónta *m4*

tend *vt*: **to tend sb** aire a thabhairt do dhuine◆ *vi*: **I tend to agree** tá claonadh agam aontú; **they tend to go to Scotland on holiday** is gnách leo dul ar saoire go hAlbain

tendency *n*: **tendency to** claonadh *m* chun, luí *m4* le

tender *adj* bog, maoth; (*delicate*) leochaileach; (*bruise etc*) frithir◆ *n* (COMM, *offer*) tairiscint *f3*◆ *vt* tairg

tenement *n* tionóntán *m1*

tenet *n* prionsabal *m1*

tennis *n* leadóg *f2*

tennis ball *n* liathróid *f2* leadóige

tennis court *n* cúirt *f2* leadóige

tennis player *n* imreoir *m3* leadóige

tennis racket *n* raicéad *m1* leadóige

tennis shoe *n* bróg *f2* leadóige

tenor *n* (MUS) teanór *m1*

tenpin bowling *n* bollaí *mpl4* deich mbiorán

tense *adj* rite; (*nervous*) ar tinneall; (*finish*) corraitheach◆ *n* (LING) aimsir *f2*

tension *n* teannas *m1*

tent *n* puball *m1*

tentative *adj* trialach; (*cautious*) faichilleach

tenterhooks *npl*: **on tenterhooks** ar bís

tenth *num* deichiú *m4*; **the tenth woman** an deichiú bean

tent pole *n* cuaille *m4* pubaill

tenuous *adj* caol; (*point, argument*) fánach

tenure *n* (*of property*) sealbhaíocht *f3*; (LAW) tionacht *f3*

tepid *adj* alabhog; (*person*) leamh

term *n* téarma *m4*, tréimhse *f4*; (*condition*) coinníoll *m1*◆ *vt*: **to term sth/sb** ainm a thabhairt ar rud/dhuine;

in the long term go fadtéarmach; **to come to terms with** (*problem*) teacht chun réitigh le

terminal *adj* téarmach ♦ *n* (ELEC) teirminéal *m1*; (*also*: **air, coach terminal**) críochfort *m1*

terminate *vt* deireadh a chur le; (*pregnancy*) ginmhilleadh a fháil

terminus *n* stáisiún *m1* cinn aistir

terrace *n* lochtán *m1*; (*row of houses*) sraith *f2*; (*in street names*) ardán *m1*; **the terraces** *npl* (SPORT) na lochtáin *mpl1*

terraced *adj* (*garden*) lochtánach

terracotta *n* cré *f4* bhruite

terrain *n* tír-raon *m1*

terrible *adj* uafásach, millteanach, creathnach

terribly *adv* millteanach, uafásach

terrier *n* brocaire *m4*

terrific *adj* iontach, éachtach

terrify *vt* scanraigh, sceimhligh; **he terrified them** chuir sé scéin iontu

territory *n* dúiche *f4*, críoch *f2*, líomatáiste *m4*

terror *n* scéin *f2*, sceimhle *m4*, scanradh *m1*

terrorism *n* sceimhlitheoireacht *f3*

terrorist *n* sceimhlitheoir *m3*

terse *adj* (*style*) gonta; (*reply*) grod

Terylene ® *n* teirilín *m4*

test *n* triail *f*, teist *f2*, promhadh *m1*; (MED, SCOL) scrúdú *m*; (CHEM) triail; (*also*: **driving test**) scrúdú tiomána ♦ *vt* triail; scrúdaigh; promh; tástáil

testament *n* uacht *f3*, tiomna *m4*; **the Old/New Testament** an Sean-Tiomna/an Tiomna Nua

testicle *n* magairle *m4*

testify *vi* (LAW) fianaise a thabhairt; **to testify to sth** dearbhú le rud

testimony *n* fianaise *f4*

test match *n* (CRICKET, RUGBY) teistchluiche *m4*

test pilot *n* píolóta *m4* profa

test tube *n* promhadán *m1*

tetanus *n* teiteanas *m1*

tether *vt* ceangail ♦ *n* teaghrán *m1*; **to be at the end of one's tether** bheith i mbarr do chéille

text *n* téacs *m4*

textbook *n* téacsleabhar *m1*

textile *n* teicstíl *f2*

texture *n* uigeacht *f3*

Thailand *n* an Téalainn *f2*

Thames *n*: **the Thames** an Tamais *f2*

than *conj* ná; (*with numerals*): **more than 10/once** níos mó ná deichniúr/uair amháin; **I have more/less than you** tá níos mó/níos lú agam ná atá agatsa; **she has more apples than pears** is mó úll ná piorra atá aici; **I'd rather go than stay** b'fhearr liom imeacht ná fanacht

thank *vt*: **to thank sb (for)** buíochas a ghabháil le duine (as); **thanks** *npl* (*gratitude*) buíochas *msg1* ♦ *excl* go raibh maith agat; **thank you (very much)** go raibh míle maith agat; **thanks to** a bhuí le; **thank God!** buíochas le Dia!

thankful *adj*: **thankful (for)** buíoch (as)

thankless *adj* (*person*) diomaíoch; (*task*) gan bhuíochas

Thanksgiving (Day) *n* Lá *m* an Altaithe

KEYWORD

that *adj* (*demonstrative*: *pl those*) sin; **that man/woman/book** an fear/an bhean/an leabhar sin; (*not "this"*) an fear/an bhean/an leabhar úd; **that one** an ceann sin *or* úd

♦ *pron* **1** (*demonstrative*: *pl those*: *not "this one"*) é sin, í sin, iad sin; **who's that?** cé hé sin; **what's that?** céard *or* cad é sin; **is that you?** an tú atá ann?, an tusa atá ansin?; **I prefer this to that** is fearr liom (é) seo ná (é) sin; **that's what he said** sin an rud a dúirt sé; **that is (to say)** is é sin le rá *or* is ionann sin is a rá

2 (*relative*: *subject*) a + *lenition*; (: *object*) a + *lenition*, a + nas; (: : *in past tenses*) a + nas/ar + *lenition*; (: *indirect*) a + nas; (: *past tenses*) a + *lenition*; **the book that I read** an leabhar a léigh mé; **the books that are in the library** na leabhair atá sa leabharlann; **all that I have** (gach) a bhfuil agam; **the box that I put it in** an bosca ar chuir mé ann é/inar chuir mé é;

the people that I spoke to na daoine ar labhair mé leo *or* lenar labhair mé
3 (*relative*: *of time*): **the day that he came** an lá a *or* ar tháinig sé
♦ *conj*: **he thought that I was ill** shíl sé go raibh mé tinn
♦ *adv* (*demonstrative*): **I can't work that much** ní thig liom an oiread sin oibre a dhéanamh; **I didn't know it was that bad** ní raibh a fhios agam go raibh sé chomh dona sin; **it's about that high** tá sé faoin méid/airde sin

thatched *adj* (*roof*) tuí; **thatched cottage** teach ceann tuí
thaw *n* coscairt *f3*♦ *vi*: **it's thawing** tá coscairt ann♦ *vt* coscair, leáigh

KEYWORD

the *def art*1 (*all sg except gsf*) an; (*gsf*) na; (*all plurals*) na; **the man/woman** an fear/bhean; **the summer/street** an samhradh/tsráid; **the time** an t-am; **the weather** an aimsir; **the children** na páistí; **the songs** na hamhráin; **the history of the world** stair an domhain; **the top of the window** barr na fuinneoige; **give it to the postman** tabhair d'fhear an phoist é; **to play the piano/flute** an pianó/fheadóg mhór a sheinm; **the rich and the poor** an saibhir agus an daibhir
2 (*in titles*): **Elizabeth the First** Eilís a hAon; **Peter the Great** Peadar Mór; **Seán the poet** Seán file; **Tadhg the blacksmith** Tadhg gabha
3 (*in comparisons*): **the more he works, the more he earns** dá mhéad a oibríonn sé is amhlaidh is mó a shaothraíonn sé, dá mhéad dá n-oibríonn sé is ea is mó a shaothraíonn sé

theatre *n* amharclann *f2*; (*also*: **lecture theatre**) léachtlann *f2*; (MED: *also*: **operating theatre**) obrádlann *f2*; **the theatre of war** láthair an chogaidh
theatre-goer *n* gnáthóir *m3* amharclainne
theatrical *adj* amharclannach; (*exaggerated*) gáifeach
theft *n* gadaíocht *f3*, goid *f3*
their *adj* a; **their house/car/gloves** a dteach/ngluaisteán/miotóga, an teach/an gluaisteán/na miotóga acu; **their hair** a gcuid gruaige; *see also* **my**
theirs *adj* (*single article*) a gceannsa; (*share of*) a gcuidsean; **this book is theirs** is leo an leabhar seo; **this book of theirs** an leabhar seo acu; *see also* **mine**
them *pron* (*direct*) iad; (*emphatic*) iadsan; **I saw them** chonaic mé iad; **without them** gan iad; **after them** ina ndiaidh; **tormenting them** á gcrá; *see also* **me**
theme *n* téama *m4*, ábhar *m1*
theme park *n* páirc *f2* théama
theme song *n* téamamhrán *m1*
themselves *pl pron* (*reflexive*) iad féin; (*emphatic*) iadsan; *see also* **oneself**
then *adv* (*at that time*) san am sin; (*at that moment*) ansin; (*next*) ansin, ina dhiaidh sin♦ *conj* (*therefore*) ansin, mar sin, más ea♦ *adj*: **the then president** uachtarán na linne sin; **by then** faoi sin; **from then on** as sin amach
theology *n* diagacht *f3*
theoretical *adj* teoiriciúil
theorize *vi* ceap teoiricí
theory *n* teoiric *f2*
therapy *n* teiripe *f4*

KEYWORD

there *adv*1 : **there is, there are** tá ... ann; **there are 3 of them** (*people*) tá triúr díobh ann; (*things*) tá trí cinn díobh ann; **there has been an accident** bhí taisme ann
2 (*referring to place*) ansin, ansiúd; **it's there** tá sé ansin; **in/up/down there** istigh/thuas/thíos ansin; **he went there on Friday** chuaigh sé ann Dé hAoine; **I want that book there** an leabhar sin ba mhaith liom; **there he is!** sin *or* siúd ansin é
3 : **there, there** (*esp to child*) seo, seo, seo anois

thereabouts *adv* (*place*) sa chóngar sin; (*amount*) thart faoi sin, a bheag nó a mhór

thereafter *adv* as sin amach; (*up to present*) ó shin i leith

thereby *adv* ar an dóigh sin, sa tslí sin, dá bharr sin

therefore *adv* dá bhrí sin, ar an ábhar sin, mar sin de

thermal *adj* teirmeach; (*springs*) te

thermometer *n* teirmiméadar *m1*

Thermos ® *n* (*also*: **Thermos flask**) teirmeas *m1*

thermostat *n* teirmeastat *m1*

thesaurus *n* teasáras *m1*

these *pl adj* (*not "those"*): **these books** na leabhair seo ♦ *pl pron* (*subj*) siad seo; (*obj*) iad seo

thesis *n* (*dissertation*) tráchtas *m1*; (*theory*) téis *f2*

they *pl pron* siad, iad; (*emphatic*) siadsan; (*as subject*): **they came in** tháinig siad isteach; (*with copula*): **they are people** is daoine iad; (*in passive, autonomous*): **they were injured** gortaíodh iad; **they came and she stayed** tháinig siadsan agus d'fhan sise; **it is they who ...** is iadsan a ...; **they say that ...** (*it is said that*) deirtear ...

thick *adj* tiubh, dlúth; (*liquid*) ramhar; (*stupid*) bómánta ♦ *n*: **in the thick of** i lár + *gen*; **it's 20 cm thick** 20 cm ar tiús

thicken *vt, vi* tiubhaigh, ramhraigh; (*plot*) éirigh níos casta

thickness *n* tiús *m1*, raimhre *f4*

thickset *adj* dlúth; (*person*) dingthe

thick-skinned *adj* (*fig*) neamhghoilliúnach

thief *n* gadaí *m4*

thigh *n* ceathrú *f*, leis *f2*

thimble *n* méaracán *m1*

thin *adj* tanaí, caol; (*hair, crowd*) scáinte ♦ *vt, vi* tanaigh, caolaigh

thing *n* rud *m3*, ní *m4*; **things** *npl* (*belongings*) giúirléidí *fpl2*; **poor thing!** an créatúr!; **the best thing would be to ...** ba é ab fhearr a dhéanamh (ná) ...; **how are things?** cad é mar atá cúrsaí?

think *vt, vi* smaoinigh; (*reflect*) machnaigh; (*presume*) síl, ceap, meas ♦ *vi*: **think about** smaoinigh *or* machnaigh ar ♦ *vt* (*imagine*) samhail; **what did you think of them?** cad é do bharúil orthu?; **to think about sth/sb** smaoineamh ar rud/dhuine; **I'll think about it** déanfaidh mé mo mhachnamh air; **to think of doing sth** smaoineamh ar rud a dhéanamh; **Is he here? - I think so** an bhfuil sé abhus? - sílim go bhfuil; **I think of her a lot** bíonn sí go minic ar m'intinn

▸ **think over** *vt* smaoinigh ar

▸ **think up** *vt* ceap, cum, faigh

think tank *n* sainghrúpa *m4* machnaimh

thinly *adv* (*cut*) go caol; (*spread*) go tanaí

third *num* tríú, trian; **the third woman** an tríú bean ♦ *n* (*fraction*) an tríú cuid; (AUT) an tríú giar; (UNIV, *degree*) na tríú honóracha; (MUS) tréach *m1*

thirdly *adv* ar an tríú dul síos

third party insurance *n* árachas *m1* tríú páirtí

third-rate *adj* den tríú scoth

Third World *n*: **the Third World** an Tríú Domhan

thirst *n* tart *m3*

thirsty *adj* (*person*) tartmhar; (*work*) tartúil; **he is thirsty** tá tart air

thirteen *num* trí déag; **thirteen bottles** trí bhuidéal déag; **thirteen people** trí dhuine dhéag

thirty *num* tríocha + *sg*

KEYWORD

this *adj* (*demonstrative*: *pl these*) seo; **this man/woman/book** an fear/an bhean/an leabhar seo; **this one** an ceann seo ♦ *pron* (*demonstrative*: *pl these*) é seo, í seo, iad seo; **who's this?** cé hé seo?; **what's this?** céard *or* cad é seo?; **I prefer this to that** is fearr liom (é) seo ná (é) sin; **this is what he said** seo an rud a dúirt sé; **this is Mr Brown** (*in introductions*) is é seo an tUasal Brown; (*in photo*) seo an tUasal Brown; (*on telephone*) an tUasal Brown anseo

• *adv* (*demonstrative*): **it was about this big** bhí sé thart faoin méid seo; **I didn't know it was this bad** ní raibh a fhios agam go raibh sé chomh dona seo

thistle *n* feochadán *m1*
thorn *n* dealg *f2*
thorough *adj* cruinn, mion; (*work, person*) críochnúil
thoroughbred *adj* (*horse*) folúil
thoroughfare *n* bealach *m1*
thoroughly *adv* (go) críochnúil; (*know*) (go) cruinn; (*very*) amach agus amach
those *pl adj* (*not "these"*): **those books** na leabhair sin • *pl pron* (*subj*) siad sin; (*obj*) iad sin
though *conj* cé go, bíodh go • *adv* mar sin féin
thought *n* machnamh *m1*; (*idea*) smaoineamh *m1*; (*opinion*) barúil *f3*
thoughtful *adj* (*deep in thought*) machnamhach, smaointeach; (*considerate*) tuisceanach
thoughtless *adj* místuama, éaganta; (*inconsiderate*) neamhthuisceanach
thousand *num* míle; **two thousand houses** dhá mhíle teach; **thousands of houses** na mílte teach
thousandth *num* míliú
thrash *vt* léas, greasáil; (*defeat*) treascair
▸ **thrash around, thrash about** *vi* iomlaisc
▸ **thrash out** *vt*: **to thrash out a problem** fadhb a shuaitheadh
thread *n* snáth *m3*; (*of screw*) snáithe *m4* • *vt* (*needle*): **to thread a needle** snáithe a chur i snáthaid
threadbare *adj* seanchaite
threat *n* bagairt *f3*
threaten *vi* bagair • *vt*: **to threaten sb with sth** rud a bhagairt ar dhuine
three *num* trí; **three bottles** trí bhuidéal; **three people** triúr *m1*
three-dimensional *adj* tríthoiseach
three-piece suit *n* culaith *f2* trí bhall
three-piece suite *n* foireann *f2* troscáin trí bhall
three-ply *adj* (*wool*) trídhualach
thresh *vt* (AGR) buail
threshold *n* tairseach *f2*
thrift *n* tíos *m1*, coigilteas *m1*
thrifty *adj* tíosach, coigilteach
thrill *n* (*excitement*) corraíl *f3*; (*shudder*) drithlín *m4*, deann *m3* • *vt* (*audience*) corraigh; **to be thrilled** (*with gift etc*) eiteoga a bheith ar do chroí
thriller *n* (*book*) leabhar *m1* corraitheach; (TV, CINE) scéinséir *m3*
thrilling *adj* corraitheach
thrive *vi* rathaigh, bisigh; **the business is thriving** tá rath ar an ngnó
thriving *adj* (*business, community*) rafar, bisiúil
throat *n* sceadamán *m1*, scornach *f2*; **I have a sore throat** tá tinneas sceadamáin *or* scornaí orm
throb *vi* (*heart*) preab; (*pain*) frithbhuail; **my finger is throbbing** tá mo mhéar ag broidearnach; **my head is throbbing** tá mo cheann ag frithbhuaileadh
throes *npl*: **in the throes of** i gceartlár + *gen*; **in the throes of death** i gcróilí an bháis
throne *n* ríchathaoir *f*
throng *n* slua *m4*, plód *m1* • *vt* plódaigh
throttle *n* (AUT) scóig *f2* • *vt* tacht
through *prep* trí; (*time*) i rith + *gen*, ar feadh + *gen*; (*by means of*) trí mheán + *gen*; (*owing to*) de bharr + *gen*, le teann + *gen* • *adj* (*ticket, train, passage*) díreach • *adv* tríd; **through and through** amach agus amach; **to put sb through to sb** (TEL) duine a chur i gcaoi cainte le duine; **to be through** (*esp* US: *have finished*) bheith réidh (le); "**no through road**" "níl aon bhealach tríd"
throughout *prep* (*place*) ar fud + *gen*; (*time*) i rith + *gen* • *adv* i rith an ama, ar fud na háite
throw *n* caitheamh *m1* • *vt* caith, teilg
▸ **throw away** *vt* caith uait
▸ **throw off** *vt* (*clothes*): **he threw off his coat** chaith sé a chóta de; (*people*): **I threw her off** chuir mé díom í
▸ **throw out** *vt* caith amach; (*reject*) diúltaigh do; (*person*) díbir; (*heat*)

tabhair uait

▸ **throw up** *vi* caith amach, urlaic

throwaway *adj* le diúscairt

throw-in *n* (SPORT) caitheamh *m1* isteach

thru (US) = **through**

thrush *n* (*bird*) smólach *m1*; (*disease*) truis *f2*

thrust *n* sá *m4*, ropadh *m* ♦ *vt* sáigh, sac, rop

thud *n* tuairt *f2*, trost *f2*

thug *n* maistín *m4*

thumb *n* (ANAT) ordóg *f2* ♦ *vt*: **to thumb a lift** dul ar an ordóg

▸ **thumb through** *vt* (*book*) méaraigh

thumbtack (US) *n* tacóid *f2* ordóige

thump *n* tailm *f2*, paltóg *f2*; (*sound*) trost *f2* ♦ *vt, vi* buail

thunder *n* toirneach *f2* ♦ *vi*: **it is thundering** tá toirneach ann

thunderbolt *n* caor *f2* thine

thunderclap *n* plimp *f2* thoirní

thunderstorm *n* spéirling *f2*, stoirm *f2* thintrí

thundery *adj* toirniúil

Thursday *n* (An) Déardaoin *m4*; **on Thursday** Déardaoin; **he comes on Thursdays** tagann sé Déardaoin

thus *adv* (*like so*) mar seo, amhlaidh; (*hence*) mar sin de, dá bhrí sin

thwart *vt* sáraigh, bac

thyme *n* tím *f2*; (*also*: **wild thyme**) lus *m3* na mbrat

tiara *n* tiara *m4*

tick *n* (*of clock, mark*) tic *m4*; (ZOOL) sceartán *m1*; (*inf*): **in a tick** (*straight away*) ar an toirt; (*in a moment*) i gceann meandair ♦ *vi* ticeáil ♦ *vt* (*item on list*) tic a chur le, ticeáil

▸ **tick off** *vt* (*item on list*) tic a chur le, ticeáil; (*person*) íde béil a thabhairt do

▸ **tick over** *vi* (*engine*) réchas; (*fig*): **to be ticking over nicely** bheith ag gabháil leat

ticket *n* ticéad *m1*

ticket collector *n* bailitheoir *m3* ticéad

ticket office *n* oifig *f2* ticéad

tickle *vt, vi* cigil

ticklish *adj* (*person*) cigilteach; (*problem*) cáiréiseach

tidal *adj* taoidmhear; **tidal wave** muirbhrúcht *m3*; **tidal river** abhainn *f* taoide

tidbit (US) *n* = **titbit**

tide *n* taoide *f4*; (*fig*: *of events*) sruth *m3* ♦ *vt*: **to tide sb over** cuidiú le duine; **high tide** lán mara; **low tide** lag trá; **flood tide** taoide thuile; **neap tide** mallmhuir; **to go against the tide** snámh in éadan an tsrutha

tidy *adj* slachtmhar, néata ♦ *vt* (*also*: **tidy up**): **to tidy sth up** slacht a chur ar rud

tie *n* (*string etc*) ceangal *m1*; (*also*: **necktie**) carbhat *m1*; (MUS) nasc *m1*; (SPORT, *draw*) comhscór *m1* ♦ *vt* ceangail, snaidhm; (*link*) nasc ♦ *vi* (SPORT) críochnaigh ar comhscór; **to tie a knot in sth** snaidhm a chur i rud

▸ **tie down** *vt* (*fig*): **to tie sb down to sth** rud a chur de chúram ar dhuine; **to be tied down** (*by relationship*) bheith ar teaghrán

▸ **tie up** *vt* (*parcel, dog*) ceangail; (*boat*) feistigh; (*arrangements*) socraigh; **to be tied up (with)** (*busy*) bheith gafa (ag)

tier *n* sraith *f2*

tiger *n* tíogar *m1*

tight *adj* (*rope*) teann, rite; (*clothes*) dlúth; (*budget*) gann; (*programme, control*) dian; (*bend*) géar; (*grip*) docht, daingean; (*inf*: *drunk*) ólta ♦ *adv* (*squeeze*) go teann; (*hold*) go docht

tighten *vt, vi* teann, fáisc

tightfisted *adj* ceachartha

tightly *adv* (*grasp*) go daingean, go docht

tightrope *n* téad *f2* rite; **tightrope walker** téadchleasaí *m4*

tights *npl* riteoga *fpl2*

tile *n* tíl *f2*, leacán *m1*

tiled *adj* tílithe

till *n* scipéad *m1* ♦ *vt* (*land*) saothraigh ♦ *prep, conj* = **until**

tilt *vt, vi* claon, fiar

timber *n* (*material*) adhmad *m1*

time *n* am *m3*, tráth *m3*, aimsir *f2*; (*epoch*) ré *f4*; **the time** (*by clock*) an t-am; (*moment*) nóiméad *m1*, meandar *m1*; (*occasion*) uair *f2*; (MUS) am ♦ *vt* (*race*) amaigh; (*programme*) socraigh fad + *gen*; (*visit, remark etc*) aimsigh an uain thráthúil do; **for a long time** ar feadh tamaill fhada, ar feadh i bhfad; **for the time being** don am i láthair; **4 at a time** ceathrar in éineacht; **from time to time** ó am go ham; **at times** in amanna; **in time** (*soon enough*) roimh i bhfad; (*after some time*) i ndiaidh tamaill; **in a week's time** i gceann seachtaine; **in no time** gan mhoill; **any time** am ar bith; **on time** in am; **5 times 5** cúig faoina cúig; **what time is it?** cén t-am é?; **have a good time!** bíodh am maith agat!

time bomb *n* buama *m4* ama

time lag *n* idirlinn *f2*

timeless *adj* síoraí, bithbhuan

timely *adj* tráthúil, caoithiúil

time off *n* am *m3* saor

timer *n* amadóir *m3*

timescale *n* achar *m1* ama, tréimhse *f4*

time-share *n* sealbhaíocht *f3* thréimhsiúil

time switch *n* amlasc *f2*

timetable *n* clár *m1* ama, amchlár *m1*

time zone *n* crios *m3* ama

timid *adj* faiteach; (*easily scared*) scáfar

timing *n* uainiú *m*; (AUT) comhrialú *m*; (SPORT) crónaiméadrú *m*; **the timing of his leaving** uain a imeachta

timpani *npl* timpani *pl*

tin *n* stán *m1*; (*also*: **tin plate**) pláta *m4* stáin; (*tin can*) canna *m4* stáin

tinfoil *n* scragall *m1* (stáin)

tinge *n* imir *f2* ♦ *vt* cuir imir i; **tinged with orange** agus imir oráiste ann

tingle *vi* (*person*): **my skin is tingling** tá griofadach i mo chraiceann agam

tinker *n* (*gipsy*) tincéir *m3*

▸ **tinker with** *vt fus* bheith ag útamáil le

tinkle *vi*: **to tinkle** cling a dhéanamh

tinned *adj* (*food*) stánaithe

tin opener *n* stánosclóir *m3*

tinsel *n* tinsil *m4*

tint *n* imir *f2*; (*for hair*) fordhath *m3* gruaige

tinted *adj* fordhaite

tiny *adj* bídeach

tip *n* (*end*) barr *m1*, ceann *m1*, rinn *f2*; (*of pen*) gob *m1*; (*gratuity*) séisín *m4*; (*for rubbish*) láithreán *m1* fuílligh; (*advice*) nod *m1*, leid *f2* ♦ *vt* (*waiter*) séisín a thabhairt do; (*tilt*) claon; (*overturn*: *also*: **tip over**) iompaigh béal faoi; (*empty*: *also*: **tip out**) folmhaigh

tip-off *n* (*hint*) cogar *m1*, scéala *m4*

Tipperary *n* Tiobraid *f* Árann

tipsy (*inf*) *adj* súgach

tiptoe *n*: **on tiptoe** ar na barraicíní

tiptop *adj*: **to be in tiptop condition** bheith i mbarr do mhaitheasa

tire *n* (US) = **tyre** ♦ *vt, vi* tuirsigh, traoch

tired *adj* tuirseach; **I am tired** tá tuirse orm; **to be tired of sth** bheith bréan de rud

tireless *adj* dothuirsithe

tiresome *adj* fadálach, leamh, leadránach

tiring *adj* tuirsiúil

tissue *n* (BIOL) uige *f4*, fíochán *m1*; (*paper handkerchief*) ciarsúr *m1* páipéir

tissue paper *n* páipéar *m1* síoda

tit *n* (*bird*) meantán *m1*; (*teat*) sine *f4*; (*breast*) cíoch *f2*; **she will give him tit for tat** tabharfaidh sí tomhas a láimhe féin dó

titbit *n* (*food*) goblach *m1*; (*news*) blúire *m4* nuachta

title *n* teideal *m1*

title deed *n* (LAW) gníomhas *m1* teidil

title role *n* páirt *f2* theidil

titter *vi*: **to titter** bheith ag sciotaíl

KEYWORD

to *prep* **1** (*direction*) go, chuig, chun + *gen*, go dtí; **to go to Coleraine/Dublin/Ireland** dul go Cúil Raithin/go Baile Átha Cliath/go hÉirinn; **to go to Spiddal/Rome/France** dul chun an Spidéil/chun na Róimhe/chun na Fraince; **to go to the United States** dul chun na Stát Aontaithe; **to go to school** dul ar scoil *or* chun na scoile; **to go to John's/the doctor's** dul tigh Sheáin/chuig an dochtúir; **the road to Belfast** an bóthar go Béal Feirste

2 (*as far as*) go, go dtí; **to count to 10** comhaireamh go dtí a deich; **from 40 to**

50 people ó dhaichead go caoga duine
3 (*with expressions of time*) chun, do, go dtí; **it's twenty to 3** tá sé fiche don *or* go dtí *or* chun a trí
4 (*for, of*): **the key to the front door** eochair an dorais tosaigh; **a letter to his wife** litir chuig a bhean chéile
5 (*expressing indirect object*): **to give sth to sb** rud a thabhairt do dhuine; **to talk to sb** labhairt le duine
6 (*in relation to*): **3 goals to 2** 3 chúl in aghaidh a 2; **30 miles to the gallon** 30 míle an galún *or* don ghalún
7 (*purpose, result*): **to come to sb's aid** teacht i gcabhair ar dhuine, teacht ag cuidiú le duine; **to sentence sb to death** duine a dhaoradh chun báis; **to my surprise** rud a chuir iontas orm
♦ *with vb* 1 (*simple infin*): **to go/eat** imeacht/ithe
2 (*following another vb*): **to want to do sth** fonn a bheith ort rud a dhéanamh; **to try to do sth** iarraidh a thabhairt (ar) rud a dhéanamh; **to start to do sth** tosú ag déanamh ruda *or* dul i gceann ruda
3 (*with vb omitted*): **I don't want to** níl fonn orm
4 (*purpose, result*): **I did it to help you** rinne mé é chun cabhrú leat *or* le cuidiú leat
5 (*equivalent to relative clause*): **I have things to do** tá rudaí le déanamh agam; **the main thing is to try** is é is tábhachtaí (ná) tabhairt faoi
6 (*after adjective etc*): **ready to go** réidh le himeacht; **too old/young to ...** róshean/ró-óg le *or* chun
♦ *adv*: **push/pull the door to** dún an doras; **leave the door to** fág an doras dúnta

toad *n* buaf *f2*
toadstool *n* beacán *m1* bearaigh
toast *n* (CULIN) tósta *m4*; (*drink, speech*) sláinte *f4* ♦ *vt* (CULIN) tóstáil; (*drink to*): **we toasted him** d'ólamar a shláinte
toaster *n* tóstaer *m1*
tobacco *n* tobac *m4*
tobacconist *n* tobacadóir *m3*
tobacconist's (shop) *n* siopa *m4* tobac
toboggan *n* sleamhnán *m1*
today *adv, n* inniu
toddler *n* tachrán *m1*
to-do *n* (*fuss*) fuadar *m1*, rírá *m4*
toe *n* ladhar *f2*, méar *f2* coise; (*of shoe*) barraicín *m4* ♦ *vt*: **to toe the line** (*fig*) géilleadh do na rialacha
toenail *n* ionga *f* coise
toffee *n* taifí *m4*
toffee apple *n* úll *m1* taifí
toga *n* toga *m4*
together *adv* le chéile, in éineacht; **together with** in éineacht le
toil *n* saothar *m1*, dua *m4* ♦ *vi* saothraigh
toilet *n* (*lavatory*) leithreas *m1* ♦ *cpd* (*accessories etc*) ionnalta
toilet paper *n* páipéar *m1* leithris
toiletries *npl* cóir *fsg3* ionnalta
toilet roll *n* rolla *m4* leithris
toilet water *n* uisce *m4* ionnalta
token *n* (*coupon*) éarlais *f2*; (*sign*) comhartha *m4* ♦ *adj* (*strike, payment etc*) comharthach; **book/record token** éarlais leabhar/ceirníní; **gift token** éarlais bhronntanais
tolerable *adj* (*bearable*) sofhulaingthe; (*fairly good*) cuibheasach
tolerant *adj*: **tolerant (of)** caoinfhulangach (maidir le)
tolerate *vt* fulaing, cuir suas le
toll *n* dola *m4* ♦ *vi* (*bell*) buail; **the accident toll on the roads** an líon a maraíodh ar na bóithre
tomato *n* tráta *m4*
tomb *n* tuama *m4*
tombstone *n* leac *f2* uaighe
tomcat *n* cat *m1*, fearchat *m1*
tomorrow *adv* amárach ♦ *n* amárach; **the day after tomorrow** arú amárach; **tomorrow morning** maidin amárach
ton *n* tonna *m4*; **tons of** (*inf*) dalladh *m* + *gen*
tone *n* (*of voice*) tuin *f2*; (LING, MUS, *colour*) ton *m1*; (*of muscles*) teannas *m1* ♦ *vi* (*also*: **tone in**) tar le
▸ **tone down** *vt* maolaigh; (*sound*) bog

▸ **tone up** *vt* (*muscles*) teann
tone-deaf *adj* ceolbhodhar
tongs *npl* (*for coal*) tlú *msg4*, maide *msg4* briste; (*for hair*) tlú gruaige
tongue *n* teanga *f4*; **tongue in cheek** go híorónta
tongue-tied *adj* (*fig*) balbh
tongue twister *n* rabhlóg *f2*, casfhocal *m1*
tonic *n* íocshláinte *f4*; (MED) athbhríoch *m1*; (*also*: **tonic water**) uisce *m4* íocshláinteach
tonight *adv, n* anocht
tonsil *n* céislín *m4*
tonsillitis *n* céislínteas *m1*
too *adv* (*excessively*) ró-; (*also*) fosta, freisin, chomh maith; **too much food** barraíocht *or* an iomarca bia; **too many people** barraíocht daoine
tool *n* uirlis *f2*, gléas *m1*, acra *m4*
tool box *n* bosca *m4* uirlisí
toot *n* (*of car horn*) blosc *m1*; (*of whistle*) fead *f2* ♦ *vi* (*with car horn*) séid
tooth *n* (ANAT, TECH) fiacail *f2*
toothache *n* tinneas *m1* fiacaile, déideadh *m1*
toothbrush *n* scuab *f2* fiacla
toothpaste *n* taos *m1* fiacla
toothpick *n* bior *m3* fiacla
top *n* uachtar *m1*, barr *m1*; (*of mountain, head*) mullach *m1*; (*lid*: *of box, jar*) clár *m1*; (*toy*) caiseal *m1*; (*garment*) barrchóir *f3* ♦ *adj* uachtarach; (*in tank*) príomh-; (*best*) is fearr ♦ *vt* (*exceed*) sáraigh; (*be first in*) bheith ar cheann + *gen*; **on top of** ar bharr + *gen*, sa mhullach ar; (*in addition to*) ar bharr + *gen*; **from top to bottom** ó bhun go barr
▸ **top up,** (US)**top off** *vt* (*bottle*) líon go béal; (*salary*) cuir breis le
top floor *n* urlár *m1* uachtarach
top hat *n* hata *m4* ard
top-heavy *adj* (*object*) barrthrom
topic *n* ábhar *m1*
topical *adj* ábhartha; (*current*) reatha
topless *adj* (*bather etc*) uchtnocht
top-level *adj*: **top-level talks** díospóireacht ar an leibhéal is airde
topmost *adj* is airde
topple *vt* (*building*) leag; (*government*) treascair ♦ *vi* tit
top-secret *adj* an-rúnda
topsy-turvy *adj, adv* bunoscionn
torch *n* tóirse *m4*, trilseán *m1*; (*electric*) lóchrann *m1* póca
torment *n* crá *m4*, céasadh *m* ♦ *vt* céas, cráigh; (*fig*: *annoy*) ciap
tornado *n* tornádó *m4*
torpedo *n* toirpéad *m1*
torrent *n* tuile *f4*, díle *f*
tortoise *n* toirtís *f2*
tortoiseshell *adj* breac
torture *n* céasadh *m* ♦ *vt* céas; (*fig*) ciap, cráigh
Tory (BRIT: POL) *n* Tóraí *m4* ♦ *adj* Tóraíoch
toss *vt* caith; **she tossed her head** bhain sí croitheadh as a ceann; **to toss a coin** pingin a chaitheamh in airde; **to toss up for sth** crainn a chaitheamh ar rud; **to toss and turn** bheith d'únfairt féin sa leaba
tot *n* (*child*) pataire *m1*; (*drink*) súimín *m4*
total *adj* iomlán, ar fad, go léir ♦ *n* iomlán *m1*, suim *f2* ♦ *vt* (*add up*) suimigh; **it totals thirty pounds** tá tríocha punt ann
totally *adv* go hiomlán, go huile
totter *vi*: **to totter** bheith ag stámhailleach
touch *n* tadhall *m1*, teagmháil *f3*; (*skill*: *of artist etc*) lámh *f2*; (*sense*) tadhall ♦ *vt* teagmhaigh le, bain do; **don't touch that paint** ná bain don phéint sin; **a touch of humour** (*fig*) iarracht den ghreann; **to get in touch with** scéala a chur chuig; **he lost touch with her** d'imigh sí ó chaidreamh air
▸ **touch on** *vt fus* (*topic*) bain do
▸ **touch up** *vt* (*paint*) cuir barr maise ar
touch-and-go *adj* contúirteach, éiginnte
touchdown *n* talmhú *m*
touched *adj* (*moved*) corraithe, tógtha; (*batty*) ar mire
touching *adj* corraitheach
touchline *n* (SPORT) taobhlíne *f4*
touch-sensitive *adj* (COMPUT) tadhall-íogair
touchy *adj* (*person*) goilliúnach

tough *adj* crua; (*resistant, meat*) righin; (*firm*) láidir; (*task*) doiligh, deacair
toughen *vt* (*character*) láidrigh; (*glass etc*) cruaigh
toupee *n* bréagfholt *m1*
tour *n* turas *m1*, camchuairt *f2*; (*also*: **package tour**) turas *m1* láneagraithe; (*of town, museum*) cuairt *f2* • *vt*: **she toured the country** thug sí camchuairt na tíre
tourism *n* turasóireacht *f3*
tourist *n* turasóir *m3*
tourist office *n* oifig *f2* thurasóireachta
tournament *n* comórtas *m1*
tout *vi*: **to tout (for)** reic (le haghaidh + *gen*) • *n* (*also*: **ticket tout**) reacaire *m4* ticéad
tow *vt* tarraing; (*caravan, trailer*) tarraing ar cheann téide; "**on tow, in tow**" (*US*) ar cheann téide
toward(s) *prep* chuig, chun, go dtí; (*of attitude*) maidir le; (*of purpose*) chun + *gen*, le haghaidh + *gen*; (*direction*) i dtreo + *gen*
towel *n* tuáille *m4*
towelling *n* (*fabric*) éadach *m1* tuáillí
towel rail, (*US*) **towel rack** *n* ráille *m4* tuáillí
tower *n* túr *m1*
tower block *n* áraslann *f2*
towering *adj* an-ard
town *n* baile *m4* (mór); **to go to town** dul chun na cathrach
town centre *n* lár *m1* an bhaile; (*in road signs*) An Lár
town council *n* comhairle *f4* baile
town hall *n* halla *m4* baile
town plan *n* plean *m4* baile mhóir
town planning *n* pleanáil *f3* baile mhóir
towrope *n* téad *f2* tarraingthe
tow truck (*US*) *n* trucail *f2* tarraingthe
toy *n* bréagán *m1*, áilleagán *m1*
▸ **toy with** *vt fus* bí ag súgradh le
trace *n* lorg *m1*, rian *m1* • *vt* (*draw*) rianaigh; (*follow*) lorg; (*locate*) aimsigh
tracing paper *n* rianpháipéar *m1*
track *n* (*of bullet etc, on record*) rian *m1*; (*mark, of suspect, animal*) lorg *m1*; (*path*) cosán *m1*; (*RAIL*) rian; (*SPORT*) raon *m1* • *vt* lorg; **he kept track of her** níor chaill sé tuairisc uirthi
▸ **track down** *vt*: **to track down** (*prey*) lorg agus ceap; (*sth lost*) aimsigh
tracksuit *n* raonchulaith *f2*
tract *n* (*GEOG*) réimse *m4*; (*pamphlet*) tráchtas *m1*
traction *n* tarraingt *f*; (*MED*): **in traction** ar tarraingt
tractor *n* tarracóir *m3*
trade *n* trádáil *f3*, tráchtáil *f3*; (*skill, job*) ceird *f2* • *vi* trádáil a dhéanamh • *vt* (*exchange*): **to trade sth (for sth)** rud a bhabhtáil (ar rud)
▸ **trade in** *vt* (*old car etc*) tabhair mar pháirtíocaíocht
trade fair *n* aonach *m1* tráchtála
trade-in price *n* luach *m3* trádála isteach
trademark *n* trádmharc *m1*
trade name *n* ainm *m4* trádála
trader *n* trádálaí *m4*, tráchtálaí *m4*
tradesman *n* (*shopkeeper*) fear *m1* siopa
trade union *n* ceardchumann *m1*
trade unionist *n* ceardchumannaí *m4*
tradition *n* traidisiún *m1*
traditional *adj* traidisiúnta
traffic *n* trácht *m3* • *vi*: **to traffic in** (*pej: liquor, drugs*) déileáil
traffic circle (*US*) *n* timpeallán *m1*
traffic jam *n* plódú *m* tráchta
traffic lights *npl* soilse *fpl4* tráchta
traffic warden *n* maor *m1* tráchta
tragedy *n* traigéide *f4*, tubaiste *f4*
tragic *adj* taismeach, tubaisteach, traigéideach
trail *n* (*tracks*) lorg *m1*; (*path*) cosán *m1*; (*of smoke etc*) sraoill *f2* • *vt* sraoill; (*follow*) lorg, lean • *vi* sraoill; (*in game, contest*) bí chun deiridh
trailer *n* (*AUT*) leantóir *m3*; (*US*) carbhán *m1*; (*CINE, TV*) réamhbhlaiseadh *m*
trailer truck (*US*) *n* leoraí *m4* altach
train *n* traein *f*; (*of dress*) triopall *m1* • *vt* oil; (*sportsman*) traenáil; (*point: gun etc*) aimsigh • *vi* traenáil; **train of thought** snáithe smaointe
trained *adj* oilte; traenáilte
trainee *n* foghlaimeoir *m3*; (*in trade*)

printíseach *m1*
trainer *n* (*SPORT, coach*) traenálaí *m4*; (*of dogs etc*) oiliúnóir *m3*; **trainers** (*shoes*) bróga *fpl2* traenála
training *n* (*at work etc*) oiliúint *f3*; (*SPORT*) traenáil *f3*; **in training** (*SPORT*) ag traenáil; (*fit*) scafánta
training college *n* coláiste *m4* oiliúna
training shoes *npl* bróga *fpl2* traenála
traipse *vi* crágáil
trait *n* tréith *f2*
traitor *n* fealltóir *m3*
tram *n* (*also*: **tramcar**) tram *m4*
tramp *n* (*person*) bacach *m1*, fear *m1* siúil; (*inf*: *pej*: *woman*) scubaid *f2* ♦ *vi* siúil go trom
trample *vt*: **to trample (underfoot)** satail ar, gabh de chosa i
trampoline *n* trampailín *m4*
tranquil *adj* ciúin, suaimhneach
tranquillizer, (*US*) **tranquilizer** *n* (*MED*) suaimhneasán *m1*
transact *vt* (*business*) cuir i gcrích
transaction *n* idirbheart *m1*, beart *m1*
transatlantic *adj* trasatlantach
transfer *n* (*gen, also SPORT*) aistriú *m*; (*picture, design*) aistreog *f2*; (: *stick-on*) aistreog ghreamaitheach ♦ *vt* aistrigh; **to transfer the charges** (*TEL*) na táillí a aistriú
transform *vt* claochlaigh
transfusion *n* (*also*: **blood transfusion**) fuilaistriú *m*
transient *adj* neamhbhuan
transistor *n* (*ELEC, also*: *transistor radio*) trasraitheoir *m3*
transit *n* idirthuras *m1*; **in transit** faoi bhealach
transitive *adj* (*LING*) aistreach
transit lounge *n* tolglann *f2* idirthurais
translate *vt* aistrigh
translation *n* aistriúchán *m1*
translator *n* aistritheoir *m3*
transmission *n* seachadadh *m*, iompar *m1*; (*TEL*) tarchur *m1*
transmit *vt* seachaid; (*RADIO, TV*) tarchuir
transparency *n* (*of glass etc*) trédhearcacht *f3*; (*PHOT*) tréshoilseán *m1*
transparent *adj* trédhearcach
transpire *vi* (*turn out*): **it transpired that ...** tharla go ...
transplant *vt* aistrigh; (*seedlings*) athphlandáil; (*MED*) nódaigh ♦ *n* (*MED*) nódú *m*
transport *n* iompar *m1*; (*car*) gléas *m1* iompair ♦ *vt* iompair
transportation *n* iompar *m1*; (*means of transportation*) cóir *f3* iompair
transport café *n* caife *m4* lucht iompair
trap *n* (*snare, trick*) dol *m3*, gaiste *m4*; (*carriage*) trap *m4* ♦ *vt* gaistigh, sáinnigh
trap door *n* comhla *f4* thógála
trapeze *n* maide *m4* luascáin
trappings *npl* feisteas *m1*
trash (*pej*) *n* (*goods*) truflais *f2*, dramhaíl *f3*; (*nonsense*) seafóid *f2*, ráiméis *f2*
trash can (*US*) *n* bosca *m4* bruscair
trauma *n* sceimhle *m4*
traumatic *adj* coscrach
travel *n* taisteal *m1* ♦ *vi* taistil; (*news, sound*) leath ♦ *vt* (*distance*) taistil
travel agency *n* gníomhaireacht *f3* taistil
travel agent *n* gníomhaire *m4* taistil
travel card *n* cárta *m4* taistil
traveller, (*US*) **traveler** *n* taistealaí *m4*; **travellers** lucht *msg3* siúil
traveller's cheque, (*US*) **traveler's check** *n* seic *m4* taistil
travelling, (*US*) **traveling** *n* taisteal *m1*
travel sickness *n* tinneas *m1* taistil
travesty *n* scigaithris *f2*
trawler *n* trálaer *m1*
tray *n* (*for carrying*) tráidire *m4*
treacherous *adj* (*person, look*) fealltach; (*ground, tide*) fabhtach
treachery *n* feall *m1*, cealg *f2*
treacle *n* triacla *m4*
tread *n* (*of shoe*) bonn *m1*; (*sound*) coiscéim *f2*; (*of tyre*) trácht *m3* ♦ *vi* siúil
▸ **tread on** *vt fus* satail ar
treason *n* tréas *m3*
treasure *n* stór *m1*, ciste *m4*, taisce *f4* ♦ *vt* (*value*): **he treasures his books** is luachmhar leis a leabhair
treasurer *n* cisteoir *m3*
treasury *n*: **the Treasury, the Treasury**

Department (*US*) an Roinn *f2* Airgeadais
treat *n* féirín *m4* ♦ *vt* caith le; (*machine*) cóireáil; **to treat sb to a drink** deoch a sheasamh do dhuine
treatment *n* cóir *f3*; (*MED, machine*) cóireáil *f3*; (*COMM*) socraíocht *f3*
treaty *n* conradh *m*; (*COMM*) gnóthaíocht *f3*
treble *adj* faoi thrí ♦ *vt, vi* méadaigh faoi thrí
treble clef *n* (*MUS*) eochair *f* na tribile
tree *n* crann *m1*
trek *n* (*long*) aistear *m1*; (*on foot*) siúl *m1*
tremble *vi*: **to tremble** bheith ar crith
tremendous *adj* (*enormous*) ollmhór; (*excellent*) thar barr, iontach
tremor *n* creathán *m1*; (*also*: **earth tremor**) crith *m3* talún
trench *n* díog *f2*, trinse *m4*
trend *n* (*tendency*) claonadh *m*; (*of events*) treocht *f3*; (*fashion*) nós *m1*
trendy *adj* (*idea, person, clothes*) faiseanta
trepidation *n* critheagla *f4*
trespass *vi*: **to trespass on** treaspás a dhéanamh ar; "**no trespassing**" "ná déantar treaspás"
trestle *n* tristéal *m1*
trial *n* (*LAW*) triail *f*; (*test*: *of machine etc*) tástáil *f3*, promhadh *m1*; **trials** *npl* (*unpleasant experiences*) cruatan *msg1*; **to be on trial** (*LAW*) bheith do do thriail; **by trial and error** le tástáil agus le hearráid
trial period *n* tréimhse *f4* trialach
triangle *n* (*MATH, MUS*) triantán *m1*
tribe *n* treibh *f2*
tribesman *n* fear *m1* treibhe
tribunal *n* binse *m4* breithimh
tributary *n* (*river*) craobh-abhainn *f*
tribute *n* ómós *m1*; **to pay tribute to sb** duine a mholadh
trice *n*: **in a trice** i bhfaiteadh na súl
trick *n* (*magic trick*) cleas *m1*; (*joke, prank*) bob *m4*; (*skill, knack*) ciúta *m4*; (*CARDS*) cleas *m1* cártaí ♦ *vt* cuir cluain ar; **to play a trick on sb** bob a bhualadh ar dhuine; **that should do the trick** ba chóir go ndéanfadh sin cúis
trickery *n* cleasaíocht *f3*
trickle *n* (*of water etc*) silín *m4* ♦ *vi* sil
tricky *adj* cleasach; (*problem*) cáiréiseach
tricolour, (*US*)**tricolor** *n* trídhathach *m1*
tricycle *n* trírothach *m1*
trifle *n* mionrud *m3*; (*CULIN*) traidhfil *f4* ♦ *adv*: **a trifle long** ábhairín fada
trifling *adj* fánach
trigger *n* truicear *m1*
▸ **trigger off** *vt* cuir tús le
trim *adj* (*house, garden*) slachtmhar; (*figure*) comair ♦ *n* (*haircut etc*) diogáil *f3*; (*on car*) feistiú *m* ♦ *vt* (*cut*) diogáil; (*NAUT, a sail*) athraigh; (*decorate*): **to trim (with)** feistigh (le)
trimmings *npl* (*CULIN*) anlann *msg1*
trinket *n* áilleagán *m1*
trip *n* turas *m1*, aistear *m1*; (*excursion*) geábh *m3*; (*stumble*) tuisle *m4*, cor *m1* coise ♦ *vi* tuisligh; **on a trip** ar turas
▸ **trip up** *vi* tuisligh ♦ *vt* bain tuisle as
tripe *n* (*CULIN*) ruipleog *f2*; (*pej*: *rubbish*) seafóid *f2*, ráiméis *f2*
triple *adj* triarach
triplets *npl* trírín *msg4*
triplicate *n* trí chóip *f2*
tripod *n* tríchosach *m1*
trite (*pej*) *adj* seanchaite
triumph *n* bua *m4*, caithréim *f2* ♦ *vi*: **to triumph (over)** beir bua (ar)
trivia (*pej*) *npl* rudaí *mpl3* fánacha
trivial *adj* fánach; (*commonplace*) coitianta
trolley *n* tralaí *m4*
trombone *n* trombón *m1*
troop *n* buíon *f2*, díorma *m4* ♦ *vi*: **troop in/out** cruinnigh isteach/bailigh leat amach; **troops** *npl* (*MIL*) trúpaí *mpl4*; (: *men*) saighdiúirí *mpl3*
trophy *n* trófaí *m4*, comhramh *m1*
tropic *n* trópaic *f2*
tropical *adj* teochreasach
trot *n* sodar *m1* ♦ *vi*: **to trot** bheith ag sodar; **on the trot** (*fig*) as a chéile
trouble *n* trioblóid *f2*; (*worry*) buairt *f3*; (*bother, effort*) stró *m4*, dua *m4*; (*POL*) achrann *m1*; (*MED*): **he has stomach trouble** tá an goile ag cur air ♦ *vt* (*disturb*) cuir as do; (*worry*) buair ♦ *vi*: **to trouble to do sth** saothar a chur ort féin le rud a dhéanamh; **troubles** *npl* (*POL etc*)

trioblóidí *fpl2*; (*personal*) deacrachtaí *fpl3*; **to be in trouble** deacrachtaí a bheith agat; (*ship, climber etc*) bheith i dtrioblóid; **what's the trouble?** cad é atá cearr?

troubled *adj* (*person*) buartha; (*epoch, life*) corrach

troublemaker *n* clampróir *m3*

troubleshooter *n* (*in conflict*) eadránaí *m4*

troublesome *adj* (*child*) crosta; (*cough etc*) cráite

trough *n* umar *m1*; (*also*: **drinking trough**) trach *m4* uisce; (*low point*) log *m1*

trousers *npl* bríste *msg4*; **short trousers** bríste gairid

trout *n* breac *m1*

trowel *n* lián *m1*

truant *n* múitseálaí *m4*; **to play truant** lá a chaitheamh faoin tor

truce *n* sos *m3* cogaidh

truck *n* trucail *f2*

truck driver *n* tiománaí *m4* trucaile

truck farm (*US*) *n* gairdín *m4* margaidh

trudge *vi* spágáil

true *adj* fíor; (*accurate*) cruinn; (*faithful*) dílis; **to come true** fíorú

truffle *n* strufal *m1*

truly *adv* dáiríre; (*truthfully*) go fírinneach; *see also* **yours**

trump *n* (*also*: **trump card**) mámh *m1*

trumped up *adj* bréagach

trumpet *n* stoc *m1*, trumpa *m4*

truncheon *n* smachtín *m4*

trundle *vi*: **to trundle** bheith ag cleatráil

trunk *n* (*of tree*) ceap *m1*, stoc *m1*; (*of person*) cabhail *f*; (*of elephant*) trunc *m3*; (*case*) cófra *m4*; (*US*: *AUT*) cófra *m4* bagáiste; **trunks** *npl* (*also*: **swimming trunks**) bríste *msg4* snámha

truss *n* (*MED*) trus *m4* ♦ *vt*: **to truss (up)** (*CULIN*) trusáil

trust *n* muinín *f2*, iontaoibh *f2*; (*responsibility*) cúram *m1*; (*LAW*) iontaobhas *m1* ♦ *vt* (*rely on*) bíodh iontaoibh agat as; (*hope*) bíodh súil agat; (*entrust*): **to trust sth to sb** rud a chur faoi chúram + *gen*; **to take sth on trust** rud a ghlacadh ar cairde

trusted *adj* muiníneach, iontaofa

trustee *n* (*LAW*) iontaobhaí *m4*; (*of school etc*) riarthóir *m3*

trustful, trusting *adj* muiníneach

trustworthy *adj* iontaofa

truth *n* fírinne *f4*; **to tell the truth** déanta na fírinne

truthful *adj* (*person*) ionraic; (*answer*) fírinneach

try *n* iarracht *f3*, triail *f*; (*RUGBY*) úd *m1* ♦ *vt* (*attempt*) déan iarracht ar, triail; (*test*: *sth new*: *also*: **try out**) tástáil, promh; (*LAW*, *person*) triail; (*strain*) cuir stró ar ♦ *vi* déan iarracht; **to have a try** tabhairt faoi; **to try to do sth** triail rud a dhéanamh

▸ **try on** *vt* (*clothes*) féach ort

trying *adj* duaisiúil

T-shirt *n* T-léine *f4*

T-square *n* T-chearnóg *f2*

tub *n* tobán *m1*; (*for washing clothes*) tobán níocháin; (*bath*) folcadán *m1*

tubby *adj* beathaithe

tube *n* feadán *m1*, píobán *m1*; (*underground*) traein *f* faoi thalamh; (*for tyre*) tiúb *f2*

tuck *vt* (*put*) sac

▸ **tuck in** *vt* sac isteach; (*child*) soiprigh ♦ *vi* (*eat*) ith leat

tuck shop *n* siopa *m4* milsíneachta

Tuesday *n* An Mháirt *f2*; **on Tuesday** Dé Máirt; **he comes on Tuesdays** tagann sé ar an Máirt

tuft *n* dos *m1*, tom *m1*

tug *n* (*ship*) tuga *m4* ♦ *vt* tarraing

tug-of-war *n* tarraingt *f* na téide

tuition *n* (*BRIT*) teagasc *m1*; (: *private tuition*) teagasc *m1* príobháideach; (*US*: *school fees*) táillí *fpl4* scoile

tulip *n* tiúilip *f2*

tum (*inf*) *n* goile *m4*, bolg *m1*

tumble *n* (*fall*) titim *f2* ♦ *vi* tit; **to tumble to sth** (*inf*) tuig

tumbledown *adj* raiceáilte

tumble dryer *n* triomadóir *m3* iomlasctha

tumbler *n* (*glass*) timbléar *m1*

tummy (*inf*) *n* goile *m4*, bolg *m1*
tumour, (*US*) **tumor** *n* sceachaill *f2*, meall *m1*
tuna *n* (*also*: **tuna fish**) tuinnín *m4*
tune *n* (*melody*) fonn *m1*; (*traditional dance music*) port *m1* ♦ *vt* tiúin; **to be in/out of tune (with)** (*fig*) bheith i dtiúin/as tiúin (le)
▸ **tune in** *vi* (*RADIO, TV*): **to tune in (to)** aimsigh
▸ **tune up** *vi* (*musician*) tiúin
tuneful *adj* ceolmhar
tuner *n* (*also*: **piano tuner**) tiúnadóir *m3*; (*for radio etc*) tiúnóir *m3*
tunic *n* tuineach *f2*
Tunisia *n* an Túinéis *f2*
tunnel *n* tollán *m1*; (*in mine*) tollán mianaigh ♦ *vi* tochail tollán
turbulence *n* (*AVIAT*) suaiteacht *f3*
tureen *n* túirín *m4*
turf *n* scraith *f2*; (*peat*) móin *f3*; (*clod*) fód *m1* ♦ *vt* cuir scraith ar
▸ **turf out** (*inf*) *vt* (*person*) tabhair bata agus bóthar do
turgid *adj* (*speech*) mórfhoclach
Turk *n* Turcach *m1*
Turkey *n* an Tuirc *f2*
turkey *n* turcaí *m4*
Turkish *adj* Turcach ♦ *n* (*LING*) Tuircis *f2*
turmoil *n* clampar *m1*, suaitheadh *m*; **the city is in turmoil** tá an chathair ina cíor thuathail
turn *n* casadh *m1*, iompú *m*; (*in road, of mind, of events*) cor *m1*; (*performance*) dreas *m3*; (*MED*) taom *m3* ♦ *vt* cas; (*collar, steak*) iompaigh; (*change*): **to turn sth into** rud a chlaochlú go ♦ *vi* (*object, wind, milk*) iompaigh; (*person*: *look back*) cas; (*reverse direction*) fill; (*become*) éirigh; (*age*) slánaigh; **to turn into** athrú go, dul i riocht + *gen*; **a good turn** gar; **it gave me quite a turn** bhain sé geit asam; "**no left turn**" (*AUT*) "ná castar ar chlé"; **it's your turn** do shealsa atá ann; **they spoke in turn** labhair siad ar a seal; **to take turns (at)** uainíocht a dhéanamh (ar)
▸ **turn away** *vi* tabhair do dhroim (le) ♦ *vt* (*applicants*) cuir ó dhoras
▸ **turn back** *vi* fill ♦ *vt* (*person, vehicle*) cas ar ais; (*clock*) cuir siar
▸ **turn down** *vt* (*refuse*: *person*) diúltaigh do; (*radio etc*) ísligh; (*bed etc*) fill anuas
▸ **turn in** *vi* (*inf*: *go to bed*) téigh a luí ♦ *vt* (*fold*) cas isteach
▸ **turn off** *vi* (*from road*) cas ó ♦ *vt* (*light, radio etc*) múch; (*tap*) stop; (*engine*) múch
▸ **turn on** *vt* (*light*) las; (*tap, radio etc*) cuir ar siúl; (*engine*) dúisigh
▸ **turn out** *vt* (*light, gas*) múch; (*produce*) táirg ♦ *vi* (*voters, troops etc*) tar amach; **he turned out to be an actor** tharla gurbh aisteoir é
▸ **turn over** *vi* (*person*) iompaigh ♦ *vt* iompaigh
▸ **turn round** *vi* cas thart; (*rotate*) cas
▸ **turn up** *vi* (*person*) nocht ♦ *vt* (*collar*) croch; (*radio, heater*) ardaigh
turning *n* (*in road*) cor *m1*, casadh *m1*
turning point *n* (*fig*) cor *m1* cinniúnach
turnip *n* tornapa *m4*
turnout *n*: **there was a large turnout present** bhí cuid mhór i láthair
turnover *n* (*COMM, amount of money*) láimhdeachas *m1*; (: *of goods*) imeacht *m3*; (*of staff*) ráta *m4* athraithe
turnpike (*US*) *n* bóthar *m1* dola
turnstile *n* geata *m4* casta
turntable *n* (*on record player*) caschlár *m1*
turn-up *n* (*on trousers*) filleadh *m1* osáin
turpentine *n* (*also*: **turps**) tuirpintín *m4*
turquoise *n* (*stone*) turcaid *f2* ♦ *adj* turcaidghorm
turret *n* túirín *m4*
turtle *n* turtar *m1*
tusk *n* starrfhiacail *f2*
tussle *n* gleic *f2*, iomrascáil *f3*
tutor *n* teagascóir *m3*; (*in college*) oide *m4*; (*private teacher*) múinteoir *m3* príobháideach
tutorial *n* (*SCOL*) rang *m3* teagaisc
tuxedo (*US*) *n* casóg *f2* dinnéir
TV *n abbr* (= *television*) TV
twang *n* (*of instrument*) streancán *m1*; (*of voice*) srónaíl *f3*

tweed *n* bréidín *m4*
tweezers *npl* pionsúirín *msg4*
twelfth *num* dóú déag, dara déag; **the twelfth woman** an dara bean déag; **the Twelfth** an Dóú Lá Déag (de Mhí Iúil); **the twelfth day of December** an dóú lá déag de Nollaig; **the twelfth day of Christmas** an dara lá déag den Nollaig
twelve *num* dó dhéag; **twelve bottles** dhá bhuidéal déag; **twelve people** dháréag *m4*; **the twelve days of Christmas** achar an dá lá dhéag; **the twelve** an dáréag; **at twelve (o'clock)** (*midday*) ag meán lae; (*midnight*) ag meán oíche
twentieth *num* fichiú; **the twentieth woman** an fichiú bean
twenty *num* fiche *m + sg*
twice *adv* faoi dhó; **twice as much** dhá oiread
twiddle *vt, vi*: **to twiddle (with) sth** bheith ag méirínteacht le rud; **to twiddle one's thumbs** (*fig*) bheith díomhaoin
twig *n* craobhóg *f2*, cipín *m4* ♦ *vi* (*inf*) tuig
twilight *n* clapsholas *m1*, coineascar *m1*
twin *adj* cúplach ♦ *n* leathchúpla *m4* ♦ *vt* nasc; **twins** cúpla *msg4*
twin(-bedded) room *n* seomra *m4* dhá leaba
twine *n* sreangán *m1* ♦ *vi* (*plant*) sníomh
twinge *n* (*of pain*) arraing *f2*, deann *m3*; **a twinge of conscience** priocadh *m* coinsiasa
twinkle *vi* drithligh; (*eyes*) lonraigh
twirl *vt, vi* cas, rothlaigh
twist *n* casadh *m1*; (*in road, story*) cor *m1*; (*in wire, flex*) caisirnín *m4* ♦ *vt* cas; (*weave*) figh; (*roll around*) cas thart ar ♦ *vi* (*road, river*) cas, lúb
twit (*inf*) *n* bómán *m1*
twitch *n* (*pull*) tarraingt *f*; (*nervous*) freanga *f4* ♦ *vi* preab
two *num* dó; **two things** dhá rud; (*persons*): **two people** beirt *f2*; **two men/women** beirt fhear/bhan; **a day or two** lá nó dhó; **two or three years** a dó nó a trí de bhlianta; **to put two and two together** (*fig*) tuiscint as
two-door *adj* (AUT): **two-door car** carr dhá dhoras
two-faced (*pej*) *adj*: **a two-faced person** Tadhg an dá thaobh
twofold *adv* faoi dhó
two-piece (suit) *n* culaith *f2* dhá bhall
twosome *n* (*people*) beirt *f2*
two-way *adj* (*traffic*) déthreo
tycoon *n*: **(business) tycoon** toicí *m4*
type *n* (*category*) cineál *m1*, saghas *m1*, sórt *m1*; (*example*) sampla *m4*; (TYP) cló *m4* ♦ *vt* (*letter etc*) clóscríobh
typeface *n* (TYP, COMPUT) cló-aghaidh *f2*
typescript *n* clóscríbhinn *f2*
typewriter *n* clóscríobhán *m1*
typewritten *adj* clóscríofa
typhoid *n* fiabhras *m1* breac
typical *adj* samplach, tipiciúil
typing *n* clóscríbhneoireacht *f3*
typist *n* clóscríobhaí *m4*
tyrant *n* tíoránach *m1*, aintiarna *m4*
tyre, (US) **tire** *n* bonn *m1*
Tyrone *n* Tír *f* Eoghain

U

ubiquitous *adj* le fáil i ngach aon áit, uileláithreach
udder *n* úth *m3*
ugh *excl* ach
ugly *adj* gránna, míofar, gráiciúil
UK *n abbr* = **United Kingdom**
ulcer *n* othras *m1*
Ulster *n* Cúige *m4* Uladh ♦ *adj* Ultach
ulterior *adj*: **ulterior motive** aidhm *f2* fholaigh
ultimate *adj* deireanach, deiridh *n gen*; (*authority*) is airde
ultimately *adv* ar deireadh, faoi dheireadh, as deireadh an scéil
ultrasound *n* ultrafhuaim *f2*
umbilical cord *n* sreang *f2* (an) imleacáin
umbrella *n* scáth *m3* fearthainne, scáth báistí; (*for sun*) scáth gréine, parasól *m1*
umpire *n* moltóir *m3*; **goal umpire** maor *m1* cúil
umpteen *adj*: **he has umpteen stories** tá fiche scéal aige
umpteenth *adj*: **for the umpteenth time** don fichiú huair
UN *n abbr* = **United Nations**
unable *adj*: **I am unable to ...** níl mé ábalta *or* in ann ... (*incapable*) níl ar mo chumas
unaccompanied *adj* gan tionlacan
unaccustomed *adj* ainchleachta; **I am unaccustomed to this** tá ainchleachtadh orm leis seo
unanimous *adj* d'aon ghuth
unanimously *adv* d'aon ghuth
unarmed *adj* (*combat*) gan arm; (*person*) neamharmtha
unashamed *adj* mínáireach
unattached *adj*: **unattached (to)** gan cheangal (le), neamhspleách (ar); (*unmarried*) singil, díomhaoin
unattended *adj* (*car, child, luggage*) gan feighil
unattractive *adj* míthaitneamhach, mísciamhach
unauthorized *adj* gan údarás, neamhúdaraithe
unavoidable *adj* dosheachanta; **it was unavoidable** ní raibh dul taobh anonn de, ní raibh neart air
unaware *adj*: **unaware of** aineolach ar; **I was unaware of that** ní raibh a fhios agam sin
unawares *adv* i ngan fhios (do); **to catch** *or* **take sb unawares** breith gairid ar dhuine, teacht aniar aduaidh ar dhuine
unbalanced *adj* míchothrom, neamhchothrom; (*in mind*) spadhrúil
unbearable *adj* dofhulaingthe; **it's unbearable** níl fulaingt le déanamh air
unbeatable *adj* dosháraithe; **he's unbeatable** níl a bhualadh le fáil
unbeknown(st) *adv*: **unbeknown(st) to me/Peter** gan fhios dom/do Pheadar
unbelievable *adj* dochreidthe
unbend *vt, vi* dírigh
unbiased *adj* neamhchlaon
unborn *adj* gan bhreith, nár rugadh go fóill
unbreakable *adj* dobhriste
unbroken *adj* gan bhriseadh; (*fig*) nár cloíodh; (*spirit*) dochloíte; (*silence*) buan; (*record*, SPORT) nár sáraíodh, slán
unbutton *vt* scaoil
uncalled-for *adj* neamhriachtanach
uncanny *adj* (*eery*) diamhair; (*extraordinary*) iontach, dochreidte
unceasing *adj* gan staonadh, síor-
unceremonious *adj* grod
uncertain *adj* éiginnte, neamhchinnte; (*hesitant*) idir dhá chomhairle; (*vague*) doiléir; **in no uncertain terms** gan fiacail a chur ann
uncertainty *n* éiginnteacht *f3*, neamhchinnteacht *f3*
uncivilized *adj* (*gen*) míshibhialta; (*fig: behaviour etc*) barbartha; (*hour*) antráthúil
uncle *n* uncail *m4*
uncomfortable *adj* míchompordach;

(*uneasy*) míshuaimhneach; (*situation*) bearránach, ciotach
uncommon *adj* neamhchoitianta, neamhghnách
uncompromising *adj* neamhghéilliúil, dáigh, diongbháilte
unconcerned *adj* réchúiseach, neamhchúiseach; **to be unconcerned (about)** bheith ar nós cuma liom (faoi)
unconditional *adj* neamhchoinníollach, gan choinníoll
unconscious *adj* gan mheabhair; (MED) neamhaireachtálach; (*unaware*): **unconscious of** gan eolas ar ♦ *n*: **the unconscious** an fo-chomhfhios *m3*
unconsciously *adv* go neamh-chomhfhiosach; **he did it unconsciously** i ngan fhios dó féin a rinne sé é
uncontrollable *adj* dosmachtaithe; (*temper, laughter*) doshrianta; **they're uncontrollable** níl smacht le cur orthu
unconventional *adj* as an ngnáth, neamhchoinbhinsiúnach
uncouth *adj* cábógach, brománta
uncover *vt* nocht, tabhair chun solais
undecided *adj* éiginnte, neamhchinnte; (*person*) idir dhá chomhairle
under *prep* faoi; (*less than*) faoi, faoi bhun + *gen*; (*according to*) de réir ♦ *adv* thíos (faoi); (*movement*) síos (faoi); **under there** thíos faoi sin; **under repair** á dheisiú
underage *adj* (*person*) faoi aois
undercharge *vt*: **to undercharge sb** luach ró-íseal a ghearradh ar dhuine
undercoat *n* (*paint*) fochóta *m4*, bunchóta *m4*
undercover *adv* faoi rún, ar foscadh
undercurrent *n* foshruth *m3*
undercut *vt* díol níos saoire ná, gearr faoi
underdog *n* íochtarán *m1*
underdone *adj* (CULIN) cnagbhruite
underestimate *vt* meas faoina luach; **he underestimated its importance** níor thuig sé a thábhacht
underfed *adj* ar ghannchothú
underfoot *adv* faoi chois
undergo *vt* téigh trí, fulaing; **to undergo an operation** obráid a bheith agat
undergrad *n* (*inf*) = **undergraduate**
undergraduate *n* fochéimí *m4*
underground *n* (*railway*) iarnród *m1* faoi thalamh ♦ *adj* faoi thalamh; (*fig*) faoi cheilt, rúnda ♦ *adv* faoi thalamh
undergrowth *n* scrobarnach *f2*, casarnach *f2*, fáschoill *f2*
underhand(ed) *adj* (*fig: behaviour, method etc*) calaoiseach, claon
underlie *vt* bheith mar bhonn ag
underline *vt* (*write*) cuir líne faoi; (*emphasise*) cuir béim ar
underling (*pej*) *n* íochtarán *m1*
undermine *vt* toll faoi, bain an dúshraith de
underneath *adv* thíos ♦ *prep* faoi, faoi bhun + *gen*
underpaid *adj* ar ghannphá
underpants *npl* fobhríste *msg4*
underpass *n* íosbhealach *m1*
underprivileged *adj* faoi mhíbhuntáiste
underrate *vt*: **to underrate sb** duine a mheas faoina luach
undershirt (US) *n* foléine *f4*
undershorts (US) *npl* fobhríste *msg4*
underside *n* an taobh *m1* thíos, tóin *f3*
underskirt *n* fosciorta *m4*
understand *vt, vi* tuig; **I understand that ...** cluinim go ...; **am I to understand that ...?** an bhfuil tú á rá liom go ...?; **what do you understand by that?** cén chiall a bhaineann tú as sin?; **I was given to understand that ...** tugadh le fios dom go ...
understandable *adj* intuigthe, le tuiscint; **it's understandable that ...** ní hionadh ar bith é go ...
understanding *adj* tuisceanach ♦ *n* tuiscint *f3*; (*agreement*) comhréiteach *m1*, comhaontú *m*
understatement *n* maolaisnéis *f2*
understood *adj* tuigthe; (*implied*) intuigthe
understudy *n* tánaiste *m4*
undertake *vt* tabhair faoi, glac as láimh; **to undertake to do sth** glacadh ort féin

rud a dhéanamh
undertaker *n* adhlacóir *m3*
undertaking *n* (*enterprise*) gnóthas *m1*; (*promise*) gealltanas *m1*
undertone *n* cogar *m1*; (*hint*) macalla *m4*
underwater *adv, adj* faoi uisce; **to swim underwater** snámh idir dhá uisce, dúshnámh a dhéanamh
underwear *n* fo-éadaí *mpl1*
underworld *n* (*criminals*) lucht *m3* meirleachais
underwriter *n* (INS) frithgheallaí *m4*
undies (*inf*) *npl* fo-éadaí *mpl1*
undiplomatic *adj* neamhchairéiseach, neamhdhiscréideach
undo *vt* (*damage*) leigheas, leasaigh; (*buttons etc*) scaoil
undoing *n* creachadh *m*; **that was my undoing** sin a rud a rinne mo chabhóg
undoubted *adj* doshéanta, nach bhfuil séanadh air; **his undoubted capabilities** na buanna atá aige nach bhfuil séanadh orthu
undoubtedly *adv* gan aon amhras, go dearfa
undress *vi* bain díot
undue *adj* iomarcach, neamhriachtanach
undulating *adj* (*land*) droimneach
unduly *adv* go hiomarcach, go neamh-mheasartha
unearth *vt* (*dig up*) tochail as an talamh; (*fig*) nocht, tabhair chun solais
unearthly *adj* (*hour*) antráthach
uneasy *adj* míshuaimhneach, míshocair, corrabhuaiseach; (*worried*) imníoch; (*sleep*) corrach; (*peace, truce*) sobhriste
uneconomic(al) *adj* neamheacnamaíoch, neamhéadálach; (*person*) neamhthíosach
uneducated *adj* (*person*) gan oideachas
unemployed *adj* dífhostaithe ♦ *n*: **the unemployed** lucht *m3* dífhostaíochta
unemployment *n* dífhostaíocht *f3*
unending *adj* síoraí, gan deireadh
unerring *adj* gan earráid; (*aim*) neamhiomrallach
uneven *adj* éagothrom, míchothrom
unexpected *adj* gan choinne, gan súil leis
unfailing *adj* daingean, buan, dílis
unfair *adj* éagórach, leatromach
unfaithful *adj* mídhílis
unfamiliar *adj* coimhthíoch, neamhaithnid
unfashionable *adj* neamhfhaiseanta
unfasten *vt* (*open*) oscail; **to unfasten sth** rud a scaoileadh
unfavourable, (US) unfavorable *adj* mífhabhrach, neamhfhabhrach; (*weather*) míchóiriúil, contráilte; (*conditions*) míbhuntáisteach
unfeeling *adj* fuarchroíoch, cadránta
unfinished *adj* neamhchríochnaithe, gan chríochnú
unfit *adj* neamhaclaí; **unfit (for)** (*incompetent*) neamhoiriúnach (do); (*military service*) neamhinfheidhme (do); **he's unfit for the work** níl sé ábalta ag an obair
unfold *vt* (*paper*) oscail amach; (*clothes*) scar ♦ *vi* tar chun solais; (*idea*) fabhair
unforeseen *adj* gan choinne; **unforeseen difficulties** deacrachtaí nach raibh súil leo
unforgettable *adj* dodhearmadta
unfortunate *adj* (*person*) mífhortúnach, mí-ámharach; (*event*) tubaisteach; **isn't it unfortunate that ...** nach mór an trua go ...
unfortunately *adv* ar an drochuair
unfounded *adj* gan bhunús, gan údar
unfriendly *adj* míchairdiúil, doicheallach
ungainly *adj* liopasta, anásta
ungodly *adj* (*hour*) antráthach
ungrateful *adj* diomaíoch, míbhuíoch
unhappiness *n* míshonas *m1*, brón *m1*; (*dissatisfaction*) míshásamh *m1*
unhappy *adj* brónach, míshona; **unhappy about** *or* **with** (*arrangements etc*) míshásta le
unharmed *adj* slán, gan díobháil, gan dochar
unhealthy *adj* mífholláin; (*person*) easláinteach
unheard-of *adj* (*unknown*) gan iomrá; (*without precedent*) gan insint, nár chualathas a leithéid riamh

unhurt *adj* slán, gan díobháil, gan dochar
unidentified *adj* gan aithint
uniform *n* éide *f4*, culaith *f2* ♦ *adj* comhionann, aonfhoirmeach; **in uniform** faoi éide
uninhabited *adj* neamháitrithe
unintentional *adj* neamhbheartaithe
union *n* aontas *m1*; (*action of*) comhcheangal *m1*; (*also*: **trade union**) ceardchumann *m1*; **the Act of Union** (HIST) Acht na hAondachta
Unionist *adj, n* Aontachtaí *m4*
unique *adj* sainiúil, uathúil; **a unique opportunity** seans iontach
unison *n*: **in unison** d'aon ghuth; **to work in unison with sb** bheith sa cheann eile den obair le duine
unit *n* aonad *m1*
unite *vt* aontaigh ♦ *vi* táthaigh (le chéile), téigh i gcomhar
united *adj* aontaithe, comhcheangailte
United Kingdom *n* an Ríocht *f3* Aontaithe
United Nations *n* na Náisiúin *mpl1* Aontaithe
United States *n* na Stáit *mpl1* Aontaithe
unity *n* aonad *m1*; (*agreement*) aontacht *f3* cur le chéile
universal *adj* uilíoch, comhchoitianta
universe *n* cruinne *f4*
university *n* ollscoil *f2*
unjust *adj* éagórach
unkempt *adj* míshlachtmhar; (*hair*) gan chíoradh
unkind *adj* míchineálta, neamhcharthanach
unknown *adj* gan aithne, anaithnid; **unknown to me** gan fhios dom
unlawful *adj* mídhleathach, in éadan an dlí
unleaded *adj* (*petrol, fuel*) gan luadh ♦ *n* peitreal *m1* gan luadh
unleash *vt* scaoil, lig amach; (*fig*): **he unleashed his pent up emotions** lig sé amach a racht
unless *conj* mura, murar; **unless he leaves** mura *or* murar n-imeoidh sé, ach é imeacht
unlike *adj* neamhchosúil, éagsúil ♦ *prep* murab ionann agus
unlikely *adj* neamhdhóchúil; **it is unlikely that she will come** ní dócha go dtiocfaidh sí
unlimited *adj* neamhtheoranta, gan teorainn
unlisted (US) *adj* = **ex-directory**
unload *vt* díluchtaigh, dílódáil
unlock *vt* oscail
unlucky *adj* (*person*) mí-ámharach, míshéanmhar; (*object, number*) tubaisteach, teiriúil; **to be unlucky** an mí-ádh a bheith ag siúl leat
unmarried *adj* neamhphósta, singil, díomhaoin, gan phósadh
unmistak(e)able *adj* do-amhrais, follasach
unmitigated *adj* cruthanta, amach is amach
unnatural *adj* mínádúrtha
unnecessary *adj* neamhriachtanach
unnoticed *adj* gan aireachtáil, as gan fhios
unobtainable *adj* dofhaighte
unobtrusive *adj* discréideach
unofficial *adj* neamhoifigiúil
unorthodox *adj* éagoiteann, éagsúlach, as cosán; (REL) míchreidmheach
unpack *vt* folmhaigh, díphacáil
unpalatable *adj* (*truth*) searbh
unpleasant *adj* míthaitneamhach
unplug *vt* bain an phlocóid amach as
unpopular *adj* míghnaíúil; **an unpopular individual/decision** duine/cinneadh nach bhfuil dúil na ndaoine ann
unprecedented *adj* gan macasamhail, gan réamhshampla
unpredictable *adj* taghdach, guagach, luathintinneach
unprofessional *adj* míghairmiúil
unqualified *adj* (*teacher*) neamhcháilithe; (*unmitigated*) iomlán, fíor-
unquestionably *adv* gan aon amhras
unravel *vt* (*knitting*) rois; (*problem*) réitigh
unreal *adj* bréagach, neamhréadúil; (*extraordinary*) iontach
unrealistic *adj* neamhréadúil

unreasonable *adj* míréasúnta; (*demand*) ainmheasartha
unrelated *adj* neamhghaolmhar; **they are unrelated** (*people*) níl gaol acu le chéile; (*things*) níl baint acu le chéile
unrelenting *adj* (*merciless*) neamhthrócaireach; (*constant*) gan stad, gan staonadh
unreliable *adj* neamhiontaofa
unremitting *adj* gan stad, gan staonadh
unreservedly *adv* gan agús
unrest *n* anbhuain *f2*, neamhshocracht *f3*
unroll *vt* leath amach
unruly *adj* gan riail, ainrianta, mírialta
unsafe *adj* (*in danger*) i mbaol; (*car, journey*) contúirteach
unsaid *adj*: **to leave sth unsaid** rud a fhagáil gan rá
unsatisfactory *adj* míshásúil
unsavoury, (*US*) **unsavory** *adj* (*fig*) gránna, suarach
unscathed *adj* slán sábháilte; **he was completely unscathed** ní raibh deargadh an chreabhair air
unscrew *vt* díscriúáil
unscrupulous *adj* gan scrupall, neamhscrupallach
unsettled *adj* míshocair, corrach; (*weather*) claochlaitheach; (*matter*) gan réiteach
unshaven *adj* gan bhearradh
unsightly *adj* gan slacht, míshlachtmhar, mímhaiseach
unskilled worker *n* oibrí *m4* neamhoilte
unspeakable *adj* (*joy*) nach bhfuil insint béil air; (*crime*) uafásach
unstable *adj* éagobhsaí; (*person*) taghdach; (*rock*) ar forbhás
unsteady *adj* éadaingean, corrach; (*growth*) treallach
unstuck *adj*: **to come unstuck** (*lit*) scoitheadh; (*fig*) cliseadh
unsuccessful *adj* mírathúil, gan rath; (*attempt*) in aisce; (*writer*) teipthe, nach bhfuil rath air; **I was unsuccessful** (*in trying sth*) níor éirigh liom
unsuitable *adj* mífhóirsteanach, mífheiliúnach, mí-oiriúnach
unsure *adj* éiginnte; **to be unsure of sth/o.s.** bheith éiginnte de rud/bheith gan dóchas asat féin
unsuspecting *adj* nach bhfuil ag amhras ar a dhath, neamh-amhrasach
untapped *adj* (*resources*) gan saothrú as
unthinkable *adj* nach féidir a shamhailt, doshamhlaithe
untidy *adj* (*room*) trína chéile; (*appearance, person*) amscaí, giobach
untie *vt* (*knot*) scaoil; (*parcel*) oscail; (*dog*) scaoil amach
until *prep* go, go dtí ♦ *conj* go dtí; **until he comes** go dtiocfaidh sé; **until now/then** go dtí seo/sin
untimely *adj* míthráthúil; (*death*) anabaí
untold *adj* (*story*) nar insíodh; (*wealth*) gan áireamh; (*joy, suffering*) nach bhfuil insint air
untoward *adj* as cosán; **nothing untoward had happened** níor tharla rud ar bith as casán
unused[1] *adj* (*clothes*) úr nua
unused[2] *adj*: **to be unused to sth** gan a bheith cleachta le rud
unusual *adj* neamhghnách, neamhchoitianta
unveil *vt* nocht
unwanted *adj* (*child, pregnancy*) gan iarraidh; (*clothes etc*) athchaite, séanta
unwelcome *adj* nach bhfuil fáilte roimhe, gan iarraidh; **an unwelcome guest** coirm gan chuireadh; **unwelcome news** doscéala
unwell *adj* tinn; **to feel unwell** gan a bheith ar do chóir féin, aireachtáil rud beag tinn
unwieldy *adj* (*object*) liobarnach, anásta
unwilling *adj*: **to be unwilling to do sth** gan a bheith toilteanach ar rud a dhéanamh
unwillingly *adv* go doicheallach
unwind *vt* díchorn ♦ *vi* (*relax*) lig do scíth
unwise *adj* díchéillí, gan chríonnacht
unwitting *adj* neamhfheasach
unworkable *adj* (*plan*) nach féidir a chur i bhfeidhm, do-oibrithe
unwrap *vt* bain an clúdach de, oscail

unwritten *adj* (*agreement*) neamhscríofa

KEYWORD

up *prep*: **he went up the stairs/the hill** chuaigh sé suas an staighre/an cnoc; **the cat was up a tree** bhí an cat thuas/in airde i gcrann; **they live further up the street** tá siad ina gcónaí (níos faide) suas an tsráid
♦ *adv* **1** (*upwards, higher*): **up in the sky/the mountains** thuas sa spéir/sna sléibhte; **put it a bit higher up** cuir giota níos airde é; **up there** thuas ansin; **up above** thuas (ansin)
2: **to be up** (*out of bed*) bheith i do shuí; (*prices*) ardú a bheith ar + *noun*
3: **up to** (*as far as*) go dtí; **up to now** go dtí seo, go nuige seo, go sea
4: **to be up to** (*depending on*): **it's up to you** ar do chomhairle féin atá sé, fút féin atá sé; (*equal to*): **he's not up to it** (*job, task etc*) níl sé inchurtha leis, níl sé in ann aige; (*inf*: *be doing*): **what is he up to?** cad é atá ar siúl aige?, cad é atá faoi?
♦ *n*: **ups and downs** (*of life*) cora *mpl1* an tsaoil

up-and-coming *adj* a bhfuil gealladh faoi
upbringing *n* oiliúint *f3*, tógáil *f3*
update *vt* leasaigh, coigeartaigh, tabhair suas chun dáta; (COMPUT *etc*) nuashonraigh ♦ *n* leagan *m1* úr
upgrade *vt* (*house*) athchóirigh; (*job*) cuir ar leibhéal níos airde; (*employee*) tabhair ardú céime do
upheaval *n* (*political, social*) mórathrú *m*
uphill *adj* (*path*) i gcoinne an aird, crochta; (*fig*: *task*) duaisiúil; **to go uphill** dul suas in éadan na mala
uphold *vt* (*law*) cumhdaigh; (*decision*) seas le
upholstery *n* cumhdach *m1*
upkeep *n* (*maintenance*) cóiriú *m*, deisiú *m*
upon *prep* ar
upper *adj* uachtarach ♦ *n* (*of shoe*) uachtar *m1*
upper-class *adj* uasaicmeach
upper hand *n*: **to have the upper hand** an lámh in uachtar a bheith agat
uppermost *adj* is airde; **what was uppermost in my mind** an rud is mó a raibh mé ag cuimhneamh air
upright *adj* ina sheasamh, ingearach; (*fig*) ionraic
uprising *n* éirí *m4* amach
uproar *n* racán *m1*, círéib *f2*
uproot *vt* stoith
upset *n* suaitheadh *m*; (*stomach upset*) múisiam *m4* boilg, taom *m3* goile, tiontú *m* goile ♦ *vt* (*glass etc*) leag; (*plan*) cuir trína chéile; (*person*) corraigh, cuir as do, goill ar ♦ *adj* suaite, trí chéile; **my stomach is upset** tá mo ghoile ag cur isteach orm
upshot *n* deireadh *m1*; **the upshot was that ...** is é an deireadh a bhí air go ...
upside-down *adv* bunoscionn, béal faoi; (*fig*) gan chuma gan déanamh, ina chíor thuathail
upstairs *adv* (*going*) suas an staighre; (*being there*) thuas an staighre ♦ *adj* (*room*) thuas an staighre ♦ *n*: **the upstairs** thuas staighre, uachtar *m1* tí
upstart (*pej*) *n* fáslach *m1*
upstream *adv* in aghaidh an tsrutha
uptake *n*: **to be quick/slow on the uptake** bheith maith/mall ag foghlaim
uptight (*inf*) *adj* ar tinneall
up-to-date *adj* nua-aimseartha, faiseanta; **up-to-date news** an scéala is nua *or* is déanaí
upturn *n* athrú *m or* cor *m1* chun feabhais, iompú *m* (chun) bisigh
upward *adj* suas, in airde; (*from below*) aníos; **upward pressure** brú aníos
upward(s) ♦ *adv* suas, in airde, aníos; **upward(s) of 200** breis agus dhá chéad
Uranus *n* (*planet*) Úránas *m1*
urban *adj* uirbeach, cathrach *n gen*
urbane *adj* síodúil
urchin *n* (*person*) garlach *m1*
urge *n* fonn *m1*, dúil *f2* ♦ *vt*: **to urge sb to do sth** duine a ghríosú *or* a spreagadh chun rud a dhéanamh
urgency *n* práinn *f2*, dithneas *m1*
urgent *adj* práinneach, dithneasach;

(*tone*) dian-

urinal *n* fualán *m1*, úirinéal *m1*

urine *n* fual *m1*, mún *m1*

urn *n* próca *m4*; (*also*: **tea urn**) próca tae

Uruguay *n* Uragua *m4*

US *n abbr* = **United States**

us *pron* muid, sinn; (*emphatic*) muidne, sinne; **after us** inár ndiaidh; **tormenting us** dár gcrá; *see also* **me**

USA *n abbr* (= *United States of America*) SAM

use *n* úsáid *f2*, feidhm *f2* ♦ *vt* bain úsáid *or* feidhm as; **in/out of use** in/as úsáid, i bhfeidhm/as feidhm; **to be of use** bheith úsáideach; **it's no use** níl maith ar bith ann; **she used to do it** ba ghnách léi é a dhéanamh; **used to: to be used to** bheith cleachta le

▸ **use up** *vt* caith, ídigh

used *adj* (*car*) athláimhe

useful *adj* úsáideach

usefulness *n* úsáidí *f4*, áisiúlacht *f3*

useless *adj* gan mhaith, ó mhaith; (*person*: *hopeless*) beagmhaitheasach, gan feidhm

user *n* úsáideoir *m3*

user-friendly *adj* (*computer etc*) cúntach

usher *n* uiséir *m3*

usherette *n* (*in cinema*) banghiolla *m4*

usual *adj* coitianta, gnáth-; **as usual** mar is gnách

usually *adv* de ghnáth, go hiondúil

utensil *n* acra *m4*, uirlis *f2*; **kitchen utensils** gréithe *pl* cistine

uterus *n* broinn *f2*, útaras *m1*

utility *n* (*also*: **public utility**) fóntas *m1* poiblí

utility room *n* seomra *m4* áise

utmost *adj* as cuimse, thar na bearta; **it is of the utmost importance** tá tábhacht as cuimse ag baint leis ♦ *n*: **to do one's utmost** do sheacht ndícheall a dhéanamh

utter *adj* iomlán, fíor-, lán- ♦ *vt* (*words*) abair, labhair; (*sounds*) lig (asat); **an utter fool** deargamadán

utterance *n* caint *f2*

utterly *adv* go hiomlán, ar fad

U-turn *n* iompú *m* (iomlán) thart

V

vacancy *n* (*job*) folúntas *m1*
vacant *adj* (*seat etc*) folamh; (*room*) saor; (*expression*) bómánta
vacate *vt* (*post*) éirigh as; (*room*) fág
vacation *n* saoire *f4*; **to be/go on vacation** bheith/dul ar (laethanta) saoire
vaccinate *vt* vacsaínigh
vacuum *n* folús *m1*
vacuum cleaner *n* folúsghlantóir *m3*
vacuum-packed *adj* folúsphacáilte
vagina *n* faighin *f2*
vagrant *n* ráigí *m4*, fánaí *m4*
vague *adj* éiginnte; (*blurred*: *photo, outline*) doiléir
vaguely *adv* go doiléir; **I remember it vaguely** tá mearchuimhne agam air
vain *adj* (*useless*) díomhaoin; (*conceited*) uallach, giodalach; **in vain** in aisce
valentine *n* (*also*: **valentine card**) vailintín *m4*; **St Valentine's Day** Lá Fhéile Vailintín
valiant *adj* curata
valid *adj* (*argument*) a bhfuil bunús nó éifeacht leis; (*document*) bailí
valley *n* gleann *m3*
valour, (*US*) **valor** *n* crógacht *f3*, laochas *m1*
valuable *adj* (*jewel*) luachmhar; (*help*) tairbheach
valuables *npl* iarmhais *fsg2*, airgí *fpl4* luachmhara
aluation *n* luacháil *f3*
alue *n* luach *m3*; (*usefulness*) fiúntas *m1* ♦ *vt* (*fix price*) cuir luach ar, luacháil; **to value sth** (*cherish*) rud a bheith luachmhar agat
alue added tax *n* cáin *f* bhreisluacha
alued *adj* a bhfuil meas air, measúil
alve *n* (*also MED*) comhla *f4*
an *n* (*AUT*) veain *f4*
andal *n* loitiméir *m3*, sladaí *m4*, creachadóir *m3*
andalism *n* loitiméireacht *f3*, slad *m3*, creachadóireacht *f3*
vandalize *vt*: **to vandalize sth** loitiméireacht a dhéanamh ar rud
vanguard *n* urgharda *m4*; **in the vanguard** (*fig*) ar thús cadhnaíochta
vanilla *n* fanaile *m4*
vanish *vi* téigh as radharc, ceiliúir; (*die out*) téigh ar ceal; **she vanished completely** d'imigh sí mar a shlogfadh an talamh í
vanity *n* díomhaointeas *m1*, baothántacht *f3*
vantage point *n* ionad *m1* maith breathnóireachta, port *m1* faire
vapour, (*US*) **vapor** *n* gal *f2*; (*on window*) ceo *m4*
variable *adj* claochlaitheach, luaineach; (*speed, height*) inathraithe
variance *n*: **to be at variance with** gan a bheith ag teacht le, teacht crosach ar
varicose veins *npl* féitheacha *fpl2* borrtha
varied *adj* éagsúil, ilghnéitheach, ilchineálach
variety *n* cineál *m1*, saghas *m1*; (*quantity*) éagsúlacht *f3*
variety show *n* seó *m4* ilsiamsa
various *adj* difriúil; (*several*) éagsúla
varnish *n* vearnais *f2* ♦ *vt* cuir vearnais ar
vary *vi* athraigh ♦ *vt* éagsúlaigh; **they vary considerably** tá éagsúlacht mhór iontu
vase *n* vása *m4*, bláthchuach *m4*
Vaseline ® *n* veasailín *m4*
vast *adj* mór as cuimse, ollmhór
VAT *n abbr* (= *value added tax*) cáin bhreisluacha
vat *n* dabhach *f2*, umar *m1*
Vatican *n*: **the Vatican** an Vatacáin *f2*; **Vatican City** Cathair na Vatacáine
vault *n* (*of roof*) boghta *m4*; (*tomb*) tuama *m4*; (*in bank*) daingean *m1* (faoi thalamh) ♦ *vt* (*also*: **vault over**) caith de léim láimhe
vaunted *adj*: **much-vaunted** cáiliúil
VCR *n abbr* = **video cassette recorder**
VDU *n abbr* (*COMPUT*) (= *visual display unit*)

aonad *m1* amharcthaispeána
veal *n* laofheoil *f3*
veer *vi* claon, fiar
vegetable *n* glasra *m4* • *adj* plandúil, glasrúil; **vegetable garden** garraí glasraí
vegetarian *adj* feoilséantach • *n* feoilséantóir *m3*
vehement *adj* tréan, dian, díocasach
vehicle *n* feithicil *f2*
veil *n* fial *m1*, caille *f4*
vein *n* féith *f2*; (*in wood*) snáithe *m4*
velvet *n* veilbhit *f2*
vending machine *n* meaisín *m4* díola
veneer *n* (*on furniture*) athchraiceann *m1*, veinír *f2*; (*fig*) ceileatram *m1*
venereal *adj*: **venereal disease** galar *m1* veinéireach
Venetian blind *n* dallóg *f2* lataí
Venezuela *n* Veiniséala *m4*
Venezuelan *adj, n* Veiniséalach *m1*
vengeance *n* díoltas *m1*; **he went at it with a vengeance** chuaigh sé ina cheann ar theann a dhíchill; **with a vengeance** (*fig*) go díbhirceach
Venice *n* an Veinéis *f2*
venison *n* fiafheoil *f3*
venom *n* nimh *f2*, goimh *f2*; **to say sth with venom** rud a rá le gangaid
vent *n* poll *m1* gaoithe, gaothaire *m4*; (*in dress, jacket*) scoilt *f2* • *vt* (*fig*: *one's feelings*) lig amach
ventilator *n* aerálaí *m4*
ventriloquist *n* bolgchainteoir *m3*
venture *n* fiontar *m1* • *vt* cuir i bhfiontar • *vi* téigh i bhfiontar ruda; **to venture a guess** buille faoi thuairim a thabhairt
venue *n* láthair *f*, ionad *m1*
Venus *n* (*planet*) Véineas *f4*
verb *n* briathar *m1*
verbal *adj* briathartha; (*translation*) focal ar fhocal, litriúil; **verbal noun** (GRAM) ainm *m4* briathartha
verbal abuse *n* íde *f4* béil; **to give sb verbal abuse** íde béil a thabhairt do dhuine
verbatim *adj* litriúil, focal ar fhocal • *adv* focal ar fhocal
verdict *n* breith *f2*, breithiúnas *m1*
verge *n* imeall *m1*, ciumhais *f2*, bruach *m1*; **on the verge of tears** i riocht caointe
▸ **verge on** *vt fus* bheith ag bordáil ar
verify *vt* fíoraigh, deimhnigh
vermin *npl* míolra *msg4*, loitmhíolta *mpl1*
vermouth *n* fíon *m3* mormónta
versatile *adj* ildánach, iltréitheach; (*machine*) ilúsáidte
verse *n* (*poetry*) filíocht *f3*, véarsaíocht *f3*; (*stanza*) ceathrú *f*, rann *m1*; (*in Bible*) véarsa *m4*
version *n* leagan *m1*; **there are two versions to the story** tá dhá insint ar an scéal
versus *prep* in aghaidh + *gen*, i gcoinne + *gen*, in éadan + *gen*
vertical *adj* ingearach, ceartingearach • *n* ingear *m1*
vertigo *n* meadhrán *m1*, veirtige *f4*
verve *n* spreacadh *m*, aigeantacht *f3*, bíogúlacht *f3*
very *adv* an-, iontach, fíor- • *adj*: **the very book which** go díreach an leabhar a, an leabhar (ceanann) céanna a; **the very last one** an ceann deireanach ar fad; **at the very least** ar a laghad ar bith; **she likes it very much** tá an-dúil aici ann; **he was very much surprised** bhí a shá iontais air
vessel *n* (NAUT) soitheach *m1*, árthach *m1*; (ANAT, *container*) soitheach; **blood vessel** fuileadán *m1*, soitheach fola
vest *n* (BRIT) veist *f2*; (US: *waistcoat*) veist, bástchóta *m4*
vested interest *n* (COMM) leas *m3* dílsithe
vet *n abbr* = **veterinary surgeon**
veteran *n* seanfhondúir *m3*; (*also*: **war veteran**) seansaighdiúir *m3*
veterinary surgeon, veterinarian (US) *n* tréidlia *m4*
veto *n* cros *f2* • *vt* cros; **right of veto** ceart *m1* crosta
vex *vt* cuir olc ar, déan meadhrán do, cráigh, ciap
vexed *adj* (*question*) achrannach
via *prep* trí, bealach + *gen*
viable *adj* inmharthana, indéanta;

inchurtha i gcrích
vibrate *vi* crith, tonnchrith
vicar *n* biocáire *m4*
vicarious *adj* ionadach
vice *n* (*evil*) duáilce *f4*, drochbhéas *m3*; (*TECH*) bís *f2*
vice- *prefix* leas-
vice squad *n* péas *m4* frithchorbtha
vice versa *adv* a mhalairt de dhóigh
vicinity *n* comharsanacht *f3*, timpeallacht *f3*; **in the vicinity** in aice láithreach, ar na gaobhair; **in the vicinity of the school** cóngarach don scoil, i gcóngaracht na scoile
vicious *adj* (*remark*) gangaideach; (*blow*) fíochmhar; (*dog*) drochmhúinte
vicious circle *n* ciorcal *m1* lochtach
victim *n* íobartach *m1*, an duine atá thíos leis
victor *n* buaiteoir *m3*
Victorian *adj* Victeoiriach
victory *n* bua *m4*
video *cpd* fís- ♦ *n* (*video film*) físeán *m1*; (*also*: **video cassette**) físchaiséad *m1*; (*also*: **video cassette recorder**) taifeadán *m1* físchaiséad
video tape *n* fístéip *f2*
vie *vi*: **to vie with** bheith ag iomaíocht le
Vienna *n* Vín *f4*
Vietnam *n* Vítneam *m4*
Vietnamese *adj, n* Vítneamach *m1*; (*LING*) Vítneamais *f2*
view *n* radharc *m1*, amharc *m1*; (*opinion*) dearcadh *m1* ♦ *vt* breathnaigh, amharc ar; **to have sth in view** rud a bheith faoi do shúil; **to be taking in the view** bheith ag amharc uait; **with a view to** de gheall ar; **from another point of view** de thaobh eile; **in view of the fact that he is late** ó tharla go bhfuil sé mall; **in my view** i mo thuairimse, dar liomsa
viewer *n* (*TV*) breathnóir *m3*, féachadóir *m3*; **viewers** lucht *msg3* féachana
viewfinder *n* súilín *m4*
viewpoint *n* dearcadh *m1*
vigorous *adj* bríomhar, fuinniúil, spreacúil
Viking *adj, n* Uigingeach *m1*, Lochlannach *m1*
vile *adj* (*action*) suarach; (*smell*) bréan; (*food*) samhnasach
villa *n* vile *m4*
village *n* sráidbhaile *m4*
villager *n* duine *m4* de mhuintir an tsráidbhaile; **the villagers** muintir *fsg2* an tsráidbhaile
villain *n* (*scoundrel*) bithiúnach *m1*, cladhaire *m4*; (*criminal*) coirpeach *m1*; (*in novel etc*) bithiúnach *m1*
vindicate *vt* (*person*) saor ó chion; **his actions were vindicated** tugadh le fios go raibh an ceart aige
vindictive *adj* díoltasach, faltanasach
vine *n* fíniúin *f3*; (*climbing plant*) féithleog *f2*
vinegar *n* fínéagar *m1*
vineyard *n* fíonghort *m1*
vintage *n* (*of wine*) bliain *f3*; **vintage year** sárbhliain *f3*; **vintage wine** fíon *m3* den scoth
viola *n* (*MUS*) vióla *f4*
violate *vt* sáraigh
violence *n* lámh *f2* láidir, foréigean *m1*, forneart *m1*
violent *adj* foréigneach, forneartach; (*person*) ainscianta; (*wind*) tolgach; **violent death** anbhás
violet *adj* corcairghorm ♦ *n* (*colour*) corcairghorm *m1*; (*plant*) sailchuach *f2*
violin *n* veidhlín *m4*
violinist *n* veidhleadóir *m3*
VIP *n abbr* (= *very important person*) duine mór le rá
virgin *n* maighdean *f2*, ógh *f2* ♦ *adj* maighdeanúil
Virgo *n* (*ASTROL*) An Mhaighdean *f2*
virile *adj* fearga, fireann, mascalach
virtually *adv* (*almost*) chóir a bheith, geall le bheith
virtual reality *n* (*COMPUT*) réaltacht *f3* fhíorúil
virtue *n* suáilce *f4*; (*advantage*) bua *m4*; **by virtue of** de thairbhe + *gen*, as los + *gen*
virtuous *adj* suáilceach; **to lead a virtuous life** dea-bheatha a chaitheamh

virus *n* (*also* COMPUT) víreas *m1*
visa *n* víosa *f4*
visibility *n* léargas *m1*, infheictheacht *f3*; **visibility was good** bhí solas maith ann
visible *adj* le feiceáil, ris, infheicthe
vision *n* (*sight*) radharc *m1*, amharc *m1*; (*foresight*) dearcadh *m1*; (*in dream*) aisling *f2*, taibhreamh *m1*, fís *f2*; **field of vision** réim *f2* radhairc
visit *n* cuairt *f2* ♦ *vt* tabhair cuairt ar
visiting hours *npl* (*in hospital etc*) uaireanta *fpl2* cuartaíochta
visitor *n* cuairteoir *m3*
visor *n* scáthlán *m1*
visual *adj* radharcach, radhairc *n gen*, amhairc *n gen*; **visual defect** éalang *f2* radhairc
visual aid *n* áis *f2* amhairc
visual display unit *n* aonad *m1* amharcthaispeána
visualize *vt* samhlaigh; **try to visualize it** samhlaigh duit féin é
vital *adj* riachtanach; (*organs*) beatha *n gen*; (*person*) a bhfuil spreacadh ann
vitally *adv* (*important*) thar a bheith, iontach, an-
vital statistics *npl* (*fig*) buntoisí *mpl4*
vitamin *n* vitimín *m4*
vivacious *adj* aigeantach
vivid *adj* (*account*) beoga; (*light*) glinn; (*imagination*) beo
vividly *adv* go beoga
V-neck *n* V-mhuineál *m1*
vocabulary *n* (*of individual*) stór *m1* focal; (*of discipline*) réimse *m4* focal; (*glossary*) foclóir *m3*, gluais *f2*
vocal *adj* guthach; (*fig*) ardghlórach, callánach
vocal cords *npl* téada *fpl2* an ghutha
vocation *n* gairm *f2*
vocational *adj* gairmiúil, gairm-
vociferous *adj* ardghlórach, callánach
vodka *n* vodca *m4*
vogue *n* faisean *m1*; **in vogue** san fhaisean
voice *n* guth *m3*, glór *m1*; (LING) faí *f4* ♦ *vt* (*opinion*) cuir in iúl; **at the top of his voice** in ard a chinn
void *n* folús *m1*, folúntas *m1* ♦ *adj* folamh; (*invalid*) neamhbhailí, neamhnítheach; (LAW) ar neamhní; **void of** ar díth + *gen*, gan aon
volatile *adj* (*substance*) so-ghalaithe; (*person*) taghdach
volcano *n* bolcán *m1*
volition *n*: **of one's own volition** de do dheoin féin
volley *n* (TENNIS *etc*) eitleog *f2*; (*of gunfire*) rois *f2*, rúisc *f2*; (*of questions*) rois
volleyball *n* eitpheil *f2*
volt *n* volta *m4*
voltage *n* voltas *m1*
volume *n* (*size*) toirt *f2*, méid *m4*; (*of book*) imleabhar *m1*; (*sound*) láine *f4*
voluntarily *adv* go toilteanach, go deonach
voluntary *adj* toilteanach, saorálach; (*unpaid*) deonach
volunteer *n* saorálaí *m4*; (*soldier*) óglach *m1* ♦ *vt* (*information*) tabhair de do chonlán féin ♦ *vi* (MIL) liostáil de do dheoin féin; **to volunteer to do sth** tairiscint rud a dhéanamh; **he volunteered to help me** thairg sé cuidiú liom
vomit *n* urlacan *m1*, aiseag *m1* ♦ *vt, vi* cuir amach, aisig
vote *n* vótáil *f3*; (*cast*) vóta *m4*; (*franchise*) ceart *m1* vótála ♦ *vt* (*elect*) togh; (*propose*): **to vote that** moladh go ♦ *vi* vótáil, caith vóta; **vote of thanks** rún buíochais; **to put sth to a vote** rud a chur ar vóta; **he was voted chairman** toghadh ina chathaoirleach é
voter *n* vótálaí *m4*
voting *n* vótáil *f3*
voucher *n* (*for meal, petrol, gift*) dearbhán *m1*
vouch for *vt fus* téigh i mbannaí ar
vow *n* móid *f2* ♦ *vi* móidigh, tabhair móid
vowel *n* guta *m4*
voyage *n* aistear *m1 or* turas *m1* farraige
vulgar *adj* gráisciúil, madrúil, lodartha
vulnerable *adj* gan chosaint, ar lagchuidiú, soghonta
vulture *n* badhbh *f2*, bultúr *m1*

W

wad *n* (*of cotton wool, paper*) loca *m4*; (*of banknotes etc*) burla *m4*
waddle *vi* bheith ag lapadán
wade *vi*: **to wade through** siúl trí; (*fig*: *book*) treabhadh trí
wafer *n* (CULIN) abhlann *f2*
waffle *n* (CULIN) vaiféal *m1*; (*inf*) seafóid *f2*, glagaireacht *f3* ♦ *vi* bheith ag seafóid *or* ag glagaireacht
waft *vt* (*sound, smell*) iompair ♦ *vi* bheith ar foluain
wag *vt, vi* croith
wage *n* (*also*: **wages**) pá *m4*, tuarastal *m1* ♦ *vt*: **to wage war** cogadh a chur
wage earner *n* saothraí *m4*
wage packet *n* paicéad *m1* pá
wager *n* geall *m1*
waggle *vt, vi* croith
wag(g)on *n* vaigín *m4*
wail *vi* déan olagón
waist *n* coim *f2*, básta *m4*
waistcoat *n* bástcóta *m4*, veist *f2*
waistline *n* coim *f2*
wait *n* fanacht *m3*, feitheamh *m1* ♦ *vi* fan; **to keep sb waiting** duine a choinneáil ag fanacht; **to wait for** fanacht le; **I can't wait to ...** (*fig*) is fada liom nó go ...
▸ **wait on** *vt fus* déan freastal ar
waiter *n* freastalaí *m4*
waiting list *n* liosta *m4* feithimh
waiting room *n* feithealann *f2*, seomra *m4* feithimh
waitress *n* freastalaí *m4*, banfhreastalaí *m4*
waive *vt* (*claim*) tarscaoil
wake *vt, vi* (*also*: **wake up**) múscail, dúisigh ♦ *n* (*for dead person*) faire *f4*; (NAUT) marbhshruth *f3*
Wales *n* an Bhreatain *f2* Bheag; **the Prince of Wales** Prionsa *m4* na Breataine Bige
walk *n* siúl *m1*; (*short*) geábh *m3* spaisteoireachta; (*gait*) leagan *m1* siúil; (*path*) cosán *m1* ♦ *vi* siúil; (*for pleasure, exercise*) déan spaisteoireacht ♦ *vt* (*distance*) siúil; (*horse*) cinnir; **10 minutes' walk from** deich nóiméad siúil ó; **from all walks of life** ó gach gairm bheatha
▸ **walk out** *vi* (*audience*) siúil amach; (*workers*) téigh ar stailc
▸ **walk out on** (*inf*) *vt fus* fág ansin
walker *n* (*person*) siúlóir *m3*, coisí *m4*
walking *n* siúl *m1*, coisíocht *f3*
walking shoes *npl* bróga siúil
walking stick *n* bata *m4* siúil
walkout *n* (*of workers*) stailc *f2*
walkover (*inf*) *n* bua *m4* gan choimhlint
walkway *n* siúlbhealach *m1*
wall *n* balla *m4*
walled *adj* (*city, garden*) caisealta
wallet *n* vallait *f2*, tiachóg *f2*
wallflower *n* lus *m3* an bhalla; (*fig*) caochóg *f2* ar cóisir
wallop (*inf*) *vt* gread, tabhair dundarlán do
wallow *vi* iomlaisc
wallpaper *n* páipéar *m1* balla ♦ *vt*: **to wallpaper** páipéar balla a chur suas
walnut *n* gallchnó *m4*; **walnut tree** crann *m1* gallchnó
walrus *n* rosualt *m1*
waltz *n* válsa *m4* ♦ *vi* válsáil
wan *adj* báiteach, tláith
wand *n* (*also*: **magic wand**) slat *f2* draíochta
wander *vi* (*person*) bheith ag falróid; (*mind*) bheith ar seachrán
wane *vi* (*moon*) téigh ar gcúl; (*reputation*) téigh i léig
wangle (*inf*) *vt*: **to wangle sth (for o.s.)** rud a sheiftiú (duit féin)
want *vt*: **I want a biscuit** ba mhaith liom briosca; (*need*): **he wants money** tá airgead de dhíth air ♦ *n*: **for want of** de cheal + *gen*; **wants** *npl* (*needs*) riachtanais *mpl1*; **she wants to do that** is mian léi sin a dhéanamh; **she wants him to buy it** ba mhaith léi go gceannódh sé é

wanted *adj* (*criminal*): **they are wanted by the police** tá na péas sa tóir orthu; "**cook wanted**" "cócaire ag teastáil"
wanting *adj*: **to be found wanting** gan a bheith in ann ag an obair
wanton *adj* (*gratuitous*) ainrianta; (*promiscuous*) macnasach
war *n* cogadh *m1*; **to make war (on)** cogadh a chur (ar)
ward *n* (*in hospital*) barda *m4*; (POL) barda *m4*; (LAW, *child*) coimircí *m4*
▸ **ward off** *vt* (*attack, enemy*) cosain
warden *n* bardach *m1*; (*of institution*) maor *m1*; (*also*: **traffic warden**) maor *m1* tráchta
warder *n* bairdéir *m3*
wardrobe *n* (*cupboard*) vardrús *m1*; (*clothes*) feisteas *m1* éadaigh; (THEAT) culaithirt *f2*
warehouse *n* stór *m1*, stóras *m1*
wares *npl* earraí *mpl4*
warfare *n* cogadh *m1*
warhead *n* (MIL) pléasc-cheann *m1*
warm *adj* te; (*thanks, welcome, applause, person*) croíúil; **it's warm** tá sé te
▸ **warm up** *vi* téigh ♦ *vt* (*food*) atéigh, téigh suas; (*engine*) téigh
warm-hearted *adj* lách
warmly *adv* go te, go croíúil
warmth *n* teas *m3*
warn *vt*: **he warned me** thug sé rabhadh dom; **to warn sb (not) to do sth** rabhadh a thabhairt do dhuine (gan) rud a dhéanamh
warning *n* rabhadh *m1*; (*signal*) rabhchán *m1*
warning light *n* solas *m1* rabhaidh
warning triangle *n* (AUT) triantán *m1* rabhaidh
warp *vi* (*wood*) stang ♦ *vt* (*fig*: *character*) saobh
warrant *n* barántas *m1*
warranty *n* barántas *m1*
warren *n* (*of rabbits*) coinicéar *m1*; (*fig*: *of streets etc*) lúbra *m4*
warrior *n* gaiscíoch *m1*, laoch *m1*
Warsaw *n* Vársá *m4*
warship *n* long *f2* chogaidh
wart *n* faithne *m4*
wartime *n* aimsir *f2* chogaidh
wary *adj* airdeallach, faichilleach; **be wary of him!** bí ar d'fhaichill air!
wash *vt, vi* nigh; (*sea*): **to wash over sth/against sth** bheith ag slaparnach thar rud/in éadan ruda ♦ *n* (*clothes*) níochán *m1*; (*of ship*) maistreadh *m1*
▸ **wash away** *vt* (*stain*) bain amach; (*subj*: *river etc*): **the bridge was washed away** scuabadh an droichead le sruth
▸ **wash off** *vi*: **it will wash off** imeoidh sé sa níochán
▸ **wash up** *vi* (BRIT: *dishes*) nigh na soithí; (US: *clean o.s.*) nigh d'aghaidh agus do lámha ♦ *vt* (*subj*: *sea*): **it was washed up (on the shore)** cartadh i dtír é (ar an gcladach)
washable *adj* in-nite
washbasin, (US) **washbowl** *n* doirteal *m1*
washcloth *n* ceirt *f2* níocháin
washer *n* (TECH) leicneán *m1*
washing *n* níochán *m1*
washing machine *n* inneall *m1* níocháin
washing powder *n* púdar *m1* níocháin
washing-up *n* na soithí *mpl1*
washing-up liquid *n* leacht *m3* níocháin
washroom (US) *n* leithreas *m1*, seomra *m4* folctha
wasp *n* foiche *f4*
wastage *n* fuílleach *m1*; (*in manufacturing, transport etc*) deachmaíocht *f3*
waste *n* fuíoll *m1*; (*of time*) cur *m1* amú; (*rubbish*) bruscar *m1*; (*also*: **household waste**) bruscar tí ♦ *adj* (*leftover*): **waste material** dramhaíl; (*land, ground*: *in city*) folamh ♦ *vt* (*time, opportunity*) diomail, cuir amú; **wastes** *npl* (*area*) fásach *msg1*
▸ **waste away** *vi*: **he is wasting away** tá sé á ghoid as
waste disposal unit *n* aonad *m1* diúscartha dramhaíola
wasteful *adj* diomailteach, caifeach; (*process*) gan tairbhe
waste ground *n* talamh *m1* or *f* fásaigh
wastepaper basket *n* ciseán *m1* dramhpháipéir

waste pipe *n* píobán *m1* fuíollábhair
waster (*inf*) *n* drabhlásaí *m4*
watch *n* uaireadóir *m3*; (*act of watching*) amharc *m1*, féachaint *f3*; (*MIL, NAUT*) faire *f4*• *vt* (*look at*) amharc ar, féach ar; (*spy on, guard, be careful of*) coimhéad• *vi* déan faire
▸ **watch out** *vi* coimhéad, seachain
watchdog *n* gadhar *m1* faire
watchful *adj* aireach, airdeallach
watchmaker *n* uaireadóirí *m4*
watchman *n see* **night watchman**
watchstrap *n* strapa *m4* uaireadóra
water *n* uisce *m4*• *vt* (*plant, garden*) cuir uisce ar; (*horses*) tabhair uisce do• *vi* (*eyes*): **my eyes are watering** tá uisce le mo shúile; (*mouth*): **it makes my mouth water** cuireann sé uisce le mo chuid fiacla; **to water sth** uisce a chur ar rud; **in Irish waters** i bhfarraigí na hÉireann
▸ **water down** *vt*: **to water down whiskey** uisce beatha a chaoladh (le huisce); (*fig*: *story*) maolaigh
watercolour, (*US*)**watercolor** *n* uiscedhath *m3*
watercress *n* biolar *m1*
waterfall *n* eas *m3*
Waterford *n* Port Láirge *m*; **Waterford crystal** criostal Phort Láirge
water heater *n* téitheoir *m3* uisce
watering can *n* fraschanna *m4*
water lily *n* duilleog *f2* bháite
waterline *n* (*NAUT*) dobharlíne *f4*
waterlogged *adj* (*ground*) faoi uisce
water main *n* príomhphíopa *m4* uisce
watermelon *n* mealbhacán *m1* uisce
waterproof *adj* uiscedhíonach, díon a bheith ann; **is that coat waterproof?** an bhfuil díon sa chóta sin?
watershed *n* (*GEOG*) dobhardhroim *m3*; (*fig*): **that was a watershed in my life** chuir sin cor i mo chinniúint
water-skiing *n* sciáil *f3* ar uisce
watertight *adj* uiscedhíonach
waterway *n* bealach *m1* uisce
waterworks *n* (*building*) oibreacha *fpl2* uisce
watery *adj* uisciúil; (*coffee, soup*) tanaí; (*eyes*) silteach
watt *n* vata *m4*
wave *n* (*also RADIO*) tonn *f2*; (*of hand*) croitheadh *m*; (*in hair*) casadh *m1*• *vi* croith; (*flag*): **the flag is waving** tá an bhratach ar foluain; (*grass*) luasc• *vt* (*handkerchief*) croith; (*stick*) bagair
wavelength *n* tonnfhad *m1*
waver *vi* preab; (*voice*): **his voice wavered** tháinig creathán ina ghuth; (*person*): **he is wavering** tá sé idir dhá chomhairle
wavy *adj* iomaireach; (*hair*) camarsach, dréimreach
wax *n* céir *f*; (*also*: **ear wax**) sail *f2* chluaise• *vt*: **to wax sth** céir a chur ar rud, rud a chiaradh• *vi* (*moon*) líon
waxworks *npl* taispeántas *m1* dealbh céarach
way *n* bealach *m1*, slí *f4*; (*manner*) dóigh *f2*, caoi *f4*; (*habit*) dóigh; **which way? - this way** cén bealach? - an bealach seo; **do you know the way?** an bhfuil fios an bhealaigh agat?; **on the way** (*en route*) ar an mbealach; **to be on one's way** bheith ar shiúl; **to go out of one's way to do sth** (*fig*) stró a chur ort féin le rud a dhéanamh; **to be in the way (of)** bheith sa chosán (ag); **to lose one's way** dul amú, dul ar seachrán; **under way** ar siúl; **in a way** ar bhealach; **will you see him? - no way!** (*inf*) an mbuailfidh tú leis? - ní bhuailfidh nó a shaothar orm!; **by the way ...** dála an scéil ...; "**way in**" "isteach"; "**way out**" "amach"; **the way back** an bealach ar ais; "**give way**" (*AUT*) "géill slí"
waylay *vt*: **to waylay sb** luíochán a dhéanamh roimh dhuine
wayward *adj* (*stubborn*) ceanndána; (*erratic*) guagach, spadhrúil
we *pl pron* muid, sinn; (*emphatic*) muidne, sinne; (*as subject*): **we came in** thángamar isteach; (*with copula*): **we are people** is daoine sinn *or* muid; (*in passive, autonomous*): **we were injured** gortaíodh sinn *or* muid; **we came and they stayed** thángamarna agus d'fhan siadsan; **it is we who ...** is sinne *or*

muidne a ...
weak *adj* lag
weaken *vi* téigh i laige ♦ *vt* lagaigh
weakling *n* (*physically*) marla *m4*; (*morally etc*) meatachán *m1*
weakness *n* laige *f4*; (*fault*) fabht *m4*; **to have a weakness for** bheith tugtha do
wealth *n* (*money, resources*) saibhreas *m1*, maoin *f2*; (*of details*) flúirse *f4*
wealthy *adj* saibhir
wean *vt* scoith (den chíoch) ♦ *n* (*inf*: *child*) leanbh *m1*
weapon *n* arm *m1*, gléas *m1* troda
wear *n* (*use*) caitheamh *m1* ♦ *vt* caith
▸ **wear away** *vt* ídigh ♦ *vi* caith
▸ **wear down** *vt* snoigh; (*strength, person*) traoch
▸ **wear off** *vi*: **it soon wore off** ba ghairid a mhair sé
▸ **wear out** *vt* ídigh; (*person, strength*) spíon
wear and tear *n* caitheamh agus cuimilt
weary *adj* (*tired*) tuirseach; (*dispirited*): **I am weary of it** táim bréan de ♦ *vi*: **to weary of** éirí bréan de
weasel *n* (*ZOOL*) easóg *f2*
weather *n* aimsir *f2* ♦ *vt*: **to weather the storm** an stoirm a chur díot; **to be under the weather** (*fig*: *ill*) bheith meath-thinn, gan a bheith ar fónamh
weather-beaten *adj* síondaite
weathercock *n* coileach *m1* gaoithe
weather forecast *n* réamhaisnéis *f2* na haimsire
weather vane *n* = **weathercock**
weave *vt* figh
weaver *n* fíodóir *m3*
Web *n* (*COMPUT*: *inf*): **the Web** = **World-Wide Web**
web *n* (*of spider*) líon *m1* damháin alla; (*on foot*) scamall *m1*; (*fabric*) uige *f4*; (*fig*): **a web of deceit** gréasán *m1* bréag
web site *n* (*COMPUT*) líonláithreán *m1*
wed *vt, vi* pós
wedding *n* (*ceremony*) pósadh *m*; (*feast*) bainis *f2*
wedding day *n* lá *m* pósta
wedding dress *n* gúna *m4* pósta
wedding reception *n* bainis *f2*
wedding ring *n* fáinne *m4* pósta
wedge *n* (*of wood etc*) ding *f2*; (*of cake*) canta *m4* ♦ *vt* (*fix*) ding; (*pack tightly*) brúigh (síos)
Wednesday *n* An Chéadaoin *f4*; **on Wednesday** Dé Céadaoin; **he comes on Wednesdays** tagann sé ar an gCéadaoin
wee *adj* (*SCOT, IRL*) beag
weed *n* fiaile *f4*; **weeds** *npl* lustan *msg1*, luifearnach *msg1* ♦ *vt* déan gortghlanadh, bain lustan
weedkiller *n* fiailnimh *f2*
week *n* seachtain *f2*; **a week today** seachtain is an lá inniu
weekday *n* lá *m* den tseachtain; **on weekdays and Sundays** Domhnach is dálach
weekend *n* deireadh *m1* seachtaine
weekly *adv* in aghaidh na seachtaine ♦ *adj* seachtainiúil ♦ *n* seachtanán *m1*
weep *vt, vi* (*person*) caoin, goil
weeping willow *n* saileach *f2* shilte
weigh *vt, vi* meáigh; **to weigh anchor** an t-ancaire a thógáil
▸ **weigh up** *vt* meas
weight *n* meáchan *m1*; **to lose weight** meáchan a chailleadh; **to put on weight** meáchan a chur suas
weightlifter *n* tógálaí *m4* meáchan
weighty *adj* trom; (*important*) tromaí, tromchúiseach, tathagach
weir *n* cora *f4*
weird *adj* diamhair; (*odd*) corr, aisteach
welcome *adj*: **a welcome guest** aoi a bhfuil fáilte roimhe ♦ *n* fáilte *f4* ♦ *vt*: **to welcome sb** fáilte a chur roimh dhuine; **thank you - you're welcome!** go raibh maith agat - níl a bhuíochas ort *or* tá fáilte romhat
weld *vt* táthaigh
welder *n* táthaire *m4*
welfare *n* (*wellbeing*) leas *m3*, sochar *m1*; (*social aid*) leas sóisialta
welfare officer *n* oifigeach *m1* leasa
welfare state *n* stát *m1* leasa (shóisialaigh)
well *n* tobar *m1* ♦ *adv* go maith ♦ *adj*: **to**

be well bheith go maith♦ *excl* bhuel; **as well** chomh maith; **as well as** (*in addition to*) chomh maith le; **well done!** (*gen*) maith thú!, Dia leat!; (*to man*) maith an fear!, maith an buachaill!, bullaí fir!; (*to woman*) maith an bhean!, maith an cailín!; **she is well again** tá sí ar ais ar a seanléim; **to do well** déanamh go maith; **to wish sb well** rath a ghuí le duine

▸**well up** *vi* brúcht aníos

well-behaved *adj* dea-mhúinte

well-being *n* dea-bhail *f2*; **public well-being** leas *m3* an phobail

well-built *adj* (*person*) tathagach

well-deserved *adj* atá tuillte go maith

well-dressed *adj* dea-éadaigh, feistithe go maith

well-heeled (*inf*) *adj* (*wealthy*) rachmasach, gustalach

wellingtons *npl* (*also*: **wellington boots**) buataisí *fpl2* rubair

well-known *adj* (*person*) clúiteach, iomráiteach, aithnidiúil

well-mannered *adj* dea-mhúinte

well-meaning *adj* dea-chroíoch, deá-mhéineach

well-off *adj* go maith as, leacanta

well-read *adj* léannta

well-to-do *adj* toiciúil, gustalach

well-wishers *npl* lucht *msg3* dea-mhéine

Welsh *adj* Breatnach♦ *n* (LING) Breatnais *f2*; **the Welsh** *npl* (*people*) na Breatnaigh *mpl1*

Welshman *n* Breatnach *m1*

Welshwoman *n* Breatnach *m1* (mná)

west *n* iarthar *m1*♦ *adj* iartharach; (*wind*) aniar; (*side*) thiar♦ *adv* (*in*) thiar; (*to*) siar; (*from*) aniar; **the West** an tIarthar *m1*; **west of** taobh thiar de

westerly *adj* (*wind*) aniar; (*point*) thiar

western *adj* iartharach, thiar♦ *n* (CINE) scannán *m1* buachaillí bó

West Indian *adj, n* Iar-Indiach *m1*

West Indies *npl* na hIndiacha *fpl* Thiar

Westmeath *n* an Iarmhí *f4*

westward(s) *adv* siar

wet *adj* fliuch; (*damp*) tais; (*soaked*) fliuch báite; "**wet paint**" "péint úr"

wet blanket *n* (*fig*) seargánach *m1*

wet suit *n* culaith *f2* tumtha

Wexford *n* Loch *m* Garman

whack *vt* leadair, tabhair faic do

whale *n* (ZOOL) míol *m1* mór

wharf *n* cé *f4*

KEYWORD

what *adj*: **what size is he?** cad é an saghas atá aige?, cad é an mhéid a chaitheann sé?; **what colour is it?** cén dath atá air?; **what books do you need?** cé na leabhair atá uait?; **what a mess!** a leithéid de phrácás!

♦ *pron*1 (*interrogative*) céard, cad (é), cén rud; **what are you doing?** céard atá ar bun agat?; **what happened to you?** cad (é) a tharla *or* a bhain duit?; **what are you talking about?** céard faoi a bhfuil tú ag caint?; **what is it called?** cén t-ainm atá air, cad is ainm dó?; **what about me?** céard fúmsa?, cár fhág tú mise?; **what about doing ...?** cad é do bharúil dá ndéanaimis ...?

2 (*relative*): **I saw what you did/was on the table** chonaic mé an rud a rinne tú/an rud a bhí ar an mbord; **tell me what you know about it** inis dom a bhfuil ar eolas agat faoi

♦ *excl* (*disbelieving*) cad é sin!; **what! no tea?** cad é seo! nach bhfuil tae ar bith ann?

whatever, whatsoever *adj*: **whatever book** cibé leabhar♦ *pron*: **do whatever is necessary** déan cibé rud is gá; **whatever happens** cibé rud a tharlóidh; **with no reason whatever** gan fáth ar bith; **nothing whatever** a dhath ar bith

wheat *n* cruithneacht *f3*

wheedle *vt* meall; **to wheedle sth out of sb** rud a mhealladh ó dhuine

wheel *n* roth *m3*; (*also*: **steering wheel**) roth stiúrtha; (NAUT) stiúir *f*♦ *vt* (*pram etc*) brúigh romhat, faoileáil♦ *vi* (*birds*) cas; (*also*: **wheel round**: *person*) tiontaigh

wheelbarrow *n* bara *m4* (rotha)

wheelchair *n* cathaoir *f* rothaí
wheel clamp *n* (AUT) glas *m1* rotha
wheeze *vi*: **to wheeze** cársán a bheith ionat

KEYWORD

when *adv* cén uair, cá huair, cathain; **when did it happen?** cén uair *or* cá huair *or* cathain a tharla sé?
♦ *conj* 1 (*at, during, after the time that*): **she was reading when I came in** bhí sí ag léamh nuair a tháinig mé isteach *or* ag teacht isteach dom
2 (*on, at which*): **on the day when I met him** an lá a casadh orm é
3 (*whereas*) is amhlaidh, is é rud, is éard; **I thought I was wrong when in fact I was right** shíl mé go raibh mé contráilte ach is amhlaidh a bhí an ceart agam

whenever *adv* an uair ♦ *conj* nuair; (*every time that*) gach uair
where *adv, conj* an áit, mar; **this is where** seo an áit
whereabouts *adv* cá ♦ *n*: **he has told no one his whereabouts** ní dúirt sé le duine ar bith cá bhfuil sé
whereas *conj* cé go; (*in legal documents*) de bhrí go
whereby *adv* trína; **a system whereby time is saved** modh oibre trína sábhailtear am
whereupon *adv* agus leis sin, agus ansin
wherever *adv, conj* cibé áit
whet *vt*: **to whet one's appetite** faobhar a chur ar do ghoile
whether *conj* cé acu; **I don't know whether to accept or not** níl a fhios agam cé acu ba chóir dom glacadh leis nó nár chóir; **it's doubtful whether she will come** tá mé in amhras an dtiocfaidh sí; **whether you go or not** cé acu a rachaidh tú nó nach rachaidh

KEYWORD

which *adj* 1 (*interrogative*: *direct, indirect*) cé, cé acu; **which picture do you want?** cén pictiúr atá de dhíth ort?; **which one?** cé acu ceann?; **in which case** agus más amhlaidh atá, agus an scéal a bheith amhlaidh
♦ *pron* 1 (*interrogative*): **I don't mind which** is cuma liom cé acu; **which (of these) are yours?** cé acu díobh seo is leat?; **tell me which you want** inis dom cé acu is mian leat *or* a theastaíonn uait
2 (*relative*: *subject*) a; (: *object*) a, ar; **the apple which you ate/which is on the table** an t-úll a d'ith tú/atá ar an mbord; **the chair on which you are sitting** an chathaoir a bhfuil tú i do shuí uirthi; **the book of which you spoke** an leabhar ar labhair tú faoi/ina thaobh; **he said he saw her, which is true** dúirt sé go bhfaca sé í, rud atá fíor/agus is fíor dó; **after which** agus ina dhiaidh sin

whichever *adj*: **take whichever book you prefer** tabhair leat cibé leabhar is fearr leat
whiff *n* boladh *m1*, mos *m1*; (*trace*) lorg *m1*
while *n* tamall *m1*, scaitheamh *m1* ♦ *conj*: **while I was there** agus mé ann, fad is a bhí mé ann; **for a while** ar feadh scathaimh
▸ **while away** *vt*: **to while away the hours** an t-am a chur thart
whim *n* tallann *f2*; (*foolish*) baothmhian *f2*
whimper *vi* bheith ag snagaíl *or* ag diúgaireacht *or* ag geonaíl
whimsical *adj* (*person*) meonúil, spadhrúil, teidheach; (*look, story*) aiféiseach
whine *vi* bheith ag cnáimhseáil; (*dog*) bheith ag geonaíl
whinger (*inf*) *n* criongánaí *m4*, caointeachán *m1*
whip *n* fuip *f2*, lasc *f2*; (POL, *person*) aoire *m4* ♦ *vt* fuipeáil, lasc; (*eggs*) buail, coip
whipped cream *n* uachtar *m1* coipthe
whip-round *n* bailiúchán *m1*
whirl *n* guairneán *m1*, cuilithe *f4* ♦ *vi* rothlaigh, bheith ag guairneáil
whirlpool *n* coire *m4* guairneáin

whirlwind *n* cuaifeach *m1*, iomghaoth *f2*

whirr *n* seabhrán *m1* ♦ *vi* (*motor etc*) déan seabhrán

whisk *n* (CULIN) greadtóir *m3*; (*of tail etc*) flíp *f2* ♦ *vi* scinn ♦ *vt* (*eggs*) gread; **to whisk sb away** *or* **off** duine a sciobadh leat

whiskers *npl* (*of cat*) guairí *mpl4*; (*of man*) féasóg *fsg2* leicinn

whisky, (IRL, US) **whiskey** *n* uisce *m4* beatha, fuisce *m4*

whisper *vt*: **to whisper sth (to)** rud a rá i gcogar (le) ♦ *vi* bheith ag cogarnach

whistle *n* (*sound*) fead *f2*; (*object*) feadóg *f2* ♦ *vi* bheith ag feadaíl; **to whistle (at sb)** fead a ligean (le duine)

white *adj* bán ♦ *n* an dath *m3* bán; (*person*) duine *m4* geal

white coffee *n* caife *m4* bán

white-collar worker *n* oibrí *m4* bóna bháin

white lie *n* bréag *f2* gan díobháil

white paper *n* (POL) páipéar *m1* bán

whitewash *vt* cuir aoldath ar; (*fig*) cuir plán mín ar ♦ *n* (*paint*) aoldath *m3*

whiting *n* (*fish*) faoitín *m4*

Whitsun *n* An Chincís *f2*

whittle away, whittle down *vt* (*costs*) gearr (anuas)

whizz *vi*: **to whizz past** *or* **by** scinneadh thart, dul thart ar nós na gaoithe

who *pron* (*interr*) cé; **who is it?** cé (hé) sin?, cé atá ann?; (*relative*) a; (: *negative*) nach, nár; **the man who was here** an fear a bhí anseo; **the man who went** an fear a d'imigh; **the man who was not here** an fear nach raibh anseo; **the man who did not go** an fear nár imigh

whodun(n)it (*inf*) *n* scéal *m1* bleachtaireachta

whoever *pron*: **whoever finds it** an té a thiocfaidh air; **ask whoever you like** cuir ceist ar cibé duine is mian leat; **whoever he marries** an bhean a phósfaidh sé; **whoever told you that?** cé a d'inis sin duit?

whole *adj* (*complete*) iomlán; (*not broken*) slán ♦ *n* (*all*): **the whole of** iomlán *m1* + *gen*; **the whole of the town** an baile uile *or* ar fad; **on the whole** den chuid is mó; **as a whole** ina iomláine

wholehearted *adj* ó chroí

wholemeal *n* min *f2* chaiscín; (*also*: **wholemeal bread**) caiscín *m4*

wholesale *n* mórdhíol *m3* ♦ *adj* (*price*) mórdhíola *n gen*; (*destruction*) ar fad ♦ *adv* ar fad

wholesaler *n* mórdhíoltóir *m3*

wholesome *adj* folláin

wholewheat *adj* = **wholemeal**

wholly *adv* ar fad

whom *pron* (*interrogative*): **whom did you see?** cé a chonaic tú?; **to whom did you give it?** cé dó ar thug tú é?; (*relative*): **the man whom I saw/to whom I spoke** an fear a chonaic mé/ar labhair mé leis

whooping cough *n* triuch *m3*

whore (*inf*: *pej*) *n* striapach *f2*

KEYWORD

whose *adj* **1** (*possessive*: *interrogative*): **whose book is this?** cé leis an leabhar seo?; **whose pencil have you taken?** cé leis an peann luaidhe a thug tú leat?; **whose daughter/son are you?** cé leis tú?

2 (*possessive*: *relative*): **the man whose son you rescued** an fear ar thug tú tarrtháil ar a mhac; **the girl whose sister you were speaking to** an cailín a raibh tú ag caint lena deirfiúr; **the woman whose car was stolen** an bhean ar goideadh a carr

♦ *pron*: **whose is this?** cé leis seo?; **I know whose it is** tá a fhios agam cé leis é

why *adv* cén fáth, cad chuige, cad ina thaobh; **the reason why** an fáth; **tell me why** abair liom cad chuige; "**Will we go out?**" "**Why not?**" "An rachaimid amach?" "Cén fáth nach rachadh!"

whyever *adv* = **why**

wicked *adj* (*person*) droch-, urchóideach; (*animal*) mallaithe, drochmhúinte; (*mischievous*) mioscaiseach

wicket *n* (CRICKET) geaitín *m4*

Wicklow *n* Cill *f* Mhantáin
wide *adj* leathan; (*area, knowledge*) fairsing ♦ *adv*: **to open wide** oscailt amach; **to shoot wide** urchar iomrallach a scaoileadh; (FOOTBALL) buaileadh ar fóraoil
wide-angle lens *n* lionsa *m4* leathanuilleach
wide-awake *adj*: **she is wide-awake** tá sí ina lándúiseacht
widely *adv* (*differing*): **they had widely different stories** ba mhór idir an dá scéal acu; (*spaced*) go fairsing; (*believed*) go coitianta; (*travel*) i bhfad agus i gcéin
widen *vt, vi* leathnaigh, fairsingigh
wide open *adj* oscailte amach, ar leathadh
widespread *adj* (*belief etc*) coitianta
widow *n* baintreach *f2*
widowed *adj*: **to be widowed** bheith i do bhaintreach
widower *n* baintreach *f2* fir
width *n* leithead *m1*, fairsinge *f4*
wield *vt* (*sword*) beartaigh; (*power*) bain feidhm as
wife *n* bean *f* (chéile)
wig *n* bréagfholt *m1*, peiriúic *f2*
wiggle *vt* bheith ag lúbarnaíl
wild *adj* (*animals*) allta, fiáin; (*places, people, behaviour*) fiáin; (*sea*) garbh; **to make a wild guess** buille faoi thuairim a thabhairt; **to run wild** dul i bhfiáin
wilderness *n* fásach *m1*
wild-goose chase *n* (*fig*) tóir *f3* gan toradh
wildlife *n* ainmhithe *mpl4* allta, fiabheatha *f4*
wildly *adv* (*behave*) go fiáin; (*happy*) go scléipeach
wilds *npl* (*remote area*) fásach *msg1*, fiántas *msg1*
wilful, (US) **willful** *adj* (*person*) ceanndána; (*action*) d'aon turas, d'aon ghnó

KEYWORD

will *aux vb* **1** (*forming future tense*): **I will finish it tomorrow** críochnóidh mé amárach é; **I will have finished it by tomorrow** beidh sé críochnaithe agam amárach; **will you do it? - yes I will/no I won't** an ndéanfaidh tú é? - déanfaidh/ní dhéanfaidh
2 (*in conjectures, predictions*): **he will** *or* **he'll be there by now** ba chóir é a bheith ann faoi seo *or* beidh sé ann faoi seo; **that will be the postman** is dócha gur fear an phoist atá ann, fear an phoist a bheas ann
3 (*in commands, requests, offers*): **will you be quiet!** bí ciúin!, nár chóir go dtostfá?; **will you help me?** an bhféadfá cuidiú a thabhairt dom?; **will you have a cup of tea?** ar mhaith leat cupán tae?; **I won't put up with it!** ní chuirfidh mé suas leis!
♦ *vt*: **I willed him to do it** bhí dúil as Dia agam go ndéanfadh sé é; **he willed himself to go on** thug sé air féin streachailt ar aghaidh
♦ *n* (*desire*) toil *f3*, togradh *m*, réir *f2*; (*testament*) uacht *f3*

willing *adj* toilteanach; **he's willing to do it** tá sé sásta é a dhéanamh
willingly *adv* go toilteanach
willingness *n* toilteanas *m1*; **with utmost willingness** faoi chroí mhór mhaith
willow *n* saileach *f2*
willpower *n* neart *m1* tola
willy-nilly *adv* de dheoin nó d'ainneoin
wilt *vi* searg, sleabhac, feoigh
wily *adj* glic
win *n* (*in sports etc*) bua *m4* ♦ *vt, vi* buaigh, bain
▸ **win over** *or* **round** *vt*: **he won her over** fuair sé le casadh í, mheall sé í
wince *vi*: **I winced** baineadh freanga asam
winch *n* crangaid *f2*, unlas *m1*
wind[1] *n* (*also* MED) gaoth *f2* ♦ *vt* (*take breath*): **to wind sb** an anáil a bhaint de dhuine
wind[2] *vt* (*clock, toy*) tochrais, cas ♦ *vi* (*road, river*) cas
▸ **wind up** *vt* (*clock*) tochrais, cas; (*debate*) **to wind up** deireadh a chur le
windfall *n* amhantar *m1*

winding *adj* (*road, river*) casta; (*also*: **winding staircase**) staighre bíse
wind instrument *n* (MUS) gaothuirlis *f2*
windmill *n* muileann *m1* gaoithe
window *n* fuinneog *f2*
window box *n* ceapach *f2* fuinneoige
window cleaner *n* (*person*) glantóir *m3* fuinneog
window ledge *n* leac *f2* fhuinneoige
window pane *n* pána *m4* fuinneoige
windowsill *n* leac *f2* fuinneoige
windpipe *n* píobán *m1*, sciúch *f2*
wind power *n* cumhacht *f3* ghaoithe
windscreen, (US) **windshield** *n* gaothscáth *m3*
windscreen washer *n* niteoir *m3* gaothscátha
windscreen wiper *n* cuimilteoir *m3* gaothscátha
windy *adj* gaofar; **it's very windy** tá gaoth mhór ann
wine *n* fíon *m3*
wine bar *n* beár *m1* fíona
wine cellar *n* siléar *m1* fíona
wine glass *n* gloine *f4* fíona
wine list *n* liosta *m4* fíona
wine waiter *n* giolla *m4* fíona
wing *n* sciathán *m1*, eiteog *f2*; (POL) eite *f4*; (SPORT) cliathán *m1*; **wings** *npl* (THEAT) cliatháin *mpl1*
winger *n* (SPORT) cliathánaí *m4*
wink *n* caochadh *m*, sméideadh *m* ♦ *vt, vi* caoch, sméid
winner *n* buaiteoir *m3*
winning *adj* buach, caithréimeach, buaite; **the winning team** an fhoireann a bhuaigh
winnings *npl* airgead *msg1* buachana
winter *n* geimhreadh *m1*; **in winter** sa gheimhreadh
winter sport *n* spórt *m1* geimhridh
wintry *adj* geimhriúil
wipe *n* cuimilt *f2*; **to give sth a wipe** cuimilt a thabhairt do rud ♦ *vt* cuimil; (*erase*: *tape*) glan
wipe off *vt* glan de
wipe out *vt* (*debt*) glan; (*destroy*) scrios, treascair
wire *n* sreang *f2* ♦ *vt* (*house*) sreangaigh; (*also*: **wire up**) sreangaigh; (*person*: *send telegram to*) cuir sreangscéal chuig
wireless *n* craolachán *m1*, raidió *m4*
wiring *n* sreangú *m*
wiry *adj* miotalach; (*hair*) guaireach
wisdom *n* críonnacht *f3*; (*of action*) ciall *f2*
wisdom tooth *n* fiacail *f2* forais
wise *adj* críonna; (*remark*) céillí ♦ *suffix*: **he is streetwise** tá ciall na sráide aige
wisecrack *n* ciúta *m4*
wish *n* (*desire*) mian *f2* ♦ *vt*: **I wish** is mian liom; **best wishes** (*on birthday etc*) go maire tú an lá!; **with best wishes** (*in letter*) le dea-mhéin; **to wish sb goodbye** (*if leaving*) slán a fhágáil ag duine; (*if staying*) slán a chur le duine; **I wish to go** is mian liom dul ann; **to wish for money** do bhinid a chur in airgead
wishful *adj*: **it's just wishful thinking** níl ann ach rud atá in aice le do thoil
wistful *adj* tnúthánach, cumhach
wit *n* meabhair *f*, ciall *f2*; (*wittiness*) dea-chaint *f2*; (*person*) nathaí *m4*
witch *n* cailleach *f2*, bandraoi *m4*, draíodóir *m3* mná
witchcraft *n* draíocht *f3*, asarlaíocht *f3*, an ealaín *f2* dhubh

KEYWORD

with *prep* **1** (*in the company of*) in éineacht le; (*at the home of*) ag, tigh + *gen*; **we stayed with friends** d'fhan muid ag cairde; **I'll be with you in a minute** beidh mé agat faoi cheann nóiméid
2 (*descriptive*): **a room with a view** seomra a bhfuil radharc uaidh; **the man with the grey hat/blue eyes** an fear a bhfuil an hata liath air/na súile gorma aige, fear an hata léith/na súl gorm
3 (*indicating manner, means, cause*): **with tears in her eyes** agus na deora lena súile; **to walk with a stick** siúl le bata; **red with anger** dearg le fearg, ar deargbhuile; **to shake with fear** bheith ar crith le heagla; **to fill sth with water**

rud a líonadh le huisce *or* d'uisce
4 : **I'm with you** (*I understand*) tuigim thú; **with it** (*inf*: *up-to-date*) san fhaisean

withdraw *vt* tarraing siar; (*money*) déan aistarraingt ♦ *vi* tarraing siar, cúlaigh
withdrawal *n* tarraingt *f* siar, cúlú *m*; (*of money*) aistarraingt *f*
withdrawn *adj* (*person*) deoranta
wither *vi* (*plant*) searg, dreoigh, feoigh
withhold *vt* (*money*) coinnigh siar
within *prep* istigh i, laistigh de ♦ *adv* istigh, laistigh; **it is within his reach** tá sé faoi fhad láimhe de; **within sight of** ar amharc + *gen*; **within a kilometre of** faoi chiliméadar de; **within the/a week** faoi dheireadh na seachtaine/faoi cheann seachtaine
without *prep* taobh amuigh de, lasmuigh de; **without a coat** gan chóta; **without speaking** gan labhairt; **to go without sth** teacht gan rud
withstand *vt* seas in aghaidh + *gen*
witness *n* (*person*) finné *m4* ♦ *vt* (*event*) feic; (*document*) fianaigh; **to bear witness (to)** (*fig*) fianaise a dhéanamh (le)
witness box, (US)**witness stand** *n* clár *m1* na mionn
witticism *n* ciúta *m4*
witty *adj* dea-chainteach, deisbhéalach, greannmhar
wizard *n* draíodóir *m3*, asarlaí *m4*
wobble *vi* bheith ag guagadh; (*chair*): **it is wobbling** tá sí corrach
woe *n*: **woe is me** mo léan géar
wolf *n* mac *m1* tíre, faolchú *m4*
woman *n* bean *f*
woman doctor *n* bandochtúir *m3*
womanly *adj* banúil, banda
womb *n* (ANAT) broinn *f2*
women's lib *n* cearta *mpl1* na mban
women's movement *n* gluaiseacht *f3* na mban
women's refuge *n* tearmann *m1* do mhná
women's studies *npl* léann *m1* na mban
wonder *n* ionadh *m1*, iontas *m1* ♦ *vi*: **I wonder whether** níl a fhios agam cé acu, ní fheadar cé acu; **to wonder at sth** (*marvel*) ionadh a dhéanamh de rud; **to wonder about** bheith amhrasach faoi; **it's no wonder (that)** ní hionadh ar bith é (go); **it's little wonder (that)** is beag an t-iontas (go)
wonderful *adj* iontach
woo *vt* meall
wood *n* (*timber*) adhmad *m1*; (*forest*) coill *f2*
wood carving *n* snoíodóireacht *f3* adhmaid
wooded *adj* coillteach
wooden *adj* adhmaid *n gen*, maide *n gen*; (*fig*) maide *n gen*
woodpecker *n* snag *m3* darach
woodwind *n* (MUS) gaothuirlis *f2* adhmaid
woodwork *n* adhmadóireacht *f3*
woodworm *n* réadán *m1*
wool *n* olann *f*; **to pull the wool over sb's eyes** (*fig*) dallamullóg a chur ar dhuine
woollen, (US)**woollen** *adj* olla; **woollens** *npl* (*clothes*) éadaí *mpl1* olla
woolly, (US)**woolly** *adj* olanda; (*fig*: *ideas*) scaipthe
word *n* focal *m1*; (*news*) scéala *m4* ♦ *vt* cuir i bhfocail; **in other words** i bhfocail eile; **to break your word** dul ar gcúl i d'fhocal; **to keep your word** cur le d'fhocal
wording *n* leagan *m1* na bhfocal
word processing *n* próiseáil *f3* focal
word processor *n* próiseálaí *m4* focal
work *n* obair *f2*; (ART, LITER) saothar *m1* ♦ *vi* bheith ag obair; (*plan etc*): **it worked** d'éirigh leis ♦ *vt* (*land, mine etc*) saothraigh; (*clay*) múnlaigh; (*miracles, wonders etc*) déan; **to be out of work** bheith as obair; **to work loose** éirí scaoilte
▸ **work on** *vt fus*: **to work on** leanúint (leat) ag obair; (*person*): **to work on sb** bheith ag gabháil do dhuine
▸ **work out** *vi* (*plans etc*): **it worked out well for me** d'éirigh go maith liom ♦ *vt* (*problem*) fuascail; (*plan*) beartaigh,

oibrigh amach; **it works out at £100** céad punt an t-iomlán

▸ **work up** *vt*: **to get worked up** éirí tógtha

workable *adj* (*solution*) inoibrithe

workaholic *n* oibrí *m4* cíocrach

workarea *n* achar *m1* oibre, limistéar *m1* oibre

worker *n* oibrí *m4*

workforce *n* meitheal *f2* oibre

working class *n* lucht *m3* oibre

working-class *adj*: **a working-class family** teaghlach de chuid an lucht oibre

working holiday, working vacation (US) *n* saoire *f4* oibre

working order *n*: **in working order** i ngléas, in ordú, ar fónamh

workman *n* oibrí *m4*

workmanship (*skill*) *n* ceardaíocht *f3*

workplace *n* ionad *m1* oibre, áit *f2* oibre

works *n* oibreacha *fpl2*

workshop *n* ceardlann *f2*

workspace *n* (*area to work in*) saotharspás *m1*; (COMPUT) achar *m1* oibre

work station *n* stáisiún *m1* oibre

world *n* domhan *m1* ♦ *adj* (*champion*) domhain *n gen*; (*power, war*) domhanda; **to think the world of sb** (*fig*) an dúrud a shíleadh de dhuine

world leader *n* (POL) ceannaire *m4* domhanda

worldly *adj* saolta

world view *n* dearcadh *m1* domhanda

worldwide *adj* ar fud an domhain, domhanda

World-Wide Web *n*: **the World-Wide Web** Líon *m1* Domhanda, Gréasán *m1* Domhanda

worm *n* péist *f2*, cruimh *f2*, cuiteog *f2*

worn *adj* caite

worn-out *adj* (*object*) ídithe, athchaite; (*person*) spíonta

worried *adj* imníoch, buartha; **I'm worried** tá imní orm

worry *n* imní *f4*, buairt *f3* ♦ *vt*: **to worry sb** imní a chur ar dhuine ♦ *vi*: **she worries a lot** bíonn rud éigin i gcónaí ag cur as di; **what's worrying you?** cad é atá ag déanamh buartha duit?

worse *adj* níos measa, is measa; **a worse footballer than John** peileadóir níos measa ná Seán; **a footballer worse than John** peileadóir is measa ná Seán ♦ *adv*: **to get worse** dul in olcas ♦ *n*: **the worse** an ceann *m1* is measa; **a change for the worse** athrú chun donachta

worsen *vi* téigh in olcas

worse off *adj*: **you'll be worse off this way** is measaide duit an dóigh seo, beidh tú níos measa as an dóigh seo

worship *n* adhradh *m* ♦ *vt* (*God*) adhair; **Your Worship** (*to mayor*) A Onóir

worst *adj* is measa; (*in the past*) ba mheasa ♦ *adv*: **the musician who performs worst** an ceoltóir is measa a sheinneann ♦ *n*: **the worst** (*singular*) an ceann *m1* is measa; (*plural*) an chuid is measa

worth *n* fiúntas *m1*, luach *m3* ♦ *adj*: **it is worth a pound** is fiú punt é; **it's worth it** is fiú é; **it would be worth your while to go** b'fhiú duit dul ann

worthless *adj* beagmhaitheasach, neamhfhiúntach; **it is worthless talking to him** ní fiú a bheith leis; **a worthless person** scraiste, duine gan mhaith

worthwhile *adj* (*activity, cause*) fiúntach

worthy *adj* (*person*) fiúntach; (*motive*) uasal; **he is worthy of the reward** is maith an airí air an duais; **the labourer is worthy of his hire** is fiú an t-oibrí a thuarastal

KEYWORD

would *aux vb* **1** (*conditional tense*): **if you asked him he would do it, if you had asked him he would have done it** dá n-iarrfá air dhéanfadh sé é

2 (*in offers, invitations, requests*): **would you like a biscuit?** ar mhaith leat briosca?; **would you close the door please?** an ndruidfeá an doras, le do thoil

3 (*in indirect speech*): **I said I would do it** dúirt mé go ndéanfainn é

4 (*emphatic*): **it WOULD have to snow**

today! inniu féin a chuirfeadh sé sneachta!
5 (*insistence*): **she wouldn't do it** ní dhéanfadh sí é
6 (*conjecture*): **it would have been midnight** an meán oíche a bhí ann is dócha
7 (*indicating habit*): **he would go there on Mondays** théadh sé ann ar an Luan

wound *n* cneá *f4*, lot *m1* ♦ *vt* cneáigh, loit
wrap *vt* (*also*: **wrap up**) corn, fill (i bpáipéar); (*wind*) corn
wrapper *n* (*of book*) forchlúdach *m1*; (*on chocolate*) cumhdach *m1*
wrapping paper *n* páipéar *m1* fillte
wrath *n* fraoch *m1*, díbheirg *f2*
wreak *vt* (*revenge*) imir
wreath *n* fleasc *f2* (bláthanna)
wreck *n* (*ship*) long *f2* bhriste; (*vehicle*) carr *m1* scriosta ♦ *vt* scrios, raiceáil
wreckage *n* raic *f2*
wren *n* (ZOOL) dreoilín *m4*
wrench *n* (TECH) rinse *m4*; (*tug*) sracadh *m1*; (*fig*) freanga *f4* ♦ *vt*: **to wrench sth from sb** rud a shracadh ó dhuine
wrestle *vi*: **to wrestle (with sb)** bheith ag coraíocht *or* ag iomrascáil (le duine)
wrestler *n* coraí *m4*, iomrascálaí *m4*
wrestling *n* coraíocht *f3*, iomrascáil *f3*; (*also*: **all-in wrestling**) iliomrascáil *f3*
wretched *adj* dearóil, díblí
wriggle *vi* (*also*: **to wriggle about**) bheith ag lúbarnaíl
wring *vt* fáisc; (*fig*): **to wring sth out of sb** rud a bhaint de dhuine ina ainneoin
wrinkle *n* roc *m1* ♦ *vt, vi* roc
wrist *n* caol *m1* na láimhe
wristwatch *n* uaireadóir *m3* láimhe
writ *n* eascaire *m4*
write *vt, vi* scríobh
▸ **write down** *vt* scríobh síos
▸ **write off** *vt* (*debt*) díscríobh
▸ **write out** *vt*: **to write sth out** rud a scríobh ina iomláine
▸ **write up** *vt*: **to write sth up** cuntas a thabhairt ar rud
write-off *n*: **it was a write-off** scriosadh ar fad é
writer *n* scríbhneoir *m3*
writhe *vi* bheith ag lúbarnaíl *or* ag tabhairt na gcor
writing *n* (*act of*) scríobh *m3*; (*of author*) scríbhneoireacht *f3*; (*document*) scríbhinn *f2*; **in writing** scríofa; **the writings of Séamus Ó Grianna** scríbhinní Shéamuis Uí Ghrianna
writing paper *n* páipéar *m1* scríofa
wrong *adj* (*incorrect*: *answer, information*) contráilte, mícheart; (*inappropriate*: *choice, action etc*) contráilte, mícheart; (*wicked*) olc; (*amiss*) contráilte, cearr; (*unfair*) éagórach ♦ *adv* go héagórach ♦ *n* olc *m1*, éagóir *f3* ♦ *vt*: **to wrong sb** bheith san éagóir do dhuine; **you are wrong to do it** ní ceart duit é a dhéanamh; **you are wrong about that, you've got it wrong** tá sin contráilte agat; **what's wrong?** cad é atá cearr?; **to go wrong** dul amú; (*machine*): **it went wrong** tháinig fabht air; **to be in the wrong** bheith san éagóir; **the wrong side** an taobh *m1* contráilte
wrongful *adj* éagórach
wrongly *adv* (*unjustly*) go héagórach
wrought *adj*: **wrought iron** iarann oibrithe
wry *adj* cam, searbh; **he gave a wry smile** rinne sé draothadh gáire
WWW (COMPUT) *n abbr* = **World-Wide Web**

X

xerox ® *n* xéaracs *m4*; **xerox copy** cóip xéaracs
Xmas *n abbr* = **Christmas**
X-ray *n* (*ray*) x-gha *m4*; (*photo*) x-ghathú *m* ♦ *vt* x-ghathaigh
xylophone *n* xileafón *m1*

Y

yacht *n* luamh *m1*
yachting *n* luamhaireacht *f3*
yachtsman *n* luamhaire *m4*
Yank, Yankee (*pej*) *adj* Poncánach ♦ *n* Poncán *m1*
yap *vi* lig sceamh; (*dog*): **to be yapping** bheith ag sceamhaíl; (*person*) bheith ag cabaireacht *or* ag clabaireacht
yard *n* (*of house etc*) clós *m1*; (*measure*) slat *f2*
yardstick *n* (*fig*) slat *f2* tomhais
yarn *n* snáth *m3*, abhras *m1*; (*tale*) scéal *m1*, staróg *f2*
yawn *n* méanfach *f2* ♦ *vi* déan méanfach
yawning *adj* (*gap*) béal-leathan
yd. *abbr* = **yard(s)**
yeah (*inf*) *adv* sea
year *n* bliain *f3*; **last year** anuraidh; **this year** i mbliana; **The New Year** An Bhliain Úr, An AthBhliain; **to be 8 years old** bheith 8 mbliana d'aois; **an eight-year-old child** páiste atá ocht mbliana d'aois
yearly *adj* bliantúil ♦ *adv* uair sa bhliain, uair in aghaidh na bliana
yearn *vi*: **to yearn for sth** bheith ag tnúth le rud; **to yearn for home** cumha i ndiaidh an bhaile a bheith ort; **to yearn to do sth** dúil chráite a bheith agat chun rud a dhéanamh
yeast *n* giosta *m4*, gabháil *f3*
yell *n* béic *f2*, liú *m4* ♦ *vi* lig béic *or* liú
yellow *adj* buí
yelp *n* sceamh *f2* ♦ *vi* lig sceamh
Yemen *n*: **the Yemen** Éimin *f4*
yes *adv* (*repeat vb from question*): **did you sleep well? - yes (I did)** ar chodail tú go maith? - chodail; **will you take me there? - yes (I will)** an dtabharfaidh tú ansin mé? - tabharfaidh; **more wine? - yes, please** an mbeidh tuilleadh fíona agat? - beidh, go raibh maith agat; **you're married? - yes, that's right** tá tú pósta? - tá, tá sin ceart; **yes, can I help you?** is ea anois, an bhféadaim cúnamh leat?; **yes, I remember it well** is ea, is cuimhin liom go maith é; **say yes or no** abair is ea nó ní hea
yesterday *adv* inné ♦ *n* an lá *m* inné; **yesterday morning/evening** maidin/tráthnóna inné; **all day yesterday** i rith an lae inné
yet *adv* go fóill, fós ♦ *conj* mar sin féin, ina dhiaidh sin; **it is not finished yet** níl sé réidh go fóill; **the best one yet** an ceann is fearr fós; **as yet** go dtí seo, fós
yew *n* iúr *m1*
yield *n* toradh *m1*, táirgeacht *f3*, barr *m1*; (*of milk*) tál *m1*, crúthach *m1*, bleán *m1*, táirgeacht ♦ *vt* táirg, tabhair; (*surrender*) tabhair suas, géill ♦ *vi* géill; (*US: AUT*) géill slí
yog(h)urt *n* iógart *m1*
yoke *n* cuing *f2*
yolk *n* buíocán *m1*

KEYWORD

you *pron* **1** (*subject*) tú; (*emphatic*) tusa; (*plural*) sibh; (*emphatic*) sibhse; **you French enjoy your food** tá dúil agaibh i bhur gcuid mar Fhrancaigh; **you and I will go** rachaidh mise agus tusa
2 (*object*: *direct, indirect*): **I know you** aithním thú *or* sibh; **I gave it to you**

thug mé duit *or* daoibh é; **tormenting you** do do chrá; (*plural*) do bhur gcrá
3 (*stressed*): **I gave it to YOU** duitse a thug mé é; **I told YOU to do it** leatsa a dúirt mé é a dhéanamh
4 (*after prep, in comparisons*): **it's for you** duitse *or* daoibhse atá sé; **she's younger than you** is óige ise ná tusa *or* sibhse
5 (*impersonal*: *one*): **fresh air does you good** is mór an sochar duit an t-aer glan; **you never know** ní bheadh a fhios agat

young *adj* óg ♦ *npl* (*of animal*) óga *mpl1*; (*people*): **the young** an t-aos *m3* óg
younger *adj* (*brother etc*) beag
youngster *n* (*boy*) malrach *m1*, buachaill *m3*; (*girl*) gearrchaile *m4*, girseach *f2*; (*child*) páiste *m4*
your *adj* (*sg*) do; (*pl*) bhur; **your car/bag/father** (*sg*) do charr/do mhála/d'athair; **your car/bag/father** (*pl*) bhur gcarr/mála/n-athair; *see also* **my**
yours *adj* (*single article*: *sg*) do cheannsa; (: *pl*) bhur gceannsa; (*share of*: *sg*) do chuidse; (: *pl*) bhur gcuidse; **that's yours** (*sg*) is leat sin; (*pl*) is libh sin; **this book of yours** (*sg*) an leabhar seo agat; (*pl*) an leabhar seo agaibh; **yours sincerely/faithfully/truly** is mise le meas; *see also* **mine**[1]
yourself *pron* (*reflexive*) tú féin; (*object*) thú féin; (*emphatic*) tusa féin; **tormenting yourself** do do chrá féin; *see also* **oneself**
yourselves *pl pron* (*reflexive*) sibh féin; (*emphatic*) sibhse féin; **tormenting yourselves** do bhur gcrá féin
youth *n* aos *m3* óg, óige *f4*; (*young man*) ógánach *m1*, stócach *m1*
youth club *n* club *m4* óige
youthful *adj* óigeanta
youth hostel *n* brú *m4* óige
youth worker *n* oibrí *m4* óige
Yugoslav *adj, n* (*formerly*) Iúgslavach *m1*
Yugoslavia *n* (*formerly*) an Iúgslaiv *f2*

Z

Zaire *n* an tSáír *f2*
Zambia *n* an tSaimbia *f4*
zany *adj* craiceáilte, gealtach
zap *vt* (COMPUT) scrios
zeal *n* díograis *f2*, dúthracht *f3*
zebra *n* séabra *m4*
zebra crossing *n* trasrian *m1* síogach
zero *n* nialas *m1*
zest *n* flosc *m3*, spionnadh *m1*, fonn *m1*; (*flavour*) goinbhlastacht *f3*
zigzag *n* fiarlán *m1*
Zimbabwe *n* an tSiombáib *f2*
zinc *n* sinc *f2*
zip, zipper (*US*) *n* (*also*: **zip fastener**) sip *f2* ♦ *vt* (*also*: **zip up**) dún an tsip
zip code (*US*) *n* cód *m1* poist
zodiac *n* stoidiaca *m4*
zone *n* crios *m3*
zoo *n* zú *m4*
zoom *vi*: **to zoom past** stróiceadh thart
zucchini (*US*) *n(pl)* cúirséid *mpl1*

PREPOSITIONAL PRONOUNS

FORAINMNEACHA RÉAMHFHOCLACHA

AG	AR	AS	CHUN	DE
agam	orm	asam	chugam	díom
agat	ort	asat	chugat	díot
aige	air	as	chuige	de
aici	uirthi	aisti	chuici	di
againn	orainn	asainn	chugainn	dínn
agaibh	oraibh	asaibh	chugaibh	díbh
acu	orthu	astu	chucu	díobh

DO	FAOI	I	IDIR	LE
dom	fúm	ionam	-	liom
duit	fút	ionat	-	leat
dó	faoi	ann	-	leis
di	fúithi	inti	-	léi
dúinn	fúinn	ionainn	eadrainn	linn
daoibh	fúibh	ionaibh	eadraibh	libh
dóibh	fúthu	iontu	eatarthu	leo

Ó	ROIMH	THAR	TRÍ	UM
uaim	romham	tharam	tríom	umam
uait	romhat	tharat	tríot	umat
uaidh	roimhe	thairis	tríd	uime
uaithi	roimpi	thairsti	tríth	uimpi
uainn	romhainn	tharainn	trínn	umainn
uaibh	romhaibh	tharaibh	tríbh	umaibh
uathu	rompu	tharstu	tríothu	umpu

NOM	SING GEN MASC	SING GEN FEM	STRONG PLURAL

1ST DECLENSION

dubh	duibh	duibhe	dubha
géar	géir	géire	géara
greannmhar	greannmhair	greannmhaire	greannmhara
tábhachtach	tábhachtaigh	tábhachtaí	tábhachtacha
tuirseach	tuirsigh	tuirsí	tuirseacha
imníoch	imníoch	imníche	imníocha
spleách	spleách	spleáiche	spleácha
glic	glic	glice	glice

2ND DECLENSION

spreagúil	spreagúil	spreagúla	spreagúla

3RD DECLENSION

crua	crua	crua	crua

Plural adjectives preceded by weak plural nouns lose accreted final vowel (a/e) in genitive plural.

COMPARISON OF ADJECTIVES

CÉIMEANNA COMPARÁIDE NA hAIDIACHTA

EQUATIVE

chomh mór le	as big as
chomh hard le	as tall as

COMPARATIVE/SUPERLATIVE

glic	níos glice	is glice
ard	níos airde	is airde
álainn	níos áille	is áille
spleách	níos spleáiche	is spleáiche
tábhachtach	níos tábhachtaí	is tábhachtaí
cóir	níos córa	is córa
spreagúil	níos spreagúla	is spreagúla
crua	níos crua	is crua

IRREGULAR COMPARISON

mór	níos mó	is mó
beag	níos lú	is lú
maith	níos fear	is fearr
olc	níos measa	is measa
furasta	níos fusa	is fusa
breá	níos breátha	is breátha
dócha	níos dóichí	is dóichí
dóigh	níos dóiche	is dóiche
te	níos teo	is teo
gearr	níos giorra	is giorra
iomaí	níos lia	is lia
fada	níos faide/sia	is faide/sia
ionúin	níos ionúine/ansa	is ionúine/ansa
tréan	níos tréine/treise	is tréine/treise

SING		PLURAL	
NOM	GEN	NOM	GEN

1ST DECLENSION (all masculine)

cat	cait	cait	cat
breac	bric	bric	breac
leabhar	leabhair	leabhair	leabhar
buidéal	buidéil	buidéil	buidéal
milseán	milseáin	milseáin	milseán
marcach	marcaigh	marcaigh	marcach
scéal	scéil	scéalta	scéalta
glór	glóir	glórtha	glórtha
briathar	briathair	briathra	briathra
bealach	bealaigh	bealaí	bealaí
cogadh	cogaidh	cogaí	cogaí
rós	róis	rósanna	rósanna

2ND DECLENSION (feminine with one or two exceptions)

clann	clainne	clanna	clanna
sceach	sceiche	sceacha	sceach
fuinneog	fuinneoige	fuinneoga	fuinneog
leabharlann	leabharlainne	leabharlanna	leabharlann
eangach	eangaí	eangacha	eangach
glúin	glúine	glúine	glún
áit	áite	áiteanna	áiteanna
aisling	aislinge	aislingí	aislingí
craobh	craoibhe	craobhacha	craobhacha
pian	péine	pianta	pianta

3RD DECLENSION

masculine			
custaiméir	custaiméara	custaiméirí	custaiméirí
rinceoir	rinceora	rinceoirí	rinceoirí
saighdiúir	saighdiúra	saighdiúirí	saighdiúirí
rud	ruda	rudaí	rudaí
droim	droma	dromanna	dromanna
feminine			
iasacht	iasachta	iasachtaí	iasachtaí
canúint	canúna	canúintí	canúintí

SING		PLURAL	
NOM	GEN	NOM	GEN
forbairt	forbartha	forbairtí	forbairtí
troid	troda	troideanna	troideanna
barúil	barúla	barúlacha	barúlacha

4TH DECLENSION (mostly masculine)

coinín	coinín	coiníní	coiníní
dalta	dalta	daltaí	daltaí
oráiste	oráiste	oráistí	oráistí
rúnaí	rúnaí	rúnaithe	rúnaithe
baile	baile	bailte	bailte
feminine			
íomhá	íomhá	íomhánna	íomhánna
bearna	bearna	bearna	bearnaí

IRREGULAR NOUNS

cabhair *f*	cabhrach	cabhracha	cabhracha
draein *f*	draenach	draenacha	draenacha
litir *f*	litreach	litreacha	litreacha
comharsa *f*	comharsan	comharsana	comharsan
athair *m*	athar	aithreacha	aithreacha
namhaid *m*	namhad	naimhde	naimhde
bean *f*	mná	mná	ban
caora *f*	caorach	caoirigh	caorach
deoch *f*	di	deochanna	deochanna
dia *m*	dé	déithe	déithe
lá *m*	lae	laethanta	laethanta
leaba *f*	leapa	leapacha	leapacha
mí *f*	míosa	míonna	míonna
talamh *m*	talaimh	tailte	tailte
talamh *f*	talún	tailte	tailte
teach *m*	tí	tithe	tithe

MULTIPLES OF 10: from 20 to 90 excluding 40 have same form

fiche	fichead	fichidí	fichidí
seasca	seascad	seascaidí	seascaidí
seachtó	seachtód	seachtóidí	seachtóidí
daichead	daichid	daichidí	daichidí

BOG

SING	PLURAL
IMPERATIVE	
bogaim	bogaimis
bog	bogaigí
bogadh sé	bogaidís
bogadh sí	
AUTON	bogtar
PRESENT	
bogaim	bogaimid
bogann tú	bogann sibh
bogann sé	bogann siad
bogann sí	
AUTON	bogtar
PAST	
bhog mé	bhogamar
bhog tú	bhog sibh
bhog sé	bhog siad
bhog sí	
AUTON	bogadh
FUTURE	
bogfaidh mé	bogfaimid
bogfaidh tú	bogfaidh sibh
bogfaidh sé	bogfaidh siad
bogfaidh sí	
AUTON	bogfar

SING	PLURAL
CONDITIONAL	
bhogfainn	bhogfaimis
bhogfá	bhogfadh sibh
bhogfadh sé	bhogfaidís
bhogfadh sí	
AUTON	bhogfaí
PAST HABITUAL	
bhogainn	bhogaimis
bhogtá	bhogadh sibh
bhogadh sé	bhogaidís
bhogadh sí	
AUTON	bhogtaí
PRESENT SUBJUNCTIVE	
boga mé	bogaimid
boga tú	boga sibh
boga sé	boga siad
boga sí	
AUTON	bogtar

VERBAL NOUN bogadh

VERBAL ADJECTIVE bogtha

CEILIÚIR

SING	PLURAL	SING	PLURAL
IMPERATIVE		**CONDITIONAL**	
ceiliúraim	ceiliúraimis	cheiliúrfainn	cheiliúrfaimis
ceiliúir	ceiliúraigí	cheiliúrfá	cheiliúrfadh sibh
ceiliúradh sé	ceiliúraidís	cheiliúrfadh sé	cheiliúrfaidís
ceiliúradh sí		cheiliúrfadh sí	
AUTON	ceiliúrtar	AUTON	cheiliúrfaí
PRESENT		**PAST HABITUAL**	
ceiliúraim	ceiliúraimid	cheiliúrainn	cheiliúraimis
ceiliúrann tú	ceiliúrann siad	cheiliúrtá	cheiliúradh sibh
ceiliúrann sé	ceiliúrann siad	cheiliúradh sé	cheiliúraidís
ceiliúrann sí		cheiliúradh sí	
AUTON	ceiliúrtar	AUTON	cheiliúrtaí
PAST		**PRESENT SUBJUNCTIVE**	
cheiliúir mé	cheiliúramar	ceiliúra mé	ceiliúraimid
cheiliúir tú	cheiliúir sibh	ceiliúra tú	ceiliúra sibh
cheiliúir sé	cheiliúir siad	ceiliúra sé	ceiliúra siad
cheiliúir sí		ceiliúra sí	
AUTON	ceiliúradh	AUTON	ceiliúrtar
FUTURE		**VERBAL NOUN**	ceiliúradh
ceiliúrfaidh mé	ceiliúrfaimid	**VERBAL ADJECTIVE**	ceiliúrtha
ceiliúrfaidh tú	ceiliúrfaidh sibh		
ceiliúrfaidh sé	ceiliúrfaidh siad		
ceiliúrfaidh sí			
AUTON	ceiliúrfar		

CLOÍGH

SING	PLURAL	SING	PLURAL
IMPERATIVE		**CONDITIONAL**	
cloím	cloímis	chloífinn	chloífimis
cloígh	cloígí	chloífeá	chloífeadh sibh
cloíodh sé	cloídís	chloífeadh sé	chloífidís
cloíodh sí		chloífeadh sí	
AUTON	cloítear	AUTON	chloífí
PRESENT		**PAST HABITUAL**	
cloím	cloímid	chloínn	chloímis
cloíonn tú	cloíonn sibh	chloíteá	chloíodh sibh
cloíonn sé	cloíonn siad	chloíodh sé	chloídís
cloíonn sí		chloíodh sí	
AUTON	cloítear	AUTON	chloítí
PAST		**PRESENT SUBJUNCTIVE**	
chloígh mé	chloíomar	cloí mé	cloímid
chloígh tú	chloígh sibh	cloí tú	cloí sibh
chloígh sé	chloígh siad	cloí sé	cloí siad
chloígh sí		cloí sí	
AUTON	cloíodh	AUTON	cloítear
FUTURE		**VERBAL NOUN**	cloí
cloífidh mé	cloífimid	**VERBAL ADJECTIVE**	cloíte
cloífidh tú	cloífidh sibh		
cloífidh sé	cloífidh siad		
cloífidh sí			
AUTON	cloífear		

CUIR

IMPERATIVE

SING	PLURAL
cuirim	cuirimis
cuir	cuirigí
cuireadh sé	cuiridís
cuireadh sí	
AUTON	cuirtear

PRESENT

SING	PLURAL
cuirim	cuirimid
cuireann tú	cuireann sibh
cuireann sé	cuireann siad
cuireann sí	
AUTON	cuirtear

PAST

SING	PLURAL
chuir mé	chuireamar
chuir tú	chuir sibh
chuir sé	chuir siad
chuir sí	
AUTON	cuireadh

FUTURE

SING	PLURAL
cuirfidh mé	cuirfimid
cuirfidh tú	cuirfidh sibh
cuirfidh sé	cuirfidh siad
cuirfidh sí	
AUTON	cuirfear

CONDITIONAL

SING	PLURAL
chuirfinn	chuirfimis
chuirfeá	chuirfeadh sibh
chuirfeadh sé	chuirfidís
chuireadh sí	
AUTON	chuirfí

PAST HABITUAL

SING	PLURAL
chuirinn	chuirimis
chuirteá	chuireadh sibh
chuireadh sé	chuiridís
chuireadh sí	
AUTON	chuirtí

PRESENT SUBJUNCTIVE

SING	PLURAL
cuire mé	cuirimid
cuire tú	cuire sibh
cuire sé	cuire siad
cuire sí	
AUTON	cuirtear

VERBAL NOUN cur

VERBAL ADJECTIVE curtha

FEOIGH

SING	PLURAL	SING	PLURAL
IMPERATIVE		**CONDITIONAL**	
feoim	feoimis	d'fheofainn	d'fheofaimis
feoigh	feoigí	d'fheofá	d'fheofadh sibh
feodh sé	feoidís	d'fheofadh sé	d'fheofaidís
feodh sí		d'fheofadh sí	
AUTON	feoitear	AUTON	d'fheofaí
PRESENT		**PAST HABITUAL**	
feoim	feoimid	d'fheoinn	d'fheoimis
feonn tú	feonn sibh	d'fheoiteá	d'fheodh sibh
feonn sé	feonn siad	d'fheodh sé	d'fheoidís
feonn sí		d'fheodh sí	
AUTON	feoitear	AUTON	d'fheoití
PAST		**PRESENT SUBJUNCTIVE**	
d'fheoigh mé	d'fheomar	feo mé	feoimid
d'fheoigh tú	d'fheoigh sibh	feo tú	feo sibh
d'fheoigh sé	d'fheoigh siad	feo sé	feo siad
d'fheoigh sí		feo sí	
AUTON	feodh	AUTON	feoitear
FUTURE		**VERBAL NOUN**	feo
feofaidh mé	feofaimid	**VERBAL ADJECTIVE**	feoite
feofaidh tú	feofaidh sibh		
feofaidh sé	feofaidh siad		
feofaidh sí			
AUTON	feofar		

LUIGH

SING	PLURAL	SING	PLURAL
IMPERATIVE		**CONDITIONAL**	
luím	luímis	luífinn	luífimis
luigh	luígí	luífeá	luífeadh sibh
luíodh sé	luídís	luífeadh sé	luífidís
luíodh sí		luífeadh sí	
AUTON	luitear	AUTON	luífí
PRESENT		**PAST HABITUAL**	
luím	luímid	luínn	luímis
luíonn tú	luíonn sibh	luíteá	luíodh sibh
luíonn sé	luíonn siad	luíodh sé	luídís
luíonn sí		luíodh sí	
AUTON	luitear	AUTON	luití
PAST		**PRESENT SUBJUNCTIVE**	
luigh mé	luíomar	luí mé	luímid
luigh tú	luigh sibh	luí tú	luí sibh
luigh sé	luigh siad	luí sé	luí siad
luigh sí		luí sí	
AUTON	luíodh	AUTON	luitear
FUTURE		**VERBAL NOUN**	luí
luífidh mé	luífimid	**VERBAL ADJECTIVE**	luite
luífidh tú	luífidh sibh		
luífidh sé	luífidh siad		
luífidh sí			
AUTON	luífear		

SÁIGH

SING	PLURAL	SING	PLURAL
IMPERATIVE		**CONDITIONAL**	
sáim sáigh sádh sé sádh sí	sáimis sáigí sáidís	sháfainn sháfá sháfadh sé sháfadh sí	sháfaimis sháfadh sibh sháfaidís
AUTON	sáitear	AUTON	sháfaí
PRESENT		**PAST HABITUAL**	
sáim sánn tú sánn sé sánn sí	sáimid sánn sibh sánn siad	sháinn sháiteá shádh sé shádh sí	sháimis shádh sibh sháidís
AUTON	sáitear	AUTON	sháití
PAST		**PRESENT SUBJUNCTIVE**	
sháigh mé sháigh tú sháigh sé sháigh sí	shámar sháigh sibh sháigh siad	sá mé sá tú sá sé sá sí	sáimid sá sibh sá siad
AUTON	sádh	AUTON	sáitear
FUTURE		**VERBAL NOUN**	sá
sáfaidh mé sáfaidh tú sáfaidh sé sáfaidh sí	sáfaimid sáfaidh sibh sáfaidh siad	**VERBAL ADJECTIVE**	sáite
AUTON	sáfar		

SÓINSEÁIL

SING	PLURAL	SING	PLURAL
IMPERATIVE		**CONDITIONAL**	
sóinseálaim sóinseáil sóinseáladh sé sóinseáladh sí	sóinseálaimis sóinseálaigí sóinseáilidís	shóinseálfainn shóinseálfá shóinseálfadh sé shóinseálfadh sí	shóinseálfaimis shóinseálfadh sibh shóinseálfaidís
AUTON	sóinseáiltear	AUTON	shóinseálfaí
PRESENT		**PAST HABITUAL**	
sóinseálaim sóinseálann tú sóinseálann sé sóinseálann sí	sóinseálaimid sóinseálann sibh sóinseálann siad	shóinseálainn shóinseáilteá shóinseáladh sé shóinseáladh sí	shóinseálaimis shóinseáladh sibh shóinseálaidís
AUTON	sóinseáiltear	AUTON	shóinseáiltí
PAST		**PRESENT SUBJUNCTIVE**	
shóinseáil mé shóinseáil tú shóinseáil sé shóinseáil sí	shóinseálamar shóinseáil sibh shóinseáil siad	sóinseála mé sóinseála tú sóinseála sé sóinseála sí	sóinseálaimid sóinseála sibh sóinseála siad
AUTON	sóinseáladh	AUTON	sóinseáiltear
FUTURE		**VERBAL NOUN**	sóinseáil
sóinseálfaidh mé sóinseálfaidh tú sóinseálfaidh sé sóinseálfaidh sí	sóinseálfaimid sóinseálfaidh sibh sóinseálfaidh siad	**VERBAL ADJECTIVE**	sóinseáilte
AUTON	sóinseálfar		

BAILIGH

SING	PLURAL	SING	PLURAL
IMPERATIVE		**CONDITIONAL**	
bailím	bailímis	bhaileoinn	bhaileoimis
bailigh	bailígí	bhaileofá	bhaileodh sibh
bailíodh sé	bailídís	bhaileodh sé	bhaileoidís
bailíodh sí		bhaileodh sí	
AUTON	bailítear	AUTON	bhaileofaí
PRESENT		**PAST HABITUAL**	
bailím	bailímid	bhailínn	bhailímis
bailíonn tú	bailíonn sibh	bhailíteá	bhailíodh sibh
bailíonn sé	bailíonn siad	bhailíodh sé	bhailídís
bailíonn sí		bhailíodh sí	
AUTON	bailítear	AUTON	bhailítí
PAST		**PRESENT SUBJUNCTIVE**	
bhailigh mé	bhailíomar	bailí mé	bailímid
bhailigh tú	bhailigh sibh	bailí tú	bailí sibh
bhailigh sé	bhailigh siad	bailí sé	bailí siad
bhailigh sí		bailí sí	
AUTON	bailíodh	AUTON	bailítear
FUTURE		**VERBAL NOUN**	bailiú
baileoidh mé	baileoimid	**VERBAL ADJECTIVE**	bailithe
baileoidh tú	baileoidh sibh		
baileoidh sé	baileoidh siad		
baileoidh sí			
AUTON	baileofar		

CEANNAIGH

	SING	PLURAL
IMPERATIVE	ceannaím ceannaigh ceannaíodh sé ceannaíodh sí	ceannaímis ceannaígí ceannaídís
AUTON		ceannaítear
PRESENT	ceannaím ceannaíonn tú ceannaíonn sé ceannaíonn sí	ceannaímid ceannaíonn sibh ceannaíonn siad
AUTON		ceannaítear
PAST	cheannaigh mé cheannaigh tú cheannaigh sé cheannaigh sí	cheannaíomar cheannaigh sibh cheannaigh siad
AUTON		ceannaíodh
FUTURE	ceannóidh mé ceannóidh tú ceannóidh sé ceannóidh sí	ceannóimid ceannóidh sibh ceannóidh siad
AUTON		ceannófar

	SING	PLURAL
CONDITIONAL	cheannóinn cheannófá cheannódh sé cheannódh sí	cheannóimis cheannódh sibh cheannóidís
AUTON		cheannófaí
PAST HABITUAL	cheannaínn cheannaíteá cheannaíodh sé cheannaíodh sí	cheannaímis cheannaíodh sibh cheannaídís
AUTON		cheannaítí
PRESENT SUBJUNCTIVE	ceannaí mé ceannaí tú ceannaí sé ceannaí sí	ceannaímid ceannaí sibh ceannaí siad
AUTON		ceannaítear

VERBAL NOUN ceannach

VERBAL ADJECTIVE ceannaithe

COSAIN

SING	PLURAL	SING	PLURAL
IMPERATIVE		**CONDITIONAL**	
cosnaím	cosnaímis	chosnóinn	chosnóimis
cosain	cosnaígí	chosnófá	chosnódh sibh
cosnaíodh sé	cosnaídís	chosnódh sé	chosnóidís
cosnaíodh sí		chosnódh sí	
AUTON	cosnaítear	AUTON	chosnófaí
PRESENT		**PAST HABITUAL**	
cosnaím	cosnaímid	chosnaínn	chosnaímís
cosnaíonn tú	cosnaíonn sibh	chosnaíteá	chosnaíodh sibh
cosnaíonn sé	cosnaíonn siad	chosnaíodh sé	chosnaídís
cosnaíonn sí		chosnaíodh sí	
AUTON	cosnaítear	AUTON	chosnaítí
PAST		**PRESENT SUBJUNCTIVE**	
chosain mé	chosnaíomar	cosnaí mé	cosnaímid
chosain tú	chosain sibh	cosnaí tú	cosnaí sibh
chosain sé	chosain siad	cosnaí sé	cosnaí siad
chosain sí		cosnaí sí	
AUTON	cosnaíodh	AUTON	cosnaítear
FUTURE		**VERBAL NOUN**	cosaint
cosnóidh mé	cosnóimid	**VERBAL ADJECTIVE**	cosanta
cosnóidh tú	cosnóidh sibh		
cosnóidh sé	cosnóidh siad		
cosnóidh sí			
AUTON	cosnófar		

IMIR

SING	PLURAL	SING	PLURAL
IMPERATIVE		**CONDITIONAL**	
imrím	imrímis	d'imreoinn	d'imreoimis
imir	imrígí	d'imreofá	d'imreodh sibh
imríodh sé	imrídís	d'imreodh sé	d'imreoidís
imríodh sí		d'imreodh sí	
AUTON	imrítear	AUTON	d'imreofaí
PRESENT		**PAST HABITUAL**	
imrím	imrímid	d'imrínn	d'imrímis
imríonn tú	imríonn sibh	d'imríteá	d'imríodh sibh
imríonn sé	imríonn siad	d'imríodh sé	d'imrídís
imríonn sí		d'imríodh sí	
AUTON	imrítear	AUTON	d'imrítí
PAST		**PRESENT SUBJUNCTIVE**	
d'imir mé	d'imríomar	imrí mé	imrímid
d'imir tú	d'imir sibh	imrí tú	imrí sibh
d'imir sé	d'imir siad	imrí sé	imrí siad
d'imir sí		imrí sí	
AUTON	imríodh	AUTON	imrítear
FUTURE		**VERBAL NOUN**	imirt
imreoidh mé	imreoimid	**VERBAL ADJECTIVE**	imeartha
imreoidh tú	imreoidh sibh		
imreoidh sé	imreoidh siad		
imreoidh sí			
AUTON	imreofar		

ABAIR

IMPERATIVE

SING	PLURAL
abraim	abraimis
abair	abraigí
abradh sé	abraidís
abradh sí	
AUTON	abairtear

PRESENT

SING	PLURAL
deirim	deirimid
deir tú	deir sibh
deir sé	deir siad
deir sí	
AUTON	deirtear

PAST

SING	PLURAL
dúirt mé	dúramar
dúirt tú	dúirt sibh
dúirt sé	dúirt siad
dúirt sí	
AUTON	dúradh

FUTURE

SING	PLURAL
déarfaidh mé	déarfaimid
déarfaidh tú	déarfaidh sibh
déarfaidh sé	déarfaidh siad
déarfaidh sí	
AUTON	déarfar

CONDITIONAL

SING	PLURAL
déarfainn	déarfaimis
déarfá	déarfadh sibh
déarfadh sé	déarfaidís
déarfadh sí	
AUTON	déarfaí

PAST HABITUAL

SING	PLURAL
deirinn	deirimis
deirteá	deireadh sibh
deireadh sé	deiridís
deireadh sí	
AUTON	deirtí

PRESENT SUBJUNCTIVE

SING	PLURAL
deire mé	deirimid
deire tú	deire sibh
deire sé	deire siad
deire sí	
AUTON	deirtear

VERBAL NOUN rá

VERBAL ADJECTIVE ráite

BEIR

SING	PLURAL
IMPERATIVE	
beirim beir beireadh sé beireadh sí	beirimis beirigí beiridís
AUTON	beirtear
PRESENT	
beirim beireann tú beireann sé beireann sí	beirimid beireann sibh beireann siad
AUTON	beirtear
PAST	
rug mé rug tú rug sé rug sí	rugamar rug sibh rug siad
AUTON	rugadh
FUTURE	
béarfaidh mé béarfaidh tú béarfaidh sé béarfaidh sí	béarfaimid béarfaidh sibh béarfaidh siad
AUTON	béarfar

SING	PLURAL
CONDITIONAL	
bhéarfainn bhéarfá bhéarfadh sé bhéarfadh sí	bhéarfaimis bhéarfadh sibh bhéarfaidís
AUTON	bhéarfaí
PAST HABITUAL	
bheirinn bheirteá bheireadh sé bheireadh sí	bheirimis bheireadh sibh bheiridís
AUTON	bheirtí
PRESENT SUBJUNCTIVE	
beire mé beire tú beire sé beire sí	beirimid beire sibh beire siad
AUTON	beirtear

VERBAL NOUN breith

VERBAL ADJECTIVE beirthe

CLUIN/CLOIS (irregular in past only)

PAST	
chuala mé chuala tú chuala sé chuala sí	chualamar chuala sibh chuala siad
AUTON	chualathas

VERBAL NOUN OF CLUIN cluinstin

VERBAL NOUN OF CLOIS cloisteáil

VERBAL ADJECTIVE OF CLUIN cluinte

VERBAL ADJECTIVE OF CLOIS cloiste

DÉAN

SING	PLURAL	SING	PLURAL
IMPERATIVE		**FUTURE**	
déanaim	déanaimis	déanfaidh mé	déanfaimid
déan	déanaigí	déanfaidh tú	déanfaidh sibh
déanadh sé	déanaidís	déanfaidh sé	déanfaidh siad
déanadh sí		déanfaidh sí	
AUTON	déantar	AUTON	déanfar
PRESENT		**CONDITIONAL**	
déanaim	déanaimid	dhéanfainn	dhéanfaimis
déanann tú	déanann sibh	dhéanfá	dhéanfadh sibh
déanann sé	déanann siad	dhéanfadh sé	dhéanfaidís
déanann sí		dhéanfadh sí	
AUTON	déantar	AUTON	dhéanfaí
PAST (INDEPENDENT)		**PAST HABITUAL**	
rinne mé	rinneamar	dhéanainn	dhéanaimis
rinne tú	rinne sibh	dhéantá	dhéanadh sibh
rinne sé	rinne siad	dhéanadh sé	dhéanaidís
rinne sí		dhéanadh sí	
AUTON	rinneadh	AUTON	dhéantaí
PAST (DEPENDENT)		**PRESENT SUBJUNCTIVE**	
ní dhearna mé	ní dhearnamar	déana mé	déanaimid
go ndearna mé	go ndearnamar	déana tú	déana sibh
ní dhearna tú	ní dhearna sibh	déana sé	déana siad
go ndearna tú	go ndearna sibh	déana sí	
ní dhearna sé	ní dhearna siad		
go ndearna sé	go ndearna siad		
ní dhearna sí			
go ndearna sí			
AUTON	ní dhearnadh go ndearnadh	AUTON	déantar
		VERBAL NOUN	déanamh
		VERBAL ADJECTIVE	déanta

FAIGH

IMPERATIVE

SING	PLURAL
faighim	faighimis
faigh	faighigí
faigheadh sé	faighidís
faigheadh sí	
AUTON	faightear

PRESENT

SING	PLURAL
faighim	faighimid
faigheann tú	faigheann sibh
faigheann sé	faigheann siad
faigheann sí	
AUTON	faightear

PAST

SING	PLURAL
fuair mé	fuaireamar
fuair tú	fuair sibh
fuair sé	fuair siad
fuair sí	
AUTON	fuarthas

FUTURE (INDEPENDENT)

SING	PLURAL
gheobhaidh mé	gheobhaimid
gheobhaidh tú	gheobhaidh siad
gheobhaidh sé	gheobhaidh siad
gheobhaidh sí	
AUTON	gheofar

FUTURE (DEPENDENT)

SING	PLURAL
ní bhfaighidh mé	ní bhfaighimid
ní bhfaighidh tú	ní bhfaighidh sibh
ní bhfaighidh sé	ní bhfaighidh siad
ni bhfaighidh sí	
AUTON	ní bhfaighfear

CONDITIONAL (INDEPENDENT)

SING	PLURAL
gheobhainn	gheobhaimis
gheofá	gheobhadh sibh
gheobhadh sé	gheobhaidís
gheobhadh sí	
AUTON	gheofaí

CONDITIONAL (DEPENDENT)

SING	PLURAL
ní bhfaighinn	ní bhfaighimis
ní bhfaighfeá	ní bhfaigheadh sibh
ní bhfaigheadh sé	ní bhfaighidís
ní bhfaigheadh sí	
AUTON	ní bhfaighfí

PAST HABITUAL

SING	PLURAL
d'fhaighinn	d'fhaighimis
d'fhaighteá	d'fhaigheadh sibh
d'fhaigheadh sé	d'fhaighidís
d'fhaigheadh sí	
AUTON	d'fhaightí

PRESENT SUBJUNCTIVE

SING	PLURAL
faighe mé	faighimid
faighe tú	faighe sibh
faighe sé	faighe siad
faighe sí	
AUTON	faightear

VERBAL NOUN fáil

VERBAL ADJECTIVE faighte

FEIC

IMPERATIVE

SING	PLURAL
feicim	feicimis
feic	feicigí
feiceadh sé	feicidís
feiceadh sí	
AUTON	feictear

PRESENT

SING	PLURAL
feicim	feicimid
feiceann tú	feiceann sibh
feiceann sé	feiceann siad
feiceann sí	
AUTON	feictear

PAST (INDEPENDENT)

SING	PLURAL
chonaic mé	chonaiceamar
chonaic tú	chonaic sibh
chonaic sé	chonaic siad
chonaic sí	
AUTON	chonacthas

PAST (DEPENDENT)

SING	PLURAL
ní fhaca mé	ní fhacamar
ní fhaca tú	ní fhaca sibh
ní fhaca sé	ní fhaca siad
ní fhaca sí	
AUTON	ní fhacthas

FUTURE

SING	PLURAL
feicfidh mé	feicimid
feicfidh tú	feicfidh sibh
feicfidh sé	feicfidh siad
feicfidh sí	
AUTON	feicfear

CONDITIONAL

SING	PLURAL
d'fheicfinn	d'fheicfimis
d'fheicfeá	d'fheicfeadh sibh
d'fheicfeadh sé	d'fheicfidís
d'fheicfeadh sí	
AUTON	d'fheicfí

PAST HABITUAL

SING	PLURAL
d'fheicinn	d'fheicimis
d'fheicteá	d'fheiceadh sibh
d'fheiceadh sé	d'fheicidís
d'fheiceadh sí	
AUTON	d'fheictí

PRESENT SUBJUNCTIVE

SING	PLURAL
feice mé	feicimid
feice tú	feice sibh
feice sé	feice siad
feice sí	
AUTON	feictear

VERBAL NOUN feiceáil

VERBAL ADJECTIVE feicthe

ITH

SING	PLURAL	SING	PLURAL
IMPERATIVE		**CONDITIONAL**	
ithim	ithimis	d'íosfainn	d'íosfaimis
ith	ithigí	d'íosfá	d'íosfadh sibh
itheadh sé	ithidís	d'íosfadh sé	d'íosfaidís
itheadh sí		d'íosfadh sí	
AUTON	itear	AUTON	d'íosfaí
PRESENT		**PAST HABITUAL**	
ithim	ithimid	d'ithinn	d'ithimis
itheann tú	itheann sibh	d'iteá	d'itheadh sibh
itheann sé	itheann siad	d'itheadh sé	d'ithidís
itheann sí		d'itheadh sí	
AUTON	itear	AUTON	d'ití
PAST		**PRESENT SUBJUNCTIVE**	
d'ith mé	d'itheamar	ithe mé	ithimid
d'ith tú	d'ith sibh	ithe tú	ithe sibh
d'ith sé	d'ith siad	ithe sé	ithe siad
d'ith siad		ithe sí	
AUTON	itheadh	AUTON	itear
FUTURE		**VERBAL NOUN**	ithe
íosfaidh mé	íosfaimid	**VERBAL ADJECTIVE**	ite
íosfaidh tú	íosfaidh sibh		
íosfaidh sé	íosfaidh siad		
íosfaidh sí			
AUTON	íosfar		

TABHAIR

SING	PLURAL	SING	PLURAL
IMPERATIVE		**CONDITIONAL**	
tugaim	tugaimis	thabharfainn	thabharfaimis
tabhair	tugaigí	thabharfá	thabharfadh sibh
tugadh sé	tugaidís	thabharfadh sé	thabharfaidís
tugadh sí		thabharfadh sí	
AUTON	tugtar	AUTON	thabharfaí
PRESENT		**PAST HABITUAL**	
tugaim	tugaimid	thugainn	thugaimis
tugann tú	tugann sibh	thugtá	thugadh sibh
tugann sé	tugann siad	thugadh sé	thugaidís
tugann sí		thugadh sí	
AUTON	tugtar	AUTON	thugtaí
PAST		**PRESENT SUBJUNCTIVE**	
thug mé	thugamar	tuga mé	tugaimid
thug tú	thug sibh	tuga tú	tuga sibh
thug sé	thug siad	tuga sé	tuga siad
thug sí		tuga sí	
AUTON	tugadh	AUTON	tugtar
FUTURE		**VERBAL NOUN**	tabhairt
tabharfaidh mé	tabharfaimid	**VERBAL ADJECTIVE**	tugtha
tabharfaidh tú	tabharfaidh sibh		
tabharfaidh sé	tabharfaidh siad		
tabharfaidh sí			
AUTON	tabharfar		

TAR

SING	PLURAL	SING	PLURAL
IMPERATIVE		**CONDITIONAL**	
tagaim	tagaimis	thiocfainn	thiocfaimis
tar	tagaigí	thiocfá	thiocfadh sibh
tagadh sé	tagaidís	thiocfadh sé	thiocfaidís
tagadh sí		thiocfadh sí	
AUTON	tagtar	AUTON	thiocfaí
PRESENT		**PAST HABITUAL**	
tagaim	tagaimid	thagainn	thagaimis
tagann tú	tagann sibh	thagtá	thagadh sibh
tagann sé	tagann siad	thagadh sé	thagaidís
tagann sí		thagadh sí	
AUTON	tagtar	AUTON	thagtaí
PAST		**PRESENT SUBJUNCTIVE**	
tháinig mé	thángamar	taga mé	tagaimid
tháinig tú	tháinig sibh	taga tú	taga sibh
tháinig sé	tháinig siad	taga sé	taga siad
tháinig sí		taga sí	
AUTON	thángthas	AUTON	tagtar
FUTURE		**VERBAL NOUN**	teacht
tiocfaidh mé	tiocfaimid	**VERBAL ADJECTIVE**	tagtha
tiocfaidh tú	tiocfaidh sibh		
tiocfaidh sé	tiocfaidh siad		
tiocfaidh sí			
AUTON	tiocfar		

TÉIGH

SING	PLURAL	SING	PLURAL
IMPERATIVE		**FUTURE**	
téim	téimis	rachaidh mé	rachaimid
téigh	téigí	rachaidh tú	rachaidh sibh
téadh sé	téidís	rachaidh sé	rachaidh siad
téadh sí		rachaidh sí	
AUTON	téitear	AUTON	rachfar
PRESENT		**CONDITIONAL**	
téim	téimid	rachainn	rachaimis
téann tú	téann sibh	rachfá	rachadh sibh
téann sé	téann siad	rachadh sé	rachaidís
téann sí		rachadh sí	
AUTON	téitear	AUTON	rachfaí
PAST (INDEPENDENT)		**PAST HABITUAL**	
chuaigh mé	chuamar	théinn	théimis
chuaigh tú	chuaigh sibh	théiteá	théadh sibh
chuaigh sé	chuaigh siad	théadh sé	théidís
chuaigh sí		théadh sí	
AUTON	chuathas	AUTON	théití
PAST (DEPENDENT)		**PRESENT SUBJUNCTIVE**	
ní dheachaigh mé	ní dheachamar	té mé	téimid
go ndeachaigh mé	go ndeachamar	té tú	té sibh
ní dheachaigh tú	ní dheachaigh sibh	té sé	té siad
go ndeachaigh tú	go ndeachaigh sibh	té sí	
ní dheachaigh sé	ní dheachaigh siad		
go ndeachaigh sé	go ndeachaigh siad		
ní dheachaigh sí			
go ndeachaigh sí			
AUTON	ní dheachthas	AUTON	téitear
		VERBAL NOUN	dul
		VERBAL ADJECTIVE	dulta

BÍ

SING	PLURAL
IMPERATIVE	
bím	bímis
bí	bígí
bíodh sé	bídís
bíodh sí	
AUTON	bítear
PRESENT (INDEPENDENT)	
táim (tá mé)	táimid
tá tú	tá sibh
tá sé	tá siad
tá sí	
AUTON	táthar
PRESENT (DEPENDENT)	
nílim (níl mé),	nílimid
go bhfuil mé	go bhfuilimid
níl tú	níl sibh
go bhfuil tú	go bhfuil sibh
níl sé	níl siad
go bhfuil sé	go bhfuil siad
níl sí	
go bhfuil sí	
AUTON	níltear go bhfuiltear
PRESENT HABITUAL	
bím	bímid
bíonn tú	bíonn sibh
bíonn sé	bíonn siad
bíonn sí	
AUTON	bítear
PAST (INDEPENDENT)	
bhí mé	bhíomar
bhí tú	bhí sibh
bhí sé	bhí siad
bhí sí	
AUTON	bhíothas

SING	PLURAL
PAST (DEPENDENT) (ní/ an/ go)	
raibh mé	rabhamar
raibh tú	raibh sibh
raibh sé	raibh siad
raibh sí	
AUTON	rabhthas
FUTURE	
beidh mé	beimid
beidh tú	beidh sibh
beidh sé	beidh siad
beidh sí	
AUTON	beifear
CONDITIONAL	
bheinn	bheimis
bheifeá	bheadh sibh
bheadh sé	bheidís
bhfeadh sí	
AUTON	bheifí
PRESENT SUBJUNCTIVE	
raibh mé	rabhaimid
raibh tú	raibh sibh
raibh sé	raibh siad
raibh sí	
AUTON	rabhthar

VERBAL NOUN bheith

VERBAL OF NECESSITY beite

THE COPULA AN CHOPAIL

PRESENT/FUTURE (no lenition)

	POSITIVE	NEGATIVE
INDEPENDENT	is	ní
DEPENDENT	gur(b)	nach
INTERR	an?	nach?
RELATIVE DIRECT	is	nach
INDIRECT	ar(b)	nach

FORMS COMBINED WITH THE COPULA

cé: cé(rb)
ó:ós
faoi: faoinar(b)
trí: trínar(b)
cá: cár(b)
má: más
i: inar(b)
cha(=ní): chan
mura: mura(b)
le: lenar(b)
sula: sular(b)
de/do: dar(b)
ó: ónar(b)

PAST/CONDITIONAL (followed by lenition)

	POSITIVE	NEGATIVE
INDEPENDENT	ba/b'	níor(bh)
DEPENDENT	gur(bh)	nár(bh)
INTERR	ar(bh)?	nár(bh)?
RELATIVE DIRECT	ba/ab	nár(bh)
INDIRECT	ar(bh)	nár(bh)

FORMS COMBINED WITH THE COPULA

cé: cér(bh)
ó: ó ba
de/do: dar(bh)
ó: ónar(bh)
cá: cár(bh)
má: má ba
faoi: faoinar(bh)
trína: trínar(bh)
cha: char(bh)
dá: dá mba
i: inar(bh)
sula: sular(bh)
mura: murar(bh)
le: lenar(bh)

PRESENT SUBJUNCTIVE (no lenition)

POSITIVE gura(b)
NEGATIVE nára(b)

NUMBERS — UIMHREACHA

There are two forms of cardinal numbers in Irish. The first list shows cardinal numbers used in counting.

zero, nothing	0	nialas, náid, neamhní
one	1	a haon
two	2	a dó
three	3	a trí
four	4	a ceathair
five	5	a cúig
six	6	a sé
seven	7	a seacht
eight	8	a hocht
nine	9	a naoi
ten	10	a deich
eleven	11	a haon déag
twelve	12	a dó dhéag
thirteen	13	a trí déag
fourteen	14	a ceathair déag
fifteen	15	a cúig déag
sixteen	16	a sé déag
seventeen	17	a seacht déag
eighteen	18	a hocht déag
nineteen	19	a naoi déag
twenty	20	fiche
twenty-one	21	fiche a haon
twenty-two	22	fiche a dó
thirty	30	tríocha
forty	40	daichead
fifty	50	caoga
sixty	60	seasca
seventy	70	seachtó
eighty	80	ochtó
ninety	90	nócha
a hundred	100	céad
a hundred and one	101	céad a haon
a hundred and thirty	130	céad is tríocha
three hundred	300	trí chéad
three hundred and one	301	trí chéad a haon
a thousand	1,000	míle
ten thousand	10,000	deich míle
a hundred thousand	100,000	céad míle
a million	1,000,000	milliún

The second list shows cardinal numbers used in conjunction with a noun. The noun is represented here by three dots.

a, one, a single	1	(aon) ... amháin
two	2	dhá (things)/beirt (persons)
three	3	trí/triúr
four	4	ceithre/ceathrar
five	5	cúig/cúigear
six	6	sé/seisear
seven	7	seacht/seachtar
eight	8	ocht/ochtar
nine	9	naoi/naonúr
ten	10	deich/deichniúr
eleven	11	(aon) ... déag
twelve	12	dhá ... déag
thirteen	13	trí ... déag
fourteen	14	ceithre ... déag
fifteen	15	cúig ... déag
sixteen	16	sé ... déag
seventeen	17	seacht ... déag
eighteen	18	ocht ... déag
nineteen	19	naoi ... déag
twenty	20	fiche
twenty-one	21	... is fiche
twenty-two	22	dhá ... is fiche
thirty	30	tríocha
forty	40	daichead
fifty	50	caoga
sixty	60	seasca
seventy	70	seachtó
eighty	80	ochtó
ninety	90	nócha
a hundred	100	céad
a hundred and one	101	céad is aon
a hundred and thirty	130	céad is tríocha
three hundred	300	trí chéad
three hundred and one	301	trí chéad is aon
a thousand	1,000	míle
ten thousand	10,000	deich míle
a hundred thousand	100,000	céad míle
a million	1,000,000	milliún

first	1st	an chéad
second	2nd	an dara
third	3rd	an tríú
fourth	4th	an ceathrú
fifth	5th	an cúigiú
sixth	6th	an séú
seventh	7th	an seachtú
eighth	8th	an t-ochtú
ninth	9th	an naoú
tenth	10th	an deichiú
eleventh	11th	an t-aonú ... déag
twelfth	12th	an dóú/dara ... déag
thirteenth	13th	an tríú ... déag
fourteenth	14th	an ceathrú ... déag
fifteenth	15th	an cúigiú ... déag
sixteenth	16th	an séú ... déag
seventeenth	17th	an seachtú ... déag
eighteenth	18th	an t-ochtú ... déag
nineteenth	19th	an naoú ... déag
twentieth	20th	an fichiú
twenty-first	21st	an t-aonú ... is fiche
twenty-second	22nd	an dóú/dara ... is fiche
thirtieth	30th	an tríochadú
fortieth	40th	an daicheadú
fifitieth	50th	an caogadú
sixtieth	60th	an seascadú
seventieth	70th	an seachtódú
eightieth	80th	an t-ochtódú
ninetieth	90th	an nóchadú
hundredth	100th	an céadú
hundred-and-first	101st	an céad is aonú ...
hundred-and-eleventh	111th	an céad is aonú ... déag
thousandth	1000th	an míliú
one millionth	1,000,000th	an milliúnú

a half	1/2	leath
a third	1/3	trian
two thirds	2/3	dhá dtrian
a quarter	1/4	ceathrú
three quarters	3/4	trí cheathrú
one fifth	1/5	cúigiú
nought point five	0.5	náid pointe a cúig
three point four	3.4	trí pointe a ceathair
ten per cent	10%	deich faoin gcéad
one hundred per cent	100%	céad faoin gcéad

TIME | AN T-AM

what time is it?	*cén t-am é? or cad é an t-am atá sé?*
it is or it's ...	*tá sé ...*
midnight	tá an meán oíche ann
one o'clock (in the morning), 1am	a haon a chlog (ar maidin)
five (minutes) past one	cúig (nóiméad) i ndiaidh a haon, cúig (nóiméad) tar éis a haon
ten (minutes) past one	deich (nóiméad) i ndiaidh a haon, deich (nóiméad) tar éis a haon
quarter past, fifteen minutes past one	ceathrú i ndiaidh a haon, cúig nóiméad déag i ndiaidh a haon, cúig nóiméad déag tar éis a haon
twenty-five (minutes) past two	cúig nóiméad is fiche i ndiaidh a dó, cúig nóiméad is fiche tar éis a dó
half (past) one, one thirty	leath i ndiaidh a haon, leath tar éis a haon
twenty-five (minutes) to two	cúig (nóiméad) is fiche go dtí a dó
twenty (minutes) to two	fiche (nóiméad) go dtí a dó
a quarter to two	ceathrú go dtí a dó
ten minutes to two	deich nóiméad go dtí a dó
twelve (o'clock) noon, midday	a dó dhéag (a chlog), tá an meán lae ann
half (past) twelve, twelve thirty (in the afternoon), 12.30pm	leath i ndiaidh a dó dhéag (san iarnóin, tráthnóna), leath i ndiaidh a dó dhéag iarnóin
two o'clock (in the afternoon), 2 pm	a dó a chlog (san iarnóin, tráthnóna), a dó a chlog iarnóin
7 o'clock (in the evening), 7pm	a seacht a chlog (tráthnóna)
at what time?	*cá huair?*
at midnight	ar an meán oíche
at seven (o'clock)	ar a seacht (a chlog)
in twenty minutes	i gceann fiche nóiméad
ten minutes ago	deich nóiméad ó shin
for half an hour	ar feadh leathuaire
in a week's time	faoi cheann seachtaine
for a week (present to future)	go ceann seachtaine
(n)ever (in past)	riamh
(n)ever (in present)	(in) am ar bith
(n)ever (in future)	choíche, go deo

today	inniu
tomorrow	amárach
the day after tomorrow	anóirthear, amanathar, arú amárach
yesterday	inné
the day before yesterday	arú inné
the day before/after	an lá roimh/i ndiaidh *or* tar éis
in the morning/evening	ar maidin/tráthnóna
this morning	ar maidin
this evening/afternoon	tráthnóna inniu
yesterday morning/evening	maidin/tráthnóna inné
tomorrow morning/evening	maidin/tráthnóna amárach
Saturday night, Sunday morning	oíche Shathairn, maidin Domhnaigh
he's coming on Thursday	tiocfaidh sé Déardaoin
on Saturdays	ar an Satharn
every Saturday	gach Satharn
last Saturday	an Satharn seo caite, an Satharn seo a chuaigh thart
next Saturday	an Satharn seo chugainn
a week on Saturday	seachtain ón Satharn
two weeks on Saturday	coicís ón Satharn
from Monday to Saturday	ón Luan go dtí an Satharn
every day	gach lá
once/twice a week	uair (amháin)/dhá uair sa tseachtain
once a month	uair sa mhí
a week *or* seven days ago	seachtain ó shin
two weeks *or* a fortnight ago	dhá sheachtain *or* coicís ó shin
last year	anuraidh
in two days time	i gceann dhá lá
in seven days *or* one week	i gceann seacht lá *or* seachtaine
in a fortnight *or* two weeks	i gceann coicíse *or* dhá sheachtain
next month/year	an mhí/an bhliain seo chugainn
this year	i mbliana
last year	anuraidh
the year before last	arú anúraidh
what is today's date?, what date is it today?	cén dáta é inniu?, cad é an dáta é inniu?
the first/22nd October 1995	an chéad lá/an dóú lá is fiche de Mhí Dheireadh Fómhair, naoi déag nócha a cúig
in 1995	i naoi déag nócha a cúig
nineteen (hundred and) ninety-five	míle naoi gcéad nócha a cúig
44 B.C./A.D.	44 R.C./I.C.
in the 19th century	sa naoú haois déag, sa naoú céad déag, sa 19ú haois
in the thirties	sna tríochaidí

PLACE NAMES ÁITAINMNEACHA

English	Irish
Abbeyfeale	Mainistir na Féile
Abbeyleix	Mainistir Laoise
Achill Island	Acaill
Antrim	Aontroim
Aran Islands	Oileáin Árann
Ardee	Baile Átha Fhirdia
Arklow	An tInbhear Mór
Armagh	Ard Mhacha
Athboy	Baile Átha Buí
Athlone	Ath Luain
Athy	Baile Átha Í
Balbriggan	Baile Brigín
Ballina	Béal an Átha
Ballinasloe	Béal Átha na Sluaighe
Ballinrobe	Baile an Róba
Ballybofey	Bealach Féich
Ballybunion	Baile an Bhuinneánaigh
Ballycastle	Baile an Chaisleáin
Ballyhaunis	Béal Átha hAmhnais
Ballymahon	Baile Uí Mhatháin
Ballymena	An Baile Meánach
Ballymote	Baile an Mhóta
Ballyshannon	Béal Átha Seanaidh
Banagher	Beannchar
Banbridge	Droichead na Banna
Bandon River	Abhainn na Bandan
Bangor	Beannchar
Bantry	Beanntraí
Belfast	Béal Feirste
Belfast Lough	Loch Lao
Belturbet	Béal Tairbirt
Bettystown	Baile an Bhiataigh
Birr	Biorra
Blackstairs Mts	Na Staighrí Dubha
Blue Stack Mts	Na Cruacha
Boggeragh Mts	An Bhograch
Boyle	Mainistir na Búille
Bray	Bré
Bunclody	Bun Clóidí
Buncrana	Bun Cranncha
Bundoran	Bun Dobhráin
Cahir	An Chathair
Cahirceveen	Cathair Saidhbhín
Callan	Callainn
Carlingford Lough	Loch Cairlinn
Carlow	Ceatharlach
Carnsore Point	Ceann an Chairn
Carrick-on-Shannon	Cora Droma Rúisc
Carrick-on-Suir	Carraig na Siúire
Carrickfergus	Carraig Fhearghais
Carrickmacross	Carraig Mhachaire Rois
Cashel	Caiseal
Castlebar	Caisleán an Bharraigh
Castleblayney	Baile na Lorgan
Castlederg	Caisleán na Deirge
Castleisland	Oileán Chiarraí
Castlerea	An Caisleán Riabhach
Castletown	Baile an Chaisleáin
Cavan	An Cabhán
Celbridge	Cill Droichid
Celtic Sea	An Mhuir Cheilteach
Charlestown	Baile Chathail
Clare	An Clár
Claremorris	Clár Chlainne Mhuiris
Clear Island	Cléire
Clonakilty	Cloich na Coillte
Clondalkin	Cluain Dolcáin
Clones	Cluain Eois
Clonmel	Cluain Meala
Coalisland	Oileán an Ghuail
Cóbh	An Cóbh
Coleraine	Cúil Raithin
Comeragh Mts	Sléibhte an Chomaraigh
Connacht	Connachta, Cúige Chonnacht
Connemara	Conamara
Cookstown	An Chorr Chríochach
Cootehill	Muinchille
Cork	Corcaigh
Derry (city)	Doire Cholm Cille
Derry (county)	Doire
Dingle	An Daingean
Donegal	Dún na nGall, Tír Chonaill
Down	An Dún
Downpatrick	Dún Pádraig
Drogheda	Droichead Átha
Drumshanbo	Droim Seanbhó
Dublin	Baile Átha Cliath
Dublin Bay	Cuan Bhaile Átha Cliath
Dún Laoghaire	Dún Laoghaire
Dundalk	Dún Dealgan
Dungannon	Dún Geanainn
Dungarvan	Dún Garbháin
Dungiven	Dún Geimhin
Edenderry	Éadan Doire
Edgeworthstown	Meathas Troim
Eire	Éire
Ennis	Inis
Enniscorthy	Inis Córthaidh
Enniskillen	Inis Ceithleann
Erris Head	Ceann Iorrais
Ferbane	An Féar Bán

Fermanagh	Fear Manach
Fermoy	Mainistir Fhear Maí
(Irish) Free State	Saorstát na hÉireann
Galty Mts	Na Gaibhlte
Galway	Gaillimh
Gorey	Guaire
Graiguenamanagh	Gráig na Manach
Granard	Gránard
Grand Canal	An Chanáil Mhór
Grange	An Ghráinseach
Greystones	Na Clocha Liatha
Holywood	Ard Mhic Nasca
Ireland	Éire
Irish Republic	Poblacht na hÉireann
Irish Sea	Muir Éireann
Irvinestown	Baile an Irbhinigh
Keady	An Céide
Kells	Ceannanas Mór
Kenmare	Neidín
Kerry	Ciarraí
Kildare	Cill Dara
Kilkee	Cill Chaoi
Kilkeel	Cill Chaoil
Kilkenny	Cill Chainnigh
Killaloe	Cill Dalua
Killarney	Cill Airne
Kilmallock	Cill Mocheallóg
Kilrush	Cill Rois
Kinsale	Cionn tSáile
Laois	Laois
Larne	Latharna
the (River) Lee	An Laoi
Leinster	Laighin, Cúige Laighean
Leitrim	Liatroim
Leixlip	Léim an Bhradáin
Letterkenny	Leitir Ceanainn
the Liffey	An Life
Lifford	Leifear
Limavady	Léim an Mhadaidh
Limerick	Luimneach
Lisburn	Lios na gCearrbhach
Lisnaskea	Lios na Scéithe
Listowel	Lios Tuathail
Longford	An Longfort
Loop Head	Ceann Léime
Lough Allen	Loch Aillionn
Lough Conn	Loch Con
Lough Corrib	Loch Coirib

Lough Derg (on Shannon)	Loch Deirgeirt
Lough Derg (Ulster)	Loch Dearg
Lough Erne	Loch Éirne
Lough Foyle	Loch Feabhail
Lough Mask	Loch Measca
Lough Neagh	Loch nEathach
Lough Ree	Loch Rí
Lough Swilly	Loch Súilí
Loughrea	Baile Locha Riach
Louth	Lú
Lower Lough Erne	Loch Éirne Íochtair
Lucan	Leamhcán
Lurgan	An Lorgain
Macgillycuddy's Reeks	Na Cruacha Dubha
Macroom	Maigh Chromtha
Maghera	Machaire Rátha
Magherafelt	Machaire Fíolta
Malahide	Mullach Ide
Malin Head	Cionn Mhálanna
Mallow	Mala
Manorhamilton	Cluainín
Maynooth	Maigh Nuad
Mayo	Maigh Eo
Meath	An Mhí
Midleton	Mainistir na Corann
Mitchelstown	Baile Mhistéala
Mizen Head	Carn Uí Néid
Moate	An Móta
Monaghan	Muineachán
Monasterevin	Mainistir Eimhín
Monkstown	Baile na Manach
Mourne Mts	Beanna Boirche
Mullingar	An Muileann gCearr
Munster	An Mhumhain, Cúige Mumhan
Naas	An Nás
Navan	An Uaimh
Nenagh	An tAonach
New Ross	Ros Mhic Thriúin
Newcastle	An Caisleán Nua
Newry	An tIúr
Newtownabbey	Baile na Mainistreach
Newtownards	Baile Nua na hArda
Northern Ireland	Tuaisceart (na h) Éireann
Offaly	Uíbh Fhailí
Omagh	An Ómaigh
Ox Mts	Sliabh Gamh
Portadown	Port an Dúnáin
Portarlington	Cúil an tSúdaire

Portlaoise	Port Laoise
Portrush	Port Rois
Portstewart	Port Stíobhaird
Rathfarnham	Ráth Fearnáin
Rathkeale	Ráth Caola
Rathlin Island	Reachlainn
Republic (of Ireland)	Poblacht na hÉireann
River Barrow	An Bhearú
River Blackwater	An Abhainn Mhór
River Boyne	An Bhóinn
River Brosna	An Bhrosnach
River Erne	An Éirne
River Finn	An Fhinn
River Lagan	Abhainn an Lagáin
River Lee	An Laoi
River Liffey	An Life
River Moy	An Mhuaidh
River Nore	An Fheoir
River Shannon	An tSionainn
River Slaney	An tSláine
River Suck	An tSuca
River Suir	An tSiúir
Roscommon	Ros Comáin
Roscrea	Ros Cré
Roslea	Ros Liath
Royal Canal	An Chanáil Ríoga
Sandyford	Áth an Ghainimh
Skerries	Na Sceirí
Skibbereen	An Sciobairín
Slane	Baile Shláine
Slieve Aughty Mts	Sliabh Eachtaí
Slieve Bloom Mts	Sliabh Bladhma
Slieve Mish Mts	Sliabh Mis
Sligo	Sligeach
Slyne Head	Ceann Léime
Sperrin Mts	Sliabh Speirín
Strabane	An Srath Bán
Strokestown	Béal na mBuillí
Swords	Sord
Tallaght	Tamhlacht
Templemore	An Teampall Mór
Thomastown	Baile Mhic Andáin
Thurles	Durlas
Tipperary	Tiobraid Árann
Tralee	Trá Lí
Tramore	Trá Mhór
Trim	Béal Átha Troim
Tuam	Tuaim
Tubbercurry	Tobar an Choire
Tullamore	Tulach Mhór
Tullow	An Tulach
Twelve Pins	Beanna Beola
Tyrone	Tír Eoghain
Ulster	Ulaidh, Cúige Uladh
Upper Lough Erne	Loch Éirne Uachtair
Valencia Island	Dairbhre
Warrenpoint	An Pointe
Waterford	Port Láirge
Westmeath	An Iarmhí
Westport	Cathair na Mart
Wexford	Loch Garman
Wicklow	Cill Mhantáin
Youghal	Eochaill

IRISH - ENGLISH
GAEILGE - BÉARLA

A

A *nm4* (*MUS*) A

a[1] *voc part*: **a Sheáin, a chara** Dear John

a[2] *part* (*with nums*): **a haon, a dó, a trí** one, two, three

a[3] *prep* (*in vn phrase*): **fear a fheiceáil** to see a man

a[4] *poss adj* his; her; its; their; **a bhagáiste** his luggage; **a bagáiste** her luggage; **a mbagáiste** their luggage; **a athair** his father; **a hathair** her father; **a n-athair** their father

EOCHAIRFHOCAL

a[5] *rel part* (*lenites in dir rels, except past autonomous; is followed by independent form of verb*) **1** : **an bord atá sa choirnéal** the table which is in the corner; **an bhean a thagann liom gach lá** the woman who comes with me every day; **an fear a chaill a chóta** the man who lost his coat; **an fhoireann a imreoidh Dé Sathairn** the team which will play on Saturday; **an fear a cheannóidh an teach** the man who is going to buy the house

2 (*eclipses in indir rels and adds* **n-** *to vowel; is followed by dependent form of verb*): **an bord a bhfuil leabhar air** the table on which there is a book; **an bhean a dtagaim léi gach lá** the woman whom I come with every day; **an fear a bhfuil a chóta caillte** the man whose coat has been lost; **an fhoireann a n-imreoidh mé leo Dé Sathairn** the team I'm going to play with on Saturday; **an fear a gceannóidh mé an teach uaidh** the man from whom I am going to buy the house

♦ *rel pron* (*eclipses*): **sin a bhfuil agam** that's all I have

a[6] *part* (*with abstract noun*) how; **a fheabhas atá sé** how good it is

á[1] *poss adj* (*as object of vn*) him; her; it; them; **á bualadh** hitting her; **á bhualadh** hitting him; **á mbualadh** hitting them

á[2] *excl* ah

ab[1] *nm3* abbot

ab[2] *see* **is**

abair (*vn* **rá**, *vadj* **ráite**, *pres* **deir**, *past* **dúirt**, *fut* **déarfaidh**) *vt, vi* say; speak; sing; **abair le** tell; **abair sin** you can say that again

abairt *nf2* sentence

ábalta *adj* able, capable; able-bodied; **bheith ábalta (ar) rud a dhéanamh** to be able to do sth

ábaltacht *nf3* ability

abar *nm1* soft boggy ground; **duine a chur in abar** to leave sb stumped *or* perplexed; **dul in abar** to get into difficulties

abhac *nm1* dwarf

abhaile *adv* home(wards); **rud a chur abhaile ar dhuine** to impress sth on sb

abhaill *nf3* apple tree

ábhaillí *nf4* playfulness

abhainn (*gs* **abhann**, *pl* **aibhneacha**) *nf* river

ábhalmhór *adj* enormous, gigantic

abhann *n gen as adj* river; *see also* **abhainn**

abhantrach *nf2* (*GEOG*) (river) basin

ábhar *nm1* matter; material; cause; (*of book etc*) subject (matter), topic; (*SCOL*) subject; (*MED*) pus; **ní bhaineann sé le hábhar** it is irrelevant; **ábhar sagairt** a student priest; **ar an ábhar seo** for this reason; **ábhar imní** cause for concern; **ábhar machnaimh** food for thought; **ábhar a dhéanamh** (*wound*) to fester

ábharachas *nm1* materialism
ábhartha *adj* material; relevant
abhcóide *nm4* advocate, barrister
abhlann *nf2* (REL) wafer, host
abhóg *nf2* leap, bound; **abhóg a bheith ann** (*of horse, cow*) to be capricious, be liable to kick
abhras *nm1* handiwork; useful work; (*wool*) yarn
abhus *adv, adj* here; on this side; **abhus anseo** over here; **thall agus abhus** here and there
absalóideach *adj* (PHIL) absolute
acadamh *nm1* academy; **Acadamh Ríoga na hÉireann** Royal Irish Academy
acadúil *adj* academic
acastóir *nm3* axle

EOCHAIRFHOCAL

ach[1] *conj* 1 (*when distinguishing between things*) but, but rather; **ní Tomás a bhí tinn ach Pádraig** it wasn't Thomas who was sick but Patrick
2 (*linking clauses*) but; however; **tá sé mór ach níl sé láidir** he's big but he's not strong
3 (*referring to time*) when; as soon as; **marófar thú ach tú dul abhaile** you'll be killed when you get home
4 (*with* **go, gur**) except that; but for the fact that; **tá mé i gceart ach go bhfuil pian i mo cheann** I'm alright except that I have a headache; **ach go bhfaca mé féin é ní chreidfinn é** but for the fact that I saw it myself I wouldn't have believed it; **ach gur chailleamar uair an chloig** except that we lost an hour
5 (*with neg + vn*) but simply; just; **níor labhair sí focal ach imeacht léi** she didn't say a word but simply left; **ní raibh uaidh ach ligean dó** he simply wanted to be left alone; **ní dhearna siad ach dul ag gáire faoi** they just laughed at him; **ní dhéanann sé a dhath ach ithe agus codladh** he does nothing but eat and sleep
6 (*with vn*) if; provided that, as long as; **tiocfaidh sí ach tú glaoch uirthi** she'll come if you call her; **gheobhaidh tú suíochán ach teacht in am** you'll get a seat as long as you come in time
7 (*showing surprise, disagreement etc*): **ach níl ciall ar bith leis sin!** but that's ridiculous!
♦ *prep* 1 (*with neg*) only; apart from; nothing but; **níor tháinig ach Mícheál** only Michael came; **níl ann ach trioblóid** it's nothing but trouble
2 (*with forms of copula*) but for; **ach ab é tusa ní bheinn anseo ar chor ar bith** but for you I wouldn't be here at all; **ach gurb é an fuacht** but for the cold
♦ *adv* (*with neg*) just, only; **níl mé ach ag magadh** I'm only joking; **níl sé ach go lagmheasartha** it's just middling

ach[2] *excl* ugh
achainí (*pl* ~**ocha**) *nf4* petition, request; plea
achainigh *vt, vi*: **achainigh (ar dhuine)** implore (sb)
achar *nm1* distance; duration; (MATH) area
achasán *nm1* insult; **achasán a thabhairt do dhuine** to reprimand sb
achoimre *nf4* summary; synopsis; (*news summary*) roundup
achoimrigh *vt* summarize
achomair (*gsf, pl, compar* **achoimre**) *adj* concise, short; **go hachomair** neatly; in short
achomaireacht *nf3* conciseness, brevity; (*of title*) abstract
achomharc *nm1, vt* (LAW) appeal
achrann *nm1* strife; dispute; tangle, difficulty; **bheith in achrann** to be entangled, be in difficulties; **achrann a réiteach** to solve a problem
achrannach *adj* (*terrain*) rugged; (*person*) quarrelsome; (*problem*) complicated, knotty, difficult
acht (*pl* ~**anna**) *nm3* condition; (LAW) act; **ar acht go** on condition that
aclaí *adj* agile; fit; dexterous
aclaigh *vt* flex ♦ *vi* limber up
aclaíocht *nf3* keep-fit, exercise
acmhainn *nf2* capacity; potential;

(*money*) resource, means; **acmhainn grinn** sense of humour; **acmhainn fuaicht a bheith agat** to be able to stand the cold; **acmhainn oibre a bheith agat** to have a capacity for hard work; **níl acmhainn agam air** I can't stand it; **é a bheith d'acmhainn agat rud a cheannach** to be able to afford to buy sth

acmhainneach *adj* resilient; (*boat*) seaworthy; (*rich*) well-off

acra[1] *nm4* acre

acra[2] *nm4* utensil, tool

acu *see* **ag**

adamh *nm1* atom

adamhach *adj* atomic; **buama adamhach** atomic bomb; **cumhacht adamhach** atomic power

adanóidí *nfpl2* adenoids

ádh *nm1* luck; fortune; **an t-ádh a bheith ort** to be lucky *or* fortunate; **ádh mór ort!** good luck!; **le barr áidh** by mere chance

adhain (*pres* **adhnann**) *vt, vi* ignite; kindle

adhaint *nf2* (AUT) ignition; (MED) inflammation

adhair (*pres* **adhrann**, *vn* **adhradh**) *vt* (REL) worship; idolize

adhairt (*pl* ~**eanna**) *nf2* pillow

adhaltranas *nm1* adultery

adharc *nf2* horn; (ANAT) erection; **in adharca a chéile** at loggerheads

adharcach *adj* (*animal*) horned; randy, horny

adharcachán *nm1* randy man

adharcáil *vt* gore

adharcán *nm1* tentacle

adhartán *nm1* cushion; (MED) compress

adhartha *see* **adhradh**

adhlacadh (*gs* **adhlactha**, *pl* **adhlacthaí**) *nm* burial

adhlacóir *nm3* undertaker

adhlaic (*pres* **adhlacann**) *vt* bury

adhmad *nm1* wood, timber; **déanta as adhmad** made of wood; **adhmad a bhaint as rud** to make sense of sth

adhmadóireacht *nf3* woodwork

adhmaid *n gen as adj* wooden; *see also* **adhmad**

adhmaint *nf2* magnet

adhmainteach *adj* magnetic

adhnann *see* **adhain**

adhnua *nm4*: **adhnua a dhéanamh de dhuine** to make a fuss of sb

adhradh (*gs* **adhartha**) *nm* worship; *see also* **adhair**

ádhúil *adj* lucky; fortunate

admhaigh *vt, vi* acknowledge; confess, admit; (*at customs etc*) declare

admháil *nf3* admission; acknowledgement; (*for parcel etc*) receipt; **admhálacha** (*in book etc*) acknowledgements

aduaidh *adv, prep, adj* (from the) north; northerly; **an ghaoth aduaidh** the north wind

aduain *adj* eerie, creepy; strange

ae (*pl* ~**nna**) *nm4* liver

aeistéitiúil *adj* aesthetic

aer *nm1* (*also* MUS) air; **aer úr** fresh air; **faoin aer** outdoors

aer- *prefix* aerial, air-

aerach *adj* carefree; light-hearted; frivolous; (*homosexual*) gay

aeráid *nf2* climate

aeráil *nf3* airing; ventilation • *vt* (*room etc*) air; ventilate

aerálaí *nm4* ventilator

aerárthach (*pl* **aerárthaí**) *nm1* aircraft

aerasól *nm1* aerosol

aerbhrat *nm1* atmosphere

aerdhíonach *adj* airtight

aerfhórsa *nm4* air force

aerfort *nm1* airport

aerga *adj* aerial; ethereal

aerghunna *nm4* air gun

aerionad *nm1* airbase

aerlíne *nf4* airline

aerlínéar *nm1* airliner

aerlitir *nf* air letter

aerobach *adj* airtight

aeróbaíocht *nf3* aerobics

aeróg *nf2* aerial

aeroiriúnaithe *adj* air-conditioned

aeroiriúnú *nm* air conditioning

aeróstach *nm1* flight attendant, air hostess

aerpháirc *nf2* airfield
aerphíobán *nm1* snorkel
aerphost *nm1* airmail
aer-ruathar *nm1* air raid
aertharlú *nm* airlift
Aetóip *nf2*: **an Aetóip** Ethiopia
áfach *adv* however
Afracach *adj, nm1* African; **Afracach Theas** South African
Afraic *nf2*: **an Afraic** Africa; **an Afraic Theas** South Africa

EOCHAIRFHOCAL

ag (*prep prons* = **agam, agat, aige, aici, againn, agaibh, acu**) *prep* 1 (*position*) at; **ag baile** at home; **ag an scoil** at school
2 (*time*) at; **ag a trí a chlog** at three o'clock; **ag an Nollaig** at Christmas
3 (*plus vn indicating activity*) engaged in; **ag obair** working; **ag caint** talking
4 (*possession*): **tá deich bpunt agam** I have ten pounds; **níl ciall ar bith aici** she has no sense; **an teach s'againne** our house
5 (*with parts of the body*): **tá súile gorma ag Caitríona** Catherine has blue eyes; **tá fiacla geala aici** she has shiny teeth
6 (*capability*) be able to, can; **tá tiomáint ag Deirdre** Deirdre is able to drive; **tá snámh ag Sinéad** Sinéad can swim
7 (*knowledge*) know; **tá Fraincis agam** I can speak French; **níl an t-amhrán sin agam** I don't know that song; **níl aithne agam air** I don't know him
8 (*expressing feelings etc*): **tá cion/fuath agam air** I like/hate him; **tá grá/trua agam di** I love/pity her
9 (*obligation*) have to, must; **tá agam an dinnéar a dhéanamh réidh** I have to make the dinner; **níl agat ach iarraidh a thabhairt air** all you have to do is try
10 (*expressing advantage over*) be owed; **tá punt agam air** he owes me a pound; **tá dhá orlach agam ar Bhríd** I'm two inches taller than Brigit; **tá bliain agam ar Áine** I'm a year older than Ann
11 (*referring to agent*) by; **dóite ag an ghrian** burned by the sun; **tá sé déanta agam** I have done it; **tá mé cloíte caite agaibh** you have me exhausted
12 (*one of a number*) of; **gach duine acu** every one of them

aga *nm4* period, interval; **aga rochtana** (COMPUT) access time
agair (*pres* **agraíonn**) *vt* plead; entreat; avenge; (LAW) sue
agall *nf2* (LING) exclamation; argument
agallaí *nm4* interviewee
agallamh *nm1* interview
agallóir *nm3* interviewer
agam, agat *see* **ag**
aghaidh (*pl* ~**eanna**) *nf2* face; front; aspect; **las sí san aghaidh** she blushed; **ar aghaidh libh!** go on!; **cur in aghaidh duine** to oppose sb; **aghaidh ar aghaidh** face to face; **in aghaidh** + *gen* against, per; **ar aghaidh** + *gen* facing; **le haghaidh** + *gen* for; **in aghaidh na bliana** per annum; **dul ar aghaidh (le)** to proceed (with); **3 chúl in aghaidh a 2** 3 goals to 2; **aghaidh a thabhairt ar rud** to face (up to) sth
aghaidhluach *nm3* face value
agó *nm4* condition; doubt; **gan aon agó** beyond question
agóid *nf2* protest; objection; **agóid a dhéanamh (in aghaidh** + *gen***)** to protest (against)
agóideoir *nm3* protester; objector
agra *nm4* (LAW) suit
agraíonn *see* **agair**
agúid *nf2* acute (accent)
aguisín *nm4* (*in book*) appendix

EOCHAIRFHOCAL

agus *conj* (*sometimes written* **is**) 1 (*linking*) and; **tá Seán agus Áine ag an doras** John and Ann are at the door; **tháinig sé isteach agus shuigh sé síos** he came in and sat down
2 (*referring to time*) when; as; **chonaic mé é agus mé ag teacht abhaile** I saw him as I was coming home; **ba shona a saol agus í ina cailín óg** she was happy when she was young

3 (*referring to manner, way*): **bhí sé ina sheasamh ansin agus a dhroim leis an mballa** he stood there with his back to the wall; **bhí sí ina suí ar stól agus í ag cniotáil** she was sitting on a stool knitting; **tháinig mé abhaile agus mé tuirseach cloíte** I came home exhausted
4 (*in conditional clauses*) even if, even though; **ní dhéanfainn é agus míle punt a fháil i mo dhorn** I wouldn't do it even if I got a thousand pounds in my hand; **ina sheanduine agus mar atá sé** even though he is an old man
5 (*taking into account*) considering, since, when; **ní hiontas ar bith é agus gur tusa a athair** it's no wonder considering you're his father; **níor chóir duit bagairt air agus chomh maith agus a d'oibrigh sé** you shouldn't scold him when he has worked so well
6 (*with* **amhail**) as if; **bhí sé ag caint amhail agus dá mbíodh sé ólta** he was talking as if he were drunk; **bhí drochdhath uirthi amhail is dá mbeadh sí tinn** she was pale as if she were sick
7 (*with* **chomh, ar mhéad**) so that; **bhí an ghaoth chomh láidir agus nach raibh sé in ann siúl** the wind was so strong that he couldn't walk; **ní thiocfadh leis siúl ar mhéad is a bhí sé tuirseach** he was so tired that he couldn't walk
8 (*directly following verb: moreover*) also, as well; **"tá tuirse orm" - "tá agus ormsa"** "I'm tired" - "so am I"; **bhí Seán ann, bhí agus Tomás** John was there, and so was Thomas
9 (*in phrases*): **a fhad agus** as long as; **a luaithe agus** as soon as; **breis agus** more than; **tuairim agus** about

agús *nm1* qualification; reservation
áibhéalach *adj* (*story, claim*) exaggerated; (*person*) given to exaggeration
áibhéil *nf2* exaggeration; **áibhéil a dhéanamh (ar)** to exaggerate
aibhinne *nm4* avenue
aibhléis *nf2* electricity
aibhleoga *nfpl2* embers; **aibhleoga dóite** cinders
aibhneacha *see* **abhainn**
aibhsigh *vt* highlight
aibí *adj* mature; (*fruit*) ripe; clever; **mac léinn aibí** mature student
aibíd (*pl* **~eacha**) *nf2* (REL) habit
aibigh *vt, vi* mature, ripen
aibítir (*gs* **aibítre**, *pl* **aibítrí**) *nf2* alphabet; **in ord aibítre** in alphabetical order
Aibreán *nm1* April
aibreog *nf2* apricot
aice *nf4* nearness; **in aice** + *gen* near; **tá sé in aice láimhe** it's near to hand; **go díreach in aice le** immediately next to; **an teach in aice leis an scoil** the house by the school; **as a aice** out of his reach
aiceann *nm1* (LING, MUS, TYP) accent
aiceanta *adj* natural
aicearra *nm4* shortcut; **aicearra a ghearradh/dhéanamh/ghabháil** to take a shortcut
aici *see* **ag**
aicíd *nf2* disease
aicme *nf4* (*of society*) group, class; (MATH) denomination
aicmigh *vt* classify
aicne *nf4* acne
aicsean *nm1* action
Aidbhint *nf2*: **an Aidbhint** Advent
aidhleanna *npl* oilskins
aidhm (*pl* **~eanna**) *nf2* aim, purpose
aidhnín *nm4* (*for bomb etc*) fuse
aidiacht *nf3* adjective
aidréanailín *nm4* adrenaline
Aidriad *adj*: **Muir Aidriad** Adriatic Sea
aiféala *nm4* regret; shame; **beidh aiféala ort faoi** you'll regret it
aiféalach *adj* sorry; shameful
aiféaltas *nm1* embarrassment; **aiféaltas a chur ar dhuine** to shame *or* embarrass sb
áiféiseach *adj* ridiculous, ludicrous, absurd
aifir (*pres* **aifríonn**) *vt* rebuke; punish; **nár aifrí Dia orm é** God forgive me
Aifreann *nm1* (REL) Mass; **Aifreann na marbh** funeral Mass, requiem Mass; **an tAifreann a éisteacht** to attend Mass

aige *see* **ag**
aigéad *nm1* acid
aigéadach *adj* acid(ic)
aigéadacht *nf3* acidity
aigéan *nm1* ocean; **an tAigéan Antartach** the Antarctic Ocean; **an tAigéan Artach** the Arctic Ocean; **an tAigéan Atlantach** the Atlantic Ocean; **an tAigéan Ciúin** the Pacific (Ocean)
aigeanta *adj* spirited; cheerful
aigeantach *adj* cheerful; lively; **sa chéill is aigeantaí (ag)** madly in love (with)
áigh *excl* ouch
aighneas *nm1* dispute, argument; (LAW) submission
aigne *nf4* mind; disposition; spirit; **cad é atá ar d'aigne?** what's on your mind?; **bheith lán d'aigne** to be full of life; **aigne a chur i nduine** to cheer sb up
áil *n*: **cad ab áil leat?** what would you like?; **mar is áil leat** as you wish
áiléar *nm1* attic; (*in theatre*) gallery
ailgéabar *nm1* algebra
Ailgéir *nf2*: **an Ailgéir** Algeria
ailibí (*pl* ~**onna**) *nm4* alibi
ailigéadar *nm1* alligator
ailínigh *vt* align
ailiúnas *nm1* alimony
aill (*pl* ~**te**) *nf2* cliff
áille *nf4* beauty; *see also* **álainn**
áilleacht *nf3* beauty
áilleagán *nm1* toy; trinket; (*inf*: *woman*) bimbo; **áilleagán intreach** merry-go-round
ailléirge *nf4* allergy
ailléirgeach *adj* allergic
aillte *see* **aill**
ailp (*pl* ~**eanna**) *nf2* (*of meat, bread*) lump
ailse *nf4* cancer; **ailse chraicinn** skin cancer
ailseach *adj* cancerous
ailt *nf2* ravine
ailtéarnóir *nm3* alternator
áilteoir *nm3* clown
ailtire *nm4* architect
ailtireacht *nf3* architecture
áiméar *nm1* chance; opportunity; **an t-áiméar a fhreastal** to seize the opportunity
aimhleas *nm3* harm
aimhréidh *adj* entangled; confused; dishevelled ♦ *nf2* tangle
aimhrialta *adj* irregular; anomalous
aimhrialtacht *nf3* anomaly
aimiréal *nm1* admiral
aimitis *nf2* amethyst
aimléis *nf2* despondency; **bheith in umar na haimléise** to be down in the dumps
aimlithe *adj* wretched
aimliú *nm* (*from rain*) a drenching
aimnéise *nf4* amnesia
aimpéar *nm1* amp(ere)
aimplitheoir *nm3* amplifier
aimrid *adj* sterile, barren
aimridigh *vt* sterilize
aimseartha *adj* temporal
aimsigh *vt* find; pinpoint; (*oil etc*) strike; (*target etc*) hit; (*gun etc*) aim
aimsir *nf2* time; weather; (LING) tense; **fear léite na haimsire** the weather man; **caitheamh aimsire** hobby, pastime; **an aimsir chaite** the past tense
aimsitheoir *nm3* marksman; (TECH) finder
aimsiú *nm* find; hit; aim; (*of oil etc*) strike
ainbhios (*gs* **ainbheasa**) *nm3* ignorance
ainbhiosach *adj* ignorant
ainbhiosán *nm1* ignoramus
aincheist *nf2* quandary, predicament, dilemma
aindiachaí *nm4* atheist
aindiathaí *nm4* atheist
aindlíthiúil *adj* lawless
aineamh *see* **ainimh**
áineas *nm3* pleasure, sport
ainéistéiseach *adj, nm1* anaesthetic
ainéistéisí *nm4* anaesthetist
aineolach *adj* ignorant; **bheith aineolach ar** to be unaware of
aineolas *nm1* ignorance; **bheith ar an aineolas** to be in the dark
ain-fhéinspéis *nf2* autism
aingeal *nm1* angel
ainghléas *nm1* (TECH) disorder; **ainghléas innill** engine trouble; **in ainghléas** out of order
ainghníomh (*pl* ~**artha**) *nm1* atrocity

aingíne *nf4* angina
ainimh (*gs, pl* ~**e**, *gpl* **aineamh**) *nf2* disfigurement
ainimhigh *vt* disfigure
ainligh *vt* (*car etc*) manoeuvre; (*delicate situation*) handle
ainm (*pl* ~**neacha**) *nm4* name; first name; reputation; (LING) noun; **in ainm Dé!** for goodness sake!; **ina ainm** by his name; **cén t-ainm atá ort?** what's your name?; **ainm a thabhairt ar rud/dhuine** to give sth/sb a name; **ainm baiste** Christian name; **ainm cleite** *or* **bréige** pseudonym; **ainm briathartha** verbal noun; **duine gan ainm** anonymous person
ainmfhocal *nm1* (LING) noun
ainmheasartha *adj* immoderate, excessive
ainmheasarthacht *nf3* excess, immoderation
ainmhí *nm4* animal; beast
ainmhian *nf2* lust
ainmneach *adj, nm1* (LING) nominative
ainmnigh *vt* name; nominate
ainmnitheach *nm1* nominee
ainmniúchán *nm1* nomination
ainneoin *n*: **d'ainneoin (+** *gen***)** in spite of; **d'ainneoin a dhíchill** for all his efforts
ainneonach *adj* involuntary
ainnir (*pl* ~**eacha**) *nf2* beautiful young woman
ainnis *adj* mean; miserable
ainnise *nf4* misery; meanness
ainriail (*gs* **ainrialach**) *nf* anarchy, disorder
ainrialaí *nm4* anarchist
ainrianta *adj* unruly; licentious
ainriochtach *adj* dilapidated
ainseabhaí *nm4* anchovy
ainseal *nm1* (*in phrase*): **dul in ainsil** to become chronic
ainsealach *adj* (*illness*) chronic
ainspianta *adj* grotesque; bizarre, outrageous
aint *nf2* aunt
aintiarna *nm4* tyrant
aintín *nf4* auntie, aunty
aintiún *nm1* anthem
aíonna *see* **aoi**
aipindic *nf2* (ANAT) appendix
aipindicíteas *nm1* appendicitis
air *see* **ar**[1]
airc *nf2* want; hunger
áirc *nf2* ark
aird[1] *nf2* attention; **tá aird an phobail air** it is the focus of public interest; **aird duine a tharraingt ar rud** to bring sth to sb's notice; **aird a thabhairt (ar)** to pay attention (to); **níl a dhath eile ar a aird** he thinks of nothing else
aird[2] *nf2* direction; point of compass; **ceithre hairde an domhain** the four corners of the earth; **as gach aird** from all directions
airde *nf4* height; altitude; (MUS) pitch; **ar cosa in airde** at a gallop; **20m ar airde** 20m high
airdeall *nm1* alertness; wariness; **bheith san airdeall** to be on the alert
airdeallach *adj* alert; cautious; wary
aire[1] *nf4* care, attention; **aire a thabhairt do rud** to take care of sth, mind sth; **rud a thabhairt do d'aire** to take cognizance of sth; **bheith ar d'aire (roimh)** to look out (for); **Aire!** Danger!
aire[2] *nm4* (POL) minister
aireach *adj* attentive, careful; watchful, mindful
aireacht *nf3* (POL) ministry
aireachtáil *nf3* perception; *see also* **airigh**
aireagán *nm1* invention
aireagóir *nm3* inventor
áireamh *nm1* counting, calculation; reckoning; **rud a chur san áireamh** to take account of sth, include sth; **cáin san áireamh** inclusive of tax; *see also* **áirigh**
áireamhán *nm1* calculator
airéine *nf4* arena
áirge *nf4* asset; useful implement
airgead (*gs, pl* **airgid**) *nm1* money, cash; silver; **mo chuid airgid** my money; **airgead tirim a íoc** to pay (in) cash; **lucht an airgid** the rich; **airgead tís** housekeeping (money); **airgead póca** pocket money; **airgead tirim** (ready) cash; **airgead reatha** currency

airgeadaíochta *n gen as adj* monetary
airgeadaithe *adj* silver-plated
airgeadas *nm1* finance; **an Roinn Airgeadais** the Treasury, the Treasury Department (*US*); **bliain airgeadais** financial year
airgeadóir *nm3* cashier
airgeadra *nm4* currency
airgeadúil *adj* silvery
airgid *n gen as adj* silver; *see also* **airgead**
Airgintín *nf2*: **an Airgintín** Argentina
Airgintíneach *adj, nm1* Argentinian
airgtheach *adj* inventive
airí[1] (*pl* ~**onna**) *nm4* (PHYS) property; (*of sickness*) symptom
airí[2] *nf4* (*merit*) desert, just reward *or* punishment; **is maith an airí ort é** it serves you right; you well deserve it
airigh (*vn* **aireachtáil**) *vt* sense; feel; hear; **duine a aireachtáil uait** to miss sb
áirigh (*vn* **áireamh**) *vt* count, calculate; work out; include
airíoch *nm1* caretaker
airíonna *see* **airí**[1]
áirithe *adj* certain, particular ♦ *nf4* certainty, surety; allotment; **seomra/tábla a chur in áirithe** to reserve *or* book a room/table; **méid áirithe** a certain amount; **daoine áirithe** certain people
airitheach *adj* perceptive
áiritheoir *nm3* (TECH, MATH) counter
áirithint *nf2* reservation, booking
airleacan *nm1* (FIN) advance
airneán *nm1* visiting at night
airnéis *nf2* property; cattle; lice
áirse *nf4* arch
airteagal *nm1* (*of faith, law*) article, tenet
airtríteas *nm1* arthritis
ais[1] (*pl* ~**eanna**) *nf2* axis
ais[2] *nf2* (*in adv phrases*): **ar ais** back; again; **le hais** + *gen* next to; compared to; **an bealach ar ais** the way back; **droim ar ais** back to front; **scríobhfaidh mé ar ais chugat** I will write back to you
ais[3] *nf2*: **ar ais nó ar éigean** at all costs
ais- *prefix* back-
áis (*pl* ~**eanna**) *nf2* facility; convenience; device; aid; **is mór an áis é** it's very handy; **ar d'áis** at your convenience; **áis éisteachta** hearing aid; **áiseanna** amenities, facilities; **áiseanna creidmheasa** credit facilities
aisbhreathnaitheach *adj* retrospective
aisce *nf4* favour; gift; **(saor) in aisce** free of charge; **turas in aisce** a fruitless journey
aischothú *nm* (BIOL) feedback
aischur *nm1* (COMM) returns
Áise *nf4*: **an Áise** Asia
Áiseach *adj, nm1* Asian; Asiatic
aiseag[1] *nm1* vomit; (*money etc*) restitution; (COMM) return
aiséirí *nm4* resurrection; resurgence
aiseolas *nm1* (*information*) feedback
aisfháil *nf3* retrieval
aisfhotha *nm4* (ELEC) feedback
aisfhreagra *nm4* retort; cheeky reply
aisfhuaimnigh *vi* reverberate
aisghabh *vt* (COMPUT) retrieve
aisghabháil *nf3* (COMPUT) retrieval
aisghair *vt* repeal
aisghairm (*pl* ~**eacha**) *nf2* repeal
aisig (*pres* **aiseagann**, *vn* **aiseag**) *vt* vomit; (*sth stolen*) restore
aisíoc *nm3* refund, repayment ♦ *vt* repay, reimburse
aisíocaíocht *nf3* repayment
aisiompaigh *vt, vi* reverse; invert
aisiompú *nm* reversal; inversion
áisiúil *adj* helpful, useful, convenient
áisiúlacht *nf3* convenience, handiness
aisling *nf2* dream; vision
aispeist *nf2* asbestos
aistarraingt *nf* (*from bank*) withdrawal
aiste *nf4* (LITER, SCOL) essay; quirk; pattern; **aiste bia** diet
aisteach *adj* bizarre, odd; outlandish, quaint, eccentric; **aisteach go leor** oddly enough
aistear *nm1* journey; trek; **aistear farraige** voyage
aisteoir *nm3* actor; performer; **aisteoir breise** (THEAT) extra
aisteoireacht *nf3* (THEAT *etc*) acting
aisti *see* **as**

aistreach *adj* (LING) transitive
aistreog *nf2* (*picture, design*) transfer
aistrigh *vt, vi* move (house); move about; transfer, shift; (*population*) transplant; translate
aistritheoir *nm3* translator
aistriú *nm* (*gen, also* SPORT) transfer; translation
aistriúchán *nm1* translation
ait *adj* comic; odd, eccentric
áit (*pl* **~eanna**) *nf2* place; room; locality; **fuair sí an dara háit** she came (in) second; **in áit** + *gen* instead of; **áit ar bith** anywhere; (*with neg*) nowhere; **gach áit** everywhere; **tá áit suí ann le haghaidh caoga** it seats 50; **áit éigin** somewhere; **muintir na háite** the locals; **bheith in áit do charta** to be in a perilous situation; **in áit na mbonn** immediately
aiteann *nm1* furze, gorse, whin
aiteas *nm1* fun, pleasure
áith (*pl* **~eanna**) *nf2* kiln
aitheanta *see* **aithne**[1,2]
aitheantas *nm1* recognition; identification; **aitheantas a fháil** to gain recognition; **páipéir aitheantais** ID papers; **lucht aitheantais** acquaintances
aitheasc *nm1* homily; speech
Aithin (*gs* **Aithne**) *nf*: **an Aithin** Athens
aithin (*pres* **aithníonn**, *vn* **~t**) *vt* identify, recognize; foresee; realize; **glór duine a aithint** to recognize sb's voice; **aithint idir rudaí** to tell (the difference) between things
aithinne *nf4* spark
aithint *see* **aithin**
aithis *nf2* (*scandal*) disgrace; slur
aithiseach *adj* defamatory; denigratory
aithisigh *vt* slur
aithisiú *nm* defamation
aithne[1] (*pl* **aitheanta**) *nf4* recognition; acquaintance; **aithne (shúl) a bheith agat ar dhuine** to know sb (to see); **duine a chur in aithne** to introduce sb; **rud a chur as aithne** to change sth beyond recognition; **lucht m'aithne agus mo ghaoil** my kith and kin; **d'aithne a ligean le duine** to introduce o.s. to sb
aithne[2] (*pl* **aitheanta**) *nf4* commandment; **na Deich nAithne** the Ten Commandments
aithnidiúil *adj*: **aithnidiúil (ar)** familiar (with)
aithníonn *see* **aithin**
aithreacha *see* **athair**
aithreachas *nm1* regret; repentance; **aithreachas a bheith ort faoi rud** to regret sth; **aithreachas a dhéanamh** to repent
aithrí *nf4* (REL) penance, repentance; **aithrí a dhéanamh (i)** to repent (of); **breithiúnas aithrí** (*in confessional*) penance; **aithrí thoirní** (*inf*) sudden repentance
aithris *nf2* imitation; (*of poetry etc*) recital ♦ *vt* (*pres* **~íonn**) recite; relate; **aithris a dhéanamh ar dhuine** to imitate sb; **dán a aithris** to recite a poem
aithriseoir *nm3* mimic; reciter
aithriúil *adj* fatherly, paternal
áitigh *vt, vi* (*premises*) occupy; settle down; argue; **áitigh ar** persuade; **d'áitigh sé go ...** he argued that ...; **áitiú ar dhuine fanacht** to persuade sb to stay
áitiú *nm* occupation; argument; persuasion
áitiúil *adj* local
áitreabh *nm1* domicile, abode; premises
áitreabhach *nm1* inhabitant; (LING) locative
áitrigh *vt* inhabit
áitritheoir *nm3* inhabitant
ál (*pl* **~ta**) *nm1* (*of animals*) litter, brood
ala *n*: **ar ala na huaire** on the spur of the moment
áladh *nm1* lunge; grab; snap; **áladh a thabhairt ar rud** to lunge *or* grab at sth
álainn (*gsf, pl, compar* **áille**) *adj* beautiful, gorgeous
aláram *nm1* alarm; **aláram dóiteáin** fire alarm; **clog aláraim** alarm clock
Albain *nf* Scotland
Albáin *nf2*: **an Albáin** Albania
albam *nm1* album; **albam stampaí** stamp album

Albanach *nm1* Scot, Scottish person ♦ *adj* Scottish; Scotch; Scots
alcaile *nf4* alkali
alcól *nm1* alcohol; **alcól máinliach** surgical spirit; **faoi thionchar an alcóil** under the influence of alcohol
alcólach *adj, nm1* alcoholic
alcólacht *nf3* alcoholism
allas *nm1* perspiration, sweat; **bheith ag cur allais** to sweat; **bheith ag bárcadh allais** to sweat profusely; **tháinig allas fuar leis** he broke into a cold sweat
allasúil *adj* sweaty
allmhaire *nf4* (*COMM*) import
allmhaireoir *nm3* importer
allmhairigh *vt* import
allta *adj* (*animals etc*) wild
alltacht *nf3* wildness; astonishment; **alltacht a chur ar dhuine** to astonish *or* astound sb
allúrach *nm1* foreigner ♦ *adj* foreign
almóinn *nf2* almond
almóir *nm3* alcove; cupboard
alp *vt, vi* devour; swallow
Alpa (*gpl* **Alp**) *npl*: **na hAlpa** the Alps
Alpach *adj* Alpine
alpaire *nm4* glutton
alpán *nm1* (*of food*) chunk, lump
alsáiseach *nm1* (*dog*) Alsatian
alt *nm1* (*BIOL*) joint; knuckle; (*LING*) article; (*LAW*) section; (*MUS*) alto; **as alt** (*MED*) dislocated
álta *see* **ál**
altaigh *vt, vi* (*REL*) give thanks; **altú le bia** to say grace (before meals)
altán *nm1* gorge, gully, ravine
altóir *nf3* altar
altram *nm3* fostering; **athair altrama** foster father; **leanbh a thógáil ar altram** to foster a child
altramaigh *vt* foster
altú *nm* grace (before meals)
alúmanam *nm1* aluminium
am (*pl* ~**anna**) *nm3* (*also MUS*) time; **an t-am** the time; **cén t-am é?** what time is it?; **am tae** tea time; **am luí** bedtime; **ó am go ham** occasionally; **thar am** overdue; **am cúitimh** injury-time; **am scoir** quitting time; **am crua a thabhairt do dhuine** to give sb a hard time; **in am** on time; **an t-am** + *indir rel* when; **in am ar bith** at any time; **san am chéanna** nonetheless
amach *adv* (*motion*) out; forth; aloud ♦ *adj* outward; utter, sheer; **as seo amach** from now on; **amach anseo** in the future; **amach agus amach** through and through; "**Amach**" "Way Out"; **áit a bhaint amach** to reach a place; **amach leat!** get out!; **amach ó** apart from; **amach agus isteach le** approximately
amadán *nm1* fool, idiot; sucker; **amadán Aibreáin** April Fool
amadóir *nm3* (*device*) timer
amaideach *adj* foolish, idiotic
amaidí *nf4* nonsense; humbug; **níl ann ach amaidí** it's nothing but nonsense; **cén amaidí atá ort?** what (nonsense) are you up to?
amaitéarach *adj, nm1* amateur
amanna *see* **am**
amárach *adv, n* tomorrow; **maidin amárach** tomorrow morning; **amárach an Aoine** it's Friday tomorrow
amas *nm1* attack; (*of gun etc*) aim; (*GOLF*) putt
ambaiste *excl* really; indeed
ambasadóir *nm3* ambassador
ambasáid *nf2* embassy
amchlár *nm1* timetable; schedule
amh (*gsm* **amh**) *adj* uncooked, raw
amh- *prefix* raw
ámh *adv* however
amhábhar *nm1* raw material
amhail *prep, conj* like; **cur in amhail rud a rá** to go to say sth; **amhail Pól** like Paul; **amhail is** as if, as though
amháin *adj* sole, exclusive ♦ *adv* solely, exclusively, only; **ní hé amháin go raibh sé ...** not alone was he ...; **ag Seán amháin a bhí a fhios** John alone knew; **uair amháin eile** once more; **d'aon iarracht amháin** in one go, at one attempt; **ní hé sin amháin é ach** what is more
amhairc *n gen as adj* visual

amhantar *nm1* chance; windfall; **dul san amhantar (le)** to take a chance (on)
amhantraíocht *nf3* (*COMM*) speculation
ámharach *adj* lucky
amharc *nm1* look; sight, view; watch ♦ *vt, vi* watch, look; **as amharc** out of sight; **ar amharc** + *gen* within sight of; **dul as amharc** to disappear; **amharc thart** to look around; **amharc a fháil ar rud** to catch a glimpse of sth; **amharc ar** to look at, watch
amharclann *nf2* theatre
amhas *nm1* gangster, hooligan
amhastrach *nf2* barking
amhlachas *nm1* semblance; (*ART*) figure; **duine a thógáil in amhlachas** + *gen* to mistake sb for
amhlaidh *adv* so; thus; the same; **más amhlaidh** if so; **bíodh amhlaidh** so be it; **déanamh amhlaidh** to follow suit; **gurb amhlaidh duitse!** the same to you!; **is amhlaidh is mó/is fearr** all the more/the better
amhlánta *adj* foolish; ill-mannered
amhola *nf4* crude oil
amhrán *nm1* song; **an tAmhrán Náisiúnta** the national anthem
amhránaí *nm4* singer
amhránaíocht *nf3* singing
amhras *nm1* doubt, suspicion; **gan amhras** without doubt; **amhras a chaitheamh ar dhuine** to cast suspicion on sb; **bheith in amhras (faoi)** to have doubts (about)
amhrasach *adj* doubtful; sceptical; suspicious; **bheith amhrasach faoi** to be dubious about
amlasc *nf2* time switch
ámóg *nf2* hammock
amóinia *nf4* ammonia
amparán *nm1* hamper
ampla *nm4* hunger; greed
amplach *adj* hungry; greedy
amscaí *adj* slipshod; unkempt; awkward
amú *adv* wasted; in vain; **dul amú** to go astray; **am a chur amú** to waste time; **rud a ligean amú** to let sth go to waste
amuigh *adj, prep* out, outside; exterior, outward, outer; **taobh amuigh** (on the) outside; **tá sé amuigh air go bhfuil sé saibhir** he's said to be rich; **amuigh faoin aer** in the open (air)

EOCHAIRFHOCAL

an[1] *def art* (*gsf, gpl, nom pl* **na**) (*lenites nom fsg and gsm; adds* **t-** *to vowel of nom msg and to* **s** + *vowel or* **l,n,r** *in nom fsg and gsm;* **na** *eclipses gpl, adds* **h-** *to vowels in gs and nom pl and adds* **n-** *to vowels in gpl.*) 1: **an buachaill** the boy; **an ghirseach** the girl; **an sagart** the priest; **an tsráid** the street; **an t-am** the time; **an aimsir** the weather
2 (*in expressing ratios etc*): **cúig phunt an ceann** five pounds each; **céad punt an tonna** one hundred pounds per ton; **scilling an dosaen** a dozen for a shilling; **úll an duine** an apple each
3 (*time etc*): **an Domhnach** Sunday; **ar an Aoine** on Friday; **an Cháisc** Easter; **an samhradh** summer; **óstaíocht na hoíche** a night's lodgings; **i gceann na gcúpla lá** in a couple of days; **ag druidim leis na trí scór** approaching sixty
4 (*with abstract nouns*): **an bás** death; **an t-éad** jealousy; **an eagla** fear; **an t-olc agus an mhaith** good and evil
5 (+ *adj to form noun*): **an mór is an mion** great and small; **an saibhir agus an daibhir** rich and poor
6 (*in titles*): **an tUasal Ó Laoire** Mr. O'Leary; **an Dochtúir de Brún** Dr. Brown
7 (*in names*): **an Céitinneach** Keating; **na Baoilligh** the O'Boyles
8 (*in places*): **an Daingean** Dingle; **an Spidéal** Spiddle; **an Mhumhain** the province of Munster; **an Ghearmáin** Germany; **an Eoraip** Europe
9 (*with languages*): **an Ghearmáinis** German; **an Iodáilis** Italian; **an Bhreatnais** Welsh
10 (*with illnesses*): **an fliú** flu; **an déideadh** toothache; **an triuch** whooping cough; **an galar breac** smallpox

11 (*possession*): **tá an chos briste agam** my leg is broken; **tharraing sí an chluas aige** she pulled his ear; **tá an lámh nimhneach aici** her hand is sore
12 (+ *demonstrative*): **an ceann seo** this one; **an ceann sin** that one; **an teach s'againne** our house
13 (*in classifications*): **is maith an cailín í** she's a good girl; **is bocht an scéal é** it's a sad state of affairs; **is é scoth an fhir é** he's a top class fellow
14 (*indicating suddenness etc*): **labhair an duine taobh thiar díom** (suddenly) someone behind me spoke; **chuala mé an ghlam** at that moment I heard a bark
15 (*for emphasis*): **bhí na mílte acu ann** there were thousands of them; **chaith sé na blianta ann** he spent years there; **ba é sin an t-am** those were the days; **is aige atá an eagna chinn** he is really intelligent; **nach ort atá an dóigh bhreá!** haven't you a great time of it!

---

an[2] *interr part*: **an bhfeiceann tú?** do you see?
an-[1] *prefix* very, most, really; **an-mhaith** very good; **an-deacair** really hard; **an-fhear** great man
an-[2] *prefix* in-, un-, not-; bad, evil; **anduine** evil person; **anrud** wicked thing
anabaí *adj* unripe; (*person*) immature; (*death*) premature, untimely
anacair *nf3* (*gs* **anacra**, *gpl* **anacraí**) distress; **anacair leapa** bedsore ♦ *adj* (*gsf, pl, compar* **anacra**) distressing, difficult
anachain (*pl* **anachana**) *nf2* calamity; loss; harm
anacrach *adj* distressed; distressing
anaemach *adj* anaemic
anáil *nf3* breath; influence; **as anáil** out of breath; **an anáil a bhaint de dhuine** to wind sb; **anáil a tharraingt** to draw breath, breathe; **chuaigh an bia lena anáil** the food went down the wrong way; **faoi d'anáil** under one's breath
anailgéiseach *adj, nm1* analgesic
anailís *nf2* analysis
anailíseach *adj* analytic
anailíseoir *nm3* analyser
anáilíseoir *nm3* Breathalyser
anailísí *nm4* analyst; **anailisí córas** systems analyst
anailísigh *vt, vi* analyze
anaireicse *nf4* anorexia
anairt *nf2* (*NAUT*) canvas
anaithnid *adj* strange; unknown
análaigh *vt, vi* breathe
anall *adv* across (from); **anonn agus anall** from side to side; over and back; **riamh anall** from time immemorial
anallód *adv* in ancient times
analóg *nf2* analog(ue)
analógach *adj* analogous
análú *nm* respiration; **análú tarrthála** kiss of life
anam (*pl* **~acha**) *nm3* soul; life; liveliness; **m'anam!** dear me!; **do anam a thabhairt (ar son** + *gen*) to lay down one's life (for)
anamchara (*gs* **~d**, *pl* **anamchairde**) *nm* spiritual advisor; confessor
anamóine *nf4* anemone
anamúil *adj* animated, spirited
anann *nm1* pineapple
anarac *nm1* anorak
anás *nm1* wretchedness; poverty; **bheith ar an anás** to be living in hardship
anásta *adj* awkward; clumsy
anatamaíocht *nf3* anatomy
anbhá *nm4* dismay; panic
anbhann *adj* frail; feeble
anbhuain *nf2* (*of mind*) unease, unrest
ancaire *nm4* anchor; **an t-ancaire a thógáil** to weigh anchor
ancaireacht *nf3* anchorage
anchaoi *nf4* plight
anchúinse *nm4* freak, monster
anchumtha *adj* misshapen
andóch *adj* improbable
andúil *nf2* addiction
andúileach *nm1* addict ♦ *adj* addictive; **andúileach drugaí** drug addict
aneas *adv, prep, adj* (from the) south, south(ern); (*wind*) southerly
anfa *nm4* storm
angadh *nm1* (*MED*) pus; **angadh a**

dhéanamh to fester
anghrách *adj* erotic
Angla- *prefix* Anglo-
Anglacánach *adj, nm1* Anglican
Angla-Éireannach *adj* Anglo-Irish
aniar *adv, prep, adj* (from the) west; (*wind*) westerly; **aniar aduaidh** (from the) north west; **teacht aniar a bheith ionat** to be resilient; **teacht aniar aduaidh ar dhuine** to catch sb unawares; **aniar is siar** to and fro
aníos *adv, prep, adj* up; upward(s); from below
anlann *nm1* (CULIN) dressing, relish, sauce; trimmings; **anlann sailéid** salad dressing; **is maith an t-anlann an t-ocras** hunger is a good sauce
anlathas *nm1* anarchy
anlucht *nm3* (*of food*) surfeit, glut
anluchtaigh *vt* overload; glut
ann[1] *adv* there; **bhí sé ann** he was there
ann[2] *n*: **bheith in ann** to be able
ann[3] *prep see* **i**
annamh *adj* rare, seldom
anocht *adv, n* tonight ♦ *adj* tonight's; **cruinniú na hoíche anocht** tonight's meeting; **tiocfaidh sé anocht** he will come tonight
anoir *adv, prep, adj* (from the) east; eastern; **anoir aduaidh** north east
anóirthear *n, adv* the day after tomorrow
anois *adv* now; **anois díreach** right now; **anois agus arís** now and then
anonn *adv* across (to); **dul anonn agus anall** to go back and forth; **anonn sa lá** late in the day
anord *nm1* chaos
anordúil *adj* chaotic
anraith *nm4* soup; broth; **anraith glasraí** vegetable soup
anró *nm4* hardship; misery
anróiteach *adj* inclement; distressing; wretched
ansa *see* **ionúin**
anseo *adv* here; **cá fhad atá tú anseo?** how long have you been here?; **istigh anseo** in here; **abhus anseo** over here; **anseo is ansiúd** here and there, about
ansin *adv* there; then; **thall ansin** over there; **istigh ansin** in there; **tá sé ansin** it's there
ansiúd *adv* beyond; yonder
ansmacht *nm3* tyranny
antaibheathach *adj, nm1* antibiotic
antaihiostaimín *nm4* antihistamine
antaiseipteach *adj* antiseptic
antaiseipteán *nm1* antiseptic
antalóp *nm1* antelope
Antartach *adj, nm1*: **an tAntartach** the Antarctic; **an tAigéan Antartach** the Antarctic Ocean
antashubstaint *nf2* antibody
antoisceach *adj* extreme ♦ *nm1* extremist
antraipeolaíocht *nf3* anthropology
antráthach *adj* late; untimely; inconvenient
anuas *adv* (*from above*) down; **teacht anuas** to come down; **le blianta beaga anuas** for the past few years
anuraidh *adv, n* last year ♦ *adj* last year's; **obair na bliana anuraidh** last year's work; **pósadh anuraidh iad** they were married last year
aoi (*pl* **aíonna**) *nm4* guest; lodger
aoibh *nf2* smile; mood; pleasant expression; **tháinig aoibh air** his face brightened up; **aoibh mhaith a bheith ort** to be in good spirits; **tá aoibh an gháire air** he's smiling
aoibhinn (*gsf, pl, compar* **aoibhne**) *adj* charming; delightful
aoibhneas *nm1* bliss, delight; happiness
aoileach *nm1* manure, dung; **carn aoiligh** dunghill
Aoine (*pl* **Aointe**) *nf4* Friday; **Dé hAoine** on Friday; **ar an Aoine** on Fridays; **Aoine an Chéasta** Good Friday
aoir (*pl* **aortha**) *nf2* satire
aoire *nm4* shepherd; (POL) whip
aois (*pl* ~**eanna**) *nf2* age; old age; era; century; **cén aois thú?**, **cén aois atá agat?**, **cá haois tú?** how old are you?; **tá sé 10 mbliana d'aois** he's 10 years old; **an aois a bheith ina luí ort** to be showing one's age; **anonn in aois** well on in years; **an fichiú haois** the

twentieth century
aoiseachas *nm1* ageism
aoisghrúpa *nm4* age group
aol (*pl* ~**ta**) *nm1* (GEOG) lime
aolchloch *nf2* limestone
aoldath *nm3* whitewash; **aoldath a chur ar** (*house*) to whitewash

EOCHAIRFHOCAL

aon *num* (*lenites* **b,c,f,g,m,p**) one; **aon phunt (amháin)** one pound; **aon chileagram déag** eleven kilos; **aon uair amháin** once (upon a time)
♦ *adj* **1** (*no matter which*) any; **aon neach beo** anyone; **tabhair leat aon leabhar is mian leat** take any book you wish
2 (*with neg*) any; anything; at all; no; **níl aon airgead agam** I haven't any money; **níor ól sé aon deoch** he didn't take any drink; **níor tugadh aon ainm air ach Bullaí** he was never called anything but Bullaí; **níl aon mhaith ann** he is no good
3: **gach aon** (*for emphasis and intensification*) every single; **gach aon ribe ar a ceann** every hair on her head; **gach aon choiscéim den bhealach** every step of the way; **bhí gach aon ghlam as** it kept on barking and barking
4 (*with def art*) only; **an t-aon locht atá air** its only fault; **an t-aon deacracht atá leis** the only difficulty with it
5 (*identical*) same, one; **san aon teach** in the same house; **ar aon intinn** of like mind; **ar aon dul le** in agreement with; **d'aon ghuth** with one voice
♦ *nm1* **1**: **a haon** one; **a haon déag** eleven; **fiche (is) a haon** twenty one; **a haon is a cúig sin a sé** one and five are six; **a haon a chlog** one o'clock; **a trí in aghaidh a haon** three to one
2 (*pron*) one; **gach aon acu** every one of them; **aon bocht scoite** a loner
3 (CARDS) ace; **an t-aon spéireata** the ace of spades; **faoi aon de** within an ace of
4 (*in phrases*): **mar aon le** along with; **d'aon turas** deliberately; **ar aon acht** under no condition

aon- *prefix* only, sole, one-, mono-, uni-
aonach (*pl* **aontaí**) *nm1* fair; **ar an aonach** at the fair
aonad *nm1* unit; **aonad amharcthaispeána** visual display unit
aonair *n gen as adj* only, solitary, individual; one-man; **páiste aonair** an only child
aonar *nm1*: **bheith i d'aonar** to be alone *or* on one's own
aonarach *adj* lone(ly); isolated; single
aonarán *nm1* loner, recluse
aonchineálach *adj* homogeneous
aonfhoirmeach *adj* uniform
aonghnéasach *adj* unisexual
aonocsaíd *nf2* monoxide; **aonocsaíd charbóin** carbon monoxide
aonraigh *vt* isolate
aonréadaí *nm4* soloist
aonta *see* **aon**
aontacht *nf3* unity; union; unanimity
Aontachtaí *nm4* (POL) Unionist
aontaí *see* **aonach**
aontaigh *vt, vi* unite; bind; **aontú le** to agree, approve; endorse
aontaithe *adj* united; **na Stáit Aontaithe** the United States; **Éire Aontaithe** United Ireland
aontas *nm1* union; **Aontas na hEorpa** the European Union; **Aontas na Sóivéadach** (*formerly*) the Soviet Union
aontíos *nm1* cohabitation; **bheith in aontíos** (*couple*) to live together
aonton *nm1* monotone
aontonach *adj* monotonous
Aontroim *nm3* Antrim
aontú *nm* agreement, assent
aontumha *nf4* celibacy ♦ *adj* celibate
aonú *num, adj* (*in dates*) first; **an t-aonú lá** the first
aor *vt* satirize
aortha *see* **aoir**
aos *nm3* people, folk; **an t-aos óg** the young; **aos dána/ceoil** poets/musicians
aosach *nm1* (*in education etc*) adult
aosánach *nm1* juvenile
aosta *adj* old, aged
aothú *nm* (MED) crisis; turning point

ápa *nm4* ape
apaipléis *nf2* apoplexy

EOCHAIRFHOCAL

ar[1] (*prep prons* = **orm, ort, air, uirthi, orainn, oraibh, orthu**) (*normally lenites except*: *(a) in general locative expressions*): **ar muir agus ar tír** on land and sea; **ar deireadh** behind; (*(b) indicating states*): **ar mire** mad; **ar crochadh** hanging; (*(c) in some set phrases*): **ar ball** soon; **ar fad** completely; (*eclipses in a few phrases*): **ar ndóigh** indeed; **ar gcúl** behind *prep* **1** (*position*) on; in; at; **ar talamh** on earth; **ar thalamh na hEireann** on Irish soil; **ar tosach** in front; **ar thosach an tslua** at the front of the crowd; **ar muir agus ar tír** on land and sea; **ar an Chlochan Liath** in Dungloe
2 (*indicating presence*) at; **ar bainis** at a wedding; **ar bhainis Mháire** at Mary's wedding; **ar scoil** at school
3 (*manner, state*): **ar crochadh** hanging; **ar crith** shaking; **ar meisce** drunk
4 (*time*) at; **ar a trí a chlog** at 3 o'clock; **ar maidin** this morning; **ar ball** soon
5 (*in classifications*) one of; **tá sé ar na fir is saibhre sa tír** he is one of the richest men in the country; **tá sé ar an fhear is saibhre sa tír** he is the richest man in the country
6 (*in prices etc*) at, for; **dhíol mé ar phunt an ceann iad** I sold them at a pound each; **cheannaigh mé ar dhá phunt é** I bought it for two pounds
7 (*in measurements*) in; **méadar ar airde** a meter in height, a meter high; **dhá mhéadar ar fad** two meters long; **trí mhéadar ar leithead** three meters wide
8 (*with substantive vb*: *indicating illnesses, complaints etc*): **tá slaghdán/tinneas cinn orm** I have a cold/headache; **tá moill éisteachta uirthi** she is hard of hearing; **tá tart/ocras orm** I am thirsty/hungry; **cad é atá ort?** what's wrong with you?
9 (*with substantive vb*: *expressing emotions*): **tá bród mór orm as** I am really proud of him; **bhí lúcháir uirthi** she was delighted; **bhí driopás agus cearthaí orm** I was really nervous
10 (*with substantive vb*: *indicating obligation*): **beidh ort fanacht** you will have to wait; **tá orm buíochas a thabhairt dó** I must thank him
11 (*indicating disadvantage*) to, on; **féach mar a rinne tú orm** look what you have done to me; **bhris siad an fhuinneog orm** they have broken the window on me; **tá punt ag Tomás orm** I owe Thomas a pound
12 (*with substantive vb*: *in reference to weather*): **tá báisteach air** it's going to rain; **tá toirneach air** it looks like thunder; **tá athrach aimsire air** the weather is going to change
13 (*with vn*) when, after; **ar theacht abhaile dom** when I came *or* had come home
14 (*with substantive vb*: *with parts of the body*): **tá ceann iontach gruaige uirthi** she has a great head of hair; **tá cosa móra fada air** he has long legs
15 (*in appearances*) to judge by; **fear oibre é ar a chuid éadaí** he is a working man to judge by his clothes
16 (*with substantive vb*: *indicating possibility etc*): **tá foghlaim mhór air** it can only be learned with practice; **níl teacht air** it cannot be found
17 (*in the opinion of*): **is beag orm a leithéid** I don't like it; **ní lú orm an donas ná é** there is nothing I hate worse

ar[2] *interr part*: **ar labhair tú?** did you speak?; **ar dhún sé?** did he close?
ar[3] *rel part*: **an fear ar labhair a mhac** the man whose son spoke; **an duine ar cheannaigh mé na bláthanna uaidh** the person from whom I bought the flowers
ar[4] *indir rel see* **is**[1]
ar[5] *irreg vb* (*in direct speech*) said; says; **"sea", ar sé** "yes", he said
ár[1] *poss adj* our; us; **Ár nAthair** Our Father; **tá sé ár mbualadh** he's hitting us
ár[2] *nm1* massacre, slaughter

ár[3] *nm1* (*measurement*) are
ara *nm4* (ANAT) temple
Arabach *adj* Arab(ian), Arabic♦ *nm1* Arab(ic); **Arabach Sádach** Saudi (Arabian)
árach *nm1* fetter; security; **dul in árach le duine (faoi)** to take issue with sb (over)
árachas *nm1* insurance; **árachas a chur ar rud** to insure sth; **árachas tine/saoil** fire/life insurance; **árachas tríú páirtí** third party insurance; **Árachas Náisiúnta** National Insurance
araí (*gs* ~**on**, *pl* ~**onacha**) *nf* bridle
Araib *nf2*: **an Araib** Arabia; **an Araib Shádach** Saudi Arabia
Araibis *nf2* (LING) Arabic
araicis *nf2*: **dul in araicis duine** to go to meet sb
araid *nf2* bin; chest
araile *pron*: **agus araile** et cetera
Árainn *nf* Aran; **Oileáin Árann** the Aran Islands
aralt *nm1* herald
araltas *nm1* heraldry
arán *nm1* bread; **arán seagail/sinséir** rye bread/gingerbread; **bheith in arán crua** to be in dire straits
araon *adj, adv* both; **sibh araon** both of you
áras *nm1* habitation; abode; building
árasán *nm1* flat; apartment
áraslann *nf2* block of flats; tower block
arb *see* **is**[1]
arbhar *nm1* corn, cereal; **arbhar Indiach** maize, corn (*US*)
arcán *nm1* piglet
ard (*pl* ~**a**) *nm1* height; rise; high ground; **in ard an lae** at high noon♦ *adj* high; tall; loud; **os ard** out loud; **de ghlór ard** in a loud voice
ard- *prefix* chief, main; arch-
ardaigh *vt* raise; lift, increase; elevate; heighten; step up; (*volume*) turn up; (*object*) hoist♦ *vi* increase; go up; **do ghlór a ardú** to raise one's voice
Ard-Aighne *nm4* Attorney General
ardaitheoir *nm3* lift, elevator (*US*); hoist
ardán *nm1* platform, rostrum; stage; (SPORT) stand; (*in street names*) terrace; (RAIL) platform
ardcheannasach *adj* predominant
ardchlár *nm1* (GEOG) plateau
ardeaglais *nf2* cathedral
ardeaspag *nm1* archbishop
Ard-Fheis (*pl* ~**eanna**) *nf2* (POL) national convention
Ardleibhéil *nmpl1* (SCOL) "A" levels
Ard Mhacha *nm* Armagh
ardmháistir (*pl* **ardmháistrí**) *nm4* headmaster
ardmháistreás *nf3* headmistress
ardmhéara *nm4* Lord Mayor
ardmheas *nm3* admiration, esteem; **ardmheas a bheith agat ar dhuine** to admire sb
ardnósach *adj* haughty, lofty; snobbish
ardoifig *nf2* head office
ardscoil *nf2* high school
ard-teicneolaíochta *n gen as adj* hi-tech
ardteistiméireacht *nf3* (SCOL) leaving certificate
ardú *nm* rise, increase; raise; (COMM) appreciation; **ardú céime** promotion
aréir *adv, n* last night; **arú aréir** the night before last
argóint *nf2* argument; dispute
arís *adv* again; **arís eile** once again; **ar ais arís** back again; **anois agus arís** now and then, now and again; **choíche arís** never again; **arís is arís (eile)** over and over (again); **níos measa arís** worse still; **faoin am seo arís** by this time next year
arm *nm1* arm, weapon; army; **arm tine** firearm; **Arm an tSlánaithe** Salvation Army; **dul san arm** to join the army
armáil *vt* arm
armas *nm1* coat of arms
ármhach *nm1* slaughter; **rinneadh ármhach orthu** they were slaughtered
armlann *nf2* arsenal; (*of gun*) magazine
armlón *nm1* ammunition
armúr *nm1* armour
armúrtha *adj* armoured
arracht *nm3* monster; (*lorry*) juggernaut
arrachtas *nm1* strength; grotesqueness
arraing (*pl* ~**eacha**) *nf2* (*of pain*) stab,

twinge; (*in side*) stitch; **arraing a bheith ionat** to have a stitch (in one's side)

arsa *irreg vb* (*in direct speech*) said; says; **"amach leat", arsa Seán** "get out", said John

ársa *adj* ancient; archaic

ársaitheoir *nm3* antiquarian

arsanaic *nf2* arsenic

art *nm1* stone; **chomh marbh le hart** stone dead

Artach *adj, nm1* Arctic; **an tArtach** the Arctic; **an tAigéan Artach** the Arctic Ocean

artaire *nm4* artery

árthach (*pl* **árthaí**) *nm1* boat, vessel; craft; dish; container

artola *nf4* petrol, gas(oline) (*US*)

arú *adv*: **arú aréir** the night before last

arúil *adj* arable; (*land*) fertile

as (*prep prons* = **asam, asat, as, aisti, asainn, asaibh, astu**) *prep* out of; from; off; **is as Baile Átha Cliath é** he is from Dublin; **as Gaeilge/Béarla** in Irish/English; **go raibh maith agat as ...** thank you for ...; **tá dóchas/muinín/bród agam as** I have hope/trust/pride in him; **as baile** away from home; **go maith as** well off; **as a chéile** gradually; **rud a bhaint as a chéile** to take sth apart; **bain as!** get lost!; **as obair** out of work; **triúr as a chéile** three in a row; **as éisteacht** out of earshot; **as an chosán** out of the way

asal *nm1* ass, donkey

asaltaigh *vt* dislocate

asam *see* **as**

asarlaí *nm4* sorcerer, wizard; conjurer, magician

asarlaíocht *nf3* magic, witchcraft

asat *see* **as**

ascaill *nf2* armpit; recess; (*in street names*) avenue; **póca ascaille** inside pocket; **faoi d'ascaill** under one's arm

aschur *nm1* (*also* COMPUT) output

asfalt *nm1* asphalt

asléamh *nm1* (COMPUT) readout

aslonnaigh *vt* evacuate

asma *nm4* asthma

aspairín *nm4* aspirin

aspal *nm1* apostle

aspalóid *nf2* absolution; **aspalóid a thabhairt do dhuine** to absolve sb

asphrionta *nm4* (COMPUT, TYP) print-out

astitim *nf2* (*radioactive*) fallout

Astráil *nf2*: **an Astráil** Australia

Astrálach *adj, nm1* Australian

astralaíocht *nf3* astrology

astu *see* **as**

at (*pl* ~**anna**) *nm1* (MED) swelling ♦ *vi* (MED) swell; (*sea*) heave

atá *vb see* **bí**

atáirg *vt* reproduce

atáirgeach *adj* reproductive

atáirgeadh *nm* reproduction

atarlaigh *vi* recur

atarlú *nm* recurrence

ateangaire *nm4* interpreter

atéigh *vt* warm up, reheat

ath- *prefix* re-; former; rejected; old; retired

áth (*pl* ~**anna**) *nm3* ford

athaimsigh *vi* relocate

athair (*gs* **athar**, *pl* **aithreacha**) *nm* father; **athair baiste** godfather; **athair céile** father-in-law; **athair mór** grandfather; **an tAthair Micheál** (*priest*) Father Michael

athaithne *nf4* (*of acquaintance*) renewal

athaontaigh *vt* reunite

athaontú *nm* reunion

athar *see* **athair**

athartha *adj* fatherly, paternal

áthas *nm1* happiness; **tá áthas air** he is happy

áthasach *adj* happy; jolly

athbheochan *nf3* revival, renaissance

athbheoigh *vt* (MED) resuscitate, revive

athbhliain *nf3*: **an Athbhliain** the New Year

athbhreithnigh *vt* review, revise

athbhreithniú *nm* review, revision

athbhrí *nf4* recovery, revival; ambiguity

athbhríoch *adj* (*food, drink*) invigorating; (*meaning*) ambiguous ♦ *nm1* (MED) tonic

athbhunaigh *vt* restore; reestablish

athbhunú *nm* restoration; reestablishment

athchaite *adj* secondhand; worn out; cast off
athchas *vt* rewind♦ *vi* (*sickness*) return
athcheartaigh *vt* revise; amend; **profaí a athcheartú** to revise proofs
athchistiú *nm* refund
athchluiche *nm4* (*SPORT*) return match
athchóirigh *vt* readjust; (*house*) renovate; restore; recondition
athchóiriú *nm* refurbishment, renovation; restoration
athchomhair *vt* re-count; recalculate
athchomhaireamh *nm1* (*POL*) re-count
athchomhairle *nf4* second thoughts, change of mind; **athchomhairle a dhéanamh (faoi rud)** to have second thoughts (on sth)
athchraiceann *nm1* veneer
athchraol *vt* (*RADIO, TV*) repeat; retransmit
athchraoladh *nm* (*RADIO, TV*) repeat
athchuimhnigh *vi* reminisce
athchum *vt* reconstruct; (*PHYS*) deform
athchur *nm1* replacement; (*LAW*) remand
athchúrsáil *vt* recycle; reclaim
athdháil *vt* redeploy; redistribute
athdhéan *vt* redo; remake
athdhéanamh *nm* reconstruction; revision; remake; repetition
athdhearbhú *nm* reaffirmation
athdhírigh *vt* redirect
athfhill *vi* recur; reflect
athfhilleadh *nm* recurrence; (*BIOL*) reflex
athfhillteach *adj* recurrent; reflex; (*LING*) reflexive
athfhriotal *nm1* quotation
athfhuaimnigh *vi* resound
athghabháil *nf3* recovery; recapture
athghair *vt* recall
athghairm (*pl* ~**eacha**) *nf2* (*THEAT*) encore; recall
athghnóthaigh *vt* regain
athimirt *nf3* (*SPORT*) replay
athiompú *nm* (*MED*) relapse
athiomrá *nm4* backbiting
athlá *nm* another day; **rud a chur ar athlá** to postpone sth
athlasadh (*gs* **athlasta**) *nm* (*MED*) inflammation
athlasta *adj* inflamed; *see also* **athlasadh**
athléim *nf2* rebound
athléirigh *vt* (*play etc*) revive, restage
athlíon *vt, vi* refill, replenish
athlíonadh *nm* refill
athlonnaigh *vt, vi* relocate
athmhachnamh *nm1* reflection; **ar athmhachnamh** on reflection
athmhúscailt *nf2*: **athmhúscailt anála** artificial respiration
athneartaigh *vt* restore; reinforce
athneartú *nm* reinforcement
athnuachan *nf3* renewal; rejuvenation
athnuaigh (*vn* **athnuachan**) *vt* renew
athoil *vt* (*worker etc*) retrain
athphlandáil *vt* replant, plant out
athphreab *vi, nf2* rebound
athrá (*pl* ~**ite**) *nm4* repetition
athrach *nm1* change, alteration; alternative; **athrach aeráide** change of climate; **chomh dócha lena athrach** as likely as not; **tá a athrach le déanamh agam** I have better things to do
athraigh *vt, vi* change, alter; vary; (*NAUT, sail*) shift; **treo/éadach a athrú** to change direction/clothes
athráiteach *adj* repetitive
athraithe *adj* changed; transformed
athraitheach *adj* changeable; variable
athrú *nm* change, alteration; **tá athrú mór ort** you've changed a lot; **an t-Athrú Creidimh** the Reformation
athscag *vt* (*oil etc*) refine
athsheinm *nf3* (*MUS*) repetition, replay
athshlánú *nm* (*MED*) rehabilitation
athsholáthraigh *vt* replenish
athsmaoineamh (*pl* **athsmaointe**) *nm1* afterthought; second thought
athstaidéar *nm1* further study
athuair *adv*: **in athuair** again
atitim *nf2* relapse
Atlantach *adj, nm1* Atlantic; **an tAigeán Atlantach** the Atlantic (Ocean)
atlas *nm1* atlas
atmaisféar *nm1* (*also inf*) atmosphere
atóg (*vn* ~**áil**) *vt* reconstruct; rebuild
atosaigh *vt* resume; restart; (*COMPUT*) reboot

atosú *nm* resumption; restart; (COMPUT) reboot

atráth *nm3* (*in phrase*): **rud a chur ar atráth** to postpone sth

atreorú *nm* diversion

atuirse *nf4* weariness; blues

aturnae *nm4* solicitor, attorney (*US*)

B

B *nm4* (MUS) B
b' *see* **is**[1]
ba[1] *see* **is**[1]
ba[2] *see* **bó**
bá[1] (*pl* ~**nna**) *nf4* (*of sea*) bay
bá[2] *nf4* (*for person*) sympathy; liking; **bá a bheith agat le duine** to like sb
bá[3] *nm4* flooding; immersion; drowning
báb *nf2* baby; (*inf*: *woman*) babe
babaí *nm4* baby
babhdán *nm1* bogey man
babhla *nm4* bowl
babhlaer *nm1* bowler hat, derby (*US*)
babhlálaí *nm4* bowler
babhta *nm4* bout, spell; (SPORT) round
babhtáil *nf3* exchange
bábhún *nm1* enclosure, compound
bábóg *nf2* doll; **babóg éadaigh** rag doll
babún *nm1* baboon
bac *nm1* barrier; obstacle; hindrance; (*fig*) hurdle ♦ *vt* (*also* SPORT) block, obstruct; foil; **ná bac leis** don't bother with it
bacach *nm1* beggar; tramp ♦ *adj* lame; **bheith bacach** to have a limp
bacadaí *nf4*: **bheith ag bacadaí** to limp
bácáil *vt* bake ♦ *nf3* baking
bacainn *nf2* barrier, obstacle; **bacainn bhóthair** roadblock
bacán *nm1* peg; (*of arm*) crook
bachall *nf2* ringlet; crozier; (*of shepherd*) crook
bachlaigh *vi* bud
bachlóg *nf2* bud, sprout; **bachlóga Bruiséile** Brussels sprouts; **bachlóg a bheith ar do theanga** to slur one's speech
bácús *nm1* bakery
bád[1] *nm1* boat; **bád aeraíochta** pleasure boat; **bád farantóireachta** ferry; **bád iascaigh** fishing boat; **bád iomartha** rowing boat, rowboat (*US*); **bád seoil** sailing boat, sailboat (*US*); **bád tarrthála** lifeboat; **an bád bán** the emigrant ship
bád[2] *nm1* (COMPUT) baud
badhbh *nf2* vulture
badhró *nm4* ballpoint (pen), Biro
badmantan *nm1* badminton
bádóireacht *nf3* boating
bagair (*pres* **bagraíonn**) *vt, vi* threaten; (*stick etc*) wave; **bagairt ar dhuine** to threaten sb
bagairt (*pl* ~**í**, *gs* **bagartha**) *nf3* threat, menace
bagáiste *nm4* baggage, luggage; **bagáiste láimhe** hand-luggage; **bagáiste breise** excess baggage
baghcat *nm1* boycott
baghcatáil *vt* boycott
bagrach *adj* threatening, menacing
bagraíonn *see* **bagair**
bagún *nm1* bacon
baic *nf2*: **baic an mhuiníl** back *or* nape of the neck
báicéir *nm3* baker
báicéireacht *nf3* baking
baicle *nf4* group of people; clique
baictéar *nm1* bacterium
báigh *vt* drown; soak; (*ship*) sink
bail *nf2* (proper) order; condition, state; **bail a chur ar rud** to mend sth; put sth in proper order; **tá bail mhaith air** it's in good nick
bailc *nf2* downpour
baile *nm4* home; town ♦ *adj* (*trade, situation etc*) domestic, home; home-made; **as baile** away from home; **sa bhaile** at home; **de chóir baile** near at hand; **baile fearainn** townland; **duine as baile isteach** a blow-in, outsider
bailé (*pl* ~**anna**) *nm4* ballet
baileach *adj* exact; **ní cuimhin liom go baileach** I don't remember exactly
bailéad *nm1* ballad
Baile Átha Cliath *nm4* Dublin
bailí *adj* valid
bailigh *vt* assemble, collect, gather; pick up ♦ *vi* assemble; **airgead/stampaí a bhailiú** to collect money/stamps

bailitheoir *nm3* collector
bailiú *nm* collection; **bailiú bruscair** refuse collection
bailiúchán *nm1* collection; **bailiúchán stampaí** stamp collection
báille *nm4* bailiff
Bailt *n*: **Muir Bhailt** the Baltic (Sea)
bain *vt* extract; (*flowers, turf, hay*) pick, cut, reap; (*game, war, prize*) win
▸ **bain amach** *vt* extract; (*stain*) wash away; (*destination*) reach
▸ **bain anuas** *vt* take down, dismantle
▸ **bain as** *vt* take from; get from; extract ♦ *vi* go, take off
▸ **bain de** *vt* (*clothes*) remove
▸ **bain do** *vt* touch♦ *vi* (*accident*) happen to
▸ **bain faoi** *vi* settle; pacify; undermine
▸ **bain le** *vt* touch; interfere with; (*matter etc*) concern; relate to
▸ **bain ó** *vt* subtract from; **ná bain don phéint sin** don't touch that paint; **bain taca as** lean on; **an ghoimh a bhaint as rud** to render sth harmless; **ciall a bhaint as rud** to interpret *or* make sense of sth; **cluiche a bhaint** to win a game; **bhain sí fúithi i Londain** she settled down in London; **ní bhaineann sé leat** it doesn't concern you; **bhain taisme dó** he met with an accident
baincéir *nm3* banker
baincéireacht *nf3* banking
baineann *adj* (BIOL) female; (*man*) effeminate; **cat baineann** she-cat
baineannach *nm1* female
báiní *nf4* fury; **dul le báiní** to fly into a rage
báinín *nm4* flannel; homespun cloth
baininscneach *adj* (LING) feminine
bainis (*pl* ~**eacha**) *nf2* wedding; wedding banquet
bainisteoir *nm3* manager
bainisteoireach *adj* managerial
bainisteoireacht *nf3* management
bainistíocht *nf3* thriftiness; (good) management
bainistíochta *n gen as adj* (*skills*) managerial
bainistreás *nf3* manageress
bainne *nm4* milk; **bainne géar** sour milk; **bainne milis** fresh milk
bainniúil *adj* milky; (*herd*) milk-yielding
báinseach *nf2* lawn, green
bainseó (*pl* ~**nna**) *nm4* banjo
baint *nf2* connection; relevance; **níl aon bhaint agam leo** I have nothing to do with them
bainteach *adj*: **bainteach le** relevant to
baintreach *nf2* widow; **baintreach fir** widower
bairbín *nm4* toecap
bairdéir *nm3* warder
báire *nm4* goal; (*of fish*) shoal; (*game*) hurling; (SPORT) goal; **an báire a bhaint** to triumph; **báire na fola** the crucial test; **báire a chur** (SPORT) to score a goal; **cúl báire** goalkeeper; **i lár báire** in the middle; **i dtús báire** first of all
bairéad *nm1* beret
bairille *nm4* barrel
bairín *nm4* loaf; **bairín breac** barn-brack
bairneach *nm1* limpet
báirse *nm4* barge
báisín *nm4* (wash)basin
baist *vt* baptise; name
báisteach *nf2* rain; shower
baisteadh (*gs* **baiste**, *pl* **baistí**) *nm* baptism, christening; **ainm baiste** Christian name
baistí *adj* baptismal; **athair baistí** godfather; **máthair bhaistí** godmother
báistiúil *adj* rainy
báite *adj* sodden, soaked
báiteach *adj* (*sun*) watery; (*person*) pale
baithis *nf2* (*of head*) crown; forehead; **ó bhaithis go bonn** from top to toe
baitín *nm4* (MUS) baton
baitsiléir *nm3* bachelor
bál *nm1* (*also dance*) ball
balachtáil *nf3* gain
balastair *nmpl1* banister(s)
balbh *adj* dumb, mute; (*letter*) silent
balbhán *nm1* dumb person
balcais *nf2* rag; garment
balcóin *nf2* balcony
ball *nm1* (*of organization*) member; (*of*

body) limb; organ; (*of machine*) part; patch, spot; **ar ball** later; not long ago; **baill bheatha** vitals; **ball broinne** birthmark; **ball dobhráin** (*on skin*) mole; **ball éadaigh** article of clothing; **ball troscáin** piece of furniture

balla *nm4* wall

ballach[1] *nm1* wrasse

ballach[2] *adj* spotted, speckled

ballán *nm1* teat

ballasta *nm4* ballast

ballóg *nf2* (*of building*) ruin

ballóid *nf2* ballot

ballra *nm4* members, membership

ballraíocht *nf3* membership

balsam *nm1* balsam, balm

balscóid *nf2* blotch, smudge

bálseomra *nm4* ballroom

balún *nm1* balloon

bambú (*pl* ~**nna**) *nm4* bamboo

ban *vb see* **bean**

ban- *prefix* (*sex, character*) female

bán *adj* white; (*page etc*) blank; (*field*) fallow; (*place*) empty♦ *nm1* white; (GEOG) grassland; **béal bán** flattery, sweet talk

bán- *prefix* pale

ban-ab *nf3* abbess

bánaigh *vt* whiten, bleach; (*hall etc*) empty; (*country*) devastate

banaisteoir *nm3* actress

banaltra *nf4* nurse; **banaltra fir** male nurse

banaltracht *nf3* (*profession*) nursing

banana *nm4* banana

banbh *nm1* piglet

banbharún *nm1* baroness

bánbhuí *adj* (*colour*) cream

banc *nm1* bank; **banc taisce** savings bank; **banc trádála** commercial bank

banchara *nm4* girlfriend

banchliamhain (*pl* ~**eacha**) *nm4* daughter-in-law

bánchorcra *adj* mauve

banda[1] *nm4* band; **banda rubair** rubber band

banda[2] *adj* feminine, womanly

bandé *see* **bandia**

bándearg *adj, nm1* pink

bandia (*gs* **bandé**, *pl* **bandéithe**) *nm* goddess

bandiúc *nm1* duchess

bandochtúir *nm3* woman doctor

bandraoi *nm4* witch

banéigean *nm1* rape

banfhreastalaí *nm4* waitress

bang (*pl* ~**anna**) *nm3* (SWIMMING) stroke

bangharda *nm4* (IRL) policewoman

banghiolla *nm4* usherette

bánghlóthach *nf2* blancmange

bánghnéitheach *adj* pale, pallid

banimpire *nm4* empress

banlaoch *nm1* heroine

banmhaor *nm1* stewardess

banmhéara *nm4* mayoress

banna *nm4* guarantee, warranty, surety; (*musical*) band; **banna bisigh** premium bond; **banna ceoil** (*at a dance*) band; **banna práis** brass band; **dul i mbannaí ar dhuine** to go bail for sb

bánna *see* **bá**[1]

banoidhre *nm4* heiress

banóstach *nm1* hostess

banphéas *nm4* (*pej*) policewoman

banphóilín *nm4* policewoman

banphrionsa *nm4* princess

banrach *nf2* paddock

banríon (*pl* ~**acha**) *nf3* (*also* CARDS *etc*) queen

banspásaire *nm4* spacewoman

banstiúrthóir *nm3* conductress

bantiarna *nf4* (*title*) lady

bantracht *nf3* womenfolk

bánú *nm* brightening; clearance; **le bánú an lae** at daybreak

banúil *adj* ladylike; womanly

baoi (*pl* ~**the**) *nm4* buoy; (FISHING) float

baois *nf2* folly

baoite *nm4* bait

baol *nm1* danger, risk; **beag an baol!** not likely!; **níl sé baol ar ...** he's not nearly ...

baolach *adj* dangerous, unsafe

baoth *adj* vain; (*boat*) unsteady; (*behaviour*) foolish

baothmhian *nf2* whim

bara *nm4*: **bara rotha** wheelbarrow

baracáid *nf2, vt* barricade

baraiméadar *nm1* barometer
baráiste *nm4* (*MIL*) barrage
barántas *nm1* guarantee; (*LAW, to arrest, search*) warrant; **barántas cuardaigh** search warrant
barántúil *adj* authentic
baratón *nm1* baritone
barbaiciú *nm4* barbecue
barbartha *adj* barbaric, savage; (*fig: behaviour etc*) uncivilized
barbarthacht *nf3* barbarity
barbatúráit *nf2* barbiturate
bárcadh *n*: **ag bárcadh allais** sweating profusely
Barcelona *nf4* Barcelona
bard *nm1* bard
barda[1] *nm4* (*in hospital, POL*) ward
barda[2] *nm4* garrison
bardach *nm1* warden; **bardach eaglaise** church warden
bardas *nm1* (*of town*) corporation, municipal authority
barócach *adj* baroque
barr (*pl* ~**a**) *nm1* (*fig: apex*) tip; summit, top; (*AGR*) crop; superiority; **thar barr** excellent; **le barr áidh** by mere chance; **ó bhun go barr** from top to bottom; **bun agus barr** the sum total (of); the ins and outs (of); **barr maise a chur ar rud** to put the finishing touches to sth; **an barr a bhaint de** to skim; **barr méire** fingertip; **de bharr ar an iomlán** into the bargain; **de bharr** + *gen* due to; **ar bharr** + *gen* on top of; **ag an mbarr** at the top; **dá bharr sin** consequently; **ar a bharr sin** furthermore
barra[1] *nm4* (*also MUS, LAW*) bar; rod; ingot
barra[2] *see* **barr**
barrachód *nm1* bar code
barraicín *nm4* tip of the toe
barraíocht *nf3* excess; **barraíocht** + *gen* too much; **barraíocht a ghearradh ar dhuine** to overcharge sb; **de bharraíocht ar** in excess of; over and above
barrchaolaigh *vt* taper
barrchaolú *nm* taper
barrchéim *nf2* (*THEAT*) climax
barrchóir *nf3* (*garment*) top
barriall (*gs* **barréille**, *pl* ~**acha**) *nf2* shoelace
barrloisc *vt, vi* singe
barróg *nf2* hug; **barróg a bhreith ar dhuine** to hug sb
barrshamhail (*gs* **barrshamhla**, *pl* **barrshamhlacha**) *nf3* ideal
barrthábhachtach *adj* of paramount importance
barrthrom *adj* top-heavy
barrúil *adj* amusing, comic; strange
barúil (*pl* **barúlacha**) *nf3* idea; opinion, thought; **bheith den bharúil go** to be of the opinion that; **cad é do bharúil orthu?** what do you think of them?; **níl barúil agam** I haven't a clue; **tá barúil mhaith agam** I have a fair idea
barún *nm1* baron
bás (*pl* ~**anna**) *nm1* death; **bás a fháil** to die; **bheith idir bás agus beatha** to be battling for one's life
básaigh *vt* kill, execute ♦ *vi* die
basal *nm4* basil
basár *nm1* bazaar
basc *vt* mangle; crush
Bascach *adj, nm1* Basque; **Tír na mBascach** the Basque Country
bascaed *nm1* basket
Bascais *nf2* (*LING*) Basque
básmhar *adj* mortal
básta *nm4* waist
bastard *nm1* bastard
bástchóta *nm4* vest
bástcóta *nm4* waistcoat
bású *nm* killing, execution
basún *nm1* (*MUS*) bassoon
bata *nm4* baton; stick; **bata siúil** walking stick; **bata is bóthar a thabhairt do dhuine** to dismiss *or* sack sb
bataire *nm4* battery
batráil *vt* batter
báúil *adj* sympathetic
béabhar *nm1* beaver
beacán *nm1* mushroom; **beacán bearaigh** toadstool
beach *nf2* bee; **beach chapaill** wasp
beacht *adj* accurate, exact, precise
beachtaigh *vt* correct

beachtas *nm1* accuracy

beadaí *adj* (*eater*) fussy, particular

béadán *nm1* gossip, scandal; **béadán a dhéanamh ar dhuine** to cast aspersions on sb

béadánaí *nm4* (*person*) gossip

béadchaint *nf2* (LAW) slander

beag *nm1* (*pl* ~**anna**) small amount ♦ *adj* (*compar* **lú**) little, small; slight; (*brother etc*) younger, little, wee; **a bheag nó a mhór** more or less; **is beag a shíl mé ...** little did I think ...; **is beag orm í** I despise her; **is beag duine a chreideann é** few people believe it; **beag beann ar** impervious to; **beag an baol!** not likely!, some chance!; **is beag nár thit mé** I nearly fell; **a bheag a dhéanamh de rud** to belittle *or* make light of sth; **le blianta beaga anuas** in the last few years

beagán *nm1* little, small amount; pittance ♦ *adv* rather; **is buí le bocht an beagán** beggars can't be choosers; **beagán ar bheagán** little by little; **ar bheagán airgid** on a shoestring; **i mbeagán focal** in a few words

beagmhaitheasach *adj* worthless

beagnach *adv* almost, nearly; all but

beaguchtach *nm1* lack of courage; **beaguchtach a chur ar dhuine** to discourage sb

beaichte *nf4* accuracy, exactness

beairic *nf2* barracks

béal *nm1* mouth; (*of cave, hole etc*) opening; (*of gun*) muzzle; (*of boat*) gunwale; (*of cup etc*) rim; (*of blade, spade etc*) sharp edge; (*of shoe*) edge of upper; (*of cliff etc*) face; (*part of sea*) sound, strait; **béal an ghoile/an chléibh** the pit of the stomach; **i mbéal na trá/na toinne** at the water's edge; **i mbéal an dorais** next door, in near proximity; **ar béal maidine** first thing in the morning; **lán go béal** full to the brim; **béal faoi** upside down; **ó do bhéal féin** from one's own lips; **ar do bhéal is ar do shrón** flat on one's face; **as béal a chéile with one voice** all at once; **ar bhéala** about to; **teacht chun béil** to get going properly, find one's rhythm; **béal bán** cajolery, flatter; **béal nach bréagach** a truthful person; **béal gan smid** a taciturn, unsociable person; **bheith i mbéal an phobail/na ndaoine** to be on everyone's lips; **bheith gan bhéal gan teanga** to be unable to talk; **imeacht i mbéal do chinn** to leave home and take to the road; **béal a leagan ar rud** to talk about sth; **rud a rá le duine suas lena bhéal** to say sth to sb's face; **baineadh oscladh as a bhéal** his mouth dropped open; **bhain tú as mo bhéal é** you took the words right out of my mouth; **níl as a bhéal ach é** he talks about nothing else; **tá sé mar a d'iarrfadh do bhéal a bheith** you couldn't ask for better

bealach (*pl* **bealaí**) *nm1* road, thoroughfare; pathway; way; (*of bus*) route; (TV) channel; (*trajectory*) path; method, process; **bealach caoch** cul-de-sac; **bealach Dhoire** via Derry; **cén bealach? - an bealach seo** which way? - this way; **duine a chur chun bealaigh** to sack sb; **fios an bhealaigh a bheith agat** to know the way; **an bealach a fhágáil ag duine** to get out of sb's way; **an bealach ar ais** the way back; **bealach amach** exit; **bealach mór** main road; (*part of road*) carriageway; **bealach trádála** trade route; **bealach uisce** waterway; **ar bhealach** in a way; **bheith sa bhealach ag duine** to be in sb's way

bealadh *nm1* grease, lubricant

bealaí *see* **bealach**

bealaigh *vt* grease, lubricate, oil

bealaithe *adj* greasy

béalaithris *nf2* oral account; oral tradition

béalastán *nm1* (*inf*: *person*) slobber, slabber

béalbhach *nf2* (*of bridle*) bit

bealchrábhadh *nm1* hypocrisy

béalchráifeach *adj* hypocritical; sanctimonious

béalchráifeacht *nf3* sanctimoniousness

béaldath (*pl* ~**anna**) *nm3* lipstick

Béal Feirste *nm* Belfast

béalghrá *nm4* lip service; **béalghrá a thabhairt do rud** to pay lip service to sth
béal-leathan *adj* (*gap*) yawning
béalmhír *nf2* (*tool*) bit
béalóg *nf2* (*MUS*, *of instrument*) mouthpiece; (*for animal*) muzzle
béaloideas *nm1* folklore
béaloscailte *adj* gaping, open-mouthed
béalscaoilte *adj* indiscreet
Bealtaine *nf4* May; **i Mí na Bealtaine, 1992** in May, 1992; **idir dhá thine Bhealtaine** in a quandary
bean (*gs, npl* **mná**, *gpl* **ban**) *nf* woman; (*also*: **bean chéile**) wife; **Bean Mhic Gabhann** Mrs Smith; **bean lóistín** (*of house*) landlady; **bean ghlúine** midwife; **bean luí** mistress; **bean rialta** nun; **bean an tí** the lady of the house; **a bhean chóir** madam; **Seán agus a bhean** John and his wife; "**Mná**" (*sign*) "Ladies"
beangán *nm1* shoot; (*fork*) prong
beann[1] *nf2* regard; **beag beann ar** impervious to
beann[2] *nf2* antler, horn; prong
beann[3], **beanna** *see* **binn**[1]
beannacht *nf3* blessing; greeting; (*REL*) benediction; **beannacht Dé ort** God bless you; **beannacht Dé lena anam** God rest his soul
beannaigh *vt* bless; **beannú do** to greet, salute
beannaithe *adj* holy, sacred
beannú *nm* greeting, salute
beár *nm1* (*in pub*) bar
béar *nm1* bear; **béar bán** polar bear
beara *see* **bior**
bearach *nm1* heifer
bearád *nm1* bonnet
bearbóir *nm3* barber
béarfaidh *etc vb see* **beir**
Béarla *nm4* (*LING*) English
béarlachas *nm1* anglicism
béarlagair *nm4* jargon, slang
Béarlóir *nm3* English speaker
bearna *nf4* break, gap; hiatus; **bearna ghiorria** hare lip
bearnach *adj* gappy; incomplete
bearnaigh *vt* breach; (*barrel*) tap
bearnas *nm1* (*in mountains*) pass
bearr *vt* (*hair, nails*) clip; prune; shave
bearradh *nm* shave; shaving; **bearradh gruaige** haircut
bearránach *adj* irritating, annoying; uncomfortable
beart[1] (*pl* ~**a**) *nm1* bundle; parcel
beart[2] (*pl* ~**a**) *nm1* plan; action; **i mbearta crua** in dire straits
beart[3] (*pl* ~**a**) *nm1* (*COMPUT*) byte
beart[4] (*pl* ~**anna**) *nm3* berth
beartaigh *vt, vi* plot, scheme; decide upon; (*sword*) wield; **bheartaigh sí imeacht** she decided to go; **rud a bheartú** to plan sth
beartaíocht *nf3* tactics
beartaithe *adj* planned, decided
beartán *nm1* parcel
Béarút *nm4* Beirut
béas[1] (*gs, pl* ~**a**, *gpl* **béas**) *nm3* habit; **béasa a athrú** to turn over a new leaf; **béasa** *mpl3* behaviour, manners; **fios a bhéasa a thabhairt do dhuine** (*inf*) to teach sb manners
béas[2] *nm3* beige
béasach *adj* polite, civil, well-mannered
béascna *nf4* habit, custom; lifestyle
beatha *nf4* life; livelihood; food; **do bheatha a bhaint den fharraige** to earn one's living from the sea; **beatha dhuine a thoil** each to his own; **slí bheatha** livelihood
beathaigh *vt* (*person*) feed, nourish
beathaisnéis *nf2* biography
beathaisnéiseach *adj* biographic
beathaisnéisí *nm4* biographer
beathaithe *adj* well-fed; (*person*) fat
beathaitheach *adj* nourishing; fattening
beathú *nm* nourishment
beathúil *adj* nutritious
béic (*pl* ~**eacha**) *nf2, vi* yell, roar; **béic a ligean** to yell
béicíl *nf3* yelling
beidh *etc vb see* **bí**
beifear *vb see* **bí**
Beijing *nf4* Beijing
béil *n gen as adj* oral; verbal; **an traidisiún béil** the oral tradition

béile *nm4* meal
Beilg *nf2*: **an Bheilg** Belgium
Beilgeach *adj, nm1* Belgian
beilt (*pl* **~eanna**) *nf2* belt
béim (*pl* **~eanna**) *nf2* stress, emphasis; blow; **béim ghréine** sunstroke; **buille sa bhéim** felling blow; **béim a chur ar rud** (*syllable, word, point*) to emphasize sth, stress sth; **béim a bhaint as duine** to bring sb down a peg or two
beir (*vn* **breith**, *vadj* **~the**, *past* **rug**, *fut* **béarfaidh**) *vt, vi* give birth to; (*egg*) lay; bring, take; **beir ar** catch; **breith maol ar dhuine** to catch sb red-handed; **bua a bhreith (ar)** to triumph (over), gain a victory (over); **beir air!** get him!; **buntáiste a bhreith ar** (*situation*) to take advantage of; **breith gairid ar dhuine** to catch sb unawares; **beir ar do chiall** wise up
beirigh *vt, vi* boil; bake
béirín *nm4* teddy (bear)
beiriste *nm4* (CARDS) bridge
Beirlín *nf4* Berlin
beirt (*pl* **~eanna**) *nf2* two people, pair, couple; **beirt fhear/bhan** two men/ women; **ina mbeirteanna** in twos; **bhí siad beirt ann** they were both there; **an bheirt agaibh** both of you
beirthe *vadj see* **beir**
beith[1] *nf2* (PHIL) being, entity
beith[2] (*pl* **~eanna**) *nf2* birch
beithíoch *nm1* animal; beast; **beithíoch allta** wild beast
Benelux *nm4* Benelux
beo *nm4* living being; life; livelihood ♦ *adj* alive, live, living; animated; (*colour, person*) lively; **a bheo a ligean le duine** to spare sb's life; **bhí an baile beo le daoine** the town was full of people; **beo beathach** alive and well; **sreang bheo** (ELEC) live wire; **bolcán beo** active volcano
beocht *nf3* liveliness
beoga *adj* lively; vivid; brisk
beoigh *vt, vi* enliven, animate
beoir (*gs* **beorach**, *pl* **beoracha**) *nf* beer
beola *npl* lips
beophianadh *nm* suspense
beostoc *nm1* livestock
b'fhéidir *adv* perhaps
bh (*remove "h"*) *see also* **b...**
bheadh *vb see* **bí**
bhéarfadh, bhéarfainn *etc vb see* **beir**
bheas, bheifí, bheinn *etc vb see* **bí**
bheireadh, bheiridís *etc vb see* **beir**
bheith *vn of* **bí**
bhfaighidh *etc vb see* **faigh**
bhfuil *vb see* **bí**
bhí *etc vb see* **bí**
bhuel *excl* well
bhur *poss adj* your
bí (*vn* **bheith**, *pres* **tá**, *pres neg* **níl**, *past* **bhí**, *fut* **beidh**, *subj* **raibh**) *vt, vi* be; exist; **bheith mór/bea** to be big/small; **bheith go maith/go dona** to be good/bad; **bheith buailte/críochnaithe/sáraithe** to be beaten/finished/exhausted; **bíodh is go** even though; **tinn is mar atá sé** even though he is sick; **tá breoite!** sick my foot; **(ach) má tá** indeed; **bhí mé ann tá bliain ó shin** I was there a year ago
▸ **bí ag** be at; **bheith ag an doras/ damhsa** to be at the door/dance; **bheith ag siúl/caint/snámh** to be walking/talking/swimming; **tá carr agam** I have a car; **tá Fraincís agam** I can speak French; **tá snámh agam** I know how to swim; **níl scaradh aice leis** she cannot part with it; **tá agat** you have succeeded; **bíodh aige** let it be; **cé atá agam (ann)?** who is it?; **tá agam le himeacht** I have to leave
▸ **bí ar** be on; **tá sé ar am mbord** it is on the table; **tá cosa fada air** he has long legs; **bhí geansaí deas air** he was wearing a nice jersey; **bhí dath bán air** it was white; **tá brón/áthas/fearg air** he is sad/glad/angry; **tá ocras/tart/tuirse air** he is hungry/thirsty/tired; **cad é atá ort?** what is the matter with you?; **tá báisteach/gaoth/toirneach air** it is going to rain/get windy/become thundery; **tá athrach aimsire air** the weather is going to change; **níl riail/ teacht/tabhairt ar ais air** it cannot be controlled/found/brought back; **níl**

bogadh air he cannot be moved; **cad é an chaint atá ort?** what are you talking about?; **cad é an amaidí atá ort?** what nonsense are you up to?; **tá orm imeacht** I must leave

- **bí as** be from; **bheith as Corcaigh** to be from Cork; **bheith as obair/cleachtadh** to be out of work/practice; **bheith as** (*light etc*) to be out; **tá sé míle as seo** it is a mile from here; **níl bogadh as** he is not making a move
- **bí chun** be towards; **tá sé chugainn** he is coming towards us; **tá solas an lae chugainn** morning is approaching; **an Nollaig a bhí chugainn** the following Christmas; **ní chugatsa a bhí mé** I was not referring to you; **tá mé chun imeacht** I intend to leave
- **bí de** be from, of; **níl de airgead agam ach é** it is the only money I have; **níl de chiall aige** he hasn't enough sense (to); **sin a raibh de** *or* **ní raibh de sin ach sin** that was the end of that; **is é mar a bhí sé de** actually; **tá sin díobh le chéile** that runs in the family; **tá sin díom anois** I have that behind me now
- **bí do** be to, be at; **tá sé do mo bhualadh** he is beating me; **rud duit féin a bheith agat** to have sth all to o.s.; **tá déanamh dó féin aige** it has its own particular shape; **duine dó féin atá ann** he's an oddball; **cad chuige a bhfuil tú dom?** why do you want me?
- **bí faoi** be under; **bheith faoi thalamh/uisce** to be underground/ underwater; **bheith faoi bhrón/chian/eagla/ualach** to be sad/depressed/afraid/burdened; **bheith faoi shiúl** *or* **ghluaiseacht** to be moving; **siúl/fás/fuadar a bheith fút** to be moving/growing/in a hurry; **cad é atá faoi sin agat?** what do you mean by that?; **rud a bheith fút féin** to have sth to o.s.; **níl faoi nó thairis ach é** it is all he wants to do; **tá fúm sin a dhéanamh** I intend to do that
- **bí i** be in; **tá Dia ann** God exists; **tá lá deas ann** it is a nice day; **am bricfeasta atá ann** it is time for breakfast; **ta gaoth agus fearthainn ann** it is windy and raining; **seachtar atá siad ann** there are seven of them; **tá urra as cuimse ann** he is very strong; **níl maith ann** he is no good; **tá céad cileagram meáchain ann** he weighs a hundred kilograms; **tá a chosnamh féin ann** he is able to defend himself; **níl bogadh ann** he is unable to move; **múinteoir atá inti** she is a teacher; **tá sí ina múinteoir** she is a teacher; **tá sí ina suí/seasamh/codladh** she is sitting/standing/sleeping; **tá sí ina sláinte** she is healthy; **tá sí mar a bheadh tachrán girsí ann** she is like a child; **níl ann ach imeacht** there is nothing else for it but to leave; **níl ann aige ach** he says nothing but; **a bhfuil ann go** the only thing is that
- **bí le** be with; **bheith le duine** to accompany sb; to act as best man *or* bridesmaid for sb; **beidh mé leat síos** I'll go down with you; **bhí mo pheann leat** you took my pen with you; **cé leis thú?** whose child are you?; **duine atá leis féin** a person who lives alone; **tá leat** you have succeeded; **tá sé leat anois** you have it now; **tá mé le himeacht inniu** I am to leave today; **tá obair le déanamh** there is work to be done
- **bí ó** be from; **céard atá uait?** what do you want?; **tá peann uaim** I want a pen; **tá uaim sin a dhéanamh** I want to do that; **tá sé ó mhaith/ó leigheas** it is useless/irreparable
- **bí roimh** be before; **tá sé romhat** it is all in front of you; **tá romham sin a dhéanamh** I intend to do that
- **bí thíos** be down; **bheith thíos le rud** to suffer as a result of sth

bia (*pl* ~**nna**) *nm4* food; meal; **bia agus leaba** board and lodging; **bia-ábhair** foodstuffs; **bia coisir** kosher food; **bia farraige** seafood; **bia folláin** health food; **bia míoltóg a dhéanamh de dhuine** (*inf*) to make mincemeat out of sb

bia-ábhair *nmpl1* foodstuffs

biabhóg *nf2* rhubarb

biachlár *nm1* menu; **biachlár socraithe** set menu

bialann *nf2* restaurant; canteen

biatas *nm1* beetroot; **biatas siúcra** sugar beet

bibe *nm4* bib

bícéips *nf2* biceps

bicíní *nm4* bikini

bídeach *adj* minute, tiny

Bílearúis *nf2*: **an Bhílearúis** Belarus

bileog *nf2* (*form*) sheet; (*of paper*) slip; handout, flier; **bileog nuachta** (*newsletter*) bulletin; **bileog shúile** (eye) patch

bille *nm4* (COMM, POL) bill; **bille parlaiminte** parliamentary bill

billéad *nm1* billet

billéardaí *npl* billiards

billiún *nm1* billion

bím *etc vb see* **bí**

binbeach *adj* (*voice*) sharp

bindealán *nm1* bandage; **bindealán a chur ar chneá** to bandage a wound

binn[1] (*pl* **beanna**, *gpl* **beann**) *nf2* cliff; (*of house*) gable; (*of dress etc*) lap; **binn sléibhe** mountain peak; **titim le binn** to fall down a cliff

binn[2] *adj* sweet, melodious; **glór binn** a sweet voice

binneas *nm1* (*of sound*) sweetness

binse *nm4* bench; **binse breithimh** tribunal; **binse oibre** workbench

Bíobla *nm4* Bible

biocáire *nm4* vicar

bíog *vi* start; jump; (*muscle*) twitch♦ *nf2* (*sound*) peep; (*of engine*) pulse; **bíog a ligean** to peep

bíogach *adj* cheerful; perky; (*muscle*) twitching

biogamach *nm1* bigamist

biogamacht *nf3* bigamy

biogóid *nm4* bigot

biogóideacht *nf3* bigotry

bíogúil *adj* (*music*) lively

biolar *nm1* watercress

bíomal *nm1* (*tool*) brace

biongó *nm4* bingo

bior (*gs* **beara**, *pl* **~anna**) *nm3* point; (*of record player*) stylus; (*for roasting*) spit; **bior fiacla** toothpick; **bior seaca** icicle; **bior a chur ar rud** to sharpen sth; **tá bior i mo mhuineál** I have a crick in my neck; **bheith ar bior le rud a dhéanamh** to be dying to do sth

biorach *adj* pointed; (*tongue*) sharp

bioraigh *vt* sharpen

biorán *nm1* (knitting) needle; pin; **biorán cniotála** knitting needle; **biorán dúnta** safety pin; **biorán gruaige** hairpin; **rud a bheith ar na bioráin agat** to have sth in hand

bioróir *nm3*: **bioróir peann luaidhe** (pencil) sharpener

biotáille *nf4* liquor, spirits; **biotáille mheitileach** methylated spirit

bís *nf2* spiral; (TECH) vice; **staighre bíse** a spiral staircase; **ar bís** on tenterhooks

biseach *nm1* (*in health*) improvement; recovery; (*in luck, also* COMM) upturn; **tá biseach orm** I'm better; **ar aghaidh bisigh** on the mend; **bheith ar biseach** to be improving; **biseach a fháil** (*from illness*) to recover; **bliain bhisigh** leap year

bisigh *vi* (*health*) improve; (*person*) recuperate

bith *nm3* world; existence; **ar bith** any; (*with neg*) no; **ar scor ar bith, cibé ar bith** anyway; **ar chor ar bith** at all; **áit ar bith** anywhere; nowhere; **duine ar bith** anybody; nobody; **rud ar bith** anything; nothing

bithbheo *adj* immortal; everlasting

bithcheimic *nf2* biochemistry

bitheolaí *nm4* biologist

bitheolaíoch *adj* biological

bitheolaíocht *nf3* biology

bithghlas *adj* evergreen

bithiúnach *nm1* scoundrel; thug; villain

bithiúntas *nm1* (LAW) foul play; thuggery

bithrithim *nf2* biorhythm

bith-theicneolaíocht *nf3* biotechnology

bitseach *nf2* bitch; **bitseach (mná)** (*pej*) bitch

biúró *nm4* bureau

bladar *nm1* flattery

bladhaire *nm4* flame; flare
bladhm (*pl* ~**anna**) *nf3* flame♦ *vi* (*fig*: *person*) flare up
bladhmannach *adj* boastful
bláfar *adj* (*work*) neat; (*girl*) prim
blagadach *adj* bald
blagadán *nm1* bald man
blagaid *nf2* bald head; bald patch
blaincéad *nm1* blanket; **blaincéad leictreach** electric blanket
blais *vt, vi* taste; (*food, wine*) sample
blaisínteacht *nf3*: **blaisínteacht a dhéanamh ar do chuid bia** to pick at one's food
blaistigh *vt* flavour; (*food*) season
blaistiú *nm* flavouring; seasoning
blaosc *nf2* skull; (*of egg, nut, crab etc*) shell
blár *nm1* open space; field; **blár catha** battlefield; **bheith ar an mblár folamh** to be down and out
blas (*pl* ~**anna**) *nm1* taste, flavour; (*speech*) accent; **cad é an blas atá air?** what does it taste like?; **tá blas éisc air** it tastes of *or* like fish; **tá blas coimhthíoch ar a chuid cainte** he has a foreign accent
blasta *adj* appetizing, tasty
blastán *nm1* seasoning
bláth (*pl* ~**anna**) *nm3* bloom, flower, blossom; **bheith i mbláth d'óige** to be in the flower of youth
bláthach *nf2* buttermilk
bláthadóir *nm3* florist
bláthaigh *vi* blossom, flower
bláthbhreac *adj* (*pattern*) floral
bláthcheapach *nf2* flower bed
bláthchuach *nm4* flower vase
bláthfhleasc *nf2* wreath; garland
bleachtaire *nm4* detective
bleachtaireacht *nf3* detecting; **úrscéal bleachtaireachta** detective novel
bleán *see* **bligh**
bléasar *nm1* blazer
bleib (*pl* ~**eanna**) *nf2* (BOT) bulb
bleid *nf2*: **bleid a bhualadh ar dhuine** to accost sb
bléin *nf2* groin
bléitse *nm4* (household) bleach
bliain (*pl* **blianta**, *with numbers* **bliana**) *nf3* year; **an bhliain seo chugainn** next year; **An Bhliain Úr** the New Year; **bliain bhisigh** leap year; **in aghaidh na bliana** per annum
bliainiris *nf2* yearbook, annual
blianacht *nf3* annuity
bliantóg *nf2* (BOT) annual
bliantúil *adj* annual, yearly
bligeard *nm1* blackguard
bligh (*vn* **bleán**) *vt* (*also fig*) milk
bliög *nf2* (*inf*: *man*) pansy; effeminate man
bliosán *nm1* artichoke
blípire *nm4* bleeper
bloc *nm1* block
blocáil *vt* (*also* SPORT) block
bloclitreacha *nfpl* block capitals
blogh *nf3* fragment
bloicín *nm4* (*toy*) block
bloiscíneach *adj* buxom
blonag *nf2* fat; lard; blubber
blosc[1] *nm1* (*of gun*) report; **blosc toirní** thunderclap; **blosc a bhaint as do mhéara** to crack one's fingers; **bosc a bhaint as do theanga** to click one's tongue
blosc[2] *vt, vi* crack; explode
bloscadh *nm1* (*noise*) crack
blúire *nm4* bit, fragment, scrap, snippet; **blúire fianaise** scrap of evidence
blurba *nm4* blurb
blús (*pl* ~**anna**) *nm1* blouse
bó (*gs, gpl* **bó**, *pl* **ba**) *nf* cow
bob (*pl* ~**anna**) *nm4* hoax, trick; **bob a bhualadh ar dhuine** to trick sb
bobailín *nm4* tassel
bobaireacht *nf3* tricks, pranks; **ag bobaireacht ar dhuine** playing pranks on sb
bobghaiste *nm4* booby trap
boc *nm1* buck; **boc mór** big shot; **an boc mór** the big fellow
bocáil *vi* toss; bounce
bocaire *nm4* (CULIN) muffin
bocht *adj* needy, poor; (*condition, excuse*) sorry; grotty♦ *nm1* pauper; **tá oíche bhocht ann** it's an awful night; **chomh bocht leis an deoir** as poor as a church

mouse

bochtaineacht *nf3* poverty

bochtaithe *adj* impoverished

bochtán *nm1* pauper

bod *nm1* penis

bodach *nm1* lout; **bodach mór** (*inf*: *VIP*) hobnob, bigwig

bodbheart *nm1* (*contraceptive*) sheath, condom

bodhaire *nf4* deafness; **tháinig bodhaire Uí Laoire air** he pretended not to hear

bodhar (*pl* **bodhra**) *adj* deaf; (*with pain*) numb

bodhraigh *vt* deafen; annoy; (*pain*) deaden

bodhrán[1] *nm1* deaf person

bodhrán[2] *nm1* (*traditional music*) bodhrán, hand drum

bodhránaí *nm4* (MUS) bodhrán player

bodmhadra *nm4* mongrel

bodóg *nf2* heifer; hefty young woman

bog *vt, vi* move; stir; soften; loosen; agitate; (*milk*) warm ♦ *adj* soft; tender; (*life, work*) easy; (*person*) lenient; (*tooth*) loose; indulgent; (*toy*) fluffy; **feoil bhog** tender meat; **bheith bog le duine** to go easy on sb; **bog leat** move along; **bog amach as** move out *or* off; **bog anonn** move over; **bog ar aghaidh** move on; **bog ar ais** move back; **bog ar shiúl** move away; **bog chun tosaigh** move forward; **bog isteach i** move into; **bog thart** move about

bogadh (*gs* **bogtha**) *nm* move; movement; shift; **níl bogadh as** he's making no movement; **níl bogadh ann** he can't move; **gan bogadh** still

bogadhmad *nm1* softwood

bogás *nm1* complacency

bogásach *adj* smug; complacent

bogearraí *nmpl4* (COMPUT) software

bogfhiuch *vi* (CULIN) simmer

bogha (*pl* ~**nna**) *nm4* (*weapon*, MUS) bow; **bogha báistí** rainbow

boghdóireacht *nf3* archery

boghta *nm4* vault

bogoighear *nm1* slush, melting snow

bogshodar *nm1* jogging; **bogshodar a dhéanamh** (*horse*) to canter

bogtha *see* **bogadh**

bogthe *adj* lukewarm

boidín *nm4* (*inf*) penis

boige *nf4* softness; leniency

boigéiseach *adj* gullible

boilg *nf2* submerged reef

boilgearnach *nf2* bubbling

boilgeog *nf2* bubble

boilsc *nf2* bulge

boilscitheach *adj* inflationary

boilsciú *nm* (ECON) inflation

bóín *nf4*: **bóín Dé** ladybird

boinéad *nm1* (*of car*) bonnet

boirbe *nf4* fierceness; coarseness

boiscín *nm4*: **boiscín púdair** powder compact

boiseog *nf2* slap; **boiseog a thabhairt do dhuine** to slap sb

Boisnia *nf4* Bosnia

bóitheach *nm1* byre, cow shed

bóithre *see* **bóthar**

bóithrín *nm4* lane, boreen

bólacht *nf3* cattle

boladh (*pl* **bolaithe**) *nm1* odour, smell, whiff; **boladh bréan** pong; **tá boladh as** it smells

bólaí *npl*: **na bólaí seo** these parts, this area

bolaigh *vt* smell

Bolaiv *nf2*: **an Bholaiv** Bolivia

bolb *nm1* caterpillar

bolbóir *nm3* (FISHING) float

bolcán *nm1* volcano; **bolcán beo/suanach** active/dormant volcano

bolg *nm1* abdomen, stomach, belly; (*of ship*) hold ♦ *vt, vi* bulge, swell out; (*paint*) blister; **bolg le gréin a dhéanamh** to sunbathe

bolgach *nf2* smallpox; **bolgach fhrancach** syphilis

bolgam *nm1* mouthful; **bolgam tae** a sip of tea; **bolgam cainte** (*of speech*) mouthful

bolgán *nm1* bubble; (ELEC) bulb; **bolgán solais** light bulb

bolgchainteoir *nm3* ventriloquist

bolgóid *nf2* bubble

bollaí *nmpl4*: **cluiche bollaí** bowls
bollán *nm1* boulder
bollóg *nf2* loaf
bológ *nf2* bullock
bolscaire *nm4* announcer; publicist
bolscaireacht *nf3* (*TV, RADIO*) commercial; propaganda, publicity
bolta *nm4* (*rod: of metal etc*) bar; bolt
boltáil *vt* bolt
bomaite *nm4* minute; moment; **fan bomaite!** wait a minute!
bómán *nm1* fool, twit
bómánta *adj* stupid, dumb, thick; (*expression*) vacant
bómántacht *nf3* stupidity
bóna *nm4* collar; lapel
bónas *nm1* bonus
bonn[1] *nm1* (*of shoe, foot*) sole; foundation, base, basis; tyre; **láithreach bonn** at once; **bonn athmhúnlaithe** (*tyre*) remould, retread; **bonn istigh** insole; **dul ar do cheithre boinn** to go on all fours; **léim as bonn** standing jump; **ar aon bhonn** on equal footing
bonn[2] *nm1* medal; coin; **bonn deich bpingin** ten pence piece; **gan pingin gan bonn** penniless
bonnán[1] *nm1* (*AUT*) horn; siren; **an bonnán a shéideadh** to toot the horn
bonnán[2] *nm1* bittern
bonnbhuaiteoir *nm3* (*SPORT*) medallist
bonneagar *nm1* infrastructure
bonnóg *nf2* bannock; scone
bonsach *nf2* javelin
bórach *adj* (*legs*) bandy
borb *adj* coarse; (*fire, attack, person*) fierce; (*sound*) harsh; (*character*) rugged
bord *nm1* table; (*also in firm*) board; deck; **bord iarnála** ironing board; **ar bord loinge** on board (a) ship; **thar bord** overboard; **dul ar bord** + *gen* to board; **an bord a leagan/a ghlanadh** to lay/clear the table; **suí chun boird** to sit at table; **tá braon ar bord aige** he has been drinking; **fíon boird** table wine
borr *vi* swell; (*plants*) spring up
borradh (*gs* **borrtha**) *nm* (*ELEC*) surge; (*TECH*) expansion; **borradh (trádála)** boom
borróg *nf2* bun
borrtha *adj* swollen, bloated; (*MED*) varicose; **féitheacha borrtha** varicose veins
borrúil *adj* puffy; (*person*) enterprising; (*plants*) fast-growing
bos *nf2* palm; (*of oar*) blade; **bualadh bos** round of applause; **bos go cos** (*Gaelic Football*) hand-to-toe; **airgead boise** ready cash; **ar iompú boise** instantly
bósan *nm1* bosun
bosca *nm4* (*also THEAT*) box; case; pigeonhole; **bosca cairtchláir** cardboard box; **bosca seacláidí** a box of chocolates; **bosca bruscair** bin, dustbin; **bosca ceoil** accordion, melodeon; **bosca fiúsanna** fuse box; **bosca gutháin** call box, phone box; **bosca litreach** pillar box, postbox; **bosca poist** mailbox, Post Office Box; **seinm ar an bhosca** to play the accordion
boscadóir *nm3* (*MUS*) accordion player, box player
Bostún *nm1* Boston
both (*pl* ~**anna**) *nf3* hut; kiosk
bothán *nm1* cabin; hut, shed
bóthar (*pl* **bóithre**) *nm1* road; **bóthar den dara grád** secondary road; **cur chun bóthair** to set off (on a trip); **an bóthar a thabhairt do dhuine** to dismiss *or* sack sb
bothóg *nf2* cabin
botún *nm1* blunder, slip, slip-up; **botún a dhéanamh** to slip up, blunder
brabach *nm1* gain, profit; spin-off; (*fig: profits*) spoils; **brabach a dhéanamh (ar)** to make a profit (on)
brablach *nm1* rubble; rabble
brabús *nm1* profit; advantage
brabúsach *adj* profitable, lucrative
brac *nm1* bracket
brach *nm3* pus
brách *n*: **go brách** ever; (*with neg*) never; **as go brách léi** away they went; **is fearr go mall ná go brách** better late than never
brachán *nm1* porridge; **brachán a**

dhéanamh de rud to make a mess of sth

brád *see* **bráid**

bradach *adj* thieving; (*money*) stolen

bradán *nm1* salmon

brádán *nm1* drizzle

braich *nf2* malt

bráid (*gs* **brád**, *pl* ~**e**) *nf* neck; bust; **teacht ar bráid** to come on the scene; **rud a chur faoi bhráid duine** to submit sth to sb; **bráid na coise** instep

bráidín *nm4* bib

braighdeanach *nm1* captive

braighdeanas *nm1* captivity; internment

braillín *nf2* (*on bed*) sheet; **braillín talún** groundsheet

brainse *nm4* branch

bráisléad *nm1* bracelet

braiteach *adj* (*person, mind*) perceptive, alert, sensitive

braiteoireacht *nf3* hesitation

braith (*vn* **brath**) *vt* feel; betray; detect; intend; size up; **brath ar** to depend on; **pian/cuisle a bhrath** to feel pain/a pulse; **tá mé ag brath fanacht** I intend to stay; **duine a bhrath** inform on sb; **ná bí ag brath air** don't depend on him

bráithre *see* **bráthair**

bráithreachas *nm1* fraternity

bran *nm4* bran

branar *nm1* fallow ground

branda[1] *nm4* brand

branda[2] *nm4* brandy

brandáil *vt* (*cattle*) brand

branra *nm4* tripod; gridiron; **branra brád** collarbone

braon (*pl* ~**ta**) *nm1* drop; **braon tae/uisce** a drop of tea/water; **braon beag eile** a little more

Brasaíl *nf2*: **an Bhrasaíl** Brazil

Brasaíleach *adj, nm1* Brazilian

brat *nm1* cloak; coating; (THEAT) curtain; (*of paint*) coat, layer; **brat deataigh** smoke screen; **brat ózóin** ozone layer; **brat urláir** carpet

bratach *nf2* banner, flag

bratail *vi* (*sail, flag*) flap

brath *see* **braith**

bráth *nm3*: **Lá an Bhrátha** Day of Judgement

brathadóir *nm3* (police) informer; (*device*) detector

bráthair (*gs* **bráthar**, *pl* **bráithre**) *nm* (REL) brother; friar; fellow man

bratlong *nf2* flagship

bratóg *nf2* rag; (*of snow*) flake

bratógach *adj* (*clothes*) ragged

breá (*gsm* **breá**, *gsf, pl, compar* ~**tha**) *adj* excellent; grand; magnificent; (*weather*) fine; **lá breá** fine day; **fear breá** sound man; **breá mór** good and large; **ba bhreá liom dul** I'd love to go; **is breá liom seacláid** I love chocolate; **tá sé go breá anois** he's *or* it's fine now

breab *nf2* (*pl* ~**anna**) bribe♦ *vt* bribe

breabaireacht *nf3* bribery

breabhsánta *adj* sprightly; spruce

breac[1] *nm1* trout; fish

breac[2] *vt* jot down; log♦ *adj* speckled; tortoiseshell; (*weather, work*) reasonable; **breac le** rife with, dotted with; **rud a bhreacadh síos** to jot sth down

breac- *prefix* mild, middling; semi-

breacadh *nm1* scribbling; (*of colour*) lightening; (*of weather*) clearing; **le breacadh an lae** at daybreak

breacáin *n gen as adj* tartan

breacán *nm1* plaid, tartan

Breac-Ghaeltacht *nf3 areas of the Gaeltacht where only some of the population speak Irish*

bréad *nm1* braid

bréag *nf2* deception; lie; **gréasán bréag** a web of deceit; **bréag a insint** to (tell a) lie; **ainm bréige** false name; **deora bréige** crocodile tears

bréag- *prefix* dummy, pseudo-

bréagach *adj* bogus, false, phoney, spurious

bréagadóir *nm3* liar

bréagadóireacht *nf3* lying, deceit

bréagán *nm1* toy; (*woman*) doll

bréagéide *nf4* fancy dress

bréagfholt *nm1* wig, toupee

bréagnaigh *vt* contradict, negate, rebut, repudiate

bréagnaitheach *adj* invalidating,

contradictory
bréagriocht (*gs* **bréagreachta**) *nm3* disguise
breall *nf2* blubber lip; blemish; **tá breall ort** you are (badly) mistaken
breallach *nm1* clam
breallán *nm1* fool, blunderer
brealsún *nm1* fool, idiot
bréan *adj* smelly, foul; rancid; rank; **anáil bhréan** foul breath; **tá boladh bréan as** it smells (terrible); **bheith bréan de rud** to be tired of sth
bréantas *nm1* stench, stink; squalor
Breatain *nf2*: **an Bhreatain (Mhór)** (Great) Britain; **an Bhreatain Bheag** Wales
breátha *see* **breá**
breáthacht *nf3* excellence; beauty; glory
breathnaigh *vt, vi* view; (*case etc*) examine; **breathnaigh ar** eye, look at; **breathnaigh thart** look round
breathnóir *nm3* spectator; (TV) viewer
breathnóireacht *nf3* (*watching*) observation
Breatnach *adj* Welsh ♦ *nm1* Welsh, Welshman; **Breatnach mná** Welshwoman
Breatnais *nf2* (LING) Welsh
breicne *nf4* freckle
breicneach *adj* freckled
bréid *nm4* (*pl* ~**eanna**) bandage; canvas; cloth; **bréid a chur ar chneá** to bandage a wound
bréidín *nm4* tweed
bréifin *nf2* perforation
bréige *nf4* falseness ♦ *n gen as adj* false, fake; mock, sham
breis (*pl* ~**eanna**) *nf2* addition, extra; increase; (*on salary*) increment; **breis agus 200** upward(s) of 200; **breis a chur le rud** to supplement sth; (*salary*) to top sth up; **lá breise** extra day; **am breise** (SPORT) extra time; **breis agus** over, more than
breischéim (*pl* ~**eanna**) *nf2* (LING) comparative degree
breise *n gen as adj* extra, additional, further; spare; **roth breise** spare wheel
breiseán *nm1* additive
breith[1] *vn of* **beir**; **ní raibh ann ach breith nó fág** it was do or die
breith[2] (*pl* ~**eanna**) *nf2* (LAW) sentence; verdict; **breith an bháis** the death sentence; **breith a thabhairt ar chás** (LAW) to judge a case
breith[3] (*pl* ~**eanna**) *nf2* birth; **lá breithe (sona)** (happy) birthday
breitheamh (*pl* **breithiúna**) *nm1* (LAW) judge
breitheanna *see* **breith**[2,3]
breithiúnas *nm1* judg(e)ment, verdict; **fágfaidh mé ar do bhreithiúnas féin é** I shall leave it up to you to decide; **breithiúnas aithrí** (REL) penance
breithlá *nm* birthday
breithmheas *nm3* appraisal
breochloch *nf2* flint
breoite *adj* ill, sick, laid up
breoiteacht *nf3* illness, sickness
breoitiúil *adj* (*health*) delicate, sickly
breosla *nm4* fuel
brí (*pl* ~**onna**) *nf4* strength, energy; force; significance, sense, meaning; **brí ruda a thuiscint** to understand the meaning of sth; **bheith in ísle brí** to be run down; **de bhrí go** because; **dá bhrí sin** therefore
briathar (*pl* **briathra**) *nm1* (LING) verb; word; **an Briathar** (REL) the Word; **dar mo bhriathar** upon my word
briathartha *adj* (LING) verbal
bríce *nm4* brick
bríceadóir *nm3* bricklayer
bricfeasta *nm4* breakfast
bricín[1] *nm4* freckle
bricín[2] *nm4* minnow
bricíneach *adj* freckled
brídeach *nf2* bride
Brídíní *nfpl4* (IRL) ≈ Brownies
brilléis *nf2* gibberish
brillín *nm4* clitoris
briocht *nm3* charm; amulet; spell
briogáid *nf2* brigade; **briogáid dóiteáin** fire brigade
briogún *nm1* skewer
bríomhar *adj* dynamic; snappy; vigorous
brionglóid *nf2* dream

brionglóideach *nf2* dreaming; **bheith ag brionglóideach ar rud** to dream of sth
bríonna *see* **brí**
brionnaigh *vt* forge, counterfeit
brionnú *nm* forgery
briosc *adj* breakable, brittle; crisp
briosca *nm4* biscuit
brioscáin *nmpl1*: **brioscáin phrátaí** crisps
brioscán *nm1* (potato) crisp
brioscarán *nm1* shortbread
briotach *adj* lisping
Briotáin *nf2*: **an Bhriotáin** Brittany
Briotanach *adj* British ♦ *nm1* Briton
Briotánach *adj, nm1* Breton
bris *vt* (*also promise*) break; smash; (*ship*) wreck; (*cheque*) cash; (*person*) dismiss, pay off; (*fig*) upset, shatter ♦ *nf2* loss; **ní maith liom do bhris** I'm sorry for your trouble; **bris isteach** barge in; (*burglar*) break in; **briseadh as a phost é** he got the sack; **do chos a bhriseadh** to break one's leg; **do shláinte a bhriseadh** to ruin one's health; **do fhocal a bhriseadh** to break one's word; **seic a bhriseadh** to cash a cheque; **bhris ar m'fhoighne** I lost my patience; **briseadh isteach ar chuid cainte duine** to interrupt sb
briseadh (*gs* **briste**, *pl* **bristeacha**) *nm* battle; disruption; defeat; breakage; fracture; (*money*) (loose) change; dismissal, sacking; **bristeacha** *mpl* (*in sea*) breakers
briste *adj* broken; broke; (*from job*) dismissed; (*army*) defeated; **tá a croí briste** she is heartbroken; **briste brúite** battered; **Gaeilge bhriste** broken Irish; *see also* **briseadh**
bríste *nm4* (pair of) trousers, pants (*US*); **bríste deinim** denims; **bríste géine** jeans; **bríste snámha** swimming trunks; **má tá sé i do bhríste** (*inf*) if you've got the guts
bristeacha *see* **briseadh**
brístín *nm4* panties; pants
bró *nf4* (*also fig*) millstone
brobh *nm1* (*of grass*) blade, wisp
broc *nm1* badger; junk, refuse
brocach[1] *adj* (*place*) filthy; (*talk*) dirty
brocach[2] *nf2* burrow
brocailí *nm4* broccoli
brocaire *nm4* terrier
brocais *nf2* filthy place
brocamas *nm1* dirt; refuse
brod *nm1* spur
bród *nm1* pride; **tá bród orm as** I'm proud of it; **ceileann bród bochtaineacht** pride conceals poverty
bródúil *adj* proud, stuck-up
bróg *nf2* shoe; **bróga gleacaíochta** gym shoes; **bróga móra** boots; **bróga peile** football boots; **bróga siúil** walking shoes; **bróga sneachta** snowshoes; **bróga traenála** trainers
broghach *adj* dirty
broic *vt*: **broic le rud** to tolerate sth
bróicéir *nm3* broker
broid[1] *nf2* distress; (COMM, *sudden demand*) rush; **bheith i mbroid** to be on tenterhooks; **broid oibre** rush of work
broid[2] *vt* goad; nudge
broideadh (*gs* **broidte**) *nm* (FISHING) bite; **broideadh coinsiasa** a twinge of conscience
broidearnach *nf2* throbbing
broidiúil *adj* busy, under pressure
bróidnéireacht *nf3* embroidery
bróidnigh *vt* embroider
broidtráth *nm3* rush hour
broim *nm3* (*pl* **bromanna**) fart ♦ *vi* fart; **broim a ligean** to fart; **bheith le broim** to be crazy
broincíteas *nm1* bronchitis
broinn (*pl* ~**te**) *nf2* (ANAT) womb; (NAUT) hold; **rud a bheith as broinn leat** to be born with sth; **galar broinne** congenital disease
bróisiúr *nm1* brochure
bróiste *nm4* broach
brollach *nm1* breast, bosom
bromach *nm1* colt
brón *nm1* grief; sadness; **tá brón uirthi** she is sad
brónach *adj* sad, poignant
bronn *vt* donate; bestow; (SCOL, *degree*) confer
bronnadh (*gs* **bronnta**, *pl* **bronntaí**) *nm*

presentation; bestowal; **bronnadh na gcéimeanna** graduation; **bronnadh duaiseanna** prizegiving
bronntanas *nm1* gift, present
bronntóir *nm3* donor
brosna *nm4* firewood
brostaigh *vt, vi* hurry, rush; **brostaigh ort!** hurry up!
brothall *nm1* (*of day*) (intense) heat
brothallach *adj* close, sultry; sweltering
brú[1] *nm4* crush; (*MED*) bruise; pressure; push; **brú fola** blood pressure; **brú boinn** tyre pressure; **bheith faoi bhrú** to be under pressure
brú[2] *nm4* hostel; **Brú Óige** Youth Hostel
bruach *nm1* (*of river, lake*) bank; shore; side; **bruach abhann** riverbank; **cur thar bruach** (*river etc*) to overflow
bruachbhaile (*pl* **bruachbhailte**) *nm4* suburb
bruachshoilse *nmpl1* footlights
brúcht (*pl* ~**anna**) *nm3* belch; eruption ♦ *vi* belch; erupt; **brúchtanna** emissions; **brúchtadh aníos** to well up
brúchtadh (*gs* **brúchta**) *nm* eruption
brúghrúpa *nm4* (*POL*) lobby, pressure group
brúid *nf2* beast, brute
brúidiúil *adj* brutal
brúidiúlacht *nf3* brutality
brúigh *vt* press; push; crush; bruise; mash; (*pram etc*) wheel ♦ *vi* jam; **brúigh faoi** (*yawn*) suppress; **brúigh i leataobh** push aside; **brúigh isteach ar** (*on territory*) muscle in on; **cnaipe a bhrú** to press a button; **bheith ag brú romhat** (*in crowd*) to push and shove; **prátaí a bhrú** to mash potatoes
bruíon (*pl* ~**ta**) *nf2* fight, scrap; quarrel
bruíonach *adj* quarrelsome
Bruiséil *nf2*: **an Bhruiséil** Brussels
bruite *adj* boiled; cooked; (*person*) roasted; burned
brúite *adj* (*potatoes*) mashed; crushed; (*heart*) sad
bruith *vt, vi* bake; burn; boil
brúitín *nm4* mashed potatoes; **brúitín a dhéanamh de rud** to crush *or* pulp sth
bruitíneach *nf2* measles; **bruitíneach dhearg** German measles
brúmhéadar *nm1* pressure gauge
brus *nm1* shattered pieces; remains; **brus a dhéanamh de rud** to smash sth to bits
bruscar *nm1* rubbish, waste, garbage (*US*); litter; **bruscar tí** household waste
bruscarnach *nf2* debris
brútam *nm1* (*of crowd*) rush, crush
bruth *nm3* heat; (*MED*) rash; **bruth goiríní** a rash of pimples
bruthaire *nm4* cooker
brúthomhsaire *nm4* pressure gauge
bú *nm4* hyacinth
bua (*pl* ~**nna**) *nm4* victory, triumph; talent; virtue, special quality; **bua a bhreith (ar)** to triumph (over); **an bua a fháil (i gcluiche)** to win (a game); **bua an cheoil a bheith agat** to have a talent for music; **de bhua (+** *gen***)** by virtue (of)
buabhall *nm1* buffalo; bugle
buacach *adj* (*person*) cheerful, high-spirited
buacaire *nm4* tap, faucet (*US*)
buach *adj* winning, victorious
buachaill *nm3* boy, lad; boyfriend; (shop) assistant; **buachaill bó** cowboy; **buachaill báire** playboy
buachan *vb see* **buaigh**
buaf *nf2* toad
buafhocal *nm1* epithet; punchline
buaic *nf2* climax; (*fig: of event*) highlight; (*highest level*) peak
buaicphointe *nm4* (*THEAT*) climax
buaicuaireanta *nfpl2* peak hours
buaigh (*vn* **buachan**) *vt, vi* win; **buaigh ar** defeat, conquer; prevail
buail (*vn* **bualadh**) *vt, vi* hit, strike; beat; bump; defeat; (*AGR*) thresh; (*coins*) mint; (*bell*) ring; toll; (*clock*) strike; (*eggs*) whip; **do chos a bhualadh** to stamp one's foot; **bualadh in éadan** + *gen* to collide with, run into; **bualadh amach ar feadh nóiméid** to pop out for a minute; **buail isteach** (*COMPUT*) key in; (*visit*) pop in; **bualadh le duine** to meet sb; **ceol a bhualadh** to play music; **tá mé buailte** I'm beat *or* shattered; **duine a bhualadh**

to hit sb; **bhuail smaoineamh mé go ...** it occurred to me that ...; **buail ar an doras** knock on the door; **craiceann a bhualadh (le duine)** to have sex (with sb); **buailte ar** adjoining; **buail fút ansin** sit (yourself) down there; **buail cic air** give it a kick
buaile (*pl* **buailte**) *nf4*: **níl an dara suí sa mbuaile agat** you've no alternative
buaileam *nm4*: **buaileam sciath** show-off; bravado
buailte *adj* defeated; exhausted; *see also* **bualadh**
buailteoir *nm3* beater
buaine *nf4* permanence
buair (*vn* **~eamh**) *vt, vi* annoy; worry, trouble; **tá mé buartha faoi** I'm sorry/worried about it; **ná bí buartha** don't worry
buaircín *nm4* pine cone
buairt (*gs* **buartha**, *pl* **buarthaí**) *nf3* bother; care; sorrow; worry; **buairt an tsaoil** the worries of life; **duine gan bhuairt** carefree person; **tá sé ag déanamh buartha di** it's worrying her
buaiteach *adj* (*ticket*) winning
buaiteoir *nm3* victor, winner
bualadh (*gs, pl* **buailte**) *nm* beating; striking; (*of door, window*) rattle; **bualadh bos** (round of) applause; *see also* **buail**
bualtrach *nf2* cow dung
buama *nm4* bomb; **buama adamhach** atomic bomb
buamadóir *nm3* bomber
buamáil *vt* bomb ♦ *nf3* bombing
buan *adj* lasting, permanent, constant
buan- *prefix* permanent, standing
buanaí *nm4* reaper
buanfas *nm1* durability
buanfasach *adj* hard-wearing, durable, long-lasting
buanna *see* **bua**
buannaíocht *nf3* presumption; **buannaíocht a dhéanamh ar dhuine** to be an imposition on sb
buannúil *adj* presumptuous
buanordú *nm* standing order
buanseasmhach *adj* reliable; steadfast
buanseasmhacht *nf3* perseverance
buantonn *nf2* (*hairstyle*) perm
buartha[1] *adj* disturbing; sorry; (*person*) troubled, worried
buartha[2], **buarthaí** *see* **buairt**
buatais *nf2* boot; **buataisí rubair** wellingtons, rubber boots
búcla *nm4* buckle; (*in hair*) ringlet
búcláil *vt* buckle
Búdachas *nm1* Buddhism
Búdaí *nm4* Buddhist
Búdaíoch *adj* Buddhist
budragár *nm1* budgerigar
buí[1] *nm4, adj* yellow; **Fear Buí** (POL: *inf*) Orangeman
buí[2] *nm*: **is buí le bocht an beagán** beggars can't be choosers
buicéad *nm1* bucket
buidéal *nm1* bottle
buidéalaigh *vt* bottle
buifé *nm4* buffet
buígh (*vn* **buíochan**) *vt, vi* tan
buile *nf4* outrage, fury; frenzy; **dul ar buile** to go mad; **bheith ar buile le duine** to be furious with sb; **fear buile** madman; **buile bóthair** road rage
builín *nm4* loaf
buille *nm4* blow; hit; strike; pulse; (*of engine*) stroke; **buille faoi thuairim** guess; **buille na tubaiste!** the last straw!; **buille luath/mall** a little early/late; **buille scoir** (BOXING) knockout; **ar bhuille a trí** on the stroke of three
buillean *nm1* bullion
buime *nf4* nanny, nurse
buimpéis *nf2* (*shoe*) pump
buinneach *nf2* diarrhoea
buinneán[1] *nm1* shoot; sapling
buinneán[2] *nm1* bunion
buíocán *nm1* yolk; primrose
buíoch *adj* grateful; **buíoch (as)** thankful (for)
buíochan *see* **buígh**
buíochán *nm1* jaundice; **na buíocháin** jaundice
buíochas *nm1* thanks, gratitude; acknowledgement; **buíochas a ghabháil**

le duine (as) to thank sb (for); **buíochas le Dia!** thank God!; **níl a bhuíochas ort!** (*answer for thanks*) don't mention it!; **gan buíochas do** in spite of; **dá mhíle buíochas** despite all his efforts

buíon (*pl* ~**ta**) *nf2* band; (*of workmen*) gang; **buíon cheoil** (*MUS*) band

búir *vi* roar• *nf2* (*pl* ~**eanna**) (*of animal*) call; roar

búireach *nf2* bellowing

buirg *nf2* borough

buirgléir *nm3* burglar

buirgléireacht *nf3* burglary

buiséad *nm1* budget

buiséadaigh *vt, vi* budget

búiste *nm4* (*CULIN*) stuffing; poultice; bulge

búistéir *nm3* butcher

búit *nm4* (*of car*) boot, trunk

buitléir *nm3* butler

bulaí *nm4* bully; **bulaí fir!** good man!

bulba *nm4* bulb

bulc *nm1* bulk; cargo; (*on ship*) hold

Bulgáir *nf2*: **an Bhulgáir** Bulgaria

Bulgáiris *nf2* (*LING*) Bulgarian

Bulgárach *adj, nm1* Bulgarian

bulla[1] *nm4* buoy

bulla[2] *nm4* (*REL, FIN*) bull

bulladóir *nm3* bulldog

bullán *nm1* bullock

bultúr *nm1* vulture

bumbóg *nf2* bumble bee

bun (*pl* ~**anna**) *nm1* base; basis; (*of container, sea etc*) bottom; **ag bun** + *gen* at the bottom of; **titim i mbun do chos** (*person*) to collapse; **scoil a chur ar bun** to found a school; **dul i mbun oibre** to set to work; **suí i mbun duine** to take advantage of sb; **bun agus barr** the ins and outs; **céard atá ar bun agat?** what are you doing?; **bun toitín** cigarette butt; **bheith i mbun do mhéide** to be fully grown; **níl bun ná barr air** it has neither rhyme nor reason; **fanacht i mbun duine** to remain in sb's company; **tá bun ar an aimsir** the weather is settled

bun- *prefix* basic; raw; (*school, education*) elementary

bunachar *nm1* base, foundation; **bunachar sonraí** (*COMPUT*) database

bunadh *nm1* people; inhabitants; **bunadh an tí** the household; **bunadh na háite** the locals

bunaidh *n gen as adj* basic, fundamental; original; first-hand

bunaigh *vt* establish, found, institute, set (up), start

bunaíoch *adj* (*BIOL*) primitive

bunaíocht *nf3* establishment

bunáit (*pl* ~**eanna**) *nf2* (*MIL*) base, installation

bunáite *nf2* majority; most

bunaitheoir *nm3* founder

bunanna *see* **bun**

bunbhrí *nf4* essence, gist

bunc *nm4* bunk

buncaer *nm1* bunker

bunchiall *nf2* primary meaning

bunchnoic *nmpl1* foothills

bunchóip *nf2* (*book, picture*) original

bunchóta *nm4* (*of paint*) undercoat

bunchúis *nf2* motive; root cause

bundath *nm3* primary colour

bundúchasach *adj* aboriginal• *nm1* aborigine

bundún *nm1* (*of person*) backside, ass; silly talk

buneolas *nm1* (*in education*) basic knowledge, grounding

bungaló (*pl* ~**nna**) *nm4* bungalow

bunóc *nf2* infant

bunoideachas *nm1* primary education

bunoscionn *adj* upside-down, disorderly; (*things, facts*) confused

bunphlean *nm4* blueprint

bunphraghas *nm1* cost price

bunreacht *nm3* constitution

bunreachtúil *adj* constitutional

bunriachtanas *nm1* bare necessity; specification

bunscoil (*pl* ~**eanna**) *nf2* primary school, grade school (*US*)

bunsmaoineamh *nm1* (*of theory etc*) original idea, basic idea

buntáiste *nm4* (*also TENNIS*) advantage; (*GOLF*) handicap; **buntáiste a bhreith ar dhuine** to take advantage of sb

buntáisteach *adj* advantageous
buntoisí *nmpl4* (*fig*) vital statistics
buntuarastal *nm1* basic salary
buntús *nm1* rudiments, basics
bunú *nm* foundation, setting up
bunúdar *nm1* (*fig*) root, cause
bunús *nm1* basis, origin; most; **bhí a mbunús ann** most of them were there; **is Ciarraíoch ó bhunús é** he's originally from Kerry; **scéal gan bhunús** a story without foundation; **bunús an ama** most of the time
bunúsach *adj* basic, essential, elementary; grass-roots
burla *nm4* bundle; (*of banknotes etc*) roll, wad
burláil *vt* bundle; (AGR) bale
burlaire *nm4* baler
bus (*pl* ~**anna**) *nm4* bus; **bus dhá urlár** double-decker
busáras *nm1* bus station
busta *nm4* (ART) bust
buta *nm4* butt

C

EOCHAIRFHOCAL

cá *interr pron* **1** (*with verb; eclipses*) where?; **cá gceannaíonn tú iad?** where do you buy them?; **cá dtéann tú ar laethanta saoire?** where do you go on holidays?; **cá n-éiríonn an ghrian?** where does the sun rise?; **cá bhfuil tú i do chónaí?** where do you live?; **cá raibh tú inné?** where were you yesterday?; **cá ndearna siad an praiseach?** where did they mess up?; **cá bhfuair tú é?** where did you get it?; **cá bhfaca tú í?** where did you see her?; **cá ndeachaigh sibh anuraidh?** where did you go last year?
2 (*with past tense of reg vbs* = **cár**; *lenites following word, except with initial vowel and autonomous forms*) where?; **cár chuir tú é?** where did you put it?; **cár fhág tú an carr?** where did you leave the car?; **cár imigh an saol a bhí anallód ann?** where did the old way of life go?; **cár ceannaíodh iad?** where were they bought?
3 (*with copula* = **cár, cárb, cárbh**) where?; what?; **cár mhaith duit é?** what good was it to you?; **cárb as duit/tú?** where do you come from?; **cárbh as dó/é?** where was he from?
4 (*with nouns and adjs; prefixes* **h** *to following vowel*) what?; where?; when?; **ní raibh a fhios agam cá conair ar ghabh siad** I did not know what path they took; **cá háit a raibh tú?** where were you?; **cá huair a tháinig sí?** when did she come?; **cá haois tú?** what age are you?; **cá beag duit a bhfuil déanta agat?** haven't you done enough?; **cá beag sin?** is that not enough?; **cá hiontas duit a bheith tuirseach!** no wonder you're tired!
5 (*with prep prons*) what?; where?; **cá leis ar bhris tú é?** what did you break it with?; **cá air a bhfuil tú ag caint?** what are you talking about?; **cá has duit/tú?** where are you from?
6 (*with abstract nouns of degree; lenites*) how?; **cá mhinice a thagann sé?** how often does he come?; **cá mhéad atá air?** how much does it cost?; **cá fhad atá tú anseo?** how long have you been here?
7 (*with* **fios**; *eclipses*) how?; **cá bhfios duit?** how do you know?
8: **cá bhfuil mar (a)** how?; **cá bhfuil mar a bheadh a fhios agatsa?** how would YOU know?
9: **cár bith** whatever; **cár bith is maith leat** whatever you like

cab (*pl* ~**anna**) *nm4* (*pej*) mouth; (*of fish*) jaw, mouth; (*of animal*) muzzle
cába *nm4* (*garment*) cape; collar
cabaire *nm4* (*person*) chatterbox, blabber
cabaireacht *nf3* chatter; chatting; blabbing; blabbering; **bheith ag cabaireacht** to chatter
cabáiste *nm4* cabbage
cábán *nm1* cabin; (*of lorry*) cab; **cábán píolóta** cockpit
cabanta *adj* loquacious; prattling; glib
cabaret *nm4* cabaret
cabhail (*gs* **cabhlach**, *pl* **cabhlacha**) *nf* body; (*of person*) torso, frame, trunk; (*of vehicle*) frame; (*of ship*) hull
cabhair (*gs* **cabhrach**) *nf* help; **cabhair a chur chuig duine** to send help to sb; **cabhair a thabhairt do dhuine** to give help to sb; **cabhair a fháil ó dhuine** to get help from sb; **teacht i gcabhair ar dhuine** to come to sb's assistance; **gan chabhair** unaided; **is deise cabhair Dé ná an doras** God's help is always at hand; **cabhair airgid** subsidy
cabhalra *nm4* bodywork
Cabhán *nm1*: **an Cabhán** Cavan
cabhlach *nm1* navy; fleet; **cabhlach trádála** merchant navy; *see also* **cabhail**
cabhóg *nf2* hollow; ruin, destruction; **bhí**

mo chabhóg déanta I was ruined
cabhrach *adj* helpful
cabhraigh *vi* help ♦ *vt*: **cabhraigh le** help, assist
cabhróir *nm3* assistant, helper
cabhsa *nm4* lane, path
cábla *nm4* cable
cábóg *nf2* rustic; clodhopper; clown
cábógach *adj* uncouth
cac (*pl* ~**anna**) *nm3* excrement, shit; droppings
cáca *nm4* cake; **cácaí milse** pastries
cacamas *nm1* nonsense
cácas *nm4* caucus
các h *nm4* everyone, everybody
cachtas *nm1* cactus

EOCHAIRFHOCAL

cad *interr pron* 1 (*with pers pron*) what; **cad é?** what?
2 (*with dem pron*) what; **cad seo/sin?, cad é seo/sin?** what is this/that?; **cad iad seo/sin?** what are these/those?
3 (*with pers pron plus* **rud, an rud**) what; **cad é (an) rud?** what?; **cad é (an) rud é seo/sin/siúd** what is this/that?
4 (*with pers pron plus art and noun*) what; which; **cad (é) an t-am é?** what time is it?; **cad é an mhaith é?** what good is it?
5 (*with forms of the copula*) what; which; **cad** *or* **cad é** *or* **cad é an rud is dán ann?** what is a poem?; **cad (é) is cúis leis?** what is the reason for it?; **cad is ainm duit?** what is your name?; **cad (é) is fearr leat, tae nó caife?** which do you prefer, tea or coffee?; **cad (é) ba mhaith leat?** what would you like?
6 (*with other verbs*) what; **cad (é) tá ort?** what's the matter with you?; **cad é an dath atá air?** what colour is it?; **cad é an t-ainm atá ort?** what is your name?; **cad (é) a rinne tú?** what did you do?; **cad (é) a dhéanfaimid?** what will we do?
7 (*with prep pron*) why; with what; what about; where from; **cad chuige ar bhris tú é?** why did you break it?; **cad leis ar bhuail tú é?** what did you hit him with?; **cad air a bhfuil sibh ag caint?** what are you talking about?; **cad fúmsa?** what about me?; **cad as duit?** where are you from?
8 (*with compound preps*) why; what about; where from; **cad ina thaobh ar tháinig tú?** why did you come?; **cad mar gheall ormsa?** what about me?
9 (*with* **mar**) how; **cad é mar tháinig tú?** how did you come?; **cad é mar atá tú?** how are you?
10 (*with* **eile**) who else; what else; **Seán a bhí ann, cad eile?** it was Sean, who else?; **cad eile céard a déarfá?** what else would you say?

cadás *nm1* cotton
cadhan *nm1* wild goose, barnacle goose; **bheith i do chadhan aonair** to be a lone wolf
cadhnaíocht *nf3*: **bheith ar thús cadhnaíochta** to lead the way; to be in the vanguard
cadhnra *nm4* battery
cadóg *nf2* haddock; **cadóg dheataithe** smoked haddock
cadráil *nf3* gossip
cadránta *adj* stubborn
Caerdydd *nm4* Cardiff
cág *nm1* jackdaw
cagúl *nm1* cagoule
caibhéad *nm1* (*in room*) recess
caibheár *nm1* caviar(e)
caibidil (*gs* **caibidle**, *pl* **caibidlí**) *nf2* chapter; debate, discussion; **faoi chaibidil** under discussion, being discussed
caibidlíocht *nf3* negotiations
caibinéad *nm1* cabinet; **caibinéad comhad** filing cabinet; **caibinéad taispeántais** display cabinet
caibléir *nm3* cobbler
caicí *nm4* khaki
caid (*pl* ~**eanna**) *nf2* football
caidéal *nm1* pump; **caidéal peitril** petrol pump
caidéalaigh *vt* pump
caidéis *nf2* inquisitiveness; **caidéis a fháil**

de to pass remarks on; **caidéis a fháil do dhuine** to pass remarks on sb
caidéiseach *adj* inquisitive
cáidheach *adj* dirty; messy; filthy
caidhp (*pl* ~**eanna**) *nf2* cap; bonnet
caidhséar *nm1* channel
caidreamh *nm1* (*with people*) association; relationship; liaison; **caidreamh a dhéanamh le duine** to associate with sb; **caidreamh poiblí** public relations; **caidreamh collaí** (*LAW*) sexual intercourse; **oíche chaidrimh** social evening
caife *nm4* coffee; café; coffee bar; **caife bán** white coffee; **caife lucht iompair** transport café
caifelann *nf2* cafeteria
caifirín *nm4* headscarf
caifitéire *nm4* cafeteria
caighdeán *nm1* standard; **caighdeán maireachtála** standard of living; living standards; **caighdeáin** (moral) standards
caighdeánach *adj* standard
caighdeánaigh *vt* standardize
cáil (*pl* ~**eanna**) *nf2* fame, renown; reputation; quality; **sa cháil sin** in that respect
cailc *nf2* chalk; (*inf*) limit
cailciam *nm4* calcium
caileandar *nm1* calendar
caileann *nf2* Calends; **Lá Caille** New Year's Day
cailg *nf2* (*of insect etc*) bite, sting; **chuir sé cealg ionam** it stung me
cáiligh *vt, vi* qualify
cailín *nm4* girl; girlfriend; **cailín aimsire** maid, chambermaid; au pair (girl); **cailín coimhdeachta** bridesmaid; **cailín donn** brunette; **cailín freastail** waitress; **cailín óg** bride
cáilíocht *nf3* quality, attribute; disposition; (*degree etc*) qualification
cailís *nf2* chalice
cáilithe *adj* qualified
cáilitheach *adj* (*exam etc*) qualifying
cáiliúil *adj* famous; celebrated; renowned
caill *nf2* (*pl* ~**eanna**) loss ♦ *vt* lose; miss, miss out; shed; make a loss; **níl caill air** it's not bad; **do phost a chailleadh** to be made redundant; **an scéimh a chailleadh** to lose one's good looks; to grow ugly; **meáchan a chailleadh** to lose weight
caille *nf4* veil
cailleach *nf2* witch; hag; **cailleach feasa** fortune teller; **cailleach na luatha** couch potato
cailliúnaí *nm4* loser; spendthrift
caillte *adj* lost; perished
caillteanas *nm1* loss
cailmín *nm4* calamine
cailpís *nf2* (*on trousers*) fly
cáim *nf2* flaw, blemish
caimiléir *nm3* crook, rogue
caimiléireacht *nf3* dishonesty, crookedness, trickery; cheating; fiddle
caimín *nm4* (*of shepherd*) crook
caimseog *nf2* fib
cáin (*gs* **cánach**, *pl* **cánacha**) *nf* tax; (*LAW*) fine, penalty ♦ *vt, vi* fine; criticize; condemn; censure; **cáin san áireamh** inclusive of tax; **cáin a ghearradh ar** to tax; **cáin bhreisluacha** value added tax; **cáin fhoirne** service charge; **cáin ioncaim** income tax; **saor ó cháin** tax-free
cáinaisnéis *nf2* (*POL*) budget
cáineadh (*gs* **cáinte**) *nm* condemnation
cainéal[1] *nm1* (*TV*) channel
cainéal[2] *nm1* cinnamon
caingean (*gs, pl* **caingne**) *nf2* dispute
cáinmheas *nm3* tax assessment
cainneann *nf2* leek
cainneon *nm1* canyon
cainníocht *nf3* quantity; **cainníocht éigríochta** infinite quantity; **cainníocht anaithnid** unknown quantity
caint (*pl* ~**eanna**) *nf2* speech; talk; language; address, discourse; **rud a chur i gcaint** to express sth; **caint na ndaoine** everyday speech, common parlance; **leagan cainte** turn of phrase, expression, locution; **mórán cainte ar bheagán cúise** much ado about nothing; **caint a chur ar** to accost, address; **bheith ag caint seafóide** to talk

nonsense *or* bunkum; **cur le do chuid cainte** to live up to one's word; **cruinnigh do chuid cainte** come to the point!; **cead cainte a fháil** to have one's say; **droch-chaint** bad language; **caint dhíreach** (*statement*) quote; **baineadh an chaint díom** I was left speechless; **bí ag caint as ...** talk about ...!; **cad é an chaint atá ort?** what are you talking about?, what nonsense is this?; **fuair sé an chaint** *or* **tháinig a chaint leis** he found his tongue

cainte *n gen as adj* (*SCOL*, *exam etc*) oral; **scrúdú cainte** oral examination

cáinte *see* **cáineadh**

cainteach *adj* talkative

cáinteach *adj* disparaging; reproachful

cainteanna *see* **caint**

cainteoir *nm3* speaker; **cainteoir dúchais (Fraincise)** a native speaker (of French)

cáinteoir *nm3* fault finder

caintic *nf2* canticle

caíonna *see* **caoi**

cáipéis *nf2* document

cáipéiseach *adj* documentary

caipín *nm4* cap; **caipín glúine** kneecap; **caipín súile** eyelid; **caipín snámha** swimming cap

caipiteal *nm1* (*money*) capital

caipitleachas *nm1* capitalism

caipitlí *nm4* capitalist

caipitlíoch *adj* capitalist

cairde *nm4* respite; (*COMM*) credit; **ar cairde** on credit; **gan chairde** at short notice; *see also* **cara**

cairdeagan *nm1* cardigan

cairdeas *nm1* friendship; **cairdeas a dhéanamh le duine** to make friends with sb; **cairdeas a athshnaidhmeadh** to make up

cairdiach *adj* cardiac

cairdín *nm4* accordion

cairdinéal *nm1* cardinal

cairdiúil *adj* friendly; (*computer etc*) user-friendly

cairéad *nm1* carrot

cairéal *nm1* (*for stone*) quarry

cáiréis *nf2* care

cáiréiseach *adj* fastidious; careful; tactful, diplomatic

Cairib *nf4*: **Muir Chairib** Caribbean Sea

Cairibeach *adj* Caribbean

cairpéad *nm1* carpet

cairt[1] (*pl* ~**eacha**) *nf2* cart

cairt[2] (*pl* ~**eacha**) *nf2* (*NAUT*) map, chart; parchment

cairtchlár *nm1* cardboard; **bosca cairtchláir** cardboard box

cairteacha *see* **cairt**[1,2]

cairtfhostaigh *vt* (*plane, boat*) charter

cáis (*pl* ~**eanna**) *nf2* cheese

Cáisc *nf3* Easter; **Domhnach Cásca** Easter Sunday; **Cáisc na nGiúdach** Passover

caiscín *nm4* wholemeal; wholemeal bread; **tá mo chaiscín meilte** I'm done for

caiséad *nm1* cassette

caiseal *nm1* stone fort; (*CHESS*) rook; (*toy*) (spinning) top

caisealta *adj* walled

caisearbhán *nm1* dandelion

caisíne *nm4* casino

caisirnín *nm4* (*in wire, flex etc*) kink; twist

caisleán *nm1* castle; **caisleán gainimh** sandcastle

caismír *nf2* cashmere

caismirt *nf2* commotion; disorder; conflict; fray

caisne *nm4* (*of wood*) chip

caite *adj* worn; past; spent, exhausted, consumed; **seanduine caite** a worn out old person; **an tseachtain seo caite** last week; **an aimsir chaite** (*GRAM*) the past tense; **tá an léas caite** the lease has run out; **tá an t-airgead caite** the money is spent; **cad é atá ag cur caite ort?** what's troubling you?

caiteachas *nm1* expenditure

caiteoir *nm3* consumer; spender; wearer; **caiteoir tobac** smoker

caith[1] *vt, vi* (*missile*) throw; (*clothes, shoes*) wear; wear out; (*POL, FISHING*) cast; (*money, time*) spend; (*food, MED*) take; (*cigarettes*) smoke; (*gun, shot*) fire; **cloch a chaitheamh** to throw a stone; **bríste/gúna/buataisí a chaitheamh** to wear trousers/a dress/boots; **tá sála mo chuid bróg ag caitheamh** the heels of my shoes are wearing out; **vóta a chaitheamh** to cast one's vote; **dorú a chaitheamh** to cast a fishing line; **punt a chaitheamh** to spend a pound; **an lá/oíche a chaitheamh** to spend the day/night; **an gcaitheann tú siúcra?** do you take sugar?; **cógas a chaitheamh** to take medicine; **toitíní a chaitheamh** to smoke cigarettes; **an gcaitheann tú?** do you smoke?; "**ná caitear tobac**" "no smoking"; **urchar** *or* **piléar a chaitheamh** to fire a shot

▸ **caith amach** throw out; **chaith sé amach an t-uisce** he threw out the water

▸ **caith aníos** throw up (from below); vomit; **caith aníos chugam é** throw it up to me

▸ **caith anuas** throw down (from above); **caith anuas chugam é** throw it down to me

▸ **caith anuas ar** belittle, disparage; **bíonn sé i gcónaí ag caitheamh anuas orm** he is forever running me down

▸ **caith ar** throw on; **caith ar an urlár é** throw it on the floor; **súil a chaitheamh ar** to cast a glance at; **cad é atá ag caitheamh ort?** what's the matter with you?

▸ **caith ar leataobh** throw away

▸ **caith (amach) as** throw out of; **caith mé (amach) as mo lámha é** I threw it out of my hands

▸ **caith chuig** throw to *or* towards; **caith chugam an liathróid** throw the ball to me

▸ **caith de** throw from; **chaith sé an fear den chapall** he threw the man from the horse

▸ **caith i** throw into; **caith sa phota é** throw it into the pot

▸ **caith in aghaidh** cast up against; **rud a chaitheamh in aghaidh duine** to cast sth up to sb

▸ **caith le** throw at; (*care*) take; (*energy*) expend; (*diligence*) exercise; (*behave towards*) treat; **chaith sé cloch léi** he threw a stone at her; **cúram** *or* **dua a chaitheamh le rud** to take trouble with sth; **dúthracht a chaitheamh le rud** to expend energy in doing sth; to exercise diligence in doing sth; **caitheamh go maith/go dona le duine** to treat sb well/badly

▸ **caith ó** throw from; **rud a chaitheamh uait** to throw sth away; to desist from doing sth

▸ **caith suas** throw up; **caith suas é** throw it up

▸ **caith suas le** deride; cast up to; **chaith sé suas liom é** he derided me because of it; he cast it up to me

caith[2] *aux vb* (*obligation, necessity*): **caithfidh tú é a dhéanamh** you've got to do it; **caithfidh mé scéala a chur chuig na póilíní** I've got to notify the police; **caithfidh tú gan a rá léi** you mustn't tell her; **caithfimid teacht leis** we'll have to make do with it; **caithfidh sé go bhfuil sé ann faoi seo** he must be there by now; **chaithfeá ceist a chur ar dtús** you would have to ask first

cáitheadh (*gs* **cáite**) *nm* (*from sea*) spray

caitheamh *nm1* throw; spending; consumption; (*use*) wear; **caitheamh a bheith ort rud a dhéanamh** to be compelled to do sth; **caitheamh i ndiaidh** + *gen* to hanker after; **i gcaitheamh na seachtaine** during the week; **caitheamh aimsire** pastime(s); **le caitheamh na haimsire** with the passing of time

caithfidh *see* **caith**[2]

caithis *nf2* charm, attraction; fondness

caithiseach *adj* delicious

cáithne *nm4* particle, flake

cáithnín *nm4* fleck, particle, small flake; speck; mote; **tháinig cáithníní ar mo chraiceann** my flesh began to creep; **cáithnín sneachta** snowflake

caithréim *nf2* triumph

caithréimeach *adj* triumphant

caitidéar *nm1* catheter

Caitliceach *adj, nm1* Catholic; **Caitliceach Rómhánach** Roman Catholic

Caitliceachas *nm1* Catholicism
cál *nm1* cabbage; **cál faiche** nettles
calabra *nm4* calibre
caladh (*pl* **calaí**) *nm1* harbour
calafort *nm1* port, harbour
calaois *nf2* fraud, swindle; deceit; (*SPORT*) foul; **calaois a dhéanamh ar dhuine** to defraud sb; to short-change sb; (*SPORT*) to foul sb
calaoiseach *adj* underhand(ed); deceitful; dishonest; fraudulent
calc *vt* (*pipe*) choke; (*hole*) plug
calcadh *nm* (*on wages*) freeze
call *nm4* need
callaí *nmpl4* finery
callaire *nm4* (*person*) loud talker; (*appliance*) loudspeaker, megaphone
callán *nm1* noise, racket, row; **callán a thógáil** to create a noise, cause a disturbance
callánach *adj* noisy, loud; rowdy
calm *nm1* calm
calma *adj* brave, stalwart, stout
calmacht *nf3* bravery
calóg *nf2* flake; **calóga arbhair** cornflakes; **calóg shneachta** snowflake
calra *nm4* calorie
cálslá *nm4* coleslaw
cam *adj* bent, crooked; dishonest
camall *nm1* camel
camán[1] *nm1* (*SPORT*) hurling stick; (*MUS*) quaver; **idir chamáin** at issue, under discussion
camán[2] *nm1*: **camán meall** camomile
camas *nm1* cove, river bend
camastaíl *nf3* deceit; swindle, fraud
cambheartaí *nm4* racketeer
cambheartaíocht *nf3* racketeering
Cambóid *nf2*: **an Chambóid** Cambodia
cambús *nm1* commotion
camchosach *adj* bandy-legged
camchuairt *nf2* tour
camhaoir *nf2* dawn, daybreak
camóg *nf2* comma; (*SPORT*) camogie stick; **camóga inbhéartaithe** inverted commas
camógaíocht *nf3* camogie
campa *nm4* camp; **campa saoire** holiday camp; **campa géibhinn** concentration camp
campáil *vi* camp; **dul ag campáil** to go camping
campálaí *nm4* camper
campas *nm1* campus
can *vt, vi* speak; sing
cána *nm4* cane; **cána siúcra** sugar cane
cánach, cánacha *see* **cáin**
cánachas *nm1* (*of tax etc*) imposition; taxation
canáil *nf3* canal
canáraí *nm4* canary
canbhás *nm1* canvas
canbhasáil *vt, vi*: **canbhasáil (ar son)** canvass (for)
cancrán *nm1* (*person*) crank, bad-tempered person
candaí *nm4* candy; **candaí cadáis** candy floss, cotton candy (*US*)
cangarú *nm4* kangaroo
canna *nm4* can; tin (can); **canna peitril** petrol can; **bheith ar na cannaí** to be in your cups
cannabas *nm1* cannabis
cannaigh *vt* can
canóin (*pl* **canónacha**) *nf3* cannon; (*REL, MUS*) canon
canónach *nm1* (*clergyman*) canon
canta *nm4* (*of bread etc*) chunk; (*of cake*) wedge, slice
cantaireacht *nf3* chant(ing)
cantalach *adj* grumpy; petulant; peevish
cantaoir *nf2* press; (*MED*) splints
canú (*pl* ~**nna**) *nm4* canoe
canúint (*gs* **canúna**) *nf3* dialect; vernacular; accent; **canúint a chur ar rud** to express sth in words
caoch *nm1* (*pl* ~**a**) blind person ♦ *adj* (*gsm* **caoch**) blind; (*cupboard, oven*) built-in; (*cartridge*) blank ♦ *vt* blind; dazzle ♦ *vi* blink; wink; **chomh caoch le cloch** as blind as a bat; **bheith caoch ar rud** to be blind to sth; **súil a chaochladh ar dhuine** to wink at sb
caochadh (*gs* **caochta**) *nm* wink; **bheith caochta** to be very drunk
caochaíl *nf3* (*in pipe etc*) blockage
caochán *nm1* (*animal, fig*) mole

caochóg *nf2* cubbyhole; **caochóg na cóisire** (*fig*) wallflower
caochspota *nm4* (*AUT etc*) blind spot
caoga (*gs* ~**d**, *pl* ~**idí**, *ds, pl with num* ~**id**) *num, nm* fifty
caogadú *num, adj, nm4* fiftieth
caoi (*pl* **caíonna**) *nf4* way; manner; means; opportunity; condition; **tá caoi mhaith air** it is in good condition; **i gcaoi go, sa chaoi (is)** so that; **ar chaoi éigin** somehow; **cén chaoi a bhfuil tú?** how are you?; **ar chaoi ar bith, ar aon chaoi** anyway, in any event; **caoi a chur ar rud** to fix sth, repair sth; to tidy sth up
caoiche *nf4* blindness
caoile *nf4* thinness; narrowness
caoilteamán *nm1* thin person
caoimhe *nf4* gentleness; loveliness
caoin *adj* gentle, refined; delicate; kind; soft; (*weather*) mild♦ *vi, vt* lament, mourn; weep, cry
caoineadh (*gs, pl* **caointe**) *nm* lament; elegy
caoineas *nm1* gentleness; smoothness
caointeach *adj* plaintive; mournful
caoireoil *nf3* mutton
caoirigh *see* **caora**
caoithiúil *adj* convenient
caoithiúlacht *nf3* convenience
caol *adj* thin; lean, slender; (*insight etc*) subtle; tenuous; narrow; (*LING*) palatal ♦ *nm1* (*pl* ~**ta**): **caol na láimhe** wrist; **caol na sróine** bridge of the nose; **caol na coise** ankle; **caol an droma** small of the back; **caol díreach** directly, straightaway; **bhí ceangal na gcúig gcaol air** he was bound hand and foot
caolaigeanta *adj* narrow-minded
caolaigh *vt, vi* narrow; dilute; (*LING*) palatalize; **caolaigh ar** whittle away; reduce
caolas *nm1* bottleneck; (*GEOG*) sound; strait
caolchuid *nf3*: **ar an gcaolchuid** in need, in want
caolchúiseach *adj* subtle
caolghlórach *adj* shrill
caolsráid (*pl* ~**eanna**) *nf2* alley
caolta *see* **caol**
caomh *adj* gentle; lovely
caomhnaigh *vt* preserve, keep safe; protect, guard; **teanga/cultúr a chaomhnú** to preserve a language/culture
caomhnóir *nm3* patron, protector; (*of minor*) guardian
caomhnú *nm* conservation; protection, preservation; **dul ar do chaomhnú i** to take refuge in
caonach *nm1* moss; **caonach móna** peat moss
caor *nf2* berry; **caor fíniúna** grape; **caor thine** thunderbolt; meteor, fireball; **caor thine ort!** damn you!
caora (*gs, gpl* ~**ch**, *pl* **caoirigh**) *nf* sheep; ewe
caorán *nm1* bog
caoróg *nf2* (*also*: **caoróg léana**: *BOT*) pink
capaillín *nm4* pony
capall *nm1* horse; mare; **ar mhuin capaill** on horseback; **capall rása/luascáin** racehorse/rocking horse; **capall maide** vaulting horse, wooden horse; hobby-horse
capán *nm1*: **capán glúine** kneecap
capsúl *nm1* capsule
captaen *nm1* captain; skipper
cár *nm1* (set of) teeth; grimace; **cár a chur ort féin** to grimace, pull a face; *see also* **cá**
cara (*gs, gpl* ~**d**, *pl* **cairde**) *nm* friend; buddy; **cara Críost** godparent; **a Chara** Dear Sir/Madam; **cara sa chúirt** a friend in high places
caracatúr *nm1* caricature
carachtar *nm1* character
carad *see* **cara**
caraf *nm4* carafe
caramal *nm1* caramel
carat *nm1* carat
cárb *see* **cá**
carbad *nm1* chariot
carbaihiodráit *nf2* carbohydrate
carball *nm1* roof of the mouth; (hard) palate; (*of mouth*) gum
carbán *nm1* carp
cárbh *see* **cá**
carbhán *nm1* caravan, trailer (*US*)

carbhat *nm1* tie; cravat; scarf; necktie; **carbhat cuachóige** bow tie
carbón *nm1* carbon
carbradóir *nm3* carburettor
carcair (*gs* **carcrach**, *pl* **carcracha**) *nf* jail, prison
cargáil *nf3* jostling; **cargáil a thabhairt do dhuine** to manhandle sb
Carghas *nm1*: **an Carghas** Lent; **rinne mé an Carghas ar an ól** I abstained from drinking during Lent
carn *nm1* heap; mound; stack, pile; (ARCHIT) cairn ♦ *vt, vi* heap (up), pile (up); save; mount (up), stack (up); **carn fuílligh** dump; **carn aoiligh** dunghill; **carn slaige** slag heap; **airgead a charnadh** to make piles of money; **ar an gcarn aoiligh** on the scrapheap
carnabhal *nm1* carnival; funfair
carnán *nm1* (*of earth*) bank; (*of money*) kitty
carr (*pl* **~anna**) *nm1* car; **carr cábla** cable car; **carr campála** (*vehicle*) camper; **carr péas/rása/spóirt** police/racing/sports car; **carr sleamhnáin** sledge, sleigh; bobsleigh; **i gcarr** *or* **sa charr** by car
carrach *adj* scabby, mangy; (*hill*) rocky
carrachán *nm1* (*person*) scab
carraig (*pl* **~eacha**) *nf2* rock, boulder
carraigín *nm4* (carrageen) moss
carráiste *nm4* carriage; **carráiste caite tobac** (RAIL) smoker
carrbhealach *nm1* carriageway; **carrbhealach dúbailte** dual carriageway
carrbhuama *nm4* car bomb
carrchlós *nm1* car park, parking lot (*US*)
carrfholcadh (*gs* **carrfholctha**) *nm* car wash
carrfón *nm1* car phone
carrghlanadh (*gs* **carrghlanta**) *nm* car wash
carria *nm4* deer, stag
carróstlann *nf2* motel
cársán *nm1* wheeze; **cársán a bheith ionat** to be wheezy
cársánach *adj* wheezy
cart *vt, vi* scrape clean; clear out; (*boat*) discharge; (*current*) sweep away; (*leather*) tan
cárt *nm1* quart
cárta *nm4* card; **cárta airgid** cash card; **cárta aitheantais/bainc** identity/bank card; **cárta ballraíochta** membership card; **cárta beannachta** greeting(s) card; **cárta bordála** (AVIAT, NAUT) boarding pass; **cárta muirir** charge card; **cárta creidmheasa** credit card; **cárta gutháin/poist** phonecard/postcard; **cárta glas/imeartha/Nollag** green/playing/Christmas card; **cárta gnó** business *or* calling card; **cárta innéacsa/tuairisce** index/record card; **rud a chaitheamh i gcártaí** to give up (on); discard; **ag imirt cártaí** playing cards
cártafón *nm1* cardphone
cartán *nm1* carton
carthanach *adj* charitable; kind
carthanacht *nf3* friendship; charity; **cumann carthanachta** a benevolent society
cartlann *nf2* archive(s)
cartún *nm1* cartoon
cartús *nm1* cartridge; **cartús beo/caoch** live/blank cartridge
carúl *m1* (Christmas) carol
cas *vt, vi* twist, turn (around); return; (*clock*) wind; switch; flick; spin, twirl, swing; (*song*) sing; **cas ar/le/do** encounter, meet; **cas ar ais** (*person, vehicle*) turn back; **casadh orm/liom/dom é** I met *or* happened to meet him; **cas isteach** (*fold*) turn in; **cas le** meet; **cas ó** (*from road*) turn off; **cas thart** swing round, turn round; "**ná castar ar clé**" "no left turn"
cás[1] (*pl* **~anna**) *nm1* (*also* LAW) case; eventuality; instance; concern; **cuir i gcás** for instance; **cuir i gcás (go)** suppose (that); **i gcás ar bith** in any case; **sa chás sin** in that case; **sa chás go** in the event of; **cás dlí/cúirte** law/court case; **ní cás liom é** it's no concern of mine; **is trua liom do chás** I'm sorry for your trouble; **nach bocht an cás é?** aren't things in a bad way?

cás[2] (*pl* ~**anna**) *nm1* case; cage; **cás pacála** packing case; **cás toitíní** cigarette case

casacht *nf3* cough; **casacht a dhéanamh** to cough

casachtach *nf2* coughing; **racht casachtaí** fit of coughing

Casacstáin *nf2*: **an Chasacstáin** Kazakhstan

casadh (*pl* **castaí**) *nm1* turn, twist; turning; (AVIAT) spin; coil; **le casadh an phoist** by return (of post); **casadh na taoide** the turn of the tide; **casadh an chorcáin leis an gciteal** the pot calling the kettle black

cásáil *nf3* casing

casaoid *nf2* grievance; complaint; **casaoid a dhéanamh le duine** to take sb to task, make a complaint to sb

casaoideach *adj* querulous

casarnach *nf2* undergrowth

casaról *nm1* casserole

caschlár *nm1* turntable

casfhocal *nm1* tongue twister

casla *nf4* small harbour

cásmhar *adj* sympathetic

casóg *nf2* jacket; cassock; **casóg dinnéir** dinner jacket, tuxedo; **casóg spóirt** sports jacket

casta *adj* elaborate, intricate, complicated; (*argument*) convoluted, involved; (*fig*) knotty; (*road, river*) winding; **rud a dhéanamh casta** to complicate sth

castacht *nf3* complexity

castaí *see* **casadh**

castaire *nm4* spanner

castán *nm1* chestnut

casúr *nm1* hammer

cat *nm1* cat; **cat baineann/riabhach** she-cat/tabby; **cat breac** (*fig*) turncoat

catach *adj* (*head, hair*) curly; (*page*) dog-eared

catalaíoch *nm1* catalyst

catalóg *nf2* catalogue

cath (*pl* ~**anna**) *nm3* battle

cathaí *nm4* survivor

cathaigh *vt* tempt

cathain *interr* when; **cathain a tháinig sé?** when did he come?

cathair (*gs* **cathrach**, *pl* **cathracha**) *nf* city; **cathair ghríobháin** maze, labyrinth; **comhairle/halla cathrach** city council/hall; **Cathair na Vatacáine** Vatican City

cathaoir (*gs* ~**each**, *pl* ~**eacha**) *nf* chair; throne, seat; (REL) see; **cathaoir deice/ rothaí/uilleach** deckchair/wheelchair/armchair; **cathaoir luascáin** rocking chair; **dul sa chathaoir** (*at meeting*) to take the chair, preside

cathaoirleach *nm1* chairperson, chairman/chairwoman

cathaoirleacht *nf3* (*position of chairperson*) chair

cathartha *adj* civil; civic

cathéide *nf4* armour

cathlong *nf2* battleship

cathrach *n gen as adj* town, municipal; **Póilíní Cathrach Londan** the Metropolitan Police; *see also* **cathair**

cathracha *see* **cathair**

cathróir *nm3* citizen

cathróireacht *nf3* citizenship

cathú *nm* temptation; regret; **tá cathú orm faoi sin** I'm sorry about that; **cathú a chur ar dhuine** to tempt sb

EOCHAIRFHOCAL

cé[1] *interr pron* **1** (*with pers pron; prefixes* **h** *to* **é, i, iad**) who; **cé hé/cé hí?** who is he/she?; **cé hiad?** who are they?

2 (*with pers pron; normally takes emphatic forms of* **tú, sibh**) who; **cé tusa?** who are you?; **cé sibhse?** who are you? *pl*

3 (*with dem pron*) who; **cé seo?, cé hé seo?** who is this?; **cé sin?, cé hé sin?** who is that?

4 (*with dem adj*) who; **cé hé an fear seo?** who is this man?

5 (*with verbs*) who, whom; **cé atá ann?** who is it?; **cé a rinne é?** who did it?; **cé a chonaic sé?** whom did he see?

6 (*with prep prons*) with whom; to whom; from whom; **cé leis a raibh tú ag caint?** with whom were you talking?;

cé aige a bhfuil an t-airgead? who has the money?; **cé dó ar thug tú é?** to whom did you give it?; **cé uaidh a bhfuair tú é?** from whom did you get it?
7 (*becomes* **cén, cé na** *with art and noun*) what; **cén t-am é?** what time is it?; **cén aois tú?** what age are you?; **cé na daoine a chonaic tú?** what people did you see?
8 (*becomes* **cén** *with* **uair, fáth, áit, caoi, dóigh**): **cén uair?** when?; **cén uair a tháinig sí?** when did she come?; **cén fáth?** why?; **cén fáth ar tháinig sí?** why did she come?; **cén áit?** where?; **cén áit a bhfuil tú?** where are you?; **cén chaoi?, cén dóigh?** how?; **cén chaoi** *or* **dóigh a bhfuil tú?** how are you?
9 (*with prep* **le** *indicating ownership*) whose; **cé leis an leabhar seo?** whose is this book?
10 (*becomes* **cér, cérb, cérbh** *with some forms of the copula*) who; whose; **cér díobh tú?** who are your people?; **cér díobh JFK?** who were JFK's people?; **cérb iad?** who are they?; **cérbh iad na fir sin?** who were those men?; **cér leis an sean-rud caite seo?** whose was this old thing?
11 (*with prep prons* **againn, agaibh, acu** *to indicate choice among things*) which; whether; **cé agaibh is óige, tusa nó Máire?** which of you is the younger, you or Mary?; **cé acu peann a thóg sé?** which pen did he take?; **cé acu (ceann) is fearr leat?** which do you prefer?; **níl a fhios agam cé acu a bhfuil sí ann nó nach bhfuil** I don't know whether she is there or not
12 (*with* **mar a**) how; **cé mar a tháinig sé?** how did he come?
13 (*in exclamations*) how; **cé chomh beag léi!** how small she is!

cé[2] *conj*: **cé go** although, though; whereas
cé[3] (*pl* ~**anna**) *nf4* quay
ceachartha *adj* mean, tightfisted
ceacht (*pl* ~**anna**) *nm3* lesson; (SCOL) exercise; **ceacht a mhúineadh do dhuine** to teach sb a lesson; **ceacht tiomána** driving lesson
céachta *nm4* plough; **céachta sneachta** snowplough
ceachtar *pron* either; (*in negative*) neither; **ceachtar acu** either (of them); **ní raibh ceachtar den bheirt ann** neither of the two were there
cead *nm3* leave, permission; approval; go-ahead; (*also*: **cead isteach**) pass; **cead go maidin** all-night pass; **ar cead** on leave; **cead a fháil** to get permission; **cead a bheith agat rud a dhéanamh** to be at liberty to do sth; **cead do chinn a bheith agat** to be free to do as one pleases; **cead a thabhairt do dhuine** to give sb permission; **cead a chinn a thabhairt** *or* **a ligean le duine** to let sb have their own way; **rud a chur i gcead duine** to ask sb's permission; **le do chead** with your permission; **cead cainte a fháil** to have one's say; **(a) chead aige teacht** let him come; **i gcead duit** with respect (to you); **cead cónaithe** residence permit; **cead isteach** admission, admittance; **cead pleanála** planning permission; **cead scoir** leave of absence; **bíonn cead cainte ag fear caillte na himeartha** the loser of a contest may talk as much as he pleases
céad[1] (*pl* ~**ta**) *nm1* hundred; century; **ina gcéadta** in hundreds; **céad punt** a hundred pounds; **céad go leith** one hundred and fifty; **céad meáchain** hundredweight; **na céadta** + *nom sg* hundreds of; **an t-aonú céad is fiche** the twenty-first century
céad[2] *adj* first; **an chéad duine** the first person; **na chéad daoine** the first people; **an chead cheann** the first one; **an chéad ghiar** (AUT) first gear; **an chéad duine eile** the next person
céad- *prefix* first
ceadaigh *vt, vi* permit, grant; pass, approve; consult; **ceadú do dhuine rud a dhéanamh** to allow sb to do sth
ceadaithe *adj* permitted, allowed; permissible

ceadaitheach *adj* permissive
ceadal *nm1* (*MUS*) recital
Céadaoin (*pl* ~**eacha**) *nf4*: **An Chéadaoin** Wednesday; **Céadaoin an Luaithrigh** Ash Wednesday; **Dé Céadaoin** on Wednesday
céadar *nm1* (*tree*) cedar; cheddar (cheese)
céadchosach *nm1* centipede
céadfa *nm4* (*bodily*) sense, feeling
céadfach *adj* sensory
ceadmhach *adj* permissible
céadta *see* **céad**[1]
céadú *num, adj, nm4* hundredth
céaduair : **a/de chéaduair** *adv* (*in phrases*) first, at first, initially; **shíl mé a chéaduair gur ag magadh a bhí tú** I thought at first you were joking
ceadúnaigh *vt* license
ceadúnaithe *adj* licensed
ceadúnas *nm1* licence; permit; **ceadúnas tiomána** driving licence, driver's license (*US*)
ceaintín *nm4* canteen
ceal *nm4* want, lack; extinction; **de cheal** + *gen* for lack of, for want of; **cuir ar ceal** abolish, cancel; abrogate; **dul ar ceal** to disappear; **thar ceal** overdue
céalacan *nm1* morning fast; **bheith ar céalacan** to be fasting; **do chéalacan a bhriseadh** to break one's fast
cealaigh *vt* cancel; annul; remove
cealg *vt* deceive; allure; (*child*) lull to sleep; (*insect*) sting ♦ *nf2* deceit, treachery; (*of bee*) sting
cealgach *adj* deceitful; (*question*) loaded
cealgrúnach *adj* malevolent
ceall, cealla *see* **cill**[1]
ceallach *adj* cellular
ceallafán *nm1* cellophane
ceallóg *nf2* cache, hoard
cealú *nm* cancellation
cealúchán *nm1* cancellation
ceamach *adj* (*appearance*) sloppy, slovenly ♦ *nf2* (*gs* **ceamaí**, *pl* **ceama**, *gpl* **ceamach**) slut
ceamara *nm4* camera
ceamaradóir *nm3* camera(wo)man
ceamthaifeadán *nm1* camcorder
ceana *see* **cion**[1]
Ceanada *nm4* Canada
Ceanadach *adj, nm1* Canadian
ceanastar *nm1* canister
ceangail (*pres* **ceanglaíonn**) *vt* bind, tie (up); fasten, hitch; join; lace (up); tether; **iallacha a cheangal** to tie one's shoelaces; **leabhar a cheangal** to bind a book; **bád a cheangal** to secure a boat; **ceangail de** tie to; **ceangail le** tie with
ceangailte *adj* tied (up); united; fastened
ceangal *nm1* connection; (*string etc*) tie; link (up); binding; bond; obligation; **ceangal a bheith ar dhuine** to be to bound to sb; **ceangal na gcúig gcaol a chur ar dhuine** to bind sb's hands, feet and neck; to ensnare sb
ceangaltas *nm1* commitment
ceann (*gs, npl* **cinn**, *npl also* ~**a**, *gpl* **ceann**, *ds* **cionn**) *nm1* head; extreme; end; one; roof; **tá pian i mo cheann** I have a pain in my head; **a cheann a ligean le duine** to leave sb to their own devices; **ceann faoi a bheith ort** to be dejected; **ceann maith a bheith ort** to be sensible, be smart; **má thagann sé ina cheann** if it ever occurs to him; **ceann teaghlaigh/roinne** head of family/department; **ceann ar aghaidh** headlong; **ar an gceann is lú de** at the very least; **gan ach an ceann caol a lua** to put it mildly; **thíos ag ceann an bhealaigh** down at the end of the road; **ceann cúrsa** *or* **scríbe** journey's end; **ó cheann ceann na bliana** all the year round; **bheith idir dhá cheann na meá** to hang in the balance; **ceann amháin (acu)** one (of them); **an chéad cheann** the first one; **do rogha ceann** whichever one you wish; **ceann ar cheann, ina gceann is ina gceann** one by one; **níl ceann ar bith fágtha agam** I've none left; **an ceann eile** the other one; **an ceann is deireanaí ar fad** the very last one; **an ceann is fearr fós** the best one yet; **an ceann seo/sin** this/that one; **cé acu ceann?** which one?
▸ **ar cheann** + *gen* at the head of; **ar**

cheann an liosta first on the list; **teach ceann tuí** thatched cottage
- ▸ **de cheann** + *gen* for the sake of
- ▸ **faoi cheann** + *gen* by *or* at the end of; **faoi cheann seachtaine** in a week's time
- ▸ **go ceann** + *gen* to the end of; for the duration of; **ní bheidh sé réidh go ceann míosa** it won't be ready for a month
- ▸ **i gceann** + *gen* at the end of; engaged in; **i gceann seachtaine** in a week's time; **bheith i gceann do chuid oibre** to be at your work; **dul i gceann an tsaoil** to make a start in life
- ▸ **os cionn** + *gen* above, over; beyond; **os cionn na fuinneoige** above the window; **os cionn fiche** more than twenty; **os cionn comórtais** beyond comparison
- ▸ **thar ceann** (+ *gen*) on behalf of, for the sake of; in return for; **thar ceann an aire** on behalf of the minister; **an ceann corr** the odd one out; **ceann baineann** female; **Ceann Comhairle** (*IRL*: *POL*) the Speaker; **ceann cúrsa** terminal; **ceann feadhna** leader, ringleader; **ceann scríbe** destination; **ceann tíre** (*GEOG*) cape; **ceann urra** chief; "**ar cheann téide**" "on tow" (*BRIT*), "in tow" (*US*); **cionn is go** because; **thar cionn** excellent; **an lá dar gcionn** the next day; **dul chun cinn** progress; **an ceann is fearr a fháil ar dhuine** to get the better of sb; **ceann a chur ar rud** to start sth (off); **do cheann a ligean** to lay one's head to rest; **do cheann a bheith sa spéir agat** to have one's head in the clouds; **do cheann a bheith sa talamh agat** to be stooped towards the ground; **dul i gceann ruda** to commence sth; **rud a chur isteach i gceann duine** to convince sb of sth; **rud a thabhairt chun cinn** to produce *or* bring forward sth; to promote sth; to bring sth to a successful conclusion; **rud a thabhairt i gceann duine** to remind sb of sth; **gan do cheann a bhuaireamh le rud** not to bother about sth; **rudaí a chur** *or* **thabhairt i gcionn a chéile** to put together *or* assemble things; **chuir sé ina cheann é ...** he took it into his head to/that ...; **do cheann a chur isteach in áit** to pop in somewhere

ceann- *prefix* chief, leading, main

céanna *nm4*, *adj* same; **an leabhar céanna (le)** the same book (as); **san am céanna** at the same time; **mar an gcéanna** the same

ceannach *nm1* purchase; **tá ceannach maith ar an leabhar** the book is selling well

ceannachán *nm1* (*thing bought*) purchase

céannacht *nf3* identity

ceannadhairt (*pl* ~**eanna**) *nf2* pillow

ceannaghaidh (*gs, pl* **ceannaithe**) *nf* face; **ceannaithe** (*of face*) features

ceannaí *nm4* merchant

ceannaigh *vt* buy, purchase; bribe

ceannairc *nf2* mutiny, revolt; **dul chun ceannairce** to mutiny

ceannairceach *nm1* rebel ♦ *adj* mutinous, rebellious

ceannaire *nm4* leader; (*MIL*) corporal

ceannaitheoir *nm3* buyer, purchaser

ceannann *adj*: **an fear ceannann céanna** the very same man

ceannáras *nm1* headquarters

ceannas *nm1* command; authority; rule; sovereignty; **dul i gceannas** + *gen* to assume command of, take charge of; **bheith i gceannas ar** to be in charge of

ceannasach *adj* commanding; ruling; assertive; (*MUS*) dominant

ceannasaí *nm4* commander; controller

ceannasaíocht *nf3* leadership, command; assertiveness

ceannbheart *nm1* headgear

ceannbhrat *nm1* canopy

ceannchathair *nf* metropolis

ceannchathartha *adj* metropolitan

ceanncheathrú (*gs* ~**n**, *pl* ~**na**) *nf* headquarters

ceanndána *adj* headstrong, stubborn; wilful

ceannfhocal *nm1* headword

ceannfort *nm1* commander; (*MIL*) commandant; (*POLICE*) superintendent

ceannliath *adj* grey-haired

ceannlíne (*pl* **ceannlínte**) *nf4* headline
ceannlitir (*gs* **ceannlitreach**, *pl* **ceannlitreacha**) *nf* capital (letter)
ceannródaí *nm4* pioneer; leader
ceannsolas *nm1* headlight
ceannteideal *nm1* heading; caption
ceanntréan *adj* dogged, obstinate; headstrong
ceansa *adj* meek, tame
ceansaigh *vt* tame; pacify
ceant (*pl* ~**anna**) *nm4* auction; **rud a chur ar ceant** to auction sth
ceantáil *nf3* auction
ceantálaí *nm4* auctioneer
ceantar *nm1* district; region; locality; **an ceantar máguaird** the surrounding area
ceanúil *adj* loving, affectionate; **ceanúil ar** fond of
ceap[1] (*pl* ~**a**) *nm1* block; (*of tree*) trunk; pad; **ceap milleáin** scapegoat; **ceap nótaí** notepad; **ceap magaidh** laughing stock; **ceap oifigí** office block
ceap[2] *vt* think, reckon; catch; invent, think up; nominate, appoint; **ceapaim go ...** I reckon that ...
ceapach *nf2* (*for flowers, seeds etc*) bed
ceapachán *nm1* (*to post etc*) appointment; (*art etc*) composition
ceapadh (*gs* **ceaptha**) *nm* (*to job etc*) appointment; (SPORT) catch
ceapadóir *nm3* composer; inventor
ceapaire *nm4* sandwich
céarach, céaracha *see* **céir**
cearbhas *nm1* caraway
cearc (*gs* **circe**) *nf2* hen; female bird; **cearc fhraoigh** grouse; **cearc cholgach** shuttlecock
cearchaill *nf2* girder
céard *interr pron* what; **céard atá ar siúl agat** what are you doing?; **céard fúmsa?** what about me?
ceardaí *nm4* craftsman; artisan
ceardaíocht *nf3* craft; craftwork
ceardchumann *nm1* trade union
ceardchumannaí *nm4* trade unionist
ceardlann *nf2* workshop
ceardscoil (*pl* ~**eanna**) *nf2* technical school
cearn *nf3* corner; (GEOG) quarter; **gach cearn is clúid** every nook and cranny; **as gach cearn** from all quarters
cearnach *adj* square; angular; **dhá mhéadar cearnach** 2 square metres; **fréamh chearnach** square root
cearnaigh *vt* (MATH) square
cearnaithe *adj* square; **dhá mhéadar cearnaithe** 2 metres square
cearnamhán *nm1* hornet
cearnóg *nf2* square
cearpantóir *nm3* carpenter
cearpantóireacht *nf3* carpentry
cearr[1] *adj* wrong; **cad é atá cearr?** what's the trouble?, what's wrong?
cearr[2] (*pl* ~**anna**) *nf3* (mental) derangement
cearrbhach *nm1* gambler
cearrbhachas *nm1* gambling
ceart (*pl* ~**a**) *nm1* right; just claim; justice; fair play; due; correct interpretation ♦ *adj* right, rightful, proper; real; fully-fledged; **ceart agus éigeart** right and wrong; **tabhair a cheart dó** give him his due; **de cheart** by right; originally; **i gceart** right; **ó cheart** rightfully; originally; **an ceart a choíche** let's be fair; **gach ceart ar cosaint** all rights reserved; **an ceart a bheith agat** to be right; to be in the right; **ceart a sheasamh do dhuine** to stand up for sb; **cearta sibhialta** civil rights; **ceart slí** right of way; **ceart vótála** (POL) franchise; **ceart go leor** OK, alright; sure enough; **ba cheart go mbainfeadh sé** he ought to win; **ba cheart dom imeacht** I should go
ceárta *nf4* forge; (*fig*) hotbed
ceartaigh *vt* correct, amend; adjust; rectify; redress; chastise
ceartaiseach *adj* insistent; self-righteous
ceartas *nm1* claim; right
ceartingearach *adj* vertical, plumb
ceartlár *nm1* exact centre; **i gceartlár** + *gen* right in the middle of
ceartú *nm* (*act*) correction
ceartúchán *nm1* correction
céas *vt* torture; torment; (REL) crucify
ceasacht *nf3* complaining

céasadh (*gs, pl* **céasta**) *nm* pain, agony; torture; **an Céasadh** the Crucifixion
ceasaí *nf*: **dul thar an cheasaí** to overstep the mark; to go astray
céasla *nm4* paddle
céaslaigh *vt, vi* paddle
céasta *adj* tormented; excruciating; distressing; (*LING*) passive; **an fhaí chéasta** the passive voice; *see also* **céasadh**
ceastóireacht *nf3* interrogation
céatadán *nm1* percentage
ceatha *see* **cith**
ceathair (*pl* **~eanna**) *num, nm4* four; **ceathair déag** fourteen
ceathairéad *nm1* quartet(te)
ceathanna *see* **cith**
Ceatharlach *nm1* Carlow
ceathracha (*gs* **~d**, *pl* **~idí**) *num, nm* forty
ceathrar *nm1* (+ *gen pl*: *people*) four; **ceathrar ban/sagart** four women/priests
ceathrú[1] (*gs* **~n**, *pl* **~na**, *ds* **~in**) *nf* quarter; stanza, verse; (*ANAT*) thigh; **ceathrú uaineola** leg of lamb; **ceathrú uaire** a quarter of an hour; **ceathrú i ndiaidh a hocht** quarter past eight; **ceathrú don** *or* **go dtí** *or* **chun a cúig** a quarter to five; **ceathrú dollair** (*25 cents*) quarter (*US*); **ceathrú pionta** (*measure*) gill
ceathrú[2] *num, adj* fourth; **an ceathrú fear** the fourth man; **an ceathrú capall déag** the fourteenth horse
ceil *vt* hide, conceal; disguise; (*fig*) whitewash; **ní raibh sin ceilte air** he was well aware of that
céile *nm4* partner; companion; spouse; **fear céile** husband; **bean chéile** wife; **céile comhraic** *or* **iomaíochta** rival, opponent; adversary; **a chéile** each other; **is fuath leo a chéile** they hate each other; **le** *or* **lena chéile** together; **mar a chéile** alike, the same; **as a chéile** gradually; progressively; **i ndiaidh a chéile** in succession, one after the other; in one piece, together; **cur le chéile** to unite, join; **rud a chur le chéile** to assemble sth, put sth together; **tá siad cosúil le chéile** they are alike; **rud(aí) a chur ó chéile** to dismantle sth; (*people etc*) to separate; **(seasca míle) ó chéile** (sixty miles) apart; **thit sé as a chéile** it fell apart; **de réir a chéile** by degrees, bit by bit; **trí** *or* **trína chéile** confused; **ó am go chéile** from time to time; **teacht le chéile** to meet; to agree; to join together; to tally; **labhairt le chéile** to speak to one another
céileachas *nm1* companionship; cohabitation
ceileatram *nm1* camouflage; disguise
céilí *nm4* Irish dancing evening, ceilidh
ceiliúir *vt, vi* celebrate; vanish; fade
ceiliúr *nm1* greeting; (*of bird*) song; **ceiliúr a chur ar dhuine** to hail *or* address sb; **ceiliúr pósta a chur ar dhuine** to propose to sb
ceiliúradh (*gs* **ceiliúrtha**) *nm* celebration; **ceiliúradh céad bliain** centenary celebration
céill, céille *see* **ciall**
céillí *adj* sensible; wise; rational; **ba chéillí an cor é sin** that was a wise move
ceilt *nf2* concealment; denial; cover-up; **faoi cheilt** secretly; **cad é an cheilt a bhí aici air?** why was she concealing it?
Ceilteach *adj* Celtic ♦ *nm1* Celt
Ceiltis *nf2* (*LING*) Celtic
céim (*pl* **~eanna**) *nf2* step; stair; degree; (*SCOL*) grade; phase; rank, status; (*fig*) milestone; **céim ar chéim** step by step; **céimeanna na gealaí** the phases of the moon; **deich gcéim** 10 degrees; **céim síos** demotion; humiliation; **ardú céime** promotion; **"seachain an chéim"** "mind the step"; **ina chéimeanna** in stages; **céim a thabhairt chun tosaigh/ar gcúl** to step forward/back; **ísliú céime a fháil** (*SPORT*) to be relegated; **céim a ghnóthú** to graduate; **céim onóracha** (*SCOL*) hono(u)rs degree
céimí *nm4* graduate
ceimic *nf2* chemistry
ceimiceach *adj* chemical
ceimiceán *nm1* chemical
ceimiceoir *nm3* (*scientist*) chemist
céimíocht *nf3* eminence, note; rank

ceimiteiripe *nf4* chemotherapy
céimiúil *adj* eminent, renowned
céimiúlacht *nf3* eminence, distinction
céimseach *adj* gradual
céimseata (*gs* ~**n**) *nf* geometry
céin, céine *see* **cian**[1]
Céinia *nf4*: **an Chéinia** Kenya
ceint *nm4* (*coin*) cent (*US etc*)
ceinteagrád *nm1* centigrade
ceinteagrádach *adj* centigrade
ceintiméadar *nm1* centimetre
céir (*gs* **céarach**, *pl* **céaracha**) *nf* wax; **céir a chur ar rud** to wax sth; *see also* **ciar**
ceirbheacs *nm4* cervix
ceird *nf2* trade; line; skill; **dul le ceird** to take up a trade *or* profession; **duine a chur le ceird** to apprentice sb to a trade; **ghach aon fhear is a cheird féin aige** every man to his own trade
céire *see* **ciar**
ceirín *nm4* poultice
ceirneoir *nm3* disc jockey
ceirnín *nm4* (MUS) record; **ceirnín singil** single; **éarlais ceirníní** record token
céirseach *nf2* (*hen*) blackbird
ceirt (*pl* ~**eacha**) *nf2* cloth; tea cloth; rag; **ceirt deannaigh** duster
ceirtlín *nm4* (*of wool, thread*) ball; **ag tochras ar a cheirtlín féin** working in his own interest
ceirtlis *nf2* cider
céislín *nm4* tonsil
céislínteas *nm1* tonsillitis
ceist (*pl* ~**eanna**) *nf2* question, query; inquiry; issue; **chuir sé ceist orm** he asked me a question; **rud a chur i gceist** to draw attention to sth; **i gceist** at issue, in question; **is é a bhí i gceist aici ná** what she meant was; **croí na ceiste** the crux of the question; **ceist agam ort** answer me this; **ná bíodh ceist ort faoi seo** you may be sure of that
ceistigh *vt* interrogate, question, quiz
ceistiú *nm* interrogation
ceistiúchán *nm1* questionnaire
ceistneoir *nm3* questionnaire
ceithearnach *nm1* (CHESS, *fig*) pawn
ceithre *num, adj* four; **ceithre bhó/charr/úll** four cows/cars/apples
cén = **cé**[1] + *def art* **an**
ceo *nm4* fog; mist; haze; (*of dust*) cloud; (*on window*) vapour; **tá ceo ann** it's foggy; **chomh sean leis an gceo** as old as the hills
ceobhrán *nm1* drizzle
ceobhránach *adj* misty
ceoch (*gsm* **ceoch**) *adj* foggy; misty
ceol (*pl* ~**ta**) *nm1* music; (*in ears*) ringing; **ceol a sheinn** to play music; **ceol a bhaint as rud** to enjoy sth; to go on a spree; **bheith ag gabháil cheoil** to be singing; **níl ceol agam** I can't sing; **ceol tíre** folk music; **ceol aireagail** chamber music; **gléas ceoil** musical instrument
ceoláras *nm1* concert hall
ceolchoirm (*pl* ~**eacha**) *nf2* concert
ceoldráma *nm4* opera
ceoldrámach *adj* operatic
ceolfhoireann (*gs, pl* **ceolfhoirne**) *nf2* orchestra
ceolmhar *adj* musical
ceolraon *nm1* (MUS) gamut
ceoltóir *nm3* musician; singer
ceomhar *adj* foggy
ceosholas *nm1* fog light
cér, cérb, cérbh *see* **cé**[1]
ch (*remove "h"*) *see also* **c...**
cha (*before vowel or* **f** + *vowel* = **chan**: + *past of reg vbs* = **char**) *neg part* not; **an mbuailfidh tú leis? - cha bhuailim!** will you see him? - no way!; **chan go fóill/anois** not yet/now; **chan gan ábhar** rightly, with reason
cheana *adv* (*also*: **cheana féin**) already, beforehand
chluinfinn *etc vb see* **cluin**
choíche *adv* ever; forever; never
chomh *adv* as; so; **chomh fada siar le** as far back as; **chomh cliste (le)** as clever (as); **chomh hálainn le** as beautiful as; **ná Seán chomh beag** nor John either; **chomh maith** as well; **chomh maith le** as well as; **chomh mór (go)** so big (that); **an bhfuil sé chomh dona sin?** is it that bad?
chonacthas, chonaic *vb see* **feic**

Chorcaí *see* **Corcaigh**
Chróit *see* **Cróit**
chuaigh *etc vb see* **téigh**
chuala *etc vb see* **clois, cluin**
chuathas *vb see* **téigh**
chuig (*prep prons* = **chugam, chugat, chuige, chuici, chugainn, chugaibh, chucu**) *prep* towards, to; **rud a chur chuig duine** to send sth to sb; **chuaigh mé chuig an dochtúir** I went to the doctor; **teacht chugat féin** to recover; **duine a thabhairt chuige féin** to bring sb round; **chuige sin** for that purpose, to that end; **ní chuige sin atá mé** I'm not referring to that; **an tseachtain/bhliain sa chugainn** next week/year; **cad chuige?** why?, what for?
chun (*prep prons* = **chugam, chugat, chuige, chuici, chugainn, chugaibh, chucu**) (+ *gen*) *prep* to, towards; in order to; for; **chun na scoile** to (the) school; **cur chun farraige** to put to sea; **duine a chur chun báis** to kill sb; to execute sb; **deifriú chun bheith in am** to hurry (in order) to be in time; **ullamh chun foilsithe** ready for publication; **lá maith chun siúlóide** a fine day for a walk; **cúig chun a hocht** five (minutes) to eight; **dul chun donais** to deteriorate; **chuaigh sé chun sochair dom** it benefitted me; **teacht chun tosaigh** to come to the fore; **dul chun cinn a dhéanamh** to make headway; **chun tosaigh** in the lead; **chun go** in order that; **téigh chun réasúin le** to reason with; **is maith chun a chéile Seán agus Máire** John and Mary are well matched; **teacht chun réitigh le** to come to terms with; **dul chun na Róimhe/chun na Fraince** to go to Rome/France
ciainíd *nf2* cyanide
ciall (*gs* **céille**, *ds* **céill**) *nf2* sense; common sense; meaning; interpretation; perception; appreciation; **bheith i do chiall, do chiall a bheith agat** to be in one's senses; to be sober; **bheith as do chiall** to have taken leave of one's senses, be demented; **bheith ar do chiall** to regain one's senses; to control oneself; **bheith ar chiall na bpáistí** to have no more sense than a child; **gan an chuid is troime den chiall a bheith agat** to have little sense; **gan aon chiall a bheith agat** to have no sense; **teacht ar do chiall, teacht chun céille** to begin to see sense, come to one's senses; **ciall a chur i nduine** to bring sb to his senses; to soothe *or* pacify sb; **dul as do chiall** to take leave of one's senses; **duine a chur as a chiall** to dement sb, drive sb crazy; **ciall a bhaint as rud** to make sense of sth; to interpret sth; **ciall a bheith agat do rud** to have an understanding *or* appreciation of sth; **beag i gciall** foolish, naive; **tá ciall leis sin** that makes sense; (*ironically*) such nonsense!; **tá sé le ciall go ..., luíonn sé le ciall go ...** it stands to reason that ...; **ciall cheannaithe** hard-won experience; **níl ciall duit ann** it is senseless for you to do so; **rud a chur i gcéill do dhuine** to give sb to understand sth; **cur i gcéill** make believe
ciallaigh *vt* mean; signify; stand for; imply; (*fig*) spell
ciallmhar *adj* sensible; reasonable
cian[1] (*pl* ~**ta**, *ds* **céin**, *dpl* ~**aibh**) *nf*: **na cianta ó shin** ages ago; **leis na cianta** for ages; in ages; **i gcéin** far away, in the distance; **i gcéin is i gcóngar** far and near; **ó chianaibh** recently♦ *adj* (*gsm* **céin**, *gsf, compar* **céine**) long; distant; far
cian[2] *nm4* sadness; **faoi chian** sad, downhearted; **cian a thógáil de dhuine** to cheer sb up; to lift sb's spirits
cian- *prefix* long-distance
cianaosta *adj* primeval
cianghlao *nm4* long-distance call
Cianoirthear *nm1*: **an Cianoirthear** the Far East
cianrialaithe *adj* remote-controlled
cianrialú *nm* remote control
cianta *see* **cian**
ciap *vt* annoy; harass; (*fig*) torment
ciapadh (*gs* **ciaptha**) *nm* harassment; torment
ciar (*gsm* **céir**, *gsf, compar* **céire**) *adj* (*hair*)

dark; (*complexion*) dark, swarthy
ciardhuán *nm1* negro
ciaróg *nf2* beetle; **ciaróg dhubh** cockroach; **ciaróg lín** earwig; **aithníonn ciaróg ciaróg eile** birds of a feather flock together
Ciarraí *nf4* Kerry
ciarsúr *nm1* handkerchief; **ciarsúr páipéir** paper hankie
cibé *pron* whoever; whatever; whichever; **cibé áit** wherever♦ *adj* any; no matter what; **cibé (ar bith) leabhar** whatever book; **déan cibé is gá** do whatever is necessary; **cibé a tharlóidh** whatever happens; **tabhair leat cibé leabhar is fearr leat** take whichever book you prefer; **cuir ceist ar cibé duine is mian leat** ask whoever you like; **cibé acu a d'fhan sé nó a d'imigh sé** whether he stayed or he left; **cibé ar bith** anyhow; **cibé scéal** anyhow
cic (*pl* ~**eanna**) *nm4* kick; **cic saor** free kick
ciceáil *vt, vi* kick
ciclipéid *nf2* encyclop(a)edia
cifleog *nf2* rag, tatter
cigil (*pres* **ciglíonn**) *vt, vi* tickle
cigilt *nf2* tickle; **cigilt a bheith ionat** to be ticklish
cigilteach *adj* (*person*) ticklish; (*question*) delicate, touchy
cigire *nm4* inspector
cigireacht *nf3* inspection
cíle *nf4* keel
cileagram *nm1* kilogram(me); **30 pingin an cileagram** 30p a kilo; **cileagram plúir** a kilo of flour
cileavata *nm4* kilowatt
cilí *nm4* chil(l)i
cilibheart *nm1* kilobyte
cilichiogal *nm1* kilocycle
ciliméadar *nm1* kilometre; **10 gciliméadar san uair** 10 km an hour; **faoi chiliméadar de** within a kilometre of
cill[1] (*pl* **cealla**, *gpl* **ceall**) *nf2* (*also* BIOL, ELEC) cell
cill[2] *nf2* church; graveyard, cemetery; **cill agus tuath** Church and State
Cill Chainnigh *nf* Kilkenny
Cill Dara *nf* Kildare
cillín *nm4* (*in prison*) cell
Cill Mhantáin *nf* Wicklow
cime *nm4* captive; prisoner, inmate
Cincís *nf2*: **an Chincís** Pentecost
cine (*pl* **ciníocha**) *nm4* race; people; **an cine daonna** humanity, mankind
cineál *nm1* (*pl* ~**acha**) kind; variety; sex, gender; species♦ *adv* somewhat; **an cineál sin amhráin** that kind of song; **a chineál féin** his own kind; **an dá chineál** both sexes; **an cineál ainmhíoch** the animal world; **cineál mall/trom** somewhat late/heavy; **cineál a dhéanamh ar dhuine** to do sb a kindness; to give sb a treat; **teacht chun cineáil** to develop to maturity; to flourish; **rud a thabhairt chun cineáil** to make sth fruitful *or* prosperous; (*land*) to make productive
cineálta *adj* kind; mild
cineáltas *nm1* kindness
cinedheighilt *nf2* apartheid
cinéiteach *adj* kinetic
ciniceas *nm1* cynicism
cinicí *nm4* cynic
ciniciúil *adj* cynical
ciníoch (*gsm* **ciníoch**) *adj* racial; ethnic; racist
ciníocha *see* **cine**
ciníochaí *nm4* racist
ciníochas *nm1* racism
cinn *vt, vi*: **cinn (ar)** decide (to); determine (that)
cinneadh *nm1* decision; (LAW) findings; **ní fúmsa atá sé cinneadh a dhéanamh** it is not for me to decide; **tá sé cinnte orm sin a dhéanamh** I am unable to do that
cinniúint (*gs* **cinniúna**) *nf3* destiny; fate; chance; **chuir sé cor i mo chinniúint** it changed my life
cinniúnach *adj* fateful; fatal; momentous
cinnte *adj* certain, sure; positive; definite; decided; **tá sí cinnte de** she is certain of (it); **cinnte!** certainly!; **cinnte le Dia** surely to God; **chomh cinnte is atá tú beo** as sure as you're alive; **is cinnte**

(féin) go there is no doubt that; **déanamh cinnte go** to make sure that
cinnteacht *nf3* certainty
cinntigh *vt* ensure; make certain; ascertain; confirm; **dáta a chinntiú le duine** to confirm a date with sb
cinntithe *adj* confirmed
cinntitheach *adj* decisive
cinntiú (*gs* **cinntithe**) *nm* confirmation
cinsire *nm4* censor
cinsireacht *nf3* censorship
ciobar *nm1* grime, dirt
cíoch *nf2* breast; **an chíoch a thabhairt do (leanbh)** to breastfeed
cíochbheart *nm1* bra, brassière
cíocrach *adj* eager; hungry; **léitheoir cíocrach** voracious reader
cíocras *nm1* craving; greed; eagerness; hunger; **cíocras ruda a bheith ort** to have a craving for sth; **cíocras tobac** craving for tobacco; **cíocras fola** bloodthirstiness
ciolar *nf*: **ciolar chiot a dhéanamh de rud** to make a shambles of sth; **ciolar chiot a dhéanamh de dhuine** to knock the stuffing out of sb; to make sb look foolish
ciombal *nm1* cymbal
cion[1] (*gs* **ceana**) *nm3* love; affection; effect; **ainm ceana** pet name; **cion a bheith agat ar dhuine** to care about sb; **dul i gcion** to take effect; **focal a chur i gcion** to drive home a statement; **cion croí a dhéanamh le duine** to embrace sb
cion[2] *nm4* share; **do chion féin a dhéanamh** to pull one's weight
cion[3] (*gs* ~**a**, *pl* ~**ta**) *nm3* offence
ciondáil *nf3, vt* ration
cionmhaireacht *nf3* proportion, share
cionmhar *adj* proportional; **ionadaíocht chionmhar** proportional representation
cionn *see* **ceann**
cionsiocair (*gs* **cionsiocrach**, *pl* **cionsiocracha**) *nf* genesis; root cause
cionta *see* **cion**[3]
ciontach *nm1* offender, culprit ♦ *adj* guilty; **bheith ciontach i** to be guilty of
ciontacht *nf3* guilt
ciontaí *n*: **eisean is ciontaí** he is to blame
ciontaigh *vt, vi* blame, accuse; convict; transgress; **ciontaigh thú féin** own up
ciontóir *nm3* offender
ciontú (*gs* **ciontaithe**) *nm* (LAW) conviction
cíor *nf2* comb ♦ *vt* comb; examine closely; discuss; **cíor mheala** honeycomb; **cíor thuathail** mayhem, turmoil; **tá an chathair ina cíor thuathail** the city is in turmoil; **do chuimhne a chíoradh** to rack one's brains
cíorach *adj* serrated
cíoradh (*gs* **cíortha**) *nm* combing; discussion; examination; hair pulling; **bhí siad ag cíoradh a chéile** they were pulling each other's hair out
ciorcad *nm1* (ELEC) circuit
ciorcal *nm1* circle
ciorclach *adj* circular
ciorclaigh *vt* circle, encircle; surround
ciorclán *nm1* circular
cíorláil *vt* (*area*) comb
ciorraigh *vt* cut; hack; maim
ciorrú *nm* cutback
cíos (*pl* ~**anna**) *nm3* rent, rental; hire; **carr a fháil ar cíos** to hire a car; **teach a ligean ar cíos** to let a house; **cíos dubh** extortion
ciotach *adj* left-handed; awkward, clumsy; inconvenient
ciotaí *nf4* hassle, inconvenience
ciotóg *nf2* left hand; (*person*) left-hander
ciotógach *adj* left-handed
ciotrúnta *adj* clumsy; obstinate
cipín *nm4* twig; match; **cipín a lasadh** to strike a match; **ar cipíní** in suspense; **cipíní itheacháin** chopsticks
Cipir *nf2*: **an Chipir** Cyprus
Cipireach *adj, nm1* Cypriot
circe *see* **cearc**
circeoil *nf3* (*food*) chicken
círéib (*pl* ~**eacha**) *nf2* riot; uproar
círéibeach *adj* riotous
círíneach *adj* (*face*) flushed
cis *nf2* basket; crate; handicap; **cis a chur ar dhuine** to handicap sb; (SPORT) to penalize sb
ciseach *nf2*: **ciseach a dhéanamh de rud**

to make a mess of sth
ciseán *nm1* basket
cispheil *nf2* basketball
cist *nf2* cyst
ciste *nm4* fund; kitty; treasure; treasury; **ciste pinsean/rúnda** pension/slush fund
císte *nm4* cake
cisteog *nf2* casket
cisteoir *nm3* treasurer
cistin (*pl* ~**eacha**) *nf2* kitchen; **aonad cistine** kitchen unit
citeal *nm1* kettle; **an citeal a chur síos** to put the kettle on
cith (*gs* **ceatha**, *pl* **ceathanna**) *nm3* shower; **cith fearthainne** a shower of rain
cithfholcadán *nm1* (*in bathroom*) shower
cithfholcadh (*gs* **cithfholctha**, *pl* **cithfholcthaí**) *nm* shower(ing); **cithfholcadh a bheith agat** to have *or* take a shower
cithréim *nf2* deformity; **cithréim a bhieth ort** to be deformed *or* maimed
citreas *nm1* citrus; **toradh citris** citrus fruit
ciú (*pl* ~**nna**) *nm4* queue
ciúb (*pl* ~**anna**) *nm1* cube; **ciúb oighir/stoic** ice/stock cube
ciúbach *adj* cubic; **troigh chiúbach** *etc* cubic foot *etc*
ciúbaigh *vt* (MATH) cube
ciúin *adj* calm, tranquil; quiet, silent
ciumhais (*pl* ~**eanna**) *nf2* border, edge; (*of page*) margin; (*of road*) kerb
ciúnadóir *nm3* (AUT, *on gun*) silencer
ciúnaigh *vt* calm (down); die down
ciúnas *nm1* silence, hush; calm, quiet
ciúta *nm4* turn of phrase; wisecrack
clabaireacht *nf3* chitchat
clábar *nm1* mud
clabhstra *nm4* cloister
clabhsúr *nm1* closure; **an clabhsúr a chur ar rud** to bring sth to a close, complete sth
cladach *nm1* shore, seashore
cladaigh *n gen as adj* inshore
cladhaire *nm4* coward; villain
cladhartha *adj* spineless, cowardly
clag *vt, vi* (*rain*) clatter, pelt
clagarnach *nf2* clattering; clatter
claí (*pl* ~**ocha**) *nm4* wall; fence, barrier; **claí teorann** boundary wall; **claí cloch** stone wall
claibín *nm4* lid; (*of bottle etc*) top, cap
claidhreacht *nf3* cowardice
claífort *nm1* embankment
claíomh (*pl* **claimhte**) *nm1* sword; **claíomh cosanta** champion, defender
clairéad *nm1* claret
cláiríneach *adj, nm1* cripple
cláirnéid *nf2* clarinet
cláirseach *nf2* harp
clais (*pl* ~**eanna**) *nf2* channel; ditch; pit; furrow
claisceadal *nm1* choral singing; choir
clamhach *adj* mangy
clamhair *vt* maul
clamhán *nm1* buzzard
clamhsán *nm1* complaint, grumble; **bheith ag clamhsán** complaining
clamhsánach *adj* querulous; grumbling
clampa *nm4* clamp
clampaigh *vt* clamp
clampar *nm1* commotion, uproar
clamprach *adj* noisy; disorderly, rowdy
clampróir *nm3* troublemaker
clann *nf2* children; offspring; family; **triúr clainne** three of a family; **bheith ag súil le duine clainne** to be expecting; **tá sí ag iompar clainne** she is pregnant; **pleanáil chlainne** family planning; **clann clainne** grandchildren
claochladán *nm1* transformer
claochlaigh *vt* change; deteriorate; transform
claochlaitheach *adj* variable
claochlú *nm* change
claon *nm1* (*pl* ~**ta**) slope, incline; tendency, inclination; perversity ♦ *adj* inclined; reclining; perverse ♦ *vt, vi* incline; decline; **claon** *or* **claonadh a bheith agat le rud** to have a partiality for sth; **tá an claon ann** he is perverse by nature; **claon ar** prone to, tending to; **breithiúnas claon** perverse judgement; **do cheann a chlaonadh** to bow one's

head; **chlaon a neart** his strength declined; **an fhírinne a chlaonadh** to pervert the truth; **claon le** take to, incline to; **claon ó** deviate from

claon- *prefix* oblique

claonadh (*gs* **claonta**) *nm* inclination; tendency, trend; perversion; prejudice, bias; **claonadh a bheith agat le rud a dhéanamh** to be inclined to do sth

claonchló *nm4* (*PHOT*) negative

claonta *adj* bias(s)ed, prejudiced

clapsholas *nm1* twilight; dusk

Clár *nm1*: **an Clár** Clare

clár *nm1* board; plank; table (of contents); menu; programme; (*RADIO, TV, for interview, exams*) panel, register; lid ♦ *vt* table; **clár ábhair** table of contents; **clár ama** timetable; **clár comhardaithe** balance sheet; **clár dubh** *or* **cailce** blackboard; **clár éadain** forehead; **clár faisnéise** documentary; **clár fichille** chessboard; **clár fógraí** notice board; **clár fónála isteach** phone-in; **clár leantach** (*programme*) sequel; **clár na mionn** witness box; **clár oibre** agenda; **clár sciorta** skirting board; **clár urláir** floorboard; **clár ionstraimí** instrument panel; **clár scátála/toinne** skateboard/ surfboard; **ar an chlár** in the game; **rinneadh cláir den bhád** the boat was smashed to pieces; **an clár is an fhoireann a fhágáil ag duine** to leave sb to it; to clear off completely

cláraigh *vt, vi* register, record; enrol

cláraithe *adj* (*letter, parcel*) registered

cláraitheoir *nm3* registrar

clárfhiacail *nf2* front tooth

clárlann *nf2* registry (office)

clárú *nm* registration

clasaiceach *adj* classic(al)

clásal *nm1* clause

claspa *nm4* clasp

clástrafóibe *nf4* claustrophobia

clé *nf4* left hand ♦ *adj, adv* left; **ar clé, faoi chlé** on the left; **an eite chlé** (*POL*) the Left; "**ná castar ar chlé**" "no left turn"

cleacht *vt* make a habit of; practise; frequent; (*THEAT*) rehearse

cleachta *adj*: **bheith cleachta le** to be used to

cleachtadh (*pl* **cleachtaí**) *nm1* habit; (work) experience; exercise; practice, rehearsal; **as cleachtadh** out of practice; **cleachtadh deiridh** dress rehearsal; **cleachtaí leasúcháin** remedial exercises

cleachtas *nm1* practice

cleachtóir *nm3* practitioner

cleamhnas *nm1* match; relationship by marriage; **cleamhnas a dhéanamh le/idir** to arrange a marriage with/between; **bheith i gcleamhnas le duine** to be related to sb by marriage

cleas (*pl* **~a**) *nm1* trick; joke, prank; (*in film*) stunt; ploy; **cleas a imirt ar** to play a joke on; **cleas cártaí** (*CARDS*) trick; **cleas magaidh** (practical) joke; **cleasa lúith** athletics

cleasach *adj* artful, tricky; crafty, cunning

cleasaí *nm4* trickster

cleasaíocht *nf3* trickery

cleasghleacaí *nm4* acrobat

cleatar *nm1* clatter, rattle

cleathóg *nf2* (*snooker*) cue

cléibh *see* **cliabh**

cléir *nf2* clergy

cléireach *nm1* clerk; altar boy; **cléireach siopa** sales clerk

cléiriúil *adj* clerical

cleite *nm4* feather; **bhí a chleití síos le Seán** John was crestfallen; **níor baineadh cleite as** he emerged completely unscathed; **chluinfeá cleite ag titim** you could have heard a pin drop

cleiteán *nm1* (*for painting*) brush

cleitearnach *nf2* (*of wings*) flutter; **cleitearnach a dhéanamh** (*bird*) to flutter

cleith *nf2* wattle; stave, pole; **d'imigh sé idir cleith is cosain** he had a narrow escape

cléithe *see* **cliath**

cléithín *nm4* splint

cleithiúnach *adj* dependent

cleithiúnaí *nm4* dependant

cleithiúnas *nm1* dependence; **i gcleithiúnas duine** depending on sb

cleithmhagadh *nm1* teasing
cliabh (*gs, pl* **cléibh**) *nm1* chest; bosom; pannier basket; **cara cléibh** bosom friend
cliabhán *nm1* cradle; **cliabhán iompair** carrycot
cliabhrach *nm1* chest
cliamhain (*pl* ~**eacha**) *nm4* son-in-law
cliant *nm1* client
cliantacht *nf3* clientele
cliarlathas *nm1* hierarchy
cliarscoil *nf2* seminary
cliath (*gs* **cléithe**) *nf2* (SPORT) hurdle; (*in sock*) darning; (MUS) stave, staff; **cliath a chur ar rud** to darn sth
cliathán *nm1* flank, side; (SPORT) wing; **cliatháin** (THEAT) wings; **teacht le cliathán** + *gen* to come alongside
cliathánaí *nm4* (SPORT) winger
cliathbhosca *nm4* crate
clib *nf2* tag
clibirt *nf2* (RUGBY) scrum(mage)
cling *nf2* (*pl* ~**eacha**) (*noise*) ping; clink; ring; jingle♦ *vi* ping; clink; ring; jingle
clinic *nm4* clinic; **clinic réamhbhreithe** antenatal clinic
cliniciúil *adj* clinical
cliobóg *nf2* filly; **cliobóga a chaitheamh** to play leapfrog
clíoma *nm4* climate
clis *vi* jump; fail; **cliseadh as do shuan** to wake up with a jump; **chlis an carr** the car broke down; **cliseadh ar dhuine** to let sb down; **chlis an chuimhne orm** my memory failed me; **chlis uirthi sa scrúdú** she failed the exam
cliseadh (*gs* **cliste**) *nm* jump, start; collapse; (AUT, MED, *fig*) breakdown; (*mechanical etc*) failure; **cliseadh cumhachta** power failure; **cliseadh néarógach** nervous breakdown
cliste *adj* clever, smart, intelligent
clisteacht *nf3* intelligence
cliúsaí *nm4* flirt
cliúsaíocht *vi* flirting; **bheith ag cliúsaíocht** to flirt
cló (*pl* ~**nna**) *nm4* form, shape; appearance, look; (*letters*) print; (TYP) type; **as cló** out of print; **cló iodálach** italics; **i gcló duine** in human form; **rud a chur i gcló** to print sth
cló-aghaidh *nf2* typeface
clóbh *nm1* (CULIN, *spice*) clove
clóbhuail *vt* print
clóca *nm4* cloak
cloch *nf2* stone; **cloch chora** stepping stone; **cloch dhomlais** gallstone; **cloch duirlinge** cobble; **cloch mhíle** milestone; **cloch thine** flint; **clocha sneachta** hail(stones); **croí cloiche** heart of stone; **cúig chloch prátaí** five stone of potatoes
clochán *nm1* causeway
clochar *nm1* convent
clódóir *nm3* printer
clódóireacht *nf3* printing
clog *nm1* clock; bell; (*in kitchen etc*) timer; **clog rabhaidh** alarm clock; **clog gréine** sundial; **7 a chlog ar maidin** 7 o'clock in the morning
clogad *nm1* helmet; **clogad cosanta** crash helmet
clogáil *vi*: **clogáil isteach/amach** to clock in/out
clogás *nm1* belfry
cloicheán *nm1* prawn; **cloicheáin fhriochta** scampi
cloigeann (*pl* **cloigne**) *nm1* head; **bheith éadrom sa chloigeann** to be impetuous; **an cloigeann a chur le peil** to head a ball
cloígh[1] *vt* overpower, overwhelm; subdue; defeat; (*thirst*) quench
cloígh[2] *vt*: **cloígh le** adhere to; stay by
clóigh[1] *vt* print; **clóigh le stionsal** stencil
clóigh[2] *vt*: **clóigh le** adapt to, adjust to; accustom to
cloigín *nm4* bell; **cloigín dorais** doorbell
cloigne *see* **cloigeann**
cloigtheach (*gs* **cloigthí**, *pl* **cloigthithe**) *nm* belfry
clóire *nm4* printer
clóirín *nm4* chlorine
clois (*past* **chuala**, *vn* ~**teáil**) *vt, vi* hear; **ní chloisim thú** I can't hear you; **torann a chloisteáil** to hear a noise
clóis *n gen as adj* (*animal*) domestic
clóiséad *nm1* cabinet, closet
clóiséidín *nm4* pigeonhole

cloíte *adj* exhausted; feeble; defeated; (*deed*) base
clónna *see* **cló**
clord *nm1* gangway
clós *nm1* (*of house etc*) yard
clóscríbhinn *nf2* typescript
clóscríbhneoireacht *nf3* typing, typewriting
clóscríobh *vt* type
clóscríobhaí *nm4* typist
clóscríobhán *nm1* typewriter
clóscríofa *adj* typewritten
clú *nm4* reputation; fame; credit; **an clú a bheith amuigh ort go** to be reputed to be; **clú a thabhú duit/do rud** to gain a reputation for o.s./sth; **clú na tíre a sheasamh** to uphold the honour of one's country; **droch-chlú a chur ar dhuine** to defame sb; **bhí sé de chlú air go ...** he was reputed to be ...; **is maith** *or* **mór an clú duit é** it is great credit to you
cluain *nf3* deception; persuasion; **cluain a chur ar dhuine** to deceive sb; to seduce sb
cluaisín *nm4* tag, tab; **cluaisín cait** (*on page*) dog ear
cluanaire *nm4* deceiver; flatterer
cluas *nf2* ear; (*of cup etc*) handle; (CYCLING) handlebar; **cluas ghéar a thabhairt do rud** to listen attentively to sth; **cluas le héisteacht a chur ort féin** to prick up one's ears; to listen attentively; **rud a ligean thar do chluasa** to disregard sth
cluasáin *mpl1* earphones, headphones
cluasán *nm1* earring
club (*pl* ~**anna**) *nm4* club; **club oíche/óige/sóisialta** night/youth/social club
clubtheach *nm* clubhouse
clúdach *nm1* cover; envelope; (*of book*) jacket; **clúdach crua/páipéir** hardback/paperback; **clúdach piliúir** pillowcase
clúdaigh *vt* cover, wrap
cluiche *nm4* game; match; **cluiche a imirt** to play a game; **cluiche a bhaint** to win a game; **cluiche peile** game of football; **cluiche cártaí** game of cards; **cluiche ceannais** (SPORT) final; **cluiche ceannais na hÉireann** the All-Ireland (Final); **cluiche ceathrúcheannais/leathcheannais** quarter final/semifinal; **na Cluichí Oilimpeacha** the Olympic Games, the Olympics
clúid (*pl* ~**eacha**) *nf2* nook; corner; chimney-corner; **do chlúid féin** one's own home
clúidín *nm4* nappy
cluimhreach *nf2* feathers
cluimhrigh *vt* (*feathers*) pluck; preen
cluin (*vn* ~**stin**, *vadj* ~**te**, *past* **chuala**) *vt, vi* hear; **níor chuala mé é** I didn't hear him; **chluin Dia sinn!** Lord preserve us!
clúiteach *adj* well-known; celebrated, renowned
clúmh *nm1* feathers; down; (*of animal*) coat; (*on body*) hair
clúmhach *nm1* (*on jacket, carpet*) fluff ♦ *adj* fluffy; (*animal etc*) furry; **éirí clúmhach** to go mouldy
clúmhilleadh (*gs* **clúmhillte**) *nm* slander
clúmhúil *adj* mildewed; mo(u)ldy
clupaid *nf2* (*in fabric*) fold
cluthar *adj* snug
clutharaigh *vt* make comfortable; (*news*) hush up; **tú féin a chlutharú** to wrap up well
clutharaithe *adj* well wrapped up
cnádaí *nm4* runt
cnádánach *adj* (*person*) disagreeable
cnag *nm1* knock, blow; (*sound*) crack, crunch ♦ *vt* knock, strike; thump; crunch; **cnag a bhualadh ar dhoras** to knock on a door
cnagadh (*gs* **cnagtha**) *nm* knocking; striking; crunching, cracking
cnagaosta *adj* elderly
cnagarnach *nf2* crunch; crackle, rattle; **bheith ag cnagarnach** to crackle
cnagbhruite *adj* (CULIN) parboiled
cnaígh *vt, vi* gnaw; corrode
cnáimhseach *nf2* midwife
cnáimhseáil *vi*: **bheith ag cnáimhseáil** to grumble, complain
cnaipe *nm4* button; bead; **cnaipe a**

scaoileadh to relieve o.s.; **tá a chnaipe déanta** he is done for *or* kaput

cnámh *nf2* bone; **duine a fheannadh go dtí na cnámha** to flay sb to the bone; to severely castigate sb; **nuair a théann an chúis go cnámh na huillinne** when it comes to the crunch; **cnámh droma/ grua/smiolgadáin** backbone/cheekbone/collarbone; **lom chnámh na fírinne** the plain truth; **cnámha scéil** (*of story*) bare bones

cnámhach *adj* bony

cnámharlach *nm1* skeleton

cnap (*pl* ~**anna**) *nm1* lump; heap; (dense) mass; (*of butter*) knob; **cnap airgid** heap of money; **cnap scamall** mass of clouds; **thit sé ina chnap codlata** he fell fast asleep

cnapach *adj* lumpy, bumpy

cnapán *nm1* lump, bump

cnapsac *nm1* knapsack

cnapshiúcra *nm4* lump sugar

cnapshuim *nf2* lump sum

cneá (*pl* ~**cha**) *nf4* sore, wound

cnead (*pl* ~**anna**) *nf3, vi* pant; gasp; groan

cneáigh *vt* wound

cneámhaire *nm4* rogue, crook

cneas (*pl* ~**a**) *nm1* skin

cneasaigh *vt, vi* heal

cneasta *adj* mild; sincere; decent; (*weather*) calm

cneastacht *nf3* sincerity; mildness, gentleness; decency

cniog *nm4* rap, tap; blow

cniogóg *nf2* tap

cniotáil *vt, vi* knit ♦ *nf3* knitting

cnó (*pl* ~**nna**) *nm4* nut; **cnó capaill** (horse) chestnut

cnoc *nm1* hill; mountain; **cnoc ailse** malignant tumour; **cnoc oighir** iceberg

cnocach *adj* hilly

cnocadóireacht *nf3* hillwalking

cnoga *nm4* peg; (ELEC, COMPUT) head

cnóire *nm4* nutcracker

cnuasach *nm1* collection; (*of artist*) portfolio

cnuasaigh *vt* collect; store

cnuasainm (*pl* ~**neacha**) *nm4* (LING) collective noun

Cóc *nm4* Coke ®

cóc *nm1* coke

cocáil *vt* cock; **gunna a chocáil** to cock a gun

cocaire *nm4* cocky *or* cheeky person

cócaire *nm4* cook

cócaireacht *nf3* cooking; **an chócaireacht a dhéanamh** to do the cooking

cócaireán *nm1* cooker

cocán *nm1*: **cocán róis** rosebud

cócaon *nm1* cocaine

cócaráil *nf3* cooking

cóch *nm1* squall

cochall *nm1* hood; cowl; (*of plant*) pod

cochán *nm1* straw

cocnaí *nm4* cockney

cócó *nm4* cocoa; **cnó cócó** coconut

cód *nm1* code; **cód diailithe** dialling code; **cód poist** postcode, zip code (*US*)

coda *see* **cuid**

codail (*pres* **codlaíonn**) *vi* sleep; **codladh go headra** to sleep in, oversleep

codán *nm1* fraction

codanna *see* **cuid**

codarsnach *adj* opposite, contrary

codarsnacht *nf3* antithesis; opposite

codladh (*gs* **codlata**) *nm3* sleep; **bheith i do chodladh** to be asleep; **dul a chodladh** to go to sleep; **codladh a bheith ort** to be sleepy; **dul thar do chodladh** to go past one's sleep; **bheith idir do chodladh i do mhúscailt** to be half asleep; **an codladh a bhaint díot féin** to dispel one's tiredness; **thit a codladh uirthi** she nodded off; **codladh gliúragáin** pins and needles; **codladh faoin spéir** to sleep rough

codlaidín *nm4* opium

codlaíonn *see* **codail**

codlata *see* **codladh**

codlatach *adj* sleepy; drowsy; dormant

cófra *nm4* press; chest; **cófra tarraiceán** chest of drawers

cogadh (*pl* **cogaí**) *nm1* war; warfare; **cogadh a chur (ar)** to make war (on); **cogadh cathartha** civil war; **Cogaí na**

Croise (HIST) The Crusades
cogain (*pres* **cognaíonn**) *vt, vi* chew; gnaw; grind; **na fiacla a chogaint** to grind one's teeth
cógaiseoir *nm3* pharmacist
cogar *nm1* whisper; **rud a rá i gcogar (le)** to whisper sth (to); **cogar an philiúir** pillow talk; **cogar mé seo (leat)** tell me now confidentially
cogarnach *nf2*: **bheith ag cogarnach** whispering
cógas *nm1* medication; medicine
cógaslann *nf2* pharmacy
cognaíonn *see* **cogain**
coguas *nm1* soft palate; cavity
coibhéis *nf2* equivalent
coibhéiseach *adj* equivalent
coibhneas (*pl* ~**a**) *nm1* relationship; ratio; proportion
coibhneasta *adj* (*also* LING) relative; comparative
coicís *nf2* fortnight
coicísiúil *adj* fortnightly
coigeal *nf2* (*for water*) narrow channel
coigeartaigh *vt* adjust
coigeartú *nm* adjustment
coigil (*pres* **coiglíonn**) *vi* save (up), economize ♦ *vt* save (up); (*fire*) bank up
coigilteach *adj* economical
coigilteas *nm1* economy, thrift; saving
coigistigh *vt* confiscate
coigríoch *nf2* foreign parts; **ar an gcoigríoch** abroad
coileach *nm1* (*rooster*) cock, rooster; male bird; **coileach gaoithe** weathercock
coileáinín *nm4* puppy
coileán *nm1* pup
coiléar *nm1* collar
coilí *nm4* collie
coiliceam *nm1* colic
coilíneach *adj* colonial ♦ *nm1* colonist
coilíneachas *nm1* colonialism
coilíneacht *nf3* colony
cóilis *nf2* cauliflower
coill[1] (*pl* ~**te**) *nf2* forest; wood
coill[2] *vt* (*cat etc*) neuter; (*sanctuary, law*) violate
coillteach *adj* wooded
coim *nf2* waist; middle; cover; **faoi choim** under cover, in secret; **faoi choim na hoíche** under cover of darkness
coimeád *nm* (*gs* ~**ta**) observance, adherence; maintenance; detention ♦ *vt* keep; observe, adhere to; maintain; detain; **na rialacha a choimeád** to keep the rules; **do ghealltanas a choimeád** to keep one's promise; **príosúnach a choimeád** to guard a prisoner; **rud a choimeád duit féin** to keep possession of sth; **cuntas a choimeád** to keep an account; **páistí a choimeád i ndiaidh am scoile** to detain children after school; **páistí a choimeád ón scoil** to keep children back from school
cóiméad *nm1* comet
coimeádach *adj, nm1* conservative; **Coimeádach** (POL) Conservative
coimeádaí *nm4* keeper
coimeádán *nm1* container, holder
cóimeáil *nf3* (*fitting together*) assembly ♦ *vt* (*parts*) assemble
coiméide *nf4* comedy
cóimheá *nf4* balance
coimhéad (*gs* ~**ta**) *nm* guard, watch; observation ♦ *vt, vi* (*match,* TV *etc*) watch; observe, spy on; guard; be careful (of), watch out (for)
coimhéadaí *nm4* observer
coimheascar *nm1* combat
cóimhiotal *nm1* alloy
coimhlint *nf2* competition, contest; rivalry; **bheith ag coimhlint le duine (le haghaidh** + *gen*) to compete with sb (for)
coimhlinteach *adj* competitive
coimhthíoch *nm1* foreigner; alien; stranger, outsider ♦ *adj* alien; foreign; strange, unfamiliar; (*food*) exotic; (*person*) distant
coimhthíos *nm1* shyness; alienation; **coimhthíos a dhéanamh le duine** to make strange with sb
coimín *nm4* common (land)
coimirce *nf4* protection; patronage
coimirceoir *nm3* guardian; patron; sponsor
coimircí *nm4* (LAW) ward

coimisinéir *nm3* commissioner
coimisiún *nm1* commission
coimisiúnaigh *vt* commission
coimpléasc *nm1* complex, fixation; constitution
coimre *see* **comair**
coimrigh *vt* sum up, summarize
coimrithe *adj* abbreviated, shortened
coimriú *nm* abstract
coinbhéarta *nm4* converse
coinbhinsiún *nm1* convention
coinbhinsiúnach *adj* conventional
coinbhint *nf2* convent
coincheap (*gs, pl* ~**a**) *nm3* concept
coincleach *nf2* mildew; (blue) mould
coincréit *nf2* concrete; **coincréit threisithe** reinforced concrete
coincréiteach *adj* (*floor etc*) concrete
cóineartaigh *vt* (REL) confirm
cóineartú *nm* (REL) confirmation
coineascar *nm1* twilight, dusk
coinfití *nm4* confetti
coinicéar *nm1* (*of rabbits*) warren
coinín *nm4* rabbit
coinleach *nm1*: **coinleach féasóige** (*beard*) stubble
coinlín *nm4*: **coinlín reo** icicle
coinne *nf4* appointment; date; **faoi choinne** + *gen* for; **i gcoinne** + *gen* opposed to; **cur i gcoinne** + *gen* to object to; **os coinne** + *gen* in front of; **gan choinne** unexpectedly; **os a choinne sin** on the other hand
coinneáil *nf3* retention; (SCOL) detention; (*rule*) observance; **le coinneáil** for keeps
coinneal (*gs, pl* **coinnle**) *nf2* candle; **solas coinnle** candlelight; **coinnle corra** bluebells
coinneálach *adj* retentive; **cuimhne choinneálach** retentive memory
coinnealbhá *nm4* excommunication
coinnigh *vt* keep, maintain; hold (onto); retain; detain; (*hotel, house*) run; (*holiday*) observe; **deoch a choinneáil le duine** to ply sb with drink; **coinnigh greim ar an téad** hold onto the rope; **cuntas a choinneáil (ar)** to keep an account (of); **cúl a choinneáil ar dhuine** to hold sb back; **do fhocal a choinneáil** to keep one's word; **súil a choinneáil ar** to watch, observe, monitor; **coinnigh ort (ag caint)** keep on (talking); **coinneáil le rud** to keep at sth; **coinneáil ó** to refrain from; **rud a choinneáil siar** to withhold sth
coinníoll (*pl* ~**acha**) *nm1* condition, requirement; pledge, honour; (COMM) term; **ar choinníoll (go)** provided (that); on condition (that)
coinníollach *adj* conditional
coinnle *see* **coinneal**
coinnleoir *nm3* candlestick; **coinnleoir craobhach** chandelier
coinscríofach *nm1* conscript
coinséartó *nm4* concerto
coinsias *nm3* conscience; **broideadh coinsiasa** a twinge of conscience
coinsiasach *adj* conscientious
coinsíneacht *nf3* consignment
coinsínigh *vt* consign
coinsíniú *nm* consignment
cointinn *nf2* contention
cointinneach *adj* quarrelsome
coip *vt, vi* ferment; foam; (CULIN) whip; **bhí a chuid fola ag coipeadh** his blood was boiling
cóip (*pl* ~**eanna**) *nf2* copy; **cóip a dhéanamh de rud** to make a copy of sth; **cóip Xéireacs** photocopy
cóipcheart (*pl* ~**a**) *nm1* copyright
coipeach *adj* frothy, foamy
coipeadh (*gs* **coipthe**) *nm* foam; froth; (*of soap etc*) lather
cóipeáil *nf3* copying
cóipleabhar *nm1* copybook; jotter, exercise book
coipthe *adj* (*sea*) choppy; *see also* **coipeadh**
coir (*pl* ~**eanna**) *nf2* crime, offence; (*on person*) harm; **coir a dhéanamh** to commit a crime; **duine gan choir** a harmless person; **níl coir inti** she is harmless
cóir *nf3* (*pl* **córacha**) justice; due, share; accommodation; gear, equipment; favourable wind♦ *adj* (*gsm* **cóir**, *gsf, pl,*

compar **córa**) just; proper; honest; **an cóir a dhéanamh** to do what is just; **cóir mhaith a chur ar aoi** to treat a guest well; **cóir chodlata** sleeping accommodation; **tá an chóir leo** the wind is with them; **(de** *or* **a) chóir an dorais** near the door; **(de) chóir a bheith réidh** nearly ready; **an chóir** the wherewithal; **praghas cóir** fair price; **mar is cóir** properly; **thar an chóir** over the limit; **ba chóir dom dul** I should go/have gone; **cóir a chur ar rud** to fix sth

coirce *nm4* oats

coirceog *nf2* beehive; hive; cone

coirdial *nm1* cordial

coire *nm4* cauldron; boiler; pit; **coire guairneáin** whirlpool

Cóiré *nf4*: **an Chóiré** Korea; **an Chóiré Thuaidh/Theas** North/South Korea

coireach *nm1* offender

cóireáil *nf3* (*MED*) treatment; **cóireáil mhíochaine** medical treatment

coiréal *nm1* coral

coireanna *see* **coir**

cóirigh *vt, vi* fix, mend; (*music*) arrange; (*wound*) dress; (*food*) prepare; (*hair*) do; (*person*) dress (up); **tú féin a chóiriú** to dress up; **leaba a chóiriú** to make a bed

cóiríocht *nf3* accommodation; equipment, facilities

cóirithe *adj* tidy; fixed; (*person*) done up; *see also* **cóiriú**

cóiriú (*gs* **cóirithe**) *nm* repair; (*MED*) dressing; (*MUS*) arrangement; **cóiriú bróg** shoe repairs

cóiriúil *adj* favourable; suitable

coirloscadh (*gs* **coirloiscthe**) *nm* arson

coirm (*pl* ~**eacha**) *nf2* party; **coirm cheoil** concert

coirnéad *nm1* (*MUS*) cornet

coirnéal *nm1* corner; colonel; **coirnéal caoch** blind corner

coirnín *nm4* (*in hair*) curl; (*decorative*) bead; **coirníní a chur i gcuid gruaige duine** to curl sb's hair

coirníneach *adj* curly

coirpeach *nm1* criminal; villain

coirt (*pl* ~**eacha**) *nf2* coating, scum; (*of tree*) bark; (*in kettle etc*) fur

cois *see* **cos**

coisbheart (*pl* ~**a**) *nm1* footwear

coisc (*vn* **cosc**) *vt, vi* prevent; prohibit; stop; (*emotion*) restrain; (*tide*) stem; (*FIN*) freeze; (*AUT*) brake; **rud a chosc** to prohibit sth; **duine a chosc ar rud a dhéanamh** to prevent sb from doing sth

coiscéim (*pl* ~**eanna**) *nf2* (foot)step, pace; **ar do choiscéim** while passing; **coiscéim ar choiscéim le** step for step with; **do choiscéim a ghéarú** to quicken one's step; **filleadh ar do choiscéim** to retrace one's steps

coiscín *nm4* contraceptive

coiscriú *nm* disturbance; alarm; **coiscriú a chur faoi dhuine** to disturb sb

coisctheach *adj* preventive; deterrent

coisear *nm1* kosher; **bia coisir** kosher food

coisí *nm4* pedestrian; (*MIL*) infantryman

coisíocht *nf3* walking

cóisir *nf2* party; banquet; **gorta nó cóisir** feast or famine; **cóisir mhanglaim** cocktail party

coisreacan *nm1* blessing; consecration

coisric *vt* bless; consecrate; **tú féin a choisreacan** to bless yourself

coisricthe *adj* holy; blessed; **uisce coisricthe** holy water

coiste *nm4* committee, board; jury; **coiste cróinéara** (coroner's) inquest

cóiste *nm4* coach, carriage; pram; stagecoach; **cóiste na marbh** hearse; **cóiste codlata** sleeping car

coite *nm4* (small) boat

coiteann *adj* common; **dlí coiteann** common law

coitianta *adj* common(place), usual, ordinary; popular; widespread; **nós coitianta** widespread custom; **go coitianta** generally; commonly

coitiantacht *nf3* ordinary people, common people; normal practice; **ar mhaithe leis an gcoitiantacht** for the common good

coitinne *nf4* generality; **i gcoitinne** in general

col (*pl* ~**anna**) *nm1* aversion, dislike; degree of kinship; **a chol agus a bhá** his likes and dislikes; **ciorrú coil** incest; **col ceathar** *or* **ceathrair/seisir** first/second cousin; **tá col aige leis an obair** he dislikes the work
colainn (*pl* ~**eacha**) *nf2* (*living*) body, torso; (*REL*) flesh; **peacaí na colainne** sins of the flesh; **i gcolainn dhaonna** incarnate; **colainn gan cheann** headless body
coláiste *nm4* college; **coláiste oiliúna** training college
colaistéaról *nm1* cholesterol
colbha *nm4* edge, side; **shuigh sí ag colbha na leapa** she sat by the bed; **colbha an bhealaigh** edge of the road
colfairt *nf2* reject
colg *nm1* anger; blade; (*of sword*) point; (*BIOL*) dorsal fin; **colg a chur ar dhuine** to annoy sb; **tá colg air** he is raging
colgach *adj* angry
colgán *nm1* swordfish
coll *nm1* hazel; **crann/cnó coill** hazel tree/hazelnut
collach *nm1* boar
collaí *adj* carnal, sexual; sensual
colm[1] *nm1* dove
colm[2] *nm1* scar; **colm a fhágáil ar** to scar
colmán *nm1* dove
colmóir *nm3* hake
Colóim *nf2*: **an Cholóim** Colombia
colpa *nm4* (*ANAT*) calf
colscaradh (*gs* **colscartha**, *pl* **colscarthaí**) *nm* divorce
colún *nm1* column; pillar; **colún pearsanta** personal column
colúnaí *nm4* columnist
colúnáid *nf2* colonnade
colúr *nm1* pigeon; **colúr frithinge** homing pigeon
cóma *nm4* coma
comair (*gsf, pl, compar* **coimre**) *adj* neat; trim; (*style*) concise, laconic
comaitéir *nm3* commuter
comaoin[1] (*pl* ~**eacha**) *nf2* favour; obligation, debt; compliment; return of favour; **bheith faoi chomaoin ag duine as rud** be indebted *or* obliged to sb for sth; **gan chomaoin** without obligation; **comaoin a láimhe féin a thabhairt do dhuine** to pay sb back in kind
comaoin[2] (*pl* ~**eacha**) *nf2* (*spiritual etc*) communion
comaoineach *nf4* communion; **An Chomaoineach Naofa** Holy Communion
comard *nm1* (*in money*) equivalent
comh- *prefix* joint, common; fellow; equal
comha *nf4* safeguard; indemnity
comhábhar *nm1* ingredient; component part
comhad *nm1* (*also COMPUT*) file; **comhad cúltaca** backup file
comhadchaibinéad *nm1* filing cabinet
comhaimseartha *adj* modern; topical
comhaimsir *nf2*: **lucht a comhaimsire** her contemporaries
comhainmneach *nm1* namesake
comhainmneoir *nm3* (*MATH*) common denominator
comhair *in prep phrases*: **os comhair** + *gen* in front of, opposite; **os comhair an tsaoil** openly, publicly; **faoi chomhair** + *gen*, **i gcomhair** + *gen* for, intended for; **i gcomhair an lóin** for lunch; **i gcomhair na hoíche** for the night; **plean a chur os comhair an phobail** to unveil a scheme
comh-aireacht *nf3* (*POL*) cabinet; **comh-aireacht fhreasúra** shadow cabinet
comhaireamh *nm1* count; calculation
comhairle *nf4* advice; council; **comhairle a chur ar dhuine** to advise sb; **comhairle duine a dhéanamh ar a ghlacadh** to follow sb's advice; **dul i gcomhairle le duine** to consult sb; **bheith ar do chomhairle féin** (*person*) to be independent; **idir dhá chomhairle (faoi)** undecided (about); **déan do chomhairle féin** please yourself!; **níl comhairle air** he will not listen to reason; **comhairle baile** town council; **Ceann Comhairle** (*IRL: POL*) the Speaker
comhairleach *adj, nm1* consultant
comhairleoir *nm3* councillor; consultant; counsellor

comhairligh *vt* advise; **rud a chomhairliú do dhuine** to advise sb to do sth
cómhaith *nf2* equal; parallel; **níl a chómhaith i mBéarla** it has no parallel in English
cómhalartach *adj* reciprocal
cómhalartaigh *vt* reciprocate
comhalta *nm4* fellow, member
comhaltacht *nf3* fellowship
comhaltas *nm1* membership; association
comhaois *nf2* equal *or* similar age; **lucht mo chomhaoise** my peers, my own age group; **tá mé ar comhaois leis** I am the same age as him
comhaontachas *nm1* (*COMM, FIN*) combine
comhaontas *nm1* alliance, concord; **An Comhaontas Glas** The Green Party
comhaontú *nm* agreement, accord; pact; unification; **Comhaontú Angla-Éireannach** Anglo-Irish agreement
comhar *nm1* cooperation, collaboration; teamwork; **dul i gcomhar le duine (i rud)** to cooperate *or* combine with sb (in sth); **tá teach i gcomhar acu** they have a house between them; **an comhar a chúiteamh le duine** to return a favour *or* compliment to sb; **comhar na gcomharsan** *system of cooperation among neighbours*
comharba *nm4* successor
comharbas *nm1* succession
comharchumann *nm1* cooperative (society)
comhardaigh *vt* equalize; (*account etc*) balance
comhardú *nm* balance; **comhardú na trádála** balance of trade
Cómhargadh *nm1*: **An Cómhargadh** the Common Market
comharsa (*gs, gpl* ~**n**, *pl* ~**na**) *nf* neighbour
comharsanacht *nf3* (*place*) neighbourhood; vicinity; (*of person*) neighbourliness
comharsanúil *adj* neighbourly
comhartha *nm4* sign, signal; gesture, symbol; mark; emblem; omen; **ina chomhartha ar** indicative of; **comhartha bóthair** road sign; **comhartha ceiste** question mark; **comhartha cille** birthmark; **comhartha guaise** distress signal; **comharthaí sóirt** (*of person*) features; description; **comharthaí athfhriotail** quotation marks, quotes; **comhartha a dhéanamh** to signal
comharthaigh *vt* indicate; signify; designate
comhbhá *nf4* sympathy
comhbhall *nm1* component
comhbhrí *nf4*: **ar comhbhrí (le)** (*meaning*) equivalent (to)
comhbhrón *nm1* condolence; sympathy; **comhbhrón a dhéanamh le duine** to give one's condolences to sb
comhbhrúigh *vt* compress
comhbhrúiteán *nm1* compress
comhbhruith *vt* concoct ♦ *nf* (*gs* **comhbhruite**) concoction
comhbhuainteoir *nm3* combine (harvester)
comhchaidreamh *nm1* association
comhchainteanna *nfpl2* (*POL etc*) talks
comhcheangail *vt, vi* join, combine
comhcheangailte *adj* joined, united; (*SPORT*) muscle-bound
comhcheangal *nm1* combination, association; **comhcheangal smaointe** association of ideas
comhcheilg (*pl* **comhchealga**, *gpl* **comhchealg**) *nf2* plot, conspiracy
comhchéim *nf2* matching step; **ar comhchéim le** on a par with, on equal terms with
comhcheol *nm1* harmony
comhchiallach *nm1* synonym
comhchoirí *nm4* accomplice
comhchoiteann *adj* communal; collective; general
comhchosúil *adj* matching, identical; similar
comhchruinnigh *vt, vi* congregate, assemble
comhchuid *nf3* equal part
comhchuntas *nm1* joint account
comhdháil *nf3* conference; (*gathering*)

convention, congress
comhdhéan *vt* constitute, make up
comhdhéanamh *nm1* composition, structure, make up
comhdheas *adj* ambidextrous
comhdhlúthaigh *vt, vi* condense; compact
comhdhlúthú *nm* condensation
comhdhúil *nf2* (CHEM) compound
comhdhuille *nm4* counterfoil
comhéadan *nm1* (COMPUT) interface
comhéigean *nm1* coercion
comhfhiontar *nm1* (COMM) joint venture
comhfhios *nm3* (PHIL) consciousness
comhfhiosach *adj* (PHIL) conscious
comhfhocal *nm1* (LING) compound (word)
comhfhreagair (*pres* **comhfhreagraíonn**) *vi* correspond
comhfhreagracht *nf3* correspondence; joint responsibility
comhfhreagraí *nm4* correspondent
comhfhreagras *nm1* correspondence; **cúrsa comhfhreagrais** correspondence course
comhghairdeas *nm1* congratulation; **comhghairdeas a dhéanamh le duine (faoi** *or* **as)** to congratulate sb (on)
comhghaolmhar *adj* interrelated
comhghlasáil *vt, vi* interlock
comhghleacaí *nm4* colleague; fellow; equal, peer
comhghléas *vt* (RADIO, TEC) tune (in)
comhghnás *nm1* convention; protocol
comhghnásach *adj* conventional
comhghríosú *nm* incitement
comhghuaillí *nm4* ally; **na Comhghuaillithe** the Allies
comhiomlán *adj, nm1* aggregate
comhionann *adj* identical; uniform
comhionannas *nm1* equality
comhla *nf4* door leaf; shutter; valve; **comhla bheag** service hatch, hatch; **comhla thógála** trap door; **comhla sceite** safety valve
comhlach *adj, nm1* associate
comhlachas *nm1* (COMM) association
comhlacht *nm3* firm, company; **comhlacht corpraithe/poiblí** incorporated/public company; **comhlacht teoranta** limited (liability) company
comhlánaigh *vt* complete; complement
comhlann *nf2* contest; fight
comhlántach *adj* (*angle etc*) complementary
comhlánú *nm* complement
comhlathas *nm1* commonwealth; **an Comhlathas** the Commonwealth
comhlíon *vt* fulfil; carry out; (*rules etc*) observe, comply with; (*duties*) perform; (*purpose*) serve; **dualgas a chomhlíonadh** to fulfil an obligation; **riail a chomhlíonadh** to observe a rule
comhlíonadh (*gs* **comhlíonta**) *nm* fulfilment; completion
comhluadar *nm1* company; family, household
comhoibrí *nm4* workmate
comhoibrigh *vi*: **comhoibrigh (le)** cooperate (with); collaborate (with)
comhoibritheach *adj* cooperative
comhoibriú *nm* cooperation
comhoideachais *n gen as adj* coeducational
comhoiriúnach *adj* compatible; matching
comhordaigh *vt* coordinate
comhordanáidí *nfpl2* coordinates
comhordanáidigh *vt* (MATH) coordinate
comhpháirt *nf2* component, part; **i gcomhpháirt (le)** jointly, in partnership (with)
comhpháirtí *nm4* associate; colleague
comhphobal *nm1* community; **An Comhphobal Eorpach** The European Community, EC
comhrá (*pl* ~**ite**) *nm4* conversation, talk; chat; **comhrá a dhéanamh** to have a conversation; **comhrá a chur ar dhuine** to begin talking to sb; **comhrá cailleach** old wives' tales; **comhráite** negotiations
comhrac *nm1* fight; fighting; combat
comhraic *vt, vi* encounter
comhráite *see* **comhrá**
comhráiteach *adj* colloquial; conversational♦ *nm1* conversationalist
comhramh *nm1* trophy

comhréalta *nf4* co-star
comhréir *nf2* proportion; syntax; **i gcomhréir (le)** proportional (with)
comhréireach *adj* proportional; syntactic(al)
comhréiteach *nm1* compromise; settlement; agreement
comhréitigh *vt, vi* compromise; settle; agree
comhriachtain *nf3* (sexual) intercourse; copulation
comhrialtas *nm1* (*POL*) coalition
comhrialú (*gs* **comhrithe**) *nm* (*AUT*) timing
comhrian *nm1* (*on map*) contour
comhscór *nm1* (*SPORT*) draw
comhshamhlaigh *vt* assimilate
comhshaolach *adj* contemporary
comhshaoránach *nm1* fellow citizen
comhsheasmhacht *nf3* consistency
comhshuaitheadh (*gs* **comhshuaite**) *nm* (*MED*) concussion
comhshuíomh *nm1* (*atmosphere etc*) composition; **briathar comhshuite** (*LING*) compound verb
comhthaobhacht *nf3* (*FIN etc*) collateral
comhtharlaigh *vi* coincide
comhtharlú *nm* coincidence
comhtháthaigh *vt, vi* integrate; fuse; merge
comhthéacs *nm4* context; **rud a ghlacadh as a chomhthéacs** to take sth out of context
comhthiarnas *nm1* condominium
comhthionól *nm1* congress; assembly; (*REL*) community; cluster
comhthíreach *nm1* compatriot
comhtholgadh (*gs* **comhtholgtha**) *nm* concussion
comhthomhaiseach *adj*: **comhthomhaiseach (le)** commensurate (with *or* to)
comhthreomhar *adj* parallel
comhthuiscint *nf3* understanding; rapport
comóir *vt, vi* celebrate; escort, accompany; **duine a chomóradh amach** to show sb out
comónta *adj* common, ordinary
comóradh *nm1* celebration; escort
comórtais *n gen as adj* competitive; **cluiche comórtais** competitive game
comórtas *nm1* competition; contest; comparison; **comórtas iascaireachta/ ceoil** fishing/music competition; **dul i gcomórtas le** to compete with; **rud a chur i gcomórtas (le)** to compare sth (with); **i gcomórtas le** in comparison with
compánach *nm1* companion, chum; comrade
compánachas *nm1* companionship
comparáid *nf2* comparison; likeness; **capall a chur i gcomparáid le hasal** to compare a horse to a donkey
comparáideach *adj* (*also LING*) comparative
compás *nm1* compass; circumference; **as compás** out of order; (*boat*) off course
complacht *nm3* (*MIL*) company
compord *nm1* comfort
compordach *adj* comfortable
comrádaí *nm4* comrade; pal, mate
comrádaíocht *nf3* comradeship; **bheith ag comrádaíocht le duine** to pal *or* hang about with sb
común *nm1* commune
con *see* **cú**
cón *nm1* cone; (ice cream) cornet
conablach *nm1* remains; carcass
conách *nm1* success; wealth; **a chonách sin ort!** (*ironic*) it serves you right!
cónaí (*gs, pl* **cónaithe**) *nm* residence, dwelling; repose, peace; **scoil chónaithe** boarding school; **ceantar cónaithe** residential area; **dul a chónaí (i)** to go to live (in); **bheith i do chónaí (i)** to reside (in); **dul faoi chónaí** to go to rest; **i gcónaí** always, constantly; still
cónaidhm (*pl* ~**eanna**) *nf2* federation
cónaidhme *n gen as adj* (*state etc*) federal
cónaigh *vi* live; reside; settle
conáil *vt, vi* freeze; perish; **chonálfadh sé na corra** it is freezing
conáilte *adj* freezing; **bheith conáilte** to be frozen stiff
conairt (*pl* ~**eacha**) *nf2* pack (of hounds);

(*people*) rabble
cónaisc *vt* merge; amalgamate; federate
cónaithe *see* **cónaí**
cónaitheach *adj* resident; constant, permanent; **post cónaitheach** permanent post
cónaitheoir *nm3* resident; (*in asylum etc*) inmate
conamar *nm1* fragments
conartha, conarthaí *see* **conradh**
conas *adv* how; **conas tá tú?** how are you?; **conas a d'éirigh leat?** how did you manage?
cónasc *nm1* link, connection; (LING) conjunction
cónascach *adj* connecting; federal; (LING) conjunctive
concas *nm1* conquest
conchró (*pl* ~**ite**) *nm4* kennel
conduchtaire *nm4* conductor; **conduchtaire tintrí** lightning conductor
confach *adj* bad-tempered; (*dog*) rabid; vicious
confadh *nm1* rabies; bad temper, rage
cóngar *nm1* proximity; shortcut; **i gcóngar na siopaí** within reach of the shops; **dul an cóngar** to take the shortcut
cóngarach *adj* near; convenient; approximate; **cóngarach (do)** near (to); **bheith cóngarach díot féin** to be egocentric *or* selfish
conlaigh *vt* gather; scrape together; glean
conlán *nm1* collection; **rud a rá as maoil do chonláin** to say sth on the spur of the moment; **bheith ar do chonlán féin** to be independent, provide for o.s.
Connachta (*gpl* **Connacht**) *nmpl* (*also*: **Cúige Chonnacht**) Connacht
Connachtach *adj* Connacht♦ *nm1* Connacht man/woman
connadh *nm1* firewood; fuel
cónra *nf4* coffin, casket (*US*)
conradh (*gs* **conartha**, *pl* **conarthaí**) *nm* contract; treaty; bargain; (*association*) league; **conradh síochána** peace treaty; **Conradh na Gaeilge/Talún** The Gaelic/Land League; **Conradh na Náisiún** League of Nations; **fuair tú conradh maith** you got a good bargain
conraitheoir *nm3* contractor
consal *nm1* consul
consalacht *nf3* consulate
consan *nm1* consonant
consól *nm1* (COMPUT) console
conspóid *nf2* controversy; argument, dispute
conspóideach *adj* controversial
conspóidí *nm4* argumentative person; (*of will*) contestant
constábla *nm4* constable
constáblacht *nf3* constabulary
constaic *nf2* obstacle, barrier; impediment
contae (*pl* ~**tha**) *nm4* county
contrabhanna *nm4* contraband
contráilte *adj* wrong; incorrect; contrary; **tá sin contráilte agat** you've got it wrong; **an taobh contráilte** the wrong side
contralt *nm1* contralto
contrártha *adj* contrary; opposite
contrárthacht *nf3* contrast; **i gcontrárthacht le** in contrast with
contráth *nm3* dusk
contúirt *nf2* danger, peril; **i gcontúirt** in danger; **slán ó chontúirt** out of harm's way
contúirteach *adj* dangerous, risky; unsafe
cor (*pl* ~**a**) *nm1* turn; (FISHING) haul; (*dance*, MUS) reel; **cor bealaigh a chur ort féin** to take a detour, go out of one's way; **cor cainte** idiom, turn of phrase; **cor coise a thabhairt do dhuine** to trip sb; **cor a chur i scéal** to distort a story; **cor a thabhairt do duine** to give sb the slip; **cor a chur i saol duine** to change the course of sb's life; **cora crua an tsaoil** the hardships of life; **is oth liom do chor** I am sorry for your predicament; **tá cor san fheoil** the meat is off; **ar aon chor** at any rate, anyway; **ar chor ar bith, in aon chor** at all
cór[1] *nm1* choir; chorus
cór[2] *nm1* corps; **cór taidhleoireachta** diplomatic corps
cora *nf4* weir; *see also* **cor**
coradh (*gs* **cortha**, *pl* **corthaí**) *nm* (*in*

road, river) bend, turn

coraí *nm4* wrestler

coraintín *nm4* quarantine

coraíocht *nf3* wrestling; **bheith ag coraíocht (le duine)** to wrestle *or* struggle (with sb)

córam *nm1* quorum

Córan *nm4*: **An Corán** the Koran

córas *nm1* system; setup; (POL) régime; **córas deachúlach** decimal system

córasach *adj* systematic

corc *nm1* cork

Corcaigh (*gs* **Chorcaí**) *nf2* Cork

corcairdhearg *adj, nm1* crimson

corcairghorm *adj, nm1* (*colour*) violet

corcán *nm1* pot

corcra *adj, nm4* purple

corcscriú *nm4* corkscrew

corda *nm4* cord, string; (MUS) chord; (*fabric*) cord, corduroy

Corn *nm1*: **Corn na Breataine** Cornwall

corn[1] *vt* roll (up), coil; wrap

corn[2] *nm1* (MUS) horn; beaker; (SPORT) cup; (RACING) plate

corna *nm4* coil, roll; bale; (*contraceptive*): **an corna** the coil

cornchlár *nm1* sideboard

cornphíopa *nm4* hornpipe

coróin (*gs* **corónach**, *pl* **corónacha**) *nf* crown; **Coróin Mhuire** rosary beads; **bheith i gcoróin** to reign; **teacht i gcoróin** to accede to the throne

coróineach *nf2* carnation

corónaigh *vt* crown

corónú *nm* coronation

corp *nm1* body; corpse, remains; **corp agus anam** body and soul; **corp na fírinne** the very truth; **corp eaglaise** nave

corpán *nm1* corpse, body

corparáid *nf2* corporation

corparáideach *adj* corporate

corpartha *adj* bodily

corpoideachas *nm1* physical education, PE

corr[1] (*gsm* **corr**) *adj* odd; eccentric; kinky; **an ceann corr** the odd one out; **an t-éan corr** the odd man out

corr[2] *nf2* heron; **corr bhán** stork; **corr mhóna** crane

corr- *prefix* odd-, occasional

corrabhuais *nf2* confusion

corrabhuaiseach *adj* confused

corrach *adj* unsettled; restless; unsteady; (*times*) troubled, uncertain

corradh *nm*: **corradh le** *or* **agus** more than

corraí *nm* excitement

corraigh *vt, vi* move, shift, stir; agitate; disturb; excite, thrill

corraíl *nf3* stir; excitement, thrill; hype

corraithe *adj* excited; (*sea*) choppy

corraitheach *adj* exciting, thrilling; touching, moving

corrán *nm1* sickle; crescent; (GEOG) hook; **corrán gealaí** crescent moon

corrlach *nm1* (*in betting*) odds

corrmhéar *nf2* index finger, forefinger

corrmhíol (*pl* ~**ta**) *nm1* midge

corróg *nf2* hip

corrthónach *adj* restless, fidgety

corruair *adv* occasionally; sometimes

Corsaic *nf2*: **an Chorsaic** Corsica

cortha *adj* exhausted; *see also* **coradh**

corthaí *see* **coradh**

córúil *adj* choral

cos (*ds* **cois**) *nf2* leg; foot; (*of knife etc*) handle; (*of a glass*) stem; **de chois** on foot; **cos sicín** leg of chicken; **do chosa a bhreith leat** to make one's getaway; **ar cosa in airde** at a gallop; **de shiúl na gcos** on foot; **bheith ag tarraingt na gcos** to shuffle one's feet; **rud a dhéanamh in éadan do chos** to do sth unwillingly; **rud a chur faoi chois** to suppress sth; **buail cos air** keep it quiet; **cois** + *gen*, **de chois** + *gen*, **i gcois** + *gen* beside, along; **siúl cois na farraige** to walk along the shore; **le cois** + *gen* as well as, in addition to; **lena chois sin** besides; **ar cois** afoot; **cad é atá ar cois?** what's up?

cosain (*pres* **cosnaíonn**) *vt* defend, protect; vindicate; cost; **duine a chosaint** to defend sb; **chosain sé í** he stuck up for her; **chosain an leabhar**

£10 the book cost £10

cosaint (*gs* **cosanta**) *nf3* defence, protection; safeguard; **Aire Cosanta** Minister of Defence; **dul ar do chosaint** to go on the defensive

cosán *nm1* path, footpath; pavement, sidewalk (*US*); track, trail

cosanta *n gen as adj* (*clothing etc*) protective

cosantach *adj* defensive, protective

cosantóir *nm3* protector; (*SPORT*) defender; (*LAW*) defendant; (*AUT*) bumper

cosc *nm1* prohibition; prevention; deterrent; ban; **cosc a chur ar rud** to ban sth, prohibit sth; *see also* **coisc**

coscair (*pres* **coscraíonn**) *vt, vi* thaw; disintegrate; shatter; hack; mangle; (*person*) distress, shock

coscairt (*gs* **coscartha**) *nf3* thaw; defeat, overthrow; slaughter; **tháinig an choscairt** it thawed

coscán *nm1* brake; **coscán láimhe/coise** handbrake/footbrake; **na coscáin a theannadh** to put the brakes on

coscrach *adj* harrowing, distressing; (*victory, defeat*) overwhelming

coslia (*pl* ~**nna**) *nm4* chiropodist

cosmaid *nf2* cosmetic

cosnaíonn *see* **cosain**

cosnochta *adj* barefoot

cósta *nm4* coast

costas *nm1* cost; expense; **cuid is costas** food and expenses

costasach *adj* costly, expensive

cóstóir *nm3* rambler; (*vehicle*) coaster; **cóstóir roithleáin** roller coaster

costphraghas *nm1* cost price

cosúil *adj* like; alike; **cosúil (le)** similar (to); **is cosúil go ...** it appears that ...; **tá siad cosúil le chéile** they are alike

cosúlacht *nf3* likeness; resemblance; appearance; semblance; **i gcosúlacht** in appearance, seemingly; it seemed that; **de réir cosúlachta** on the face of it, apparently; **tá an uile chosúlacht go ...** there is every likelihood that ...; **tá cosúlacht na fírinne air** it appears to be the truth, it seems likely

cóta *nm4* coat; kilt; **cóta báistí** raincoat; **cóta fionnaidh** fur coat; **cóta mór/seomra** overcoat/housecoat

cotadh *nm1* shyness

cothabháil *nf3* maintenance

cothaigh *vt* feed; sustain; (*financially etc*) support; (*trouble etc*) stir up

cothroime *nf4* evenness

cothrom *adj* equal, even; (*surface*) flat, level; (*decision etc*) fair, just ♦ *nm1* level; balance; equal(ity); fairness; **baineadh dá cothrom í** she lost her balance; **cothrom na féinne** fair play; **i gcothrom le** on a par with; **bheith cothrom le** to be even with; **cluiche cothrom** (*SPORT*) a draw

cothromaigh *vt, vi* even (up), level (off); balance; (*SPORT*) equalize

cothromaíocht *nf3* evenness; balance; equilibrium

cothromais *nmpl1* (*COMM*) equities

cothrománach *adj* horizontal

cothromóid *nf2* (*MATH*) equation

cothromóir *n* (*SPORT*) equalizer

cothú *nm* nourishment, sustenance; maintenance; promotion; **cothú cothrom** balanced diet; **cothú ealaíon** promotion of arts

cothúil *adj* nourishing, sustaining

cotúil *adj* bashful, shy; self-conscious

crá *nm4* anguish, distress; torment; bother; **crá croí** (*inf*) nuisance, pain in the neck

craein (*gs* **craenach**) *nf* crane

crág *nf2* large paw *or* hand; (*AUT*) clutch; **crág airgid** a handful of money

crágáil *vi* handle awkwardly; walk awkwardly

craic (*pl* ~**eanna**) *nf2* (*fun*) crack; company; **tá craic mhaith leis** he's good crack; he's a good sport

craiceann (*pl* **craicne**) *nm1* skin; hide, pelt; (*of bacon, cheese*) rind; (*of fruit, potato*) peel; (*fig*) veneer; **craiceann caorach** sheepskin; **craiceann istigh** inside out; **an craiceann a bhaint d'oráiste** to peel an orange; **craiceann a bhualadh le duine** to have sex with sb;

craiceann a chur ar scéal to embroider a story; (*road*) surface; **tá craiceann na fírinne ar an scéal** the story rings true
craicear *nm1* (*biscuit*) cracker
cráifeach *adj* religious, devout
cráifeacht *nf3* piety
cráifisc *nf2* crayfish
cráigh *vt* torment, distress; annoy; **ná bí do mo chrá** don't annoy me
cráin (*gs* **cránach**, *pl* **cránacha**) *nf* sow
cráite *adj* tormented, tortured; annoying, exasperating; **saol cráite** miserable life
crampa *nm4* cramp
cranda *adj* stunted
crandaí *nm4* hammock; **crandaí bogadaí** seesaw
crandaigh *vt* stunt
crangaid *nf2* winch, crank
crann *nm1* tree; (*RADIO etc*) mast; pole; handle, shaft; **crann gallchnó/castán** walnut/chestnut (tree); **crann ológ/plána** olive/plane (tree); **crann síorghlas** evergreen (tree); **crann teile/úll** lime/apple (tree); **crann brataí** flagpole; **crann cosanta** defender, champion; **crann fuinte** rolling pin; **crann seoil** mast; **crann tabhaill** sling; **crann taca** mainstay; **crann tógála** crane; **crainn a chaitheamh (ar rud)** draw lots (for sth), toss up (for sth); **teacht i gcrann** to reach maturity, develop fully; **dul as do chrann cumhachta** to lose control of o.s., fly off the handle; **titim ar do chrann rud a dhéanamh** to have it fall to one's lot to do sth
crannchur *nm1* lottery; raffle
crannóg *nf2* pulpit, rostrum; (*HIST*) crannog, wooden lake fort; (*NAUT*) crow's nest
craobh (*pl* ~**acha**, *gpl* **craobh**) *nf2* branch; bough; (*SPORT*) championship; **craobh ghinealaigh** genealogical tree; **dul le craobhacha** to go mad; **craobh an chontae** the county championship
craobh-abhainn (*gs* **craobh-abhann**, *gs* **craobh-aibhneacha**) *nf* tributary
craobhchomórtas *nm1* championship
craobhóg *nf2* twig; sprig
craobhscaoil *vt, vi* broadcast; propagate
craobhscaoileadh (*gs* **craobhscaoilte**) *nm* propagation
craol *vt* announce♦ *vt, vi* broadcast; (*signal*) send out
craolachán *nm1* broadcasting; **stáisiún craolacháin** broadcasting station
craoladh (*gs* **craolta**, *pl* **craoltaí**) *nm* broadcast
craoltóir *nm3* broadcaster
craos *nm1*, *nm1* gullet; greed, gluttony; **craos a dhéanamh (ar)** to gorge o.s. (on)
craosach *adj* ravenous; gluttonous
craosaire *nm4* glutton
craosfholc *vt, vi* gargle
crap *vt, vi* contract; shrink
crapadh *nm* contraction; shrinkage
crapall *nm1* restriction; fetter
craplaigh *vt* cripple
craptha *adj* stilted; cramped
cráta *nm4* crate
cré[1] (*pl* ~**anna**) *nf4* clay; earth, soil; ash; **cré bhruite** terracotta; **earraí cré** earthenware
cré[2] (*pl* ~**anna**) *nf4* creed; **An Chré** The Creed
creach[1] *vt* brand
creach[2] *vt* loot, plunder; ransack, rifle; prey on; assault, mug♦ *nf2* (*of stolen goods etc*) haul; loot; spoils; (*animal*) prey, quarry; **ainmhí creiche** beast of prey
creachadh (*gs* **creachtha**, *pl* **creachthaí**) *nm* plunder; ruin(ation)
creachadóir *nm3* plunderer; looter
creachadóireacht *nf3* plundering; looting
créacht *nf3* wound, gash
créafóg *nf2* clay
creagach *adj* rocky
créam *vt* cremate
créamatóiriam *nm4* crematorium
créanna *see* **cré**[1,2]
creasa *see* **crios**
creat *nm3* frame; shape; chassis; **creat a chur ar rud** to get sth into shape
creatach *adj* emaciated, gaunt
creatfhoireann *nf2* skeleton staff

creatha *see* **crith**
creathach *adj* (*hand*) shaky; shivering; (*voice*) trembling; vibrating
creathadach *nf* trembling, shaking; shivering
creathán *nm1* tremor; **tháinig creathán ina ghuth** his voice wavered
creathánach *adj* trembling
creathanna *see* **crith**
creathnaigh *vi* (*with fear*) tremble, flinch; **creathnú roimh dhuine** to cower before sb
creatlach *nf2* framework; skeleton; (empty) shell; **creatlach scéil** outline of story
créatúr *nm1* creature; **an créatúr!** poor thing!
cré-earraí *nmpl4* earthenware
creid *vt* believe; suppose, guess; **creidim i míorúiltí** I believe in miracles; **creideann sé go bhfuil sí tinn** he believes that she is sick; **creid mise (ann), creid mé duit ann** believe me
creideamh *nm1* belief; faith; religion
creidiúint (*gs* **creidiúna**) *nf3* credit
creidiúnach *adj* reputable; creditable
creidiúnaí *nm4* creditor
creidmheach *nm1* believer
creidmheas *nm3* credit; **áiseanna creidmheasa** credit facilities
creig *nf2* rock; crag
creig-ghairdín *nm4* rock garden
creim *vt* erode; gnaw
creimeadh (*gs* **creimthe**) *nm* erosion; inroads
creimire *nm4* rodent
créip *nf2* crepe
cré-umha *nm4* bronze
crián *nm1* crayon
criathar *nm1* sieve; quagmire
criathraigh *vt* sieve, sift; (*bullets*) riddle; **ceist a chriathrú** to examine a question closely
críoch (*ds* **crích**) *nf2* limit; boundary; end, finish; territory; completion; fulfilment; **Críoch Lochlann** Scandinavia; **teacht chun críche** to come to an end; **mar chríoch** in conclusion; **rud a chur i gcrích** to finish *or* complete sth
críochadóireacht *nf3* demarcation
críochantacht *nf3*: **ag críochantacht le** (*land etc*) bordering on
críoch-cheol *nm1* finale
críochdheighilt *nf2* (POL) partition
críochfort *nm1* terminal
críochnaigh *vt, vi* complete, finish (off), end
críochnaithe *adj* finished; (*absolute*) utter, complete
críochnaitheach *adj* final
críochnú *nm* completion
críochnúil *adj* thorough; methodical
críochú *nm* demarcation
criogar *nm1* (*insect*) cricket
criongán *nm* moaning; **bheith ag criongán (faoi)** to moan *or* whinge (about)
críonna *adj* prudent, wise; cunning; (*person*) mature; (*option*) advisable
críonnacht *nf3* wisdom; maturity; shrewdness
crios (*gs* **creasa**, *pl* ~**anna**) *nm3* belt; strap; (GEOG) zone; **crios ama** time zone; **crios iompair** conveyor belt; **crios leaisteach** elastic band; **crios tarrthála** lifebelt; safety belt, seat belt
Críost *nm4* Christ
Críostaí *adj, nm4* Christian
Críostaíocht *nf3*: **An Chríostaíocht** Christianity
criostal *nm1* crystal
Críostúil *adj* Christian
critéar *nm1* criterion
crith (*gs* **creatha**, *pl* **creathanna**) *nm3* tremble, shiver; quiver♦ *vi* shiver; tremble; **bheith ar crith le heagla** to shake with fear; **crith talún** earthquake, (earth) tremor
critheagla *nf4* fear, trepidation
critheaglach *adj* terrified; fearful; timorous
crithfhuacht *nm3* (*mild cold*) chill
crithlonraigh *vi* shimmer
critic *nf2* (LIT) critique, criticism
criticeoir *nm3* (*reviewer*) critic
criticiúil *adj* critical

criú *nm4* crew
cró[1] (*pl* ~**ite**) *nm4* hovel; (*PHOT*) aperture; (*for sheep*) pen; (*arena, for boxing*) ring; (*ANAT*) socket; (*of needle*) eye; **cró folaigh** hideaway; **cró muice** pigsty, sty
cró[2] *nm4* blood
crobh *nm1* paw; claw, talon
crobhaing *nf2* cluster
croch *nf2* cross; gallows ♦ *vt, vi* hang (up), put up; raise up; carry; **an Chroch Chéasta** the Cross of the Crucifixion; **pictiúr a chrochadh an bhalla** to hang a picture on a wall; **amhrán a chrochadh (suas)** to strike up a song; **croch leat!** get lost!
crochadán *nm1* hanger
crochadh *nm* hanging
crochaille *nm4* spittle; phlegm
crochóga *nfpl2* suspenders
crochta *adj* sloping; steep; hanging; raised
cróga *adj* brave; hardy
crógacht *nf3* bravery, valour
crogall *nm1* crocodile
croí *nm4* heart; centre; (*of fruit etc*) core; **a chroí** my dear; **a dhuine/bhean chroí** my dear man/woman; **a stór mo chroí** my beloved; **croí na ceiste** the heart of the matter; **croí na féile** the epitome of generosity; **croí na fírinne** the real *or* absolute truth; **i do chroí istigh** in one's heart of hearts; **do chroí a bheith istigh i rud/nduine** to be completely devoted to sth/sb; **croí duine a thógáil** to cheer sb up; **croí duine a bhriseadh** to break sb's heart; **rud atá ar do chroí** one's most sincere feelings and thoughts; **rud a thig ó do chroí (amach)** sth sincerely felt and thought; **is fada sin óna chroí** that is far from what he really thinks or feels; **an croí a bhaint as duine** to terrify sb; **an croí a bhaint de dhuine** to dishearten sb; **tá a chroí ina bhéal aige, tá a chroí amuigh** *or* **ag dul amach ar a bhéal le heagla** he is terrified; **rud a chur de do chroí** to get sth off one's chest; **fuair sé de chroí ...** he was bold *or* audacious enough to ...; **thit mo chroí** my heart sank; **rud a dhéanamh faoi chroí mhór mhaith** to do sth gladly; **le croí mór** heartily
croíbhriste *adj* broken-hearted
croílár *nm1* dead centre; hub
cróilí *adj* disabled; infirm ♦ *nm4* disablement; infirmity; **i gcróilí an bháis** in the throes of death
croim- *see* **crom-**
croiméal *nm1* moustache
cróimiam *nm4* chromium
cróinéir *nm3* coroner; **coiste cróinéara** (coroner's) inquest
cróineolaíoch *adj* chronological
croinic *nf2* chronicle
cróise *nf4* crochet
croit *nf2* croft
Cróit *nf2*: **an Chróit** Croatia
cróite *see* **cró**
croith *vt, vi* shake; rattle; (*tail*) wag; (*hand, flag*) wave; (*salt etc*) sprinkle; **lámh a chroitheadh (le)** to shake hands (with); **do cheann a chroitheadh** to shake one's head
croitheadh *nm* shake; sprinkling; **croitheadh láimhe** handshake; **bhain an taisme croitheadh aisti** she was shaken by the accident
croíúil *adj* hearty; cheerful; (*song*) rousing; (*welcome*) warm
crólinnteach *adj* gory
crom *adj* bent, stooped ♦ *vt, vi* bend; stoop; lean (over); **crom siar/chun tosaigh** lean back/forward; **crom ar** start to; (*tune, song*) strike up; (*work*) get down to
cróm *nm1* chrome
cromán *nm1* hip; (*TECH*) crank
crómasóm *nm1* chromosome
crombóg *nf2* crumpet
crómchneasú (*gs* **crómchneasaithe**) *nm* chromium plating
cromleac (*gs* **cromleice**, *pl* ~**a**) *nf* cromlech
crompán *nm1* creek
cromshlinneánach *adj* slouching; round-shouldered
crón *adj* swarthy
cronaigh *vt* miss; **cronaím an chraic** I

miss the crack
crónán *nm1* hum; drone, murmur; **tá an cat ag crónán** the cat's purring
crónträth *nm3* dusk
cros *nf2* cross; prohibition; veto ♦ *vt* forbid; ban; prohibit; **cros ar** ban; forbid; **comhartha na croise** the sign of the cross; **cros chéasta** crucifix; **Cros an Deiscirt** the Southern Cross; **an Chros Dhearg** the Red Cross; **Turas na Croise** (*REL*) the Stations of the Cross; **tá cros ar an leabhar sin** that book is banned; **crosaim ort dul amach** I forbid you to go out; **tá sin crosta** that is not permitted
crosach *adj* crosswise
crosáid *nf2* crusade
crosáil *vt* cross
crosaire *nm4* crossing; crossroads; **crosaire comhréidh** level crossing
crosbhealach *nm1* crossroad; (*on motorway*) interchange; (*of roads*) intersection
crosbhóthar (*pl* **crosbhóithre**) *nm1* crossroad
croscheistigh *vt, vi* (*LAW*) cross-examine
crosfhocal *nm1* crossword
croslámhach *nm1* crossfire
crosóg *nf2* small cross; **crosóg mhara** starfish; **crosóg Bhríde** (*REL*) St Brigid's cross
cros-síolraigh *vt, vi* (*BIOL etc*) cross-breed
cros-síolrú (*gs* **cros-síolraithe**) *nm* (*BIOL etc*) cross-breeding
crosta *adj* (*child*) bold; troublesome
crostagairt *nf3* cross-reference
crotal *nm1* (*of lemon etc*) rind; (*of wheat*) husk
crothán *nm1* sprinkling; (*quantity*) little; **crothán** + *gen* a smattering of
crú *nm4* horseshoe; **nuair a thagann an crú ar an tairne** when it comes to the test
crua *adj* hard; difficult; harsh; hardy; (*drink*) neat ♦ *nm4* hard; **saol/buille/fear crua** hard life/blow/man; **ólann sé crua é** he drinks it neat; **tá sé ag cur crua orm dearmad a dhéanamh air** I find it hard to forget
cruach[1] *nf2* pile; (*of hay, turf*) stack ♦ *vt* stack; **cruach fhéir** haystack
cruach[2] *nf4* steel; **cruach dhosmálta** stainless steel
cruachás *nm1* predicament; difficulty; dilemma; **bheith i gcruachás** to be in dire straits
cruachroíoch *adj* callous
cruadhiosca *nm4* (*COMPUT*) hard disk
crua-earraí *nmpl4* hardware
cruaigh *vt, vi* harden; toughen
cruálach *adj* cruel
cruálacht *nf3* cruelty
cruan *nm1, vt* enamel
cruánach *adj* solid
cruatan *nm1* hardship; want; **cruatan an tsaoil** the rigours *or* trials of life
crúb *nf2* claw; hoof; **bheith i gcrúba duine** to be in sb's clutches
crúbáil *vt, vi* claw, paw; **ag crúbáil le peann** scrawling with a pen
crúca *nm4* hook; crook; claw
crúcáil *vt* hook; **bheith ag crúcáil ar** to claw at; to clutch at
cruib (*pl* ~**eanna**) *nf2* crib; **cruib shúgartha** playpen
cruicéad *nm1* (*game*) cricket
cruidín *nm4* kingfisher
crúigh[1] *vt* (*horse*) shoe
crúigh[2] *vt* milk
cruimh *nf2* grub; maggot
cruinn *adj* round; exact; accurate; assembled; **tábla cruinn** round table; **cur síos cruinn** accurate description; **tá na daltaí cruinn sa leabharlann** the pupils are assembled in the library; **éist go cruinn** listen closely
cruinne *nf4* universe; orb, globe; roundness
cruinneachán *nm1* dome
cruinneas *nm1* accuracy, exactness, precision; clarity
cruinneog *nf2* (*in class*) globe
cruinnigh *vt, vi* assemble; gather, collect; **airgead/stampaí a chruinniú** to collect money/stamps; **chruinnigh siad le chéile** they got together; **cruinnigh do chuid cainte** come to the point!; **do**

mheabhair a chruinniú to gather one's thoughts

cruinniú *nm* gathering, meeting; collection; **tá sí ar chruinniú** she's at a meeting; **cruinniú mullaigh** summit (meeting)

crúiscín *nm4* small jar *or* jug

cruit (*pl* ~**eanna**) *nf2* hump, hunch; (MUS) small harp

cruiteach *adj* humpbacked, hunchbacked

cruiteachán *nm1* hunchback

cruithneacht *nf3* wheat

cruóg *nf2* urgent need; rush; **tá cruóg air** he's in a rush

cruógach *adj* busy; urgent, pressing

crúsca *nm4* jar, jug

crústa *nm4* crust

cruth (*pl* ~**anna**) *nm3* appearance, shape; state, condition; **teacht i gcruth** to take shape; **cuir cruth ort féin** tidy yourself up; **bhí sí i gcruth titim leis an tuirse** she was fit to drop with exhaustion

crúthach *nm1* (milk-)yield

cruthaigh *vt* create, shape, form; prove; establish; **cás a chruthú** to prove a case; **cruthú go maith** to turn out well

cruthaíocht *nf3* (*shape*) outline

cruthaitheach *adj* creative

cruthaitheoir *nm3* creator

cruthanta *adj* lifelike; exact; (*fool etc*) complete

cruthú *nm* creation; proof; **níl aon chruthú agam (go)** I've no proof (that); **gan chruthú** unsubstantiated

cruthúnas *nm1* proof

cú (*pl* ~**nna**, *gs, gpl* **con**) *nm4* greyhound; hound

cuach[1] (*pl* ~**a**, *gpl* **cuach**) *nm4* bowl

cuach[2] *nf2* cuckoo; bow knot; (*in hair*) cowl, tress; hug♦ *vt* wrap; bundle; hug; **cuach isteach le chéile** to huddle together; **bheith cuachta istigh** to be cooped up

cuachóg *nf2* bow knot

cuaifeach *nm1* whirlwind

cuaille *nm4* pole; stake; post; **cuaille báire** goalpost; **cuaille lampa** lamppost

cuain (*pl* ~**eanna**) *nf2* (*of animals*) litter

cuaire *nf4* camber

cuairín *nm4* circumflex

cuairt (*pl* ~**eanna**, *with pl nums* **cuarta**) *nf2* visit, call; (*of doctor*) round; (*of town, museum*) tour; (*of track*) circuit, lap; **cuairt a thabhairt ar dhuine** to pay sb a visit

cuairteoir *nm3* visitor; tourist

cual *nm1* bundle

cuallacht *nf3* guild; corporation; fellowship

cuan (*pl* ~**ta**) *nm1* harbour, marina; haven; **Cuan Bhaile Átha Cliath** Dublin Bay

cuar *nm1* curve; circle

cuarán *nm1* sandal

cuarbhóthar *nm1* ring road, beltway (*US*)

cuardach *nm1* search

cuardaigh *vt* search (for)

cuarta *see* **cuairt**

cuartaíocht *nf3* visiting; **dul ag cuartaíocht tigh** + *gen* to call round to sb's (house)

cuas (*pl* ~**a**) *nm1* hollow, cavity; (ANAT) sinus

cuasach *adj* hollow, concave

cúb *nf2* coop♦ *vt, vi* bend; cower, shrink; **cúbadh (ó)** to recoil (from)

Cúba *nm4* Cuba

cubhachail *nm4* cubicle

cúbláil *vt* misappropriate; wrangle; manipulate

cúcamar *nm1* cucumber

cufa *nm4* cuff

cuí *adj* fitting

cuibheasach *adj* fair, reasonable, middling

cuibhiúil *adj* proper; seemly; decent

cuibhiúlacht *nf3* seemliness, decorum; decency

cuibhreach *nm1* binding, fetter; **níl ceangal ná cuibhreach air** he has no ties

cuibhreann *nm1* field; (MIL) mess

cuid (*gs* **coda**, *pl* **codanna**) *nf3* some; part; share; portion; means of subsistence; **an chéad chuid** the first part; **an chuid is mó** the greater part; **cuid de** some of; **cuid acu** some of them; **cuid mhaith (+**

gen) a lot (of); **roinnte ina chodanna** divided in parts; **bhí a chuid den chuideachta aige** he enjoyed himself as much as anyone; **tá mo chuid gruaige fliuch** my hair is wet; **tá meath ar a chuid Gaeilge** his Irish has deteriorated; **iníon de chuid Sheáin** one of John's daughters; **do chuid a shaothrú** to earn your keep; **ná tréig do chara ar do chuid** don't lose a friend for gain; **déan do chuid** eat (your meal); **tá lorg a coda uirthi** (*inf*) she looks well-fed

cuideachta *nf4* company; amusement; **is fear mór cuideachta é** he's very outgoing; **cuideachta a choinneáil le duine** to keep sb company; **i gcuideachta a chéile** together; **i gcuideachta na cuideachta** along with the rest; **bhí cuideachta mhaith ann aréir** it was good crack last night

cuideachtúil *adj* sociable; outgoing

cuidigh *vi* help ♦ *vt*: **cuidigh le** help, assist; (*motion*) second; **cuidiú le duine** to help sb; **chuidigh sí liom an t-airgead a chuntas** she helped me to count the money

cuiditheoir *nm3* helper; (*at meeting*) seconder

cuidiú (*gs* **cuidithe**) *nm* help; assistance; **lámh chuidithe** helping hand

cuidiúil *adj* helpful

cúig *num, nm4* five; **a cúig déag** fifteen; **dhíol mé ar chúig phunt é** I sold it for £5; **cúig charr/mhí/phointe** five cars/months/points

cúige *nm4* province; **Cúige Chonnacht** Connacht; **Cúige Laighean** Leinster; **Cúige Mumhan** Munster; **Cúige Uladh** Ulster

cúigeach *adj* provincial

cúigear *nm1* five; five people

cúigiú *num, adj, nm4* fifth

cuil[1] *nf2* fly; **cuil ghorm** bluebottle

cuil[2] *nf2* angry mood; **tá cuil air** he's angry

cúil *nf* (*gs* **cúlach**, *pl* **cúlacha**) corner; nook

cuilceach *nm1* rascal; playboy

cuileáil *vt* reject, discard

cuileann *nm1* holly

cúileann *adj, nf2* blond(e)

cuileog *nf2* (*insect*) fly

cúilín *nm4* (SPORT) point

cuilithe *nf4* vortex; centre, core; (*fig*) mainstream

cuilithín *nm4* ripple

cuilt (*pl* ~**eanna**) *nf2* quilt

cuimhin *n* (*with copula + le*): **is cuimhin léi (an tseanscoil)** she remembers (the old school); **ní cuimhin liom a hainm** I can't remember her name

cuimhne *nf4* memory; recollection; **cuimhní cinn** memoirs; **le cuimhne na ndaoine** within living memory; **más buan mo chuimhne** if I remember correctly; **ar feadh mo chuimhne, de réir mo chuimhne** as far as I remember; **rud a chur i gcuimhne do dhuine** to remind sb of sth

cuimhneacháin *n gen as adj* memorial

cuimhneachán *nm1* commemoration; memento, souvenir

cuimhneamh *nm1* remembrance; thought; **cuimhneamh míosa** (REL) month's mind

cuimhnigh *vt, vi*: **cuimhnigh (ar)** remember; recall; keep *or* bear in mind

cuimil (*pres* **cuimlíonn**) *vt, vi* rub; wipe; stroke; fondle

cuimilt *nf2* rubbing; wiping; stroking; friction; (*with cloth*) rub, wipe; **cuimilt a thabhairt do rud** to give sth a rub *or* wipe

cuimilteoir *nm3* wiper; **cuimilteoir gaothscátha** windscreen wiper

cuimleoir *nm3* wiper; rubber

cuimse *nf4*: **dul thar cuimse** to go too far; **as cuimse** extreme, exceedingly

cuimsigh *vt, vi* comprehend; connote; comprise

cuimsitheach *adj* comprehensive; inclusive; full-scale

cuing (*pl* ~**eacha**) *nf2* yoke; bond, obligation; **cuing an phósta** wedlock

cúinne *nm4* corner; angle; nook; (*in road*) bend

cúinneach *nm1* (FOOTBALL) corner (kick)

cuinneog *nf2* (*for butter*) churn

cúinse *nm4* circumstance; pretext; condition; **ar aon chúinse** under no circumstances; **gan chúinse** unconditionally; **bhí sí ann ar an chúinse go ...** she was there on the pretext that ...

cuir (*vn* **cur**) *vt, vi* put, place; (*body*) bury; (*seed*) sow, plant; set, lay; send; (*hair, leaves*) shed; rain; **cár chuir tú an peann?** where did you put the pen?; **crann a chur** to plant a tree; **dol a chur** to set a trap; **ceist a chur (ar)** to ask a question (to); **geall a chur** to place a bet; **páiste a chur a luí** to send a child to bed; **scéala a chur chuig duine** to send word to; **bheith ag cur allais** to be sweating; **tá sé ag cur sneachta** it is snowing

▸ **cuir amach** put out; eject; (*drink*) pour; vomit; (*warrant, statement*) issue; **do cheann a chur an fhuinneog amach** to put your head out of the window; **duine a chur amach** (*eject*) to put sb out; **bhí sí ag cur amach** she was vomiting

▸ **cuir aníos** send up (from below)

▸ **cuir anuas** send down (from above)

▸ **cuir ar** put on; place; send to; turn on; cause; impose; (*sugar*) add; colour; ascribe; bring on; translate; trouble; **cuir ort do chóta** put your coat on; **stampa a chur ar litir** to put a stamp on a letter; **rud a chur ar aghaidh/ar gcúl** to put sth forward/back; **an raidió a chur air** to switch on the radio; **chuir an boladh ocras air** the smell made him hungry; **dualgas a chur ar dhuine** to place an obligation on; **níor chuir mé siúcra ar an gcaife** I didn't put any sugar in the coffee; **mallacht a chur ar dhuine** to curse; **cuir Gaeilge ar sin** put that into Irish; **tá an déideadh ag cur air** the toothache is troubling him

▸ **cuir as** put out of; put out, turn off; bother; **duine a chur as obair** to put sb out of work; **chuir sí an solas as** she put out the light; **tá na scrúduithe ag cur as di** she is worried about the exams

▸ **cuir chuig** *or* **chun** send to; put to; disturb; embark on; set to; **bille a chur chuig duine** to send a bill to; **chuir sé an mhoill chun tairbhe dó féin** he used the delay for his own benefit; **is fearr gan cur chuige** it's better not to disturb him; **cur chun bóthair** to set off; **cur chun oibre** to set to work; **duine a chur chun báis** to execute sb

▸ **cuir de** put, send off; finish; get rid of; **imreoir a chur den bpáirc** (*SPORT*) to send a player off; **slaghdán a chur díot** to get over a cold; **rud a chur díot** to get sth over and done with

▸ **cuir faoi** put under, place under; (*reside*) settle; **cuir an stól faoin mbord** place the stool under the table; **tír a chur faoi smacht** to conquer a country

▸ **cuir i** put in; thrust into; bring upon; **chuir sé a lámh ina phóca** he put his hand in his pocket; **chuir sí an scian ann** she stuck the knife in him; **poll a chur i rud** to make a hole in sth; **duine a chur i gcontúirt** to put sb in danger; **sonrú/dúil a chur i nduine** to notice/get to like sb

▸ **cuir isteach** put in; insert; (*time*) pass, spend; **cuir isteach ar** (*job*) apply for; (*person*) interrupt, annoy; **cuir isteach an diosca** insert the disk; **chuir mé lá fada isteach** I put in a long day

▸ **cuir le** send with, send by; add to; drive to; **teachtaireacht a chur le duine** to send a message with; **orlach a chur le rud** to add an inch to sth; **d'ainm a chur le rud** to add your name to sth; **duine a chur le báiní** to infuriate sb

▸ **cuir ó** put off; prevent; put away; **chuir sé ó cheol mé** it put me off singing; **chuir sé uaidh an casúr** he set the hammer aside

▸ **cuir roimh** put before; **deoch a chur roimh dhuine** to set a drink before; **cuspóir a chur romhat** to set yourself an aim

▸ **cuir siar** put back; postpone

▸ **cuir síos** lay, put down; **cuir síos ar** describe; **cuir síos do** attribute to; **brat urláir a chur síos** to lay a carpet; **an**

citeal a chur síos to put the kettle on; **cuireadh neamhshuim síos dom** I was said to be disinterested

▸ **cuir suas** put up

▸ **cuir suas de** refuse; **cuir suas le** tolerate; **póstaer a chur suas** to put a poster up; **ní féidir liom cur suas leis níos faide** I can't tolerate it any longer

▸ **cuir thar** put over, across; (*time*) pass; **cuilt a chur tharat** to put a quilt around you

▸ **cuir thart** send round; pass; **an clár oibre a chur thart** to pass round the agenda

▸ **cuir trí** put through; **cuir trí chéile** mix up, confuse; discuss; **chuir sé an liathróid trí fhuinneog na scoile** he put the ball through the school window; **chuir an scéala trí chéile í** the news confused her; **cás a chur thrí chéile** to discuss a case

cuircín *nm4* (*feathers*) crest

cuireadh *nm1* invitation; guest; **cuireadh a thabhairt do dhuine** to invite sb; **cuireadh gan iarraidh** uninvited guest

cuireata *nm4* (CARDS) jack

cúiréir *nm3* courier

cuirfiú *nm4* curfew

cuirín *nm4* currant; **cuirín dearg** redcurrant

cúirt (*pl* ~**eanna**) *nf2* court; **cúirt airm** court martial; **cúirt dlí** law court; **cúirt éigse** bardic court; **cúirt leadóige** tennis court

cúirtéis *nf2* courtesy; (MIL) salute

cúirteoir *nm3* courtier

cuirtín *nm4* curtain; **cuirtíní** drapes

cúis (*pl* ~**eanna**) *nf2* cause, reason, grounds; case; charge; **cúis gháire** laughing matter; **cúis ghearáin** cause for complaint; **is í an aimsir is cúis leis** the weather is the cause of it; **bhí cúis mhaith aige (le)** he had good reason (to); **déan cúis le** make do with; **déanfaidh sin cúis** that'll do; **cúis dlí** lawsuit

cúiseamh *nm1* accusation, charge; prosecution

cúisí *nm4* accused

cúisigh *vt* accuse; prosecute; charge; **duine a chúiseamh (as)** to charge sb (with)

cúisín *nm4* cushion

cúisitheoir *nm3* prosecutor; **cúisitheoir an stáit** public prosecutor

cuisle *nf4* vein; (*of blood*) pulse; (*inf*) darling; **cuisle mhór** artery; **cuisle a bhrath** to feel a pulse; **a chuisle mo chroí!** dearest!

cuisneoir *nm3* fridge, refrigerator

cúiteach *adj* compensating; (*fig*) rewarding; redeeming; **cúiteach (le)** quits (with)

cúiteamh *nm1* (LAW) damages, compensation, indemnity; redress; retribution; **cúiteamh a dhéanamh** to make amends; **rud a chúiteamh le duine** to reward sb for sth

cuiteog *nf2* worm

cúitigh *vt* repay; compensate; recoup; **gar a chúiteamh le duine** to return a favour to sb; **éagóir a chúiteamh** to make amends for an injustice; **duine a chúiteamh** to reward sb

cuitléireacht *nf3* cutlery

cúl (*pl* ~**a**) *nm1* back; rear; (*of coin*) reverse; (SPORT) goal; **cúl an tí** the back of the house; **i gcúl an bhus** in the back of the bus; **ar chúl** + *gen* behind; **doras/seomra cúil** back door/room; **do chúl a thabhairt le rud** to give sth up, turn one's back on sth; **titim i ndiaidh do chúil** to fall backwards; **dul ar gcúl** to recede, go back; **cúl a chur ar dhuine** to delay sb; **ar cúla** (*riding*) pillion; **ar chúla téarmaí** secretly; **cúl a scóráil** to score a goal; **cúl báire** goalkeeper; **cúl taca** support, backing; (*person*) backer

cúlach, cúlacha *see* **cúil**

cúlaí *nm4* (SPORT) back, defender

cúlaigh *vt, vi* back; retreat; (*car*) reverse

cúlaistín *nm4* henchman

culaith (*pl* **cultacha**) *nf2* suit; dress; uniform; **culaith shnámha** swimming *or* bathing costume, swimsuit; **culaith thráthnóna** evening dress; **culaith trí**

bhall three-piece suit
culaithirt *nf2* (*THEAT*) wardrobe
cúlánta *adj* backward; shy
cúlbhannaí *nmpl4* collateral
cúlbhinseoir *nm3* (*POL*) backbencher
cúlbhrat *nm1* backdrop
cúlbhuille *nm4* backhand (stroke)
cúlchaint *nf2* backbiting; gossip
cúlchainteoir *nm3* (*person*) gossip
cúlchas *vt* rewind
cúlcheadaigh *vt* connive
cúlchiste *nm4* (*COMM*) reserve, fund
cúlchnap *nm1* (*of money*) float
cúléisteacht *nf3*: **cúléisteacht (le)** eavesdropping (on)
cúlfhiacail *nf2* molar
cúlghabhálach *adj* retrospective
cúlgharda *nm4* rearguard
cúlpháirtí *nm4* (*to crime*) accessory
cúlra *nm4* background; backdrop
cúlráid *nf2* seclusion; secluded place; **ar an gcúlráid** in seclusion; **fanacht ar an gcúlráid** to lie low
cúlráideach *adj* secluded; backward
cúlspás *nm1* backspace
cúltaca *adj* backup • *nm4* (*MIL*) reserve; (*COMPUT*) backup; **cóip chúltaca** backup copy
cultacha *see* **culaith**
cultas *nm1* cult
cúltort *vi* backfire
cultúr *nm1* culture
cultúrtha *adj* cultural; cultured
cúlú *nm* backing; retreat; withdrawal
cum *vt* invent; make up; (*music, poem*) compose; (*plan*) devise
cuma[1] *nf4* shape, form; appearance; **tá cuma mhaith/droch-chuma ar Sheán** John is looking well/bad; **tá cuma air go ...** it seems that ...; **tá an chuma sin air** so it seems; **ar chuma éigin** somehow; **ar aon chuma** anyway
cuma[2] *nf4* (*with copula*): **is cuma (faoi)** it doesn't matter (about); **is cuma liom** I don't care *or* mind; **is cuma duit (má)** it doesn't matter to you (if); it doesn't concern you (if); **is cuma cad é dúirt mé inné** no matter what I said yesterday; **ar nós cuma liom (faoi)** indifferent (to)
cumadóir *nm3* inventor; composer
cumadóireacht *nf3* invention; fabrication; fiction; composition; simulation
cumaisc (*pres* **cumascann**, *vn* **cumasc**) *vt, vi* mix together; blend; combine
cumann[1] *nm1* club; association, society; fellowship; **cumann carthannachta** charity; **cumann foirgníochta** building society; **cumann gailf** golf club; **cumann lucht tráchtála** chamber of commerce; **Cumann Lúthchleas Gael** the Gaelic Athletic Association
cumann[2] *nm1* relationship, love affair
cumannach *adj* communist
cumannachas *nm1* communism
cumannaí *nm4* communist
cumar *nm1* ravine
cumarsáid *nf2* communication; **cumarsáid a dhéanamh** to communicate
cumas *nm1* capability, ability; capacity; **níl ar mo chumas siúl fós** I'm not able to walk yet; **tá an-chumas inti** she is very capable
cumasach *adj* capable; able; powerful; effective; **bleachtaire cumasach** an able detective
cumasc *nm1* mixture, blend; (*COMM*) merger; *see also* **cumaisc**
cumascann *see* **cumaisc**
cumascóir *nm3* blender
cumha *nm4* loneliness; homesickness; nostalgia
cumhacht *nf3* power; (*fig*) authority; influence; **teacht i gcumhacht** to come into power; **cumhacht aturnae** power of attorney
cumhachtach *adj* powerful; potent; (*person*) influential
cumhdach *nm1* cover; wrapper
cumhdaigh *vt* cover, protect; preserve; **go gcumhdaí Dia thú** may God preserve you
cumhra *adj* fragrant
cumhracht *nf3* fragrance; scent; aroma; (*of wine*) bouquet
cumhrán *nm1* perfume

cumtha *adj* fictitious, invented; (*girl*) comely
cúnaigh *vt*: **cúnaigh le** help
cúnamh *nm1* help; aid; **cúnamh a thabhairt do dhuine** to help sb
cúnant *nm1* covenant
cúng *adj* narrow; tight
cúngaigeanta *adj* narrow minded
cúngaigh *vt* narrow, restrict; **cúngú ar** to encroach on
cúngú *nm* restriction
cúnna *see* **cú**
cunta *nm4* (*nobleman*) count
cúntach *adj* helpful; auxiliary
cuntanós *nm1* countenance
cuntaois *nf2* countess
cuntar *nm1* (shop) counter; condition; stipulation; **ar chuntar go** provided that, on condition that
cuntas *nm1* count; account; record; **cuntas a thabhairt ar rud** to give an account of sth; **cuntas a oscailt** to open an account; **cuntas béil** oral account; **cuntas bainc/taisce** bank/deposit *or* savings account; **cuntas reatha** current account
cuntasaíocht *nf3* (*subject*) accountancy
cuntasóir *nm3* accountant; book-keeper
cuntasóireacht *nf3* (*profession*) accountancy; book-keeping
cúntóir *nm3* assistant; helper; **cúntóir pearsanta** personal assistant
cuóta *nm4* quota
cupán *nm1* cup; **cupán tae** a cup of tea
cúpla *nm4* couple; twins; **An Cúpla** (ASTROL) Gemini; **cúpla** + *nom sg* a couple of, a few
cúplach *adj* twin
cúpón *nm1* coupon; **cúpón freagartha** reply coupon
cur *nm1* sowing; laying; burial; round; **cur dí/ceapairí** round of drinks/sandwiches; **cur amach** vomit; **cur siar** postponement; **cur i gcéill** pretence, make-believe; **cur ar aghaidh** advancement; **cur ar ceal** cancellation; **cur chun báis** execution; **cur faoi chois** suppression; **cur le chéile** cooperation; unity; **cur i gcás** supposition; **tá cur amach maith aige ar an ábhar sin** he is quite knowledgeable in that subject; *see also* **cuir**
cúr *nm1* foam, froth; **cúr bearrtha** shaving foam
curach *nf2* currach; canoe; coracle
curachóireacht *nf3* canoeing
curaclam *nm1* curriculum
curadh *nm1* champion
curadhmhír *nf2* (winner's) prize; showpiece
curaí *nm4* curry
curáideach *nm1* curate
curaíocht *nf3* tillage
curaíochta *n gen as adj* arable
cúram (*pl* **cúraimí**) *nm1* care; responsibility; family, children; matter, business; keeping; position, office; trust; upkeep; **faoi chúram** + *gen* in sb's care; **rud a chur faoi chúram duine** to commit sth to sb's care; **ní foláir cúram práinneach a dhéanamh den chás** the case requires urgent attention; **an bhfuil cúram ar bith ort?** have you any children?
cúramach *adj* careful; cautious; attentive; "**láimhsigh go cúramach**" "handle with care"
curata *adj* brave; valiant
curfá *nm4* refrain, chorus
curiarracht *nf3* (SPORT) record; **i gcuriarracht ama** in record time
curiarrachtaí *nm4* (SPORT) record holder
curra *nm4* holster
curriculum *nm*: **curriculum vitae** curriculum vitae
cúrsa *nm4* course; round; circuit; **cúrsa na gréine** the sun's course; **cúrsa taistil** itinerary; **cúrsa a leagan** to set a course; **ceann cúrsa** destination; **cúrsa ollscoile** university course; **cúrsa spioradálta** (REL) retreat; **cúrsa tosaigh** (CULIN) starter; **cúrsaí** affairs, matters; circumstances; (MED) periods; **cúrsaí reatha** current affairs; **cúrsaí dlí/airgid** legal/money matters; **sin mar atá cúrsaí faoi láthair** that's how matters stand at the moment

cúrsáil *nf3* cruise; coursing; **long chúrsála** cruise ship♦ *vt, vi* cruise; course; chase
cúrsaíocht *nf3* circulation; currency
cúrsóir *nm3* cruiser
cuspa *nm4* (*for artist*) model
cuspóir *nm3* (*aim*) object; objective; purpose; **cuspóir folaithe** ulterior motive, hidden agenda
cuspóireach *nm1* (LING) accusative, objective
custaiméir *nm3* customer; patron
custam *nm1* customs; **oifigeach custaim** customs officer
custard *nm1* custard
cuthach *nm1* rage, fury; **dul le cuthach** to get into a rage
cúthail *adj* shy, bashful

D

D *nm4* D

d' *see* **de; do**[1]

EOCHAIRFHOCAL

dá[1] *conj (with dependent conditional or past sub; eclipses)* if **1** *(with verbs)*: **cad é a dhéanfá dá mbeadh míle punt agat?** what would you do if you had a thousand pounds?; **dá gcuirfeá an t-airgead sa bhanc bheifeá saibhir** if you had put the money in the bank you would have been rich, if you were to put the money in the bank you would be rich; **dá rachainn** *or* **dá dtéinn ann d'fheicfinn í** if I had gone there I would have seen her, were I to go there I would see her; **dá dtiocfadh leat** if you could; **dá mbeadh ciall agat** if you had any sense; **dá mbeadh a fhios agat!** if you only knew!

2 *(with more than one condition)*: **dá mbínn** *or* **mbeinn ar shiúl céad bliain agus mná na cruinne le fáil agam, thiocfainn ar ais chugatsa** if I were away for a hundred years and could have all the women in the world, I would come back to you; **dá dtiocfadh sé agus dá bhfeicfeadh sé anseo tú** if he should come and see you here; **dá mbeadh beirt fhear ag troid agus go bhfeicfidís ag teacht í stadfaidís** if two men were fighting and they should see her coming they would stop

3 *(with past tense of verb* **tá** *in main clause indicating conditional)*: **dá ndéanfadh sé sin bhí deireadh leis** if he had done that he would have been ruined

4 *(with copula)*: **dá mba mhúinteoir cáilithe í** if she were a qualified teacher; **cad a dhéanfá dá mba rud é go bhfeicfí ann tú?** what would you do if you were to be seen there?; **dá mba agatsa a bheadh an t-airgead** if YOU had the money; **dá mba mhaith leat** if you (would) like; **dá mb'fhearr leat** if you (would) prefer; **dá mb'fhéidir é** if it were possible; **dá mba leat féin é** if it were your own

5: **dá ... gan** if ... not; **dá mbeadh** *or* **mbíodh sé gan sin a dhéanamh** if he had not done that, if he were not to do that; **cad a dhéanfá dá mbeadh gan airgead a bheith agat?** what would you do if you had no money?

dá[2] = **do** + *poss adj* **a** to his/her/ its/their; for his/her/its/their; **thug mé an cárta dá mháthair** I gave the card to his mother; **thug sí aire mhaith dá cuid gruaige** she looked after her hair; **fuair siad bronntanas dá dtuismitheoirí** they got a present for their parents

dá[3] = **de** + *poss adj* **a** of his/her/its/their; from his/her/its/their; off his/her/its/their; **duine dá chairde** one of his friends; **bhain sí an fáinne dá méar** she took the ring off her finger

dá[4] = **do** *or* **de** + *rel part* **a** to whom; to which; for whom; for which; of whom; of which; **an bhean dá dtug mé an t-airgead** the woman to whom I gave the money; **gach pingin dá bhfuil agaibh** every penny you have

dá[5] = **de** + *part* **a**; *(followed by abstract noun)* however; **dá mhéad** é however big he/it is; **dá fhuaire an mhaidin** however cold the morning; **dá fheabhas é** excellent as it is; **níl fear, dá láidre, a bhuailfeadh é** there's no man however strong would defeat him

dá[6] *see* **dhá**

daba *nm4* dab; blob; **mac an daba** ring finger

dabhach (*gs* **daibhche**, *pl* **dabhcha**) *nf2* tank, tub; vat; **dabhach mhúnlaigh** septic tank

dabht (*pl* ~**anna**) *nm4* doubt

dada *nm4* anything; nothing; **má bhíonn dada uait** if you need anything; **níl dada le feiceáil ann** there is nothing to see there

daibhir (*gsf, pl, compar* **daibhre**) *nm4* poor person ♦ *adj* poor; **an saibhir agus an daibhir** the rich and the poor

daichead (*pl* **daichidí**) *num, nm1* forty; **sna daichidí** in the forties; **daichead bliain/fear/punt** (*with nom sg*) forty years/men/pounds

daicheadú *num, adj, nm4* fortieth

daid (*pl* **~eanna**) *nm4* dad

daideo *nm4* grandad

daidí *nm4* daddy; **Daidí na Nollag** Father Christmas, Santa (Claus)

daigéar *nm1* dagger

daigh (*pl* **daitheacha**) *nf2* pang; twinge; **daigh aithreachais** a twinge of regret; **daigh chroí** heartburn; *see also* **daitheacha**

dáigh *adj* obstinate; adamant

dáil *nf3* (*pl* **dálaí, dála**) meeting; encounter; assembly, convention; (POL) parliament; circumstance, condition ♦ *vt* distribute, give out; bestow; (*food etc*) serve; **dálaí** data; **dul i ndáil** + *gen* to go to meet; **dálaí oibre** working conditions; **dála Sheáin** like Seán; **dála an scéil** by the way; **a dhála sin** moreover, similarly; **idir dáil agus pósadh** engaged (to be married); **Dáil Éireann** The Dáil, the Irish Parliament

dáilcheantar *nm1* constituency

dáileadh (*gs* **dáilte**, *pl* **dáiltí**) *nm* distribution

dáileog *nf2* dose

dáileoir *nm3* distributor; dispenser; **dáileoir airgid** cash dispenser

dáilia (*pl* **~nna**) *nf4* dahlia

daille *nf4* blindness

dailtín *nm4* brat, imp

dáimh *nf2* fraternity; affinity; affection, fondness

daingean *adj* (*gsf, pl, compar* **daingne**) solid, secure, firm; fixed; staunch; strong, determined ♦ *nm1* fortress, stronghold; fort; **baile daingean** fortified town; **rún daingean** firm intention; **balla daingean** solid wall; **daingean faoi thalamh** (*in bank*) vault; **chomh daingean le carraig** as steady as a rock

daingneán *nm1* fixture

daingnigh *vt* fortify, secure, steady; strengthen; (*friendship*) cement

dainséar *nm1* danger

dair (*gs, gpl* **darach**, *pl* **daracha**) *nf* oak

dáiríre *adj* serious; earnest ♦ *adv* really, truly; **dáiríre?** really?; **bheith dáiríre (faoi)** to be in earnest/be serious (about); **caint dháiríre** serious talk; **i ndáiríre** in earnest

dáiríreacht *nf3* seriousness

dairt *nf2* dart; clod

dais *nf2* (MATH, TYP) dash

daite *adj* coloured, dyed; fated; allotted

daitheacha *nfpl2* rheumatism; *see also* **daigh**

dála *see* **dáil**

dálach *nm1*: **Domhnach agus dálach** (*work*) seven days a week, without a break

dálaí *see* **dáil**

dalba *adj* bold, cheeky; (*child*) naughty; headstrong

dall *adj* blind, blinded ♦ *nm1* blind person ♦ *vt* blind; dazzle; mesmerize; (*door*) darken; **bheith dall ar rud** to be ignorant of sth; to be unable to understand sth; **idir dall is dorchadas** at twilight

dalladh (*gs* **dallta**) *nm* plenty; **dalladh airgid** plenty of money

dallamullóg *nm4* deception; confusion; **dallamullóg a chur ar dhuine** to fool sb

dallarán *nm1* dunce, idiot

dallóg *nf2* (*for window*) blind; blind creature; **dallóg Veinéiseach** Venetian blind; **dallóg fhéir** dormouse

dallraigh *vt* blind; dazzle ♦ *vi* glare

dallrú *nm* (*of light*) glare

dallta *see* **dalladh**

dalta *nm4* disciple; (SCOL) pupil, student; ex-student; (MIL) cadet

damáiste *nm4* damage

damanta *adj* damned; terrible
damba *nm4* dam
dambáil *vt* dam
damh *nm1* ox
dámh *nf2* (*UNIV*) faculty
dámhachtain *nf3* (*LAW*) award
damhán *nm1*: **damhán alla** spider
damhna *nm4* matter, substance
damhsa *nm4* dance; dancing
damhsaigh *vt, vi* dance
damhsóir *nm3* dancer
damnaigh *vt* damn
damnaithe *adj* damned, hellish
damnú *nm* damnation; **damnú** hell!, shit!; **damnú air!** damn (it/him)!
dán (*pl* ~**ta**) *nm1* poem; destiny, fate; faculty; art
dána *adj* bold; daring; brazen, forward
dánacht *nf3* boldness; cheek; **dánacht a dhéanamh ar rud** to make bold with sth
Danar *nm1* Dane; (*fig*) barbarian
danartha *adj* cruel, heartless, callous
danarthacht *nf3* cruelty; barbarity
dánlann *nf2* art gallery
Danmhairg *nf2*: **an Danmhairg** Denmark
Danmhairgis *nf2* (*LING*) Danish
Danmhargach *adj* Danish♦ *nm1* Dane
dánta *see* **dán**
daoibh *see* **do**[2]
daoine *see* **duine**
daoire *nf4* costliness
daoirse *nf4* slavery; oppression
daol *nm1* beetle
daoldubh *adj* jet-black
daonáireamh *nm1* census
daonchairdiúil *adj* humanitarian
daonchumhacht *nf3* manpower
daonlathach *adj* democratic
daonlathaí *nm4* democrat; **na Daonlathaithe Liobrálacha** the Liberal Democrats
daonlathas *nm1* democracy
daonna *adj* human; humane; **an cine daonna** the human race; **neach daonna** human being
daonnacht *nf3* humanity; human nature
daonnachtúil *adj* humane
daonnaí *nm4* human being
daonra *nm4* population
daonuair *nf2* man hour
daor *adj* dear; expensive; captive; severe ♦ *nm1* slave; condemned person♦ *vt* enslave; convict; condemn; **duine a dhaoradh chun báis** to condemn sb to death; **duine a dhaoradh i gcoir** to convict sb of an offence; **beidh daor ort** you will pay dearly for it
daoraí *n*: **bheith ar an daoraí (le duine)** to be furious (with sb)
daorbhroid *nf2* dire distress
daorghalar *nm1* haemorrhoids, piles
daorobair *nf2* hard labour
daorsmacht *nm3* slavery
daoscarshlua *nm4* rabble, riffraff
dar[1] *prep* by; **dar Dia!** by God!; **dar m'fhocal** upon my word
dar[2] *vb*: **dar le** it seems to, in the opinion of; **dar liom go bhfuil tú san éagóir** it seems to me that you are in the wrong; **bhí deifir uirthi, dar leis** she was in a hurry, he thought; **dar leo féin** in their own opinion
dar[3] = **de** *or* **do** + *indir rel of copula* **ar**[4]; **an té dar mhiste é** the person to whom it mattered
dár[1] = **do** *or* **de** + *poss adj* **ár**; **duine dár ngaolta** one of our relations; **tabhair dár gcairde iad** give them to our friends
dár[2] = **do** *or* **de** + *rel part* **ar**; **an ceannaire dár ghéill sé** the leader to whom he surrendered; **an cóta dár thit an cnaipe** the coat which the button fell off
dár[3] *prep*: **an lá/bhliain dár gcionn** the following day/year
dara *num* second; **an dara bean/háit/doras** the second woman/place/door; **an dara lá déag** the twelfth day; **gach dara** every other
darach *n gen as adj* oak; *see also* **dair**
daracha *see* **dair**
darb, darbh *see* **dar**[3]
dásacht *nf3* audacity; bravery; madness
dásachtach *adj* furious
dáta *nm4* date
dátaigh *vt* date

dath *nm3* colour; dye; (*CARDS*) suit; **dath na fírinne a chur ar rud** to give sth a semblance of truth; **scéal gan dath** unlikely story; **a dhath** anything; (*with neg*) nothing; **níl a dhath aige** he has nothing; **an bhfuil a dhath eile le déanamh?** is there anything else to do?; **a dhath ar bith** nothing whatever

dathaigh *vt* colour; dye; paint

dathannach *adj* colourful; multicoloured

dathdhall *adj* colour-blind

dátheangach *adj* bilingual

dátheangachas *nm1* bilingualism

dathú *nm* colouring

dathúil *adj* colourful; good-looking, pretty

dathúlacht *nf3* good looks, beauty

EOCHAIRFHOCAL

de (*prep prons =* **díom, díot, de, di, dínn, díbh, díobh**) (*lenites; =* **d'** *before vowel or* **fh** + *vowel; =* **den** *before def art*) *prep* **1** (*indicating amount etc*) of; **cuid den fheoil** some of the meat; **a lán de na milseáin** a lot of the sweets; **lán de dhóchas** full of hope; **punt de phlúr bhán** a pound of white flour; **ceann de na capaill** one of the horses; **duine de na fir** one of the men; **cúig cinn de phiontaí** five pints; **lá de na laethanta** once upon a time

2 (*indicating position*) of; **taobh thiar** *or* **laistiar den teach** at the back of the house; **an taobh seo den tsráid** this side of the street

3 (*kind*) like; of; **carr den saghas** *or* **sórt** *or* **chineál seo** a car like this; **fágálach de dhuine** a weak helpless person

4 (*provenance, instrument*) of; **déanta d'adhmad** made of wood; **duine den seandéanamh** an old timer; **buille de dhorn** a thump of a fist

5 (*indicating time*) of; by; **faoin am seo d'oíche** at this time of night; **de ló is d'oíche** by day and by night; **de ghnáth** usually

6 (*because of, on the basis of*) of; with; **bréan de rud** fed up with sth; **tuirseach de rud** tired of sth

7 (*after* **a leithéid, a mhalairt, a athrach** *etc*) of; **a leithéid de dhuine** such a person; **ar a athrach** *or* **mhalairt de dhóigh** in another way

8 (*manner*) by; **de shiúl coise** by foot; **ag cur de dhíon is de dheora** pouring rain; **teacht isteach de rása** *or* **rúid** to come rushing in; **cur de ghlanmheabhair** to learn (off) by heart; **éirí de phreab** *or* **léim** to jump up

9 (*in comparisons*) by; of; **níos sine de bhliain ná** a year older than

10 (*in phrasal verbs*): **scor** *or* **stad de rud** to stop (doing) sth; **leanúint de rud** to continue (doing) sth; **baint de rud** to take from sth

11 (*in phrases*): **de bhrí** *or* **bharr** because; **d'ainneoin** despite, notwithstanding; **dá ainneoin sin** in spite of that; **de réir** according to; **dá réir sin** accordingly; **de mo dhóighse** in my opinion; **i dtaca liomsa de** as far as I'm concerned; **rud eile de** moreover; **d'aon ghuth** unanimously; **bhí de mhisneach/chiall/chroí aige** he had the courage/sense/heart; **ní raibh de sin ach sin** that's all there was to it

Dé *n*: **Dé Luain/Céadaoin** (on) Monday/ Wednesday

dé[1] (*gs, pl* ~**ithe**) *nf* breath; **dé ghaoithe** breath of wind; **bheith ar an dé deiridh** to be on one's last legs; **an dé a choinneáil i nduine** to keep sb alive, sustain sb

dé[2] *see* **dia**

dé- *prefix* two-, twin-, bi-

dea- *prefix* good-, well-; **dea-scéal** good news; **ar an dea-uair** fortunately; **dea-mhúinte** polite, well-mannered

deabhadh *nm1* rush, hurry

dea-bhéasa *nmpl4* etiquette; good manners

deabhóid *nf2* devotion

dea-bholadh *nm1* aroma

deacair *nf* (*gs, gpl* **deacra**) difficulty ♦ *adj* (*gsf, pl, compar* **deacra**) difficult, hard

déach (*gsm* **déach**) *adj* dual

deachaigh *vb see* **téigh**
dea-chaint *nf2* (*humour*) wit
dea-chlú *nm4* good name; honour
deachmaíocht *nf3* wastage
dea-chroíoch *adj* kind-hearted
deachtafón *nm1* dictaphone
deachtaigh *vt* dictate; instruct; compose
deachthas *vb see* **téigh**
deachtóir *nm3* dictator
deachtóireacht *nf3* dictatorship
deachtú *nm* dictation; composition
deachúil *nf3* decimal
deachúlach *adj* decimal
dea-chumtha *adj* shapely; well-formed
deacra *see* **deacair**
deacracht *nf3* difficulty; distress
déad (*pl* ~**a**) *nm1* tooth; set of teeth
déadach *adj* dental
déadchíor *nf2* denture(s)
déag *num* -teen; **aon déag** eleven; **dó dhéag** twelve; **seacht mbuidéal déag** seventeen bottles; **déaga** tens, teens
déagóir *nm3* teenager
déagóra *n gen as adj* (*fashion etc*) teenage
dealaigh *vt, vi* separate, part; distinguish, differentiate; **dealaigh le** part from; separate with; **dealaigh ó** subtract from
dealbh[1] (*gsm* **dealbh**) *adj* destitute; (*house*) bare, bleak
dealbh[2] *nf2* statue
dealbhóir *nm3* sculptor
dealbhóireacht *nf3* sculpture
dealg *nf2* thorn; prickle; brooch
dealgán *nm1* knitting needle
dealrachán *nm1* collarbone
dealraigh *vt, vi* shine; appear; **dealraíonn sé go ...** it seems that ...
dealraitheach *adj* shiny; radiant; handsome; plausible; apparent
dealramh *nm1* shine; radiance; hue; resemblance; look, appearance; **dealramh a bheith agat le** to be *or* look like sb; **dealramh na gréine** sunshine; **tá dealramh na fírinne ar do scéal** your story seems plausible; **rud a chur ó dhealramh** to disfigure sth; **de réir dealraimh** apparently
dealú *nm* subtraction
dealús *nm1* destitution
dealúsach *adj* destitute
deamhan *nm1* demon
dea-mhéin *nf2* goodwill; **le dea-mhéin** with kind regards, with compliments
dea-mhéineach *adj* benevolent; well-wishing
dea-mhiotail *adj* silver; sterling
dea-mhúinte *adj* well-behaved; well-mannered
deán *nm1* (*at low tide*) channel
déan[1] *nm1* dean
déan[2] (*vn* ~**amh**, *vadj* ~**ta**, *past* **rinne**, *fut* ~**faidh**) *vt, vi* do; make; perform; carry out; commit; turn out; reach; establish; **maith/do dhícheall/cúrsa a dhéanamh** to do good/your best/a course; **culaith/ciorcal a dhéanamh** to make a suit/circle; **airgead/an dinnéar a dhéanamh** to make money/the dinner; **dualgas a dhéanamh** to perform a duty; **peaca/coir a dhéanamh** to commit a sin/crime; **an fhírinne a dhéanamh** to speak the truth; **déan do rogha rud** do as you wish; **déanfaidh sé múinteoir maith** he'll make a good teacher; **an talamh a dhéanamh** to reach land; **riail/nós a dhéanamh** to establish a rule/habit
▸ **déan amach** make out; distinguish; determine; conclude
▸ **déan ar** do unto; proceed towards; **machnamh a dhéanamh ar rud** to think about sth; **scéala a dhéanamh ar dhuine** to inform on sb; **déanamh ar an mbaile** to make for home
▸ **déan as** make from; **gúna a dhéanamh as éadach** to make a dress from cloth; **déanamh as duit féin** to fend for yourself
▸ **déan de** make of; change into; **maldar a dhéanamh de rud** to make a mess of sth; **rinneadh uachtarán de** he was made president; **a mhór a dhéanamh de rud** to make the most of sth; **smionagar a dhéanamh de rud** to reduce sth to bits; **amadán a dhéanamh díot féin** to make a fool of yourself

▸**déan do** make for, do for; **gar a dhéanamh do dhuine** to do sb a favour; **gearán/gáire a dhéanamh faoi dhuine** to complain/laugh about sb
déanach *adj* last; late; **bheith ag obair moch déanach** to work all hours
déanaí *nf4* lateness; **le déanaí** lately; **ar a dhéanaí** at the latest
déanamh *nm1* doing; making; manufacture; make; (*of clothes*) style
déanfaidh *etc vb see* **déan**
déan-féin-é *nm4* do-it-yourself, DIY
deann (*gs, pl* ~**a**) *nm3* twinge; pang; sting
deannach *nm1* dust
déanta (*pp of* **déan**) *adj* complete; (*teacher, barrister etc*) fully-qualified, fully-fledged; (*liar, thief etc*) out-and-out; **déanta na fírinne** as a matter of fact
déantóir *nm3* maker; manufacturer
déantús *nm1* make; manufacture; **de dhéantús na hÉireann** made in Ireland
déantúsaíocht *nf3* manufacture
dear *vt* draw, design
deara *n*: **rud a thabhairt faoi deara** to notice sth
dearadh (*pl* **dearaí**) *nm1* design; sketch; drawing
dearbhaigh *vt* declare; confirm; assert; assure; attest
dearbhán *nm1* voucher; **dearbhán lóin** luncheon voucher
dearbhchló (*pl* ~**nna**) *nm4* (PHOT) positive, print
dearbhú *nm* declaration; affirmation; confirmation; assurance
dearc *vt, vi* look
dearcach *adj* considerate; **bheith dearcach le duine** to be considerate to sb
dearcadh *nm1* look; outlook; opinion, point of view; vision
dearcán *nm1* acorn
Déardaoin *nm4* Thursday; **ar an Déardaoin** on Thursdays
dearfa *adj* certain; definite; proved; decided; attested; **go dearfa** certainly
dearfach *adj* affirmative, positive
déarfaidh, déarfaimid, déarfar *vb see* **abair**
dearg *vt, vi* blush; light; glow; redden ♦ *nm1* (*pl* ~**a**) red♦ *adj* red; lit; glowing; (*wound*) raw; intense; (*luck*) real; **dearg te** red hot
dearg- *prefix* red; utter; real
deargbhréag *nf2* barefaced lie
dearmad *vt, vi* forget; overlook♦ *nm1* forgetfulness; omission; mistake; lapse; **de dhearmad** by mistake; **dearmad a dhéanamh ar** *or* **de dhuine/rud** to forget about sb/sth
dearmadach *adj* forgetful; absent-minded
dearna[1] *vb see* **déan**[2]
dearna[2] *nf* palm (of the hand)
dearnáil *nf3* darn(ing)♦ *vt* darn
dearóil *adj* wretched; miserable; (*weather*) chilly; bleak; frail, puny; poor; needy
dearóile *nf4* misery, wretchedness
dearscnaitheach *adj* excellent
deartháir (*gs* **dearthár**, *pl* ~**eacha**) *nm* brother; **deartháir céile** brother-in-law; **deartháireacha agus deirfiúracha** siblings
dearthóir *nm3* designer
deas[1] *n*: **ó dheas** south(wards)
deas[2] *n*: **de dheas do, i ndeas do** near to, close to; **an baile is deise duit** the town nearest to you
deas[3] (*gsm* **deas**) *adj* nice; kind
deas[4] *adj* (*position*) right; **an chos dheas** the right leg; **an taobh deas** the right-hand side
deasaigh *vt, vi* dress; arrange
deasbhord *nm1* starboard
deasc *nf2* desk
deasca[1] *nm4* dregs, sediment; yeast
deasca[2] *nm4* consequence; (ill) effects
deascán *nm1* deposit, sediment
deasghnách *adj* formal; ceremonial; ritual
deasghnáth (*gsf, pl* ~**a**) *nm3* formality; ceremony; rite; ritual
deaslabhartha *adj* eloquent, articulate; witty
deaslabhra *nf4* elocution
deaslámhach *adj* right-handed; handy; skilful, deft
deastógáil *nf3* assumption; **Deastógáil**

na Maighdine Muire the Assumption of the Virgin Mary
deatach *nm1* smoke
deataigh *vt* (*fish etc*) smoke
deataithe *adj* smoked
dea-thoil *nf3* goodwill
débhríoch (*gsm* **débhríoch**) *adj* ambiguous
débhríocht *nf3* ambiguity
décharbónáit *nf2* bicarbonate
déchéileachas *nm1* bigamy
déchiallach *adj* equivocal, ambiguous
dédhlús *nm1* (COMPUT) double density
défhiúsach *adj* ambivalent
défhócasaigh *nmpl1* bifocals
défhoghar *nm1* diphthong
déghloiniú *nm* double glazing
deic *nf2* (NAUT) deck; **deic caiséad** cassette deck; **deic eitilte** flight deck
deich *num, nm4* ten; **a deich a chlog** ten o'clock; **céad is a deich** a hundred and ten; **deich gcapall/bpunt/n-acra** ten horses/pounds/acres
deichiú *num, adj, nm4* tenth
deichniúr *nm1* ten (people); (REL, *of rosary*) decade; **tuairim is deichniúr** some ten people
déideadh *nm1* toothache
deifir (*gs* **deifre**) *nf2* hurry, rush; haste; **rud a dhéanamh faoi dheifir** to do sth in a hurry; **tá deifir orm** I am in a hurry; **déan deifir!** hurry up!; **tá deifir leis** it's urgent
deifreach *adj* hasty, hurried
deifrigh *vt, vi* hurry, rush; hasten
deighil (*pres* **deighleann**) *vt* divide; separate; (POL) partition
deighilt *nf2* division; separation; (POL) partition; (*fig*) rift; split
deil (*pl* **~eanna**) *nf2* lathe; **ar deil** in (working) order
deilbh (*pl* **~eacha**) *nf2* appearance, shape; (*of body*) figure
deilbhcháipéis *nf2* framework document
deilbhíocht *nf3* accidence
déileáil *nf3* dealing ♦ *vi* deal
déileálaí *nm4* dealer
deilf (*pl* **~eanna**) *nf2* dolphin
deilgneach *nf2* chickenpox ♦ *adj* prickly, thorny; barbed
deilín *nm4* rigmarole; (*for advert*) jingle
deiliúsach *adj* impudent
deimheas *nm1* shears
deimhin (*gsf, pl, compar* **deimhne**) *adj* sure, certain, definite; **deimhin a dhéanamh de rud** to make sure of sth; **go deimhin** indeed
deimhneach *adj* certain; (*also* ELEC) positive
deimhneacht *nf3* certainty
deimhnigh *vt, vi* assure; certify; confirm; verify
deimhniú *nm* certificate; confirmation; assurance
deimhniúil *adj* affirmative
déin[1] *n*: **faoi dhéin** to meet; to fetch; **dul faoi dhéin an dochtúra** to go to fetch the doctor
déin[2] *see* **dian**
déine *nf4* severity; hardness; intensity; *see also* **dian**
deinim *nm4* denim
deir[1] *etc vb see* **abair**
deir[2] *nf2* shingles
déirc *nf2* charity
déirceach *adj* charitable
deire *vb see* **abair**
deireadh[1] (*pl* **deirí**) *nm1* end; conclusion; termination; rear, back; stern; ending; all; **deireadh an leabhair/na míosa/an lae** the end of the book/the month/the day; **deireadh a chur le rud** to finish sth; **tús agus deireadh** beginning and end; **tá deireadh leis an tsraith sin** that series is over; **tá deireadh réidh** everything is ready; **d'ith siad deireadh** they ate the whole lot; **bheith ar deireadh le rud** to be behind with sth; **faoi dheireadh thiar thall** at long last; **i ndeireadh an lae** at the end of the day, finally; **an oíche faoi dheireadh** the other night; **deireadh loinge** stern of ship; **roth/suíochán deiridh** back wheel/seat; **cosa deiridh** hind legs; **solas deiridh** taillight
deireadh[2] *vb see* **abair**

Deireadh Fómhair *nm* October
deireanach *adj* last; final; late; recent; **go deireanach aréir** late last night; **an chóip is deireanaí** the latest copy
deireanaí *nf4* lateness; **le deireanaí** recently
deireanas *nm1*: **le deireanas** recently
deirfiúr (*gs* **deirféar**, *pl* ~**acha**) *nf* sister; **deirfiúr céile** sister-in-law
deirí *see* **deireadh**[1]
déirí *nm4* dairy
deiridh *adj see* **deireadh**[1]
deiridís, deirimid *etc vb see* **abair**
déiríocht *nf3* dairying
deirmitíteas *nm1* dermatitis
deirteá, deirtear, deirtí *vb see* **abair**
deis *nf2* right, right hand (side); opportunity; means; good condition; **casadh ar** *or* **faoi dheis** to turn right; **ar dheis Dé** at God's right hand; **deis a fháil ar rud** to get an opportunity to do sth; **deis a thapú** to grasp an opportunity; **deis iompair** means of transport; **deis cócaireachta** cooking facilities; **deis a chur ar rud** to repair sth; **tá deis mhaith ar mhuintir Sheáin** John's people are well off; **deis istigh** innings; **deis a labhartha** way with words
deisbhéalach *adj* witty
deisceabal *nm1* disciple
deisceart *nm1* south; southern part; **an Deisceart** (GEOG) the South
deisceartach *adj* southern
déise *see* **dias**
deiseal *adv* clockwise
deisigh *vt* mend, repair; renovate
deisitheoir *nm3* repairer, mender
deisiú *nm* repair; renovation
deismíneach *adj* refined; prim
deismíneachtaí *nfpl3* niceties
deismir *adj* neat, tidy; refined; exemplary
deismireacht *nf3* neatness; neat illustration
déistin *nf2* distaste; disgust; **déistin a chur ar dhuine** to disgust sb
déistineach *adj* disgusting; distasteful; revolting
déithe *see* **dé**[1]; **dia**
den = **de** + *def art* **an**
dénártha *adj* binary
deo *n*: **go deo** for ever, always; (*in negative*) never; **níl deireadh go deo leis** it is never-ending
deoch (*gs* **dí**, *pl* ~**anna**) *nf* drink; beverage
dé-ocsaíd *nf2*: **dé-ocsaíd charbóin** carbon dioxide
dé-óid *nf2* diode
deoin (*pl* **deonta**) *nf3* consent; will; **dá deoin féin** of her own free will
deoir (*pl* **deora**, *gpl* **deor**) *nf2* tear; drop; **deoir anuas** (*in roof*) leak; **deoir fhearthainne** raindrop; **tháinig na deora leis** he began to weep; **deoir ar dheoir** drop by drop; **bhain an ceol na deora aisti** the music moved her to tears
deoirghás *nm1* tear gas
deolchaire *nf4* gratuity
deonach *adj* voluntary; willing
deonaigh *vt* grant; consent; **rud a dheonú (do dhuine)** to grant sth (to sb)
deonta *see* **deoin**
deontas *nm1* grant
deontóir *nm3* donor; **deontóir fola** blood donor
deonú *nm* grant, concession
deor, deora *see* **deoir**
deorach *adj* tearful
deoraí *nm4* exile
deoraíocht *nf3* exile
deoranta *adj* strange, unusual; alien; withdrawn
déshúiligh *nmpl1* binoculars
détente *nm4* détente
déthaobhach *adj* bilateral
déthreo *adj* two-way
d'fhaighinn *etc vb see* **faigh**
d'fheicfinn *etc vb see* **feic**
dh (*remove "h"*) *see also* **d...**
dhá (*after article, aon or céad* **dá**) *num* two; **dhá chloch mhóra** two large stones; **an dá dhoras ghorma** the two blue doors; **mo dhá lámh** my two hands
dháréag *nm4* twelve people
dheachaigh *etc vb see* **téigh**
dhéanfainn, dhearna, dhein *vb see*

déan

di *see* **de**; **do**[2]

dí *see* **deoch**

dia, Dia (*gs* **dé**, *pl* **déithe**) *nm* god; God; **dia beag** (*pop star etc*) idol; **Dia duit!** good day!, hello!; **Dia linn!** (*after sneeze*) bless you!; **Dia ár sábháil!** God save us!; **buíochas le Dia!** thank God!

diabhal *nm1* devil; fiend; **an Diabhal** the Devil

diabhalta *adj* mischievous

diabhlaíocht *nf3* mischief; witchcraft

diaga *adj* divine; theological

diagacht *nf3* divinity; divine nature; piety; theology

diaganta *adj* pious

diagram *nm1* diagram

diaibéiteach *adj, nm1* diabetic

diaibéiteas *nm1* diabetes

diaidh *n*: **i ndiaidh** + *gen* following, after; **i ndiaidh na nuachta** following the news; **i ndiaidh an chluiche** after the match; **seachtain ina dhiaidh sin** a week later; **trí lá i ndiaidh a chéile** three days in a row; **tá cumha air i ndiaidh an bhaile** he is homesick; **tháinig an madra i mo dhiaidh** the dog came after me; **níl mé ina dhiaidh air** I don't blame him, I don't hold it against him; **fiche i ndiaidh a trí** twenty past three; **ina dhiaidh seo** after this, from now on; **ina dhiaidh sin** afterwards; nevertheless; **diaidh ar ndiaidh** gradually; **ina dhiaidh sin is uile** despite all that

diail (*pl* **~eanna**) *nf2* dial ♦ *vt* dial

diailigh *vt* dial

dí-áirithe *adj* innumerable, countless

dialann *nf2* diary; personal organizer

diallait *nf2* saddle; **diallait a chur ar** (*horse*) to saddle; **dul sa diallait** to mount; **an diallait a chur ar an each cóir** to place the blame where it belongs

diamant *nm1* diamond

diamhair (*pl* **diamhra**) *adj* dark, obscure; eerie, creepy; mysterious; weird

diamhasla *nm4* blasphemy

diamhaslaigh *vi* blaspheme

diamhracht *nf3* mysteriousness, mystique

dian (*gsm* **déin**, *gsf, compar* **déine**) *adj* intense, intensive; severe, gruelling; difficult

dian- *prefix* intensive, intense; hard, severe

dianas *nm1* intensity; severity

dianchúrsa *nm4* intensive course

dianmhachnamh *nm1* concentration; **dianmhachnamh a dhéanamh ar rud** to think long and hard about sth

dí-armáil *vt, vi* disarm

dias (*gs* **déise**) *nf2* ear of corn; (BOT) spike; (*of weapon*) point; (TENNIS) deuce

diasraigh *vt* glean

díbeartach *nm1* outcast

díbh *see* **de**

díbhe *nf4* (LAW) dismissal

dibheán *nm1* divan

díbheirg *nf2* wrath, vengeance

díbheo *adj* lifeless, listless

díbhinn *nf2* dividend

díbhirce *nf4* zeal

díbhirceach *adj* eager; zealous

díbhlíonach *adj* mutual

díbhoilsciú *nm* (FIN) deflation

díbholaíoch *nm1* deodorant

díbholg *vt* deflate

díbir (*pres* **díbríonn**) *vt* expel, drive out; banish; deport

díbirt (*gs* **díbeartha**) *nf3* expulsion; banishment; deportation

díblí *adj* decrepit; dilapidated; worn out

dícháiligh *vt* disqualify

dícheall *nm1* best effort; **do dhícheall a dhéanamh** to do one's best; **bheith ar do dhícheall ag déanamh ruda** to be working flat out at sth

dícheallach *adj* hard-working, industrious; earnest

dícheillí *adj* senseless

díchóimeáil *vt* dismantle

díchorda *nm4* discord

díchorn *vt* unwind

díchreideamh *nm1* disbelief; lack of faith

díchuimhne *nf4* oblivion

dide *nf4* (ANAT) nipple; (*on bottle*) teat

dídean *nf2* shelter; refuge; asylum; (*fig*) haven; **dídean a thabhairt do dhuine** to give shelter to sb

dídeanaí *nm4* refugee
difear *nm1* difference; **is beag an difear é** it matters little
dífhabhtaigh *vt* (COMPUT) debug
dífhostaíocht *nf3* unemployment; **lucht dífhostaíochta** the unemployed
dífhostaithe *adj* unemployed
dífhostú *nm* dismissal
difríocht *nf3* difference
difriúil *adj* different; various
diftéire *nf4* diphtheria
dígeanta *adj* obdurate
díghalraigh *vt* disinfect
díghalrán *nm1* disinfectant
díghreamaigh *vt* unstick
digit *nf2* digit
dil *adj* dear, beloved
díláraithe *adj* decentralised
dílárú *nm* decentralization, devolution
díle (*gs* ~**ann**, *pl* **díl**) *nf* flood, deluge, torrent; **díle bháistí** downpour
díleá *nm4* digestion; dissolution
díleáigh *vt* digest; dissolve
dílis (*gsf, pl, compar* **dílse**) *adj* loyal; dear; genuine; proper; **bheith dílis do dhuine** to be faithful to sb; **a mháthair dhílis** dear mother; **cóip dhílis** genuine copy; **ainm dílis** proper name
dílleachta *nm4* orphan
dílleachtlann *nf2* orphanage
dílse *nf4* loyalty; allegiance; pledge; *see also* **dílis**
dílseacht *nf3* allegiance, loyalty
dílseánach *nm1* (COMM) proprietor
dílseoir *nm3* loyalist
díluacháil *vt* devalue ▸ *nf3* devaluation
díluchtaigh *vt* unload; discharge
dímheabhrach *adj* forgetful; **dímheabhrach (ar)** oblivious (of)
dímheas *nm3* contempt; disrespect
dímheasúil *adj* contemptuous; disrespectful; derogatory
dínáisiúnaigh *vt* denationalize
ding (*pl* ~**eacha**) *nf2* wedge; dent ▸ *vt* wedge; pack; ram
dinimiciúil *adj* dynamic
dinimít *nf2* dynamite
dínit *nf2* dignity
dínn *see* **de**
dinnéar *nm1* dinner
dinnireacht *nf3* dysentery
dinnseanchas *nm1* topography
dintiúir *nmpl1* (*references*) credentials; **tá a dintiúir aici** she's fully qualified
díobh *see* **de**
díobhach *nm1* remover; **díobhach vearnais iongan** nail polish remover
díobháil *nf3* damage; harm; want; loss; **de dhíobháil airgid** for want of money; **tá saoire de díobháil orm** I need a holiday; **díobháil a dhéanamh do rud/do dhuine** to harm sth/sb
díobhálach *adj* harmful; spiteful
díocasach *adj* (*keen*) eager
díochlaon *vt* (LING) decline
díochlaonadh (*gs* **díochlaonta**, *pl* **díochlaontaí**) *nm* declension
díochra *adj* passionate, fervent; intense
díog *nf2* ditch; trench; drain
diogáil *nf3* trim, cut
díogha *nm4* worst; **díogha na bhfear** the worst of men; **rogha an dá dhíogha** a choice of two evils; **díogha agus deireadh** the worst thing possible
díograis *nf2* zeal; fervour; kindred bond
díograiseach *adj* enthusiastic; keen; zealous
díograiseoir *nm3* enthusiast
dí-oighreán *nm1* de-icer
dí-oighrigh *vt* de-ice
dí-oighritheoir *nm3* de-icer
díol *nm3* sale; payment; (*of emotion*) object; enough ▸ *vt, vi* sell; pay; **"le díol"** "for sale"; **díol agus ceannach** buying and selling; **i ndíol ruda** in payment for sth; **díol trua** pitiful case; **díol beirte** enough for two
díolachán *nm1* sale
díolaim (*pl* **díolamaí**) *nf3* collection; compilation
díolaíocht *nf3* payment
díoltas *nm1* revenge, vengeance; **díoltas a imirt ar** to take revenge on
díoltasach *adj* vindictive, vengeful
díoltóir *nm3* seller; dealer
díolúine (*pl* **díolúintí**) *nf4* exemption,

immunity; (COMM) franchise; licence
díom *see* **de**
díomá *nf4* disappointment; **díomá a chur ar dhuine** to disappoint sb
díomách (*gsm* **díomách**) *adj* disappointed; disappointing; sorry
diomachroíoch *adj* dejected
diomail *vt* squander, waste
diomailt *nf2* waste, extravagance
diomailteach *adj* wasteful, extravagant
diomaíoch (*gsm* **diomaíoch**) *adj* ungrateful
diomaite *adv*: **diomaite de** apart from; besides
díomas *nm1* arrogance, pride; contempt
díomasach *adj* arrogant; contemptuous
díomhaoin *adj* idle; redundant; unmarried, single; vain; worthless
díomhaointeas *nm1* vanity; idleness
diomú *nm4* dissatisfaction, displeasure
díomua *nm4* defeat
diomúch (*gsm* **diomúch**) *adj* dissatisfied
díon (*pl* ~**ta**) *nm1* roof; shelter• *vt* protect; shelter; make watertight; **díon gréine** (AUT) sunroof
díonach *adj* protective; impermeable; **díonach ar** proof against
díonbhrat *nm1* awning
díonbhrollach *nm1* preface
diongbháilte *adj* firm, staunch; determined; positive; decided; secure, fixed; steadfast
diongbháilteacht *nf3* resolve; firmness; decisiveness; staunchness
díonmhar *adj* waterproof
díonteach (*gs* **díontí**, *pl* **díontithe**) *nm* penthouse
dioplóma *nm4* diploma
díorma *nm4* troop; band; posse
díorthach *nm1* derivative
díosal *nm1* (*also vehicle*) diesel
díosc *vi* creak; grate, grind
diosca *nm4* disk; **diosca bog** (COMPUT) floppy (disk); **diosca córais** (COMPUT) system disk
dioscaireacht *nf3* household chores
díoscán *nm1* creaking; grating, grinding
dioscó *nm4* disco
dioscólann *nf2* discotheque
dioscthiomáint *nf3* disk drive
d'íosfainn *etc vb see* **ith**
díospóid *nf2* dispute; **díospóid thionsclaíoch** dispute
díospóireacht *nf3* debate; discussion
díot *see* **de**
díotáil *nf3* indictment• *vt* indict
díoth, díotha *see* **díth**
díothaigh *vt* exterminate, eliminate, eradicate; annihilate
díothóir *nm3* eliminator; destroyer
díothú *nm* destruction, elimination, extermination, annihilation
dip *nf2* dip
dírbheathaisnéis *nf2* autobiography
díreach *adj* straight, erect; direct• *adv* just; exact(ly); **caint/ceist/líne dhíreach** straight talk/question/line; **díreach anonn** straight across; **anois díreach** just now; **díreach ansin** right there; **a dó go díreach** exactly two; **go díreach mar a d'iarr tú** just as you asked; **go díreach!** exactly!
díréireach *adj* disproportionate
dírigh *vt* straighten; **rud a dhíriú ar** to direct sth towards; **d'aire a dhíriú ar fhadbh** to direct one's attention to a problem; **dhírigh sí ar an obair** she set to work
dís *nf2* pair
dísc *nf2* dryness; barrenness; **dul i ndísc** to run dry, run out
discéad *nm1* (COMPUT) diskette
disciplín *nm4* discipline
díscithe *adj* dried up; consumed; spent; eliminated
discréid *nf2* discretion
discréideach *adj* discreet; reserved
díscríobh *vt* (COMM, INS) write off
díséad *nm1* duet
díseart *nm1* retreat; hermitage; hideaway
díshealbhaigh *vt* evict; dispossess
díshealbhú *nm* eviction; dispossession
díshioc *vt* defrost
dísle *nm4* die; **díslí** dice
díspeag *vt* belittle
díspeagadh (*gs* **díspeagtha**) *nm*

belittlement; (LING) diminutive; **díspeagadh cúirte** contempt of court

dispeipse *nf4* dyspepsia

díth (*pl* **díotha**, *gpl* **díoth**) *nf2* loss; deprivation; lack; need; **dul ar díth** to go to loss; **rud a bheith de dhíth ort** to need sth; **díth céille** foolishness; **de dhíth a mhalairte** for want of anything else

dithneas *nm1* haste, hurry, urgency

dithneasach *adj* urgent

díthreabh *nf2* wilderness

díthreabhach *nm1* hermit, recluse; homeless person

díthruailligh *vt* decontaminate

diúc *nm1* duke

diúg *vt* drink; drain; sponge on

diúgaire *nm4* leech, sponger

diúgaireacht *nf3* drinking; draining; sponging, cadging

diúilicín *nm4* mussel

diúité (*pl* **~ithe**) *nm4* duty; **bheith ar diúité** to be on duty

diúl *vt* suck

diúlach *nm1* guy, fellow; lad, chap

diúltach *adj, nm1* (*also* ELEC, LING) negative

diúltaigh *vt* deny; refuse, turn down; **diúltú do** renounce, reject; **diúltú rud a dhéanamh** to refuse to do sth

diúltú *nm* refusal; denial; rejection; renunciation

diúnas *nm1* stubbornness

diúracán *nm1* missile; projectile

diúraic *vt* cast, throw; launch

diurnaigh *vt* drain; swallow; hug

diúscairt *nf3* disposal

dlaíóg *nf2* wisp; lock; **an dlaíóg mhullaigh a chur ar rud** to crown sth, put the finishing touches to sth

dlaoi (*pl* **~the**) *nf4* (*of hair*) lock, strand; tuft, wisp

dleacht (*pl* **~anna**) *nf3* (lawful) right; tax, duty; (*on books etc*) royalty

dleachtach *adj* lawful; due; proper

dleathach *adj* lawful, legal; genuine; valid

dlí (*pl* **~the**) *nm4* law; **dlí na tíre/Dé/an nádúir** the law of the land/God/nature; **dlí canónta/míleata** canon/martial law; **an dlí a chur ar dhuine** to bring legal action against sb

dlí-eolaí *nm4* jurist

dlíodóir *nm3* lawyer

dlisteanach *adj* lawful; legitimate; rightful; faithful

dliteanas *nm1* liability

dlíthairiscint (*gs* **dlíthairisceana**) *nf* legal tender

dlíthe *see* **dlí**

dlíthiúil *adj* legal, lawful; judicial

dlús *nm1* density; compactness; speed; **dlús a chur le rud** to speed sth up

dlúsúil *adj* industrious

dlúth *adj* dense; compact; close; tight; **bearrtha go dlúth** closely shaven

dlúthchaidreamh *nm1* close relations; intimacy

dlúthdhiosca *nm4* CD, compact disc

dlúthpháirtíocht *nf3* solidarity

do[1] (*before vowel or* **fh** + *vowel* = **d'**) *poss adj* (*singular*) your

EOCHAIRFHOCAL

do[2] (*prep prons* = **dom, duit, dó, di, dúinn, daoibh, dóibh**) (*lenites; when followed by vowel or* **fh** + *vowel* = **d'**; *when followed by def art* **an** = **don**; *when followed by* **ár** = **dá, dár**) *prep* to; for **1** (*indicating indirect object*) to; for; **rud a ofráil/thabhairt do dhuine** to offer/give sth to sb; **rud a dhéanamh do dhuine** to do sth for sb; **bheith mhaith/dílis do dhuine** to be good/loyal to sb; **gar a dhéanamh do dhuine** to do sb a favour; **trua a bheith agat do dhuine** to have pity on sb

2 (*relation*): **is aintín dom í** she is an aunt of mine; **bheith gaolmhar do dhuine** to be related to sb

3 (*proximity*): **bheith gar** *or* **cóngarach do rud** to be close to sth

4 (*with greetings*): **Nollaig shona daoibh** Merry Christmas to you

5 (*with verbal noun phrases*): **ag imeacht dó** as he was leaving; **ar imeacht dó** when he had left

6 (*existence, condition*): **is ann dóibh**

they exist; **is fíor duit** you're right; **nach méanar di** isn't she lucky; **is amhlaidh dom féin** I'm in the same boat
7 (*signifying effect*): **tá an t-aer úr maith duit** the fresh air is good for you; **is cuma dóibh anois** it doesn't matter to them now
8 (*with questions*): **cad is ainm duit?** what's your name?; **cárb as di?** where's she from?

do[3] *vb particle*: **d'iarr sé pionta** he asked for a pint; **d'ólfadh sí bainne** she would drink milk
do- *prefix* very difficult to; impossible to; evil-, ill-
dó[1] *see* **do**[2]
dó[2] (*pl* ~**nna**) *num, nm4* two; **a dó dhéag** twelve
do-amhrais *adj* unmistak(e)able
Dobhar *nm1* Dover
dobharcheantar *nm1* (*of river*) catchment area
dobharchú *nm4* otter
dobhardhroim *nm3* (GEOG) watershed
dobhareach *nm1* hippopotamus
dobharlíne *nf4* waterline
dobhrán *nm1* otter; (*person*) idiot, imbecile
dobhréagnaithe *adj* (*facts, evidence*) undeniable, indisputable
dobhriathar (*pl* **dobhriathra**) *nm1* adverb
dobhriste *adj* unbreakable
dobrón *nm1* grief, sorrow; affliction
dócha (*compar* **dóichí**) *adj* likely, probable; **is dócha (go)** it is likely (that); **ní dócha go dtiocfaidh sí** it is unlikely that she will come; **chomh dócha lena athrach** as likely as not
dochar *nm1* harm, hurt; damage; debit; **dochar a dhéanamh do dhuine/do rud** to harm sb/sth; **níl dochar déanta** there's no harm done; **sochar agus dochar** profit and loss
dóchas *nm1* hope; expectation; trust; **tá dóchas agam (go)** I hope (that); **dóchas a bheith agat asat féin** to be self-confident
dóchasach *adj* hopeful; optimistic; confident
docheansaithe *adj* untameable; uncontrollable
dochloíte *adj* invincible; tireless; irresistible
dochorraithe *adj* impassive, imperturbable
dochrach *adj* harmful; damaging
dochreidte *adj* incredible; unbelievable
docht (*gsm* **docht**) *adj* close; tight; rigid; strict
dochtúir *nm3* doctor
dóchúil *adj* likely, probable; promising
dóchúlacht *nf3* likelihood, probability
dócmhainneach *adj* insolvent
dócúl *nm1* discomfort
dodach *adj* sullen; furious; (*animal*) restive, obstinate
dodhéanta *adj* impossible
dodhearmadta *adj* unforgettable
do-earráide *n gen as adj* infallible
do-fhaighte *adj* unobtainable; (*book etc*) rare
dofheicthe *adj* invisible
dofhulaingthe *adj* unbearable; intolerable
doghafa *adj* impregnable
doghrainn *nf2* distress
dóibh *see* **do**[2]
doicheall *nm1* reluctance; inhospitality
doicheallach *adj* unwelcoming; reluctant; grudging; stand-offish
dóichí *see* **dócha**
doiciméad *nm1* document
doiciméadaigh *vt* document
do-ídithe *adj* inexhaustible
dóigh[1] *nf2* way, manner; method; state, condition; **dóigh oibre** method of working; **sa dóigh go** in such a way that; **ar dhóigh nó ar dhóigh eile** (in) one way or another; **níl an dara dóigh air** there is no alternative; **tá a dhóigh féin aige** he's his own man; **tá dóigh mhaith orthu** they are well off; **cén dóigh atá ort?** how are you keeping?; **bheith gan dóigh** to be in a bad way; **dóigh a chur ar rud** to fix sth; **ar dóigh**

excellent, wonderful
dóigh[2] *nf2* probability; **is dóigh liom (go)** I think (that); **de mo dhóigh féin** in my own opinion
dóigh[3] *vt* burn; scorch; cremate
dóighiúil *adj* handsome; good-looking
doiléir *adj* dim; obscure, vague; ambiguous
doiléirigh *vt* blur, obscure; darken
doiligh (*gsf, pl, compar* **doilí**) *adj* difficult, hard; tough
doilíos *nm1* remorse; melancholy; sorrow
doilíosach *adj* remorseful, contrite; sorrowful
doimhne, doimhneacha *see* **domhain**
doimhneacht *nf3* depth
doineann *nf2* bad weather; storm
doineanta *adj* (*weather*) foul, terrible; stormy
doinsiún *nm1* dungeon
do-inste *adj* untold; indescribable
Doire *nm4* Derry
dóire *nm4* burner
doirne *see* **dorn**
doirse *see* **doras**
doirseoir *nm3* doorkeeper; porter; **doirseoir oíche** night porter
doirt *vt* pour; spill; (*tears*) shed; (*colour*) run; **doirt amach** pour out; **tá siad doirte dá chéile** they are head over heels in love
doirteadh *nm* spilling; pouring; effusion; **doirteadh ola** oil slick; **doirteadh fola** bloodshed
doirteal *nm1* (kitchen) sink; washbasin
do-ite *adj* inedible
dóite *adj* burned, scorched; withered; dry; bitter; **seanduine dóite** decrepit old man; **gáire dóite** dry laugh; **bheith dubh dóite** to be fed up
dóiteán *nm1* blaze, fire; **inneall dóiteáin** fire engine
dol (*gs, pl* ~**a**) *nm3* snare, trap; noose; loop; batch; (FISHING) cast; haul
dól *nm1* dole
dola *nm4* charge, expense; toll, tax; **an dola a dhíol** to pay the bill; (*fig*) to suffer the consequences
dolabhartha *adj* unspeakable
dólás *nm1* sorrow; contrition; **gníomh dóláis** act of contrition
doléite *adj* illegible
dollar *nm1* dollar
doloicthe *adj* reliable
dolúbtha *adj* inflexible; unbending; rigid
dom *see* **do**[2]
domhain *nf2* (*gs* **doimhne**, *pl* **doimhneacha**) depth ♦ *adj* (*gsf, pl, compar* **doimhne**) deep; profound; serious
domhan *nm1* world; earth; **ar fud an domhain** all over the world; **an Tríú Domhan** the Third World; **an Domhan** (*planet*) the Earth; **an Domhan Thoir** the Orient; **bhí fearg an domhain air** he was extremely angry
domhanda *adj* worldwide; global; worldly; terrestrial
domhanfhad *nm1* longitude
domhanleithead *nm1* latitude
domhantarraingt *nf* (PHYS) gravity
domheanma (*gs* ~**n**) *nf* low spirits, despondency, depression
domheanmnach *adj* downhearted; dejected, despondent, depressed
domheasta *adj* immeasurable
Domhnach (*pl* ~**aí**) *nm1* Sunday; **ar an Domhnach** on Sundays; **Dé Domhnaigh** on Sunday
domholta *adj* inadvisable
domlas *nm1* bitterness
domlasta *adj* unpalatable, unsavoury, bitter
domplagán *nm1* dumpling
don = **do**[2] + *def art* **an**
dona *adj* bad; miserable; unfortunate; **is dona an scéal é** it's a bad state of affairs; **tá sí go dona le seachtain** she has been very sick this last week; **loite go dona** badly wounded
donacht *nf3* badness; **dá dhonacht iad** however bad they are; **athrú chun donachta** a change for the worse
donas *nm1* bad luck, misfortune; misery; mischief; **dul chun donais** to get worse; **is é donas an scéil (go)** the worst of it is (that); **tá an donas air le falsacht** he's

the world's worst for laziness
donn *adj* brown
donnbhuí *adj* buff
do-oibrithe *adj* unworkable
dó-ola *nf4* fuel oil
doras (*pl* **doirse**) *nm1* door; doorway; **doras cúil** back door; **doras éalaithe** emergency exit; **duine a chur ó dhoras** to put sb off with an excuse
dorcha *adj* dark; (*water*) murky, shadowy; (*meaning*) obscure
dorchacht *nf3* darkness
dorchadas *nm1* dark, darkness; **bheith sa dorchadas faoi rud** to be in the dark about sth
dorchaigh *vt, vi* darken
dorchla *nm4* passage, passageway
dord *nm1* drone; buzz; hum; (*MUS*) bass ♦ *vi* drone; buzz; hum
dordán *nm1* drone; buzz; hum
dordánaí *nm4* buzzer
dordghuth *nm3* bass (voice)
dordveidhil *nf2* cello
doréititithe *adj* (*of problem*) insoluble
doriartha *adj* unruly; intractable; uncontrollable
dorn (*pl* **doirne**) *nm1* fist; punch; handle, grip; **dorn a thabhairt do dhuine** to punch sb; **dorn a tharraingt ar rud** to thump sth; **dul sna doirne le duine** to come to blows with sb
dornaisc *nmpl1* handcuffs
dornálaí *nm4* boxer
dornálaíocht *nf3* boxing
dornán *nm1* handful; **dornán airgid** some money; **dornán daoine** a few people
dórtúr *nm1* dormitory
dorú *nm4* (fishing) line; **dorú pluma** plumb line; **as dorú** out of alignment
dos (*pl* ~**anna**) *nm1* tuft; bush; (*of flowers*) bunch; (*of trees*) cluster; (*of bagpipes*) drone
dosaen (*pl* ~**acha**) *nm4* dozen
doscaí *adj* extravagant
doscéala *nm4* unwelcome news
doshamhlaithe *adj* unthinkable; inconceivable, unimaginable
dosháraithe *adj* unbeatable; unmatched; inviolable
dosháraitheacht *nf3* (*of life*) sanctity
dosheachanta *adj* inescapable; inevitable, unavoidable
doshéanta *adj* irrefutable, undoubted; undisputed
doshrianta *adj* uncontrollable, unmanageable
dosmachtaithe *adj* uncontrollable; ungovernable
dóthain *nf4* enough, sufficiency; **do dhóthain a ithe** to eat one's fill; **ní mór a dhóthain** he's easily satisfied
dothrasnaithe *adj* impassable
dothuigthe *adj* unintelligible, incomprehensible; inscrutable
dothuirsithe *adj* tireless
dóú *num, adj* second; **an dóú duine/háit/rogha** the second person/place/choice
drabhlás *nm1* debauchery; **bheith ar an drabhlás** to be on the tear *or* the binge; **dul chun drabhlais** to go to the bad
drabhlásach *adj* wild; dissipated; prodigal
drabhlásaí *nm4* waster; boozer; reprobate
draein (*gs* **draenach**, *pl* **draenacha**) *nf* drain
draenáil *nf3* drainage ♦ *vt* drain
dragan *nm1* dragon; tarragon
draid (*pl* ~**eanna**) *nf2* mouth; grin; grimace; set of teeth
draidgháire *nm4* grin; **draidgháire a dhéanamh** to grin
draighneán *nm1* blackthorn
draíocht (*gs, pl* ~**a**) *nf3* (magic) spell; witchcraft; charm; romance; **draíocht a chur ar** to enchant; **duine a chur faoi dhraíocht** to cast a spell on sb
draíochta *n gen as adj* magic(al)
draíodóir *nm3* magician, wizard; **draíodóir mná** witch
dram (*pl* ~**anna**) *nm3* dram
dráma *nm4* drama; play; **dráma grinn** comedy
drámadóir *nm3* dramatist, playwright
drámaíocht *nf3* drama; dramatic act
drámata *adj* dramatic

dramhaíl *nf3* refuse, trash; waste
drandal *nm1* (ANAT) gum(s)
drann *vi* snarl; **drannadh le rud** to go near sth, touch sth
drantaigh *vi* growl
draoi (*pl* ~**the**) *nm4* magician; sorcerer; druid
draoibeach *adj* mucky; muddy
draoidín *nm4* (*person*) shrimp, midget
draothadh *n*: **draothadh gáire** faint smile
drár *nm1* drawer
dreach (*gs, pl* ~**a**) *nm3* face, expression; appearance, aspect, look
dréacht *nm3* draft; tract; composition; **dréacht ceoil** piece of music; **dréacht conartha** draft of contract
dréachtaigh *vt* draft
dream *nm3* group (of people); crowd; **an dream óg** the young people; **seachain an dream sin** avoid that crowd; **an dream a tháinig** those who came
dreancaid *nf2* flea
dreap *vt, vi* climb, scale
dreapa *nm4* stile; (*of cliff*) edge
dreapadh (*gs* **dreaptha**) *nm* climb
dreapadóir *nm3* climber
dreapadóireacht *nf3* climbing
dreas (*gs, pl* ~**a**) *nm3* spell, while; turn; (*of talks*) round; (SPORT) round, heat; (TENNIS) rally; **dreas oibre** stint of work; **dreas a chodladh** to sleep a while
dreasacht *nf3* incentive
dreasú *nm* incentive
dréim *nf2* aspiration; expectation; contention♦ *vt, vi* aspire to; strive after; expect; **bheith ag dréim le rud** to expect sth; to strive for sth
dréimire *nm4* ladder; **dréimire taca** stepladder
dreoigh *vi* decompose; rot, decay
dreoilín *nm4* (ZOOL) wren; **dreoilín teaspaigh** grasshopper
dreoite *adj* decayed, withered; mo(u)ldy; stale
dríodar *nm1* dregs, slops; sediment
driog *vt* distil
drioglann *nf2* distillery
driopás *nm1* hurry; **driopás a bheith ort** to be in a fluster
dris (*pl* ~**eacha**) *nf2*: **dris chosáin** stumbling block
drisiúr *nm1* dresser
drithle *nf4* sparkle
drithleach *adj* sparkling
drithleog *nf2* spark
drithligh *vi* sparkle, gleam, glint; glow; twinkle
drithlín *nm4* bead; shudder, thrill
droch- *prefix* bad, poor, evil, un-; **droch-chaint** bad language; **droch-chlú** slur; bad name
drochamhras *nm1* distrust; misgivings; **drochamhras a bheith agat ar dhuine** to distrust sb
drochaoibh *nf2*: **drochaoibh a bheith ort** to be in a bad mood
drochbhail *nf2* poor condition; **drochbhail a thabhairt ar dhuine** to ill-treat sb
drochbharúil *nf3* poor opinion
drochbhéas *nm3* vice, bad habit; **drochbhéasa** bad manners
drochbhéasach *adj* rude, ill-mannered
drochbhlas *nm1* distaste; bad taste
droch-chroí *nm4* ill will, malice
drochfhéachaint (*gs* **drochfhéachana**) *nf3* evil look; glare, glower
drochiarraidh (*gs* **drochiarrata**, *pl* **drochiarrataí**) *nf* indecent assault
drochíde *nf4* abuse; **drochíde a thabhairt do dhuine** to abuse *or* ill-treat sb; **drochíde do pháistí** child abuse
drochiontaoibh *nf2* distrust
drochmheas *nm3* disdain, contempt; **drochmheas a bheith agat ar** to look down on
drochmheasúil *adj* disparaging, contemptuous
drochmhisneach *adj* discouragement; **drochmhisneach a chur ar dhuine** to dishearten sb
drochmhuinín *nf2* distrust
drochmhúinte *adj* rude, ill-mannered; (*animal*) vicious
drochobair (*gs* **drochoibre**) *nf2* mischief

drochshaol *nm1* hard times; **An Drochshaol** (*HIST*) the (Great) Famine
drochthuar *nm1* foreboding; bad omen
drochuair *nf2* crisis; **an drochuair a chur tharat** to pull through, survive an ordeal; **ar an drochuair** unfortunately
drogall *nm1* reluctance
drogallach *adj* reluctant
droichead *nm1* bridge; **droichead coisithe** footbridge; **droichead crochta** suspension bridge; **droichead tógála** drawbridge
droim (*pl* **dromanna**) *nm3* back; (*of hill*) ridge; (*of coin*) tail; **droim dubhach** (*mood*) depression; **rud a iompar ar do dhroim** to carry sth on your back; **bheith ar dhroim duine** to be out to get sb; **bheith sa droim ag duine** to nag at sb; **droim ar ais** back to front; **droim coise** instep; **ar dhroim an domhain** on the face of the earth; **ar dhroim na mara** on the surface of the sea; **ligean le do dhroim** to take a rest
droimneach *adj* rolling, undulating
droimnocht *adv* bareback
droimscríobh (*vn* **droimscríobh**) *vt* (*cheque*) endorse
drólann *nf2* (*MED*) colon
droma *n gen as adj* spinal
dromán *nm1* camber
dromchla *nm4* surface
dromlach *nm1* spine, spinal column
drong *nf2* group; gang; mob; pack
dronn *nf2* hump; **dronn a chur ort féin** to arch one's back
dronuilleog *nf2* rectangle; oblong
dronuilleogach *adj* rectangular; oblong
dronuillinn (*pl* ~**eacha**) *nf2* (*MATH*) right angle
drualus *nm3* mistletoe
drúcht *nm3* dew
druga *nm4* drug; **bheith ag caitheamh drugaí** to be on drugs
drugadóir *nm3* pharmacist, druggist
drugáil *vt* drug; (*horse etc*) dope
druglann *nf2* chemist, drugstore
druid[1] (*vn* ~**im**) *vt* close, shut; shut (down); **druid le** approach, move close to; **doras/cuntas a dhruidim** to close a door/an account; **druid do bhéal!** shut up!; **druidim leis an tine** to move close to the fire; **dhruid sí uaim** she moved away from me; **druidim i leataobh** to move aside
druid[2] (*pl* ~**eanna**) *nf2* starling
druidte *adj* closed, shut
druil (*pl* ~**eanna**) *nf2* drill; **druil aeroibrithe** pneumatic drill
druileáil *vt* drill
druilire *nm4* (*tool*) drill
drúis *nf2* lust
drúisiúil *adj* lustful, lecherous; randy
druma *nm4* drum
drumadóir *nm3* drummer
druncaeir *nm3* drunk
drúthlann *nf2* brothel
dt (*remove "d"*) *see* **t...**
dtí *adv*: **go dtí** to, until; **go dtí seo** so far, up to now, as yet; **go dtí an siopa** as far as the shop; **go dtí gur imigh sé** until he left; **comhaireamh go dtí a deich** to count to 10; **níor chaoineadh go dtí é** you never heard such crying
dua *nm4* toil, labour, effort; trouble, difficulty
duáilce *nf4* vice, evil
duairc *adj* dismal; gloomy; grim
duairceas *nm1* gloominess
duais *nf2* (*pl* ~**eanna**) prize; reward; gift
duaiseoir *nm3* prizewinner
duaisiúil *adj* difficult, trying, troublesome
duaithnigh *vt* camouflage
duaithníocht *nf3* camouflage
dual[1] *nm1* lock; tuft; wisp; strand; dowel; (*in wood*) knot; **dual gruaige** lock of hair; **an dual is faide siar ar do choigeal** the least of your worries
dual[2] *nm1*: **is dual dó bheith tostach** it's in his nature to be quiet; **ní dual di an tsaint** it's not like her to be greedy; **is dual athar duit é** you took after your father in that respect; **an chéim is dual dó** his proper standing
dualgas *nm1* duty, obligation; onus; **ar dualgas** on duty; **dualgas a bheith ort le rud** to be bound by duty to do sth, be

lumbered with sth

duan (*pl* ~**ta**) *nm1* poem; song; **duan Nollag** carol

duán[1] *nm1* hook

duán[2] *nm1* (ANAT) kidney

duánaí *nm4* angler

duanaire *nm4* anthology (of poems)

duanta *see* **duan**

duántacht *nf3* angling

duarcán *nm1* dour person

duartan *nm1* downpour

dúbail (*pres* **dúblaíonn**) *vt* double

dúbailte *adj* double; dual; **seomra dúbailte** double room

dubh *adj* black; dark; black-haired; dismal; (*with people*) swarming ♦ *nm1* black; darkness; **bheith dubh dóite** to be fed up; **dubh dorcha** pitch-black; **an Mhuir Dhubh** the Black Sea; **tá an baile dubh le turasóirí** the town is full of tourists; **an dubh a chur ina gheal ar dhuine** to pull the wool over sb's eyes; **bheith ag obair ó dhubh go dubh** to work from dawn till dusk

dubhach *adj* downcast; melancholic; dismal; gloomy, sombre

dubhachas *nm1* gloom

dubhaigh *vt* blacken, darken; sadden

dubhfhocal *nm1* enigma; conundrum

dúblach *adj, nm1* duplicate

dúblaíonn *see* **dúbail**

dúch *nm1* ink

dúchais *n gen as adj* native; **cainteoir dúchais Fraincise** a native speaker of French; **tír dhúchais** mother country

dúchas *nm1* heritage; instinct; **rud a bheith sa dúchas ag duine** to have sth in the blood; **is Éireannach ó dhúchas é** he is Irish by birth

dúchasach *adj* hereditary; ancestral; native; innate ♦ *nm1* native, inhabitant

dúcheist (*pl* ~**eanna**) *nf2* puzzle, riddle

Dúchrónach *nm1* Black and Tan

dufair *nf2* jungle

duga *nm4* dock

dúghorm *adj* navy(-blue)

duibheagán *nm1* depth(s); abyss; **duibheagán an éadóchais** depths of despair; **poll duibheagáin** bottomless pit; quicksand

duibheagánach *adj* deep

dúiche *nf4* (native) land; district; region; area; **an Chúirt Dúiche** the District Court

dúil *nf2* desire; expectation; (*for thing*) liking, urge; **tá dúil aici ann** she is fond of him; **dúil a bheith agat i nduine** to have a soft spot for sb; **tá an-dúil aici ann** she likes it very much; **tá mé ag dúil le ...** I can't wait to ...; **dúil dhóite a bheith agat rud a dhéanamh** to yearn to do sth; **bhí dúil as Dia agam go ndéanfadh sé é** I willed him to do it; **tá dúil sa bhia agaibh** you enjoy your food; **dúil gan fháil** pipe dream; **mar dhúil (go)** on the off chance (that)

duileasc *nm1* dulse

duille *nm4* leaf, lid

duilleachán *nm1* (POL, REL) leaflet

duilleog *nf2* leaf; **duilleog bháite** water lily

duillín *nm4* docket

duilliúr *nm1* foliage; greenery

duine (*pl* **daoine**) *nm4* man; mankind; person; (*of persons*) one; **daoine** people, ordinary people, folk; **duine óg/tinn/saibhir** a young/sick/rich person; **cearta/nádúr an duine** human rights/nature; **duine fásta** adult; **duine uasal** gentleman; **fiche duine** twenty people; **caint na ndaoine** ordinary speech; **le cuimhne na ndaoine** in living memory; **duine de na banaltraí** one of the nurses; **d'imigh siad ina nduine is ina nduine** they left one by one; **fuair siad deich bpunt an duine** they got a tenner each; **duine éigin** someone; **mo dhuine (thall úd)** your man (over there); **duine ar bith** anybody; nobody; **gach duine** everybody

dúinn *see* **do**[2]

dúirt *etc vb see* **abair**

dúiseacht *nf3* awakening; **bheith i do dhúiseacht** to be awake *or* wakened

dúisigh *vt, vi* wake (up), awake; rouse; (*memories*) evoke; set off; (*engine*) start (up)

dúisire *nm4* (AUT) starter
duit *see* **do**[2]
duitse *pron* (*emphatic*) you
dul *vn of* **téigh** ♦ *nm3* departure; going; method, way; arrangement, style; **níl dul agam air** I can't manage it; **níl dul aici bheith ann** she is unable to be there; **tá dul Muimhneach air** it is in a Munster idiom; **tá dul eile ar an scéal** there is another version of the story; **dul chun cinn** progress; **dul ar ceal** disappearance; **dul i léig** decline; **níl aon dul as** there is no way of avoiding it; **dul síos/suas** descent/ascent; **ar an gcéad dul síos** in the first instance; **dul ar bord** embarkation
dúlra *nm4* nature; the elements
dulta *vadj see* **téigh**
dúmas *nm1* pretence; **le dúmas bréige** under false pretences
dúmhál *nm1, vt* blackmail
dumpáil *vt* dump
Dún *nm1*: **an Dún** Down
dún[1] (*pl* ~**ta**) *nm1* fort, fortress
dún[2] *vt* close, shut; shut down; shut up; (*coat*) fasten; **dún an doras** close the door; **dún do chlab** shut up
dúnadh (*gs* **dúnta**) *nm* closure
dúnáras *nm1* reserve; reticence
dúnárasach *adj* reserved, tight-lipped; aloof
Dún Éideann *nm* Edinburgh
dúnmharaigh *vt* murder
dúnmharfóir *nm3* murderer
dúnmharú *nm* murder
Dún na nGall *nm* Donegal
dúnorgain *nf3* manslaughter
dúnpholl *nm1* manhole
dúnta *adj* closed, shut; *see also* **dún**[1]
dúr *adj* dour; stupid; grim, sullen, moody
dúradán *nm1* speck, mote; domino
dúradh, dúramar *vb see* **abair**
durdáil *vi* coo
dúrud *nm3* a lot, loads; **an dúrud airgid** loads of money
dúshaothrú *nm* (over)exploitation
dúshlán *nm1* challenge; defiance; **dúshlán duine a thabhairt** to defy sb, challenge sb
dúshlánach *adj* challenging
dúshraith (*pl* ~**eanna**) *nf2* base, foundation; basis
dusma *nm4* blur; haze
dusta *nm4* dust
dustáil *vt* dust
dúthomhas *nm1* enigma
dúthracht *nf3* diligence; commitment; zeal; earnestness
dúthrachtach *adj* diligent; devoted; zealous; earnest

E

E *nm4* E

EOCHAIRFHOCAL

é *3rd person msg pron* he; him; it 1 (*as direct object*): **tóg é** lift him/it; **chonaic mé inné é** I saw him yesterday
2 (*with copula*): **nach iontach é!** isn't it great!; **is maith an rud é** it's a good thing; **buachaill breá is ea é** he's a fine boy; **is é an fear is ábalta é** he's the most able man; **cé hé féin?** who is he?; (*with fem noun*): **áit ghalánta (is ea) é** it's a lovely place; **ní hé an dea-cháil a bhí air** he did not have a good reputation; **sin é an uair ..** that's when ... (*ironical*): **is deas an chaoi é!** that's a fine way for things to be!
3 (*with autonomous of verbs*): **déantar go minic ar an chaoi sin é** it's often done like that; **cailleadh inné é** it was lost yesterday; he died yesterday
4 (*with* **agus** *indicating manner, way*): **tháinig sé abhaile agus é fliuch báite** he came home soaking wet; **bhí mise agus é féin ann go minic** he and I were there often
5 (*with* **ach**): **ní raibh sa teach ach é** he was the only one in the house; **ní raibh acu ach é** that's all they had
6 (*with* **ná**): **tá Seán bliain níos sine ná é** John is a year older than him
7 (*with certain preps*): **gan é** without him/it; **mar é** like him/it
8 (*with preps and conjs + vn*): **i ndiaidh** *or* **tar éis é imeacht** after he left; **le é a fheiceáil** to see him; **mar gheall ar é a bheith tinn** because he's sick; **ainneoin é a bheith anseo** although he's here
9 (*referring to previous or subsequent clause*): **cad é a dúirt sé?** what did he say?; **is é a dúirt sé ...** what he said was ...; **is é rud a shiúil sé amach an doras** what he did was to walk out the door; **is é mo bharúil go** it is my opinion that; **an é nach bhfuil a fhios agat?** do you mean that you don't know?
10 (*in phrases*): **pé scéal é, pé acu sin é** in any case; **is é sin** that is; namely

EOCHAIRFHOCAL

ea *3rd person sg neuter pron* (*with copula only*) 1 (*noun, pron as indefinite predicate*): **dliódóir is ea Tomás/é** Thomas/he is a lawyer; **múinteoir ba ea iad** they were teachers; **is dóigh liom gur dliódóir (gurb ea) é** I think he is a lawyer; **dúirt sé gur mhúinteoirí (gurbh ea) iad** he said they were teachers
2 (*adj as predicate*): **"an tuirseach atá tú? - "is ea"** "are you tired?" - "yes"
3 (*adv, adv phrase or clause as predicate*): **"nach inné a tháinig sé?" - "is ea"** "wasn't it yesterday he came?" - "yes (it was)"; **"an ar an mbord a chuir sí an bainne?" - "is ea"** "did she put the milk on the table?" - "yes (she did)"; **"an ag ól atá siad?" - "ní hea, ach ag ithe"** "are they drinking?" - "no, they're eating"
4 (*referring to sth subsequent*): **an ea nach dtuigeann tú céard a dúirt sí?** do you mean to say you do not understand what she said?
5 (*in reply to classification questions*): **"an madra maith é sin?" - "is ea/ní hea?"** "isn't that a good dog?" - "yes (it is)/no (it isn't)"; **is madra maith é sin, nach ea?** that's a good dog, isn't it?; **"ar bhád mór í?" - "ba ea/níorbh ea"** "was it a big boat?" - "yes (it was)/no (it wasn't)"; **ba bhád mór í, nárbh ea?** it was a big boat, wasn't it?
6 (*in fuller negative corrective*): **"an capall é sin?" - "ní hea ach bó** *or* **ní hea, bó is ea í"** "is that a horse?" - "no, it's a cow"; **creidim, ní hea, táim cinnte de go ...** I believe, no, I am certain that ...
7 (*conciliatory*): **is ea (anois), a**

Ghearóid, céard seo a bhíomar a rá? now, Gerard, what is it we were saying? 8 (*in phrase* **más ea**) even so; **tháinig sé go luath, ach más ea (féin) níor fhan sé i bhfad** he came early, but even so, he did not stay long

éabann *nm1* ebony
eabhar *nm1* ivory
éabhlóid *nf2* evolution
Eabhrach *adj, nm1* Hebrew
Eabhrais *nf2* (*LING*) Hebrew
each *nm1* horse, steed
each-chumhacht *nf3* horsepower
eachma *nf4* eczema
éacht *nm3* feat; achievement; stunt
éachtach *adj* sensational, extraordinary; (*blow*) powerful
eachtarmhúrach *adj* extramural
éachtóir *nm3* stunt(wo)man
eachtra *nf4* adventure; expedition; event; experience
eachtrach *adj* external
eachtránaí *nm4* adventurer
eachtrannach *nm1, adj* foreign, alien
eachtrúil *adj* adventurous; eventful
eacnamaí *nm4* economist
eacnamaíoch *adj* economic(al)
eacnamaíocht *nf3* economy; economics
eacnamúil *adj* economic
eacstais *nf2* ecstasy
Eacuadór *nm4* Ecuador
éacúiméineach *adj* ecumenical
éad *nm3* envy; jealousy; **éad a bheith ort (le duine)** to be jealous (of sb)
éadach (*pl* **éadaí**) *nm1* cloth, fabric; clothing, clothes; (*NAUT*) sail; **éadach soitheach** dishcloth; **éadach boird** tablecloth; **éadach leapa** bedclothes; **éadaí olla** woollens; **do chuid éadaigh a chur ort** to put on one's clothes
éadáil *nf3* gain; wealth; (*fig*) bonus
éadaingean (*gsf, pl, compar* **éadaingne**) *adj* insecure, unsteady
éadálach *adj* prosperous; (*work*) lucrative
éadan *nm1* face; front; nerve, impudence; **in éadan** + *gen* against; **bualadh in éadan ruda** to bump into sth; **as éadan** indiscriminately; **cur in éadan duine** to contradict sb; object to sb; oppose sb; **clár éadain** forehead; **nach dána an t-éadan atá uirthi!** the cheek of her!; **in éadan mo thola** against my wishes
eadarlúid *nf2* interlude
éadathach *adj* colourless
eadhon *adv* namely
éadlúth *adj* (*air*) rare
éadmhar *adj* envious; jealous
éadóchas *nm1* despair; **dul in éadóchas** to fall into despair
éadóchasach *adj* despairing, hopeless
éadóigh *adj* unlikely; **is éadóigh go** it's unlikely that
eadóirsigh *vt* naturalize
éadomhain *adj* shallow
eadra *nm4* late morning; **codladh go headra** to sleep in until late in the day
eadraibh *see* **idir**
eadráin *nf3* arbitration; intervention; **eadráin a dhéanamh** (*in dispute*) to mediate, intervene; **talamh eadrána** no man's land
eadrainn *see* **idir**
eadránaí *nm4* mediator; arbitrator
éadrócaireach *adj* merciless
éadroime *nf4* lightness; levity
éadrom *adj* light; lightweight
éadromaigh *vt, vi* lighten
éadromán *nm1* balloon; float
éadromchroíoch *adj* light-hearted
éadrom-mheáchan *nm1* (*BOXING*) lightweight
éadruach *adj* pitiless
éadulangach *adj* intolerant
éag *nm3* death♦ *vi* die, perish; **go héag** till death; **dul in éag** to expire, die out
éagach *nm1* (*LAW*) deceased
eagal *adj*: **is eagal liom go** I am afraid that; **ní heagal duit** you're in no danger
éaganta *adj* giddy; scatterbrained
éagaoin *nf2* moan; **éagaoin a ligean asat** to moan♦ *vi* moan
eagar *nm1* arrangement, order; condition, state; **in eagar ceart** properly arranged; **rudaí a chur in eagar** to arrange things; **eagar a chur ar leabhar**

to edit a book
eagarfhocal *nm1* editorial
eagarthóir *nm3* editor
eagarthóireacht *nf3* editing; **foireann eagarthóireachta** editorial staff
eagla *nf4* fear; **eagla a bheith ort (roimh rud)** to be afraid (of sth); **eagla a theacht ort** to get afraid; **eagla a chur ar dhuine** to scare sb; **ní ligfeadh an eagla dó léim** he was afraid to jump; **ar eagla na heagla** just in case, (just) to be on the safe side
eaglach *adj* fearful; apprehensive
eaglais *nf2* church; **an Eaglais** the Church; **seirbhís eaglaise** church service
eaglaiseach *nm1* clergyman
eaglasta *adj* ecclesiastical
éagmais *nf2* lack; absence; **déanamh in éagmais ruda** to do without sth
eagna *nf4* wisdom; **eagna chinn** intellect, intelligence
éagnach *nm1* groan, moan
eagnaí *adj* wise; intelligent
éagóir (*pl* **éagóracha**) *nf3* injustice; wrong; **éagóir a dhéanamh ar dhuine** to wrong sb; **bheith san éagóir (ar dhuine)** to be in the wrong (about sb)
éagoiteann *adj* uncommon, unusual
éagórach *adj* unjust, unfair
éagothroime *nf4* imbalance; inequality
éagothrom *adj* uneven; unfair, unjust
eagraí *nm4* organizer
eagraigh *vt* organize; arrange
eagraíocht *nf3* (*political etc*) organization
eagrán *nm1* edition; number, issue
eagras *nm1* (*political etc*) organization
eagrú *nm* (*layout etc*) organization
éagruthach *adj* shapeless; deformed
éagsamhalta *adj* inconceivable; extraordinary
éagsúil *adj* different; various; diverse
éagsúlacht *nf3* dissimilarity; difference; (*of things*) variety
éagsúlaigh *vt* vary; diversify
éaguimseach *adj* disproportionate; immoderate
éagumas *nm1* incapacity; impotence
éagumasach *adj* incapable; impotent

eala *nf4* swan
éalaigh *vi* escape; slip away *or* out; abscond; elope
ealaín (*pl* **ealaíona**, *gpl* **ealaíon**) *nf2* art; skill; antics, caper; **na healaíona uaisle** the fine arts; **tá siad ar an ealaín chéanna arís** they are at the same carry-on again
ealaíonta *adj* artistic; skilful
ealaíontacht *nf3* artistry
ealaíontóir *nm3* artist
éalaitheach *adj* elusive♦ *nm1* fugitive; survivor
éalang *nf2* flaw; weakness; **gan éalang** flawless; **éalang a fháil ar dhuine** to catch sb at a disadvantage
éalangach *adj* flawed, defective; (*person*) debilitated
eallach (*pl* **eallaí**) *nm1* cattle; livestock
ealta *nf4* (*of birds*) flock
éalú *nm* escape; elopement
éalúchas *nm1* escapism
éamh *nm1* cry, scream
éan *nm1* bird; fowl; **éan corr** odd man out; **éan creiche** bird of prey; **éin tí** domestic fowl
éanadán *nm1* (bird) cage
Eanáir *nm4* January
éaneolaí *nm4* ornithologist
éanfhairtheoir *nm3* bird-watcher
eang *nf3* nick, notch; trace; gusset; **eang a chur i rud** to nick sth
eangach[1] *nf2* net, netting; grid; network
eangach[2] *adj* jagged; indented
eanglach *nm1* numbness; pins and needles
éanlaith *nf2* birds, fowl
éanlann *nf2* aviary
earc (*pl* ~**a**) *nm1* lizard; **earc luachra** newt
earcach *nm1* recruit
earcaigh *vt, vi* recruit
éard = **é + rud**; **is éard a bhí uaidh (ná)** ... what he wanted was ...
éarlais *nf2* deposit, part payment; token; **éarlais a chur ar rud** put down a deposit on sth
éarlamh *nm1* patron (saint)
éarlamhacht *nf3* patronage

earnáil *nf3* category; (COMM) sector
earra *nm4* commodity; merchandise, goods; **earraí** *npl* goods; wares; **earraí gloine** glassware; **earraí tomhaltais** consumer goods
earrach *nm1* spring, springtime; **san earrach** in spring
earráid *nf2* error, mistake; lapse; **earráid cló** typing error; **earráid a dhéanamh** to make a mistake
earráideach *adj* erroneous, incorrect
earralann *nf2* warehouse
éarthach *nm1, adj* repellent
eas (*pl* ~**anna**) *nm3* waterfall, cascade
easaontaigh *vt, vi* disagree; **easaontú le duine** to disagree with sb
easaontas *nm1* disagreement; discord
éasc *nm1* (GEOL) fault
éasca *adj* easy; nimble; ready
eascaine *nf4* swearword, curse
eascainigh (*vn* **eascainí**) *vt, vi* curse, swear
eascair (*pres* **eascraíonn**) *vi* sprout (up), spring; **eascairt ó rud** to derive from sth
eascairdeas *nm1* antagonism, enmity
eascairdiúil *adj* unfriendly; hostile
eascaire *nm4* writ
eascann *nf2* eel
eascra *nm4* beaker
eascrach *etc see* **eiscir**
easláinte *nf4* ill health
easlán *nm1* invalid ♦ *adj* sickly, infirm
easna (*pl* ~**cha**) *nf4* rib
easnamh *nm1* shortage; lack; **easnamh ruda a bheith ort** to lack sth; **in easnamh** missing
easnamhach *adj* deficient; incomplete
easóg *nf2* (ZOOL) stoat; weasel
easonóir *nf3* dishonour, indignity
easpa[1] *nf4* lack; absence; deficiency; shortfall; **tá easpa taithí air** he lacks experience
easpa[2] *nf4* (MED) abscess
easpach *adj* lacking; deficient; missing
easpag *nm1* bishop; **dul faoi lámh easpaig** (REL) to be confirmed
easpórtáil *vt* export ♦ *nf3* exportation
easpórtálaí *nm4* exporter
eastát *nm1* estate; **eastát réadach** real estate; **eastát tionsclaíoch** industrial estate; **eastát tithíochta** housing estate
Eastóin *nf2*: **an Eastóin** Estonia
easuan *nm1* insomnia
easumhal (*pl* **easumhla**) *adj* disobedient; insubordinate
easumhlaíocht *nf3* disobedience, insubordination
easurraim *nf2* disrespect
easurramach *adj* irreverent, disrespectful
easurrúsach *adj* presumptuous
eatarthu *see* **idir**
eatramh *nm1* (*between showers*) interval, lull; cessation
eatramhach *adj* intermittent; interim
eibhear *nm1* granite
eibhleacht *nf3* emulsion
éiceachóras *nm1* ecosystem
éiceolaíoch *adj* ecological
éiceolaíocht *nf3* ecology
éide *nf4* clothes; uniform; **faoi éide** uniformed; **éide spóirt** sportswear
éideannas *nm1* (POL) détente
éideimhin *adj* uncertain, unsure
éideimhne *nf4* uncertainty
eidhneán *nm1* ivy
éidreorach *adj* feeble, puny; helpless
éifeacht *nf3* effectiveness; effect; significance; **éifeacht a dhéanamh le rud** to do well at sth, do sth with great effect; **teacht in éifeacht** to become successful (in life etc)
éifeachtach *adj* effective; efficient; telling; (*person*) capable
éifeachtacht *nf3* efficiency
éigean *nm1* force, violence; outrage; rape; necessity; distress; **ar éigean** hardly, barely; **in am an éigin** in time of need; **b'éigean dom imeacht** I had to leave
éigeandáil *nf3* emergency; crisis
éigeantach *adj* compulsory
éigeart *nm1* injustice, wrong
éigeas *nm1* poet; scholar
éigh *vi* cry, scream
éigiallta *adj* irrational
éigin *adj* some; approximately; **duine éigin** someone; **lá éigin** some day; **ar dhóigh éigin** somehow; **míle éigin punt**

about a thousand pounds

éiginnte *adj* uncertain; vague; undecided; (*also* GRAM) indefinite

éiginnteacht *nf3* uncertainty; indecision; vagueness

éiginntitheach *adj* indecisive, inconclusive

éigiontach *adj* innocent

éigiontacht *nf3* innocence

Éigipt *nf2*: **an Éigipt** Egypt

Éigipteach *adj, nm1* Egyptian

éigneach *nm1* outrage, violation

éigneasta *adj* insincere

éigneoir *nm3* violator, rapist

éignigh *vt* rape; violate; (MIL) storm

éigniú *nm* rape

éigríoch *nf2* infinity

éigríochta *adj* endless; infinite

éigríonna *adj* unwise; ill-advised

éigse *nf4* poetry; learning

eile *adj, adv, pron* other; another; different; else; **cé eile?** who else?; **duine amháin eile** one more person

éileamh *nm1* claim, demand; request; accusation; **tá éileamh ar an leabhar** the book is in demand

eilifint *nf2* elephant

éiligh *vt* claim, demand; complain; ail; **rud a éileamh** to demand sth; **bheith ag éileamh** to be ill

eilimint *nf2* (ELEC, BIOL) element

eilit *nf2* doe

éilitheach *adj* demanding

éilitheoir *nm3* plaintiff; claimant

éill, éille *see* **iall**

éillín *nm4* clutch, brood

Eilvéis *nf2*: **an Eilvéis** Switzerland

Eilvéiseach *adj, nm1* Swiss

Éimin *nf4* the Yemen

éindí *n*: **in éindí (le)** together (with)

éineacht *n* together; at the same time; **dul in éineacht le duine** to go along with sb

eipeasóid *nf2* episode

eipic *nf2* epic

eipidéim *nf2* epidemic

eire *nm4* burden

Éire (*ds* **Éirinn**, *gs* **~ann**) *nf* Ireland, Eire; **Muir Éireann** the Irish Sea; **in Éirinn** in Ireland; **muintir na hÉireann** the Irish people; **Poblacht na hÉireann** the Republic of Ireland

eireaball *nm1* tail; tail end; **treabhadh as d'eireaball féin** to fend for oneself

Éireann *see* **Éire**

Éireannach *adj* Irish ♦ *nm1* Irish person

eireog *nf2* chicken

eirgeanamaíocht *nf3* ergonomics

éirí *nm4* rising, rise; ascent; **éirí amach** revolt, uprising; **éirí na gréine** sunrise; **éirí in airde** arrogance, snobbishness; *see also* **éirigh**

éiric *nf2* revenge; retribution; **éiric a bhaint as duine** to get one's own back on sb; **cic éirice** (SPORT) penalty(-kick)

eiriceach *nm1* heretic

eiriceacht *nf3* heresy

éirigh (*vn* **éirí**) *vi* rise, arise, get up; grow; become, get; **tá sé ag éirí fuar** it's getting cold; **éirí as rud** to resign from sth, quit sth; **d'éirigh leis** it *or* he succeeded; (*in exam etc*) he passed; **d'éirigh eatarthu** they fell out; **cad é mar atá ag éirí leat?** how are you getting on?; **éirí amach** to rise (in revolt); **cad é a d'éirigh dó?** what happened to him?

éirim *nf2* intellect, wit; talent, aptitude; (*of story*) gist, tenor

éirimiúil *adj* talented; intelligent, brainy

Éirinn *see* **Éire**

eirleach *nm1* slaughter, carnage

eirmín *nm4* ermine

éis *n*: **d'éis** + *gen*, **tar éis** + *gen* after; **tar éis an tsaoil** after all; **fiche tar éis a trí** twenty past two

eisbheartach *adj* (*clothes*) skimpy, scant; (*person*) scantily clad

éisc *see* **iasc**

eisceacht *nf3* exception; **eisceacht a dhéanamh (de rud)** to make an exception (of sth)

eisceachtúil *adj* exceptional

eischeadúnas *nm1* off-licence

eiscir (*gs* **eascrach**, *pl* **eascracha**) *nf* (*terrain*) ridge, esker

eisdíritheach *adj, nm1* extrovert
eiseachadadh (*gs* **eiseachadta**) *nm* extradition
eiseachaid (*pres* **eiseachadann**) *vt* extradite
eiseachas *nm1* (PHIL) existentialism
eiseadh *nm1* existence
éisealach *adj* squeamish; fastidious
eiseamláir *nf2* example, model, paragon; **eiseamláir duine a leanúint** to follow sb's example
eiseamláireach *adj* exemplary
eisean *emphatic pron* he; him; himself; **eisean a bhí ann** it was HIM
eisiach *adj* (*rights etc*) exclusive, sole
eisiaigh *vt* exclude
eisiatacht *nf3* exclusion
eisigh *vt* issue
eisilteach *nm1* effluent
eisimirce *nf4* emigration
eisimirceach *adj, nm1* emigrant
eisint *nf2* (PHIL) essence
eisíoc *nm3* outlay
eisiúint (*gs* **eisiúna**) *nf3* (*of shares etc*) issue; (*of film etc*) release
eispéaras *nm1* (PHIL) experience
eisreachtaí *nm4* outlaw
eisreachtaigh *vt* outlaw, proscribe
eisréimnigh *vi* diverge
éist *vt, vi* listen; hear; heed; **éisteacht le duine** to listen to sb; **éist!** look (here)!; **éist do bhéal!** shut up!; **cás a éisteacht** to hear a case
éisteacht *nf3* hearing; **as éisteacht** out of earshot; **lucht éisteachta** audience
éisteoir *nm3* (RADIO) listener
eite *nf4* (*gen,* POL) wing; (*of fish*) fin; **an eite chlé** the Left (wing)
eiteach *nm1* refusal; **eiteach dearg** a flat refusal; *see also* **eitigh**
eiteán *nm1* spool, bobbin; (SPORT) shuttlecock
eiteog *nf2* (*of bird*) wing
éitheach *nm1* lie; **mionn éithigh** false oath, perjury; **mionn éithigh a thabhairt** to perjure o.s.
eithne *nf4* kernel; nucleus
eithneach *adj* nuclear
eitic *nf2* ethics
eiticiúil *adj* ethical
eitigh (*vn* **eiteach**) *vt* refuse; **duine a eiteach faoi rud** to refuse sb sth
eitil (*pres* **eitlíonn**) *vi* fly
eitilt *nf2* flight; flying
eitinn *nf2* tuberculosis
eitleán *nm1* aeroplane, plane
eitleog *nf2* (*toy*) kite; (TENNIS *etc*) volley
eitlíocht *nf3* aviation
eitneach *adj* ethnic
eitneolaí *nm4* ethnologist
eitpheil *nf2* volleyball
eitre *nf4* groove, furrow
eitseáil *nf3* etching
Elastoplast *nm4* Elastoplast
eochair (*gs* **eochrach**, *pl* **eochracha**) *nf* key; (MUS) clef
eochairbhuille *nm4* (COMPUT, TYP) keystroke
eochairchlár *nm1* keyboard
eochraí *nf4* (*fish*) roe
eol *nm1*: **is eol dom (go) ...** I know (that) ...; **mar is eol duit** as you know
eolach *adj* knowledgeable; learned; informed; **bheith eolach ar cheantar** to know an area
eolaí *nm4* (*gen*) expert; scientist; (*book*) directory, guidebook
eolaíoch *adj* scientific
eolaíocht *nf3* science
eolaire *nm4* directory
eolas *nm1* knowledge; information; **níl aon eolas agam faoi** I have no knowledge of it; **bheith ar an eolas** to be in the know; **rud a bheith ar eolas agat** to know sth; **de réir m'eolais** as far as I know; **duine a chur ar an eolas faoi rud** to brief *or* inform sb about sth; **eolas an bhealaigh a chur** to ask directions; **oifig eolais** information office
eoracharta *nm4* eurocard
Eoraip *nf3*: **an Eoraip** Europe
eoraiseic *nm4* eurocheque
eorna *nf4* barley
eornóg *nf2* barley sugar
Eorpach *adj, nm1* European
eotanáis *nf2* euthanasia

F

F *nm4* F
fabhal *nf2* fable
fabhalscéal (*pl* ~**ta**) *nm1* fable
fabhar *nm1* favour; **bheith i bhfabhar le rud/duine** to be in favour of sth/sb
fabhcún *nm1* falcon
fabhlach *adj* fabled; fabulous
fabhra *nm4* (eye)lash; (eye)brow
fabhrach *adj* favourable; partial
fabhraigh *vi* form; develop
fabhraíocht *nf3* favouritism
fabht *nm4* defect; fault; weakness; (*COMPUT*) bug; **an fabht san éide** the chink in the armour
fabhtach *adj* defective, faulty; treacherous
fabraic *nf2* fabric
fách *n*: **bheith i bhfách le rud/duine** to be in favour of sth/sb
fachtóir *nm3* (*MATH*) factor; **fachtóirí coiteanna** common factors
facs *nm4* fax
facsáil *vt, vi* fax
fad *nm1* length; duration; distance; extent; **fad a bhaint as rud** to make sth last, draw sth out; **ar a fhad** lengthwise; **fad saoil duit!** bravo!; **fad is nach mbeidh tú mall** as long as you're not late; **ar fad** altogether; in full; **an lá ar fad** all day; **sé mhéadar ar fad** 6 metres long; **i bhfad ró-bheag** far too small; **i bhfad ó shin** long ago; **dul a fhad le duine** to approach sb; **cá fhad?** how far/long?; **faoi fhad láimhe** *or* **sciatháin de rud** within reach of sth
fada (*compar* **faide**) *adj* long, lengthy; **scéal/bóthar fada** a long story/road; **le fada (an lá)** for a long time past; **is fada ó ...** it's a long time since ...
fadaigh (*vn* **fadú**) *vt, vi* (*fire*) kindle; (*anger*) incite; **fadú le rud** to add to sth
fadálach *adj* slow; tedious
fadbhreathnaitheach *adj* far-seeing
fadchainteach *adj* long-winded
fadcheannach *adj* astute, shrewd
fadcheirnín *nm4* LP, long-playing record
fadfhulangach *adj* long-suffering; enduring
fadharcán *nm1* (*on foot*) corn
fadhb (*pl* ~**anna**) *nf2* problem; (*in timber*) knot; **fadhb a fhuascailt** *or* **a réiteach** to solve a problem
fadhbach *adj* problematical
fadiascaireacht *nf3* offshore fishing
fadlíne *nf4* (*GEOG*) meridian
fadó *adv* long ago; once upon a time
fadradharcach *adj* long-sighted
fadraoin *n gen as adj* long-range
fadsaolach *adj* long-lived
fadtéarmach *adj* long-term
fadtonn *nf2* (*RADIO*) long wave
fadtréimhseach *adj* long-term
fadú *nm* extension
fág (*vn* ~**áil**) *vt, vi* leave; depart; **rud a fhágáil ag duine** to leave sth to *or* with sb; **slán a fhágáil ag duine** to say goodbye to sb; **rud a fhágáil amach** to leave sth out; **rud a fhágáil ar dhuine** to attribute sth to sb; **rud a fhágáil faoi dhuine** (*decision*) to leave sth up to sb; **rud a fhágáil uait** to leave sth aside
fágálach *nm1* weakling; (*inf*) runt
faghairt (*gs* **faighartha**, *pl* ~**í**) *nf3* mettle, spirit; (*in eyes*) look of anger *or* determination
faí (*pl* ~**the**) *nf4* voice; cry; (*LING*) voice; **an fhaí chéasta/ghníomhach** the passive/active (voice)
fáibhile *nm4* beech (tree)
faic *nf4* (*with neg*) nothing; **faic na fríde** nothing at all; **ní dhéanann sé faic** he does nothing
faiche *nf4* green, lawn; (*SPORT*) ground, (playing) field
faichill *nf2* care, caution; **bheith ar d'fhaichill roimh** *or* **ar dhuine/rud** to be wary of sb/sth; **faichill a thóna féin ar gach fear** every man for himself
faichilleach *adj* careful, cautious;

non-committal, wary
faide *see* **fada**
fáideog *nf2* candle; taper; wick
fáidh (*pl* **fáithe**) *nm4* prophet
fáidhiúil *adj* prophetic; wise
faigh (*vn* **fáil**, *vadj* **~te**, *past* **fuair**, *fut* **gheobhaidh**) *vt* get; find; discover; receive; (*advantage etc*) gain; **rud a fháil ar ais** to get sth back; **duine a fháil ciontach** (*LAW*) to find sb guilty; **rud a fháil déanta** to get sth done; **ní bhfuair mé labhairt leis** I didn't get to speak with him; **fáil amach faoi rud** to find out about sth; **locht a fháil ar rud** to find fault with sth; **ar fáil** available; **níl fáil air** he cannot be found; he is unavailable
faighin (*gs* **faighne**, *pl* **faighneacha**) *nf2* vagina
faighneog *nf2* pod; shell
faighteoir *nm3* recipient; receiver
fáil *see* **faigh**
fáilí *adj* stealthy, sneaky; affable; **teacht go fáilí ar dhuine** to sneak up on sb
faill (*pl* **~eanna**) *nf2* chance, opportunity; time; **ag faire na faille** waiting for an opportunity; **níl faill suí agam** I don't have time to sit; **faill a bhreith ar dhuine** to take sb at a disadvantage; **an fhaill a fhreastal** to seize an opportunity; **faill a thabhairt do dhuine (rud a dhéanamh)** to give sb time (to do sth)
faillí (*pl* **~ocha**) *nf4* oversight; **faillí a dhéanamh i rud** to neglect sth
faillitheach *adj* negligent, remiss
fáilte *nf4* welcome; **fáilte romhat!** welcome!; **fáilte a chur roimh dhuine** to welcome sb
fáilteach *adj* welcoming, hospitable
fáilteoir *nm3* receptionist
fáiltigh *vi* welcome; **fáiltiú roimh rud/dhuine** to welcome sth/sb
fáiltiú *nm* reception
fainic *nf2* caution • *vt, vi* take care, beware; **fainic thú féin ar an mhadra** beware of the dog
fáinleog *nf2* (*bird*) swallow
fáinne *nm4* ring, circle; halo; (*hair*) ringlet; **fáinne lochtach** vicious circle
fáinneach *adj* ring-like; (*hair*) ringleted
fáinneáil *nf3*: **ag fáinneáil** circling, loitering
fair *vt* watch; observe; guard; (*corpse*) wake
fáir *nf2* (*pl* **~eacha**) roost • *vi* roost
fairche *nf4* diocese; (*HIST*) parish, monastic territory
faire *nf4* watch; lookout; surveillance; (*for dead*) wake; vigil; **fear faire** sentry; **focal faire** password
faíreach *nf2* booing; **faíreach a dhéanamh faoi dhuine** to boo sb
faireog *nf2* gland
faireogach *adj* glandular
fairis *see* **fara**
fairsing *adj* wide, extensive; spacious; plentiful; (*measures etc*) sweeping
fairsinge *nf4* breadth; abundance; expanse; spaciousness
fairsingigh *vt, vi* broaden
fairsingiú *nm* expansion
fairtheoir *nm3* sentry, watchman; **fairtheoir oíche** night watchman
fáisc (*vn* **fáscadh**) *vt* squeeze; squash; wring; press; tighten
fáisceán *nm1* (*TECH*) press; (*MED*) bandage; (*of zip*) slider
fáiscín *nm4* clip; fastener; **fáiscín páipéir** paper clip; **fáiscín gruaige** hair clip
faisean *nm1* fashion; style; (*custom*) habit; **san fhaisean** *or* **i bhfaisean** in fashion; **as faisean** out of fashion
faiseanta *adj* fashionable; stylish; popular
faisisteach *adj* Fascist
faisisteachas *nm1* fascism
faisnéis *nf2* information; (*MIL etc*) intelligence; (*GRAM*) predicate; **faisnéis duine a chur** to inquire about sb; **faisnéis na haimsire** weather report
faisnéiseach *adj* informative, revealing; (*GRAM*) predicative
faisnéiseoir *nm3* informant; **faisnéiseoir aimsire** weatherman
faisnéisiú *nm* disclosure
fáistine *nf4* prophecy
fáistineach *adj* prophetic; (*GRAM*) future

◆ *nm1* (GRAM) future
faiteach *adj* timid, nervous, shy
faiteachán *nm1* timid *or* shy person
faiteadh *nm1*: **i bhfaiteadh na súl** in the blink of an eye
fáithe *see* **fáidh**
fáithim *nf2* hem
faithne *nm4* wart
faitíos *nm1* fear; shyness; **ar fhaitíos go** for fear that
fál (*pl* ~**ta**) *nm1* hedge; fence, fencing; wall; enclosure; **fál a chur ar rud** to fence sth (in *or* off)
fala (*pl* **falta**) *nf4* grudge; spite; **fala a bheith agat do dhuine** to bear a grudge against sb
fálaigh *vt* fence, enclose; (*pipes*) lag
fallaing (*pl* ~**eacha**) *nf2* cloak; robe; **fallaing folctha** bathrobe, robe; **fallaing sheomra** dressing gown
fallás *nm1* fallacy
fálróid *nf2* stroll(ing); **fálróid ar chapaillíní** pony trekking
falsa *adj* lazy; false
falsacht *nf3* falseness; laziness
falsaigh *vt* falsify, fake
falsaitheoir *nm3* forger
falsóir *nm3* lazy person
falta *see* **fala**
fálta *see* **fál**
faltanas *nm1* spite; vindictiveness; grudge
faltanasach *adj* spiteful; vindictive
fáltas *nm1* (FIN) receipt; return; **fáltais** (*nom pl*) proceeds; **fáltas pá** pay packet
fámaireacht *nf3* sightseeing; strolling about
fan (*vn* ~**acht**) *vi* stay, remain, wait; **fanacht le duine/rud** to wait for sb/sth; **fanacht ag duine** to stay *or* lodge with sb; **fanacht as an bhealach** to stay out of the way; **fan go fóill!** hold on!; **fan nóiméad** *or* **bomaite!** wait a minute!
fán *nm1*: **ar fán** astray, wandering; **imeacht ar fán** to wander off; **lucht fáin** vagrants, wanderers
fána *nf4* slope; incline; **dul le fána** (*fig*) to decline
fánach *adj* (*attempt*) futile, vain; (*occurrence*) occasional; (*matter, cause*) trivial; (*meeting*) chance; (*sample, number*) random; (*person*) wandering
fanacht *nm3* wait, stay
fánaí *nm4* rambler
fanaiceach *nm1* fanatic◆ *adj* fanatic(al)
fanaile *nm4* vanilla
fánán *nm1* slope; ramp; slipway
fann *adj* faint, feeble; wan; limp
fannchlúmh *nm1* (eider)down
fannléas *nm1* glimmer
fanntais *nf2* faint, swoon; **dul i bhfanntais** to faint
fánsruth *nmsg3* rapids
fantaisíocht *nf3* fantasy
faobhar *nm1* (sharp) edge; **faobhar a chur ar rud** to sharpen sth; **faobhar a bheith ar do theanga** to have a sharp tongue
faobhrach *adj* sharp-edged; (*person*) eager
faobhraigh *vt* sharpen, whet

EOCHAIRFHOCAL

faoi (*prep prons* = **fúm, fút, faoi, fúithi, fúinn, fúibh, fúthu**) (*lenites; followed by def art* **an** = **faoin**; *followed by poss adj* **a, ár** = **faoina, faoinár**; *followed by rel part* **a, ar** = **faoina, faoinar**) *prep* under, below; about, around; by, near; within1 (*underneath*) below, under; **faoin tábla/ngrian** under the table/sun; **faoi aois** under-age

2 (*topic, matter*) about; **labhairt/fiafraí faoi rud** to talk/ask about sth; **bheith ar buile/míshásta/imníoch faoi rud** to be furious/annoyed/worried about sth; **is cuma faoi** that doesn't matter

3 (*time*) within; by; at; **faoi choicís Nollaig** within a fortnight of Christmas; **faoin am a bhfuair sé amach** by the time he found out; **faoi láthair** at the moment

4 (*distance, area*) within; around; **faoi mhíle den teach** within a mile of the house; **chuaigh sé faoi orlach den sprioc** it went within an inch of the target; **faoin teach** about the house; **faoin tuath** in the country(side)

5 (*with numbers*) by; under, less than; **faoi dheich** by ten, ten times; **fiche faoin gcéad** twenty percent; **bhí faoi chaoga acu ann** there were less than fifty of them there
6 (*condition, state*): **faoi bhrú** under pressure; **faoi ghruaim** despondent; **faoi onóir** esteemed; **bheith faoi gheasa ag duine** to be under sb's spell
7 (*intention*): **cad (é) atá faoi a dhéanamh anois?** what does he intend to do now?; **tabhairt faoi rud** to attempt sth
8 (*responsibility, charge*): **rud a fhágáil faoi dhuine** to leave sth in sb's care; **is fúithi féin atá sé** it's up to herself; **tá an teach fúthu féin acu** they have the house to themselves
9 (*location*): **suigh fút** sit down; **chuir siad fúthu cois an chladaigh** they settled by the shore
10 (*appearance*): **faoi éadaí galánta** dressed in fine clothes; **faoi bhláth** in flower; **faoi ainm bréige** under a false name
11 (*encircling*) around; **chuir sé a lámh faoina colm** he put his arm around her waist
12 (*collision*) against; **do cheann a bhualadh faoi rud** to bang one's head against sth

faoileán *nm1* gull, seagull
faoileoir *nm3* glider
faoileoireacht *nf3* gliding
faoin = **faoi** + *def art* **an**
faoina = **faoi** + *poss adj* **a**; **faoi** + *rel part* **a**
faoinar = **faoi** + *rel part* **ar**
faoinár = **faoi** + *poss adj* **ár**
faoiseamh *nm1* relief; reprieve; **faoiseamh a thabhairt do dhuine (ó)** to relieve sb (from); **faoiseamh a fháil (ó)** to get relief (from)
faoiste *nm4* (CULIN) fudge
faoistin *nf2* (REL) confession; **faoistin a dhéanamh i rud** to confess sth
faoitín *nm4* (*fish*) whiting
faolchú (*pl* ~**nna**) *nm4* wolf; wild dog
faomh *vt* (*decision etc*) accept; consent to
faomhach *adj* (GRAM) concessive
faomhadh (*gs* **faofa**) *nm* acceptance; concession
faon *adj* limp; supine
faopach *nm*: **bheith san fhaopach** to be in a fix
fara (*prep prons* = **faram, farat, fairis, farae, farainn, faraibh, faru**) *prep* along with; as well as, besides
farae *nm4* fodder
farantóireacht *nf3* ferrying; **bád farantóireachta** ferry
faraor *excl* alas
farasbarr *nm1* excess, surplus
farat *see* **fara**
fardal *nm1* inventory
fargán *nm1* ledge
farraige *nf4* sea; **dul** *or* **cur chun farraige** to set to sea; **An Fharraige Mhór** the Atlantic Ocean
faru *see* **fara**
fás *vt, vi* grow ♦ *nm1* growth; **fás aníos** to grow up
fasach *nm1* (LAW) precedent
fásach *nm1* desert, wilderness; (*of plants*) wild growth
fáscadh (*pl* **fáscaí**) *nm1* squeeze; clasp; *see also* **fáisc**
fáschoill *nf2* (*in forest etc*) undergrowth
fásra *nm4* vegetation
fásta *vadj* grown(up); **duine fásta** adult
fáth (*pl* ~**anna**) *nm3* cause, reason; **cén fáth?** why?
fathach *nm1* giant
fáthchiallach *adj* figurative; allegorical
fáthmheas *nm3* diagnosis ♦ *vt* diagnose
fáthscéal (*pl* ~**ta**) *nm1* parable
feá[1] (*pl* ~**nna**) *nf4* beech
feá[2] (*pl* ~**nna**) *nm4* fathom
feabhas *nm1* improvement; excellence; **ar fheabhas** excellent; **feabhas a chur ar rud** to improve sth; **dul i bhfeabhas** *or* **feabhas a theacht ort** to improve
Feabhra *nf4* February
feabhsaigh *vt, vi* improve, get better
feabhsaitheoir *nm3* conditioner
feabhsú *nm* improvement

feac[1] *nm4* (*of spade*) handle
feac[2] *nm3*: **do chos a chur i bhfeac** to put one's foot down
feac[3] *vt, vi* (*knee*) bend
féach (*vn* ~**aint**) *vt, vi* look; see; observe; **féachaint ar rud** to look at sth, watch sth; **éadaí a fhéachaint ort** to try clothes on; **féachaint le rud** to attempt sth; **féach ar** look at, watch; **féach ort** (*clothes*) try on; **féach leis!** have a go!, try it!
féachadóir *nm3* observer; onlooker
féachaint (*gs* **féachana**) *nf3* look; test; **lucht féachana** spectators; onlookers; viewers
feachtas *nm1* campaign
fead (*pl* ~**anna**) *nf2* whistle; **fead ghlaice** finger-whistle; **fead a ligean (le duine)** to whistle (at sb)
féad (*vn* ~**achtáil**) *aux vb* be able to, can; should; **ní fhéadfaí é a dhéanamh** it couldn't be done; **féadaim a rá go ...** I can safely say that ...; **féadann tú imeacht** you may go; **d'fhéad tú a rá leis** you should have told him
feadaíl *nf3* whistling
feadair *defective vb*: **ní fheadar** I don't know; **an bhfeadraís?** do you know?
feadán *nm1* tube; duct
feadh *nm3* length; extent; duration; **feadh an bhóthair** along the road; **ar feadh a ndearna sé de mhaith duit** for all the good it did you; **ar feadh sé mhí** for 6 months; **ar feadh scathaimh** for a while; **ar feadh a shaoil** all his life; **ar feadh m'eolais** as far as I know
feadhain (*gs, pl* **feadhna**) *nf3* troop, band
feadóg *nf2* whistle; **feadóg mhór** flute
feag (*pl* ~**acha**) *nf3* (BOT) rush
feall *nm1* deceit; failure; betrayal; (SPORT) foul ♦ *vi*: **fealladh ar dhuine** to let sb down; betray sb; **feall ar iontaoibh** betrayal of trust; **tá an feall ann** he's treacherous by nature
feallmharaigh *vt* assassinate
feallmharú *nm* assassination
fealltach *adj* treacherous; deceitful
fealltóir *nm3* traitor
fealsamh (*pl* **fealsúna**) *nm1* philosopher
fealsúnach *adj* philosophical
fealsúnacht *nf3* philosophy
feamainn *nf2* seaweed
feamainneach *adj* clustered; wavy
fean (*pl* ~**anna**) *nm4* fan
feann *vt* (*also inf*) skin; (*criticise*) slate; (*rob*) fleece
feánna *see* **feá**[1,2]
feannóg *nf2* scald *or* grey crow
feannta *adj* sharp, severe
feanntach *adj* (*wind*) piercing; (*cold*) biting; (*criticism*) sharp
fear[1] (*gs, pl* **fir**) *nm1* man; husband; **Fear Buí** Orangeman; **fear buile** madman; **fear céile** husband; **fear dóiteáin** fireman; **fear ionaid** deputy; (SPORT) substitute; **fear an phoist/bhainne** postman/milkman; **fear singil** bachelor; **fear sneachta** snowman; **fir** (HIST) race; "**Fir**" "Gents"
fear[2] *vt* (*war*) wage; (*welcome*) accord; perform
féar (*pl* ~**a**) *nm1* grass; hay
féarach *nm1* pasture
fearacht *prep* (+ *gen*) as, like
fearadh *nm*: **fearadh na fáilte** a hearty welcome
féaráilte *adj* fair
fearann *nm1* land, grounds; **baile fearainn** townland
fearas *nm1* appliance, apparatus; equipment, kit; order; **rud a chur i bhfearas** to put sth in (working) order; **fearas deisiúcháin/garchabhrach** repair/first-aid kit
fearb *nf2* weal, welt
fearchat *nm1* tomcat
fearg (*gs* **feirge**, *ds* **feirg**) *nf2* anger; (*in wound etc*) irritation; **fearg a bheith ort** to be angry; **fearg a chur ar dhuine** to make sb angry
fearga *adj* male; manly
feargach *adj* angry; irate; (*wound etc*) inflamed
feargacht *nf3* manhood; masculinity; virility
Fear Manach *nm* Fermanagh

fearr *see* **maith**
fearsaid *nf2* spindle, shaft; sand-ridge; **An Fhearsaid** (*ASTROL*) Orion's belt
feart *nm3* miracle; **A Rí na bhFeart!** Almighty God!
feartha, fearthaí *see* **fearadh**
féarthailte *nmpl or nfpl* prairies
fearthainn *nf2* rain; **ag cur fearthainne** raining
feartlaoi (*pl* ~**the**) *nf4* epitaph
fearúil *adj* manly, manful
feasa *see* **fios**
feasach *adj* (well-)informed; knowledgeable
feasachán *nm1* (*TV, RADIO*) bulletin
féasóg *nf2* beard
féasógach *adj* bearded
féasrach *nm1* muzzle
feasta *adv* from now on; henceforth; **lá ar bith feasta** any day now
féasta *nm4* feast; banquet; party
feic[1] *vt, vi* (*vn* ~**eáil**, *vadj* ~**the**, *past* **chonaic**) see; seem; **le feiceáil** visible; **feictear dom go ...** it appears to me that ...; **fan go bhfeicfidh mé** let me see
feic[2] *nm4* (sorry) sight, spectacle
feiceálach *adj* noticeable; striking, eye-catching, attractive
féich *see* **fiach**[1]
féichiúnaí *nm4* debtor
féidearthacht *nf3* possibility
feidhm (*pl* ~**eanna**) *nf2* function; use; **dul i bhfeidhm ar dhuine/rud** to influence sb/sth; **as feidhm** out of order, obsolete; **dlí a chur i bhfeidhm** to enforce a law; **níl feidhm leis** it isn't necessary; **níl feidhm orm** I don't have to, I don't need to; **feidhm a bhaint as rud** to use sth
feidhmeach *adj* applied
feidhmeannach *nm1* official; agent; executive
feidhmeannas *nm1* service, function; position; office
feidhmigh *vt, vi* function; (*REL*) officiate; enforce; **feidhmiú mar mholtóir** to act as adjudicator *or* referee
feidhmitheach *adj* executive
feidhmiú *nm* operation; application
feidhmiúcháin *n gen as adj* (*committee etc*) executive
feidhmiúil *adj* functional; efficient
féidir *n* (*with copula*): **b'fhéidir** maybe; **is féidir é a fheiceáil** it is possible to see it; **an féidir liom caitheamh?** may I smoke?; **chomh mór agus is féidir** as big as possible; **más féidir** if possible; **ní féidir liom teacht** I cannot come
feighil *nf2* care; vigilance; **bheith i bhfeighil ruda/duine** to look after sth/sb, be in charge of sth/sb
feighlí *nm4* watcher; overseer; (*of building*) caretaker; **feighlí páistí** baby-sitter
feil (*vn* ~**iúint**) *vi* suit, fit; **feiliúint do dhuine/rud** to suit sb/sth
féil, féile[1] *see* **fial**[2]
féile[2] (*pl* **féilte**) *nf4* festival; (*REL*) feast (day); **Lá Fhéile Pádraig** St Patrick's Day; **Lá Fhéile Vailintín** St Valentine's Day
féile[3] *nf4* generosity; hospitality
féileacán *nm1* butterfly
féileadh (*pl* **féilí**) *nm1*: **féileadh beag** kilt
feileastram *nm1* (*plant*) iris
feileon *nm1* felon
feileonacht *nf3* felony
féilire *nm4* calendar
feiliúint *see* **feil**
feiliúnach *adj* suitable; appropriate; (*person*) obliging
feiliúnacht *nf3* suitability, fitness
feilt *nf2* felt
féilte *see* **féile**[2]
féiltiúil *adj* festive; periodic; regular
féimheach *nm1* bankrupt
féimheacht *nf3* bankruptcy
feimineachas *nm1* feminism
feiminí *nm4* feminist

EOCHAIRFHOCAL

féin *emphatic and reflexive pron, adv* **1** (*with pron*) self; **mé féin** myself; **tú féin** yourself; **(s)é féin** himself; **(s)í féin** herself; **muid** *or* **sinn féin** ourselves; **sibh féin** yourselves; **(s)iad féin** themselves
2 (*with prep pron*) self; **tháinig sí léi féin**

she came by herself; **coinnigí eadraibh féin é** keep it to yourselves
3 (*with proper noun*) self; **Bríd féin a d'inis dom é** Bridget herself told me
4 (*with poss pron and noun*) own; **mo leabhar féin** my own book; **do theach féin** your own house; **a bróga féin** her own shoes
5 (*with copula and prep* **le** *denoting ownership*) own; **is leo féin an t-airgead** it's their own money
6 (*with verb*): "**oscail an doras, a Sheáin**" - "**oscail féin é**" "open the door, John" - "open it yourself"; **rinneamar féin é** we did it ourselves
7 (*emphatic pron referring to sth previous*): "**cá bhfuil peann Mháire?**" - "**tá sé aici féin**" "where's Mary's pen?" - "she has it herself"
8 (*referring to important member of group*): **tháinig sé féin isteach timpeall a naoi** himself *or* the husband *or* the man of the house came in about nine; **an bhfaca tú í féin sa siopa?** did you see herself *or* the wife in the shop?; **bhí mé ag fanacht léi féin teacht abhaile** I was waiting for herself *or* the wife to come home; **an tú féin atá ann?** is it yourself there?
9 (*as reflexive pron*): **ghortaigh sí í féin** she hurt herself; **bhí mé do mo bhearradh féin** I was shaving (myself); **nigh siad iad féin** they washed themselves
♦ *adv*: **mar sin féin** even so, nevertheless; **go deimhin féin** indeed; **cheana féin** already; **má tá sé fuar féin níl sé fliúch** even though it's cold it's not wet; **anois féin** even now; **ní hé sin féin é** that's not quite the whole story; to be more precise

féin- *prefix* auto-, self-
féinchaomhnú *nm* self-preservation
féinchosaint *nf3* self-defence
féinchúiseach *adj* self-interested, egocentric
féinfhostaithe *adj* self-employed
feiniméan *nm1* phenomenon
féiníobairt *nf3* self-sacrifice
féiniúlacht *nf3* (separate) identity; individuality
féinmharú *nm* suicide
féinmhuinín *nf2* (self-)confidence
féinmhúinte *adj* self-taught
Féinne *see* **Fiann**
féinriail (*gs* **féinrialach**) *nf* autonomy
féinrialaitheach *adj* autonomous, self-governing
féinseirbhís *nf2* self-service
féinsmacht *nm3* self-control, self-discipline
féinspéis *nf2* egotism
féinspéisí *nm4* egoist
féintrua *nf4* self-pity
féir *see* **fiar**
feirc *nf2* tilt; (*of dagger etc*) hilt; (*cap*) peak
féire *see* **fiar**
feirg, feirge *see* **fearg**
féirín *nm4* present, gift
feirm (*pl* ~**eacha**) *nf2* farm
feirmeoir *nm3* farmer
feirmeoireacht *nf3* farming
feis (*pl* ~**eanna**) *nf2* festival; feis; Irish language festival; **Ard-Fheis** (POL) National Convention, National Conference
Feisire *nm4* (*in Britain*: *also*: **Feisire Parlaiminte**) MP, member of Parliament; **Feisire Eorpach** Member of the European Parliament, MEP
feisteas *nm1* furnishings, fittings; outfit, dress; (THEAT) costume; **seomra feistis** changing-room
feisteoir *nm3* fitter; outfitter
feistigh (*vn* **feistiú**) *vt* arrange; equip, fit; dress; secure; (*ship*) moor, tie up; **tábla a fheistiú** to set a table
feistiú *nm* décor; (*on car*) trim; (*of jewel*) setting; (HAIRDRESSING) set
feith *vt, vi*: **bheith ag feitheamh le rud** to be waiting for sth, be expecting sth
féith (*pl* ~**eacha**) *nf2* vein; muscle; (GEOG) seam; (*personality*) trait; talent; **féitheacha borrtha** varicose veins; **féith na filíochta** poetic talent

féithchrapadh (*gs* **féithchraptha**) *nm* (*MED*) contraction
feithealann *nf2* waiting room
feitheamh *nm1* wait; anticipation; **seomra feithimh** waiting-room
féitheog *nf2* sinew; muscle; vein
féitheogach *adj* sinewy; beefy; muscular
feitheoir *nm3* invigilator; supervisor
feitheoireacht *nf3* supervision
feithicil (*gs* **feithicle**, *pl* **feithiclí**) *nf2* vehicle
feithid *nf2* insect
feithidicíd *nf2* insecticide
féithleann *nm1* honeysuckle
féithleog *nf2* vine
feitis *nf2* fetish
feochadán *nm1* thistle
feod *nm1* (*HIST*) fief
feodach *adj* (*HIST*) feudal
feoigh *vi* decay, wither
feoil (*pl* **feolta**, *gs* **feola**) *nf3* flesh; meat
feoilséantach *adj* vegetarian
feoilséantóir *nm3* vegetarian
feoite *vadj* withered, decayed
feola, feolta *see* **feoil**
feolamán *nm1* fat person, fatty
feolmhar *adj* flabby; fleshy
feothan *nm1* breeze; gust
fh (*remove "h"*) *see* **f...**
fhaca *etc vb see* **feic**
fí *nf4* (*hair*) plait(ing)
fia (*pl* ~**nna**) *nm4* (roe) deer; **fia rua** (red) deer • *adj* wild
fiabheatha *nf4* wildlife
fiabhras *nm1* fever; **fiabhras léana/dearg** hay/scarlet fever; **fiabhras breac** typhoid
fiabhrasach *adj* feverish
fiacail (*pl* **fiacla**) *nf2* (*ANAT, TECH*) tooth; **fiacla bréige** false teeth, dentures; **fiacail forais** wisdom tooth; **rud a rá faoi** *or* **trí d'fhiacla** to mutter sth; **rud a rá gan fiacail a chur ann** to say sth bluntly
fiach[1] (*gs* **féich**, *nom pl* ~**a**, *gpl* **fiach**) *nm1* debt; obligation; offense; **fiach a ghlanadh** to pay off a debt; **bheith i bhfiacha** to be in debt; **fiacha a bheith ag duine ort** to be in sb's debt; **fiacha a bheith ort rud a dhéanamh** to have to do sth
fiach[2] *nm1* hunt(ing), chase • *vt* hunt, chase
fiach[3] (*gs* **fiaigh**, *nom pl* ~**a**, *gpl* **fiach**) *nm1* raven
fiachais *nmpl1* liability
fiachas *nm1* (*COMM*) liability
fiachóir *nm3* debtor
fiacla *see* **fiacail**
fiaclach *adj* toothed; serrated
fiaclóir *nm3* dentist
fiaclóireacht *nf3* dentistry
fiadhúlra *nm4* wildlife
fiafheoil *nf3* venison
fiafraí (*gs, pl* **fiafraithe**) *nm* inquiry, question
fiafraigh (*vn* **fiafraí**) *vi, vt* inquire, ask; **rud a fhiafraí de dhuine** to ask sb sth; **fiafraí faoi rud** to inquire about sth
fiafraitheach *adj* inquisitive
fiagaí *nm4* hunter
fiaile *nf4* weed(s)
fiailnimh *nf2* weedkiller
fiáin *adj* wild; primitive, savage; (*behaviour*) riotous; (*land*) uncultivated
fial[1] *nm1* veil; screen; vial
fial[2] (*gsm* **féil**, *gsf, compar* **féile**) *adj* generous; lavish
fiamh *nm4* grudge; spite; **fiamh a bheith agat le duine** to have a grudge against sb
fianaise *nf4* evidence, testimony; **fianaise a thabhairt** to testify; **i bhfianaise duine** in the presence of sb
fiancé *nm4* fiancé(e)
Fiann (*gs* **Féinne**, *gpl* **Fiann**, *pl* ~**a**) *nf2* (*HIST, MYTHOLOGY*) the Fianna; **cothrom na Féinne** fair play; **Fianna Fáil** Fianna Fáil political party
fiannaíocht *nf3*: **An Fhiannaíocht** (*MYTHOLOGY*) The Fenian Cycle
fiannaíochta *n gen as adj* (*MYTHOLOGY*) Fenian
fiánta *adj* wild; fierce, savage
fiántas *nm1* wildness; wilderness
fiar *adj* (*gsm* **féir**, *gsf, compar* **féire**) (*line etc*) diagonal, oblique; (*wood etc*) warped; perverse • *nm1* (*pl* ~**a**) slant; tilt; bend;

twist; (*in wood*) warp; **rud a chur ar fiar** to slant sth; **fiar a chur i scéal** to slant a story♦ *vt, vi* slant; tilt; swerve; twist

fiarlán *nm1* zigzag

fiarshúil (*gs, pl* ~**e**, *gpl* **fiarshúl**) *nf2* squint; **tá fiarshúil ann** he has a squint

fiata *adj* fierce; wild

fia-úll *nm1* crab apple

fíbín *nm4* (sudden) notion; caprice

fích *see* **fíoch**

fiche (*gs* ~**ad**, *pl* **fichidí**, *ds, pl with numbers* **fichid**) *num, nm* twenty

ficheall *nf2* chess; chessboard

fichillín *nm4* pawn

fichiú *num, adj, nm4* twentieth

ficsean *nm1* fiction

fidil (*gs* **fidle**, *pl* **fidleacha**) *nf2* (*MUS*) fiddle

fidléir *nm3* fiddler

fíf *nf2* fife

fige *nf4* fig

figh (*vadj* **fite**) *vt, vi* weave; intertwine; **fite fuaite** interwoven

figiúr (*pl* **figiúirí**) *nm1* figure; number, digit

file *nm4* poet

fileata *adj* poetic; lyrical

filiméala *nm4* nightingale

filíocht *nf3* poetry; verse

Filipíneach *adj*: **na hOileáin Fhilipíneacha** the Philippines

fill *vt, vi* turn (back), go back, return; fold (up); wrap (up); (*plans etc*) backfire

filléad *nm1* fillet

filleadh (*pl* **fillteacha**) *nm1* bend, fold; return; recoil; **filleadh beag** kilt; **filleadh osáin** (*on trousers*) turn-up

fillte *adj* (*ticket*) return

fillteach *adj* (*chair etc*) folding

fillteán *nm1* folder; wrapper

filltín *nm4* crease; crinkle

fimíneach *nm1* hypocrite♦ *adj* hypocritical

fimíneacht *nf3* hypocrisy

fine *nf4* (*HIST*) race, clan; (*HIST, territory*) lordship; **Fine Gael** Fine Gael political party

fínéagar *nm1* vinegar

fíneáil *nf3* fine♦ *vt* fine

fíneálta *adj* fine, delicate

fíneáltacht *nf3* delicacy

finideach *adj* finite

Fínín *nm4* (*HIST*) Fenian

Fíníneachas *nm1* (*HIST*) Fenianism

fíniúin (*pl* **fíniúnacha**) *nf3* (grape-)vine; vineyard

finné (*pl* ~**ithe**) *nm4* witness; **finné fir** best man

finscéal (*pl* ~**ta**) *nm1* fiction; legend

finscéalach *adj* fictional; legendary

finscéalaíocht *nf3* fiction

fíocas *nm1* haemorrhoids; piles

fíoch (*gs* **fích**, *pl* ~**a**) *nm1* fury, angry; **fíoch fola** bloodlust

fíochán *nm1* (*BIOL*) tissue

fíochmhar *adj* ferocious; furious

fíodóir *nm3* weaver

fíogadán *nm1* camomile

fioghual *nm1* charcoal

fíon (*pl* ~**ta**) *nm3* wine; **fíon boird** table wine

fíonchaor *nf2* grape

fiondar *nm1* fender

fíonghort *nm1* vineyard

Fionlainn *nf2*: **an Fhionlainn** Finland

Fionlainnis *nf2* (*LING*) Finnish

Fionlannach *nm1* Finn♦ *adj* Finnish

fionn[1] *adj* (*hair etc*) fair; blond(e)

fionn[2] *vt* discover; find out

fionn[3] (*pl* ~**a**) *nm1* (*MED*) cataract

fionnachrith *nm3* goose pimples, goose bumps, goose flesh

fionnachtaí *nm4* discoverer

fionnachtain (*gs, pl* **fionnachtana**) *nf3* discovery; find; invention

fionnadh *nm1* hair; fur, coat

fionnrua *adj* (*hair*) sandy

fionnuar *adj* cool

fionnuaraigh *vt, vi* cool; freshen

fionraí *nf4* suspension; **duine a chur ar fionraí** to suspend sb

fíonta *see* **fíon**

fiontar *nm1* risk; enterprise, venture; **dul i bhfiontar le rud** to gamble on sth

fiontrach *adj* enterprising

fiontraí *nm4* entrepreneur

fiontraíocht *nf3* enterprise

fíor[1] *adj* true, real ♦ *nf2* truth; **más fíor (nó) bréag é** whether it is true or not; **is fíor duit** you are right
fíor[2] (*gs* ~**ach**) *nf* figure; outline; symbol; **fíor na Croise** the sign of the Cross
fíor- *prefix* true, real, actual; extreme; genuine ♦ *adv* extremely; prize; unqualified; very; **fíoruisce** pure water; **fíorthús** very beginning; **fíoríochtar** very bottom
fíoraigh (*vn* **fíorú**) *vt* verify; (*prediction etc*) fulfil
fíoraíocht *nf3* frame
fíoras *nm1* fact
fíorasach *adj* factual
fíorasc *nm1* (*LAW*) verdict
fíordheimhnigh *vt* authenticate
fíorú *nm* verification; fulfilment
fíoruisce *nm4* pure *or* spring water
fios (*gs* **feasa**) *nm3* knowledge; information; **tá a fhios agam (go) ...** I know (that) ...; **fios do ghnóthaí a bheith agat** to know one's business; **rud a thabhairt le fios do dhuine** to let sb know sth; **fios a chur ar dhuine** to send for sb; **fear** *or* **bean feasa** fortune-teller; **gan fhios** unknowingly; secretly; **cá bhfios duit?** how do you know?
fiosrach *adj* nosy; inquisitive; curious
fiosracht *nf3* curiosity
fiosraigh *vt* inquire (into); check
fiosrú *nm* (*of crime*) investigation; inquiry
fiosrúchán *nm1* (*investigation*) inquiry
fir *n gen as adj* male; *see also* **fear**
firéad *nm1* ferret
fíréan *nm1* just person; **na fíréin** (*REL, gen*) the just, the elect
fireann *adj* male; manly
fireannach *nm1* (*BIOL*) male ♦ *adj* male
fíréanta *adj* just, righteous
fíric *nf2* fact
fírinne *nf4* truth; **de dhéanta na fírinne** as a matter of fact; **an fhírinne a insint** to tell the truth
fírinneach *adj* truthful
firinscne *nf4* (*GRAM*) masculine gender
firinscneach *adj* (*GRAM*) masculine
firmimint *nf2* firmament
fís (*pl* ~**eanna**) *nf2* vision, dream
fís- *prefix* video
físchaiséad *nm1* video (cassette)
físeán *nm1* video
fisic *nf2* physics
fisiceach *adj* (*MED etc*) physical
fisiceoir *nm3* physicist
fisiteiripe *nf4* physiotherapy
fís-scannán *nm1* video (film)
fístéip *nf2* video (tape)
fite *see* **figh**
fithis *nf2* orbit; path
fithisigh *vi* orbit
fiú *n* worth; **is fiú punt é** it is worth a pound; **fiú amháin** even; **ní fiú labhairt leis** there's no point talking to him; **b'fhiú duit dul** it would be worth your while to go
fiuch (*vn* ~**adh**) *vt, vi* boil; **ar fiuchadh** (*water etc*) boiling
fiúntach *adj* worthy; worthwhile; (*person*) decent
fiúntas *nm1* worth, merit; decency; value
fiús (*pl* ~**anna**) *nm1* fuse
flaigín *nm4* flask
flainín *nm4* flannel
flaith (*gs, pl* **flatha**) *nm3* prince, ruler; chief, lord
flaitheas *nm1* rule, sovereignty; kingdom, lordship; **na Flaithis** heaven
flaithis *nmpl1*: **na flaithis** heaven
flaithiúil *adj* generous; princely
flaithiúlacht *nf3* generosity
flaithiúnas *nm1* rule, sovereignty
flannbhuí *adj* (*colour*) orange
flas *nm3* floss; **flas candaí** candy-floss
flatha *see* **flaith**
fleá (*pl* ~**nna**) *nf4* (*MUS*) festival; party
fleáchas *nm1* festivities
fleasc[1] *nm3* flask
fleasc[2] *nf2* band, hoop; rod; (*of flowers*) garland, wreath; (*of wheel etc*) rim; (*TYP*) dash
fleisc (*pl* ~**eanna**) *nf2* flex
fleiscín *nm4* hyphen
flichshneachta *nm4* sleet
flíp *nf2* whisk
fliú *nm4* flu; influenza; **fliú a bheith ort**

to have the flu

fliuch (*vn* ~**adh**) *vt, vi* wet ♦ *adj* (*gsm* **fliuch**) wet; **fliuch báite** soaking wet, soaked

fliuchadh (*gs* **fliuchta**) *nm* drenching

fliuchán *nm1* moisture

fliuchras *nm1* moisture; rainfall

fliúit (*pl* ~**eanna**) *nf2* flute; **fliúit Shasanach** (*MUS*) recorder

flocas *nm1*: **flocas cadáis** cotton wool

flóra *nm4* flora

flosc *nm3* zest

flóta *nm4* float

fluairíd *nf2* fluoride

fluaraiseach *adj* fluorescent

flúirse *nf4* abundance, plenty

flúirseach *adj* abundant; plentiful

flústar *nm1* flurry

fo- *prefix* under-, sub-, minor, secondary; occasional

fobhóthar *nm1* by-road

fobhríste *nm4* underpants, pants

focal *nm1* word; comment; remark; **dul ar gcúl i d'fhocal** to break your word; **cur le d'fhocal** to keep your word; **i mbeagán focal** in a nutshell; **focal faire** password

fócas *nm1* focus; **as fócas/i bhfócas** out of/in focus

fochair *n*: **i bhfochair** + *gen* along with, in the company of

fochéimí *nm4* undergraduate

fochlásal *nm1* (*GRAM*) dependent *or* subordinate clause

fochma *nm4* chilblain

fochoiste *nm4* subcommittee

fo-chomhfhios *nm3*: **an fo-chomhfhios** the subconscious

fo-chomhfhiosach *adj* subconscious

fochomhlacht *nm3* subsidiary (company)

fochosmaid *nf2* foundation

fochostais *nmpl1* incidental expenses

fochóta *nm4* undercoat

fochraiceann *nm1* pith

fochraobh *nf2* (*fig*) offshoot

fochuideachta *nf4* subsidiary

fochupán *nm1* saucer

foclóir *nm3* dictionary; vocabulary

foclóirín *nm4* word list, (small) vocabulary

fód *nm1* sod; turf; place; **an fód a sheasamh** to make *or* take a stand; **teacht ar an bhfód** to come on the scene; **fód dúchais** home patch

fodar *nm1* fodder

fodhlí *nm4* by(e)-law

fo-éadaí *nmpl1* underwear

fógair (*pres* **fógraíonn**) *vt* announce; advertise; herald, proclaim

fógairt (*gs* **fógartha**) *nf3* declaration; announcement

fogas *n*: **i bhfogas (do rud)** close (to sth)

fogha *nm4* attack; lunge; **fogha a thabhairt faoi dhuine** to attack sb

foghail (*gs* **foghla**) *nf3* plunder(-ing); pillage; (*LAW*) trespass

foghar *nm1* sound

foghlaeireacht *nf3* (*HUNTING*) fowling

foghlaí *nm4* plunderer; intruder, trespasser; **foghlaí mara** pirate

foghlaim *nf3* learning ♦ *vt, vi* (*pres* ~**íonn**) learn

foghlaimeoir *nm3* learner; trainee; **foghlaimeoir tiomána** learner driver

foghlamtha *adj* learned, educated

fo-ghnó *nm4* (*COMM etc*) sideline

foghraíocht *nf3* phonetics

fo-ghúna *nm4* slip, petticoat

fógra *nm4* advert, advertisement; announcement, notice, sign; placard

fógraíocht *nf3* advertising

fógrán *nm1* poster

fógróir *nm3* advertiser; announcer, herald

fóibe *nf4* phobia

foiche *nf4* wasp

foighne *nf4* patience; **foighne a dhéanamh** to be patient

foighneach *adj* patient; long-suffering

fóill *adj*: **go fóill** yet, still; **níl sé réidh go fóill** it is not finished yet; **slán go fóill!** so long!

fóillíocht *nf3* leisure; spare time

foilmhe *see* **folamh**

foilseachán *nm1* publication

foilseán *nm1* (*LAW*) exhibit

foilsigh *vt* publish; disclose, divulge; reveal

foilsitheoir *nm3* publisher
foilsitheoireacht *nf3* publishing
foilsiú *nm* disclosure, issue
fóin (*pres* **fónann**, *vn* **fónamh**) *vi* serve; **fónamh do dhuine** to serve sb, benefit sb
foinse *nf4* source; fountain, spring
fóinteach *adj* of service; practical
fo-iomlán *nm1* subtotal
fóir[1] (*gs* ~**each**, *pl* ~**eacha**) *nf* boundary; rim; **dul thar fóir le rud** to overdo sth; **thar fóir** over the top, excessive
fóir[2] (*vn* ~**ithint**) *vt, vi*: **fóir ar** help; save; suit, become; **fóir orm!** help!; **fóirithint ar dhuine** to help sb, rescue sb; **fóirithint do dhuine** (*clothes etc*) to suit sb
foirceann *nm1* end, extremity; term, limit
fóirdheontas *nm1* subsidy
foireann (*gs, pl* **foirne**) *nf2* staff, workforce; (*also* SPORT) team; (*boat*) crew; (THEAT) cast; (*chess etc*) set; **foireann (chló)** (COMPUT, TYP) font
foirfe *adj* perfect
foirfeacht *nf3* perfection; **rud a thabhairt chun foirfeachta** to bring sth to perfection
foirfigh *vt* perfect
foirgneamh *nm1* building
foirgneoir *nm3* builder
foirgníocht *nf3* building, construction
fóirithint *nf2* help; relief; **ciste fóirithinte** relief fund; *see also* **fóir**
foirm (*pl* ~**eacha**) *nf2* form; **foirm ordaithe** order form
foirmigh *vt, vi* (take) form
foirmiú *nm* formation
foirmiúil *adj* formal
foirmle *nf4* formula
foirne *see* **foireann**
foirnéis *nf2* furnace
fóirsteanach *adj* suitable, fitting
foirtile *nf4* fortitude
fóisc *nf2* ewe
foisceacht *nf3* proximity; **i bhfoisceacht míle den bhaile** within a mile of home
fóiséad *nm1* funnel; faucet
fola *see* **fuil**
folach *nm1* hiding, concealment; **rud a chur i bhfolach** to hide sth; **i bhfolach** hidden, in hiding; **doras folaigh** hidden door
folachán *nm1* hiding; **folacháin a dhéanamh** to play hide-and-seek
folachánaí *nm4* stowaway
foladh *nm1* (*of subject etc*) essence, substance
folaigh *vt* hide, conceal; obscure; include
folaíocht *nf3* breeding; pedigree
foláir *n*: **ní foláir** it is necessary; **ní foláir liom** I feel it is necessary; **ní foláir dom imeacht** I must go
foláireamh *nm1* warning, caution; notice
folaithe *vadj* hidden, latent; **cuspóir folaithe** ulterior motive
folamh (*gsf, compar* **foilmhe**, *pl* **folmha**) *adj* empty; vacant; (*page*) blank; **fann folamh** destitute
folc *vt* bathe; wash
folcadán *nm1* bath, tub
folcadh (*gs* **folctha**, *pl* **folcthaí**) *nm* bath; wash; **folcadh a ghlacadh** to have a bath; **folcadh béil** mouthwash
foleantóir *nm3* (*vehicle*) trailer
foléim *nf2* skip
foléine *nf4* undershirt
folig *vt* sublet
folíne (*pl* **folínte**) *nf4* (*telephone*) extension
folláin *adj* healthy, fit, sound; hearty; (*food*) wholesome
folláine *nf4* (MED) healthiness, wholesomeness
follasach *adj* clear, evident, obvious, unmistak(e)able;
folmha *see* **folamh**
folmhaigh *vt* empty
folmhú *nm* discharge
folracht *nf3* gore
folt *nm1* hair
foltfholcadh (*gs* **foltfholctha**, *pl* **foltfholcthaí**) *nm* shampoo(ing)
foluain *nf3* flying; hovering; **bheith ar foluain** (*kite etc*) to float in the air
folúil *adj* thoroughbred, full-bred
folúntas *nm1* vacancy; void
folús *nm1* vacuum; void
folúsfhlaigín *nm4* (vacuum) flask

folúsghlantóir *nm3* Hoover ®, vacuum cleaner
folúsphacáilte *adj* vacuum-packed
fómhar *nm1* autumn, fall (*US*); harvest(-time)
fomhias *nf2* side-dish
fomhuireán *nm1* submarine
fón *nm1* phone; **fón póca** mobile phone
fónáil *nf3*: **fónáil isteach** (*RADIO, TV*) phone-in
fónamh *nm1* service; benefit; **ar fónamh** excellent; **bheith ar fónamh** to feel well *or* fine; *see also* **fóin**
fondúireacht *nf3* foundation
fonn[1] *nm1* urge; mood; frame of mind; humour; **fonn a bheith ort rud a dhéanamh** to feel like doing sth; **le fonn** with gusto *or* relish; **d'fhonn** in order to, (with a view) to
fonn[2] *nm1* melody; tune
fonnadh *nm1* chassis
fonnadóir *nm3* lilter; singer
fonnadóireacht *nf3* lilting; singing
fonnmhaireacht *nf3* enthusiasm
fonnmhar *adj* eager; willing
fonóid *nf2* ridicule, derision; **fonóid a dhéanamh faoi dhuine** to sneer *or* scoff at sb
fonóideach *adj* derisive, scornful
fonormálta *adj* subnormal
fonóta *nm4* footnote
fonsa *nm4* hoop, band; weal, welt
fónta *adj* good; useful; adequate
fóntas *nm1* utility
forábhar *nm1* supplement
foráil *nf3* provision
forainm (*pl* **~eacha**) *nm4* pronoun
foraithne *nf4* decree
fóram *nm1* forum
foraois *nf2* forest
foraoiseacht *nf3* forestry
foras *nm1* institute; institution; foundation; basis; (*LAW*) ground(s)
forás *nm1* development; growth; progress
forásach *adj* progressive; developing; competent
forasta *adj* established; stable
forba *nm4* gash
forbair (*pres* **forbraíonn**) *vt, vi* develop; expand
forbairt (*gs* **forbartha**) *nf3* development; growth
forbhás *nm1*: **ar forbhás** (*rock etc*) unsteady, perched
forbhríste *nm4* overall(s)
forc *nm1* fork
forcháin (*gs* **forchánach**, *pl* **forchánacha**) *nf* surtax
forchéim *nf2* climax
forchéimniú *nm* progression
forchlúdach *nm1* dust jacket, wrapper
forchostas *nm1* (*cost*) overhead
foréigean *nm1* violence
foréigneach *adv* violent; forcible
foréileamh *nm1* (*MIL*) requisition
forghabh *vt* (*country*) seize, overrun
forhalla *nm4* hall; foyer
forimeallach *adj* peripheral
forléas *nm1* skylight
forleathadh (*gs* **forleata**) *nm* (*of disease etc*) spread
forleathan (*gsf, compar* **forleithne**) *adj* widespread; general; extensive
forléine (*pl* **forléinte**) *nf4* smock
forlíonadh (*pl* **forlíontaí**) *nm1* (*in magazine etc*) supplement
forluigh *vt, vi* overlap
formad *nm1* envy
formáid *nf2* format
formáidigh *vt* (*also COMPUT*) format
formhéadaigh *vt* magnify
formheas *nm3* approval
formhór *nm1* most, majority
formhothaithe *adj* stealthy, unnoticed
formhuinigh *vt* (*cheque*) endorse
formhuirear *nm1* surcharge
forneart *nm1* violence; force
forógra *nm4* proclamation; decree
forrán *nm1*: **forrán a chur ar dhuine** to greet *or* address sb
fórsa *nm4* force
forscáth (*pl* **~anna**) *nm3* canopy
forscript *nf2* superscript
forsheomra *nm4* (*room*) lobby
forshuigh *vt* superimpose
fortacht *nf3* aid, relief; succour

fortheach (*gs* **forthí**, *pl* **forthithe**) *nm* annexe, extension
fortheideal *nm1* caption
fortún *nm1* fortune; fate
fós *adv* yet, still; moreover; nevertheless; **níos fearr fós** better still
foscadán *nm1* (*building*) shelter
foscadh (*pl* **foscaí**) *nm1* shelter
fosciorta *nm4* underskirt
foscript *nf2* subscript
foscúil *adj* sheltered; (*person*) discreet
foshruth *nm3* undercurrent
foshuiteach *adj, nm1* (GRAM) subjunctive
fosta *adv* also; too
fostaí *nm4* employee
fostaigh *vt, vi* catch, grip; employ, hire
fostaíocht *nf3* employment
fostát *nm1* (POL) satellite state
fostóir *nm3* employer
fostú *nm* entanglement; employment; **dul i bhfostú i rud** to get caught up in sth
fosú *nm* (GEOL) deposit
fótachóip (*pl* **~eanna**) *nf2* photocopy
fótachóipire *nm4* (*machine*) photocopier
fótagraf *nm1* photograph
fotha *nm4* (*on printer*) feed
fothaigh *vt* (COMPUT) feed
fothain *nf3* shelter
fothainiúil *adj* sheltered
fotháirge *nm4* by-product
fothaispeántas *nm1* sideshow
fotheideal *nm1* (CINE) subtitle
fothoghchán *nm1* by-election
fothoradh *nm1* by-product
fothrach *nm1* (*of building*) ruin
fothraig (*pres* **fothragann**) *vt* bathe, dip
fothram *nm1* noise
Frainc *nf2*: **an Fhrainc** France
frainceáil *vt* (*letter*) frank
Fraincis *nf2* (LING) French
frainse *nm4* (*of hair*) fringe
fráma *nm4* frame; chassis
frámaigh *vt* frame
Francach *adj* French♦ *nm1* Frenchman; **Francach mná** Frenchwoman
francach *nm1* rat
fraoch[1] (*gs* **fraoigh**) *nm1* heather
fraoch[2] (*gs* **fraoich**) *nm1* fury; wrath; fierceness
fras *adj* abundant; profuse; **go fras** copiously, abundantly
frása *nm4* phrase
fraschanna *nm4* watering can
freagair (*pres* **freagraíonn**, *vn* **~t**) *vt, vi* answer, reply, respond; react; **freagairt do rud** to correspond to sth
freagairt *nf3* answer, response; reaction
freagra *nm4* answer, reply, response
freagrach *adj* responsible; accountable; responsive; **bheith freagrach as rud** to be responsible for sth
freagracht *nf3* responsibility
fréamh (*pl* **~acha**) *nf2* root; origin, source
fréamhaí *nm4* (GRAM) derivative
fréamhaigh *vt, vi* (take) root; **fréamhú ó rud** to derive from sth, descend from sth
freang *vt* twist, contort; (MECH) strain
freanga *nf4* twitch; spasm; contortion
freangach *adj* spasmodic
freas- *prefix* rival, counter-
freasaitheoir *nm3* reactor
freaschuir *vt* (*order, decision etc*) reverse
freaschur *nm1* (*of decision, order*) reversal
freastail (*pres* **freastalaíonn**) *vt, vi* attend to; **freastal ar chruinniú** to attend a meeting; **freastal ar dhuine** to serve sb, cater for sb
freastal *nm1* service; attendance
freastalaí *nm4* attendant; waiter
freasúra *nm4* (*also* POL) opposition
freasúrach *adj* opposing
freisin *adv* also, as well
fríd *nf2* mite; **faic na fríde** nothing at all
frídín *nm4* germ
frioch *vt, vi* fry
friochadh (*gs* **friochta**) *nm* (*meal*) fry
friochta *vadj* fried
friochtán *nm1* (frying) pan
friochtóg *nf2* fritter
friotaíocht *nf3* (ELEC) resistance
friotal *nm1* speech; expression; **rud a chur i bhfriotal** to put sth into words
friotháil *vt, vi* attend to, serve
friothálaí *nm4* attendant; server
friseáilte *adj* fresh
frisnéiseach *adj* contradictory

fritéis *nf2* antithesis
frith- (*before "t"* = **fri-**) *prefix* anti-, counter-
frithbheathach *nm1, adj* antibiotic
frithbhuaic *nf2* anticlimax
frithbhualadh (*gs* **frithbhuailte**) *nm* backlash, repercussion
frithchaith (*vn* ~**eamh**) *vt* reflect
frithchioclón *nm1* anticyclone
frithchosúil *adj* paradoxical
frithchosúlacht *nf3* paradox
frith-chuaranfa *nf4* anticyclone
fritheithneach *adj* antinuclear
frithgheallaí *nm4* underwriter
frithghiniúint (*gs* **frithghiniúna**) *nf3* contraception
frithghiniúnach *adj, nm1* contraceptive
frith-Ghiúdachas *nm1* anti-Semitism
frithghníomh (*pl* ~**artha**) *nm1* reaction, counteraction
frithghníomhaí *nm4* reactionary
frith-hiostaimín *nm4* antihistamine
frithir *adj* sore; tender
frithluail *nf2* reflex (action)
frithluaileach *adj* reflex
frithnimh (*pl* ~**eanna**) *nf2* antidote
frithnúicléach *adj* antinuclear
frithradadh (*gs* **frithradta**) *nm* backlash
frithreo *nm4* antifreeze
frithsheipteach *adj* antiseptic
frithsheipteán *nm1* antiseptic
frithshóisialta *adj* antisocial
frithshuigh *vt, vi* contrast
fritonn (*pl* ~**ta**) *nf2* backlash
frog (*pl* ~**anna**) *nm1* frog
frogaire *nm4* diver
fronsa *nm4* (THEAT) farce
fronta *nm4* (MIL, *weather, gen*) front
fruilcheannach *nm1* hire purchase
fruiliú *nm* (COMM) hire; **fruiliú carranna** *or* **gluaisteán** car hire
fuacht *nm3* cold; chill; exposure; **fuacht a bheith ort** to feel cold
fuachtán *nm1* chilblain
fuadach *nm1* abduction, kidnapping; hijacking
fuadaigh *vt* abduct; kidnap; hijack
fuadaitheoir *nm3* abductor; kidnapper; hijacker
fuadar *nm1* rush; fuss; activity
fuadrach *adj* hurried; busy; hectic
fuafar *adj* hateful; hideous; obnoxious
fuaidreamh *nm1* wandering; agitation
fuaigh (*pres* **fuann**) *vt, vi* sew; stitch; stick
fuáil *nf3* needlework, sewing
fuaim (*pl* ~**eanna**) *nf2* sound
fuaimbhac *nm1* sound barrier
fuaimdhíonach *adj* soundproof
fuaimdhíonadh (*gs* **fuaimdhíonta**) *nm* soundproofing
fuaimeolaíocht *nf3* (*science*) acoustics
fuaimintiúil *adj* substantial; fundamental
fuaimíocht *nf3* (*of sound*) acoustics
fuaimiúil *adj* acoustic
fuaimnigh *vt, vi* pronounce; sound
fuaimniú *nm* pronunciation
fuaimrian *nm1* soundtrack
fuair *etc vb see* **faigh**
fuaire *nf4* coldness; **dul i bhfuaire** (*weather*) to get cold
fual *nm1* urine; **fual a bheith ort** to need to go to the toilet
fualán *nm1* urinal; chamber-pot; pimp
fuann *see* **fuaigh**
fuar *adj* cold; **bheith fuar le duine** to be cold with sb
fuaraigeanta *adj* (*person*) calm, composed
fuaraigh *vt, vi* cool (down); (CULIN) chill
fuarán *nm1* fountain; spring
fuarbholadh *nm1* stale smell
fuarbhruite *adj* (*person, effort*) indifferent; half-hearted, lukewarm
fuarchroíoch *adj* cold-hearted; callous
fuarchúis *nf2* coolness; apathy; indifference
fuarchúiseach *adj* (*manner*) cool(-headed), calm; indifferent
fuarintinneach *adj* purposeful; cool-headed
fuarthas *vb see* **faigh**
fuarthóir *nm3* cooler
fuascail (*pres* **fuasclaíonn**) *vt* (*captive etc*) release; (*problem*) solve
fuascailt *nf2* release; ransom; answer, solution
fuath (*pl* ~**anna**) *nm3* hate, hatred; **is fuath liom é, tá fuath agam air** I hate

it; **fuath a thabhairt do rud** to take an intense dislike to sth
fuathaigh *vt* hate, detest
fud *n*: **ar fud** + *gen* throughout, all over; among
fúibh *see* **faoi**
fuidreamh *nm1* (*CULIN*) batter
fuil (*gs, pl* **fola**) *nf* blood; **fuil a chur** to bleed; **fuil a bheith leat** to be bleeding
fuilaistriú *nm* (blood) transfusion
fuileadán *nm1* blood vessel
fuilghrúpa *nm4* blood group
fuiliú *nm* bleeding; haemorrhage
fuílleach *nm1* remains, leftovers; remnant; surplus; (*COMM*) balance; **fuílleach ama a bheith agat** to have plenty of time
fuilteach *adj* bloody
fuin *vi, vt* knead; mould; **crann fuinte** rolling pin
fúinn *see* **faoi**
fuinneamh *nm1* energy, vigour; impetus; (*fig*) momentum
fuinneog *nf2* window; **fuinneog dhín** skylight
fuinniúil *adj* energetic; vigorous
fuinseog *nf2* ash (tree)
fuíoll *nm1* remainder; surplus; waste; after-effects; **níor fhág sé fuíoll molta air** he praised him highly
fuip (*pl* ~**eanna**) *nf2* whip
fuipeáil *vt* whip
fuireach *nm1* wait, delay
fuireachair *adj* wary, vigilant, alert
fuireachas *nm1* anticipation; vigilance, caution
fuirseoir *nm3* plodder; comedian
fuirsigh (*pres* **fuirseann**) *vi, vt* harrow; plod, struggle; fuss
fuisc *excl* shoo
fuisce *nm4* whisk(e)y
fuiseog *nf2* (*bird*) lark
fuist *excl* hush
fúithi *see* **faoi**
fulacht *nf3* barbecue
fulaing *vt, vi* endure, suffer; bear, tolerate; withstand; put up with
fulaingt (*gs* ~**he**) *nf* endurance, suffering; tolerance
fulangach *adj* suffering; enduring; patient
fulangaí *nm4* (*MED*) sufferer
fúm *see* **faoi**
fungas *nm1* fungus
furasta (*compar* **fusa**) *adj* easy; **níos fusa (ná)** more easily (than)
fút, fúthu *see* **faoi**
fútráil *nf3* fidgeting; **bheith ag fútráil le rud** to fidget with sth

G

ga (*pl* **~thanna**) *nm4* spear; dart; (*of light*) beam, ray; (MATH) radius

gá *nm4* need, necessity; **ní gá duit sin a dhéanamh** you don't need to do that; **más gá** if necessary; **ní gá a rá (go)** it goes without saying (that)

gabh *vt, vi* take; accept; catch; seize, arrest; (*port*) make; (*song etc*) say, sing; (*also fig*) conceive ♦ *vi* proceed, go; come; **seilbh a ghabháil ar rud** to take possession of sth; **airm a ghabháil** to take arms; **leithscéal duine a ghabháil** to accept sb's excuse; **gabh mo leithscéal!** excuse me!; **peil/slaghdán a ghabháil** to catch a football/cold; **duine a ghabháil** to arrest sb; **amhrán a ghabháil** to sing a song; **gabháil abhaile** to go home; **gabh isteach!** come in!; **tá an t-inneall ag gabháil** the engine is running; **níl sé ag gabháil a fhanacht leat** he's not going to wait on you; **cad é atá ag gabháil (ar aghaidh)?** what is going on?

▸ **gabh ag** *vt, vi* forgive; (*pardon*) ask of; **gabhaim pardún agat!** I beg your pardon!

▸ **gabh ar** *vi* go on *or* about; set about, undertake; **rud a ghabháil ort féin** to undertake to do sth

▸ **gabh as** *vi* go out of; (*light etc*) go out

▸ **gabh chuig** *or* **chun** *vi* go to; go about

▸ **gabh de** *vi* set about with

▸ **gabh do** *vi* go about, set to, work at; annoy; owe unto; suit; **bheith ag gabháil do dhuine** to annoy sb; **cá mhéad atá ag gabháil dóibh?** how much are they owed?; **bheith ag gabháil do rud** to be working at sth

▸ **gabh faoi** *vt, vi* go under; undergo; go to; go about; **gabháil faoi scia** to undergo an operation; **gabháil faoi chónaí** to go to rest

▸ **gabh i** *vt, vi* go into; take for

▸ **gabh le** *vt, vi* go (along) with, accompany; go (out) with; agree with; side with; take to; (*thanks etc*) convey; **buíochas a ghabháil le duine** to thank sb; **bheith ag gabháil (amach) le duine** to be going (out) with sb

▸ **gabh ó** *vt, vi* take from; accept from; go from

▸ **gabh thar** *vi* go by *or* over; pass (by); go beyond; miss

▸ **gabh trí** *vi* go through; pass through

gábh (*pl* **~a**) *nm1* danger

gabha (*pl* **gaibhne**) *nm4* smith; **gabha dubh/geal** blacksmith/silversmith

gabháil[1] *nf3* conquest; arrest; (*drugs etc*) seizure; (SPORT) catch; (*of song etc*) rendition; *see also* **gabh, téigh**

gabháil[2] *nf3* yeast

gabhal *nm1* fork, junction; crotch; **bheith ar scaradh gabhail ar rud** to be astride sth

gabhálach *adj* contagious, catching

gabhálas *nm1* accessory

gabháltas *nm1* (*of land*) holding; (*of country*) invasion, conquest; occupancy

gabhann *nm1* (*enclosure*) pen; pound; (LAW) dock

gabhar *nm1* goat; **An Gabhar** (ASTROL) Capricorn

gabhdán *nm1* container; holder

gabhlaigh *vi* fork, branch (out)

gabhlán *nm1* (*bird*) martin; **gabhlán gaoithe** (*bird*) swift

gabhlóg *nf2* fork

gach *adj* each, every ♦ *n* everything; all; **gach aon, gach uile** each, every; **gach (aon) lá** every (single) day; **gach duine** everybody; **gach ceann acu** each one of them; **gach re, gach dara** (*in series*) every second; **gach ar tharla** everything that happened

gad *nm1* willow rod; string, rope; **an gad is deise don scornach** the most urgent problem; **gad ar ghaineamh** a futile enterprise

gada *see* **goid**
gadaí *nm4* thief
gadaíocht *nf3* theft
gadhar *nm1* dog
Gaeilge *nf4* (LING) (the) Irish (language), Gaelic; **Gaeilge na hAlban** Scots Gaelic, Scottish Gaelic
Gaeilgeoir *nm3* Irish speaker; Irish language enthusiast
Gael *nm1* Irishman/Irishwoman; person of Gaelic descent
Gaelach *adj* Irish, Gaelic
Gael-Mheiriceánach *adj, nm1* Irish-American
Gaeltacht *nf3* Irish speaking district
gafa *vadj* caught; arrested; (*seat*) taken; **bheith gafa i rud** to be caught (up) in sth; **bheith gafa le rud** to be bothered with sth
gág *nf2* chink, crack; (*in skin*) crack, chap
gágach *adj* chapped; cracked
gaibhne *see* **gabha**
gaibhnigh *vt* (*iron*) forge; impound
gáifeach *adj* loud; flamboyant; exaggerated, sensational
gaige *nm4* dandy, poser
gail *nf*: **bheith ar gail** (*water*) to be boiling; (*person*) to be fuming
gaileadán *nm1* boiler
gailearaí *nm4* gallery; **gailearaí ealaíne** art gallery
gáilleach *nm1* (*of fish*) gills
gáilleog *nf2* mouthful, swig
Gaillimh *nf2* Galway
gailseach *nf2* earwig
Gaimbia *nf4*: **an Ghaimbia** (The) Gambia
gaimbín *nm4* interest; **fear gaimbín** (IRL: HIST) gombeen-man, money-lender
gaineamh *nm1* sand
gaineamhchloch *nf2* sandstone
gaineamhlach *nm1* (sand-)desert
gainmheach *adj* sandy
gainne[1] *nm4* (*of fish etc*) scale
gainne[2] *nf4* scarcity; **dul i ngainne** to become scarce
gair (*vn* ~**m**, *vadj* ~**the**) *vt, vi* call; shout; (*meeting*) summon; **rí a ghairm de dhuine** to proclaim sb king
gáir[1] (*pl* **gártha**) *nf2* shout; roar; rumour; fame; **gáir bhréige** false alarm; **gáir chatha** battle cry; **gáir mholta** cheer; **chuaigh an gháir amach** the word spread; **bhí a gháir ar fud na tíre** the whole country was talking about him
gáir[2] (*vn* ~**e**) *vi* laugh; shout, cry; **bheith ag gáire faoi rud** to laugh at sth
gairbhe *nf4* roughness, coarseness; (*of speech*) crudeness
gairbhéal *nm1* gravel
gairbhseach *nf2* roughage
gairdeas *nm1* joy; **gairdeas a dhéanamh** to rejoice
gairdian *nm1* (REL) guardian
gairdín *nm4* garden; **gairdín na n-ainmhithe** zoo
gáire *nm4* laugh; laughter; **gáire a dhéanamh (faoi rud)** to laugh (at sth); **gáire a bhaint as duine** to make sb laugh; **scotbhach gáire** guffaw; *see also* **gáir**[2]
gaireacht *nf3* nearness, proximity; **dul i ngaireacht do rud** to come close to sth
gaireas *nm1* device; apparatus; gadget
gairgeach *adj* harsh; cross
gairid *adj* brief, short; (*relation*) near; **le gairid** recently; **breith gairid ar dhuine** to take sb by surprise, take sb unawares
gairleog *nf2* garlic; **ionga gairleoige** clove of garlic
gairm (*pl* ~**eacha**) *nf2* call; (*also*: **gairm (bheatha)**) profession, occupation; vocation; *see also* **gair**
gairm- *prefix* vocational-
gairmeach *adj, nm1* (LING) vocative
gairmí *nm4* (SPORT) professional, pro
gairmiúil *adj* professional; vocational
gairmoideachas *nm1* vocational education
gairmscoil (*pl* ~**eanna**) *nf2* vocational school
gáirsiúil *adj* coarse, obscene; smutty; bawdy
gáirsiúlacht *nf3* obscenity
gairtéar *nm1* garter
gaisce *nm4* bravado, showing off; feat, achievement; **gaisce a dhéanamh (as**

rud) to boast (about sth); (*fam*) to perform heroics
gaiscéad *nm1* (AUT) gasket
gaiscíoch *nm1* hero; warrior
gaisciúil *adj* heroic; boastful
gaisciúlacht *nf3* heroics; heroism; boastfulness
gaiste *nm4* snare, trap; pitfall
gáitéar *nm1* gutter; drainpipe
gal[1] *nf2* steam; vapour; smoke; **gal soip** flash in the pan; **inneall gaile** steam-engine
gal[2] *nf2* valour
gála *nm4* (*wind, payment*) gale; **rud a íoc ina ghálaí** to pay sth in instalments
galach *adj* steamy; **uisce galach** boiling water
galaigh *vt, vi* steam, vaporize; evaporate
galamaisíocht *nf3* carry on
galánta *adj* beautiful; elegant; posh; genteel; gallant
galántacht *nf3* elegance; gentility; gallantry; **an ghalántacht** high society
galántas *nm1* pageantry
galar *nm1* sickness, disease; affliction; **galar a thógáil** to catch a disease; **bheith i ngalar an ghrá** to be love-smitten; **galar breac** smallpox; **galar buí** jaundice; **galar croí** heart disease
galbhruith *vt* (CULIN) steam
galf *nm1* golf
galfaire *nm4* golfer
galfchúrsa *nm4* golf course
galfholcadán *nm1* steam bath; sauna
galfholcadh (*gs* **galfholctha**) *nm* sauna
galinneall *nm1* steam engine
Gall *nm1* (HIST) foreigner; Englishman; Viking; Lowlander; **Inse Ghall** the Hebrides
gallán *nm1* standing stone, menhir
gallchnó (*pl* ~**nna**) *nm4* walnut
gallda *adj* foreign; anglicized, English
galldachas *nm1* foreign *or* anglicized ways
galldaigh *vt* anglicize
galldú *nm* anglicization
Gall-Ghael *nm1* (HIST) Anglo-Irishman
Gall-Ghaelach *adj* (HIST) Anglo-Irish
gallóglach *nm1* gallowglass
galltacht *nf3* anglicization; **Galltacht** non-Irish speaking area
gallúnach *nf2* soap
galraigh *vt, vi* infect
galrú (*gs* **galraithe**) *nm* infection
galstobh *vt* (CULIN) braise
galtán *nm1* (NAUT) steamer
galún *nm1* gallon; vessel
gamal *nm1* dolt, idiot
gamhain (*gs, pl* **gamhna**) *nm3* calf

EOCHAIRFHOCAL

gan *prep* (*lenites in general use except* **d,f,s,t**) 1 (*with noun*) without; **gan chlann** childless; **gan amhras** without doubt; **gan mhoill** without delay; **gan rath** futile; fruitless; **rud gan mhaith/úsáid** worthless/useless thing
2 (*with def art*) without; **gan an ceol** without the music; **tá an teach ciúin gan na páistí** the house is quiet without the children
3 (*with vn*): **rud a fhágáil gan déanamh** to leave sth undone
4 (*with dependent clause; does not lenite*): **b'fhearr liom gan fanacht** I'd rather not stay; **ba mhaith uaidh gan casaoid a dhéanamh** it was good of him not to complain; **filleadh gan pingin a chaitheamh** to return without spending a penny
5: **gan ach** with only; **gan ach triúr fágtha** with only three remaining; **gan inti ach cailín óg** though she's only a young girl

Gána *nm4* Ghana
gandal *nm1* gander
gang *nm3* gong
gangaid *nf2* spite, bitterness; venom; **le gangaid** venomously
gangaideach *adj* bitter; venomous
gann *adj* scant; scarce; sparse; **bheith gann i rud** to be short of sth
gannchuid (*gs* **gannchoda**) *nf3* scarcity; **bheith ar an ngannchuid** to live in

poverty
ganntanas *nm1* scarcity, shortage
gaobhar *nm1* proximity; **ar na gaobhair** in the vicinity
gaobhardach *adj* nearby
gaofar *adj* windy
gaois *nf2* wisdom; shrewdness
gaoiseach *adj* wise; shrewd
gaol (*pl* ~**ta**) *nm1* relative, relation; relationship; kinship; **gaol a bheith agat le duine** to be related to sb; **cairde gaoil** friends and relations; **gaol fola** blood relation(ship); **lucht gaoil** relatives
gaolmhar *adj* related; **bheith gaolmhar do dhuine** to be related to sb
gaosán *nm1* nose
gaoth[1] *nf2* wind; **gaoth mhór** high wind; **in aghaidh na gaoithe** against the wind; **gaoth an fhocail** the slightest hint; **ar bharr na gaoithe** carefree; **ar nós na gaoithe** like a flash
gaoth[2] *nm1* estuary
gaothaire *nm4* vent; ventilator
gaothraigh *vt* fan
gaothrán *nm1* fan
gaothscáth (*pl* ~**anna**) *nm3* windscreen
gaothuirlis *nf2* wind instrument; **gaothuirlis adhmaid** woodwind
gar (*pl* ~**anna**) *nm1* favour, good turn; use, benefit; proximity♦ *adj* near; **gar a dhéanamh do dhuine** to do sb a favour; **is mór an gar (go)** it's just as well (that); **níl gar ann** it's pointless; **níl gar a bheith leis** there's no use talking to him; **dul i ngar do rud** to approach *or* go near sth; **i ngar agus i gcéin** near and far; **bheith gar do rud** to be near sth
gar- *prefix* near-
garach *adj* helpful, obliging
garaíocht *nf3* assistance; **in áit na garaíochta** in a position to oblige
garáiste *nm4* garage
gar-amharc *nm1* close-up
garastún *nm1* garrison
garathair (*gs* **garathar**, *pl* **garaithreacha**) *nm* great-grandfather
garbh *adj* rough; (*surface*) uneven; (*word etc*) coarse; (*draft, estimate*) rough
garbhánach *nm1* sea bream
garbhchríoch *nf2*: **Garbhchríocha na hAlban** the Scottish Highlands
garbhlach *nm1* rough ground; (GOLF) rough
garchabhair (*gs* **garchabhrach**) *nf* first aid
garda *nm4* guard; sentinel; (*also*: **Garda síochána**) policeman; **bheith ar garda (ar rud)** to be on guard (over sth); **garda cósta** coastguard
gardáil *vt* guard
garg *adj* harsh; bitter; rough
gariníon (*pl* ~**acha**) *nf2* granddaughter
garlach *nm1* child; urchin, brat
garmhac *nm1* grandson
garmheastachán *nm1* rough estimate
garneacht *nf3* grandniece
garnia *nm4* grandnephew
garraí (*pl* **garraithe**) *nm4* garden; (*of vegetables*) patch; (*enclosure*) yard; **garraí margaidh** market garden
garraíodóir *nm3* gardener
garraíodóireacht *nf3* gardening
garrán *nm1* grove
garsún *nm1* boy
gártha *see* **gáir**[1]
garúil *adj* helpful, obliging
gas *nm1* stalk; stem; (*of grass*) blade; sprig, shoot
gás *nm1* gas
gásaigh *vt* gas
gásailín *nm4* gasolene
gáschócaireán *nm1* gas cooker
gásmhéadar *nm1* gas meter
gasóg *nf2* boy scout
gásphúicín *nm4* gas mask
gasra *nm4* group
gasta *adj* fast, quick; clever, smart
gastrach *adj* gastric
gasúr *nm1* boy; child
gátar *nm1* distress; need; **in am an ghátair** in time of need
gathaigh *vt, vi* (*heat*) radiate
gathanna *see* **ga**
gc (*remove "g"*) *see* **c...**
gé (*pl* ~**anna**) *nf4* goose; **na Géanna Fiáine** (HIST) the Wild Geese

geab *nm4* chatter
geabach *adj* chatty, talkative
geabaire *nm4* chatterbox
geabaireacht *nf3* chattering
geábh (*pl* ~**anna**) *nm3* ride; trip; excursion
geadán *nm1* backside; (*meat*) rump
géag *nf2* (*of tree*) branch, bough; limb; (GENEALOGY) branch; **géaga ginealaigh** family tree
géagán *nm1* appendage
geaitín *nm4* (CRICKET) wicket
geáitse *nm4* affectation; gesture; **geáitsí** antics; **bheith ag ligean geáitsí ort féin** to show off
geáitsíocht *nf3* gesturing; play-acting
geal *nm1* white♦ *adj* bright, white; (*smile etc*) happy♦ *vt, vi* brighten; whiten; (*day*) dawn; **d'éirigh go geal leis** it went well, it succeeded; **i lár an lae ghil** in broad daylight; **ba é an lá geal dúinn é** it was a lucky day for us
geal- *prefix* light, bright; white; happy
gealacán *nm1* (*of eye, egg*) white
gealach *nf2* moon; **bliain ghealaí** a lunar year; **oíche ghealaí** moonlit night
gealadh *nm1* dawn(ing)
gealán *nm1* bright spell; **gealáin** (*in hair*) highlights
gealasacha *nmpl1* braces, suspenders (*US*)
gealbhan *nm1* sparrow
gealchroíoch *adj* light-hearted
gealgháireach *adj* pleasant, cheerful; radiant
geall (*pl* ~**ta**) *nm1* bet, wager; stake; promise; pledge; vow♦ *vt, vi* pledge, promise; **geallaim duit (go)** I assure you (that); **bíodh geall go** you can bet that; **geall a chur ar rud** to bet on sth; **teach gill** pawnshop; **geall le** virtually, practically; **de gheall ar** for the sake of; in order to; **i ngeall** *or* **mar gheall ar** because of, as a result of
geallbhróicéir *nm3* pawnbroker
geallchur *nm1* betting
geallearbóir *nm3* pawnbroker
geallghlacadóir *nm3* bookmaker
geallmhar *adj*: **geallmhar ar** fond of
geallta *vadj*: **geallta do** promised to; destined for; engaged to; *see also* **geall**
gealltanas *nm1* pledge, promise; commitment; **gealltanas a thabhairt/a choinneáil** to make/keep a promise; **gealltanas pósta** engagement
gealltóir *nm3* punter
geallúnaí *nm4* guarantor
gealt (*gs* **geilte**) *nf2* madman, lunatic; maniac; **teacht na ngealt** mental asylum
gealtacht *nf3* (MED) insanity
gealtán *nm1* maniac; lunatic
gealtartar *nm1* cream of tartar
gealtlann *nf2* mental asylum
geamaireacht *nf3* pantomime
gean *nm3* love, affection; **gean a bheith agat ar dhuine** to be fond of sb
geanc *nf2*: **geanc a chur ort féin (le rud)** to turn one's nose up (at sth)
geancach *adj* snub-nosed
geanmnaí *adj* chaste, pure
geanmnaíocht *nf3* chastity
géanna *see* **gé**
geansaí *nm4* jersey, sweater, jumper
geanúil *adj* affectionate, loving; lovable
géar *adj* sharp; bitter, sour; steep; (*angle*) acute; intense; (*senses*) keen; (*pain*) severe; (*comment*) cutting; (*smell*) pungent♦ *nm1* (MUS) sharp
géaraigh *vt, vi* sharpen; intensify; **luas a ghéarú** to speed up
gearán *nm1* complaint♦ *vt, vi* complain; **gearán a dhéanamh (faoi)** to complain (about); **bheith ag gearán faoi rud** to complain about sth
gearánaí *nm4* plaintiff
gearb (*gs* **geirbe**) *nf2* scab
géarchéim (*pl* ~**eanna**) *nf2* emergency, crisis
géarchúis *nf2* astuteness, shrewdness
géarchúiseach *adj* astute, shrewd
gearg (*gs* **geirge**) *nf2* (ZOOL) quail
géarghoileach *adj* hungry
géarleanúint (*gs* **géarleanúna**) *nf3* persecution; **géarleanúint a dhéanamh ar dhuine** to persecute sb
Gearmáin *nf2*: **an Ghearmáin** Germany
Gearmáinis *nf2* (LING) German
Gearmánach *adj, nm1* German

gearr *adj* (*gsm* **gearr**, *gsf, compar* **giorra**) short; near♦ *vt, vi* cut; (*meat*) carve; (*sentence*) impose; (*price*) charge; reduce; **gearradh siar** to cut back; **punt a ghearradh ar dhuine** to charge sb a pound; **léim a ghearradh** to take a jump; **i bhfad agus i ngearr** far and near
gearr- *prefix* short; moderate; **gearrscaifte** a fair crowd; **gearrleitheadach** fairly widespread
gearradh (*gs* **gearrtha**, *pl* **gearrthacha**) *nm* cut; slit, snip; (*from wage etc*) deduction; (MED) removal; **gearrthacha** (COMM) levy, rates; **gearradh Caesarach** Caesarean (section)
gearrán *nm1* horse; **gearrán iarainn** (*inf*) bicycle
gearranáil *nf3* shortness of breath
gearrcach *nm1* fledgling; (*inf*: SCOL) fresher
gearrchaile *nm4* young girl
gearrchiorcad *nm1* short-circuit
gearr-chlóscríobhaí *nm4* shorthand typist
gearrliosta *nm4* shortlist
gearr-radharcach *adj* short-sighted
gearrscéal (*pl* ~**ta**) *nm1* short story
gearrscríobh (*gs* **gearrscríofa**) *nm* shorthand
gearrscríobhaí *nm4* stenographer
gearrshaolach *adj* short-lived
gearrshodar *nm1* canter, trot
gearrtha *vadj* cut; *see also* **gearr, gearradh**
gearrthán *nm1* (*from newspaper*) clipping; (*cardboard*) cutout
gearrthóg *nf2* (CULIN) cutlet; (*from plant*) cutting
gearrthóir *nm3* cutter
géarshúileach *adj* observant
géarú *nm* sharpening; souring; heightening; **géarú goile** appetizer
géaruillinn *nf2* acute angle
geas, geasa *see* **geis**
géasar *nm1* geyser
geasróg *nf2* (*spell*) charm
geata *nm4* gate; gateway
géibheann *nm1* captivity; distress
géibheannach *nm1* captive♦ *adj* urgent; critical
geilignít *nf2* gelignite
géill[1] *vt, vi* surrender; yield, give in *or* up; "**géill slí**" "give way"; **géilleadh do dhuine** to give in to sb
géill[2] *see* **giall**[1,2]
géilleadh (*gs* **géillte**) *nm* submission; surrender
geilleagar *nm1* economy
géilliúil *adj* submissive
géilliúlacht *nf3* compliance
géillsine *nf4* allegiance
géillsineach *nm1* subject
geilte *see* **gealt**
géim[1] *nm4* (HUNTING) game
géim[2] *nf2* (*pl* ~**eanna**) moo(ing); roar(ing) ♦ *vi* moo; roar
geimheal (*gs, pl* **geimhle**) *nf2* shackle, chain
geimhleach *nm1* captive
geimhreadh (*pl* **geimhrí**) *nm1* winter
geimhrigh *vi* hibernate
geimhriúil *adj* wintry
géin *nf2* (BIOL) gene; (*cloth*) jean; **brístí géine** jeans
géineasach *adj* generic
géineolaíocht *nf3* genetics
géiniteach *adj* genetic
geir (*pl* ~**eacha**) *nf2* (*for cooking*) fat; suet
geirbe *see* **gearb**
géire *nf4* severity; sharpness
geireach *adj* (*food*) fatty
geireann *nm1* (GRAM) gerund
geireannach *nm1, adj* (GRAM) gerundive
geiréiniam *nm4* geranium
geirm *nf2* (BIOL, MED) germ
geis (*pl* **geasa**, *gpl* **geas**) *nf2* spell; curse; prohibition; **bheith faoi gheasa ag duine** to be under sb's spell
geistear *nm1* gesture
geit (*pl* ~**eanna**) *vi* jump, start♦ *nf2* shock; start, jump; **geit a bhaint as duine** to startle sb; **éirí de gheit** to rise suddenly
geiteach *adj* jumpy, nervous
geiteo *nm4* ghetto
geocach *nm1* tramp, bum (*esp US*)

geografach *adj* geographical
geografaíocht *nf3* geography
geoiméadrach *adj* geometric(al)
geoiméadracht *nf3* geometry
geoin *nf2* drone, hum; (*of animal etc*) whimper
geolaíoch *adj* geological
geolaíocht *nf3* geology
geolán *nm1* (ELEC) fan
geolbhach *nm1* (*of fish*) gills
geonaíl *nf3* whimpering, whining
gh (*remove "h"*) *see also* **g...**
gheobhadh, gheobhaidh, gheobhainn *vb see* **faigh**
gheofaí, gheofar *vb see* **faigh**
giall[1] (*gs* **géill**, *pl* ~**a**) *nm1* jaw; chin; (*of house*) corner; (*of door*) jamb
giall[2] (*gs* **géill**, *pl* ~**a**) *nm1* hostage
giar (*pl* ~**anna**) *nm1* (AUT) gear
giarbhosca *nm4* gear box
giarsa *nm4* joist; girder
gibir (*vn* **gibreacht**) *vt, vi* (SPORT) dribble
gibiris *nf2* gibberish
gild (*pl* ~**eanna**) *nm4* guild
gile *nf4* whiteness; brightness; *see also* **geal**
gilitín *nm4* guillotine
gin (*pl* ~**te**) *nf2* embryo; offspring♦ *vt, vi* procreate; (*energy etc*) generate, produce
gine *nm4* guinea
gineadóir *nm3* generator
ginealach *nm1* pedigree; genealogy; **líne ghinealaigh** lineage
ginealas *nm1* genealogy
ginearál *nm1* general
ginearálta *adj* general; overall
ginearálú *nm* generalization
Ginéiv *nf2*: **an Ghinéiv** Geneva
ginias *nm1* genius
ginideach *adj, nm1* (LING) genitive
giniúint (*gs* **giniúna**) *nf3* conception; procreation; (*of electricity etc*) generation; **Giniúint Mhuire gan Smál** The Immaculate Conception; **stáisiún giniúna** generating station; **baill ghiniúna** reproductive organs, genitals
ginmhilleadh (*gs* **ginmhillte**) *nm* abortion; **ginmhilleadh a fháil** to terminate a pregnancy, have an abortion
ginte *see* **gin**
giobach *adj* scruffy; untidy; rough
giobal *nm1* rag
gioblach *adj* ragged; unkempt
giobóg *nf2* (*of paper, cloth etc*) scrap
Giobráltar *nm4* Gibraltar
giodal *nm1* cheek; conceit; vanity
giodalach *adj* cheeky; conceited; vain
giodam *nm1* friskiness
giodamach *adj* frisky; restless
giofóg *nf2* gypsy
gíog *nf2, vi* (*animal etc*) squeak; (*bird*) chirp
giolamas *nm1* fondling, petting
giolcach *nf2* reed; (BOT) cane
giolla *nm4* servant, attendant; boy, youth; (*for luggage*) porter; (*fam*) fellow; **giolla an tseanchinn** the cheeky brat
giollacht *nf3* service; **giollacht a dhéanamh ar dhuine** to attend to sb; **giollacht an daill ar an dall** the blind leading the blind
giollaigh *vt* wait upon; (*food*) prepare, cook
gíománach *nm1* coachman; servant; (HIST) Yeoman
giomnáisiam *nm4* gym(nasium)
gíoró *nm4* giro; **gíoró bainc** bank giro
giorra *nf4* shortness; *see also* **gearr**
giorracht *nf3* shortness; closeness; **dul i ngiorracht do rud** to go near *or* come close to sth; **dul i ngiorracht** to get short
giorraigh *vt, vi* shorten
giorraisc *adj* (*answer etc*) abrupt, curt; (*manner*) gruff
giorria (*pl* ~**cha**) *nm4* hare
giorrúchán *nm1* abbreviation
giortach *adj* short; (*clothes etc*) scanty, skimpy
giortaigh *vt, vi* shorten
giosáil *vi* sizzle, fizzle
giosán *nm1* sock
giosta *nm4* yeast
giota *nm4* bit; piece
giotán *nm1* (COMPUT) bit
giotár *nm1* guitar
gipis *nf2* giblets

gircín *nm4* gherkin
girseach *nf2* girl
Giúdach *nm1* Jew ♦ *adj* Jewish
giúiré (*pl* ~**ithe**) *nm4* jury
giúirléid *nf2* implement; **giúirléidí** belongings, things
giúis (*pl* ~**eanna**) *nf2* fir, pine (tree)
giúistís *nm4* justice, magistrate; **giúistísí** judiciary
giúmar *nm1* (*mood*) humour
giuncán *nm1* junket
giúróir *nm3* juror
glac[1] *vt* accept; take; receive; (*sickness*) catch; **rud a ghlacadh** *or* **glacadh le rud** to accept sth; **pictiúr/sos/nótaí a ghlacadh** to take a picture/a rest/notes; **glac d'am!** take your time!; **fearg a ghlacadh** to get angry; **ghlacfá é a dhéanamh** you would need to do it; **rud a ghlacadh chugat féin** to take sth personally
glac[2] *nf2* hand; grasp; handful
glacadh (*gs* **glactha**) *nm* acceptance; (*RADIO etc*) reception; **níl glacadh acu ar sin** that is not acceptable to them
glacadóir *nm3* receiver
glacadóireacht *nf3* (*RADIO etc*) reception
glaeúil *adj* slimy
glagaire *nm4* fool, waffler
glagaireacht *nf3* waffle
glaine *nf4* cleanness
glaineacht *nf3* cleanliness; purity
glam (*pl* ~**anna**) *nf2* (*of animal etc*) bark, howl ♦ *vi* bark, howl; roar; **is measa a ghlam ná a ghreim** his bark is worse than his bite
glan *adj* clean, pure; clear; bright; net; exact; **fanacht glan ar dhuine** to stay clear of sb ♦ *adv* absolutely, completely ♦ *vt, vi* clean, cleanse; clear; (*dirt etc*) remove; **fiacha a ghlanadh** to pay off debts; **an fhírinne ghlan** the whole truth; **glan leat!** go away!
glanadh (*gs* **glanta**, *pl* **glantaí**) *nm* cleaning, clearance; **glanadh an earraigh** spring-clean(ing)
glanbhearrtha *adj* clean-shaven
glanmheabhair *n*: **rud a bheith de ghlanmheabhair agat** to know sth off by heart
glanscartha *adj* self-contained
glantach *nm1* detergent
glantóir *nm3* (*also person*) cleaner; cleanser
glantóireacht *nf3* cleaning
glao (*pl* ~**nna**) *nm4* call, shout; **glao gutháin a dhéanamh** to make a phone call; **glao áitiúil/idirnáisiúnta** local/international call
glaoch *nm1* call, calling
glaoigh *vt, vi* call, shout; **glaoch ar dhuine** to call *or* ring sb (by telephone)
glaoire *nm4* (*TEL*) pager
glár *nm1* silt, alluvium
glas[1] *nm1* lock; **an glas a chur ar rud** to lock sth (up); **an glas a bhaint de rud** to unlock sth; **glas fraincín** padlock; **faoi ghlas** locked up
glas[2] *adj, nm1* green; grey; (*person*) inexperienced
glasadóir *nm3* locksmith
glasáil *vt* lock
Glaschú *nm4* Glasgow
glasíoc *nm3* instalment
glasra *nm4* vegetable; vegetation
glé *adj* clear; vivid, bright
gleaca *see* **gleic**
gleacaí *nm4* gymnast; acrobat; wrestler; fighter
gleacaíocht *nf3* gymnastics; acrobatics; wrestling
gleann (*pl* ~**ta**) *nm3* glen; valley
gleanntán *nm1* little glen, dale
gléas (*pl* ~**anna**) *nm1* instrument; appliance; (working) order; means; (*MUS*) key ♦ *vt* dress (up); fit out; **tú féin a ghléasadh** to dress o.s.; **gléas ceoil** musical instrument; **gléas freagartha** answering machine; **gléas iompair** (means of) transport; **i ngléas** ready for use; **as gléas** out of order
gléasadh (*gs* **gléasta**) *nm* attire
gléasnóta *nm4* (*MUS*) keynote
gléasra *nm4* gear, equipment
gléasta *adj* dressed; *see also* **gléasadh**
gléghlan *adj* crystal-clear

gleic (*pl* **gleaca**) *nf2* struggle, tussle; contest; **dul i ngleic le duine** to wrestle with sb
gléigeal *adj* pure white; limpid
gléineach *adj* clear; (*light etc*) bright
gleo (*pl* ~**nna**) *nm4* din, racket; fight, row; battle; **dul sa ngleo** to join in (the fighting)
gleoiréiseach *adj* animated, boisterous
gleoite *adj* charming, delightful; lovely, pretty
gleoiteog *nf2* (type of) sailing boat
gliaire *nm4* gladiator
glic *adj* clever; shrewd; crafty, devious
gliceas *nm1* shrewdness; cunning
gligín *nm4* (*for baby*) rattle
gligleáil *nf3* chink
glincín *nm4* (*of spirits*) drop
glinn *adj* clear, distinct
glinne *nf4* clarity
gliobach *adj* dishevelled
gliogar *nm1* rattle, jangle; (*of weapons etc*) clashing; (*of bells*) ringing; (*of verse*) rhythm
gliogaráil *nf3* rattling
gliograch *adj* rattling
gliomach *nm1* lobster
gliondar *nm1* glee, joy, delight
gliondrach *adj* cheerful, joyful
glioscarnach *nf2* sparkle; **glioscarnach a dhéanamh** to glisten
gliscín *nm4* lisp
gliú *nm4* glue, paste
gliúáil *vt* glue
gliúcaíocht *nf3* peeping
gliúragán *nm1*: **codladh gliúragáin** pins and needles
gliúrascnach *nf2* creaking
glób *nm1* globe
glógarsach *nf2* (*of hens*) clucking
gloimneach *nf2* (*of dogs*) yelping
gloine *nf4* glass; mirror; **gloine fíona** wine glass; glass of wine; **gloine formhéadúcháin** magnifying glass; **gloiní** glasses, spectacles; **gloiní gréine** sunglasses
gloineadóir *nm3* glazier
gloinigh *vt, vi* glaze
gloiniú *nm* glazing; **gloiniú dúbailte** double glazing
glóir *nf2* glory; bliss; **bheith sa nglóir** to be ecstatic
glóirigh *vt* glorify
glóirmhianach *adj* ambitious
glónra *nm4* glaze
glónraigh *vt* glaze
glónraithe *adj* glazed
glór (*pl* ~**tha**) *nm1* voice; sound; **de ghlór ard/íseal** in a loud/soft voice
glórach *adj* loud, vocal, vociferous
glórmhar *adj* glorious
glóthach *nf2* gel; (*also* CULIN) jelly
glothar *nm1* gurgle; (*in throat*) rattle
gluaireán *nm1* fuss
gluais[1] *vt, vi* move; proceed
gluais[2] (*pl* ~**eanna**) *nf2* glossary; vocabulary
gluaiseacht *nf3* motion; movement
gluaisrothaí *nm4* motorcyclist; biker
gluaisrothar *nm1* motorbike, motorcycle
gluaisteán *nm1* car, motor (car)
gluaisteánaí *nm4* motorist
glúcós *nm1* glucose
glugarnach *nf2* gurgling, squelching
glúin (*gs, pl* ~**e**, *gpl* **glún**) *nf2* knee; generation; **dul ar do ghlúine** to kneel; **ar leathghlúin** on one knee; **bean ghlúine** midwife
gnách *adj* habitual, normal, usual; **mar is gnách** as usual; **ba ghnách léi é a dhéanamh** she used to do it
gnaíúil *adj* friendly, pleasant; handsome
gnaoi *nf4* beauty; fondness; **nochtann grá gnaoi** beauty is in the eye of the beholder; **bhí gnaoi na ndaoine air** he was well thought of
gnás (*pl* ~**anna**) *nm1* norm, procedure; usage, custom
gnásúil *adj* normal; conventional
gnáth (*pl* ~**a**) *nm1* custom, usage; **de ghnáth** normally, usually; as a rule
gnáth- *prefix* everyday; ordinary, usual; routine; (*size etc*) standard
gnáthaigh *vt, vi* haunt; frequent
gnáthamh *nm1* routine, habit; procedure
gnáthchaint *nf2* ordinary speech

gnáthchaite *adj* (GRAM) past habitual
gnáthchléir *nf2* secular clergy
gnáthchulaith *nf2* lounge suit
gnáthdhochtúir *nm3* general practitioner
gnáthdhuine (*pl* **gnáthdhaoine**) *nm4* ordinary person
gnáthéadach *nm1* plain clothes
gnáthghaoth *nf2* prevailing wind
gnáthóg *nf2* habitat; den, lair
gnáthóir *nm3* frequenter, regular; **gnáthóir amharclainne** theatre-goer
gnáthriail (*gs* **gnáthrialach**, *pl* **gnáthrialacha**) *nf* standing order
gnáthscríobh *nm3* longhand
gné (*pl* ~**ithe**) *nf4* aspect; physical appearance; species; form
gné-alt *nm1* (*article*) feature
gnéas (*pl* ~**anna**) *nm1* sex
gnéasach *adj* sexual
gnéaschlaonta *adj* sexist
gnéchlár *nm1* (*programme*) feature
gníomh (*pl* ~**artha**) *nm1* action, act; deed; (*also* THEAT) act; **rud a chur i ngníomh** to put sth into effect; **fear gnímh** man of action
gníomhach *adj* (*also* GRAM) active; acting
gníomhachtaigh *vt* activate
gníomhaí *nm4* activist; (CHEM) agent
gníomhaigh *vt, vi* act; take action
gníomhaíoch *nm1* activist
gníomhaíocht *nf3* activity; action; **gníomhaíocht thionsclaíoch** industrial action
gníomhaire *nm4* agent; **gníomhaire eastáit** estate agent, realtor (*US*); **gníomhaire taistil** travel agent
gníomhaireacht *nf3* agency
gníomhartha *see* **gníomh**
gníomhas *nm1* (LAW) deed
gníomhú *nm* action
gnó (*pl* ~**thaí**) *nm4* business; concern, affair; (COMM) trading, dealings; **ní de do ghnósa é** it is none of your concern; **déanfaidh sin gnó** that will do; **fear gnó** businessman; **fios do ghnó a bheith agat** to know one's business; **d'aon ghnó** deliberately
gnólacht *nm3* firm, business
gnóthach *adj* busy, occupied
gnóthachan *nm1* (COMM, FIN) gain
gnóthaigh *vt* earn; gain; get; (*loss*) recover; **gnóthú ar rud** to gain from/by sth; profit from sth; **duais a ghnóthú** to win a prize
gnóthaíocht *nf3* treaty
gnóthas *nm1* (COMM) enterprise; (*business*) undertaking
gnúis (*pl* ~**eanna**) *nf2* face; facial expression
gnúsacht *nf3* grunt; **gnúsacht a dhéanamh** to grunt
go[1] *prep* to, until, till; **go Corcaigh/hAlbain** to Cork/Scotland; **go maidin** until morning; **ó cheann go ceann** from end to end; **go brách, go deo** for ever; **go dtí** to, towards, up to; **go dtí go** until; **go fóill** still, yet; **fan go bhfeice mé** wait until I see
go[2] (+ *past of reg vbs* = **gur**) *conj* (so) that; **deirtear go ...** people say that ...; **b'fhéidir go dtiocfadh sé** he might come; **sílim** *or* **ceapaim** *or* **measaim go ...** I reckon that ...; **cionn is go, as siocair go, mar go** because, since, as; **chun go, le go** in order that
go[3] *vb part*: **go maire tú an céad!** may you live to be a hundred!; **go raibh (míle) maith agat** thank you (very much)
go[4] *in adv phrases*: **go maith** well; **go tapa** quickly; **go réidh** easily, gently; **go díreach** indeed, quite; just; **go háirithe** especially; **go léir, go huile** all, entirely; **go minic** frequently
go[5] *prep* and, plus; **uair go leith** an hour and a half; **go bhfios dom** as far as I know
gó *nf4* lie; **gan ghó** undoubtedly
gob (*pl* ~**a**) *nm1* (*of bird*) bill, beak; (*pej*) gob, mouth; (*of jug etc*) spout; (*of knife, spear*) tip; (*of coast*) point, headland ♦ *vt, vi* stick out; peck; **gob ar ghob** neck and neck; **gobadh amach** to protrude, stick out
gobán *nm1* (*for baby*) dummy, pacifier (*US*); (*on mouth*) gag; **gobán a chur i**

nduine (*also fig*) to gag sb
gobharnóir *nm3* governor
goblach *nm1* titbit; mouthful
gogaide *nm4* hunkers; **ar do ghogaide** on one's hunkers
gogán *nm1* (wooden) bowl
goic *nf2* slant; stance
goid *nf3* (*gs* **gada**) theft ♦ *vt* steal
goil (*vn* **gol**) *vt, vi* cry, weep; **ag gol in áit na maoiseoige** crying over spilt milk
goile *nm4* stomach, tummy; appetite; **béal an ghoile** pit of the stomach; **tinneas bhéal an ghoile** indigestion
góilín *nm4* gullet; inlet
goill *vi* distress, hurt; vex; **goilleadh ar dhuine** to hurt sb
goilliúnach *adj* (*person*) sensitive; touchy; (*comment*) hurtful
goimh *nf2* sting; venom; **an ghoimh a bhaint as rud** to take the sting out of sth; **goimh a bheith ort (le duine)** to be annoyed (at sb)
goimhiúil *adj* venomous; stinging
goin (*pl* **gonta**) *nf3* wound; injury ♦ *vt* (*vadj* **gonta**) wound, hurt
goineog *nf2* hurtful remark, jibe; (*of snake*) fang
goirín *nm4* pimple, spot; **goirín dubh** blackhead
goiríneach *adj* spotty
goirmín *nm4* (BOT) pansy
goirt *adj* salty; bitter; (*fish*) salted
gol *nm1* crying, weeping; *see also* **goil**
gonc *nm1* rebuff, snub
gonta[1] *adj* (*remark*) pithy, terse
gonta[2] *vadj* wounded, hurt
gontacht *nf3* brevity
gor *vt, vi* heat; hatch
goradán *nm1* incubator
goradh (*gs* **gortha**) *nm* warmth, heat; **do ghoradh a dhéanamh** to warm o.s.
goraille *nm4* gorilla
gorm *adj, nm1* blue; (*skin*) black; **duine gorm** Black; **na gormacha** the blues
Gormach *adj, nm1* Black
gort *nm1* field
gorta *nm4* hunger; famine
gortach *adj* hungry; mean; barren
gortaigh *vt* hurt; injure
gortaithe *vadj* hurt, injured
gortú *nm* injury; **bhain gortú do Sheán** John sustained an injury
gorún *nm1* haunch; hip
gotha *nm4* appearance; pose; **bheith ag cur gothaí ort féin** to pose *or* show off
gothach *adj* posing
gothaíocht *nf3* mannerism
grá *nm4* love; darling, sweetheart; **titim i ngrá le duine** to fall in love with sb; **bheith i ngrá le duine** to be in love with sb; **de ghrá** *(+ gen)*, **ar ghrá** *(+ gen)* for the love *or* sake of
grabaire *nm4* (*child*) brat; imp
grabhar *nm1* crumbs
grabhróg *nf2* crumb; **grabhróga aráin** breadcrumbs
grách *adj* loving
grád *nm1* grade; degree; (*travel*) class
grádach *adj* graded
grádaigh *vt* grade; rate
gradam *nm1* prestige; distinction; respect
gradamach *adj* estimable; prestigious; honourable
grádán *nm1* gradient
grádú *nm* rating; grading
graf *nm1* graph; chart
grafach *adj* graphic
grafaicí *nfpl2* graphics
graffiti *nmpl* graffiti
grág[1] *nf2* croak, squawk; **grág a chur asat** to croak, squawk
grág[2] *nf2* (*of tree*) stump
grágach *adj* raucous
grágán *nm1* (*of tree*) stump; **grágán gruaige** mop of hair; **chuaigh an deoch sa ghrágán aige** the drink went to his head
graí (*pl* ~**onna**) *nf4* (*of horses*) stud (farm)
gráiciúil *adj* ugly
graif *nf2* (TYP) grave accent
graificí *nfpl2* graphics
graifleach *adj* ugly; coarse
gráig (*pl* ~**eanna**) *nf2* village, hamlet
gráigh *vt* love, adore
graiméar *nm1* grammar (book)
gráin (*gs* **gránach**) *nf* disgust; abhorrence;

ugliness; **is gráin liom é** I hate *or* detest it; **folaíonn grá gráin** love is blind
grainc (*pl* ~**eanna**) *nf2* grimace, frown
gráinigh *vt* hate, detest
gráiniúil *adj* hateful, loathsome; odious; ugly
gráinne *nm4* grain
gráinneog *nf2* hedgehog
gráinnín *nm4* (*of salt etc*) pinch; small amount
gráinseach *nf2* grange; granary
graíre *nm4* stud (horse)
gráisciúil *adj* vulgar, obscene
gram *nm1* gram
gramadach *nf2* grammar
gramadúil *adj* grammatical
gramaisc *nf2* rabble; (*fig*) plebs
grámhar *adj* loving, tender; lovable
gramhas *nm1* grimace, grin
grán *nm1* grain
gránach *nm1, adj* cereal
gránáid *nf2* grenade
gránaigh *vt, vi* (*wound*) graze, scrape; granulate
gránbhiorach *adj* ball-pointed; **peann gránbhiorach** ball-point pen
gránna *adj* ugly; horrible; disgusting, vile; nasty
gránphlúr *nm1* cornflour
gránú *nm* (*wound*) graze, scrape, scratch
Graonlainn *nf2*: **an Ghraonlainn** Greenland
graosta *adj* obscene, lewd; smutty
graostacht *nf3* obscenity
gráscar *nm1* scuffle; mob
grásta (*gs, pl* **grásta**, *gpl* **grást**) *nm4* grace; mercy; **faic na ngrást** nothing whatsoever
grástúil *adj* gracious; merciful
gráta *nm4* grate; grating
grátáil[1] *vt* (CULIN) grate
grátáil[2] *nf3* grille
gread *vt, vi* strike, beat (up); (*fig*) hammer, pound; (*wings*) beat; (*teeth*) chatter; (*feet*) stamp; (*eggs*) whisk; **gread leat!** beat it!, shove off!
greadadh (*gs* **greadta**) *nm* beating; (*quantity etc*) plenty
greadfach *nf2* stinging; **bhí greadfach ina súile** her eyes were smarting
greadóg *nf2* slap, smack; apéritif
greadtóir *nm3* (CULIN) whisk
Gréagach *adj, nm1* Greek
greallach *nf2* slush; mire
greamachán *nm1* adhesive; **greamachán gorm** blue tack
greamaigh *vt, vi* stick, fasten; attach, secure; (SPORT, *catch*) hold; **rud a ghreamú de rud** to stick sth to sth; **greamú de rud** to stick to sth
greamaire *nm4* pliers
greamaithe *vadj* stuck, glued
greamaitheach *adj* adhesive; sticky
greamaitheoir *nm3* sticker
greamán *nm1* (*hair etc*) clasp
greamú *nm* (*in rugby etc*) tackle
grean[1] *vt* carve; engrave
grean[2] *nm1* gravel, grit; **grean a chur ar bhóthar** to grit a road
greanadóireacht *nf3* engraving
greann *nm1* fun; humour; joking; **fear grinn** comedian, clown; **scéal grinn** funny story; **bheith ag déanamh grinn** to joke; **rud a rá le greann** to say sth as a joke
greannán *nm1* (paper) comic
greannmhar *adj* humorous; funny
greanóir *nm3* sander
greanpháipéar *nm1* sandpaper
greanta *adj* graven; (*work*) polished
gréas *nm3* design; web
gréasaí *nm4* shoemaker
greasáil *nf3* beating, thrashing♦ *vt* beat, thrash
gréasán *nm1* web; network; tangle; **gréasán bréag** web of deceit
greidimín *nm4* beating, hiding
Gréig *nf2*: **an Ghréig** Greece
Gréigis *nf2* (LING) Greek
greille *nf4* grill; grid
greim (*pl* **greamanna**) *nm3* grip, grasp; hold; (*of food*) bite, morsel; (MED, SEWING) stitch; **greim a fháil ar rud** to get hold of sth, catch sth; **greim a choinneáil ar rud** to hold on to sth; **greim a bhaint as rud** to bite sth; **bheith i ngreim ag rud**

to be obsessed by sth; **ar ghreim láimhe** by the hand; **greim an fhir bháite** a tight grip
greimlín *nm4* (sticking) plaster
gréisc *nf2* grease
gréiscdhíonach *adj* greaseproof
gréisceach *adj* greasy
gréithe *npl* crockery, ware; dishes; **gréithe airgid** silverware
grian (*gs* **gréine**, *pl* ~**ta**, *ds* **gréin**) *nf2* sun; **éirí/luí na gréine** sunrise/sunset; **ga gréine** sunbeam♦ *vt* sun
grian- *prefix* solar, sun-
grianán *nm1* (*part of house*) solarium
grianchloch *nf2* quartz
grianchlog *nm1* sundial
grianchumhacht *nf3* solar power
griandaite *adj* suntanned
griandó *nm4* sunburn
griandóite *vadj* sunburned
grianghraf *nm1* photo(graph), snap(shot); **grianghraf a thógáil/ghlacadh de rud** to photograph sth
grianghrafadóir *nm3* photographer
grianghrafadóireacht *nf3* photography
grianmhar *adj* sunny
grianta *see* **grian**
grinn *adj* observant, perceptive; (*answer etc*) precise, clear
grinneall *nm1* (*of sea, valley*) floor, bed, bottom
grinneas *nm1* perspicacity; (*of sight*) sharpness
grinnigh *vt* scrutinize
grinniú *nm* (*watching*) observation
grinnléigh *vt* peruse
gríobhán *nm1*: **cathair ghríobháin** maze
gríodán *nm1* dregs; remains
griofadach *nm1* tingle; tingling
griog *vt* excite, incite; provoke; annoy, tease
griolladh (*gs* **griollta**) *nm* (CULIN) grill; **griolladh measctha** mixed grill
griolsa *nm4* fracas
gríos *nm1* embers; (MED) rash
gríosach *nf2* hot ashes
gríosaigh *vt* incite, rouse; stir up
gríosaitheach *adj* provocative; rousing
gríosc *vt, vi* grill
gríosú *nm* incitement; inflammation
griothal *nm1* fuss
gríscín *nm4* (CULIN) chop; **gríscín uaineola** lamb chop
gró *nm4* crowbar
grod *adj* prompt, abrupt
groí *adj* robust, strong; (*character*) hearty
grósaeir *nm3* grocer
grua (*pl* ~**nna**) *nf4* facet; (ANAT) cheek; (*of hill*) brow; (*of road*) verge
gruagach *adj* hairy
gruagaire *nm4* hairdresser
gruagaireacht *nf3* hairdressing
gruaig *nf2* (*on head*) hair; **do chuid gruaige a ní** to wash one's hair
gruaim *nf2* gloom; **bheith faoi ghruaim** to be depressed
gruaimhín *nm4* (*of road*) verge
gruama *adj* sad; sombre; downcast
grúdaigh *vt, vi* (*beer*) brew
grúdaire *nm4* brewer
grúdlann *nf2* brewery
gruig (*pl* ~**eanna**) *nf2* scowl, frown
grúm *nm1* (bride)groom
grúpa *nm4* group
grúpáil *vt, vi* group
grusach *adj* surly, gruff; (*answer*) terse
guagach *adj* restless; fickle, unpredictable; volatile, wayward
guailleáil *vt, vi* shoulder; jostle
guailleán *nm1* shoulder strap; **guailleáin** (*for trousers*) braces, suspenders (*US*)
guaillí[1] *nm4* companion
guaillí[2] *see* **gualainn**
guaim *nf2* (self) control; **guaim a choinneáil ort féin** to stay calm
guairdeall *nm1* hanging about
guaire *nm4* bristle; (GEOG) sand-barrier
guaireach *adj* bristly
guairille *nm4* guerrilla
guairilleach *adj* guerilla
guairneán *nm1* whirl; spin
guais (*pl* ~**eacha**) *nf2* danger; peril
guaiseach *adj* dangerous
gual *nm1* coal; charcoal; **tine ghuail** coal fire

gualach *nm1* charcoal
gualaigh *vt* char
gualainn (*pl* **guaillí**) *nf2* shoulder; **gualainn ar ghualainn** shoulder to shoulder
gualcha *nf* colliery
gualcheantar *nm1* coalfield
gualchró *nm4* (*for coal*) bunker
gualéadan *nm1* coal face
guí (*pl* ~**onna**) *nf4* prayer
guigh (*vn* **guí**) *vt, vi* pray; **Dia a ghuí (go)** to pray to God (that); **rud a ghuí do dhuine** to wish sth for sb
guma *nm4* gum; **guma coganta** chewing gum
gúna *nm4* gown, dress; robe
gunna *nm4* gun; **gunna mór** cannon; **faoi bhéal gunna** at gunpoint
gunnán *nm1* revolver
gur[1] *see* **go**[2]
gur[2], **gura, gurab, gurb, gurbh** *see* **is**[1]
gus *nm3* courage, grit; initiative; self-assurance; **an gus a bhaint as duine** to take sb down a notch
gusta *nm4* gust
gustal *nm1* wealth; enterprise; **bheith de ghustal agat rud a dhéanamh** to be able to afford to do sth
gustalach *adj* well-off, wealthy; arrogant; enterprising
guta *nm4* vowel
gúta *nm4* gout
guth (*pl* ~**anna**) *nm3* voice; **d'aon ghuth** unanimously
guthán *nm1* phone, telephone; **guthán póca** mobile phone

H

h... (*remove "h"*) *see* **initial vowel**
haca *nm4* hockey; **haca oighir** ice hockey
haemaifiliach *adj, nm1* haemophiliac
Háig *nf2*: **an Háig** The Hague
haingear *nm1* hangar
hairicín *nm4* hurricane
haisis *nf2* hashish
haiste *nm4* (NAUT) hatchway; hatch
halla *nm4* hall, hallway; **hallaí cónaithe** halls of residence
hamstar *nm1* hamster
hanla *nm4* handle
hart (*pl* **hairt**) *nm1* (CARDS) heart
hata *nm4* hat
hearóin *nf2* heroin
héileacaptar *nm1* helicopter
hiatas *nm1* hiatus; interruption
hidrigin *nf2* hydrogen
hidrileictreach *adj* hydroelectric
hiéana *nm4* hyena
hi-fi *nm4* hi-fi
híleantóir *nm3* highlander
hiodrálach *adj* hydraulic
hiodrant *nm1* (fire) hydrant
Hiondúch *adj, nm1* Hindu
hiopnóisigh *vt* hypnotize
hipitéis *nf2* hypothesis
histéire *nf4* hysteria
histéireach *adj* hysterical
homaighnéasach *adj, nm1* homosexual
hurlamaboc *nm4* commotion; uproar; carry-on
huscaí *nm4* husky

I

EOCHAIRFHOCAL

i (*prep prons* = **ionam, ionat, ann, inti, ionainn, ionaibh, iontu**) (*eclipses; with sg art* = **sa** *before consonants and* **san** *before vowels or* **f** *plus vowel;* **sa** *lenites* **b,c,g,m,p** *and adds* **t** *to fsg nouns beginning with* **s**; **san** *lenites* **f**; *with plural art* = **sna**) *prep* in, into 1 (*place, position*) in; **i bpríosún** in prison; **sa bhanc** in the bank; **sa tsraith náisiúnta** in the national league; **san arm** in the army; **san fharraige** in the sea; **sna bailte móra** in the larger towns
2 (*with verbs of movement*) into; **caith i bhfarraige é** throw it into the sea; **cuir sa bhanc é** put it into the bank; **chuaigh sé isteach sa charr** he got into the car
3 (*referring to time*) in, at; **i Mí Eanáir** in January; **sa samhradh** in summer; **san oíche** at night; **i mbliana** this year
4 (*state, mood*): **i do shuí** sitting; **i do luí** lying; **i do chodladh** sleeping; **i bhfeirg** angry; **i ndroim dubhach** depressed
5 (*in classifications*): **tá sé ina mhúinteoir** he is a teacher; **bean mhaith tí atá inti** she's a good housewife; **níl ann ach leanbh** he's only a child
6 (*in ratios etc*) in the; per; **fiche pingin sa phunt** twenty pence in the pound; **daichead punt sa lá** forty pounds per day; **50 ciliméadar san uair** 50 kilometers per hour
7 (*manner*) in; **i nglór íseal** in a low voice; **i mBéarla** in English; **i dtobainne** suddenly; **i gceart** correctly
8 (*circumstances*) in; **i mbaol** in danger; **san fhearthainn** in the rain
9 (*quality, capability*): **tá an ghnaoi agus an t-urra ann** he is strong and handsome; **níl bogadh ionam** I can't move
10 (*with* **téigh** *indicating change of state*) become, get; **ag dul i bhfuaire/i bhfeabhas/in olcas** getting colder/better/worse
11 (*with substantive verb*) be; exist; **is deas an mhaidin atá ann** it's a nice morning; **cé atá ann?** who is it?; **beidh trioblóid ann** there will be trouble; **tá Dia ann** God exists
12 (*in measurements*): **tá punt meáchain ann** it is a pound weight; **tá measarthacht airde inti** she's fairly tall

í *3rd person fsg pron* she; her; it; **is í a bhí ann** it was her; **ní fheicim í** I can't see her; **is múinteoir í** she is a teacher; *see also EOCHAIRFHOCAL* **é**; *used similarly to* **é** *for categories 1-6. In category 2 used with fem and masc nouns like cailín, bád, carr, árthach, leabhar etc*

iad *3rd person pl pron* they; them; **is iad is gaiste** they're the fastest; **is gardaí iad** they're policemen; **cé hiad?** who are they?; *see also EOCHAIRFHOCAL* **é**; *used similarly to* **é** *for categories 1-6. In category 2 used with plural collective and abstract nouns*

iadsan *pron* (*emphatic*) them

iaidín *nm4* iodine

iaigh *vt, vi* close

iall (*gs* **éille**, *pl* ~**acha**, *ds* **éill**) *nf2* strap; (*of shoe etc*) lace; (*for dog*) lead, leash; **bheith ar éill ag duine** (*inf*) to be under sb's thumb; **d'iallacha a cheangal** to tie one's laces

iallach *nm1* compulsion; **iallach a bheith ort rud a dhéanamh** to be obliged to do sth; **iallach a chur ar dhuine rud a dhéanamh** to make sb do sth

ialtóg *nf2* (ZOOL) bat

iamh *nm1* closure; confinement; **faoi iamh** enclosed

iar *prep* after; **iar-Chríost** AD

iar- *prefix* ex-, former; post-; late; west

Iaráic *nf2*: **an Iaráic** Iraq

Iaráin *nf2*: **an Iaráin** Iran
iarainn *n gen as adj* iron; **bóthar iarainn** railway
iarann *nm1* iron; **iarann múnla/rocach** cast/corrugated iron
Iarannaois *nf2*: **an Iarannaois** the Iron Age
iarbháis *n gen as adj* posthumous; postmortem; **scrúdú iarbháis** postmortem (examination)
iarchéim *nf2* postgraduate degree
iarchéime *n gen as adj* postgraduate
iarchéimí *nm4* postgraduate
iarchogaidh *n gen as adj* postwar
iarchonn *nm1* hindsight
iardhearcadh *nm1* (CINE) flashback
iardheisceart *nm1* south-west
iarfhocal *nm1* epilogue
iarghaois *nf2* hindsight
iarghaoiseach *adj* wise after the event
iargúil (*gs* **iargúlach**, *pl* **iargúlacha**) *nf* backwater
iargúlta *adj* isolated, remote; backward
iargúltacht *nf3* isolation, remoteness; **cónaí ar an iargúltacht** to live at the back of beyond
Iar-Indiach *adj, nm1* West Indian
iarla *nm4* earl
iarlais *nf2* (*in folklore*) changeling
iarmhairt (*gs* **iarmharta**) *nf3* consequence, result; (PHYS *etc*) effect
iarmhais *nfsg2* valuables
iarmhar *nm1* (MATH) residue
iarmhartach *adj* consequent(ial); resultant; (GRAM) consecutive
iarmhéid *nm4* (COMM) balance; **iarmhéid bainc** bank balance
Iarmhí *nf4*: **an Iarmhí** Westmeath
iarmhír (*pl* ~**eanna**) *nf2* suffix
iarnáil *vt* iron ♦ *nf3* ironing
iarnóin (*pl* **iarnónta**) *nf3* afternoon; **a cúig iarnóin** five pm
iarnród *nm1* railway, railroad
iaróg *nf2* quarrel, row
iarógach *adj* quarrelsome
iarr *vt* ask (for), request; invite; seek, want; look for; solicit; attempt; **rud a iarraidh ar dhuine** to ask sb for sth; **bhí sé ag iarraidh imeacht** he wanted *or* was trying to leave; **iarraidh ar dhuine rud a dhéanamh** to ask sb to do sth; **cad é atá tú a iarraidh?** what do you want?, what are you looking for?
iarracht *nf3* attempt; effort; time, turn; (*a little*) touch; **iarracht a thabhairt ar rud a dhéanamh** to make an effort to do sth; **iarracht a dhéanamh** to make an effort; **tá iarracht den íoróin ann** it is a little ironic; **an-iarracht!** good try!; **an iarracht seo** this time
iarraidh (*gs* **iarrata**, *pl* **iarrataí**) *nf* attempt, bid; request; time, go; **d'aon iarraidh** in one go, first time; **iarraidh a thabhairt ar rud** to try sth; **iarraidh a thabhairt ar dhuine** to attack sb; **tá iarraidh mhór ar an tseirbhís nua** the new service is in great demand; **gan iarraidh** unwanted, uninvited; **bheith ar iarraidh** to be missing; **an iarraidh seo** this time
iarratas *nm1* application; request; demand; **iarratas a dhéanamh ar phost** to apply for a job; **foirm iarratais** application form
iarratasóir *nm3* applicant
iarrthóir *nm3* applicant; entrant; candidate; petitioner
iarscríbhinn *nf2* postscript
iarsma *nm4* relic; remains; (*of disease etc*) after-effects; mark
iarsmalann *nf2* museum
iarta *nm4* hob
iarthar *nm1* west; **an tIarthar** (POL) the West
iartharach *adj* western ♦ *nm1* westerner
iartheachtach *adj* subsequent
iarthuaisceart *nm1* north west
iasacht *nf3* loan; **rud a fháil ar iasacht** to borrow sth; **rud a thabhairt ar iasacht (do dhuine)** to lend sth (to sb); **ón iasacht** from abroad
iasachta *n gen as adj* foreign; strange, unfamiliar
iasachtaí *nm4* borrower
iasachtóir *nm3* lender
iasc (*gs, pl* **éisc**) *nm1* fish (*vn* ~**ach**) ♦ *vt, vi*

fish; **iasc sliogánach** shellfish; **iasc órga** goldfish; **Na hÉisc** (*ASTROL*) Pisces
iascach *nm1* fishing
iascaire *nm4* fisherman
iascaireacht *nf3* fishing; fishery; **slat iascaireachta** fishing-rod; **iascaireacht slaite** angling
iascúil *adj* (*water*) good for fishing
iata *adj* closed; (*MED*) constipated; **i gcúirt iata** (*JUR*) in camera
iatacht *nf3* constipation
íceach *adj* healing
ící *nm4* healer
idé (*pl* ~**anna**) *nf4* idea
íde *nf4* abuse; **íde béil a thabhairt do dhuine** to give sb a rollicking; **íde a thabhairt ar dhuine** to abuse sb; **íde gach oilc** the root of all evil
idéal *nm1* ideal
idéalach *adj* ideal
idéalachas *nm1* idealism
idéalaí *nm4* idealist
idéalaíoch *adj* idealistic
idé-eolaíoch *adj* ideological
idé-eolaíocht *nf3* ideology
ídigh *vt* use (up); consume; wear out; abuse

EOCHAIRFHOCAL

idir (*pl prep prons* = **eadrainn, eadraibh, eatarthu**) *prep* between; among**1** (*space, time, separation, distinction; lenites following noun*) (in) between; **ithe idir bhéilí** to eat between meals; **an cheist atá idir chamáin** the question that is being discussed; **bheith idir dhá cheann na meá** (*result etc*) to hang in the balance; **idir chairde** between *or* among friends; **d'éirigh eatarthu** they fell out
2 (*in phrases with* **agus** *identifying opposite ends/extremes; does not affect noun*) between; **(taisteal áit éigin) idir Gaillimh agus Baile Átha Cliath** (to travel somewhere) between Galway and Dublin; **an difríocht idir buachan agus cailleadh** the difference between winning and losing
3 (*followed by def art; does not affect noun*) between; **idir an fhuinneog agus an doras** between the window and the door; **cluiche idir an Fhrainc agus Sasana** a match between France and England
4 (*exclusiveness, inclusion*) between; among; **idir mise agus tusa (agus an bac)** between me and you (and the wall); **rud a fháil/roinnt eadraibh** to get/share sth between you; **eadraibh féin atá sé** you may sort it out among yourselves; **níl ach cúpla punt againn eadrainn** we only have a few pounds between us
5 (*used as adv*): **idir eatarthu** in between; betwixt and between
6 : **idir agus** (*lenites following noun*) both ... and ...; **idir shaibhir agus dhaibhir** both young and old; **bhí idir bhuachaillí agus chailíní ann** there were both boys and girls there
7 (*partly*): **idir shúgradh is dáiríre** half joking, half in earnest

idiraisnéis *nf2* (*GRAM*) parenthesis
idirbheart (*pl* ~**a**) *nm1* transaction
idirbheartaíocht *nf3* negotiation(s)
idirchéim *nf2* interval
idirchum *nm4* intercom
idirdhealaigh *vt* differentiate; discriminate; separate
idirdhealú *nm* discrimination; differentiation; **idirdhealú a dhéanamh ar rudaí** to make a distinction between things
idiréadan *nm1* (*COMPUT*) interface
idireaglasta *adj* interdenominational
idirghabh *vi* mediate
idirghabháil *nf3* intervention; mediation
idirghabhálaí *nm4* go-between, mediator
idirghaolmhar *adj* inter-related
idirghníomhach *adj* (*COMPUT etc*) interactive
idirghníomhaire *nm4* intermediary
idirghuí (*pl* ~**onna**) *nf4* intercession
idirleathadh (*gs* **idirleata**) *nm* (*CHEM, PHYS*) diffusion
idirlinn (*pl* ~**te**) *nf2* interval; intermission;

time lag
idirmhalartaigh *vt* interchange
idirmhalartú *nm* interchange
idirmheán *nm1* middle; **in idirmheán an aeir** in mid air
idirmheánach *adj* intermediate
idirnáisiúnta *adj* international
idirscaradh (*gs* **idirscartha**, *pl* **idirscarthaí**) *nm* (*of couple*) separation
idirstad *nm4* (TYP) colon
idirthuras *nm1* transit, passage
ídithe *vadj* used (up); spent; worn-out
íditheoir *nm3* consumer; abuser
ídiú *nm* consumption; abuse
ifreanda *adj* infernal, hellish
ifreann *nm1* hell
il- *prefix* multi-, poly-; many; diverse
ilbheartach *adj* (*sportsman etc*) all-round
ilbheartóir *nm3* all-rounder
ilbhliantóg *nf2* perennial
ilbhliantúil *adj* (BOT) perennial
ilcheardach *adj* (*skilled worker*) versatile; (*school*) polytechnic(al)
il-cheardscoil *nf2* polytechnic
ilchineálach *adj* mixed; varied; miscellaneous
ilchomórtas *nm1* tournament
ilchríoch *nf2* continent
ilchríochach *adj* continental
ilchumasc *nm1* assortment
ildánach *adj* versatile; (*worker*) accomplished
ildathach *adj* multicoloured
íle *nf4* oil
ilearraí *nmpl4* sundries
ilfheidhmeach *adj* multifunctional
ilfheidhmeannas *nm1* pluralism
ilghnéitheach *adj* diverse, various; multi-faceted
íligh *vt* oil
iliomad *n* many; a lot of; **bhí an iliomad daoine ann** there was a vast number of people there
iliomrascáil *nf3* all-in wrestling
ilnáisiúnta *adj* multinational
ilnáisiúntach *nm1* multinational
ilnithe *nmpl4* sundries
ilrannach *adj*: **siopa ilrannach** department store
ilscléaróis *nf2* multiple sclerosis
ilsiamsa *nm4* variety show
ilsiollach *adj* (LING) polysyllabic
ilsleasach *adj* multilateral, many-sided
ilstórach *adj* multistorey(ed) ♦ *nm1* (CONSTR) skyscraper
iltaobhach *adj* multilateral, many-sided
ilteangach *adj, nm1* polyglot
iltíreach *adj, nm1* cosmopolitan
iltréitheach *adj* multi-talented, versatile
im (*gs* ~**e**, *pl* ~**eanna**) *nm* butter
im- *prefix* about, peri-, around; big; very
imbhualadh (*gs* **imbhuailte**, *pl* **imbhuailtí**) *nm* impact, collision
imchas *vt, vi* rotate, revolve
imchuach *nm4* (GEOG) basin
imchuairt *nf2* circuit
imdháileadh (*gs* **imdháilte**) *nm* distribution
imdhíonach *adj* immune
imdhíonacht *nf3* immunity
imeacht *nm3* going; departure, leaving; (*of goods*) turnover; passage of time; **imeachtaí** events; proceedings; **in imeacht na hoíche** during the course of the night; **Imeacht na nIarlaí** (HIST) Flight of the Earls
imeachtaí *nmpl3* event; proceedings
imeagla *nf4* fear; dread
imeaglach *adj* fearful; dreadful
imeaglaigh *vt* intimidate; terrorize
imeaglú *nm* intimidation
imeall *nm1* edge; border; fringe, margin; verge; outskirts; **in** *or* **ar imeall** + *gen* at *or* on the edge of
imeallach *adj* marginal; peripheral
imeallbhord *nm1* border, margin; coastline
imeartas *nm1* play; **imeartas focal** pun, play on words
imeartha *see* **imirt**
imeasc *vt* (SCOL) integrate
imeascadh (*gs* **imeasctha**) *nm* integration
imeasctha *vadj* (SCOL) integrated
imghabháil *nf3* evasion; **imghabháil cánach** tax evasion
imghearradh (*gs* **imghearrtha**) *nm*

circumcision
imigéin *n*: **in imigéin** far off, far away
imigéiniúil *adj* faraway, distant
imigh *vi* go (away), leave; depart; disappear; escape; (*time*) pass; **imeacht ar na péas** to escape from the police; **imeacht as amharc** to go out of sight, vanish; **d'imigh sé (leis)** he went away; **d'imigh an traein orm** I missed the train; **imigh leat!** go away!, get lost!
imir[1] (*pl* **~eacha**) *nf2* tinge, tint
imir[2] (*pres* **imríonn**) *vt, vi* play; **peil/snúcar a imirt** to play football/snooker; **cleas a imirt ar dhuine** to play a trick on sb; **díoltas a imirt ar dhuine** to take revenge on sb
imirce *nf4* migration; emigration; **imirce a dhéanamh** to (e)migrate; **éan imirce** migratory bird
imirceach *adj* migratory♦ *nm1* migrant; emigrant
imirt (*gs* **imeartha**) *nf3* playing; **páirc imeartha** playing field
imleabhar *nm1* (*of book*) volume
imleacán *nm1* navel
imleor *adj* adequate
imlíne (*pl* **imlínte**) *nf4* circumference; perimeter; outline
imlínigh *vt* outline
imlitir (*gs* **imlitreach**, *pl* **imlitreacha**) *nf* circular
imní *nf4* worry, anxiety; concern; **imní a bheith ort faoi rud** to be worried about sth; **tá sé ag déanamh imní dom** it is worrying me
imníoch *adj* anxious, worried; nervous
imoibrigh *vi* (CHEM) react
imoibriú *nm* reaction; **imoibriú slabhrúil** chain reaction
impí *nf4* entreaty, plea
impigh *vt, vi* beg, implore; **impí ar dhuine rud a dhéanamh** to beg sb to do sth
impire *nm4* emperor
impireacht *nf3* empire
impiriúil *adj* imperial
impiriúlachas *nm1* imperialism
impleacht *nf3* implication
imprisean *nm1* impression
impriseanachas *nm1* impressionism
impriseanaí *nm4* (ART) impressionist
imreas *nm1* quarrel; contention; **imreas a dhéanamh** to cause mischief
imreasach *adj* quarrelsome; contentious
imreasc *nm1* (*eye*) iris
imréiteach *nm1* (*customs*, COMM) clearance, clearing
imreoir *nm3* player
imríonn *see* **imir**[2]
imrothlach *adj* revolving
imrothlaigh *vi* revolve
imrothlú *nm* (*of wheel etc*) revolution
imshaoil *n gen as adj* environmental
imshaol *nm1* environment
imshaolach *adj* environmental
imshruthú *nm* (*of blood*) circulation
imshuí *nm4* blockade; siege
imtharraingt (*gs* **~he**) *nf* gravitation; attraction
imtheorannaigh *vt* intern
imtheorannú *nm* internment
in *see* **i**
in-[1] *prefix* capable of; fit to, fit for; equally
in-[2] *prefix* in-, il-, im-, ir-; endo-
ina = **i** + *poss adj* **a**; **i** + *rel part* **a**
ináirithe *adj* calculable; worthy of mention/inclusion
inaistir *adj* (*car etc*) roadworthy; (*boat*) seaworthy
inaistrithe *adj* movable, portable; removable; transferable; translatable
inaitheanta *adj* recognizable
inar = **i** + *rel part* **ar**
inár = **i** + *poss adj* **ár**
inathraithe *adj* changeable; adjustable
inbhear *nm1* estuary; river mouth
inbhéarta *nm4* inverse
inbhéartach *adj* inverse
inbhéartaigh *vt* invert
inbheirthe *adj* innate, inborn
in-bhith-dhíghrádaithe *adj* biodegradable
inbhraite *adj* perceptible, palpable
inbhreathnaitheach *adj* introspective
incháinithe *adj* taxable
inchaite *adj* (*clothes*) presentable; (*food*)

edible
inchinn *nf2* brain
inchloiste *adj* audible
inchluinte *adj* audible
inchoirigh *vt* incriminate
inchomórtais *adj*: **inchomórtais le** comparable to *or* with
inchónaitheach *adj* residential
inchreidte *adj* plausible, credible
inchúlaithe *adj* reversible
inchurtha *adj* comparable; equal; **bheith inchurtha le duine** to be a good match for sb; **bheith inchurtha leis an ócáid** to rise to the occasion
indéanta *adj* possible, feasible; practicable; **níl sé indéanta** it isn't possible
Ind-Eorpach *adj, nm1* Indo-European
Ind-Eorpais *nf2* (*LING*) Indo-European
India *nf4*: **an India** India; **na hIndiacha Thiar** the West Indies
Indiach *adj, nm1* Indian; **Indiach Dearg** (American) Indian
indibhid *nf2* individual
indibhidiúil *adj* individual
indíleáite *adj* digestible
Indinéis *nf2*: **an Indinéis** Indonesia
indíreach *adj* indirect
indiúscartha *adj* disposable
inearráide *adj* fallible
infhaighte *adj* available
infhaighteacht *nf3* availability
infheicthe *adj* visible
infheictheacht *nf3* visibility
infheidhme *adj* (*for work etc*) fit; able-bodied
infheidhmeacht *nf3* (*MED*) fitness
infheisteoir *nm3* investor
infheistigh *vt* invest
infheistíocht *nf3* investment
infhéitheach *adj* intravenous
infhilleadh *nm1* (*GRAM*) inflexion
infhillte *adj* collapsible; folding
infhulaingthe *adj* bearable
infinid *nf2* infinite
infinideach *adj, nm1* (*LING*) infinitive
ingear *nm1* vertical, perpendicular
ingearach *adj* vertical, upright, perpendicular
ingearán *nm1* helicopter, chopper
inghlactha *adj* acceptable, admissible
inghreim *nf2* persecution
ingne *see* **ionga**
iniata *vadj* (*letter etc*) enclosed
Inid *nf2* Shrovetide; **Máirt Inide** Shrove Tuesday
inimirce *nf4* immigration
inimirceach *adj, nm1* immigrant
iniompartha *adj* portable
Iníon *nf2* Miss; **Iníon Uí Cheallaigh** Miss Kelly
iníon (*pl* ~**acha**) *nf2* daughter; girl; miss; **iníon baistí** goddaughter
iníor *nm1* grazing
inis[1] (*gs* **inse**, *pl* **insí**) *nf2* island, isle
inis[2] (*pres* **insíonn**, *vn* **insint**) *vt, vi* tell, relate; reveal; **rud a insint do dhuine** to tell sb sth; **bréag a insint** to tell a lie
iniseal (*pl* ~**acha**) *nm1* initial
inite *adj* edible
iniúch *vt* examine, inspect; audit
iniúchadh (*gs* **iniúchta**, *pl* **iniúchtaí**) *nm* examination, inspection; audit
iniúchóir *nm3* auditor
inlasta *adj* (in)flammable
inleighis *adj* rectifiable; curable
inléite *adj* legible
inleithscéil *n gen as adj* excusable; justifiable
inlíocht *nf3* manoeuvre
inmhaíte *adj* enviable
inmhalartaithe *adj* interchangeable
inmharthana *adj* viable
inmhe *nf4* maturity; ability; **bheith in inmhe rud a dhéanamh** to be able to do sth; **teacht in inmhe** (*person*) to grow up, attain maturity
inmheánach *adj* inner, internal, interior
inmhianaithe *adj* desirable
inmhínithe *adj* explicable
inmholta *adj* commendable, praiseworthy; advisable
inné *adv, n* yesterday
inneach *nm1* weft; texture
inneachar *nm1* content(s)
innéacs (*pl* ~**anna**) *nm4* index

inneall *nm1* machine; engine; motor; (*arrangement*) order; (*condition*) state; **inneall dóiteáin** fire engine; **inneall fuála/níocháin** sewing/washing machine
inneallghunna *nm4* machine gun
innealra *nm4* machinery
innealta *adj* neat; stylish
innealtóir *nm3* engineer
innealtóireacht *nf3* engineering; **innealtóireacht shibhialta/ghéiniteach** civil/genetic engineering
inneoin (*gs* **inneonach**, *pl* **inneonacha**) *nf* anvil
inní *nmpl4* bowels, guts
innilt *nf2* grazing
in-nite *adj* washable
inniu *adv, n* today; **seachtain agus an lá inniu** a week today
inniúil *adj* able, capable; **bheith inniúil ar rud** to be capable of sth
inniúlacht *nf3* ability; competence
inoibrithe *adj* workable
inólta *adj* drinkable
inphléasc *vi* implode
inráite *adj* (*comment*) appropriate, suitable
inroinnte *adj* divisible
insamhlaithe *adj* imaginable; **insamhlaithe le** comparable with
inscne *nf4* (GRAM) gender
inscortha *adj* detachable
inscríbhinn *nf2* inscription
inse[1] *nm4* hinge
inse[2] *nf3* small island
inse[3] *see* **inis**[1]
inseachanta *adj* avoidable
insealbhaigh *vt* install, induct
insealbhú *nm* induction, installation
Inse Ghall *nfpl2* the Hebrides
inséidte *adj* inflatable
Inse Orc *nfpl2* the Orkneys
insí *see* **inis**[1]
insint *nf2* narration; version; **bhí a insint féin aige** he had his own version; *see also* **inis**[2]
insíonn *see* **inis**[2]
insligh *vt* insulate
inslin *nf2* insulin
insliú *nm* insulation
inspéise *adj* interesting, noteworthy
inspioráid *nf2* inspiration
insroichte *adj* (*place*) accessible
insteall *vt* inject
instealladh (*gs* **insteallta**, *pl* **instealltaí**) *nm* injection, jab, shot
instinn *nf2* instinct
instinneach *adj* instinctive
institiúid *nf2* institute; institution
insúl *n gen as adj* (*person*) attractive, good-looking
inti *see* **i**
intinn *nf2* mind; intention; **bheith ar aon intinn (le)** to be in agreement (with); **cad é atá ar d'intinn** what are you thinking about?; **d'intinn a leagan ar rud** to turn one's mind to sth, concentrate on sth; **d'intinn a athrú** to change one's mind; **rud a bheith ar intinn agat** (*intend*) to have sth in mind; **suaimhneas intinne** peace of mind
intinne *n gen as adj* mental
intinneach *adj* intentional
intíre *adj* inland; (*minister, department*) interior; domestic
intleacht *nf3* intellect, intelligence; **intleacht shaorga** artificial intelligence
intleachtach *adj* intellectual; intelligent; brainy ♦ *nm1* intellectual
intreoir (*gs* **intreorach**) *nf* intro, introduction
intriacht *nf3* interjection
intuaslagtha *adj* soluble
intuigthe *adj* understandable; implicit, implied
inveirteabrach *adj, nm1* invertebrate
íobair (*pres* **íobraíonn**, *vn* ~**t**) *vt, vi* sacrifice
íobairt (*gs* **íobartha**) *nf3* sacrifice
íobartach *nm1* (sacrificial) victim
íoc[1] *nm3* payment; charge ♦ *vt, vi* pay (up); **íoc as rud** (*also fig*) to pay for sth; **bille a íoc** to pay a bill; **íoc ar sheachadadh** cash on delivery
íoc[2] *nf2* cure, healing
íocaí *nm4* payee
íocaíocht *nf3* payment; **íocaíocht chomhchineáil** payment in kind; **íocaíocht in aghaidh na huaire**

payment by the hour
Iocht *n*: **Muir nIocht** the English Channel
íochtar *nm1* lower part *or* region; bottom, base; (*GEOG*) northern part
íochtarach *adj* bottom, lower; inferior
íochtarán *nm1* inferior, subordinate; underling; underdog
íochtaránach *adj* inferior; subordinate
íochtaránacht *nf3* inferiority
íoclann *nf2* dispensary; doctor's surgery *or* office
íocóir *nm3* payer; **íocóir cánach/rátaí** tax payer/ratepayer
íocón *nm1* icon
íocshláinte *nf4* balm; (*also fig*) tonic
íocshláinteach *adj* refreshing
Iodáil *nf2*: **an Iodáil** Italy
Iodáilis *nf2* (*LING*) Italian
Iodálach *adj, nm1* Italian
iodálach *adj, nm1* (*TYP*) italic; **in iodálaigh** in italics
íogair *adj* sensitive, delicate; (*person*) touchy; (*question*) ticklish
iógart *nm1* yog(h)urt
íol (*pl* ~**a**) *nm1* idol
iolar *nm1* eagle
iolra *nm4, adj* (*GRAM*) plural; **an uimhir iolra** the plural
iolrachas *nm1* pluralism
iolraí *nm4* (*MATH*) multiple
iolraigh *vt* (*MATH*) multiply; compound
iolraitheoir *nm3* (*MATH*) multiplier
iolrú *nm* (*MATH*) multiplication
iomad *n* (too) much, (too) many
iomadúil *adj* numerous; plentiful; excessive
iomadúlacht *nf3* abundance
iomaí *adj* many; **is iomaí duine a shíl sin** many a person thought that; **is iomaí uair a bhí mé mall** many a time I was late; **is iomaí duine ag Dia** it takes all kinds (to make a world)
iomáin *nf3* (*SPORT*) hurling • *vi* play hurling
iomáint (*gs* **iomána**) *nf3* (*SPORT*) hurling
iomaíoch *adj* competitive
iomaíocht *nf3* rivalry; competition; **bheith san/as an iomaíocht do rud** to be in/out of the running for sth; **dul san iomaíocht i dtoghchán** to stand for election
iomair (*pres* **iomraíonn**, *vn* **iomramh**) *vt, vi* row
iomaire *nm4* ridge; **d'iomaire féin a threabhadh** to paddle one's own canoe
iomaitheoir *nm3* competitor, contender; rival
iománaí *nm4* (*SPORT*) hurler
iománaíocht *nf3* hurling
iomann *nm1* hymn
iomarbhá *nf4* dispute, contention, controversy
iomarca *nf4* excess; **an iomarca** (*+ gen*) too much (of)
iomarcach *adj* excessive; superfluous; redundant
iomarcaíocht *nf3* redundancy
iomas *nm1* intuition
iomasach *adj* intuitive
iomghaoth *nf2* whirlwind
íomhá (*pl* ~**nna**) *nf4* image; statue
íomháineachas *nm1* imagery
iomláine *nf4* entirety, fullness; **ina iomláine** in its entirety
iomlaisc (*pres* **iomlascann**) *vt, vi* roll about; wallow
iomlán *adj* total, all, whole, complete; utter; overall • *nm1* total, whole, all; **an t-iomlán** the lot; **an t-iomlán léir** all and sundry; **mar bharr ar an iomlán** into the bargain; **iomlán na leabhar** all the books; **iomlán gealaí** full moon; **i ndiaidh an iomláin** after all
iomlánaigh *vt* complete; integrate
iomlánú *nm* completion
iomlat *nm1* (*of child*) mischief
iomlatach *adj* mischievous, playful
iompaigh *vt, vi* turn (over); invert; overturn; **iompú thart/ar ais** to turn round/back; **rud a iompú béal faoi** to turn sth upside down; **iompú i d'fheoilséantóir** to turn vegetarian
iompair (*pres* **iompraíonn**) *vt* carry, bear; take, transport; behave; **bheith ag iompar (clainne)** to be pregnant; **tú féin a iompar go stuama** to behave sensibly

iompaitheach *nm1* convert
iompar *nm1* transport(ation); haulage, shipping; (*of sound*) transmission; behaviour; posture; **rud a bheith ar iompar agat** to carry sth; **crios iompair** conveyor belt; **iompar clainne** pregnancy; **iompar poiblí** public transport
iompórtálaí *nm4* importer
iomprán *nm1* (*basket etc*) carrier
iompróir *nm3* (*also* MED: *person*) carrier
iompú *nm* turn; **ar iompú do bhoise** like a flash
iomrá *nm4* rumour; repute; mention; talk; **tá iomrá na hintleachta air** he is said to be intelligent; **níl iomrá ar bith air** there's no sign of it; **ar chuala tú iomrá riamh ar ...?** did you ever hear of ...?
iomraíonn *see* **iomair**
iomráiteach *adj* famous, well-known, celebrated
iomrall *nm1* error, mistake; **iomrall aithne** mistaken identity
iomrallach *adj* mistaken; erroneous; random; (*shot etc*) wide
iomramh *nm1* rowing; **bád iomartha** rowing boat; *see also* **iomair**
iomrascáil *nf3* wrestling
iomrascálaí *nm4* wrestler
iomróir *nm3* rower
íon *adj* pure; sincere
íonacht *nf3* purity
ionad *nm1* position; place; site; (*in life*) rank, station; (MIL) post; **ionad ruda/duine a dhéanamh** to substitute for sth/sb; **in ionad** *(+ gen)* instead of; **ionad pobail** community centre; **ionad saoire** holiday resort; **ionad siopadóireachta** shopping centre; **fear ionaid** deputy; (SPORT) substitute
ionadach *adj* substitute; vicarious
ionadaí *nm4* (*person*) representative; stand-in; deputy; (MED) locum; (SPORT) substitute, replacement
ionadaigh *vt* represent; place, position; substitute
ionadaíocht *nf3* representation; replacement; **ionadaíocht chionmhar** proportional representation
ionadh (*pl* **ionaí**) *nm1* surprise, wonder; **ionadh a chur ar dhuine** to surprise sb; **ionadh a dhéanamh de rud** to wonder at sth; **ionadh a bheith ort (faoi rud)** to be surprised (at sth); **ní nach ionadh** not surprisingly
ionaibh, ionainn, ionam *see* **i**
ionanálaigh *vi, vt* inhale, breathe in
ionann *adj* same; identical; equal; alike; **is ionann x agus y** x and y are the same *or* identical; **is ionann méid dóibh** they're the same size; **is ionann liom sin agus ...** that's the same to me as ...; **ní hionann agus ...** unlike ...; **ionann is** virtually, almost; **ionann is a rá** as if to say
ionannaigh *vt* equate
ionannas *nm1* equality; uniformity; identity
ionar *nm1* tunic; jacket
ionas *adv*: **ionas go** in order that, so that
ionat *see* **i**
ionathar *nm1* bowels, entrails; intestines
ioncam *nm1* income, revenue
ionchas *nm1* prospect, expectation; expectancy
ionchoisne *nm4* inquest; inquisition
ionchollú *nm* incarnation
ionchorpraigh *vt* incorporate
ionchúiseamh *nm1* prosecution
ionchúisitheoir *nm3* prosecutor
ionchur *nm1* input, resources; (COMPUT) input
iondúil *adj* normal, customary, usual; **go hiondúil** usually
ionfhabhtú *nm* infection
ionga (*gs* **~n**, *pl* **ingne**) *nf* (finger-)nail; claw, talon; (*of garlic etc*) clove; **ionga coise/méire** toenail/fingernail
iongabháil *nf3* handling
ionghabháil *nf3* intake
íonghlan *vt* purify
íonghlanadh (*gs* **íonghlanta**) *nm* purification
iongóg *nf2* fragment
ionlach *nm1* lotion; **ionlach gréine** suntan lotion

ionnail (*pres* **ionlann**) *vt* wash, bathe
ionnús *nm1* wealth; resources; enterprise
ionnúsach *adj* wealthy; enterprising
ionracas *nm1* honesty, sincerity; integrity
ionradh (*pl* **ionraí**) *nm1* invasion
ionraic *adj* honest; candid; upright
ionramháil *vt* handle; manipulate, manoeuvre; humour
ionróir *nm3* invader
ionsá *nm4* insertion
ionsaí *nm* attack; assault; attempt; **ionsaí a dhéanamh ar dhuine** to attack *or* assault sb
ionsaigh *vt, vi* attack; (*task, problem*) tackle
ionsáigh *vt* insert
ionsair *see* **ionsar**
ionsaitheach *adj* aggressive; offensive
ionsaitheoir *nm3* attacker; (SPORT) striker, attacker
ionsar (*prep prons* = **ionsorm, ionsort, ionsair, ionsuirthi, ionsorainn, ionsoraibh, ionsorthu**) *prep* to, towards
ionstraim *nf2* instrument
ionstraimeach *adj* (MUS) instrumental
ionstraimí *nm4* instrumentalist
ionsú *nm4* absorption
ionsúigh *vt* absorb
ionsúiteach *adj* absorbent
iontach *adj* wonderful, marvellous; astonishing; surprising; exceptional, unusual ♦ *adv* extremely, very; **iontach mór** very big; **is iontach an radharc é** it's a wonderful sight; **is iontach liom go ...** I find it surprising that ...; **d'imir sé go hiontach** he played brilliantly
iontaise *nf4* fossil
iontaobhach *adj* trusting
iontaobhaí *nm4* trustee
iontaobhas *nm1* (LAW, FIN *etc*) trust
iontaofa *adj* trustworthy, reliable
iontaoibh *nf2* trust; confidence; **iontaoibh a bheith agat as duine** to have confidence in sb
iontas *nm1* wonder; surprise; astonishment; **iontas a dhéanamh de rud** to marvel at sth; **iontas a bheith ort (faoi rud)** to be surprised (at sth); **iontais na cathrach** the sights of the city
iontógáil *nf3* intake
iontráil *vt* (*also* COMPUT) enter ♦ *nf3* entry; **foirm iontrála** entry form
iontrálaí *nm4* entrant
iontu *see* **i**
ionú *nm4* opportunity; time; turn
ionúin *adj* dear, beloved
iora *nm4* squirrel; **iora glas/rua** grey/red squirrel
Iordáin *nf2*: **an Iordáin** Jordan
íoróin *nf2* irony
íorónta *adj* ironic(al); **go híorónta** tongue in cheek
iorras *nm1* promontory
Iorua *nf4*: **an Iorua** Norway
Ioruach *adj, nm1* Norwegian
Ioruais *nf2* (LING) Norwegian
íos- *prefix* minimal, minimum, least
Íosa *nm4* Jesus
Íosánach *adj, nm1* Jesuit
íosbhealach *nm1* subway, under–pass
ioscaid *nf2* back of the knee
íosfaidh *etc vb see* **ith**
íoslach *nm1* basement
íoslaghdaigh *vt* minimize
Íoslainn *nf2*: **an Íoslainn** Iceland
Ioslamach *adj* Islamic ♦ *nm1* Islamite
Ioslamachas *nm1* Islam
íosmhéid *nf2* minimum
íospairt (*gs* **íospartha**) *nf3* ill-treatment, abuse
Iosrael *nm4* Israel
Iosraelach *adj, nm1* Israeli
íosta *adj* minimum, minimal
iostas *nm1* accommodation; lodging; hostel
íota *nf4* thirst; desire
iothlainn *nf2* grain store
iris[1] *nf2* (PRESS) magazine; journal; review
iris[2] *nf2* (*on bag, gun etc*) sling, strap; shoulder strap
iriseoir *nm3* journalist
iriseoireacht *nf3* journalism
irisleabhar *nm1* magazine, journal

EOCHAIRFHOCAL

is[1] *copula see also* **grammar section. 1** (*non-past affirmative*): **is dochtúir é, dochtúir is ea é** he is a doctor; **is é an dochtúir é** he is the doctor; **is annamh a théim ann** I rarely go there; **is maith sin** that's good; **is breá liom an léitheoireacht** I love reading; **an mac is sine** the eldest son; **is do Sheán a thug mé é** I gave it to John; **is as Corcaigh é/dó** he's from Cork; **is inné a tharla sé** it happened yesterday

2 (*non past neg* = **ní**): **ní saineolaí é** he isn't an expert; **ní minic a tharlaíonn sin** that doesn't happen often; **ní hé is fearr orthu** he's not the best of them; **ní hé an t-ardmháistir é** he isn't the principal; **ní ar Sheán a bhí mé ag caint** I wasn't talking about John

3 (*non past interr* = **an**): **an éan é?** is it a bird?; **an miste leat má imím?** do you mind if I leave?; **an é an múinteoir é?** is he the teacher?; **an ar an bhus a casadh ort é?** did you meet him on the bus?

4 (*non past dependent affirmative* = **gur(b)**): **ceapaim gur mac léinn é** I think he is a student; **is cosúil gurb é/í/iad amháin a chonaic é** it appears that he/she/they alone saw it

5 (*non past indir rel affirmative* = **ar(b)**): **na mic léinn ar féidir leo na ceisteanna ar fad a fhreagairt** the students who can answer all the questions

6 (*non past interr neg, dependent neg, rel neg* = **nach**): **nach múinteoir é?** isn't he a teacher?; **nach mór an trua gur imigh sé?** isn't it a great pity he left?; **deir sé nach maith leis tae** he says he doesn't like tea; **tá spéaclaí de dhíth ar dhuine ar bith nach féidir leis sin a fheiceáil** anyone who can't see that should get glasses

7 (*pres sub affirmative* = **gura(b)**): **gura fada buan iad** long may they live

8 (*pres sub neg* = **nára(b)**): **nára fada go bhfille siad** may it not be long until they return

9 (*past or conditional affirmative* = **ba** *or* **b'**): **ba dhochtúir í, dochtúir ab ea í** she was *or* would be a doctor; **b'ealaíontóir í** she was *or* would be an artist; **ba é/í/iad amháin a labhair leis** he/she/they alone spoke to him; **ba í Máire ba shine** Mary was *or* would be the eldest; **ba bhreá liom dul ann** I would love *or* loved to go there; **b'fhíor di** she was *or* would be right; **b'as Londain í/di** she was from London; **ba chuma liom** I didn't *or* wouldn't mind

10 (*past or conditional neg* = **níor(bh)**): **níor cheoltóir í** she wasn't *or* wouldn't be a musician; **níorbh aisteoir í** she wasn't *or* wouldn't be an actress; **níorbh eol di sin** she wasn't aware of that

11 (*past or conditional interr, indir rel affirmative* = **ar(bh)**): **ar chuidiú ar bith é dá ...?** would it be any help if ...?; **an bhean arbh fhiaclóir a hathair** the woman whose father was *or* would be a dentist

12 (*past or conditional dependent affirmative* = **gur(bh)**): **cheap sí gur chigire é** she thought he was *or* would be an inspector

13 (*past or conditional dir rel affirmative* = **ba** *or* **ab**): **an léim ab fhaide** the longest jump

14 (*past or conditional dependent neg, interr rel, rel neg* = **nár(bh)**): **nár bhainistreás í?** wasn't she a manageress?; **nárbh fhile í?** wasn't she *or* wouldn't she be a poet?; **nárbh fhearr leat fanacht?** did *or* would you not rather stay?

is[2] *conj* and; *see also* **agus**

ise *pron* (*emphatic*) she; her; herself

íseal (*gsf, pl, compar* **ísle**) *adj* low; **os íseal** quietly; **de ghlór íseal** in a soft voice

ísealaicme *nf4* lower class

ísealchríoch *nf2* lowland(s)

Ísiltír *nf2*: **an Ísiltír** the Netherlands

ísle *nf4* lowliness, lowness; **bheith in ísle brí** to be run down *or* in low spirits

ísleacht *nf3* low(li)ness; low ground;

hollow
ísleán *nm1* low ground; hollow
ísligh *vt, vi* lower; (*sound etc*) turn down
ísliú *nm* lowering; reduction; **ísliú céime** (*SPORT*) relegation
ispín *nm4* sausage
isteach *adj* incoming; inward ♦ *adv* in, into; inside; inward(s); **tar isteach!** come in!; **isteach leat!** get in!; **cead isteach** admission
istigh *adj* indoor; inner; inside; (*time*) expired ♦ *adv* in, inside, indoors; within; **tá an t-am istigh** time is up; **an bhfuil aon duine istigh?** is there anyone in?; **an taobh istigh** the inside; **taobh istigh de** within, inside
istoíche *adv* by night, at night
ith (*vn* ~**e**, *vadj* **ite**) *vt, vi* eat; feed (on); **ith leat!** dig in!
itheachán *nm1* eating; **seomra itheacháin** dining room
ithiomrá (*pl* ~**ite**) *nm4* backbiting
ithir (*gs* **ithreach**, *pl* **ithreacha**) *nf* earth, soil
iubhaile *nf4* jubilee
Iúgslaiv *nf2*: **an Iúgslaiv** (*formerly*) Yugoslavia
Iúgslavach *nm1* (*formerly*) Yugoslav
Iúil *nm4* July
iúl *nm1* knowledge; guidance; attention; **rud a chur in iúl do dhuine** to let sb know sth; to make sb aware of sth; to pretend sth to sb; **d'iúl a bheith ar rud** to concentrate on sth; **tú féin a chur in iúl** to express o.s.
Iúpatar *nm1* (*planet*) Jupiter
iúr *nm1* yew

J

jab (*pl* ~**anna**) *nm4* job
jacaí *nm4* jockey
jíp (*pl* ~**eanna**) *nm4* jeep
júdó *nm4* judo
jumbó *nm4*: **(scairdeitleán) jumbó** jumbo (jet)
juncaed *nm1* junket

K

karaté *nm4* karate
kebab *nm4* kebab

L

lá (*gs* **lae**, *pl* **laethanta**) *nm* day; **tá sé ina lá** it is day; **bhí lá agus ...** there was a time when ...; **sa lá atá inniu ann** nowadays; **lá breithe** birthday; **lá saoire** holiday; **Lá an Altaithe** Thanksgiving (Day); **Lá Bealtaine** May Day; **Lá Fhéile Muire san Fhómhar** The Feast of the Assumption; **Lá Fhéile Pádraig** St Patrick's Day; **Lá Fhéile Stiofáin** Boxing Day; **Lá Nollag** Christmas Day; **Lá Nollag Beag** Epiphany, New Year's Day; **an lá a bheith leat** to win, succeed; **is fada an lá ó ...** it's a long time since ...; **níl lá eagla orm** I'm not the least bit afraid; **ní raibh lá rúin aige dul** he had no intention of going
lab *nm4* lump; (*of money*) large amount; (*SPORT*) lob
labáil *vt* (*SPORT*) lob
lábán *nm1* mud, muck; soft roe
lábánach *adj* muddy, mucky
labhair (*pres* **labhraíonn**) *vt, vi* speak, talk; utter; **labhairt le duine (faoi rud)** to speak to sb (about sth); **Gaeilge a labhairt** to speak Irish; **labhairt ar rud** to mention sth; **labhair amach!** speak up!
labhairt (*gs* **labhartha**) *nf3* speaking; speech
labhandar *nm1* lavender
labhras *nm1* laurel
lacáiste *nm4* rebate; discount; **rud a fháil ar lacáiste** to get sth at a discount; **lacáiste mac léinn** student discount
lách (*gsm* **lách**) *adj* kind, affable; good-natured
lacha (*gs, gpl* ~**n**, *nom pl* ~**in**) *nf* duck
lacht *nm3* milk; milk-yield
lachtach *adj* milky; lactic
lachtmhar *adj* milky
ládáil *nf3* cargo
ladar *nm1* ladle; **do ladar a chur i rud** to interfere *or* meddle in sth
ládas *nm1* self-opinion; determination
ládasach *adj* obstinate; determined
ladhar (*gs* **laidhre**, *pl* **ladhracha**) *nf2* toe; claw; hand; fork, prong; **ladhracha** (*of crab etc*) pincers
ladhráil *nf2*: **bheith ag ladhráil le rud** to fumble with sth, grope at sth
ladhróg *nf2* (*RAIL*) point
ladrann *nm1* (*ZOOL*) drone
ladús *nm1* impertinence, cheek; nonsense
ladúsach *adj* cheeky; foolish
lae, laethanta *see* **lá**
laethúil *adj* daily
laftán *nm1* (*of rock*) ledge
lag *adj* weak, slight; feeble; faint♦ *nm1* weak (person)
lagaigh *vt, vi* weaken; dilute; **nár lagaí Dia thú!** good on you!, more power to you!
Lagán *n*: **Abhainn an Lagáin** the (river)

Lagan

lagar (*pl* **lagracha**) *nm1* weakness; **lagar a theacht ort** to become faint

lágar *nm1* lager

lagbhríoch *adj* weak

lagbhrú *nm4* (*METEOR*) low pressure, depression

lagchroíoch *adj* fainthearted

laghad *nm4* smallness; fewness; sparseness; **dá laghad** however little; **gan eagla dá laghad** without the least fear; **ar a laghad** at least; **ní chreidfeá a laghad ama a ghlacann sé** you wouldn't believe how little time it takes

laghairt *nf2* lizard

laghdaigh *vt, vi* reduce; lessen, decrease

laghdaitheach *adj* decreasing; lessening

laghdú *nm* decrease, reduction

lagiolra *nm4* (*GRAM*) weak plural

lagmheasartha *adj* (*quality*) indifferent, unimpressive

lagmhisneach *nm1* low spirits; **lagmhisneach a chur ar dhuine** to demoralize sb

lagrach *nm1* (*METEOR*) depression, low

lagú *nm* weakening; (*of storm etc*) abatement

láí (*pl* **lánta**) *nf4* spade

láib *nf2* mud, mire

laibhe *nf4* lava

laicear *nm1* lacquer

Laidin *nf2* (*LING*) Latin

Laidineach *adj, nm1* Latin

láidir (*gsf, pl, compar* **láidre**) *adj* strong; powerful • *nm4* strong (person); **lámh láidir** violence, force

láidreacht *nf3* strength

láidrigh *vt, vi* strengthen

laige *nf4* weakness; early childhood; faint; **titim i laige** to faint; **ó laige go neart** from childhood to maturity

Laighin (*gpl* **Laighean**) *nmpl*: **Cúige Laighean** Leinster

Laighneach *adj* Leinster • *nm1* Leinster(wo)man

laigse *nf4* reduction, discount; abatement

láimh *see* **lámh**

láimhdeachas *nm1* handling, manipulation

láimhe *n gen as adj* manual, hand-

láimhseáil *vt* handle, manage • *nf3* handling, management

láimhsigh *vt* (*physically*) (man)handle; manipulate

láimhsiú *nm* handling; manipulation

laincis *nf2* fetter; (*fig*) restriction; **níl laincisí ar bith uirthi** she has no ties

laindéar *nm1* lantern

láine *nf4* fullness; (*sound*) volume

lainse *nf4* launch

lainseáil *vt* (*NAUT*) launch

laíon *nm1* pith; pulp

láir (*gs* **lárach**, *pl* **láracha**) *nf* mare

láirig (*pl* ~**eacha**) *nf2* thigh

laiste *nm4* latch

laisteas *adv, prep* (to the) south

laistiar *adv, prep* to the west of; behind

laistigh *prep, adj, adv* indoors, inside, within

laistíos *adv, adj, prep* below

láithreach *adj* present; immediate, prompt; instant • *adv* presently; immediately, instantly • *nm1* (*GRAM*) present (tense); **láithreach bonn** instantly; on the spot; *see also* **láthair**

láithreacht *nf3* presence

láithreán *nm1* site; (*THEAT*) set; **láithreán fuílligh** dumping site; **láithreán tógála** building site

láithreoir *nm3* presenter

laitís *nf2* lattice

Laitvia *nf4*: **an Laitvia** Latvia

lamairne *nm4* jetty

lámh (*ds* **láimh**) *nf2* hand; arm; handle; (*skill*) touch; handwriting; **lámh chúnta** *or* **chuidithe** a helping hand; **tá lámh is focal eatarthu** they are engaged; **lámh mhaith a bheith agat ar rud** to be handy at sth; **rud a ghlacadh as/i láimh** to undertake sth; **lámh a chur i do bhás féin** to commit suicide; **rud a bheith idir lámha agat** to be occupied with sth; **droim/cúl láimhe a thabhairt le rud** to reject sth, renounce sth; **an lámh in uachtar a fháil ar dhuine** to get the better of sb; **do lámh a chur le rud** to

sign sth; **in aice láimhe** nearby; **ar láimh** at hand; **láimh le** beside, near
lámhacán *nm1* crawling
lámhach *nm1* gunfire; shooting ♦ *vt, vi* shoot; **sos lámhaigh** cease-fire
lamháil *nf3* allowance; discount ♦ *vt* allow
lámhainn *nf2* glove; **lámhainní dornála** boxing gloves
lamháltas *nm1* allowance, concession; (TECH) tolerance
lámhcheird *nf2* handicraft
lámhchleasaí *nm4* juggler
lámhchrann *nm1* handle
lámhdhéanta *vadj* handmade
lámhleabhar *nm1* handbook, manual
lámh-mhaisiú *nm* manicure
lamhnán *nm1* bladder
lámhráille *nm4* handrail
lámhscríbhinn *nf2* manuscript
lámhscríbhneoireacht *nf3* handwriting
lámhscríofa *vadj* handwritten
lampa *nm4* lamp
lán *adj* full ♦ *nm1* complement; fill, full; **lán go béal** full up; **lán chomh cliste le ...** every bit as clever as ...; **lán dóchais** full of hope; **lán mara** high *or* full tide; **lán doirn** a fistful; **a lán** *(+ gen)* a lot (of); **a lán rudaí** many things; **a lán acu** many of them
lán- *prefix* full, fully, total(ly)
lána *nm4* lane
lánaimseartha *adj* full-time
lánán *nm1* (*explosive*) charge
lánchosc *nm1* embargo
lánchúlaí *nm4* (SPORT) full-back
landair *nf2* (*in room*) partition
lándúiseacht *nf3*: **tá sí ina lándúiseacht** she is wide-awake
lánfhada *adj* full-length
lánfhostaíocht *nf3* full employment
lánléargas *nm1* panorama
lánlogha *nm4* (REL) plenary indulgence
lánluas *nm1* full speed; **ar lánluas** at full speed
lánmhúchadh (*gs* **lánmhúchta**) *nm* blackout
lann *nf2* blade; thin plate; (*of fish*) scale; **lann rásúir** razor blade
lannach *adj* laminated; (*weapon*) bladed
lannaigh *vt* laminate; scale
lanntrach *nf2* (*of fish*) scales
lánoiread *n*: **bhí a lánoiread ag Áine** Ann had just as much *or* many
lansa *nm4* lance(t); blade
lansaigh *vt* (MED) lance
lánscoir *vt* (*parliament*) dissolve
lánscor *nm1* (*of parliament*) dissolution
lánseol *n*: **faoi lánseol** at full speed; (*fig*) in full swing
lánstad (*pl* ~**anna**) *nm4* (TYP) full stop, period
lánstaonaire *nm4* teetotaller
lántáille *nf4* full fare
lántosaí *nm4* (SPORT) full forward
lánúin (*pl* ~**eacha**) *nf2* couple; **lánúin phósta** married couple; **lánúin nuaphósta** newly-weds
lánúnas *nm1* matrimony; cohabitation
lao (*pl* ~**nna**) *nm4* calf
laoch (*gs* **laoich**, *pl* ~**ra**) *nm1* hero; warrior
laochas *nm1* heroism, valour; bravado
laochra *nm4* (band of) warriors
laochraiceann *nm1* calf(skin)
laofheoil *nf3* veal
Laoi *nf4*: **an Laoi** the (River) Lee
laoi (*pl* ~**the**) *nf4* poem; lay
Laois *nf2* Laois
laom (*pl* ~**anna**) *nm3* flash; blaze; (*bout*) spell
laomlampa *nm4* flashlamp
laomthacht *nf3* (*of light*) brilliance
Laos *nm4* Laos
lapa *nm4* paw; flipper; (*of birds etc*) webbed foot
lapadaíl *nf3* (*in water*) paddling, wading; (*of water*) lapping
Laplainn *nf2*: **an Laplainn** Lapland
lár *nm1* centre, middle; ground, floor; (*in road signs*): **An Lár** town centre; **lár na hÉireann** the centre of Ireland; **lár na hoíche** the middle of the night; **i lár báire** in the middle; **rud a fhágáil ar lár** to omit sth; **lár na páirce** midfield; **bheith ar lár** to be missing; (*knocked down*) be on the ground/floor; **an lúb ar lár** the missing link

lárach, láracha *see* **láir**
láraigh (*vn* **larú**) *vt* centralize
laraing *nf2* larynx
laraingíteas *nm1* laryngitis
larbha *nm4* larva
lardrús *nm1* larder
lárionad *nm1* centre
lárlíne (*pl* **lárlínte**) *nf4* diameter; centre line
lárnach *adj* central; **téamh lárnach** central heating
lárphointe *nm4* centre
lárthosaí *nm4* (SPORT) centre-forward
las *vt, vi* light; inflame, ignite; blush; **tine a lasadh** to light a fire
lása *nm4* lace
lasadh (*gs* **lasta**) *nm* lighting; blush; inflammation; **lasadh a bhaint as duine** to make sb blush
lasair (*gs* **lasrach**, *pl* **lasracha**) *nf* flame; blaze
lasairéan *nm1* flamingo
lasán *nm1* flame; flash; (*for lighting*) match; **bosca lasán** box of matches
lasánta *adj* flaming; fiery; (*word*) heated; (*complexion*) flushed; (*character*) quick-tempered, irritable
lasc *nf2* whip, lash; (*for light, radio etc*) switch • *vt, vi* whip, lash; (*ball*) kick; hurry, dash; **lasc ama** time switch
lascadh (*gs* **lasctha**) *nm* whipping, flogging
lascaine *nf4* discount; abatement; **lascaine 10%** 10% off; **ar lascaine** at a reduced price
lasc-chlár *nm1* (TEL) switchboard
lasmuigh *adj, adv, prep* outdoors, outside; **lasmuigh de** apart from
lasnairde *adv, adj, prep* above, overhead
lasóg *nf2* small flame; **an lasóg a chur sa bharrach** to spark off trouble
lasrach, lasracha *see* **lasair**
lasta[1] *nm4* freight, cargo, load
lasta[2] *vadj* lit; inflamed; flushed; *see also* **lasadh**
lastall *adj, adv, prep* beyond, on the far side
lastas *nm1* freightage; shipment; consignment
lastlong *nf2* (*ship*) freighter
lastoir *adv, adj, prep* on the east side
lastóir *nm3* lighter
last-táille *nf4* (*charge*) freight
lastuaidh *adj, adv, prep* on the north side
lastuas *adj, adv* above, overhead
lata *nm4* slat
láth *nm1* (*of animals*) heat, rut
lathach *nf2* mud; muck; slime
láthair (*gs* **láithreach**, *pl* **láthreacha**) *nf* place; location, spot; **bheith as láthair** to be absent; **bheith i láthair** to be present; **faoi láthair** at present; **ar an láthair** on the spot; **ar láthair amuigh** (CINE) on location; **i láthair na huaire** at the moment

EOCHAIRFHOCAL

le (*prep prons* = **liom, leat, leis, léi, linn, libh, leo**) (*prefixes* **h** *to vowel; becomes* **leis** *before def art*) *prep* with; to; by; near
1 (*accompanying*) with; **suí/fanacht le duine** to sit/wait with sb; **tabhair do leabhar leat** bring your book with you
2 (*aid, implement etc*) with; **duine a bhualadh le bata** to strike sb with a stick; **scríobhadh le peann luaidhe é** it was written with a pencil
3 (*with emotion, feeling etc*) with; out of; due to; **bhí mé lag leis an ocras** I was weak with hunger; **is le teann feirge a rinne sé é** he did it out of sheer anger; **rud a dhéanamh le fonn** to do sth with relish; **bhí siad ar crith le heagla** they were trembling with fear
4 (*with copula*: *view, opinion, habit*): **is maith liom tae** I like tea; **is dóigh léi go bhfuil sé sa bhaile** she thinks he's at home; **is cuma liom** I don't mind *or* care; **ba ghnách liom dul ann go minic** I used to go there often
5 (*ownership, relationship*) of; by; **is le Máire an sparán sin** that purse belongs to Mary; **is col ceathar leo é** he is a cousin of theirs; **leabhar le Camus** a book by Camus
6 (*comparison*) as; **bheith chomh hard le**

duine to be as tall as sb; **bheith ar aon aois le duine** to be the same age as sb; **bheith cosúil le duine** to look like sb
7 (*favouring*) with, for; **an bhfuil tú linn nó inár n-éadan?** are you for us or against us?; **bhí an t-ádh leo** luck was with them; **bheith ar aon intinn le duine** to be of the same opinion as sb
8 (*time*) for; during; at; **táimid anseo le seachtain** we have been here for a week; **le mo sholas** as long as I live; **le bánú an lae** at daybreak; **leis sin, d'imigh sé** with that, he left
9 (*against, near*): **taobh le taobh** side by side; **do chos a chur leis an doras** to put one's foot against the door
10 (*hanging*) from; **bhí a cuid gruaige síos léi** her hair was hanging down
11 (*pursuit, occupation*) with; **am a chaitheamh le rud** to spend time with sth; **dul le feirmeoireacht** to take up farming
12 (*denoting continuing action*): **tá sí ag obair léi** she's working away; **abair leat** carry on with what you're saying; **tá mé ag foghlaim liom** I'm learning all the time
13 (*in phrasal verbs*): **labhairt le duine** to speak with sb, talk to sb; **troid/déileáil le duine** to fight/deal with sb; **cabhrú** *or* **cuidiú/éisteacht le duine** to help/listen to sb; **cur le rud** to add to sth; **do chúl a thabhairt le rud** to turn one's back on sth; **titim le binn** to fall down a cliff
14 (*disposition towards*) to, with, towards; **bheith cairdiúil/giorraisc le duine** to be friendly/curt with sb
15 (*with verbal noun*): **chuaigh sé amach le toitín a chaitheamh** he went out to smoke a cigarette; **bhí rudaí le déanamh acu** they had things to do; **níl dada le rá aige** he has nothing to say; **níl sé le fáil in aon áit** it's nowhere to be found

lé *nf4* leaning; partiality
leá *nm4* melting; dissolution
leaba (*gs* **leapa**, *pl* **leapacha**) *nf* bed; berth; **an leaba a chóiriú** to make the bed; **bia agus leaba** board and lodging; **leaba agus bricfeasta** bed and breakfast; **leaba shingil/dhúbailte** single/double bed; **i leaba** (*+ gen*) instead of, in lieu of
leabaigh *vt* bed, embed
leabhair *adj* slender; lithe, supple
leabhal *nm1* libel
leabhar *nm1* book; **leabhar nótaí** notebook; **leabhar tagartha** reference book; **leabhar gearrthóg** scrapbook; **leabhar sceitseála** sketch book; **leabhar scoile** schoolbook; **dar an leabhar** upon my word
leabharchoimeád (*gs* ~**ta**) *nm* book-keeping
leabharlann *nf2* library
leabharlannaí *nm4* librarian
leabharliosta *nm4* bibliography
leabharmharc *nm1* bookmark
leabhlaigh *vt* libel
leabhragán *nm1* bookcase
leabhrán *nm1* booklet; brochure
leabhróg *nf2* libretto
leac *nf2* flat stone; (*of stone*) slab, flagstone; (*on floor*) tile; (CARDS *etc*) kitty; **leac an dorais** the threshold; **leac na fuinneoige** the windowsill; **leac oighir** ice; **leac uaighe/thuama** gravestone/tombstone
leaca (*gs, gpl* ~**n**, *nom pl* **leicne**) *nf* cheek; (*of mountain*) side, slope
leacaigh *vt* flatten (out); crush
leacán *nm1* flat stone, slab; tile; **díon leacán** tiled roof
leacht[1] (*pl* ~**anna**) *nm3* liquid
leacht[2] (*pl* ~**anna**) *nm3* grave, cairn; memorial stone; **leacht cuimhneacháin** monument
léacht *nf3* lecture; **léacht a thabhairt** to give a lecture
leachtach *adj* liquid
leachtaigh *vt, vi* liquidize, liquefy; (COMM) liquidate
leachtaitheoir *nm3* liquidizer; (COMM) liquidator
léachtlann *nf2* (SCOL) lecture theatre
léachtóir *nm3* lecturer

léachtóireacht *nf3* lectureship; lecturing
leadair (*pres* **leadraíonn**) *vt* thrash, beat; hack
leadhb (*pl* ~**anna**) *nf2* strip; rag; (*of animal*) hide; (*of stick etc*) blow♦ *vt* tear apart, cut up; beat, trounce
leadhbairt *nf3* beating, thrashing
leadhbóg *nf2* small strip; blow, slap; (ZOOL) flounder
leadóg *nf2* slap; (SPORT) tennis; **leadóg bhoird** table tennis
leadradh (*gs* **leadartha**, *pl* **leadarthaí**) *nm* beating, trouncing, hammering
leadrán *nm1* bore, drag; boredom, tedium; **dul chun leadráin** to become tedious, drag on
leadránach *adj* boring, tedious
leadránaí *nm4* lingerer; bore
leafaos *nm1* paste
leag (*vn* ~**an**) *vt, vi* knock down *or* over; (*house*) demolish; lay; (*car*) run down; (*sail*) lower; **dúshraith a leagan** to lay a foundation; **rud a leagan amach** to lay out sth, arrange sth; **duine a leagan amach** to knock sb out; **d'intinn a leagan ar rud** to apply o.s. to sth, concentrate on sth; **súil a leagan ar rud** to lay eyes on sth; **cuspóirí a leagan síos** to set (out) objectives; **rud a leagan ar dhuine** to attribute sth to sb; **lámh a leagan ar rud** to lay a hand on sth
leagáid *nf2* legacy
leagan (*pl* ~**acha**) *nm1* version; knocking down; lowering; laying; **leagan cainte** phrase, expression; **do leagan féin a chur ar rud** to tell sth your (own) way; **leagan amach** lay-out
leaid (*pl* ~**anna**) *nm4* lad
leáigh (*vn* **leá**) *vt, vi* melt (down), thaw; dissipate
leaisteach *adj* elastic
leaistic *nf2* elastic
leamh (*gsm* **leamh**) *adj* weak; tepid; boring, dull; stupid
léamh (*pl* ~**a**) *nm1* reading; **níl léamh ná scríobh air** it's beyond description; *see also* **léigh**
leamhachán *nm1* (sweet) marshmallow
leamhan *nm1* moth
leamhán *nm1* elm
leamhgháire *nm4* sarcastic smile, smirk
leamhnacht *nf3* milk
leamhsháinn *nf2* (CHESS) stalemate
leamhthuirse *nf4* boredom
lean (*vn* ~**úint**) *vt, vi* follow, pursue; proceed; continue; **mar a leanas** as follows; **treoracha a leanúint** to follow instructions
▸ **lean ar** continue, persist in; **lean ort, lean ar aghaidh** proceed, continue; **leanúint ort ag scríobh** to continue writing
▸ **lean de** continue (with), adhere to; (*name*) stick; (*note*) sustain; **leanúint de rud** to keep at sth
▸ **lean le** continue (with)
léan (*pl* ~**ta**) *nm1* anguish; grief; woe; **bheith faoi léan** to be grief-stricken
léana *nm4* lawn; meadow
leanaí *see* **leanbh**
leanbaí *adj* childlike, childish, infantile; **bheith san aois leanbaí** to be doting
leanbaíocht *nf3* childhood; childishness, infantility; dotage
leanbán *nm1* little child, baby
leanbh (*pl* **leanaí**) *nm1* child; **ó liath go leanbh** both young and old
léanmhar *adj* harrowing; agonizing; woeful
leann (*pl* ~**ta**) *nm3* ale; beer; **leann dubh** stout, porter; **leann úll** cider; **teach leanna** pub, ale-house
léann *nm1* learning; education; **léann a bheith ort** *or* **agat** to be educated; **bheith ag déanamh léinn** to study
leanna *see* **lionn**
leannán *nm1* lover; sweetheart; chronic sickness
leannánta *adj* chronic
leannlus *nm3* hops
leannta *see* **leann**
léannta *adj* learned; scholarly
léanta *see* **léan**
leantach *adj* continuous; repeated; consecutive
leantóir *nm3* follower, fan; (AUT) trailer

leanúint (*gs* **leanúna**) *nf3* following; pursuit; **lucht leanúna** followers, supporters; **ar leanúint** to be continued; *see also* **lean**
leanúnach *adj* continuous; continuing; persistent, faithful; sustained
leanúnachas *nm1* continuity; faithfulness
leanúnaí *nm4* follower
leapa, leapacha *see* **leaba**
lear[1] *nm1* sea; ocean; **thar lear** overseas, foreign
lear[2] *nm4* large number *or* amount; **lear mór páistí** a lot of children
lear[3] *nm4* defect, blemish; shortcoming
léaráid *nf2* diagram; illustration
learg *nf2* (*of hill etc*) slope, side
léargas *nm1* sight; insight; vision, visibility; discernment
léaró *nm4* glimmer; **léaró dóchais** glimmer of hope
learóg *nf2* larch
léaróga *nfpl2* blinkers
Learpholl *nm1* Liverpool
léarscáil (*pl* **~eanna**) *nf2* map; **léarscáil bhóithre** road map
léarscáiligh *vt* map
leas *nm3* welfare, interest, good, benefit; (AGR) manure, fertilizer; **leas a bhaint as rud** to benefit by *or* from sth; **rud a dhéanamh le do leas féin** to do sth for your own benefit; **leas an phobail** the common good
leas- *prefix* vice-, deputy-, step-
léas[1] *nm3* lease; **rud a ligean ar léas** to lease sth out
léas[2] (*pl* **~acha**) *nm1* (*of light*) ray, beam; weal, welt
léas[3] *vt* thrash; spank
leasachán *nm1* fertilizer
léasadh (*gs* **léasta**, *pl* **léastaí**) *nm* thrashing; spanking, hiding
leasaigh (*vn* **leasú**) *vt* amend, reform; (*food etc*) preserve; season; (AGR) fertilize
léasaigh *vt* lease
leasainm (*pl* **~neacha**) *nm4* nickname
leasaithe *vadj* reformed; improved; amended; (*food etc*) preserved, cured
leasaitheach *adj* amending, reforming; preservative
leasaitheoir *nm3* reformer
léasar *nm1* laser
léasarphrintéir *nm3* laser printer
leasathair (*gs* **leasthar**, *pl* **leasaithreacha**) *nm* stepfather
leasc (*gsm* **leasc**) *adj* slow; reluctant; **ba leasc liom dul** I was reluctant to go
leaschraol *vt* (TV, RADIO) relay
leasdeartháir (*gs* **leasdearthár**, *pl* **~eacha**) *nm* stepbrother
leasdeirfiúr (*gs* **leasdeirféar**, *pl* **~acha**) *nf* stepsister
leasiníon *nf2* stepdaughter
léaslíne (*pl* **léaslínte**) *nf4* horizon
leasmhac *nm1* stepson
leasmháthair (*gs* **leasmháthar**, *pl* **leasmháithreacha**) *nf* stepmother
léaspáin *nmpl1*: **léaspáin a bheith ar do shúile** to be seeing things
léaspairt *nf2* witticism
leas-phríomhoide *nm4* (SCOL) vice principal, deputy head
leasrach *nm1* (*also* CULIN) loin(s)
leasracha *see* **leis**[1]
leasú *nm* amendment; reform; improvement; (AGR) manure, fertilizer
leasúchán *nm1* amendment
leat *see* **le**
leataobh *nm1* one-side; lay-by; **rud a chur i leataobh** to put sth aside
leataobhach *adj* one-sided; bias(s)ed; lopsided
léatard *nm1* leotard
leath[1] (*ds* **leith**) *nf2* half; **rud a ghearradh ina dhá leath** to cut sth in two; **go leith** and a half; **bliain go leith** a year and a half; **leath bealaigh** halfway; **leath chomh ...** half as ...; **céad go leith** one hundred and fifty; **níl agat ach a leath** the feelings are mutual
leath[2] (*ds* **leith**) *nf2* side, part; direction; **bheith d'aon leith** to be on (the) one side; **dul d'aon leith** to combine, unite; **ar leith, faoi leith** special, distinct, particular; separate, apart; **i leith** *(+ gen)* towards, in favour of; **bheith i leith ruda** to be in favour of sth; **rud a chur i leith**

duine to accuse sb of sth, attribute sth to sb; **ón lá sin i leith** since that day
leath[3] (*vn* ~**adh**) *vt, vi* spread (out); sprawl; open wide; scatter
leath- *prefix* half-, semi-; one of two; partial; **leathlá** half day; **leathmhíle** half a mile; **leathshúil** one eye
leathadh (*gs* **leata**) *nm* spread(ing); diffusion; **ar leathadh** wide open
leathaghaidh *nf2* side of face, profile
leathair *n gen as adj* leather
leath-am *nm3* half-time
leathan (*gsf, compar* **leithne**) *adj* broad; wide; extensive
leathán *nm1* (*of glass, paper etc*) sheet
leathanach *nm1* page, sheet; **leathanach tosaigh** front page
leathanaigeanta *adj* broadminded
leathar *nm1* leather
leathbhádóir *nm3* colleague; (*fig*) partner
leathbhreac *nm1* counterpart
leathchéad *nm1* half-century, fifty; half-hundredweight
leathcheann *nm1* (*of spirits*) half
leathchiorcal *nm1* semicircle
leathchruinne *nf4* hemisphere
leathchuid (*gs* **leathchoda**, *pl* **leathchodanna**) *nf3* half
leathchúlaí *nm4* half back
leathchúpla *nm4* (one) twin
leathdhéanach *adj* penultimate; latish
leathdhosaen *nm4* half a dozen
leathdhuine (*pl* **leathdhaoine**) *nm4* moron
leathéan *nm1* (*for bird*) mate; bachelor; old maid
leathfhada *adj* oblong
leathfhocal *nm1* catch phrase; hint
leathlá (*gs* **leathlae**, *pl* **leathlaethanta**) *nm* half-day
leathmhaig *nf2* tilt, slant; **bheith ar leathmhaig** to be tilted
leathmheasartha *adj* (*quality etc*) indifferent, poor
leathnaigh *vt, vi* widen
leathnú *nm* widening, expansion
leathóg *nf2* flatfish
leathphingin *nf2* halfpenny
leathphionta *nm4* (*of beer*) half-pint
leathphunt *nm1* half a pound
leathrann *nm1* couplet
leathscoite *adj* semi-detached
leathstad (*pl* ~**anna**) *nm4* semicolon
leath-thagairt *nf3* vague reference
leath-tháille *nf4* half fee, half fare
leath-thosaí *nm4* (SPORT) half forward
leathuair *nf2* half-(an)-hour
leatrom *nm1* inequality; oppression; **leatrom a dhéanamh ar dhuine** to oppress *or* wrong sb
leatromach *adj* unbalanced, unfair; oppressive; one-sided
léi *see* **le**
leibhéal *nm1* level
léibheann *nm1* level area; platform, stage; (GEOG) terrace; **léibheann cheann staighre** (*in house*) landing
leibide *nf4* fool, idiot
leibideach *adj* silly, ridiculous, foolish; (*work etc*) slack, slovenly
leiceacht *nf3* (*of health*) delicacy
leiceadar *nm1* smack, slap
leiceann (*pl* **leicne**) *nm1* cheek; (*of mountain*) side, slope
leicneach *nf2* mumps
leicneán *nm1* wedge; (TECH) washer
leictreach *adj* electric(al)
leictreachas *nm1* electricity
leictreoid *nf2* electrode
leictreoir *nm3* electrician
leictreonach *adj* electronic
leictreonaic *nf2* electronics
leictrigh *vt* electrify
leid (*pl* ~**eanna**) *nf2* clue, hint; (COMPUT) prompt
leifteanant *nm1* lieutenant
léig *nf2* decay, neglect; **dul i léig** to decay, decline; **rud a ligean i léig** to neglect sth
léigear *nm1* siege
léigh (*vn* **léamh**) *vt, vi* read; **léigh amach** read out; **léigh ar** make out; **léigh as** interpret; **leabhar a léamh** to read a book; **aifreann a léamh** to say Mass
leigheas *nm1* (*pl* ~**anna**) medicine; remedy, cure; retrieval♦ *vt, vi* heal; cure; right, rectify, remedy; **níl leigheas air** it

can't be helped *or* cured
léigiún *nm1* legion
léim *nf2* (*pl* ~**eanna**) jump, leap ♦ *vt, vi* jump; leap; start; (*word, page*) miss, skip; **léim ard/fhada** (SPORT) high/long jump; **léim chuaille** pole vault; **léim a bhaint as duine** to startle sb; **balla a léim** to jump over a wall
léimneach *nf2* jumping
léine (*pl* **léinte**) *nf4* shirt; **léine phóló** polo shirt; **léine oíche** nightdress
leipreachán *nm1* leprechaun
léir *adj* clear; distinct; clear-headed; **is léir go** it is evident that; **ba léir dom (go)** it was clear to me (that); **ní léir aon dul as** there doesn't seem to be any alternative; **(uile) go léir** altogether, whole, all; **an t-airgead go léir** all the money
leircín *nm4*: **leircín a dhéanamh de rud** to squash *or* crush sth
léire *nf4* clearness; accuracy; **rud a thabhairt chun léire** to highlight sth, draw attention to sth
léirigh (*vn* **léiriú**) *vt, vi* illustrate, show; indicate; (CINE) produce
léiritheach *adj* illustrative; indicative
léiritheoir *nm3* (CINE, THEAT *etc*) producer
léiriú *nm* clarification; illustration; (THEAT) production
léiriúchán *nm1* insight; portrayal; (CINE *etc*) production
léirléamh *nm1* interpretation
léirmheas *nm3* review, critique; **rud a léirmheas** (LITER *etc*) to review sth
léirmheastach *adj* critical
léirmheastóir *nm3* critic, reviewer
léirmheastóireacht *nf3* (*profession*) criticism
léirmhínigh *vt* interpret, explain
léirmhíniú *nm* interpretation
léirscrios (*gs* ~**ta**) *nm* destruction, devastation ♦ *vt* destroy, devastate
léirsigh *vi* (POL) demonstrate
léirsitheoir *nm3* (POL) demonstrator
léirsiú *nm* (*rally*) demonstration
léirstean *nf2* insight, perception, understanding
léirsteanach *adj* perceptive
léirthuiscint *nf3* appreciation
leis[1] (*pl* **leasracha**) *nf2* thigh; (CULIN) leg
leis[2] *adv* also; too; either
leis[3] *see* **le**
leisce *nf4* laziness; reluctance; shyness; **leisce a bheith ort rud a dhéanamh** to be reluctant *or* loath to do sth; **giolla na leisce** lazybones, dosser
leisceoir *nm3* lazybones, dosser
leisciúil *adj* lazy; reluctant
leispiach *adj, nm1* lesbian
leite (*gs* ~**an**) *nf* porridge
leith *see* **leath**[1,2]
léith *see* **liath**
leithcheal *nm3* discrimination; **leithcheal a dhéanamh ar dhuine** to discriminate against sb, treat sb unfairly
léithe *see* **liath**
leithead *nm1* breadth, width; (*disposition*) conceit; **tá sé slat ar leithead** it's a yard wide
leitheadach *adj* widespread; broad, wide
leithéid *nf2* such; like, equal; **a leithéid de leabhar** such a book; **ní fhaca mé a leithéid riamh** I never saw anything like it; **a leithéid seo d'áit** such-and-such a place; **a leithéid de phraiseach!** what a mess!; **leithéidí Sheáin** the likes of John
léitheoir *nm3* reader
léitheoireacht *nf3* reading
leithinis (*gs* **leithinse**, *pl* **leithinsí**) *nf2* peninsula
leithleach *adj* (*place*) apart; (*style etc*) distinct; (*person etc*) selfish
leithleachas *nm1* selfishness; (*of style etc*) individuality, peculiarity
leithligh *n*: **ar leithligh** aside, apart; **rud a chur ar leithligh** to put sth aside
leithlis *nf2* isolation
leithliseach *adj* isolated; (GRAM) absolute
leithlisigh *vt* isolate
leithne *nf4* breadth, width; *see also* **leathan**
leithreas *nm1* toilet; lavatory
leithscar *vt* segregate
leithscéal (*pl* ~**ta**) *nm1* excuse; apology; **(do) leithscéal a ghabháil le duine** to apologize to sb; **ní leithscéal ar bith sin**

that's no excuse; **leithscéal duine a ghabháil** to excuse sb
leithscéalach *adj* apologetic
leitís *nf2* lettuce
lena, lenár, leo *see* **le**
leochaileach *adj* fragile; (*to pain etc*) tender
leochaileacht *nf3* delicacy, fragility; (*to pain etc*) tenderness
leoga *excl* indeed
leoicéime *nf4* leukaemia
leoithne *nf4* breeze
leomh *vt, vi* dare; presume; allow
leon[1] *nm1* lion; **An Leon** (ASTROL) Leo
leon[2] *vt* sprain; wound, hurt
leonadh (*gs* **leonta**, *pl* **leontaí**) *nm* sprain; injury, wound
leonta *vadj* sprained; injured, hurt
leor *adj* enough, sufficient; plenty, ample; **is leor é** it is sufficient; **is leor liom é** I consider it sufficient; **is leor sin/punt/beirt** that/a pound/two is enough; **go leor airgid** enough money; **in am go leor** in sufficient time; **aisteach go leor** oddly enough; **ceart go leor, maith go leor** alright, all right
leoraí *nm4* lorry
leorghníomh *nm1* amends; **leorghníomh a dhéanamh i rud** to make up for sth
lí *nf4* complexion; colour
lia[1] (*pl* ~**nna**) *nm4* physician; **lia ban** gynaecologist; **lia súl** optician
lia[2] *nm4* stone; pillar
lia[3] *adj* more numerous
liach (*gs* **léiche**) *nf2* ladle(ful)
liacht *nf3* medicine
liamhás (*pl* ~**a**) *nm1* ham
lián *nm1* trowel; propeller
liarlóg *nf2* strip, sheet; (*pej*: *newspaper*) rag
liath (*gsm* **léith**, *gsf, compar* **léithe**) *adj* grey • *nm1* grey • *vi* (become) grey
liathán *nm1* (ANAT) spleen
liathbhán *adj* pale, pallid; wan
liathbhuí *adj* sallow
liathchorcra *adj* lilac
liathróid *nf2* ball; **liathróid láimhe** handball
Liatroim *nm3* Leitrim
libh *see* **le**
Libia *nf4*: **an Libia** Libya
líbín *nm4*: **bheith i do líbín** to be soaked *or* dripping wet
licéar *nm1* liqueur
licín *nm4* (*in game, gambling*) counter
Life *nf4*: **an Life** the (river) Liffey
lig (*vn* ~**ean**) *vt, vi* let, allow; emit; (*house etc*) let; (*sound, sigh*) emit, let out; (*rest*) have; **duine a ligean saor** *or* **ar shiúl** to let sb go; **téad a ligean** to pay out a rope; **lig do scíth seal** rest yourself a while; **fead a ligean** to whistle
▸ **lig amach** let out; (*house, land*) hire out; (*information*) reveal; (*feelings etc*) vent; (*clothes*) let out; **do racht a ligean amach** (*fig*) to let off steam
▸ **lig anuas** (*hair etc*) let down; (*weight etc*) lower
▸ **lig ar** let on; pretend, feign; **níl sí ach ag ligean uirthi (féin)** she's only pretending
▸ **lig as** let pout of, release from; (*scream*) emit, let out; (*from work, drinking etc*) ease off, lay off; **lig sé béic as** he yelled; **tine a ligean as** to let a fire go out
▸ **lig chuig** *or* **chun** let to; allow to; reveal to
▸ **lig de** release from; (*habit etc*) give up; (*load*) lay down
▸ **lig do** allow, let, permit; (*person*) let be, leave alone; **níor lig sí dó fanacht** she didn't let him stay; **lig dom!** leave me alone!, don't bother me!
▸ **lig faoi** (*storm, rage*) settle down
▸ **lig i** let into; **rud a ligean i ndearmad** to let sth be forgotten
▸ **lig isteach** let in; (*boat, roof*) leak; (*clothes*) take in; **lig isteach mé!** let me in!
▸ **lig le** let go, allow to go; (*secret identity*) reveal to; **rud a ligean le duine** to let sb get away with sth
▸ **lig ó** let go; cede; (*bucket etc*) leak; **rud a ligean uait** to let sth go
▸ **lig siar** let back; swallow
▸ **lig síos** (*also fig*) let down

▸ **lig thar** let pass; **rud a ligean tharat** (*remark etc*) to let sth pass
▸ **lig trí** let through; leak
ligean *nm1* letting; draining; scope; leakage; (*in rope etc*) give; **ligean a thabhairt do dhuine** to give sb (some) leeway
ligh *vt, vi* lick; **do mhéara a lí** to lick one's fingers
ligthe *vadj* let; hired; (*athlete etc*) supple, lithe; **bheith ligthe ar rud** to be addicted to sth
lile *nf4* lily
limistéar *nm1* area, sphere; territory; district; **limistéar faoi fhoirgnimh** built-up area; **limistéar liath** grey area
líne (*pl* **línte**) *nf4* line; row; lineage; **líne cheannais** line of command; **líne chóimeála** assembly line; **línte dhá spás** double-spaced lines; **fear líne** linesman
líneach *adj* lined; linear
línéadach (*pl* **línéadaí**) *nm1* linen
líneáil *nf3* lining ♦ *vt* line
línéar *nm1* (*ship*) liner
línigh *vt, vi* draw, rule
líníocht *nf3* drawing
línithe *adj* lined, ruled
línitheoir *nm3* drawer, drafts(wo)man
linn[1] (*pl* ~**te**) *nf2* pool, pond; sea, water; **linnte peile** (football) pools
linn[2] *nf2* period; **le linn a hóige** during her youth; **idir an dá linn** in the meantime; **lena linn** in his lifetime
linn[3] *see* **le**
linntreog *nf2* pond; puddle; pothole
línte *see* **líne**
lintéar *nm1* drain; gully; drainpipe
lintile *nf4* lentil
Liobáin *nf2*: **an Liobáin** Lebanon
liobair *vt* tear; scold, slate
liobar *nm1* lip; pout; rag, tatter
liobarnach *adj* torn; awkward; clumsy; blubbering
liobrálach *adj* liberal
liobrálachas *nm1* liberalism
liobrálaí *nm4* liberal
liocras *nm1* liquorice
liodán *nm1* litany
líofa *adj* fluent; polished; (*knife etc*) sharp
líofacht *nf3* fluency; sharpness
liom *see* **le**
líoma *nm4* lime
líomanáid *nf2* lemonade
líomatáiste *nm4* district, area; limit; precinct, territory
líomh *vt* (*edge*) sharpen; file; polish
líomhain (*gs* **líomhna**, *pl* ~**tí**) *nf3* allegation ♦ *vt* (*pres* **líomhnaíonn**) allege
líomhán *nm1* (*tool*) file
liomóg *nf2* nip, pinch; **liomóg a bhaint as duine** nip *or* pinch sb
líomóid *nf2* lemon
líon[1] (*pl* ~**ta**) *nm1* number; fill ♦ *vt, vi* fill (in *or* up); (*tide*) flood; **líon tí** household; **líon gnó** quorum
líon[2] *nm1* flax; linen
líon[3] *nm1* web; net; **líon damháin alla** cobweb
líon[4] *adj*: **líon lán** full; packed; crowded
líonadh (*gs* **líonta**) *nm* filling
líonán *nm1* underwater reef; ravine
líonmhaireacht *nf3* proliferation, abundance; **dul i líonmhaireacht** to become more numerous
líonmhar *adj* numerous; abundant; full, complete
lionn (*gs* **leanna**, *pl* ~**ta**) *nm* (*of body*) humour; **lionn fuar** phlegm; **lionn dubh** melancholy, depression; **lionn dubh a bheith ort** to be depressed
líonóil *nf2* lino
líonpheil *nf2* netball
líonra *nm4* (*also* COMPUT) network, web
líonrith *nm4* excitement, agitation; panic
lionsa *nm4* lens; **lionsaí tadhaill** contact lenses
líonta *see* **líon**[1]
líontán *nm1* (small) netting; net
liopa *nm4* lip; flap
liopach *adj, nm1* (*also* LING) labial
liopard *nm1* leopard; **liopard fiaigh** cheetah
liopasta *adj* untidy; awkward, clumsy
lios (*gs* **leasa**, *pl* ~**anna**) *nm3* ring-fort; fairy mound; enclosed area
Liospóin *nf4* Lisbon

liosta[1] *adj* tedious; tiresome; persistent
liosta[2] *nm4* list; inventory
liostaigh *vt* list
liostáil *vt, vi* enlist
Liotuáin *nf2*: **an Liotuáin** Lithuania
liotúirge *nm4* liturgy
lipéad *nm1* label; **lipéad a chur ar rud** to label sth
líreacán *nm1* lollipop
liric *nf2* lyric
liriceach *adj* lyrical
lítear *nm1* litre
liteartha *adj* literary; literate; literal
litearthacht *nf3* literacy
litir (*gs* **litreach**, *pl* **litreacha**) *nf* letter; epistle; **bosca litreacha** letterbox; **litir mhínithe** covering letter
litirbhuama *nm4* letter bomb
litreoireacht *nf3* lettering
litrigh *vt* spell
litríocht *nf3* literature
litriú *nm* spelling, orthography
litriúil *adj* literal
liú *nm4* yell, shout; **liú a ligean asat** to yell
liúigh *vi* yell, shout
liúntas *nm1* allowance; **liúntas cíosa/leanaí/teaghlaigh** rent/children's/family allowance
liúr *vt* beat, thrash
liúradh (*gs* **liúrtha**) *nm* thrashing, beating
liús *nm1* (*fish*) pike
lobh *vt, vi* rot, decay; decompose
lobhadh *nm1* rot, decay
lobhar *nm1* leper
lobhra *nf4* leprosy
loc *vt* enclose; round up; (*car etc*) park ◆ *nm1* (*of canal*) lock
loca *nm4* (AGR) pen, fold; (*of cotton wool, paper*) wad; (*of hair*) lock; **loca carranna** car park
loc-chomhla *nf4* sluice (gate)
loch (*pl* ~**anna**) *nm3* loch, lough, lake; pool; sea; **Loch Dearg** (*in Ulster*) Loch Derg; **Loch Deirgeirt** (*on River Shannon*) Loch Derg; **Loch Éirne** Lough Erne; **Loch nEathach** Lough Neagh; **Loch Lao** Belfast Lough
lochán *nm1* pond; **lochán uisce** puddle
Loch Garman *nm* Wexford
Lochlannach *adj, nm1* Scandinavian; Norse; Viking
lóchrann *nm1* lantern; light, lamp
locht (*pl* ~**anna**) *nm3* fault; blame; **is ort féin an locht** it's your own fault; **an locht a chur ar dhuine faoi rud** to blame sb for sth; **locht a fháil ar rud** to find fault with sth
lochta *nm4* loft
lochtach *adj* defective, faulty; false
lochtaigh (*vn* **lochtú**) *vt* fault; blame
lochtán *nm1* terrace
lochtánach *adj* terraced
lochtú *nm* fault-finding, criticism
lód[1] *nm1* load
lód[2] *nm1* lode
lódáil *vt, vi* (*also* COMPUT) load◆ *nf3* load(ing), charge
lodartha *adj* servile, abject; base, vulgar
lofa *vadj* rotten, decayed
log[1] *nm1* hollow; place; **log an ghoile** pit of stomach; **log súile** eye-socket
log[2] (COMPUT) *vi* log; **log ann/as** log on/off
logainm (*pl* ~**neacha**) *nm4* place name
logall *nm1* (ANAT) socket
logán *nm1* (*in ground*) depression, hollow
logartam *nm1* logarithm
logartamach *adj* logarithmic
logha *nm4* (REL) indulgence, concession; boon
loghadh (*gs* **loghtha**) *nm* remission, forgiveness
loic *vt, vi* flinch, shirk; falter, hesitate; fail; **loiceadh ar dhuine** to let sb down; **tá mo shláinte ag loiceadh** my health is failing
loicéad *nm1* locket
loiceadh (*gs* **loicthe**) *nm* failure; refusal; flinch(ing)
loighciúil *adj* logical
loighic (*gs* **loighce**) *nf2* logic
loigín *nm4* dimple
loime *nf4* bareness; bleakness; emptiness; (*of tongue*) sharpness
loine *nf4* piston; (*for drain*) plunger
loingeán *nm1* cartilage; gristle
loingeas *nm1* shipping, fleet

loingseoir *nm3* seaman, navigator
loingseoireacht *nf3* navigation; seamanship
loinneog *nf2* refrain, chorus
loinnir (*gs* **loinnreach**) *nf* shine, sparkle; brilliance, brightness
loinsiún *nm1* luncheon
loirgneán *nm1* shinguard
lóis (*pl* ~**eanna**) *nf2* lotion
loisc (*vn* **loscadh**) *vt* burn, scorch; sting
loisceoir *nm3* incinerator
loiscneach *nm1* caustic ♦ *adj* burning, scorching; (*pain*) stinging; caustic
lóiste *nm4* lodge
lóisteáil *vt* (FIN) lodge
lóistéir *nm3* lodger
lóistín *nm4* lodgings, digs; accommodation
loit (*vn* **lot**) *vt* hurt; injure; spoil, destroy
loitiméir *nm3* vandal; destroyer
loitiméireacht *nf3* vandalism; destruction
loitmhíolta *nmpl1* vermin
lom *nm1* bareness; openness, opening ♦ *adj* bare; thin; close; (*denial*) flat ♦ *vt, vi* mow, shear; lay bare; denude; **lom láithreach** right now, immediately; **lom dáiríre** in earnest; **lom na fírinne** the plain truth; **an lom a fháil ar dhuine** to get a chance at sb
lomadh *nm* baring; stripping; fleecing
lomaire *nm4* shearer; **lomaire faiche** lawnmower
lomán *nm1* log; **lomáin** lumber
lománaí *nm4* lumberjack
lomeasna *nf4* (CULIN) spare rib
lomlán *adj* full up *or* to capacity ♦ *nm1* full capacity
lomnocht (*gsm* **lomnocht**) *adj* nude; stark naked
lomra *nm4* fleece
lon (*pl* ~**ta**) *nm1* (*also*: **lon dubh**) blackbird
lón (*pl* ~**ta**) *nm1* lunch; provisions; (*of food etc*) supply; **lón cogaidh** munitions; **am lóin** lunchtime
lónadóir *nm3* caterer
lónadóireacht *nf3* catering
Londain (*gs* **Londan**) *nf* London
Londanach *nm1* Londoner
long *nf2* ship; vessel; **long chogaidh** warship
longadán *nm1* swaying, rocking
longadánach *adj* wobbly, unsteady; swaying
longbhá (*gs* ~**ite**) *nm* shipwreck
longbhriseadh (*gs* **longbhriste**, *pl* **longbhristeacha**) *nm* shipwreck
longchlós *nm1* shipyard
Longfort *nm1*: **an Longfort** Longford
longfort *nm1* camp; fort
longlann *nf2* dockyard
lonnaigh *vt, vi* stay; settle (down); frequent
lonnaitheoir *nm3* squatter
lonnú *nm* stay; settlement
lonrach *adj* bright, shining; luminous
lonraigh *vt, vi* shine; light up
lonta *see* **lon**
lorán *nm1* youngster; wretch, weakling
lorg *nm1* mark, imprint; trace, track ♦ *vt, vi* seek, look for; track; ask for; **dul ar lorg ruda** to go looking for sth; **do lorg** *or* **lorg do láimhe a fhágáil ar rud** to leave one's mark on sth; **dul ar lorg do thaoibh/chúil** to go sideways/backwards; **bheith ag lorg oibre** to be looking for work; **lorg coise/láimhe** footprint/handprint
lorga *nf4* shin; cudgel, club;
lorgaire *nm4* detective; tracker; pursuer
lorgaireacht *nf3* detection
lorgán *nm1*: **lorgán radhairc** viewfinder
los *nm3* (ELEC) terminal; **as/ar/de/i los** (+ *gen*) on account of, due to
losaid *nf2* breadboard; wooden tray
losainn *nf2* lozenge
loscadh (*gs* **loiscthe**) *nm* burning; stinging; *see also* **loisc**
loscann *nm1* frog; tadpole
loscánta *adj* amphibious
lot *nm1* injury; damage, harm; *see also* **loit**
L-phlátaí *nmpl4* L-plates
Lú *nm4* Louth
lú *see* **beag**
lua *nm4* mention; reference
luach (*pl* ~**anna**) *nm3* value; price; reward; **luach deich bpunt de pheitreal** a

tenner's worth of petrol; **luach do chuid airgid a fháil** to get one's money's worth; **luach saothair** (*for work etc*) reward; **cén luach atá ar sin?** what price is that?; **bainfidh mise a luach asat** I'll make you pay for it
luacháil *vt* evaluate; value ♦ *nf3* valuation; evaluation
luachair (*gs* **luachra**) *nf* rushes
luachan *nf3* (FIN, COMM) quotation
luachliosta *nm4* price list
luachmhar *adj* valuable; precious
luachmhéadú *nm* (COMM *etc*) appreciation
luadar *nm1* movement; energy
luadrach *adj* moving; active
luaidhe *nf4* (*metal*) lead; **peann luaidhe** pencil
luaidreán *nm1* rumour, gossip
luaigh *vt, vi* mention; cite; **rud a lua le duine** to mention sth to sb
luail *nf2* (*of body*) motion, power
luain *nf2* hard graft; motion
luaineach *adj* changeable; variable; volatile; (*prices etc*) fluctuating
luaineacht *nf3* (FIN *etc*) fluctuation; volatility; restlessness
luainigh *vi* vary, change; (FIN) fluctuate
luaíocht *nf3* merit, reward
luais *n gen as adj* express
luaith *nf3* ash(es)
luaithe *nf4* quickness; earliness; **a luaithe a bhí sé ar shiúl** once *or* as soon as he had left; **ar a luaithe** at the earliest; *see also* **luath**
luaithreach *nm1* ashes; dust
luaithreadán *nm1* ashtray
luamh *nm1* yacht
luamhaire *nm4* yachtsman
luamhaireacht *nf3* yachting
luamhán *nm1* lever; leverage
luamhánacht *nf3* leverage
Luan (*pl* ~**ta**) *nm1* Monday; **Dé Luain** on Monday; **ar an Luan** on Mondays
luan *nm1* halo, aureole; (CULIN) loin
luas (*pl* ~**anna**) *nm1* speed, rapidity; velocity; earliness; **luas a bheith fút** to be moving at speed; **ar luas** at pace, quickly; **luas a ghéarú/mhaolú** to increase/reduce speed
luasaire *nm4* accelerator
luasbhád *nm1* speedboat
luasbhus *nm4* express (bus)
luasc *vt, vi* swing; rock, sway; oscillate
luascach *adj* swinging
luascadán *nm1* pendulum
luascadh (*gs* **luasctha**, *pl* **luascthaí**) *nm* swing(ing), swaying; rocking
luascán *nm1* (*for children*) swing; **cathaoir luascáin** rocking chair
luasc-cheol *nm1* (MUS) swing
luascdhoras *nm1* swing door
luasghéaraigh *vt, vi* accelerate
luasmhéadar *nm1* speedometer
luasraon *nm1* (SPORT) speedway
luastraein (*gs* **luastraenach**, *pl* **luastraenacha**) *nf* express (train)
luath (*compar* **luaithe**) *adj* early, soon; quick; fickle; **go luath ar maidin** early in the morning; **luath nó mall** sooner or later; **chomh luath is is féidir leat** as soon as you can
luathaigh *vt, vi* quicken, speed up
luathchainteach *adj* quick-spoken; glib
luathintinneach *adj* hasty; impulsive; fickle
lúb *vt, vi* bend; loop ♦ *nf2* bend, twist; (*of a chain*) link; loop; (*in hair*) ringlet; (KNITTING) stitch; (*trap*) snare, net; craft, deceit; **lúb ar lár** dropped stitch; (*fig*) flaw; **i lúb cuideachta** in company
lúbach *adj* coiled; winding; bending; crafty, cute
lúbadh (*gs* **lúbtha**) *nm* bend(ing)
lúbaire *nm4* rogue, crook
lúbán *nm1* loop, coil; hoop; hasp
lúbarnach *adj* twisting; wriggling; writhing
lúbarnaíl *nf3* twisting; writhing; wriggling
lubhóg *nf2* flake
lúbóg *nf2* (small) loop; buttonhole
lúbra *nm4* maze
luch *nf2* (*also* COMPUT) mouse; **luch chodlamáin** dormouse; **luch fhéir** field-mouse; **luch mhór** rat
lúcháir *nf2* joy, delight; **lúcháir a dhéanamh** to rejoice

lúcháireach *adj* joyous, glad
lucharachán *nm1* dwarf; elf; toddler
luchóg *nf2* mouse
lucht (*pl* ~**anna**) *nm3* content; capacity; cargo; category of people; **lucht féachana/éisteachta** spectators/audience; **lucht oibre** working class, labour (force); **lucht siúil** travellers; **lucht aitheantais** acquaintances
luchtaigh *vt* fill; load; (*battery*) charge
luchtóg *nf2* small load; bundle
Lucsamburg *nm4* Luxembourg
lúdrach *nf2* hinge; pivot
lúfaireacht *nf3* agility, athleticism; suppleness
lúfar *adj* athletic; agile; lithe
lug *n*: **thit an lug ar an lag orm** I was devastated, I lost heart
luí *nm4* lying down; lie; setting; tendency; **bheith i do luí** to be lying down *or* in bed; **bheith i do luí le slaghdán** to be down with a cold; **luí na tíre** the lie of the land; **luí a bheith agat le rud** to be inclined towards sth; **rud a chur ina luí ar dhuine** to impress sth on sb; **luí na gréine** sunset, sundown; **am luí** bedtime
luibh (*pl* ~**eanna**) *nf2* herb
luibheolaí *nm4* botanist
luibheolaíoch *adj* botanical
luibheolaíocht *nf3* botany
luibhiteach *adj* herbivorous
luibhiteoir *nm3* herbivore
lúibín *nm4* buttonhole; (*TYP*) bracket; loop; ringlet; **idir lúibíní** in brackets
luid *nf2* (*of clothing*) stitch; tatter
lúide (= **lú** + **de**) *prep* less, minus; **lúide 50%** less 50%; *see also* **beag**
luideog *nf2* (*of cloth*) scrap, tatter
lúidín *nm4* little finger; little toe
luifearnach *nm1* weeds; (*fig*) rabble
luigh (*vn* **luí**) *vi* lie; lean; settle; (*sun*) set; **luí síos** to lie down; **dul a luí** to go to bed; **páiste a chur a luí** to send *or* put a child to bed; **luí amach** *or* **isteach ar rud** to get into sth; (*work etc*) to go about sth (in earnest); **luí ar rud** to lie *or* lean on sth; to weigh on sth; **luí chun staidéir** to get down to studying; **luí le duine** to sleep with sb; **luíonn sé le réasún (go)** it stands to reason (that)
Luimneach *nm1* (*GEOG*) Limerick
luimneach *nm1* (*poem*) limerick
luíochán *nm1* ambush; **luíochán a dhéanamh ar dhuine** to ambush sb
lúireach *nf2* breastplate, armour; protective prayer
luisiúil *adj* glowing; radiant
luisne *nf4* blush, flush; glow
luisnigh *vi* blush; glow
luisniúil *adj* blushing, flushed; glowing
luiteach *adj* (*clothes*) tight, well-cut; **bheith luiteach le rud** to be fond of sth, inclined to sth
lúitéis *nf2* fawning, toadyism
lúitéiseach *adj* fawning, toadyish
lúitheach *nf2* ligament, tendon
lúithnire *nm4* athlete
lumbágó *nm4* lumbago
lumpa *nm4* lump
Lúnasa *nm4* August
lus (*pl* ~**anna**) *nm3* plant; herb; **lus an bhalla** wallflower; **lus an choire** coriander; **lus an chromchinn** daffodil; **lus na gréine** sunflower; **lus liath** lavender; **lus na mbrat** (wild) thyme
lusra *nm4* herbs
lustan *nm1* weed(s)
lústar *nm1* fawning; **bheith ag lústar le duine** to fawn on sb
lútáil *vi* fawn; **lútáil le duine** to fawn (up)on sb ♦ *nf3* fawning, toadyism
lúth *nm1* (*physical*) movement; agility, athleticism; suppleness
lúthchleas *nm1* athletic exercise; **lúthchleasa** athletics
lúthchleasach *adj* athletic
lúthchleasaí *nm4* athlete
lúthchleasaíocht *nf3* athletics

M

m′ *see* **mo**

EOCHAIRFHOCAL

má[1] *conj* (*normally used with indicative; lenites following vb, except past autonomous of reg vbs; prefixes* **d'** *in past to words beginning with vowel or* **fh** *+ vowel*) if 1 (*with present tense*): **má tá míle punt agat sa bhanc tá tú saibhir** if you have a thousand pounds in the bank you are rich; **má fheiceann tú í abair léi go raibh mé ag cur a tuairisce** if you see her tell her I was asking for her
2 (*with present habitual indicating future time*): **má chuireann tú chuige éireoidh leat** if you apply yourself you will succeed; **tiocfaidh mé amárach má bhíonn am agam** I will come tomorrow if I have time
3 (*with present tense of verb* **tá** *in consequent clause indicating future time*): **má ghnóthaímid an corn tá linn** if we win the cup we will have succeeded
4 (*with past habitual*): **má bhíodh airgead aige thugadh sé uaidh go fial é** if he had money he gave it away generously
5 (*with past tense*): **má chuir sé an t-airgead sa bhanc tá an t-ádh air** if he (has) put the money in the bank he is lucky; **má d'ól sí an deoch sin beidh sí tinn** if she has taken that drink she will be sick; **má d'fhan sé sa bhaile feicfidh Máire é** if he stayed at home Máire will see him; **má fhreastail sé ar scoil gach lá gheobhaidh sé duais** if he has attended school every day he will get a prize; **má caitheadh an t-airgead beidh muid beo bocht** if the money has been spent we will be on the poverty line
6 (*with conditional, sometimes used instead of* **dá**): **dúirt sí go rachadh sí ann má fhéadfadh sí** she said she would go if she could; **gheall sí dó má dhéanfadh sé gach aon ní a déarfadh sí leis go mbeadh saol maith acu** she promised him that if he did everything she said they would have a good life
7: **ach má (... féin)** nevertheless; even though; **b'aisteach an scéal é, ach má b'aisteach (féin), b'fhíor é** it was a strange story, but true nevertheless; **rinne sé go maith, ach má rinne féin** he did well, but even so
8 (*with copula* = **más**): **rachaidh mé ann más maith leat** I will go there if you want; **más mian leat dul amach cuir ort do chóta** if you want to go out put on your coat; **más rud é go rachaidh seisean ní rachaidh mise** if he goes I won't; **más é** *or* **amhlaidh is fearr leat** if you prefer
9 (*in phrases*): **más olc maith leat** whether you like it or not; **más gá** if necessary; **más mar sin é** if so; even so; **más ea** if so; even so; **más fíor** it seems; according to reports; as they say; **más beo mé** if I live (that long); **más leat ...** if you are going to ..., if you intend to ...; **is beag má tá sé ábalta siúl** he can hardly walk; **tá sé daichead má tá sé bliain** he's forty if he's a day

má[2] (*pl* ~**nna**) *nf4* plain
mabóg *nf2* tassel
Mac *nm1* (*in surnames*): **Mac Maoláin** McMullan; **Mac Seáin** Johns(t)on; **Mac Síomóin** Fitzsimon
mac *nm1* son; (*inf*) guy, fellow; **mac baistí** godson; **mac imrisc** (*of eye*) pupil; **mac léinn** student; **mac tíre** wolf; **is é mac a athar é** he takes after his father; **gach aon mhac máthar acu** (*of people*) every last one of them
macacht *nf3* childhood
Macadóin *nf2*: **an Mhacadóin** Macedonia
macalla *nm4* echo; **macalla a bhaint as**

rud to make sth echo *or* ring
macánta *adj* sincere; honest; gentle
macántacht *nf3* sincerity; honesty; childhood
macaomh *nm1* young boy; youth
macarón *nm1* macaroni
macasamhail (*gs, pl* **macasamhla**) *nf3* like; equal; copy; **níl a mhacasamhail eile le fáil** there isn't another like it (to be found); **macasamhail de rud a dhéanamh** to reproduce sth
máchail *nf2* blemish; injury
máchailigh *vt* disfigure; injure
machaire *nm4* plain; (*of battle*) field; **machaire gailf** golf course, links; **machaire ráis** race course
machnaigh *vt, vi* think, reflect; **machnamh ar rud** to ponder sth
machnamh *nm1* thought, reflection; **machnamh a dhéanamh ar rud** to reflect on sth; to meditate on sth; **ábhar machnaimh** food for thought
machnamhach *adj* thoughtful, reflective
macnas *nm1* playfulness, exuberance; wantonness
macnasach *adj* playful; frisky; lascivious, wanton
macra *nm4* (*collectively*) boys; youths
madra *nm4* dog; **madra rua** fox; **madra uisce** otter; **tá a fhios ag madraí an bhaile (go)** it is common knowledge (that)
madrúil *adj* coarse; obscene
magadh *nm1* mocking, mockery, ridicule; **ceap magaidh a dhéanamh de dhuine** to make a laughing stock of sb; **bheith ag magadh ar** *or* **faoi dhuine** to mock sb; **níl mé ach ag magadh** I'm only joking
magairle *nm4* testicle
magairlín *nm4* orchid
máguaird *adv* about, around; **an ceantar máguaird** the surrounding district
magúil *adj* mocking, derisive
mahagaine *nm4* mahogany
maicín[1] *nm4* pet child, spoilt child
maicín[2] *nm4* quarrel, brawl; **maicín a thógáil** to stir up a row
maicréal *nm1* mackerel
maide *nm4* stick; beam ♦ *n gen as adj* wooden; (*fig*) useless; **maide gailf** golf-club; **maide croise** crutch; **maide rámha** oar; **maide siúil** walking stick; **maide briste** (*for fire*) tongs; **do mhaidí a ligean le sruth** to let things go *or* drift; **maide as uisce a thógáil do dhuine** to take the blame off sb; **cos mhaide** wooden leg; **múinteoir maide** useless teacher
Maidéara *nm4* Madeira
maidhm *nf2* break, eruption; defeat; explosion; detonation ♦ *vt* defeat; burst; detonate; **maidhm thalún** landslide; **maidhm shneachta** avalanche; **maidhm sheicne** hernia; **maidhm bháistí** cloudburst
maidhmitheoir *nm3* detonator
maidin (*pl* **~eacha**) *nf2* morning; **ar maidin** this morning, in the morning; **maidin mhaith!** good morning!; **tá (sé) ina mhaidin** it's morning
maidir: **maidir le** *prep* as regards; like; corresponding to; **maidir le Seán** as for John; **maidir le do litir** regarding your letter; **níl an dá chóip maidir le chéile** the two copies don't correspond
Maidrid *nf4* Madrid
maígh (*vn* **maíomh**) *vt, vi* claim, state; boast; envy; **cad é atá tú a mhaíomh?** what do you mean?; **mhaígh sé gurbh é féin an rí ceart** he claimed that he was the proper king; **rud a mhaíomh ar dhuine** to begrudge sb sth; **maíomh as rud** to boast about sth
maighdean *nf2* maiden, virgin; **maighdean mhara** mermaid; **An Mhaighdean** (ASTROL) Virgo; **An Mhaighdean Mhuire** the Virgin Mary
maighdeanas *nm1* virginity
maighdeanúil *adj* virgin(al)
maighdeog *nf2* pivot
Maigh Eo *nf* Mayo
maighnéad *nm1* magnet
maighnéadach *adj* magnetic
máilín *nm4*: **máilín domlais** gall bladder
mailís *nf2* malice; (*of disease*) malignancy

mailíseach *adj* malicious; malignant
maille *prep*: **maille le** (along) with; together with
máille *nf4* (*armour*) mail
máilléad *nm1* mallet
mailp (*pl* **~eanna**) *nf2* maple; **crann mailpe** maple tree
maindilín *nm4* mandolin
máine *nf4* mania
máineach *adj, nm1* maniac
mainéar *nm1* manor; manor house
mainicín *nm4* mannequin, model
mainicíneacht *nf3* (*of clothes*) modelling
mainistir (*gs* **mainistreach**, *pl* **mainistreacha**) *nf* monastery; abbey
máinlia (*pl* **~nna**) *nm4* surgeon
máinliach *adj* surgical
máinliacht *nf3* surgery
mainneachtain *nf3* negligence; (*LAW*) default; **breithiúnas mainneachtana** judgement by default
máinneáil *nf3* loitering; dawdling; **bheith ag máinneáil thart** to hang about
mainséar *nm1* manger; crib
mainteach *nm* mansion house
maíomh *nm1* boast; **ábhar maíte** sth to be proud of; *see also* **maígh**
mair *vt, vi* live; last, survive; endure; linger; **maireachtáil ar an dól** to live on the dole; **níor mhair sé ach seachtain** it lasted only a week; **go maire tú (do nuacht)** congratulations (on your news); **nach maireann** deceased
mairbhleach *adj* numb
maireachtáil *nf3* living; livelihood; **caighdeán maireachtála** standard of living; *see also* **mair**
mairg *nf2* woe, sorrow; **is mairg don té nach n-éistfidh** woe to him who won't listen; **bheith faoi mhairg** to be saddened; **is mairg a tháinig riamh** I wish I'd never come
mairgneach *nf2* whingeing; lamenting; wailing
mairnéalach *nm1* sailor, seaman
máirseáil *vt, vi* march, parade♦ *nf3* (*also MUS*) march; parade
máirseálaí *nm4* marcher
Máirt *nf4* Tuesday; **Dé Máirt** (on) Tuesday; **Máirt Inide** Pancake *or* Shrove Tuesday
mairteoil *nf3* beef; **mairteoil rósta/shaillte** roast/corned beef
mairtíneach *nm1* cripple
mairtíreach *nm1* martyr
mairtíreacht *nf3* martyrdom
mais *nf2* (*PHYS*) mass
maise *nf4* adornment; beauty; **ba dheas an mhaise dó glaoch** it was nice of him to call; **barr maise a chur ar rud** to crown sth; **cur le maise ruda** to add to the beauty of sth
maisigh *vt* adorn, decorate; (*book*) illustrate; **tú féin a mhaisiú** to doll o.s. up
maisitheoir *nm3* decorator
maisiúchán *nm1* adornment, decoration; (*cosmetics etc*) toiletry; **maisiúcháin Nollag** Christmas decorations; **clár maisiúcháin** dressing table
maisiúil *adj* decorative, elegant; becoming
máisiún *nm1* Freemason, mason
maistín *nm4* bully; thug
maistíneacht *nf3* bullying; thuggery; **bheith ag maistíneacht ar dhuine** to bully sb
máistir (*pl* **máistrí**) *nm4* master; employer; **máistir scoile/stáisiúin** schoolmaster/stationmaster; **Máistir Ealaíne/Eolaíochta** Master of Arts/Science
máistirphlean *nm4* master plan
máistreacht *nf3* mastering, mastery; **máistreacht a fháil ar rud** to master sth
maistreadh (*pl* **maistrí**) *nm1* (*of milk, sea*) churning
máistreás *nf3* mistress; governess; **máistreás scoile** schoolmistress
maistrigh *vt, vi* churn
máistriúil *adj* masterful, masterly
máite *see* **mámh**
maiteach *adj* forgiving
maíteach *adj* boastful; begrudging
maith[1] (*gs, pl* **~e**) *nf2* good; goodness; value; benefit♦ *adj* (*compar* **fearr**) good; **go maith!** good!; **bheith go maith** to be

well; **déanamh go maith** to do well; **chomh maith le** as well as; **cuid mhaith acu** quite a few of them; **is maith an rud (go) ...** it's just as well (that) ...; **is maith a bhí a fhios aige go** he knew full well that; **ba mhaith liom** I would like, I'd like; **tá sé maith dom** it's good for me; **níl maith (ar bith) ann** it's no use; **rud a chur ó mhaith** to render sth useless; **an mhaith choiteann** the common good; **go raibh maith agat** thank you; **tá go maith!** OK!; **cuid mhaith airgid** a fair amount of money; **tá sé fuar go maith** it's quite cold; **más olc maith linn é** whether we like it or not; **maith go leor** alright; **maith thú féin!** good on you!

maith[2] (*vn* ~**eamh**) *vt* forgive; pardon; **rud a mhaitheamh do dhuine** to forgive sb sth

maithe *nf4* good, goodness; **ar mhaithe le** for the good *or* sake of; **ar mhaithe léi féin** in her own interest

maitheas *nf3* good, goodness; **rachadh saoire chun maitheasa duit** a holiday would do you good; **bheith i mbláth do mhaitheasa** to be in the prime of life

maithiúnas *nm1* forgiveness, pardon; **maithiúnas a iarraidh (ar dhuine)** to ask (sb's) forgiveness

máithreacha *see* **máthair**

máithreachais *n gen as adj* maternity

máithreachas *nm1* maternity; motherhood

máithreánach *adj, nm1* matriculation

máithrigh *vt* mother; foster

máithriúil *adj* motherly; tender

maitrís *nf2* matrix

mál *nm1* excise

mala *nf4* eyebrow, brow; slope; hillside; **fágfaidh mise an mhala ar an tsúil aige** I'll soon sort him out; **muc a bheith ar gach mala agat** to frown moodily; to be in a foul mood; **in éadan na mala** uphill

mála *nm4* bag; sack; **mála cáipéisí** briefcase; **mála codlata** sleeping bag; **mála droma** rucksack; **mála láimhe** handbag, purse (*US*); **mála scoile** schoolbag

Malaeisia *nf4*: **an Mhalaeisia** Malaysia

maláire *nf4* malaria

malairt *nf2* change; exchange; alternative; opposite, reverse; **is é a mhalairt a rinne sé** he did quite the opposite; **malairt a dhéanamh** to swap; **malairt éadaigh** change of clothes; **ní raibh fios a mhalairte agam san am** I didn't know any better at the time

malartach *adj* changing; changeable; fluctuating; fickle

malartaigh *vt* change, exchange; **rudaí a mhalartú** to barter things

malartán *nm1* (*COMM*) exchange; changeling; **malartán fostaíochta** job centre, employment exchange

malartú *nm* change; exchange

mall *adj* (*gsm* **mall**, *gsf, compar* **moille**) slow; late; **bheith fiche nóiméad mall** to be twenty minutes slow/late; **bheith mall ag coinne** to be late for an appointment

mallacht *nf3* curse; **do mhallacht a chur ar dhuine** to curse sb

mallaibh *npl*: **ar na mallaibh** of late

mallaigh *vt, vi* curse

mallaithe *vadj* cursed; vicious; unholy; **rud mallaithe** bloody *or* damned thing; **madra mallaithe** vicious dog; **dúil mhallaithe** craving, burning desire

Mallarca *nm4* Majorca

mallghluaiseacht *nf3* slow motion

mallintinneach *adj* slow-witted; (*mentally*) retarded

mallmhuir *nf3* neap tide

malltriallach *adj* slow-moving, sluggish ♦ *nm1* slowcoach

málóid *nf2* (*pej*) hussy; silly woman

malrach *nm1* child, youngster

Málta *nm4* Malta

mam (*pl* ~**anna**) *nf2* mum, mummy

mám[1] *nf3* handful; **mám airgid** a handful of money

mám[2] (*pl* ~**anna**) *nm3* (mountain) pass

mamach *nm1* mammal ♦ *adj* mammary

mamaí *nf4* mum, mummy

mamat *nm1* mammoth

mámh (*pl* **máite**) *nm1* trump (card)

mamó *nf4* granny, grandma
mana *nm4* attitude; portent; motto; **más é sin an mana atá acu faoi/air/dó** if that's their attitude towards it
manach *nm1* monk
manachas *nm1* monasticism
manachúil *adj* monastic
Manainn *nf*: **Oileán Mhanann** Isle of Man
Manainnis *nf2* (LING) Manx
Manannach *adj* Manx ♦ *nm1* Manxman
Manchain *nf4* Manchester
mandairín *nm4* (*orange*) mandarin
mangaire *nm4* peddler; haggler; hawker
mangaireacht *nf3* peddling; haggling; hawking
mangarae *nm4* (*cheap goods*) junk
manglam *nm1* hotchpotch; (*drink*) cocktail
mangó *nm4* mango
mánla *adj* gentle, tender; demure
mant *nm3* (*in teeth, knife etc*) gap; **mant a bheith ionat** to have a gap in one's teeth
mantach *adj* gap-toothed; toothless; inarticulate; (*edge, blade etc*) chipped, jagged
mantóg *nf2* muzzle, gag; **mantóg a chur i nduine** to gag sb
maoil *nf2* rounded summit; hillock, bald patch; tip; **bhí an tábla faoi mhaoil le páipéir** the table was heaped with papers; **ag cur thar maoil** brimming over; **rud a rá as maoil do chonláin** to say sth off the top of one's head, say sth on the spur of the moment
maoildearg *nf2* mulberry
maoin (*gs, pl* ~**e**) *nf2* property; wealth, fortune; **maoin phearsanta** private property; **maoin shaolta** worldly goods; **maoin ghoidte** stolen property
maoineas *nm1* endowment
maoinigh *vt* finance; endow
maoirseacht *nf3* stewardship; supervision
maoirseoir *nm3* supervisor
maoiseog *nf2* (*of potatoes etc*) heap; **gol in áit na maoiseoige** to cry over spilt milk
maoithneach *adj* emotional, sentimental; melancholy
maoithneachas *nm1* sentimentality
maol *adj* bald; bare; (*animal*) hornless; (*person*) dense; (*knife etc*) blunt; (MUS) flat ♦ *nm1* dense person; (MUS) flat; **tá sé maol marbh** he is stone dead; **bheith maol** to be bald; **bheith ag éirí maol** to be going bald
maolaigh *vt, vi* (*force, intensity*) decrease; (*pain etc*) alleviate; (*pace etc*) slacken; (*view, reply*) moderate; subside; (*mind*) dull; **luas a mhaolú** to reduce speed; **maolaíonn barraíocht de an intinn** too much of it dulls the mind; **mhaolaigh ar m'fhearg** my anger subsided
maolaire *nm4* bumper; (*also* COMPUT) buffer; absorber
maolaisnéis *nf2* understatement
maolaitheach *adj* alleviating; extenuating
maolaitheoir *nm3* (AUT) dimmer, dipper
maolcheann *nm1* (IRL: HIST) roundhead
maolchluasach *adj* subdued; crestfallen
maolgháire *nm4* chuckle; **maolgháire a dhéanamh** to chuckle
maolintinneach *adj* (*person*) dense, obtuse
maolscríobach *adj* (*work etc*) sloppy, slipshod
maolú *nm* slackening; alleviation; mitigation; let-up
maoluillinn *nf2* obtuse angle
maonáis *nf2* mayonnaise
maor *nm1* steward; (*of institution*) warden; (MIL) major; (*in school*) prefect; (SPORT) umpire; **maor géim** gamekeeper; **maor líne** linesman; **maor cúil** (*Gaelic games*) (goal) umpire; **maor tráchta** traffic warden; **maor uisce** water bailiff
maorga *adj* elegant; stately
maorlathach *adj* bureaucratic
maorlathas *nm1* bureaucracy
maos *nm1*: **bheith ar maos (le)** to be soaked *or* saturated (with); **rud a chur ar maos (i)** to steep sth (in)
maoth *adj* soft; tender; moist; sentimental
maothaigh *vt, vi* soften; moisten, soak
maothán *nm1* (ear) lobe
mapa[1] *nm4* mop
mapa[2] *nm4* map

mapáil[1] *vt* mop
mapáil[2] *vt* map

EOCHAIRFHOCAL

mar *prep* **1** (*in comparisons*) like; such; as; **cóta mar an cóta s'agatsa** a coat like yours; **bean mar an bhean sin** a woman such as that
2 (*manner*) like; **mar seo/sin** like this/that; **sin mar atá sé** that's the way of it
3 (*in capacity of*) as, for; **ag obair mar rúnaí** working as a secretary; **mar bhronntanas** as a present; **mar shampla** for example
4 (*referring to aforementioned*): **fág é mar scéal** forget the matter; **tháinig sí inné mar Bhríd** Bríd came yesterday
5 (*with substantive vb*) namely, that is to say; **ní raibh ann ach aon duine amháin, mar atá, cailín as Doire** there was only one person there, that is a girl from Derry
♦ *conj* **1** (*cause*) since, because; **fan sa bhaile mar tá slaghdán ort** stay at home since you have a cold
2 (*manner*) as, how; **fan mar atá tú** stay as you are
3 (*place: with dependent form of verb*) where; **fan mar a bhfuil tú** stay where you are
4 (*resembling*) as, like; **tá cuma air mar a bheadh tinneas air** he looks as if he's sick; **bhí sé ag screadach mar a bheadh fear mire ann** he was screaming like a madman
♦ *adv* **1** as: **déan mar is mian leat** do as you like; **dá fheabhas mar atá sé** no matter how good it is
2 (*in fixed phrases*): **mar sin féin** all the same; **mar sin de** therefore; **agus mar sin de** and so forth; **mar an gcéanna** likewise; **mar siúd is mar seo** this way and that; **mar dheá** as if!, fat chance!; **gur mar sin duitse!** it serves you right!

mara *see* **muir**
marachuan *nm1* marijuana
Maracó *nm4* Morocco
maraigh *vt* kill; (*fish*) catch
marana *nf4* contemplation; **do mharana a dhéanamh (ar rud)** to reflect (on sth)
maranach *adj* thoughtful
maránta *adj* gentle, placid; mild
marascal *nm1* marshal
maratón *nm1* marathon
marbh *adj* dead; (*feeling*) numb; exhausted; (*water*) stagnant; (*COMM, money*) unused; (*pain, colour*) dull ♦ *nm1* dead person; deceased; **marbh tuirseach** dead tired; **tá mé marbh leis an déideadh** I'm dying with toothache; **éirí ó mhairbh** to rise from the dead; **Féile na Marbh** All Souls' Day; **cuimhnigh ar na mairbh** remember the dead
marbhán *nm1* corpse, body; dead heat
marbhánta *adj* (*weather*) close, oppressive; (*person*) lifeless, lethargic; (*business*) slack, stagnant
marbhántacht *nf3* lethargy; inertia; stagnation
marbhchiúnas *nm1* dead silence
marbhghin *nf2* stillborn child
marbhlann *nf2* mortuary; morgue
marbhna *nm4* elegy
marbhsháinn *nf2* checkmate
marbhsholas *nm1* half light
marbhshruth *nf3* (*NAUT*) wake; turn of the tide
marbhuisce *nm4* backwater
marc (*pl* **~anna**) *nm1* mark; target; set time; (*on clothes, sheep etc*) brand mark
marcach *nm1* rider; horseman
marcaigh *vt, vi* ride
marcáil *vt* mark (out)
marcaíocht *nf3* riding; ride; drive; lift; **scoil mharcaíochta** riding school; **marcaíocht a fháil go Gaillimh** to get a lift to Galway
marcálaí *nm4* (*also SPORT*) marker; sign
marcóir *nm3* (*pen*) marker
marcshlua *nm4* cavalry
marfach *adj* deadly, fatal, lethal
marfóir *nm3* killer
margadh (*pl* **margaí**) *nm1* market; agreement; bargain; **margadh caorach**

sheep market; **margadh dubh** black market; **teacht ar an margadh** (*product*) to come on to the market; **margadh maith a fháil** to get a good deal; **ní raibh sin sa mhargadh** that was not part of the deal

margaigh *vt* market

margáil *nf3* bargaining; haggling; negotiation; **bheith ag margáil (le duine)** to bargain *or* haggle (with sb)

margaíocht *nf3* marketing

margairín *nm4* margarine

marglann *nf2* mart

marla *nm4* Plasticine ®; (*fig*) weakling

marmaláid *nf2* marmalade

marmar *nm1* marble

maróg *nf2* pudding; (*stomach*) paunch; (*inf*) beer belly; **maróg ríse** rice pudding; **dul chun maróige** to develop a paunch

Mars *nm3* (*planet*) Mars

marsantacht *nf3* merchandise

mart *nm1* (*slaughtered*) cow; bullock; **ceathrú mhairt** quarter of beef

Márta *nm4* March

martbhorgaire *nm4* beefburger, hamburger

marthain *nf3* existence; **ar marthain** alive; extant

marthanach *adj* lasting; everlasting; permanent; (*colour*) fast

marthanas *nm1* survival

marthanóir *nm3* survivor

marú *nm* killing; slaughter

marún *adj, nm1* maroon

Marxach *adj, nm1* Marxist

más[1] *nm1* buttock; thigh

más[2] = **má** *conj* + **is**[1]; **más maith leat é** if you like it; **más ea** if so, even so

másailéam *nm1* mausoleum

masc *nm1* mask

mascára *nm4* mascara

masla *nm4* insult, slur; strain; **masla a thabhairt do dhuine** to insult sb; **ná cuir masla ort féin leis** don't overstrain yourself with it

maslach *adj* insulting, abusive; (*breathing*) laboured; (*work*) heavy

maslaigh *vt* insult, abuse; overstrain

masmas *nm1* nausea; **masmas a chur ar dhuine** to nauseate sb

masmasach *adj* nauseous, nauseating

mata *nm4* mat; **mata tairsí** doormat; **mata boird** table mat

máta *nm4* (NAUT) mate

matal *nm1* mantelpiece

matalang *nm1* disaster, catastrophe

matamaitic *nf2* mathematics, maths

matamaiticeoir *nm3* mathematician

matamaiticiúil *adj* mathematical

matán *nm1* muscle; **matán a tharraingt** (SPORT) to pull a muscle

matánach *adj* muscular

máthair (*pl* **máthar**, *pl* **máithreacha**) *nf* mother; **máthair chéile** mother-in-law; **máthair mhór** granny; **máthair altrama** foster mother

máthairab *nf3* abbess

máthartha *adj* maternal; **teanga mhátharthа** mother tongue

mátrún *nm1* matron

mb (*remove "m"*) *see* **b...**

mé *pron* I, me

meá (*pl* ~**nna**) *nf4* scales, balance; measure; **meá ar mheá** on level terms; **idir dhá cheann na meá** hanging in the balance; **an Mheá** (ASTROL) Libra

meabhair (*gs* **meabhrach**) *nf* mind; memory; (*sense*) reason; meaning; **bheith gan mheabhair** to be unconscious; **dul/bheith as do mheabhair** to go/be mad; **meabhair a bhaint as rud** to make sense of sth

meabhrach *adj* mindful; conscious; thoughtful; intelligent

meabhraigh *vt, vi* remember; remind; memorize; **meabhrú do dhuine rud a dhéanamh** to remind sb to do sth; **meabhrú ar rud** to reflect on sth

meabhraíocht *nf3* awareness; intelligence

meabhrán *nm1* memo, memorandum

meacan *nm1* tuberous root; **meacan bán/biatais/dearg** parsnip/beetroot/carrot

meáchan *nm1* weight; **titim chun meáchain** to put on weight; **tógáil meáchan** (SPORT) weight lifting

meáchanlár *nm1* centre of gravity
méad *n* amount, number, quantity; **cá mhéad** + *nom sg* how many?; **cá mhéad** + *gen* how much?; **ar a mhéad** at the (very) most; **cá mhéad atá air?** how much is it?; **dá mhéad a oibríonn sé is amhlaidh is mó a shaothraíonn sé** the more he works, the more he earns; *see also* **méid**
méadaigh *vt, vi* increase; (*person*) grow; enlarge; magnify; **méadú ar rud** to add to sth
meadáille *nm4* medallion
méadaíocht *nf3* increase; self-importance; **teacht i méadaíocht** to grow up
méadaitheach *adj* increasing
méadar *nm1* meter; metre
meadarach *adj* (POETRY) metrical
meadaracht *nf3* (POETRY) metre
meadhrán *nm1* vertigo, dizziness; exhilaration; bewilderment; **meadhrán a bheith i do cheann** to be *or* feel giddy; **tá an cheist seo ag déanamh meadhráin dom** this question is baffling me
méadrach *adj* metric
méadú *nm* increase; multiplication; rise; (PHOT) blow-up, enlargement
meafar *nm1* metaphor
meafarach *adj* metaphorical
meaig *nf2* magpie
meáigh *vt, vi* balance, weigh; (*situation, options*) consider; (*words*) measure
meaisín *nm4* machine
meaisíneoir *nm3* machinist
meaisínghunna *nm4* machine gun
meaisínre *nm4* machinery
meáite *adj*: **bheith meáite ar rud a dhéanamh** to be intent *or* set on doing sth
meala *see* **mil**
mealbhacán *nm1* melon
mealbhóg *nf2* pouch; leather bottle
meall[1] *vt, vi* charm; coax, entice; delude, deceive; disappoint
meall[2] (*pl* **~ta**) *nm1* ball; lump; protuberance; **meall súile** eyeball; **meall sneachta** snowball; **meall ime** knob of butter; **meall mór** (*inf*) VIP, big shot; **agus an meall mór ar deireadh** and last but not least
meallacach *adj* alluring; attractive; sexy
meallacacht *nf3* attractiveness; allure
mealladh (*gs* **meallta**, *pl* **mealltaí**) *nm* attraction, lure; deception; **mealladh a bhaint as duine** to disappoint *or* deceive sb
meallta *vadj* disappointed
mealltach *adj* enticing; deceptive; disappointing
meamhlach *nf2* miaow(ing)
meamram *nm1* parchment; memorandum
meán *nm1* middle; medium; average; **na meáin** *nmpl1* the media; **an meán lae** midday; **ar meán** on average; **an mhéar mheáin** the middle finger
meán- *prefix* medium, middle; average, mean; (SCOL, *course, level*) intermediate
meanach *nm1* entrails
meánach *adj* average; medium, middle; intermediate
meánaicme *nf4* middle class, bourgeoisie
meánaicmeach *adj* middle-class
meánaois *nf2* middle age; **an Mheánaois** the Middle Ages
meánaoiseach *adj* medieval
meánaosta *adj* middle-aged
méanar *adj*: **is méanar duit** lucky you, it's well for you
meáncheannaí *nm4* middleman
meánchiorcal *nm1* equator
meancóg *nf2* mistake, blunder; **meancóg a dhéanamh** to make a mistake
meandar *nm1* instant, moment
méanfach *nf2* yawn(ing); **méanfach a dhéanamh** to yawn
Meán Fómhair *nm* September
meang *nf2* deceit
meangadh (*gs* **meangtha**) *nm*: **meangadh (gáire)** smile; **meangadh a dhéanamh** to smile
meanma (*gs* **~n**) *nf* morale, spirit; courage; **ardú meanman** (psychological) boost

meánmheáchan *nm1* (BOXING) middleweight
Meánmhuir *nf3*: **an Mheánmhuir** the Mediterranean (Sea)
Meánmhuirí *adj* Mediterranean
meanmnach *adj* spirited; lively
meann *adj*: **an Mhuir Mheann** the Irish Sea
meánna *see* **meá**
meannán *nm1* (*animal*) kid
meannleathar *nm1* kid leather
Meánoirthear *nm1*: **an Meánoirthear** the Middle East
meánscoil (*pl* ~**eanna**) *nf2* secondary school
meantán *nm1* (*bird*) tit
meánteistiméireacht *nf3* (IRL, SCOL) intermediate certificate, ≈ GCSE
meántonn *nf2* (RADIO) medium wave
mear (*gsm* **mear**) *adj* quick, lively; (*action*) hasty
méar *nf2* finger; digit; **rud a bheith ar bharr na méar agat** to have sth at one's fingertips; **rud a chur ar an mhéar fhada** to postpone sth indefinitely
méara *nm4* mayor
méaracán *nm1* thimble
mearadh *nm1* insanity
mearaí *nf4* bewilderment; **meascán mearaí a bheith ort** to be bewildered *or* confused
méaraí *adj* digital
mearaigh *vt, vi* derange; perplex, baffle
méaraigh *vt* finger; **leabhar a mhéarú** to thumb a book
mearbhall *nm1* bewilderment; confusion; dizziness; error; **mearbhall a bheith ort** to be confused *or* dizzy
mearbhlach *adj* bewildered; bewildering; erratic; incorrect
mearcair *nm4* mercury; **Mearcair** (*planet*) Mercury
méarchlár *nm1* keyboard
meargánta *adj* foolhardy, reckless; stubborn
mearghrá *nm4* infatuation
méarlorg *nm1* fingerprint
méarnáil *nf3* groping; **ag méarnáil sa dorchadas** groping in the dark
mearóg *nf2* (vegetable) marrow, squash
méaróg *nf2* pebble; **méaróg éisc** (CULIN) fish finger
mearú *nm* bewilderment; distraction; mental aberration
meas *nm3* opinion; respect♦ *vt, vi* estimate; expect; think; assess; **cad é do mheas ar ...?** what do you think of ...?; **is é mo mheas go ...** my estimation is that ...; **meas a bheith agat at dhuine** to respect sb; **mise, le meas** (*in letters*) yours respectfully; **cás a mheas** to assess a case; **mheas sé go n-éireodh leis** he thought he'd succeed
measa *see* **olc**
measartha *adj* moderate; fair, average; middling♦ *adv* (*quite*) fairly, reasonably
measarthacht *nf3* moderation; fair amount
measc[1] *vt, vi* mix, mix up; (*pot*) stir; **pósadh measctha** mixed marriage
measc[2] : **i measc** + *gen prep* among; **dul i measc** + *gen* to mingle with
meascach *nm1* half-caste
meascán *nm1* mixture; muddle; **meascán mearaí** confusion; jigsaw puzzle
meascra *nm4* (MUS *etc*) medley; miscellany
measctha *vadj* assorted, mixed
meascthóir *nm3* mixer
meastachán *nm1* estimate
meastóireacht *nf3* appraisal
measúil *adj* reputable, respectable; respectful
measúlacht *nf3* respectability
measúnacht *nf3* assessment
measúnaigh *vt* assess
measúnóir *nm3* assessor
measúnú *nm* assessment
meata *adj* sickly; cowardly, spineless; **gníomh meata** cowardly deed
meatach *adj* declining; decadent
meatachán *nm1* coward; weakling; sickly person
meatacht *nf3* cowardice; decay
meath *vi* decline; decay; waste away; (*eyesight, health, light etc*) fail♦ *nm3* decay; decline; failure; **tá mo radharc ag**

meath my eyesight is failing; **meath na Gaeilge** the decline of the Irish language; **mheath na barra** the crops failed
meathbhruith *nf2* (CULIN): **ar meathbhruith** simmering
meathlaigh *vi* decline, deteriorate; fail; degenerate
meathlú *nm* decline; decay; degeneration
Meice *nf4* Mecca
meicneoir *nm3* mechanic
meicnic *nf2* mechanics
meicníocht *nf3* mechanism
meicniúil *adj* mechanical
Meicsiceach *adj, nm1* Mexican
Meicsiceo *nm4* Mexico
méid[1] *nm4* amount, number, quantity; **an méid airgid atá aige** the amount of money he has; **an méid sin leabhar** that number of books; **an méid againn a d'fhan** those of us who stayed; **sa mhéid go** in so far as
méid[2] *nf2* magnitude; size; **dul i méid** to grow bigger; **de réir méide** according to size
meidhir *nf2* merriment; fun; (high) spirits
meidhreach *adj* cheerful; frisky; lively
meidhréis *nf2* mirth; friskiness
meigeall *nm1* goatee; goat's beard
meigeallach *nf2* (*of goat*) bleat(ing)
meigibheart *nm1* (COMPUT) megabyte
meil *vt, vi* grind, crush; chew; waste; **am a mheilt** to kill time; (SPORT) to waste time
méileach *nf2* (*of sheep*) bleat(ing)
meilt *nf2* crushing
meilteoir *nm3* grinder; crusher
méin *nf2* disposition, nature; mind
méine *see* **mian**
meiningíteas *nm1* meningitis
méiniúil *adj* friendly
meirbh *adj* languid; (*weather*) close
meirdreach *nf2* prostitute, whore
meireang *nm4* meringue
meirg *nf2* rust; **meirg a thógáil** to rust; **seanscéal is meirg air** a familiar story
meirgdhíonach *adj* rustproof
meirge *nm4* banner, standard
meirgeach *adj* rusty; irritable
meirgigh *vt, vi* rust
Meiriceá *nm4* America; **Meiriceá Laidineach** Latin America; **Meiriceá Láir** Central America; **Meiriceá Theas** South America; **Meiriceá Thuaidh** North America
Meiriceánach *adj, nm1* American; **Meiriceánach Laidineach** Latin American; **Meiriceánach Theas** South American
méirínteacht *nf3* meddling; **bheith ag méirínteacht ar** *or* **le rud** to fiddle with sth
meirleach *nm1* outlaw
meisce *nf4* intoxication, drunkenness; **bheith ar meisce** to be drunk; **teacht as meisce** to sober up
meisceoir *nm3* drunk, drunkard
meisciúil *adj* intoxicating; (*addicted*) alcoholic
méise *see* **mias**
méiseáil *nf3* messing; **bheith ag méiseáil le rud** to mess about with sth
Meisias *nm4* Messiah
meitéareolaíocht *nf3* meteorology
méith *adj* (*person etc*) fat; (*land*) fertile, rich
meitheal *nf2* (*of workmen*) gang; (MIL) party
Meitheamh *nm1* June
meitifisic *nf2* metaphysics
meon (*pl* ~**ta**) *nm1* (*of person*) nature, disposition, temperament; (*of movement etc*) spirit
meonúil *adj* whimsical; fanciful
mh (*remove "h"*) *see* **m...**
Mí *nf4*: **an Mhí** Meath
mí (*gs* ~**osa**, *pl* ~**onna**) *nf* month; **mí na meala** honeymoon; **ar an bhfichiú lá de Mhí an Mheithimh** on June 20th; **i Mí na Bealtaine, 1992** in May, 1992
mí- *prefix* bad, evil, ill, mis-, un-
mí-ádh *nm1* bad luck, misfortune; **mí-ádh a bheith ort** to be unlucky
mí-áireamh *nm1* miscalculation
mí-áisiúil *adj* inconvenient
mí-ámharach *adj* unlucky
mian (*gs* **méine**, *pl* ~**ta**) *nf2* desire, wish;

is mian léi sin a dhéanamh she wants to do that; **mianta na colainne** the desires of the flesh; **do mhian a fháil** to get what one wants
mianach *nm1* ore; mine; (*of person*) potential; calibre; **mianach guail** coal mine, colliery; **mianach talún** landmine; **mianach maith a bheith ionat** to have potential
mianadóir *nm3* miner; **mianadóir guail** coal miner
mianadóireacht *nf3* mining
mianra *nm4* mineral
mianrach *adj* mineral
mias (*gs* **méise**) *nf2* dish; basin, bowl
miasniteoir *nm3* dishwasher
míbhail *nf2* bad condition; **míbhail a thabhairt ar rud** to abuse sth
míbhéas *nm3* bad habit; **míbhéasa** bad manners
míbhéasach *adj* ill-mannered, rude
míbhuíoch *adj* ungrateful; displeased
míbhuntáiste *nm4* disadvantage
míbhuntáisteach *adj* disadvantageous
mic *see* **mac**
mícháiliúil *adj* infamous
míchairdiúil *adj* unfriendly
míchaoithiúil *adj* inconvenient
míchaoithiúlacht *nf3* inconvenience
míchéadfa *nf4* bad mood; rudeness
míchéadfach *adj* bad-tempered; rude
mícheart *adj* incorrect, wrong
míchéillí *adj* foolish
míchiall (*gs* **míchéille**) *nf2* misinterpretation; **míchiall a bhaint as rud** to misunderstand sth
míchineálta *adj* unkind
míchinniúint *nf3* doom, ill fate
míchinniúnach *adj* ill-fated
míchleachtas *nm1* malpractice
míchlú *nm4* ill repute; **míchlú a tharraingt ar rud** to bring sth into disrepute
míchlúiteach *adj* disreputable; infamous
míchóiriúil *adj* (*wind etc*) unfavourable
míchomhairle *nf4* bad advice
míchompord *nm1* discomfort
míchompordach *adj* uncomfortable
míchothrom *adj* unbalanced, uneven; (*ground*) rough; unfair
michreidiúnach *adj* untrustworthy
míchreidmheach *adj* misbelieving
míchruinn *adj* inaccurate, inexact
míchuí *adj* improper, undue
míchuibheasach *adj* immoderate
míchuibhiúil *adj* unfitting, unseemly
míchuimseach *adj* extravagant
míchumas *nm1* inability; disability
míchumasach *adj* incapable; disabled
míchumtha *adj* deformed; ugly
míchúramach *adj* careless
micrea-, micri- *prefix* micro-
micreafón *nm1* microphone
micreaphróiseálaí *nm4* microprocessor
micreascannán *nm1* microfilm
micreascóp *nm1* microscope
micrifís *nf2* microfiche
micriríomhaire *nm4* microcomputer, micro
micrishlis *nf2* microchip
mídhaonna *adj* inhuman
mídhealraitheach *adj* (*story*) unlikely; implausible
mídhíleá *nm4* indigestion, dyspepsia
mídhílis *adj* disloyal, unfaithful
mídhílseacht *nf3* infidelity
mídhleathach *adj* illegal
mídhlisteanach *adj* illegitimate; disloyal
mí-eagar *nm1* disorder; **i** *or* **ar mí-eagar** in disarray
mífhabhrach *adj* unfavourable
mífheiliúnach *adj* unsuitable
mífhoighne *nf4* impatience
mífhoighneach *adj* impatient
mífhóirsteanach *adj* unsuitable
mífholláin *adj* unhealthy
mífhortún *nm1* misfortune
mífhortúnach *adj* unfortunate
míghar *nm1* disservice
mígheanasach *adj* indecent; immodest
mígheanmnaí *adj* unchaste
míghléas *nm1* malfunction; **ar míghléas** out of order
míghnaíúil *adj* unpopular; mean
míghnaoi *nf4* ugliness; meanness; **míghnaoi a chur ar rud** to spoil the

look of sth
mígníomh *nm1* misdemeanour
míghreann *nm1* mischief
mígréin *nf2* migraine
mí-iompar *nm1* misconduct; misbehaviour
mí-ionracas *nm1* dishonesty
mí-ionraic *adj* dishonest
mil (*gs* **meala**) *nf3* honey; **briathra meala** sweet words
Milan *nm4* Milan
míle (*pl* **mílte**) *nm4* thousand; mile; **míle punt** a thousand pounds; **na mílte bliain** thousands of years; **go raibh míle maith agat** thanks a million
míleáiste *nm4* mileage
míleata *adj* military
míleatach *adj, nm1* militant
mílemhéadar *nm1* mileometer
milis (*gsf, pl, compar* **milse**) *adj* sweet; (*talk*) flattering
míliste *nm4* militia
mílítheach *adj* sickly, pale; pallid
míliú *num, adj, nm4* thousandth
mill *vt, vi* spoil; ruin; **an oíche a mhilleadh ar dhuine** to spoil the night for sb; **páiste a mhilleadh** to spoil a child
milleadh (*gs* **millte**) *nm* destruction; spoiling; ruination
milleagram *nm1* milligram(me)
milleán *nm1* blame; **an milleán a chur ar dhuine (as/faoi)** to blame sb (for); **(is) air féin an milleán** it's his own fault
milliméadar *nm1* millimetre
millín *nm4* pellet; bud; **millíní leamhan** mothballs
milliún *nm1* million; **milliún punt** a million pounds; **na milliúin bliain** millions of years
milliúnaí *nm4* millionaire
milliúnú *num, adj, nm4* millionth
millte *see* **milleadh**
millteach *adj* destructive; terrible
millteanach *adj* horrible, terrible; enormous; **tá sé millteanach trom** it is extremely heavy
millteanas *nm1* destruction
milseacht *nf3* sweetness; flattery
milseán *nm1* sweet
milseog *nf2* dessert; sweet
milseogra *nm4* confectionery
milsigh *vt, vi* sweeten
milsíneacht *nf3* sweet things
mílte *see* **míle**
mím *nf2* (*pl* ~**eanna**) mime ♦ *vt, vi* mime
mímhacánta *adj* dishonest
mímhacántacht *nf3* dishonesty
mímhaiseach *adj* unbecoming, unsightly
mímhodhúil *adj* immodest; graceless
mímhorálta *adj* immoral
mímhoráltacht *nf3* immorality
mímhuinín *nf2* distrust
mímhúinte *adj* impolite, ill-mannered, rude
min *nf2* (*flour*) meal; **min choirce** oatmeal; **min sáibh** sawdust
mín *adj* soft, smooth; (*manner*) suave, courteous; (*cloth*) fine ♦ *nf2* level land; (*in hills*) grassland
mínádúrtha *adj* unnatural
mínáireach *adj* shameless
minc (*pl* ~**eanna**) *nf2* mink
míneas *nm1* minus (sign)
minic *adj* frequent ♦ *adv* often, frequently; **go minic** often; **níos minice** more often; **minic go leor** often enough; **is minic a fheictear iad** they are often seen
minicíocht *nf3* (RADIO, ELEC) frequency
mínigh *vt* explain; smooth (out); **rud a mhíniú** to explain sth
míníneacht *nf3* (*of person*) refinement; (*food*) delicacy; (*of mind*) subtlety
ministir *nm4* (REL) minister
ministreacht *nf3* (REL) ministry
mínitheach *adj* explanatory
míniú *nm* explanation; **nóta mínithe** explanatory note
míniúchán *nm1* explanation
mínleach *nm1* (GOLF) fairway
míntír *nf2* arable land; mainland
míntíreachas *nm1* cultivation; (*of land*) reclamation; **talamh a thabhairt chun míntíreachais** to reclaim land
míochaine *nf4* medicine ♦ *n gen as adj* medical

míochnú *nm* medication
miocrób *nm1* microbe
miodamas *nm1* offal; garbage
miodóg *nf2* dagger
míodún *nm1* meadow
míofar *adj* ugly
mí-oiriúnach *adj* unsuitable; inappropriate
míol (*pl* ~**ta**) *nm1* animal; insect; louse; **míol mór** (ZOOL) whale; **míol gorm** blue whale
míolach *adj* lousy, dirty; mean
míoleolaí *nm4* zoologist
míoleolaíocht *nf3* zoology
míolra *nm4* vermin
míoltóg *nf2* midge
mion *adj* fine; powdered; detailed; **rud a scrúdú go mion** to examine sth closely; **cuntas mion** detailed account
mion- *prefix* small; minor; micro-
mionaigh *vt, vi* mince; powder; crumble
mionairgead *nm1* petty cash
mionairm *nmpl1* small arms
mionaoiseach *nm1* (LAW) minor
mionbhrístín *nm4* (*clothes*) briefs
mionbhruar *nm1* crumbs; fragments
mionbhus *nm4* minibus
mionchaint *nf2* small talk
mionchatach *adj* (*hair*) frizzy
mionchóir *n*: **ar mhionchóir** on a small scale
mionchúiseach *adj* meticulous; trivial
mionda *adj* petite
miondealú *nm* (*of accounts etc*) breakdown
miondíol *nm3* retail♦ *vt* retail
miondíola *n gen as adj* retail
miondíoltóir *nm3* retailer
mionduine *nm4* (*person*) inferior; nobody
mionduirling *nf2* shingle (beach)
mionéadach *nm1* haberdashery; **mionéadaí** haberdashery
mionfheoil *nf3* minced meat
mionghadaí *nm4* petty thief
mionghadaíocht *nf3* pilfering
mionghháire *nm4* smile; **mionghháire a dhéanamh** to smile
mionghearr *vt* cut (up); chop; shred
mionghléas *nm1* (MUS) minor key
mionghoid (*gs* **mionghada**) *nf* petty theft
mionlach *nm1* minority
mionleasaigh *vt* touch up
mionn *nm3* oath; **mionn mór** oath, swearword; **faoi mhionn** under oath, on oath; **mionnaí móra a stróiceadh** to curse and swear; **mionn éithigh** false oath, perjury
míonna *see* **mí**
mionnaigh *vt, vi* swear (in)
mionnscríbhinn *nf2* affidavit
mionnú *nm* swearing; **mionnú éithigh** perjury
mionoifigeach *nm1* petty officer
mionpháirt *nf2* secondary part; small detail
mionphointe *nm4* minor detail, small point
mionra *nm4* (CULIN) mince, mincemeat (*US*)
mionrud *nm3* trifle, triviality; **mionrudaí** sundries
mionsamhail *nf3* miniature; model
mionsciorta *nm4* miniskirt
mionscrúdaigh *vt* examine closely, scrutinize
mionscrúdú *nm* detailed examination
mionsonra *nm4* minor detail, particular
Mionta *nm4*: **An Mionta** ≈ the Royal Mint, the Mint
miontas *nm1* mint
mionteagasc *nm1* (LAW) brief
miontóir *nm3* mincer
miontuairisc *nf2* detailed account; **miontuairiscí** (*of meeting*) minutes
mionúr *adj, nm1* (REL, SPORT) minor
mí-ordú (*gs* **mí-ordaithe**) *nm* disorder, disarray
míorúilt *nf2* miracle
míorúilteach *adj* miraculous
míosa *see* **mí**
míosachán *nm1* (*magazine etc*) monthly
mioscais *nf2* spite; malice; rancour; **mioscais a chothú** to stir trouble
mioscaiseach *adj* spiteful; malicious; mischievous
míostraigh *vi* to menstruate

míostrú (*gs* **míostraithe**) *nm* menstruation
míosúil *adj* monthly
miosúr *nm1* measure; measurement; **miosúr duine a thógáil** to measure sb; **as miosúr** exceeding, limitless
miotaigh *vt* nibble; whittle away
miotal *nm1* metal; (*of person*) mettle; **miotal a bheith ionat** to be tough *or* hardy
miotalach *adj* metallic; (*fig*) wiry, hardy
miotas *nm1* myth
miotasach *adj* mythical
miotaseolaíocht *nf3* mythology
miotóg *nf2* glove; mitt(en); nip; punch; **miotóg a bhaint as duine** to pinch sb
mír (*pl* ~**eanna**) *nf2* bit, portion; (*on agenda, programme*) item; (*of line*) segment; (*MUS*) phrase; (*THEAT*) number, routine; (*of book*) section; (*GRAM*) particle; **mír nuachta** item (of news); **míreanna mearaí** jigsaw (puzzle)
mírcheann *nm1* (*of article*) heading
mire *nf4* speed; ardour; madness; **bheith/dul ar mire** to be/go mad
míréasúnta *adj* unreasonable
míréir *nf2* disobedience; **míréir duine a dhéanamh** to disobey sb
mírialta *adj* unruly; (*LING*) irregular
míriar *nm4* mismanagement ♦ *vt* mismanage
mirlín *nm4* (*toy*) marble
mírún *nm1* malice
mísc *nf2* mischief
mise *pron* (*emphatic*) I; me; **mise atá ann** it's me; **cé atá ann? - mise** who is it? - it's me; **cé a bhris é? - mise** who broke it? - I did
misean *nm1* mission
míshásamh *nm1* displeasure, dissatisfaction; **míshásamh a chur ar dhuine** to displease sb
míshásta *adj* displeased; dissatisfied; awkward
míshástacht *nf3* displeasure, dissatisfaction
míshásúil *adj* unsatisfactory
míshibhialta *adj* rude
míshlachtmhar *adj* untidy; scrappy; (*work*) shabby; unsightly
míshocair *adj* uneasy; unsteady
míshona *adj* unhappy
míshonas *nm1* unhappiness
míshuaimhneach *adj* restless, ill-at-ease
míshuaimhneas *nm1* discomfort, disquiet
misinéir *nm3* missionary
misneach *nm1* courage; morale; **do mhisneach a chailleadh** to lose heart; **misneach a thabhairt do dhuine** to give sb courage; **níor chaill fear an mhisnigh riamh** fortune favours the brave
misnigh *vt* encourage; cheer up; cheer on
misniúil *adj* courageous, brave; hopeful
miste *adj* = **measa** + **de**; **ní miste liom** I don't mind; **ba mhiste dom é** it mattered to me; **is miste léi faoin chúis seo** she cares about this cause; **an miste leat?** do you mind?; **níor mhiste dul ann** it wouldn't do any harm to go
misteach *adj, nm1* mystic
misteachas *nm1* mysticism
mistéir *nf2* mystery
mistéireach *adj* mysterious
mistíc *nf2* mystique
místuama *adj* clumsy; thoughtless
míthaitneamh *nm1* dislike; **míthaitneamh a thabhairt do dhuine/rud** to take a dislike to sb/sth
míthaitneamhach *adj* disagreeable; unattractive; unpleasant
míthapa *nm4* mishap; rash action; inactivity; **a mhíthapa a bhaint as duine** to make sb lose their temper
mítharraingteach *adj* unattractive
mithid *adj*: **is mithid é** it is overdue; **is mithid di críochnú** it is time for her to finish
míthráthúil *adj* untimely; inopportune; ill-timed
míthreorach *adj* bewildered; misleading
míthrócaireach *adj* merciless
míthuairim *nf2* misconception
míthuiscint (*gs* **míthuisceana**) *nf3* misunderstanding
mitín *nm4* glove, mitt(en)
miúil *nf2* mule

mí-úsáid *nf2* abuse; misuse; **mí-úsáid a bhaint as rud** to misuse sth
mná *gs, npl of* **bean**
mo (*before vowel or* **fh** = **m'**) *poss adj* my; **mo bhlús** my blouse; **m'fhoclóir** my dictionary; **m'atlas** my atlas; **m'anam!** upon my soul!; **tá sí do mo phógadh** she is kissing me
mó[1] *adj*: **an mó ...?** how many ...?
mó[2] *see* **mór**
moch (*gsm* **moch**) *adj* early
modartha *adj* dark; (*water*) murky; (*person*) morose
modh (*pl* ~**anna**) *nm3* mode, method; procedure; (LING) mood; (MUS) mode; **an modh díreach** (SCOL) direct method; **i modh rúin** in confidence; **modh íocaíochta** method of payment; **tá modh ina mhire** there's method in his madness
Modhach *adj, nm1* Methodist
modhnaigh *vt* modify
modhnóir *nm3* moderator
modhúil *adj* modest; decent; mannerly
modhúlacht *nf3* modesty; decency; politeness
modúl *nm1* module
mogall *nm1* mesh; pod; **mogall súile** eyelid
mogalra *nm4* network; grid
moghlaeir *nm3* boulder
móid (*pl* ~**eanna**) *nf2* vow; **móid a thabhairt** to make a vow
móide = *compar of* **mór** + **de** *prep* plus; more; **is móide mo shonas sin a chluinstin** I am all the happier for hearing that; **ní móide go bhfuil siad ann** it's unlikely that they're there; **a seacht móide a deich** seven plus ten
móideim *nm4* modem
móidigh *vt, vi* vow
móidín *nm4* devotee
moiglí *adj* soft; easy-going; placid
móihéar *nm1* mohair
móilín *nm4* molecule
moill (*pl* ~**eanna**) *nf2* delay; hindrance; **moill a bhaint as rud** to slow sth down *or* up; **moill a chur ar dhuine** to delay sb; **gan mhoill** soon; **moill éistigh a bheith ort** to be hard of hearing; **moill seachtaine** a week's delay
moille *see* **mall**
moilleadóireacht *nf3* delaying; dawdling; procrastination
moilligh *vt, vi* delay, linger, slow down, slow (up)
moillitheach *adj* delaying; hesitant
móimint *nf2* moment
móiminteam *nm1* momentum
móin (*pl* ~**te**) *nf3* peat, turf; bog land
móinéar *nm1* meadow
moing (*pl* ~**eanna**) *nf2* mane; hair; (*of vegetation*) cover
móinteach *nm1* heath, moorland
móinteán *nm1* moor; bog
móipéid *nf2* moped
móiréiseach *adj* haughty, pretentious; stuck-up
moirfín *nm4* morphine
moirt *nf2* dregs; mud
moirtéal *nm1* (CONSTR) mortar
moirtéar *nm1* (MIL, *vessel*) mortar
móitíf *nf2* motif
mol[1] *vt, vi* commend, praise; propose, recommend; **duine a mholadh as rud** to praise sb for sth; **rud a mholadh do dhuine** to recommend sth to sb
mol[2] *nm1* pivot; (*of wheel*) hub
moladh (*gs* **molta**, *pl* **moltaí**) *nm* praise, commendation; proposal, suggestion; **moladh a thabhairt do dhuine** to praise sb
molás *nm1* molasses
molchaidhp *nf2* hubcap
Moldóiv *nf2*: **an Mholdóiv** Moldova
moll *nm1* heap; (*of things*) large number; (*of money etc*) large amount
moltach *adj* complimentary
moltóir *nm3* proposer, nominator; (SPORT) umpire; (*in competition*) adjudicator
mómhar *adj* graceful; mannerly; self-content
monabhar *nm1* murmur(ing)
Monacó *nm4* Monaco
monagamach *adj* monogamous
monaplacht *nf3* monopoly

monarc (*pl* ~**aí**) *nm4* monarch
monarcacht *nf3* monarchy
monarcha (*gs* ~**n**, *pl* ~**na**) *nf* factory
monaróir *nm3* manufacturer
monarú *nm* manufacture
monatóir *nm3* (*TV, COMPUT etc*) monitor
moncaí *nm4* monkey
mongach *adj* (*animal*) maned; (*person*) long-haired; (*terrain*) marshy
Mongóil *nf2*: **an Mhongóil** Mongolia
mónóg *nf2* bogberry; cranberry; bead; drop
monsún *nm1* monsoon
monuar *excl* alas
mór *nm1* much ♦ *adj* (*compar* **mó**) big, large; great ♦ *vt, vi* increase; exalt; celebrate; **a mhór a dhéanamh de rud** to make the most of sth; **athair mór** grandfather; **bhí an blús mór aici** the blouse was too big for her; **an duine is mó clú** the most famous person; **fear mór ceoil** a great man for music; **bheith mór le duine** to be friendly with sb; **ba mhór agam an cuidiú** I appreciated the help; **go mór** greatly; **go mór mór** especially; **ní mór dom é a cheannach** I have to buy it; **céad punt nach mór** nearly a hundred pounds; **cuid mhór** + *gen* a good deal (of), a lot (of); **Peadar Mór** Peter the Great; **Seán Mór** John Senior; **fear mór le rá** famous man; **ní mó ná a bhí mé istigh** I had hardly come in; **ní mó ná go raibh sé déanta aige** he had just done it; **is mé is mó a chonaic** I saw (the) most; **den chuid is mó** for the most part; **ní chluinim níos mó é** I can't hear him any more; **níos mó daoine/oibre ná** more people/work (than)
mór- *prefix* great-, grand-; major; general
móráil *nf3* pride; vanity
mórálach *adj* proud; conceited; **bheith mórálach as rud** to be proud of sth
morálta *adj* moral
moráltacht *nf3* morals; morality
móramh *nm1* majority
mórán *nm1* many; much; a lot of; **mórán airgid** a lot of money; **an bhfuil mórán le déanamh agat?** have you much to do?; **níl sin mórán níos fearr** that's not much better
mórbhileog *nf2* broadsheet
mórbhonn *nm1* medallion
mórchóir *n*: **ar an mórchóir** on a large scale; (*COMM*) in bulk
mórchuid (*gs* **mórchoda**, *pl* **mórchodannna**) *nf3* large quantity; majority; **an mhórchuid den am** most of the time; **an mhórchuid de na daltaí** most of the pupils
mórchúis *nf2* pride; pretentiousness; self-importance
mórchúiseach *adj* arrogant, proud; self-important; pretentious
mórdhíobháil *nf3*: **mórdhíobháil choirp** grievous bodily harm
mórdhíol *nm3* wholesale
mórdhíola *n gen as adj* wholesale
mórdhíoltóir *nm3* wholesaler
mórfhoclach *adj* oratorical; bombastic; pedantic
morg *vt, vi* decompose
mórga *adj* great, exalted; majestic
mórgacht *nf3* greatness; majesty; **A Mórgacht** Her Majesty
morgáiste *nm4* mortgage
morgáistigh *vt* mortgage
mórghléas *nm1* (*MUS*) major key
morgtha *vadj* rotten
mórleabhar *nm1* (*COMM*) ledger
mórlitreacha *nfpl*: **mórlitreacha bloic** block capitals, block letters
mórluachach *adj* valuable; self-important
Mormannach *adj, nm1* Mormon
mórphianó *nm4* grand piano
mór-ranna *see* **mór-roinn**
mór-ríomhaire *nm4* (*COMPUT*) mainframe
mór-roinn (*pl* **mór-ranna**) *nf2* continent
mór-rón *nm1* sea lion
Morsach *adj* Morse; **an cód Morsach** the Morse code
mórscála *nm4* large scale
mórshiúl (*pl* ~**ta**) *nm1* procession
mórtas *nm1* pride; boastfulness; (*of sea*) swell; **mórtas a dhéanamh** to boast; show off

mórthaibhseach *adj* spectacular
mórthimpeall *adv* (+ *gen*) all round ♦ *nm1* circuitous route; surroundings; **mórthimpeall na páirce** all around the field
mórthír *nf2* mainland
mortlaíocht *nf3* (*death rate*) mortality
móruchtúil *adj* brave, courageous
mos *nm1* odour, scent
mosach *adj* shaggy; grumpy
mósáic *nf2* mosaic
mosc *nm1* mosque
Moscó *nm4* Moscow
Moslamach *adj, nm1* Muslim
móta *nm4* moat
mótar *nm1* motor car
mótar- *prefix* motor-
mótarárachas *nm1* motor insurance
mótarbhád *nm1* motorboat; launch
mótarbhealach *nm1* motorway
mothaigh *vt, vi* feel, sense; hear; smell; become aware (of); **rud a mhothú uait** to miss sth
mothaitheach *adj* perceptive
mothálach *adj* sensitive; responsive
mothall *nm1* (*of hair*) mop
mothallach *adj* (*hair*) bushy; (*person, animal*) shaggy
mothar *nm1* thicket; jungle
mothchat *nm1* tomcat
mothrach *adj* (*garden etc*) overgrown
mothú *nm* feeling; perception; touch; sensation; consciousness; **gan mhothú** unconscious; **teacht gan mhothú ar dhuine** to catch sb unawares
mothúchán *nm1* emotion, feeling
mothúchánach *adj* emotional
mousse *nm4* mousse
muc *nf2* pig; (*of snow etc*) bank, drift; **muc ghuine** guinea pig; **muc mhara** porpoise; **muc shneachta** snowdrift; **muc i mála** a pig in a poke
mucais *nf2* pigsty
múcas *nm1* mucus
múch *vt, vi* extinguish; muffle, smother; suffocate; (*light, engine etc*) switch off; **an raidió a mhúchadh** to turn the radio off ♦ *nf2* fumes
múchadh (*gs* **múchta**) *nm* asthma; smothering; suffocation
múchán *nm1* chimney
múchghlan *vt* fumigate
múchta *vadj* smothered; extinguished; (switched) off; muffled
múchtóir *nm3* extinguisher; **múchtóir tine** fire extinguisher
muclach *nm1* piggery; drove of pigs
muga *nm4* (*cup*) mug
muiceoil *nf3* pork; bacon
muid *pron* we; us
muidne *emphatic pron* we; us; ourselves
muifín *nm4* muffin
muileann (*pl* **muilte**) *nm1* mill; **muileann gaoithe** windmill; **muileann iarainn** ironworks; **bheith ag tarraingt uisce ar do mhuileann féin** to look after one's own interests
muileata (*pl* ~**í**) *nm4* (CARDS) diamond
muilleoir *nm3* miller
Muimhneach *adj* Munster ♦ *nm1* Munsterman/Munsterwoman
muin *nf2* back; **ar muin capaill** on horseback; **bheith ar mhuin na muice** to be on the pig's back
múin *vt, vi* teach; educate, instruct; **Gaeilge a mhúineadh** to teach Irish
muince *nf4* necklace; collar
muinchille *nf4* sleeve
muine *nf4* thicket, scrub
Muineachán *nm1* Monaghan
múineadh (*gs* **múinte**) *nm* teaching; instruction; (*of story*) moral; manners, good behaviour; politeness; **múineadh a chur ar dhuine** to teach sb manners; **bíodh múineadh ort!** have manners!
muineál *nm1* (*gs, pl* **muiníl**) neck; cervix
muiniceach *adj* headstrong
muinín *nf2* confidence, trust; dependence; **dul i muinín** + *gen* to resort to; **muinín a bheith agat as duine** to trust sb; **bheith i muinín** + *gen* to depend on
muiníneach *adj* dependable; trustworthy
múinte *vadj* polite, well-mannered
muintearas *nm1* friendship; kinship; fellowship

muinteartha *adj* friendly; related; familiar; **bheith muinteartha do dhuine** to be related to sb; **daoine muinteartha** relations
múinteoir *nm3* teacher
múinteoireacht *nf3* teaching
muintir (*pl* ~**eacha**) *nf2* community; household; followers; parents; people, folk; **muintir an tsráidbhaile** the villagers; **muintir na Fraince** the French; **muintir na háite** the locals; **iomlán a muintire** all her relatives; **ba de mhuintir Bhreatnach í** her maiden name was Walsh
muir (*gs, pl* **mara**) *nf3* sea; **ar muir** at sea; **de mhuir** by sea; **thar muir** over *or* beyond the sea; **ainmhí mara** marine animal; **Muir Aidriad** Adriatic (Sea); **Muir Bhailt** the Baltic Sea; **an Mhuir Cheilteach** Celtic Sea; **an Mhuir Dhubh** the Black Sea; **Muir Éireann** the Irish Sea; **Muir nIocht** the (English) Channel; **an Mhuir Mharbh** the Dead Sea; **an Mhuir Thuaidh/Rua** North/Red Sea
muirbhrúcht *nm3* tidal wave
muirchur *nm1* jetsom
Muire *nf4* (Virgin) Mary
muirear *nm1* burden, charge; family
muireitleán *nm1* seaplane
muirghalar *nm1* sea sickness
muirí *adj, nm4* marine
muirín[1] *nm4* scallop
muirín[2] *nf4* family; **soláthar do mhuirín** to provide for a family
muiríne *nm4* marina
muirneach *adj* affectionate; beloved; caressing
muirnigh *vt* caress, fondle; cuddle
muirnín *nm4* darling, sweetheart, beloved
muirniú *nm* caress
muirthéacht *nf3* (POL) revolution
múisc *nf2* vomit; nausea; disgust
muiscít *nf2* mosquito
múisiam (*pl* ~**aí**) *nm4* upset; huff; nausea; drowsiness; **bhí múisiam air (leo)** he was huffing (with them)
múisiamach *adj* upset; annoyed
muisiriún *nm1* mushroom
muislín *nm4* muslin
múitseálaí *nm4* truant; idler
mullach (*pl* ~**aí**) *nm1* top; summit; (*of head*) crown; high ground; **i mullach a chéile** on top of one another; **fágadh ag tochas a mhullaigh é** he was left scratching his head; **titim ar mhullach do chinn** to fall head first
mullard *nm1* bollard
Mumhain (*gs* **Mumhan**) *nf*: **Cúige Mumhan** Munster
mún *nm1* urine, piss ♦ *vt, vi* urinate, piss
mungail (*pres* **munglaíonn**, *vn* ~**t**) *vt, vi* chew, munch; mumble
múnla *nm4* mould; shape
múnlach *nm1* sewage; putrid water
múnlaigh *vt* mould; model; shape
múr (*pl* ~**tha**) *nm1* wall; rampart; (*of rain*) shower; **múrtha** *nmpl* loads, abundance; **tá na múrtha airgid acu** they are filthy rich

EOCHAIRFHOCAL

mura *conj* (*eclipses*) if not; unless **1** (*with indicative*): **mura bhfuil biseach ort fan sa bhaile** if you are not better stay at home; **mura dtéann tú abhaile beidh fearg ar do mháthair leat** if you don't go home your mother will be angry with you; **mura n-éiríonn sé go luath ar maidin bíonn sé míshásta i rith an lae** if he doesn't get up early in the morning he's unhappy the rest of the day; **mura mbíodh sé go maith d'fhanadh sé sa bhaile** if he wasn't well he stayed at home; **mura raibh sí sa bhaile ní fhaca sí é** if she wasn't at home she didn't see him; **mura bhfuair sé scéala ní thiocfaidh sé** if he didn't get word he won't come
2 (*with past tense of regular verbs* = **murar**): **murar chuir sé ar an mbord é níl a fhios agam cár fhág sé é** if he didn't put it on the table I don't know where he left it; **murar shiúil sé rith sé** if he didn't walk he ran
3 (*with present subjunctive or future*): **mura dté** *or* **rachaidh tú ann ní**

fheicfidh tú é if you don't go there you won't see him; **mura n-imí** *or* **n-imeoidh tú anois láithreach glaofaidh mé ar na péas** if you don't leave immediately I'll call the police; **mura dtaga** *or* **dtiocfaidh sé bíodh an t-iomlán ag Máire** if he doesn't come let Mary have the lot; **go dtuga Dia a luach duit mura mbí** *or* **mbeidh mise ábalta a thabhairt duit** may God reward you if I cannot
4 (*with past subjunctive or conditional*): **níl a fhios agam cad é a dhéanfainn mura dtagadh** *or* **dtiocfadh sí** I don't know what I would have done if she hadn't come, I don't know what I would do if she didn't come; **mura gcoinneoinn leis go n-ólfadh sé é, bheadh sé tinn fós** if I hadn't kept at him till he drank it, he would still be sick
5 although ... not; even though ... not; **murar thráchtamair ar an ábhar, tá daoine eile a thrácht air minic go leor** although we did not talk about the subject, others did so frequently; **murar chuir sé leis an mholadh níor chuir sé ina aghaidh** although he didn't support the recommendation he didn't oppose it
6: **mura mbeadh** if not; except for; only for; **mura mbeadh mé féin** but for myself; **mura mbeadh Seán bhí muid san fhaopach** but for John we were in a fix; **ní inseodh sé bréag mura mbeadh gur mheas sé go gcreidfí uaidh é** he wouldn't have told a lie if he didn't think he would be believed
7 (*with present of copula* = **mura**): **mura mian leat** if you don't wish; **mura miste leat** if you don't mind; **mura rud é** if it is not so
8 (*with present of copula before vowels* = **murab**): **murab é sin** but for that; **murab é go raibh tusa anseo** but for the fact that you were here; **murab amhlaidh atá** if it is not so; **murab é Seán an duine a rinne é** if John is not the one who did it; **murab ionann agus tusa** unlike you; **murab agat atá an leabhar** if you haven't the book
9 (*with past of copula* = **murar**): **murar pheaca é** if it wasn't a sin
10 (*with past of copula before vowels* = **murarbh**): **murarbh onóir mhór dó é** if it wasn't a great honour for him

murab *see* **mura**
murach *conj* if not; only; **murach an fhearthainn** only for the rain; **murach an obair a bheith déanta aige** only that he had done the work; **murach iadsan** but for them; **murach go bhfaca mé iad** had I not seen them
múraíl *nf3* shower(s)
murar, murarbh *see* **mura**
murascaill *nf2* gulf; **Murascaill na Peirse** the (Persian) Gulf
murlach *nm1* lagoon
murlán *nm1* knob; (*of door*) handle; knucklebone
murlas *nm1* mackerel
murnán *nm1* ankle
mursanta *adj* domineering
múrtha *see* **múr**
murúch *nf2* mermaid
mús *nm1* moose
músaem *nm1* museum
múscail (*pres* **músclaíonn**) *vt, vi* wake (up), awake; rouse
múscailt *nf2* awakening
múscailte *vadj* awake
múscán *nm1* sponge; ooze; (*of fungus*) mould
mustar *nm1* swagger; muster, assembly
mustard *nm1* mustard
mustrach *adj* swaggering; vain; arrogant

N

n- *(remove "n-") see* **initial vowel**

nA *(remove "n") see* **A...**

na *gsf, pl of* **an**; **i lár na hoíche** in the middle of the night; **ar fud na háite** throughout the place; **Turas na Croise** the Stations of the Cross; **na boicht** the poor; **na leabhair seo** these books; **faoi scáth na gcrann** under the shade of the trees; **na hamhráin** the songs; **na Meánaoiseanna** the Middle Ages; *see also* **an**

-na *emphatic suffix, 1st person pl*: **ár dteachna** our house; **ár gcarrannana** our cars

ná[1] *neg vb part (used with imperative)*: **ná rith** don't run; **ná hith é** don't eat it; (*with* **bí**: *in pres sub*): **ná raibh sé tinn** may he never be sick

ná[2] *conj* nor, or; **níl tús ná deireadh leis an scéal seo** there is neither a start nor a finish to this story; **níl Pól ná Seán ann** neither Paul nor John are there; **níor chuala mé an clog - níor chuala ná mise** I didn't hear the bell - neither did I

ná[3] *conj* than; **is ciúine na cailíní ná na buachaillí** the girls are quieter than the boys; **tá sé níos óige ná mise** he is younger than me

ná[4] *conj* but; **cé a bhí roimpi sa seomra ná Seán?** who should she find in the room but John?; **ná go, ná gur** but that

ná[5] *conj (with copula)*: **is é a rinne sé sa deireadh ná neamhiontas ar fad a dhéanamh dó** what he did in the end was to ignore him totally

nach *neg vb part (in questions)*: **nach raibh a fhios agat?** didn't you know?; **rinne tú é, nach ndearna?** you've done it, haven't you? ♦ *conj* that ... not; **an bhfuil sé anseo? is léir nach bhfuil!** is he here? it's clear that he's not!; (*in adv phrases*): **nach mór, nach beag** almost, nearly; (*in relative clause*): **fuair sé rud nach ndearna sé margadh air** he got sth he hadn't bargained for; **fear nach luaifear** a man who won't be named; **is cosúil nach ann dó** it seems that it doesn't exist; *see also* **is**

nádúr *nm1* nature; inherent character; **tá sé sa nádúr aige** it's in his nature; **ó nádúr** by nature

nádúrachas *nm1* naturalism

nádúraí *nm4* naturalist

nádúrtha *adj* natural; normal; (*weather*) mild; (*person*) good-natured; **fás/gáire nádúrtha** natural growth/laugh

naí (*pl* ~**onna**) *nm4* infant

náibhí *nm4* navy

naíchóiste *nm4* pram, baby carriage (*US*)

náid (*pl* ~**eanna**) *nf2* nil, nought, nothing; (*number*) zero

naimhde *see* **namhaid**

naimhdeach *adj* hostile, unfriendly

naimhdeas *nm1* hostility; enmity; spite

naíolann *nf2* nursery

naíonacht *nf3* infancy

naíonán *nm1* infant

naíonda *adj* childlike

naipcín *nm4* napkin, serviette

náir *adj*: **is náir liom (é) a admháil** I am ashamed to admit

nairciseas *nm1* narcissus

náire *nf4* shame, disgrace; dishonour; **náire a bheith ort** to be ashamed; **mo náire thú!** shame on you!; **náire duine a thabhairt** to disgrace sb; **is mór an náire é** it's a disgrace; **nach bhfuil náire ar bith ionat?** have you no shame?

náireach *adj (action)* shameful; (*person*) modest, bashful

náirigh *vt* shame, disgrace

naíscoil (*pl* ~**eanna**) *nf2* kindergarten, playschool

náisiún *nm1* nation; **Na Náisiúin Aontaithe** the United Nations

náisiúnach *nm1* national

náisiúnachas *nm1* nationalism

náisiúnaí *nm4* nationalist

náisiúnaigh *vt* nationalize
náisiúnaíoch *adj* nationalist(ic)
náisiúnta *adj* national; nationwide
náisiúntacht *nf3* nationality
náisiúnú (*gs* **náisiúnaithe**) *nm* nationalization
Naitsí *nm4* Nazi
Naitsíoch *adj* (*gsm* **naitsíoch**) Nazi
namhaid (*gs* **namhad**, *pl* **naimhde**) *nm* enemy, foe; **fórsaí an namhad** the enemy forces; **namhaid a dhéanamh de do rún** to cut off your nose to spite your face
naofa *adj* holy, sacred; **an Talamh Naofa** the Holy Land
naofacht *nf3* sanctity, holiness
naoi *num, nm4* (*pl* **naonna**) nine; **uimhir a naoi** number nine; **naoi déag** nineteen; **naoi gcapall déag** nineteen horses
naomh *nm1* saint• *adj* holy; **Naomh Peadar** Saint Peter; **an Spiorad Naomh** the Holy Spirit
naomhaithis *nf2* blasphemy, profanity
naomhluan *nm1* halo
naomhóg *nf2* (type of) currach
Naomhshacraimint *nf2* (*REL*): **An Naomhshacraimint** the Blessed Sacrament
naomhsheanchas *nm1* hagiology; hagiography
naonúr *nm1* (+ *gen pl*) nine people
naoscaire *nm4* sniper
naoú *num, adj, nm4* ninth; **an naoú lá/háit/duine** the ninth day/place/person
naprún *nm1* apron
nár[1] *neg interr vb part* (*in questions*): **nár chuala tú mé?** did you not hear me?; **nár oscail tú é?** didn't you open it?, you opened it, didn't you?
nár[2] *conj* that ... not; *see also* **is**[1]; **chonacthas dom nár thuig sé an cheist** it appeared to me that he didn't understand the question; **is beag nár thit mé** I nearly fell
nár[3] *neg rel vb part* (*in relative clause*): **an bhean nár chuala an scairt** the woman who didn't hear the shout; **an páiste nár tógadh sa cheantar seo** the child who was not raised in this district; **níl a fhios agam cé acu ba chóir dom glacadh leis nó nár chóir** I don't know whether or not I should accept it
nár[4] *neg vb part* (*with pres sub*): **nár chluine tú é** may you not hear it
nárbh *see* **is**[1]
nasc *nm1* link; clasp; bond• *vt* connect; link, tie
nath *nm3* adage, saying; **nath cainte** figure of speech
nathaí *nm4* (*person*) wit, wisecrack
nathair (*gs* **nathrach**, *pl* **nathracha**) *nf* snake, serpent; **nathair nimhe** (poisonous) snake; **nathair shligreach** rattlesnake
nathán *nm1* adage, saying
nd (*remove "n"*) *see* **d...**
nE (*remove "n"*) *see* **E...**
-ne *emphatic suffix, 1st person pl*: **ár máthairne** our mother; **inár dtithene** in our houses; **déanfaimidne é** *we* will do it; **is dúinne a thug sí é** she gave it to *us*
neach (*pl* ~**a**) *nm4* being; person; **neach daonna** human being; **ní raibh aon neach ann** there wasn't a soul there
neacht *nf3* niece
neachtar *pron*: **nó neachtar acu** or else
neachtlann *nf2* laundry
nead (*pl* ~**acha**) *nf2* nest; **nead seangán** anthill; **an nead a fhágáil** to leave home
neadaigh *vt, vi* nest; nestle, lodge; set
neafais *nf2* triviality
neafaiseach *adj* trivial
néal (*pl* ~**ta**) *nm1* cloud; depression; fit; nap; **néal a chodladh** to take a nap; **néal codlata** snooze, nap; **néal a chur i nduine** to daze sb, stun sb; **néal feirge** a fit of anger; **néal a theacht ort** to doze off; **dul i néal** to go into a trance
néalmhar *adj* cloudy; gloomy
néaltach *adj* cloudy
neamart *nm1* neglect; negligence; oversight; **neamart a dhéanamh i rud** to neglect sth
neamartach *adj* neglectful; remiss; negligent; **ba neamartach an mhaise dó**

(rud a dhéanamh) it was remiss of him (to do sth)

neamh (*gs* **neimhe**) *nf2* heaven; **dul ar neamh** to go to heaven; **níl a fhios agam ó neamh anuas** I haven't the slightest idea

neamh- *prefix* in-, non-, un-

neamhábalta *adj* incapable, unable

néamhábaltacht *nf3* inability

neamhábhartha *adj* immaterial, irrelevant

neamhacra *adj*: **bheith ar an neamhacra** to be independent *or* self-sufficient

neamhaí *adj* heavenly, celestial

neamhaibí *adj* immature; unripe

neamhaird *nf2* inattention; disregard; **neamhaird a thabhairt ar rud** to disregard sth

neamhairdiúil *adj* inattentive; heedless

neamh-aire *nf4* carelessness

neamh-aireach *adj* careless; inattentive

neamháiseach *adj* inconvenient; unaccommodating

neamh-aistreach *adj* intransitive

neamhaithnid *adj* unfamiliar; unknown

neamh-amhrasach *adj* unsuspecting

néamhann *nm1* gem; mother-of-pearl

neamhathraithe *adj* unaltered, unchanged

neamhbhailbhe *nf4* candour

neamhbhaileach *adj* inexact

neamhbhailí *adj* invalid

neamhbhalbh *adj* candid; forthright, outspoken

neamhbheacht *adj* inaccurate, inexact

neamhbheartaithe *adj* unintentional

neamhbheo *adj* inanimate, lifeless; (ART) still

neamhbhlasta *adj* tasteless

neamhbhrí *nf4* insignificance

neamhbhríoch (*gsm* **neamhbhríoch**) *adj* ineffectual, insignificant

neamhbhuan *adj* impermanent; fleeting, transient; short-term

neamhbhuartha *adj* carefree; unperturbed, unconcerned

neamhbhuíoch *adj* ungrateful

neamhbhuíochas *nm1* ingratitude

neamhchaidreamhach *adj* unsociable

neamhcháilithe *adj* unqualified

neamhchaiteoir *nm3* non-smoker

neamhcharthanach *adj* uncharitable

neamhchásmhar *adj* unsympathetic; inconsiderate

neamhchead *n*: **ar neamhchead do** regardless of; without the permission of

neamhcheadaithe *adj* unauthorized; not permitted; forbidden

neamhchinnte *adj* uncertain, undecided; indefinite

neamhchinnteacht *nf3* uncertainty

neamhchiontach *adj* innocent, not guilty

neamhchiontacht *nf3* innocence

neamhchlaon *adj* impartial; unbiased

neamhchodladh (*gs* **neamhchodlata**) *nm* insomnia

neamhchoinníollach *adj* unconditional

neamhchoitianta *adj* uncommon

neamhchomhardú *nm* (FIN) imbalance

neamhchorrabhuais *nf2* (*calm*) cool; nonchalance

neamhchorrach *adj* steady, stable

neamhchorraithe *adj* unruffled, unmoved

neamhchostasach *adj* inexpensive

neamhchosúil *adj* unlike, dissimilar; unlikely, improbable

neamhchreidmheach *adj* unbelieving ♦ *nm1* unbeliever

neamhchríochnaithe *adj* unfinished, incomplete

Neamh-Chríostaí *adj, nm4* non-Christian

neamhchruinn *adj* inaccurate, inexact; (*thoughts*) unclear

neamhchúis *nf2* coolness, composure; lack of concern

neamhchúiseach *adj* unconcerned; imperturbable

neamhchumhachtach *adj* powerless

neamhchúram *nm1* carelessness, neglect

neamhchúramach *adj* careless, neglectful

neamhdhaingean *adj* insecure

neamhdhíobhálach *adj* harmless

neamhdhóchúil *adj* unlikely

neamhdhuine *nm4* (*person*) nobody;

nonentity

neamheagla *nf4* fearlessness
neamheaglach *adj* bold, fearless
neamhéifeachtach *adj* incompetent; inefficient
neamheolach *adj* (*unaware*) ignorant
neamheolas *nm1* ignorance
neamhfhaiseanta *adj* unfashionable
neamhfheiceálach *adj* inconspicuous
neamhfhicsean *nm1* non-fiction
neamhfhiúntach *adj* unworthy
neamhfhoirfe *adj* (*also* LING) imperfect
neamhfhoirmiúil *adj* informal, casual
neamhfhoirmiúlacht *nf3* informality
neamhfholach *adj* anaemic, bloodless
neamhfhorbartha *adj* undeveloped
neamhfhreagrach *adj* irresponsible; inconsistent; incompatible
neamhfhreagracht *nf3* inconsistency
neamhghairmiúil *adj* non-professional
neamhghéilliúil *adj* uncompromising; insubordinate
neamhghlan *adj* impure, unclean
neamhghlórach *adj* (LING) unvoiced, voiceless
neamhghnách (*gsm* **neamhghnách**) *adj* uncommon; extraordinary
neamhghníomhach *adj* inactive
neamhghnóthach *adj* idle, slack
neamhghoilliúnach *adj* (*fig*) thick-skinned
neamhimleor *adj* inadequate
neamhinniúil *adj* incompetent, incapable
neamhiomlán *adj* incomplete, partial
neamhionannas *nm1* inequality; disparity
neamhiontas *nm1*: **neamhiontas a dhéanamh de rud** to ignore sth
neamhláithreach *adj* absent
neamhláithreacht *nf3* absence
neamhláithrí *nm4* absentee
neamhleithleach *adj* selfless, unselfish
neamhleor *adj* insufficient
neamhliteartha *adj* illiterate
neamhlitearthacht *nf3* illiteracy
neamhlonrach *adj* mat(t); lustreless
neamh-mheisciúil *adj* (*drink*) non-alcoholic, soft
neamh-mhóiréiseach *adj* unpretentious
neamh-mhothálach *adj* insensitive
neamh-mhuiníneach *adj* unreliable
neamhní (*pl* **neamhnithe**) *nm4* nothing, nought; nonentity; **dul ar neamhní** to come to nothing
neamhnósúil *adj* unceremonious; informal
neamhoifigiúil *adj* unofficial
neamhoilte *adj* raw, inexperienced
neamhoiriúnach *adj* unsuitable
neamhómósach *adj* disrespectful
neamhord *nm1* disorder, confusion
neamhphearsanta *adj* impersonal
neamhphósta *adj* unmarried
neamhphraiticiúil *adj* impractical
neamhréasúnach *adj* irrational
neamhréir *nf2* inconsistency
neamhréireach *adj* inconsistent
neamhréiteach *nm1* discrepancy
neamhriachtanach *adj* unnecessary
neamhrialta *adj* irregular
neamhscrupallach *adj* unscrupulous
neamhshaolta *adj* unearthly; unworldly
neamhsheasmhach *adj* inconsistent; unsteady
neamhsheicteach *adj* non-sectarian
neamhshocracht *nf3* unrest; uneasiness
neamhshuim *nf2* disregard; indifference; **neamhshuim a dhéanamh de rud** to disregard sth
neamhshuimiúil *adj* insignificant, unimportant; **bheith neamhshuimiúil i rud** to be indifferent to sth, be uninterested in sth
neamhshuntasach *adj* inconspicuous; nondescript
neamhspéisiúil *adj* uninteresting
neamhspleách (*gsm* **neamhspleách**) *adj* independent
neamhspleáchas *nm1* independence
neamhstailceoir *nm3* scab
neamhthábhachtach *adj* unimportant, insignificant
neamhthaibhseach *adj* unostentatious
neamhthaithí *nf4* inexperience
neamhthoil *nf3* unwillingness; reluctance; **ar mo neamhthoil** against

my will
neamhthoiliúil *adj* involuntary
neamhthoilteanach *adj* unwilling, reluctant
neamhthorthúil *adj* infertile; fruitless
neamhthrócaire *nf4* ruthlessness
neamhthrócaireach *adj* ruthless
neamhthuairimeach *adj* (*remark*) casual
neamhthuisceanach *adj* inconsiderate, thoughtless
neamhúdaraithe *adj* unauthorized
neamhurchóideach *adj* inoffensive; harmless
neamúil *adj* appetizing
neantóg *nf2* nettle
néarchóras *nm1* nervous system
néaróg *nf2* nerve
néaróiseach *adj, nm1* neurotic
neart *nm1* strength; might; plenty; **neart coirp** bodily strength; **níl neart aige air** he can't help it; **dul i neart** to grow strong; **neart** + *gen* plenty; **neart tola** willpower; **tú féin a chur thar do neart** to overstrain o.s.; **vodca a ól as a neart** to drink vodka neat; **neart airgid/ama** plenty of money/time; **níl neart air** it can't be helped
neartaigh *vt, vi* strengthen; reinforce; **neartú le duine** to support sb
neartmhar *adj* strong; powerful
neas- *prefix* near-, close-
neascóid *nf2* (MED) boil
neasghaol (*pl* ~**ta**) *nm1* next-of-kin
néata *adj* tidy, neat; orderly
néatacht *nf3* neatness
neimhe *see* **neamh**
néimhe *see* **niamh**
Neiptiún *nm1* (*planet*) Neptune
neirbhís *nf2* nervousness; **neirbhís a bheith ort** to be nervous
neirbhíseach *adj* nervous
neodar *nm1* neuter
neodrach *adj* (*also* LING) neuter; neutral
neodracht *nf3* neutrality
neodraigh *vt* neutralize; neuter
neoid *adj* backward, shy
neon *nm1* neon; **comharthaí neoin** neon signs
ng (*remove "n"*) *see* **g...**
nl (*remove "n"*) *see* **l...**
Ní *nf4* (*in female surnames*): **Máire Ní Dhónaill** Mary O'Donnell
ní[1] *neg vb part*: **ní aithníonn sé é** he doesn't recognize it; **ní dhéanann sé faic** he does nothing; **ní thagann sé a thuilleadh** he no longer comes; **ní dhearna sí é** she did not do it; **ní fhaca mé í** I didn't see her; **ní bhfuair sé é** he did not find it; **ní raibh duine ar bith sa bhaile** there was nobody (at) home; **ní bhíonn a fhios agat** one never knows; **ní bheidh mé anseo amárach** I will not be here tomorrow; **ní chuirfidh mé suas leis!** I won't put up with it!; **ní raibh ceachtar den bheirt ann** neither of the two were there; **ní dhéanfadh sé croí duit** he wouldn't hold a candle to you; *see also* **is**
ní[2] *in phrase*: **ní mé** I wonder
ní[3] (*gs* **nithe**) *nm4* thing, something; nothing; **an bhfuil aon ní uait?** do you need anything?; **níor tharla aon ní** nothing happened; **ós ní go** since, seeing as; **os cionn gach uile ní** above all; **ní nach ionadh** no wonder
ní[4] *nf4* washing
nia (*pl* ~**nna**) *nm4* nephew
niachas *nm1* chivalry
nialas *nm1* zero
niamh (*gs* **néimhe**) *nf2* brilliance, brightness
niamhrach *adj* bright; lustrous
Nic (*in Mac surnames*) *n*: **Nóra Nic Grianna** Nora Green; **Áine Nic Pháidín** Anne McFadden
nicil *nf2* nickel
nicitín *nm4* nicotine
Nigéir *nf2*: **an Nigéir** Nigeria
nigh *vt, vi* wash; cleanse; **na soithí a ní** to wash the dishes
Níl *nf2*: **an Níl** the Nile
níl *vb see* **bí**
nílim *etc vb see* **bí**
nimh (*pl* ~**eanna**) *nf2* poison, venom; **nimh san fheoil a bheith agat do dhuine** to have it in for sb

nimheadas *nm1* antagonism, spitefulness
nimheanta *adj* poisonous; spiteful
nimhigh *vt* poison
nimhíoc *nf2* antidote
nimhiú *nm* poisoning; **nimhiú bia/fola** food/blood poisoning
nimhiúil *adj* poisonous
nimhneach *adj* painful, sore; (*person*) touchy; spiteful
níochán *nm1* washing; wash; laundry; **tobán níocháin** wash tub; **meaisín níocháin** washing machine
níolón *nm1* nylon
níor[1] *neg vb part* (*with reg vbs in past*): **níor cheannaigh sé é** he did not buy it; **níor cáineadh é** he was not censured
níor[2], **níorbh** *see* **is**[1]
níos *adv*: **tá sé ag éirí níos fuaire** it is becoming colder; **i bhfad níos fearr** far better; **i bhfad níos mó** many/much more; **níos lú ná sin** less than that; **níos mó daoine (ná)** more people (than); **níos mó ná riamh** more than ever; **níos déanaí** later; **níos faide** farther; **níos luaithe** sooner; **níos measa** worse
niteoir *nm3* washer; **niteoir gaothscátha** windscreen washer
nithe *see* **ní**[3]
nithiúil *adj* real, concrete
nithiúlacht *nf3* reality
nítrigin *nf2* nitrogen
niúmóine *nm4* pneumonia
nO (*remove "n"*) *see* **O...**
nó *conj* or; **luath nó mall** sooner or later; **a bheag nó a mhór** more or less
nócha (*gs* ~**d**, *pl* ~**idí**) *num, nm* (+ *nom sg*) ninety
nóchadú *num, adj, nm4* ninetieth
nocht *adj* naked, bare ♦ *nm1* naked person; (*ART*) nude ♦ *vt* bare; disclose; uncover; reveal; (*PHOT*) expose ♦ *vi* emerge; (*plans*) unfold; appear; **rún a nochtadh** to reveal a secret; **do dhroim a nochtadh** to bare your back; **nocht sé ag cúl an tí** he appeared at the back of the house
nochtach *nm1* nude; nudist
nochtacht *nf3* nudity
nochtadh (*gs* **nochta**) *nm* disclosure; revelation; (*PHOT*) exposure; **nochtadh mígheanasach** indecent exposure; **nochtadh leachta** unveiling of a monument
nochtóir *nm3* stripper
nod *nm1* abbreviation; hint
nódaigh *vt* graft, transplant
nódú (*gs* **nódaithe**, *pl* **nóduithe**) *nm* graft, transplant
nóibhéine *nf4* (*REL*) novena
nóibhíseach *nm1* (*REL*) novice
nóiméad *adv* awhile ♦ *nm1* minute; moment; **nóiméad ar bith** at any moment
nóin *nf3* noon; afternoon, evening; **um nóin** at noon
nóinín *nm4* daisy
nóinléiriú *nm* matinée
nóisean *nm1* fancy, notion; **tá nóisean aige do Mháire** he fancies Mary
noitmig *nf2* nutmeg
Nollaig (*gs* **Nollag**, *pl* ~**í**) *nf* Christmas; December; **Oíche Nollag** Christmas Eve; **Oíche Lá Nollag** Christmas night; **um Nollaig, faoi Nollaig** at Christmas; **Nollaig Shona!** Merry Christmas!
Normainn *nf2*: **an Normainn** Normandy
normálta *adj* normal
Normannach *adj, nm1* Norman
nós (*pl* ~**anna**) *nm1* habit; custom; trend; **nós a dhéanamh** to form a habit; **ar nós na gaoithe** like the wind; **nós áitiúil** local custom; **nós imeachta** procedure; **ar nós** + *gen* like; **ar aon nós** anyway, at any rate; **is nós leis bheith in am** he's usually on time
nósmhaireacht *nf3* formality; customariness
nósmhar *adj* customary; usual; polite
nósúil *adj* formal; fastidious
nósúlacht *nf3* mannerism
nóta *nm4* note; annotation; **nóta a ghlacadh/chur** to take/send a note; **nóta bainc/sochair** bank/credit note
nótáil *vt* note (down)
nótáilte *adj* noted; notable
nótaire *nm4* notary

nU (*remove "n"*) *see* **U...**
nua *adj* (*gsf, compar* ~**í**) new; new-found; fresh; recent ♦ *nm4* new thing, novelty; **an sean agus an nua** the old and the new; **as an nua** all over again, afresh
nua- *prefix* new-, newly-
nua-aimseartha *adj* modern
nua-aimsithe *adj* new-found
nua-aoiseach *adj* modern
nuabheirthe *adj* newborn
nuachar *nm1* spouse
nuachóirigh *vt* modernize
nuacht *nf3* news; novelty; **bhí sé ar an nuacht** it was on the news
nuachtán *nm1* newspaper, paper
nuachtánaí *nm4* newsagent
nuachtghníomhaireacht *nf3* news agency
nuachtlitir *nf* newsletter
nuachtóir *nm3* journalist
nuachtóireacht *nf3* journalism
nuachtpháipéar *nm1* newsprint
nuachtspól *nm1* newsreel
Nua-Eabhrac *nm4* New York
Nua-Ghaeilge *nf4* Modern Irish
nuaí *see* **nua**
nuair *conj* (+ *dir rel*) when, whenever; since; **nuair a rachaidh an chúis go cnámh na huillinne** when it comes to the crunch; **nuair a chonaic sé seo** when he saw this; **bhí sí ag léamh nuair a tháinig mé isteach** she was reading when I came in
nuanósach *adj* newfangled
nuaphósta *adj* newly-wed
Nua-Shéalainn *nf2*: **an Nua-Shéalainn** New Zealand
Nua-Shéalannach *nm1* New Zealander
nua-stair *nf2* modern history
nuatheanga (*pl* ~**cha**) *nf4* modern language
núdail *nmpl1* noodles
núicléach *adj* (*gsm* **núicléach**) nuclear
núicléas *nm1* nucleus
nuige *adv*: **go nuige** as far as; **go nuige seo** previously
nuinteas *nm1* (*REL*) nuncio
núíosach *nm1* newcomer; beginner
núis *nf2* nuisance

O

ó[1] (*prep prons* = **uaim, uait, uaidh, uaithi, uainn, uaibh, uathu**) *prep, conj* from; since; **ó Dhoire go ...** from Derry to ...; **ó thús na bliana** since the beginning of the year; **uaidh féin** of its own accord; **ó tá sé abhus anois** since he is here now; **ó rugadh í** since she was born; **ó bhun go barr** from top to bottom; **míle ón stáisiún** a mile from the station; **rud a bheith uait** to want sth; **rud a fheiceáil uait** to see sth at a distance; **ba dheas uaithi glaoch** it was nice of her to call

ó[2] (*pl* **óí**, *gs* **uí**, *pl in some names* **uí**, *dpl in some place names* **uíbh**) *nm4* grandson; descendant; **is de lucht leanúna Uí Néill é** he is a follower of O'Neill; **cuid scríbhinní Shéamais Uí Ghrianna** the writings of Séamas Ó Grianna

ó[3] *adv*: **ó dheas** southwards; **ó thuaidh** northwards

ó[4] *excl* o, oh

ob *vt, vi* refuse; reject; decline; **obadh do rud** to reject sth

obadh (*gs* **obtha**, *pl* **obthaí**) *nm* rejection; refusal

obair (*gs* **oibre**, *pl* **oibreacha**) *nf2* work; labour; employment; difficulty; **bheith ag obair (ar rud)** to work (at sth); **dul i gceann oibre** to set to work; **obair tí** housework; **obair bhaile** homework; **obair chloiche/láimhe** stonework/handiwork; **oibreacha poiblí/uisce** public/water works; **obair a bheith agat rud a dhéanamh** to have difficulty doing sth; **ar obair** in action, going on; **bheith as obair** to be out of work, be unemployed

óbó *nm4* oboe

obrádlann *nf2* (operating) theatre

obráid *nf2* operation

ócáid *nf2* occasion; **ar ócáidí** occasionally; **rugadh san ócáid orainn** we were caught in the act

ócáideach *adj* occasional; (*work etc*) casual

ochlán *nm1* groan, sigh

ochón *excl* alas • *n* lament

ochslaíoch *adj, nm1* (GRAM) ablative

ocht *num, nm4* (*pl* ~**anna**) eight; **ocht gcapall/n-úll (mhóra)** eight (big) horses/apples; **caibidil a hocht** chapter eight

ócht *nf3* virginity

ochtach *nm1* (MUS) octave

ochtagán *nm1* octagon

ochtapas *nm1* octopus

ochtar *nm1* eight (people); **col ochtair** third cousin

ochtó (*gs* ~**d**, *pl* ~**idí**) *num, nm* eighty

ochtódú (*pl* **ochtóduithe**) *num, adj, nm4* eightieth

ochtú *num, adj, nm4* eighth; **trí ochtú** three eighths; **an t-ochtú lá** the eighth day

ocrach *adj* hungry; (*period*) lean

ocras *nm1* hunger; **ocras a bheith ort** to be hungry

ocsaigin *nf2* oxygen

ofráil *vt* offer • *nf3* (REL) offering

Óg *adj* (*in names*): **Séamas Óg** Master James; James Junior

óg *adj* young; junior • *nm1* (*pl* ~**a**) young person

ógánach *adj* adolescent; juvenile • *nm1* youth, adolescent; juvenile

ógbhean (*gs, pl* **ógmhná**, *gpl* **ógbhan**) *nf* young woman *or* lady

ógchiontóir *nm3* juvenile delinquent

ógfhear *nm1* young man

ógh *nf2* virgin

ogham *nm1* (*script*) ogham

óglach *nm1* (*soldier*) volunteer; **Óglaigh na hÉireann** the Irish Volunteers

ógmhná *see* **ógbhean**

ógra *nm4* young people

óí *see* **ó**[2]

oibiacht *nf3* (LING, PHIL) object

oibiachtúil *adj* objective

oibleagáid *nf2* obligation; **bheith faoi oibleagáid do dhuine** to be under an obligation to sb
oibleagáideach *adj* obliging; obligatory
oibre, oibreacha *see* **obair**
oibreoir *nm3* (*of machine*) operator
oibrí *nm4* worker; labourer; **oibrí feirme/iarnróid** farmhand/railwayman; **oibrí neamhoilte** unskilled worker; **oibrí sóisialta** social worker; **oibrí bóna bháin** white-collar worker
oibrigh *vt, vi* work; operate, function, act; take effect; agitate, excite
oibríocht *nf2* (*MIL, MATH*) operation
oibriú (*gs* **oibrithe**) *nm* working; operation; agitation
oíche (*pl* ~**anta**) *nf4* night; nightfall; (*of festival*) eve; **d'oíche/san oíche** at/by night; **thar oíche** overnight; **tá an oíche ann** it is night; **Oíche Shamhna** Hallowe'en; **oíche mhaith!** good night!; **Oíche Chinn Bliana** New Year's Eve; **Oíche Nollag** Christmas Eve
oíchí *adj* nocturnal
oide *nm4* tutor, teacher; **oide spioradálta** spiritual director
oideachas *nm1* education; **oideachas aosach** adult education; **oideachas tríú leibhéil** further *or* higher education
oideachasúil *adj* educational
oideam *nm1* maxim
oideas *nm1* instruction; (*CULIN*) recipe; (*MED*) prescription
oideoir *nm3* educator
oidhe *nf4* tragedy; tragic tale; tragic death; deserts
oidhre *nm4* heir
oidhreacht *nf3* inheritance; heritage; legacy; **rud a fháil le hoidhreacht** to inherit sth
oidhreachtúil *adj* heréditary
oifig *nf2* office; **oifig an phoist** the post office; **oifig ticéad** ticket office, box office; **oifig turasóireachta/eolais** tourist/information office; **éirí as oifig** to retire from office
oifigeach *nm1* officer
oifigiúil *adj* official
oifigiúlachas *nm1* officialdom
óige *nf4* childhood; youth; young people; **ina óige** in his youth; **dul in óige** to get younger
óigeanta *adj* youthful
óigeantacht *nf3* youthfulness; adolescence
oighe *nf4* (*tool*) file
oigheann *nm1* oven; **oigheann micreathoinne** microwave (oven)
oighear *nm1* ice
oighearaois *nf2* (*HIST, GEOL*) ice-age
oighear-rinc *nf2* ice rink
oighearshruth *nm3* glacier
oighreata *adj* icy
oighrigh *vt* ice ♦ *vi* ice (over); congeal
oil *vt* rear; educate; train
oileán *nm1* island; **Oileáin Árann** Aran Islands; **Na hOileáin Bhriotanacha** the British Isles; **Oileán Mhanann** Isle of Man; **Oileáin Mhuir nIocht** the Channel Islands
oileánach *nm1* islander ♦ *adj* insular
oileánrach *nm1* archipelago
oilghníomh *nm1* misdemeanour
Oilimpeach *adj* Olympic; **na Cluichí Oilimpeacha** the Olympic Games, the Olympics
oilithreach *nm1* pilgrim
oilithreacht *nf3* pilgrimage
oiliúint (*gs* **oiliúna**) *nf3* upbringing; training, coaching
oiliúnach *adj* instructive
oiliúnóir *nm3* trainer, coach
oilte *adj* trained; qualified
oilteacht *nf3* training; proficiency, skill
oineach *nm1* honour; reputation
oinigh *n gen as adj* (*secretary etc*) honorary
óinmhid *nf2* fool
oinniún *nm1* onion
óinseach *nf2* (*woman*) fool, idiot
óinsiúil *adj* foolish
oir (*vn* ~**iúint**) *vi* fit; suit; **oir do** go with, suit, become
óir[1] *conj* for
óir[2] *n gen as adj* gold, golden; *see also* **ór**
oirbheartaíocht *nf3* tactics
oirdheisceart *nm1* south-east

oireachas *nm1* precedence; sovereignty; status

oireachtas *nm1*: **an tOireachtas** the Legislature; **Oireachtas na Gaeilge** annual Gaelic festival, ≈ Eistedfodd, ≈ Mod

oiread *n* amount; quantity; **oiread agus** as much as; **tá a dhá oiread aici** she has twice as much; **tá a oiread sin airgid aige** he has so much money; **ach oiread (le)** no more (than); either; **oiread na fríde** the tiniest bit

oirfide *nm4* entertainment; music

oirfideach *nm1* musician; entertainer ♦ *adj* entertaining

oirirc *adj* eminent; distinguished

oiriúint (*gs* **oiriúna**) *nf3* suitability; **in oiriúint** ready, in order; **rud a chur in oiriúint do rud** to adapt sth to sth; **oiriúintí** accessories, fittings; *see also* **oir**

oiriúnach *adj* suitable; fit; tasteful

oiriúnacht *nf3* suitability; fitness

oiriúnaigh *vt* adapt, fit

oirmhinneach *nm1*: **an tOirmhinneach Seán Mac Gabhann** the Reverend John Smith ♦ *adj* reverend

oirnigh *vt* (*REL*) ordain; inaugurate

oirniú *nm* ordination; inauguration

oirthear *nm1* east; **an tOirthear** the Orient

oirthearach *adj* eastern, oriental

oirthuaisceart *nm1* north east

oirthuaisceartach *adj* north-east(ern)

oiseoil *nf3* venison

oisín *nm4* fawn

oisre *nm4* oyster

oitir (*gs* **oitreach**, *pl* **oitreacha**) *nf* (sand)bank

ól *nm1* drink; booze ♦ *vt, vi* drink; **bheith ar an ól** to be on the booze; **éirí as an ól** to give up the drink; **teach (an) óil** pub

ola *nf4* oil; fuel oil; **ola agus aithrí** last rites (and penance); **ola olóige/ricne/ráibe** olive/castor/rape(seed) oil; **ola ghréine** suntan oil; **ola ae troisc** cod-liver oil

olach *adj* oily

ólachán *nm1* drink(ing)

olacheantar *nm1* oilfield

olagón *nm1* wail(ing); lament; **olagón a dhéanamh** to wail; lament

olanda *adj* woolly

olann (*gs* **olla**, *pl* ~**a**, *gpl* **olann**) *nf* wool; **olann chadáis** cotton wool

olc *nm1* evil; spite; harm ♦ *adj* (*compar* **measa**) bad; evil; **olc a bheith agat do dhuine** to bear sb a grudge; **olc a chur ar dhuine** to anger sb; **rud a dhéanamh le holc (ar)** to do sth out of spite (for); **bheith go holc** to be in a bad way; **tá sé olc agat** it is bad for you; **maith nó olc leat é** like it or not

olcas *nm1* badness; evil; **dul in olcas** to get worse; **dá olcas é** however bad it is

oll- *prefix* mass-, massive, gross, huge

olla *n gen as adj* woollen;; *see* **olann**

ollach *adj* woolly

Ollainn *nf2*: **an Ollainn** Holland

Ollainnis *nf2* (*LING*) Dutch

ollamh (*pl* **ollúna**) *nm1* professor; (*HIST*) master, expert

Ollannach *adj* Dutch ♦ *nm1* Dutchman

ollbhrathadóir *nm3* supergrass

ollchóiriú *nm* overhaul

ollchumhacht *nf3* superpower

olldóiteán *nm1* inferno

olldord *nm1* double bass

ollfhoirfe *nm4, adj* (*GRAM*) pluperfect

ollghairdeas *nm1* jubilation

ollmhaitheas *nm3* wealth

ollmhargadh (*pl* **ollmhargaí**) *nm1* supermarket

ollmhór *adj* huge, immense

ollphéist (*pl* ~**eanna**) *nf2* monster; serpent

ollphuball *nm1* marquee

ollscartaire *nm4* bulldozer

ollscoil (*pl* ~**eanna**) *nf2* university

ollscolaíocht *nf3* university education

ollstailc *nf2* general strike

olltáirg *vt* mass-produce

olltáirgeacht *nf3* gross *or* mass production

olltáirgeadh (*gs* **olltáirgthe**) *nm* mass production

olltoghchán *nm1* general election

ollúna *see* **ollamh**

ollúnacht *nf3* professorship, chair
ológ *nf2* olive
ólta *vadj* drunk
óltach *adj* addicted to drink
óltóir *nm3* drinker
olúil *adj* oily
Oman *nm4* Oman
ómós *nm1* tribute; homage; respect; **ómós a thabhairt do dhuine** to pay respect to sb; **le hómós di** out of respect for her; **i gcead is in ómós do dhuine** with all due respect to sb; **in ómós na hócáide** to mark the occasion
ómósach *adj* respectful
ómra *nm4* amber
ómrach *adj* amber
ón = **ó**[1] + *def art* **an**
óna = **ó**[1] + *poss adj* **a**; **ó**[1] + *rel pron* **a**
ónar = **ó**[1] + *rel part* **ar**
ónár = **ó**[1] + *poss adj* **ár**
onfais *nf2* dive
onnmhaire *nf4* export
onnmhaireoir *nm3* exporter
onnmhairigh *vt* export
onóir (*pl* **onóracha**) *nf3* honour; **a Onóir** Your Honour; **ar m'onóir** upon my honour; **in onóir duine** *or* **le honóir do dhuine** in sb's honour; **céim onóracha** (*UNIV*) honours degree
onórach *adj* hono(u)rable; honorary
onóraigh *vt* honour; worship
onórú *nm* worship; reverence
optach *adj* optic
ór *nm1* gold; **ar ór ná ar airgead** not for any money; **is fiú ór í** she's as good as gold; **ór Muire** marigold
oraibh *see* **ar**[1]
óráid *nf2* speech; talk, address; **óráid a thabhairt** to make a speech
óráidí *nm4* orator, speaker
óraigh *vt* gild
orainn *see* **ar**[1]
oráiste *nm4* (*fruit, colour*) orange ♦ *adj* orange
Oráisteach *nm1* Orangeman ♦ *adj* (*POL*) Orange
Orc *n*: **Inse Orc** the Orkneys
órcheardaí *nm4* goldsmith
ord[1] *nm1* sledgehammer
ord[2] *nm1* order; sequence; (*ADMIN, LAW*) procedure; **in/as ord** in/out of order; **ord aibítre** alphabetical order; **ord crábhaidh** religious order; **ord uimhreacha** numerical order; **rudaí a chur in ord** to put things in order
ordaigh *vt* order; prescribe; **ordú do dhuine rud a dhéanamh** to order sb to do sth
ordaitheach *adj, nm1* (*GRAM*) imperative
ordanás *nm1* ordnance
órdhonn *adj* auburn
ordóg *nf2* thumb
ordú *nm* command; order; **ordú cúirte/béil** court/verbal order; **ordú poist** postal order; **pointe ordaithe** point of order
ordúil *adj* orderly, neat
orduimhir (*gs* **orduimhreach**, *pl* **orduimhreacha**) *nf* ordinal number
ordúlacht *nf3* tidiness, neatness; orderliness
órga *adj* golden
orgán *nm1* (*MUS, BIOL*) organ; **orgán béil** mouth organ
orgánach *adj* organic ♦ *nm1* organism
orgásam *nm1* orgasm, climax
orla *nm4* vomiting; vomit
orlach (*pl* **orlaí**) *nm1* inch
orm *see* **ar**[1]
ornáid *nf2* ornament; trinket
ornáideach *adj* ornamental; ornate
ornáidigh *vt* embellish; ornament
órnite *vadj* gilt
órphlátáilte *vadj* gold-plated
órshnáithe *nm4* gold braid
órshúlach *nm1* golden syrup
ort *see* **ar**[1]
ortaipéideach *adj* orthopaedic
ortha *nf4* charm; spell
órthaisce *nf4* (*FIN*) gold reserve
orthu *see* **ar**[1]
os *prep* over, above; **os ard/íseal** loud/low; **os cionn** + *gen* above, more than; in charge of; **os coinne, os comhair** + *gen* opposite, in front of
ós = **ó**[1] + **is**[1]

ósais *nf2* oasis
oscail (*pres* **osclaíonn**) *vt, vi* open (up); **doras/do shúile a oscailt** to open a door/one's eyes
oscailt *nf2* opening; **oscailt súl** eye-opener; **bheith ar oscailt** (*door etc*) to be open
oscailte *vadj* open
oscailteacht *nf3* candour; openness
osclóir *nm3* opener
osna *nf4* sigh; **osna a ligean** to sigh
osnádúrtha *adj* supernatural
osnaigh *vi* sigh
ospidéal *nm1* hospital
osréalach *adj* surreal, surrealist
ósta *nm4* lodging; **teach ósta** inn, public house
óstach *nm1* host/hostess
Ostair *nf2*: **an Ostair** Austria
óstán *nm1* hotel
Ostarach *adj, nm1* Austrian
osteilgeoir *nm3* overhead projector, OHP
óstlann *nf2* hotel
óstlannaí *nm4* hotelier
ostrais *nf2* ostrich
otair *adj* gross, vulgar; obese
oth *n*: **is oth liom (go)** I regret (that), I'm sorry (that)
othar *nm1* patient; invalid; **othar seachtrach/cónaitheach** outpatient/inpatient
otharcharr (*pl* ~**anna**) *nm1* ambulance
otharlann *nf2* hospital, infirmary
othras *nm1* ulcer; illness
ózón *nm1* ozone

P

pá *nm4* pay; wages; wage; earnings
pábháil *vt* pave ♦ *nf3* paving, pavement; **cloch phábhála** paving stone
paca *nm4* pack; packet; **paca cártaí** pack of cards; **do lámh a chur i bpaca** to throw in one's hand
pacáil *vt, vi* pack ♦ *nf3* packing
pacáilte *vadj* packed
pacáiste *nm4* package
Pacastáin *nf2*: **an Phacastáin** Pakistan
Pacastánach *adj, nm1* Pakistani
pachaille *nf4* bunion
páganach *nm1* pagan, heathen
págaánta *adj* pagan, heathen
págántacht *nf3* paganism
paicéad *nm1* packet
paidir (*gs* **paidre**, *pl* **paidreacha**) *nf2* prayer; **an Phaidir** the Lord's Prayer; **paidir chapaill a dhéanamh de scéal** to drag a story out; to make a hash of a story
paidrín *nm4* rosary; rosary beads; **an Paidrín** the Rosary
Páil *nf2*: **an Pháil** (*HIST*) the Pale
pailéad *nm1* palette
pailin *nf2* pollen
pailliún *nm1* pavilion
pailm (*pl* ~**eacha**) *nf2* palm (tree)
pailnigh *vt* pollenate
pailniú *nm* pollination
paimfléad *nm1* pamphlet; brochure
paincréas *nm1* pancreas
paindiach *adj* pantheist
paindiachas *nm1* pantheism
painéal *nm1* panel; (*AUT*) dashboard
painéaladh (*gs* **painéalta**) *nm* panelling
páipéar *nm1* paper; **páipéar balla** wallpaper; **páipéar bán** (*POL*) white paper; **páipéar carbóin** carbon paper; **páipéar leithris** toilet paper; **páipéar litreacha** notepaper; **páipéar nuachta** newspaper; **páipéar scríbhneoireachta** writing paper; **páipéar súite** blotting paper
páipéarachas *nm1* stationery
páipéir *n gen as adj* paper; **mála páipéir** paper bag
páirc (*pl* ~**eanna**) *nf2* park; field; **páirc imeartha** pitch, playing field; **páirc théama** theme park
páirceáil *vt, vi* park ♦ *nf3* parking
páircíneach *adj* (*material*) checked
pairifín *nm4* paraffin
pairilis *nf2* paralysis
pairiliseach *adj* paralytic
páirín *nm4* sandpaper
páirt (*pl* ~**eanna**) *nf2* part; role; association; **páirt a dhéanamh** to act a part; **páirt a ghlacadh i rud** to take part in sth; **dul i bpáirt le duine** to join *or* side with sb; **níl baint ná páirt aga leo** I have nothing whatsoever to do with them; **páirteanna spártha** spare parts
páirtaimseartha *adj* part-time
páirteach *adj* participating; sharing; sympathetic; **bheith páirteach i rud** to be involved *or* participate in sth
páirteachas *nm1* participation
páirteagal *nm1* (*LING*) particle
páirtí *nm4* (*also POL*) party; partner; **An Páirtí Glas** the Green Party; **Páirtí an Lucht Oibre** Labour, the Labour Party
páirtíneach *nm1* partisan
páirtíocht *nf3* partnership
páis *nf2* (*REL*) passion, suffering; **Páis Chríost** the Passion of Christ; **Seachtain na Páise** Passion Week, Holy Week
paisean *nm1* (*emotion*) passion
paiseanta *adj* passionate
paisinéir *nm3* passenger
paiste *nm4* patch; **paiste a chur ar rud** to patch sth
páiste *nm4* child; youngster; infant; **páiste aonair** an only child
paisteáil *vt* patch
paistéartha *vadj* pasteurized
paistil *nf2* pastille
páistiúil *adj* childish, infantile

páistiúlacht *nf3* childishness
paiteanta *adj* patent; precise, correct; **rud a dhéanamh go paiteanta** to do sth expertly
paiteolaí *nm4* pathologist
paiteolaíoch *adj* pathological
paitín *nm4* clog
paitinn *nf2* patent; **cearta paitinne** patent rights
paitinnigh *vt* patent
Palaistín *nf2*: **an Phalaistín** Palestine
Palaistíneach *adj, nm1* Palestinian
pálás *nm1* palace
paltóg *nf2* blow, thump; **paltóg a bhualadh ar dhuine** to wallop sb
pána *nm4* pane; **pána fuinneoige** window pane
pancóg *nf2* pancake
panda *nm4* panda
panna *nm4* pan
pantaimím *nf2* pantomime
pantar *nm1* panther
pantrach *nf2* pantry
pápa *nm4* pope
pápach *adj* papal
pápacht *nf3* papacy
pápaire *nm4* papist
pár *nm1* parchment; **rud a chur ar pár** to record sth
parabal *nm1* parable
paradacsa *nm4* paradox
paradacsúil *adj* paradoxical
paragraf *nm1* paragraph
Paragua *nm4* Paraguay
paráid *nf2* parade
parailéal *nm1* parallel; **i bparailéal le** parallel with
parailéalach *adj* parallel
paraimíleatach *adj, nm1* paramilitary
paraisiút *nm1* parachute
paranóia *nf4* paranoia
paranóiach *adj* paranoid
Páras *nm4* Paris
Párasach *adj, nm1* Parisian
parasól *nm1* parasol
paratrúipéir *nm3* paratrooper
pardóg *nf2* pad; pannier
pardún *nm1* pardon; **tugadh pardún dóibh** they were pardoned; **gabhaim pardún agat!** pardon me!, I beg your pardon!
parlaimint *nf2* parliament; **teachta parlaiminte Hove** the MP for Hove; **Parlaimint na hEorpa** European Parliament
parlaiminteach *adj* parliamentary
parlús *nm1* parlour, sitting-room
paróiste *nm4* parish
paróisteach *nm1* parishioner ♦ *adj* parochial
párolla *nm4* payroll
parthas *nm1* (REL, *also fig*) paradise; **Gairdín Pharthais** the Garden of Eden
parúl *nm1* parole; **ar parúl** on parole
pas (*pl* ~**anna**) *nm4* pass; permit; passport; **pas a fháil** (SCOL) to pass; **pas a thabhairt do dhuine** (SPORT) to pass to sb; **pas láimhe** hand-pass ♦ *as adv* rather, somewhat; **pas beag ró-mhór** a shade too large
pasáil *vt, vi* (SCOL, SPORT) pass
pasáiste *nm4* passage; corridor; gangway
pasleabhar *nm1* passbook
pasta *nm4* pasta
pastae *nm4* pasty
pataire *nm1* tot
páté *nm4* pâté
patraisc *nf2* partridge
patról *nm1* patrol; **patról a dhéanamh** to patrol
patrólcharr *nm1* patrol car
patrún *nm1* pattern, design
pátrún *nm1* patron; (REL) pattern
pátrúnacht *nf3* patronage
patuar *adj* lukewarm, tepid; (*person*) apathetic
pé *pron, adj, conj* whoever; whatever; whichever; whether; **pé scéal é** anyhow; **pé hiad féin** whoever they are; **pé ann nó as é** whether he's there or not; **pé acu a rinne é** whichever of them did it; **pé ar bith duine** whatever person
péac *vt, vi* sprout, shoot; germinate ♦ *nf2* point, peak; prod; effort; **bheith i ndeireadh na péice** to be on one's last legs

peaca *nm4* sin; **peaca marfach/solathach** mortal/venial sin; **peaca an tsinsir** original sin; **peaca a dhéanamh** to commit (a) sin; **is mór an peaca é** it's a crying shame
peacach *nm1* sinner ♦ *adj* sinful
péacach *adj* colourful; gaudy, flashy
peacaigh *vi* sin
péacán *nm1* (BOT) shoot, sprout
péacóg *nf2* peacock
peacúil *adj* sinful
peann *nm1* pen; **peann gránbhiorach/tobair** ballpoint/fountain pen; **peann luaidhe** pencil
peannaid *nf2* penance; pain
peannaideach *adj* penal; painful
péarla *nm4* pearl
pearóid *nf2* parrot
pearsa (*gs, gpl* ~**n**, *pl* ~**nna**) *nf* person; (LIT, THEAT) character
pearsanaigh *vt* impersonate
pearsanra *nm4* personnel
pearsanta *adj* personal
pearsantacht *nf3* personality
pearsantaigh *vt* personify
pearsantú *nm* personification
péas (*pl* **péas**) *nm4* policeman; **na péas** the police
peasghadaí *nm4* pickpocket
peata *nm4* pet; **peata a dhéanamh de dhuine** to pamper sb; **peata an mhúinteora** teacher's pet
péatar *nm1* pewter
péicíneach *nm1* (*dog*) Pekin(g)ese
péidiatraic *nf2* paediatrics
peil *nf2* football; **cluiche peile** game of football; **peil mheiriceánach** American football
peilbheach *adj* pelvic
peilbheas *nm1* pelvis
peileacán *nm1* pelican
peileadóir *nm3* footballer
péindlí (*pl* ~**the**) *nm4* penal law; **Na Péindlíthe** (HIST) the Penal Laws
péine[1] *see* **pian**
péine[2] *nm4* (*tree*) pine
péineas *nm1* penis
peinicillin *nf2* penicillin
péint *nf2* paint; "**péint úr**" "wet paint"
peinteagán *nm1* pentagon
péinteáil *nf3* painting; paintwork ♦ *vt, vi* paint
péintéir *nm3* painter
péintéireacht *nf3* (ART) painting
péire *nm4* pair
peireacót *nm1* petticoat
peiriméadar *nm1* perimeter
peiriúic *nf2* wig
Peirs *nf2*: **an Pheirs** Persia; **Murascaill na Peirse** the (Persian) Gulf
péirse *nf4* (*fish*) perch
Peirseach *adj, nm1* Persian
peirsil *nf2* parsley
Peirsis *nf2* (LING) Persian
peirspéacs *nm4* Perspex
peirspictíocht *nf3* perspective
péist (*pl* ~**eanna**) *nf2* worm; reptile; monster; **péist chapaill** *or* **chabáiste** caterpillar; **péist ribíneach/talún** tapeworm/earthworm
peiteal *nm1* petal
peitreal *nm1* petrol; **peitreal gan luaidhe** unleaded petrol
peitriliam *nm4* petroleum
péitseog *nf2* peach
ph (*remove "h"*) *see* **p...**
pí *nm4* (MATH) pi
piachán *nm1* hoarseness; **tá piachán i mo sceadamán** I'm hoarse
piachánach *adj* hoarse; husky
pian (*gs* **péine**, *pl* ~**ta**) *nf2* pain, ache; **pian a bheith ort** *or* **bheith i bpian** to be in pain; **pianta fáis** growing pains; **duine a chur as pian** to put sb out of his/her misery
pianmhar *adj* painful
pianmhúchán *nm1* painkiller
pianó (*pl* ~**nna**) *nm4* piano
pianódóir *nm3* pianist
pianpháis *nf2* anguish; **i bpianpháis** in agony
pianúil *adj* penal; painful
piardán *nm1* prawn
piardóg *nf2* (*saltwater*) crayfish
piasún *nm1* pheasant
píb (*pl* **píoba**, *gpl* **píob**) *nf2* (MUS) pipe;

(*throat*) windpipe; **píb mhála** bagpipe; **píb uilleann** uilleann pipe(s)

píblíne *nf4* pipeline

pic *nf2* (*tar*) pitch

píce *nm4* (MIL) pike; (AGR) fork; (*of cap*) peak; **píce féir** hayfork

picéad *nm1* picket

picéadaigh *vt, vi* picket

píchairt *nf2* pie-chart

picil *nf2, vt* pickle; **picilí** pickles; (*as condiment*) pickle

picnic *nf2* picnic

pictiúr *nm1* picture; painting; scene; (PHOT) picture, shot; (CINE) movie, show; **pictiúr a thógáil** *or* **a ghlacadh de rud** to take a picture of sth; **dul chuig na pictiúir** to go to the cinema; **pictiúr le Picasso** a painting by Picasso

pictiúrlann *nf2* cinema, movie house (*US*)

pictiúrtha *adj* picturesque

píle *nm4* (CONSTR) pile

piléar *nm1* bullet; pillar; **piléar a scaoileadh** to fire a bullet

pílear *nm1* cop

piléardhíonach *adj* bulletproof

pilirín *nm4* pinafore

piliúr *nm1* pillow

pillín *nm4* pad; small cushion

pilséar *nm1* pilchard

pinc *adj, nm4* pink

pingin (*pl* ~**í**, *pl with nums* ~**e**) *nf2* penny; **níl pingin rua agam** I'm totally skint; **ar an phingin is airde** at the highest price

pinniúr *nm1* gable end; (SPORT) alley

pinse *nm4* (*of salt etc*) pinch

pinsean *nm1* pension; **dul ar pinsean** to retire; **bheith i dteideal pinsin** to be eligible for a pension

pinsinéir *nm3* pensioner; senior citizen

píob, píoba *see* **píb**

píobaire *nm4* piper

píobaireacht *nf3* piping; pipe music

píobán *nm1* (ANAT) pipe; windpipe; throat; tube; hose; **píobán gairdín** garden hose; **greim píobáin a fháil ar dhuine** to grab sb by the throat

piobar *nm1* pepper

pioc[1] *vt* pick; select, choose; **piocadh ar rud** (*food*) to nibble at sth; **piocadh ar dhuine** to pick on sb; (*eyebrows, musical instrument, bird*) pluck • *vi* pick; (*bird*) preen

pioc[2] *nm4* iota; bit; **tá sí gach pioc chomh cliste leis** she's every bit as clever as him

piocadh (*gs* **pioctha**) *nm* pick, picking

piocaire *nm4* picker; **piocaire pócaí** pick-pocket

piochán *nm1* pore

piochánach *adj* porous

Piocht *nm3* Pict

piocóid *nf2* (*tool*) pick, pickaxe

piocúil *adj* neat; smart; quick on the uptake

pióg *nf2* pie; **pióg úll/mhionra** apple/mince pie

piollaire *nm4* pill; pellet; bung

piolóid *nf2* pillory; torture

piolóideach *adj* agonizing; tormenting

piolón *nm1* pylon

píolóta *nm4* pilot

píolótach *adj* pilot

píolótaigh *vt* pilot; fly

pioncás (*pl* ~**anna**) *nm1* pincushion

piongain *nf2* penguin

pionna *nm4* pin; peg; **pionna éadaigh** clothes peg; **pionna gruaige** hairpin

pionós *nm1* penalty; punishment; **pionós a chur ar dhuine** to punish *or* penalize sb; **pionós báis** death penalty, capital punishment; **pionós corpartha** corporal punishment

pionósach *adj* punitive

pionósaigh *vt* punish; penalize

pionsóireacht *nf3* (SPORT) fencing

pionsúirín *nm4* tweezers

pionsúr *nm1* pincers

pionta *nm4* pint

píopa *nm4* pipe; **do phíopa a dheargadh** to light one's pipe; **píopa sceite** (*in sink*) overflow

píoráid *nm4* pirate

píoráideacht *nf3* piracy

piorra *nm4* pear; **piorra abhcóide** avocado

píosa *nm4* piece, bit; (*of rope etc*) length;

(packed) lunch; **píosa páipéir/talaimh** piece of paper/land; **píosa den tráthnóna** part of the evening
piostal *nm1* pistol
píotón *nm1* python
Piréiní *nmpl*: **na Piréiní** the Pyrenees
piréis *nf2* pyrex
pirimid *nf2* pyramid
pis (*pl* ~**eanna**) *nf2* pea; **pis talún** peanut; **pis chumhra/mhór** sweet/marrowfat pea
piscín *nm4* kitten
piseán *nm1* pea
piseánach *nm1* (CULIN, AGR) pulse; chickpea
piseog *nf2* charm; superstition
piseogach *adj* superstitious
pit *nf2* vulva
piteog *nf2* sissy; effeminate man
piteogach *adj* effeminate
pitseámaí *nmpl4* pyjamas
piúratánach *adj, nm1* puritan(ical)
pixel *nm4* pixel
pizza *nm4* pizza
plá (*pl* ~**nna**) *nf4* pest; plague
plab *nm4, vt, vi* bang; slam
plac *vt, vi* guzzle, devour
plaic (*pl* ~**eanna**) *nf2* bite; (*trophy*) plaque; **plaic a bhaint as rud** to take a bite out of sth
pláigh *vt* plague, pester
pláinéad *nm1* planet
pláinéadach *adj* planetary
plaisteach *adj, nm1* plastic
plait (*pl* ~**eanna**) *nf2* bald patch; scalp
plaiteach *adj* bald; patchy
pláitín *nm4* kneecap; small plate; (*of microscope*) stage
plámás *nm1* flattery, sweet-talk; **plámás a dhéanamh le duine** to flatter sb
plámásach *adj* flattering; cajoling
plámásaí *nm4* flatterer
plána *nm4* (ART, MATH *etc*, *tool*) plane; **plána mín a chur ar rud** to smooth *or* gloss over sth
plánach *adj* plane
plánáil *vt* plane
planc *nm1* plank ♦ *vt* beat; **rud a phlancadh síos** to plank sth down
plancstaí *nm4* planxty
planctón *nm1* plancton
planda *nm4* plant
plandaigh *vt* (AGR) plant
plandáil *nf3* plantation ♦ *vt* (HIST) plant, settle; **Plandáil Uladh** (HIST) the Ulster Plantation
plandlann *nf2* (*for plants*) nursery
plandóir *nm3* planter
plandúil *adj* vegetable, vegetal
plánna *see* **plá**
plás *nm1* level area; (*fish*) plaice; (*in street names*) place
plásaíocht *nf3* flattering, sweet-talk(ing)
plásánta *adj* smooth-talking
plásóg *nf2* lawn; green; **plásóg amais** putting green
plástar *nm1* plaster; **plástar Pháras** plaster of Paris
plástráil *vt, vi* plaster
pláta *nm4* plate; **pláta anraith** soup plate; plate of soup; **pláta te** hotplate
plátáil *nf3* armour; plating ♦ *vt* plate; armour
plátáilte *adj* (*car, tank*) armoured
platanam *nm1* platinum
plátghloine *nf4* plate glass
plé *nm4* discussion; dealings; **níl aon phlé agam leo** I don't have any dealings with them
pléadáil *vt, vi* plead; dispute ♦ *nf3* plea
plean (*pl* ~**anna**) *nm4* plan; design; **plean baile** town plan
pleanadóir *nm3* planner
pleanáil *vt, vi* plan ♦ *nf3* planning; **pleanáil clainne** family planning; **pleanáil baile** town planning
pleanálaí *nm4* (*urban etc*) planner
pléaráca *nm4* revelry, romp; reveller
pléasc *nf2* (*pl* ~**anna**) bang, explosion ♦ *vt, vi* explode, blow up; set off; go off; burst
pléascach *adj, nm1* (LING) plosive; explosive
pléascadh *nm* explosion
pléascán *nm1* explosive; bomb
pléasc-cheann *nm1* warhead
pléascóg *nf2* cracker; **pléascóg Nollag** Christmas cracker

pléata *nm4* pleat
pléatach *adj* pleated
pléatáil *vt* pleat
pleidhce *nm4* fool, idiot
pleidhcíocht *nf3* clowning, fooling
pleidhciúil *adj* foolish, silly
pléigh *vt, vi* debate, discuss; **rud a phlé** to discuss sth; **plé le rud/duine** to deal with sth/sb
Pléimeannach *adj* Flemish
Pléimeannais *nf2* (LING) Flemish
pléineáilte *adj* plain
pléiseam *nm4* foolery; fool
pléisiúr *nm1* pleasure; treat; **pléisiúr a bhaint as rud** to enjoy sth; **is mór an pléisiúr dul ann** it's a pleasure to go there
pléisiúrtha *adj* pleasant, enjoyable, jolly; agreeable
pleist (*pl* ~**eanna**) *nf2* splash
pleota *nm4* fool, idiot
plimp (*pl* ~**eanna**) *nf2* crash, bang; (*of thunder*) roar; **plimp thoirní** thunder clap
plionta *nm4* plinth
plobaire *nm4* blubberer, babbler
plobaireacht *nf3* blubbering; babbling
plobarnach *nf2* splashing; bubbling; gurgling
plocóid *nf2* plug, bung; (ELEC) plug
plód *nm1* crowd
plódaigh *vt* crowd, mob • *vi*: **plódú isteach** (*people*) to pour in, throng
plódaithe *adj* crowded, busy, packed
plódú (*gs* **plódaithe**) *nm* crush, jam; (*traffic etc*) congestion
plota *nm4* plot
pluais (*pl* ~**eanna**) *nf2* cave; den
pluc *nf2* cheek; bulge; pucker
plucach *adj* chubby; puckered
plucaireacht *nf3* cheek; impudence
plucamas *nm1* mumps
plúch *vt* suffocate, asphyxiate; smother, stifle • *vi* (*snow*) fall heavily; **bhí sé ag plúchadh sneachta** it was snowing heavily
plúchadh (*gs* **plúchta**) *nm* suffocation; asthma; **plúchadh sneachta** heavy snowfall
plúchtach *adj* stifling; (*room*) stuffy
pluda *nm4* mud; slush
pludach *adj* muddy; slushy
pludchlár *nm1* dashboard
pludgharda *nm4* mudguard, fender (*US*)
pluga *nm4* plug; **pluga cluaise** earplug
pluid (*pl* ~**eanna**) *nf2* blanket
pluiméir *nm3* plumber
pluiméireacht *nf3* (*trade*) plumbing
plúirín *nm4* little flower; indigo; **plúirín sneachta** snowdrop
pluis *nf2* plush
pluma *nm4* plum; plumb
plúr[1] *nm1* flower; blossom; **plúr na mban** the choicest of women
plúr[2] *nm1* flour
plus (*pl* ~**anna**) *nm4* plus (sign)
Plútó *nm4* (*planet*) Pluto
pobal *nm1* (POL) people; population; community; (*congregation*) parish; **an pobal** the public; **os comhair an phobail** in public; in the limelight
pobalbhreith (*pl* ~**eanna**) *nf2* opinion poll; plebiscite
pobalscoil (*pl* ~**eanna**) *nf2* community school
poblacht *nf3* republic; **Poblacht na hÉireann** the Republic of Ireland
poblachtach *adj, nm1* republican
poblachtachas *nm1* republicanism
poc *nm1* buck, stag; strike; butt; (SPORT) puck; **poc saor** free puck; **poc amach** puck-out; **poc sleasa** side-line (cut)
póca *nm4* pocket
pocáil *vt* puck, strike
pocán *nm1* he-goat, (small) bag, basket
pócar *nm1* (CARDS) poker
pocléimneach *nf2* frolicking
póg *nf2* kiss • *vt, vi* kiss; **póg a thabhairt do dhuine** to kiss sb
poibleog *nf2* poplar
poiblí *adj* public; **go poiblí** publicly
poibligh *vt* publicize; make public
poiblíocht *nf3* publicity
póigín *nm4* (*kiss*) peck
póilín *nm4* policeman; **na póilíní** the police
póilínigh *vt* police

poimp *nf2* pomp
poimpéiseach *adj* pompous
pointe *nm4* point; dot; stage; **a dó pointe a trí** 2 point 3 (2.3); **pointe fócasach** focal point; **pointe cumhachta** power point; **pointe fiuchta** boiling point; **pointe imeachta** starting point; **pointe teicniúil** technicality; **ar an bpointe boise** immediately
pointeáil *vt* point, aim
pointeáilte *adj* fussy, particular; (*place*) tidy; (*dress*) smart
poipín *nm4* poppy
póir *nf2* (BIOL) pore
poirceallán *nm1* porcelain; **soithí poirceallán** china
póirín *nm4* small potato; pebble
póirse *nm4* porch
póirseáil *nf3*: **bheith ag póirseáil timpeall** to rummage *or* grope about
póirseálaí *nm4* prowler
póirtéir *nm3* porter
poistíneacht *nf3* (doing) odd jobs
póit (*pl* ~**eanna**) *nf2* excessive drink(ing); hangover; **póit a bheith ort** to have a hangover; **póit a dhéanamh** to drink too much; **leigheas na póite a hól arís** the hair of the dog (that bit you)
póiteach *adj* (*person*) alcoholic, heavy-drinking
poitigéir *nm3* pharmacist, chemist
poitín *nm4* poteen
póitiúil *adj* intoxicating
póitseáil *nf3* poaching
póitseálaí *nm4* poacher
pol *nm1* (GEOG, ELEC) pole; **an Pol Theas/Thuaidh** The South/North Pole
polach *adj* (GEOG, ELEC) polar
polagán *nm1* polygon
polaimiailíteas *nm1* polio
Polainn *nf2*: **an Pholainn** Poland
Polainnis *nf2* (LING) Polish
polaitéin *nf2* polythene
polaiteoir *nm3* politician
polaitíocht *nf3* politics; **polaitíocht na heite deise** right-wing politics
polaitiúil *adj* political
Polannach *adj* Polish ♦ *nm1* Pole
polasaí *nm4* policy; **polasaí árachais** insurance policy; **polasaí uile-ghabhálach** (INS) comprehensive policy
polca *nm4* polka
poll *nm1* hole; pit; aperture; puddle; (*in tyre etc*) puncture; (*in road*) pothole ♦ *vt* hole; penetrate; puncture; **poll cnaipe** buttonhole; **poll eochrach/amhairc** keyhole/peephole; **poll gainimh** sandpit; **poll móna** boghole; **poll sróine** nostril; **poll a chur i** *or* **ar rud** to make a hole in sth; **dul go tóin poill** to sink
polla *nm4* pole, pillar
polladh (*gs* **pollta**) *nm* perforation
polláire *nm4* (ANAT) nostril; buttonhole
poltach *adj* piercing, penetrating
póló *nm4* polo
pomagránait *nf2* pomegranate
pónaí *nm4* pony
pónaire *nf4* bean(s); **pónaire fhrancach/leathan** French/broad bean; **pónaire reatha** runner bean; **pónaire shoighe** soya bean
ponc (*pl* ~**anna**) *nm1* dot; point; full stop; **bheith i bponc** to be in a fix
poncaigh *vt* point, dot; punctuate
poncaíocht *nf3* punctuation
Póncán *nm1* Yank
Poncánach *adj* Yank(ee)
poncloisc (*vn* **poncloscadh**) *vt* cauterize
poncúil *adj* punctual
poncúlacht *nf3* punctuality
pop *excl* pop
popcheol *nm1* (MUS) pop (music)
pór (*pl* ~**tha**) *nm1* seed; breed
póraigh *vt, vi* breed; propagate
pórghlan *adj* purebred
pornagrafaíocht *nf3* pornography
port[1] *nm1* port, harbour; (NAUT) station; bank, embankment; **port a ghabháil** to make port
port[2] *nm1* tune; (*kind of tune*) jig; **port béil** lilt; **port a sheinm** to play a tune; **do phort a athrú** to change one's tune; **tá mo phort seinnte** I'm done for
portach *nm1* bog
Portaingéalach *adj, nm1* Portuguese

Portaingéil *nf2*: **an Phortaingéil** Portugal
Portaingéilis *nf2* (LING) Portuguese
portaireacht *nf3* (MUS) lilting
portán *nm1* crab; **An Portán** (ASTROL) Cancer
pórtar *nm1* (*drink*) porter
pórtfhíon *nm3* (*wine*) port
pórtha *see* **pór**
pórtheastas *nm1* pedigree
Port Láirge *nm* Waterford
portráid *nf2* portrait
pós *vt, vi* marry, get married (to), wed
pósadh (*gs* **pósta**, *pl* **póstaí**) *nm* marriage; (*ceremony*) wedding; **ceiliúr pósta a chur ar dhuine** to propose to sb
pósae (*pl* ~**tha**) *nm4* posy
posóid *nf2* (medicinal) concoction
post[1] *nm1* post, mail; **An Post** the Irish Postal service; **post saor** Freepost; **le casadh an phoist** by return (of post); **fear an phoist** the postman; **oifig phoist** post office; **litir a chur sa bpost** to post a letter
post[2] *nm1* post; appointment, job, position
pósta *adj* married; marital; **stádas pósta** marital status; *see also* **pósadh**
póstaer *nm1* poster
póstaí *see* **pósadh**
postaigh *vt* (MIL *etc*) post
postáil *vt* (*letter*) post
postas *nm1* postage
postdíol *nm3* mail-order
postmharc *nm1* postmark
postoifig *nf2* post office
postúlacht *nf3* conceit, self-importance
pota *nm4* pot; (*child's*) potty; **pota caife** coffeepot
potaire *nm4* potter
pótaire *nm4* drunk(ard)
potaireacht *nf3* pottery
pótaireacht *nf3* drunkenness; heavy drinking
potbhiathaigh *vt* spoon-feed
potrálaí *nm4* potterer; (*pej*: *doctor*) quack
prácás *nm1* mess; **a leithéid de phrácás!** what a mess!
praghas (*pl* **praghsanna**) *nm1* price; **praghas a chur ar rud** to price sth
praghasliosta *nm4* price list
pragmatach *adj* pragmatic • *nm1* pragmatist
pragmatachas *nm1* pragmatism
práib *nf2* mush; (*of mud*) lump • *vt* daub
práinn[1] (*pl* ~**eacha**) *nf2* urgency; hurry, rush; **tá práinn leis** it's urgent; **práinn a bheith ort** to be in a rush
práinn[2] *nf2* liking, affection; delight; pride; **práinn a bheith ort i** *or* **as rud** to be fond of sth, take pride in sth
práinneach[1] *adj* urgent; imperative; pressing
práinneach[2] *adj*: **bheith práinneach as** *or* **i rud** to be fond of sth, be delighted with sth
práisc *nf2* mess
práiscín *nm4* apron
praisciúil *adj* messy
praiseach *nf2* mess, hash; thin porridge
praiseachán *nm1* messer
praiticiúil *adj* practical
praiticiúlacht *nf3* practicality
praitinniúil *adj* astute, clever; wise
pram (*pl* ~**anna**) *nm4* pram, baby carriage (*US*)
pramsáil *vi* prance (about)
prap *adj* sudden; abrupt
pras *adj* prompt; rapid; (*slogan*) snappy
prás *nm1* brass
prásach *adj* brazen, brassy
prásóg *nf2* marzipan
práta *nm4* potato
preab *vt, vi* bounce; (*light*) flicker, jolt; (*heart*) pound, pulsate; throb • *nf2* bounce; jolt; spring, leap; **preab a bhaint as duine** to make sb jump; **liathróid a phreabadh** to bounce a ball; **éirí de phreab** to jump up; **bheith i ndeireadh na preibe** to be on one's last legs
preabán *nm1* patch
preabánach *adj* patched
preabanta *adj* lively
preabarnach *nf2* throbbing; jumping
preabchlár *nm1* springboard
preabshábh *nm1* (*tool*) jigsaw

préachán *nm1* (*bird*) rook, crow
préachta *vadj* freezing; perished
preas (*pl* ~**anna**) *nm3* press
preasagallamh *nm1* press conference
preasáil *vt* iron, press
préimh *nf2* premium
Preispitéireach *adj, nm1* Presbyterian
priacal *nm1* risk, peril; **ar do phriacal féin** at one's own risk
priaclach *adj* risky; anxious
príbhéad *nm1* privet
pribhléid *nf2* privilege
pribhléideach *adj* privileged; articulate
printéir *nm3* (*machine*) printer
printíseach *nm1* trainee, apprentice
printíseacht *nf3* apprenticeship
príobháid *nf2* privacy
príobháideach *adj* private
príobháideacht *nf3* intimacy, privacy
príobháidiú *nm* privatization
prioc *vt* prick; prod, poke, goad
priocadh (*gs* **prioctha**) *nm* prick, prickle; prod
priocaire *nm4* (*tool*) poker
prioll *nf2* (*fool*) jerk
príomh- *prefix* chief, leading, main, major, prime, principal; (*food etc*) staple; (*in rank*) top
príomha *adj* prime, primary; premier
príomhach *adj, nm1* (HIST, BIOL) primate
príomháidh *nm4* (REL) primate
príomh-aire *nm4* (POL) prime minister, premier
príomhaisteoir *nm3* leading man/lady
príomhalt *nm1* editorial
príomhamhránaí *nm4* lead singer
príomhbhean *nf* first lady
príomhbhóthar *nm1* main road; major road
príomhchathair (*gs* **príomhchathrach**, *pl* **príomhchathracha**) *nf* capital (city)
príomhchócaire *nm4* head chef
príomhchonstábla *nm4* chief constable
príomhfhreastalaí *nm4* head waiter
príomhlíonra *nm4* (ELEC) mains
príomhoide *nm4* head, headmaster, principal
príomhoifig *nf2* head office
príomhpháirt *nf2* (THEAT) lead
príomhphíopa *nm4*: **príomhphíopa uisce** water main; **na príomhphíopaí** the mains
príomhscannán *nm1* feature film
príomhshráid *nf2* high street, main street
prionsa *nm4* prince; **Prionsa na Breataine Bige** the Prince of Wales
prionsabal *nm1* principle
prionta *nm4* print; type
priontáil *vt* print
prios (*pl* ~**anna**) *nm3* press, cupboard
príosún *nm1* prison, jail, penitentiary; imprisonment; **príosún a ghearradh ar dhuine** to sentence sb to prison; **príosún saoil** life sentence
príosúnach *nm1* prisoner
príosúnacht *nf3* imprisonment
pritil *nf2* (*tool*) punch
próca *nm4* urn; jar; **próca tae** tea urn; **próca suibhe** jam jar
prochóg *nf2* den; cave; hovel; recess
profa *nm4* (TYP) proof
prognóis *nf2* prognosis
proibhinse *nf4* (REL) province
próifíl *nf2* profile
proifisiúnta *adj* professional
proifisiúntacht *nf3* professionalism
proinn *nf2* meal
proinnseomra *nm4* dining room
proinnteach (*gs* **proinntí**, *pl* **proinntithe**) *nm* canteen; refectory; restaurant
Proinsiasach *adj, nm1* Franciscan
próiseáil *vt* process♦ *nf3* processing; **próiseáil focal** word processing
próiseálaí *nm4* processor
próiseálán *nm1* processor; **próiseálán bia** food processor; **próisealán focal** word processor
próiseas *nm1* process
próitéin *nf2* protein
promanád *nm1* (*by sea*) promenade
promh *vt* prove; test; try
promhadán *nm1* test tube
promhadh *nm1* proof; test; (LAW) probation; **bheith ar promhadh** to be on probation

prompa *nm4* rump
prós *nm1* prose
prótacal *nm1* protocol
Protastúnach *adj, nm1* Protestant
Protastúnachas *nm1* Protestantism
prúna *nm4* prune
pub *nm4* pub
puball *nm1* tent; **puball a chur suas** to pitch a tent
púca *nm4* ghost
púdal *nm1* poodle
púdar *nm1* powder; dust; **púdar bácála** baking powder; **púdar gallúnaí/níocháin** soap/washing powder; **púdar gunna** gunpowder
púdráil *vt* powder
púic (*pl* ~**eanna**) *nf2* blindfold; covering; scowl; **púic tae** tea cosy
púicín *nm4* blindfold; blinkers; scowl
puilpid *nf2* pulpit
puimcín *nm4* pumpkin
puinn *n* (*with neg*) not much; **níl puinn eolais aige** he hasn't a clue
puins (*pl* ~**eanna**) *nm4* (*drink*) punch
puipéad *nm1* puppet
púir (*pl* ~**eanna**) *nf2* flue; (*of smoke*) pall; (*of insects*) swarm
púirín *nm4* hovel; hutch
puirtleog *nf2* fluff; **puirtleog girsí** a chubby girl
puisín *nm4* kitten, pussy cat
puiteach *nm1* mud
puití *nm4* putty
púitse *nm4* pouch
púl *nm4* (*game*) pool
pulc *vt, vi* gorge; crowd; (*SCOL*) cram
pumpa *nm4* pump
pumpáil *vt, vi* pump
punann *nf2* sheaf; (*COMM*) portfolio
punc *nm4* punk
punt *nm1* (*weight, money, enclosure*) pound; **punt steirling** pound sterling; **punt milseán** a pound of sweets
punta *nm4* (*boat*) punt
púrach *adj* calamitous; grief-stricken
purgadóir *nf3* purgatory
purgóid *nf2* laxative, purgative
púróg *nf2* pebble; (*MED*) stone
pus (*pl* ~**a**) *nm1* face; pout; snout; **pus a bheith ort** to sulk
pusach *adj* pouting; moody, huffy
puslach *nm1* muzzle
puth *nf2* puff
putóg *nf2* gut, intestine; **putóg dhubh** black pudding, blood pudding (*US*)

Q

Q, q no letter "q" in Irish

R

rá *nm4* saying; *see also* **abair**
rábach *adj* dashing; (*money etc*) extravagant; (*growth*) rank; (*victory*) rampant
rabairne *nf4* extravagance
rabhadh *nm1* warning; alarm; alert; **rabhadh a thabhairt do dhuine** to warn sb; **clog rabhaidh** alarm clock
rabhán *nm1* (*of speech*) outburst; (*of coughing, laughter etc*) fit
rabharta *nm4* spring tide; flood
rabhchán *nm1* (*signal*) warning, alarm; beacon
rabhlaer *nm1* overall
rabhlóg *nf2* tongue twister
rac *nm4* rock (music)
raca *nm4* (*for guns, tools*) rack
ráca *nm4* (*tool*) rake
rácáil *vt* rake
racán *nm1* racket, row; rumpus; pandemonium; **racán a thógáil** to cause trouble
racánach *adj* rowdy, unruly
rachadh, rachaidh, rachainn *vb see* **téigh**
ráchairt *nf2* demand; **bhí ráchairt ar ...** there was a run on ...
rachmas *nm1* wealth; (*FIN*) capital
rachmasach *adj* wealthy, well-off
racht (*pl* ~**anna**) *nm3* (*of anger*) fit; (*of emotion*) rush; outburst; **racht casachtaí/sciotaíola** fit of coughing/giggles; **do racht a ligean (amach)** to let off steam
rachta *nm4* rafter; beam
rachtúil *adj* impassioned; vehement
racún *nm1* rac(c)oon
rad *vt, vi* throw, fling; (*horse*) rear, kick
radacach *adj* radical
radadh (*gs* **radta**) *nm1* showering; (*of horse*) kick
radaighníomhach *adj* radioactive
radaíocht *nf3* radiation
radaitheoir *nm3* radiator
radar *nm1* radar
radharc *nm1* view, look; sight; (*THEAT*) scene, spectacle; **teacht i radharc** to come in sight; **dul as radharc** to disappear; **seomra a bhfuil radharc uaidh** a room with a view; **radharc na súl** eyesight; **radharc a fháil ar rud** to get a look at sth
radharcach *adj* visual, optical
radharceolaí *nm4* optician
radharcra *nm4* (*THEAT*) scenery; set
radúil *adj* radial-ply, radial
rafar *adj* thriving, prosperous
ráfla *nm4* rumour
rafta *nm4* (life) raft
ragairne *nm4* spree; revelry; **dul ar ragairne** to go on the tear
ragobair (*gs* **ragoibre**) *nf2* overtime
ráib (*pl* ~**eanna**) *nf2* sprint; swoop; (*BOT*) rape
raibh *etc vb see* **bí**
raibí *nm4* rabbi
raic[1] (*pl* ~**eanna**) *nf2* wreckage; **adhmad raice** driftwood
raic[2] *nf2* row, racket; uproar; **raic a thógáil** to cause a row
raicéad *nm1* (*SPORT*) racket, racquet; **raicéad leadóige** tennis racket
raiceáil *vt* wreck
raiceáilte *adj* ramshackle, run-down, dilapidated
raicíteach *adj* (*MED*) rickety
raicíteas *nm1* (*MED*) rickets
raicleach *nf2* (*inf!*) bitch
raidhfil *nm4* rifle
raidhse *nf4* plenty, profusion

raidhsiúil *adj* plentiful, abundant
raidió *nm4* radio; wireless; **ar an raidió** on the radio
raidis *nf2* radish; **raidis fhiáin** horseradish
ráig (*pl* ~**eanna**) *nf2* (*of disease etc*) outbreak; spurt; (*of violence etc*) spate
ráigí *nm4* bum, hobo, vagrant
railí *nm4* rally
ráille *nm4* rail; railing; (RAIL) track, rail; **ráille tuáillí** towel rail; **ráillí** banisters
raiméis *nf2* nonsense; kidology; rigmarole
raimhre *nf4* fatness, thickness; **dul i raimhre** to become fat; *see also* **ramhar**
raingléis *nf2* wreck; **raingléis tí** ramshackle house
ráinigh *defective vb* reach; arrive; happen; **ráinigh le** succeed
rainse *nm4* ranch
ráite *vadj* said; *see also* **abair**
ráiteachas *nm1* saying, expression
ráiteas *nm1* statement
raiteog *nf2* hussy, tart
ráithe *nf4* season; (*of year*) quarter
ráitheachán *nm1* quarterly
ráithiúil *adj* quarterly
raithneach *nf2* bracken; fern
ramallach *adj* slimy
ramallae *nm4* slime
ramás *nm1* doggerel, bad poetry
rámh *nm3* oar
rámhaigh *vt, vi* row
rámhaille *nf4* raving; delirium; fancies, notions; **rámhaille na hóige** youthful fancies; **bheith ag rámhaille** to rave
rámhailleach *adj* raving, delirious
rámhainn *nf2* spade
rámhaíocht *nf3* rowing
ramhar (*gsf, compar* **raimhre**, *pl* **ramhra**) *adj* fat, thick, plump; **cloigeann ramhar** hangover; **ramhar sa réasún** unreasoning
rámhcheol *nm1* rave music
ramhraigh *vt, vi* fatten
rancás *nm1* frolicking
randamrochtain *nf3* random access
rang (*pl* ~**anna**) *nm3* rank; (SCOL) class; (*line*) row
rangabháil *nf3* participle
rangaigh *vt* classify; grade; sort
rangú *nm* category; classification; grading
rann[1], **ranna** *see* **roinn**[2]
rann[2] *nm1* verse, rhyme; **rann páistí** nursery rhymes
rannach *adj* departmental
rannán *nm1* sector; (MIL) division
ranníocaíocht *nf3* contribution
rannóg *nf2* section; (*postal*) sector
rannóir *nm3* container; dispenser; **rannóir airgid** cash dispenser
rannpháirt *nf2* participation, involvement
rannpháirteach *adj* partaking; involved; contributory; **bheith rannpháirteach i rud** to be involved in sth
rannpháirteachas *nm1* participation
rannpháirtí *nm4* participant, partaker; subscriber
rannta *see* **roinnt**
ransaigh *vt* ransack; rummage through; rifle through
raon (*pl* ~**ta**) *nm1* range; path; (SPORT) track; **raon faoi bhéal** point-blank range; **raon rásaí** race track; **raon cluas** earshot; **as raon** out of range
raonchulaith *nf2* tracksuit
rapcheol *nm1* rap music
rás *nm3* race
rásáil *vt, vi* (*engine*) race
rásaíocht *nf3* racing
ráscánta *adj* facetious
ráschúrsa *nm4* racecourse
raspa *nm4* rasp, file; **raspa ingne** nailfile
rásúr *nm1* razor
ráta *nm4* rate; **ráta bainc/malairte/úis** bank/exchange/interest rate; **rátaí** (*tax*) rates
rath *nm3* success; prosperity; good; **tá rath ar an ngnó** the business is thriving; **rath a ghuí ar dhuine** to wish sb well; **de rath Dé** by the grace of God; **rud a chur ó rath** to render sth useless
ráth[1] *nm3* (IRL: HIST) ring fort, rath; **ráth sneachta** snowdrift
ráth[2] *nm3* guarantee
ráth[3] *nf3* (*of fish*) shoal
rathaigh *vi* thrive, succeed *vt* bring success to

ráthaigh *vt* guarantee
ráthaíocht *nf3* guarantee; **faoi ráthaíocht** under guarantee
ráthóir *nm3* guarantor
rathúil *adj* successful; thriving; prosperous
rathúnas *nm1* prosperity, fortune; abundance
re *adj*: **gach re lá/fear** every second day/man
ré[1] (*pl* **~anna**) *nf4* (period of) time, age; life span; era; moon; **roimh ré** in advance; **an Ré Órga** the Golden Age; **le mo ré** in my lifetime; **uair sa ré** once a month
ré[2] *nf4* flat land
ré[3] *nm4* (*MUS*) re
réab *vt* tear, rip up; shatter; violate
réabhlóid *nf2* revolution
réabhlóideach *adj* revolutionary
réabhlóidí *nm4* revolutionary
reacaire *nm4* seller, vendor; gossip, scandalmonger
reacht (*pl* **~anna**) *nm3* statute; law; **an reacht diaga/scríofa** the divine/written law; **riail agus reacht** law and order
reachtach *adj* legislative
reachtaigh *vt, vi* legislate; decree; enact
reáchtáil *nf3* (*of business etc*) running ♦ *vt, vi* run; operate
reachtaíocht *nf3* legislation
reachtaire *nm4* steward; rector; administrator
reachtas *nm1* administration; stewardship
reachtúil *adj* statutory
réadach *adj* real; **eastát réadach** real estate
réadaigh *vt* (*scheme, dream*) realize
réadán *nm1* woodworm
réadlann *nf2* observatory
réadóir *nm3* teetotaller, Pioneer
réadú *nm* (*COMM*) realization
réadúil *adj* real, realistic
réaduimhir *nf* real number
réal *vt* (*PHOT*) develop
réalachas *nm1* realism
réaladh *nm* (*PHOT*) processing, development
réalaí *nm4* realist
réalaíoch *adj* realistic
réalóir *nm3* (*PHOT*) developer
réalt- *prefix* star-; astro-; stellar
réalta *nf4* star; (*TYP*) asterisk; (*celebrity*) star; **réalta reatha** shooting star; **réalta scuaibe** comet; **an réalta thuaidh** the north star
réaltach *adj* starry; astral
réaltacht *nf3* reality; clarity
réaltbhuíon *nf2* constellation
réalteolaíocht *nf3* astronomy
réaltóg *nf2* (small) star
réaltra *nm4* galaxy
réama *nm4* catarrh; phlegm
réamh- *prefix* pre-, ante-, fore-, in advance
réamh-aire *nf4* precaution
réamhaisnéis *nf2* forecast; **réamhaisnéis na haimsire** the weather forecast
réamhaithris *vt* predict
réamhbheartaigh *vt* premeditate
réamhbheartaithe *adj* premeditated
réamhbhlaiseadh (*gs* **réamhbhlaiste**) *nm* (*CINE, TV*) trailer
réamhbhlas *nm1* foretaste
réamhcheannach *nm1* preemption
réamhcheol (*pl* **~ta**) *nm1* (*MUS*) overture
réamhchinneadh (*gs* **réamhchinnte**) *nm* predestination
réamhchlaonadh (*gs* **réamhchlaonta**) *nm* prejudice
réamhchlaonta *adj* prejudiced
réamhchogaidh *n gen as adj* prewar
réamhchoinníoll *nm1* precondition
réamhchúirt *nf2* forecourt
réamhchúram (*pl* **réamhchúraimí**) *nm1* precaution
réamhdhátaigh *vt* backdate
réamhdhéanta *adj* prefabricated; ready-made
réamhdhéantán *nm1* prefab
réamhdhréacht *nm3* rough copy; (*MUS*) prelude
réamheolaire *nm4* prospectus
réamhfhéachaint *nf3* foresight
réamhfhios (*gs* **réamhfheasa**) *nm3* foreknowledge
réamhfhocal *nm1* preposition
réamhghabh *vt* anticipate

réamhíoc *vt* prepay
réamhíocaíocht *nf3* advance payment
réamhíoctha *adj* prepaid
réamhleagan *nm1* premise
réamhléiriú *nm* (THEAT) rehearsal; **réamhléiriú feistithe** dress rehearsal
réamh-mheastachán *nm1* (*estimate*) projection
réamhordú *nm* advance booking
réamhphósta *adj* premarital
réamhrá (*pl* ~**ite**) *nm4* introduction; preface
réamhráite *adj* aforementioned; *see also* **réamhrá**
réamhriachtanas *nm1* prerequisite
réamhscoile *n gen as adj* pre-school
réamhshampla *nm4* precedent
réamhstairiúil *adj* prehistoric
réamhthaispeántas *nm1* preview
réamhtheachtaí *nm4* predecessor; (GRAM) antecedent
réamhthoghchán *nm1* (*election*) primary
reann, reanna *see* **rinn**[1,2]
réanna *see* **ré**
réasún *nm1* reason; sense; cause; **tá** *or* **luíonn sé le réasún (go)** it stands to reason (that); **dul chun réasúin le duine** to reason with sb; **réasún a thabhairt le rud** to give a reason for sth
réasúnach *adj* rational
réasúnachas *nm1* rationalism
réasúnaigh *vt* reason; rationalize
réasúnaíocht *nf3* rationale, reasoning
réasúnta *adj* reasonable; moderate; **réasúnta mór** reasonably big
reatha *see* **rith**
reathaí *nm4* runner
reathaíocht *nf3* running
réchas *vt, vi* (*engine*) idle, tick over
réchúiseach *adj* easy-going, laid-back; unconcerned
réibhe *see* **riabh**
reibiliún *nm1* rebellion
reibiliúnach *adj* rebellious
reic (*pl* ~**eanna**) *nm3* sale; recital ♦ *vt, vi* sell; peddle; recite; betray
réiciúil *adj* degenerate, dissolute
reicneáil *nf3* reckoning
réidh *adj* smooth; level; easy; ready, set; **bheith réidh i rud** to be indifferent to sth; **is réidh agat a bheith ag caint** it's easy for you to talk; **bheith réidh le rud** to be finished with sth; **níl sé réidh go fóill** it is not finished yet; **réidh le himeacht** ready to go
réidhe *nf4* smoothness; levelness; easiness; readiness
Reifirméisean *nm1*: **an Reifirméisean** the Reformation
reifreann *nm1* referendum
réigiún *nm1* region
réigiúnach *adj* regional
réileán *nm1* level area; (SPORT) green
reilig *nf2* graveyard, cemetery
reiligire *nm4* gravedigger
reiligiún *nm1* religion
reiligiúnach *adj* religious
réiltín *nm4* asterisk; (CINE) starlet
réim (*pl* ~**eanna**) *nf2* régime; career; range, bracket; (*fig*) field; **teacht i réim** to take office; **bheith i réim** to be in power; **gnás atá faoi réim** a usage that prevails; **réim praghasanna** scale of charges; **réim bia** diet; **bheith i mbarr do réime** to be at one's peak
réimeas *nm1* reign; regime
réimír (*pl* ~**eanna**) *nf2* prefix
réimnigh *vt* sort, arrange; (GRAM) conjugate
réimniú (*gs* **réimnithe**) *nm* (GRAM) conjugation
réimse *nm4* range, scope; gamut; (*of river etc*) reach; (*of sand etc*) stretch; (GEOG) tract; (COMPUT) field
Réin *nf2*: **an Réin** the Rhine
réinfhia (*pl* ~**nna**) *nm4* reindeer
reiptíl *nf2* reptile
réir *nf2* will; wish; **de réir a chéile** gradually; **bheith faoi réir duine** to be at sb's service; **de réir** + *gen* according to; **dá réir** accordingly; **agus dá réir sin** and so on; **de réir an sceidil** on schedule; **faoi réir** ready, available; **bheith faoi réir an dlí** to be subject to the law
réisc *see* **riasc**
réise *nf4* span

reisimint *nf2* regiment
reisimintiúil *adj* regimental
réiteach *nm1* (*of problem*) solution, answer; (*of dispute*) settlement; clearance, clearing; preparation; **teacht chun réitigh le duine** to come to an agreement with sb; **vóta réitigh** casting vote
réiteoir *nm3* referee; umpire; arbitrator
reithe *nm4* ram; **an Reithe** (ASTROL) Aries
réitigh *vt* (*problem, difficulty*) solve, resolve; iron *or* straighten out; (*dispute*) settle; (*path etc*) clear; prepare; **ní réitíonn an bia sin liom** that food does not agree with me; **do scornach a réiteach** to clear one's throat; **réiteach le duine** get on with sb; make peace with sb; **tú féin a réiteach** to get ready
reitine *nf4* retina
reitric *nf2* rhetoric
reo *nm4* frost
reoán *nm1* icing
reoánta *adj* (*cake*) iced
reoigh *vt, vi* freeze; congeal
reoiteog *nf2* ice cream
reoiteoir *nm3* freezer; icebox
reophointe *nm4* freezing point; **trí chéim faoi bhun an reophointe** 3 degrees below freezing
ré-uimhir (*gs* **ré-uimhreach**, *pl* **ré-uimhreacha**) *nf* even number
rí[1] (*pl* ~**the**) *nm4* king, sovereign, ruler, lord; **rí rua** chaffinch
rí[2] (*pl* ~**theacha**) *nf4* forearm
rí- *prefix* extremely, very; ultra-; royal
riabh (*gs* **réibhe**) *nf2* stripe; streak
riabhach *adj* striped; streaked; dull, dismal
riachtanach *adj* necessary; essential; vital
riachtanas *nm1* necessity; need; must; requirement; **in am an riachtanais** in time of need; **cuid an riachtanais** the bare essentials
riail (*gs* **rialach**, *pl* **rialacha**) *nf* rule; regulation; order, authority; **rialacha iompair** rules of conduct; **bheith faoi riail duine** to be ruled by sb; **an riail a chur ar rud** to run the rule over sth
riailbhéas (*gs, pl* ~**a**) *nm3* discipline; regular habit
rialaigh *vt* rule; reign, govern; regulate; control
rialaitheoir *nm3* (TECH) controller
rialóir *nm3* (*for measuring*) ruler
rialta *adj* regular; (*order*) religious; **bean rialta** nun; **go rialta** regularly
rialtacht *nf3* regularity
rialtais *n gen as adj* (POL) governmental
rialtas *nm1* government; (POL) administration; **rialtas áitiúil** local government
rialtóir *nm3* (*sovereign etc*) ruler
rialú (*gs* **rialaithe**) *nm* rule, regulation; (LAW) ruling; control; **bord rialaithe** governing body
riamh *adv* ever; always; never; **níos lú ná riamh** less than ever; **bhí sé riamh lag** he was always weak; **ní fhaca mé riamh í** I never saw her; **an chéad lá riamh** the very first day
rian (*pl* ~**ta**) *nm1* mark; trace; track; (*of bullet etc*) trajectory; **rian fola** bloodstain; **dul ar ceann riain** to set the pace
rianaigh *vt* trace, draw
rianpháipéar *nm1* tracing paper
rianúil *adj* methodical; systematic
riar *vt* manage; give out, distribute; administer; (*food etc*) serve ♦ *nm4* share, enough; administration; distribution; provision, supply; **riar ar** *or* **do** to provide for; **riar an iomláin** enough to go round; **riar cirt** administration of justice; **riar do cháis a fháil** to get enough for one's needs; **riar agus éileamh** supply and demand
riarachán *nm1* administration
riaráiste *nm4* arrears; backlog
riarthóir *nm3* administrator
riasc (*gs* **réisc**, *pl* ~**a**) *nm1* marsh
ribe *nm4* (strand of) hair; (*of grass*) blade; (*of beard*) bristle; (ELEC) filament; **ribe róibéis** shrimp
ribeach *adj* hairy; bristly
ribeog *nf2* shred; (small) hair; wisp
ribín *nm4* ribbon; band, string; (SPORT)

tape; **ribín tomhais** tape measure; **rud a stróiceadh ina ribíní** to cut sth to shreds

ríchathaoir (*gs* ~**each**, *pl* ~**eacha**) *nf* throne

rídhamhna *nm4* crown prince; royal heir

ridire *nm4* knight; (*in titles*) Sir

ridireacht *nf3* knighthood; chivalry

ridiriúil *adj* chivalrous; knightly

rige *nm4* (*also*: **rige ola**) (oil) rig

righin (*gsf, pl, compar* **righne**) *adj* tough; stubborn; stiff; (*walk*) slow, sluggish

righneas *nm1* toughness; stubborness; slowness

righnigh *vt, vi* toughen; stiffen

rigín *nm4* (*NAUT*) rigging; (*KNITTING*) rib

ríl (*pl* ~**eanna**) *nf2* reel

rilíf *nf2* (*ART, GEOG*) relief

rilleadh (*gs* **rillte**) *nm* flood; downpour

rím (*pl* ~**eanna**) *nf2* rhyme

ríméad *nm1* joy; jubilation

ríméadach *adj* overjoyed; jubilant

rinc[1] (*pl* ~**eanna**) *nf2* (ice) rink; **rinc scátála** skating rink

rinc[2] *vt, vi* dance

rince *nm4* dance; dancing; **rince tuaithe** country dancing

rinceoir *nm3* dancer

rinn[1] (*pl* **reanna**, *gpl* **reann**) *nf2* point; tip; top, peak; **rinn tíre** (*GEOG*) cape

rinn[2] (*gs, pl* **reanna**, *gpl* **reann**) *nm3* star; planet; **na reanna neimhe** the celestial bodies

rinne *etc vb see* **déan**

rinneach *adj* pointed

rinse *nm4* (*TECH*) wrench; whorl

ríochas *nm1* royalty

riocht (*gs* **riocht**) *nm3* shape, form; state, condition; **dul i riocht** + *gen* to masquerade as; **an fhírinne a chur as a riocht** to distort the truth; **bheith i riocht rud a dhéanamh** to be in a position to do sth; **bhí mé i riocht titim leis an ocras** I was fit to drop with hunger; **sa riocht ina bhfuil sé** in the state it's in; **i riocht go** in such a way that

ríocht *nf3* kingdom; realm; **an Ríocht Aontaithe** the United Kingdom

riochtaigh *vt* adapt; condition

riochtán *nm1* (*for clothes*) dummy

ríog *nf2* impulse; spasm; fit

ríoga *adj* regal, royal

ríogach *adj* impulsive; spasmodic

ríogaí *nm4* royalist

ríomh *vt* count, calculate; (*story*) tell

ríomhaire *nm4* computer; calculator; **ríomhaire pearsanta** personal computer

ríomhaireacht *nf3* computer science; calculation

ríomhchlár *nm1* (*COMPUT*) program(me)

ríomhchláraigh *vt* (*COMPUT*) programme

ríomhchláraitheoir *nm3* (computer) programmer

ríomhchlárú *nm* computer programming

ríon (*pl* ~**acha**) *nf3* queen

ríonmháthair (*gs* **ríonmháthar**, *pl* **ríonmháithreacha**) *nf* queen mother

rionn *vt, vi* carve; engrave

riosól *nm1* rissole

riospráid *nf2* respiration; **riospráid shaorga** artificial respiration

rírá *nm4* uproar, commotion

ris *adj* exposed, uncovered; visible

rís *nf2* rice

rísín *nm4* raisin

rite[1] *adj* taut; tight; (*climb*) steep; (*cliff*) sheer; (*area*) exposed; **rite chun** eager for; **chuaigh sé rite léi é a chríochnú** she barely managed to finish it

rite[2] *adj* used up, spent, run out; **rite anuas** *or* **síos** (*health*) run down

riteacht *nf3* tautness; tension; steepness

riteoga (*fpl, gpl* **riteog**) *nfpl2* tights; pantihose

rith (*gs* **reatha**, *pl* **rití**) *nm3* run(nin
vi run; flow; **i rith** + *gen* during; **i**
hoíche all night long; **i rith an**
the time; **is fearr rith maith n**
drochsheasamh discretion i
part of valour; **rith croí** (*MF*
cuntas reatha current ac
reatha current affairs; **u**
running water

ríthe *see* **rí**[1]

ríthеacha *see* **rí**[2]

rithim *nf2* rhythm

Rivéara *nm4*: **Rivéara na Fraince** the French Riviera
RnaG *n abbr* (= *Raidió na Gaeltachta*) Irish language radio
ró *nm4* row
ró- *prefix* too, excessively; **rómhór** too large; **róshean/ró-óg** too old/young
róba *nm4* robe; gown
robáil *vt* rob; hold up ♦ *nf3* robbery; hold-up
robálaí *nm4* robber
roc *nm1* wrinkle; crease
rocach *adj* wrinkled, creased; (*iron*) corrugated
rochtain (*gs* **rochtana**) *nf3* (*COMPUT*) access; **aga rochtana** access time
ród *nm1* road; way
ródháileog *nf2* overdose
ródhóchas *nm1* presumption
rodta *adj* (*drink*) flat, stale
rógaire *nm4* rogue
rogha *nf4* choice; option; selection; alternative; **cheal aon rogha eile** in the last resort; **bíodh do rogha leabhar agat** choose any book you like; **is rogha liom fanacht** I prefer to stay; **de rogha ar** in preference to, rather than; **níl an dara rogha againn** we have no alternative; **rogha an fhíona** the best of wine; **déan do rogha rud** do whatever you want
roghchlár *nm1* (*COMPUT*) menu
roghnach *adj* optional
roghnaigh *vt* choose, pick; select
roghnú *nm* choice; selection
roicéad *nm1* rocket
roimh (*prep prons* = **romham, romhat, roimhe, roimpi, romhainn, romhaibh, rompu**) *prep* before, ahead of, in front of, in advance of; (*with time*: *not later than*) by; **roimh ré** in advance; **roimh i bhfad** before long; **tá fáilte romhat** you are welcome; **loic sé roimhe** he shrank from it; **roimh Chríost (R. Ch)** before Christ, B.C.; **roimh Cháisc** before Easter; ... **romhat** to walk along; **dul roimh** ... to anticipate sth
... *nf2*: **an Róimh** Rome
roimhe *adv* before; **bhí mé ann roimhe** I've been there before; **roimhe sin** before then/that; **roimhe seo** formerly; *see also* **roimh**
roimpi *see* **roimh**
Róin *nf2*: **an Róin** the Rhone
roinn[1] *vt* share; divide, distribute; (*cards*) deal
roinn[2] (*gs, pl* **ranna**, *gpl* **rann**) *nf* share, portion; distribution
roinn[3] *nf2* department; part; area; **an Roinn Airgeadais** the Treasury, the Treasury Department (*US*); **an Roinn Gnóthaí Eachtracha** the Foreign Office; **ranna stáit** state departments; **ranna cainte** (*LING*) parts of speech
roinnt (*pl* **rannta**) *nf2* (*MATH*, *gen*) division; sharing; (*cards*) deal; some, a few; several; **roinnt mhaith** a good deal; **roinnt daoine** several people; **gan roinnt** undivided
roinnteoir *nm3* divider; (*MATH*) divisor
rois[1] (*pl* ~**eanna**) *nf2* (*of gunfire, questions*) burst, volley; (*of wind*) blast
rois[2] *vt* unravel; rip
roiseadh (*gs* **roiste**, *pl* **roistí**) *nm* rip, tear; (*in tights*) ladder, run
roisín *nm4* resin; **roisín cnáibe** cannabis resin
roithleagán *nm1* hoop; spin
roithleán *nm1* pulley; wheel; (*FISHING*) reel; spool
ról *nm1* role
roll *vt, vi* roll
rolla *nm4* roll; register, record; **rolla leithris** toilet roll
rolladh (*gs* **rollta**) *nm* roll
rollaigh *vt* enrol
rollán *nm1* roller
rollóg *nf2* (bread) roll
rollóir *nm3* (*tool etc*) roller
róluchtaigh *vt* overload
Rómáin *nf2*: **an Rómáin** Romania
Rómáinis *nf2* (*LING*) Romanian
Rómánach *adj, nm1* Romanian
rómánsach *adj* romantic
rómánsachas *nm1* romanticism
rómánsaí *nm4* romanticist

rómánsaíocht *nf3* (LITER *etc*) romanticism
romhaibh, romhainn, romham *see* **roimh**
rómhair *vt* (*field*) dig
Rómhánach *adj, nm1* Roman
romhat, rompu *see* **roimh**
rón (*pl* ~**ta**) *nm1* (*animal*) seal; **rón mór** sea lion
ronna *nm4* dribble, slobber
ronnach *nm1* mackerel
rop *vt* stab; thrust ♦ *nm3* stab, thrust; **duine a ropadh** to stab sb
rópa *nm4* rope
ropadh (*gs* **roptha**) *nm* stab, stabbing
ropánta *adj* stabbing; (*comedy*) slapstick
ropóg *nf2* small intestine
ros[1] *nm1* linseed; **ola rois** linseed oil
ros[2] *nm3* headland
rós (*pl* ~**anna**) *nm1* rose
rósach *adj* rosy
rosán *nm1* shrubbery, bushes
rosc *nm1* eye; chant, anthem; **rosc catha** war cry; **rosc ceoil** (MUS) rhapsody
rosca *nm4* rusk
Ros Comáin *nm* Roscommon
rósóg *nf2* rosebush
róst *vt, vi* roast
rósta *adj, nm4* (*beef etc*) roast
rostram *nm1* rostrum
rosualt *nm1* walrus
róta *nm4* rota; **ar bhonn róta** on a rota basis
roth *nm3* wheel; **roth breise** spare wheel; **roth fiaclach** cog; **roth stiúrtha** steering wheel
rothaí *nm4* cyclist; rider
rothaigh *vi* cycle
rothaíocht *nf3* cycling
rothán *nm1* small wheel; loop; huff, mood
rothar *nm1* bicycle, bike; **rothar sléibhe** mountain bike
rótharraingt (*gs* ~**he**) *nf* overdraft
rótharraingthe *adj* overdrawn
rothlach *adj* rotating; rotary
rothlaigh *vt, vi* rotate; spin
rothlú *nm* rotation; spin
RTE *n abbr Raidió Teilifís Éireann*

rua *adj* red; red-haired; (*colour*) rusty; wild; **an Mhuir Rua** the Red Sea; **oíche rua** a wild night; **níl cianóg rua agam** I haven't a bean
ruacan *nm1* cockle
ruachorcra *adj* puce
ruadhóigh *vt* scorch
ruagaire *nm4* chaser; **ruagaire reatha** wanderer; **ruagaire feithidí** insect repellent
ruaig *vt* chase; drive away, repel ♦ *nf2* (*pl* ~**eanna**) chase; rout; foray, expedition; flying visit; **an ruaig a chur ar dhuine** to chase sb; **ruaig a thabhairt abhaile** to take a run home; **ruaig chreiche** plundering expedition
ruaigtheach *adj* repellent
ruaille *nm4*: **ruaille buaille** commotion
ruaim[1] *nf2* fishing line; **is iomaí ruaim ar a shlat aige** he has many strings to his bow
ruaim[2] *nf2* red dye; **ruaim feirge** flush of anger
ruaimneach *adj* (*water*) muddy
ruaimnigh *vt, vi* (*wood*) stain; (*face*) flush; (*water*) muddy
ruainne *nm4* shred; morsel; scrap; **ruainne fianaise** scrap of evidence
ruathar *nm1* charge, rush; raid, swoop
rubar *nm1* rubber; **rubar cúir** foam rubber
rúbarb *nm4* rhubarb
rúchladh *nm1* dash; **rúchladh a thabhairt ar rud** to make a dash for sth
rud *nm3* thing; object; **ós rud é go** since it happens that; **rud eile de** furthermore; **rud beag fuar** a little bit cold; **tá rudaí le déanamh agam** I have things to do; **rud éigin** something; **rud eile ar fad** a different matter altogether; **rud gan úsáid** useless thing; **rud beag** + *gen* a little
rufa *nm4* frill
rug *etc vb see* **beir**
ruga *nm4* rug
rugadh, rugamar *vb see* **b**
rugbaí *nm4* rugby
ruibh[1] *nf2* venom; stir
ruibh[2] *nf2* sulphur

ruibhchloch *nf2* brimstone
rúibín *nm4* ruby
rúid (*pl* ~**eanna**) *nf2* run; rush; sprint
rúidbhealach (*pl* **rúidbhealaí**) *nm1* runway
ruifíneach *nm1* ruffian
ruíleas *nf2* freehold
rúiléid *nf2* roulette
rúipí *nm4* rupee
ruipleog *nf2* (CULIN) tripe
ruire *nm4* (IRL: *HIST*) overlord
Rúis *nf2*: **an Rúis** Russia
rúisc (*pl* ~**eanna**) *nf2* discharge; volley
Rúiseach *adj, nm1* Russian
Rúisis *nf2* (LING) Russian
ruithne *nf4* radiance; glitter
ruithnigh *vt, vi* illuminate; glitter
rúitín *nm4* ankle
rum *nm4* rum
rún *nm1* secret; intention; intent; (*at meeting*) motion, resolution; **faoi rún** in secret; **rún a bheith agat rud a dhéanamh** to intend to do sth; **le rún urchóide** with a sinister purpose; **rún buíochais** vote of thanks; **do rún a ligean le duine** to confide in sb
rúnaí *nm4* secretary; **Rúnaí Stáit** Secretary of State; **Rúnaí Gnóthaí Baile** Home Secretary
rúnda *adj* secret; secretive; confidential
rúndacht *nf3* secrecy
rúndaingean (*gsf, pl, compar* **rúndaingne**) *adj* determined, resolute
rúndiamhair (*pl* **rúndiamhra**) *adj* mysterious ♦ *nf2* mystery
runga *nm4* rung
rúnmhar *adj* discreet; secretive
rúnscríbhinn *nf2* cipher
rúnseirbhís *nf2* (POL) secret service
Rúraíocht *nf3* (IRL: *MYTHOLOGY*) Ulster epic cycle
rúsc *nm1* (*of tree*) bark
rúta *nm4* root
ruthag *nm1* run, sprint, dash; **léim ruthaig** running jump

S

sa = **i** + *def art* **an**
-sa *emphatic suffix* (*with broad consonants or vowels*): **mo leabharsa** *my* book; **ní fhanfása ann** *you* wouldn't stay there; **ní ormsa an locht** it's not *my* fault
sá (*pl* **~ite**) *nm4* thrust; (*with knife etc*) stab
sabaitéireacht *nf3* sabotage
sábh (*pl* **~a**) *nm1* saw; **sábh mara** sawfish
sábháil *nf3* saving; (SPORT) save; (*from accident*) rescue • *vt, vi* save; rescue
sábháilte *adj* safe; **slán sábháilte** safe and sound
sábháilteacht *nf3* safety
sabhaircín *nm4* primrose
sabhdán *nm1* sultan
sabhdánach *nm1* sultana
sabóid *nf2* Sabbath
sabóideach *adj* sabbatical
sac *nm1* sack • *vt* cram; pack; thrust; shove
sacar *nm1* soccer
sách *adj* sated • *adv* sufficiently; fairly
sacraimint *nf2* sacrament
sacsafón *nm1* saxophone
sádach *adj* sadistic • *nm1* sadist
sádar *nm1* solder
sadhlas *nm1* silage
sádráil *vt* solder
sáfach *nf2* (*of spade, spear*) shaft
sága *nm4* saga
sagart *nm1* priest
sagartacht *nf3* priesthood
saghas (*pl* **saghsanna**) *nm1* kind, sort • *adv*: **saghas ait** rather strange
Sahára *nm4*: **an Sahára** the Sahara (Desert)
saibhir (*pl* **saibhre**) *nm4* rich person • *adj* (*gsf, pl, compar* **saibhre**) rich, wealthy; **an saibhir agus an daibhir** the rich and the poor
saibhreas *nm1* wealth; fortune
saibhrigh *vt* enrich
saicín *nm4* vesicle; sachet
saifír *nf2* sapphire
sáigh (*vn* **sá**, *vadj* **sáite**) *vt, vi* stab, thrust; jab; **bheith sáite as duine** to nag sb; **bheith sáite i rud** to be engrossed in sth
saighdeadh (*gs* **saighdte**) *nm* incitement, provocation
saighdeoir *nm3* archer; **An Saighdeoir** (ASTROL) Sagittarius
saighdeoireacht *nf3* archery
saighdiúir *nm3* soldier
saighead (*gs* **saighde**) *nf2* arrow; dart; pang; **saighead reatha** (*runner*) stitch in side
saighean *nf2* (seine-)net
saighid (*pres* **saighdeann**, *vn* **saighdeadh**) *vt* incite; provoke; **saighid faoi** tease
saighneáil *vt, vi* sign; (*as unemployed*) sign on
saighneán *nm1* lightning; **Na Saighneáin** The Northern Lights
sail[1] *nf2* dirt; **sail chluaise** earwax; **sail chnis** dandruff
sail[2] *nf2* (*of wood*) beam; cudgel
sáil[1] (*pl* **sála**, *gpl* **sál**) *nf2* heel; (*of cheque etc*) stub; **bheith sna sála ag duine** to be on sb's heels
sáil[2] *adj* luscious; luxuriant; self-indulgent
sailchuach *nf2* (*plant*) violet
sailchuachach *adj* violet
sáile *nm4* sea water, brine; sea; **dul thar sáile** to go overseas
saileach *nf2* willow, sallow; **crann sailí** willow tree; **saileach shilte** weeping willow
sailéad *nm1* salad; **sailéad torthaí** fruit salad
saileog *nf2* willow
saill[1] *nf2* fat
saill[2] *vt, vi* (*meat etc*) cure; salt; **mairteoil shaillte** corned beef
sáiltéar *nm1* salt cellar
Saimbia *nf4*: **an tSaimbia** Zambia
sáimhín *nm4*: **bheith ar do shái**[illegible] to be completely at ease
sáimhrigh *vt* soothe; quiete[illegible]

drowsy
sáimhríoch *adj* (*person*) drowsy; (*evening*) tranquil
sain- *prefix* specific; special; distinctive
sainaithin *vt* identify
saincheadúnas *nm1* franchise
sainchomhartha *nm4* characteristic; **sainchomhartha tíre** landmark
sainchónaí (*gs, pl* **sainchónaithe**) *nm* domicile
sainchreideamh *nm1* (REL) denomination
saineolaí *nm4* expert; specialist
saineolas *nm1* expertise; **saineolas a bheith agat ar rud** to have expert knowledge of sth
sainfheidhme *n gen as adj* (*work, tools*) specialized
sainghné *nf4* characteristic feature
sainigh *vt* specify; define
sainiú *nm* specification; definition
sainiúil *adj* specific; distinctive
sainmharc (*pl* **~anna**) *nm1* hallmark
sainmhínigh *vt* define
sainmhíniú *nm* definition
sáinn *nf2* trap; fix; (CHESS) check; **duine a chur i sáinn** to corner sb
sáinnigh *vt* corner; trap; (CHESS) check
sainordaitheach *adj* mandatory
sainráite *adj* (*condition*) express
saint *nf2* greed; avarice
saintréith *nf2* distinctive trait
saíocht *nf3* erudition, learning
Sáír *nf2*: **an tSáír** Zaire
Sairdín *nf2*: **an tSairdín** Sardinia
sairdín *nm4* sardine
sáirsint *nm4* sergeant
sais (*pl* **~eanna**) *nf2* sash
sáiste *nm4* (*herb*) sage
sáite *see* **sáigh**
sáiteach *adj* nagging; annoying
sáiteán *nm1* stake; (*insult*) dig
sáith *nf2* fill; enough; **do sháith (airgid) a bheith agat** to have enough (money); **do sháith a ól** to drink your fill
aithe *nf4* swarm; multitude
íl, sála *see* **sáil**
lach *adj* dirty; grubby; (*talk*) foul; *veather*) wet, drizzly; **teacht salach ar dhuine** to cross sb
salachar *nm1* dirt, filth; ordure
salaigh *vt, vi* dirty, soil; (*reputation*) smear
salann *nm1* salt
sall *adv* over (to far side)
salm *nm1* psalm
salún *nm1* (AUT) saloon
sámh *adj* easy, serene; peaceful; calm
samhail (*gs* **samhla**, *pl* **samhlacha**) *nf3* likeness, semblance; model; simile; ghost
samhailchomhartha *nm4* symbol
samhailteach *adj* imaginary
Samhain (*gs* **Samhna**, *pl* **Samhnacha**) *nf3* November; **Oíche Shamhna** Hallowe'en
samhalta *adj* visionary; virtual
sámhán *nm1* nap, doze
sámhas *nm1* voluptuousness
sámhasach *adj* voluptuous
samhlaigh *vt, vi* imagine; visualize; **samhlaítear dom (go)** it appears to me (that); **rud a shamhlú le rud eile** to liken sth to sth else; **rud a shamhlú le duine** to expect sth of sb
samhlaíoch (*gsm* **samhlaíoch**) *adj* imaginative
samhlaíocht *nf3* imagination
samhlaoid *nf2* image, illustration
samhnas *nm1* nausea; disgust; **samhnas a bheith ort** to feel disgusted *or* queasy
samhnasach *adj* disgusting, repulsive; squeamish
samhradh (*pl* **samhraí**) *nm1* summer; **sa samhradh** in summer
sampla *nm4* sample; specimen; example; wretch; **mar shampla** for example; **sampla fola** blood specimen
samplach *adj* sample; specimen; (*case*) test
sampláil *vt* sample
San *n* Saint, St.; **San Proinsias** St. Francis
san = **i** + *def art* **an**
-san *emphatic suffix*: **a leabharsan** *his* book; **tabhair dósan é** give it to *him*
sanas *nm1* gloss(ary)
sanasaíocht *nf3* etymology
sanasán *nm1* glossary
sann *vt* (LAW) assign
sannadh *nm* (LAW) assignment

Sanscrait *nf2* (*LING*) Sanskrit
santach *adj* greedy; covetous
santacht *nf3* greediness
santaigh *vt* desire; covet; lust after
santal *nm1* sandal(wood)
saobh *vt* pervert; derange; (*word*) twist • *adj* perverse; crooked; slanted; askew
saobhainm *nm4* misnomer
saobhghrá *nm4* infatuation
saofóir *nm3* pervert
saoi *nm4* wise man; master, expert; **ní bhíonn saoi gan locht** even Homer sometimes nods, nobody's perfect
saoire *nf4* holiday, vacation; leave; (*REL*) Sabbath, holy day; **lá saoire** a day off; **ar saoire** on holidays
saoirse *nf4* freedom; liberty
saoirseacht *nf3* craftsmanship; **saoirseacht chloiche/adhmaid** masonry/woodwork
saoiste *nm4* boss; foreman; (*wave*) roller
saoistíocht *nf3* bossing; **saoistíocht a dhéanamh ar dhuine** to boss sb (around *or* about)
saoithín *nm4* know-all
saoithíneach *adj* pedantic
saoithiúil *adj* learned, wise; peculiar
saol (*pl* ~**ta**) *nm1* life; lifetime; world; **an saol eile** the other world; **le mo shaol** in my life; **an saol mór** the whole world; **tar éis an tsaoil** after all; **teacht ar an saol** to be born; **ar na saolta seo** nowadays; **cúrsaí an tsaoil** world(ly) affairs; **sin an saol (agat)** such is life; **os comhair an tsaoil** openly; **cad é an saol atá agat** how is life treating you?
saolach *adj* long-lived
saolaigh *vt* (*autonomous*): **saolaíodh mac di** a son was born to her
saolré *nf4* life cycle
saolta *adj* worldly; temporal; earthly; **náire shaolta** absolute disgrace
saonta *adj* gullible, naïve
saontacht *nf3* naivety
saor[1] *nm1* craftsman; **saor cloiche** stonemason; **saor adhmaid** carpenter
saor[2] *adj* free; cheap; (*room*) vacant; (*not busy*) available; (*GRAM*) autonomous; **am saor** free time; **saor ó dhleacht** duty-free; **saor (ó/ar)** exempt *or* safe (from); **saor in aisce** free of charge; **duine a scaoileadh saor** to set sb free
saor[3] *vt* free; liberate; acquit; **duine a shaoradh ar rud** to save *or* exempt sb from sth
saor- *prefix* independent, free-
saoradh (*gs* **saortha**) *nm* liberation; (*LAW*) acquittal
saoráid *nf2* (*of style, motion*) fluidity; (*device*) convenience
saoráideach *adj* easy; effortless; (*style etc*) fluid
saorálach *adj* voluntary
saorálaí *nm4* volunteer
saoránach *nm1* citizen
saoránacht *nf3* citizenship
saorbhealach *nm1* freeway
saorbhriathar *nm1* (*GRAM*) autonomous verb
saorchic *nf2* (*FOOTBALL*) free kick
saorfhiontraíocht *nf3* free enterprise
saorga *adj* artificial, man-made
saorghabháltas *nm1* freehold
saorstát *nm1* free state; **Saorstát na hÉireann** Irish Free State
saorthoil *nf3* free will
saorthoilteanach *adj* discretionary
saorthrádáil *nf3* free trade
saorthuras *nm1* excursion (at cheap rate)
saothar *nm1* work; labour; exertion; (*literary etc*) works; **le saothar** laboriously; **saothar a chur ort féin le rud a dhéanamh** to trouble o.s. to do sth; **saothar in aisce** labour in vain; **saothar a bheith ort** to be out of breath
saotharlann *nf2* laboratory
saothrach *adj* (*person*) industrious; (*breath*) laboured
saothraí *nm4* labourer; bread-winner
saothraigh *vt, vi* labour, toil; (*land*) till, work; earn; cultivate; **do chuid a shaothrú** to earn *or* make a living
saothrú *nm* cultivation; earnings
sár *nm1* czar
sár- *prefix* super-, ultra-, excellent, supreme
sáraigh *vt, vi* infringe, violate; overcome;

rape; (*record*) smash, exceed; (*order, objection*) override; **sháraigh orm** I failed
sárchéim *nf2* (GRAM) superlative
sármhaith *adj* excellent
sárshaothar *nm1* masterpiece
sárú *nm* infringement; violation; rape; surpassing; **níl a shárú ann** it cannot be surpassed
sás (*pl* ~**anna**) *nm1* device; trap; means
sásaigh *vt* please, satisfy; (*wish, desire*) fulfil; (*whim*) indulge
sásamh *nm1* satisfaction; (*of wishes etc*) fulfilment; **sásamh a bhaint as duine** to get even with sb
Sasana *nm4* England
Sasanach *adj* English ♦ *nm1* Englishman/Englishwoman
sásar *nm1* saucer
sáslach *nm1* mechanism
sáspan *nm1* saucepan, pan
sásta *adj* satisfied; pleased; glad; willing; handy; convenient; **bheith sásta le rud** to be pleased with sth
sástacht *nf3* satisfaction
sásúil *adj* satisfactory; satisfying
satail (*pres* **satlaíonn**, *vn* ~**t**) *vt, vi* trample, tread; **satailt ar rud** to tramp on sth
satailít *nf2* satellite
Satarn *nm1* (*planet*) Saturn
Satharn *nm1* Saturday; **Dé Sathairn** on Saturday; **ar an Satharn** on Saturdays
scabhta *nm4* (MIL) scout
scabhtáil *vi* scout
scadán *nm1* herring
scafall *nm1* scaffold, scaffolding
scafánta *adj* fit; strapping
scáfar *adj* terrible, frightful; timid
scag *vt, vi* filter, strain, sift; (*sugar, oil*) refine; (*candidates etc*) screen
scagach *adj* (*clothes*) flimsy; sparse
scagadh (*gs* **scagtha**) *nm* (*oil*) refinement; (*of evidence etc*) examination
scagaire *nm4* filter; **scagaire ola** (AUT) oil filter
scagdhealú *nm* dialysis
scaglann *nf2* refinery
scaif (~**eanna**) *nf2* scarf
scáil (*pl* ~**eanna**) *nf2* shade; shadow; image, reflection
scáileán *nm1* (TV, CINE *etc*) screen
scailleagánta *adj* lanky; (*disposition*) lively
scailliún *nm1* scallion
scailp (*pl* ~**eanna**) *nf2* (*in cliff, rock*) fissure; cave
scáin *vt, vi* (*wood etc*) split; (*crowd*) scatter; thin out; wear thin
scáineadh (*gs* **scáinte**) *nm* crack, split
scaineagán *nm1* shingle; gravel
scáinte *adj* flimsy; (*hair*) thin; (*crowd, cloud*) scattered; (*clothes*) threadbare
scaip *vt, vi* spread; disperse; (*fog*) lift
scaipeadh (*gs* **scaipthe**) *nm* dissemination; dispersion; circulation
scaipthe *vadj* scattered; (*person*) scatterbrained; (*thoughts, words*) incoherent
scair (*pl* ~**eanna**) *nf2* (*also* COMM) share; (*coal etc*) layer, bed
scairbh *nf2* shoal; (GEOG) shelf; shallow; **scairbh ilchríochach** continental shelf
scaird *vt, vi* squirt; gush ♦ *nf2* (*pl* ~**eanna**) squirt; jet; spurt
scairdeitleán *nm1* (AVIAT) jet
scairdinneall *nm1* jet engine
scairp (*pl* ~**eanna**) *nf2* scorpion; **An Scairp** (ASTROL) Scorpio
scairshealbhóir *nm3* shareholder
scairt[1] *nf2* (*pl* ~**eanna**) shout; call; **scairt a ligean** to shout; **scairt ghutháin** phone call ♦ *vt* shout (out); yell
scairt[2] (*pl* ~**eacha**) *nf2* midriff, diaphragm; thicket; cave
scairteach *nf2* shouting
scairteoir *nm3* (TEL) caller
scaitheamh (*pl* **scaití**) *nm1* while; spell; **scaití** at times
scal *nf2, vi* (*sun etc*) burst; flash
scála[1] *nm4* (*also* MATH, MUS) scale; **scálaí** balance
scála[2] *nm4* basin, bowl
scall *vt* scald; (*egg*) poach; scold
scalladh (*gs* **scallta**) *nm* scald
scallta *adj* measly, paltry; puny
scalltán *nm1* fledgling; runt; puny person
scamall *nm1* cloud; (*on foot*) web

scamallach *adj* cloudy
scamh *vt, vi* peel, strip; (*peas*) shell; (*clothes*) fray; (*wood*) shave, plane
scamhadh (*gs* **scafa**) *nm* shavings, scrapings
scamhaire *nm4*: **scamhaire prátaí** potato peeler
scamhard *nm1* nourishment
scamhardach *adj* nutritious
scamhóg *nf2* lung
scan *vt* scan
scannal *nm1* scandal; outrage
scannalach *adj* scandalous
scannán *nm1* film, movie; (BIOL) membrane; **scannán daite** colour film; **scannán faisnéise** documentary; **scannán uafáis** horror film; **scannán a dhéanamh** (TV, CINE) to shoot
scannánaigh *vt, vi* film
scanóir *nm3* scanner
scanradh *nm1* fright, scare
scanraigh *vt, vi* frighten, scare; take fright
scanraithe *vadj* frightened
scanrúil *adj* frightening, scary; timorous
scansáil *nf3* squabble, dispute
scaob *vt* scoop (up)
scaoil *vt, vi* loosen, release; slacken; (*gun*) fire; (*buttons, knot etc*) unfasten; (NAUT) cast off; (*secret*) reveal; decipher; disentangle; (*culprit*) let off; **scaoil (le)** shoot (at); **duine a scaoileadh saor** to set sb free; **scaoileadh le duine** to let sb go, fire at sb; **rud a scaoileadh tharat** to let sth pass
scaoileadh (*gs* **scaoilte**) *nm* release; (*of person*) shooting
scaoilte *adj* loose, slack
scaoilteach *adj* loose; dissolute
scaoilteán *nm1* (PHOT *etc*) release
scaoilteoir *nm3* (SPORT, *official*) starter
scaoll *nm1* panic, alarm; fright; **scaoll a theacht ort** to panic
scaollmhar *adj* panicky
scaoth *nf2* swarm
scaothaire *nm4* loudmouth, boaster
scaothaireacht *nf3* boasting; (*fam*) bullshit
scar *vt, vi* part; separate; diverge; spread; **scar ar** straddle ♦ *vi*: **scaradh le rud/duine** to part from *or* separate from sth/sb
scaradh (*gs* **scartha**) *nm* separation; parting; (TYP) spacing
scaraire *nm4* (*switch*) cutout
scaraoid *nf2* tablecloth
scarlóideach *adj* scarlet
scartha *adj* separate, disjointed; (GRAM) analytic; (MATH) disjoint; *see also* **scaradh**
scata *nm4* crowd; group
scáta *nm4* (SPORT) skate; **scátaí rothacha** roller skates
scátáil *nf3* skating ♦ *vi* skate; **scátáil ar oighear** ice-skating
scátálaí *nm4* skater
scáth (*pl* ~**anna**) *nm3* shade, shadow; (*of night*) cover; (*in mirror*) reflection; fright; bashfulness; **scáth báistí** *or* **fearthainne** umbrella; **scáth gréine** parasol; sunshade; **ar scáth a bhfuair sé** for all he got
scáthach *adj* shady
scáthaigh *vt, vi* shade; screen
scáthán *nm1* mirror; **scáthán cúlradhairc** (AUT) rear-view mirror
scáthbhrat *nm1* awning
scáthchruth (*pl* ~**anna**) *nm3* silhouette
scáthlán *nm1* screen; (*building*) shelter; **scáthlán lampa** lampshade
sceabha *nm4*: **ar sceabha** askew; **rud a chur ar sceabha** to slant sth
sceabhach *adj* oblique, skew
sceach *nf2* thornbush; (*also*: **sceach gheal**) hawthorn; (*also*: **sceach thalún**) brier; **sceach i mbéal bearna** (*measure etc*) stop-gap
sceachaill *nf2* tumour
scead *nf2* (*on animal, tree*) blaze; light *or* bald patch
sceadach *adj* (*hair*) balding; patchy
sceadamán *nm1* throat
scéal (*pl* ~**ta**) *nm1* story; tale; yarn; anecdote; **scéal bleachtaireachta** detective story; **scéal fada ar an anró** a tale of woe; **scéal grá** romance; **scéal nua** *or* **úr** (piece of) news; **scéal práinneach** news flash; **scéal scéil**

hearsay

scéala *nm4* news; communication; message; **scéala a chur chuig duine** to send word to sb; **scéala a dhéanamh ar dhuine** to inform on sb

scéalaí *nm4* storyteller; **is maith an scéalaí an aimsir** time will tell

scéalaíocht *nf3* storytelling

sceall *nm3* chip

sceallóg *nf2* (*of glass, stone*) chip; **sceallóga** (CULIN) chips, French fries

scealp *nf2* chip; (*of wood*) splinter ♦ *vt, vi* chip; flake; splinter

scealpóg *nf2* chip; pinch, nip

scéalta *see* **scéal**

sceamh *nf2, vi* squeal; (*dog*) yap, yelp

sceamhaíl *nf3* yelping

scean *vt, vi* stab, knife; (*meat*) cut up

sceana *see* **scian**

sceanra *nm4* cutlery

sceartán *nm1* (ZOOL) tick

sceathrach *nf2* spawn; discharge

sceideal *nm1* schedule

sceidín *nm4* skimmed milk

sceilg *nf2* crag; steep rock

scéilín *nm4* anecdote

sceilp (*pl* ~**eanna**) *nf2* slap

sceilpín *nm4*: **sceilpín gabhair** scapegoat

scéim (*pl* ~**eanna**) *nf2* scheme; plan; plot

scéiméireacht *nf3* scheming

scéimh *nf2* (*physical*) beauty; appearance; **an scéimh a chailleadh** to grow ugly

sceimheal *nf2* eaves; surrounding wall

sceimhle (*pl* ~**acha**) *nm4* terror; ordeal; trauma; **sceimhle a chur ar dhuine** to terrorize sb

sceimhligh *vt, vi* terrify; terrorize; become afraid

sceimhlitheoir *nm3* terrorist

sceimhlitheoireacht *nf3* terrorism

scéin *nf2* fright, terror; (*in eyes*) glare; **scéin a chur i nduine** to terrorize sb

scéiniúil *adj* frightening; frightened; (*light*) garish, lurid; (*eyes*) glaring

scéinséir *nm3* (TV, CINE) thriller

sceipteach *nm1* sceptic

sceiptiúil *adj* sceptical

sceir (*pl* ~**eacha**) *nf2* reef; **sceir choiréil** coral reef

sceirdiúil *adj* bleak

sceireog *nf2* white lie, fib

sceiteach *adj* brittle; powdery

sceith *vt, vi* overflow; (*divulge*) give away; (*wall etc*) crumble; (*skin etc*) peel; vomit; spawn; **sceitheadh ar dhuine** to inform on sb

scéithe *see* **sciath**

sceitheadh (*gs* **sceite**) *nm* overflow

sceithire *nm4* telltale; informer

sceithphíopa *nm4* exhaust (pipe); waste pipe

sceitimíneach *adj* (very) excited

sceitimíní *npl* excitement; **sceitimíní a bheith ort** to be very excited

sceitse *nm4* sketch

sceitseáil *vt, vi* sketch

scí (*pl* ~**onna**) *nm4* ski

sciáil *vi* ski ♦ *nf3* ski; skiing; **sciáil ar uisce** water-skiing

sciaitíce *nf4* sciatica

sciálaí *nm4* skier

sciamhach *adj* beautiful

scian (*gs* **scine**, *pl* **sceana**) *nf2* knife; **dul faoi scian** to undergo an operation; **scian phóca** penknife; **scian feola** carving knife

sciar (*pl* ~**tha**) *nm4* share

sciata *nm4* (*fish*) skate

sciath (*gs* **scéithe**) *nf2* shield, screen; (*on machine*) guard; **dul ar chúl scéithe le rud** to hedge about sth

sciathán *nm1* wing; side; (*of person*) arm; **sciathán leathair** (ZOOL) bat

scidil *nf2* skittle

scigaithris *nf2* parody

scigdhráma *nm4* (THEAT) farce

scigiúil *adj* mocking, derisive

scigmhagadh *nm1* derision; jeering

scigphictiúr *nm1* caricature

scil[1] *vt, vi* disclose, give away; (*information*) leak; (*peas etc*) shell

scil[2] (*pl* ~**eanna**) *nf2* skill

sciliúil *adj* skilful, skilled

scilléad *nm1* saucepan, pan

scilling (*pl* ~**e**) *nf2* shilling

scim *nf2* coating, film

scimeáil *vt* skim
scine *see* **scian**
scinn *vi* dart; rush; (*animal*) shy; **scinneadh de rud** to glance off sth
sciob *vt, vi* grab, snatch; (*inf*: *steal*) pinch
scioból *nm1* barn
sciobtha *adj* fast; prompt; **sciobtha scuabtha** spick-and-span
scioll *vt, vi* scold
sciomair (*pres* **sciomraíonn**, *vn* **sciomradh**, *pp* **sciomartha**) *vt, vi* scrub; polish
scíonna *see* **scí**
sciorr *vi* slip, slide; skid; **sciorr an focal uaidh** he let the word slip
sciorrach *adj* slippery
sciorradh (*gs* **sciorrtha**, *pl* **sciorrthaí**) *nm* slip; skid; **sciorradh focail** a slip of the tongue
sciorta *nm4* skirt; **sciorta den ádh** a touch of luck, the rub of the green
sciortáil *vt* skirt
sciot *vt* snip; prune; clip
sciotaíl *nf3* giggling
sciotán *nm1* (*of tail*) stump; **de sciotán** suddenly, in a dash
scipéad *nm1* till
scirmis *nf2* skirmish
scíth *nf2* relaxation, rest; break; **do scíth a dhéanamh** *or* **ligean** to take a rest
sciúch *nf2* throat; (*fam*) voice
sciuird (*pl* ~**eanna**) *nf2* dash; short visit
sciúirse *nm4* scourge; whip
sciúlán *nm1* bib
sciúr *vt, vi* scour; sand (down); (*floor, pots etc*) scrub; (*beat*) lash
sciurd *vi* rush, dash; scurry
sclábhaí *nm4* slave; (*farm*) labourer
sclábhaíocht *nf3* slavery; heavy work
sclaig *nf2* (*in road*) rut
sclamh *nf2* (*pl* ~**anna**) bite ♦ *vt, vi* scold, nag; **sclamh a bhaint as duine** to snap at sb
scláta *nm4* slate
scléip (*pl* ~**eanna**) *nf2* fun, crack; carry-on; rowdiness
scléipeach *adj* party-like; fun; sporty, enjoyable
scleondar *nm1* excitement; high spirits
scliúchas *nm1* brawl; skirmish
sclog *vt, vi* gulp, gasp; choke
scód *nm1* (NAUT) sheet; (*fig*) liberty; **scód a ligean le duine** to give sb rope
scóig (*pl* ~**eanna**) *nf2* neck; (AUT) throttle
scoil (*pl* ~**eanna**) *nf2* school; (*of fish*) shoal; **ar scoil** to *or* at school; **scoil ullmhúcháin** preparatory school; **scoil chónaithe/Domhnaigh** boarding/Sunday school; **scoil ghramadaí/náisiúnta** grammar/national school; **scoil oíche** night school; **scoil phríobháideach/phoiblí** private/public school
scoilcheantar *nm1* (SCOL) catchment area
scoile *n gen as adj* school
scoilt *vt, vi* split; crack; (*hair*) part ♦ *nf2* (*pl* ~**eanna**) split; divide, rift; (*in dress, jacket*) slit; (*in hair*) parting
scoilteach *nf2* sharp pain; **scoilteacha** rheumatic pains
scóip *nf2* scope; ambition; joy, delight; **scóip a bheith ort** to be delighted
scóipiúil *adj* wide, extensive; delighted
scoir (*vn* **scor**) *vt, vi* detach; (SCOL) break up; (*contract*) end; (*meeting*) disperse; **scor de rud** (*habit etc*) to give sth up
scoite *adj* (*place*) remote; (*house*) detached; (*showers*) scattered; (*person*) lone
scoith *vt, vi* cut *or* snap off; separate, disconnect; (*flowers, weeds*) pull (out); (*grip*) release, break; (*button, horseshoe*) lose, shed; (*in race*) leave behind, outdistance; (*child*) wean
scol *nm1* (*of song, laughter etc*) burst
scól *vt, vi* torment; (*timber*) warp
scolaíocht *nf3* schooling
scoláire *nm4* scholar; academic
scoláireacht *nf3* scholarship; learning
scolardach *nm1* pundit
scolártha *adj* scholarly
scolb *nm1* splinter; nick; chip; (SEWING) scallop
scolgháire *nm4* guffaw; **scolgháire a dhéanamh** to guffaw
scológ *nf2* (HIST) (small) farmer; farmhand

sconna *nm4* (*of pipe*) spout; (*on sink etc*) tap
sconsa *nm4* fence; ditch
scor[1] *nm1* termination; retirement; (*of meeting*) end; **am scoir** quitting time; **focal scoir** final word
scor[2] *nm1*: **ar scor ar bith** at any rate
scor[3] *see also* **scoir**
scór (*pl* ~**tha**) *nm1* twenty; (*also* SPORT, MUS) score; notch; tally; **an scór a choinneáil** to keep the score; **scór go leith** thirty; **scór féachana** (RADIO, TV) ratings
scóráil *vt, vi* (SPORT) score
scorán *nm1* tag
scórchlár *nm1* scoreboard
scornach *nf2* throat; **do scornach a réiteach** to clear one's throat
scoth (*pl* ~**anna**) *nf3* (best) choice; pick; (*year*) vintage; **scoth oibre** excellent work; **scoth lae** a great day
scothbhruite *adj* (CULIN, *steak*) medium; (*egg*) soft-boiled
scothóg *nf2* tassel
scrábach *adj* (*writing*) scrawling; (*work*) ragged; (*teeth*) scraggy
scrábáil *nf3* scrawl, scribble
scrabh *vt, vi* scratch; scrape; claw
scragall *nm1* foil; **scragall stáin** tinfoil
scraiste *nm4* layabout
scraith (*pl* ~**eanna**) *nf2* scraw; turf, sod; rash
scréach *nf2, vi* (*vn* ~**ach**) screech, shriek; (*owl*) hoot
scréachóg *nf2*: **scréachóg choille** jay; **scréachóg reilige** barn owl
scread *vi* scream • *nf3* (*pl* ~**anna**) scream; **scread a ligean** to scream
screamh *nf2* coating, film; scum
screamhóg *nf2* (*of rust, paint etc*) crust, flake; speck
scríbhinn *nf2* writing; **rud a chur i scríbhinn** to set sth down in writing; **scríbhinní Descartes** Descartes' writings
scríbhneoir *nm3* writer
scríbhneoireacht *nf3* (hand)writing; lettering
scrín (*pl* ~**te**) *nf2* shrine
scríob *nf2* scratch, scrape; (*of journey*) leg; (*of work etc*) spell; **ceann scríbe** destination • *vt, vi* scratch, score, scrape
scríobach *adj* abrasive
scríobadh (*gs* **scríobtha**) *nm* scratch
scríobán *nm1* grater
scríobh *vt, vi* write (out) • *nm3* (*gs* **scríofa**) writing, handwriting; **scríobh chuig duine** to write to sb
scríobhaí *nm4* scribe
scrioptúr *nm1* Scripture
scrios *vt* destroy; ruin; erase, delete • *nm* (*gs* ~**ta**) destruction; ruin
scriosach *adj* destructive
scriosán *nm1* rubber, eraser
scriostóir *nm3* destroyer
script (*pl* ~**eanna**) *nf2* script; screenplay
scriú (*pl* ~**nna**) *nm4* screw
scriúáil *vt, vi* screw
scriúire *nm4* screwdriver
scrobarnach *nf2* undergrowth; scrub
scrobh *vt* (*eggs*) beat; scramble
scroblach *nm1* rabble
scroblachóir *nm3* scavenger
scrofa *vadj* (*eggs*) scrambled
scrogall *nm1* long thin neck; (*traffic*) bottleneck
scroid *nf2* snack
scroidchuntar *nm1* snack bar
scrolla *nm4* scroll
scrollaigh *vt* (COMPUT) scroll
scrúdaigh *vt* examine
scrúdaitheoir *nm3* examiner
scrúdú *nm* exam(ination); **scrúdú bréige** mock exam; **scrúdú cainte** oral exam; **scrúdú iontrála** entrance exam
scrupall *nm1* scruple; qualm
scrupallach *adj* scrupulous
scuab *nf2* broom, brush; (*inf*) girl, girlfriend • *vt* brush, sweep; **an clár a scuabadh** to sweep the board; **rud a scuabadh chun siúil** to sweep sth away; **scuabadh leat** to rush off; **scuab éadaigh** clothes brush; **scuab ghruaige** hairbrush
scuabadh (*gs* **scuabtha**) *nm* sweep
scuabadóir *nm3*: **scuabadóir cairpéad** carpet sweeper
scuad *nm1* (MIL, POLICE) squad; (*insects*)

swarm
scuadrún *nm1* (MIL) squadron
scuaibín *nm4* brush
scuaine *nf4* queue; line; (*crowd*) drove
scuais *nf2* (SPORT) squash
scubaid *nf2* (*pej*: *woman*) hussy
scuibhéir *nm3* (HIST) squire
scúnc *nm1* skunk
scúp *nm1* scoop
scútar *nm1* scooter
sé[1] *pron* he; it; **cá fhad atá sé go ...?** how far is it to ...?; **cén t-am?** what time is it?
sé[2] (*pl* ~**anna**) *num, nm4* : **a sé** six; **a sé déag** sixteen; **sé mhéadar ar fad** 6 metres long
sea[1] *nm4* time; strength; **ina sea** in her prime
sea[2] *as adv*: **go sea** so far
seabhac *nm1* hawk
seabhrán *nm1* dizziness; whirr; **seabhrán a dhéanamh** to whirr
séabra *nm4* zebra
seac *nm1* (AUT) jack
seaca *n gen as adj* (*weather*) frosty; *see also* **sioc**
seacain *nf2* sequin
seacál *nm1* jackal
seach *n*: **faoi seach** in turn; **i nDoire agus i mBaile Átha Cliath faoi seach** in Derry and Dublin respectively
seachadadh (*gs* **seachadta**) *nm* delivery; (SPORT) pass; **íoc ar seachadadh** cash on delivery; **seachadadh taifeadta** recorded delivery
seachaid (*pres* **seachadann**) *vt* deliver; pass; transmit
seachain (*pres* **seachnaíonn**) *vt* avoid, evade; shun, sidestep
seachaint *nf3* avoidance; evasion; **bheith ar do sheachaint** to be on the run
seachantach *adj* evasive, elusive
seachas *prep* besides, as well as; other than
seachbhóthar *nm1* ring road
seachbhrí *nf4* overtone
seach-chló *nm4* offprint
seach-chonair *nf2* bypass
seachfhocal *nm1* aside
seachmall *nm1* aberration; abstraction; illusion
seachrán *nm1* straying; delusion; derangement; **tá seachrán air** he's deranged; **chuaigh sé ar seachrán** he lost his bearings, got lost
seachránach *adj* misguided, erroneous; (*mind*) deranged
seachránaí *nm4* wanderer
seachród *nm1* (*road*) bypass
seacht (*pl* ~**anna**) *num, nm4* seven; **a seacht déag** seventeen
seachtain (*pl* ~**í**, *pl with nums* ~**e**) *nf2* week; **seachtain agus an lá inniu** a week today; **deireadh (na) seachtaine** (the) weekend
seachtainiúil *adj* weekly
seachtanán *nm1* weekly (paper)
seachtar *nm1* seven; seven people
seachtháirge *nm4* by-product
seachtó (*gs* ~**d**, *pl* ~**idí**) *num, nm* seventy
seachtódú *num, adj, nm4* seventieth
seachtrach *adj* external, outside
seachtú *num, adj, nm4* seventh
seachvótáil *nf3* voting by proxy
seacláid *nf2* chocolate; **seacláid bhainne/dhorcha** milk/dark chocolate
séad[1] *nm3* path
séad[2] *nm3*: **séad fine** heirloom
seadaigh *vt, vi* settle
séadaire *nm4* (SPORT, MED) pacemaker
seadán *nm1* parasite
séadchomhartha *nm4* monument
seadóg *nf2* grapefruit
seafóid *nf2* nonsense; waffle
seafóideach *adj* ridiculous, nonsensical
seafta *nm4* (AUT, TECH) shaft
seagal *nm1* rye
seaicéad *nm1* jacket; **seaicéad dinnéir** dinner jacket; **seaicéad tarrthála** life jacket
seaimpéin *nm4* champagne
seaimpín *nm4* (SPORT) champion
seal *nm3* turn, go; period, spell; (*of work*) shift; **labhair siad ar a seal** they spoke in turn; **do shealsa atá ann** it's your go *or* turn
seál (*pl* ~**ta**) *nm1* shawl

séala *nm4* seal; mark; **séala a chur ar rud** to seal sth; **ar an séala sin** on that score; **faoi shéala** sealed; **ar shéala** about to, with the intention of; **séala do choda a bheith ort** to look well-fed; **tá a shéala orthu** they look it
sealadach *adj* provisional, temporary
séalaigh *vt* seal
sealaíocht *nf3* taking turns, alternation; (*SPORT*) relay; **sealaíocht a dhéanamh le duine (ag/ar/le rud)** to take turns with sb (at sth)
sealán *nm1* noose
sealbh, sealbha *see* **seilbh**
sealbhach *adj, nm1* (*LING*) possessive
sealbhaigh *vt, vi* possess; get possession of
sealbhaíocht *nf3* possession; (*of office etc*) tenure
sealbhóir *nm3* possessor; occupier; (*of ticket, deed*) holder; (*REL*) incumbent
sealgaire *nm4* hunter
sealgaireacht *nf3* hunting
sealla *nm4* chalet
Sealtainn *nf4* Shetland, the Shetlands, the Shetland Islands
sealúchas *nm1* possession(s), property, belongings
seam (*pl* **~anna**) *nm3* rivet
seamaí *nm4* chamois (leather)
seamair (*gs* **seimre**, *pl* **seamra**, *gpl* **seamar**) *nf2* clover
seamhan *nm1* semen
seamlas *nm1* slaughterhouse
seampú (*pl* **~anna**) *nm4* shampoo
seamróg *nf2* shamrock; **an tseamróg a bhaisteadh** to drown the shamrock
sean (*gs, gpl* **sean**, *pl* **~a**) *nm4* ancestor; senior • *adj* (*compar* **sine**) old, aged
sean- *prefix* old-, ancient-; long-established; exceeding
-sean *emphatic suffix*: **a mháthairsean** *his* mother; **dóibhsean** to *them*
séan[1] *nm1* happiness; good luck
séan[2] *vt* deny; disown; (*promise*) go back on, renounce
seanad *nm1* senate
séanadh (*gs* **séanta**) *nm* denial
seanadóir *nm3* senator
seanaimseartha *adj* old-fashioned, out-of-date; dated
seanaois *nf2* old age
seanársa *adj* primitive
seanathair (*gs* **seanathar**, *pl* **seanaithreacha**) *nm* grandfather
seanbhailéad *nm1*: **seanbhailéad a dhéanamh de rud** to harp on about sth
seanbhean (*gs, nom pl* **seanmhná**, *gpl* **seanbhan**) *nf* old woman
seanbhunaithe *adj* (well-)established
seanchaí *nm4* (traditional) story-teller; historian
seanchailín *nm4* spinster
seanchailleach *nf2* old maid
seanchaite *adj* worn out; antiquated; trite
seanchas *nm1* lore, tradition; story-telling; **seanchas a chur faoi rud** to enquire about sth
seanchríonna *adj* precocious
seanda *adj* old, ancient; archaic
seandacht *nf3* antiquity; **seandachtaí** antiques
seandaí *nm4* shandy
seandálaí *nm4* archaeologist
seandálaíocht *nf3* archaeology
seandéanta *adj* outdated
seanduine (*pl* **seandaoine**) *nm4* old person; old man; **na seandaoine** the elderly
seanfhaiseanta *adj* old-fashioned; out-of-date
seanfhear *nm1* old man
seanfhocal *nm1* proverb, old saying
seanfhondúir *nm3* veteran; old-timer
seang (*gsm* **seang**) *adj* slender, slim; meagre, lean
seangaigh *vt, vi* slim
seangán *nm1* ant
Sean-Ghall *nm1* (*HIST*) Anglo-Norman, Old English
Sean-Ghallda *adj* (*HIST*) Anglo-Norman, Old English
seaniarann *nm1* scrap metal
seanléim *nf2*: **bheith ar do sheanléim (arís)** to be fit and well (again)
seanliach *adj* geriatric
seanmháthair (*gs* **seanmháthar**, *gs*

seanmháithreacha) *nf* grandmother
seanmóir *nf3* sermon
seanmóireacht *nf3* (*also fig*) preaching
seanmóirí *nm4* preacher
séanna *see* **sé**[2]
sean-nós (*pl* ~**anna**) *nm1* old custom; traditional singing
seanóir *nm3* old person, elder; (POL) alderman
seanphinsean *nm1* old-age pension
seanphinsinéir *nm3* old-age pensioner
seans (*pl* ~**anna**) *nm4* chance; opportunity; luck ♦ *adv* maybe; **de sheans** by chance; **dul sa seans** to take a chance; run a risk
séans (*pl* ~**anna**) *nm4* seance
seansaighdiúir *nm3* old soldier, veteran
seansailéir *nm3* chancellor; **Seansailéir an Státchiste** Chancellor of the Exchequer
seantán *nm1* shack, shanty
Sean-Tiomna *nm4* Old Testament
séantóir *nm3* apostate, renegade
seanuimhir (*gs* **seanuimhreach**, *pl* **seanuimhreacha**) *nf* back number
Seapáin *nf2*: **an tSeapáin** Japan
Seapáinis *nf2* (LING) Japanese
Seapánach *adj, nm1* Japanese
séarach *nm1* sewer
séarachas *nm1* sewerage
searbh (*gsm* **searbh**) *adj* bitter, sour; (*truth*) bitter, unpalatable; (*laugh*) sardonic; (*speech*) biting, caustic; **éirí searbh le chéile** to become angry with one another
searbhaigh *vt, vi* embitter; become bitter
searbhas *nm1* bitterness, sourness; sarcasm; **dul chun searbhais** to get bitter *or* acrimonious
searbhasach *adj* bitter; sarcastic
searbhónta *nm4* servant
searc *nf2* love
searg *vt, vi* wilt, wither; shrivel; decline
seargán *nm1* withered person *or* thing; (*body*) mummy
seargánach *nm1* spoilsport
searmanas *nm1* ceremony
searmanasach *adj* ceremonious
searr *vt* (*limbs etc*) stretch, extend; loosen up
searrach *nm1* foal; **searrach na dea-lárach** thoroughbred; top-notcher
searradh (*gs* **searrtha**) *nm* stretching; **searradh a bhaint asat féin** to stretch, loosen up
searróg *nf2* jar
seas *vi* stand; resist, hold out; endure, suffer; bear; (*food*) keep; **pian a sheasamh** to bear pain; **seasamh siar ó rud** to stand back from sth; **seasamh do rud** to stand for sth, represent sth, benefit sth, abide by sth; **seasamh le duine** to stand by sb; **an fód a sheasamh** to make *or* take a stand; **deoch a sheasamh do dhuine** to treat sb to a drink
seasamh *nm1* standing; status; (*point of view*) stand, stance; **bheith i do sheasamh** to be standing; **titim as do sheasamh** to collapse; **áit seasaimh** standing-room
seasc (*gsm* **seasc**) *adj* barren, infertile; dry; (BIOL) neuter
seasca (*gs* ~**d**, *pl* ~**idí**) *num, nm* sixty
seascadú *num, adj, nm4* sixtieth
seascair *adj* cosy, snug
seascann *nm1* swamp, marsh
seasmhach *adj* (*person*) firm, steadfast; staunch; (*weather*) settled
seasmhacht *nf3* firmness, steadfastness
seasta *adj* standing; (*work*) steady; (*soldier etc*) regular
seastán *nm1* (MUS *etc, also* SPORT) stand; **seastán nuachtán** news stand
séasúr *nm1* season; (*in food*) relish, seasoning; **i/as séasúr** in/out of season
séasúrach *adj* seasonal; (*food*) savoury, seasoned
seatnaí *nm4* chutney
seic (*pl* ~**eanna**) *nm4* cheque, check (*US*); (*pattern*) check; **íoc le seic** to pay by cheque
seic-chárta *nm4* cheque card
seic-chuntas *nm1* checking account
Seiceach *adj, nm1* Czech; **an Phoblacht Sheiceach** the Czech Republic

seiceáil *vt, vi, nf3* check
seicear *nm4* chequer ♦ *adj* chequered
seicheamh *nm1* sequence; progression
Seicis *nf2* (LING) Czech
seicleabhar *nm1* chequebook
seict (*pl* ~**eanna**) *nf2* sect
seicteach *adj* sectarian
seicteachas *nm1* sectarianism
séid *vt, vi* blow (up); **do shrón a shéideadh** to blow one's nose; **séideadh faoi dhuine** to needle sb, rile sb
séideadh (*gs* **séidte**) *nm* draught; (*of wound*) inflammation
séideán *nm1* (*of wind*) gust; snort; **séideán a bheith ionat** to be breathing hard
séideog *nf2* (*also* CULIN) puff
séidlampa *nm4* blowlamp
SEIF *n abbr* (= *Siondróm Easpa Imdhíonachta Faighte*) AIDS
seift (*pl* ~**eanna**) *nf2* device, expedient; resource; gimmick; **an tseift dheireanach** the last resource
seiftigh *vt, vi* improvise; devise; procure; **seiftiú duit féin** to provide for o.s.
seiftiú *nm* improvisation
seiftiúil *adj* resourceful
seilbh (*pl* **sealbha**, *gpl* **sealbh**) *nf2* occupancy; property; possession; **seilbh a ghabháil** *or* **a ghlacadh ar rud** to take possession of sth; **bheith i seilbh ruda** to possess sth, be in possession of sth; **duine a chur as seilbh** to evict sb
seile *nf4* spit; saliva, spittle; **seile a chaitheamh** to spit
seileog *nf2* spit
seilf (*pl* ~**eanna**) *nf2* shelf
seilg *vt, vi* hunt, chase; prey on; seek out ♦ *nf2* hunt, hunting; chase; game, quarry
seilide *nm4* snail; slug
séimeantach *adj* semantic
séimeantaic *nf2* semantics
séimh *adj* gentle, mild; smooth; fine; soft, mellow
séimhigh *vt, vi* soften, temper; (GRAM) lenite
séimhiú *nm* (GRAM) lenition
seimineár *nm1* seminar
seimistear *nm1* semester
Seineagáil *nf2*: **an tSeineagáil** Senegal
seinm *nf3* (MUS *etc*) playing; (*of birds*) chatter
seinn (*vn* **seinm**) *vt, vi* (MUS) play; **seinm ar chláirseach** to play on a harp
seinnteoir *nm3* (MUS) player; **seinnteoir caiséad/ceirníní/dlúthdhioscaí** cassette/record/CD player
seintimint *nf2* sentiment
séipéal *nm1* chapel
séiplíneach *nm1* chaplain; curate
seipteach *adj* septic
seirbhe *nf4* (*of taste etc*) bitterness
seirbhís *nf2* service; **seirbhís phoist/uisce** postal/water service; **seirbhís do chustaiméirí/iardhíolta** customer/after-sales service; **seirbhísí poiblí/sláinte** public/health services; **na seirbhísí éigeandála** the emergency services
seirbhíseach *nm1* servant
Seirbia *nf4*: **an tSeirbia** Serbia
Seirbiach *adj, nm1* Serb(ian)
séire *nm4* meal
séiream *nm1* serum
seirfeach *nm1* (HIST) serf
seirfean *nm1* indignation
seiris *nf2* sherry
séis *nf2* tune, melody
séiseach *adj* melodic, tuneful
seisean *pron* (*emphatic*) he; **níl seisean chomh lúfar** *he* is not as agile
seisear *nm1* six (people)
séisín *nm4* tip
seisiún *nm1* session; **seisiún ceoil** (traditional) music session
seisreach *nf2* plough(-team); **an tSeisreach** (ASTROL) the Plough, the Great Bear
seit *nm4* (dance) set
seitgháire *nm4* snigger; smirk
seithe *nf4* skin, hide; **seithe dhlúth a bheith ort** to be thick-skinned
seitreach *nf2* neigh(ing); **seitreach a dhéanamh** to neigh
seo *dem pron, adj, adv* this; these; here is, here are; **an bhean seo** this woman; **faoi**

seo by now; **as seo amach** from now on; **go dtí seo** as yet; **roimhe seo** before this; **an tseachtain seo chugainn** next week; **an mhí seo caite** last month; **seo fear** this is a man; **seo é an fear** this is the man; **seo í an bhean** this is the woman; **seo chugainn an fear** here comes the man; **Séamus s'againne** our James

seó (*pl* ~**nna**) *nm4* show; **seó cainte** chat show; **seó ilsiamsa** variety show

seobhaineach *adj, nm1* chauvinist

seobhaineachas *nm1* chauvinism

seodóir *nm3* jeweller

seodóireacht *nf3* (*business*) jewellery

seodra *nm4* jewellery

seoid (*pl* **seoda**, *gpl* **seod**) *nf2* jewel; gem

seoigh *adj* wonderful, excellent

seoinín *nm4* shoneen, lackey

Seoirseach *adj, nm1* Georgian

seoithín *nm4*: **seoithín seó** *or* **seothó** lullaby

seol[1] (*pl* ~**ta**) *nm1* sail; trend, direction; flow; (*for weaving*) loom; **faoi lán seoil** under full sail; **seol smaointe** line of thought; **duine a chur de dhroim seoil** to hinder *or* frustrate sb

seol[2] *vt* sail; navigate; send, dispatch; launch; **litir a sheoladh (chuig duine)** to send a letter (to sb)

seol[3] *nm1*: **i luí seoil** (MED) in labour

seoladh (*gs* **seolta**, *pl* **seoltaí**) *nm* address; sail(ing); (*of book*) launch; **seoladh a chur ar litir** to address a letter; **seoladh baile** home address

seolán *nm1* (ELEC) lead

seoltán *nm1* remittance

seoltóir *nm3* sailor; sender; (ELEC) conductor

seoltóireacht *nf3* sailing; **dul ag seoltóireacht** to go sailing

seomra *nm4* room; **seomra singil/dúbailte** single/double room; **seomra leapa/bia/teaghlaigh** bedroom/dining/living room; **seomra folctha** bathroom; **seomra suí** sitting room; **seomra gléasta** fitting room

seónna *see* **seó**

séú *num, adj, nm4* sixth

sféar *nm1* sphere

sh (*remove "h"*) *see* **s...**

sí[1] *3rd person fsg pron* she; it; **tá sí ar saoire** she's on holidays

sí[2] *nm4* fairy mound; **bean sí** banshee; **an slua sí** the fairy host

sia *compar adj* longer, farther

siab *see* **síob**

siabhrán *nm1* delusion

siad *3rd person pl pron* they

siamsa *nm4* fun, entertainment, amusement; **siamsa a dhéanamh do dhuine** to entertain sb

siamsaíocht *nf3* fun; **siamsaíocht oíche** nightlife

sian *nf2* whistling sound; (*of bullet*) whine

siansa *nm4* strain, melody; symphony

siansach *adj* melodious

siar *adv* westward(s); west; (*not forward*) back; backwards; **chomh fada siar le** as far back as; **i mbaile i bhfad siar** at the back of beyond; **tarraingt siar as rud** to opt out of sth; **rud a chur siar** to postpone sth; **baineadh siar asam** I was taken aback

sibh *2nd person pl pron* you

sibhialta *adj* civil; polite

sibhialtach *adj, nm1* civilian

sibhialtacht *nf3* civilization

sibhialtas *nm1* civility

sibhse *pl pron* (*emphatic*) you

síbín *nm4* shebeen

síc (*pl* ~**eanna**) *nm4* sheik(h)

sícé *nf4* psyche

síceach *adj* psychic(al)

síceolaí *nm4* psychologist

síceolaíoch *adj* psychological

síceolaíocht *nf3* psychology

síciatracht *nf3* psychiatry

síciatraí *nm4* psychiatrist

Sicil *nf2*: **an tSicil** Sicily

sicín *nm4* chicken

sifilis *nf2* syphilis

sil *vt, vi* drip, trickle; ooze, seep; (*nose*) run; (*tears*) shed; (*vegetables*) strain, drain; (*hair etc*) hang down

síl *vi* think; suppose; expect; intend; **a**

mhór a shíleadh de dhuine to think a lot of sb
Sile *nf4*: **an tSile** Chile
sileacan *nm1* silicon
sileadh *nm1* drip; (MED) pus, discharge
síleáil *nf3* ceiling
siléar *nm1* cellar; **siléar fíona** wine cellar
siléig *nf2* slackness, neglect
siléigeach *adj* (*work*) lax, negligent
silín[1] *nm4* cherry
silín[2] *nm4* trickle, drop; pendant
sil-leagan *nm1* (GEOG) deposit
silteach *adj* runny; dripping
siméadracht *nf3* symmetry
simléar *nm1* chimney; (*of ship*) funnel
simpeansaí *nm4* chimpanzee
simplí *adj* simple
simpligh *vt* simplify
simplíocht *nf3* simplicity
sin *dem pron, adj, adv* that; those; **ó shin** ago; since then, ever since; **bliain ó shin** a year ago; **ach ina dhiaidh sin** then again; **sin sin** that's that; **cé sin?** who's that?; **chomh maith le sin** as well as that; **sin fear** that's a man; **sin é an fear** that's the man; **sin í an bhean** that's the woman; **mar sin féin, ...** mind you, ...
sin- *prefix (relatives)* great-
Sín *nf2*: **an tSín** China
sín *vt, vi* stretch (out); extend, hold out; **rud a shíneadh chuig duine** to hand *or* pass sth to sb; **shín (muid) linn** off we went
sinc *nf2* zinc
sindeacáit *nf2* syndicate
sine[1] *nf4* nipple; teat
sine[2] *see* **sean**
sineach *nf2* mammal
Síneach *adj, nm1* Chinese
síneadh (*pl* **síntí**) *nm1* extension; stretching; (GRAM) accent; **síneadh láimhe** tip, gratuity; **sa síneadh fada** in the long run
singil *adj* single; unmarried; (*soldier*) private
sínigh *vt, vi* sign
Sínis *nf2* (LING) Chinese
síniú *nm* signature; autograph
sinn *pron* we; us
sinne *pron* (*emphatic*) we; us
sin-seanathair (*gs* **sin-seanathar**, *pl* **sin-seanaithreacha**) *nm* great-grandfather
sin-seanmháthair (*gs* **sin-seanmháthar**, *pl* **sin-seanmháithreacha**) *nf* great-grandmother
sinsear *nm1* senior; ancestor, forefather; (*in family*) eldest
sinséar *nm1* ginger; **arán sinséir** gingerbread
sinsearach *nm1* senior; ancestor ♦ *adj* senior; ancestral
sinsearacht *nf3* seniority; ancestry
sinseartha *adj* ancestral
sínte *vadj* (*hand*) outstretched; supine; **sínte le** adjoining; *see also* **sín**
sínteán *nm1* stretcher
sintéis *nf2* synthesis
sintéiseach *adj* synthetic
síntí *see* **síneadh**
síntiús *nm1* donation, subscription
síntiúsóir *nm3* subscriber
síob[1] *nf2* (*in car*) lift, ride
síob[2] *vt, vi* (*wind*) blow (away); (*snow*) drift; (*explosives*) blow up
síobadh (*gs* **síobtha**) *nm* blow; drift; **síobadh gainimh** sand drift; **síobadh sneachta** blizzard
síobaire *nm4* hitchhiker
siobarnach *see* **sioparnach**
síobhas *nm1* chive
síobshiúil *vi* hitchhike, thumb a lift
sioc *vt, vi* freeze; (*glue*) set, solidify ♦ *nm3* (*gs* **seaca**) frost; **tá sé ag cur seaca** it's freezing
siocair *nf* cause; pretext; occasion; **(as) siocair go** because; **bheith i do shiocair le rud** to be the cause of sth; **gan fáth gan siocair** for no reason at all
siocaire *nm4* chicory
siocán *nm1* frost
síocanailís *nf2* psychoanalysis
síocanailísí *nm4* psychoanalyst
siocdhó *nm4* frostbite
síocháin *nf3* peace; **faoi shíocháin** in *or* at peace; **síocháin a dhéanamh** to make peace

síochánachas *nm1* pacifism
síochánaí *nm4* pacifist
síochánta *adj* peaceful, passive
sioctha *adj* frozen; hardened; **sioctha leis na gáirí** in stitches laughing
siocúil *adj* frosty
síoda *nm4* silk
síodúil *adj* silky; suave; courteous
siofón *nm1* siphon• *vt, vi* siphon (off)
sióg *nf2* fairy
síog *vt* strike out; cancel• *nf2* stripe, streak; (*of coal etc*) seam, vein
síogach *adj* striped, streaked
síogaí *nm4* fairy, elf
siogairlín *nm4* pendant
síol (*pl* ~**ta**) *nm1* seed; pip; (*of coffee*) bean; (*BIOL*) sperm, semen; (*HIST*) descendants, race; **síol Éabha** the human race; **síol ainíse** aniseed
síolchuir *vt, vi* sow, propagate
síolchur *nm1* propaganda; propagation
siolla *nm4* syllable; (*of music*) note; (*of luck*) stroke
siollabas *nm1* syllabus
siollach *adj* syllabic
síollann *nf2* ovary
síolmhar *adj* fertile, fruitful
síolphlanda *nm4* seedling
síolraigh *vt, vi* breed; (*BIOL*) reproduce; **síolrú ó dhuine** to be a descendant of sb
síolteagasc *nm1* indoctrination
Siombáib *nf2*: **an tSiombáib** Zimbabwe
siombail *nf2* symbol
siombalach *adj* symbolic
síon (*pl* ~**ta**) *nf2* (bad) weather; **oíche na seacht síon** a wild, stormy night
sionad *nm1* synod
sionagóg *nf2* synagogue
Sionainn *nf2*: **an tSionainn** the (River) Shannon
síonbhuailte *adj* weather-beaten
sioncrónaigh *vt* synchronize
siondróm *nm1* syndrome
sionnach *nm1* fox
siopa *nm4* shop; **siopa bróg** shoe shop; **siopa grósaera** grocer's (shop); **siopa leabhar** bookshop; **siopa seanéadaigh** second-hand clothes shop
siopadóir *nm3* shopkeeper
siopadóireacht *nf3* shopping
sioparnach *nf2* confusion; **rud a chur chun sioparnaí** to throw sth into confusion
síor *adj* eternal; continual
síor- *prefix* ever-; perpetual; incessant
sioráf *nm1* giraffe
síoraí *adj* eternal; constant, endless
síoraíocht *nf3* eternity
siorc (*pl* ~**anna**) *nm3* shark
síorghlas *adj* evergreen
síoróip *nf2* syrup
siorradh (*pl* **siorraí**) *nm1* draught
siortaigh *vt, vi* ransack, search; rummage (through)
sios *vi* hiss
síos *adj, adv, prep* down, downward(s); **dul síos i bpoll** to go down into a hole; **síos leat/libh!** down you go!; **do sciathán a bheith síos leat** to have lost the use of one's arm
siosarnach *nf2* hissing, rustling
siosma *nm4* schism; dissension
siosmaid *nf2* common sense
siosmaideach *adj* sensible
siosúr *nm1* (pair of) scissors
siota *nm4* (*run*) dash; (*of wind*) gust
síota *nm4* cheetah
síothlaigh *vt, vi* strain, filter; (*turbulence etc*) settle, subside; (*water*) drain away; (*noise*) die away; (*person*) expire
síothlán *nm1* strainer, filter; percolator
sip *nf2* zip (fastener)
sípris *nf2* crêpe
sír *nf2* shire
Siria *nf4*: **an tSiria** Syria
sirriam *nm4* sheriff
síscéal *nm1* fairy tale
sise *emphatic pron* she; her
siséal *nm1* chisel
sistéal *nm1* cistern
síth *nf2* peace
sítheach *adj* peaceful
siúcra *nm4* sugar; **siúcra reoáin** icing sugar; **siúcra garbh/mín** granulated/castor sugar
siúcraigh *vt* sugar

siúd *dem pron* that; those; **siúd is go** although; **siúd ort!** cheers!
siúicrín *nm4* saccharin(e)
siúil (*pres* **siúlann**) *vt, vi* walk; tread; wander; travel; **an domhan a shiúl** to travel the world; **siúl amach le duine** to date sb; **siúil leat** come on
siúinéir *nm3* joiner; carpenter
siúinéireacht *nf3* joinery; carpentry
siúl (*pl* ~**ta**) *nm1* walk; walking; gait; trek; speed; travel; **ar siúl** under way, going on; **ar shiúl** away, gone; **siúl a thógáil** to gather speed; **rud a chur ar siúl** to get sth going; **an siúl atá ar/faoi/le rud** the speed at which sth is travelling; **an siúl atá i rud** the speed sth is capable of; **lucht siúil** itinerants
siúlbhealach *nm1* walkway
siúlóid *nf2* walk, hike, stroll
siúlóir *nm3* walker, hiker
siúnta *nm4* joint
siúr (*gs* ~**ach**, *pl* ~**acha**) *nf* (*also* REL) sister; **An tSiúr Máire** Sister Mary
siúráilte *adj* sure, certain
slaba *nm4* slob
slabhra *nm4* chain; **duine a bheith ar slabhra agat** to have sb at your beck and call; **bheith ar slabhra ag an ól** to be hooked on drink
slacán *nm1* (SPORT) bat
slacht *nm3* neatness, tidiness; (*polish etc*) finish; **slacht a chur ar rud** to tidy sth up
slachtmhar *adj* neat, tidy; orderly
slad *nm3* plunder; devastation; havoc ♦ *vt* plunder, loot; devastate; **slad a dhéanamh** to wreak havoc
sladaí *nm4* plunderer, looter
sladchonradh (*gs* **sladchonartha**, *pl* **sladchonarthaí**) *nm* (*good deal*) bargain
sladmhargadh (*pl* **sladmhargaí**) *nm1* bargain, snip
slaghdán *nm1* (MED) cold; **slaghdán a thógáil** *or* **tholgadh** to catch a cold; **slaghdán a bheith ort** to have a cold
sláinte *nf4* health; (*drink, speech*) toast; **sláinte!** cheers!; **bheith i do shláinte** to be in good health; **mheath a shláinte** his health broke; **sláinte duine a ól** to toast sb; **An Roinn Sláinte** Department of Health
sláinteach *adj* hygienic
sláinteachas *nm1* hygiene
sláintíocht *nf3* sanitation
sláintíochta *n gen as adj* sanitary
sláintiúil *adj* healthy
slám *nm4* handful; pile; (*of hair*) lock
slamar *nm1* (CULIN) hash
slán (*pl* ~**a**) *nm1* farewell; healthy person ♦ *adj* safe, secure; sound; intact; whole; (MUS) perfect; **slán a fhágáil ag duine/chur le duine** to say goodbye to sb; **teacht slán as rud** to survive sth, pull through sth; **slán sábháilte** safe and sound; unscathed; **gura slán don am sin** those were the days; **slán a bheas mé** if God spares me ♦ *excl* goodbye; **slán go fóill!** so long!; **slán leat!, slán agat!** cheerio; farewell; **slán codlata!** good night!
slánaigh *vt, vi* save; heal; indemnify; (*fig, also* REL) redeem; (*age*) reach
slánaíocht *nf3* guarantee, indemnity
slánaitheoir *nm3* saviour, redeemer
slándáil *nf3* security
slánú *nm* salvation; redemption
slánuimhir (*gs* **slánuimhreach**, *pl* **slánuimhreacha**) *nf* whole number
slapach *adj* sloppy
slaparnach *nf2* splashing, lapping
slat *nf2* rod, stick; (*measure*) yard; (SCOL) cane; (*on bridge etc*) rail; **an tslat a thabhairt do dhuine** to cane sb; **bheith faoi shlat ag duine** to be dominated by sb; **ar shlat chúl do chinn** flat on one's back; **ó rinne slat cóta dom** since I was a kid; **slat draíochta** (magic) wand; **slat iascaigh** fishing rod; **slat tomhais** criterion; (*fig*) yardstick
sláthach *nm1* (*mud*) slime
sleá (*pl* ~**nna**) *nf4* spear, javelin; splinter
sleabhac (*pres* **sleabhcann**) *vi* droop; fade, wilt
sléacht[1] *nm3* slaughter
sléacht[2] *vi* kneel; genuflect; bow down
sleachta *see* **sliocht**
sleamchúiseach *adj* negligent, remiss

sleamhain (*pl* **sleamhna**) *adj* slippery; smooth, sleek
sleamhnaigh *vi* slide, slip, slither
sleamhnáin *n gen as adj* (*door etc*) sliding
sleamhnán[1] *nm1* (*for boat*) slip; (*on sledge, for drawer etc*) runner; (*in playground*) slide; (PHOT) slide; toboggan
sleamhnán[2] *nm1* (MED) sty(e)
sleamhnú *nm* slip, slide
sleán *nm1* turf spade
sleasa *see* **slios**
sleasach *adj* lateral; (*gem*) faceted
sleasán *nm1* facet
sléibhe *n gen as adj* mountain; *see also* **sliabh**
sléibhte *see* **sliabh**
sléibhteoir *nm3* mountaineer
sléibhteoireacht *nf3* mountaineering
sléibhtiúil *adj* mountainous
slí (*pl* **slite**) *nf4* way, road; path; means, manner; **slí isteach/amach** way in/out; **ar shlí go, i slí is go** in such a way that; **slí bheatha** livelihood; **ar shlí** in a way; **ar aon slí** in any event; **ar shlí a dhéanta** possible
sliabh (*gs* **sléibhe**, *pl* **sléibhte**) *nm* mountain; moor
sliabhraon *nm1* mountain range
sliasaid *nf2* thigh, side
Sligeach *nm1* Sligo
sligéisc *nmpl1* shellfish
slim *adj* slender, slim; smooth, sleek; cunning, sly
slinn (*pl* ~**te**) *nf2* slate, tile
slinneán *nm1* shoulder blade
slíoc *vt, vi* pat, pet, stroke
sliocht (*gs, pl* **sleachta**) *nm3* offspring; descendants; (*fig*) breed; passage; extract; **bhí a shliocht air** it showed (on him)
sliochtach *nm1* descendant
slíoctha *adj* sleek; (*pej*: *person*) smooth
sliogán *nm1* (*on beach, explosive*) shell
slios (*gs, pl* **sleasa**) *nm3* side; slope; inclination
sliospholl *nm1* porthole
sliotán *nm1* slot
sliotar *nm1* hurling ball
slipéar *nm1* slipper
slis (*pl* ~**eanna**) *nf2* chip; slice; (*of glass, wood etc*) sliver
slisbhuille *nm4* (SPORT) slice; cut
sliseog *nf2* chip; slice
slisín *nm4* rasher
slite *see* **slí**
slítheánta *adj* sly; sneaky
sloc *nm1* (*of mine*) shaft; **sloc guail** (coal) pit
slócht *nm3* hoarseness; **slócht a bheith ort** to be hoarse
slodán *nm1* (*of rain*) puddle
slog *vt* swallow; engulf; recant ♦ *vi* gulp, swallow; sink ♦ *nm1* (*pl* ~**anna**) gulp, swallow; swig; **do chuid cainte a shlogadh** to eat one's words; **rud a shlogadh siar** to gulp sth down
slógadh (*gs* **slógaí**) *nm1* (POL *etc*) rally; mobilization
slogaide *nf4* gullet
sloigisc *nf2* riffraff, rabble
sloinne *nm4* surname, family name
Slóivéin *nf2*: **an tSlóivéin** Slovenia
slonn *nm1* (MATH) expression
Slóvaic *nf2*: **an tSlóvaic** Slovakia
slua (*pl* ~**ite**) *nm4* crowd, multitude, throng; army; **ar cheann an tslua** in the vanguard; **dul leis an slua** to follow the crowd; **bhí na sluaite síoraí ann** there was a huge crowd there; **slua na marbh** the dead
sluaíocht *nf3* (MIL) expedition
sluaisteáil *vt, vi* shovel; scoop
sluasaid (*gs* **sluaiste**, *pl* **sluaistí**) *nf2* shovel
sluma *nm4* slum
smacht (*pl* ~**a**) *nm3* control; rule; discipline; **bheith faoi smacht (ag) duine** to be ruled by sb; **smacht a chur ar dhuine** to control sb; **dul ó smacht** to go out of control
smachtaigh *vt* control; restrain; discipline
smachtbhanna *nm4* sanction; embargo
smachtín *nm4* baton; truncheon
smailc *nf2* (*pl* ~**eacha**) snack; puff ♦ *vt, vi* puff; **do phíopa a smailceadh** to puff one's pipe
smál *nm1* stain; smudge; blemish; disgrace
smálaigh *vt* stain; smudge; tarnish; cloud

smalóg *nf2* flick; **smalóg a thabhairt do bhonn** to flip a coin
smaoineamh (*pl* **smaointe**) *nm1* thought; idea; reflection
smaoinigh *vt, vi* think; reflect; envisage; **smaoineamh ar rud** to think sth over, consider sth; **b'fhada a bheinn ag smaoineamh air** I wouldn't dream of it
smaointeach *adj* thoughtful, pensive
smaointeoir *nm3* thinker
smaragaid *nf2* emerald
smeach (*pl* **~anna**) *nm3* flick; (*of finger*) snap; smack; sob; **druidim de smeach** to snap shut; **bheith sa smeach deireanach** to be at one's last gasp ♦ *vt, vi*: **do theanga a smeachadh** to click one's tongue
smeacharnach *nf2* sobbing
smeadráil *nf3* smear
smear *vt* smear, smudge; grease
sméar *nf2* berry; **sméar dubh** blackberry
smeara *see* **smior**
smearadh (*pl* **smearthaí**) *nm1* smear, smudge; grease, polish; (CULIN, *paste*) spread
sméaróid *nf2* ember; spark
sméid *vt, vi* nod; wink; beckon, signal; **sméideadh ar dhuine** to wink *or* nod at sb; beckon towards sb
sméideadh (*gs, pl* **sméidte**) *nm* wink; nod
smid (*pl* **~eanna**) *nf2* breath; puff; sound; **níl smid astu** there's not a sound from them
smideadh *nm1* make-up
smidiríní *npl* smithereens; **smidiríní a dhéanamh de rud** to shatter sth
smig (*pl* **~eanna**) *nf2* chin
smionagar *nm1* smithereens, bits; **smionagar a dhéanamh de rud** to smash sth to pieces
smior (*gs* **smeara**) *nm3* marrow; **chuaigh an ráiteas sin go smior inti** that statement cut her to the bone *or* quick; **tá sé sa smior aige** it is ingrained in him
smiot *vt* hit; smash; chop; chip; swat; **do ladhar a smiotadh** to stub one's toe
smitín *nm4* blow, cuff
smol *nm1, vt, vi* blight, decay
smólach *nm1* (*bird*) thrush
smolchaite *adj* threadbare; used
smúdáil *vt, vi* iron
smúdar *nm1* powder, dust; grit; **smúdar guail** slack
smuga *nm4* snot; mucus; **ní fiú smuga cait é** it's not worth a damn
smugairle *nm4* spittle; **smugairle róin** jellyfish
smuigleáil *vt, vi* smuggle
smuigléir *nm3* smuggler
smuigléireacht *nf3* smuggling
smuilc *nf2* snout
smúit *nf2* dust, grime; smoke; gloom; **bheith faoi smúit** to be depressed
smúitiúil *adj* smoky; gloomy; overcast
smúitraon *nm1* dirt track
smúr[1] *nm1* ash, dust; soot; grime
smúr[2] *vt, vi* sniff
smúrthacht *nf3* snooping, sniffing (about); **bhí sé ag smúrthacht thart** he was prowling around
smúsach *nm1* pith, pulp; marrow
smut *nm1* snout; pout; huff, sulk; **smut a bheith ort (le duine)** to huff (at sb); **smut a chur ort féin** to look sullen, take the hump
smután *nm1* piece of wood
sna = **i** + *def art pl* **na**
snag[1] (*pl* **~anna**) *nm3* gasp; sob; hiccup; lull; **snag a bheith ort** to have a hiccup
snag[2] (*pl* **~anna**) *nm3*: **snag breac** magpie; **snag darach** woodpecker
snagcheol *nm1* jazz
snaidhm *nf2* (*pl* **~eanna**) knot; bond; constriction ♦ *vt, vi* knot, tie; unite, join; (*broken bones*) knit, set; **tú féin a snaidhmeadh i nduine** to embrace sb
snaidhmeach *adj* knotted
snáithe *nm4* thread; (*in wood*) grain; **snáithe smaointe** thread of thoughts; **duine a chur thar a shnáithe** to get sb flustered
snáithín *nm4* fibre, filament
snamh *nm1* dislike; **snamh a thabhairt do rud** to take a dislike to sth
snámh *nm3* swim; swimming; bathing; **snámh a bheith agat** to be able to

swim; **snámh uchta/droma** breaststroke/backstroke; **ar snámh** afloat • *vi* swim; float; crawl; (*snake*) slither; **dul a shnámh** to go for a swim; **snámh in aghaidh easa** to struggle against the odds
snámhach *adj* buoyant, floating
snámhán *nm1* float
snámhóir *nm3* swimmer
snaois *nf2* snuff
snaoisín *nm4* snuff
snas *nm3* polish, gloss; **snas a chur ar rud** to polish sth, shine sth
snasán *nm1* (*substance*) polish; **snasán bróg/iongan** shoe/nail polish
snasleathar *nm1* patent leather
snasta *adj* polished; glossy; well-done
snáth (*pl* ~**anna**) *nm3* thread, yarn
snáthadán *nm1* daddy-long-legs, crane-fly
snáthadh *nm1* sip
snáthaid *nf2* needle; pointer; (*on clock*) hand; **snáthaid mhór** dragonfly
snáthaidpholladh (*gs* **snáthaidphollta**) *nm* acupuncture
snáthghloine *nf4* fibreglass
sneachta *nm4* snow; **clocha sneachta** hailstones; **tá sé ag cur sneachta** it's snowing
sneachtúil *adj* snowy
sneaicbheár *nm4* snack bar
sní *nf4* flow
snigh *vi* pour; flow; filter through; (*snake etc*) slither, crawl
sniodh (*gs, pl* **sneá**) *nf* nit
sníomh *vt, vi* (*road, path*) twist, meander; (*wool etc*) spin • *nm3* (*of thread*) spinning
snípéir *nm3* sniper
snoídóir *nm3* carver, sculptor
snoigh *vt, vi* carve; wear down; chip; **snoí as** to waste away
snoíodóireacht *nf3* carving; **snoíodóireacht adhmaid** wood carving
snua (*pl* ~**nna**) *nm4* complexion; appearance; **snua an bháis** the colour of death
snuaphúdar *nm1* face powder
snua-ungadh *nm1* face cream
snúcar *nm1* snooker
so- *prefix* easily; possible; good
só *nm4* comfort, luxury; leisure
so-athraithe *adj* adjustable
sobal *nm1* lather, suds
sobalchlár *nm1* soap opera
so-bhlasta *adj* mouth-watering, palatable
sobhogtha *adj* elastic; movable
sobhriste *adj* fragile; brittle
sóbráilte *adj* sober
soc *nm1* muzzle; pout; (*of hose etc*) nozzle; (*of boat*) nose; **soc spréite** (*of hose etc*) rose; **soc a chur ort féin** to pout
socadán *nm1* busybody
socair (*gsf, pl, compar* **socra**) *adj* calm, still; steady; (*pace*) easy; (*issue*) settled
sócamais *nmpl1* confectionary, delicacies
sóch *adj* comfortable; luxurious
sochaí *nf4* society; community
sochaideartha *adj* approachable; sociable
sochar *nm1* benefit; gain; profit; **sochar a bhaint as rud** to benefit from sth; **chuaigh sé chun sochair dom** it benefited me; **sochar an amhrais a thabhairt do dhuine** to give sb the benefit of the doubt
socheolaíocht *nf3* sociology
sochorraithe *adj* highly strung, excitable
sochrach *adj* beneficial, advantageous
sochraid *nf2* funeral (procession)
sochraideach *nm1* mourner
sochreidte *adj* credible
sócmhainn *nf2* asset
sócmhainneach *adj* (COMM) solvent
socra *see* **socair**
socracht *nf3* calmness; ease
socraigh *vt, vi* arrange; fix; calm; settle; **socrú síos (in áit)** to settle down (somewhere); **socrú isteach** to settle in; **coinne a shocrú** to arrange an appointment; **socrú ar rud a dhéanamh** to decide to do sth
socraíocht *nf3* (COMM) treatment
socraithe *vadj* fixed; arranged; settled
socrú *nm* arrangement; settlement
socthumadh *nm* nose-dive
sócúl *nm1* comfort
sócúlach *adj* comfortable
sócúlacht *nf3* composure, ease

sodar *nm1* trot, jog; **bheith ag sodar** to jog
sodhéanta *adj* easily done
sofaisticiúil *adj* sophisticated
sofheicthe *adj* visible; obvious
sofhriotal *nm1* euphemism
sofhulaingthe *adj* bearable, tolerable
soghluaiste *adj* mobile; (*cash*) ready
soghonta *adj* vulnerable
soibealta *adj* impudent; cheeky
soibealtacht *nf3* impudence; cheek
soicéad *nm1* socket
soicind *nf2* (*unit of time*) second
sóid *nf2* soda
soighe *nm4* soya; **pónaire/anlann soighe** soya bean/sauce
soilbhir *adj* cheerful; jovial
soiléir *adj* clear, distinct; obvious; apparent
soiléireacht *nf3* clarity
soiléirigh *vt* clarify; elucidate
soilíos *nm1* favour, good turn
soilíosach *adj* (*helpful*) obliging
soilire *nm4* celery
soilse *nf4* (flash of) lightning; (*title*) excellency; **A Shoilse** his/your Excellency; *see also* **solas**
soilsigh *vt, vi* shine; illuminate
soilsiú *nm* illumination; lighting
soineann *nf2* fair weather
soineanta *adj* (*weather*) calm; (*person*) innocent, naïve
soineantacht *nf3* innocence, naivety
soinneán *nm1* (*of wind*) blast
sóinseáil *nf3* (*money*) change
so-iompair *adj* portable
soiprigh *vt* nestle, snuggle; (*child*) tuck in
soir *adj, adv, prep* to the east, eastward; **dul soir** to go east; **scaipeadh soir siar** to scatter in all directions
soirbh *adj* pleasant, cheerful
soirbhíoch *nm1* optimist
soiscéal *nm1* gospel
soiscéalach *adj* evangelical
soiscéalaí *nm4* preacher; evangelist
sóisear *nm1* junior
sóisearach *adj* junior
sóisialach *adj* socialist
sóisialachas *nm1* socialism
sóisialaí *nm4* socialist
sóisialta *adj* social
soith (*pl* **~eanna**) *nf2* (*dog*) bitch
soitheach (*pl* **soithí**) *nm1* vessel, container; dish; ship; **soitheach siúcra** sugar bowl; **na soithí** the dishes; **na soithí a ní** to do the washing-up
sóivéadach *adj* soviet
sól *nm1* (*fish*) sole
solad *nm1* solid
soláimhsithe *adj* manageable
sólaisteoir *nm3* confectioner
sólaistí *nmpl4* (*food*) delicacies; refreshments
sólann *nf2* leisure centre
solaoid *nf2* example; illustration
solas (*pl* **soilse**) *nm1* light; lighting; flame, beacon; **solas a chaitheamh ar rud** to illuminate sth; **an solas a lasadh/mhúchadh** to put the light on/off; **soilse tráchta** traffic lights; **solas an lae** daylight; **tá sé ag dul ó sholas** it is getting dark; **solas a iarraidh ar dhuine** to ask sb for a light *(for a cigarette etc)*; **rud a thabhairt chun solais** to bring sth to light
sólás *nm1* solace; reassurance; **sólás a thabhairt do dhuine** to comfort sb
sólásaigh *vt* console, reassure
solasbhliain *nf3* lightyear
solasmhar *adj* bright, luminous
so-lasta *adj* inflammable
solathach *adj* (*sin*) venial
soláthair (*pres* **soláthraíonn**) *vt, vi* provide; procure; supply; **soláthar do dhuine** to provide for sb
soláthar (*pl* **soláthairtí**) *nm1* supply; provision
soláthraí *nm4* supplier
soléite *adj* legible
sollúnta *adj* solemn
solúbtha *adj* flexible, pliable
Somáil *nf2*: **an tSomáil** Somalia
sómhar *adj* comfortable, luxurious
somhianaithe *adj* desirable
son *n*: **ar son** + *gen* for the sake of, on behalf of; in return for; instead of; **ar**

son Dé for God's sake; **labhairt ar son duine** to speak on sb's behalf; **ar a shon sin (is uile)** nevertheless, even so

sona *adj* lucky; happy; **Nollaig Shona!** Merry Christmas!

sonas *nm1* happiness; (good) luck; **sonas ort!** best wishes; thank you

sonc *nm4* nudge, push, dig

sonóg *nf2* mascot

sonra *nm4* detail; particular; **sonraí** data

sonrach *adj* specific, particular; **go sonrach** notably

sonraigh *vt, vi* notice, observe; specify, define; (LAW) state

sonraíoch (*gsm* **sonraíoch**) *adj* noticeable, remarkable, striking

sonraíocht *nf3* specification

sonrasc *nm1* invoice

sonrú *nm* (*observation*) notice; **sonrú a chur i rud** to take notice of sth

sonuachar *nm1* spouse

sop *nm1* wisp, (straw) bed; **dul chun soip** to go to bed; **sop in áit na scuaibe** poor substitute, makeshift

sópa *nm4* soap

soprán *nm1* soprano

sorcas *nm1* circus

sorcóir *nm3* cylinder; **sorcóir gáis** gas cylinder

sorn *nm1* furnace; stove, (kitchen) range

sornóg *nf2* stove

sórt *nm1* sort; kind, type; **de shórt éigin** of some sort; **bhí sórt leisce air dul** he was somewhat reluctant to go

sórtáil *vt* sort (out)

sos (*pl* ~**anna**) *nm3* pause, break, rest; interval; respite; **sos cogaidh** truce; armistice; **sos comhraic** ceasefire; **sos tae/caife** tea/coffee break

sotal *nm1* cheek, impudence; arrogance; **sotal a bheith ionat** to be arrogant *or* cheeky; **níor thug mé sotal ar bith dó** I stood up to him

sotalach *adj* arrogant; cheeky, impertinent, insolent

sothuigthe *adj* easily understood

spá (*pl* ~**nna**) *nm4* spa

spád *nf2* spade

spadánta *adj* listless, sluggish

spadhar *nm1* (*of anger etc*) fit

spadhrúil *adj* moody; wayward

spaga *nm4* pouch, purse

spágáil *vi* trudge

spailpín *nm4* (HIST, IRL) migrant farm labourer

Spáinn *nf2*: **an Spáinn** Spain

Spáinneach *nm1* Spaniard♦ *adj* Spanish

spáinnéar *nm1* spaniel

Spáinnis *nf2* (LING) Spanish

spairn *nf2* fight, contention; **cnámh spairne** bone of contention

spaisteoireacht *nf3* stroll; ramble; **bheith ag spaisteoireacht** to stroll about, ramble

spall *vt, vi* scorch, parch; shrivel

spalla *nm4* (*of stone*) chip, pebble

spallta *vadj* parched; **bheith spallta leis an tart** to be parched with thirst

spalp *vt, vi* (*sun*) beat down; **bréaga/mionnaí móra a spalpadh** to lie/curse profusely

spáráil *vt, vi* spare; **le spáráil** to spare; in hand

spárálach *adj* sparing; (*fam*) tight

sparán *nm1* purse, billfold (*US*)

sparánacht *nf3* bursary

sparánaí *nm4* bursar, treasurer

sparra *nm4* bar; spike

spartach *adj* spartan

spártha *adj* spare

spás (*pl* ~**anna**) *nm1* space; (*rent, debts*) extra time to pay; **spás seachtaine** a week's grace

spás- *prefix* space-

spásáil *vt* space (out)♦ *nf3* spacing

spásaire *nm4* astronaut

spásárthach *nm1* spacecraft

spásas *nm1* period of grace; (LAW) reprieve

spasmach *adj, nm1* spastic

speabhraídí *nfpl2* hallucination, illusion

speach *nf2, vt, vi* kick; (*gun*) recoil

spéaclaí *nmpl4* glasses, spectacles

speal *nf2, vt* scythe

speic *nf2* (*of cap*) peak; slant

spéic *nf2*: **spéic a chur ar dhuine** to accost sb

speiceas *nm1* (BIOL) species
speiceasach *adj* (BIOL) specific
speictream *nm1* spectrum
spéir (*pl* **spéartha**) *nf2* sky; **codladh faoin spéir** to sleep rough
spéirbhean (*pl* **spéirmhná**, *gpl* **spéirbhan**) *nf* beautiful woman
spéireata (*pl* **~í**) *nm4* (CARDS) spade
spéiriúil *adj* striking, attractive
spéirléas *nm1* skylight
spéirling *nf2* thunderstorm
speirm *nf2* sperm
spéis *nf2* interest; affection; **spéis a bheith agat i rud** to be interested in sth; **spéis a chur i rud** to take an interest in sth; **ní spéis liom é** I have no interest in it *or* him
speisialta *adj* special
speisialtacht *nf3* speciality
speisialtóir *nm3* specialist
speisialtóireacht *nf3* specialization; **speisialtóireacht a dhéanamh ar rud** to specialize in sth
spéisiúil *adj* interesting
spiacánach *adj* jagged, spiky
spiagaí *adj* flashy; gaudy
spiaire *nm4* spy, mole; informer
spiaireacht *nf3* spying, espionage; **bheith ag spiaireacht ar dhuine** to spy on sb, inform against sb
spiara *nm4* (*wall*) partition
spíce *nm4* spike
spíceach *adj* spiky
spíd *nf2* slander, aspersion; **spíd a fháil ar dhuine** to disparage sb
spideog *nf2* robin
spídiúil *adj* disparaging; insulting
spíon[1] *nf2* thorn(s)
spíon[2] *vt, vi* exhaust, spend; (*argument*) examine thoroughly
spionáiste *nm4* spinach
spíonán *nm1* gooseberry
spionnadh *nm1* verve, vigour
spíonta *vadj* exhausted; worn-out
spiorad *nm1* spirit; **An Spiorad Naomh** Holy Spirit *or* Ghost
spioradálta *adj* spiritual; **cúrsa spioradálta** (REL) retreat
spioradáltacht *nf3* spirituality
spíosra *nm4* spice
spíosrach *adj* spicy; aromatic
splanc *vi* flash, spark; **splancadh ar dhuine** to flare up on sb; **bheith splanctha i ndiaidh duine** (*in love*) to be crazy about sb ♦ *nf2* (*pl* **~acha**) flash, spark; **splanc thintrí** flash *or* bolt of lightning; **bíodh splanc chéille agat** have a bit of sense, wise up
splancarnach *nf2* flashing
spleách *adj* dependent
spléach *vi*: **spléach ar** glance at; peek at
spléachadh *nm1* glance, glimpse; peep; **spléachadh a thabhairt ar rud** to glance at sth; **spléachadh a fháil ar rud** to get a glimpse of sth
spléachas *nm1* dependence
spleodar *nm1* exuberance
spleodrach *adj* exuberant; cheerful; lively
splinceáil *nf3*: **bheith ag splinceáil** to squint
spóca *nm4* (*of wheel*) spoke
spoch *vt, vi* castrate; **spochadh as duine** to tease *or* annoy sb
spól *nm1* spool
spóla *nm4* (CULIN) joint
sponc *nm1* spirit, courage; tinder; (*for lighting*) match
spontáineach *adj* spontaneous
spor *nm1, vt, vi* spur
spórt *nm1* sport; fun; **spórt a dhéanamh** to have fun
spórtaíocht *nf3* recreation, leisure
sportha *adj* exhausted; penniless, broke, skint
spórtúil *adj* sporty; sporting; playful
spota *nm4* spot; dot; speck
spotach *adj* spotty, speckled
spotsolas *nm1* spotlight
sprae *nm4* spray
spraeáil *vt, vi* spray
spraechanna *nm4* (*aerosol*) spray
spraeire *nm4* sprayer
spraíúil *adj* playful
spraoi (*pl* **spraíonna**) *nm4* fun, sport
spraoithiománaí *nm4* joyrider
spré[1] (*gs* **~ite**) *nm* (*in skirt etc*) flare

spré[2] *nf4* dowry; wealth; spark
spreacadh (*gs* **spreactha**) *nm* energy; strength; mettle
spréach *nf2* spark ♦ *vt, vi* spark; splutter; (*horse*) lash out; (*person*) crack up
spréacharnach *nf2* sparkling, sparkle
spréachphlocóid *nf2* (*AUT*) spark(ing) plug
spreag *vt* inspire; encourage; incite, urge; prompt; **an chuimhne a spreagadh** to jog the memory
spreagadh (*gs* **spreagtha**, *pl* **spreagthaí**) *nm* inspiration; encouragement; incitement; motivation; stimulus
spreagtha *vadj* motivated
spreagúil *adj* encouraging; rousing
spréigh *vt, vi* spread, disperse
spréire *nm4* (*for lawn*) sprinkler
spréite *see* **spré**; **spréigh**
sprid (*pl* ~**eanna**) *nf2* ghost; spirit
sprioc (*pl* ~**anna**) *nf2* target; objective; **an sprioc a bhualadh** to hit the mark
spriocdháta *nm4* (*date*) deadline
spriolladh *nm1* spirit; courage; grit
sprionga *nm4* (*metal*) spring
sprionlaithe *adj* mean, miserly, stingy
sprionlaitheacht *nf3* meanness, stinginess
sprionlóir *nm3* miser
sprochaille *nf4* gill; baggy skin; **sprochaillí faoi na súile** bags under the eyes
sprús *nm1* spruce
spuaic (*pl* ~**eanna**) *nf2* blister; spire, steeple; huff
spúinse *nm4* sponge
spúinseáil *vt* sponge
spúnóg *nf2* spoon; **spúnóg bhoird** tablespoon
srac *vt, vi* tear, pull; struggle; drag; **rud a shracadh ó dhuine** to wrench sth from sb
sracadh (*pl* **sracaí**) *nm1* jerk, wrench, tug; mettle, spirit; (*LAW*) extortion
sracaireacht *nf3* extortion
sracfhéachaint *nf3* glance; **sracfhéachaint a thabhairt ar rud** to take a quick look at sth
sracshúil *nf2* glance; **sracshúil a thabhairt ar rud** to glance at sth
sráid (*pl* ~**eanna**) *nf2* street
sráidbhaile (*pl* **sráidbhailte**) *nm4* village
sraith (*pl* ~**eanna**) *nf2* (*succession*) series; line, row; layer; (*SPORT*) league; (*TENNIS*) set; (*MUS*) progression
sraithadhmad *nm1* plywood
sraithchlár *nm1* serial
sraithchomórtas *nm1* (*SPORT*) league
sraitheog *nf2* (*of film*) sequence
sraithuimhir *nf* serial number
srann *nf2, vi* snore; snort
srannfach *nf2* snoring; snorting
sraoill (*pl* ~**eanna**) *nf2* (*of smoke etc*) trail ♦ *vt, vi* tear apart; drag, trail
sraoilleach *adj* (*appearance*) ragged
sraoilleán *nm1* streamer
sraoilleog *nf2* slut
sraon *vt, vi* pull, drag; plod; deflect
sraoth (*pl* ~**anna**) *nm3* sneeze; snort; **sraoth a ligean** to sneeze
sraothartach *nf2* sneeze, sneezing
srapnal *nm1* shrapnel
srath *nm3* river valley, strath
srathach *adj* layered; serial
srathair (*gs* **srathrach**, *pl* **srathracha**) *nf* straddle
srathnaigh *vt, vi* spread (out)
srathraigh *vt* straddle; harness
sreabhadh (*gs* **sreafa**) *nm* flow
sreabhán *nm1* (*BIOL, CHEM, TECH*) fluid
sreabhann *nm1* chiffon, gauze
sreabhchairt *nf2* flow chart
sreang *nf2* string; wire; cord; **sreang dheilgneach** barbed wire; **sreang bheo/thalmhaithe** live/earthed wire ♦ *vt* pull, wrench
sreangach *adj* stringed; stringy; bloodshot
sreangadh (*gs* **sreangtha**) *nm* pull, wrench; **sreangadh a bhaint as rud** (*injury*) to wrench sth
sreangaigh *vt* wire (up)
sreangán *nm1* cord, string; twine
sreangscéal (*pl* ~**ta**) *nm1* telegram; **sreangscéal a chur chuig duine** to send a telegram to sb; to wire sb
sreangshiopa *nm4* chainstore

sreangú *nm* wiring
srian (*pl* ~**ta**) *nm1* bridle; rein; check, restraint; restriction♦ *vt* check, restrain; **srian a chur le duine** to restrain sb; **srian a choinneáil ort féin** to control o.s.; **fearg a shrianadh** to check anger
srianta *adj* restrained
sriantacht *nf3* constraint
srincne *nf4* umbilical cord
sroich *vt, vi* reach, attain; come up to
sróil *n gen as adj* satin
sról *nm1* satin
srón *nf2* nose; sense of smell; **do shrón a shéideadh** to blow one's nose; **tá an-srón air** he has a great sense of smell
srónach *nm1, adj* (LING) nasal
srónaíl *nf3* (*of voice*) twang; sniffing; (LING) nasalization
srónbheannach *nm1* rhinoceros
sruth (*pl* ~**anna**) *nm3* stream, river; current; flow
sruthaigh *vi* stream, flow
sruthán *nm1* stream
sruthlaigh *vt* flush, rinse
stábla *nm4* stable
stáca *nm4* stake, post; (*of corn etc*) stack
stad *nm4* (*pl* ~**anna**) stop; halt; pause; stammer; (*for taxis*) stand, rank♦ *vt, vi* stop; halt, pull up; **stad a chur le rud** to put a stop to sth; **stad bus** bus stop; **stad (cainte)** (speech) impediment; **stad tacsaí** taxi rank; **baineadh stad aistI** she was taken aback; **stad a bheith ionat** to have a stammer; **gan stad** incessant, endless, continuous; **stad de rud** to stop (doing) sth
stadach *adj* stammering; faltering
stádar *nm1* (*patrol etc*) beat
stádas *nm1* status
stadchló *nm4* stop press
staic (*pl* ~**eanna**) *nf2* stake; post; **staic a dhéanamh de dhuine** to astound *or* shock sb
staicín *nm4* (*of ridicule*) butt
staid[1] (*pl* ~**eanna**) *nf2* state; condition; situation; **ar staid na ngrást** in a state of grace
staid[2] (*pl* ~**eanna**) *nf2* stadium; furlong
stáid *nf2* trail; streak, line; (NAUT) wake
staidéar *nm1* study; level-headedness, sense; **staidéar a dhéanamh (ar rud)** to study (sth)
staidéarach *adj* studious; sensible, level-headed
staidiúir *nf2* posture, pose
staidreamh *nm1* statistics
staighre *nm4* stairs; staircase; flight of steps
stail (*pl* ~**eanna**) *nf2* stallion
stailc (*pl* ~**eanna**) *nf2* (IND) strike; (*trait*) stubborness, sulkiness; **dul ar stailc** to go on strike; **bhuail stailc í** she took a huff
stailceoir *nm3* (IND) striker
stainc *nf2* pique; huff; **stainc a bheith ort (le duine)** to be in a huff (with sb); **rud a dhéanamh le stainc ar dhuine** to do sth to spite sb
stainceach *adj* huffy; petulant
stainnín *nm4* stall, stand
stair (*pl* **startha**) *nf2* history
stáir *nf2* spell, turn; dash; fit
staire *n gen as adj* historical
stairiúil *adj* historic(al)
stáirse *nm4* starch
stáirsiúil *adj* starchy
stáiseanóir *nm3* stationer
stáisiún *nm1* station; **stáisiún peitril** petrol *or* (US) gas station, service station, filling station; **stáisiún cumhachta** power station; **stáisiún póilíní** *or* **gardaí** police *or* garda station; **stáisiún raidió** radio station; **stáisiún traenach** railway station; **stáisiún vótála** polling station; **stáisiún dóiteáin** fire station
staitistic *nf2* statistic
stáitse *nm4* (*platform*) stage; **ar chúl stáitse** behind the scenes
stáitsigh *vt* (*play*) stage
stálaithe *adj* stale; (*wood etc*) seasoned
stalc *vi* stiffen, seize up; (*glue*) set
stalcach *adj* stubborn; sulky
stalla *nm4* stall
stampa *nm4* stamp; **stampa poist** postage stamp
stampáil *vt, vi* stamp
stán[1] *nm1* (*metal, container*) tin

stán[2] *vi* stare; **stánadh ar dhuine/rud** to stare at sb/sth
stánadh *nm1* stare
stánaithe *adj* (*food*) tinned, canned
stang *vt, vi* (*land*) stake out; (*gun*) load; (*wood etc*) warp
stangadh (*gs* **stangtha**) *nm* bend; wrench; strain; **stangadh a bhaint as rud** (*injury*) to twist *or* wrench sth; **stangadh a bhaint as duine** to shock sb
stánosclóir *nm3* tin-opener, can-opener
staon *vi* stop, cease; let up; abstain; **staonadh ón ól** to abstain from drink
staonaire *nm4* (IRL: *abstainer*) pioneer; teetotaller
staontach *adj* abstinent, teetotal
stápla *nm4* staple
stápláil *vt* staple
stáplóir *nm3* stapler
staraí *nm4* historian
staróg *nf2* anecdote
starr *nf3* projection
starrfhiacail (*pl* **starrfhiacla**) *nf2* prominent tooth; fang; tusk
startha *see* **stair**
stát *nm1* (POL) state; **na Stáit Aontaithe** the United States
statach *adj* static
státaire *nm4* statesman
státchiste *nm4* exchequer
státrúnaí *nm4* secretary of state
státseirbhís *nf2* Civil Service
státseirbhíseach *nm1* civil servant
státúil *adj* stately, dignified
státurraithe *adj* state-sponsored
steall (*pl* ~**ta**) *nf2* splash; squirt; gush • *vt, vi* splash; pour; bash, smash; (*lies etc*) spout; **steall tae** a drop of tea; **tá sé ag stealladh báistí** it is pouring (with rain)
stealladh (*pl* **steallaí**) *nm1* downpour; **ar stealladh cosa in airde** at a full gallop; **ar steallaí meisce** raging drunk; **ar steallaí mire** boiling mad
steallaire *nm4* syringe
steallóg *nf2* splash
steanc *nm4, vt, vi* squirt, spurt; splash
stéaróideach *nm1* steroid
stéibh *nf2* stave; (*of song*) verse
stéig[1] *nf2* intestine
stéig[2] (*pl* ~**eacha**) *nf2* steak; **stéig fhilléid/gheadáin** fillet/rump steak
stéille *see* **stiall**
steiréafónach *adj* stereophonic
steirió *nm4* stereo; **steirió pearsanta** personal stereo
steirling *nm4* sterling
stiall (*gs* **stéille**, *pl* ~**acha**) *nf2* strip; piece; lash • *vt* tear, cut (up); lash; criticize
stiallach *adj* tattered; torn
stiallaire *nm4* shredder
stiallchartún *nm1* strip cartoon
stiallta *vadj* in tatters
stíl (*pl* ~**eanna**) *nf2* style
stiléireacht *nf3* poteen making
stíobhard *nm1* steward; **stíobhard ceardlainne** shop steward
stiogma *nm4* stigma; **stiogmaí** stigmata
stionsal *nm1* stencil
stíoróip *nf2* stirrup
stiúg *vi* perish, expire
stiúgtha *vadj* perished; **bheith stiúgtha leis an ocras** to be ravenous with hunger; **bheith stiúgtha leis na gáirí** to be convulsed with laughter
stiúideo (*pl* ~**nna**) *nm4* studio
stiúir *vt, vi* steer; direct; manage; supervise; (*business etc*) conduct • *nf* (*gs* **stiúrach**, *pl* **stiúracha**) (NAUT) rudder, helm; wheel; control, direction
stiúradh (*gs* **stiúrtha**) *nm* (AUT) steering; direction; supervision; control; **roth stiúrtha** steering wheel; **bord stiúrtha** governing body
stiúrthóir *nm3* director; supervisor; conductor; controller
stobh *vt* stew
stobhach *nm1* stew
stoc *nm1* (*also* COMM, AGR) stock; scarf, muffler; (*of people*) race; (MUS) trumpet; bugle; (LING, *of word*) stem
stoca *nm4* sock; stocking; **stoca cabhlach** body stocking
stócach *nm1* boy, youth; boyfriend
stócáil *vt* (*fire, boiler*) stoke
stocaire *nm4* odd man out; sponger, hanger-on

stocaireacht *nf3*: **bheith ag stocaireacht ar dhuine** to sponge off *or* on sb
stocáireamh *nm1* stocktaking
stocbhróicéir *nm3* stockbroker
stocmhalartán *nm1* stock exchange
stocmhargadh *nm1* stock market
stocthiomsaigh *vt, vi* stockpile
stocthiomsú *nm* stockpile
stoda *nm4* stud; **stoda bóna** collar stud
stoidiaca *nm4* zodiac
stoil (*pl* ~**eacha**) *nf2* stole
stoirm (*pl* ~**eacha**) *nf2* storm; **stoirm shneachta/thoirní** snowstorm/thunderstorm
stoirmeach *adj* stormy
stoith *vt* pluck; uproot; (*weeds etc*) pull (out); **fiacail a stoitheadh** to extract a tooth
stól (*pl* ~**ta**) *nm1* stool
stoll *vt, vi* shred, tear (up)
stolpach *adj* stodgy
stop *vt, vi* stop; halt; block; lodge, stay; (*flow*) stem ♦ *nm4* stop
stópa *nm4* pail
stopadh *nm* stoppage, hold-up
stopainn *nf2* stoppage, obstruction
stopallán *nm1* plug, stopper
stopuaireadóir *nm3* stopwatch
stór[1] (*pl* ~**tha**) *nm1* store; stock; treasure; wealth; (*of food*) hoard; **stór a chruinniú** to amass a fortune; **a stór!** (*term of endearment*) darling!
stór[2] (*pl* ~**tha**) *nm1* storey
stóráil *nf3* storage ♦ *vt* store
stóras *nm1* storehouse, storeroom; depot
stothóg *nf2* pubic hair
strabhas *nm1* grimace
strae *nm4* straying; **ar strae** astray
stráice *nm4* strip; **stráice tuirlingthe** landing strip
straidhn *nf2* fury; madness; **straidhn a bheith ionat** to be easily riled
straidhp *nf2* (MIL) stripe
straiméad *nm1* heavy blow; (*banner*) streamer
strainc *nf2* grimace; **strainc a chur ort féin** to grimace
stráinín *nm4* strainer
strainséartha *adj* strange
strainséir *nm3* stranger
straitéis *nf2* strategy
straitéiseach *adj* strategic
strambán *nm1* bore, drag
strambánach *adj* boring, tedious
straois *nf2* grin; smirk; **straois a chur ort féin** to grin; smirk
straoisíl *nf3* grinning; smirking
strapa *nm4* strap, strop
Strasburg *nm4* Strasbourg
streachail (*pres* **streachlaíonn**) *vt, vi* struggle; drag
streachailt *nf2* struggle
streachlánach *adj* straggling, trailing
streancán *nm1* (*of music*) tune, air; (*of instrument*) twang
streancánacht *nf3* (*on fiddle, guitar*) scraping, twanging, strumming
striapach *nf2* prostitute, whore
stríoc *nf2* stripe; streak; (*of pen etc*) stroke, line; (*in hair*) parting, part (*US*) ♦ *vi* give in, submit
stró *nm4* trouble; bother, effort; **stró a chur ort féin le rud** to take pains with sth; **gan stró** easily, effortlessly
stróc *nm4* (MED) stroke
stróic (*pl* ~**eacha**) *nf2* tear ♦ *vt, vi* tear (up); wrench; continue; **mionnaí móra a stróiceadh** to curse; **rud a stróiceadh as a chéile** to tear sth apart; **stróic leat** carry on, continue, tear away
stróiceadh *nm* tear
stroighin (*gs* **stroighne**) *nf2* cement
stroighnigh *vt* cement
stromptha *vadj* (*muscles etc*) stiff
struchtúr *nm1* structure
struchtúrach *adj* structural; structured
structúrtha *adj* structured
strufal *nm1* truffle
struipear *nm1* stripper
strus *nm1* stress, strain; **strus a chur ort féin** to overtax o.s., put o.s. under pressure
stua (*pl* ~**nna**) *nm4* arc; arch
stuacach *adj* peaked, pointed; (*person*) stubborn; sulky
stuaic (*pl* ~**eanna**) *nf2* peak, tip; spire;

sulk; **stuaic a bheith ort** to be in a huff, be disgruntled

stuáil *nf3* padding; stuffing; packing ♦ *vt, vi* stuff; pack; pad; stow

stuaim *nf2* sense, level-headedness; composure; ingenuity; **rud a dhéanamh as do stuaim féin** to do sth off one's own bat

stuama *adj* sensible; sober; steady, calm

stuamaigh *vt* calm down

stuara *nm4* arcade

stuif (*pl* ~**eanna**) *nm4* stuff, material

stumpa *nm4* stump

stupa *nm4* (*of cigarette*) stub

sú[1] (*pl* ~**nna**) *nm4* juice; soup; **sú torthaí** fruit juice

sú[2] (*pl* ~**tha**) *nf4* berry; **sú craobh** raspberry; **sú talún** strawberry

sú[3] (*gs* ~**ite**) *nm* suction

suáilce *nf4* virtue; blessing; joy

suáilceach *adj* virtuous; pleasant; happy

suaill *nf2* (*of sea*) swell

suaimhneach *adj* quiet; peaceful, tranquil; relaxed, calm

suaimhneas *nm1* peace, calm, tranquillity; quietness; **duine a chur ar a shuaimhneas** to relax sb; **suaimhneas a thabhairt do dhuine** to leave sb in peace; **bheith ar do shuaimhneas** to feel at ease; **suaimhneas intinne** peace of mind

suaimhneasán *nm1* (MED) tranquillizer, sedative

suaimhnigh *vt, vi* calm, placate, quieten (down); pacify

suaimhnitheach *adj* relaxing; pacifying

suairc *adj* merry; pleasant; cheerful

suaite *vadj* confused; in shock; in turmoil; exhausted

suaiteacht *nf3* turbulence

suaith *vt, vi* mix; exhaust; agitate; confuse; (CARDS) shuffle; (*rub*) massage; (*problem*) discuss

suaitheadh *nm* mix; (MED) shock; (AVIAT) turbulence; turmoil

suaitheantas *nm1* badge, emblem; decoration; (*flag*) standard; (*of emblem*) crest

suaithinseach *adj* remarkable; distinctive; unusual

suaithní *adj* remarkable; odd; extraordinary

Sualainn *nf2*: **an tSualainn** Sweden

Sualainnis *nf2* (LING) Swedish

Sualannach *adj* Swedish ♦ *nm1* Swede

suan *nm1* sleep; slumber; **dul chun suain** to go to sleep

suanach *adj* lethargic; dormant

suanán *nm1* sedative

suanbhruith *vt, vi* simmer

suanlann *nf2*: **suanlann chónaithe** bedsit(ter)

suanlios (*gs* **suanleasa**, *pl* ~**anna**) *nm3* dormitory

suanmhar *adj* sleepy, drowsy

suansiúl *nm1* sleepwalking

suansiúlaí *nm4* sleepwalker

suantraí *nf4* lullaby

suarach *adj* petty, mean; base; sordid; contemptible

suarachán *nm1* lousy *or* mean person; scab

suarachas *nm1* meanness; pettiness; sordidness

suaraigh *vt* demean

suas *adj, adv, prep* up; upward(s)

suathaireacht *nf3* massage

subh *nf2* jam; preserve

subhach *adj* cheerful, merry

subpoena *nm4* subpoena

substaint *nf2* substance; (*in food*) sustenance; (*quality*) depth

substainteach *adj* (GRAM) substantive

substaintiúil *adj* substantial

Súdáin *nf2*: **an tSúdáin** Sudan

súgach *adj* merry, cheerful; tipsy

súgradh (*gs* **súgartha**) *nm* play(ing); **áit súgartha** playground; **bheith ag súgradh le rud** to play *or* toy with sth

suí (*pl* ~**onna**) *nm4* sitting; (*court etc*) session; **bheith i do shuí** to be sitting *or* (*not in bed*) to be up; **bí i do shuí** have a seat; **bheith i do shuí go te** to be well-off; **seomra suí** sitting room

suibiacht *nf3* subject

suibiachtúil *adj* subjective

suibscríbhinn *nf2* subscription
suibscríobhaí *nm4* subscriber
súiche *nm4* soot
suigh *vt, vi* sit; (*in session*) meet; place; (*house etc*) let; (*tent*) pitch; (*scene*) set; **suí síos/siar** to sit down/back; **suí go mall** to sit up late; **suí i mbun duine** to take advantage of sb
súigh *vt* suck, absorb, soak up
súil (*gs, pl* ~**e**, *gpl* **súl**) *nf2* eye; hope, expectation; anticipation; **súil sprice** bull's-eye; **súil chait** (*AUT*) Catseye ®; **súil a bheith agat (go)** *or* **bheith ag súil (go)** to hope (that); **bheith ag súil le duine/rud** to expect sb/sth; **súil a leagan ar rud** to set eyes on sth; **rud a chur ar a shúile do dhuine** to let sb know sth; **do shúile a shá i nduine/rud** to stare at sb/sth
súilaithne *nf4*: **tá súilaithne agam air** I know him to see
súilfhéachaint (*gs* ~**ana**, *pl* ~**í**) *nf3* glance
súilín *nm4* eyelet; bubble, globule; bead; viewfinder
súilíneach *adj* bubbly; beaded; (*wine*) sparkling
súilíocht *nf3* expectation
suim (*pl* ~**eanna**) *nf2* interest; (*of money*) sum, amount; (*MATH*) sum; (*of story etc*) gist; **suim a bheith agat i rud** to be interested in sth; **suim a chur i rud** to take an interest in sth; **ní suim liom é** I have no interest in it *or* him
suimigh *vt* add (up)
súimín *nm4* sip; **súimín a bhaint as deoch** to sip from a drink
súimíneacht *nf3* sipping
suimint *nf2* cement
suimiú *nm* addition
suimiúchán *nm1* (*MATH etc*) addition
suimiúil *adj* interesting; considerable
suíochán *nm1* seat; pew
suíomh *nm1* site, location; position; settlement; (*of case*) establishment
suíonna *see* **suí**
suipéar *nm1* supper
suirbhé *nm4* survey
suirbhéir *nm3* surveyor; **suirbhéir cainníochta** quantity surveyor
suirbhéireacht *nf3* (*of land*) survey
suirí *nf4* courting; **bheith ag suirí le duine** to court sb
suiríoch *nm1* lover; suitor
súisín *nm4* bedspread
súiste *nm4* flail
súisteáil *vt, vi* flail, thresh; thrash
suite *vadj* situated; located; fixed; certain; **bheith suite de rud** to be convinced of sth
súiteach *adj* absorbent
suiteáil *nf3* installation ♦ *vt* install
suiteoir *nm3* squatter
súiteoir *nm3* sucker
suiteoireacht *nf3* squatting
súitín *nm4* tampon
súl *see* **súil**
sula (+ *past of reg vbs* = ~**r**) *conj* before; **sula ndearna mé é** prior to my doing it; **sular imigh sí** before she left
súlach *nm1* gravy, sap, juice
sular *see* **sula**
sulfar *nm1* sulphur
sult *nm1* satisfaction, pleasure; fun, enjoyment; **sult a bhaint as rud** to enjoy sth
sultmhar *adj* enjoyable, entertaining; (*company*) pleasant
súmaire *nm4* scrounger; leech; quagmire
súmaireacht *nf3* suction; scrounging
súmhar *adj* juicy; succulent
súmóg *nf2* sip
súnás *nm1* orgasm
suntas *nm1* attention, notice; **suntas a thabhairt do rud** to notice sth
suntasach *adj* noticeable; remarkable; prominent
súp *nm1* soup
súraic *vt, vi* suck
sursaing *nf2* girdle
súsa *nm4* rug, blanket
suth (*pl* ~**anna**) *nm3* embryo
sútha *see* **sú**[2]
suthain *adj* eternal, perpetual
svaeid[1] *nf2* suede
svaeid[2] (*pl* ~**eanna**) *nm4* swede
svaistice *nf4* swastika

T

t- (*remove "t-"*) *see* **initial vowel**
tA (*remove "t"*) *see* **A...**
tá *vb see* **bí**
táb *nm1* (TYP, COMPUT) tab
tábhacht *nf3* importance; significance; (*of person*) industry; **gan tábhacht** insignificant, negligible
tábhachtach *adj* important; significant; substantial; industrious
tabhaigh *vt* earn; deserve
tabhair (*pres* **tugann**, *past* **thug**, *fut* **tabharfaidh**, *vn* ~**t**, *vadj* **tugtha**) *see also* **grammar section**; *vt, vi* give; take; bring; (*war*) wage; (*time*) spend; (*crop*) yield
▸ **tabhair amach** give out; bring out; scold; **tabhairt amach do pháiste** to scold a child
▸ **tabhair ar** exchange for; name; cause, compel; take to; **punt a thabhairt ar rud** to give a pound for sth; **tabhairt ar dhuine rud a dhéanamh** to make sb do sth; **amadán a thabhairt ar dhuine** to call sb a fool; **an leaba a thabhairt ort féin** to take to one's bed
▸ **tabhair as** take *or* bring out of
▸ **tabhair chuig/chun** take *or* bring to; **rud a thabhairt chun críche** to bring sth to an end; **duine a thabhairt chun céille** to bring sb to his senses
▸ **tabhair do** give to; (*embarrassment*) bring on, cause; **náire a thabhairt do dhuine** to bring shame on sb
▸ **tabhair faoi** bring under; attempt; attack; **tabhairt faoi rud a dhéanamh** to attempt to do sth; **tabhairt faoi dhuine** to attack sb
▸ **tabhair i** take *or* bring into; **tugann sin i gcuimhne dom (go)** that reminds me (that)
▸ **tabhair isteach** give *or* bring in; introduce; (*loss, time*) make up for, retrieve; (*surrender*) give in; accept; **féar a thabhairt isteach** to bring in hay; **tabhairt isteach do phointe** to accept a point
▸ **tabhair le** take away; (*gist*) grasp; (*time*) devote to; (*reason, explanation*) give for; (*back*) turn on; **tabhair leat sin** bring *or* take that with you; **focal a thabhairt leat** to catch a word; **cúis a thabhairt le rud** to give a reason for sth; **do chúl a thabhairt le rud** (*also fig*) to turn one's back on sth
▸ **tabhair ó** take *or* bring from; give away; (*wall etc*) give way; **rud a thabhairt uait** to give sth away; **thug an t-urlár uaidh** the floor gave way
▸ **tabhair suas** give up, abandon
tábhairne *nm4* pub, bar; tavern
tábhairneoir *nm3* publican
tabhairt (*gs* **tabhartha**) *nf3* grant; delivery; yield; (CARDS) lead; (*in cloth, rope etc*) give; (SPORT) service; **tabhairt faoi deara** perspicacity; *see also* **tabhair**
tabhall *nm1* catapult; sling
tabharfaidh *etc vb see* **tabhair**
tabhartas *nm1* gift; donation
tabharthach *adj, nm1* (GRAM) dative
tabharthóir *nm3* donor
tábla *nm4* table; **tábla a fheistiú** *or* **a chóiriú** to set *or* lay the table
táblaigh *vt* tabulate
tablóid *nf2* tabloid
taca *nm4* prop, support, rest; (*in time*) point; **taca a bhaint ar rud** to lean on sth; **taca a chur le rud** to shore sth (up); **i dtaca le** as regards; **i dtaca liomsa de** for my part; **i dtaca le holc** all things considered; **do chosa a chur i dtaca** to refuse to budge; (*fig*) to dig in; **faoin taca seo** about this time
tacaí *nm4* supporter
tacaigh *vt* support, hold up; **tacú le duine/rud** to support sb/sth
tacaíocht *nf3* support; back-up; **tacaíocht a thabhairt do dhuine** to support sb, back sb (up)
tacair *n gen as adj* synthetic; imitation;

artificial
tacar *nm1* collection; gleaning; (*MATH*) set
tachrán *nm1* child; kid; toddler
tacht *vt, vi* choke; strangle; (*airwaves*) jam
tachtóir *nm3* (*AUT*) choke
tácla *nm4* (*for lifting*) tackle; (*NAUT*) rigging
tacóid *nf2* tack; clove; **tacóid ordóige** drawing pin, thumbtack
tacsaí *nm4* taxi, cab
tadhall *nm1* (sense of) touch; contact
tadhallíogair *adj* (*COMPUT*) touch-sensitive
Tadhg *nm1*: **Tadhg an mhargaidh** the man in the street; **Tadhg an dá thaobh** a two-faced person
tadhlach *adj* tactile; (*adjoining*) touching
tadhlaí *nm4* tangent
tae *nm4* tea; **tae líomóide** lemon tea; **tae beag** afternoon tea
taephota *nm4* teapot
taespúnóg *nf2* teaspoon
tafann *nm1* bark(ing); **bheith ag tafann** to bark
tagaim *etc vb see* **tar**
tagair (*pres* **tagraíonn**) *vt, vi*: **tagairt do rud** to refer to sth, mention sth
tagairt (*gs* **tagartha**, *pl* **~í**) *nf3* reference; mention; **leabhar tagartha** reference book
tagann *vb see* **tar**
taghd (*pl* **~anna**) *nm1* fit of anger; (*sudden*) mood; **taghd a bheith ionat** to be quick-tempered
taghdach *adj* moody, temperamental
tagtha *vadj see* **tar**
taibhreamh *nm1* dream; **taibhreamh na súl oscailte** daydream; *see also* **taibhrigh**
taibhrigh *vt, vi* dream; **taibhreamh ar rud** to dream of sth
taibhriúil *adj* imaginary
taibhse *nf4* ghost; phantom; manifestation; **taibhse thorainn** poltergeist
taibhseach *adj* flamboyant; magnificent; ostentatious; pretentious
taibhsigh *vi* appear; loom
táibléad *nm1* tablet
taictící *nfpl2* tactics
taidhleoir *nm3* diplomat
taidhleoireacht *nf3* diplomacy
taifeach *nm1* analysis
taifead *nm1* record♦ *vt* record; tape; **seachadadh taifeadta** recorded delivery
taifeadadh (*gs* **taifeadta**, *pl* **taifeadtaí**) *nm* (*MUS etc*) recording
taifeadán *nm1* recorder; **taifeadán caiséid** cassette recorder; **taifeadán físchaiséad** video (cassette) recorder
taifeoir *nm3* analyst
taifí *nm4* toffee
taifigh (*vn* **taifeach**) *vt* analyse
taighd (*vn* **~e**) *vt, vi* research, investigate
taighde *nm4* research; **taighde a dhéanamh ar rud** to research sth
táille *nf4* fare; fee; admission, entrance fee; tally; charge; **táille dochtúra** doctor's fee; **táille iompair** haulage (charge); **leath-tháille/lántáille** half/full fare; **táillí** fees, rates; **na táillí a aistriú** to transfer the charges
táillefón *nm1* pay phone
táilliúir *nm3* tailor
táilliúireacht *nf3* tailoring
tailm (*pl* **~eacha**) *nf2* bang; blow; thump
tailte *see* **talamh**
táim *etc vb see* **bí**
táimhe *nf4* inertia
táin *nf3* herd; (*HIST*) cattle-raid; herd wealth
táinrith (*gs* **táinreatha**, *pl* **táinrití**) *nm3* stampede
táinséirín *nm4* tangerine
taipéis *nf2* tapestry
táiplis *nf2*: **táiplis bheag** draughts, checkers (*US*); **táiplis mhór** backgammon
táir *adj* base; sordid; wretched; depraved
tairbhe *nf4* benefit; profit; **de thairbhe** + *gen* because of; by virtue of; **tairbhe a bhaint as rud** to benefit from sth; **gan tairbhe** useless; worthless
tairbheach *adj* beneficial; profitable
táireach *adj* degrading
tairg *vt, vi* bid; offer
táirg *vt* produce; yield
táirge *nm4* product; **táirgí as bainne** milk products
táirgeacht *nf3* output; production; yield
táirgeadh (*gs* **táirgthe**) *nm* production;

output
táirgeoir *nm3* producer
táirgiúlacht *nf3* productivity
tairiscint (*gs* **tairisceana**, *gs* ~**í**) *nf3* bid, offer; proposition; (*COMM, offer*) tender
tairiseach *adj* faithful; reliable; trustworthy
táiríseal *adj* servile
tairne *nm4* (*metal*) nail
tairneáil *vt, vi* nail
tairngir *vt, vi* prophesy; foretell
tairngire *nm4* prophet; precocious child
tairngreacht *nf3* prophecy; prediction
tairseach *nf2* threshold; (window) sill
tais *adj* damp; humid; moist; (*manner*) gentle, soft
taisc *vt, vi* store; hoard; (*FIN*) deposit
taisce *nf4* store, reserve; cache; (*FIN*) deposit; hoard; treasure; (*term of endearment*) darling; **i dtaisce** in reserve; **rud a chur i dtaisce** to put sth away for safe keeping; **cuntas taisce** savings *or* deposit account; **a thaisce!** darling!
taisceadán *nm1* safe; locker; depository
taiscéal *vt, vi* explore; prospect; (*MIL*) reconnoitre
taiscéalaí *nm4* explorer; prospector
taiscthéitheoir *nm3* storage heater
taise *nf4* damp(ness), humidity; (*disposition*) compassion
taiséadach (*pl* **taiséadaí**) *nm1* shroud
taisiúil *adj* compassionate
taisleach *nm1* damp(ness); moisture
taisme *nf4* accident; mishap; **de** *or* **trí thaisme** by chance; **taisme bóthair** road accident
taismeach *adj* accidental; tragic• *nm1* casualty
taispeáin (*pres* **taispeánann**, *vn* ~**t**) *vt, vi* show; display, exhibit; illustrate
taispeáint (*gs* ~**ána**) *nf3*: **ar taispeáint** on display
taispeánadh (*gs* **taispeánta**, *pl* **taispeántaí**) *nm* apparition; revelation
taispeántas *nm1* show, exhibition; display
taisrigh *vt, vi* damp(en); (*wall, cheese*) sweat
taisritheoir *nm3* moisturizer
taisteal *nm1* travel; travelling; **gníomhaire taistil** travel agent; **lucht taistil** (community) travellers
taistealaí *nm4* traveller
taistil (*pres* **taistealaíonn**) *vt, vi* travel
taithí *nf4* experience; practice; **dul i dtaithí ar rud** to get used to sth; to familiarise oneself with sth; **bheith as taithí** to be out of practice
taithigh *vt, vi* frequent; practise; experience
táithín *nm4*: **táithín cadáis** (*MED*) swab
taithíoch (*gsm* **taithíoch**) *adj* familiar; intimate; **bheith taithíoch ar rud** to be familiar with sth; **bheith taithíoch ar dhuine** to be intimate with sb
taitin (*vn* **taitneamh**, *pres* **taitníonn**) *vt, vi* (*sun*) shine; appeal to, please; **níor thaitin an leabhar léi** she didn't like the book
taitneamh *nm1* shine; brightness; pleasure; **taitneamh a thabhairt do dhuine** to take a fancy to sb; **taitneamh a bhaint as rud** to enjoy sth
taitneamhach *adj* pleasant; enjoyable; likeable; shining
tál *nm1* (*of milk*) yield• *vt, vi* (*milk*) yield; (*tears, blood*) shed
talamh (*gsm* **talaimh**, *gsf* **talún**, *pl* **tailte**) *nm1 or nf* earth; land; ground; **faoi thalamh** underground; **ó thalamh** (*fool*) utter; (*review etc*) thorough; **talamh slán a dhéanamh de rud** to take sth for granted; **an talamh a bhrath** to put out feelers, test the ground
talamhiata *adj* landlocked
talcam *nm1* talcum powder, talc
tallann *nf2* impulse; whim; talent; **tallann feirge** (fit of) temper
tallannach *adj* impulsive, temperamental; talented
talmhaigh *vt, vi* dig in; (*ELEC*) earth, ground (*US*); (*SPORT*) touch down
talmhaíocht *nf3* agriculture
talmhaíochta *n gen as adj* agricultural
talmhú *nm* earth, ground (wire) (*US*)
talún *see* **talamh**

Tamais *nf2*: **an Tamais** the Thames
tamall *nm1* while; spell; span; (short) distance; **tamall oibre** a spell of work; **tamall den lá** a part of the day; **go ceann tamaill** for a while; **faoi cheann tamaill** after a while; **tamall ó bhaile** some distance from home
támh *nf2* trance; coma; daze; nap; apathy; **dul i dtámh** to go into a trance
tamhach *nm*: **tamhach táisc** commotion
támhnéal (*pl* ~**ta**) *nm1* trance; swoon
támhshuanach *adj* narcotic
tanaí *adj* thin; (*water etc*) shallow; (*soup etc*) watery; skinny
tanaigh *vt, vi* thin; slim; dilute; dwindle
tánaiste *nm4* deputy Prime Minister; second-in-command; third finger
tánaisteach *adj* secondary
tanc (*pl* ~**anna**) *nm4* (MIL) tank
tancaer *nm1* tanker
tangant *nm1* (MATH) tangent
taobh (*pl* ~**anna**) *nm1* side; flank; aspect; **taobh tíre** region, area; **(an) taobh istigh/amuigh** (the) inside/outside; **bheith i dtaobh le** to depend on; **taobh thall de** (on) the other side of; **taobh thiar de** behind; **taobh le taobh** side by side; **i dtaobh** + *gen* about; **cad ina thaobh?** why?; **fá dtaobh de** about; **le taobh** + *gen* compared to; **d'aon taobh** united
taobhach *adj* lateral; **taobhach le** biased towards
taobhaí *nm4* supporter
taobhaigh *vt* approach; **taobhaigh le** side with, support; favour; trust
taobhaitheoir *nm3* supporter; (POL) sympathizer
taobhlach *nm1* (RAIL) siding
taobhlíne *nf4* (SPORT) sideline, touchline
taobhmhaor *nm1* linesman
taobhroinn *nf2* (*of church*) aisle
taobhsholas *nm1* (AUT) sidelight
taobhshráid *nf2* side street
taoibh *n gen as adj* side
taoide *nf4* tide; **taoide thuile** flood tide; **taoide thrá** ebb tide
taoiseach *nm1* chief; leader; **An Taoiseach** (POL) Prime Minister of Ireland
taom[1] (*pl* ~**anna**) *nm3* (MED) seizure, fit; **taom croí** heart attack; **taom feirge** a fit of anger
taom[2] *vt, vi* pour out; (*vegetables*) drain
taomach *adj* (*illness*) fitful; moody
taomán *nm1* bailer; (*for coal etc*) scoop
taos *nm1* paste; dough; **taos fiacla** toothpaste
taosc *vt, vi* drain; bail
taoscadh (*gs* **taosctha**) *nm* drainage
taoschnó *nm4* doughnut
taosrán *nm1* pastry
tapa *nm4* readiness♦ *adj* quick, rapid; **bheith ar do thapa** to be alert
tapaigh *vt* quicken; (*opportunity*) seize, take
tar (*pres* **tagann/tig**, *past* **tháinig**, *fut* **tiocfaidh**, *vn* **teacht**, *vadj* **tagtha**) *see also* **grammar section**; *vt, vi* come; (*time*) arrive; (*events*) happen; **teacht abhaile** to come home; **teacht an t-aicearra** to take the short-cut
▸ **tar amach** come out; emerge
▸ **tar aníos** come up
▸ **tar anuas** come down; criticise
▸ **tar ar** come on, come upon; arrive on; (*mode of transport*) come by; discover, find; catch; **teacht ar rothar** to come by bicycle; **teacht ar fhianaise nua** to discover new evidence; **tháinig an ulpóg uirthi** she caught the flu; **tá fearg ag teacht air** he is getting angry
▸ **tar as** come out of; (*danger etc*) escape from; (*sickness*) recover from; result from; **teacht as rud** to get over sth
▸ **tar chuig/chun** come to; reach; **teacht chugat féin** (*from sickness, faint*) to come round
▸ **tar de** come of; (*background*) come from
▸ **tar do** happen to; suit; **tagann an gúna di** the dress suits her; **thiocfadh dó (go)** it might be (that)
▸ **tar faoi** come to; come within; **teacht faoi aon de rud** to come within a whisker of sth
▸ **tar gan** do without; **beidh ort teacht gan é** you will have to do without it

- ▸ **tar i** come to; come into; reach; attain; **teacht in aois** to come of age; **teacht i gcabhair ar dhuine** to come to sb's aid
- ▸ **tar isteach** come in; enter; (*prophecy*) come to pass; **teacht isteach ar rud** to get the hang of sth
- ▸ **tar le** come along (with); come to; agree with; suit; (*colour etc*) match; do with; be able; **teacht le tuairim** to agree with an opinion; **ní thig liom dul** I can't go
- ▸ **tar ó** come from; originate from; (*danger*) escape from; (*sickness*) recover from
- ▸ **tar roimh** come before; intercept; (*in conversation*) interrupt
- ▸ **tar suas le** catch up with
- ▸ **tar thar** come over; (*bridge etc*) cross; refer to, mention; **teacht thar chás** to mention a case
- ▸ **tar thart** come round, recover
- ▸ **tar trí** come through; **teacht trí thinneas** to come through an illness

taraif *nf2* tariff
tarbh *nm1* bull; **An Tarbh** (*ASTROL*) Taurus
tarbhchomhrac *nm1* bullfight, bullfighting
tarbhchomhraiceoir *nm3* bullfighter
tarbhghadhar *nm1* bulldog
tarcaisne *nf4* insult; scorn; contempt
tarcaisneach *adj* offensive; disparaging
tarcaisnigh *vt* insult; scorn; demean
tarchéimnigh *vt* transcend
tarchuir *vt* (*RADIO, TV*) transmit; (*LAW*) remit
tarchur *nm1* (*TEL, COMPUT etc*) transmission; (*LAW*) remittance
tarchuradóir *nm3* transmitter
tarlaigh (*past* **tharla**) *vi* happen; occur, come about; **ó tharla go ...** seeing that ...; **tharla ann é** he happened to be there
tarlóg *nf2* minor incident
tarlóir *nm3* haulier
tarlú *nm* happening; occurrence
tarnocht *adj* (stark) naked
tarpól *nm1* tarpaulin
tarra *nm4* tar
tarracóir *nm3* tractor
tarraiceán *nm1* drawer
tarraing (*vn* ~**t**) *vt, vi* pull; drag, haul; draw; attract; **tarraing ar** approach; **bruíon/troid a tharraingt** to cause trouble/a fight; **na cosa a tharraingt** to drag one's feet
tarraingeoir *nm3* (*company*) haulier
tarraingt (*gs* ~**he**, *pl* ~**í**) *nf* pull; tug; draw; attraction; (*in door, chimney*) draught; (*MED*) traction; **tarraingt na téide** tug of war; **tarraingt a bhaint as buidéal** to take a drink from a bottle; **ar tarraingt** (*MED*) in traction
tarraingteach *adj* attractive; appealing; fetching; seductive
tarramhacadam *nm1* tarmac(adam)
tarrtháil *nf3, vt* rescue; help; salvage
tarrthálaí *nm4* rescuer
tarscaoil *vt* (*LAW*) waive
tart *nm3* thirst; **tá tart orm** I'm thirsty; **do thart a chosc** to quench one's thirst
tartar *nm1* tartar
tartmhar *adj* (*work etc*) thirsty
tasc (*pl* ~**anna**) *nm1* task; chore
tásc *nm1* tidings; report; **níl tásc ná tuairisc orthu** there is no word of them
táscach *nm1* (*GRAM*) indicative
táscaire *nm4* indicator; (*COMPUT*) cursor
tascfhórsa *nm4* (*MIL, POLICE*) task force
tascobair *nf2* piecework
tástáil *vt, vi* test, sample ♦ *nf3* test, trial; **tástáil agus earráid** trial and error
tátal *nm1* deduction; **tátal a bhaint as rud** to draw a conclusion from sth
tathag *nm1* solidity; fullness; (*of wine etc*) body
tathagach *adj* solid; (*wine*) full-bodied
táthaigh *vt, vi* bind; solder; weld; (*bone*) knit; solidify
táthaire *nm4* welder; (*inf*) scrounger
táthán *nm1* (*for tooth*) filling
táthar *vb see* **bí**
táthcheangal *nm1* (*COMM*) takeover
tatú *nm4* tattoo
tatuáil *vt* tattoo
T-chearnóg *nf2* T-square
TD *n abbr* (= *Teachta Dála*) Dáil Deputy, ≈ MP
tE (*remove "t"*) *see* **E...**
te (*pl, compar* ~**o**) *adj* hot, warm; **buidéal**

te hot-water bottle
té *pron* whoever, whosoever; **an té a thiocfaidh air** whoever finds it; **an té atá ar iarraidh** the missing person
téac *nf2* teak
teach (*gs* **tí**, *pl* **tithe**, *ds* **tigh**) *nm* house; (*ADMIN etc*) household; place; **i dteach Phádraig, tigh Phádraig** at Patrick's; **teach beag** *or* **an asail** toilet; **teach gloine** greenhouse; **teach na ngealt** asylum; **teach ósta** hostel, inn; **teach pobail** chapel, church; **teach solais** lighthouse
teachín *nm4* cottage
teacht *nm3* approach; arrival; **teacht an tsamhraidh** the coming of summer; **le teacht na hoíche** at nightfall; **teacht isteach** income; **teacht abhaile** homecoming; **teacht aniar** stamina, resilience; **teacht i láthair** presence, self-assurance; *see also* **tar**
téacht *vt, vi* freeze; congeal; (*jelly etc*) set
teachta *nm4* envoy; representative; (*POL*) deputy; **teachta parlaiminte** MP; **Teachta Dála** Dáil Deputy, TD
teachtaire *nm4* messenger
teachtaireacht *nf3* message, errand; communication
téachtán *nm1* clot; **téachtán fola** blood clot
téacs (*pl* ~**anna**) *nm4* text
téacsleabhar *nm1* textbook
téad *nf2* rope; line; cord; (*also MUS*) string; **téad léimní** skipping rope; **téad ruthaig** lasso; **téad tarraingthe** towrope; **bheith ar an téad céanna (le duine)** to take the same line (as sb); **téada gutha** vocal cords
téadchleasaí *nm4* tightrope walker
téadléimneach *nf2* skipping
téaduirlis *nf2* (*MUS*) stringed instrument; **téaduirlisí** *npl* (*MUS*) strings
téagar *nm1* substance; bulk; (*term of endearment*) dearest; **dul i dtéagar** (*grow*) to fill out
téagartha *adj* hefty; stout; substantial
teagasc *vt* teach; instruct; coach ♦ *nm1* (*npl* ~**a**) teaching(s); tuition; instruction
teagascóir *nm3* tutor; instructor
teaghlach *nm1* family; (*persons*) household
teaghlaigh *n gen as adj* family, domestic
teaghrán *nm1* tether; **bheith ar teaghrán ag duine** to be at sb's beck and call
teaglaim *nf3* collection; compilation; (*MATH*) combination
teaglamaigh *vt* compile; collect; (*MATH*) combine
teagmhaigh (*vn* **teagmháil**) *vi*: **teagmhaigh le** touch; encounter; connect with
teagmháil *nf3* meeting; encounter; contact; **teagmháil a bheith agat le duine** to be in touch with sb; **dul i dteagmháil le duine** to contact sb
teagmhálaí *nm4* opponent; go-between
teagmhas *nm1* contingency; incident; chance occurrence
teagmhasach *adj* incidental, contingent
Téalainn *nf2*: **an Téalainn** Thailand
teallach *nm1* hearth; fireplace; **cois teallaigh** by the fire
téaltaigh *vi, vt* sneak; creep; steal
téama *nm4* theme
téamamhrán *nm1* theme song
téamh *nm1* heating; **téamh lárnach** central heating; *see also* **téigh**[1]
teampall *nm1* temple; church
téana (*vn* ~**chtaint**) *vi* (*imperative verb*) come (along)
teanchair *nf2* tongs; pincers; pliers
teanga (*pl* ~**cha**) *nf4* tongue; language; **teanga dhúchais** native language; **dán a bheith ar do theanga agat** to have a poem off by heart; **do theanga a bheith i do leathbhéal agat** to speak tongue in cheek
teangaire *nm4* interpreter
teangeolaí *nm4* linguist
teangeolaíocht *nf3* linguistics
teanglann *nf2* language laboratory
teann *vt, vi* (*vn* ~**adh**) tighten; squeeze; (*lock etc*) secure; (*tyre etc*) inflate ♦ *nm3* (*gs, pl* ~**a**, *gpl* **teann**) strength, force; stress ♦ *adj* taut; tight; strenuous; firm;

forceful; **teann ar** *or* **le** approach, close in on; **bheith ag obair ar theann do dhíchill** to be working flat out; **teann a chur le rud** (*word, point*) to emphasize sth; (*door*) to secure sth; **le teann nirt** by sheer strength; **bheith ar theann do dhíchill** to try your very best; **i dteann na dtrioblóidí** at the height of the troubles; **seasamh go teann** to stand firm; **teannadh ar dhuine** to put pressure on sb; **tá an t-am ag teannadh orainn** we are pressed for time

téann *see* **téigh**

teannaire *nm4* (*bicycle etc*) pump

teannas *nm1* strain; tension; (*muscle*) tone

teannta *nm4* predicament; foothold; support; **bheith i dteannta** to be in a fix; **do chos a chur i dteannta** (*also fig*) to stand firm; **i dteannta** + *gen* along with; as well as; moreover

teanntaigh *vt, vi* hem in; (*fig*) snooker; support, prop up

teanntán *nm1* clamp; brace

teanntás *nm1* boldness, audacity; assertiveness; **teanntás a dhéanamh le duine** to make bold with sb

teanntásach *adj* assured; assertive; audacious

teanntóg *nf2* strut, prop

teanór *nm1* (*MUS*) tenor

tearc (*gsm* **tearc**) *adj* scarce; sparse

téarma *nm4* term; semester; **thar téarma** (*FIN*) overdue; **téarmaí** *npl* conditions

téarmach *adj* terminal

téarmaíocht *nf3* terminology

tearmann *nm1* asylum, sanctuary, refuge; (*for tribe etc*) reservation

tearmannaigh *vt* (*fugitive*) harbour

téarnaigh *vi* convalesce; survive

téarnamh *nm1* convalescence

teas *nm3* heat; warmth

teasaí *adj* hot; fiery; hot-headed; (*argument*) heated

teasáras *nm1* thesaurus

teasc[1] *vt* amputate; sever; hack off

teasc[2] *nf2* disc

teascán *nm1* segment; section

teascóg *nf2* (*GEOM*) sector

teasdíonadh (*gs* **teasdíonta**) *nm* (*heat*) insulation

teaspach *nm1* (*of weather*) heat; (*of person*) exuberance; high spirits

teastaigh (*vn* **teastáil**) *vi* be wanted; "**giolla ag teastáil**" "waiter wanted"; **teastaíonn breis ama uaithi** she wants more time

téastar *nm1* canopy

teastas *nm1* certificate; diploma; (*for job*) reference; **teastas báis/breithe/pósta** death/birth/marriage certificate

teibí *adj* abstract

teicneoir *nm3* technician

teicneolaíoch *adj* technological

teicneolaíocht *nf3* technology

teicníc *nf2* technique

teicníocht *nf3* technique

teicniúil *adj* technical

teicniúlacht *nf3* technicality

teicstíl *nf2* textile

teideal *nm1* title; claim; **bheith i dteideal ruda** to be entitled to sth; **teidil chreidiúna** (*CINE, TV*) credits

teidealach *adj* titular

teifeach *adj, nm1* fugitive

téigh[1] (*vn* **téamh**) *vt* heat, warm (up); **théigh mo chroí leis** I took a liking to him

téigh[2] (*pres* **téann**, *fut* **rachaidh**, *past* **chuaigh**, *past dependent* **deachaigh**, *vn* **dul**, *vadj* **dulta**) *see also* **grammar section**; *vi* go; last; **dul a luí** to go to bed; **tá sé ag dul a thógáil tí** he's going to build a house

▸ **téigh ag** succeed; **chuaigh agam é a dhéanamh** I managed to do it

▸ **téigh amach ar** go out through/by; **dul amach ar an bhfuinneog** to get out through the window

▸ **téigh ar** go on; (*mad, astray*) go; **dul ar bord eitleáin** to board an aeroplane; **dul ar aghaidh/ar gcúl** to progress/regress; **dul ar mire** to go mad

▸ **téigh as** go away from; (*fire etc*) go out; go out of; **chuaigh an solas as** the light went out; **níl aon dul as agat** you have no choice

▸ **téigh chuig/chun** go to; become; **dul chun donais** to get worse; **dul chun cainte le duine** to go speak with sb; **dul chun tairbhe do rud** to benefit sth

▸ **téigh do** go to; be due to; affect; **cá mhéad atá ag dul duit?** how much are you owed?

▸ **téigh faoi** go under; sink; (*sun etc*) set; go within; **dul faoi chónaí** to retire (to bed)

▸ **téigh gan** go *or* do without

▸ **téigh i** to in(to); (*member*) join; (*responsibility*) undertake; become; **dul i bhfolach** to go into hiding; **dul i mbun ruda** to take charge of sth; **dul i bhfuaire** to get cold

▸ **téigh idir** go between; intervene

▸ **téigh isteach ar** go in by; (*exam, competition*) enter

▸ **téigh le** go with; accompany; match; (*pursuit, career*) take up; become; **dul le múinteoireacht** to take up teaching; **dul le fána** to go downhill

▸ **téigh ó** go from; **dul ó mhaith** to become useless

▸ **téigh roimh** go before; precede; interrupt; **dul roimh dhuine sa chaint** (*in conversation*) to interrupt sb

▸ **téigh siar ar** (*word*) go back on; (*step*) retrace

▸ **téigh síos** go down; sink

▸ **téigh thar** go over; pass (by); exceed; (*rule*) break; **dul thar sáile** to go overseas

▸ **téigh thart** go round; (*time etc*) go by

▸ **téigh trí** go through; penetrate; (*resources*) spend, use

teile *nf4* (*fruit*) lime

teiléacs *nm4* telex

teileafón *nm1* telephone; **teileafón ceallach** cellphone

teileafónaí *nm4* telephonist

teileagraf *nm1* telegraph

teileagram *nm1* telegram

teileascóp *nm1* telescope

teilg (*vn* ~**ean**) *vt* throw; fling; (*colour*) fade; (LAW) condemn

teilgcheárta *nf4* foundry

teilgean *nm1* projection

teilgeoir *nm3* projector

teilifís *nf2* television, TV; **teilifís dhaite** colour television

teilifíseán *nm1* television (set), TV

teilifísigh *vt* televise

teilitéacs *nm4* Teletext ®

téim *etc vb see* **téigh**

teimheal *nm1* tarnish; stain

teimhligh *vt* tarnish; stain

teip *nf2* failure; flop; (TENNIS) fault ♦ *vi* (*pp* ~**the**) fail; **theip orm** I failed; **gan teip** without fail; **theip an tsláinte air** his health failed; **teip ar dhuine** to let sb down

téip (*pl* ~**eanna**) *nf2* tape; **téip dhearg** (*fig*) red tape

téipthaifeadán *nm1* tape recorder

teiriléin *nf2* Terylene ®

teirilín *nm4* Terylene

teiripe *nf4* therapy

teirmeach *adj* thermal

teirmeas *nm1* (Thermos ®) flask

teirmeastat *nm1* thermostat

teirmiméadar *nm1* thermometer

teirminéal *nm1* (*also* COMPUT, ELEC) terminal

téis *nf2* (*argument*) thesis

teist (*pl* ~**eanna**) *nf2* testimony; test; reputation; (*service etc*) record

teistchluiche *nm4* test match

teisteán *nm1* decanter

teistiméir *nm3* (*for job etc*) referee

teistiméireacht *nf3* (SCOL *etc*) certificate; testimony; (character) reference

teiteanas *nm1* tetanus

teith *vi* flee, run (off); **teith ó** avoid; flee

teitheadh (*gs* **teite**) *nm* flight; escape; **bheith ar do theitheadh** to be on the run

téitheoir *nm3* heater

teo *see* **te**

teochreasach *adj* tropical

teochrios (*gs* **teochreasa**, *pl* ~**anna**) *nm3*: **an Teochrios** (GEOG) The Tropics

teocht *nf3* temperature; warmth; **dul i dteocht** to get warm

teoiric *nf2* theory; **teoiric an chandaim** the quantum theory; **teoiric na**

coibhneasachta the theory of relativity
teoiriciúil *adj* theoretical
teoirim *nf2* theorem
teolaí *adj* comfy; snug
teorainn (*gs* **teorann**, *pl* ~**eacha**) *nf* border; frontier; limit; boundary; **an Teorainn** (POL) The Border; **gan teorainn** unlimited, boundless; **teorainn aoise/luais** age/speed limit
teorann *gs as adj* border; boundary; (*waters*) territorial
teorannaigh *vt* restrict; limit; (*area*) delimit
teoranta *adj* finite; (*also* ECON) limited
th (*remove "h"*) *see also* **t...**
thabharfainn *etc vb see* **tabhair**
thagadh, tháinig *etc vb see* **tar**
thairis, thairsti *see* **thar**
thall *adv, adj* over; beyond; **thall i Meiriceá** over in America; **an bruach thall** the far bank; **thall ansin** over there; **thall is abhus** here and there
thángamar, thángthas *vb see* **tar**
thar (*prep prons* = **tharam, tharat, thairis, thairsti, tharainn, tharaibh, tharstu**) *prep* over; above; beyond; more than; across; **thar barr** excellent; **dul thar d'acmhainn le rud** to go out of your depth with sth; **thar sáile** abroad, overseas; **thar mhíle** over a mile; **thar a bheith fuar** extremely cold; **thairis sin** moreover; **thar gach rud** above all
tharla *vb see* **tarlaigh**
tharstu *see* **thar**
thart *adv, prep* about, around; round; by; past; over; **amharc thart** to look around; **rud a chur thart** to pass sth round; **teacht thart** to come round; **dul thart** (*time*) to pass; **tá an cluiche thart** the game is over; **an tseachtain seo a chuaigh thart** last week; **dul thart le rud** to pass sth by
théadh *vb see* **téigh**
theas *adv, adj* (*position*) south; southern; southerly
thiar *adv, adj* (*position*) west; western; westerly; rear; **taobh thiar den doras** behind the door; **tá thiar air** he is done for; **faoi dheireadh thiar** at long last
thiocfadh *vb see* **tar**
thíos *adv* (*position*) below, beneath; down; (*in writing*) below; **thíos faoi** beneath, underneath; **bheith thíos** (*kettle, pot*) to be on; **bheith thíos le rud** to lose (out) by sth; **thíos staighre** downstairs
thíosluaite *adj* undermentioned
thoir *adv, adj* (*position*) east; eastern; easterly
thú *see* **tú**
thuaidh *adv, adj* (*position*) north; northern; northerly; **an Mhuir Thuaidh** the North Sea
thuas *adv, adj* (*position*) above; overhead; up, upper; **thuas staighre** upstairs
thug *etc vb see* **tabhair**
thusa *see* **tusa**
tl (*remove "t"*) *see* **l...**
tí[1] *nf4*: **bheith ar tí rud a dhéanamh** to be on the point of doing sth
tí[2] (*pl* ~**onna**) *nm4* (GOLF) tee
tí[3] *see* **teach**
tiachóg *nf2* wallet; satchel
tiara *nm4* tiara
tiaráil *nf3* (*work*) grind; slog
tiarcais *n*: **a thiarcais!** (*exclamation*) my goodness!
tiarna *nm4* lord; peer; **tiarna talaimh** *or* **talún** landlord; **An Tiarna** (REL) the Lord; **Teach na dTiarnaí** the (House of) Lords
tiarnas *nm1* rule; lordship; dominion
tiarnúil *adj* haughty; (*tone*) overbearing
tibhe *see* **tiubh**
tibia *nf4* tibia
tic *nm4* (*of clock, mark*) tick; **tic a chur le rud** to tick sth off
ticéad *nm1* ticket; **ticéad páirceála/séasúir/dea-mhéine** parking/season/complimentary ticket; **ticéad fillte/singil** return/single ticket
ticeáil *vt, vi* tick (off)
tig *vb see* **tar**
tigh *see* **teach**
tíl (*pl* ~**eanna**) *nf2* tile
tím *nf2* thyme
timbléar *nm1* (*glass*) tumbler

timire *nm4* messenger; attendant
timireacht *nf3* household chores; running errands
timpani *npl* timpani
timpeall *nm1* circuit; round; roundabout way; circumference ♦ *adv* round; about ♦ *prep* round; about; **timpeall** + *gen* around, round; approximately, roughly, in the region of; **timpeall an tí** around the house; **timpeall 60** 60-odd; **inár dtimpeall** around us; **ag dul timpeall** going round; **timpeall mí ó shin** about a month ago
timpeallach *adj* (*route, means*) roundabout, circuitous; surrounding
timpeallacht *nf3* surroundings; environment; vicinity
timpeallachta *n gen as adj* environmental
timpeallaigh *vt* circle, surround; go round
timpeallán *nm1* (*AUT*) roundabout
timpiste *nf4* accident; **bhain timpiste dó** he had an accident; **de thimpiste** by accident
timpisteach *adj* accidental
timthriall *nm3* (*BIOL, MATH, PHYS*) cycle
timthriallach *adj* cyclical; recurring; (*movement, work*) repetitive
tincéir *nm3* (*gipsy*) tinker
tine (*pl* **tinte**) *nf4* fire; **tine chnámh** bonfire; **tine gháis** gas fire; **faoi** *or* **le thine** on fire; **tine a chur síos** to set a fire; **rud a chur trí thine** to set sth on fire
tinn *adj* ill, sick; sore, aching; **buaileadh tinn í** she took ill; **bheith tinn tuirseach de rud** to be sick and tired of sth
tinneal *n*: **ar tinneall** (all) set, (at the) ready, on edge; straining at the leash
tinneas *nm1* illness, sickness; ache; **tinneas cinn/cluaise/fiacaile** headache/earache/toothache; **tinneas clainne** (*childbirth*) labour; **tinneas farraige** seasickness; **tinneas cinn a bheith ort** to have a headache; **tinneas na circe** the fidgets; **tinneas póite** hangover
tinreamh *nm1* attendance
tinsil *nm4* tinsel
tinte *see* **tine**
tinteán *nm1* hearth; fireplace; **níl aon tinteán mar do thinteán féin** there's no place like home
tintreach *nf2* lightning
tintrí *adj* (*temper*) hot; hot-headed; ardent
Tiobraid Árann *nf* Tipperary
tiocfaidh *etc vb see* **tar**
tíogar *nm1* tiger
tíolacadh (*gs* **tíolactha**, *pl* **tíolacthaí**) *nm* (*spiritual*) gift
tíolaic (*pres* **tíolacann**) *vt, vi* dedicate; bestow
tiomáin *vt, vi* drive; propel
tiomáint (*gs* **tiomána**) *nf3* (*also COMPUT*) drive; power
tiománaí *nm4* (*also GOLF*) driver; chauffeur
tiomna *nm4* will, testament; **An Tiomna Nua** the New Testament
tiomnacht *nf3* bequest
tiomnaigh *vt* bequeath; (*soul etc*) commend; dedicate; delegate
tiomnú *nm* (*of monument etc*) dedication
tiompán *nm1* eardrum; (*MUS*) timpan
tiomsaigh *vt, vi* assemble; collect; accumulate
tiomsaitheoir *nm3* compiler; collector
tionacht *nf3* tenure
tionchar *nm1* influence; impact; **faoi thionchar an alcóil** under the influence of alcohol
tionlacaí *nm4* (*MUS*) accompanist
tionlacan *nm1* (*entourage*) escort; (*MIL*) convoy; (*MUS*) accompaniment
tionlaic (*pres* **tionlacann**, *vn* **tionlacan**) *vt* escort; (*also MUS*) accompany; (*bride*) give away
tíonna *see* **tí**[2]
tionóil (*pres* **tionólann**) *vt, vi* convene; muster; assemble
tionóisc *nf2* accident; **tionóisc bhóthair** road accident; **trí thionóisc** by accident
tionóisceach *adj* accidental
tionól *nm1* gathering; assembly; (*of assembly etc*) sitting
tionónta *nm4* tenant
tionóntacht *nf3* tenancy
tionóntán *nm1* (*residence*) tenement

tionscadal *nm1* project
tionscain (*pres* **tionscnaíonn**) *vt, vi* initiate, start; institute; mastermind; originate
tionscal *nm1* industry
tionscantach *adj* initial; original; (*person, mind*) enterprising
tionsclaí *nm4* industrialist
tionsclaíoch (*gsm* **tionsclaíoch**) *adj* industrial
tionscnamh *nm1* origin; (*setting up*) establishment; initiative
tionscnóir *nm3* initiator; originator; promoter
tiontaigh *vt, vi* turn; convert; translate; **tiontú ar ais** to turn back
tiontaire *nm4* converter; **tiontaire catalaíoch** catalytic convertor
tíopa *nm4* (BIOL) type
tíoránach *nm1* tyrant; bully
tíoránta *adj* tyrannical; oppressive; (*heat, pain*) intense
tíorántacht *nf3* tyranny; despotism
tíos *nm1* housekeeping; thrift; (SCOL) home economics; **airgead tís** housekeeping (money)
tíosach *adj* thrifty; economical ♦ *nm1* (TV, RADIO *etc*) host
tipiciúil *adj* typical
tír (*pl* **tíortha**) *nf2* country; land; **tír dhúchais** native country, homeland; **tír mór** mainland; **ceol tíre** folk music; **teacht i dtír** survive, manage; **teacht i dtír ar rud/dhuine** to take advantage of sth/sb; **do bheatha a thabhairt i dtír** to make one's living
Tír Chonaill *nf* Donegal
tírdhreach (*gs, npl* ~**a**, *gpl* **tírdhreach**) *nm3* landscape
Tír Eoghain *nf* Tyrone
tíreolaíocht *nf3* geography
tírghrá *nm4* patriotism
tírghrách (*gsm* **tírghrách**) *adj* patriotic
tirim *adj* dry; arid; **airgead tirim** ready cash
tirimghlan *vt* dry-clean
tirimghlanadh (*gs* **tirimghlanta**) *nm* dry-cleaning
tirimghlantóir *nm3* dry-cleaner('s)
tíriúil *adj* homely; sociable; (*story*) racy
tír-raon *nm1* terrain
tit (*vn* ~**im**, *pp* ~**e**) *vi* fall (down); drop; sag; **thit mo chodladh orm** I fell asleep; **titim i laige** *or* **bhfanntais** to faint; **titim isteach** (*roof etc*) to cave in; **titim as a chéile** to fall apart; **titim chun deiridh** (*also fig*) to fall behind; **titim amach** (*events*) to happen; **titim amach le duine** to fall out with sb; **titim chun feola** to put on weight; **titim i do chodladh** to fall asleep
tithe *see* **teach**
tithíocht *nf3* housing
titim *nf2* fall; decline; (*in prices etc*) drop; tumble
titimeas *nm1* epilepsy
titimíní *nmpl4* droppings
tiúb (*pl* ~**anna**) *nf2* tube
tiubh (*gsm* **tiubh**, *gsf, compar* **tibhe**) *adj* thick; dense; fast; **chomh tiubh géar is a thig leat** as soon as you can
tiubhaigh (*vn* **tiúchan**) *vt, vi* thicken; (*liquid*) concentrate
tiúilip *nf2* tulip
tiúin (*pl* ~**eanna**) *nf2* tune; mood; **bheith i dtiúin/as tiúin le** to be in/out of tune with ♦ *vt, vi* (*pres* **tiúnann**, *vn* **tiúnadh**, *gs, pp* **tiúnta**) tune (up)
tiúnadóir *nm3* (piano) tuner
tiús *nm1* thickness; density; **20cm ar tiús** 20cm thick
tláith *adj* weak; pale; tender; mild
T-léine *nf4* T-shirt
tlú (*pl* ~**nna**) *nm4* tongs
TnaG *n abbr* (= *Teilifís na Gaeilge*) Irish language television
tnáite *adj* jaded; exhausted
tnúth *nm3* envy; rivalry; expectation; longing ♦ *vt, vi* envy; long for; **rud a thnúth do dhuine** to begrudge sb sth; **tnúth le rud** to yearn for sth; expect sth
tnúthach *adj* envious
tnúthán *nm1* expectancy
tnúthánach *adj* expectant; wistful
tO (*remove "t"*) *see* **O...**
tobac *nm4* tobacco; "**ná caitear tobac**"

"no smoking"
tobacadóir *nm3* tobacconist
tobairín *nm4* dimple
tobán *nm1* tub
tobann *adj* sudden; abrupt; impetuous; short-tempered; **go tobann** suddenly
tobar (*pl* **toibreacha**) *nm1* (*of water*) well; spring; fountain
tobhach *nm1* (COMM *etc*) levy
tobthitim *nf2* (COMM) slump; (FIN) crash
tóch (*vn* **tóch**) *vt, vi* dig
tochail (*pres* **tochlaíonn**, *vn* ~**t**) *vt, vi* dig; burrow
tochailt *nf2* digging, excavation
tochais (*pres* **tochasann**) *vt, vi* scratch; itch
tochaltán *nm1* bunker, dig, excavation
tóchar *nm1* causeway
tochas *nm1* itch; **tochas a bheith ionat** to itch
tochasach *adj* itchy
tochrais *vt, vi* wind
tocht[1] (*pl* ~**anna**) *nm3* mattress
tocht[2] *nm3* (MED) stoppage; emotion; **tocht a bheith ort** to be (very) emotional
tochtán *nm1* (MED) croup
tochtmhar *adj* (very) emotional
tocsain *nf2* toxin
tocsaineach *adj* toxic
todhchaí *nf4* future
todóg *nf2* cigar
tofa *vadj* choice; (*fool etc*) utter
tóg *vt, vi* raise *or* lift (up); pick up; take; build; (*family*) bring up, rear; (*cattle*) raise, rear; (*emotion*) stir (up); (*slope*) ascend; (*fare etc*) collect; (*space, time*) take, require; (*police*) arrest, lift; (*step, photograph*) take; (*language, skill*) pick up; (*flu etc*) catch, contract; **teach a thógáil** to build a house; **clann a thógáil (le Gaeilge)** to rear a family (through Irish); **thógfadh sé uair nó dhó dul ann** it would take an hour or two to get there; **achrann a thógáil** to stir up a row; **grianghraf a thógáil (de rud)** to take a photograph (of sth); **áit duine a thógáil** to take sb's place; **tóg go bog é!** take it easy!
▸ **tóg ar** raise *or* lift upon; undertake; take for; blame for, hold against; **rud a thógáil ar do ghualainn** to lift sth up on your shoulder; **ní thógfainn orm féin sin a dhéanamh** I wouldn't take it upon myself to do that; **rud a thógáil ar dhuine** to hold sth against sb; **teach/carr a thógáil ar cíos** to rent a house/car
▸ **tóg as** lift *or* take out of; take from
▸ **tóg chuig** *or* **chun** take to; **rud a thógáil chugat féin** (*remark etc*) to take sth personally
▸ **tóg de** lift off; take off; **do shúil a thógáil de rud** to take your eye off sth; **duine a thógáil den bpáirc** (SPORT, *substitution*) to take sb off
▸ **tóg do** take to; **olc a thógáil do dhuine** to take a grudge against sb
▸ **tóg i** take into, lift into
▸ **tóg isteach** take in; (*dress etc*) shorten
▸ **tóg le** lift with; excite by; take to; take away; **tógáil le duine/rud** to take to sb/sth; **rud a thógáil leat** to take sth away; (*trick, skill etc*) to pick sth up
▸ **tóg ó** take from; lift from; **achasán a thógáil ó dhuine** to take an insult from sb
▸ **tóg suas** lift *or* raise up
toga *nm4* toga
tógáil *nf3* upbringing; *see also* **tóg**
togair (*pres* **tograíonn**, *vn* **togradh**, *pp* **togartha**) *vt, vi* choose; (*desire*) want; attempt
tógálach *adj* (MED) infectious; catching; (*person*) touchy
tógálaí *nm4* builder; breeder
togh (*pp* **tofa**) *vt, vi* choose; select; elect; (POL, *candidate*) return
togha *nm4* choice; pick; **togha oibre** excellent work; **togha** + *gen* the best of; **togha fir!** good man!; **togha agus rogha** the pick of the bunch
toghadh (*gs* **tofa**) *nm* election, selection
toghair (*vn* ~**m**) *vt* summon; invoke
toghairm (*pl* ~**eacha**) *nf2* summons
togharmach *nm1* conjurer
toghchán *nm1* election

toghchánaíocht *nf3* electioneering
toghlach *nm1* constituency
toghluasacht *nf3* abortion
toghthóir *nm3* elector; constituent; **na toghthóirí** the electorate
tograch *adj* (*to illness etc*) susceptible
tograíonn *see* **togair**
tógtha *vadj* excited; agitated; **éirí tógtha (faoi rud)** to get excited *or* worked up (about sth)
toicí *nm4* wealthy person; (business) tycoon
toiciúil *adj* affluent; well-to-do
toil *nf3* will; desire; inclination; **le do thoil, más é do thoil é** please; **in éadan do thola** against your will; **de do thoil féin** of your own accord; **is toil liom** I wish *or* desire to; **toil a thabhairt do rud** to take a liking to sth; **teanga a bheith ar do thoil agat** to be fluent in a language; **do thoil a thabhairt do rud** to give your consent to sth
toiligh *vt, vi* consent, agree; **toiliú le rud** to consent to sth
toiliúil *adj* intentional
toill *vi* fit (in)
toilleadh (*gs* **toillte**) *nm* capacity
toilteanach *adj* willing; voluntary
toilteanas *nm1* willingness
tóin (*pl* ~**eanna**) *nf3* backside, bottom; (*trousers*) seat; lowest part; **dul go tóin (poill)** (*boat*) to sink; **cic sa tóin** (*fam*) an injection of urgency; **dul ar do thóin i rud** to back out of sth; **thit an tóin as** (*also fig*) it fell apart
toinn *see* **tonn**
toinníteas *nm1* conjunctivitis
tointe *nm4* strand, thread; (*of clothes*) stitch
tointeáil *nf3* shuttling; **seirbhís tointeála** shuttle service
tóir (*pl* ~**eacha**) *nf3* pursuit; chase; **dul sa tóir ar dhuine** to chase sb; **tóir a bheith ort** to be popular
toirbheartas *nm1* gift
toirbhir (*pres* **toirbhríonn**, *vn* ~**t**) *vt, vi* deliver; present; dedicate
toirceoil *nf3* (*meat*) brawn
toircheas *nm1* pregnancy; fruit of the womb
toircheasach *adj* pregnant
toirchigh *vt* make pregnant; (BIOL) fertilize
tóireadóir *nm3* (MED, SPACE) probe
toireasc *nm1* saw
toirmeasc *nm1* prohibition; mishap; mischief
toirmisc *vt, vi* prohibit; prevent; **rud a thoirmeasc ar dhuine** to forbid sb sth
toirmiscthe *adj* forbidden
toirneach *nf2* thunder
toirniúil *adj* thundery
toirpéad *nm1* torpedo
tóirse *nm4* torch; flare
tóirsholas *nm1* searchlight
toirt (*pl* ~**eanna**) *nf2* mass, bulk; volume; **ar an toirt** immediately
toirtéis *nf2* self-importance; pride
toirtéiseach *adj* self-important; proud
toirtín *nm4* scone; cake
toirtís *nf2* tortoise
toirtiúil *adj* bulky; (*person*) heavy
toisc (*pl* **tosca**) *nf2* factor, circumstance; **toisc, de thoisc** because, due to; **toisc é a bheith as láthair** due to his absence; **toisc go bhfuil sí tinn** because she is ill; **d'aon toisc** on purpose
toise *nm4* measurement; dimension
toiseach *adj* dimensional
toit *nf2* smoke; **toit a dhéanamh** (*fire*) to smoke; **toit a chaitheamh** to have a smoke
toitcheo *nm4* smog
toiteach *adj* smoky
toitín *nm4* cigarette, fag; (*of cannabis*) joint
tólamh *n*: **i dtólamh** always; all the time
tolg[1] *vt, vi* (*storm*) gather; (*illness*) contract; develop; **slaghdán a tholgadh** to catch a cold
tolg[2] *nm1* settee, sofa; couch
tolgán *nm1* (*of illness*) dose; bout
tolglann *nf2* lounge (bar)
toll[1] *vt, vi* bore, drill
toll[2] *nm1*: **rudaí a chur i dtoll a chéile** to put things together
toll[3] *adj* (*also sound*) hollow; pierced

tollán *nm1* tunnel
tom *nm1* bush; shrub; tuft; clump
tomhais (*pp* ~**te**) *vt, vi* measure; gauge; estimate, guess
tomhaiste *vadj* regular; measured
tomhaltas *nm1* consumption
tomhaltóir *nm3* consumer
tomhas *nm1* measure; dimension; guess; puzzle, riddle; **tomhas a láimhe féin a thabhairt do dhuine** to give sb as good as one gets
tomhsaire *nm4* (*instrument*) gauge
ton *nm1* tone
tonn (*pl* ~**ta**, *ds* **toinn**, *gpl* **tonn**) *nf2* (*also* RADIO) wave; **tonn tuile** tidal wave; **thar toinn** overseas; **faoi thoinn** underwater; **tonn teaspaigh** heatwave ♦ *vt, vi* gush; (*smoke*) billow; (*terrain*) undulate
tonna *nm4* ton
tonnadóir *nm3* funnel
tonnchosc *nm1* breakwater
tonnfhad *nm1* wavelength
tonnúil *adj* undulating
tor *nm1* shrub; bush; tuft
toradh (*pl* **torthaí**) *nm1* fruit; product; produce; (*of test, game etc*) result, outcome; **toradh citris** citrus fruit; **bhí de thoradh air go ...** it resulted in ...; **de thoradh** + *gen* as a result of
tóraí *nm4* robber; outlaw; **Tóraí** (POL) Tory
tóraigh (*vn* **tóraíocht**) *vt, vi* pursue; (MED) probe
tóraíocht *nf3* search, pursuit; (POLICE) manhunt; **tóraíocht taisce** treasure hunt
torann *nm1* (loud) noise
torannach *adj* noisy
torathar *nm1* freak
torbán *nm1* tadpole
torc *nm1* boar
torcán *nm1* young boar; **torcán craobhach** porcupine
tormáil *nf3* rumble; (*of drums etc*) roll
tormán *nm1* noise; boom
tormánach *adj* noisy
tormas *nm1*: **ag tormas** grumbling; sulking
tornádó (*pl* ~**nna**) *nm4* tornado
tornapa *nm4* turnip
torrach *adj* pregnant
tórramh *nm1* wake; funeral (procession); **teach tórraimh** wake house
torthóir *nm3* fruit seller
torthúil *adj* fertile; fruitful
tosach (*gs, pl* **tosaigh**) *nm1* beginning; start; front; lead; onset; (NAUT) bow, prow; **ó thosach** from the beginning; **i dtosach** at first; **teacht chun tosaigh** to come to the fore; **chun tosaigh** in the lead; forward
tosaí *nm4* (SPORT) forward
tosaigh[1] *vt, vi* begin, start (off) *or* (up); initiate; (COMPUT) boot; **tosaigh arís** resume; **tosú ar rud** to begin sth
tosaigh[2] *n gen as adj* front; opening; (*in race etc*) leading; **roth tosaigh** front wheel; *see also* **tosach**
tosaíocht *nf3* preference; priority; **tosaíocht a thabhairt do rud** to give priority to sth
tosaitheoir *nm3* beginner
tosca *see* **toisc**
toscaire *nm4* delegate; deputy
toscaireacht *nf3* delegation; deputation
tost *nm3* silence ♦ *vi* go *or* be silent; **bí i do thost!** shut up!; **duine a chur ina thost** to silence sb; **fanacht i do thost** to remain silent
tósta *nm4* (CULIN) toast
tostach *adj* taciturn
tóstaer *nm1* toaster
tóstáil *vt* (*bread*) toast
tóstal *nm1* assembly; pageant
tostóir *nm3* silencer
trá[1] (*pl* ~**nna**) *nf4* beach; strand; **bheith ag iarraidh an dá thrá a fhreastal** to try to do two things at once; **ar an trá fholamh** destitute; **ar an trá thirim** high and dry
trá[2] *nm4* ebb; (COMM) recession; *see also* **tráigh**
trábhaile *nm4* seaside resort
trach *nm4* trough
trácht[1] (*pl* ~**anna**) *nm3* mention, comment; discussion ♦ *vt, vi* mention, comment; discuss; **trácht a chloisteáil ar rud** to hear (tell) of sth; **is annamh**

trácht air it's rarely mentioned; **trácht ar rud** to mention *or* speak of sth; **gan trácht ar** not to mention
trácht[2] (*pl* ~**anna**) *nm3* (*of foot*) sole, instep; (*of tyre*) tread
trácht[3] (*pl* ~**anna**) *nm3* traffic; **soilse tráchta** traffic-lights
tráchtáil *nf3* trade, commerce
tráchtaire *nm4* commentator
tráchtaireacht *nf3* commentary
tráchtála *n gen as adj* commercial
tráchtálaí *nm4* trader
tráchtas *nm1* dissertation; thesis; tract
tráchtearra *nm4* commodity
trádáil *nf3* trade, commerce ♦ *vt, vi* trade; deal
trádainm *nm4* trade name
trádálaí *nm4* trader
trádbhealach *nm1* trade route
trádmharc *nm1* trademark
traein (*gs* **traenach**, *pl* **traenacha**) *nf* train; **ar an** *or* **leis an traein** by train; **traein luais** express train
traenáil *vt, vi* train; coach ♦ *nf3* training; coaching
traenáilte *adj* trained
traenálaí *nm4* trainer; coach
tragóid *nf2* tragedy
tragóideach *adj* tragic
traidhfil *nf4* (*also* CULIN) trifle; small amount
tráidire *nm4* tray
traidisiún *nm1* tradition
traidisiúnta *adj* traditional
traigéide *nf4* (THEAT) tragedy
traigéideach *adj* (THEAT) tragic
tráigh (*vn* **trá**) *vt, vi* ebb; recede; dry up; decline
tráill *nf2* slave; wretch
traipisí *npl* personal belongings; junk; **rud a chaitheamh i dtraipisí** to discard sth, give sth up
tráithnín *nm4* (*of grass*) blade
trálaer *nm1* trawler
tralaí *nm4* trolley
tram (*pl* ~**anna**) *nm4* tram, tramcar, streetcar (*US*)
trampáil *vt, vi* tramp
trampailín *nm4* trampoline
trangláil *nf3* bustle; clutter; crowding; (*in crowd*) crush
tranglàilte *adj* crowded; cluttered
tranglam *nm1* clutter; tangle; disorder
tránna *see* **trá**[1]
traoch *vt* exhaust, tire out; overcome
traochadh (*gs* **traochta**) *nm* exhaustion
traochta *vadj* exhausted; exhausting
trap *nm4* (*carriage*) trap
tras- *prefix* trans-, cross-
trasatlantach *adj* transatlantic
trasghearradh (*gs* **trasghearrtha**, *pl* **trasghearrthacha**) *nm* cross-section
trasna *prep, adv* (+ *gen*) across; **(dul) trasna na sráide** (to go) across the street; **teacht trasna ar dhuine** to contradict sb; **3m trasna** 3m across
trasnaigh *vt, vi* (*traverse*) cross; intersect; contradict
trasnáil *nf3* crossing
trasnaíocht *nf3* (RADIO, TV) interference
trasnán *nm1* crossbar; (MATH) diagonal
trasnánach *adj* diagonal
trasnú *nm* intersection, traverse; (*in conversation*) interruption
trasraitheoir *nm3* (ELEC) transistor
trasrian (*pl* ~**ta**) *nm1*: **trasrian coisithe** pedestrian crossing; **trasrian le soilse lámhrialaithe** pelican crossing
trastomhas *nm1* diameter
tráta *nm4* tomato
tráth (*pl* ~**anna** *or* ~**a**, *gpl* **tráth**) *nm3* hour; time; occasion; (*formerly*) once; meal; **i dtrátha a dó a chlog** around 2 o'clock; **in am agus i dtráth** in good time; **tráth bia** a meal; **tráth na gceist** quiz
tráthas *n*: **idir sin is tráthas** somewhat later; later on
tráthchuid (*gs* **tráthchoda**, *pl* **tráthchodanna**) *nf3* (FIN) instalment
tráthnóna (*pl* **tráthnónta**) *nm4* evening; afternoon; **tráthnóna** *or* **um thráthnóna** in the afternoon *or* evening
tráthrialta *adv*: **go tráthrialta** regularly; punctually
tráthúil *adj* timely, opportune, apt

treabh (*vn* ~**adh**) *vt, vi* plough; **treabhadh leat** (*fig*) to plod on; **treabhadh le duine** to get along with sb
treabhsar *nm1* trousers; slacks
tréach *nm1* (MUS) third
tréad (*gs, pl* ~**a**) *nm3* (*also* REL) flock; fold; herd
tréadach *adj* pastoral
tréadaí *nm4* shepherd; pastor
tréadúil *adj* gregarious
trealamh *nm1* equipment; gear; kit; fitting, furniture; paraphernalia
treall *nm3* (*short while*) spell; (*caprice*) fit
treallach *adj* fitful; capricious
treallús *nm1* industriousness; (*assertiveness*) drive; enterprise
treallúsach *adj* assertive; enterprising; industrious
trealmhaigh *vt* equip
tréan (*compar* **treise, tréine**) *adj* strong, mighty; vehement ♦ *nm1* strength; power; **tréan** + *gen* plenty (of), a lot (of); **tréan airgid** plenty of money; **le tréan áthais** out of sheer delight
tréaniolra *nm4* (GRAM) strong plural
treas *adj* third
tréas *nm3* treason; rebellion
treascair (*pres* **treascraíonn**) *vt, vi* fell; (*enemy*) rout; (*régime*) overthrow
treascairt (*gs* **treascartha**) *nf3* overthrow; downfall; defeat
treascarnach *nf2* debris
treascrach *adj* overpowering; overwhelming; stunning
tréaslaigh (*vn* **tréaslú**) *vt* congratulate; **rud a thréaslú le** *or* **do dhuine** to congratulate sb on sth
treaspás *nm1* trespass(ing); "**ná déantar treaspás**" "no trespassing"
tréatúir *nm3* traitor
trédhearcach *adj* transparent
trédhearcacht *nf3* transparency
treibh (*pl* ~**eanna**) *nf2* tribe; race; people
treibheach *adj* tribal
tréidlia (*pl* ~**nna**) *nm4* vet, veterinary surgeon
tréig (*vn* ~**ean**, *pp* ~**the**) *vt, vi* (*place, cause*) abandon, desert; forsake; (*colour*) fade; (*health*) fail
tréigthe *vadj* derelict; deserted; (*colour*) faded
tréimhse *nf4* period, spell
tréimhseachán *nm1* periodical
tréimhsiúil *adj* periodic(al)
tréine *see* **tréan**
treis *n*: **teacht i dtreis** to come to power; **rud a thabhairt i dtreis** (*subject*) to bring sth up; **bheith i dtreis i rud** to be involved in sth
treise *nf4* strength; emphasis; **treise a chur le rud** to strengthen *or* emphasize sth; *see also* **tréan**
treiseoir *nm3* booster
treisigh (*vn* **treisiú**) *vt, vi* strengthen; reinforce; **treisiú le rud/duine** to support sth/sb
tréith (*gs, pl* ~**e**) *nf2* trait; quality, characteristic; **fios a thréithe a thabhairt do dhuine** to tell sb a few home truths
tréitheach *adj* gifted; characteristic; tricky
tréithrigh *vt* characterize
treo (*pl* ~**nna**) *nm4* direction; way; **cén treo ar imigh sé?** what direction did he go?; **i dtreo** + *gen* towards
treocht *nf3* (COMM) trend
treodóireacht *nf3* orienteering
treoir (*gs* **treorach**, *pl* **treoracha**) *nf* guidance; direction; leadership; indicator; (*on gun*) sight; progress; **treoir a dhéanamh do dhuine** to give sb directions; **duine a chur dá threoir** to confuse sb; **i dtreoir** ready, in order; **treoracha** directions *or* instructions (for use)
treoirlíne (*pl* **treoirlínte**) *nf4* guideline
treoirscéim *nf2* pilot scheme
treoraí *nm4* guide
treoraigh *vt* guide; direct; lead
treoráil *vt* (*gun*) sight
tréshoilseán *nm1* (PHOT) transparency
trí[1] (*pl* ~**onna**) *num, nm4*: **a trí** three; **a trí déag** thirteen; **trí phunt** 3 pounds; **seomra a trí** room 3
trí[2] (*prep prons* = **tríom, tríot, tríd, tríthi, trínn, tríbh, tríothu**) *prep* (*becomes* **tríd**

before art **an**) through; throughout; by; **trí(na) chéile** confused; **tríd síos** right through; **bheith i bhfad tríd** to be far gone; **tríd is tríd** by and large; **trí Ghaeilge** *or* **tríd an nGaeilge** through Irish

triacla *nm4* treacle

triail *nf* test; (*also* LAW) trial, experiment ♦ *vt, vi* (*also* LAW) try; test

triaileadán *nm1* test tube

trialach *adj* trial, experimental

triall (*pl* ~**ta**) *nm3* journey ♦ *vt, vi*: **triall ar an mbaile** to make for home; **cá bhfuil do thriall?** where are you heading?

trian (*pl* ~**ta**) *nm1* (*fraction*) third

triantán *nm1* (MATH, MUS) triangle

triarach *adj* triple; triplicate

tríbh *see* **trí**[2]

tríchosach *nm1* tripod

tríd *see* **trí**[2]

trídhathach *adj* tricolour

trídhualach *adj* (*wool*) three-ply

trilseán *nm1* plait; braid; pigtail; (*of onions*) string

trína = **trí**[2] + *poss adj* **a**; **trí**[2] + *rel part* **a**

trínar = **trí**[2] + *rel part* **ar**

trínár = **trí**[2] + *poss adj* **ár**

trínn *see* **trí**[2]

trinse *nm4* trench

trinsiúr *nm1* platter

trioblóid *nf2* trouble; distress; **trioblóidí** (POL *etc*) troubles

trioblóideach *adj* troublesome

trioc *nm4* furniture

tríocha (*gs* ~**d**, *pl* ~**idí**) *num, nm* thirty

tríochadú *num, adj, nm4* thirtieth

tríom *see* **trí**[2]

triomach *nm1* dry weather; drought

triomacht *nf3* dryness

triomadóir *nm3* dryer; **triomadóir gruaige** hair dryer

triomaigh *vt, vi* dry (up)

tríonna *see* **trí**[1]

Tríonóid *nf2*: **An Tríonóid Naofa** (REL) the Holy Trinity

triopall *nm1* bunch; (*of dress*) train

triopallach *adj* clustered; tidy

tríot *see* **trí**[2]

tríothu *see* **trí**[2]

tríréad *nm1* (MUS) trio

trírín *nm4* triplet

trírothach *nm1* tricycle

tristéal *nm1* trestle

tríthi *see* **trí**[2]

tríthoiseach *adj* three-dimensional

tríú *num, adj, nm4* third; **an Tríú Domhan** the Third World

triuch (*gs* **treacha**) *nm3* whooping cough

triuf (*pl* ~**anna**) *nm4* (CARDS) club

triúr *nm1* three (people); **chuaigh triúr againn ann** 3 of us went; **tá siad triúr ann** there are 3 of them

triús *nm1* trousers

trócaire *nf4* mercy; leniency; **trócaire a dhéanamh ar dhuine** to have mercy on sb

trócaireach *adj* merciful; lenient

trodach *adj* quarrelsome; belligerent

trodaí *nm4* (*also fig*) fighter

tródam *nm1* cordon; **tródam a chur ar rud** to cordon sth off

trodán *nm1* (*for papers*) file

trófaí *nm4* trophy

troid *nf3* fight; fighting; quarrel ♦ *vt, vi* fight; quarrel; **troid a chur ar dhuine** to challenge sb to a fight

troigh (*pl* **troithe**) *nf2* (*also measure*) foot; **sé throigh ar airde** 6 feet tall

troiméiseach *adj* ponderous

troisc (*vn* **troscadh**) *vi* fast

troiste *nm4* tripod

troistneach *nf2* commotion; noise

troitheán *nm1* pedal

trom *nm4* weight; burden; bulk ♦ *adj* heavy; (*work*) hard; (*blow*) hefty; **trom na hoibre** the bulk of the work; **bheith trom ar an ól** to be a heavy drinker

tromaí *adj* weighty; grave; heavy-hearted

tromaigh *vt, vi* make *or* become heavier

tromaíocht *nf3* censure; condemnation; **bheith ag tromaíocht ar dhuine** to criticise sb

tromán *nm1* weight; **tromán páipéir** paperweight; **tromán lúith** dumbbell

trombóis *nf2* thrombosis

trombón *nm1* trombone

tromchroíoch *adj* heavy-hearted
tromchúis (*pl* ~**eanna**) *nf2* gravity, seriousness
tromchúiseach *adj* grave, serious
tromlach *nm1* majority
tromluí *nm4* nightmare
trom-mheáchan *nm1* (*SPORT*) heavyweight
trópaic *nf2* tropic
trosc *nm1* cod
troscadh *nm1* fast; *see also* **troisc**
troscán *nm1* furniture
trost *nf2* thud; (*noise*) thump
trua *nf4* pity; sympathy; compassion♦ *adj* (*meat*) lean; **is trua liom é** I pity him; **is trua go ...** it's a pity that ...; **nach mór an trua!** what a pity!; **trua a bheith agat do dhuine** to feel sorry for sb
truacánta *adj* pitiful; plaintive; touching
truaill *nf2* sheath; covering
truaillí *adj* corrupt; base; mean
truailligh *vt* pollute; contaminate
truaillíocht *nf3* pollution
truaillithe *vadj* polluted; contaminated
truailliú *nm* pollution
truamhéala *nf4* pathos; compassion
truamhéalach *adj* pathetic; piteous; pitiful
truán *nm1* wretch
trucail *nf2* truck; cart
truflais *nf2* rubbish; trash
truicear *nm1* trigger
truiclín *nm4* pick-up
trúig *nf2* cause; occasion
truilleán *nm1* push, shove
trúipéir *nm3* trooper
truis *nf2* thrush
trumpa *nm4* trumpet
trunc *nm3* trunk
trup (*pl* ~**anna**) *nm4* noise
trúpa *nm4* troop
trus *nm4* truss
trusáil *vt* truss (up); (*sleeves*) roll up
truslóg *nf2* stride; hop
ts (*remove "t"*) *see* **s...**
tU (*remove "t"*) *see* **U...**
tú (*as object of vb* **thú**) *pron* you; **tú féin** yourself; **dá bhfeicfeá thú féin anois** if you saw yourself now; **tú féin a dúirt é** it was you who said it
tua (*pl* ~**nna**) *nf4* axe, hatchet
tuaigh *vt* (*wood*) chop
tuaileas *nm1* hunch, idea
tuáille *nm4* towel; **tuáille sláintíochta** sanitary towel
tuaiplis *nf2* blunder
tuairgníonn *see* **tuargain**
tuairim *nf2* opinion; idea♦ *prep* about, approximately; **tuairim is** about, around; **is é mo thuairim go ...** it is my belief that ...; **buille faoi thuairim a thabhairt** to hazard a guess
tuairimigh *vt, vi* think; estimate
tuairimíocht *nf3* speculation; guesswork
tuairisc *nf2* information; account; report, tale; **tuairisc duine a chur** to inquire about *or* ask after sb; **tuairisc a thabhairt ar rud** to give an account of sth
tuairisceán *nm1* return; **tuairisceán cánach** tax return
tuairisceoir *nm3* reporter; (*news*) correspondent
tuairisceoireacht *nf3* (*news*) reporting
tuairiscigh *vt, vi* report
tuairisciú *nm* (*TV, PRESS*) coverage
tuairt (*pl* ~**eanna**) *nf2* crash, bump; thud; smash
tuairteáil *vt* bump, crash into; smash; ram
tuairteoir *nm3* (*AUT*) bumper, fender (*US*)
tuaisceart *nm1* north; **Tuaisceart (na h)Éireann** Northern Ireland
tuaisceartach *adj* north, northern♦ *nm1* northerner
tuaithe *n gen as adj* country; rural; *see also* **tuath**
tuama *nm4* tomb; vault; tombstone
tuar[1] *vt* bleach; season
tuar[2] (*pl* ~**tha**) *nm1* omen, sign; forecast ♦ *vt* forebode; predict; deserve; **tháinig an tuar faoin tairngreacht** the prophecy was fulfilled; **tuar ceatha** rainbow
tuarascáil (*pl* **tuarascálacha**) *nf3* report, account; description
tuarascálaí *nm4* reporter
tuarastal *nm1* salary
tuargain (*pres* **tuairgníonn**) *vt* pound; thump; batter

tuarúil *adj* ominous
tuaslagán *nm1* (CHEM) solution
tuaslagóir *nm3* (CHEM) solvent
tuaslaig (*pres* **tuaslagann**) *vt, vi* dissolve
tuata *nm4* lay person ♦ *adj* lay; secular
tuath (*gs* **tuaithe**) *nf2* country(side); laity; (HIST) people, tribe; (HIST) territory; **faoin tuath** in the country
tuathal *adj, adv* anticlockwise ♦ *nm1* blunder; **dul tuathal** to go anticlockwise
tuathalach *adj* anticlockwise; left-handed; sinister; awkward
tuathalán *nm1* blunderer; awkward person
tuathánach *nm1* peasant, rustic
tuathúil *adj* rustic
tubaiste *nf4* calamity; catastrophe, disaster
tubaisteach *adj* catastrophic, disastrous; tragic
tuga *nm4* (*boat*) tug
tugaim, tugann *vb see* **tabhair**
tugtha *vadj* exhausted, spent; **tugtha do** prone to, fond of, devoted to; **bheith tugtha do rud** to be addicted to sth; *see also* **tabhair**
tuí *nf4* thatch; straw; **teach ceann tuí** thatched cottage
tuig (*vn* **tuiscint**) *vt, vi* understand, realize; **tuigtear dom go ...** I gather that ...; **tuiscint do dhuine** to empathize with sb; **tuiscint as rud** to get the gist of sth
tuile *nf4* (*pl* **tuilte**) flood; torrent
tuill (*vn* ~**eamh**) *vt* deserve; earn; **bhí sé tuillte aici** she deserved it; **tuillte go maith** well-deserved
tuilleadh *nm1* more; addition; **ar mhaith leat a thuilleadh tae?** would you like (some) more tea?; **ní thagann sé a thuilleadh** he no longer comes
tuilleamaí *nm4* dependence; reliance; **bheith i dtuilleamaí duine/ruda** to be dependent on sb/sth
tuilleamh *nm1* earning(s)
tuillteanas *nm1* merit
tuilsolas (*pl* **tuilsoilse**) *nm1* floodlight
tuilte *see* **tuile**
tuin *nf2* tone; accent
tuineach *nf2* tunic
Túinéis *nf2*: **an Túinéis** Tunisia
tuinnín *nm4* tuna (fish)
Tuirc *nf2*: **an Tuirc** Turkey
Tuircis *nf2* (LING) Turkish
túirín[1] *nm4* tureen
túirín[2] *nm4* turret
tuirling (*pres* ~**íonn**) *vt, vi* descend; (AVIAT) land
tuirlingt (*gs* ~**he**) *nf2* descent; (AVIAT) landing; touchdown; **tuirlingt éigeandála** emergency landing
tuirne *nm4* spinning wheel
tuirpintín *nm4* turpentine, turps
tuirse *nf4* tiredness; fatigue; strain; **tuirse a bheith ort** to be tired
tuirseach *adj* tired; weary
tuirsigh *vt, vi* tire
tuirsiúil *adj* tiring; tiresome
túis *nf2* incense
túisce *compar adj, adv* sooner; first; **an rud is túisce** the first thing
tuisceanach *adj* understanding, sympathetic, considerate; discerning
tuiscint (*gs* **tuisceana**) *nf3* understanding; perception; realization; *see also* **tuig**
tuiseal *nm1* (GRAM) case
tuisle *nm4* stumble; trip; **bhain tuisle dó** he lost his footing; **tuisle a bhaint as duine** to trip sb
tuisligh *vi* stumble; trip (up); falter; stagger
tuismeá *nf4* horoscope
tuismitheoir *nm3* parent
tulach *nm1* hill; mound
tum *vt, vi* dip, immerse, submerge; dive, plunge
tumadh (*gs* **tumtha**, *pl* **tumthaí**) *nm* dive, plunge; (CULIN) dip
tumadóir *nm3* diver
tumadóireacht *nf3* diving
tumthéitheoir *nm3* immersion heater
tur *adj* dry; tasteless; (*subject*) dull; (*person*) humourless
túr *nm1* tower
turas *nm1* journey, trip; pilgrimage; occasion; **d'aon turas** on purpose; **Turas na Croise** (REL) the Stations of the Cross

turasóir *nm3* tourist
turasóireacht *nf3* tourism
Turcach *adj* Turkish• *nm1* Turk
turcaí *nm4* turkey
turcaid *nf2* turquoise
turcánta *adj* cruel
turgnamh *nm1* experiment
turnamh *nm1* downfall, subsidence
turraing *nf2* stumble; shove; (*ELEC*) shock
turtar *nm1* turtle
tús *nm1* start, beginning, outset; onset; **ar dtús** at first; **ó thús** from the beginning; **i dtús báire** first of all, first and foremost; **tús a chur le rud** to begin sth; **ar thús** + *gen* at the front of
tusa (*as object of vb* **thusa**) *pron* (*emphatic*) you
túslitir (*gs* **túslitreach**, *pl* **túslitreacha**) *nf* initial
tútach *adj* awkward; tactless; rude; crude

U

uabhar *nm1* pride; arrogance; **dul chun uabhair** to get uppity.
uachais *nf2* burrow
uacht (*pl* ~**anna**) *nf3* will, testament; **rud a fhágáil le huacht ag duine** to bequeath sth to sb
uachtaigh *vt* bequeath; declare
uachtar *nm1* top, upper part; cream; (*of water*) surface; **an lámh in uachtar a fháil (ar dhuine)** to get the upper hand (over sb); **uachtar reoite/coipthe** ice/whipped cream
uachtarach *adj* upper, top; (*in rank*) superior
uachtarán *nm1* president; superior; **Uachtarán na hÉireann** the President of Ireland
uachtaránacht *nf3* presidency; authority
uachtarlann *nf2* creamery
uachtarúil *adj* creamy
uafar *adj* ghastly, horrible; dreadful
uafás *nm1* horror; atrocity; astonishment; a lot of; **uafás a chur ar dhuine** to astound *or* horrify sb; **Ré an Uafáis** the Reign of Terror; **an t-uafás airgid/daoine** an awful lot of money/people
uafásach *adj* awful, horrible; astonishing; **caill uafásach** terrible loss; **radharc uafásach** horrifying sight
uaibh *see* **ó**[1]
uaibhreach *adj* proud, arrogant; (*growth*) lush; (*food*) rich
uaidh *see* **ó**[1]
uaigh (*pl* ~**eanna**) *nf2* grave
uaigneach *adj* lonely; solitary; spooky; **saol uaigneach** lonely life; **áit uaigneach** lonely *or* spooky place
uaigneas *nm1* loneliness; solitude; isolation; **uaigneas a bheith ort** to be *or* feel lonely
uaill *nf2* howl, wail; **uaill a ligean agat** to howl, yell
uaillbhreas (*gs, pl* ~**a**) *nm3* (GRAM) exclamation
uaillmhian *nf2* ambition
uaillmhianach *adj* ambitious
uaim[1] *see* **ó**[1]
uaim[2] (*pl* **uamanna**) *nf3* seam; suture; (POETRY) alliteration
uaimh (*pl* ~**eanna**) *nf2* cave; grotto; vault; **uaimh ifrinn** hell pit
uaimheadóireacht *nf3* (*activity*) potholing
uain (*pl* ~**eacha**) *nf2* time; opportunity, occasion; turn, spell; weather; **ar aon uain le** simultaneous with; **uain a bheith agat ar rud** to have time to do sth; **fanacht ar d'uain** to wait for your turn; **ar uainibh** occasionally
uainchlár *nm1* rota; duty roster
uaine *adj, nf4* (bright) green
uaineach *adj* intermittent
uaineoil *nf3* (*meat*) lamb; **ceathrú uaineola** leg of lamb
uainíocht *nf3* rotation, interchange; shift work; **uainíocht a dhéanamh** to take turns
uainiú *nm* timing
uainn *see* **ó**[1]
uair (*pl* ~**eanta** *or* ~**e**) *nf2* hour; time; **uair an chloig** an hour; **cá huair?, cén uair?** when?; **gach uair** every time; **an chéad uair** the first time; **an chéad uair eile** the next time; **uair sa tseachtain** once a week; **uair amháin** once; **obair uaire** an hour's work; **dhá uair níos faide** twice as long; **10 gciliméadar san uair** 10 km an hour; **i láthair na huaire** at the moment; **ar ala na huaire** on the spur of the moment; **uaireanta** sometimes, at times; **uaireanta cuartaíochta** visiting hours; **uaireanta oibre** working hours; **uaireanta oifige** office hours
uaireadóir *nm3* watch
uaireadóirí *nm4* watchmaker
uaisle[1] *see* **uasal**
uaisle[2] *nf4* nobility; (*fam*) gentry

uaisleacht *nf3* nobility
uait, uaithi *see* **ó**[1]
uaithne *nm4* (LING) consonance; (MUS) concord, consonance
ualach (*pl* **ualaí**) *nm1* load, burden; weight; **faoi ualach** + *gen* laden with
ualaigh *vt* load; weigh down
uallach *adj* scatterbrained; giddy; vain, proud
uallfairt *nf2* yell; grunt
uamanna *see* **uaim**[2]
uamhan (*pl* **uamhna**, *gpl* **uamhan**) *nm1* fear; awe; **uamhan a bheith ort** to be overawed *or* terrified; **uamhan clóis** claustrophobia; **uamhan sráide** agoraphobia
uan[1] *nm1* (*animal*) lamb
uan[2] *nm1* froth, foam
uanach *adj* frothy
uas- *prefix* maximum, top, upper
uasaicme *nf4* upper class, aristocracy; (*fam*) gentry
uasaicmeach *adj* upper-class, aristocratic
uasal (*pl* **uaisle**) *nm1* nobleman; gentleman; aristocrat; **uasal le híseal a dhéanamh ar dhuine** to patronize sb ♦ *adj* (*gsf, pl, compar* **uaisle**) noble; worthy; precious; **an tUasal Ó Murchú** Mr Murphy; **A Dhuine Uasail** Dear Sir; **A Bhean Uasal** Dear Madam; **a dhaoine uaisle** ladies and gentlemen; **cloch uasal** precious stone; **gníomh uasal** honourable deed
uasbhealach *nm1* flyover
uascán *nm1* idiot
uascánta *adj* silly; simple-minded
uaschamóg *nf2* apostrophe; inverted comma
uaslathaí *nm4* (POL) aristocrat
uaslathas *nm1* (POL) aristocracy
uasluach *nm3* (MATH) maximum
uasmhéid *nf2* maximum
uasphointe *nm4* highest point, peak
uath- *prefix* auto-; spontaneous
uatha *adj, nm4* (GRAM) singular
uathfheidhmeach *adj* automatic
uathlathach *adj* autocratic
uathlathaí *nm4* autocrat
uathoibreán *nm1* automaton
uathoibríoch (*gsm* **uathoibríoch**) *adj* automatic
uathoibriú *nm* automation
uathphíolóta *nm4* autopilot
uathriail (*gs* **uathrialach**) *nf* autonomy
uathu *see* **ó**[1]
uathúil *adj* unique
ubh (*pl* **uibheacha** *or* **uibhe**) *nf2* egg; **ubh bhruite/bheirithe** boiled egg; **ubh fhriochta** fried egg; **ubh scallta** poached egg; **ubh scrofa** scrambled egg
ubhagán *nm1* ovary
ubhchruth *nm3* oval
ubhchruthach *adj* oval, egg-shaped
ubhchupán *nm1* eggcup
ubhthoradh *nm1* aubergine
U-chasadh *nm* (*in pipe*) U-bend
ucht (*pl* **~anna**) *nm3* chest; breast, bosom; lap; **suí in ucht duine** to sit in sb's lap; **as ucht** + *gen* for the sake of, on account of; **as ucht Dé** for God's sake
uchtach *nm1* courage; hope; **d'uchtach a chailleadh** to lose heart; **uchtach a thabhairt do dhuine** to encourage sb
uchtaigh *vt* (*child*) adopt
uchtbhalla *nm4* parapet
uchtóg *nf2* armful; small heap; (*on road*) bump
uchtú *nm* adoption
Úcráin *nf2*: **an Úcráin** Ukraine
Úcráinis *nf2* (LING) Ukranian
Úcránach *adj, nm1* Ukranian
úd[1] *nm1* (RUGBY) try
úd[2] *adj* that; yonder; **is ball den pháirtí úd í** she belongs to that party; **an ceann úd** that one (over there)
udalán *nm1* pivot; swivel
údar *nm1* author; (*expert*) authority; origin; cause; **scéal gan údar** baseless story; **údar a chur le gníomh** to justify an action; **údar gach oilc** the root of all evil
údarach *adj* authentic
údaracht *nf3* authenticity
údaraigh *vt* authorize; cause, bring about
údarás *nm1* authority; **na húdaráis** the authorities; **údarás poiblí/sibhialta**

public/civil authority; **gan údarás** (*story*) unauthenticated
údarásach *adj* authoritative; authoritarian; **go húdarásach** (*informed*) reliably
údarú *nm* authorization
ugach *nm1* encouragement; confidence; **ugach a thabhairt do dhuine** to encourage sb
Uí, uí, uíbh *see* **ó**[2]
uibheacha, uibhe *see* **ubh**
uibheagán *nm1* omelet(te)
Uíbh Fhailí *nmpl* Offaly
uige *nf4* tissue; gauze; woven fabric
uigeacht *nf3* texture
Uigingeach *adj, nm1* Viking

EOCHAIRFHOCAL

uile *adj, adv* **1** (*with art; precedes n; lenites*) every; **an uile áit** everywhere; **an uile ní** everything; **ón uile thaobh** from every side
2 (*with* **gach**; *precedes n; lenites*) every; **gach uile áit** everywhere; **gach uile rud** everything; **gach uile dhuine** everyone
3 (*with art; comes after pron, vb, n*) all; whole; **cairde muid uile** we are all friends; **táimid uile anseo** we are all here; **an domhan uile** the whole world; **sin uile** that's all; **ina dhiaidh sin is uile** after all
4 (*followed by* **go léir**) all; whole; **na daoine uile go léir** all of the people; **an t-am uile go léir** the whole time
♦ *adv* all, completely; **trína chéile uile (go léir)** all confused; **go huile is go hiomlán** completely

uilechoiteann *adj* universal
uilechumhachtach *adj* (*also* REL) almighty, omnipotent
uile-Éireann *n gen as adj* all-Ireland
uileghabhálach *adj* comprehensive
uileláithreach *adj* ubiquitous
uileloscadh (*gs* **uileloiscthe**) *nm* holocaust
uilíoch *adj* universal
uilleach *adj* angular
úillín *nm4* darling; **úillín óir** spoilt child
uillinn (*pl* ~**eacha**, *also gs, gpl* **uilleann**) *nf2* elbow; angle; **uillinn ar uillinn** arm in arm; **uillinn airde** angle of elevation; **ar uillinn nócha céim** at an angle of 90 degrees
úim (*pl* **úmacha**) *nf3* harness; tackle; **úim shábháilteachta** safety harness
uime *see* **um**
uimheartha *adj* numerate
uimhir (*gs* **uimhreach**, *pl* **uimhreacha**) *nf* number; numeral; **Uimhir Aitheantais Phearsanta** PIN (number); **uimhir chuntais/cheadúnais/theileafóin** account/licence/telephone number; **uimhir chláraithe** (*also* AUT) registration number; **uimhir Rómhánach** Roman numeral
uimhirchlár *nm1* licence plate, number plate
uimhirphláta *nm4* number plate
uimhreach, uimhreacha *see* **uimhir**
uimhrigh *vt, vi* number
uimhríocht *nf3* arithmetic
uimhriúil *adj* numerical; numeral
uimpi *see* **um**
úinéir *nm3* owner
úinéireacht *nf3* ownership
úir *nf2* soil, earth
uirbeach *adj* urban
uirbiú (*gs* **uirbithe**) *nm* urbanization
úire *nf4* freshness; **as úire** afresh, anew
uireasa *nf4* lack, absence; deficiency; **d'uireasa airgid** for want of money; **déanamh d'uireasa ruda** to do without sth
uireasach *adj* lacking; inadequate; incomplete; (*also* GRAM) defective
úirí (*pl* ~**ocha**) *nf4* testicle, testis
úirinéal *nm1* urinal
uiríoll *nm1* surplus
uiríseal (*gsf, pl, compar* **uirísle**) *adj* lowly; menial; humble; slavish
uirísligh *vt* humble; humiliate
uirísliú *nm* humiliation
uirlis *nf2* tool; (musical) instrument
uirlise *n gen as adj* (*music*) instrumental
uirthi *see* **ar**[1]

uisce *n gen as adj* water; aquatic ♦ *nm4* water; **uisce a chur ar rud** to water sth; **chuirfeadh sé uisce le d'fhiacle** it would make one's mouth water; **dul faoi uisce** to submerge; **uisce abhann** *or* **locha** freshwater; **uisce beatha (braiche)** (malt) whisk(e)y; **uisce coipeach/mianrach** tonic/mineral water; **uisce coisricthe** holy water; **uisce faoi thalamh** (*fig*) intrigue
uisceadán *nm1* aquarium
Uisceadóir *nm3*: **An tUisceadóir** (*ASTROL*) Aquarius
uiscedhath *nm3* watercolour
uiscedhíonach *adj* waterproof; watertight
uiscigh *vt* water; irrigate
uisciú *nm* irrigation
uisciúil *adj* watery; (*ground*) soggy
uiséir *nm3* usher
uisinn *nf2* (*ANAT*) temple
úithín *nm4* (*PHYSIOL*) cyst
Ulaidh *npl* (*LIT*) Ulstermen
ulchabhán *nm1* owl
úll (*pl* ~**a**) *nm1* apple; (*ANAT*) ball joint; **úll taifí** toffee apple; **úll na haithne** the forbidden fruit; **úll na scornaí** Adam's apple; **úll an chromáin** hip joint
úllagán *nm1* dumpling
ullamh *adj* ready; willing; prompt; in readiness; **bheith ullamh (do rud)** to be prepared (for sth)
ullmhaigh *vt, vi* prepare, (get) ready; fix; set; **ullmhú i gcomhair scrúduithe** to prepare for exams; **béile a ullmhú** to prepare a meal
ullmhú *nm* preparation; **ullmhú bia** preparation of food
ullmhúchán *nm1* preparation; groundwork; **scoil ullmhúcháin** prep(aratory) school
úllord *nm1* orchard
ulóg *nf2* pulley; (*ANAT*) trochlea
ulpóg *nf2* flu; **ulpóg ghoile** gastric flu; **ulpóg a bheith ort** to have the flu
Ultach *adj* Ulster ♦ *nm1* native of Ulster
ultrafhuaim *nf2* ultrasound
um (*prep prons* = **umam, umat, uime, uimpi, umainn, umaibh, umpu**) *prep* about, at, around, in, on; **um Nollaig** at Christmas; **um thráthnóna** in the afternoon
úmacha *see* **úim**
umar *nm1* (water) tank; (*also GEOL*) trough; vat; font; **umar ola** (*AUT*) pump; **umar peitril** petrol tank; **umar baiste** baptismal font
umat *see* **um**
umha *nm4* copper; bronze
umhal (*pl* **umhla**) *adj* humble, obedient; supple; **umhal ábalta** willing and able
umhlaigh *vt, vi* bow; genuflect; humble; (*fig*) stoop
umhlaíocht *nf3* obedience; humility; respect; **dul ar an umhlaíocht** to swallow one's pride
umhlú *nm* genuflection; curtsey; (*with body*) bow
umpu *see* **um**
uncail *nm4* uncle
únfairt *nf2* wallowing; tossing and turning; fumbling; messing; **bheith d'únfairt féin** to toss and turn; **bheith ag únfairt le rud** to fumble with sth
ung *vt* anoint
ungadh (*gs* **ungtha**, *pl* **ungthaí**) *nm* ointment; salve; (*cosmetics*) cream; **ungadh beola** lip salve
Ungáir *nf2*: **an Ungáir** Hungary
Ungáiris *nf2* (*LING*) Hungarian
Ungárach *adj, nm1* Hungarian
unlas *nm1* winch
unsa *nm4* ounce
ur- *prefix* pre-, pro-, ante-
úr *adj* new; fresh; novel
Uragua *nm4* Uruguay
úraigh *vt, vi* freshen; become moist
Úránas *nm1* (*planet*) Uranus
urbholg *nm1* pot-belly
urchar *nm1* shot; **urchar maith a bheith agat** to be a good shot; **urchar gunna** gunshot; **urchar iomraill** (*shot*) miss; **urchar reatha** pot shot
urchóid *nf2* harm; malice; (*MED*) malignancy; **an urchóid a bhaint as ráiteas** to take the sting out of a statement; **gan urchóid** harmless

urchóideach *adj* harmful; malicious; (*also* MED) malignant
urchoilleadh (*gs* **urchoillte**) *nm* inhibition
urghabh *vt* (LAW) seize
urghabháil (*pl* **urghabhálacha**) *nf3* (LAW) seizure
urgharda *nm4* vanguard
urghnách *adj* (*meeting, motion*) extraordinary
urghránna *adj* hideous; unspeakable
urlabhra *nf4* (*faculty*) speech; manner of speech
urlabhraí *nm4* spokesperson; mouthpiece
urlacan *nm1* vomit; **urlacan folamh** retching
urlaic (*pres* **urlacann**) *vt, vi* vomit
urlámhaí *nm4* controller
urlámhas *nm1* control; authority
urlár *nm1* floor; (*of bus, bridge*) deck; **an chéad urlár** the first floor; **urlár leacán** tiled floor
urlios (*gs* **urleasa**) *nm3* forecourt
urnaí *nf4* prayer; praying; **bheith ag urnaí** to pray
úrnua *adj* brand-new; new; **tosú go húrnua** to start from scratch
urphost *nm1* outpost
urra *nm4* guarantor; (*for money*) surety; (RADIO, TV, SPORT) sponsor; authority; strength; **faoi urra** guaranteed; **ceann urra** leader; **dul in urra ar dhuine** to act as a guarantor for sb; **urra a chur le scéal** to back up a story
urraigh *vt* sponsor, go surety for
urraim *nf2* respect; reverence; **urraim a thabhairt do dhuine** to treat sb with respect
urraíocht *nf3* sponsorship
urramach *adj* respectful♦ *nm1* (*title*) reverend; **an tUrramach de Brún** Reverend Brown
urramaigh *vt* respect; (*rule etc*) observe
urrann *nf2* compartment
urrúnta *adj* strong; hardy, robust
urrús *nm1* guarantee, security; **urrús in aghaidh caillteanais** indemnity against loss
urrúsach *adj* confident, assured
ursain *nf2* door-post
úrscéal (*pl* ~**ta**) *nm1* novel
úrscéalaí *nm4* novelist
urthimpeall *nm1* surroundings
urú (*gs* **uraithe**, *pl* **uruithe**) *nm* eclipse; (GRAM) eclipsis
ús *nm1* (COMM) interest; **an ráta úis** the interest rate
úsáid *nf2, vt* use; **in/as úsáid** in/out of use; **úsáid a bhaint as rud** to use sth; **gan úsáid** useless
úsáideach *adj* useful
úsáideoir *nm3* user; consumer
úsáidí *nf4* usefulness
úsc *nm1* extract; grease, fat; sap, resin ♦ *vt, vi* ooze, exude; seep; **úsc éisc** fish oil
úscach *adj* oily, greasy
úscra *nm4* essence; extract; **úscra feola** meat essence
úspaireacht *nf3* drudgery, slog
úspánta *adj* clumsy
útamáil *nf3* fumbling; **bheith ag útamáil le rud** to fumble with sth; **ag útamáil thart** pottering about
útaras *nm1* uterus
úth (*pl* ~**anna**) *nm3* udder
Útóipe *nf4* Utopia
Útóipeach *adj* Utopian

V

vác (*pl* ~**anna**) *nm4* (*of duck*) quack
vacsaín (*pl* ~**í**) *nf2* vaccine
vacsaínigh *vt* vaccinate
vaidhtéir *nm3* best man; (*also*: **vaidhtéir cuain**) coastguard
vaiféal *nm1* waffle
vaigín *nm4* wag(g)on
vailintín *nm4* valentine (card); **Lá Fhéile Vailintín** St Valentine's Day
vallait *nf2* wallet

válsa *nm4* waltz
válsáil *vi* waltz
vardrús *nm1* wardrobe
Vársá *nm4* Warsaw
vása *nm4* vase
vasáilleach *nm1* vassal
vástchóta *nm4* waistcoat
vata *nm4* watt
Vatacáin *nf2*: **an Vatacáin** the Vatican; **Cathair na Vatacáine** Vatican City
veain (*pl* ~**eanna**) *nf4* van
vearanda *nm4* veranda(h), porch
vearnais *nf2* varnish
véarsa *nm4* (*poem*) verse; stanza
véarsaíocht *nf3* (POETRY) verse
veasailín *nm4* Vaseline ®
veidhleadóir *nm3* violinist
veidhlín *nm4* violin
veigeatóir *nm3* vegetarian
veilbhit *nf2* velvet
Véineas *nf4* (*planet*) Venus
Veinéis *nf2*: **an Veinéis** Venice
veinír *nf2* veneer
Veiniséala *nm4* Venezuela
Veiniséalach *adj, nm1* Venezuelan
veirtige *nf4* vertigo
veist (*pl* ~**eanna**) *nf2* vest; waistcoat
vialait *nf2* (*colour*) violet
Victeoiriach *adj* Victorian
Vín *nf4* Vienna
vinil *nf2* vinyl
vióla *nf4* viola
víosa *nf4* visa
víreas *nm1* (*also* COMPUT) virus
vitimín *nm4* vitamin
Vítneam *nm4* Vietnam
Vítneamach *adj, nm1* Vietnamese
Vítneamais *nf2* (LING) Vietnamese
V-mhuineál *nm1* V-neck
vodca *nm4* vodka
volta *nm4* volt
voltas *nm1* voltage
vóta *nm4* vote
vótáil *nf3* voting; poll♦ *vt, vi* vote; **ionad vótála** polling booth; **lucht vótála** voters
vótálaí *nm4* voter
vultúr *nm1* vulture

W

W, w no letter "w" in Irish except in loan words

X

X-chrómasóm *nm1* X-chromosome
xéaracs *nm4* Xerox ®
x-gha (*pl* ~**thanna**) *nm4* (*ray*) X-ray
x-ghathú *nm* (*photo*) X-ray
xileafón *nm1* xylophone

Y

Y-chrómasóm *nm1* Y-chromosome
yóyó (*pl* ~**nna**) *nm4* yo-yo

Z

zú (*pl* ~**nna**) *nm4* zoo